Deutscher Anwaltverein
FORUM Junge Anwaltschaft im DAV

DAV RATGEBER

Für junge Rechtsanwältinnen und Rechtsanwälte

14. Auflage

Herausgeber
Deutscher Anwaltverein e.V.
Mitherausgeber: FORUM Junge Anwaltschaft im DAV
Littenstraße 11, 10179 Berlin

Redaktion
Swen Walentowski, Berlin

Mit freundlicher Unterstützung durch
DKV HDI juris Das Rechtsportal

Die im DAV-Ratgeber enthaltenen Informationen wurden mit großer Sorgfalt recherchiert und zusammengestellt. Es ist jedoch nicht auszuschließen, dass sich nach Redaktionsschluss Änderungen ergeben haben.

Wir danken allen Autoren und insbesondere den Sponsoren und Unterstützern, ohne die der DAV-Ratgeber so nicht realisierbar wäre.

Ein Hinweis in eigener Sache:

Niemand bleibt vom „Druckfehlerteufel" verschont. Falls er Ihnen in unserem Ratgeber begegnen sollte, freuen wir uns über Ihren Hinweis.

Der Ratgeber als E-Book: Ab dieser Auflage wird der DAV-Ratgeber auch als E-Book angeboten. Kostenlos zu beziehen im Nomos-Shop unter: www.nomos-shop.de
ISBN 978-3-8452-9357-8

DAV-Ratgeber für junge Rechtsanwältinnen und Rechtsanwälte

Herausgegeben vom Deutschen Anwaltverein und dem
FORUM Junge Anwaltschaft im DAV

14. Auflage 2018, 643 Seiten gebunden, Schutzgebühr 5 Euro

ISBN 978-3-8487-5161-7

Erschienen im Nomos Verlag, September 2018

Autorenverzeichnis

Ahlers, Dr. Malaika, Berlin
Auer-Reinsdorff, Dr. Astrid, Berlin
Bachmann, Bettina, Berlin
Bernard, Marie, Berlin
Binnewies, Prof. Dr. Burkhard, Köln
Bramkamp, Daniela, Hamburg
Curschmann, Dr. Jan, Hamburg
Depré, Peter, Mannheim
Dreber, Ann-Kathrin, Eschwege
Düsing, Mechtild, Münster
Ewer, Prof. Dr. Wolfgang , Kiel
Faber, Dr. Kevin, Eschwege
Falkenhausen, Dr. Joachim Freiherr von, Hamburg
Franz, Dr. Birgit, Köln
Freundorfer, Dr. Clarisssa, Berlin
Frieser, Prof. Dr. Andreas, Bonn
Gothe, Astrid, Berlin
Gröning, Max, Berlin
Groppler, Silvia C., Berlin
Grundstein, Walther, Frankfurt am Main
Guttmann, Micha, Köln und Berlin
Halm, Dr. Christian, Neunkirchen
Hartung, Markus, Berlin
Herberg, Valerie, Berlin
Janßen, Dieter, Bremen
Jungk, Antje, München
Kilger, Hartmut, Tübingen
Kindermann, Edith, Bremen
Kleine-Cosack, Dr. Michael, Freiburg i.Br.
Kress, Dorela, Esslingen
Lang, Martin, München
Lang, Andreas M., Frankfurt am Main
Lasala, Julien Henri, Berlin
Leis, Horst, Düsseldorf
Lenger, Norman, Köln

Mähl-Hupka, Jana, Berlin
Meister, Dr. Jörg , Mannheim
Meixner, Rafael, Köln
Nobel, Ruth, Bochum
Oberhäuser, Thomas, Ulm
Oepen, Dr. Klaus, Hamburg
Pelke, Kirsten, Berlin
Pfeil, Rupprecht Graf von, München
Prossliner, Michael, Pulheim
Prutsch, Dr. Ulrich, Köln
Ratzel, Dr. iur. Rudolf, München
Richter, Prof. Ronald, Hamburg
Riedmeyer, Oskar, München
Risch, Monika Maria, Berlin
Schafhausen, Martin, Frankfurt am Main
Scheer, Michael, Berlin
Schellenberg, Ulrich, Berlin
Scherwitzki, Sarah, Berlin
Schipp, Dr. Johannes, Gütersloh
Schlaeger, Tobias, Düsseldorf
Schmidt-Jochum, Stephan, Neunkirchen
Schneider, Norbert, Neunkirchen
Schönleber, Norbert, Köln
Schubach, Arno, Frankfurt am Main
Sohn, Dr. Peter, Hamm
Sommer, Prof. Dr. Ulrich, Köln
Stich, Lars, Frankfurt am Main
Summerer, Dr. Thomas, München
Trojan, Bettina, Köln
Volk, Ulrich, Wiesbaden
Walentowski, Swen, Berlin
Weide, Norbert, Neustadt in Holstein
Wendt, Philipp, Berlin
Wichmann, Prof. Dr. Alexander, Freiburg i. Br.
Wulf, Dr. Martin, Berlin

Vertrauen ist gut. Anwalt ist besser.

Wir machen rechtsextremistischer Gewalt den Prozess. Mit Ihrer Hilfe.

Opfer rechtsextremistischer oder politisch motivierter Straftaten sehen sich häufig durch Missachtung zusätzlichem Leid ausgesetzt. Die Stiftung Contra Rechtsextremismus unterstützt diese Menschen indem sie die Kosten für Rechtsberatung und Rechtsvertretung übernimmt. Bei unserer Arbeit sind wir auf Ihre Hilfe angewiesen. Spenden Sie jetzt bequem online unter
anwaltverein.de/stiftung-contra-rechtsextremismus

Alle Spenden kommen zu 100 % dem Stiftungszweck zugute. Zudem bitten wir Sie anzuregen, dass die Stiftung bei Einstellung der Verfahren nach § 153a StPO und bei Bewährungsauflagen begünstigt wird. Herzlichen Dank für Ihre Unterstützung!

Kontoverbindung:
Commerzbank Köln
Konto-Nr.: 2 078 296 01
BLZ: 370 800 40
IBAN: DE66 3708 0040 0207 8296 01
BIC: DRESDEFF370

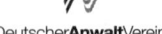

Deutscher**Anwalt**Verein

Contra Rechtsextremismus:
Eine Stiftung des Deutschen Anwaltvereins

Anwalt der Anwälte

Inhaltsverzeichnis

Vorwort des DAV-Präsidenten
Rechtsanwalt und Notar Ulrich Schellenberg, Berlin 15

Vorwort der Vorsitzenden des FORUMs Junge Anwaltschaft
Rechtsanwältin und Notarin Ruth Nobel, Bochum 17

Der Deutsche Anwaltverein – Interessenvertreter der Anwaltschaft
Rechtsanwalt Philipp Wendt, MBA, Berlin 19

**Starthilfe, Fortbildung, Netzwerk –
Das FORUM Junge Anwaltschaft im DAV**
Syndikusrechtsanwalt Max Gröning, Berlin 27

Mitgliedschaft im örtlichen Anwaltverein
Rechtsanwältin Astrid Gothe, Berlin 31

A. DIE ANWÄLTIN – DER ANWALT

A.1 Berufsethik
Rechtsanwalt Dr. Jörg Meister, Mannheim 35

A.2 Anwältin mit Willen
Rechtsanwältin Mechtild Düsing, Münster 39

A.3 Arbeitsgemeinschaft Anwältinnen im DAV
Rechtsanwältin Silvia C. Groppler, Berlin 43

**A.4 Anwaltliches Berufsrecht – hilfreich oder hinderlich? –
Anwälte als freie Unternehmer in einem regulierten Beruf**
Rechtsanwalt Markus Hartung, Berlin 47

A.5 Generalist oder Spezialist?
Rechtsanwalt Hartmut Kilger, Tübingen 58

A.6 Die Anwältin – Der Anwalt: Zweitberuf?
Rechtsanwalt Dr. Michael Kleine-Cosack, Freiburg i.Br. 67

A.7 Die Berufshaftpflichtversicherung
Rechtsanwältin und Notarin Edith Kindermann, Bremen
Rechtsanwalt und Notar Dr. Rembert Brieske, Bremen † 81

A.8 Anwaltspflichten und Anwaltshaftung
Rechtsanwältin Antje Jungk, München 101

A.9 Die Rechtsanwaltsversorgungswerke
Rechtsanwalt Hartmut Kilger, Tübingen 119

INHALTSVERZEICHNIS

A.10 Der Syndikusrechtsanwalt/Die Syndikusrechtsanwältin
Rechtsanwältin (Syndikusrechtsanwältin) Dr. Clarissa Freundorfer, LL.M.,
Berlin
Rechtsanwalt (Syndikusrechtsanwalt) Michael Prossliner, LL.M., Pulheim
Rechtsanwalt (Syndikusrechtsanwalt) Michael Scheer, Berlin 133

A.11 Das SGB III – Kenntnis auch aus Eigennutz!?
Assessor Tobias Schlaeger, Düsseldorf
Rechtsanwalt Norman Lenger, LL.M., Köln 145

A.12 Die Krankenversicherung
Rechtsanwalt Arno Schubach, Frankfurt am Main 166

A.13 Berufsunfähigkeit: Ein vielfach unterschätztes Risiko
Rechtsanwalt Arno Schubach, Frankfurt am Main 171

B. DIE EIGENE KANZLEI

B.1 Kanzleigründung – Best Practise
Rechtsanwältin Ann-Kathrin Dreber, Eschwege
Rechtsanwalt und Notar Dr. Kevin Faber, Eschwege 179

B.2 Rechtsformen für die gemeinsame Ausübung des Anwaltsberufs
Rechtsanwalt Dr. Klaus Oepen, Hamburg
Rechtsanwältin Daniela Bramkamp, Hamburg 186

B.3 Die Partnerschaftsgesellschaft mit beschränkter Berufshaftung
Rechtsanwalt Rafael Meixner, Köln 203

B.4 Kanzleifusionen – Worüber es sich lohnt, nachzudenken
Rupprecht Graf von Pfeil, München 226

B.5 Mustervertrag für die örtliche Sozietät
Rechtsanwalt Dr. Klaus Oepen, Hamburg
Rechtsanwältin Daniela Bramkamp, Hamburg 244

B.6 Mustervertrag für eine überörtliche Sozietät
Rechtsanwalt Dr. Klaus Oepen, Hamburg
Rechtsanwältin Daniela Bramkamp, Hamburg 255

B.7 Mustervertrag für eine Partnerschaft mit beschränkter Berufshaftung
Rechtsanwalt Dr. Klaus Oepen, Hamburg
Rechtsanwältin Daniela Bramkamp, Hamburg 267

B.8 Gesellschaftsvertrag einer Rechtsanwaltsgesellschaft (in der Form der GmbH)
Rechtsanwalt Dr. Joachim Freiherr von Falkenhausen, LL.M. (Berkeley),
Hamburg 280

B.9 Anstellungsvertrag für einen Geschäftsführer der Rechtsanwaltsgesellschaft in der Form der GmbH
Rechtsanwalt Dr. Joachim Freiherr von Falkenhausen, LL.M. (Berkeley), Hamburg 287

B.10 Versorgungszusage für einen Geschäftsführer der Rechtsanwaltsgesellschaft in Form der GmbH
Rechtsanwalt Dr. Joachim Freiherr von Falkenhausen, LL.M. (Berkeley), Hamburg 290

B.11 Finanzierung und Fördermittel
Rechtsanwältin Dorela Kress, Esslingen 292

B.12 Robe und Schild sind da ... und wie jetzt weiter? – Überlegungen zum Start in den Anwaltsberuf
Rechtsanwalt und Notar Ulrich Volk, Wiesbaden 300

B.13 Buchführung und Steuern
Rechtsanwalt Dr. Martin Wulf, Berlin 307

B.14 Kanzleimanagement
Rechtsanwalt Horst Leis, LL.M., Düsseldorf 323

B.15 Mitarbeiterpersonal und Auszubildende
Rechtsanwalt Dr. Ulrich Prutsch, Köln 356

B.16 Mandanten finden – Mandanten binden
Rechtsanwalt Martin Lang, München 366

B.17 Öffentlichkeitsarbeit als Marketinginstrument
Rechtsanwalt und Journalist Micha Guttmann, Köln und Berlin
Rechtsanwalt Swen Walentowski, Berlin 371

B.18 Kommunikation über soziale Medien
Valerie Herberg, Berlin 385

B.19 Webseite und Social-Media-Auftritt: Tipps zur Optimierung
Valerie Herberg, Berlin 388

C. DIE FREMDE KANZLEI

C.1 Die Bewerbung im Anwaltsberuf
Rechtsanwältin Jana Mähl-Hupka, Berlin 395

C.2 Der Arbeitsvertrag
Rechtsanwalt Walther Grundstein, Frankfurt am Main
Rechtsanwalt Lars Stich, Frankfurt am Main 407

C.3 Musterarbeitsvertrag
Rechtsanwalt Walther Grundstein, Frankfurt am Main
Rechtsanwalt Lars Stich, Frankfurt am Main 420

D. Die ersten 100 Tage

D.1 Und in Zukunft: Der elektronische Rechtsverkehr
Rechtsanwalt Martin Schafhausen, Frankfurt am Main 427

D.2 Das rechtsschutzversicherte Mandat
Rechtsanwältin und Notarin Edith Kindermann, Bremen 435

D.3 Das Vergütungsrecht
Rechtsanwalt Norbert Schneider, Neunkirchen 442

D.4 Vergütungsvereinbarung
Rechtsanwältin und Notarin Edith Kindermann, Bremen 455

D.5 Beratungshilfe + PKH/VKH
Rechtsanwalt Norbert Schneider, Neunkirchen 468

D.6 Disruption of the legal industry through advanced technologies: legal tech is reshaping the firms' and lawyers' positioning
Marie Bernard, Berlin
Julien Henri Lasala, Berlin 476

D.7 Fortbildung und Fachanwaltschaft – Möglichkeiten beim Berufseinstieg
Rechtsanwältin Kirsten Pelke, Berlin 480

D.8 Fortbildung nach außen sichtbar machen – Die Fortbildungsbescheinigung des DAV
Rechtsanwältin Bettina Bachmann, Berlin 486

E. Spezialisierung

E.1 Arbeitsgemeinschaft Agrarrecht im DAV
Rechtsanwältin Mechtild Düsing, Münster
Rechtsanwalt Dr. Christian Halm, Neunkirchen 491

E.2 Anwaltsnotariat
Rechtsanwalt und Notar Norbert Weide, Neustadt in Holstein
Rechtsanwältin und Notarin Sarah Scherwitzki, LL.M., Berlin 492

E.3 Warum eigentlich Arbeitsrecht?
Rechtsanwalt Dr. Johannes Schipp, Gütersloh 495

E.4	**Bank- und Kapitalmarktrecht** Andreas M. Lang, Frankfurt am Main	499
E.5	**Bau- und Architektenrecht** Rechtsanwalt Dr. Peter Sohn, Hamm Rechtsanwältin Dr. Birgit Franz, Köln	509
E.6	**Das erbrechtliche Mandat** Rechtsanwalt Prof. Dr. Andreas Frieser, Bonn	515
E.7	**Das familienrechtliche Mandat** Geschäftsführender Ausschuss der AG Familienrecht im DAV	521
E.8	**Geistiges Eigentum & Medien – Gewerblicher Rechtsschutz und Medien- und Urheberrecht** Rechtsanwältin Bettina Trojan, Köln	525
E.9	**Handels- und Gesellschaftsrecht** Rechtsanwalt Prof. Dr. Burkhard Binnewies, Köln	533
E.10	**Insolvenzrecht** Rechtsanwalt Peter Depré, Mannheim	535
E.11	**Internationales Wirtschaftsrecht** Rechtsanwältin Dr. Malaika Ahlers, LL.M., Berlin Rechtsanwalt Dr. Jan Curschmann, Hamburg	542
E.12	**IT-Recht** Rechtsanwältin Dr. Astrid Auer-Reinsdorff, Berlin	547
E.13	**Mediation – professionelles Konfliktmanagement** Rechtsanwalt Stephan Schmidt-Jochum, Neunkirchen	555
E.14	**Medizinrecht** Rechtsanwalt Dr. iur. Rudolf Ratzel, München	564
E.15	**Mietrecht und WEG** Rechtsanwalt Norbert Schönleber, Köln	568
E.16	**Migrationsrecht** Rechtsanwalt Thomas Oberhäuser, Ulm	577
E.17	**Sozialrecht** Rechtsanwalt Prof. Ronald Richter, Hamburg	585
E.18	**Sportrecht** Rechtsanwalt Dr. Thomas Summerer, München	590
E.19	**Steuerrecht** Rechtsanwalt Dr. Martin Wulf, Berlin	593

E.20 Strafrecht
Rechtsanwalt Prof. Dr. Ulrich Sommer, Köln 602

E.21 Transport- und Speditionsrecht – Der Nischenanwalt für das Massengeschäft
Rechtsanwalt Dieter Janßen, Bremen 609

E.22 Vergaberecht
Rechtsanwalt Prof. Dr. Alexander Wichmann, Freiburg i.Br. 611

E.23 Verkehrsrecht
Rechtsanwalt Oskar Riedmeyer, München 615

E.24 Versicherungsrecht
Rechtsanwältin Monika Maria Risch, Berlin 619

E.25 Das verwaltungsrechtliche Mandat
Rechtsanwalt Prof. Dr. Wolfgang Ewer, Kiel 622

F. INFOS

F.1 Hinweise zur Anwaltszulassung
Rechtsanwalt Horst Leis, LL.M., Düsseldorf 635

F.2 Anwaltsuchdienste, Anwaltsportale – sinnvoll oder überflüssig?
Rechtsanwalt Swen Walentowski, Berlin 640

Das Rechtsberatungsprojekt European Lawyers in Lesvos besteht seit Juni 2016 und war ursprünglich eine Initiative des Deutschen Anwaltvereins (DAV) und der Europäischen Anwaltvereinigung CCBE in Kooperation mit griechischen Anwaltskammern. Mittlerweile ist European Lawyers in Lesvos eine gemeinnützige und unabhängige Gesellschaft.

Mit dem Projekt leisten griechische und weitere europäische Rechtsanwälte, die Experten auf dem Gebiet des Asylrechts sind, auf der griechischen Insel Lesbos für Flüchtlinge individuelle und kostenlose Rechtsberatung.

Bitte unterstützen Sie das Projekt!

Die European Lawyers in Lesvos gGmbH benötigt dringend zusätzliche Geldmittel, um die Arbeit fortzusetzen. Sie erhält keine Mittel der EU oder der griechischen Regierung. Da die Rechtsanwältinnen und Rechtsanwälte ehrenamtlich arbeiten, können die Kosten gering gehalten werden: Der finanzielle Aufwand für die Pro-Bono-Beratung durch einen erfahrenen europäischen Asylrechtsanwalt liegt bei 80 € pro Beratung.

Sie möchten unterstützen? Besuchen Sie die Website www.elil.eu/donate. Dort können Sie einfach per PayPal spenden. Oder Sie überweisen Ihre Spende auf das unten genannte Konto:

Empfänger: European Lawyers in Lesvos gGmbH i.G.
Bank: Deutsche Bank, Otto-Suhr-Allee 6-16, 10585 Berlin
IBAN: DE95 1007 0024 0088 9998 00
SWIFT/BIC: DEUTDEDBBER
Verwendungszweck: Spende an die ELIL gGmbH i.G.
(Bitte nennen Sie unbedingt diesen Zweck; ohne den Zusatz „i.G." muss die Deutsche Bank die Überweisung nicht annehmen.)
Weitere Informationen unter: www.europeanlawyersinlesvos.eu

Vielen Dank für Ihre Unterstützung!

Vertrauen ist gut. Anwalt ist besser.

„Für die qualifizierte Fortbildung ist der DAV meine erste Wahl."

Rechtsanwältin Karen Spillner, Mitglied der Arbeitsgemeinschaft Arbeitsrecht

Wir bieten Ihnen

- ✓ 30 Arbeitsgemeinschaften
- ✓ Interessenvertretung
- ✓ Kommunikation
- ✓ Fortbildung
- ✓ Information
- ✓ Service
- ✓ u.v.m.

Informieren Sie sich unter anwaltverein.de **über eine Mitgliedschaft in Ihrem dem DAV angeschlossenen örtlichen Anwaltverein.**

DeutscherAnwaltVerein

Anwalt der Anwälte

Vorwort des DAV-Präsidenten

Früher konnte man im Vorwort schreiben „Sie halten nunmehr unseren DAV-Ratgeber in den Händen". Dass man dies nicht mehr so selbstverständlich sagen kann, hat einen guten Grund: Die 14. Ausgabe des DAV-Ratgebers gibt es nämlich kostenfrei auch als E-Book. Beide Angebote gibt es, damit jede Leserin bzw. jeder Leser die für einen selbst komfortablere Variante der Informationsbeschaffung wählen kann.

Mit dem DAV-Ratgeber verfolgen wir das Ziel, allen Kolleginnen und Kollegen – ob jung oder alt – die Existenzgründung und den Berufseinstieg zu erleichtern. Namhafte Autoren dieses Ratgebers haben honorarfrei daran mitgewirkt; ihnen gilt mein besonderer Dank. Die Freude der Autoren, mit den jungen Kolleginnen und Kollegen gemeinsam in die gute Zukunft der Anwaltschaft zu schauen, wird auch in diesem Ratgeber spürbar.

Diese Auflage ist völlig neu überarbeitet, und die Beiträge sind aktualisiert worden. Neue Themen sind beispielsweise

- Legal Tech
- Tipps zur Optimierung Ihrer Website und Ihrer Social-Media-Aktivitäten und
- Berufsunfähigkeit – ein Thema, an das ungern gedacht wird, aber für jede Kollegin und jeden Kollegen wichtig ist.

Wir möchten den Start in die eigene Existenz mit dem Ratgeber erleichtern. Daher gibt er ein gutes Bild über den Status von Anwältinnen und Anwälten ebenso ab wie die Möglichkeiten für eine eigene Kanzlei oder der Mitarbeit in einer fremden. Was Sie wissen müssen, ist die Vorbereitung auf die ersten 100 Tage, ebenso wie ein Überblick über die Möglichkeiten und die Notwendigkeit der Spezialisierung.

Wir geben diesen Ratgeber gemeinsam mit dem FORUM Junge Anwaltschaft im DAV heraus. Wir brauchen anwaltlichen Nachwuchs, um die Qualität anwaltlicher Dienstleistung auch dauerhaft zu sichern und den Zugang zum Recht für die Gesellschaft zu gewährleisten.

Wer den anwaltlichen Beruf ergreift, muss ihn selbstständig verantwortlich ausüben können. Der Ratgeber bietet viel Anschauungsmaterial hierfür.

Neben diesem DAV-Ratgeber gibt es auf unserer Webseite unter der Rubrik „Anwaltspraxis" weitere wichtige Hilfen für den Berufsstart.

Ihnen wünsche ich bereichernde Anregungen und Hilfen aus diesem Buch und vor allem viel Erfolg bei der Arbeit in unserem schönen Anwaltsberuf.

Ulrich Schellenberg
Präsident des Deutschen Anwaltvereins

Netzwerk für Newcomer

DeutscherAnwaltVerein
FORUM Junge Anwaltschaft

Das FORUM bietet allen m/f Referendaren, Assessoren und Anwälten bis 45 Jahren

Alle Informationen zur Mitgliedschaft:
www.davforum.de

Kontakt:
info@davforum.de
T. 030 726 15 20

- Netzwerke national und international
- Interessenvertretung für Junge Anwälte und Anwältinnen
- Starthilfe beim Berufseinstieg und in den ersten Berufsjahren
- Sonderkonditionen beim Deutschen Anwaltstag und bei Fortbildungen
- stark vergünstigte Juniormitgliedschaften* bei anderen ARGEs
  *https://davforum.de/de/ueber-uns/juniorenmitgliedschaften
- Vorteile und Vergünstigungen bei Kooperationspartnern
- 11 x jährlich das Anwaltsblatt

Vorwort der Vorsitzenden des FORUMs Junge Anwaltschaft

Unser Leitmotiv lautet: Wir sind junge Anwältinnen und Anwälte aus Leidenschaft und Überzeugung! Dass auch Sie dazugehören möchten und auch Sie sich aktiv für Ihre Zukunft in unserem Beruf interessieren, zeigt sich bereits dadurch, dass Sie eines der heiß begehrten Exemplare des DAV-Ratgebers in den Händen halten. Denn wer ein solches Exemplar ergattern will, muss nicht nur schnell, sondern auch engagiert und ambitioniert sein.

Die Dachorganisation des Deutschen Anwaltvereins (DAV) verfügt aktuell über 30 Arbeitsgemeinschaften und 257 angeschlossene Anwaltvereine. Das FORUM Junge Anwaltschaft ist dabei innerhalb des DAV eine der größten Arbeitsgemeinschaften und setzt sich mit großem Engagement speziell für die Belange der jungen Kolleginnen und Kollegen ein. Der DAV-Ratgeber soll Ihnen dabei nahebringen, wie sinnvoll und förderlich es für die eigene Berufsausübung ist, wenn man sich einer starken Gemeinschaft anschließt.

Beinahe 4.000 junge Anwältinnen und Anwälte haben es Ihnen vorgemacht und sind aktuell Mitglied im FORUM Junge Anwaltschaft. Was wir neben diesem Ratgeber zu bieten haben, können Sie unserer Website www.davforum.de entnehmen. Sie können dort online die Mitgliedschaft im Forum beantragen, sich über unsere Arbeit informieren und bei unserer Mailingliste anmelden, um zusammen mit anderen engagierten jungen Kolleginnen und Kollegen alle unter den Nägeln brennenden Fragen rund um die ersten Schritte im Anwaltsberuf zu diskutieren und/oder sich über aktuelle Fragen betreffend die Berufspolitik der Anwaltschaft auszutauschen. Die Mailingliste gewährt nicht nur fachliche, sondern auch persönliche Unterstützung bei allen Fragen rund um den Anwaltsberuf. Wer sich engagieren möchte, findet also beim FORUM Junge Anwaltschaft einen starken Partner.

In jedem Landgerichtsbezirk bundesweit organisieren unsere Regionalbeauftragten vor Ort monatliche Stammtische und Informationsveranstaltungen, um den gemeinsamen Austausch zwischen jungen Kolleginnen und Kollegen zu födern und als Bindeglied zwischen Forumsmitgliedern und den örtlichen Anwaltvereinen zu fungieren. Sie stehen den Junganwälten mit Rat und Tat zur Seite. Finden Sie heraus, wann in Ihrem Landgerichtsbezirk der nächste Stammtisch stattfindet. Die Informationen finden Sie auf unserer Website.

Gemeinsam mit der Deutschen Anwaltakademie (DAA) veranstalten wir bereits seit vielen Jahren halbjährlich stattfindende Einsteigerseminare für Junganwälte, Assessoren und Referendare und insbesondere Existenzgründer. Dort wird das Handwerkszeug der Berufsausübung, Mandatsführung, Vergütung und Haftung gelehrt.

Diese Seminare bieten überdies die Möglichkeit, gleichgesinnte jungen Kolleginnen und Kollegen zu treffen sich bundesweit zu vernetzen und auszutauschen. Der Startschuss für Ihre Karriere!

RECHTSANWÄLTIN UND NOTARIN RUTH NOBEL ->
VORWORT DER VORSITZENDEN DES FORUMS JUNGE ANWALTSCHAFT

Das FORUM Junge Anwaltschaft organisiert des Weiteren in Kooperation mit den anderen fachspezifischen Arbeitsgemeinschaften des DAV regelmäßig gemeinsame Veranstaltungen z.B. auf dem jährlich stattfindenden Deutschen Anwaltstag, um unseren jungen Mitgliedern ein fachlich möglichst breit gefächertes Fortbildungsangebot zu bieten und die Anknüpfung und den Eintritt in die anderen Arbeitsgemeinschaften des DAV zu fördern und zu erleichtern.

Die Spezialisierung im anwaltlichen Berufsmarkt wird, damit man sich gegen die mannigfaltige Konkurrenz behaupten kann, ein immer wichtigeres Kriterium.

Falls Sie auch daran interessiert sind, beruflichen Austausch und bundesweite Vernetzung mit jungen, dynamischen und motivierten Kolleginnen und Kollegen zu nutzen, sollten Sie, falls sie nicht bereits Mitglied in der Arbeitsgemeinschaft FORUM Junge Anwaltschaft sind, den Schritt wagen und Mitglied werden. Insbesondere in den ersten Berufsjahren bietet das FORUM Junge Anwaltschaft im DAV eine nachhaltige Unterstützung und das Logbuch für sämtliche juristische Weltmeere.

Mit freundlichen kollegialen Grüßen und hoffentlich bis bald auf einer unserer Veranstaltungen des FORUMs oder einer solchen in Zusammenarbeit mit dem DAV oder der DAA.

Herzlichst,

Ihre

Ruth Nobel
Vorsitzende des FORUMs Junge Anwaltschaft im DAV

Der Deutsche Anwaltverein – Interessenvertreter der Anwaltschaft

Rechtsanwalt Philipp Wendt, MBA, Berlin • Hauptgeschäftsführer des DAV

Herzlich willkommen in der Anwaltschaft!

Wenn Sie diesen Ratgeber in den Händen halten, sind Sie gerade als Anwältin oder als Anwalt zugelassen worden oder Sie planen Ihre Zulassung und damit Ihren Berufseinstieg. Damit Sie sich auf den Start in den Beruf gut vorbereiten können, haben wir für Sie diesen Ratgeber zusammengestellt. Wir, das ist der Deutsche Anwaltverein (DAV), der freiwillige Zusammenschluss der Rechtsanwältinnen und Rechtsanwälte in Deutschland. In der Rechtsanwaltskammer, Ihrer Selbstverwaltungskörperschaft, werden Sie mit der Zulassung nach dem Gesetz Mitglied. Für eine Mitgliedschaft im DAV können Sie sich frei entscheiden. Ich empfehle Ihnen diese Mitgliedschaft.

Warum?

Wer in unserem Land Wert darauf legt, dass seine Interessen im politischen Meinungs- und Willensbildungsprozess wahrgenommen werden, muss seine Stimme erheben. Jede gesellschaftliche Gruppierung muss, will sie nicht untergehen, ihre gemeinsamen Interessen zu Gehör bringen, ihren Sachverstand, ihre Positionen und ihre Vorstellungen in den Meinungsbildungsprozess einbringen. Die Stimme Einzelner wird leicht überhört. Es ist deswegen notwendig, sich mit vielen zur Wahrnehmung gleichgerichteter Interessen zusammenzuschließen.

Dies ist der Grund, warum sich knapp 65.000 Rechtsanwältinnen und Rechtsanwälte der Bundesrepublik Deutschland im Deutschen Anwaltverein zusammengefunden haben, organisiert in über 250 örtlichen Anwaltvereinen. Diese Freiwilligkeit der Beitrittsentscheidung ebenso wie die demokratischen Strukturen der Meinungsbildung im DAV (Mitgliederversammlung der örtlichen Anwaltvereine, Mitgliederversammlung des DAV, Vorstand des DAV) machen den Deutschen Anwaltverein zu dem demokratisch legitimierten Vertreter der Interessen der Anwaltschaft.

Zweck des DAV

Zweck des Deutschen Anwaltvereins ist nach seiner Satzung insbesondere die Wahrung, Pflege und Förderung aller beruflichen und wirtschaftlichen Interessen der Anwaltschaft einschließlich des Anwaltsnotariats. Er fördert Rechtspflege und Gesetzgebung, bietet Aus- und Fortbildung an und pflegt Gemeinsinn und wissenschaftlichen Geist der Rechtsanwaltschaft.

Wurzeln des DAV

Seine Gründung im August 1871 auf einem Anwaltstag in Bamberg geht auf Initiativen des Preußischen und Bayerischen Anwaltvereins zurück. Sein Sitz war zunächst zehn Jahre lang Berlin, dann Leipzig und von 1932 bis 1933/34 wiederum Berlin. 1933/34 – das gehört zu den dunklen Seiten unserer Geschichte – hat sich der DAV gleichgeschaltet. Nicht so schnell wie andere Vereinigungen, aber doch ohne große Widerstände. Schließlich wurden er und die örtlichen Anwaltvereine förmlich aufgelöst. Die Anwälte hatten sich in die Fachgruppe Rechtsanwälte des Bundes Nationalsozialistischer Deutscher Juristen einzugliedern.

Wiedergründung des DAV

Nach der Wiedergründung des DAV nach dem 2. Weltkrieg, dass Werk des Hamburger Rechtsanwalts Dr. *Emil von Sauer*, der als Vorsitzender des Hamburgischen Anwaltvereins zunächst die in der britischen Zone neu entstandenen örtlichen Anwaltvereine zu einem Deutschen Anwaltverein Nordwest zusammenfasste, zog der Deutsche Anwaltverein 1977 von Hamburg nach Bonn. Das fertiggestellte DAV-Haus in Berlin-Mitte hat der DAV im November 2000 bezogen, um so dem Deutschen Bundestag und dem Bundesministerium der Justiz und für Verbraucherschutz wie bisher auch räumlich nahe zu sein.

Durchsetzung der Interessen der Anwaltschaft

Hauptarbeitsgebiet des DAV ist die Durchsetzung der wirtschaftlichen Interessen der Anwaltschaft. Nicht nur am Zustandekommen der Bundesgebührenordnung für Rechtsanwälte 1957, sondern auch an ihren zahlreichen Novellen war der DAV maßgeblich als Initiator und als stets drängender Lobbyist beteiligt. Auch aktuell in der 19. Legislaturperiode arbeitet der DAV an einer Reform des RVG, die zu einer Anpassung der Gebühren um etwa 12 Prozent führen soll.

Der DAV verteidigt die anwaltlichen Versorgungswerke und setzt sich für gute Rahmenbedingungen für anwaltliche Tätigkeit ein. In Zeiten der Digitalisierung bedarf es insbesondere eines funktionierenden elektronischen Rechtsverkehrs. Um Rechtsberatung auch in strukturschwächeren Regionen anbieten zu können, braucht es auch dort einen Breitbandanschluss.

Weitere Lobbyarbeit des DAV

Seit seiner Wiedergründung befasst sich der DAV intensiv mit der Gesetzgebung rund um die Justiz und das Verfahrensrecht. Als Spitzenverband nimmt der DAV zu allen wichtigen Gesetzesvorhaben in Bund und Ländern Stellung. Die Stellungnahmen zu Gesetzentwürfen werden von mehr als 35 DAV-Gesetzgebungs- und Fachausschüssen erarbeitet und genießen in den Ministerien, vor allem aber bei Parlamentarierinnen und Parlamentariern große

DER DEUTSCHE ANWALTVEREIN <- RECHTSANWALT PHILIPP WENDT, MBA

Wertschätzung. Seit dem Bestehen der Bundesrepublik ist keines der großen Verfahrensgesetze zustande gekommen, ohne dass der DAV das Gesetzgebungsverfahren mit seinen umfangreichen Stellungnahmen begleitet hat.

Kontakte zur Politik

Seit die DAV-Geschäftsstelle sich am Sitz der Regierung zunächst in Bonn und seit November 2000 in Berlin befindet, sind die Kontakte zum Rechtsausschuss des Deutschen Bundestages, zum Bundesministerium der Justiz und für Verbraucherschutz und zu einzelnen Abgeordneten des Deutschen Bundestages immer enger geworden. Beweis dafür sind die stets sehr gut besuchten Parlamentarischen Abende des Deutschen Anwaltvereins für alle Rechtsanwältinnen und Rechtsanwälte und Juristinnen und Juristen im Deutschen Bundestag.

Fort- und Weiterbildung der Anwaltschaft

Der Fort- und Weiterbildung der Anwaltschaft widmet der DAV große Aufmerksamkeit. Die Deutsche Anwaltakademie, eine Tochter des DAV, bietet bundesweit ein breit gefächertes Fortbildungsprogramm von „A" wie Arbeitsrecht bis „Z" wie Zwangsvollstreckung. Es gibt wohl keine für die anwaltliche Praxis relevanten Themen, zu denen die DAV-Tochter keine Fortbildungsmöglichkeiten anbietet. Die Akademie ist der Anbieter, bei dem Sie Kurse zu allen 23 Fachanwaltschaften und umfangreiche Möglichkeiten zur Vorbereitung auf die notarielle Fachprüfung finden. Für Anwältinnen und Anwälte in den ersten Berufsjahren ist das breite Angebot an Online-Seminaren besonders interessant.

Anwaltliche Ausbildung

Das Engagement des DAV erstreckt sich seit seiner Gründung auch auf den anwaltlichen Nachwuchs und die anwaltliche Ausbildung. Der DAV ist hier Gesprächspartner für Fakultäten und die Politik, aber auch Anstoßgeber in der Diskussion um eine Reform der Juristenausbildung. Aus Sicht des DAV muss jede Anwältin, jeder Anwalt bei Zulassung in der Lage sein, den Anwaltsberuf selbstständig und eigenverantwortlich auszuüben.

Deutscher Anwaltverlag

Der Deutsche Anwaltverlag ist ein gemeinschaftliches Verlagsunternehmen des Deutschen Anwaltvereins und der Hans Soldan GmbH. Der Verlag bietet ein attraktives Programm an Zeitschriften, Handbüchern, Gesetzestexten und Verzeichnissen – speziell auf die Bedürfnisse des Anwalts abgestimmt. Im Anwaltverlag erscheint auch das Anwaltsverzeichnis, das zugleich Mitgliederverzeichnis des DAV ist. Über das reine Verzeichnis der Rechtsanwältinnen und Rechtsanwälte, Notarinnen und Notare hinaus enthält es für die tägliche Anwaltspraxis wichtige Informationen, so die Anschriften aller Anwaltvereine, der Rechtsanwaltskammern und der Gerichte. Vereinsmitglieder erhalten es zu einem wesentlich reduzierten Sonderpreis. DAV-Mitglieder sind auch zum verbilligten Bezug der NJW berechtigt, zu deren Mitherausgebern der DAV zählt.

Anwaltsblatt/Anwaltsblatt Karriere

Das vom DAV herausgegebene Anwaltsblatt ist das monatlich erscheinende Fachmagazin für die Anwältin und den Anwalt, das die Mitglieder eines Anwaltvereins im DAV kostenlos erhalten. Der Inhalt des Anwaltsblattes wird von praktischen Fragen der anwaltlichen Tätigkeit bestimmt. Es enthält aktuelle berufs- und gebührenrechtliche Rechtsprechung, es werden Steuer- und Haftpflichtfragen behandelt. Der Aufsatzteil ist aktuell auch über das Internet und für mobile Geräte über die Anwaltsblatt-App abrufbar. Anwaltsblatt Karriere erscheint zweimal jährlich und richtet sich an angehende Kolleginnen und Kollegen. Aus dem Markt der Zeitschriften für Studierende und Referendare ist Anwaltsblatt Karriere nicht mehr wegzudenken.

Deutsche Anwaltauskunft

Als weiteren Service hat der DAV für die Mitglieder der örtlichen Anwaltvereine die Deutsche Anwaltauskunft, den größten Anwaltsuchdienst in der Bundesrepublik, etabliert. Die im DAV organisierten Rechtsanwältinnen und Rechtsanwälte sind automatisch ohne weitere Kosten im Datenbestand der Deutschen Anwaltauskunft enthalten. Somit können sie durch die Internetadresse der Deutschen Anwaltauskunft (www.anwaltauskunft.de) neue Mandate bekommen. DAV-Mitglieder sind daher nicht darauf angewiesen, sich bei kommerziellen Dienstleistern gegen oft erhebliche Gebühren eintragen zu lassen. Die Kommunikationsdaten werden in der Deutschen Anwaltadresse gesammelt und gepflegt. Zudem kann jede Rechtsanwältin und jeder Rechtsanwalt über das DAV-Onlineportal seine Daten selbst einsehen, einstellen und ändern (www.anwaltverein.de). Neben den bürobezogenen Daten sind auch die berufsbezogenen Daten wie Fachanwaltschaften, Qualifikationen usw. gespeichert.

Arbeitsgemeinschaften des DAV

Die Arbeitsgemeinschaften des DAV bilden das fachliche Netzwerk, das jeder Praktiker im Beruf braucht. Sie bieten den Anwälten Gedanken- und Erfahrungsaustausch und spezialisierte Fortbildung auf ihrem jeweiligen Fachgebiet – häufig zusammen mit der Deutschen Anwaltakademie. Die zahlenmäßig größten Arbeitsgemeinschaften sind die für Familienrecht, Strafrecht und Verkehrsrecht. Weitere Arbeitsgemeinschaften gibt es u.a. für Agrarrecht, Allgemeinanwälte, Anwaltsnotariat, Arbeitsrecht, Bank- und Kapitalmarktrecht, Bau- und Immobilienrecht, Erbrecht, Geistiges Eigentum & Medien, Handels- und Gesellschaftsrecht, Informationstechnologie, Insolvenzrecht und Sanierung, Internationalen Rechtsverkehr, Kanzleimanagement, Mediation, Medizinrecht, Mietrecht und Immobilien, Migrationsrecht, Sozialrecht, Sportrecht, Steuerrecht, Transport- und Speditionsrecht, Versicherungsrecht und Verwaltungsrecht.

DER DEUTSCHE ANWALTVEREIN <- Rechtsanwalt Philipp Wendt, MBA

Arbeitsgemeinschaft Anwältinnen

Im Jahr 2004 haben sich DAV-Anwältinnen in einer Arbeitsgemeinschaft organisiert, um sich den speziellen Fragestellungen der Kolleginnen zu widmen.

Arbeitsgemeinschaft Syndikusanwälte

Unternehmensjuristinnen und -juristen und Syndikusrechtsanwältinnen und -anwälte stehen in den Rechtsabteilungen besonderen Herausforderungen gegenüber. Bereits die Zulassung als Syndikusrechtsanwältin oder -rechtsanwalt ist ein besonderes Verfahren, das gut vorbereitet werden will. Den speziellen Interessen dieser Gruppe von Kolleginnen und Kollegen widmet sich eine eigene Arbeitsgemeinschaft im DAV.

FORUM Junge Anwaltschaft

Den Interessen und Problemen der jungen Kolleginnen und Kollegen widmet der DAV sein besonderes Augenmerk. Ziel des FORUMs Junge Anwaltschaft ist es, die Interessen junger Kolleginnen und Kollegen innerhalb des Verbandes zu vertreten und ihre Fortbildung zu fördern. Das FORUM dient dem Informationsaustausch seiner Mitglieder und bietet Hilfe zur Selbsthilfe, insbesondere für den Einstieg in den Anwaltsberuf. Ferner sollen aus der Sicht des Berufsanfängers berufspolitische Fragen diskutiert werden.

Deutscher Anwaltstag

Jährlich – jedes Mal in einem anderen Bundesland – wird der Deutsche Anwaltstag (DAT), die größte repräsentative Veranstaltung der deutschen Anwaltschaft, einberufen. Der Anwaltstag bringt der Öffentlichkeit Themen und Wünsche der Anwaltschaft nahe. Der einzelnen Rechtsanwältin bzw. dem Rechtsanwalt gibt der DAT die Möglichkeit, sich in Fachveranstaltungen und z.B. offenen Ausschusssitzungen mit aktuellen berufsrechtlichen und rechtspolitischen Fragen auseinanderzusetzen und diese mit Kollegen zu diskutieren.

DAV international

Der DAV gehört nicht nur den drei größten internationalen Anwaltsverbänden an, der International Bar Association (IBA), der Union Internationale des Avocats (UIA) und der Association Internationale des Jeunes Avocats (AIJA). Er arbeitet auch im Rat der Anwaltschaften der Europäischen Gemeinschaft (CCBE) mit. Aufgabe des CCBE ist es, die Interessen der Anwaltschaft in der rechtlich zusammengewachsenen Europäischen Gemeinschaft zu wahren und durchzusetzen. Das EU-Dienstleistungs- und Niederlassungsrecht für Rechtsanwälte entstand unter der maßgeblichen Mitwirkung des DAV.

Lobby über das DAV-Büro Brüssel

Seit den 1990er Jahren unterhält der DAV sein Büro in Brüssel. In einer Zeit, in der die nationale Gesetzgebung der Länder der Europäischen Gemeinschaft immer mehr von Brüssel bestimmt wird, setzt erfolgreiche Rechtspolitik in Deutschland enge Kontakte zu Brüssel voraus. Der Deutsche Anwaltverein hat sie und wird sie mithilfe seines Büros in Brüssel weiter intensivieren.

www.anwaltverein.de

Ständig aktuell informieren wir Sie über Ziele, Aktionen, die Meinungsbildung und den Service des DAV auf unserer Homepage. Schauen Sie rein! Hier können Sie auch zum DAV-Onlineportal gelangen, wo Sie Ihre persönlichen Kommunikationsdaten verwalten können. Diese Daten sind maßgeblich für die Erstellung des demnächst jährlich erscheinenden Anwaltsverzeichnisses. Dies ist ein kostenloser Service, unabhängig davon, ob Sie Mitglied im DAV sind oder nicht.

DAV-Vorstand

Der DAV wird geführt und geleitet durch den von der Mitgliederversammlung gewählten Vorstand, bestehend aus 27 Rechtsanwältinnen und Rechtsanwälten, die zum Teil auch Vorsitzende örtlicher Anwaltvereine bzw. regionaler Landesverbände sind. Präsident des DAV ist seit 2015 Rechtsanwalt und Notar *Ulrich Schellenberg*, Berlin.

Geschäftsführung des DAV

Das Team der Geschäftsführung in den Geschäftsstellen Berlin und Brüssel setzt sich aus sechs Geschäftsführerinnen und sechs Geschäftsführern sowie 80 Mitarbeiterinnen und Mitarbeitern zusammen.

Fazit

Der DAV ist ein leistungsfähiger Berufsverband und ein starker Interessenvertreter der Anwaltschaft. Er sollte alsbald Ihr Berufsverband werden. Werden Sie Mitglied im DAV, indem Sie in den für Sie zuständigen örtlichen Anwaltverein eintreten! Sie genießen zwei Jahre nach Ihrer Erstzulassung gegenüber dem DAV Beitragsfreiheit. Eine gleiche Beitragsfreiheit gewähren viele der örtlichen Anwaltvereine. Auf der DAV-Homepage www.anwaltverein.de können Sie die Höhe des Beitrages des für Sie zuständigen Anwaltvereins erfahren, ebenso wie die Kommunikationsdaten des Vereins.

Sollten Sie Fragen haben, rufen Sie uns unter +49 30 726152-0 an!

DER DEUTSCHE ANWALTVEREIN <- RECHTSANWALT PHILIPP WENDT, MBA

Mir bleibt nur noch, Ihnen nach einer spannenden Lektüre des Ratgebers viel Erfolg in dem von Ihnen gewählten wunderbaren Anwaltsberuf zu wünschen.

Ihr

Philipp Wendt

Anwaltkommentar

Herausgegeben in Verbindung mit dem Deutschen Anwaltverein

Dauner-Lieb | Heidel | Ring
Bürgerliches Gesetzbuch
Gesamtausgabe plus Online Modul

2018-2020, ca. 18.000 S., geb., 1.050,– €
ISBN 978-3-8487-4991-1
nomos-shop.de/39419

Der DAV als Mitherausgeber
Es lohnt sich immer Mitglied im DAV zu sein.

DAV-Vorteils-Preis
750,–
Sie sparen 300 €

Praxisnah...

Der Kommentar richtet sich primär an den Praktiker. Er verbindet übersichtliche Wissensvermittlung mit wissenschaftlicher Auseinandersetzung. Um die zuverlässige Orientierung bei der Rechtsfindung und Rechtsgestaltung zu gewährleisten, liegt der Schwerpunkt auf der Darstellung von Rechtsprechung und herrschender Meinung, beschränkt sich aber nicht darauf.

...und wissenschaftlich profund

Abweichende Ansichten und Entwicklungen werden dargestellt und analysiert, sodass der Benutzer einen umfassenden Überblick erhält. Trotz seiner starken Ausrichtung auf die Bedürfnisse der Praxis, ist der Kommentar wissenschaftlich profund und argumentationsstark.

Bestellen Sie jetzt telefonisch unter (+49)7221/2104-37.
Portofreie Buch-Bestellungen unter www.nomos-shop.de
Alle Preise inkl. Mehrwertsteuer

Nomos

STARTHILFE, FORTBILDUNG, NETZWERK – DAS FORUM JUNGE ANWALTSCHAFT IM DAV

SYNDIKUSRECHTSANWALT MAX GRÖNING, BERLIN • GESCHÄFTSFÜHRER DES DAV

Das FORUM Junge Anwaltschaft – ein Überblick

Das FORUM Junge Anwaltschaft ist eine besondere Arbeitsgemeinschaft des Deutschen Anwaltvereins. In ihr können alle jungen Anwältinnen und Anwälte bis zum Alter von 45 Jahren Mitglied werden. Beitreten kann aber auch, wer noch gar nicht Anwalt bzw. Anwältin ist. Voraussetzung ist lediglich, dass man das 1. Staatsexamen abgeschlossen hat und sich für den Anwaltsberuf interessiert. Deswegen hat das FORUM unter seinen derzeit ca. 3.300 Mitgliedern auch viele Referendare und Assessoren.

Das FORUM bietet seinen Mitgliedern zu allen Fragen des Berufsstarts und den ersten Berufsjahren eine Vielzahl von Informationen und Hilfen, z.b. über die Mailingliste, und die Internetseite www.davforum.de. Vor Ort in den Landgerichtsbezirken organisieren die Regionalbeauftragten des FORUMs Stammtische und Informationsveranstaltungen und stehen den Mitgliedern mit Rat und Tat zur Seite. In Zusammenarbeit mit anderen Arbeitsgemeinschaften bietet das FORUM Berufseinsteigern günstige Fortbildungen an und setzt sich innerhalb des DAV für die Interessen der jungen Anwaltschaft und des anwaltlichen Nachwuchses ein. Darüber hinaus gibt es über die Kooperationspartner des FORUMs und des DAV diverse Vergünstigungen (Versicherungen, Zeitschriften etc.), und das alles für einen Mitgliedsbeitrag von derzeit 60 EUR im Jahr (für Mitglieder eines örtlichen Anwaltsvereins nur 30 EUR im Jahr). So weit zum Überblick. Nun zu den Einzelheiten.

Am Puls der Zeit bleiben

Mitglied im FORUM Junge Anwaltschaft zu sein bedeutet, über die neuesten Entwicklungen und Trends auf dem Anwaltsmarkt informiert zu werden. Der Anwaltsmarkt ist umkämpft – aber nicht dicht. Wer heutzutage Anwältin oder Anwalt werden und als solche/r erfolgreich bestehen will, muss planvoll vorgehen, muss sich informieren, wohin der Markt strebt, Chancen erkennen und ergreifen. Da gilt es, z.B. Nischen ausfindig zu machen, die es zu besetzen gilt, pfiffige Marketingideen zu ertüfteln oder mit anderen Berufsträgern interdisziplinäre Netzwerke zu bilden. Dabei muss das Rad nicht immer neu erfunden werden. Über die neuesten Entwicklungen und Trends, den Anwaltsmarkt, wichtige berufspolitische Entwicklungen und anwaltsrelevante Rechtsprechung das Anwaltsblatt – die Mitgliederzeitschrift des Deutschen Anwaltvereins, die jedes Mitglied des FORUMs erhält. Wertvolle Informationen und alle wichtigen Neuigkeiten gibt es auch auf der Homepage des FORUMs unter www.davforum.de sowie auf Facebook und Twitter.

SYNDIKUSRECHTSANWALT MAX GRÖNING ->
STARTHILFE, FORTBILDUNG, NETZWERK

Hilfe zur Selbsthilfe und mehr – die Mailingliste des FORUMs Junge Anwaltschaft

„Besteht vor den Amtsgerichten in Baden-Württemberg Robenzwang?", „Wie komme ich schnell an die Fundstelle DAR 12, 135 ran?", „Wie muss ich im vorliegenden Fall den Klageantrag formulieren?" Das Anwaltsleben besteht aus vielen Fragen, die man nicht immer selbst beantworten kann – gerade am Anfang. Und manchmal steht man einfach nur auf dem Schlauch und ein Kanzleikollege, der einem weiterhelfen könnte, ist gerade nicht zur Hand. Da hilft die Mailingliste des FORUMs Junge Anwaltschaft. Forumsmitglieder stellen und beantworten sich hier gegenseitig alle Fragen – von profan bis hoch kompliziert. Und wenn mal keine einfache Antwort zu haben ist, werden Rechtsprobleme über die Liste auch einmal ausdiskutiert und neue Lösungsansätze gemeinsam entwickelt.

Netzwerken und Ansprechpartner vor Ort – die Regionalbeauftragten des FORUMs

Das FORUM wird in den einzelnen Landgerichtsbezirken vor Ort von mehr als 110 Regionalbeauftragten repräsentiert. Viele Regionalbeauftragte veranstalten monatliche Stammtische und organisieren für Forumsmitglieder regionale Seminare. Stammtisch bedeutet in diesem Fall nicht, Skat zu kloppen und sich Bierbäuche anzutrinken, sondern Informationen und Erfahrungen auszutauschen, Ideen zu sammeln und in lockerer Atmosphäre Kontakte zu knüpfen und auszubauen. Gerade Berufseinsteiger haben hier schon so manchen wertvollen Tipp erhalten.

Netzwerken und Ansprechpartner in der Ferne – die Länderbeauftragten des FORUMs

Wen es in die Ferne zieht oder wer einen Korrespondenzanwalt im Ausland sucht, der kann sich an einen der derzeit mehr als 40 Länderbeauftragten wenden – von B wie Belgien bis V wie Venezuela. Das FORUM unterhält darüber hinaus Kontakte zu anderen jungen Anwaltsorganisationen im Ausland, ist Mitglied der Eyba (European Young Bar Association) und baut die internationalen Kontakte im Interesse seiner Mitglieder weiter aus.

Fortbildung für Berufseinsteiger und Fortgeschrittene

Das FORUM Junge Anwaltschaft kooperiert mit anderen Arbeitsgemeinschaften des DAV, um für Forumsmitglieder besonders günstige Fachfortbildungen anzubieten. Einige Arbeitsgemeinschaften bieten für Forumsmitglieder kostengünstige Juniormitgliedschaften. Darüber hinaus veranstaltet das FORUM gemeinsam mit dem Verein Deutsche Anwaltakademie e.V. regelmäßig an wechselnden Orten das „FORUM Start in den Anwaltsberuf", ein Seminar speziell für Berufseinsteiger. Ziel ist es, eine praxisorientierte, qualitativ hochwertige, dabei aber preisgünstige Fortbildung sowie Gelegenheit zum Kennenlernen, Netzwerken und zum gegenseitigen Erfahrungsaustausch zu bieten. Auch auf dem Deutschen Anwaltstag, der jährlichen bundesweiten Tagung der Anwaltschaft, ist das FORUM mit Veranstaltungen speziell für junge und werdende Anwältinnen und Anwälte Kollegen präsent. Neben der fachlichen Fortbildung steht dabei regelmäßig auch der Austausch mit erfahrenen Kollegen im Fokus.

Ehrenamtliches Engagement – der Geschäftsführende Ausschuss und andere Gremien

Das FORUM wird von einem Geschäftsführenden Ausschuss geleitet, der aus zwei Vertretern des DAV und bis zu sieben gewählten Mitgliedern besteht. Es gibt auch eine(n) Vorsitzende(n), der das FORUM repräsentiert und in Gremien des DAV vertritt.

Neben dem Geschäftsführenden Ausschuss gibt es vielfältige weitere Möglichkeiten, sich innerhalb des FORUMs ehrenamtlich zu engagieren, sei es als Regional- oder Länderbeauftragter, als Projektbeauftragter für Wahlen in Anwaltsgremien oder als Experte für rechtspolitische Spezialfragen, zu denen das FORUM verbandsintern Stellung beziehen will.

Die Stimme der jungen Anwälte – Interessenvertretung durch das FORUM

Der DAV ist als Berufsverband auf den verschiedensten Ebenen tätig, um sich für die Interessen der Anwaltschaft einzusetzen. Dass hierbei auch die Anliegen der jungen Anwältinnen und Anwälte und des Anwaltsnachwuchses beachtet werden, dafür sorgt innerhalb des DAV das FORUM Junge Anwaltschaft.

Darüber hinaus fördert und unterstützt das FORUM seine Mitglieder, wenn sich diese in Gremien der anwaltlichen Selbstverwaltung wählen lassen wollen, um bspw. in der Satzungsversammlung der Bundesrechtsanwaltskammer oder in den Vertreterversammlungen der Versorgungswerke die Interessen der jungen Anwaltschaft zur Geltung zu bringen.

Weitere Leistungen für Mitglieder

Weitere, handfeste Leistungen bietet das FORUM seinen Mitgliedern über seine Kooperationspartner (Vergünstigungen bei Fachzeitschriften, Datenbanken, Versicherungen usw.). Informationen hierzu können unter www.davforum.de abgerufen werden.

Mitglied werden

Wer unter 45 und Anwältin oder Anwalt oder am Anwaltsberuf interessierter Assessor, Referendar oder Inhaber des ersten juristischen Staatsexamens ist, dem steht der Weg ins FORUM Junge Anwaltschaft frei. Beitreten kann man z.B. online unter www.davforum.de (Mitgliedsbeitrag 60 EUR/Jahr – 30 EUR für Mitglieder eines örtlichen Anwaltsvereins).

SYNDIKUSRECHTSANWALT MAX GRÖNING ->
STARTHILFE, FORTBILDUNG, NETZWERK

Weitere Auskünfte über das FORUM erteilen gerne die Mitarbeiterinnen und Mitarbeiter der Geschäftsstelle, die Sie hier erreichen:

Deutscher Anwaltverein
FORUM Junge Anwaltschaft
Littenstraße 11
10179 Berlin

Tel. +49 30 726152-0
info@davforum.de
www.davforum.de

Mitgliedschaft im örtlichen Anwaltverein

Rechtsanwältin Astrid Gothe, Berlin, wissenschaftliche Mitarbeiterin im DAV

Der Deutsche Anwaltverein e.V. (DAV) ist der Dachverband von zurzeit 256 örtlichen Anwaltvereinen; davon vierzehn im Ausland. Sie sind gegründet worden, um die beruflichen und wirtschaftlichen Interessen der Rechtsanwaltschaft und des Anwaltsnotariats zu fördern. In jedem Landgerichtsbezirk bestehen ein oder (amtsgerichtsbezogen) mehrere örtliche Vereine. Auch in Ihrer Nähe gibt es also einen örtlichen Anwaltverein. Die Adressen können auf der Internetseite des DAV unter www.anwaltverein.de. unter „Mitgliedschaft – örtliche Anwaltvereine" abgerufen werden. Dort finden Sie eine nach Amtsgerichtsbezirken sortierte Übersicht. Ausführliche Informationen über die Angebote Ihres örtlichen Anwaltvereins können Sie über den jeweiligen Internetauftritt oder direkt bei der Geschäftsstelle des örtlichen Anwaltvereins erhalten. Bei den Vereidigungsterminen der Rechtsanwaltskammern sind in der Regel Vertreter der örtlichen Vereine präsent und stehen für erste Informationen zur Verfügung.

Was bringt die Mitgliedschaft?

Die örtlichen Anwaltvereine bieten für Ihre Mitglieder verschiedene Aktivitäten und den unmittelbaren Zugang zu den Leistungen des DAV. Viele Vereine werden ausschließlich ehrenamtlich geführt. Es gibt auch Vereine, die eine eigene Geschäftsstelle mit angestellten Mitarbeitern betreiben. Das Leistungsspektrum der Vereine ist daher unterschiedlich.

Alle Vereine bieten:

- Zugang zu einem Netzwerk an Berufskontakten
- Fachvorträge
- Interessenvertretung vor Ort
- Stammtische
- Mitgliederversammlungen
- Zugang zu den Leistungen des DAV, insbesondere den Arbeitsgemeinschaften

Viele Vereine bieten zudem:

- Fortbildungsveranstaltungen zur örtlichen Rechtsprechung
- Kontakte zur örtlichen Justiz außerhalb des Gerichts
- Rechtsberatungsstellen für finanziell schwach gestellte Bürger
- Regelmäßige Informationsbriefe/Rundschreiben
- Arbeitskreise zum Erfahrungsaustausch auf verschiedenen Rechtsgebieten

Die örtlichen Vereine bieten gerade für Berufseinsteiger viele Möglichkeiten, sich vor Ort zu engagieren, mit erfahrenen Kolleginnen und Kollegen in Kontakt zu kommen und ein hilfrei-

MITGLIEDSCHAFT IM ÖRTLICHEN ANWALTVEREIN

ches berufliches Netzwerk aufzubauen. Die Vereine geben Ihnen gerne Auskunft, was Ihnen vor Ort geboten wird und freuen sich über eine unmittelbare Kontaktaufnahme, sei es über die Geschäftsstelle oder über den oder die Vereinsvorsitzende persönlich.

Für Berufsanfänger bietet sich zudem die Mitgliedschaft im FORUM Junge Anwaltschaft mit seinen Regionalgruppen (siehe: www.anwaltverein.de unter „Mitgliedschaft – Arbeitsgemeinschaften") an.

Was kostet die Mitgliedschaft?

Der örtliche Anwaltverein erhebt einen Mitgliedsbeitrag gemäß seiner Beitragsordnung. Hiervon leitet der örtliche Anwaltverein einen festen Beitrag an den DAV als Dachverband weiter. Je nach Beitragsordnung gibt es verschiedene Befreiungsmöglichkeiten, z.B.:

- Beitragsfreiheit bis zu zwei Jahren nach Erstzulassung
- Beitragsfreiheit bei Mutterschutz und Elternzeit

Fragen Sie Ihren örtlichen Anwaltverein danach.

Antworten zur Mitgliedschaft erhalten Sie auch über die Servicestelle beim DAV in Berlin:

Deutscher Anwaltverein
Kommunikation & Service
Littenstraße 11
10179 Berlin

Tel.: +49 30 726152-174
service@anwaltverein.de

A. Die Anwältin – der Anwalt

Vertrauen ist gut. Anwalt ist besser.

Noch kein Mitglied?
Jetzt beitreten: **anwaltverein.de**

Für welche dieser Anwältinnen würden Sie sich entscheiden?

Monat für Monat suchen über 100.000 Menschen auf anwaltauskunft.de, dem großen Rechtsportal des DAV, nach einer Anwältin oder einem Anwalt. Mitglieder in einem örtlichen Anwaltverein des DAV werden automatisch mit einem eigenen Profil in der Anwaltssuche des Portals gelistet. Beachten Sie aber: **Der erste Eindruck zählt** – und ohne Foto und aktuelle Angaben zu Ihren Fachgebieten und Kompetenzen haben es neue Mandantinnen und Mandanten schwer, sich ein umfassendes Bild von Ihnen zu machen! Zeigen Sie sich von Ihrer besten Seite: Aktualisieren Sie jetzt Ihr Profil oder werden Mitglied über „Mein DAV" auf **anwaltverein.de**.

anwaltauskunft.de

Deutscher**Anwalt**Verein

Anwalt der Anwälte

A.1 Berufsethik

RECHTSANWALT DR. JÖRG MEISTER, MANNHEIM • VORSITZENDER DES DAV-AUSSCHUSSES ANWALTSETHIK UND ANWALTSKULTUR

Eine gute Berufsausübung setzt die Einhaltung der gesetzlichen Regeln voraus. Bei diesen Regeln handelt es sich um die Bestimmungen der BORA und der BRAO und um die allgemeinen Gesetze (z.B. StGB). Jedem Angehörigen des Anwaltsberufs muss aber klar sein, dass es jenseits der gesetzlichen Bestimmungen, in komplexen Situationen die Notwendigkeit gibt, weitergehende Überlegungen anzustellen. Dabei geht es um Fragen von Moral und von Berufsethik. Über solche Fragen wird in anderen Berufen seit Jahrzehnten diskutiert (z.b. im Arztberuf) und es gibt in den Berufsordnungen anderer Berufe den Verweis auf Ethik (z.b. [Muster-]Berufsordnung für die deutschen Ärztinnen und Ärzte -MBO-Ä, Stand 2011). Im Anwaltsbereich hat die Diskussion über Berufsethik verstärkt ab etwa dem Jahre 2008 eingesetzt, ausgelöst durch kritische Äußerungen über das anwaltliche Berufsethos.[1]

Anlass für die verstärkte Beschäftigung mit anwaltlicher Berufsethik waren Missstände, die u.a. auf den starken Anstieg der Anwaltszahlen ohne gleichzeitiges Anwachsen des Bedarfs an anwaltlicher Beratung und Vertretung zurückgeführt wurden.

Dies hat manche zu der Annahme veranlasst, das anwaltliche Berufsrecht würde von manchen Anwältinnen und Anwälten nicht in der gebotenen Weise beachtet und berufsethische Überlegungen würden nicht in ausreichendem Maße angestellt. Soweit bekannt, gibt es zwar keine wissenschaftlich fundierten Untersuchungen darüber, ob berufsrechtswidriges oder berufsethisch zu beanstandendes Verhalten Einzelner tatsächlich in die Mitte des Berufsstandes vorgedrungen ist. Dennoch hatte sich ein gewisses Unbehagen breit gemacht und die Diskussion über anwaltliche Berufsethik befördert.[2] Dies führte teilweise zu der Auffassung, die berufsrechtlichen Regeln würden nicht ausreichen, um eine gute anwaltliche Berufsausübung sicherzustellen. Die Anwaltschaft benötige über das Berufsrecht hinaus einen Ethikkodex als eine Art „Soft-Law".[3]

Es wurde konstatiert, die Anwaltschaft leide unter einer gewissen Lethargie in eigenen Angelegenheiten, insbesondere soweit das Bemühen um ein autonom-berufsständisch entwickeltes Selbstverständnis betroffen ist, das über das rein rechtlich Geforderte hinausreicht.[4]

Die Diskussion über die Frage, ob sich berufsethische Grundsätze in einer Art Soft-Law niederschreiben lassen, ist inzwischen vorangekommen. Es hat den Anschein, als ging die überwiegende Meinung heute dahin, ein hochstehendes Berufsethos lasse sich nicht vor-

---

1 Z.B. *Henssler*, Die Anwaltschaft zwischen Berufsethos und Kommerz, AnwBl. 2008, 721.
2 Z.B. *Kilian*, „Berufsethische Regeln" – Ein Modell für die Deutsche Anwaltschaft?, AnwBl. 2013, 688; *Hellwig*, Uniforme Ethik – pluralistische Anwaltschaft?, AnwBl. 2015, 462.
3 Vgl. *Kilian*, „Berufsethische Regeln" – Ein Modell für die Deutsche Anwaltschaft?, AnwBl. 2013, 688.)
4 *Taupitz*, Anwaltsrecht und Anwaltsethik – Komplementär und dennoch defizitär?, AnwBl. 2015, 734; *Stürmer*, Die Anwaltschaft – ein Berufsstand ohne eigene Grundkonzeption?, in: Festschrift für Felix Busse, 2005, S. 297.

schreiben, weil es hierfür keine Legitimation gäbe. Es sei auch nicht möglich, die Vielzahl der ethischen Fragestellungen, die sich bei der Berufsausübung ergeben können, abstrakt zu regeln.[5] Allerdings wird nach wie vor die Auffassung vertreten, die Anwälte würden in ethischen Fragen eine Orientierungshilfe benötigen.[6]

Die Diskussion ist teilweise durch begriffliche Unschärfe belastet. Deshalb muss wenigstens kursorisch dargestellt werden, wie sich die Begriffe Ethik und Moral zueinander verhalten und in welchem Verhältnis das Recht (Berufsrecht) und die Ethik (Berufsethik) stehen.

Taupitz hat in seinem viel beachteten Aufsatz[7] zur begrifflichen Klarheit beigetragen. Danach werden die Begriffe Ethik und Moral häufig nicht voneinander getrennt. Der Begriff Moral meint die Gesamtheit aller Normen des guten oder richtigen Handelns, während sich die Ethik mit Aussagen über moralische Werte und moralische Handlungsnormen befasst. Ethik kann als „Wissenschaft von der Moral" oder als „Theorie der Moral" bezeichnet werden.[8] Man kann sagen, Moral gebietet Ethik räsoniert über Gebote.[9]

Berufsethos bezeichnet die Gesamtheit der moralischen Haltungen, Überzeugungen und Regeln der Angehörigen eines bestimmten Berufs und konkretisiert die allgemeine Moral im Sinne der sittlichen Grundhaltung der Berufsangehörigen.[10]

Schwierig ist die Abgrenzung von Ethik und Recht. Verkürzt gilt Folgendes: Für die Ethik, im Sinne der Moral, sind vor allem auch die inneren Überzeugungen, also die sittlich anerkennenswerten Motive, entscheidend, nicht aber von außen auferlegten Sanktionen. Das Recht dagegen knüpft vor allem am äußeren Verhalten des Menschen an, wobei entscheidend ist, dass die Gebote der Rechtsordnung befolgt werden, nicht aber, warum sie befolgt werden. Ein Verstoß gegen das Recht ist durch staatliche Maßnahmen förmlich sanktionierbar und hat somit faktisch einen höheren Verbindlichkeitsgrad. Das Handeln aus Moralität erfolgt dagegen, weil es als sittlich richtig erkannt worden und somit unbedingt ist.[11]

Für die anwaltliche Berufsausübung kann festgehalten werden, dass Ethik und Recht eng miteinander verbunden sind und sich wechselseitig beeinflussen. Nicht alles, was gut und böse ist, wird vom Recht als rechtlich geboten oder verboten aufgenommen. Insoweit begnügt sich das Recht in weiten Teilen mit einem ethischen Minimum.[12]

---

5   Vgl. z.B. *Kilger*, Ethische Richtlinien für Anwälte?, AnwBl. 2008, 824; *Hartung*, Ethos ja, Kodex nein, AnwBl. 2012, 70, *Taupitz*, Anwaltsrecht und Anwaltsethik – Komplementär und dennoch defizitär?, AnwBl. 2015, 737.
6   *Henssler*, Die Anwaltschaft und die Ethikdiskussion: Bilanz und Ausblick nach 10 Jahren, AnwBl. 2018, 22.
7   *Taupitz*, Anwaltsrecht und Anwaltsethik – Komplementär und dennoch defizitär?, AnwBl. 2015, 734.
8   *Taupitz*, Anwaltsrecht und Anwaltsethik – Komplementär und dennoch defizitär?, AnwBl. 2015, 734, m. weiterführenden Hinweisen auf die Literatur.
9   Vgl. auch *Taupitz*, Ethik-Kommissionen in der Politik: Bleibt die Ethik auf der Strecke?, JZ 2003, 815, 817.
10 Vgl. *Taupitz*, Anwaltsrecht und Anwaltsethik – Komplementär und dennoch defizitär?, AnwBl. 2015, 734.
11 *Taupitz*, Anwaltsrecht und Anwaltsethik – Komplementär und dennoch defizitär?, AnwBl. 2015, 734, 735 m.A.z.d.L.
12 *Taupitz*, Anwaltsrecht und Anwaltsethik – Komplementär und dennoch defizitär?, AnwBl. 2015, 734.

A.1 Berufsethik <- Die Anwältin – der Anwalt

Die ethische Frage lautet, was der Mensch unabhängig davon, was ihm das Recht gebietet oder verbietet, tun darf oder tun soll.

Die gute Ausübung des Anwaltsberufs setzt selbstverständlich die Einhaltung der gesetzlichen Regeln voraus (BRAO, BORA, Strafgesetze, etc.). Diese Regeln sind geeignet, in den meisten Konfliktfällen klare Vorgaben zu liefern. Es gibt aber komplexe Situationen, in denen die gesetzlichen Regeln nicht weiterhelfen. Für den Anwalt/die Anwältin, die sich um eine gute Ausübung ihres Berufs bemühen, kommt es darauf an, ein Sensorium für solche komplexe Situationen zu entwickeln und – wenn solche Situationen erkannt werden – in der Lage zu sein, diese zu reflektieren und die Entscheidung darüber zu treffen, ob und auf welche Weise man handelt. Erforderlich ist dann eine moralische Handlungskompetenz, die dazu veranlasst, das moralische Urteil in persönliche Verantwortung zu überführen. Eine solche Verantwortlichkeit kann dadurch entstehen, dass moralische Normen in das eigene Selbstverständnis integriert werden.[13]

Jeder Berufsangehörige muss also, unabhängig davon, was die gesetzlichen Regeln verbieten oder gebieten, ein Sensorium für die Existenz evtl. Konfliktsituationen entwickeln. Der Berufsangehörige muss dann frei und nach seinen persönlichen Vorstellungen von Moral und Berufsethik entscheiden, wie er sich verhält. Dabei werden die bewusstseinsbildende Kraft des Berufsrechts und die ethischen Anforderungen als Maßstab dienen können, die als ethisches Minimum aus dem Berufsrecht aufscheinen. In solchen komplexen und gesetzlich nicht geregelten Situationen ist also zum einen die Fähigkeit gefordert, derartige Situationen überhaupt zu erkennen. Zum anderen ist es erforderlich, ein eigenes professionelles Selbstverständnis zu entwickeln, das an moralischen Grundsätzen orientiert ist.

Die besondere Wichtigkeit derartiger Überlegungen erschließt sich, wenn man sich daran erinnert, dass viele Spitzenjuristen sowohl dem NS-Regime als auch der Bundesrepublik dienen konnten.

Dies folgt aus der wissenschaftlichen Untersuchung zu der Frage, wie man in dem Bundesjustizministerium nach 1949 mit der NS-Vergangenheit im eigenen Hause umgegangen ist.[14] Das (erschreckende) Ergebnis dieser Untersuchung ist die Feststellung, dass eine große Zahl höherer Beamter, die bereits im dritten Reich der Durchsetzung des NS-Unrechts gedient haben, nahtlos in das Bundesjustizministerium übernommen worden sind. Sie haben hier wie dort als hervorragende Handwerker des Rechts ihre Arbeit geleistet – allerdings in der NS-Zeit bei Ausschaltung ihres Gewissens und unter Vernachlässigung von Moral und Ethik.

Die Beschäftigung mit Berufsethik soll die Angehörigen des Berufs letztlich dazu bringen, zum einen bezüglich des Rechts, mit dem man sich beschäftigt, eine angemessene Reflexi-

---

13 Vgl. hierzu mit weiterführenden Angaben zu der Literatur *Foljanty*, Historische Reflexion als Ausgangspunkt für die heutige Berufspraxis, AnwBl. 2017, 1331.
14 *Görtemaker-Safferling*, Die Akte Rosenburg – Das Bundesministerium der Justiz und die NS-Zeit, 2016.

onsfähigkeit zu entwickeln und bei der Berufsausübung Situationen zu erkennen, in denen man nicht alles tun sollte, was erlaubt ist. Erforderlich ist die Erkenntnis, dass das Handeln aus Moralität letztlich höherwertiger ist, als das Handeln aus Legalität.

A.2 Anwältin mit Willen

Rechtsanwältin Mechtild Düsing, Münster • Vorstandsmitglied des DAV, Vorsitzende des DAV-Genderausschusses, Genderbeauftragte des DAV-Vorstands

Der Anwältinnenberuf erfährt seit einigen Jahren einen deutlichen Aufwärtstrend. Von ca. 150.000 zugelassenen Anwälten sind ein Drittel Frauen. 1991 lag der Anteil der Frauen in der Anwaltschaft noch bei 16 %, im Jahr 2017 bei 34 %.

Was im ersten Augenblick lediglich wie ein erfreuliches Zahlenspiel aussieht, zeigt in Wahrheit, dass ein enormer gesellschaftlicher und sozialer Wandel im Gang ist.

Der Anwaltsberuf ist historisch von „männlicher Dominanzkultur" geprägt. Er hat sich über Jahrzehnte hinweg aus der Perspektive von Männern und nach deren Lebensgewohnheiten entwickelt. Typische Beispiele dafür sind die langen Arbeitszeiten und die harte Streitkultur. Anwältinnen haben das bestehende System zunächst akzeptiert und sich in die Gegebenheiten eingefügt. Männlicher Arbeitsstil und männliche Leitbilder wurden übernommen, schon aus Mangel an weiblichen Vorbildern.

Gleichzeitig wurden und werden Kolleginnen mit männlichen Verhaltensweisen wie Durchsetzungsstärke und verbaler Kampfbereitschaft gesellschaftlich als „Zicken mit Haaren auf den Zähnen" gebrandmarkt. Das hat zu einer Stigmatisierung der Anwältin als Einzelkämpferin geführt.

„Ich finde es total uncool, das Geschlecht zum Thema zu machen oder mich als Frau diskriminiert zu fühlen." (Anwältin Jahrgang 1967)

Seitdem Frauen stärker in den (Anwalts-)Beruf streben, zeichnet sich ein gegenläufiger Trend ab. Jüngere Nachwuchskräfte, Frauen wie Männer, verfügen über mehr Kooperationserfahrungen mit Kolleginnen auf gleicher Stufe und mit weiblichen Vorgesetzten. Eine Ursache für diese Veränderung ist sicher der Wandel der Erziehungsnormen – Selbstständigkeit und Unabhängigkeit sind gleichermaßen für Söhne wie für Töchter Erziehungswerte. Die Betonung liegt heute auf der bestmöglichen Förderung aller Talente unabhängig vom Geschlecht. Rollenkonzepte werden obsolet.

Gleichwohl ist der Beruf der Anwältin immer noch vom Kampf an vielen Fronten geprägt: Kaum ein anderes Berufsbild vereint so viele Anforderungen und Ansprüche auf eine einzige Person.

„Für keinen anderen Beruf musste die Juristin so hart kämpfen wie für den als Rechtsanwältin." (Erffa, 1929)

A.2 Anwältin mit Willen

Professor *Hommerich* stellte bereits in seiner Studie „Der Einstieg in den Anwaltsberuf"[1] im Jahr 2001 fest, dass Anwältinnen bei gleicher Arbeitszeit im gleichen Kanzleityp nur halb so viel verdienen wie ihre Kollegen. Neuere Forschungen zeigen, dass sich der Abstand zwischen Männern und Frauen zwar verringert, aber nicht nivelliert hat. Noch immer verdienen Rechtsanwältinnen im Durchschnitt fast 24 % weniger als ihre männlichen Kollegen.[2] Damit ist der sog. „gender gap" beim Einkommen durch die Rechtsanwaltstätigkeit größer als in anderen Berufen.[3] Weiter stellt er fest, dass Anwältinnen überdurchschnittlich oft im Familien- und Sozialrecht tätig sind. Diese sogenannten „weichen" Rechtsgebiete sind sowohl fachlich als auch persönlich mit Sicherheit alles andere als weich; das weiß jeder, der schon einmal eine streitige Unterhalts- oder Sorgerechtssache verhandelt hat. Im Vergleich von Streitwerten und Arbeitsaufwand sind Mandate in diesen Rechtsgebieten jedoch häufig weniger lukrativ als reine Wirtschaftsmandate. Es ist bezeichnend, dass die Zuweisung dieser Rechtsgebiete an Anwältinnen durch die These gerechtfertigt wird, Frauen hätten eine besondere soziale und kommunikative Kompetenz. Selbst wenn diese These zutreffen sollte, die besondere „weibliche" Kompetenz ist für die Abwicklung von Mandaten im Gesellschaftsrecht oder im IT-Recht ebenso geeignet.

Die unterschiedliche Verteilung von Mandaten an Männer und Frauen – sei es innerhalb der Kanzlei, sei es durch die Mandantschaft – spiegelt den auch heute noch gültigen gesellschaftlichen Zusammenhang zwischen Führung und Geschlecht wider. Es wird grundsätzlich eine Übereinstimmung von „Führungsrolle" und „Männlichkeit" unterstellt; analog ist die Nichtübereinstimmung von „Führungsrolle" und „Frauenrolle". Insoweit ist die Frage, auf welchen Rechtsgebieten Anwältinnen tätig sind, immer auch eine Frage des Kampfes gegen Vorurteile und Akzeptanzprobleme.

Übrigens sind Anwältinnen auch in der Verbandslandschaft nach wie vor unterrepräsentiert. Zwar zeichnet sich auch hier insbesondere in den Gremien des DAV ein deutlicher Wandel ab,[4] gleichwohl ist in vielen Anwaltvereinen vor Ort und insbesondere in den Rechtsanwaltskammern der Anteil an Kolleginnen in den Vorständen noch immer gering. Es gibt nur zwei Kammerpräsidentinnen und bisher noch nie eine Präsidentin der Bundesrechtsanwaltskammer oder des DAV.

Darum: Entscheiden Sie sich bewusst für „Ihr" Rechtsgebiet und lassen Sie sich nicht in eine bestimmte „Ecke" drängen. Sie werden Kolleginnen und Kollegen ebenso wie Mandantinnen und Mandanten durch fachliche Kompetenz und Empathie überzeugen.

Setzen Sie sich aktiv für mehr Gerechtigkeit in der Verteilung von Mandaten ein.

---

1 Professor Dr. *Christoph Hommerich*, Der Einstieg in den Anwaltsberuf, 2001.
2 *Kilian*, Die junge Anwaltschaft: Ausbildung, Berufseinstieg und Berufskarrieren, 2014, S. 317
3 *Regenfuß*, AnwBl. 2012, S. 752.
4 Im Jahr 2018 wuchs der Anteil der Anwältinnen im DAV-Vorstand auf 38 % und im Präsidium auf 43 %. In den geschäftsführenden Ausschüssen der Arbeitsgemeinschaften sind 33,33 % Kolleginnen.

A.2 Anwältin mit Willen <- Die Anwältin – der Anwalt

Bringen Sie sich nach Möglichkeit auch in der Vereins- und Verbandsarbeit ein und arbeiten Sie in den Kammern und Versorgungswerken mit. Wir brauchen eine stärkere Präsenz von Frauen in Entscheidungsfunktionen, um unsere Anliegen transparent und durchsetzbar zu machen. Und wir brauchen weibliche Vorbilder. Die Arbeitsgemeinschaft Anwältinnen wird Sie dabei unterstützen!

„Was uns von männlichen Kollegen unterscheidet? Bei uns ist die gefühlte Kompetenz niedriger als die faktische." (Seminarteilnehmerin)

Sich für den Beruf als Anwältin zu entscheiden, zeugt von Mut und Selbstbewusstsein. Als Anwältin müssen Sie eine klare Position gegenüber Richterinnen und Richtern und Kolleginnen und Kollegen beziehen. Sie müssen „streiten" und „kämpfen", fordern und durchsetzen.

Der Mandantschaft gegenüber agieren Frauen jedoch häufig zurückhaltend, fast defensiv. Insbesondere wenn es um Honorarverhandlungen geht, ist die Bereitschaft von Frauen, pro bono zu arbeiten, deutlich höher als bei Männern. Manche Anwältinnen erzählen, dass sie Skrupel haben, von sozial schwach gestellten Mandantinnen/Mandanten Geld zu fordern, und dass es ihnen Unwohlsein beschert, wenn sie z.B. ein Stundenhonorar fordern. Es fehlt der Mut zum eigenen Marktwert. Durchschnittlich sind die Stundenhonorare der Anwältinnen noch ca. 1/5 niedriger als die der Kollegen![5]

Darum: Haben Sie Mut zu offensiven Honorargesprächen; die Frage der angemessenen Vergütung gehört zwingend in jedes Erstgespräch. Dabei spielt es keine Rolle, ob Sie nach RVG abrechnen oder anderweitige Vereinbarungen treffen, ob Sie Ihre Forderungen schon beziffern oder überhaupt noch nicht abschätzen können. Machen Sie deutlich, dass zu jeder Leistung (Anwaltsservice) eine Gegenleistung (Bezahlung) gehört. Denken Sie auch an Vorschüsse und Zwischenrechnungen, damit den Mandantinnen und Mandanten Ihre Leistungen transparent bleiben.

Schaffen Sie für sich selbst klare Prinzipien. Wenn Sie bereit sind, pro bono zu arbeiten, dann legen Sie genaue Voraussetzungen fest, wann das der Fall ist. Ein Prinzip könnte z.B. sein, monatlich ein (und nur ein!) Pro-bono-Mandat anzunehmen. Stellen Sie klar, dass es sich um eine Ausnahme, z.B. aus Mitleid, handelt.

Sprechen Sie eine deutliche Sprache, damit ihre Mandantschaft weiß, woran sie ist.

Suchen Sie den Austausch mit anderen Kolleginnen innerhalb der Arbeitsgemeinschaft Anwältinnen und nutzen Sie deren Erfahrungen und Systeme. Das hilft über eigene Unsicherheiten hinweg.

---

5 https://www.brak.de/fuer-journalisten/star-bericht.print.html.

A.2 Anwältin mit Willen

Auch in der sachlichen Auseinandersetzung berichten Anwältinnen häufig von inneren und äußeren Konflikten. Sicherlich ist es schwer, auf persönliche Angriffe mit der nötigen Überlegenheit zu reagieren. Und manchmal fällt es auch schwer, taktische Angriffe nicht persönlich zu nehmen.

Darum: Üben Sie sich in Sachen Kompetenzwirkung, Kommunikation und Verhandlungstechnik. Dieses oft unterschätzte nötige Rüstzeug gehört zur Grundausstattung einer jeden Anwältin. Je sicherer Ihre Außenwirkung ist, je besser Ihre Techniken sind, desto einfacher können Sie Ihre Alltagssituationen meistern. Unangenehme Gerichtsverhandlungen und schlechte Gespräche mit Mandantinnen/en passieren einem nicht einfach – man lässt sie immer auch durch mangelnde eigene Kompetenz zu. Lernen Sie deshalb, sich und andere zu steuern.

Üben Sie sich auch in eigener Kritikfähigkeit. Nicht alles, was uns an den Kopf geworfen wird, ist primär eine persönliche Attacke.

Installieren Sie nach Möglichkeit ein Feedback-Verfahren für sich selbst. Zum Beispiel können Sie Abschlussgespräche mit den Mandantinnen/en führen oder eine Kollegin oder einen Kollegen bitten, Sie im Prozess zu beobachten und mit Ihnen anschließend die Prozesstaktik durchzusprechen. Falls Sie als junge Anwältin in einer größeren Kanzlei angestellt sind – nutzen Sie das Feedback von älteren Kollegen. Auch das Mentoring-Projekt der Arbeitsgemeinschaft Anwältinnen steht Ihnen zur Verfügung.

Die Frage: ‚Anwältin und Mutter, geht das?' muss eindeutig mit JA beantwortet werden.

Die Arbeitsgemeinschaft Anwältinnen im DAV hat zu diesem Thema eine Broschüre vorgelegt, in der sie Beispiele für gelungene Vereinbarkeitsmodelle finden. Gleichgültig, ob Sie selbstständig sind oder angestellte Anwältin: Wo ein Wille ist, ist auch ein Weg!

Natürlich kostet die Kinderbetreuung Geld, doch dieses Geld ist gut angelegt. Flexible Arbeitszeiten, Home-Office und elektronischer Rechtsverkehr erleichtern Ihnen heute die Vereinbarkeit von Familie und Beruf. Auch mit Kindern lässt sich so ein Mandantenstamm aufbauen und halten. Dies gilt sowohl für selbstständige Tätigkeit als auch für angestellte Tätigkeit in einer Kanzlei.

Da die Zahl der Absolventen des Zweiten Staatsexamens zurzeit ständig fällt, besteht inzwischen ein Mangel an juristischem Nachwuchs insbesondere auch bei den Anwaltskanzleien. In NRW waren 2016 45 % der Absolventen männlich und 55 % der Absolventen weiblich! Die Anwaltskanzleien sind also auf Sie dringend angewiesen! Die meisten Anwaltskanzleien entwickeln bereits Modelle für die bessere Vereinbarkeit von Familie und Beruf. Nutzen Sie Ihre Chancen!"

Die Anwaltschaft ist weiblich und die Zukunft gehört – auch hier – den Frauen.

A.3 Arbeitsgemeinschaft Anwältinnen im DAV

RECHTSANWÄLTIN SILVIA C. GROPPLER, BERLIN • VORSITZENDE DER ARBEITSGEMEINSCHAFT ANWÄLTINNEN IM DAV, MITGLIED DES DAV-GENDERAUSSCHUSSES

Die Arbeitsgemeinschaft Anwältinnen im DAV wurde auf dem Deutschen Anwaltstag 2004 in Hamburg gegründet und ist seitdem eine Erfolgsgeschichte. Dank ihrer Arbeit und ihrer Ergebnisse gehört die Förderung von Rechtsanwältinnen inzwischen zu einem der wichtigsten Themen des Deutschen Anwaltvereins.

Die Arbeitsgemeinschaft Anwältinnen nimmt sich der besonderen Belange von Rechtsanwältinnen an. Dabei steht die Förderung der wirtschaftlichen und beruflichen Interessen im Vordergrund, insbesondere vor dem Hintergrund der familiären Situation.

Wir bieten Ihnen ein **Netzwerk** zum Austausch mit Kolleginnen, zur Kooperation und zur gegenseitigen Unterstützung, wenn es beispielsweise darum geht, Funktionen in Institutionen, Verbänden und Kammern zu übernehmen. Das frühere Fehlen eines solchen Netzwerkes bei Anwältinnen trug wesentlich dazu bei, dass Anwältinnen keine hinreichende Lobby für ihre Anliegen hatten und bis heute in Führungspositionen (noch) unterrepräsentiert sind. Inzwischen hat sich die Situation etwas verbessert, innerhalb des DAV hat die Anzahl von Kolleginnen im Präsidium und im Vorstand des DAV zugenommen, Gesetzgebungsausschüsse und Ausschüsse der Arbeitsgemeinschaften werden zunehmend mit Kolleginnen besetzt. Auch außerhalb des Verbandes ist die Anzahl von Kolleginnen in den anwaltlichen Führungspositionen, z.B. bei den Kammern, Versorgungswerken und in der Satzungsversammlung, gestiegen. Diese positive Entwicklung werden wir weiter fördern, denn noch ist eine hinreichende Repräsentanz von Rechtsanwältinnen in derartigen Führungspositionen lange nicht erreicht.

Die bundesweite Vernetzung erfolgt vor allem durch die Anwältinnenkonferenzen, die in der Regel einmal jährlich im Rahmen des Deutschen Anwaltstages und einmal als eigene Tagung an wechselnden Veranstaltungsorten stattfinden. Seit 2009 veranstalten wir alle ein bis zwei Jahre einen Sommerempfang. Die regionale Vernetzung erfolgt vorrangig durch regionale Veranstaltungen, insbesondere durch die in vielen Orten aktiven Regionalgruppen. Die Arbeitsgemeinschaft hat hierzu ein **Regionalbeauftragtennetz** entwickelt.

Außerhalb von Veranstaltungen bietet die **Internetseite** der Arbeitsgemeinschaft unter www.davanwaeltinnen.de wichtige Informationen. Wir kündigen auf der Website unsere Veranstaltungen an und informieren über aktuelle Themen und unsere Projekte. Weitere wichtige Informationsmedien sind Rundmails und unser monatlicher Newsletter an die Mitglieder. Im **Newsletter** berichten wir über unsere Aktivitäten und Projekte, Termine der Arbeitsgemeinschaft und befreundeter Organisationen, z.B. dem Deutschen Juristinnenbund, sowie über spezifische Entwicklungen in den Bereichen Recht und Gesetz, Politik und Gesellschaft; ferner sind dort Praxis- und Büchertipps enthalten.

Die Anwältin – der Anwalt ->
A.3 Arbeitsgemeinschaft Anwältinnen im DAV

Ein wesentliches Projekt der Arbeitsgemeinschaft ist das **Mentoring-Projekt**. Das Mentoring-Projekt fördert die Teilhabe von Anwältinnen an politischen, wirtschaftlichen und sozialen Entscheidungsprozessen durch eine individuelle Berufs- und Karriereberatung. Erfahrene Anwältinnen fungieren als Mentorinnen. Mentees sind Anwältinnen, die aktiv Unterstützung beim Einstieg in den Anwältinnenberuf, bei ihrer beruflichen Weiterentwicklung und Karriereplanung suchen und annehmen. Mentees lernen durch das Mentoring, ihre eigenen Fähigkeiten und Kompetenzen zu erkennen, zu entwickeln und umzusetzen. Jede Anwältin, die sich Ziele setzt, kann durch das Mentoring bei der Zielerreichung profitieren. Mentoring ist ein Prozess, an dem Mentorin und Mentee gleichermaßen teilhaben und sich einbringen. Seit Bestehen der Arbeitsgemeinschaft ist eine Vielzahl von Mentoring-Tandems vermittelt worden, die uneingeschränkt positive Resonanz hat bestätigt, dieses Projekt fortzuführen. Wir freuen uns auf Ihre Teilnahme!

Ein weiteres wichtiges Projekt ist der **Referentinnenpool**. Alle Kolleginnen, die zu einem ihrer Spezialthemen referieren wollen, können sich bei uns zu diesem Pool anmelden und werden empfohlen, sobald uns – was häufig vorkommt – Anfragen von Veranstaltern erreichen. Hiermit wollen wir unter anderem erreichen, dass endlich die Anzahl der referierenden Frauen zunimmt und fachlich herausragende Kolleginnen zudem sichtbarer gemacht werden.

Die Arbeitsgemeinschaft fördert die Qualifikation von Rechtsanwältinnen. Vor allem im Rahmen der **Anwältinnenkonferenzen**, die wir als Frühjahrs- oder Herbsttagung abhalten, bieten wir ein abwechslungsreiches Programm mit Fachfortbildungen einschließlich FAO-Veranstaltungen, Workshops zur Verbesserung der Soft Skills (Fähigkeiten der sozialen Kompetenz) – z.B. in Bereichen der Konfliktfähigkeit, Sprachkompetenz, Personalführung, Kommunikation, Stressbewältigung – und zur Work-Life-Balance, ferner zu Themen, die die Bewältigung des Berufsalltags betreffen (IT, Versorgungswerke, Altersversorgung, Formen des Zusammenschlusses, Steuerfragen etc.). Um das wichtige Ziel der Verbesserung der wirtschaftlichen Situation von Rechtsanwältinnen zu erreichen, führen wir Veranstaltungen zum Gebührenrecht und zur Honorarverhandlung durch. Mit einem kulturellen und geschichtlichen Begleitprogramm bieten wir zusätzliche Gelegenheiten zum Networking.

Die Anwältinnenkonferenzen im Rahmen des Deutschen Anwaltstages sind besonders geprägt durch unseren traditionellen Frühstücksempfang und spannende politische Themen, denen wir uns teilweise in Kooperation mit anderen Arbeitsgemeinschaften und Ausschüssen widmen.

Ein besonders wichtiges Projekt der Arbeitsgemeinschaft ist die Verbesserung der **Vereinbarkeit von Familie und Beruf**. Hierbei handelt es sich um eine der größten gesellschaftspolitischen Herausforderungen dieser Zeit und ist in hohem Maße bedeutend für die Beschäftigungs- und Sozialpolitik in Europa, für die positive Entwicklung einer ausgewogenen Familienkultur, aber auch für das Wirtschaftswachstum und die (internationale) Wettbe-

A.3 Arbeitsgemeinschaft Anwältinnen im DAV

werbsfähigkeit. Anwältinnen wollen in ihrem Beruf erfolgreich sein und die Möglichkeit haben, Karriere zu machen, ohne dabei auf Kinder bzw. Familie zu verzichten.

Im Jahr 2012 veröffentlichte die Arbeitsgemeinschaft Anwältinnen nach einer Umfrage unter Rechtsanwältinnen die weiterhin sehr informative **Broschüre „Anwältin und Mutter – Klar geht das!"**. Die Broschüre kann kostenlos bei der Arbeitsgemeinschaft über den DAV bestellt oder auf der Internetseite abgerufen werden. In der Broschüre werden u.a. Erfahrungsberichte und Best-Practice-Beispiele und individuelle Tipps geschildert, Arbeitszeitmodelle vorgestellt, aber auch Forderungen an die Gesellschaft, an die Anwaltschaft und an den Gesetzgeber formuliert, um die dringend notwendige Verbesserung der Rahmenbedingungen, z.B. bei der Kinderbetreuung, bei der Teilzeitpartnerschaft, bei Elternzeit- und Lohnersatzregelungen und bei Vertretungsregelungen, zu erreichen. Hierbei gibt es weiterhin noch sehr viel zu tun. Anwältinnen erzielen immer noch weniger Einkünfte als Anwälte, sie sind als Partnerinnen – vor allem in Großkanzleien – unterrepräsentiert, attraktive Teilzeitangebote sind nur unzureichend vorhanden und die Kinderbetreuung wird noch nicht hinreichend als gemeinsame Aufgabe erfasst. Besonders erfreulich ist, dass die Broschüre der Arbeitsgemeinschaft und das Thema der Vereinbarkeit von Familie und Beruf nicht nur bei den Kolleginnen auf hohe Resonanz stößt, sondern auch bei sehr vielen Kollegen, was die gemeinsame Verantwortung und die Notwendigkeit, sich den erforderlichen gesellschaftspolitischen und rechtlichen Anforderungen für ein modernes Berufs- und Familienbild gemeinsam zu widmen, hervorhebt.

Die Arbeitsgemeinschaft Anwältinnen ist auch im Übrigen politisch aktiv und seit 2017 Teil des Bündnisses der **Berliner Erklärung** (www.berlinererklaerung.de). Hierbei handelt es sich um ein überparteiliches und gesellschaftliches Bündnis von Parlamentarierinnen aller im Bundestag vertretenen Parteien und führenden Frauenverbänden, das sich zur Berliner Erklärung zusammengeschlossen hat, um die Gleichstellung von Frauen und Männern in allen gesellschaftlichen Bereichen voranzubringen.

Die Arbeitsgemeinschaft Anwältinnen unterstützt mit dem Projekt **„Anwältinnen in die Aufsichtsräte"** die Forderung nach einer Erhöhung des Frauenanteils in Führungsgremien der Wirtschaft. Im Zuge der Auseinandersetzung um die unterschiedlichen Positionen innerhalb des DAV zur **Frage nach einer Frauenquote** für Aufsichtsräte und Vorstände hat der DAV-Vorstand einen Genderausschuss unter Vorsitz der jeweiligen Genderbeauftragten des DAV und unter Beteiligung der jeweiligen Vorsitzenden der Arbeitsgemeinschaft Anwältinnen installiert. Dieser befasst sich mit allen genderrelevanten Themen innerhalb und außerhalb des DAV und beteiligt sich an Stellungnahmen des DAV, insbesondere an den Gesetzgeber, bei denen Genderthemen relevant sind.

Auf Anregung der Arbeitsgemeinschaft Anwältinnen hat der DAV als besondere Auszeichnung den **Maria-Otto-Preis** eingerichtet, mit dem vorrangig herausragende Rechtsanwältinnen, die sich um die Belange von Frauen verdient gemacht haben oder eine besondere Vorbildfunktion für Anwältinnen und Anwälte innehaben, ausgezeichnet werden. Der Preis

A.3 Arbeitsgemeinschaft Anwältinnen im DAV

kann auch an Personen und Organisationen verliehen werden, die sich im besonderen Maße um die Belange der Anwältinnen verdient gemacht haben. Zusätzlich zu diesem Preis fordert die Arbeitsgemeinschaft, dass die besonderen weiteren Auszeichnungen des DAV zukünftig nicht nur fast ausschließlich Anwälten zuteilwerden, wie dies bis heute der Fall ist.

Die Arbeitsgemeinschaft befasst sich noch mit einer ganzen Reihe von weiteren bedeutsamen Themen für Anwältinnen, u.a. mit der Berücksichtigung von Kindererziehungszeiten in den Versorgungswerken, der Verbesserung der Zugangsmöglichkeiten für Frauen zum Notariat und der Steigerung des Anteils von (Teilzeit-)Partnerinnen in Großkanzleien.

Das Zentralthema der Arbeitsgemeinschaft ist und bleibt die **weibliche Zukunft der Anwaltschaft** mit den Herausforderungen, die die sich ständig ändernden politischen und gesellschaftlichen Rahmenbedingungen und die technische Entwicklung mit sich bringen.

Wir freuen uns, wenn Sie die Ziele und Projekte der Arbeitsgemeinschaft Anwältinnen unterstützen wollen. Nehmen Sie bitte bei Fragen und Anregungen mit uns Kontakt auf. Treten Sie der Arbeitsgemeinschaft Anwältinnen bei!

A.4 Anwaltliches Berufsrecht – hilfreich oder hinderlich? – Anwälte als freie Unternehmer in einem regulierten Beruf

Rechtsanwalt Markus Hartung, Berlin • Vorsitzender des DAV-Berufsrechtsausschusses und Mitglied des Ausschusses Anwaltsethik und Anwaltskultur des DAV

I. Einführung – warum Berufsrecht?

Rechtsanwältinnen und Rechtsanwälte üben nach § 2 Abs. 1 BRAO einen freien Beruf aus. Ihre Tätigkeit ist kein Gewerbe, so sagt es ausdrücklich § 2 Abs. 2 BRAO. Im Gegenteil ist ihre Tätigkeit in hohem Maße „gemeinwohlbezogen". Am prägnantesten wird dies in § 1 BORA beschrieben:

§ 1 BORA Freiheit der Advokatur

(1) Der Rechtsanwalt übt seinen Beruf frei, selbstbestimmt und unreglementiert aus, soweit Gesetz oder Berufsordnung ihn nicht besonders verpflichten.

(2) Die Freiheitsrechte des Rechtsanwalts gewährleisten die Teilhabe des Bürgers am Recht. Seine Tätigkeit dient der Verwirklichung des Rechtsstaats.

(3) Als unabhängiger Berater und Vertreter in allen Rechtsangelegenheiten hat der Rechtsanwalt seine Mandanten vor Rechtsverlusten zu schützen, rechtsgestaltend, konfliktvermeidend und streitschlichtend zu begleiten, vor Fehlentscheidungen durch Gerichte und Behörden zu bewahren und gegen verfassungswidrige Beeinträchtigung und staatliche Machtüberschreitung zu sichern.

Der freie Beruf sagt sich nicht nur so dahin, denn gute Rechtsanwälte sind immer Freigeister. Ihre Aufgabe besteht darin, die Interessen ihrer Mandanten zu ermitteln und diese im Rahmen von Recht und Gesetz bestmöglich zu vertreten. Rechtsanwälte sind dabei unbequem – sie fordern, sie bestreiten und weigern sich, sie fragen, und sie fragen noch einmal, wenn sie die Antwort als unbefriedigend empfinden. Sie sind auch gegenüber ihren Mandanten nicht immer angenehm und sollten sich mit Mandanteninteressen nicht immer vollends und ohne weitere Frage identifizieren: denn Mandanteninteressen können nach geltendem Recht undurchsetzbar sein, sie können sittlich fragwürdig sein, sie können auch einfach unvernünftig, weil nur kurzfristig ausgerichtet, sein – ein guter Rechtsanwalt wird das thematisieren. Er ist schließlich ein Berater, kein „Mietmaul". Alles das kann und muss er sich „leisten", denn er ist nicht nur ein Freigeist, sondern auch unabhängig – unabhängig vom Staat, und er muss auch unabhängig von seinem Mandanten sein.

So weit, so gut. Anwälte sind als Angehörige eines freien Berufs aber auch Unternehmer und müssen wie Unternehmer denken und handeln, daran ist nichts verwerflich. Als Unternehmer unterliegen sie den Zwängen, denen alle Unternehmer unterliegen: Sie bewegen

A.4 Anwaltliches Berufsrecht – hilfreich oder hinderlich?

sich in einem Markt, dem Rechtsmarkt, müssen sich dort als erfolgreiche Berater positionieren und sich im Wettbewerb gegen ihre Kolleginnen und Kollegen, also gegen die Konkurrenz, durchsetzen. Nach § 5 BORA sind Rechtsanwälte verpflichtet, einen funktionierenden Bürobetrieb zu unterhalten, das bedeutet Kostenaufwand, und das wiederum erfordert regelmäßige Einnahmen. Die oben beschriebene Unabhängigkeit auch von Mandanten kann dann an Grenzen stoßen, wenn man aus rein unternehmerischer Sicht einen Mandanten unbedingt behalten sollte, selbst wenn man als unabhängiger Freigeist „eigentlich" zu dem Ergebnis käme, bestimmte Interessen nicht zu vertreten, oder jedenfalls nicht so, wie ein Mandant es verlangt.

Diesen Zielkonflikt kann dem niedergelassenen Rechtsanwalt niemand abnehmen, auch das Berufsrecht nicht. Das Berufsrecht gibt dem Anwalt auch keine berufsethischen Hilfestellungen, sondern legt fest, was der Rechtsanwalt in seiner Tätigkeit mindestens zu beachten hat. Das Berufsrecht beschränkt die auf Art. 12 Abs. 1 GG beruhende unternehmerische Freiheit des Rechtsanwalts, um sicherzustellen, dass der Gemeinwohlbezug der anwaltlichen Tätigkeit gewahrt bleibt. Als freiheitsbeschränkendes Regelungswerk muss sich das Berufsrecht an der Verfassung messen lassen, und am Gemeinschaftsrecht.

So verstanden wäre das Berufsrecht „hinderlich", denn es „behindert" die freie berufliche Entfaltung. Aber wenn wir ernst nehmen, was unsere Aufgabe als Rechtsanwälte ist – siehe § 1 BORA – dann erweist sich das Berufsrecht als hilfreich. Das mag auf den ersten Blick überraschen – aber wenn Sie gleich lesen, wie der Rechtsmarkt heute aussieht und wie schwierig es ist, sich im Wettbewerb mit allen möglichen Rechtsdienstleistern zu positionieren, dann werden Sie auch finden, dass das Berufsrecht nicht hinderlich, sondern hilfreich ist – weil es uns Rechtsanwälten eine einzigartige berufliche Stellung als Rechtsberater gewährleistet.

Um das Berufsrecht richtig einordnen zu können, muss man zunächst verstehen, wodurch sich Rechtsmärkte auszeichnen.

II. Der deutsche Rechtsmarkt: Eine Herausforderung[1]

Der deutsche Rechtsmarkt hat sich seit 1989 stürmisch entwickelt. Die Anzahl der zugelassenen Anwälte ist kontinuierlich gestiegen. Inzwischen sind – per Januar 2018 – gut 165.000 Anwälte in Deutschland zugelassen, gegenüber 16.824 im Jahre 1955.[2] Auch die Zahl der Syndikusanwälte, Konkurrenten der niedergelassenen Anwälte, ist stetig gestie-

---

1 Die nachfolgenden Ausführungen sind ausführlich behandelt bei *Hartung*, Strategische Ausrichtung von Kanzleien, in: Schieblon (Hrsg.), Kanzleimanagement in der Praxis, 3. Aufl., 2015, S. 13 (4. Aufl. in Vorbereitung); die ausführlichste Darstellung des gesamten deutschen Rechtsmarkts findet sich bei *Kilian*, Anwaltstätigkeit der Gegenwart, Band 19 der Forschungsberichte des Soldan Instituts, 2016; bezogen auf das Segment der Wirtschaftskanzleien vgl. *Wegerich/Hartung*, Der Rechtsmarkt in Deutschland, 2014. Die zuverlässigsten empirischen Daten finden sich bei *Kilian/Dreske*, Statistisches Jahrbuch der Anwaltschaft 2017/2018 (das Werk wird alle zwei Jahre aktualisiert).
2 Aktuelle Zahlen aus der BRAK-Statistik zum 1.1.2018, siehe unter www.brak.de; Zulassungszahlen der Jahre bis 1950 in *Kilian/Dreske*, Statistisches Jahrbuch der Anwaltschaft 2011/2012, S. 21 f., Tabellen 1.1.1 und 1.1.2.; in der aktuellsten Ausgabe des Jahrbuchs finden sich nur Zahlen ab 1950, vgl. Tab. 1.1.1, S. 26

A.4 ANWALTLICHES BERUFSRECHT – HILFREICH ODER HINDERLICH?

gen.[3] Darüber hinaus gibt es inzwischen zahlreiche Einrichtungen oder Institutionen, die „Rechtsdienstleistungen" anbieten, etwa Treuhandunternehmen, Unternehmensberater, Rechtsauskunftsstellen von Verbänden, Banken oder Versicherungen. Nach Erhebungen des Soldan-Instituts gab es im Jahr 2015 insgesamt 60.296 Unternehmen, die in der Rechtsberatung tätig sind. Im Dienstleistungsbereich „Rechtsberatung" waren im Jahr 2015 insgesamt 274.875 Personen beschäftigt.[4]

Die Berufsausübung von Anwälten war bis Sommer 1987 viel strenger reguliert als heute, nicht nur durch Gesetz, sondern auch durch anwaltliche Standesrichtlinien. Anwälten war sehr detailliert vorgeschrieben, was sie dürfen und was nicht. Die anwaltlichen Standesrichtlinien wurden erst im Jahr 1987 durch die Bastille-Entscheidungen des BVerfG[5] gekippt – die Entscheidungen werden deshalb so genannt, weil sie am 14. Juli ergingen, knapp 200 Jahre nach Ausbruch der französischen Revolution, allerdings auch deswegen, weil es endlich gelungen war, die Bastille des anwaltlichen Standesrechts erfolgreich zu stürmen.

Die Kassation der anwaltlichen Standesrichtlinien hatte für das Verständnis des anwaltlichen Berufsbilds wesentliche Bedeutung. Für den deutschen Rechtsmarkt war aber die erst im Jahr 1989 zugelassene überörtliche Sozietät viel wesentlicher. Diese Zulassung beruhte, wie im anwaltlichen Berufsrecht üblich, nicht auf einer Entscheidung des Gesetzgebers, sondern auf einer Entscheidung des BGH[6], durch die das Verbot der überörtlichen Sozietät fiel.

Seit der Zulassung der überörtlichen Sozietät fand ein explosionsartiges Wachstum der Kanzleien statt. Fusionieren war das Gebot der Stunde. In den allermeisten Fällen ging es um reines Größenwachstum und den Wunsch, an möglichst vielen deutschen Wirtschaftsstandorten präsent zu sein. Gegen Ende der 90iger Jahre erhielten das Wachstum des Rechtsmarktes sowie die Veränderungen im Markt einen zusätzlichen Schub, ausgelöst durch die zunehmende Internationalisierung/Globalisierung der deutschen Wirtschaft und den Eintritt großer englischer und amerikanischer Kanzleien in den deutschen Markt. Diese waren sehr erfolgreich: Im Oktober 2017 befanden sich unter den zehn nach Umsatz größten Kanzleien in Deutschland sich nur noch drei Kanzleien, die man als unabhängige deut-

---

3   Nach damaliger Schätzungen der BRAK soll es ca. 15.000 Syndikusanwälte geben. Seit der Möglichkeit, sich als Syndikusrechtsanwalt zuzulassen, gibt es erstmals verlässlichere Zahlen: Es gibt zum 1.1.2018 insgesamt 1.975 „Nur-Syndikusanwälte" und 12.079 Syndikusrechtsanwälte, die gleichzeitig eine Zulassung als niedergelassene Anwälte haben. Es wird aber noch eine erhebliche Zahl an „Anwälten in Unternehmen" geben, die keine Zulassung als Syndikusrechtsanwalt anstreben, aus vielerlei Gründen.
4   *Kilian/Dreske*, Statistisches Jahrbuch der Anwaltschaft 2017/2018, S. 138 (Tabellen 4.1.1 und 4.1.2.).
5   BVerfGE 76, S. 171 ff.
6   BGHZ 108, S. 290 = NJW 1989, 2890 ff.

A.4 ANWALTLICHES BERUFSRECHT – HILFREICH ODER HINDERLICH?

sche Kanzleien bezeichnen kann – Hengeler Mueller auf Platz 3, und Gleiss Lutz auf Platz 5 und Noerr LLP auf Platz 6.[7]

1. Wirtschaftliche Situation der Anwaltschaft

Es gehört zum Allgemeingut, dass die wirtschaftliche Lage für Anwälte schwierig ist. Allerdings steigt seit Jahren das Gesamthonoraraufkommen im deutschen Rechtsmarkt deutlich stärker als der allgemeine Verbraucherpreisindex oder die Steigerung des Bruttoinlandsproduktes. Jedoch war das Wachstum der Zulassungszahlen in den letzten Jahrzehnten wiederum deutlich stärker als das Wachstum des Gesamthonoraraufkommens: Im Jahr 1996 lag das Honoraraufkommen aller in Deutschland zugelassener Rechtsanwälte – das waren 85.105 – bei etwa 11,2 Mrd. EUR. Im Jahre 2014 lag es mit gut 162.600 Anwälten bei ca. 20,6 Milliarden EUR. Der Durchschnittsumsatz eines jeden Anwalts ist in diesem Zeitraum von 131.680 EUR auf ca. 100.000 EUR gesunken.[8] Inzwischen hat sich das Wachstum bei den Neuzulassungen eingebremst; zum 1.1.2018 gab es erstmals weniger Rechtsanwälte als im Jahr zuvor.

Diese Berechnung mag zu schematisch erscheinen, denn ob in den Anwaltszulassungszahlen auch tatsächlich nur aktiv tätige Anwälte enthalten sind, ist zweifelhaft. Jedenfalls sind in den Zahlen auch die Syndikusanwälte enthalten, deren genaue Zahl nicht bekannt ist (wenn man einmal von den inzwischen als Syndikusrechtsanwältinnen zugelassenen Personen absieht). Syndikusanwälte muss man herausrechnen, denn sie erzielen ein Gehalt, jedoch keine Erlöse, die in der Umsatzsteuerstatistik auftauchen würden. Allerdings entspricht die seit Jahren sinkende durchschnittliche Ertragskraft der Rechtsanwaltschaft den differenzierteren Erhebungen des Instituts für freie Berufe an der Universität Erlangen-Nürnberg (diese Erhebungen nennen sich STAR-Umfrage des IfB): Einzelanwälte erreichen einen persönlichen Umsatz von 146.000 EUR (Median:[9] 100.000 EUR), in lokalen Sozietäten lag der Umsatz pro Anwalt bei 198.000 EUR (Median: 160.000 EUR), und in überregionalen Sozietäten bei 324.000 EUR (Median: 202.000 EUR), alles bezogen auf die alten Bundesländer. In den neuen Ländern liegen die Werte noch einmal sichtbar niedriger.[10]

---

7 Nach der jährlichen Erhebung der Zeitschrift Juve-Rechtsmarkt, die Zahlen für 2016/17 sind im Oktoberheft 2017 wiedergegeben; vgl. auch online hier: https://www.juve.de/rechtsmarkt/umsatzzahlen (Abfrage am 17.7.2018); zur Entwicklung des dt. Rechtsmarktes und der Internationalisierung der Anwaltschaft *Hellwig*, Internationalisierung und Europäisierung der deutschen Anwaltschaft, in: Anwälte und ihre Geschichte: Zum 140. Gründungsjahr des Deutschen Anwaltsvereins, 2011, S. 1185 ff.; die Entwicklung deutscher Kanzleien ist außerdem sehr eingehend bei *Pöllath/Saenger*, 200 Jahre Wirtschaftsanwälte in Deutschland, 2009, dargestellt; vgl. außerdem *Ewer*, Der Rechtsmarkt heute, in: Wegerich/Hartung (Hrsg.), Der Rechtsmarkt in Deutschland, 2014, S. 34 ff.
8 Nach Umsatzsteuerstatistik; insgesamt finden sich die unterschiedlichsten Zahlenwerke: *Hagenkötter*, AnwBl. 2010, 276 und AnwBl. 2011, 786, kommt zu geringeren Werten, weil er nur anwaltliche Erlöse ohne Notarserlöse auswertet; wiederum anders *Busse*, Deutsche Anwälte, 2010, S. 634 ff.; *Henssler*, in: Henssler/Streck, Handbuch Sozietätsrecht. 2. Aufl. 2011, S. 5 Rn. 6 f.; *Hommerich/Kilian*, AnwBl 2010, 277, 278; auch *Kilian/Dreske* kommen zu anderen Zahlen, vgl. Statistisches Jahrbuch 2011/2012, S. 109 (Tabelle 5.1.3); die Tendenz – sinkender Ertrag – ist aber trotz Unterschiede in der Berechnungsmethode immer gleich.
9 Der Median ist der Wert, den 50 % der Befragten über- und die andere Hälfte unterschreiten. Durch den Median können extreme Datenwerte geglättet werden; vgl. dazu *Gruhl*, BRAK-Mitt. 1/2017, 13, 14.
10 *Gruhl*, Umsatz- und Einkommensentwicklung in der Anwaltschaft: Der STAR-Bericht 2015/2016, BRAK-Mitt. 1/2017, 13 ff.; die Daten aus den Vorjahren bis Mitte der 90er Jahre bei *Eggert*, BRAK-Mitt. 4/2013, 154 ff.

A.4 Anwaltliches Berufsrecht – hilfreich oder hinderlich?

Nun sind diese Beträge nichts, was auch nur ansatzweise die Klage stützen würde, den Anwälten gehe es zunehmend schlechter. „Jammern auf sehr hohem Niveau" wäre hier wohl die zutreffende Bezeichnung. Tatsächlich ist es aber so: Im Rechtsmarkt gibt es extrem erfolgreiche Anwälte und Kanzleien, und es gibt so etwas wie ein Anwaltsprekariat. Dem Segment der wirtschaftsberatenden Kanzleien geht es i.d.R. sehr gut, vielen Allgemeinanwälten, die sich nicht spezialisiert haben, geht es deutlich weniger gut. Wo die Gewinner und wo die Verlierer im Rechtsmarkt sitzen, wissen wir nicht, da sich der Markt insgesamt intransparent darstellt.

Nur ein kleiner werdender Teil der Anwaltschaft war den Herausforderungen in den letzten 20 Jahren gewachsen. Es ist kein Markt für schwache Nerven: Der Anteil der selbstständigen Anwälte lag im Jahr 1977 noch bei 51,3 %, im Jahr 2004 nur noch bei 39,5 %.[11]

2. Grundsätzliche Merkmale eines Rechtsberatungsmarktes

Nachdem Sie nun einen Einblick in die wirtschaftliche Dynamik des Rechtsmarktes erhalten haben, wollen wir uns kurz mit ein paar Besonderheiten dieses Marktes befassen. Nur ausgehend von den wirtschaftlichen Daten erklärt sich ja nicht, warum unsere berufliche Tätigkeit reguliert ist.

Der Rechtsmarkt selber ist wenig erforscht. Neuere Erklärungsansätze findet man bei *Wolf* oder bei *Kämmerer*.[12] Festhalten lässt sich zunächst Folgendes: Auf dem Rechtsmarkt begegnen sich Anbieter und Nachfrager von Rechtsdienstleistungen. Nicht alle Anbieter sind Rechtsanwälte; das Rechtsdienstleistungsgesetz hat den Rechtsberatungsmarkt auch für viele weitere Personen und Institutionen geöffnet. Weiterhin hat das Vordringen moderner Softwaretechnologie weitere Anbieter auf den Markt gebracht. Das Stichwort ist hier Legal Tech, womit es möglich wird, rechtliche Dienstleistungen nur computergestützt anzubieten.[13]

Dieser Markt hat zwei Besonderheiten, die ihn von „normalen" Märkten unterscheiden:

- Zum einen ist es der schon in der Einleitung genannte Gemeinwohlbezug der anwaltlichen Tätigkeit – Mitwirkung an der Verwirklichung des Rechtsstaats und Gewährleistung der Teilhabe des Bürgers zum Recht. Letzteres findet man häufig unter dem Stichwort „Zugang zum Recht". Das ist für einen Rechtsstaat geradezu essentiell: Wenn Bürger keinen Zugang zum Recht mehr haben, werden sie „ihr Recht" anders durchsetzen. Zugang zum Recht bedeutet, dass man auch wegen Kleinigkeiten streiten kann, aber die sind um des Prinzips willens so wichtig wie großen Sachen. Hätten Bürger keine Möglichkeit, auch Ansprüche mit niedrigen Streitwerten mit Hilfe von Anwälten durchzu-

---
[11] Hommerich/Kilian, AnwBl 2010, 277 f.
[12] *Wolf*, in: Gaier/Wolf/Göcken, Anwaltliches Berufsrecht, 2. Aufl. 2014, Rn. 9 ff., insbes. Rn. 16 ff. zu § 2 BRAO/§ 26 BORA mit zahlreichen weiteren Nachweisen; *Kämmerer*, Die Zukunft der Freien Berufe zwischen Deregulierung und Neuordnung, Gutachten H zum 68. Deutschen Juristentag, 2010, S. H30 ff.; zuletzt Hartung/Weberstaedt, AnwBl. 2011, 607 ff. m.w.N.
[13] Einzelheiten bei *Hartung/Bues/Halbleib*, Legal Tech: Die Digitalisierung des Rechtsmarktes, 2018.

A.4 Anwaltliches Berufsrecht – hilfreich oder hinderlich?

setzen, träte das Faustrecht an diese Stelle. Wenn das verhindert werden soll, muss es auch für die gefürchteten „niedrigen Streitwerte" qualifizierten Rechtsrat zu erschwinglichen Preisen geben. Das – und nur das – rechtfertigt es, Anwaltsgebühren zu regulieren und mit Streitwerttabellen zu arbeiten, die dazu führen, dass „niedrige Streitwerte" auch nur niedrige Honoraransprüche auslösen, unabhängig vom Aufwand.

Die zweite Besonderheit liegt in der Informationsasymmetrie zwischen Mandanten und Anwälten: Die Regel ist, dass Nachfrager von Rechtsdienstleistungen – die Mandanten – das, was inhaltlich geboten wird, nicht ohne weiteres beurteilen können. Sehr häufig können sie auch nicht beurteilen, was sie eigentlich genau brauchen – sie können sich nur auf die Beschreibung eines Problems beschränken und sind darauf angewiesen, dass ein Anwalt weiß, was man zur Lösung des Problems machen muss und wie man es erfolgreich umsetzt. Die Monopolkommission hat das wie folgt beschrieben:

„Es ist anzuerkennen, dass im Bereich der Rechtsdienstleistungen eine asymmetrische Informationsverteilung zwischen Nachfragern und Anbietern besteht, insbesondere wenn der Nachfrager nicht Jurist ist. Für den Nichtjuristen ist die Qualität der juristischen Arbeit auch im Nachhinein schwer zu beurteilen, nicht zuletzt da ein Prozess auch bei guter Arbeit des Anwalts verloren gehen kann. Auch ist schwer zu beurteilen, ob der vom Anwalt betriebene Aufwand der Sache angemessen war".[14]

Damit sind die Wesensmerkmale des Rechtsmarktes beschrieben: Starker Gemeinwohlbezug der anwaltlichen Anbieter sowie Informationsasymmetrie zwischen Anbietern und Nachfragern. Als Faustformel kann man sagen: Der Gemeinwohlbezug ist das, wofür Anwälte leben, und die Informationsasymmetrie ist das, wovon sie leben.

Hier schließt sich der Kreis, und die Antwort auf die Frage, warum unsere Tätigkeit reguliert ist, liegt auf der Hand: Nur dadurch kann sichergestellt werden, dass Mandanten in diesem Markt das bekommen, was sie erwarten dürfen. Außerdem soll es bezahlbar bleiben, siehe oben: Lieber Regulierung der Anwaltsvergütung als Faustrecht.

III. Bemerkungen zu einzelnen berufsrechtlichen Regelungen

Wenn wir damit verstanden haben, warum die anwaltliche Tätigkeit reguliert ist, die unternehmerische Freiheit also eingeschränkt ist, dann heißt das noch lange nicht, dass das Berufsrecht, etwa niedergelegt in BRAO und BORA, insgesamt mit allen seinen Regelungen sinnvoll ist. Richtig ist das Gegenteil: Das deutsche Berufsrecht enthält zu viele Regelungen, die, höflich gesagt, unbrauchbar sind. Das darf aber nicht den Blick darauf verstellen, dass das Berufsrecht als solches sinnvoll ist und nicht an seinen unbrauchbaren Regelungen gemessen werden sollte. Es gibt eine Reihe von Regelungen, die man lieber anders sehen würde, aber so ist es nun mal mit Gesetzen: Sie sind so, wie sie sind (bis wir sie in dem dafür vorgesehenen Verfahren ändern). Immerhin ist unser Berufsrecht gesetzlich geregelt

---

14 XVI. Hauptgutachten der Monopolkommission, BT-Drs. 16/2460, Rn. 1015.

A.4 Anwaltliches Berufsrecht – hilfreich oder hinderlich?

und ist kein Verbandsrecht. So etwas gab es bis 1987, siehe oben, und jeder ist froh, dass die Zeiten der Standesrichtlinien vorbei sind.

1. Die anwaltlichen Grundpflichten

Wenn wir uns auf die wesentlichen Aspekte des Berufsrechts konzentrieren, dann stellen wir fest, dass dadurch der Berufsstand der Rechtsanwälte ein wertvolles Differenzierungskriterium gegenüber anderen wirtschaftsberatenden Berufen hat. Die anwaltliche Tätigkeit gehört zu den Vertrauensberufen; Anwälte leben davon, dass die Mandanten ihnen vertrauen. Das Berufsrecht regelt einen Katalog von Pflichten, welche dem Mandanten garantieren sollen, dass er dem Anwalt vertrauen kann. Damit sind die Grundpflichten, die *core values*, gemeint.

Das beginnt in § 43 S. 1 BRAO mit der Pflicht zur Gewissenhaftigkeit. Die genaue Rechtsnatur dieser Vorschrift ist umstritten.[15] Entscheidend sind die Pflichten aus § 43a BRAO – Unabhängigkeit, Verschwiegenheitspflicht, Sachlichkeitsgebot, Verbot der Vertretung widerstreitender Interessen, Pflicht zum sorgsamen Umgang mit fremden Geldern und Fortbildungspflicht.

Diese Grundpflichten sind das wesentliche Pfund, mit dem Rechtsanwälte in Konkurrenz mit anderen Beratern und *Legal Service Providers* wuchern können: Die **Unabhängigkeit** steht dafür, dass eine unabhängige Person einen Rat erteilt, der nicht nur das blanke Mandanteninteresse, sondern das wohlverstandene Interesse im Auge hat, so dass Rechtssuchende darauf vertrauen können, dass ihr Anliegen nicht nur durch die persönliche und befangene Brille, sondern umfassend und damit erfolgversprechender bewertet wird. Die **Verschwiegenheitspflicht** ist zentral, dadurch ist sichergestellt, dass man sich dem Anwalt anvertrauen kann. Diese Pflicht ist so wichtig, dass ihre Verletzung strafbar ist, und den Schutz des Mandantengeheimnisses stuft der Gesetzgeber so hoch ein, dass er ein Beschlagnahmeverbot und ein Aussageverweigerungsrecht des Anwalts vorsieht. Das **Sachlichkeitsgebot** – Anwälte mögen das manchmal als Korsett verstehen, aber letztlich schützt es den Mandanten, weil es den Anwalt verpflichtet, sich nur einer Sache zu verpflichten, und es schützt den Mandanten vor unsachlichen Angriffen der Gegenseite. Letztlich soll dies für eine sachliche Auseinandersetzung sorgen, anders als eine ungeordnete Schreierei auf Wirtshausniveau, in der letztlich der Lauteste obsiegt. Die **Geradlinigkeit**, also das Verbot, beide Seiten und/oder widerstreitende Interessen zu vertreten, schützt den Mandanten vor Verrat und bietet ihm die Gewähr, dass der ausgewählte Anwalt in dieser Sache nur und ausschließlich für ihn tätig ist, keinesfalls für die Gegenseite. Sodann die **Pflicht, sorgsam mit fremden Geld** umzugehen; sie bedeutet, dass man dem Anwalt nicht nur Geheimnisse, sondern auch Geld anvertrauen kann. Und schließlich die **Fortbildungspflicht**, die dem Mandanten signalisiert, dass der Anwalt fachlich up to date ist.

---

15 In § 43 S. 2 BRAO findet man einen der alten Zöpfe des Berufsstandes, eher eine Benimmregel – solche Regeln haben immer das Potential, jemanden auszugrenzen, ohne dass es dafür Argumente oder gute Gründe geben würde. Im Berufsrecht liegen Licht und Schatten immer sehr nah beieinander.

A.4 Anwaltliches Berufsrecht – hilfreich oder hinderlich?

Damit ist im Wesentlichen alles gesagt, was für einen Anwalt gelten muss. So ist es nicht nur in Deutschland; diese Grundpflichten gelten für Anwälte in vielen Teilen der Welt. Ohne diese Pflichten, auch ohne einzelne dieser Pflichten, wäre das, was den Anwalt ausmacht, erheblich gefährdet, weil dann die Basis für das Vertrauen in ihn entzogen wäre. Andere Beraterberufe müssen sich ihr Vertrauen erst einmal verdienen, Anwälte starten hingegen mit einem gesetzlichen Regularium für einen Vertrauensvorschuss und riskieren allenfalls, Vertrauen zu verspielen. Das ist ein erheblicher Unterschied. Die Grundpflichten sind also nicht Ausdruck eines konservativen oder reaktionären Berufsverständnisses, sondern sozusagen der Markenkern der Anwaltschaft. Darauf baut die Stärke des Berufsstandes auf, das schafft die Einzigartigkeit unserer Profession. Man sieht: Das Berufsrecht ist da nicht hinderlich, sondern hilfreich.

2. Sonstige Regelungen

Das Berufsrecht besteht bekanntlich nicht nur aus den Grundpflichten, sondern hat einen großen Katalog weiterer Pflichten. Bei allen diesen weiteren Pflichten kann man, anders als bei den Grundpflichten, trefflich darüber streiten, ob diese Regelungen hilfreich oder hinderlich sind. Wenn man es sowohl aus Sicht eines Mandanten wie auch eines Anwalts betrachtet, fällt das Ergebnis häufig unterschiedlich aus. Hier ist nicht der Ort, um einen Kurzkommentar zum anwaltlichen Berufsrecht zu schreiben. Für den Berufsanfänger mag aber Folgendes hilfreich sein:

- Die Versicherungspflicht hat eine den Grundpflichten sehr ähnliche Bedeutung, weil ohne Versicherung keine Zulassung erteilt wird. Man sollte es nicht als Kostenposition sehen, sondern als weiteres Argument zur Vertrauensbildung mit Mandanten – wenn etwas schiefgeht, dann ist man versichert. Diese Sicherheit für Klienten oder Beratungskunden gibt es in anderen Beraterberufen nicht.
- Das anwaltliche Vergütungsrecht muss man anwenden können, schon aus Eigeninteresse. Es beschränkt die unternehmerische Entfaltungsfreiheit, aber oben wurde beschrieben, vor welchem Hintergrund das geschieht. Ob die heutigen Regelungen der Weisheit letzter Schluss sind, muss man bezweifeln: So ist zum Beispiel das gesetzliche Verbot der Pro-bono-Tätigkeit in § 49 Abs. 1 S. 2 BRAO schlichtweg unsinnig und unzeitgemäß; soweit ersichtlich, verfolgen die örtlichen Kammern etwaige Verstöße auch nicht mehr. Auch das Prinzip der Mindestgebühren besteht einen europäischen Stresstest möglicherweise nicht.[16] Weiterhin sind die Hürden, die vor einer Erfolgshonorarvereinbarung stehen, sehr hoch und lebensfremd; sie zeigen, dass der Gesetzgeber Erfolgshonorare eigentlich nicht haben wollte.[17]
- Anwaltliche Werbung war noch vor einigen Jahren ein Riesenthema. Inzwischen ist es das nicht mehr. Zwar gibt es den § 43b BRAO noch, aber er ist durch die Rechtsprechung auf die Füße gestellt worden (manche sagen „komplett ausgehöhlt worden"), nicht nur was das Akquiseverbot wegen eines konkreten Mandats angeht. Das ist auch

---

16 *Hellwig*, AnwBl. 2011, 77 ff., 78 f.
17 Zu den Hintergründen *Hartung*, AnwBl. 2008, 396 ff.

A.4 Anwaltliches Berufsrecht – hilfreich oder hinderlich?

richtig so, denn eine Verbotsnorm lässt sich nicht rechtfertigen.[18] Allerdings gibt es neben § 43 b BRAO auch die §§ 6 ff. BORA, welche die Zulässigkeit der Werbung regeln. Man kann wohl noch nicht sagen, dass sich die Zulässigkeit anwaltlicher Werbung faktisch nach dem UWG beurteilt, auch wenn viele das für eine sinnvolle Regelung hielten.[19] Aber auch wenn das Berufssonderrecht zur Werbung noch existiert, so ist es doch sehr zahm geworden, verglichen mit früher, auch wenn es noch verschiedene Versuche von neidischen Kollegen gibt, über das Werbethema andere Kollegen zu ärgern (und es örtliche Kammern gibt, die das mitmachen).

- Die Zusammenarbeit von Rechtsanwälten mit anderen Berufen außerhalb des § 59 a BRAO, Stichwort „Interprofessionelle Zusammenarbeit", ist immer noch verboten. Allerdings hat das BVerfG in der Sache Horn[20] diese Norm für verfassungswidrig erklärt, soweit es um die Zusammenarbeit von Anwälten mit Ärzten oder Apothekern in Form einer PartG geht. Aber für andere Berufsgruppen gilt der § 59 a BRAO noch. Das betrifft nicht nur die assoziierte Zusammenarbeit, sondern auch Bürogemeinschaften. Auch das ist nach Auffassung der Anwaltsverbände eher unzeitgemäß,[21] aber noch geltendes Recht.
- Schließlich ist das Gesellschaftsrecht der rechts- und wirtschaftsberatenden Berufe nicht konsistent geregelt. Die Zulässigkeit der Rechtsanwalts-AG ist nirgendwo geregelt, obwohl die gerichtliche Entscheidung, mit der diese Rechtsform für Anwälte erlaubt wurde, viele Jahre alt ist. Die Rechtsform der GmbH & Co. KG ist (noch) nicht erlaubt, aber da scheint sich etwas zu ändern. Die Regelungen zur Zusammenarbeit von Anwälten, Wirtschaftsprüfern und Steuerberatern ist extrem kompliziert und wirr. Das gesamte Gesellschaftsrecht bedarf dringender Renovierung bzw. eher der Kernsanierung.[22]

Diese Berufspflichten sind nicht in erster Linie hilfreich, häufig eher hinderlich. Man kann darüber streiten, ob sie wirklich erforderlich sind.

IV. Berufsethos und Berufsrecht

Wenn das Berufsrecht als grundrechtseinschränkendes Gesetzes- und Satzungskompendium zwar die unternehmerische Freiheit hindert, letztlich aber gerade die Grundpflichten im wohlverstandenen Interesse der Anwaltschaft liegen, fragt sich, ob es daneben noch weitere, gesetzlich oder satzungsrechtlich nicht geregelte Pflichten gibt, die der Anwalt beachten muss. Die Rede ist vom anwaltlichen Berufsethos. Damit ist nicht der eigene innere Kom-

---

18 Hellwig, AnwBl. 2011, 77, 78, ist da etwas vorsichtiger.
19 Zum anwaltlichen Werberecht aus neuerer Zeit *Becker-Eberhard*, Anwaltswerbung: Was bleibt von den §§ 43 b BRAO, 6 ff. BORA? Auseinanderfallen von Gesetzestext und Rechtslage im anwaltlichen Werberecht, AnwBl. 2/2017, 148; *Ringer*, Dienstleistungsrichtlinie und (neues) UWG – was bleibt von § 43 b BRAO? Die aktuelle Rechtsprechung zur Anwaltswerbung – Zeit für eine Neuausrichtung, AnwBl. 2/2017, 155; vgl. ausführlicher zum anwaltlichen Werberecht mit vielen Nachweisen aus der Rechtsprechung *Hartung*, Rechtliche Rahmenbedingungen des Anwaltsmarketings, in: Halfmann, Marketingpraxis für Anwälte, 2. Aufl., Konstanz 2018.
20 BVerfG, Beschl. v. 12.1.2016 – 1 BvL 6/13, NJW 2016, 700.
21 Vgl. zu den Reformbestrebungen des DAV *Hartung*, AnwBl. 2017, 397.
22 Vgl. *Hartung*, Unser Abbruchhaus, AnwBl. 2016, 670.

A.4 Anwaltliches Berufsrecht – hilfreich oder hinderlich?

pass gemeint, der einem sagt, was man tut und was nicht und was von Mensch zu Mensch durchaus unterschiedlich ausfallen kann. Vielmehr ging die Diskussion längere Zeit dahin, ob es über das Berufsrecht hinaus noch einen schriftlichen Ethik-Kodex geben müsse, um die Anwaltschaft als besonderen Berufsstand zu bewahren.

Diese Diskussion wurde im Jahr 2008 wieder angestoßen von *Martin Henssler*, dem Direktor des Instituts für Anwaltsrecht an der Universität zu Köln und einem der führenden Berufsrechtler in Deutschland.[23] Er beschloss seine Ausführungen über die „Anwaltschaft zwischen Berufsethos und Kommerz" mit den Worten: *„Freie Berufe, die von dem Ziel einer Stärkung ihres Berufsethos geleitet werden, und dieses vertrauensbildend als Kontrast zum kommerziellen Dienstleister einsetzen, schlagen den Weg in eine erfolgreiche Zukunft ein. Der Anwaltschaft sei eine solche Zukunft von Herzen gewünscht."* Das geht in die gleiche Richtung wie die Bewertung der anwaltlichen Grundpflichten nicht als Hindernis, sondern gerade als Stärkung der anwaltlichen Profession (siehe dazu oben). Die danach im Schrifttum ausgebrochene Debatte kreiste um die Frage, ob ein schriftlicher Ethik-Kodex verfassungsgemäß sei, denn jedes „Soft Law" habe die Tendenz, irgendwann zu „Hard Law" zu werden. Das sei dann die Wiedergeburt der anwaltlichen Standesrichtlinien, die das BVerfG doch mit den Bastille-Beschlüssen kassiert hatte.

Diese Diskussion kann hier nicht abschließend geführt werden. Während die BRAK eine gewisse Sympathie für einen schriftlichen Kodex hat, vertritt der DAV dazu eine andere Auffassung: Ethos erweist sich im alltäglichen Verhalten, nicht in schriftlichen guten Vorsätzen.[24] Was ethisches Verhalten ist, kann nur jeder für sich selber entscheiden, das kann ihm niemand vorgeben. Immerhin sind BRAK und DAV sich einig dahingehend, dass niemand „neue" Standesrichtlinien will.

Abgesehen von dieser Diskussion ist Folgendes wichtig: Der Beruf des Rechtsanwalts ist ein Vertrauensberuf. Das Berufsrecht schafft einen Rahmen, der dem Mandanten hilft, Vertrauen zu fassen. Aber das ist erst einmal nur der Rahmen. Vertrauen hat man aber in Personen, weniger in bloße Regularien. Ein unethischer Rechtsanwalt verliert sofort das Vertrauen seines Mandanten, mag der gesetzliche Rahmen noch so stabil sein. Deshalb ist es wichtig, dass Anwälte ihr Tun immer auch unter ethischen Kriterien reflektieren. Ethisches Verhalten und die anwaltlichen Grundpflichten zusammen machen die Stärke unserer Profession aus. Das sollten wir als Privileg betrachten, nicht nur als hilfreich, und schon gar nicht als hinderlich.

V. Ausblick

In einer der Vorauflagen dieses Ratgebers hatte *Ludwig Koch*, der seinerzeitige Autor dieses Kapitels, folgendes geschrieben: *„Anwaltliche Berufsausübung ändert sich ständig. Die*

---

23 *Henssler*, AnwBl. 2008, 721 ff.; *Henssler* hat 10 Jahre nach seinem Vorschlag Bilanz gezogen, siehe dazu *Henssler*, AnwBl 2018, 22.
24 *Hartung*, AnwBl. 2012, 70.

A.4 Anwaltliches Berufsrecht – hilfreich oder hinderlich?

Anwaltschaft ist nicht homogen, sie ist bunt strukturiert. Die Aufgabe des Anwalts ändert sich mit der Gesellschaft, der er angehört und der Funktion des Rechts in ihr." Das hat sich als weise und vorausschauend erwiesen. Der Rechtsmarkt ändert sich weiterhin, es gibt Impulse aus dem Gemeinschaftsrecht, alte und eherne Grundsätze geraten ins Wanken. Die digitale Transformation findet auch im Rechtsmarkt statt. Unter dem Schlagwort „Legal Tech" versteht man nicht nur die Veränderung anwaltlicher Arbeit durch moderne Softwaretechnologie, sondern insgesamt die Debatte um die Zukunft der anwaltlichen Profession. Das Berufsrecht und das Rechtsdienstleistungsgesetz als Marktzugangsrecht müssen diesen gesellschaftlichen Änderungen gerecht werden. Man kann daher davon ausgehen, dass sich das Berufsrecht in permanenter Veränderung befindet.[25] Die Aufgabe des Berufsrechtsausschusses des DAV besteht darin, den Präsidenten des DAV entsprechend zu beraten und ihm Vorschläge zu unterbreiten. Das geschieht immer mit dem Ziel, Berufsrecht hilfreich und sinnvoll zu gestalten. Diese Vorschläge werden immer sehr ausführlich in Vorstand und Präsidium diskutiert, denn ein einheitliches Berufsrecht für eine inhomogene – oder bunte – Anwaltschaft schüttelt sich nicht so aus dem Ärmel.

Aber bei allen Änderungen, die wir erwarten: An die anwaltlichen Grundpflichten, an die *core values*, werden wir niemals herangehen. Vielmehr sollten wir alles dafür tun, um sie zu schützen. Ohne diese *core values* wären wir keine Anwälte mehr.

---

25 Vgl. dazu *Hartung/Bues/Halbleib*, Legal Tech. Die Digitalisierung des Rechtsmarkts, 2018.

A.5 Generalist oder Spezialist?

RECHTSANWALT HARTMUT KILGER, TÜBINGEN • EHEMALIGER PRÄSIDENT DES DAV, MITGLIED IN DEN AUSSCHÜSSEN ANWALTLICHE BERUFSETHIK UND MENSCHENRECHTE DES DAV, VORSTANDSVORSITZENDER DES AVB E.V.

Die aufgeworfene Frage bezieht sich auf zwei Phänomene, die heute in einem starken Spannungsverhältnis zueinanderstehen. Wer den Anwaltsberuf ergreift, wird sich mit der Frage nach Sinn und Inhalt dieser beiden Seiten derselben Medaille befassen müssen.

I. Spezialist

In der Innenstadt von Köln gibt es ein Geschäft, in dem man ausschließlich *weißes* Porzellan kaufen kann. Warum floriert es? Wo es doch zweifellos viele Kunden gibt, die auch *buntes* Porzellan kaufen würden, es dort aber nicht bekommen können. Das besondere Profil des Porzellanhauses macht seinen Erfolg aus. Im Bereich des Rechtsberatungsmarktes ist das nicht anders.

1) Auf der einen Seite steht das bestandene zweite Staatsexamen, vollgestopft mit der abgeprüften Stofffülle aus allen Bereichen. Der Volljurist ist firm auf allen maßgeblichen Rechtsgebieten, bereit, überall mitzureden – so scheint es. Auf der anderen Seite ist offenkundig: Alle sichtbar erfolgreichen Anwälte sind irgendwie spezialisiert; bereit, jederzeit zuzugestehen, dass sie auf vielen daneben liegenden Fachgebieten nur noch gerade das wissen, was ihnen Ausbildung und Pauken auf das Staatsexamen vermittelt haben. Der Weg scheint also vorgezeichnet: Wie, wann und unter welchen Vorgaben soll der Weg in die Spezialisierung in Angriff genommen werden? Das ist ein Thema dieses Beitrags.
2) Um es gleich vorwegzunehmen: Patentrezepte gibt es nicht. Gäbe es sie, so wären sie wertlos. Denn dann könnte sie jedermann befolgen. Das Wesentliche an einem Wettbewerb liegt aber gerade darin, dass der ausgetretene Trampelpfad der Patentrezepte verlassen und dem Publikum ein alternatives Bild geboten wird, welches den Bewerber auf dem Markt sichtbar macht. Die Devise heißt: sich über die eigene Person und deren Standort Bewusstsein zu verschaffen. Denn zum Glück ist jeder Fall anders gelagert.
3) Am Beginn steht die Frage: Was bedeutet Spezialisierung überhaupt? Der frischgebackene Volljurist wird geneigt sein, Vorlesungsverzeichnisse und Lehrbücher zur Hand zu nehmen, um zu untersuchen, welche – möglicherweise ausgefallenen – Rechtsgebiete für eine Spezialisierung in Betracht kommen könnten. Das kann durchaus sinnvoll sein. Denn es liegt nahe, eine rechtliche Spezialisierung in den Vordergrund zu stellen. So gibt es junge Anwälte, die sich beispielsweise durch besondere Kenntnisse im europäischen Vergaberecht profilieren. In der Zeit der Parteispendenaffären ist ein 33-jähriger Anwalt als Spezialist im Recht der Parteienfinanzierung bundesweit bekannt geworden. Dennoch wäre die bloße Beschränkung auf diesen rechtlichen Blickwinkel unklug. Denn es ist Vor- und Nachteil der juristischen Sicht zugleich, dass sie eine analytische Diffe-

A.5 Generalist oder Spezialist? <- Die Anwältin – der Anwalt

renzierung nur unter rechtlichen Gesichtspunkten vornimmt. Tatsächlich lassen sich weder der Markt noch der Bürger mit ihren Anliegen ohne Weiteres in rechtlich vorsortierte Schubladen einordnen. Beiden ist vollkommen gleichgültig, welchem Rechtsgebiet die Verfolgung eines bestimmten Interesses zuzuordnen ist. Die Unterteilung in Rechtsgebiete ist historisch gewachsen und oft dogmatisch begründet. Damit ist jedoch die sich stetig ändernde Wirklichkeit nicht erfasst. Tatsächlich kann eine an den Anwalt herangetragene Frage in mehrere, voneinander scheinbar unabhängige, möglicherweise hoch spezialisierte Rechtsgebiete zielen, was dazu führen müsste, dass der Kunde mehrere Spezialisten in Anspruch nehmen muss. Dieser Sachverhalt legt die Frage nahe, ob bei der Festlegung des Spezialgebiets weniger dogmatische Aufteilung als vielmehr die Bedürfnisse von Markt und Kunde maßgeblich sein müssen. Dies ist tatsächlich ein zweites, wirklich sinnvolles Konzept. Spezialisierung muss also nicht heißen: exklusive Bearbeitung eines bestimmten Rechtsgebiets. Sie kann vielmehr auch heißen: Bedienung eines bestimmten Marktsegments auf mehreren Rechtsgebieten. Denkbar ist es, Personengruppen für eine Spezialisierung ins Auge zu fassen. So ist ein „Kinderanwalt" ebenso denkbar wie ein „Altenanwalt": Es gilt, die bei diesen Personengruppen in Konfliktfällen typischen Interessenkonstellationen zu kennen und das rechtliche Handwerkszeug für die Bewältigung bereitzustellen. Bei Beratung und Vertretung von Kindern kann das die entsprechenden Ausschnitte des Sozialrechts (Jugendhilferecht), des Familienrechts (Unterhalts- und Sorgerecht) wie auch des Strafrechts (Jugendstrafrecht, Opferentschädigung etc.) beinhalten. Ebenso ist eine Spezialisierung auf die Bewältigung bestimmter Lebensbereiche denkbar, z.B. auf den des „Wohnens". Hier würde es auf die einschlägigen Ausschnitte des Baurechts, des Mietrechts, des Rechts der Finanzierung, des Wohnungseigentumsrechts etc. ankommen. Denkbar ist aber auch eine Konzentration auf bestimmte branchenbezogene Besonderheiten. Es gibt einen Anwalt, welcher sich einen Namen im Bereich der Lieferung, Errichtung und Erhaltung von Sporthallenböden einen Namen gemacht hatte. Auch das hoch spezielle Recht der Berufskrankheiten bei bestimmten Atemwegserkrankungen kann wegen der zahllosen technischen Einzel- und Besonderheiten ein ganzes Anwaltsleben ausfüllen. Ein anderer Anwalt ist dadurch bekannt geworden, dass er sich im Zusammenhang mit den bei Bluttransfusionen entstehenden Gefahren als Einzelkämpfer so eingesetzt hat, dass er in einer Anhörung des Bundestages als Sachverständiger auftrat. Ein weiterer Anwalt startet erfolgreich in den Beruf mit der Idee, alle die Personen und Institutionen ins Auge zu fassen, die mit dem Einsatz von Spielgeräten (für Erwachsene wie Kinder) zu tun haben.

Das heißt: Die Suche nach Spezialgebieten weist weit über das Studium von Vorlesungsverzeichnissen und Lehrbüchern hinaus. Tatsächlich besteht die Aufgabe darin, den vielen Verästelungen der Wirklichkeit nachzuspüren. Die Suche nach einem Spezialgebiet bedeutet den endgültigen Abschied von der Studierstube; er führt hinaus in den frischen Wind des Marktes und der sich ständig ändernden Wirklichkeit. Spezialisierung ist der Erfolg des Wachen, der mitten im Leben steht. Denn natürlich: Erfolgreiche Spezialisierung wird nur in einem Bereich möglich sein, den nicht längst schon andere Spezialisten besetzt haben.

A.5 Generalist oder Spezialist?

4) Diese Überlegung weist nach, dass der intuitiv erfasste Wortsinn „Spezialisierung" eigentlich in die Irre führt. Natürlich ist es richtig, den Weg aus den ausgetretenen Trampelpfaden zu suchen. Aber dies ist nicht die alleinige Option. Auch der Weg innerhalb der ausgetretenen Trampelpfade kann zum Erfolg führen, wenn nur gewährleistet ist, dass er dem Anliegen des Marktes und des Kunden gerecht wird. Deswegen weist das scheinbare Gegensatzpaar Generalist/Spezialist in Wirklichkeit in eine Richtung, die den Erfolg generell markiert: Es geht um eine Profilierung des Anwalts, die es möglich macht, dass er von Markt und Kunde als in seiner Besonderheit von den übrigen Berufsgenossen unterscheidbar erkannt wird. Das bedeutet in letzter Konsequenz: Jedenfalls in der Theorie könnte man sich auch als Generalist spezialisieren, d.h. ein Profil dahin ausweisen, dass ausdrücklich die Abdeckung aller Rechtsgebiete in einer Hand angeboten wird. Wie das allerdings heute zu bewerkstelligen ist, ist schon lange ein Problem. Wie profiliert sich der Generalist? In dieser Unsicherheit liegt allerdings auch Zukunftspotenzial: Junge Anwälte könnten uns vormachen, wie man dieses Feld wieder wirklich erfolgreich besetzt.

5) Spezialisierung (oder Profilierung) ist auf der einen Seite das Ergebnis eines Entschlusses; aber er ist auch auf der anderen Seite oft das Fazit einer (möglicherweise langen und kurvenreichen) Entwicklung. Das heißt: Der Gedanke an die Spezialisierung ist zwar unausweichlich; aber seine Ergebnisse können nicht über das Knie gebrochen werden. Zwar gibt es – durchaus nicht selten – Ausnahmen. Ein Anwalt hatte in Studium und Referendardienst schlechte Erfahrungen über das Ergebnis eines kleinen Anlagegeschäfts gemacht, sich über den finanziellen Verlust geärgert, sich in die Materie eingearbeitet und schon vor Anwaltszulassung auf diesem Rechtsgebiet spezialisiert. Beim BGH gab es einen dort zugelassenen Anwalt, der schon im ersten Semester den Rechtsanwalt beim BGH angestrebt hat (auch die BGH-Anwälte sind in gewisser Weise Spezialisten). Aber die Regel sind solche Lebenswege nicht. Fragt man bekannte spezialisierte Anwälte, so berichten sie in aller Regel über die Zufälle, die sie zu ihrem Fachgebiet geführt haben. Also wird der Leser einwenden, dass die ganze Spezialisierungsdebatte im Grunde nutzlos sei. Zufälle ließen sich nicht steuern; entweder man habe Glück oder nicht.

6) Nun ist zwar zutreffend, dass eine voll planbare Wirklichkeit traurig und öde wäre. Gottlob steht die Option der zufälligen Entwicklung jedem offen. Aber es lassen sich doch einige wichtige Stichworte nennen, deren Beachtung einen Erfolg erleichtern kann.
   a) Die Suche nach einem Spezialgebiet ist in erster Linie die Suche nach sich selbst. Was würde mir selbst Spaß machen? In welchem Milieu verkehre ich am liebsten? Wie wirke ich auf andere? Trete ich lieber im Nadelstreifenanzug oder mit Jeans auf? Sind mir Geschäftsessen ein Gräuel? Die Frage nach der eigenen Vorliebe liefert ein offenkundiges Rezept. Kommt man bei sorgfältiger Eigenprüfung zum Ergebnis, dass einem die Juristerei insgesamt ohnehin von Anfang bis Ende zum Halse heraushängt, dann wird sich die Frage stellen, ob man sich nicht anderen Tätigkeitsfeldern zuwenden sollte. Das ist durchaus ehrlich und nicht abschätzig gemeint: besser jetzt die notwendige Entscheidung treffen als nach vielen frustrierenden Berufsjahren. Der gerade Berufsweg ist heute ohnehin die Ausnahme. Und das

A.5 Generalist oder Spezialist? <- Die Anwältin – der Anwalt

Handwerkszeug der Juristen ist trotz der insgesamt nicht mehr diskutablen Juristenausbildung als Hilfsmittel in anderen Berufszweigen nicht ohne Nutzen. Also: Wer die Anwaltszulassung erworben hat, hat schon einen ersten Weg zu einer Profilierung beschritten. Er wird sie nur bestehen, wenn er sie auch bejaht.

b) Aber auch innerhalb der anwaltlichen Juristerei wird man bald Vorlieben feststellen, die man keinesfalls geringachten sollte. Denn letztlich wird nur erfolgreich sein, wem das Gebiet seiner Tätigkeit auch wirklich Spaß macht. Das eigene Profil, welches selbst es aufzubauen gilt, hängt auch davon ab, wie man auf andere wirkt. Die Teilnahme an einem Rhetorikkurs, die Derartiges verdeutlicht, kann nur wärmstens empfohlen werden. Das geht hin bis zu platten Fragen der Äußerlichkeiten: Bei den Strafrechtlern gibt es heute hoch profilierte Persönlichkeiten, die eine Haartracht zur Schau tragen, welche beispielsweise im Kreise von Kartellrechtlern einen Misserfolg deutlich prognostizieren ließe. Das heißt am Anfang: Wo stehe ich selbst? Wie könnte ich mich in den Betrieb der Juristen eingeordnet sehen? Diese Frage sollte nicht zu geringgeachtet werden. Die Suche nach freien Stellen, neuen Tätigkeiten und offenen Wegen vernachlässigt viel zu oft den Blick auf die eigene Person.

c) Also bedeutet das: Man sollte sich selbst – wenn nicht schon in der Ausbildung – jedenfalls im Berufsleben eine gewisse Zeit selbst beobachten, sich Spezialisten ansehen und deren Tätigkeit immer wieder in den Bezug zu der eigenen Anschauung über sich selbst setzen. Das spricht, wenn nicht eine Vorliebe von vornherein feststeht, eher dafür, mit der Spezialisierung am Anfang einige Zeit zu warten. Möglicherweise hat man in einem Anstellungsverhältnis die Chance, auf diesem oder jenem Gebiet tätig zu werden und den Testvorgang voranzutreiben. Der von Anfang an Selbstständige hat – Mandate vorausgesetzt – diese Möglichkeit ohnehin. Dieses Verfahren wird nach einiger Zeit von selbst in die eine oder andere Richtung führen. Sie kann man – durchaus auch mehrgleisig – dadurch unterstützen, dass man sich auf den entsprechenden Gebieten kompetent hält, durch Fortbildung und Zeitschriftenlektüre.

d) Am Ende dieser Periode steht dann eines Tages, beispielsweise nach drei Jahren Berufstätigkeit, der Entschluss. Wohlgemerkt: Ein Entschluss ist immer ein Sprung ins kalte Wasser. „Am Anfang war die Tat" heißt es dann. Das ist leichter gesagt als getan. Wir sind alle ein wenig darauf angelegt, uns mitunter treiben zu lassen, Entschlüsse aufzuschieben, am Abend zu fassen und nach schlafloser Nacht morgens um 5.00 Uhr wieder zu verwerfen. Ohnehin sind wir Juristen Bedenkenträger. Aber es hilft nicht: Der bequeme Weg führt nicht zur Profilierung. Wir haben nun einmal kein geschlossenes System mit einer begrenzten Zahl von Anbietern am Markt mehr, so, wie das im Bereich der Ärzte noch der Fall sein mag. Der Markt ist völlig offen, der Kunde sucht sich den passenden Anwalt mit immer höheren Ansprüchen. Und die Anbieter am Anwaltsmarkt – von den anderen Rechtsdienstleistern ganz zu schweigen – nehmen jedes Jahr zu. Also gilt es, sich einen Ruck zu geben und sich zu entschließen, mit welchem Bild man am Rechtsberatungsmarkt in Erscheinung treten möchte. Dieser Schritt, dieses Bewusstsein ist eine der Grundlagen anwaltlicher Tätigkeit. Nur Mut! – möchte man als Älterer zurufen.

e) Ist der Entschluss gefasst, dann steht die Aufgabe an, wie man das für sich selbst als richtig erkannte Profil aufbauen möchte. Wie kommuniziere ich mit dem ausgesuchten Adressatenkreis? Es wird unumgänglich, sich mit dem Thema Marketing zu befassen und sich der hierzu inzwischen vorliegenden Literatur zu widmen. Dies ist ebenfalls an anderer Stelle dieses Ratgebers behandelt. Das Marketingverhalten anderer Kollegen zu beobachten ist nützlich – vor allem aus deren Fehlern kann man vieles lernen. Unser Berufsrecht ist sehr liberal: Es lässt viele Möglichkeiten für das Hineinwachsen in die Spezialisierung zu.

f) Einige Zeit lang stand die Stufenleiter „Interessenschwerpunkt, Tätigkeitsschwerpunkt und Fachgebietsbezeichnung" bereit. Viele Anwälte praktizieren sie noch. Sie hat sich aber nicht bewährt: Nur der Fachanwalt ist in Kundenkreisen bekannt geworden. Die beiden anderen Bezeichnungen kommunizieren nicht, was ihnen zugedacht war. Inzwischen ist klar, dass jede sachliche Unterrichtung über die eigene Profilierung zulässig und auch sinnvoll ist. Allerdings: Sie muss auch richtig sein. Das gebietet letztlich der ehrliche Wettbewerb – Verstöße können nach UWG unangenehme Folgen haben. Der von der Satzungsversammlung in dem maßgeblichen § 7 BORA beschlossene Wortlaut lautet denn auch wie folgt:

„(1) Unabhängig von Fachanwaltsbezeichnungen darf Teilbereiche der Berufstätigkeit nur benennen, wer seinen Angaben entsprechende Kenntnisse nachweisen kann, die in der Ausbildung, durch Berufstätigkeit, Veröffentlichungen oder in sonstiger Weise erworben wurden. Wer qualifizierende Zusätze verwendet, muss zusätzlich über entsprechende theoretische Kenntnisse verfügen und auf dem benannten Gebiet in erheblichem Umfang tätig gewesen sein.
(2) Benennungen nach Absatz 1 sind unzulässig, soweit sie die Gefahr einer Verwechslung mit Fachanwaltschaften begründen oder sonst irreführend sind. ..."
Aber noch einmal: Es ist wichtig, die BORA zu kennen, Kenntnis des UWG ist genauso wichtig.

g) Also: Der Spezialisierungshinweis muss stimmen. Aber seine Grundlagen können in Ausbildung, Veröffentlichungen oder in sonstiger Weise erworben sein. Gefragt sind Fantasie in der Kommunikation der eigenen Profilierung und Klarheit über das Recht des UWG – wie bei jedem anderen Unternehmer auch.

h) Wie man Fachanwalt wird, braucht hier nicht dargestellt zu werden. Denn das Instrumentarium hierfür kann im Gesetzestext (§ 59 b Abs. 2 Nr. 2 BRAO), in der Berufsordnung (§ 7 BORA) und vor allem in der Fachanwaltsordnung selbst sowie in den einschlägigen Kommentaren zu BRAO und BORA nachgelesen werden. Vor allem aber: Wenn man die Fachgebietsbezeichnung anstrebt, liegt der eigentliche Spezialisierungsvorgang bereits in der Vergangenheit. Denn der Fachanwalt ist der Endpunkt der beschriebenen Entwicklung. Die eigentlichen Entscheidungen sind längst gefallen. Eine Rückkehr in andere Bereiche ist nur sehr schwer möglich, nicht zuletzt auch deswegen, weil der Markt den Fachanwalt als wirklichen Spezialisten wahrnimmt – und ihm deswegen Kompetenz in anderen Bereichen nicht mehr von vornherein zutraut. Das heißt letztlich: Der Fachanwalt kann nur dem empfohlen werden, der innerlich und äußerlich bereits in nicht unerheblichem Maß Spezialist

A.5 Generalist oder Spezialist? <- Die Anwältin – der Anwalt

geworden ist. Nicht zu Unrecht verlangt die FAO schon deswegen einen beruflichen Vorlauf. Der junge Anwalt sollte ihn nicht als Blockierungsmaßnahme kritisieren: Er dient dem Schutz des Kunden, aber aus den genannten Gründen auch dem Schutz des jungen Anwalts selbst.

Derzeit sind neben den klassischen Fachgebietsbezeichnungen für Steuerrecht, Verwaltungsrecht, Arbeitsrecht und Sozialrecht zahlreiche andere Benennungen zugelassen. Die angewachsene Zahl der Gebiete beruht auf der immer erhobenen Forderung des DAV nach weiteren Fachgebietsbezeichnungen. Die Entwicklung ist nicht am Ende: Weitere Fachgebietsbezeichnungen befinden sich in der Beratung. Das heißt: Aufmerksame Beobachtung der Satzungsversammlung kann sich lohnen, wenn die Zukunftsaussichten auf dem einen oder anderen Gebiet beurteilt werden sollen. Auf jeden Fall ist aber, wenn die Spezialisierungsentscheidung gefallen ist, die Beobachtung der eigenen Tätigkeit geboten. Verlangt werden ja theoretische und praktische Kenntnisse. Mangels eines besseren Kriteriums ist für den Praxisnachweis die „Fallzählung" üblich geworden. Also heißt es: Fälle sammeln. Am besten fährt, wer ein Anwaltsprogramm auf EDV benutzt. Es sollte die Aufteilung der eigenen Tätigkeit in Referate und die Zuordnung der einzelnen Fälle zu diesen Referaten von Anfang an so vorgenommen werden, dass die Mandate geordnet ausgedruckt werden können. Noch besser ist es, wenn man in einem Memo-Feld die jeweilige Mandatsbeschreibung (Inhalt, Verlauf, Besonderheiten) so mitführt, dass diese bei Ausdruck in einer gesonderten Spalte mit erscheint. Wer keine EDV hat (mit Verlaub: Gerade der kleinste Anwalt sollte eine solche haben), kommt nicht umhin, rechtzeitig manuell eine Datei anzulegen. Denn der Fachausschuss will später eine detaillierte Liste sehen, natürlich bezüglich der Mandantennamen anonymisiert (am besten abgekürzt: Fall B ./. C). Man wird enorme Arbeit haben, wenn man dann für die Vergangenheit erst alle Fälle wieder ausgraben und aufarbeiten muss. In der Mandatsbearbeitung selbst erkennt man im Übrigen am besten, ob im konkreten Fall nur eine Sache oder sogar mehrere Rechtsangelegenheiten vorlagen, die eventuell gesondert zählen könnten. Der sorgfältige Anwalt legt ohnehin für jede – wirklich jede! – Sache (auch für denselben Mandanten) eine eigene Akte (jedenfalls in der EDV) an, wenn es sich um eine andere Angelegenheit handelt.

Auch den Nachweis der theoretischen Kenntnisse sollte man rechtzeitig im Auge behalten. Natürlich kommt man nicht darum herum, den Fachanwaltskurs (vor allem bei DAA oder DAI, auch Kammern und einzelnen Anwaltvereinen) zu belegen. Aber man bewältigt ihn und seine Klausuren leichter, wenn man schon anderweitige Fortbildungen hinter sich gebracht hat. Man unterschätze solche Veranstaltungen nicht. Zwar bringt auch die häusliche Lektüre der Fachzeitschriften voran. Aber der Kontakt mit den auf dem Berufsfeld vorhandenen anderen Interessierten nützt mehr, als allgemein angenommen wird. Und haben die Mitglieder des Vorprüfungsausschusses einer Kammer den Bewerber schon auf verschiedenen Fachveranstaltungen des Fachgebiets gesehen, wird es ihnen im Zweifel leichter fallen, einem solchen Bewerber die Berechtigung zuzusprechen als einem anonymen Unbekannten.

7) Ein Hauptproblem bei der Ausübung des Anwaltsberufs hergebrachter Prägung liegt in der Diskrepanz zwischen Anspruch und Wirklichkeit. Der Bürger darf den Anwalt – zu

Die Anwältin – der Anwalt -> A.5 Generalist oder Spezialist?

Recht – als qualifizierten Dienstleister betrachten. Die Ausübung des Freien Berufs ist in erster Linie durch das Erfordernis der Qualität gekennzeichnet. Dem stehen der Druck der knappen Zeit und die oft knappen wirtschaftlichen Ressourcen gegenüber. So stehen viele Anwälte in einem Teufelskreis zwischen dem letztlich durch das Damoklesschwert der Haftung verursachten Druck und dem schlechten Gewissen, oft nur oberflächliche Arbeit geleistet zu haben. Man hat zu vieles, zu Unterschiedliches am Hals. Natürlich wird hier schwarzgemalt: Aber es schadet dem jungen Anwalt gar nicht, den Versuch zu unternehmen, mit älteren Anwälten auch ganz persönlich ins Gespräch zu kommen. Er wird dort oft ein Bild zu sehen bekommen, welches sich von dem Auftreten nach außen unterscheidet. Die Aufgabe des vorliegenden Ratgebers ist es auch, der jungen Generation Wege vorzuzeigen, wie man es besser machen kann. Jedenfalls arbeitet es sich erheblich leichter, wenn man sich seines Sachgebiets völlig sicher, also Spezialist ist.

Ein Weg zum erfolgreichen Anwalt ist die Spezialisierung und Profilierung. Die Reduzierung des Angebots allein auf „weißes Porzellan" kann sehr sinnvoll sein. In der Beschränkung zeigt sich nämlich erst der Meister – sie weist auch den Weg aus dem beschriebenen Teufelskreis.

II. Generalist

In der letzten Aussage liegt aber ein Problem, welches einer tiefer gehenden Untersuchung harrt. Denn die junge Anwältin, der junge Anwalt ist noch nicht „Meister". Also kann es ein frommer Wunsch sein, ihm Beschränkung anzuempfehlen. Außerdem benötigt doch jeder eine Durststrecke, bis er genügend Spezialmandate hat, um überhaupt eine tragfähige Lebensgrundlage zu haben. Soll er in der Zwischenzeit verhungern? Diese Feststellung wirft die Frage nach dem Generalisten auf, die sich zwar nicht nur, aber sehr häufig gerade im Hinblick auf die junge Anwaltsgeneration stellt. Sie lautet letztlich: Was wird aus dem Allgemeinanwalt?

1) Ist dies weiter ein hoffnungsloses Unterfangen? Die schon mehrfach erwähnte Beobachtung, dass kein Anwalt mehr sämtliche Rechtsgebiete beherrschen kann, hat doch gerade zum gegenteiligen Ergebnis geführt. Es ist selbstverständlich: Wer als Anwalt heute den Eindruck erwecken will, er könne dem Kunden alle von ihm gewünschten nur beliebig denkbaren Rechtsgebiete kompetent so bearbeiten, wie das auch Spezialisten tun, der wird seinen Kunden notwendig irreführen. Der Fortbildungsaufwand in einzelnen Rechtsgebieten ist so enorm, dass kein Mensch ihn für sämtliche Rechtsgebiete leisten kann.
Das heißt: Der Anwalt althergebrachter Prägung wird, wenn er verantwortlich handelt, seinem Mandanten nicht verschweigen können, dass er in den allermeisten Rechtsgebieten nur an der Oberfläche arbeiten kann. Dennoch muss er – meine ich – nicht der Vergangenheit angehören. Denn er hat Vorteile anzubieten, die der Spezialist – je mehr er sich profiliert hat – nicht mehr aufweisen kann.

A.5 Generalist oder Spezialist? <- Die Anwältin – der Anwalt

2) Immerhin hat der Anwalt eine anspruchsvolle Ausbildung durchlaufen. Diese haben vor allem diejenigen aufzuweisen, die die DAV-Anwaltsausbildung durchlaufen haben. Das Ziel einer echten Anwaltsausbildung ist zwar bis heute nicht erreicht worden. Die fehlende Spezialisierung hindert aber auch heute nicht, sich schnell einzuarbeiten. Der Generalist ist nicht zur Untätigkeit verdammt.

3) Dazu ist die Fähigkeit des fachbezogenen Überblicks über die in anderen Rechtsgebieten anstehenden Fragen zu nennen. Der Generalist hat ein Gefühl dafür, dass solche in benachbarten Bereichen angesprochen sein könnten. Niemand wird einen guten Spezialisten als Fachidioten bezeichnen; nichtsdestoweniger wird mit steigender Zersplitterung die Gefahr immer größer, dass das offen am Wegesrande liegende Problem vom Spezialisten nicht mehr gesehen wird. Bei einer Aufgliederung in immer mehr Spezialgebiete wird der Ruf nach dem Generalisten immer dringender werden: Die heute lebende ältere Generation der Spezialisten ist dem Typus nach aus dem früher vorherrschenden Allgemeinanwalt herausgewachsen – er hat noch das „Generalistenfeeling". Aber es gibt mehr und mehr reine Nur-Spezialisten, die von der Pike auf nie etwas anderes bearbeitet haben. Je größer ihre Zahl wird, umso dringender wird der vermittelnde Generalist notwendig.

4) Man sollte sich Gedanken darüber machen, was eigentlich „Qualität" ist, wie sie der Kunde wünscht. Geht es denn nur um Fachqualität im engeren Sinne, also darum, wie gut man die juristischen Quellen und Mittel nutzen kann? Oder ist nicht tatsächlich viel mehr gemeint? Geht es nicht auch darum, wie der Fachmann mit seiner Fachqualität in der Kommunikation unter selbstständigen Individuen umgeht? Der Gesetzgeber hat in einer letzten Ausbildungs-„Reform" gerade die Wichtigkeit der „Schlüsselqualifikationen" betont. Geht es nicht auch darum, wie wir uns menschlich, nicht bloß fachlich mit den rechtsuchenden Menschen einlassen? Entspricht es denn wirklich den Vorstellungen des Ratsuchenden, wenn die Welt mehr und mehr von Kategorien der Betriebswirtschaft und des exzessiven Marktdenkens beherrscht wird? Ich meine: nein!

5) Es gilt, sich vor Augen zu führen, dass die Anwaltschaft eine – auf das Durchschnittsalter gesehen – der jüngsten akademischen Berufsgruppen ist. In anderen Berufsgruppen wird Überalterung beklagt. Es hat sich bewährt, dass die Anwaltschaft die Freie Advokatur und damit den freien Zugang zum Beruf verteidigt hat. Überall ist ein Rückzug aus der Fläche zu beobachten: Briefkästen werden abgehängt, Arztpraxen geschlossen, Gerichte aufgelöst. Die Zentralisierung schreitet voran. Es bleibt nur der Anwalt zurück. Auch der Rückzug hinter die Glasfronten großer Einheiten erhöht die Schwellenangst: Gerade der kleine Anwalt vor Ort ist der eigentliche Ansprechpartner. Lassen sich daraus wirklich keine sinnvollen Konzepte entwickeln? Gerade eine junge Generation von Anwälten kann zeigen, dass es geht.
Das heißt: Der Allgemeinanwalt, der Generalist, ist entgegen mancher Meinung nicht tot. Er muss nur anders agieren und sich anders profilieren, als dies bisher der Fall ist. Wie schon angemerkt: Lebende Beispiele dieser Spezies können bisher kaum vorgeführt werden. Hier ist die Entwicklung noch nicht weit genug gediehen. Auch der „Fachanwalt für Allgemeines" ist nicht Wirklichkeit. Aber es wird gerade Aufgabe unserer jungen Berufsangehörigen sein, hierfür ein Berufsbild zu schaffen und erfolgreiche An-

waltstätigkeit auch insoweit vorzuexerzieren. Mit anderen Worten: Auch die „Spezialisierung auf das Allgemeine" ist angesagt. Der junge Berufsanfänger sollte sich bei der üblichen Spezialisierungsdebatte also nicht davon ablenken lassen, dass diese Option ebenfalls besteht. Hier wird sein Erfindungsreichtum den richtigen Weg weisen können.

III. Generalist oder Spezialist?

Vier Antworten sollten die junge Anwältin und der junge Anwalt für sich selbst parat haben:

1) Spezialisierung ist ein Erfolg versprechendes Berufsrezept. Aber es ist nicht das einzige – es kommt darauf an, wie „Profil" geschaffen wird.
2) Niemand ist gezwungen, „Nur-Spezialist" zu werden. Der Mensch ist ein mehrdimensionales Wesen. Warum nicht Spezialist auf einem bestimmten Feld und gleichzeitig Generalist für den Rest (ein sehr verbreitetes Modell)? Also: nicht nur „entweder – oder".
3) Die aufgeworfene Frage kann auch in den Stufen der persönlichen Lebensgeschichte ihre Antwort finden. In den ersten Berufsjahren Generalist, im Lauf der Zeit und als berufliche Krönung später Spezialist – das ist sicher ein Erfolg versprechendes Rezept. Vielleicht kommt künftig auch der umgekehrte Weg in Betracht.
4) Es gibt keine Einbahnstraße. Die Antwort kann für den Einzelnen auch gerade darin liegen, dass die bewusste Distanzierung von der Spezialisierung zum Ziel führen kann. Auch der Generalist hat Zukunft, wenn er von der jungen Generation mit neuem Inhalt erfüllt wird.

Bringen Sie uns Älteren also auch wieder bei, wie man buntes Porzellan verkauft!

A.6 Die Anwältin – Der Anwalt: Zweitberuf?

Rechtsanwalt Dr. Michael Kleine-Cosack, Freiburg i.Br.

Zahlreiche – vor allem jüngere – Rechtsanwälte sind nach ihrer Zulassung zweitberuflich tätig. Sie arbeiten in gewerblichen Unternehmen oder gar als selbstständige Unternehmer, in Verbänden, als Vertreter oder auch – notgedrungen – als Taxifahrer. Ursächlich für ein solches „Tummeln" auf nichtanwaltlichen Berufsfeldern ist in den seltensten Fällen eine Multitalentiertheit der Betroffenen. In der Regel sind die unzureichende Auslastung in der eigenen Anwaltskanzlei, die mangelnde Zahl ertragreicher Mandate und damit schlichte Existenzangst der Motor für die Aufnahme derartiger Zusatzbeschäftigungen unter den mittlerweile über 160.000 Rechtsanwältinnen und Rechtsanwälten in Deutschland. Viele von ihnen sind bei nichtanwaltlichen Unternehmen, Verbänden oder Vereinen als Syndikusrechtsanwälte – ausschließlich oder selten auch gleichzeitig als niedergelassene Rechtsanwälte (vgl. § 46 c Abs. 4 S. 2 BRAO) – tätig. Für sie gelten die Sonderregelungen der §§ 46 ff. BRAO.[1]

I. Verfassungsrechtliche Zweitberufsfreiheit

Die rechtliche Möglichkeit zu zweitberuflichen Betätigungen für Rechtsanwälte ergibt sich daraus, dass das Grundgesetz in Art. 12 Abs. 1 auch die Zweitberufsfreiheit garantiert.[2] Mangels gesetzlicher Verbote verfügen deutsche Rechtsanwälte – anders als Steuerberater[3] und Wirtschaftsprüfer – nach wie vor über eine nahezu grenzenlose Zweitberufsfreiheit.

II. Inkompatibilitätsregelungen der § 7 Nr. 8, 14 Abs. 2 Nr. 8 BRAO

Die Bundesrechtsanwaltsordnung (BRAO) enthält nur wenige Vorschriften, welche eine zweitberufliche Betätigung einschränken. Am bedeutsamsten ist dabei in der Praxis die Unvereinbarkeitsbestimmung des § 7 Nr. 8 BRAO. Nach dieser Vorschrift ist die Zulassung zur Rechtsanwaltschaft zu versagen, wenn der Bewerber eine Tätigkeit ausübt, die mit dem Beruf des Rechtsanwalts, insbesondere seiner Stellung als unabhängiges Organ der Rechtspflege nicht vereinbar ist oder das Vertrauen in seine Unabhängigkeit gefährden kann. Unter den gleichen Voraussetzungen ist nach der Zulassung als Rechtsanwalt bei nachträglicher Aufnahme einer unvereinbaren zweitberuflichen Tätigkeit nach § 14 Abs. 2 Nr. 9 BRAO die Zulassung zu widerrufen, soweit dies nicht eine unzumutbare Härte darstellt.

1. Verfassungskonforme restriktive Interpretation

Die maßgeblichen Bestimmungen sind so unbestimmt, dass nur noch in seltenen Ausnahmefällen eine zweitberufliche Betätigung als unvereinbar mit dem Rechtsanwaltsberuf ange-

---

[1] Vgl. dazu in diesem Buch A.10; siehe auch *Kleine-Cosack*, AnwBl. 2016, 101 und AnwBl. 2017, 836.
[2] BVerfG NJW 1993, 317; dazu *Kleine-Cosack*, NJW 1993, 1289; siehe ausf. *ders.*, BRAO, 7. Aufl. 2015, § 7, Komm. der Nr. 8.
[3] Vgl. dazu u.a. *Kleine-Cosack*, NWB 2017, 2694 und AnwBl. 2013, 795.

A.6 Die Anwältin – Der Anwalt: Zweitberuf?

sehen werden kann. Zudem ist eine restriktive Interpretation der Vorschrift auch aus verfassungsrechtlichen Gründen geboten, nachdem das BVerfG in seiner Zweitberufsentscheidung[4] ausdrücklich betont hat, dass mit der Zulassungsversagung verbundene Eingriffe in die durch Art. 12 Abs. 1 GG geschützte (Zweit-)Berufsfreiheit nur unter strikter Beachtung des Verhältnismäßigkeitsgrundsatzes zulässig sind; sie müssen erforderlich sein im Interesse der Funktionsfähigkeit der Rechtspflege, insbesondere der Rechtsuchenden.

Art. 12 Abs. 1 GG gebietet im Hinblick auf die grundrechtlich gewährleistete Wahl der Berufsfreiheit Zurückhaltung bei der Annahme von Unvereinbarkeiten; eine Berufswahlbeschränkung ist allenfalls dort erforderlich und zumutbar, wo sich die Gefahr einer Interessenkollision deutlich abzeichnet und auch nicht mithilfe von Berufsausübungsregelungen der §§ 45 ff. zu bannen ist.[5] Dies ist jeweils im Einzelfall unter Berücksichtigung der konkreten Tätigkeit des betroffenen Rechtsanwalts zu prüfen.[6] Am Maßstab dieser verfassungsrechtlichen Vorgaben ist deshalb darauf abzustellen, ob die zweitberufliche Tätigkeit die Unabhängigkeit des Rechtsanwalts in seiner Berufsausübung als Rechtsanwalt beeinträchtigt bzw. ob bei objektiv vernünftiger Betrachtungsweise die Wahrscheinlichkeit von Pflichtenkollisionen naheliegt.[7]

Im Regelfall ist die Unabhängigkeit nicht durch bestimmte Arten von zweitberuflichen Tätigkeiten gefährdet. Der Rechtsanwalt kann vielmehr grundsätzlich alle Varianten von zweitberuflichen Tätigkeiten ausüben. Unproblematisch sind selbstverständlich sozietätsfähige Berufe (vgl. auch § 59a Abs. 1 BRAO), welche wie Steuerberater, Wirtschaftsprüfer, vereidigte Buchprüfer oder Notare mit der rechtsberatenden Tätigkeit verwandt sind. – Ebenso wenig bestehen Bedenken unter zulassungsrechtlichen Gesichtspunkten, soweit es sich um Tätigkeiten handelt, welche zwar nicht unter das RDG und das dadurch noch – wenn auch sehr schwach – geschützte Anwaltsmonopol fallen, jedoch üblicherweise von Rechtsanwälten in Konkurrenz zu anderen Berufen wahrgenommen werden. Verwiesen sei nur auf die Funktion als Insolvenzverwalter, Testamentsvollstrecker, Nachlassverwalter, Betreuer, Pfleger oder Zwangsverwalter sowie Inkassodienstleister (vgl. § 10 ff. RDG).

Problematisch sind jedoch Tätigkeiten im öffentlichen Dienst sowie die unabhängige anwaltliche Berufsausübung gefährdende gewerbliche Tätigkeiten.

2. Öffentlicher Dienst

Unvereinbarkeit kann nach der vom BVerfG[8] dem Grundsatz nach bestätigten Rechtsprechung des BGH bei – dauerhaften (bei vorübergehender Tätigkeit vgl. § 47 BRAO) – Anstellungsverhältnissen im öffentlichen Dienst bestehen.

---

4 NJW 1993, 317.
5 Vgl. BVerfG NJW 2013, 3357 Rn. 25 f.
6 Vgl. auch BVerfG NJW 2002, 503; 2009, 3710 Rn. 23; 2013, 3357 Rn. 26.
7 Vgl. BGH AnwBl. 2014, 187 m.w.N.
8 NJW 1993, 317.

A.6 Die Anwältin – Der Anwalt: Zweitberuf?

a) Grundsatz

Auch die Begründung des Regierungsentwurfs zur BRAO (zu § 2) ging ganz allgemein davon aus, dass es dem Grundsatz der freien Advocatur widerspricht, wenn der Rechtsanwalt in irgendeiner Weise vom Staat abhängig ist. Diese Wertung hat ihren Niederschlag in speziellen Vorschriften der BRAO gefunden (§ 7 Nr. 10, § 47 BRAO), die nach den Vorstellungen des Gesetzgebers durch § 7 Nr. 8 BRAO ergänzt werden. Aus einer Tätigkeit im öffentlichen Dienst ergibt sich – so die Rechtsprechung – eine Staatsnähe, die nicht mit dem Berufsbild der freien Advocatur vereinbar ist. Rechtsanwälte sollten nicht in einem zweiten Beruf beamtenähnliche Funktionen ausüben. Zum Erreichen dieses Zieles sei eine deutliche Trennung der beruflichen Sphären erforderlich.[9]

b) Einzelfallprüfung

Nicht jede Anstellung im öffentlichen Dienst ist aber mit dem Berufsbild einer unabhängigen Advocatur unvereinbar.[10] Für die Betroffenen ist die mit § 14 Abs. 2 Nr. 8 BRAO verbundene Beschränkung ihrer Berufswahlfreiheit nur dann zumutbar, wenn der Unvereinbarkeitsgrundsatz nicht starr gehandhabt wird. Der öffentliche Dienst ist weit gefächert; seine vielfältigen Ausformungen und Dienstleistungen verlangen eine differenzierte Bewertung.

Erforderlich ist eine Prüfung im Einzelfall aufgrund der Gestaltung des Anstellungsverhältnisses und der ausgeübten Tätigkeit. Sie muss der Vielgestaltigkeit der Anforderungen und Dienstleistungen im breit gefächerten öffentlichen Dienst gerecht werden.[11] Fraglich ist, ob die gleichzeitige Ausübung des Anwaltsberufs und einer Tätigkeit im öffentlichen Dienst die Belange der Rechtspflege gefährden kann. Dabei sind die Art des Aufgabenbereichs und die Bedeutung der Anstellungskörperschaft in deren Umgebungsbereich zu berücksichtigen.[12] Unvereinbarkeit liegt vor, wenn aus der Sicht des rechtsuchenden Publikums wenigstens die Möglichkeit besteht, die Unabhängigkeit des Rechtsanwalts sei durch Bindungen an den Staat beeinträchtigt.[13]

Bei der Beurteilung, ob eine als Zweitberuf im öffentlichen Dienst ausgeübte Tätigkeit mit dem Berufsbild eines unabhängigen Anwalts vereinbar ist, sind zudem die Vorgaben zu beachten, die der EuGH der Regelung in Art. 8 der Richtlinie 98/5/EG auch hinsichtlich der im Inland unter ihrer hier erworbenen Berufsbezeichnung tätigen Rechtsanwälte entnommen hat. Diese Vorgaben gelten danach auch für nationale Bestimmungen, die die gleich zeitige Ausübung des Anwaltsberufs und einer Beschäftigung im öffentlichen Dienst verhindern sollen.[14]

---

9 Vgl. u.a. BGH BRAK-Mitt. 2007, 170: Staatsbeauftragter; siehe auch EuGH NJW 2011, 1199; BGH NJW 2009, 3710: Juniorprofessor; siehe aber auch BVerfG BRAK-Mitt. 2007, 122: Kirchenbeamter.
10 Vgl. BGH NJW 2012, 539.
11 BGH Beschl. v. 10.10.2011 – AnwZ(B) 49/10.
12 BVerfGE 87, 287; BGH NJW 1987, 3011; NJW-RR 1999, 571; NJW 2000, 3004.
13 BGH BRAK-Mitt. 1994, 42; AGH Hamm BRAK-Mitt. 2009, 188: Unvereinbare Tätigkeit bei der Bundesagentur für Arbeit im Fall schwerpunktmäßiger unterhaltsrechtlicher Beratung von Hilfeempfängern.
14 EuGH v. 2.12.2010 – C-225/09, NJW 2011, 1199.

A.6 Die Anwältin – Der Anwalt: Zweitberuf?

c) Unvereinbarkeit

Unvereinbarkeit kann – soweit im Einzelfall nicht jede hoheitliche Tätigkeit ausgeschlossen ist – bestehen in folgenden Fällen: Tätigkeit im Rechtsamt einer Stadt,[15] Amtsleiter einer Gemeinde,[16] Geschäftsführer einer Kreishandwerkerschaft[17] und bei einer Kammer[18] mit – angesichts der Funktionsgleichheit aber nicht überzeugender – Ausnahme der RAK oder Patentanwaltskammer[19] wegen deren Rechtspflegefunktion.[20]

d) Vereinbarkeit

Vereinbarkeit soll in Betracht kommen bei der schlichten Tätigkeit als Assistent oder wissenschaftlicher Mitarbeiter[21] an einer Universität; hingegen hielt das BVerfG[22] die Versagung der Zulassung bei einer Sachbearbeiterin eines Universitätskanzlers durch den BGH für vertretbar, wenn auch nicht überzeugend, zumal der EGH Celle als Vorinstanz die Vereinbarkeit bejaht hatte. – Die Tätigkeit als Geschäftsführer einer Industrie- und Handelskammer ist mit dem Anwaltsberuf nicht von vornherein unvereinbar.[23] – Die Tätigkeit als Geschäftsführer und Leiter der Geschäftsstelle eines kommunalen Spitzenverbandes in der Rechtsform eines eingetragenen Vereins (hier: Gemeinde- und Städtebund), der weder hoheitliche Befugnisse noch ein Weisungsrecht gegenüber seinen Mitgliedern besitzt und dessen Rolle sich auf eine beratende Tätigkeit der ihm angeschlossenen Gemeinden und Städte beschränkt, ist mit dem Anwaltsberuf nicht unvereinbar und rechtfertigt nicht die Versagung der Zulassung zur Rechtsanwaltschaft.[24] Vereinbar kann auch sein ein „Job-Coaching" im Rahmen einer Anstellung beim Landkreis.[25]

3. Gewerblicher Zweitberuf

Rechtsanwälte können zweitberuflich auch und vor allem gewerblich tätig werden.

a) Grundsätzliche Vereinbarkeit

Frühere Unvereinbarkeitsbedenken haben sich verfassungsrechtlich als unhaltbar erwiesen. Es kann nicht mehr behauptet werden, dass mit dem Rechtsanwaltsberuf unvereinbar sei z.B. eine kaufmännisch-gewerbliche Tätigkeit, die akquisitorischen Charakter habe und die

---

15 BGH NJW-R 2009, 2359.
16 BGH NJW-RR 2008, 793.
17 BGH Beschl. v. 8.2.2010 – AnwZ (B) 9/09; BGH BRAK-Mitt. 1994, 42.
18 BGH BRAK-Mitt. 2004, 38; 2001, 44; 1994, 43; NJW-RR 1999, 571; AGH Hamm Beschl. v. 21.1.2005 – 1 ZU 108/04; siehe auch AGH Hamburg Beschl. v. 17.4.2000 – 108/04: Chefjustitiar einer Verwaltungsberufsgenossenschaft.
19 BGH NJW 2000, 3004.
20 Siehe auch zur Vereinbarkeit der Leitung einer Landesgeschäftsstelle einer Wirtschaftsprüferkammer BGH BRAK-Mitt. 2008, 137.
21 BVerfG NJW 1995, 951.
22 NJW 1993, 317.
23 BGH NJW 2012, 534.
24 BGH AnwBl. 2011, 497.
25 AGH Hessen NJW-RR 2013, 1468.

A.6 Die Anwältin – Der Anwalt: Zweitberuf?

dazu führe, dass der Betroffene nach außen erwerbswirtschaftlich als Kaufmann und mit dem Streben nach Gewinn in Erscheinung trete. Dieser früheren Rechtsprechung hat das BVerfG[26] zu Recht ein Ende gesetzt.

Dementsprechend können Rechtsanwälte zweitberuflich gewerblich tätig werden, z.B. auch als Prokuristin einer Firma mit einer Erlaubnis nach § 34 c GewO,[27] als Mitglied der Geschäftsleitung eines Bauträgerunternehmens,[28] als Taxiunternehmer,[29] als Berater einer IHK,[30] als Geschäftsführerin eines Arbeitgeberverbandes.[31] Die Tätigkeit als mit Prokura versehener Leiter der Finanzdienstleistungsdirektion im Bereich der Zweigniederlassung einer Versicherungs-AG beeinträchtigt ebenfalls nicht die für einen Rechtsanwalt erforderliche Unabhängigkeit und Integrität sowie dessen maßgebliche Orientierung am Recht und den Belangen seiner Mandanten.[32] Beschränkt sich die bei der zweitberuflichen Tätigkeit des Rechtsanwalts im Vordergrund stehende Personalvermittlung nahezu ausschließlich auf die Personalvermittlung von Juristen (sog. Headhunting) und gehört die Rechtsberatung der Kunden nicht zu diesem Tätigkeitsfeld, liegt eine Unvereinbarkeit mit dem Anwaltsberuf i.S.v. § 14 Abs. 2 Nr. 8 BRAO nicht vor,[33] wenn es im Rahmen der Akquisitionstätigkeit des Klägers nicht zur rechtlichen Beratung von Kunden kommt.

b) Unvereinbarkeit bei Gefahr für die unabhängige Berufsausübung wegen Interessenkollision

Eine zweitberufliche gewerbliche Tätigkeit kann jedoch dann ausnahmsweise unvereinbar mit dem Rechtsanwaltsberuf gem. §§ 7 Nr. 8, 14 Abs. 2 Nr. 8 BRAO sein, soweit eine konkrete Gefahr für die anwaltliche Unabhängigkeit, also die ausschließliche Orientierung am geltenden Recht sowie an den Interessen der Mandanten durch die Ausübung eines Zweitberufs besteht.[34]

Die verfassungskonforme Auslegung des § 7 Nr. 8 BRAO am Maßstab der in Art. 12 GG geschützten Freiheit der Berufswahl i.V.m. dem Prinzip der Verhältnismäßigkeit gebietet jedoch, dass solche weniger gewichtigen Pflichtenkollisionen außer Betracht bleiben müssen, die sich ergäben, wenn der Rechtsanwalt in ein und derselben Angelegenheit sowohl als Rechtsanwalt wie auch in seinem Zweitberuf tätig würde. Denn insoweit greifen die – wenn auch mehr als problematischen – Tätigkeitsverbote des § 45 sowie des § 46 BRAO ein.[35] Nur wenn sie nicht ausreichen, der Gefahr von Interessenkollisionen und der hieraus resul-

---

26 NJW 1993, 317.
27 BGH BRAK-Mitt. 2001, 90.
28 BGH NJW 2000, 3575 ff.
29 BGH BRAK-Mitt. 1993, 171.
30 AGH Stuttgart BRAK-Mitt. 1996, 164.
31 BGH NJW 1996, 2377.
32 BGH NJW 1996, 2378.
33 BGH AnwBl. 2014, 187.
34 Vgl. ausf. BGH AnwBl 2014, 187.
35 Dazu BVerfG NJW 2002, 503: Justitiar beim Mieterverein.

A.6 Die Anwältin – Der Anwalt: Zweitberuf?

tierenden Gefahr von Vertrauensverlusten wirksam zu begegnen, ist von der Unvereinbarkeit des Zweitberufs mit dem Beruf des Rechtsanwalts auszugehen.[36]

c) Interessenkollisionsträchtige Nutzung von Informationen aus der rechtsberatenden Tätigkeit

Interessenkollisionen liegen vor allem dann nahe, wenn ein kaufmännischer Beruf die Möglichkeit bietet, Informationen zu nutzen, die aus der rechtsberatenden Tätigkeit stammen.[37]

aa) Allgemeines

So bringt es der Beruf des Rechtsanwalts häufig mit sich, dass er von internen Geschäftsvorgängen der Betriebe seiner Mandanten Kenntnis erlangt. Übt er gleichzeitig einen gewerblichen Beruf aus, besteht die Möglichkeit, dass er die bei der rechtsberatenden Tätigkeit erworbenen Kenntnisse in seinem eigenen Betrieb verwerten und dem Gewerbetreibenden, den er berät, Konkurrenz machen kann. Da die gewerbliche Tätigkeit maßgeblich vom Streben nach Gewinn bestimmt ist und eine Rücksichtnahme auf den jeweiligen Kundenkreis verlangt, kann hierdurch die vom Gesetzgeber geforderte Unabhängigkeit und Unparteilichkeit des Rechtsanwalts gegenüber seinem Mandanten sowie das Vertrauensverhältnis zwischen ihnen beeinträchtigt werden.[38]

Einschränkend ist aber zu dieser vom BGH[39] erwähnten Fallgruppe, dass bloße Kenntnisverwertung bei allen zweitberuflichen Tätigkeiten zwangsläufig – wenn auch in unterschiedlichem Umfang – in Betracht kommen kann, ohne dass von einer zulassungsrechtlichen Interessenkollision ausgegangen wird bzw. werden kann. Interessenkollisionen, die das Vertrauen in die anwaltliche Unabhängigkeit gefährden, liegen auch nicht schon dann vor, wenn das Wissen aus der einen für die jeweils andere Tätigkeit von Interesse oder vorteilhaft ist;[40] damit wäre nur ein (verfassungs-)rechtlich irrelevanter Konkurrenzschutzaspekt, jedoch kein schutzwürdiger Gemeinwohlbelang berührt. Für die Berufswahlbeschränkung des § 7 Nr. 8 ist vielmehr darauf abzustellen, ob die zweitberufliche Tätigkeit des Rechtsanwalts bei objektiv vernünftiger Betrachtungsweise von Seiten der Mandantschaft die Wahrscheinlichkeit von Pflichtenkollisionen nahelegt.[41]

bb) Akquisitionstätigkeiten

Eine Interessenkollision zwischen der Anwaltstätigkeit und dem Zweitberuf liegt insbesondere dann nahe, wenn der Rechtsanwalt in seinem Zweitberuf für das erwerbswirtschaftliche Unternehmen, in dessen Diensten er steht, akquisitorisch tätig ist oder jedenfalls eine

---

36 BGH BRAK-Mitt. 2004, 79; NJW 1995, 1031; 1996, 2378.
37 Vgl. BVerfGE 87, 287, 329 unter Hinweis auf BVerfGE 21, 173, 182, dort für Inkompatibilitäten beim Steuerbevollmächtigten.
38 Vgl. BVerfGE 21, 173, 182.
39 AnwBl. 2014, 187.
40 AGH Berlin BRAK-Mitt, 2016, 255; BGH NJW 1995, 1031.
41 BGH NJW 1995, 1031 unter Berufung auf die Gesetzesbegründung.

A.6 Die Anwältin – Der Anwalt: Zweitberuf?

Beschäftigung ausübt, die mit dem geschäftlichen Interesse des Unternehmens, Gewinn zu erwirtschaften, untrennbar verbunden ist[42] wie z.b. bei Beratung von Bankkunden bei der Vermögensstrukturierung.[43] In seinem Zweitberuf könne der Rechtsanwalt an der Umschichtung des Vermögens verdienen, so dass die Gefahr bestehe, dass – wie z.b. bei der Vermittlung von Kapitalanlagen[44] – die Gefahr bestehe, dass er im eigenen Courtageinteresse dem Mandanten eine derartige Umschichtung empfehle, was ein unabhängiger Rechtsanwalt nicht dürfe.

Gewerbliche Akquisitionstätigkeiten im Finanz-, Banken- bzw. Maklerbereich sind jedenfalls „zweitberuflich verpönt". So hat der BGH auch die Tätigkeit als „Berater und Akquisiteur" bei einer Unternehmensberatungsgesellschaft für Personalmanagement als mit dem Anwaltsberuf unvereinbar erklärt.[45] Zu den Aufgaben des dort betroffenen Rechtsanwalts gehörte es unter anderem auch, im Rahmen von Fragestellungen der Personalentwicklung dem Kunden zum Beispiel Möglichkeiten, Wege und Kosten einer Trennung von Mitarbeitern aufzuzeigen. Der BGH hat darauf hingewiesen, dass die Gefahr naheliege, dass der Rechtsanwalt zu einer unabhängigen Beratung nicht imstande sei, wenn er bei der Akquisition von Kunden und der damit verbundenen Beratung der zu gewinnenden Kunden das wirtschaftliche Interesse der Unternehmensberatungsgesellschaft verfolge. Die von ihm im Rahmen seiner Akquisitionstätigkeit vorzunehmende Beratung in Personalangelegenheiten, die unmittelbar und zielgerichtet den Vertriebsinteressen der Unternehmensberatungsgesellschaft diene, habe zwangsläufig auch rechtliche Aspekte zum Gegenstand; insbesondere seien im Zusammenhang mit Fragestellungen der Personalentwicklung arbeits- und sozialrechtliche Fragen einzubeziehen. Eine rechtliche Beratung potentieller Kunden des Unternehmens, die nicht ausschließlich im Interesse des neu zu gewinnenden Kunden, sondern im Vertriebsinteresse des Unternehmens erfolge, stelle jedoch keine unabhängige Beratung dar und sei mit dem Berufsbild des Rechtsanwalts und seiner Stellung als unabhängiges Organ der Rechtspflege nicht vereinbar. Insoweit gelte für die akquisitorische Tätigkeit im Dienste einer Unternehmensberatungsgesellschaft nichts anderes als für eine Vermögensberatung gegenüber Bankkunden. Zum anderen bestehe die Gefahr, dass der Rechtsanwalt das Wissen, dass er aus der Beratung seiner Mandanten auch über deren berufliche Situation oder – im Falle von Unternehmen – über deren Personalangelegenheiten erlange, dazu nutzen könne, seine Mandanten als Kunden für die Beratungsleistungen seines Arbeitgebers zu gewinnen, und dies Einfluss auf seine anwaltliche Beratung habe.[46]

cc) Maklertätigkeiten

Vor allem Maklertätigkeiten sind zweitberuflich im Zweifel nach der Judikatur unvereinbar mit dem Anwaltsberuf. So hat der BGH eine durch die Tätigkeitsverbote nach § 45 Abs. 1 Nr. 4 und Abs. 2 Nr. 2 BRAO nicht ausreichend zu bannende Gefahr von Interessenkollisio-

---

42 So BGH NJW-RR 2011, 856.
43 Vgl. BGH NJW-RR 2011, 856.
44 AGH Berlin BRAK-Mitt. 2016, 255.
45 Vgl. BGH NJW 2008, 1318 Rn. 6 ff.
46 Vgl. BGH AnwBl. 2014, 187.

A.6 Die Anwältin – Der Anwalt: Zweitberuf?

nen dann angenommen, wenn der Rechtsanwalt zweitberuflich als Versicherungsmakler tätig ist.[47]

Zur Begründung hat der BGH[48] darauf hingewiesen, dass der Maklerberuf in besonderer Weise die Möglichkeit biete, Informationen zu nutzen, die aus der rechtsberatenden Tätigkeit stammten. Gerade diese Berufsgruppe sei darauf angewiesen, Informationen zu erhalten, welche die Vermittlung von Geschäftsabschlüssen aussichtsreich erscheinen ließen. Die anwaltliche Tätigkeit bringe es aber typischerweise mit sich, dass dem Rechtsanwalt Sachverhalte bekannt würden, bei denen sich der Abschluss eines oder mehrerer Versicherungsverträge geradezu aufdränge. Sei der Makler mit der Abwicklung von Schadensfällen außerhalb von Versicherungsverträgen befasst, die seine Maklerfirma vermittelt habe, liege die Gefahr nahe, dass er im eigenen Courtageinteresse seinem Mandanten empfehle – vor allem, wenn die Schadensabwicklung nicht zufriedenstellend verlaufe – den Versicherungsvertrag zu kündigen und einen „besseren" Versicherungsvertrag, nämlich einen von seiner Maklerfirma vermittelten, abzuschließen. Letztlich könne sich der Versicherungsmakler in vielen Bereichen die anwaltliche Tätigkeit für sein Versicherungsvermittlungsgeschäft zunutze machen; dass er dieser Versuchung unterliegen könne, sei schon angesichts des harten Wettbewerbs im Versicherungsmarkt naheliegend.

dd) Finanzdienstleistungsvermittler

Diese Grundsätze hat der BGH[49] weiter auf den Vermittler von Finanzdienstleistungen und den Grundstücksmakler angewandt.[50] Deren Tätigkeit sei mit dem Anwaltsberuf ebenfalls unvereinbar, weil sich hier die Gefahr von Interessenkollisionen genauso deutlich abzeichne. Denn Rechtsanwälte erhielten bei der Ausübung ihres Berufs vielfach Kenntnisse von Geld- und Immobilienvermögen des Mandanten. Es sei anwaltliches Alltagsgeschäft, individuelle Vermögenspositionen zu erstreiten oder zu verteidigen, wobei häufig – zum Beispiel im Zusammenhang mit einer steuerlichen Beratung – Dispositionen über Geld- und Immobilienvermögen zu prüfen und durchzuführen seien. Zwar lägen Interessenkollisionen, die das Vertrauen in die anwaltliche Unabhängigkeit gefährdeten, nicht schon dann vor, wenn das Wissen aus der einen Tätigkeit für die jeweils andere von Vorteil sei. In seinem Zweitberuf als Makler könne ein Rechtsanwalt aber an der Umschichtung des Vermögens verdienen. Deshalb bestehe die Gefahr, dass er im eigenen Courtageinteresse dem Mandanten eine derartige Umschichtung empfehle, was er als unabhängiger Rechtsanwalt nicht dürfe. Könnte der Rechtsanwalt in seinem Zweitberuf zum Beispiel als Finanzmakler an der Vermittlung einer Geldanlage verdienen, wäre zu befürchten, dass er seine anwaltliche Beratung nicht streng an den rechtlichen und wirtschaftlichen Verhältnissen seines Mandanten

---

47 Vgl. BGH BRAK-Mitt. 1994, 43; siehe entsprechend auch für den Handlungsbevollmächtigten eines Versicherungsmaklers: BGH BRAK-Mitt. 1995, 123, den angestellten Niederlassungsleiter oder den Geschäftsführer eines Versicherungsmaklerunternehmens: BGH BRAK-Mitt. 1997, 253 und v. 18.10.1999 – AnwZ (B) 97/98, BRAK-Mitt. 2000, 43; vgl. auch zur Anstellung im Vertriebsteam einer Rechtsschutzversicherung: BGH NJW 2006, 3717.
48 Vgl. auch hier ausf. BGH AnwBl. 2014, 187.
49 Siehe auch hier AnwBl. 2014, 187.
50 Vgl. BGH NJW 2004, 212; u. AnwBl. 2008, 65, 66 m.w.N.

A.6 Die Anwältin – Der Anwalt: Zweitberuf?

ausrichte, sondern das Provisionsinteresse Einfluss gewinne. Ähnliche Gefahren drohten, wenn der Rechtsanwalt prüfen solle, ob es für einen Mandanten ratsam sei, eine Immobilie zu veräußern oder ein Mietverhältnis mit einem Mieter zu beendigen. Könne er als Immobilienmakler an der Vermittlung eines Käufers oder eines neuen Mieters eine Provision verdienen, bestünde die Gefahr, dass er sich bei seiner anwaltlichen Beratung davon nicht ganz freimache. Da beim Makler die Gefahr der Interessenkollision typischerweise gegeben sei, weil – anders als bei anderen Zweitberufen – üblicherweise die anwaltliche Tätigkeit Berührungspunkte mit der Maklertätigkeit aufweise, sei der Maklerberuf mit dem Rechtsanwaltsberuf unvereinbar. Zudem könne sich eine Gefährdung der Unabhängigkeit auch daraus ergeben, dass ein Makler, der zugleich Rechtsanwalt sei, vom Kunden, dem er die Gelegenheit zum Abschluss eines Vertrags nachgewiesen habe, gebeten werde, ihn anwaltlich über die Vor- und Nachteile des abzuschließenden Vertrags zu beraten oder diesen gleich selbst zu entwerfen. Dabei entstünde die Gefahr, dass die Beratung und/oder Formulierung des Vertrags nicht unter ausschließlicher Orientierung an den Interessen des Mandanten erfolge. Vielmehr könne sich der Rechtsanwalt von seinem Provisionsinteresse leiten lassen und seine anwaltlichen Leistungen so erbringen, dass der Mandant den Vertrag auf jeden Fall abschließe.[51]

ee) Vermögensberatung

Ähnlich hat der BGH[52] für die Unvereinbarkeit des Anwaltsberufs mit einer Tätigkeit als angestellter Vermögensberater einer Bank entschieden.[53] Die dem Vermögensberater arbeitsvertraglich insoweit obliegende Rechtsberatung der Bankkunden lasse sich vom Geschäftsinteresse der Bank, Kunden für ihre Produkte zu gewinnen, nicht trennen. Auch bestehe die Gefahr, dass der Rechtsanwalt sein aus anwaltlichen Mandaten erworbenes Wissen dazu nutze, seinen Mandanten eine Vermögensanlage bei seiner Bank zu empfehlen und sie insoweit nicht rein objektiv zu beraten.

ff) Praktischer Hinweis

Soweit es rechtlich wie tatsächlich im Einzelfall möglich ist, sollte der Rechtsanwalt bzw. Bewerber durch vertragliche Vereinbarungen sicherstellen, dass er nicht in eine die Unabhängigkeit gefährdende Interessenkollision gerät. Er sollte möglichst jede akquisitorische Tätigkeit vermeiden. Dies sollte dann vertraglich vereinbart bzw. in schriftlichen Erklärungen festgehalten werden.

---

51 BGH NJW 2004, 212, 213.
52 Siehe auch dazu AnwBl. 2014, 187.
53 Vgl. BGH NJW 2006, 2488 und NJW-RR 2011, 856 Rn. 7 ff.

A.6 DIE ANWÄLTIN – DER ANWALT: ZWEITBERUF?

Als Beispiel sei nur auf BGH vom 11.10.2000[54] verwiesen:

"Der Inhaber des Unternehmens, für das die Antragstellerin arbeitete, hat bestätigt, daß diese nicht makelnd tätig wurde und auch in keiner Weise mit den von ihm getätigten Maklergeschäften in Berührung kam. Anhaltspunkte, die Zweifel an der Richtigkeit dieser Angaben begründen, sind nicht ersichtlich und von der Antragsgegnerin auch nicht aufgezeigt worden. Vielmehr bestätigen der Anstellungsvertrag und die ihm beigefügte ausführliche Tätigkeitsbeschreibung die Darstellung der Antragstellerin. Danach oblag ihr die Rechtsberatung in allen Angelegenheiten der Hausverwaltung sowie in Personalsachen und darüber hinaus die Überwachung des baulichen Zustands der Wohnanlagen. Akquisitorische Aufgaben gehörten damit nicht zu den Leistungen, die die Antragstellerin dem Unternehmen gegenüber zu erbringen hatte."

Die Bedeutung von konkreten Erklärungen und Vereinbarungen zum Tätigkeitsbereich des Anwalts im Zweitberuf hat dezidiert auch erst jüngst das OVG NRW[55] ausführlich dargelegt. Dessen Erwägungen können uneingeschränkt auch für den Anwaltsbereich herangezogen werden.[56]

4. Ausübungsmöglichkeit

Soweit eine zweitberufliche Tätigkeit grundsätzlich zulässig ist, sie insbesondere unter dem Aspekt der Unabhängigkeit nicht beanstandet werden kann, haben Bewerber darauf zu achten, dass die Zulassung auch dann nach § 7 Nr. 8 BRAO versagt werden kann, wenn aufgrund der zweitberuflichen Tätigkeit der Anwaltsberuf nicht ausgeübt werden kann.

a) Allgemein

Dem Berufsbewerber muss der Freiraum für eine irgendwie nennenswerte und nicht nur gelegentliche anwaltliche Beratungs- und Vertretungstätigkeit bleiben.[57] Der Rechtsanwalt muss neben seinem Zweitberuf den für die anwaltliche Tätigkeit „unentbehrlichen tatsächlichen und rechtlichen Handlungsspielraum besitzen",[58] was nur der Fall sein soll, wenn eine Ausübungsmöglichkeit in tatsächlicher und rechtlicher Hinsicht bestehen.

b) Beschränkte Relevanz

Dieser Einschränkung nach der Judikatur zu den §§ 7 Nr. 8 und § 14 Abs. 2 Nr. 8 BRAO zum Erfordernis der Ausübungsmöglichkeit kommt heutzutage nur noch eine geringe praktische Bedeutung zu. Sie sind vor allem bedeutsam bei zweitberuflichen nichtanwaltlichen Tätigkeiten in Anstellungsverhältnissen. Weniger relevant sind sie bei selbstständig ausge-

---

54 AnwBl 2001, 115.
55 Urt. v. 15.5.2017 – 4 A 2197/13, juris.
56 Vgl. *Kleine-Cosack*, NWB 2017, 2694.
57 BGH NJW 2010, 1381.
58 BGH AnwBl. 2017, 202.

A.6 DIE ANWÄLTIN – DER ANWALT: ZWEITBERUF?

übten zweitberuflichen Tätigkeiten, da hier der Bewerber – wie z.b. ein gewerblich tätiger Unternehmensberater – weitgehend durch von ihm selbst bestimmte Erklärungen oder Vereinbarungen deren Konformität mit den zulassungsrechtlichen Anforderungen sicherstellen kann.

Erheblich an Bedeutung verloren haben die Beschränkungen zur Ausübungsmöglichkeit bei Syndikusanwälten nach § 46 BRAO a.f. Sie mussten für ihre Zulassung nach §§ 4 ff. BRAO einen Antrag als niedergelassener Rechtsanwalt stellen, der wiederum am Maßstab des § 7 Nr. 8 BRAO nur begründet war, wenn sie behaupteten – was meist auf einer Lüge basierte[59] –, dass sie neben ihrer Syndikustätigkeit im Anstellungsverhältnis auch noch als niedergelassener Rechtsanwalt tätig werden wollten. Diese Fallgruppe des § 7 Nr. 8 BRAO ist nach der Neuregelung des Syndikusrechtsanwalts in den §§ 46 ff. BRAO insoweit entfallen, als diese Funktion nunmehr ausschließlich ausgeübt werden kann und natürlich beide Tätigkeitsformen miteinander vereinbar sind. Nur ist beim Syndikusrechtsanwalt darauf zu achten, dass diese Funktion nach § 46 Abs. 3 BRAO „prägend" neben nicht anwaltlichen Tätigkeiten im Anstellungsverhältnis ausgeübt werden muss.

c) Wirklichkeitsfremdheit und Verfassungswidrigkeit

Die zweitberuflichen Anforderungen an die Berufsausübungsmöglichkeit für eine Tätigkeit als niedergelassener Rechtsanwalt sind zu einem großen Teil wirklichkeitsfremd und am Maßstab des Art. 12 Abs. 1 GG mit den Geboten der Verhältnismäßigkeit und Zumutbarkeit verfassungswidrig.[60] Sie gehen von einem antiquierten Tätigkeitsidealbild des niedergelassenen Rechtsanwalts aus. So verkennen sie u.a., dass der Anwaltsberuf an jedem Ort – zudem weltweit – und unter Benutzung modernster Kommunikationsmittel ausgeübt werden kann, was Anforderungen an den Aufenthaltsort wie z.B. an die eine Kanzleinähe ausschließt. Auch unterliegen Rechtsanwälte – von wenigen Ausnahmen abgesehen – keiner kontrollierten Berufsausübungspflicht;[61] sie können – wie vom BFH[62] für Steuerberater zu Recht betont – auch „Titular"- oder „Feierabendanwalt" sein, was die Judikatur der Anwaltsgerichtsbarkeit (noch) verneint.

d) Rechtlich

In rechtlicher Hinsicht kann nach der (noch maßgeblichen) Judikatur bei Ausübung einer vollwertigen zweitberuflichen Tätigkeit im Anstellungsverhältnis – dies gilt u.U. nicht bei einer bloßen Teilzeitbeschäftigung[63] – eine Freistellungserklärung oder Nebentätigkeitsgenehmigung erforderlich sein. Der jeweilige Dienstherr muss dem Antragsteller in eindeutiger Weise die – uneingeschränkte und nicht widerrufliche (!) – Zustimmung zur Aufnahme einer anwaltlichen Tätigkeit – auch während der mit seinem Arbeitgeber vereinbarten Tätigkeit (!) –

---

59 Vgl. *Kleine-Cosack*, BRAO, § 7 Rn. 91 ff.
60 Zum Ganzen, *Kleine-Cosack*, BRAO, § 7 Rn 93 ff.
61 Vgl. *Kleine-Cosack*, AnwBl. 2013, 11.
62 AnwBl. 2011, 955; dazu *Kleine-Cosack*, DB 2011, 2589.
63 Vgl. BGH AnwBl. 2017, 202.

A.6 DIE ANWÄLTIN – DER ANWALT: ZWEITBERUF?

geben. Das ist nicht der Fall beim Fehlen einer Nebentätigkeitsgenehmigung bzw. Freistellungserklärung oder deren zeitlicher Eingrenzung[64] oder der Erteilung nur unter Vorbehalt (z.B. des jederzeitigen Widerrufs).[65]

Der Dienstherr sollte daher erklären: *"Wir gestatten unwiderruflich, dass Sie Ihren Arbeitsplatz zur Wahrnehmung anwaltlicher Geschäfte jederzeit uneingeschränkt verlassen können. Diese Regelung ist Bestandteil des Dienstvertrages."* In der Freistellungserklärung müsse zudem unwiderruflich erklärt werden, dass außerhalb der Erklärung keine mündlichen oder schriftlichen Vereinbarungen existieren, welche die anwaltliche Tätigkeit einschränken können. Fehlt eine solche Erklärung, kommt ein Widerruf der Rechtsanwaltszulassung aus den Gründen des § 14 Abs. 2 Nr. 8 BRAO in Betracht.[66]

In der Regel werden Bescheinigungen des Arbeitgebers vorgelegt, in denen wie gefordert eine solche Freistellung formal erklärt wird. Letztlich sind sie wirklichkeitsfremd,[67] verfassungswidrig und mit dem Ideal der Wahrheitspflicht und dem Lügenverbot[68] unvereinbar. Würde ein Rechtsanwalt ernsthaft davon Gebrauch machen, hätte er meist keine Chance des Verbleibens in dem Unternehmen. Die Anforderungen an die Freistellungserklärung stehen letztlich nur auf dem Papier; sie sind weder kontrollierbar noch wird ihre Einhaltung kontrolliert. Wer seinen Antrag „geschickt" begründet, sollte keine Zulassungsprobleme haben. Entsprechend der Argumentation des BFH (a.a.O.) zur Unhaltbarkeit der Freistellungserklärung bei Syndikussteuerberatern, ist das Festhalten der Kammern und der Anwaltsgerichtsbarkeit daran schlicht verfassungswidrig mit Verstoß gegen Art. 12 Abs. 1 GG mangels Gemeinwohlerforderlichkeit. Verweigert der Arbeitgeber die Abgabe der Erklärung und die Kammer sie fordern, sollte der Antragsteller dagegen klagen.

e) Tatsächlich

Der Bewerber soll weiter nach der ebenfalls antiquierten und verfassungsrechtlich unhaltbaren[69] Judikatur – es gibt soweit ersichtlich keine nennenswerten Entscheidungen neueren Datums – nur zugelassen werden, wenn er auch tatsächlich in der Lage ist, den Anwaltsberuf in einem wenn auch beschränkten, so doch irgendwie nennenswerten Umfang und jedenfalls mehr als bloß gelegentlich auszuüben.[70] Der in einem anderen Beruf tätige Anwalt müsse grundsätzlich – auch während der Dienststunden bei seinem Arbeitgeber – in der Lage sein, Gerichtstermine, eilige Schriftsätze, Telefongespräche und allen sonstigen nicht aufschiebbaren Tätigkeiten zu erledigen,[71] wozu aber auch niedergelassene Rechtsanwälte

---

64 Vgl. BGH BRAK-Mitt. 2010, 29; BGH NJW 1987, 3011: Begrenzung auf 28 Wochenstunden außerhalb der regelmäßigen Arbeitszeit; BGH BRAK-Mitt. 1993, 219: Vorbehalt einer Kollision mit Pflichten aus Anstellungsvertrag.
65 Vgl. auch BGH BRAK-Mitt. 1995, 212; 1983, 83.
66 AGH Hamm BRAK-Mitt. 2011, 148.
67 So zu Recht der BFH AnwBl. 2011, 955. zum Berufsrecht der Steuerberater)
68 Vgl. § 43 a Abs. 3 BRAO; dazu *Kleine-Cosack*, BRAO, § 43 a Rn. 95 ff.
69 Vgl. aber BVerfG NJW 1993, 317.
70 BGH NJW 1995, 1031, BRAK-Mitt. 1995, 212; 1991, 101.
71 So BGH NJW 2010, 1381.

A.6 Die Anwältin – Der Anwalt: Zweitberuf?

nicht in der Lage sind, halten sie sich doch erfahrungsgemäß zu einem großen Teil nicht in ihrer Kanzlei auf.

aa) Zeit

Wer aufgrund zweitberuflicher Beschäftigung der Rechtsanwaltstätigkeit nicht in nennenswertem Umfang nachgehen kann und faktisch nur Feierabend- bzw. Titularanwalt kann, bei dem soll eine Unvereinbarkeit nach § 7 Nr. 8 BRAO gegeben sein.[72] Die Ausübungsmöglichkeit bestehe in der Regel bei einer bloßen Teilzeittätigkeit, könne aber fraglich sein bei einer vollwertigen zweitberuflichen Beschäftigung.[73] Das sei z.B. bei weitgehenden zeitlichen Vorbehalten nicht mehr gewahrt.[74] Entscheidend soll sein, dass – was in Anstellungsverhältnissen blanke Illusion ist – der Bewerber ungeachtet einer zweitberuflichen (auch Vollzeit-)Beschäftigung über seine Dienstzeit hinreichend frei verfügen kann und während seiner Dienststunden nicht nur in Ausnahmefällen erreichbar ist.[75] Die Beschäftigung bei einer Anstalt des öffentlichen Rechts soll mit dem Beruf eines Rechtsanwalts unvereinbar sein, wenn der Antragsteller 38,5 Stunden pro Woche an seinem Arbeitsplatz zu verbringen und in dieser Zeit nach Weisung seines Vorgesetzten zu arbeiten habe.[76]

bb) Entfernung

Gefordert wurde in der „antiquierten" Judikatur zudem in tatsächlicher Hinsicht unter dem Aspekt der Ausübungsmöglichkeit, dass die zu überwindenden Entfernungen zwischen Kanzlei und zweitberuflichem Tätigkeitsort dadurch, dass der Anwalt seine Anwaltspraxis am Ort seiner sonstigen Tätigkeit errichten will, zu keinen weiteren erheblichen Erschwernissen für die Ausübung des Anwaltsberufs durch ihn führen.[77] Der Rechtsanwalt müsse – so die Judikatur – jederzeit für ein Eilverfahren am Ort seines Gerichts erreichbar sein.[78]

Dieses Näheerfordernis ist am Maßstab des Art. 12 Abs. 1 GG ebenfalls nicht zu rechtfertigen. Es ist nicht erforderlich wegen der großen Anwaltsdichte, der vielfach fehlenden forensischen Tätigkeit von Anwälten, der Möglichkeit der Betätigung in Zweigpraxen, im Ausland sowie wegen der modernen Kommunikationstechnik. Soweit Rechtsanwaltskammern und Gerichte diesbezüglich Schwierigkeiten machen, kann dem Betroffenen nur empfohlen werden, seine Kanzlei dort zu errichten, wo er zweitberuflich tätig ist, zur Not also – wie bei Syndikusrechtsanwälten (vgl. § 46c Abs. 4 BRAO) – in den Räumen des Arbeitgebers oder Unternehmens, in dem er zweitberuflich tätig sein will.

---

72 Vgl. auch BGH NJW 2010, 1381; AGH Koblenz BRAK-Mitt. 2005, 277; zur Kritik und der überzeugenderen Rspr. des BFH AnwBl. 2011, 955.
73 BGH BRAK-Mitt. 1993, 104; siehe auch AGH Stuttgart, BRAK -Mitt. 1996, 165.
74 BGH BRAK-Mitt. 1998, 154.
75 BGH BRAK-Mitt. 1996, 76.
76 So BGH NJW 2010, 1381.
77 BGH NJW 1995, 1031, BRAK-Mitt. 1993, 219; 1991, 101.
78 Vgl. auch AGH Koblenz BRAK-Mitt 2005, 277: Beanstandung von längeren Fahrzeiten als 1 Stunde bzw. täglicher Arbeits- und Fahrzeit von 11 Stunden.

A.6 DIE ANWÄLTIN – DER ANWALT: ZWEITBERUF?

III. Rechtspolitischer Ausblick

Abschließend ist festzuhalten, dass die nahezu grenzenlose Zweitberufsfreiheit für Rechtsanwälte rechtspolitisch mehr als bedenklich ist. Sie führt dazu, dass Anwälte bei nennenswerter zweitberuflicher Betätigung nicht die erforderliche Professionalität in ihrem Anwaltsberuf erlangen. Selbst Fachanwälte müssen nach Erwerb der Bezeichnung nur nicht aussagekräftige Fortbildungsnachweise, hingegen keinerlei Tätigkeitsnachweis erbringen. Die Qualität der anwaltlichen Dienstleistung muss zwangsläufig darunter leiden, wenn der Rechtsanwaltsberuf nicht intensiv ausgeübt wird, sondern – wie nicht selten – nur gelegentlich eine Mandatsbearbeitung und -vertretung erfolgt. Es wäre zu überlegen, die Zweitberufsfreiheit einzuschränken im Interesse der Funktionsfähigkeit der Rechtspflege, insbesondere der Erhöhung der Qualität der anwaltlichen Dienstleistungen und damit der Wettbewerbsfähigkeit der Anwaltschaft in ihrer Konkurrenz zu anderen Berufen. Konkrete Bestrebungen politischer Art in diese Richtung sind jedoch aufgrund des traditionellen rechtspolitischen Immobilismus in Deutschland und der Reformunfähigkeit deutscher Juristen und Politiker nicht zu „befürchten".

A.7 Die Berufshaftpflichtversicherung

Rechtsanwältin und Notarin Edith Kindermann, Bremen • Vizepräsidentin des DAV und Mitglied im Ausschuss Versicherungsrecht des DAV
Rechtsanwalt und Notar Dr. Rembert Brieske, Bremen †

I. Die Berufshaftpflichtversicherung der Rechtsanwälte

Hinter dem Begriff der Berufshaftpflichtversicherung verbirgt sich die Haftpflichtversicherung für Vermögensschäden,[1] die der RA in seiner beruflichen Tätigkeit schuldhaft verursacht. Eine solche Versicherung abzuschließen ist gem. **§ 51 BRAO** seit dem 9.9.1994 gesetzliche Pflicht[2] jeden Rechtsanwalts und jeder Rechtsanwältin. Die Zulassungsurkunde wird nicht ausgehändigt, solange nicht ein Versicherer bestätigt hat, dass ein dem Gesetz entsprechender Versicherungsschutz besteht, § 12 BRAO. Dies gilt für selbstständige Rechtsanwälte, für freie Mitarbeiter, für angestellte Rechtsanwälte. Soweit gegenüber angestellten Rechtsanwälten von Versicherungsvertretern erklärt wird, sie benötigten keine eigene Versicherung, ist dies schlicht falsch; zwar ist in diesen Fällen ein Teil der Tätigkeit des angestellten Mitarbeiters bei dem anderen RA mitversichert[3] und die eigene Prämie geringer,[4] doch ersetzt dies nicht den eigenen Versicherungsschutz.[5]

Steht der angestellte RA auf dem Briefbogen mit anderen Rechtsanwälten, so ist er haftungsrechtlich und versicherungsrechtlich betrachtet ohnehin Sozius; dann muss er unabhängig vom Innenverhältnis sich als selbstständiger RA versichern. Im schlimmsten Fall droht ihm, dass er im Innenverhältnis zur Versicherung keinen Versicherungsschutz hat, weil das versicherte Risiko das eines Angestellten ist und das verwirklichte Risiko das eines Selbstständigen ist.[6]

Ob der angestellte RA wegen eines Regressanspruchs seines Arbeitgebers in seiner eigenen Versicherung Schutz findet, werden wir gesondert behandeln. Bemerkenswert ist, dass keine Versicherungspflicht der GbR oder der PartG besteht, wohl aber der GmbH und der PartGmbB.

---

1 Die Bedeutung dieses Begriffes werden wir nachstehend noch erörtern.
2 Dadurch wird die frühere gesetzliche Regelung aus § 23 S. 2 RAG-DDR überholt, die teilweise weitergehenden Versicherungsschutz verlangte.
3 Dort wird ein Prämienzuschlag von 80 % oder 100 % gezahlt.
4 Dort wird eine Prämie von 20 % oder 40 % gezahlt.
5 Ist der Versicherungsschutz des Chefs erschöpft, bleibt der eigene Versicherungsschutz erhalten.
6 Im Außenverhältnis zum Mandanten gilt § 117 VVG n.F. (§ 158 c VVG n.F.); einige Versicherer werden sich sicherlich mit einer Drohung begnügen, da sie über den Vertrag des Prinzipals und den Vertrag des Angestellten insgesamt die Prämie erhalten haben, die sie für den Versicherungsschutz verlangen, wenn er ordnungsgemäß beantragt wird.

A.7 Die Berufshaftpflichtversicherung

II. Der Stellenwert dieser Versicherung

Die Zulassungsurkunde wird nicht ausgehändigt und damit die Zulassung nicht wirksam, wenn nicht nachgewiesen wird, dass eine derartige Versicherung oder eine vorläufige Deckungszusage besteht, § 12 Abs. 2 BRAO.

Die von den Versicherern vorzulegende Erklärung hat regelmäßig folgenden Wortlaut:

Bestätigung

Zur Vorlage bei der zuständigen Rechtsanwaltskammer und der Landesjustizverwaltung bestätigen wir, dass Sie mit Wirkung vom... an eine Berufshaftpflichtversicherung haben, die die Voraussetzungen des § 51 BRAO (einschließlich der Mindestversicherungssumme von 250.000 EUR für jeden Versicherungsfall und eine Höchstleistung für alle innerhalb eines Versicherungsjahres verursachten Schäden von nicht unter dem vierfachen Betrag der Mindestversicherungssumme (§ 51 Abs. 4 BRAO) erfüllt.

Der Versicherungsschutz erstreckt sich im Rahmen der Allgemeinen Versicherungsbedingungen für die Vermögenshaftpflichtversicherung von Rechtsanwälten und Patentanwälten (mit Risikobeschreibung) auf

- die Berufstätigkeit als Rechtsanwalt (§§ 1–3 BRAO)[7]
- die Tätigkeiten als
  - Insolvenzverwalter (auch vorläufiger), gerichtlich bestellter Liquidator, Gläubigerausschussmitglied, Treuhänder gemäß InsO;
  - Testamentsvollstrecker, Nachlasspfleger, Nachlassverwalter, Vormund, Betreuer, Pfleger und Beistand;
  - Schiedsrichter, Schlichter, Mediator;
  - Abwickler einer Praxis gem. § 55 BRAO, Zustellungsbevollmächtigter gem. § 30 BRAO;
  - Notarvertreter für die Dauer von 60 Tagen innerhalb eines Versicherungsjahres.[8]

Seit dem 1.7.2004 ist die Tätigkeit als Mediator Teil anwaltlicher Tätigkeit, vgl. § 34 RVG.[9]

Die Versicherung kann nach § 51 BRAO bei jedem im Inland zum Versicherungsbetrieb zugelassenen Versicherer genommen werden; entscheidend ist, dass die geforderte Erklärung zum Bestand des Versicherungsschutzes abgegeben wird.[10]

Für ausländische RAe gelten § 206 BRAO und § 7 EuRAG.

---

7 Dazu ab 1.7.2004 auch die Tätigkeit als Mediator.
8 Der Aspirant auf das Notariat, aber auch der häufige Notarvertreter sollte genau ausrechnen, wann dieses zeitliche Limit erschöpft ist; dann besteht nur noch Versicherungsschutz in der Versicherung des Notars nach Maßgabe dessen, was dort noch an Versicherungsschutz übrig ist.
9 Im Gegensatz zu anderen Tätigkeiten aus § 1 Abs. 2 RVG; der Unterschied liegt in der Frage, ob es sich um eine freiwillige oder auch eine Pflichtversicherung handelt.
10 BRAK-Mitt 1998, 40.

A.7 DIE BERUFSHAFTPFLICHTVERSICHERUNG

Endet der Versicherungsvertrag und unterhält der Rechtsanwalt nicht eine Versicherung bei einem anderen Versicherer, so ist die Zulassung zwingend zu widerrufen, **§ 14 Abs. 2 Nr. 9 BRAO**, und zwar nach Anhörung des Rechtsanwalts gem. §§ 32 ff. Abs. 2 BRAO durch eine gem. § 14 Abs. 4 S. 2 BRAO im Regelfall für **sofort vollziehbar** zu erklärende Verfügung der Landesjustizverwaltung oder der RAK, der gegenüber der Antrag auf gerichtliche Entscheidung keine aufschiebende Wirkung hat, § 14 Abs. 4 S. 2 BRAO.

Zwar besteht kein Kontrahierungszwang für Versicherer in diesem Bereich. Gleichwohl ist es unabdingbar, dass ein Berufsangehöriger Versicherungsschutz findet. Sonst könnte er den Beruf nicht mehr ausüben, wenn ein Versicherer den Vertrag nach mehreren Schadensfällen oder Prämienverzug kündigt. Um den Beruf weiterhin ausüben zu können oder überhaupt aufnehmen zu können, bedarf der Berufsangehörige des Versicherungsschutzes.

Gem. § 117 Abs. 2 S. 1 VVG bleibt der Versicherer – soweit es sich um den Bereich der Pflichtversicherung handelt –, der die oben genannte Bestätigung abgegeben hat, gegenüber dem Geschädigten noch für die Versicherungsfälle aus der Zeit nach Beendigung des Versicherungsvertrages leistungspflichtig, die sich in dem Zeitraum eines Monats ereignen, nachdem der Versicherer das Ende der Rechtsanwaltskammer angezeigt hat, § 117 Abs. 2 S. 1 VVG i.V.m. § 51 Abs. 7 BRAO.

Der Schutz des Mandanten durch bestehende Versicherung ist also zeitlich durchgehend gestaltet. Ohne Versicherungsnachweis wird kein Anwalt zugelassen. Nach Beendigung des Versicherungsvertrages verbleibt der RAK eine Frist von einem Monat für Anhörung des Rechtsanwalts und Erlass der sofort vollziehbaren Verfügung, sodass anwaltliche Tätigkeit ohne Versicherungsschutz im Verhältnis zum Mandanten kaum vorstellbar ist.[11]

Es ist deshalb unzutreffend, wenn ein Versicherer mitteilt, es bestehe rückwirkend kein Versicherungsschutz, wenn der Versicherungsnehmer die Versicherungsprämie nicht gezahlt hat. Im Verhältnis zum Geschädigten verbleibt es beim Versicherungsschutz. Der Versicherer kann allenfalls beim Versicherungsnehmer Rückgriff nehmen.

Eine derartige Versicherung zu halten, ist aber schon deshalb notwendig, weil ein leicht fahrlässig verursachter Fehler den Mandanten in solchem Umfang schädigen kann, dass der Ersatz des Schadens den Rechtsanwalt wirtschaftlich ruinieren würde.[12] Ebenso dient die Haftpflichtversicherung dazu, dem RA zu einem gesunden Nachtschlaf zu verhelfen, wenn er zu Unrecht auf Schadensersatz in Anspruch genommen wird.[13] Schließlich dient

---

11 Es sei denn, der Rechtsanwalt hat in einem laufenden Versicherungsjahr bereits seinen Versicherungsschutz ausgeschöpft; das setzt aber voraus, dass unmittelbar nach dem Fehler dieser den Schaden verursacht hat und der daraus resultierende Anspruch geltend gemacht worden und bezahlt worden ist.
12 Ein Beispiel: Aufgrund einer vom RA versäumten Frist wird ein Urteil rechtskräftig. Ausgerechnet zum Zeitpunkt der Vollstreckung ist der Beklagte vorübergehend zahlungsunfähig. Es wird Insolvenzantrag gestellt. Die Banken kündigen den Kredit etc.
13 In einem Verfahren dauerte es über 8 Jahre, bis nach vorangegangenem Mahnverfahren und Klagebegründung sowie Klageerwiderung eine Klage über mehr als 500.000 EUR zurückgenommen wurde.

A.7 Die Berufshaftpflichtversicherung

der Versicherungsschutz dazu, dem Anwalt zu ermöglichen, den Schaden des Mandanten auszugleichen. Nicht immer hat ein RA genug Privatvermögen, um aus diesem einen Schaden ersetzen zu können.

III. Das Bedingungswerk

Für die Versicherung des RA gelten

- die Vorschriften des VVG, insbesondere §§ 100 ff., §§ 113 ff. VVG,
- § 51 BRAO,
- die AVB für die Vermögensschadens-Haftpflichtversicherung von Rechtsanwälten und Patentanwälten mit den Risikobeschreibungen für Rechtsanwälte, sowie
- die Tarife.

Für die Notare und damit auch für die notarielle Tätigkeit der Anwaltsnotare sowie in Teilen für die Tätigkeit eines Rechtsanwalts als Notarvertreter gelten

- die Vorschriften des VVG,
- § 19 a BNotO, § 67 BNotO,
- die AVB für Notare,
- die besonderen Bedingungen für Notare,
- die Risikobeschreibung für Notare,
- die Tarife. Im Einzelfall werden abweichende Regeln vereinbart.

Die Versicherung umfasst nur Schäden, die bei der beruflichen Tätigkeit verursacht werden, nicht Schäden aus privater Gefälligkeit; soweit allerdings aus der beruflichen Stellung des RA ein Haftungsmaßstab für eine private Gefälligkeit entsteht, wird bereits der vom Versicherungsschutz umfasste Tätigkeitsbereich erreicht.

Die Versicherung umfasst nur Schäden, die bei einer Tätigkeit verursacht worden sind, die als anwaltliche Tätigkeit zu bezeichnen ist. Insbesondere in Fällen, in denen Anwälte in Anlagekonzepte einbezogen werden, wird stets von den Versicherern eingewendet, es handele sich nicht um anwaltliche Tätigkeit, sondern um Treuhandtätigkeit oder um Anlagegeschäfte. Soweit Anwälte ihr Tätigkeitsgebiet ausweiten auf Hausverwaltungen o.Ä. müssen sie nicht nur aus steuerlichen Gründen prüfen, ob es sich noch um anwaltliche Tätigkeit handelt, sondern auch aus versicherungsrechtlichen Gründen.[14] In den einschlägigen Entscheidungen hat der BFH aber bereits ausgeführt, dass der einkommensteuerrechtliche Begriff der eigenverantwortlichen Tätigkeit mit den berufsrechtlichen Parallelbegriffen nichts zu tun hat.[15]

---

14 Davon hängt die Gewerbesteuerfreiheit ab, ob es sich um anwaltliche oder sonstige freiberufliche Tätigkeit handelt, vgl. BFH NJW 1990, 71.
15 BFH BStBl 1965 III 557 und öfter.

A.7 Die Berufshaftpflichtversicherung

Befasst man sich mit Fragen der Berufshaftpflichtversicherung, so sollte man die folgenden fünf Fragestellungen sorgfältig auseinanderhalten:

- Fragen beim Abschluss des Versicherungsvertrages (IV.),
- Fragen nach Abschluss eines Versicherungsvertrages, aber vor Eintritt eines Versicherungsfalles (V.),
- Fragen im Versicherungsfall (VI.),
- Fragen bei einer streitigen Auseinandersetzung mit einer Versicherung (VII.),
- Fragen bei der Vertretung des Geschädigten gegenüber dem früheren Rechtsanwalt und dessen Versicherung (VIII.),

Solange der Versicherungsfall nicht eingetreten ist und der Versicherungsvertrag erst abgeschlossen werden soll, brauche ich nicht über die Reichweite einer Ausschlussklausel zu streiten, sondern kann stattdessen durch Vereinbarungen und wechselseitige Erklärungen der Versicherungsvertragspartner den Umfang einer Ausschlussklausel klarstellen[16] oder eine Ausschlussklausel abbedingen. Ist der Versicherungsfall eingetreten und will die Versicherung nicht eintreten, weil sie eine Ausschlussklausel für einschlägig hält, so bleibt nur noch die Auseinandersetzung darüber, wie diese Ausschlussklausel auszulegen ist.

IV. Die Fragestellung vor Abschluss eines Versicherungsvertrages

Wer nicht allein seine Anwaltspraxis betreibt, sondern nach außen mit anderen zur Berufsausübung sich verbunden hat, muss sich zunächst überlegen, ob er einen Versicherungsvertrag nur für sich mit einem Berufshaftpflichtversicherer abschließen will oder ob alle Mitglieder dieser „Außensozietät" einen gemeinsamen Versicherungsvertrag abschließen wollen. Dieser Unterscheidung werden wir uns im Zusammenhang mit der Versicherungssumme unter 7. noch näher zuwenden.

Ich beginne zunächst mit der Frage, welche beruflichen Risiken abgesichert werden müssen. Dabei muss ich unterscheiden, ob ich

- als Rechtsanwalt allein tätig bin;
- als Rechtsanwalt mit einem anderen Rechtsanwalt gemeinsam tätig bin;
- als Rechtsanwalt mit einem Anwaltsnotar assoziiert bin;
- als Rechtsanwalt mit einem Wirtschaftsprüfer oder Steuerberater oder dem Angehörigen eines anderen Berufs, mit dem sich ein RA zulässigerweise zu gemeinsamer Berufsausübung verbinden kann, meine Berufstätigkeit gemeinsam ausübe;
- als Mitglied einer Partnerschaftsgesellschaft meinen Beruf ausübe.

---

[16] Natürlich kann ich nicht den Umfang der Ausschlussklausel über das gesetzlich zulässige Maß ausweiten, denn dann würde der Vertrag nicht mehr den gesetzlichen Anforderungen entsprechen.

A.7 Die Berufshaftpflichtversicherung

In diesem Stadium muss ich daran denken, dass ich u.U. auch für die Fehler des assoziierten Steuerberaters oder Wirtschaftsprüfers oder Notars hafte.[17] Soweit die Tätigkeit in einer GbR ausgeübt wird, haftet die GbR; neben der GbR haften für deren Verbindlichkeiten generell deren Gesellschafter.[18] Der Anspruch gegen die GbR ist nicht in der Pflichtversicherung erfasst, der RA haftet aber für die Verbindlichkeiten der GbR und dies ist pflichtversichert. Die einschlägigen Berufssatzungen regeln unterschiedlich, ob in derartigen Fällen die Anforderungen aller betroffenen Berufsordnungen erfüllt werden müssen; es findet u.U. eine Pflichtenkumulation statt; das betrifft

- versichertes Risiko und
- Versicherungssummen,
- deren Maximierung.

Wenn ich nach außen als Sozius mit einem Steuerberater auftrete, dann hafte ich nicht nur für dessen Fehler; wichtiger ist, dass sich diese Haftung nach Anwalts- oder nach Steuerberaterrecht richten kann.[19] Das bedeutet: Auch meine Haftung für die Fehler des mit mir assoziierten Freiberuflers muss versichert sein. Es ist sorgfältig zu prüfen, **ob deren Tätigkeitsfeld von meiner Berufshaftpflichtversicherung mitversichert ist.**[20]

Es ist weiterhin in der alltäglichen Arbeit zu prüfen, ob der Partner sich in dem von dem versicherten Berufsbild gesteckten Rahmen bewegt oder diesen überschreitet; in einem solchen Fall können die Partner plötzlich ohne Versicherungsschutz dastehen.

Bei einer **gemischten Sozietät** muss deshalb versichert sein das Haftungsrisiko aller berufsverschiedenen Sozien unabhängig davon, wer im Einzelnen tätig wird, aus der Berufstätigkeit der verschiedenen Berufe. Es sind also die **Risikobeschreibungen der verschiedenen Berufe** zu kumulieren. Dabei sind die Versicherungsverträge so zu gestalten, dass sie den kumuliert strengsten Anforderungen der in Betracht kommenden verschiedenen Berufsordnungen und Berufsgesetze entsprechen.

Wird dies mit der Begründung unterlassen, es käme eine Haftung nicht in Betracht, so wird übersehen, dass der Versicherungsschutz auch das Abwehrrisiko umfasst und das Kostenrisiko. Auch bei anwaltlicher Tätigkeit muss ich mich im Rahmen dessen bewegen, was nach dem Berufsbild von der Tätigkeit eines Rechtsanwalts umfasst ist. Im Stadium des Vertragsabschlusses ist es wichtig, dass ich jede Tätigkeit, die ich ausübe oder auszuüben

---

17 Ob kraft Gesetzes eine Haftung des Sozius ausgeschlossen ist, stellt sich erst im Haftungsprozess heraus (vgl. den zwischen RA- und Notarhaftung abgrenzenden Steuerrechtsfall, BGH NJW 1988, 563); bei Abschluss des Vertrages muss ich Vorsorge treffen; u.U. vertrete ich auch einmal den Notar oder Wirtschaftsprüfer; zur Notarvertreterhaftung vgl. §§ 39 Abs. 4, 46 BNotO.
18 Das ist die Folge der Rechtsfähigkeit der GbR; siehe hierzu BGH Urt. v. 10.5.2012 – IX ZR 125/10, AnwBl. 2012, 773 – zur akzessorischen Haftung des Steuerberaters für anwaltliche Berufsfehler 18 b) vgl. § 3 StBG, § 44 WPO.
19 BGH Urt. v. 10.5.2012 – IX ZR 125/10, AnwBl. 2012, 773 – zur akzessorischen Haftung des Steuerberaters für anwaltliche Berufsfehler.
20 Zwar ist nach § 3 Abs. 2 StBG der Rechtsanwalt zur geschäftsmäßigen Hilfeleistung in Steuersachen berechtigt; damit ist aber nicht sichergestellt, dass sämtliche in den Risikobeschreibungen für Steuerberater aufgeführten Tätigkeiten von dem Versicherungsschutz des RA umfasst sind.

A.7 Die Berufshaftpflichtversicherung

beabsichtige, in den Versicherungsumfang einbeziehe. In der oben zitierten Bestätigung sind die in den Versicherungsschutz einbezogenen Nebentätigkeiten aufgeführt.[21] Wir hatten bereits auf das Problem der nicht aufgezählten Tätigkeiten hingewiesen, etwa die Tätigkeit eines Treuhänders[22], der Vermögensverwaltung[23], kaufmännischer Buchhaltung[24], Aufstellung von Finanzierungsplänen[25], Unterschlagungsprüfung[26], Anlagevermittlung[27], Hausverwalter. Das kann auch für die Tätigkeit eines vereidigten Buchprüfers gelten, zu deren Ausübung eine über die Berufsprüfung eines Rechtsanwalts hinausgehende Prüfung zu bestehen ist.[28]

Für den Zwangsverwalter sieht § 1 ZWO eine eigene Versicherungspflicht von 500.000 EUR vor.

Neben den vorstehend beschriebenen und in den Versicherungsschutz einzubeziehenden Tätigkeiten gibt es nun vom Rechtsanwalt ausgeübte Tätigkeiten, die nicht mehr ohne Weiteres unter den Begriff der „Rechtsberatung" zu fassen sind und von den Versicherern als wirtschaftliche Beratung bezeichnet werden. So war etwa – zu Unrecht[29] – im Bereich des Rechtsschutzversicherungsrechts versucht worden, die Schuldenregulierung für Mandanten als Wirtschaftsberatung[30] und nicht als Rechtsberatung zu bezeichnen.[31] Auch in diesem Bereich empfiehlt es sich, je nach Zuschnitt der Kanzlei auch die vermeintlich wirtschaftsberatende Tätigkeit in den Versicherungsumfang einzubeziehen.[32]

In den Fällen der interprofessionellen Zusammenarbeit ist weiterhin der Fall zu regeln, dass ein Mitglied der Sozietät die für ihn geltenden Regeln und Grenzen der Beratung oder Vertretung verletzt. Bestünde nämlich Versicherungsschutz nur für den objektiv zulässigen Tätigkeitsbereich, wären die darüber hinausgehenden Tätigkeiten nicht versichert.[33] Ein Beispiel ist die nach §§ 6 und 7 BeurkG unwirksame und unerlaubte Beurkundung; ein weiteres Beispiel ist die dem Steuerberater nicht erlaubte Rechtsberatung.

---

21 Abweichend von den alten Fassungen kommt es nicht mehr darauf an, ob diese Tätigkeiten „nicht überwiegend" ausgeübt werden.
22 Die Tätigkeit des nicht geschäftsführenden Treuhänders ist beim Steuerberater nach den BBR mitversichert, ebenso beim Wirtschaftsprüfer die treuhänderische Verwaltung, z.B. als gesetzlicher oder rechtsgeschäftlicher Treuhänder. Zum Meinungsstand beim RA vgl. *Evers*, NJW 1983, 1652, *Riedel*, NJW 1987, 1021; ablehnend OLG München v. 30.1.1987 – 21 U 3798/86 (Revision vom BGH nicht angenommen, BGH Beschluss v. 25.11.1987 – IV a ZR 89/87); vgl. OLG Kiel Urteil v. 1.5.1931; RG Urteil v. 9.1.1909; BGH NJW 1967, 876.
23 BGHZ 46, 268.
24 BGH NJW 1970, 1189; ob diese Auffassung angesichts des § 3 Abs. 2 StBG noch zutreffend ist, erscheint zweifelhaft.
25 *Borgmann/Jungk/Grams*, Anwaltshaftung, 4. Aufl., § 6 Rn. 12 ff. unter Hinweis auf LG Bochum JW 1926, 874.
26 BGH VersR 1972, 1052.
27 BGH NJW 1980, 1855; 1985, 2642; 1994, 1405.
28 Vgl. §§ 128 ff. WPO nebst Versicherungspflicht gem. § 5 VO vom 8.12.1967 i.d.F. vom 19.6.1986 (BGBl 1986 I 919).
29 Wie der BGH in Urt. v. 22.5.1991 IV ZR 183/90 entschieden hat.
30 OLG Celle zfs 1985, 19.
31 Spätestens mit dem 1.1. 1999 handelt es sich hierbei um ein in der InsO vorgesehenes, zunächst außergerichtliches, dann aber auch gerichtliches Verfahren.
32 Vgl. dazu auch den Ausschluss in Ziffer 4.2 AVB-RSW A. und andererseits die BBR für Steuerberater; dort gehört wirtschaftliche Beratung zum versicherten Berufsbild, vgl. auch § 57 Abs. 2 StBG.
33 Ein Beispiel könnte sich ergeben, wenn aufgrund des neuen notariellen Berufsrechts der assoziierte Steuerberater nur bestimmte Aufgaben aus seinem Berufsbild ausüben darf und er darüber hinausgehende Tätigkeiten ausübt.

A.7 DIE BERUFSHAFTPFLICHTVERSICHERUNG

Nachdem ich die Art der versicherten Tätigkeiten bei Abschluss des Versicherungsvertrages berücksichtigt habe, muss ich mir natürlich nun auch ansehen, **ab wann** ich Versicherungsschutz benötige.

- Wir behandeln diese Frage nur unter der Prämisse, dass deutsches Haftungsrecht anzuwenden ist;[34] sobald ein RA vor einem ausländischen Gericht verklagt wird, kann dieses u.U. nach seinem IPR auch sein nationales Sachrecht anwenden.
- Die Frage ist für den Einzelkämpfer leicht zu beantworten; vor der Zulassung kann er anwaltliche Tätigkeit nicht ausüben.
- Der als Sozius oder Scheinsozius[35] Haftende benötigt Versicherungsschutz von dem Zeitpunkt an, auf den der Versicherungsfall nach den AVB bestimmt wird, und ab dem Zeitpunkt, seit dem er gegenüber dem Mandanten haftet.[36] An dieser Stelle ist vorsorglich darauf hinzuweisen, dass nicht auszuschließen ist, dass § 130 HGB auch bei Beratungsfehlern ab 7.4.2003 trotz § 8 Abs. 2 PartGG bei der GbR anzuwenden ist.[37] Im Hinblick auf das Urteil des BGH zur Rechtsfähigkeit der GbR bedarf die Eintrittsdeckung einer Klärung mit dem Versicherer.
- Wer in eine Partnerschaftsgesellschaft eintritt, haftet gem. § 8 PartGG i.V.m. §§ 129, 130 HGB mit dem Gesellschaftsvermögen auch für Altschulden, also auch für Ansprüche aus Anwaltshaftung aus der Zeit vor dem Eintritt in die Partnerschaftsgesellschaft, nicht aber persönlich, § 8 Abs. 2 PartGG. Etwas anderes gilt, wenn der Eintretende die Bearbeitung einer Sache übernimmt, in der bereits eine Pflicht verletzt wurde. Der BGH (Urt. v. 19.11. 2009 – IX ZR 12/09) erstreckt die Handelndenhaftung auch auf die Eintretenden. Auch hier ist ein Blick in die aktuellen Versicherungsbedingungen wegen der Eintrittshaftung und eine Klärung mit dem Versicherer erforderlich. Zwar haben die Altpartner Versicherungsschutz; § 12 AVB kann hier aber gefährliche Deckungslücken reißen, weil die nach dem Versicherungsfall eingetretenen Rechtsanwälte zum Zeitpunkt des Versicherungsfalls keinen Versicherungsschutz hatten und deshalb bei der Ermittlung der Durchschnittsdeckung ggf. als nicht versichert behandelt werden.[38]
- Wer bei einer Partnerschaftsgesellschaft auf dem Briefbogen erscheint, aber nicht Partner ist, muss sich mit den Risiken beschäftigen, die sich hier aus Rechtsschein in Verbindung mit § 8 PartGG und §§ 129, 130 HGB ergeben.
- Wer in einer Anwalts-GmbH handeln will, benötigt zunächst seinen Versicherungsschutz, damit er selbst die Zulassung erhält. Die GmbH benötigt ihren Versicherungsschutz; § 59j BRAO bis zur Eintragung der GmbH ist für Versicherungsschutz für die Vor-GmbH zu sorgen.

---

34 So bisher der BGH für jene Fälle, in denen der RA von seiner Kanzlei aus handelt; BGH NJW 1991, 3095; vgl. aber Art. 29 EGBGB für Tätigkeit gegenüber ausländischen Verbrauchern; beachte aber auch die Regeln der CCBE bei grenzüberschreitender Tätigkeit – definiert in Art. 1.5.
35 Haftung kraft Rechtsscheins; sie beginnt bereits damit, dass der Name auf dem Kanzleischild erscheint; dass deshalb von einem angestellten Rechtsanwalt verlangt werden kann, dass er ein Kanzleischild führt (so, § 27 Rn. 4 BRAO), erscheint wegen der haftungsrechtlichen Folgen unzutreffend.
36 Bei Eintritt in bestehende Sozietät ab sofort wegen der von nun an begangenen Fehler (BGH NJW 1994, 257); bei Eintritt in bisherige Einzelpraxis ab Einbeziehung in Mandat durch Einverständnis des Mandanten (BGH ZIP 1988, 315).
37 BGH v. 7.4.2003 – II ZR 56/02, JW 2003, 1803.
38 Wir werden nachfolgend noch den Begriff der Durchschnittsdeckung erläutern.

A.7 Die Berufshaftpflichtversicherung

An dieser Stelle ist gleich zu erörtern, **bis wann Versicherungsschutz für wessen Fehler in welchem Zeitraum** benötigt wird.

Die AVB sehen in § 9 vor, dass mit dem Ende der Zulassung der Versicherungsschutz endet, in der Annahme, damit falle das versicherte Interesse weg. Eine Übergangsfrist ist für die Erben vorgesehen.[39]

Das durch Versicherungsschutz abzudeckende haftungsrechtliche Problem ist, ob die Gefahr besteht, dass der Rechtsanwalt für Fehler haftet, die nach seinem Ausscheiden aus einem Büro noch von anderen begangen werden.

Dieses Problem stellt sich beim Einzelanwalt. Dort endet der Vertrag nicht mit dem Tod des Einzelanwalts oder mit dem Wechsel in einen anderen Beruf. Erst mit der Kündigung oder einverständlichen Beendigung endet der Vertrag. In dieser Phase können noch haftungsträchtige Pflichten verletzt werden; in Betracht kommt eine Haftung gegenüber den Mandanten für Fehler des nach § 53 BRAO bestellten amtlichen Vertreters[40] als auch des nach § 55 BRAO bestellten Abwicklers.

Bei der Sozietät fragt sich, ob der aus der Sozietät ausscheidende Rechtsanwalt aus den Pflichten aus dem Anwaltsvertrag ausscheidet, wenn dem Mandanten das Ausscheiden nicht ausdrücklich mitgeteilt wird. Dies erscheint fraglich, da das Mandat mit der Sozietät und nicht mit dem für diese tätigen RA abgeschlossen wird. Dementsprechend stellt sich für den ausgeschiedenen die Frage, ob er auch für Verstöße aus Sachen, die vor seinem Ausscheiden begonnen wurden und in denen der Verstoß nach seinem Ausscheiden begangen wird. akzessorisch haftet. Hier sind Risikovorsorge und dogmatische Feinheiten voneinander zu trennen. Das Problem kann dazu führen, dass der ausscheidende Rechtsanwalt sein Risiko aus der Praxis versichern muss, aus der er ausgeschieden ist, und das Risiko der Praxis, in der er nun tätig ist. § 32 Abs. 2 BORA sieht vor, dass der ausscheidende Sozius – auch der Scheinsozius – alle Mandanten über sein Ausscheiden unterrichten darf. Dementsprechend bedarf auch die Austrittshaftung der Klärung mit dem Versicherer.

Das NachhaftungsbegrenzungsG[41] hilft etwas, wenn im Falle der Partnerschaftsgesellschaft das Ausscheiden im Partnerschaftsregister eingetragen ist, § 10 PartnerschaftsgesG i.V.m. § 160 HGB, und wenn im Fall der schlichten BGB-Gesellschaft das Ausscheiden dem Mandanten bekanntgegeben worden ist, § 736 Abs. 2 BGB i.V.m. § 160 HGB für die Sozietät und § 26 HGB für die Einzelpraxis.[42]

Der Regressanspruch des Arbeitgebers gegen den Arbeitnehmer-RA: Soweit der Arbeitnehmer seinen Versicherer in Anspruch nimmt, gilt die Regressbegrenzung auf Fälle

---

39 In der Risikobeschreibung „für Verstöße bis zur Bestellung eines Praxisabwicklers oder bis zur Veräußerung der Praxis längstens für 8 Wochen nach dem Ableben des Versicherungsnehmers".
40 Vgl. Feuerich/*Schwärzer*, § 53 Rn. 51 BRAO.
41 BGBl. 1994 I S. 560.
42 Deshalb sieht die BORA vor, dass der Ausscheidende allen Mandanten der Sozietät sein Ausscheiden mitteilen darf.

A.7 Die Berufshaftpflichtversicherung

von Vorsatz mitversicherter Personen, soweit der Versicherer leistet. Soweit es um den Selbstbehalt oder eine über den Versicherungsschutz des Arbeitgebers hinausgehenden Anspruch geht, ist ein Regressanspruch arbeitsrechtlich denkbar. Insoweit handelt es sich bei dem Schaden des Arbeitgebers um einen Vermögensschaden, den der Arbeitnehmer bei seiner beruflichen Tätigkeit verursacht hat. Dafür besteht nach § 51 BRAO Versicherungspflicht, sodass der Versicherer einzustehen hat.

Welche Schäden werden von der Vermögensschadenshaftpflichtversicherung umfasst?

§ 51 BRAO beschreibt diesen Begriff nicht, sondern setzt ihn voraus; er findet sich auch in § 19 a BNotO und den einschlägigen Normen im Bereich der Steuerberater und Wirtschaftsprüfer.

§ 1 Abs. 1 Nr. 2 AVG-RSW definieren den Begriff des Vermögensschadens dahingehend, dass es sich um solche Schäden handelt, die weder Personenschäden (Tötung, Verletzung des Körpers oder Schädigung der Gesundheit von Menschen) noch Sachschäden (Beschädigung, Verderben, Vernichtung oder Abhandenkommen von Sachen, insbesondere auch von Geld und geldwerten Zeichen) sind, noch sich aus solchen von dem Versicherungsnehmer oder einer Person, für die er einzutreten hat, verursachten Schäden herleiten.[43]

Der in den AVB angebotene Versicherungsschutz umfasst

- Vermögensschäden § 1 Abs. 1 Nr. 2 AVB-RSW 2008;
- teilweise Sachschäden; dies werden wir noch beschreiben;
- positiv ist in den Risikobeschreibungen zu den neuen AVB beschrieben, dass durch Freiheitsentzug verursachte Schäden zu den Vermögensschäden zählen, Abschnitt B S. 9 BBR-RA;
- unter bestimmten Umständen die Folgen von Fehlern bei der Auszahlung von Geldern an Mandanten; soweit für den Mandanten bestimmte Gelder diesen nicht erreichen und der Rechtsanwalt das Geld noch einmal auszahlen muss, handelt es sich zunächst nicht um einen Schadensersatzanspruch des Mandanten, sodass der Versicherer im Grunde nicht eintreten muss; soweit das für den Mandanten bestimmte Geld zunächst auf ein Anderkonto eingezahlt worden war oder zur Einzahlung bestimmt war und ordnungsgemäß verbucht war, besteht Versicherungsschutz gem. Abschnitt A 4.3 A BBR-RA oder vergleichbaren Regeln in den AVB.

Ein Sachschaden kann entstehen, wenn eine zu Beweiszwecken dienende Urkunde oder ein für den Scheckprozess notwendiger Scheck oder sonst ein dem Rechtsanwalt übergebener Gegenstand verloren geht. Ein solcher Verlust kann entstehen,

---

43 Diller, Berufshaftpflichtversicherung der Rechtsanwälte, 2. Aufl., § 1 AVB-RSW

A.7 DIE BERUFSHAFTPFLICHTVERSICHERUNG

- bereits beim Öffnen der Post durch einen oder eine Büroangestellte/n, der/die zwar den Brief aus dem Umschlag nimmt, nicht aber z.b. den mitgesandten protestierten Scheck;
- während der Bearbeitung der Sache im Büro, in dem der Verbleib des Schecks außer Kontrolle gerät;
- auf dem Weg vom Anwaltsbüro zum Gericht oder zum Mandanten.

Ein solcher Schaden kann auch entstehen, wenn in einem Plagiatsprozess das Originalstück des Mandanten zerstört wird, auf dessen Nachahmung oder Nachbildung er seine Ansprüche stützt.

Außer dem Schaden in Gestalt des Wertes der zerstörten Sache fällt unter diesen Begriff des Sachschadens also auch jeder weitere Schaden, der daraus entsteht, dass eben dieses Stück nicht zur Verfügung steht. In Kenntnis des Umstandes, dass ein derartiger Ausschluss für die anwaltliche Praxis auf Dauer unerträglich ist, enthält nun § 15 AVB einen Einschluss für Sachschäden:

- an Akten und anderen für die Sachbearbeitung in Betracht kommenden Schriftstücken; dazu zählen Wechsel und zu Protest gegangene Schecks, nicht aber Geld, geldwerte Zeichen, Wertsachen, Inhaberpapiere und blanko indossierte Orderpapiere;
- an sonstigen **beweglichen** Sachen, die das Objekt der versicherten Betätigung des Versicherungsnehmers bilden, soweit es sich nicht um Sachschäden aus Anlass der Ausübung technischer Berufstätigkeit oder der Verwaltung von Grundstücken handelt.

Neben den vorgenannten Ausschlüssen von Personen- und Sachschäden gibt es einen weiteren nicht versicherten Bereich, der sich nicht aus dem Wortlaut der AVB § 1 Abs. 1 Nr. 1 AVB-RSW, wohl aber aus dem System der Haftpflichtversicherung nach der Rechtsprechung des BGH[44] ergibt und der für die anwaltliche Praxis eine erhebliche Bedeutung hat. Dies ist der sogenannte Erfüllungsschaden. Der Aufwand, um vertragliche Pflichten zu erfüllen, wird von der Versicherung nicht gedeckt.[45] Der nicht von der Versicherung gedeckte Aufwand umfasst z.B. bei Werkverträgen den Nachbesserungsaufwand[46]. Wenn auch der Anwaltsvertrag regelmäßig Dienstvertrag[47] ist, gibt es doch auch beim Anwaltsvertrag Erfüllungsschäden von erheblichem Umfang, die nicht von der Versicherung gedeckt sind. Dazu gehört z.B. jeder Schaden, der dadurch entsteht, dass Gelder auf dem Weg zum Mandanten verloren gehen.

---

44 VersR 1978, 219.
45 In diesem Zusammenhang ist wegen der eigenen Gebühren des RA die Regelung aus § 1 Abs. 1 Ziffer 1 AVB-RSW zu beachten, und zwar zum einen in der Begrenzung auf 2.500 EUR aus § 3 Ziffer 6 AVB inklusive des Selbstbehalts; zum anderen aber auch wegen der nach dem Wortlaut vom Versicherungsschutz nicht umfassten Streitigkeiten um die Rückzahlung von Gebühren, wenn der Mandant geltend macht, er habe beim nächsten RA gleich hohe Gebühren noch einmal zahlen müssen.
46 Sogenanntes Erfüllungssurrogat BGHZ 85, 1153.
47 *Borgmann/Jungk/Grams*, Kap. III Rn. 24; wegen der Abgrenzung zum Werkvertrag vgl. die Beispiele bei *Borgmann/Jungk/Grams*, Kap. III Rn. 35 ff. (betreffend Verträge und Gutachten).

A.7 Die Berufshaftpflichtversicherung

Bei Lektüre des § 51 BRAO, spätestens aber bei Abschluss des Versicherungsvertrages wird der Rechtsanwalt bei genauer Lektüre der AVB feststellen müssen, dass nicht nur hinsichtlich der Tätigkeit und der Schäden die Vermögensschadenshaftpflichtversicherung keine Allround-Deckung bietet.

Jeder Ausschlusstatbestand der Pflichtversicherung muss an § 51 BRAO gemessen werden. Diese Norm verlangt einen Versicherungsschutz für die sich aus der Berufstätigkeit ergebenden Haftpflichtgefahren für Vermögensschäden. Dieser Verpflichtung entspricht nur ein Versicherungsvertrag, der keine anderen als die gesetzlich zugelassenen Ausschlusstatbestände enthält.

Die zugelassenen Ausschlusstatbestände sind: für Ersatzansprüche

- wegen wissentlicher Pflichtverletzung,[48]
- aus Tätigkeiten über in anderen Staaten eingerichtete Kanzleien oder Büros,[49]
- aus Tätigkeiten im Zusammenhang mit der Beratung und Beschäftigung mit außereuropäischem Recht,
- aus Tätigkeiten des Rechtsanwalts vor außereuropäischen Gerichten,
- wegen Veruntreuung durch Personal, Angehörige oder Sozien des Rechtsanwalts.

Soweit Mandate mit Berührung ausländischen Rechts bearbeitet werden, ist der Versicherungsschutz nicht bedroht, wenn es um die Anwendung des Rechts eines europäischen Staates geht.[50] Handelt es sich um einen Fehler bei der Anwendung außereuropäischen Rechts, so kann der Ausschlusstatbestand des § 4 Nr. 1 AVB i.V.m. Ziffer 4.1 B BBR-RA einschlägig sein.

Im Stadium der Vertragsverhandlungen kommt es jetzt nicht darauf an, dass ich möglicherweise im Schadensfall den Schaden auch auf einen Fehler bei der Anwendung deutschen Rechts zurückführen kann. In diesem Stadium ist es vielmehr wichtig, den Ausschluss möglichst weit abzubedingen und Fehler bei der Anwendung ausländischen Rechts mitzuversichern. Dies ist in einem großen Umfang möglich, wenn auch nur gegen eine gewisse Mehrprämie.

Es bleibt der Ausschlusstatbestand, wenn der Rechtsanwalt ein Büro oder eine Kanzlei im Ausland unterhält und dort seine schadensverursachende Tätigkeit ausübt, § 4 Nr. 1 AVB i.V.m. BBR-RA. Bei Tätigkeit im Ausland empfiehlt sich zusätzlicher Versicherungsschutz, um diesem Risiko zu entgehen. Es ist hier nicht der Ort zu diskutieren, was geschieht,

---

48   Ob dies ein Ausschlusstatbestand oder eine vor dem Versicherungsfall zu beachtende Obliegenheit ist, kann strittig sein; für Ausschlusstatbestand OLG Hamm AnwBl 1996, 237; wissentliche Pflichtverletzung wird angenommen, wenn ein RA erklärt, er habe wegen Überarbeitung etwas nicht bedacht; wissentliche Pflichtverletzung soll auch vorliegen, wenn jemand Geld vom Anderkonto verfügt, ohne die Voraussetzungen zu prüfen, wenn ihm bekannt ist, dass er die Auszahlungsvoraussetzungen prüfen muss, OLG Hamm a.a.O.

49   Dies ist nicht die Tätigkeit im Einzelfall vor ausländischen Gerichten oder Behörden oder die Begleitung eines Mandanten zu Verhandlungen ins Ausland, solange der RA dort keine eigene Kanzlei oder kein eigenes Büro unterhält.

50   Wegen des früheren Rechts vgl. *Brieske*, AnwBl 1991, 481, 484.

A.7 Die Berufshaftpflichtversicherung

wenn ein Mandat teils von einem ausländischen Büro, teils von einem deutschen Büro einer Sozietät bearbeitet wird und in beiden Orten Fehler begangen werden.

Nicht nur die Tätigkeit, die Art der Mandanten und Einzelheiten der Tätigkeit müssen bei Abschluss des Versicherungsvertrages bedacht werden, sondern auch die Versicherungssumme. Das Gesetz schreibt eine Mindestversicherungssumme von 250.000 EUR vor. Dies ist eine absolut unzureichende Versicherungssumme.

Die Versicherungssumme muss im Prozess- oder Regulierungsfall nach Jahren angesichts gestiegener Lebenshaltungskosten und eines gestiegenen Preisniveaus ausreichend sein, um einen Schaden abzudecken, der mit der Höhe des Streitwertes überhaupt nichts zu tun hat.

Es wäre ein Fehler, im Hinblick auf die nach § 51a BRAO möglichen Haftungsbegrenzungen die Versicherungssumme zu reduzieren oder gering zu halten. Die Versicherung muss gerade auch für den Fall zur Verfügung stehen, dass, aus welchen Gründen auch immer,[51] die Haftungsbegrenzung sich als unwirksam erweist.

Wer seinen Vertrag nur im Hinblick auf ersparte Kosten abschließen will, sollte zumindest einen Blick auf die in Rede stehenden Mehrkosten werfen und diese auf den Monat umrechnen. Hinzu kommt die Versicherungssteuer.

Misst man die Mehrprämie an dem Mehr an Versicherungsschutz (4 × 250.000 EUR bzw. 4 × 750.000 EUR) und damit verbundenem Mehr an Nachtschlaf, dann fällt einem zur angeblich prohibitiven Mehrbelastung durch die Mehrprämie nichts mehr ein.

Soweit andernorts[52] Übersichten veröffentlicht worden sind, ist darauf zu achten, ob die dort aufgeführten Prämien an einen Mindestselbstbehalt von 2.500 EUR anknüpfen.[53]

Das bedeutet nämlich, dass der Versicherer sich mit Schadensfällen nicht zu befassen hat, in denen der Mandant nicht mehr als 2.500 EUR verlangt. In derartigen Schadensfällen hat der Versicherungsnehmer das gesamte Prozessrisiko allein zu tragen. Ob er das wirtschaftlich verkraften kann, muss jeder Versicherungsnehmer selbst entscheiden.

Es wird auch eine **umsatzabhängige Prämie** angeboten. Bei umsatzabhängigen Prämien ist Folgendes zu beachten: Es ist nicht sichergestellt, dass in jedem Fall zumindest die gesetzliche Mindestversicherungssumme auch im Innenverhältnis zur Verfügung steht. Denn der Versicherer behält sich das Recht vor, den Versicherungsschutz quotal im Verhältnis an-

---

51 Sei es, dass die Vereinbarung an sich gemessen an § 51a BRAO unwirksam ist; sei es, dass sie gegen die Regeln der §§ 305 ff. BGB verstößt; sei es, dass sie auf dem Hintergrund der Richtlinie über Klauseln in Verbraucherverträgen „nicht hält".
52 *Braun*, BRAK-Mitt. 1994, 202, 203.
53 Nachzulesen bei *Braun*, BRAK-Mitt. 1994, 202, Fn. 10.

A.7 DIE BERUFSHAFTPFLICHTVERSICHERUNG

gegebener Umsatz zu tatsächlichem Umsatz[54] zu kürzen; ebenso behält sich der Versicherer Sanktionen für den Fall vor, dass der Umsatz nicht fristgerecht gemeldet wird. Die dort angedachten Sanktionen sind:

a) bei fehlerhaften Angaben bei Vertragsabschluss § 28 VVG bzw. § 19 VVG,
b) bei fehlerhaften Angaben für spätere Versicherungsperioden § 28 VVG.

Allein sinnvoll ist es, für diesen Fall zu vereinbaren, dass ggf. die Mehrprämie nachgezahlt wird. Der uneingeschränkte Versicherungsschutz ist für den RA eine Frage der wirtschaftlichen Selbsterhaltung.

Bei Versicherungsverträgen mit Schadensfreiheitsrabatt muss beachtet werden, dass die Fragen nach bekannten Schadensfällen zutreffend beantwortet werden können; sie berühren u.U. nicht nur die Frage nach der Versicherungsprämie, sondern führen ggf. auch zu Kündigungsrechten des Versicherers, wenn es sich um Angaben aus der Zeit vor dem Vertragsabschluss handelte; sonst sind wir Im Bereich der u.U. vorsätzlich falschen Gefahrangaben.

Die Versicherungssumme muss so gewählt werden, dass die in einem Jahr aus verschiedenen Mandaten entstehenden Schadensersatzansprüche abgedeckt sind und dass der Rechtsanwalt auch im Schadensfall noch ruhig schläft, wenn ein sehr hoher Betrag von ihm verlangt wird. Auch Mandate mit einem Gegenstandswert von 5.000 EUR oder weniger können wie dargestellt Millionenschäden verursachen.

Sind mehrere Rechtsanwälte zur gemeinsamen Berufsausübung nach außen hin zusammengeschlossen, § 12 AVB, so muss sichergestellt sein, dass nicht durch die **Durchschnittsdeckung in § 12 AVB** der Rechtsanwalt einen Versicherungsschutz erhält, der unterhalb der von ihm gewählten Versicherungssumme liegt. Da alle Rechtsanwälte die Mindestversicherungssumme von 250.000 EUR versichert haben müssen, spielt dies zunächst nur bei höheren Versicherungssummen eine Rolle. Aus § 12 AVB ergibt sich bei unterschiedlich vereinbarten Versicherungssummen folgende Berechnung des von dem Versicherer zu erbringenden Versicherungsschutzes bei einem angenommenen Schaden von 400.000 EUR:

	Versicherungssumme	Versicherungsleistung
RA X	1.000.000 EUR	400.000 EUR
RA Y	500.000 EUR	400.000 EUR
RA Z	250.000 EUR	250.000 EUR
Summe		1.050.000 EUR
Leistung Summe: 3		350.000 EUR

---

54 Natürlich bezogen auf die Periode, für die der Umsatz gemeldet worden ist.

A.7 DIE BERUFSHAFTPFLICHTVERSICHERUNG

Obwohl RA X und RA Y eine höhere Versicherungssumme vereinbart haben als die Schadenssumme in diesem Fall, muss die Sozietät in diesem Beispiel 50.000 EUR von dem Schaden selbst tragen. Allerdings ist das Verhältnis der im Versicherungsantrag individuell angegebenen Versicherungssumme des § 5 VVG und des § 12 AVB durchaus problematisch. Dies sind Überlegungen vor und bei Abschluss des Versicherungsvertrages. Natürlich muss bedacht werden, ob die Versicherung geeignet ist, im Versicherungsfall ordnungsgemäß die Leistung zu erbringen, die von dem Versicherer erwartet wird. Die erwartete Leistung beschränkt sich nicht darauf, begründete Ansprüche abzuwehren. Sie umfasst die Abwehr unbegründeter Ansprüche. Sie umfasst Hilfe, evtl. dem Grunde nach begründete Ansprüche der Höhe nach zu minimieren. Sie umfasst Maßnahmen, einen drohenden Schaden zu verhindern.

Ggf. sind zutreffende Angaben über die juristischen Mitarbeiter zu machen.

V. Fragen nach Abschluss eines Versicherungsvertrages, aber vor Eintritt eines Versicherungsfalles

Vor dem Versicherungsfall sollten die versicherten Risiken möglichst minimiert werden.

1. Wie bereits beschrieben, gilt dies insbesondere für den Umgang mit Geld.
   a) So empfiehlt es sich nicht, Schecks zu versenden.[55]
   b) Es empfiehlt sich, bei Überweisungen Kontrollmaßnahmen im Büro einzuleiten, die bewusste oder fahrlässige Fehlüberweisungen ausschließen oder erschweren.
   c) Schließlich empfiehlt es sich – wenn überhaupt – Mandantengelder nur über Anwaltsanderkonten laufen zu lassen, da insoweit ein gewisser Versicherungsschutz besteht.
   d) Nach § 43 a Abs. 5 BRAO sind fremde Gelder unverzüglich an den Empfangsberechtigten weiterzuleiten oder auf ein Anderkonto einzuzahlen.
   Wer auf dem Briefbogen eines Büros auftaucht, muss sich darüber im Klaren sein, dass er persönlich und ggf. ohne Versicherungsschutz dem Mandanten dafür einstehen muss, dass das Geld ausgezahlt wird;[56] ist der Betroffene dazu nicht in der Lage, droht ihm der Entzug der Zulassung wegen Vermögensverfall nach § 14 Abs. 2 Nr. 8 BRAO trotz seiner persönlichen Integrität.
   Ebenso empfiehlt es sich natürlich, das Büro so zu organisieren, dass möglichst bestimmte Fehlerquellen vermieden werden, insbesondere Fristenfehler.[57] Ebenso sind genauere Kenntnisse des Fristenrechts geboten.
   Schließlich gehört zu vernünftigem Risikomanagement eines Anwaltsbüros Fortbildung. § 43 a Abs. 6 BRAO.

---

55 Nachdem die Polizei auf die Bandenkriminalität hierzu hingewiesen hat, sollte der Letzte vorsichtig werden.
56 Mehrere Kollegen und Kolleginnen in der Republik haben in den letzten Jahren insoweit ein böses Erwachen erlebt und zahlen Millionenbeträge ab.
57 Insoweit ist auf die Ausführungen über Büroorganisation zu verweisen; vgl. aber auch *Borgmann/Jungk/Schwaiger*, § 58 (die Organisation des Anwaltsbüros zur Wahrung von Fristen).

A.7 DIE BERUFSHAFTPFLICHTVERSICHERUNG

Fehlerquellen zu vermeiden ist der erste Schritt; für die verbleibenden Risiken eine Versicherung abzuschließen der damit untrennbar verbundene zweite Schritt.

2. Es muss stets geprüft werden, ob die abgeschlossenen Versicherungssummen der in dem Büro zur gemeinsamen Berufsausübung zusammengeschlossenen Rechtsanwälte gleich sind oder ob § 12 AVB teilweise abbedungen werden muss.
3. Entsprechend der Entwicklung des Büros müssen die Versicherungssummen sowohl für die Zukunft als auch für die Vergangenheit regelmäßig überprüft und ggf. angepasst werden. Es ist geradezu dramatisch, wenn man nach 20 Jahren noch aus Tradition mit der zu Beginn der beruflichen Karriere abgeschlossenen Versicherungssumme meint, gut schlafen zu können.
4. Soweit in einem Versicherungsjahr ein Schaden geltend gemacht worden ist und/oder ein Teil der Versicherungssumme für einen Schaden verbraucht und/oder „reserviert werden muss", sollte man über die Möglichkeit nachdenken, ergänzend Versicherungsschutz der Höhe nach zu vereinbaren, d.h. die Versicherungssumme zu erweitern. Das ist jedenfalls nach dem Wortlaut der AVB insofern möglich, als Schäden noch nicht bekannt sind oder auch noch nicht geltend gemacht worden sind (Rückwärtsversicherung).
5. Es gibt einzelne Mandate, bei denen für den Einzelfall eine Versicherungssumme abgeschlossen werden muss, die über dem sonstigen Versicherungsniveau liegt. Auch diese Möglichkeit sollte bedacht werden (sogenannte Excedentenversicherung).
6. Schließlich sollte gerade bei einer Sozietät i.S.d. § 12 AVB[58] organisatorisch vorgesorgt werden, dass nicht das bei einem Sozius eingehende Anspruchsschreiben eines Mandanten „untergeht". Die weitere Bearbeitung, insbesondere die Schadensmeldung gegenüber dem Versicherer und die Regulierungsgespräche – in Absprache mit dem Versicherer –, sollte einem anderen Sozius übertragen werden. Es muss ausgeschlossen werden, dass ein Sozius mit der Begründung, nach seiner Auffassung sei der erhobene Anspruch abwegig, die Sache beiseitelegt.

Eine solche Erklärung des früheren oder jetzigen Mandanten und ein solches Verhalten können leicht dazu führen, dass der Anspruch des Rechtsanwalts[59] gegen die eigene Versicherung verjährt,[60] während der Schadensersatzanspruch gegen den Rechtsanwalt noch lange nicht verjährt.[61]

Gerade in Bürogemeinschaften, die haftungsrechtlich als Sozietäten auftreten, müssen geeignete Vorkehrungen getroffen werden.

---

58 Nachfolgend wird der Begriff Sozius immer im Sinne des § 12 AVB i.V.m. § 1 Abs. 2 Nr. 1 AVB-RSW verwendet. Ob die Sozienregelung in § 12 AVB über alle rechtlichen Zweifel erhaben ist, braucht hier nicht vertieft zu werden. Der BGH hat in einem obiter dictum keine Zweifel an der Wirksamkeit gehabt.
59 Wir werden unter VI. erörtern, inwieweit der Versicherer dem Geschädigten die Einrede entgegenhalten kann, soweit es sich um Ansprüche aus der Pflichtversicherung handelt.
60 Hemmung gem. § 15 VVG.
61 Für Verstöße aus der Zeit bis zum 14.12. 2004 § 51 b BRAO in 3 Jahren und beginnend erst ab Schadensentstehung, spätestens ab Ende des Mandats; unter Umständen verlängert durch den sekundären Schadensersatzanspruch, seitdem gilt auch für RAe die Regelverjährung des BGB.

A.7 DIE BERUFSHAFTPFLICHTVERSICHERUNG

VI. Fragen im Versicherungsfall

Wenn dann der Versicherungsfall eingetreten ist, muss für eine sofortige, unverzügliche und vollständige Schadensmeldung an den Versicherer gesorgt werden, § 5 AVB.

Vor allen versicherungsrechtlichen Überlegungen muss sich der betroffene RA über ein Stück Lebenserfahrung im Klaren sein: wer von einem anderen angeschrieben wird, er habe einen Fehler gemacht, entdeckt häufig, dass dieser Fehler tatsächlich unterlaufen ist; voll Entsetzen versucht nun der Betroffene diesen Fehler vor sich zu kaschieren. Nicht selten entdecken Außenstehende, dass sich dieser Fehler überhaupt nicht ausgewirkt hat oder dass er gar nicht begangen wurde oder dass die Handlungsweise in diesem Mandat gar kein Fehler war. Deshalb sollte der Betroffene sofort einen unbefangenen Kollegen und/oder seinen Versicherer – dem er ohnehin die Angelegenheit sofort melden muss – mit der Sache befassen.

Meldet er den Schaden nicht unverzüglich und vollständig, sondern möglicherweise noch mit geschönter Erinnerung, so kann er den Versicherungsschutz gefährden, § 28 VVG.

Es wäre unrealistisch anzunehmen, kein Versicherer beriefe sich auf diese Regel. Zwar erklären einige Versicherer, in ihrem Hause fände das nicht statt; in der Vertretung verschiedener Kollegen bei verschiedenen Versicherern hat Kollege *Brieske* erlebt, dass entweder der Versicherungsschutz wegen verspäteter Meldung – obwohl im konkreten Fall die Verspätung keine Auswirkung hatte – entzogen wurde oder zumindest damit gedroht wurde.

Der verspätet Meldende verliert seinen Versicherungsschutz und wird im Rahmen des § 12 AVB behandelt, als hätte er eine Versicherungssumme von 0 EUR. Das wirkt sich bei der Durchschnittsbildung nach § 12 AVB aus. In dem oben genannten Beispiel würde eine solche Obliegenheitsverletzung des RA X zu einer Durchschnittsdeckung von 266.667 EUR führen; soweit der Mindestversicherungsschutz von 250.000 EUR unterschritten würde, gibt es vielleicht im Bereich der Pflichtversicherung eine Untergrenze; im Bereich der freiwilligen Versicherung gibt es diese Untergrenze nicht.

Ebenso kann der Versicherungsschutz dadurch beeinträchtigt werden, dass der Rechtsanwalt den Anspruch anerkennt, ohne mit dem Versicherer dieses abzusprechen, § 5 AVB. Zu einem solchen Anerkenntnis fühlt sich der Rechtsanwalt u.U. gegenüber dem Mandanten verpflichtet, um sich den Mandanten zu erhalten. Das ist aber versicherungsvertragsrechtlich kein das Anerkenntnis rechtfertigender Grund. Der Versicherer hat – leider – nur dann zu zahlen, wenn der Rechtsanwalt dem Mandanten nach materiellem Recht haftet, sonst hat der Versicherer Abwehrschutz zu gewähren. Es kann nicht verkannt werden, dass Situationen entstehen, in denen der Schadensfall die Beendigung einer langjährigen Beziehung zum Mandanten nach sich zieht.[62] Gleichwohl ist die Vermögensschadenshaftpflichtversicherung nicht geeignet, dieses Problem zu lösen.

---

[62] Der Mandant ist im Schadensfall Gegner; es ist deshalb auch ausgeschlossen, ihn gegenüber dem Versicherer zu vertreten.

A.7 Die Berufshaftpflichtversicherung

Gegenstand der Vermögensschadenshaftpflichtversicherung ist nicht nur die Befriedigung begründeter Ansprüche, sondern auch die Abwehr unberechtigter Ansprüche. Dieser Abwehrschutz ist von großer Bedeutung. Er umfasst im Falle einer gerichtlichen Auseinandersetzung auch das Recht des Versicherungsnehmers (Rechtsanwalts) zu verlangen, dass der Prozess von einem von dem Versicherer bezahlten Rechtsanwalt geführt wird. Die Erfahrung zeigt, dass fremde Augen doch noch einiges sehen, was man selbst übersehen hat. Die Prozesskosten sind von dem Versicherer außerhalb der Versicherungssumme zu tragen.

Im Versicherungsfall ist der Rechtsanwalt am Schadensersatz wirtschaftlich mit dem Selbstbehalt und mit dem Gebühreneinwurf, beides begrenzt auf die Summe von 2.500 EUR, beteiligt.

Die Versicherer bieten den Rechtsanwälten zum Teil an, grundsätzlich einen festen Selbstbehalt von 2.500 EUR zu vereinbaren. Wir hatten oben bereits die Frage aufgeworfen, wer sich diesen Selbstbehalt und die nicht unterstützte Abwicklung des Schadensfalls bei jedem Schaden bis zu 2.500 EUR leisten kann – gegen eine Minderprämie von 75 EUR im Jahr.

Im Versicherungsfall kommt es schließlich aus ganz anderer Sicht darauf an, die Ausschlusstatbestände, wie sie oben beschrieben und auch sonst in den AVB enthalten sind, auszulegen. Hier sind nun die Regeln des AGB-Recht anzuwenden. Insbesondere müssen Sie prüfen, wie weit der erhobene Schadensersatzanspruch eben nicht nur auf eine vom Ausschlusstatbestand erfasste Begründung gestützt werden kann, sondern daneben auf eine vom Versicherungsschutz umfasste Begründung. Bei derartiger **alternativer Anspruchsbegründung** bezieht sich der Versicherungsschutz auf den gesamten von der versicherten Begründung umfassten Schaden; es wird also nicht die Versicherungsleistung entsprechend „dem Gewicht der Begründung" gequotelt.[63] Welche Konsequenzen sich daraus für den den Geschädigten vertretenden Rechtsanwalt ergeben, werden wir unter VII. erörtern.

Es kann nicht verschwiegen werden, dass der Ausschlusstatbestand „wissentliche Pflichtverletzung" gefahrgeneigt ist. Selbst der Fehler wegen Überlastung kann zur wissentlichen Pflichtverletzung werden, wenn der Rechtsanwalt sich so übernimmt, dass er in Kauf nimmt, seine Aufgaben nicht ordnungsgemäß erfüllen zu können. Was menschlich als Erklärung verständlich sein mag, kann versicherungsvertragsrechtlich „tödlich" sein. Der Dumme steht versicherungsrechtlich besser da als der wissende Überarbeitete.

Allerdings gibt es nun den Begriff des Primitivwissens, das jeder haben sollte und der durch die versicherungsrechtliche Rechtsprechung geistert.[64]

---

63 Bruck/Möller/Johannsen, Anm. G 163; OLG München VersR 1959, 72; OLG Koblenz VersR 1979, 830; OLG Celle VersR 1978, 27.
64 OLG Hamm AnwBl 1997, 237.

A.7 DIE BERUFSHAFTPFLICHTVERSICHERUNG

VII. Fragen bei einer streitigen Auseinandersetzung mit einer Versicherung

Schließlich muss man im Rahmen des Themas „Berufshaftpflichtversicherung" auch die Fälle bedenken, in denen der Rechtsanwalt mit seinem eigenen Haftpflichtversicherer streitet. Es mag Streit geben um die Frage der Deckung oder um die Frage der Haftung.

Streit zur Haftung: Wenn Versicherungsnehmer und Versicherer sich nicht einig sind, ob der Rechtsanwalt schadensersatzpflichtig geworden ist (Streit mag es zum Grund oder zur Höhe geben), wird der Rechtsanwalt nur unter strenger Beachtung der Vorschriften des Versicherungsvertrages den Versicherer in Anspruch nehmen können. Er wird allerdings nur mit einem erheblichen Risiko seinerseits den Schaden regulieren und dann den Versicherer in Anspruch nehmen können. Er geht das Risiko ein, dass ein Gericht seiner Auffassung nicht folgt.

Streit zur Deckung: Gibt es Streit um die Frage, ob der Versicherer eintreten muss, so sind zwei Dinge zu unterscheiden:

- die weitere Regulierung
- die Auseinandersetzung um die Deckungspflicht

Weitere Regulierung: Es kommt für die weitere Regulierung darauf an, ob der Versicherer endgültig seine Eintrittspflicht verneint; verneint der Versicherer endgültig seine Eintrittspflicht, ist der Rechtsanwalt nicht mehr gebunden, dem Versicherer die Regulierung zu überlassen.

Auseinandersetzung um die Deckungspflicht: Es wird dann u.U. im Deckungsprozess auf einen Streit um Ausschlusstatbestände oder die Folgen von Obliegenheitsverletzungen ankommen. Allerdings wird es keinen Streit um Ausschlusstatbestände mehr geben können, wenn im Haftungsprozess eine Anspruchsbegründung festgeschrieben wurde, die nicht unter einen Ausschlusstatbestand fällt.

Derartiger Streit entsteht, wenn der Rechtsanwalt den Schaden in einer Weise meldet, durch die der Eindruck entsteht, der Rechtsanwalt habe den Schaden durch eine bedingt wissentliche Pflichtverletzung herbeigeführt.[65]

Wird um bestimmte Ausschlusstatbestände in deckungsrechtlicher Hinsicht gestritten, empfiehlt es sich eher, sich vom Mandanten verklagen zu lassen, damit dann mit Bindung an das Urteil des Gerichts aus dem Haftungsprozess im Deckungsprozess der Versicherer zur Leistung verurteilt wird.

---

[65] Der Hinweis auf Überlastung indiziert wissentliche Pflichtverletzung und ist überflüssig.

A.7 Die Berufshaftpflichtversicherung

Unter Umständen muss selbst dann ein Prozess – begonnen vom Mandanten – aufgenommen werden, wenn es außer Frage steht, dass dem Mandanten Geld zusteht, nur um dabei in dem Urteil eine vom Versicherungsschutz umfasste Begründung zu erhalten.

VIII. Fragen bei der Vertretung des Geschädigten gegenüber dem früheren Rechtsanwalt und dessen Versicherung

Wer einen Geschädigten vertritt, sollte Folgendes beherzigen:

- Es ist zu prüfen, zu welchem Zeitpunkt der Fehler gemacht worden ist, ob zur Zeit vor der Pflichtversicherung oder danach. Der Rechtsanwalt ist verpflichtet, rückwirkend ab 9.9.1994 eine dem Gesetz entsprechende Versicherung zu halten; nur die Frist für den Nachweis läuft bis zum 8.9.1995.
- Eine Anfrage bei dem Kollegen nach den maßgeblichen AVB erleichtert die dem Versicherungsumfang entsprechende Anspruchsbegründung.
- Im Bereich bis 250.000 EUR bewegen wir uns ab dem Stichtag im Rahmen der Pflichtversicherung. Einschlägig sind die §§ 113 ff. VVG.
- Wo der RA versichert ist, kann bei der zuständigen Stelle im Sinne des § 117 Abs. 2 VVG erfragt werden, also bei der Rechtsanwaltskammer (§ 51 Abs. 7 BRAO).
- Gem. § 119 VVG gibt es nach Maßgabe des § 120 VVG rechtserhaltende Mitteilungspflichten an den Versicherer.
- Soweit der Versicherer gegenüber dem Versicherungsnehmer wegen Obliegenheitsverletzung aus der Zeit nach dem Versicherungsfall oder wegen Verjährung leistungsfrei ist, verbleibt es gleichwohl im Rahmen der Pflichtversicherung bei der Eintrittspflicht gegenüber dem Dritten (Geschädigten) nach § 117 VVG.

A.8 ANWALTSPFLICHTEN UND ANWALTSHAFTUNG

RECHTSANWÄLTIN ANTJE JUNGK, MÜNCHEN • ALLIANZ VERSICHERUNGS-AG

Das Stichwort „Anwaltshaftung" ruft nicht nur bei Berufsanfängern recht gemischte Gefühle hervor. Von der Notwendigkeit, ein „juristischer Supermann"[1] sein zu müssen, ist die Rede und auch davon, dass der Anwalt selbst für Fehler des Gerichts einzustehen habe.[2] Jedenfalls müsse er immer den sichersten Weg beschreiten.[3] Wer seine Berufstätigkeit aufnimmt und sich dabei von Anfang an mit solchen Schlagworten konfrontiert sieht, dem kann man es nicht verdenken, wenn er entweder seine Zulassung alsbald zurückgibt oder das Thema gänzlich ignoriert. Beides ist falsch. Die Haftung hat im Anwaltsmandat keinen anderen Stellenwert als bei jedem anderen Vertragsverhältnis auch: Nur bei Schlechterfüllung des Vertrages muss ein Vertragspartner dem anderen für hieraus entstehende Schäden einstehen.

Die ordnungsgemäße Vertragserfüllung setzt allerdings voraus, dass die Vertragspflichten bekannt sind. Die oben genannten Schlagworte sind dabei nicht weiter hilfreich. Vielmehr sollte sich jeder Anwalt zunächst einmal darüber klar werden, ob er im konkreten Fall anwaltlich tätig wird: Mittlerweile nehmen Anwälte nicht selten Aufgaben wahr, die nicht in die anwaltliche Berufsausübung fallen.[4] Im Mandat muss er sich bewusst machen, welche Aufgaben er in den verschiedenen Stadien wahrzunehmen hat. Dies hängt naturgemäß von vielen Faktoren ab, sodass sich eine „Checkliste" von zu beachtenden Punkten von vornherein verbietet. Dennoch gibt es Pflichten, die allgemein in allen Mandaten zu beachten sind, sowie typische oder häufige Fehlerquellen, die hier in Kürze dargestellt werden sollen.[5]

I. Anwaltspflichten

1. Pflichten bei Mandatsbeginn und bei Mandatsablehnung

Nicht nur bei Mandatsbeginn steht die Wahrung der Interessen des Mandanten im Vordergrund, aber gerade zu diesem Zeitpunkt kann die Einhaltung von Fristen oder die Sicherung von Rechtspositionen zu schnellem Tätigwerden zwingen. Aus diesem Grunde ist es dem Anwalt auch verwehrt, über der Annahme bzw. Ablehnung eines Mandats längere Zeit zu brüten. Er muss täglich selbst die Post – auch E-Mails[6] – durchsehen oder durch einen an-

---

1 Prinz, VersR 1986, 317.
2 Allerdings eine stark verkürzte Beschreibung der BGH-Rechtsprechung, z.B. BGH NJW 1996, 48. Das BVerfG hat die Grenzen im Beschluss vom 12.8.2002, NJW 2002, 2937, aufgezeigt.
3 St. Rspr. schon seit Reichsgerichtszeiten: JW 1921, 893 und BGH bis heute, z.B. BGH NJW 1996, 2648.
4 Z.B. als Mittelverwendungskontrolleur, BGH VersR 2016, 388: Hier besteht dann auch kein Versicherungsschutz über die Berufshaftpflichtversicherung. Die Tätigkeit als Mediator wird hingegen vom BGH (NJW 2017, 3442) als anwaltliche Tätigkeit angesehen.
5 Eine vertiefte und gründliche Darstellung der hier nur kurz angeschnittenen Probleme ist enthalten in der systematischen Darstellung der Rechtsgrundlagen für die anwaltliche Tätigkeit von Borgmann/Jungk/Schwaiger, Anwaltshaftung, 5. Aufl. 2014 sowie in G. Fischer/Vill/D. Fischer/Rinkler/Chab, Handbuch der Anwaltshaftung, 4. Aufl. 2015.
6 KG, Beschl. v. 6.1.2005 – 16 UF 114/04; OLG Jena DStR 2016, 2064: zu den üblichen Bürozeiten. Ebenso jetzt natürlich auch das besondere elektronische Anwaltspostfach (beA).

A.8 ANWALTSPFLICHTEN UND ANWALTSHAFTUNG

deren Juristen durchsehen lassen.[7] Gemäß § 44 BRAO besteht eine (vorvertragliche) Pflicht zur unverzüglichen Ablehnung des Mandats, um dem potenziellen Mandanten die Chance zu geben, sich zeitnah einen anderen Anwalt zu suchen. Verliert der Ratsuchende durch evtl. tagelanges Zögern eine Rechtsposition, z.b. wegen Verjährung seines Anspruchs, so besteht insoweit eine Schadensersatzpflicht. Mandatsbeziehungen der Sozietät zum Gegner müssen auch offenbart werden, wenn keine direkte Interessenkollision vorliegt.[8] Weiter besteht eine Pflicht, auf die Abrechnung nach Gegenstandswert (§ 49 b Abs. 5 BRAO) hinzuweisen.[9]

Wird das Mandat angenommen, ist ebenfalls Eile geboten. Noch am selben Tag muss geprüft werden, ob Maßnahmen ergriffen werden müssen, z.b. Einspruch gegen ein Versäumnisurteil innerhalb laufender Einspruchsfrist oder Klageerhebung bzw. Einreichung eines Mahnbescheids zur Verjährungshemmung. Dabei sind weder die legendären 15 Aktenordner, die um 17.00 Uhr überreicht werden, noch Unklarheiten über das Zustellungsdatum ein Entschuldigungsgrund für nicht ergriffene Maßnahmen. Zumindest eine kursorische Durchsicht der Unterlagen hat zu erfolgen[10] und bei Unklarheiten muss ggf. – soweit möglich – bei Gericht nachgefragt werden, wann beispielsweise das Versäumnisurteil zugestellt wurde.[11]

2. Pflicht zur Sachverhaltsaufklärung

Ist das Mandat angenommen, muss zunächst eine möglichst umfassende Aufklärung des für die Angelegenheit relevanten Sachverhalts erfolgen. Diese Anwaltspflicht wird gerade von Berufsanfängern, die gewohnt sind, mit aufbereiteten Klausursachverhalten umzugehen, häufig unterschätzt. Man muss sich hierbei gewahr sein, dass der Mandant als zumeist juristischer Laie den Sachverhalt so schildert, wie er ihn erlebt hat. Dabei erfährt der Anwalt häufig viele Details, die für die rechtliche Beurteilung irrelevant sind, während wichtige Einzelheiten nicht zur Sprache kommen. Hier ist es nun die Kunst, aber auch Anwaltspflicht, beim Mandanten den für die rechtliche Beurteilung relevanten Sachverhalt „herauszufragen" und entsprechende Unterlagen anzufordern.[12] Die Rechtsprechung hat einen Anscheinsbeweis dafür entwickelt, dass der Mandant erbetene Informationen auch gibt.[13] Auf die Richtigkeit der Angaben darf man dann grds. vertrauen;[14] zu beachten ist aber, dass der Mandant zuweilen juristische Begriffe benutzt, ohne deren rechtliche Bedeutung zu kennen. So kann von einer „Zustellung" die Rede sein, obwohl der Mandant die tatsächliche Entgegennahme der Sendung (z.B. nach Niederlegung zur Post) meint.[15] Auch „Kündi-

---

7   BGH VersR 1971, 1022.
8   BGH WM 2008, 371.
9   BGH NJW 2007, 2332; NJW 2008, 371.
10 BVerfG NJW 2000, 1633.
11 BGH NJW-RR 1995, 825.
12 BGH NJW 1996, 2929: Baugenehmigung und Gaststättenerlaubnis bei Pachtvertrag.
13 BGH NJW 1992, 240. Der Anwalt muss ggf. beweisen, dass Unterlagen bewusst vorenthalten wurden, BGH NJW 1996, 2929; NJW 1998, 2048.
14 BGH NJW 1996, 2929; NJW 1998, 2048.
15 BGH NJW 1994, 2293; NJW-RR 1995, 825.

A.8 ANWALTSPFLICHTEN UND ANWALTSHAFTUNG

gung" und „Rücktritt" sind Begriffe, die sogar von Rechtsanwälten z.T. falsch gebraucht werden.[16] Selbst Tatsachenbehauptungen des Mandanten muss der Anwalt bei Zweifeln überprüfen[17] und ggf. durch zusätzliche Fragen für ergänzende Aufklärung sorgen. Grundsätzlich müssen aber schon tatsächliche Anhaltspunkte für weitere Nachforschungen gegeben sein.[18]

Die Sachverhaltsaufklärung hat naturgemäß insbesondere am Anfang des Mandats eine besondere Bedeutung. Der Sachverhalt muss aber auch während des weiteren Verlaufs immer wieder hinterfragt werden, insbesondere auch aufgrund widersprechenden gegnerischen Vortrags und neuer Entwicklungen. Die Bedeutung der Sachverhaltsaufklärung kann gar nicht überschätzt werden; das besondere Vertrauensverhältnis zwischen Anwalt und Mandant erfordert eine umfassende gegenseitige Information.

3. Rechtsprüfung

Nach erfolgter Sachverhaltsaufklärung sind die dabei gewonnenen Erkenntnisse einer rechtlichen Überprüfung zu unterziehen. Anhand von Gesetz, Rechtsprechung und Literatur muss der Anwalt zu einer Einschätzung gelangen, ob die streitigen Ansprüche oder Rechtspositionen bestehen oder nicht. Beweisprobleme muss er erkennen und ggf. gewichten.

a) Gesetze

Die gesetzlichen Grundlagen muss der Anwalt in jedem Fall auffinden, auch wenn sie sehr versteckt sein mögen (z.B. sehr selten anwendbare Verordnungen, wie z.B. die Medaillenverordnung[19] o.ä.). Auch die Kollisionsnormen des Internationalen Privatrechts gehören zum deutschen Recht, das man kennen muss, ebenso internationale Verträge und Abkommen sowie das Recht der Europäischen Union.[20] Die Kenntnis ausländischen Rechts kann nicht verlangt werden; allerdings darf der Anwalt auch nicht den Eindruck vermitteln, er würde es prüfen (z.B. wenn man in einer Erb- oder Familiensache über die Kollisionsnormen zur Anwendung ausländischen Rechts kommt). In solchen Fällen sollte man das Mandat ausdrücklich einschränken und evtl. die Beauftragung eines ausländischen Kollegen empfehlen.

b) Rechtsprechung

Allein mit dem Gesetzestext lassen sich bekanntlich nur die wenigsten Rechtsprobleme eindeutig lösen. So gehört auch die Kenntnis der Rechtsprechung zu das Mandat betreffenden Rechtsproblemen zu den Anwaltspflichten. Schon seit Zeiten des Reichsgerichts wird verlangt, dass man die in den amtlichen Sammlungen veröffentlichte Rechtsprechung der

---

16 BGH NJW 1996, 2648.
17 BGH NJW 1994, 2293; OLG Düsseldorf, Urt. v. 28.8.2012 – 12 U 18/12.
18 BGH, NJW 2006, 501.
19 BGH, NJW 2006, 501.
20 BGH NJW 1998, 1860.

obersten Gerichtshöfe kennt.[21] Der BGH verlangt noch etwas mehr: Sämtliche in den gängigen Fachzeitschriften veröffentlichten Entscheidungen der Obersten Gerichtshöfe muss man innerhalb kurzer Frist[22] berücksichtigen. Sofern ein Problem noch nicht höchstrichterlich entschieden ist, muss man sogar einschlägige Entscheidungen der Oberlandesgerichte kennen.[23] Das Auffinden der benötigten Entscheidungen ist heutzutage durch elektronische Datenbanken etc. erheblich erleichtert; gleichwohl sollte man bei der Benutzung vorsichtig sein, da man leicht der Versuchung erliegt, scheinbar passende Leitsätze unbesehen zu übernehmen, obwohl der zugrunde liegende Sachverhalt nicht identisch ist oder sich aus der Entscheidungsbegründung Einschränkungen ergeben. Eine eindeutige und uneingeschränkte Aussage in einem weitverbreiteten Kommentar mit Hinweis auf eine nicht veröffentlichte Entscheidung eines obersten Bundesgerichts muss man aber ohne Anlass nicht hinterfragen.[24]

Gibt es Anhaltspunkte dafür, dass eine Änderung der höchstrichterlichen Rechtsprechung bevorsteht, so muss man auch dies bei der Rechtsprüfung und daraus folgender Risikoprognose einkalkulieren.[25] Das Vertrauen in den Fortbestand der Rechtsprechung ist insbesondere dann nicht mehr angebracht, wenn infolge von Gesetzesänderungen die Rechtsgrundlagen abweichen, wenn sich im Wege der Rechtsfortbildung neue Rechtsformen entwickelt haben sowie bei einem in Literatur und Rechtsprechung sich abzeichnenden dogmatischen Wandel.[26] Dabei kann auch ein obiter dictum eines Obergerichts von Relevanz sein.

c) Literatur

Auch im Übrigen sollte man die in den Fachzeitschriften und Kommentaren zu dem betreffenden Rechtsgebiet bzw. Rechtsproblem veröffentlichte Literatur im Blick haben.[27] Insbesondere in Fällen, in denen mangels gerichtlicher Entscheidungen die Rechtslage unklar ist, kann die Kenntnis eines einschlägigen Aufsatzes hilfreich und erforderlich sein.[28]

4. Rechtsberatung

Die Erkenntnisse über die Rechtslage müssen sodann dem Mandanten in geeigneter Form nahegebracht werden. Für den Umfang und die Art und Weise der Beratung gibt es kein Patentrezept. Es hängt zum einen vom Vorverständnis des Mandanten ab, inwieweit dieser

---

21 RG JW 1910, 254: BGH NJW 1983, 1665.
22 14 Tage waren nach BGH NJW 1979, 877 gerade noch entschuldbar; unklar, ob das Internet sogar noch zu kürzeren Kenntnisnahmefristen führt.
23 BGH NJW-RR 1993, 243; OLG Düsseldorf, Urt. v. 25.6.2015 – I-6 U 200/14; keine Pflichtverletzung bei gänzlich offenen Rechtsfragen: BGH AnwBl. 2016, 524.
24 BVerwG, NJW 2006, 3081.
25 BGH NJW-RR 1993, 243.
26 BGH NJW 1993, 3323.
27 BGH NJW-RR 1993, 243.
28 So jedenfalls im Spezialgebiet („Agrarrecht"): BGH NJW 2001, 675.

A.8 ANWALTSPFLICHTEN UND ANWALTSHAFTUNG

belehrungsbedürftig ist; im Zweifel ist er es auch, wenn er selbst rechtskundig ist.[29] Der Umfang der Beratung ist ferner auch vom Mandatsumfang abhängig. Stets muss man im Auge behalten, dass der Rechtsanwalt nicht die Aufgabe hat, dem Mandanten Entscheidungen abzunehmen. Er soll den Mandanten in die Lage versetzen, dass dieser die Entscheidung über das weitere Vorgehen selbstständig treffen kann. Dazu muss er die rechtlichen Konsequenzen seines Handelns, die Chancen und Risiken, auf einer seinem individuellen Verständnis entsprechenden Ebene begreifen. Dies herauszufinden und zu beachten, ist die vornehmliche Aufgabe des Anwalts bei der Rechtsberatung. Kritisch zu sehen sind in diesem Zusammenhang sogenannte Online-Beratungen, die dazu verführen, dass die Beratung zu schematisch und ohne ausreichende Berücksichtigung der konkreten Gegebenheiten des Einzelfalls erfolgt.[30]

a) Mandatsumfang

Grundsätzlich obliegen dem Rechtsanwalt nur Anwaltspflichten im Rahmen des erteilten Mandats. Meistens ist der Mandatsumfang eindeutig. Der Mandant beauftragt den Rechtsanwalt, das Bestehen eines Anspruchs oder einer Rechtsposition zu prüfen und ggf. seine Interessen außergerichtlich oder gerichtlich wahrzunehmen. Manchmal ist das Anliegen des Mandanten aber nicht so klar umrissen. Im Wege der Sachverhaltsaufklärung muss sich der Anwalt zunächst Klarheit darüber verschaffen, was der Mandant wirklich will: ob er beispielsweise wirklich nur gegen eine Kündigung des Arbeitgebers vorgehen oder ob er nicht auch rückständige Gehaltsansprüche geltend machen will. In einem solchen Fall könnte der Anwalt mit mehreren Rechtsangelegenheiten beauftragt sein. Der Mandatsumfang definiert sich aus den wirtschaftlichen Interessen des Mandanten.[31] Allgemein erwartet der Mandant eine „allgemeine, umfassende und möglichst erschöpfende Beratung und Belehrung".[32] Die umfassende Belehrungspflicht entfällt nur bei einer ausdrücklichen Beschränkung des Mandats.

Auch wenn der Anwalt unzweifelhaft nur mit der Geltendmachung eines konkreten Anspruchs beauftragt ist, können ihn dennoch Belehrungspflichten zu am Rande des Mandats liegenden Problemen treffen. Insbesondere kann es eine Hinweispflicht auf die Verjährungsfristen von möglichen Ansprüchen, die im Zusammenhang mit dem eigentlichen Mandatsgegenstand stehen, geben. So muss im Rahmen einer Kündigungsschutzklage auf tarifliche Ausschlussfristen für Lohnansprüche hingewiesen werden, bei einem Scheidungsmandat auf die Verjährung von Zugewinnausgleichsansprüchen usw. Auch wenn es sich im Verlauf des Mandats erweist, dass Ansprüche gegen Dritte bestehen könnten (z.B. gegen Subunternehmer des Gegners oder gegen frühere Rechtsberater), hat der Anwalt hierauf und evtl.

---

29 OLG Celle, Urt. v. 14.8.2002 – 3 U 7/02. Von weitgehender Belehrungsbedürftigkeit muss man also auch bei gebildeten Mandanten ausgehen; Beweislast für fehlende Belehrungsbedürftigkeit trägt der RA: BGH NJW 2001, 517; besondere Vorsicht bei ausländischen Mandanten: OLG Schleswig, Urt. v. 2.11.2006 – 11 U 22/06.
30 Wie beispielsweise bei der „Online-Scheidung" im Fall LG Berlin NJW-RR 2014, 1145.
31 So kann z.B. über den angesprochenen Erbfall der Mutter hinaus auch der des vorverstorbenen Vaters relevant sein, BGH NJW 2006, 3064.
32 Immer wiederkehrende Beschreibung seit RG JW 1932, 2854; BGH NJW 1998, 900. Beratung im Steuerrecht ist i.d.R. nicht geschuldet, OLG Düsseldorf VersR 2016, 122.

A.8 ANWALTSPFLICHTEN UND ANWALTSHAFTUNG

auch auf die Möglichkeit einer Streitverkündung oder sonstiger verjährungshemmender Maßnahmen hinzuweisen.[33] Der BGH hat diese weitergehenden Belehrungspflichten im Einzelfall stark ausgedehnt und sogar einmal auf gänzlich andere Ansprüche, von deren Existenz der Anwalt bei Bearbeitung seines Mandats eher beiläufig erfahren hatte, erstreckt.[34] Im Grundsatz bestehe eine Hinweispflicht aber nur in engen Grenzen.[35]

b) Fristwahrung

Eine ganz wesentliche Pflicht des Anwalts – und in der Praxis eine erhebliche Haftungsgefahr – stellt die Wahrung von Verjährungs- und Ausschlussfristen sowie prozessualen Fristen dar. Vom ersten Tag der Mandatsübernahme an übernimmt der Anwalt die Verantwortung für die Einhaltung der Fristen, soweit sie für ihn erkennbar sind. Es ist daher ganz wesentlich, dass umfassende organisatorische Maßnahmen zur Fristwahrung getroffen werden. Die Rechtsprechung hierzu ist dem Wiedereinsetzungsrecht zu entnehmen: Nur wenn der Anwalt eine ordnungsgemäße Büroorganisation glaubhaft machen kann, liegt bei Fehlern des Büropersonals kein Verschulden des Anwalts vor, welches dem Mandanten nach § 85 Abs. 2 ZPO zuzurechnen wäre. Die zutreffende Berechnung der Fristen obliegt grds. dem Rechtsanwalt selbst und kann nur ausnahmsweise – bei Routinefristen – an gut ausgebildetes und zuverlässiges Büropersonal delegiert werden. Die Fristnotierung und -kontrolle sowie der Postausgang (insbesondere auch die Übersendung per Fax am Tag des Fristablaufs) unterliegen strengen Regeln, die hier nicht im Einzelnen erörtert werden können.[36] Akribische Fristnotierung und tägliche Kontrolle durch klar bestimmte Personen ist essenziell.

c) Sicherung von Rechtspositionen

Neben der Wahrung von Fristen muss der Rechtsanwalt von Mandatsbeginn an darauf achten, dass die Rechtsposition des Mandanten gewahrt bleibt. Das kann im Einzelfall bedeuten, dass er zur Durchführung eines selbstständigen Beweisverfahrens raten muss oder zur Beantragung einstweiligen Rechtsschutzes.[37] Nach Abschluss eines Gerichtsverfahrens hat er auf die Möglichkeit der Zwangsvollstreckung bzw. ggf. des Vollstreckungsschutzes hinzuweisen.[38] Allgemein muss ein Anwalt zügig handeln. Laufen keine Fristen ab, darf er die Angelegenheit dennoch nicht schleifen lassen. Die angemessene Bearbeitungszeit hängt von den konkreten Umständen ab. Ist der Anwalt beispielsweise mit der Abfassung eines Testaments beauftragt und besteht ein erhebliches Risiko, dass der Auftraggeber

---

33 BGH NJW 1993, 2045. Bei Mandat bzgl. Mangelschaden musste Hinweis auf Verjährung des Mietausfallschadens erfolgen, BGH v. 7.5.2013 – IX ZR 55/10.
34 Bedenklich weit BGH VersR 1999, 188.
35 BGH, Nichtannahmebeschl. v. 21.1.2005 – IX ZR 186/01; BGH, Beschl. v. 6.7.2005 – IX ZR 161/05.
36 Ausführlich dazu *Borgmann/Jungk/Schwaiger*, Anwaltshaftung, Kap. XIII; siehe auch die regelmäßigen Überblicke zum Wiedereinsetzungsrecht in der NJW, zuletzt *Rohwetter*, NJW 2018, 2019 und jeweils aktuelle Rechtsprechung in der Rubrik „Pflichten und Haftung des Anwalts" in den BRAK-Mitteilungen.
37 BGH NJW 1993, 2676.
38 OLG Hamm, BRAK-Mitt. 2002, 212.

A.8 ANWALTSPFLICHTEN UND ANWALTSHAFTUNG

(z.B. anlässlich einer bevorstehenden Operation) alsbald verstirbt, muss entsprechend schnell gehandelt werden.[39]

d) Prozessführung

Vor Beginn eines Prozesses muss der Anwalt die Prozessaussichten prüfen[40] und insbesondere von einem aussichtslosen Prozess abraten.[41] Auf das Kostenrisiko muss er nur ausnahmsweise hinweisen,[42] jedenfalls aber auf Anfrage vor Mandatsabschluss oder im Erstberatungsgespräch.[43] Im gerichtlichen Verfahren geht es im Wesentlichen darum, die für den Mandanten günstigen Tatsachen vollständig und rechtzeitig vorzutragen sowie die erforderlichen Beweise anzubieten. Dies bedeutet eine umfassende Aufbereitung des Streitstoffes bereits in der ersten Instanz, da ansonsten Präklusion droht. Soweit der Mandant selbst etwas veranlassen muss, ist er auf die Folgen eines Unterlassens eindringlich hinzuweisen, so beispielsweise darauf, dass die verspätete Einzahlung des Gerichtskostenvorschusses die Zustellung verzögert und dadurch die Verjährung des Anspruchs eintreten kann.[44]

Im Verhältnis zum Gericht ist zuweilen die Rede davon, dass der Anwalt für Fehler des Gerichts haften müsse. In verschiedenen Entscheidungen hat der BGH erklärt, dass der Anwalt verpflichtet sei, Irrtümern und Versehen des Gerichts entgegenzuwirken.[45] Das BVerfG hat allerdings in einer Entscheidung vom 12.8.2002[46] deutlich gemacht, dass Fehler des Gerichts nicht ersatzweise den Anwälten angelastet werden dürfen. Nur vorangegangenes eigenes Fehlverhalten kann zu einer Haftung führen.[47] Es geht um die Frage der Schadenszurechnung,[48] die indes meistens bejaht wird.[49]

e) Vergleichsabschluss

Man sollte meinen, dass bei Abschluss eines Vergleichs zwischen den Parteien hinterher allgemeiner Rechtsfriede herrscht und eine Inanspruchnahme des Anwalts nicht in Betracht kommt. In der Praxis ist der Vorwurf eines ungünstigen Vergleichs aber eine häufige Ursache von Haftungsfällen.[50] Eine anwaltliche Pflichtverletzung kann darin liegen, dass der An-

---

39 BGH NJW 1995, 51.
40 Z.B.: auf das mit einem unbestimmten Rechtsbegriff verbundene Risiko hinweisen, BGH NJW-RR 2006, 273.
41 OLG Koblenz NJW-RR 2006, 1358; z.B. bei Verjährung des Anspruchs: OLG Celle MDR 2006, 479, auch wenn der Mandant durch alle Instanzen gehen will, BGH v. 22.9.2011 – IX ZR 19/09. Kündigt der Anwalt wegen fehlender Erfolgsaussichten das Mandat, bleibt sein Vergütungsanspruch bestehen, BGH AnwBl. 2017, 786.
42 BGH v. 14.12.2005 – IX ZR 210/03.
43 BGH v. 3.11.2011 – IX ZR 49/09; LG Stuttgart; Urt. v. 11.7.2016 – 27 O 338/15.
44 BGH NJW-RR 1995, 252.
45 BGH NJW 1974, 1865.
46 NJW 2002, 2937.
47 BGH NJW-RR 2003, 850.
48 BGH WM 2008, 317 kein Zurechnungszusammenhang, wenn die gerichtliche Fehlentscheidung auch durch vertragsgerechtes Verhalten des RA nicht vermieden worden wäre.
49 Z.B. BGH NJW 2009, 987, dazu BVerfG NJW 2009, 2945.
50 Zu den Belehrungspflichten allgemein BGH NJW 2016, 3430.

A.8 ANWALTSPFLICHTEN UND ANWALTSHAFTUNG

walt entweder eine unzutreffende Risikoeinschätzung[51] (z.b. wegen Verkennung der Rechtslage oder der Beweislast) abgegeben hat, die den Mandanten zum Abschluss des Vergleichs gebracht hat, oder der Mandant ist unzureichend über den Inhalt und die Folgen des Vergleichs (insbesondere bei Abfindungsvergleichen in Bezug auf mögliche Spätschäden, Verhältnis zu beteiligten Versicherern u.ä.)[52] aufgeklärt worden. Grundsätzlich ist immer die Zustimmung des Mandanten zu dem Vergleich erforderlich, ggf. auch mit einem beteiligten Versicherer.[53]

Sofern der Mandant im Termin nicht anwesend ist, hat der Anwalt zwar Außenvollmacht, einen Vergleich abzuschließen, welcher dann auch wirksam ist; im Innenverhältnis muss er aber zuvor die Einwilligung des Mandanten zu einem Vergleich bis zu einem bestimmten Limit einholen[54] oder er darf nur einen widerruflichen Vergleich schließen.[55] Wenn sich in der mündlichen Verhandlung – z.b. nach einer Zeugenvernehmung – eine geänderte Situation ergibt, kann auch eine vorherige Einwilligung hinfällig sein. Aber selbst dann, wenn der Mandant in der mündlichen Verhandlung persönlich anwesend ist, kann sich der Anwalt nicht ohne Weiteres darauf berufen, der Mandant habe dem Vergleich ja in Kenntnis der Sach- und Rechtslage zugestimmt. Sogar ein richterlicher Vergleichsvorschlag entbindet den Anwalt nicht von seiner Pflicht, den Mandanten im Einzelnen über die Risiken aufzuklären.[56] Man muss wohl konstatieren, dass die Belehrungen in diesem Bereich oft nicht optimal sind. Ein begründeter Schadensersatzanspruch gegen den Anwalt kann aber nur dann bestehen, wenn es im Falle der Ablehnung des Vergleichs zu einem für den Mandanten günstigeren Ausgang des Rechtsstreits gekommen wäre. Dass die Gegenseite sich auf eine für diese ungünstigere Regelung eingelassen hätte, wird sich so gut wie nie nachweisen lassen. Es muss dann der hypothetische Ausgang des Rechtsstreits geprüft werden. Nur insoweit der Mandant besser dagestanden hätte, kann ein begründeter Schadensersatzanspruch bestehen.

f) Belehrungspflichten bei Mandatsende

Die dargestellten Pflichten bestehen nur im laufenden Mandat. Nach Mandatsende treffen den Anwalt keinerlei Hinweispflichten mehr.[57] Allerdings gibt es Belehrungspflichten bei Mandatsende. Insbesondere muss der Mandant auf etwa noch laufende Verjährungsfristen hingewiesen werden, auch wenn die betreffenden Ansprüche evtl. nur mittelbar mit dem Mandat zusammenhängen.[58] Dies ist von besonderer Relevanz, wenn sich der Mandant entscheidet, seine Ansprüche (momentan?) nicht weiter zu verfolgen. Nach Abschluss einer

---

51 Ex-ante-Sicht ist entscheidend; sorgfältige Abwägung (OLG Hamburg, VersR 1980, 1073), aber keine mathematische Genauigkeit (OLG Frankfurt NJW 1988, 3269); enger Beurteilungsspielraum laut BGH BB 2000, 536.
52 BGH v. 26.1.2012 – IX ZR 222/09. Problematisch ist dort auch die eindeutige Formulierung des Vergleichstextes: BGH NJW 2002, 1048.
53 BGH v. 28.2.2008 – IX ZR 49/07.
54 BGH NJW 1994, 2085.
55 BGH NJW 1993, 1325; NJW 1996, 567.
56 OLG Frankfurt FamRZ 1991, 1047; BGH v. 11.2.2010 – IX ZR 21/08. Besonderer Nachdruck wird dabei aber nicht verlangt, BGH NJW 2016, 3430. Die richterliche Empfehlung ist allerdings ein wichtiger Faktor, OLG Düsseldorf AnwBl. 2016, 603.
57 OLG Celle v. 6.5.2009 – 3 U 294/08.
58 BGH NJW 1997, 1302; VersR 1999, 188; WM 2001, 739.

A.8 Anwaltspflichten und Anwaltshaftung

gerichtlichen Instanz endet dieses Mandat. Es muss aber ein Hinweis auf die Möglichkeit von Rechtsmitteln sowie deren Fristen erfolgen. Auch auf die Vollstreckbarkeit der Entscheidung und ggf. auf Vollstreckungsschutz muss der Mandant hingewiesen werden.[59]

Da im laufenden Mandat umfangreiche Belehrungspflichten bestehen, darf eine Akte erst nach Mandatsende geschlossen werden. In den meisten Fällen ist das Mandatsende eindeutig, z.B. nach Abschluss der Instanz oder nach Übergabe eines Vertragsentwurfs. Kritisch sind die Fälle, in denen sich der Mandant zunächst nicht entscheiden kann, was er will, oder die weiteren Maßnahmen zeitlich zurückstellt. Hier sollte man mittels Wiedervorlageverfügung und Abschlussschreibens an den Mandanten manifestieren, dass bzw. wann man ein Mandat als beendet ansieht.

5. Sicherster Weg

Wer sich mit der Rechtsprechung zur Anwaltshaftung beschäftigt, wird früher oder später auf den Begriff des „sichersten Weges" stoßen. Nach ständiger Rechtsprechung des BGH[60] muss ein Rechtsanwalt bei allem, was er tut, den „sichersten"[61] bzw. den „sicheren" oder „relativ sichersten"[62] Weg aufzeigen. Was bedeutet dies konkret? Es gibt kaum einen Fall, in dem die Sach- und Rechtslage eindeutig ist. Die Risikoeinschätzung hängt nicht allein von der Darstellung des Mandanten und der Beurteilung der Rechtslage durch seinen Anwalt ab. Durch das jeweilige Verhalten oder Vorbringen der Gegenseite oder auch durch eine abweichende Rechtsauffassung des Gerichts kann sich eine andere Situation ergeben. All das muss der Anwalt berücksichtigen und bei den zu ergreifenden Maßnahmen bzw. bei seiner Empfehlung an den Mandanten ins Kalkül ziehen. So kann beispielsweise zweifelhaft sein, ob und inwieweit der Lauf einer Verjährungsfrist zwischenzeitlich gehemmt war oder welche Verjährungsfrist auf den Anspruch überhaupt anwendbar ist. Der sicherste Weg bedeutet hier, dass der früheste denkbare Verjährungsablauf für die Einreichung der Klage oder Beantragung des Mahnbescheides zugrunde zu legen ist.[63] Bei einer Kündigungsschutzklage muss die Behauptung der Gegenseite, es sei eine weitere Kündigung ausgesprochen worden, Anlass sein, auch gegen diese Kündigung fristgerecht vorzugehen, selbst wenn der Mandant diese Kündigung in Abrede stellt.[64] Ist zweifelhaft, ob weitere Personen in einer Mietwohnung wohnen, sollte die Räumungsklage auch gegen diese gerichtet werden.[65]

Gerade im Bereich der Vertragsgestaltung geht es häufig darum, künftige Entwicklungen vorauszusehen und für diese Vorsorge zu treffen. Auch in diesem Zusammenhang muss man aber immer berücksichtigen, dass die Entscheidung über die zu ergreifenden Maßnah-

---

59 OLG Hamm BRAK-Mitt. 2002, 212.
60 Und zuvor des Reichsgerichts: JW 1921, 893.
61 Z.B. BGH NJW 2012, 2523.
62 BGH, NJW-RR 2006, 1645.
63 BGH NJW 1999, 2183; BGH, Urt. v. 13. 3. 2008 – IX ZR 136/07.
64 BGH NJW 1999, 1391; früheste denkbare Kündigung ist zugrunde zu legen: BGH BRAK-Mitt. 2002, 267.
65 OLG Koblenz VersR 2003, 461.

men allein dem Mandanten obliegt.[66] Mangels anderer Weisung kann der Anwalt aber verpflichtet sein, den Weg auch zu gehen. Der sicherste Weg ist nicht immer auch der zweckmäßigste und der kostengünstigste. Der Mandant kann seine persönlichen Gründe dafür haben, ein Verfahren um jeden Preis oder auch gar nicht durchzuziehen, einen ungünstigen Vergleich dennoch anzunehmen oder einen günstigen nicht abzuschließen. Er hat jedoch einen Anspruch darauf zu erfahren, welcher Weg der sicherste ist.

II. Haftungsrechtliche Fragen

1. Haftungsvoraussetzungen

Der Haftpflichtanspruch gegen den Rechtsanwalt leitet sich aus dem Vertragsverhältnis zwischen Anwalt und Mandant her. Der Anwaltsvertrag ist ein Geschäftsbesorgungsvertrag i.S.d. § 675 BGB. Eine Haftung kann wegen Schlechtleistung i.S.d. § 280 BGB in Betracht kommen. Voraussetzung dafür ist eine schuldhafte Verletzung des Anwaltsvertrages, also eine Verletzung der oben näher erläuterten Anwaltspflichten. Ein Verschulden des Anwalts ist fast immer anzunehmen,[67] für Fehler seiner Angestellten haftet er nach § 278 BGB. Der Verschuldensmaßstab nach § 276 BGB ist hoch. Die schuldhafte Pflichtverletzung allein begründet aber noch keinen Haftpflichtanspruch. Diese Tatsache wird von den betroffenen Mandanten häufig verkannt. Voraussetzung ist zunächst, dass dem Mandanten überhaupt ein Schaden entstanden ist. Zu prüfen ist ferner die Kausalität des Fehlers für den eingetretenen Schaden. Für alle anspruchsbegründenden Voraussetzungen trägt grds. der Anspruchsteller die Beweislast. Eine Beweislastumkehr lehnt der BGH nach wie vor ab.[68]

An einem Schaden fehlt es beispielsweise, wenn der vom Mandanten behauptete Nachteil nicht als Schaden im Rechtssinne anerkannt ist. Das kann der Fall sein, wenn der Anwalt einen Termin versäumt und Versäumnisurteil ergeht. Bleibt das Versäumnisurteil auch nach Einspruch bestehen, stellt es keinen Schaden für den Mandanten dar, dass er den ausgeurteilten Betrag bereits früher, also nach Erlass des Versäumnisurteils, leisten musste.[69] Bei Verlust einer Forderung muss der Mandant deren Beitreibbarkeit beweisen.[70]

Hat der Mandant einen Schaden erlitten, ist weiter die haftungsausfüllende Kausalität zu prüfen. Hieran fehlt es, wenn der Mandant bei einem Vermögensvergleich zwischen der bestehenden Situation und der Situation ohne die Pflichtverletzung nicht schlechter dasteht. Typischer Fall hierfür ist die Versäumung einer Rechtsmittelfrist. Sie führt dazu, dass der Mandant mit den Folgen des erstinstanzlichen Urteils leben muss. Kausal für einen Schaden ist die Fristversäumnis aber nur, wenn und soweit der Mandant bei Durchführung des Rechtsmittelverfahrens ein besseres Ergebnis erzielt hätte. Diese Frage hat ggf. das Re-

---

66 BGH NJW 2006, 3494.
67 § 280 Abs. 1 S. 2 BGB; BGH WM 1986, 675 geht davon aus, dass RA Entschuldigungsgründe substanziiert vortragen muss.
68 BGH NJW 2014, 2795; zuletzt BGH, Beschl. v. 15.9.2016 – IX ZR 67/14.
69 OLG Hamm MDR 1987, 582; BGH WM 1989, 1826.
70 BGH, Beschl. v. 8.11.2007 – IX ZR 221/06.

A.8 ANWALTSPFLICHTEN UND ANWALTSHAFTUNG

gressgericht selbst zu prüfen: Das unterbliebene Vorverfahren wird im Regressprozess inzident durchgeführt.[71] Maßgeblich ist die Sach- und Rechtslage zum Zeitpunkt des Vorprozesses.[72]

Die Beweislastverteilung bleibt dabei grds. so, wie sie im Vorprozess gewesen wäre. Die Beweismittel der seinerzeitigen Gegenseite einschließlich der Prozesspartei selbst stehen dem beklagten Rechtsanwalt zur Verfügung. Allerdings gelten für die haftungsausfüllende Kausalität die erleichternden Regeln des § 287 ZPO.[73]

2. Verjährung des Haftpflichtanspruchs

Die Verjährung von Regressansprüchen gegen den Rechtsanwalt richtete sich lange Zeit nach der Spezialvorschrift des § 51 b BRAO. Die Schuldrechtsreform änderte hieran zunächst nichts, erst im zweiten Schritt wurden durch das Verjährungsanpassungsgesetz mit Wirkung zum 15.12.2004 die allgemeinen Verjährungsvorschriften auch für die Anwaltshaftung anwendbar. Für den Übergangszeitraum ist im Einzelnen gemäß Art. 229 § 12, § 6 Abs. 1 S. 1 EGBGB zu prüfen, ob altes oder neues Recht anzuwenden ist. Bei Anspruchsentstehung nach dem 14.12.2004 kommt nur noch neues Recht in Betracht.

Maßgeblich für den Verjährungsbeginn war und ist sowohl nach § 51 b 1. Alt. BRAO als auch nach § 199 Abs. 1 Nr. 1 BGB die Anspruchsentstehung, bei § 199 Abs. 1 Nr. 2 BGB allerdings zusätzlich die Kenntnis bzw. grob fahrlässige Unkenntnis. Wann der Anspruch entsteht, kann dabei durchaus zweifelhaft sein. Nicht in jedem Fall entsteht er im Zeitpunkt der Pflichtverletzung, sondern die Rechtsprechung verlangt, dass sich das durch den Fehler verursachte Risiko bereits manifestiert.[74] In Fällen der Fristversäumnis beginnt die Regressverjährung zu diesem Zeitpunkt.[75] Bei prozessualen Fehlern ist die erste Gerichtsentscheidung, in der er sich auswirkt, maßgeblich,[76] bei ungünstigen Vergleichen deren wirksames Zustandekommen.[77] Bei ungünstiger Vertragsgestaltung kommt es darauf an, ob der Schaden unmittelbar durch den fehlerhaften Vertragsentwurf entstanden ist oder dadurch, dass sich der Vertragspartner auf die fragliche vertragliche Bestimmung beruft.[78]

Die gegenüber der früheren Regelverjährung von 30 Jahren sehr anwaltsfreundliche Spezialbestimmung in § 51 b BRAO hatte die Rechtsprechung veranlasst, durch Richterrecht eine Verlängerung der Verjährungsfrist auf bis zu sechs Jahren mithilfe der sog. Sekundärverjährung zu entwickeln.[79] Bei Anwendung der §§ 195, 199 BGB besteht hierfür kein Be-

---

71 St. Rspr., z.B. BGH NJW 1994, 453; NJW 1996, 2501; BGH v. 24.3.2011 – IX ZR 138/08; BGH v. 15.12.2011 – IX ZR 86/10.
72 BGH NJW 1993, 2799; BGH NJW 2008, 440.
73 BGH NJW 1993, 3073; NJW 1996, 2501; BGH v. 24.3.2011 – IX ZR 138/08; BGH v. 15.12.2011 – IX ZR 86/10.
74 BGH NJW 1992, 2766.
75 BGH NJW 1996, 48; bei Jahresendfristen entsteht der Regressanspruch erst am 1. Januar: BGH NJW 2012, 673.
76 BGH NJW-RR 1998, 742.
77 BGH v. 22.2.2007 – IX ZR 4/04.
78 BGH NJW 1993, 1320; NJW 1996, 2929.
79 St. Rspr. seit BGH VersR 1967, 979.

A.8 ANWALTSPFLICHTEN UND ANWALTSHAFTUNG

darf mehr.[80] Man kommt nun über die einschlägigen allgemeinen Verjährungsregelungen in den meisten Fällen zu weit längeren Verjährungsfristen: Wegen der Kenntnisabhängigkeit des Verjährungsbeginns gemäß § 199 Abs. 1 Nr. 2 BGB beginnt die dreijährige Verjährungsfrist oft erst viel später,[81] sie endet evtl. erst nach zehn Jahren. Wenn sich der Schaden zunächst nicht realisiert (z.b. bei Testamentsberatung o.ä.), kann sie sogar bis zu 30 Jahre betragen.

Problematisch ist dies insbesondere im Hinblick auf die Aktenaufbewahrung. Nach § 50 BRAO beträgt die Aktenaufbewahrungsfrist sechs Jahre, d.h., nach diesem Zeitraum werden die Akten i.d.R. vernichtet. Da es im Haftpflichtprozess aber häufig um Einzelheiten der Belehrung und deren substanziierte Darlegung geht, befindet sich der Anwalt ohne die betreffende Akte in einer ganz ungünstigen Beweissituation. Man muss sich also überlegen, ob man die Akten doch länger als sechs Jahre aufbewahrt. Alternativ ist an eine Verjährungsverkürzungsvereinbarung mit dem Mandanten zu denken, deren Zulässigkeit im Einzelnen aber unklar ist.

III. Haftung für andere Personen

Die Haftung aus dem Anwaltsvertrag betrifft naturgemäß primär den Anwalt, der das Mandat tatsächlich bearbeitet hat. Oft sind aber noch andere Rechtsberater oder Hilfspersonen im Umfeld des Mandats tätig, sodass sich im Einzelfall die Frage stellt, inwieweit diese ebenfalls haften.

1. Gesellschaftsrechtliche Zusammenschlüsse

Ein Großteil der Rechtsanwälte ist nicht als Einzelanwalt tätig, sondern übt seine Berufstätigkeit in einer Sozietät mit anderen Rechtsanwälten oder auch Angehörigen anderer Berufsgruppen wie Steuerberatern oder Wirtschaftsprüfern[82] aus. Typischerweise handelt es sich bei einer Rechtsberatersozietät um eine Gesellschaft bürgerlichen Rechts. Seit einigen Jahren sind aber auch andere Gesellschaftsformen zugelassen worden. Gerade auch im internationalen Bereich gibt es noch andere, lockerere Arten der Zusammenarbeit. In allen Fällen stellt sich die Frage, inwieweit die anderen Rechtsberater durch den Zusammenschluss für Berufsfehler eines Rechtsanwalts mithaften.

a) BGBGesellschaft

Bis vor wenigen Jahren war die Gesellschaft bürgerlichen Rechts die einzige Gesellschaftsform, die in Deutschland für Zusammenschlüsse von Rechtsanwälten für zulässig erachtet wurde. Die Rechtsprechung erkannte an, dass Mandanten ein Interesse daran haben kön-

---

80 BGH v. 17.7.2008 – IX ZR 174/05.
81 Der BGH (NJW 2014, 993 und NJW 2014, 1800) sieht Kenntnis noch nicht einmal bei einem richterlichen Hinweis.
82 Interprofessionelle Sozietäten sind grds. nur im Rahmen des § 59a BRAO zulässig. Laut BVerfG NJW 2016, 700, BGH NJW 2016, 2263 ist dieser jedoch nichtig, soweit Ärzte und Apotheker nicht genannt sind. Eine weitere Ausweitung ist zu erwarten.

A.8 ANWALTSPFLICHTEN UND ANWALTSHAFTUNG

nen, dass der Anwaltsvertrag auch mit den Sozien des sachbearbeitenden Anwalts geschlossen wird, und nahm dies als Regelfall an. Hieraus ergab sich dann auch die gesamtschuldnerische Haftung aller Sozien.[83] Nach dem Urteil vom 29.1.2001,[84] mit dem der II. Zivilsenat des BGH ein neues Haftungskonzept für die BGB-Gesellschaft, nämlich deren rechtliche Selbstständigkeit und akzessorische Haftung der BGB-Gesellschafter anerkannt hat, bleibt nun immer noch manches ungeklärt. Grundsätzlich haften alle Sozien des sachbearbeitenden Rechtsanwalts analog § 128 HGB für dessen Fehler mit. Dies gilt auch für die Sozien der anderen Berufsgruppen.[85] Offengeblieben ist zurzeit noch die Frage, ob neu eintretende BGB-Gesellschafter für alte Berufshaftungsfälle ihrer Sozien über § 130 HGB mit einzustehen haben.[86] Dies wirft nicht zuletzt auch versicherungsrechtliche Probleme auf, da die – auch in § 51 BRAO geforderte – Pflichtversicherung auf dem Verstoßprinzip beruht, so dass nur Haftungsfälle aus der Zeit der eigenen Berufstätigkeit in der betreffenden Kanzlei vom Versicherungsschutz umfasst sind.[87] In der Praxis dürfte es in diesem Zusammenhang aber nur ganz ausnahmsweise zu einer Inanspruchnahme des neuen Sozius kommen, da der Versicherungsschutz der Altsozien in aller Regel den Schadensfall abdeckt. Eine Eintrittshaftung gemäß § 28 HGB bei Neugründung einer Sozietät hat der IX. Zivilsenat abgelehnt.[88] Auch die Nachhaftung analog § 160 HGB birgt ungeklärte Unwägbarkeiten.[89]

Von größerer praktischer Bedeutung ist die Frage, wer als Sozius anzusehen ist und in die gesamtschuldnerische Haftung kommt. Aus gesellschaftsrechtlicher Sicht kommt eine akzessorische Haftung über § 128 HGB nur für echte BGB-Gesellschafter in Betracht. In der Praxis ist es aber so, dass vielfach das Auftreten der Sozietät nach außen nicht die gesellschaftsrechtliche Zusammensetzung widerspiegelt. Insbesondere ist es gang und gäbe, dass angestellte Rechtsanwälte oder freie Mitarbeiter ohne entsprechenden Vermerk auf Briefkopf und Kanzleischild aufgeführt werden. Da es für den Mandanten nicht erkennbar ist, dass bzw. welche „Außensozien" keine echten BGB-Gesellschafter sind, hat die Rechtsprechung hier eine Rechtsscheinhaftung entwickelt: Alle „Außensozien", deren fehlende Gesellschafterstellung nach außen nicht kenntlich gemacht ist, fallen in die gesamtschuldnerische Haftung.[90] Hieran dürfte sich auch durch die neue gesellschaftsrechtliche Rechtsprechung nichts geändert haben. Gerade junge Rechtsanwälte, die natürlich bestrebt sind, möglichst bald auch auf dem Briefkopf zu stehen, sollten sich klarmachen, dass mit dem hierdurch gewonnenen Image auch die Gefahr verbunden ist, für Berufsfehler, aber auch für evtl. nicht von der Berufshaftpflichtversicherung gedeckte Ansprüche gegen einen Sozius in die Haftung genommen zu werden. Der Hinweis auf dem Briefkopf, dass es sich um einen

---

83 Grundlegend BGH NJW 1971, 1801.
84 BGH NJW 2001, 1056.
85 BGH NJW 2012, 2435.
86 Ausdrücklich offengelassen in BGH NJW 2003, 1803.
87 Im Einzelnen dazu *Burger*, BRAK-Mitt. 2003, 262 ff.
88 BGH NJW 2004, 836.
89 Insbesondere die Frage, wann die Verbindlichkeit „begründet" wurde. Nach überzeugender Auffassung des LG Bonn DStR 2010, 1648 ist der Zeitpunkt der Pflichtverletzung maßgeblich.
90 Z.B. BGH NJW 1999, 3040; auch für deliktisches Handeln: BGH, WM 2007, 1530; nicht jedoch bei nicht anwaltstypischer Tätigkeit: BGH NJW 2008, 2330.

A.8 Anwaltspflichten und Anwaltshaftung

angestellten Rechtsanwalt oder einen freien Mitarbeiter handelt, dürfte den Rechtsschein zerstören.[91]

b) Partnerschaftsgesellschaft

Durch das am 1.7.1995 in Kraft getretene PartGG ist den Rechtsberatern eine weitere Gesellschaftsform an die Hand gegeben worden. Die Haftung entsprechend den Vorschriften für die OHG ist hier – im Gegensatz zur BGB-Gesellschaft – weitgehend im Gesetz festgelegt. Alle Partner haften nach § 128 HGB für Verbindlichkeiten der Gesellschaft, über § 130 HGB auch für Altschulden. Allerdings enthält § 8 Abs. 2 PartGG eine ganz entscheidende Haftungserleichterung: Bei Berufsversehen haften neben der Partnerschaft nur der oder die sachbearbeitenden Sozien. Hierdurch werden viele der zur BGB-Gesellschaft geschilderten Probleme nicht virulent.

Seit dem 19.7.2013 gibt es eine weitere Möglichkeit der Haftungsbeschränkung: In der sog. Partnerschaftsgesellschaft mit beschränkter Berufshaftung (PartGmbB) kann nach § 8 Abs. 4 PartGG die Haftung für Schäden wegen fehlerhafter Berufsausübung komplett auf das Gesellschaftsvermögen beschränkt werden, sofern entsprechender Versicherungsschutz (gemäß § 51a BRAO Mindestversicherungssumme 2,5 Mio. EUR) besteht.

c) GmbH, AG und LLP

Nach jahrzehntelangen Diskussionen war 1998 schließlich auch die GmbH als zulässige Gesellschaftsform für Rechtsanwaltszusammenschlüsse anerkannt worden. Die Vorgaben hierfür finden sich in den §§ 59c ff. BRAO. Hier ist die persönliche Haftung der einzelnen Rechtsanwälte ausgeschlossen, auch für Berufshaftungsfälle haftet allein das Gesellschaftsvermögen.[92] Der Gläubigerschutz wird hier durch relativ hohe Pflichtversicherungssummen (gemäß § 59j BRAO 2,5 Mio. EUR) gewährleistet. Eine eigene Berufshaftpflichtversicherung gemäß § 51 BRAO benötigen die für die GmbH tätigen Anwälte dennoch. Die Rechtsanwalts-AG war zunächst registerrechtlich ebenfalls anerkannt worden.[93] Der BGH hat mittlerweile bejaht, dass auch die Rechtsanwalts-AG grundsätzlich berufsrechtlich zugelassen werden kann.[94] Unter welchen Voraussetzungen dies der Fall ist, bleibt aber offen. Vermutlich sind dieselben Anforderungen zu stellen wie bei der GmbH. Mangels Postulationsfähigkeit müssen hier aber wohl die sachbearbeitenden Anwälte noch persönlich tätig werden.

In jüngerer Zeit hat sich auch die Limited Liability Partnership (LLP) als Sozietätsform etabliert. Inwieweit hier die persönliche Haftung ausgeschlossen ist, ist nicht eindeutig.[95]

---

91 OLG Dresden v. 5.12.2006 – 14 U 1686/06; BGH NJW 2011, 3718.
92 Persönliche Haftung des Geschäftsführers ganz ausnahmsweise dann, wenn er in besonderem Maße persönliches Vertrauen in Anspruch nimmt: OLG Nürnberg NJW-RR 2007, 140.
93 BayObLG NJW 2000, 1647.
94 BGH NJW 2005, 1568.
95 Vgl. *Becker*, AnwBl. 2011, 860, *Henssler*, NJW 2014, 1761.

A.8 ANWALTSPFLICHTEN UND ANWALTSHAFTUNG

d) Bürogemeinschaft und Kooperation

Eine häufig verwendete Bezeichnung auf Briefköpfen und Kanzleischildern ist die Bürogemeinschaft. Hier liegt gerade kein gesellschaftsrechtlicher Zusammenschluss vor, sondern die beteiligten Rechtsanwälte haben sich rein organisatorisch und räumlich zusammengetan. In diesem Fall wird das Mandat nur jeweils einem der Anwälte erteilt und eine gesamtschuldnerische Haftung scheidet an sich aus. Wird allerdings der Anschein erweckt, dass eine echte Sozietät besteht, kann es gleichwohl zu einer Rechtsscheinhaftung kommen.[96] Um dies zu vermeiden, sollte der Bürogemeinschaftspartner auf dem Briefkopf möglichst gar nicht auftauchen oder sehr deutlich abgesetzt und nicht gleichrangig erscheinen.

Ähnliches gilt für die Kooperation. Grundsätzlich wird nach Ansicht des BGH[97] im Rechtsverkehr die Kooperation nicht der Sozietät gleichgestellt. Man wird aber auch hier die konkrete Gestaltung des Briefkopfes zugrunde legen müssen: Eine abgesetzte Erwähnung in der Fußzeile ohne Nennung der einzelnen Rechtsanwälte des Kooperationspartners dürfte den Rechtsschein der Außensozietät zerstören; zweifelhaft, wenn die betreffenden Kollegen gleichrangig unter den tatsächlichen Sozien erscheinen.

2. Verhältnis zu anderen beteiligten Rechtsberatern

Im Laufe eines Mandats werden oft mehrere Rechtsanwälte oder andere Rechtsberater befasst; sei es wegen Mandatskündigung, sei es, dass ein Prozessbevollmächtigter vor Ort oder für die nächste Instanz beauftragt wird. Zuweilen wird auch ein Spezialist hinzugezogen. In all diesen Fällen können Pflichtenumfang und Haftung der einzelnen Beteiligten zweifelhaft sein.

a) Nacheinander tätige Anwälte

In der Regel endet das Mandat mit dem einen Anwalt, bevor der nächste beauftragt wird. In diesen Fällen sind die Pflichten schon rein zeitlich getrennt. Hier kann sich allenfalls die Frage stellen, wie der zweite Anwalt mit einem etwaigen Fehler des ersten umgehen muss. Grundsätzlich darf ein Anwalt darauf vertrauen, dass sein Kollege die Angelegenheit ordnungsgemäß bearbeitet hat, d.h., er muss nicht auf Fehlersuche gehen. Selbst wenn er einen Fehler nicht bemerkt, obwohl er ihn hätte erkennen und den Schaden ggf. noch abwenden können, wird der Schaden dem ersten Rechtsanwalt zugerechnet.[98] Eine gesamtschuldnerische Haftung oder ein Mitverschulden des Mandanten über §§ 254, 278 BGB scheidet hier grds. aus. Nur wenn der zweite Anwalt ausdrücklich mit der Fehlerbehebung

---

[96] OLG Köln BRAK-Mitt. 2003, 121.
[97] BGH NJW 2011, 3303.
[98] BGH NJW 2002, 1117. Der Zurechnungszusammenhang ist unterbrochen, wenn der zweite Rechtsanwalt einem richterlichen Hinweis nicht nachgeht, BGH v. 26.1.2012 – IX ZR 54/09.

A.8 ANWALTSPFLICHTEN UND ANWALTSHAFTUNG

beauftragt ist[99] oder durch nicht nachvollziehbares Verhalten[100] den Schaden nicht verhindert, wird der Zurechnungszusammenhang unterbrochen. Drängt sich dem zweiten Anwalt ein Fehler des ersten auf, kann hieraus eine Hinweispflicht auf mögliche Regressansprüche gegen den ersten erwachsen.[101]

Besondere Aufmerksamkeit verlangt der Übergang vom erstinstanzlichen an den Rechtsmittelanwalt. In der Regel erfolgt die Beauftragung des Rechtsmittelanwalts – wenn auch im Namen des Mandanten – durch den erstinstanzlichen Prozessbevollmächtigten. Dieser behält die Pflicht zur Wahrung der Rechtsmittelfrist bis zur Annahme des Mandats durch den neuen Anwalt.[102] Er ist zudem verpflichtet, dem Rechtsmittelanwalt die zutreffende Rechtsmittelfrist[103] mitzuteilen oder ihm die zur Berechnung erforderlichen Informationen zu liefern. Ab der Mandatsübernahme ist dann der Rechtsmittelanwalt für die Fristwahrung verantwortlich.[104]

b) Verkehrs und Prozessanwalt

Mit dem Wegfall des Lokalisationsprinzips ist zwar eine Wahrnehmung der Interessen des Mandanten vor anderen Gerichten möglich geworden; dennoch gibt es manchmal weiterhin eine Arbeitsteilung zwischen dem „Hausanwalt" des Mandanten und einem beim Prozessgericht ansässigen Anwalt. Bei einer solchen gleichzeitigen Beauftragung zweier Anwälte ist eine strenge Abgrenzung der Pflichten erforderlich. So ist der Prozessbevollmächtigte für alles verantwortlich, was mit der Prozessführung selbst zusammenhängt, also insbesondere für die Wahrung prozessualer Fristen sowie für rechtzeitigen und umfassenden Prozessvortrag. Soweit er hierfür weiterer Informationen bedarf, muss er diese beim Verkehrsanwalt anfordern.[105] Dieser ist umgekehrt verpflichtet, den Informationsaustausch mit dem Mandanten zu gewährleisten und den Mandanten über seine Möglichkeiten zu beraten. Grundsätzlich kommt es daher nicht zu einer gesamtschuldnerischen Haftung, sondern jeder Anwalt haftet im Rahmen seines Auftrags. In Einzelfällen können sich die Pflichtenbereiche aber auch überschneiden, z.B. wenn ein Anspruch verjährt. Im Verhältnis zum Mandanten haften dann beide.[106] Besondere Aufmerksamkeit verlangt die Praxis des „Stempelanwalts". Wird im Innenverhältnis zwischen den Anwälten vereinbart, dass der Verkehrsanwalt die Schriftsätze fertigt und der Prozessanwalt lediglich unterschreibt, ist gleichwohl im Außenverhältnis der Prozessbevollmächtigte für den Inhalt des Schriftsatzes verantwortlich.[107]

---

99   BGH NJW 1994, 1211; NJW 1999, 2183; selbst bei Auftrag, Wiedereinsetzung zu beantragen, besteht nicht unbedingt eine Hinweispflicht: BGH NJW 2000, 1263; Verfolgung einer falschen Fährte durch den zweiten RA entlastet den ersten nicht, BGH NJW 2005, 1435.
100 BGH v. 19.12.2013 – IX ZR 46/12.
101 BGH NJW 2001, 826.
102 BGH NJW-RR 1996, 378; NJW 2001, 1576; BGH NJW 2014, 556.
103 Bzw. Zustellungsdatum: BGH NJW-RR 1995, 839.
104 BGH NJW-RR 1996, 378.
105 Er muss den Mandanten nicht unter Umgehung des Verkehrsanwalts selbst um Auskunft bitten, BGH NJW 2006, 3496.
106 OLG Celle, BRAK-Mitt. 1998, 70 m.Anm. *Borgmann*; die Haftungsquote ist Ergebnis einer einzelfallbezogenen Abwägung, BGH v. 19.1.2006 – IX ZR 254/03.
107 OLG Frankfurt NJW-RR 2003, 710.

A.8 ANWALTSPFLICHTEN UND ANWALTSHAFTUNG

c) Untervollmacht

Für die Wahrnehmung einzelner Aufgaben, z.B. eines Verhandlungstermins, kann der Rechtsanwalt Untervollmacht erteilen. War die Unterbevollmächtigung autorisiert, haftet der Anwalt nur für Auswahlverschulden, und der Unterbevollmächtigte haftet aufgrund eigenen Mandats. Wenn der Mandant von der Untervollmacht gar nichts weiß, kommt es zu einer Haftung nach § 278 BGB.

d) Einschaltung von Spezialisten

Bei unbekannteren Rechtsgebieten kann es ratsam sein, einen Spezialisten hinzuzuziehen, beispielsweise für Fragen des ausländischen Rechts, für sehr spezielle Rechtsfragen usw. Auch hier ist zu unterscheiden, ob ein separates Mandatsverhältnis geschaffen wird (dann keine Haftung für Fehler des Spezialisten) oder ob sich der Anwalt des Spezialisten als Hilfsperson bedient (dann § 278 BGB). Auch bei einem getrennten Auftragsverhältnis ist aber anzuraten, dass das eigene Mandat ausdrücklich eingeschränkt wird; ansonsten kann es im Überschneidungsbereich der Pflichten gleichwohl zu einer gesamtschuldnerischen Haftung kommen.[108]

3. Angestellte und freie Mitarbeiter

Für juristische Mitarbeiter, die keine Außensozien sind, haftet der Anwalt, ebenso wie für das gesamte Büropersonal, nach § 278 BGB.

IV. Haftung gegenüber Dritten

Grundsätzlich können nur die Vertragsparteien Ansprüche wegen Schlechterfüllung des Vertrages geltend machen. Eine Haftung des Anwalts gegenüber Dritten kommt daneben ausnahmsweise in Betracht. Zum einen ist dies der Fall, wenn und soweit Dritte in den Schutzbereich des Anwaltsvertrages einbezogen sind. Die (nicht wie gewünscht bedachten) Erben des Auftraggebers für einen Testamentsentwurf[109] oder Gesellschafter einer GmbH[110] können Haftpflichtansprüche geltend machen, nicht aber beispielsweise der gesetzliche Vertreter des Mandanten.[111]

Außerhalb des Mandats hat die Rechtsprechung eine Drittthaftung bislang nur bejaht, wenn ausnahmsweise ein irgendwie geartetes Vertrauensverhältnis zu dem Dritten besteht: ein (stillschweigender) Auskunftsvertrag,[112] eine Treuhandabrede[113] oder durch Prospekthaf-

---

[108] BGH NJW 2001, 3477; BGH NJW-RR 2001, 201. OLG München, BRAK-Mitt. 2016, 122: regelmäßig keine Haftung für ausländischen Rechtsanwalt.
[109] BGH NJW 1995, 51.
[110] BGH NJW 2000, 725.
[111] BGH NJW 2016, 3432.
[112] Hierzu siehe BGH NJW 2004, 3630.
[113] Zu den Anforderungen an eine Treuhandabrede siehe z.B. BGH WM 2007, 135.

A.8 Anwaltspflichten und Anwaltshaftung

tung.[114] Zusätzlich kann natürlich auch ein deliktischer Tatbestand (§ 826 BGB) verwirklicht sein.

V. Vertragliche Haftungsbeschränkungen

§ 51a BRAO gestattet unter bestimmten Voraussetzungen eine Beschränkung der Haftung.[115] Durch vorformulierte Vertragsbedingungen sind eine betragsmäßige sowie eine personelle Beschränkung der Haftung möglich. Noch weitergehende Beschränkungen sind durch Individualvereinbarung möglich. Ein vollständiger Haftungsausschluss ist hingegen unwirksam. § 51a BRAO wird als umfassende und abschließende Regelung angesehen. Schwierig wird es wegen der unterschiedlichen berufsrechtlichen Vorgaben bei Haftungsbeschränkungen für eine interprofessionelle Sozietät.

Durch vorformulierte Vertragsbedingungen kann die Haftung für Fälle einfacher Fahrlässigkeit auf den vierfachen Betrag der Mindestversicherungssumme, also derzeit auf 1 Mio. EUR (bzw. 10 Mio. EUR bei PartGmbB oder GmbH), beschränkt werden. Problematisch ist dabei insbesondere der Begriff der „einfachen" Fahrlässigkeit, da die Rechtsprechung bisher keinen Anlass hatte, sich mit der Abgrenzung zwischen einfacher und grober Fahrlässigkeit in Anwaltshaftungsfällen zu befassen, weil eine Haftung in beiden Fällen gegeben ist.

Durch vorformulierte Vertragsbedingungen kann ferner die gesamtschuldnerische Haftung für nicht sachbearbeitende Sozien ausgeschlossen werden. Da in der Haftungsbeschränkungsvereinbarung bereits definiert werden muss, auf welche sachbearbeitenden Sozien die Haftung konzentriert werden soll, wird die Vereinbarung bei einem Sachbearbeiterwechsel oder im Falle einer notwendigen Vertretungstätigkeit durch einen nicht benannten Sozius hinfällig.

Betragsmäßig weitergehende Beschränkungen sind durch schriftliche Vereinbarung im Einzelfall möglich. Hier kann die Haftung für alle – also auch grob – fahrlässigen Pflichtverletzungen auf die Mindestversicherungssumme, also derzeit 250.000 EUR (bzw. 2,5 Mio. EUR bei GmbH und PartGmbB), beschränkt werden. Die Kunst besteht hier darin, eine Individualvereinbarung nachzuweisen: Da eine „vorformulierte Vertragsbedingung" i.S.d. § 51a Abs. 1 Nr. 2 BRAO nicht eine mehrfache Verwendung voraussetzt, muss man ein „Aushandeln" der Haftungsbeschränkungsvereinbarung darlegen. Dies wird man am ehesten können, wenn dem Mandanten verschiedene Entscheidungsalternativen zur Verfügung gestellt werden, beispielsweise die Übernahme der Mehrkosten einer höheren Versicherungssumme bei der Berufshaftpflichtversicherung.

---

114 BGH NJW 1984, 865.
115 Ausführlich dazu *Grams*, AnwBl. 2001, 233 und 292 ff.; *Chab*, AnwBl. 2006, 205, *Bräuer*, AnwBl. 2007, 450.

A.9 Die Rechtsanwaltsversorgungswerke

Rechtsanwalt Hartmut Kilger, Tübingen • Vorstandsvorsitzender des ABV e. V.

Versorgungswerke (die Gesetze des Bundes sprechen von „berufsständischen Versorgungseinrichtungen") sind eine spezifische Einrichtung der verkammerten freien Berufe. Sie betreffen jeden ihrer Berufsangehörigen. Dennoch ist die Kenntnis über die Eigenheiten dieser Einrichtung nicht sehr verbreitet. Es gibt nur wenig Literatur. Gerade der Berufsanfänger sollte sich mit der Materie befassen. In einer Zeit, in der niemand wagt, über das Jahr 2030 hinaus sichere Prognosen über die staatlichen Vorsorgesysteme zu geben, sollte das Thema dem, der über dieses Datum hinaus berufstätig sein will oder sein muss (oder dann in seinen Lebensabend eintritt), besonders am Herzen liegen. Es wird nachfolgend ein Überblick über den Teil der berufsständischen Versorgung gegeben.

I. Grundsätzliches

1. Eigenständige Einrichtung innerhalb der ersten Säule

Ein Rechtsanwaltsversorgungswerk ist weder eine Versicherung (wie z.B. eine Lebensversicherung) noch ist es Teil der gesetzlichen Rentenversicherung (wie es die Deutsche Rentenversicherung – DRV, früher BfA – ist); es ist vielmehr eine eigene Einrichtung aller Rechtsanwältinnen und Rechtsanwälte eines Bundeslandes. Sein Zweck ist nicht ein Geschäftsbetrieb auf dem Versicherungsmarkt; sein Ziel ist es, sie mit ihren Familien im Alter und bei Berufsunfähigkeit abzusichern – und damit auch die berufliche Qualität seiner Mitglieder zu erhalten. Zu diesem Zweck bedient es sich einer Mischung der technischen Mittel, die bei Lebensversicherungen einerseits, der Deutschen Rentenversicherung andererseits angewendet werden: Es ist demgemäß eine Einrichtung eigener Art. Allerdings gehört es (wie die Beamtenversorgung und die gesetzliche Rentenversicherung) zu den Grundsystemen der sogenannten ersten Säule, was die Einbeziehung in die europäische Koordinierung der VO (EG) Nr. 833/04 (früher VO (EWG) Nr. 1408/71) und § 22 Abs. 1 S. 3 lit. a) EStG in der Fassung des Alterseinkünftegesetzes (s.u.) bestätigt hat.

2. Einrichtung der Anwaltschaft

Rechtsanwaltsversorgungswerke sind eigene Einrichtungen der Anwaltschaft, die diese in eigener Verantwortung und ohne Zuschüsse von Staat oder Dritten selbst verwalten. Der Staat übt lediglich die notwendige Aufsicht aus. Rechtsanwaltsversorgungswerke existieren daher auch nur dort, wo sich die betreffende Anwaltschaft – durch Urabstimmung – zu ihrer Einrichtung entschlossen hat; also dort, wo entsprechende Willensbekundungen (Urabstimmungen) der Anwaltschaft vorliegen. Das ist inzwischen in allen Bundesländern der Fall. Die handelnden Personen sind allesamt Kolleginnen und Kollegen.

A.9 Die Rechtsanwaltsversorgungswerke

3. Keine Einrichtung der Sozialversicherung

Versorgungswerke sind Gegenstand des Landesrechts gemäß Art. 70 GG. Sie sind nicht „Sozialversicherung" im herkömmlichen Sinne. Für ihre Rechtsverhältnisse gelten grundsätzlich auch nicht die Bestimmungen des SGB und seiner zwölf Bücher. Sie sind im Katalog des § 23 SGB I deswegen auch nicht aufgeführt. Rechtlich maßgeblich sind allein die jeweiligen Landesgesetze und die in Selbstverwaltung beschlossenen Satzungen. Das Handeln der berufsständischen Einrichtungen beurteilt sich nach verwaltungsrechtlichen Grundsätzen (damit nach den Vorschriften der Verwaltungsverfahrensgesetze und/oder der Abgabenordnung), sodass Rechtsstreitigkeiten zwischen Versorgungswerk und Mitglied nicht etwa beim Sozialgericht, sondern beim Verwaltungsgericht auszutragen sind. Dennoch ist die Kenntnis des benachbarten Sozialrechts wichtig: Die Vorschriften des SGB sind zwar nur für Rechtsverhältnisse außerhalb des Versorgungswerks von Bedeutung. Sie betreffen die Mitgliedschaft im Versorgungswerk aber mittelbar.

4. Befreiung von der gesetzlichen Versicherung

Möglichkeit der Befreiung für angestellte Rechtsanwälte von der Deutschen Rentenversicherung Versorgungswerke sind nämlich so konstruiert, dass sie der Bundesgesetzgeber als Befreiungseinrichtung gegenüber der allgemeinen gesetzlichen Rentenversicherung anerkannt hat. Dies gewährleistet § 6 SGB VI der sogenannten „Magna Charta" der Versorgungswerke: Die angestellten Mitglieder des Versorgungswerks haben die Möglichkeit, sich von der Pflichtmitgliedschaft bei der Deutschen Rentenversicherung befreien zu lassen – vorausgesetzt, sie sind anwaltlich tätig. Nur so wird das Ziel erreicht, alle Mitglieder der Berufsgruppe (auch die angestellten Rechtsanwältinnen und Rechtsanwälte sind Freiberufler) in der eigenen Einrichtung zu vereinen. Bei diesem Thema ist allerdings Vorsicht geboten: Befreit werden nur Rechtsanwälte – nicht aber Juristen generell. Es wird darauf ankommen, ob in der abhängigen Beschäftigung eine Rechtsanwaltstätigkeit ausgeübt wird. Infolge der Entscheidungen des BSG vom 3.4.2014 (B 5 RE 13/14 R, B 5 RE 3/14 R, B 5 RE 13/14 R) sind insbesondere Syndikusanwälte (nach früherem Rechtsverständnis) nicht mehr befreiungsberechtigt. Seit 1.1.2016 sieht die Neufassung des § 46 BRAO die neue Gruppe der „Syndikusrechtsanwälte" vor, die die Kammer gesondert zulassen kann und die dann von der DRV grundsätzlich von der gesetzlichen Rentenversicherungspflicht befreit werden muss, wenn ein entsprechender Antrag gestellt ist.

5. Beschränkung auf Kernaufgaben

Versorgungswerke beschränken sich auf einen Kernbestand des Versorgungsauftrags: Nur die Versorgung für Alter, Hinterbliebene und Berufsunfähigkeit (nicht bloße Verminderung der beruflichen Einsatzmöglichkeit) ist vorgesehen. Sie entheben den Berufsanfänger also nicht der Notwendigkeit, sich um anderweitigen ausreichenden (zum Teil gesetzlich vorgesehenen) Versicherungsschutz zum Beispiel bei Krankheit, Unfall oder Pflegebedürftigkeit zu kümmern.

A.9 DIE RECHTSANWALTSVERSORGUNGSWERKE

6. Berufsrechtliche Komponente

Das Thema Rechtsanwaltsversorgungswerke kann nicht allein unter der eingeschränkten Sicht versicherungsrechtlicher, finanzieller oder anlageorientierter Aspekte behandelt werden. Die Befassung mit dem Thema hat auch eine berufsrechtliche Komponente. Die Wortwahl „berufsständische Versorgung" will dies ausdrücken; sie ist historisch zu erklären. Versorgungswerke gibt es nämlich schon seit bald 100 Jahren. Wenn auch der Begriff „Berufsstand" heute oft als überholt angesehen wird, so will er in einem modern verstandenen Sinn eine besondere Einrichtung der klassischen, pflichtverkammerten Berufe bezeichnen: Berufsständische Versorgungswerke mit dem zitierten Befreiungsrecht kann es außerhalb der Anwaltschaft deswegen nur bei Ärzten, Zahnärzten, Tierärzten, Apothekern, Architekten, Notaren, Steuerberatern und Wirtschaftsprüfern, ohne Befreiungsrecht auch bei Ingenieuren und Psychotherapeuten geben. Letzteres ist im Übrigen ein Gesichtspunkt, den auch der beratende Anwalt im Auge haben sollte – bedarf doch der genannte Personenkreis auch auf diesem Gebiet in steigendem Umfang des kompetenten Rechtsrates.

7. Das sozialrechtliche Umfeld zum Thema „Scheinselbstständigkeit" und „arbeitnehmerähnliche Selbstständige"

Probleme können immer dort entstehen, wo bislang der sozialversicherungsrechtliche Status einer Tätigkeit nicht hinreichend geklärt ist. Kommt eine Betriebsprüfung (nach § 28 p SGB IV) etwa zu dem Ergebnis, dass ein selbstständig tätiger Sozietäts-Rechtsanwalt nach § 2 Abs. 1 Nr. 9 SGB VI als versicherungspflichtig in der gesetzlichen Rentenversicherung anzusehen ist, kann er nicht mehr rückwirkend von dieser Versicherungspflicht befreit werden. Vielmehr muss er einen neuen Befreiungsantrag stellen, mit der Konsequenz, dass die Befreiung erst ab Antragstellung gilt und rückwirkend nicht mehr erteilt werden kann. Von daher ist dringend anzuraten, in Zweifelsfällen unverzüglich nach Aufnahme einer „selbstständigen" anwaltlichen Tätigkeit ein Statusfeststellungsverfahren bei der Deutschen Rentenversicherung Bund zu durchlaufen. Nach Ablauf der Frist von einem Monat (§ 7 a Abs. 6 SGB IV) sollte jedes Anfrageverfahren eines Rechtsanwalts hilfsweise mit einem Befreiungsantrag verbunden werden, für den Fall, dass durch die Statusfeststellung eine in der gesetzlichen Rentenversicherung versicherungspflichtige Tätigkeit festgestellt wird, um die Dreimonatsfrist des § 6 Abs. 4 SGB VI in jedem Falle zu wahren.

II. Pflichtmitgliedschaft, Befreiungen

1. Keine Einschränkung des freien Berufs

Es mag auf den ersten Blick befremdlich erscheinen, wenn gleich zu Beginn des freien Berufslebens eine „Zwangsmitgliedschaft" steht. Alle Rechtsanwaltsversorgungswerke sehen nämlich vor, dass der Rechtsanwalt mit Zulassung bei der für ihn zuständigen Kammer automatisch (also kraft Gesetzes) Pflichtmitglied im zuständigen Versorgungswerk wird. Allerdings hat sie nicht etwa der Staat der Anwaltschaft auferlegt. Tatsächlich ist die Pflichtmit-

A.9 Die Rechtsanwaltsversorgungswerke

gliedschaft das Ergebnis des Zusammenschlusses der Angehörigen der Berufsgruppe, die insbesondere den nachrückenden Berufsgenossen zugutekommen soll. Natürlich ist bei Errichtung aller Versorgungswerke die Frage der Pflichtmitgliedschaft verfassungsrechtlicher Überprüfung insbesondere zu den Art. 3, 12 und 14 GG unterzogen worden. Grundlegend hierfür ist die Entscheidung des BVerfG „im Zehnten Band", die im Anschluss an den Bayerischen Verfassungsgerichtshof nicht nur eine Klarstellung zu den erwähnten Grundgesetzartikeln, sondern auch den richtig verstandenen Sinn und Zweck einer berufsständischen Versorgungseinrichtung niedergelegt hat. Jeder, der die Pflichtmitgliedschaft in der berufsständischen Versorgung beurteilen will, wird sich an dieser Entscheidung zu orientieren haben

2. Befreiung von der Deutschen Rentenversicherung

Zunächst kann die Deutsche Rentenversicherung ein Versorgungswerk nur bei Pflichtmitgliedschaft als „Ersatzanstalt" im genannten Sinne anerkennen. Der Tatbestand des § 6 Abs. 1 Nr. 1 SGB VI erwähnt das ausdrücklich. Wenn die berufsständische Versorgung geeignet ist, Pflichtmitglieder aus der gesetzlichen Rentenversicherung auszulösen, dann ist sie auch bereit, den gesamten betreffenden Versichertenbestand (der abhängig Beschäftigten) zu übernehmen. Deswegen gibt es nicht etwa ein „Wahlrecht" für angestellte Rechtsanwältinnen und Rechtsanwälte zwischen Deutscher Rentenversicherung und Versorgungswerk. Hier sind sie immer Mitglied; nur von der Deutschen Rentenversicherung können sie sich befreien lassen. Zwar gibt es die theoretische Möglichkeit, den Befreiungsantrag bei der Deutschen Rentenversicherung zu unterlassen. Das führt allerdings dazu, dass der Berufsanfänger sich als Pflichtmitglied in beiden Systemen (Versorgungswerk und Deutsche Rentenversicherung) wiederfindet. Das dürfte aber nur in wenigen Fällen zweckmäßig sein. – Im Übrigen ist seit der Verschärfung der Handhabung des § 6 SGB VI („Sicherung der Friedensgrenze zwischen Deutscher Rentenversicherung und Versorgungswerk") erhöhte Wachsamkeit für die geboten, die eine abhängige Beschäftigung ausüben, bei deren „Berufsbezogenheit" Zweifel entstehen können. Denn die Deutsche Rentenversicherung kann nur befreien, wenn eine Tätigkeit ausgeübt wird, „wegen" der die Kammerzugehörigkeit besteht. Hier haben die Entscheidungen des BSG vom 3.4.2014 (B 5 RE 13/14 R, B 5 RE 3/14 R, B 5 RE 13/14 R) und die darauf folgende Gesetzesänderungen zu § 46 BRAO und § 231 Abs. 4b SGB VI eine radikale Klarstellung gebracht: die Kammer lässt die neu geschaffenen „Syndikusrechtsanwälte" zu – und nur diese sind (wenn nicht bei Anwälten angestellt) befreiungsberechtigt. Das hat die Zahl der früheren Syndikusanwälte reduziert. Das heißt: wer als Rechtsanwalt in einem Unternehmen arbeitet, muss möglichst sofort einen Antrag auf Zulassung als Syndikusrechtsanwalt bei der Kammer und zugleich einen Antrag auf Befreiung bei der Deutschen Rentenversicherung Bund (über das Versorgungswerk) beantragen. Und wer in seiner Tätigkeit bei einem Anwalt angestellt ist, sollte darauf achten, dass er dort auch wirklich anwaltlich tätig ist. Es gibt nun einmal kein „Juristenversorgungswerk".

A.9 DIE RECHTSANWALTSVERSORGUNGSWERKE

3. Nur Pflichtmitgliedschaft gewährleistet homogenen Versicherungsverlauf

Scheiden Beamte aus dem Beamtenverhältnis aus, so kann der Dienstherr je nach Beamtenversorgungsrecht (des Bundes oder eines Landes) für den Fall, dass der ausgeschiedene Beamte in ein abhängiges Beschäftigungsverhältnis übertritt, nach § 181 Abs. 1 SGB VI verpflichtet sein, den für die Altersversorgung vorgesehenen Betrag für die Zeit der Beamtenanstellung nachzuzahlen. Das führt bei vielen Referendaren zu einem nicht unerheblichen Nachversicherungsbetrag. Dieser kann (statt an die Deutsche Rentenversicherung) an das Versorgungswerk (bei fristgerechtem Antrag beim Versorgungswerk und vor allem beim Dienstherrn) nach § 186 SGB VI nur dann übertragen werden, wenn das Versorgungswerk dieselben Voraussetzungen erfüllt. Ähnliche Voraussetzungen gelten im Übrigen für die Übernahme von Beiträgen bei Bezug von Krankengeld (§ 47a SGB V), Verletztengeld (§ 47a SGB VII), Arbeitslosengeld (§ 173 SGB III) oder bei ehrenamtlich Pflegenden (§ 44 Abs. 2 SGB XI).

4. Zukunftssichere Finanzierung erfordert Pflichtmitgliedschaft

Die Deutsche Rentenversicherung ist dadurch gekennzeichnet, dass die Renten der Leistungsempfänger im Wege der sogenannten Umlage aus den Beiträgen der Arbeitenden bezahlt werden. Dort ist die Pflichtversicherung also (ebenfalls) Systemvoraussetzung: Würde der Beitritt im Belieben der Beitragszahler stehen, wären die Renten binnen Kürze nicht mehr zu bezahlen. Versicherungssysteme ohne Pflichtmitgliedschaft sind daher nur nach dem sogenannten individuellen Anwartschaftsdeckungsverfahren möglich. Es ist das Prinzip der Lebensversicherungen. Dort spart, vereinfacht gesagt, jeder Beitragszahler seine eigene Rente an. Die Finanzierungssysteme der Versorgungswerke sind demgegenüber das „offene Deckungsplanverfahren" oder ein modifiziertes Anwartschaftsdeckungsverfahren, welche beide den bisher erfolgreichen Versuch unternehmen, die Vorteile des Umlageverfahrens einerseits und des Anwartschaftsdeckungsverfahrens andererseits zu verbinden. Durch den Umlageanteil (und/oder den sogenannten Überzins, also der den Rechnungszins übersteigenden Zinsertrag des angesammelten Kapitals) kann die „Dynamik" finanziert werden, die es möglich macht, Anwartschaft und Rente zu dynamisieren. Letzteres wäre ohne Pflichtmitgliedschaft nicht möglich. Auf diese Weise können die Versorgungswerke eine umfassende gesicherte dynamische Vollversorgung gewährleisten und ihre eigene Zukunft sichern.

5. Pflichtmitgliedschaft versammelt alle unter einem Dach

Auch hier sollte der berufsrechtliche Aspekt nicht vernachlässigt werden. Die Einrichtung der Pflichtmitgliedschaft bedeutet das Bekenntnis dazu, alle Angehörigen der Berufsgruppe unter einem gemeinsamen Dach zu vereinen. Das wäre nicht zu erreichen, wenn dem Einzelnen freigestellt würde, ob er beliebig ein- und möglicherweise auch wieder austreten will. Es entspricht im Übrigen dem Anliegen der Anwaltschaft, zu verhindern, dass unversorgte Angehörige der Berufsgruppe im Alter oder bei Invalidität möglicherweise der Grundsiche-

A.9 DIE RECHTSANWALTSVERSORGUNGSWERKE

rung obliegen oder gar unversorgte Witwen und Waisen hinterlassen. Es gehört vielmehr zu einer verantwortungsbewussten Berufsausübung, hinter sich einen von allen Kolleginnen und Kollegen getragenen Schutz zu wissen, der in Fällen existenzieller Notlage und im Alter greift.

6. Ausnahme: alte Last

Ausgenommen von der Pflichtmitgliedschaft waren zumeist die, die bei Anwaltszulassung das 45. Lebensjahr vollendet hatten. Versicherungsmathematische Gründe sprachen bei Gründung der Versorgungswerke gegen die Pflichtmitgliedschaft im Versorgungswerk. Da sich der Fortbestand einer derartigen Altersgrenze als sozialpolitisch problematisch erwiesen hat, Versorgungswerke sind Pflichtversorgungssysteme für den gesamten verkammerten Freien Berufsstand, und nicht nur eine Teilmenge davon, heben die berufsständischen Versorgungswerke für Rechtsanwälte als letzter Berufsstand derzeit diese Altersgrenze auf, auch weil diese potentiell der europäischen Arbeitnehmerfreizügigkeit und der Niederlassungsfreiheit zuwiderläuft. Hintergrund dieses Prozesses ist nicht zuletzt die neue Bestimmung des § 231 Abs. 4 d SGB VI: der Übergangsbestand der Syndici kann eine Rückwirkung seiner Befreiung erreichen, wofür die anwaltlichen Versorgungswerke jedoch die 45-Jahres-Grenze bis zum 31.12.2018 beseitigen müssen (sog. Anreizlösung). Hierin zeigt sich zugleich ein Kennzeichen der berufsständischen Versorgung: Sie kann sehr flexibel auf die jeweiligen Wünsche eines Berufsstandes eingehen. Vielfältigkeit hat also auch Vorteile. Wer derzeit jenseits des 45. Lebensjahres das Bundesland wechseln will, sollte sich bei seinem Versorgungswerk nach dem Umsetzungsstand erkundigen.

7. Grundsätzlich keine Befreiung von der Pflichtmitgliedschaft

Das Prinzip einer umfassenden Pflichtmitgliedschaft verbietet Befreiungsmöglichkeiten. Sie sind nur ausnahmsweise denkbar. Sie gibt es nur für ganz speziell bestimmte, eng begrenzte Personenkreise, bei denen eine andere gleichwertige Versorgung nachgewiesen wird. Wer Beamter und gleichzeitig Rechtsanwalt ist (das gibt es merkwürdigerweise), ist anderweitig versorgt. Er kann beim Versorgungswerk befreit werden. Natürlich muss auch niemand Pflichtmitglied in zwei Versorgungswerken sein. Lebensversicherungsverträge oder Immobilienbesitz begründen demgegenüber keinen Befreiungsantrag.

8. Europagerechte Haltung bei grenzüberschreitenden Tätigkeiten

Die Rechtsanwaltsversorgungswerke sind seit dem Jahr 2005 voll in das System der Koordinierung nach der VO (EG) Nr. 883/04 (vormals VO (EWG) Nr. 1408/71) einbezogen.

9. Ende der Pflichtmitgliedschaft und freiwillige Fortsetzung

Die Pflichtmitgliedschaft endet (automatisch) mit dem Ende der Kammerzulassung. Allerdings kann sie durch fristgebundenen Antrag (im Allgemeinen binnen sechs Monate) als

A.9 Die Rechtsanwaltsversorgungswerke

freiwillige Mitgliedschaft mit denselben Rechten und Pflichten fortgeführt werden. Beachtet werden sollte allerdings, dass die Befreiung von der Deutschen Rentenversicherung nach § 6 Abs. 5 S. 2 SGB VI allenfalls zeitlich befristet aufrechterhalten werden kann, nachdem die Anwaltszulassung nicht mehr besteht. Für Selbstständige entfällt das Recht auf Befreiung nach § 6 Abs. 5 S. 2 SGB VI nach den Entscheidungen des BSG vom 31.10.2012 vollständig. Das sollten vor allem die Berufsanfänger bedenken, die sich etwa mit dem Gedanken tragen, die Anwaltszulassung nur deswegen zu betreiben, um in ein Versorgungswerk zu kommen, sich danach aber anderen Betätigungen zuwenden zu wollen. Vorsicht, dieses Verfahren lohnt sich in den meisten Fällen nicht!

III. Beiträge, Anwartschaften, Leistungen

1. Grundsatz: einkommensbezogener Beitrag

Mit der Pflichtmitgliedschaft beginnt die Pflicht zur Zahlung von Beiträgen (oft auch Versorgungsabgaben genannt). Die Beiträge richten sich allein nach dem Einkommen des Mitglieds. Als Untergrenze ist meist ein Mindestbeitrag vorgesehen, um wenigstens eine minimale Versorgung aufzubauen. Wer es sich leisten kann, kann auf Antrag zusätzliche Beiträge (bis zu einer in der Satzung definierten Grenze, zumeist ein 1,3-facher Beitrag) bezahlen. Diesem Umstand sollte man seine Beachtung schenken. Durch die Möglichkeit der Höherzahlung ergeben sich auch bei der Anwartschaft im Versorgungswerk Gestaltungsmöglichkeiten!

2. Beitragsbescheid

Der Beitrag wird durch Bescheid festgesetzt. Er setzt die notwendigen Angaben und Nachweise des Mitglieds voraus: Es besteht eine gesetzliche Auskunftspflicht über die den Beitrag maßgeblichen Umstände. Selbstverständlich unterliegt das Versorgungswerk den Vorgaben der Datenschutzgesetze. Gegen den Beitragsbescheid ist Widerspruch möglich, der allerdings – wie bei allen öffentlichen Abgaben – keine aufschiebende Wirkung hat. Sie müsste auf Antrag gesondert angeordnet werden. Gegen den Widerspruchsbescheid ist Klage zum Verwaltungsgericht möglich, dessen Zuständigkeit sich nach den allgemeinen Vorschriften der VwGO richtet. Derselbe Verfahrensweg gilt auch bei Streitigkeiten über Befreiungen, Leistungen etc.

3. Beitragsermittlung

Den Beitrag kann das Mitglied leicht selbst ermitteln. Er wird durch Ansatz des Beitragssatzes auf das durch Einkommensteuerbescheid oder durch Jahresverdienstbescheinigung des Arbeitgebers nachgewiesene Einkommen ermittelt. Der Beitragssatz für Angestellte (2017: 18,7 %) entspricht demjenigen der gesetzlichen Rentenversicherung. Wer über ein Bruttoarbeitseinkommen verfügt, das über der jeweiligen Beitragsbemessungsgrenze liegt (im Jahr 2017 z.B. 6.350 EUR in den alten Bundesländern, 5.700 EUR in den neuen Bun-

A.9 Die Rechtsanwaltsversorgungswerke

desländern), oder wer keine Angaben über sein Einkommen machen will, bezahlt den vollen Beitrag (oft Regelpflichtbeitrag genannt). Er ist durch Ansatz des erwähnten Beitragssatzes auf die Beitragsbemessungsgrenze leicht zu errechnen (2017 also 18,7 % von 6.350 EUR = 1.187,45 EUR). Einige Versorgungswerke erheben aus historischen Gründen bei selbstständigen Mitgliedern nur die Hälfte des erwähnten Beitrags (natürlich mit der Folge, dass die Anwartschaften entsprechend geringer sind). Die Versorgungswerke für Rechtsanwälte gewähren im Übrigen während der ersten drei Berufsjahre oftmals eine Reduzierung des Beitrags – wiederum regelmäßig nur für Selbstständige. Die (dem Arbeitnehmer gegenüber bestehende) Pflicht des Arbeitgebers zur Zahlung des hälftigen Zuschusses ergibt sich aus § 172a SGB VI.

4. Anwartschaften sind beitragsabhängig

Die Anwartschaften auf Leistungen errechnen sich nach den durch Beitrag belegten Zeiten. Davon machen lediglich die Zurechnungszeiten bei Berufsunfähigkeitsrente eine Ausnahme: Wer z.B. zwei Jahre nach Berufsbeginn mit 33 Jahren berufsunfähig wird, wird so behandelt, als hätte er den bisherigen Beitrag bis z.B. 60 Jahre weitergezahlt. Nur so ergibt sich eine existenzsichernde Rente. Auch werden in einzelnen Satzungen jedem Mitglied acht weitere Versicherungsjahre zugerechnet (letztlich als Ausgleich für den durch die lange Ausbildungszeit verspäteten Berufsbeginn). Grundsätzlich hängt aber die Anwartschaftshöhe vom Beitragsvolumen ab. Deswegen sind „Kindererziehungszeiten" in dem bei der Deutschen Rentenversicherung üblichen Rahmen jedenfalls grundsätzlich nicht vorgesehen: Dort werden Beitragsausfälle mit Mitteln des Steuerzahlers aufgefüllt, wofür die Deutsche Rentenversicherung erhebliche Bundeszuschüsse erhält. Im Versorgungswerk müssten diese Mittel von den übrigen Mitgliedern aufgebracht werden, was letztlich das allgemeine Anwartschaftsniveau senken und den gewollten Effekt in weitem Umfang zunichtemachen würde. Deswegen bieten die Versorgungswerke andere und zum Teil unterschiedliche Lösungsmöglichkeiten für das berechtigte Anliegen der arbeitenden Mütter an, insbesondere dadurch, dass Zeiten durch Mutterschaft verringerten Einkommens durch vergleichende Betrachtung ohne Berücksichtigung bleiben können, wodurch insbesondere eine Verminderung der BU-Renten vermieden wird (sogenannte „Kinderbetreuungszeiten"). Das BVerfG hat zur Frage der Kindererziehungszeiten im Versorgungswerk deswegen auch lediglich festgestellt, dass die erziehende Mutter nicht zu Mindestbeiträgen während der Kindererziehungszeit herangezogen werden kann, wenn sie keine Einkünfte hat. Durch § 56 Abs. 4 SGB VI ist nachfolgend einer Grundsatzentscheidung des BSG klargestellt, dass auch kindererziehende Mitglieder von Versorgungswerken Kindererziehungszeiten in der gesetzlichen Rentenversicherung anerkannt werden.

5. Errechnung der Anwartschaften

Anwartschaften und Leistungen Eines Versorgungswerks lassen sich leicht ausrechnen. Ein gängiges Beispiel belegt das: Grundlage ist der persönliche Beitragsquotient. Er drückt – für jeden Monat der Beitragszahlung – das Verhältnis des tatsächlich bezahlten Beitrags

A.9 Die Rechtsanwaltsversorgungswerke

zum Regelpflichtbeitrag aus. Über alle Beitragsmonate wird hierbei ein Durchschnitt ermittelt. Wer also derzeit ein Bruttoeinkommen von monatlich 3.175 EUR hat (nämlich die Hälfte von 6.350 EUR, siehe oben), erzielt mit dem daraus gezahlten Beitrag einen Quotienten von 0,5. Den Quotienten multipliziert man mit den Versicherungsjahren (also Beitragsjahre plus ggf. acht oben genannte Versicherungsjahre). Das gefundene Ergebnis multipliziert man mit dem Rentensteigerungsbetrag (einer Zahl, die jedes Versorgungswerk in regelmäßigen Abständen entsprechend seiner Leistungsentwicklung ermittelt). Damit hat man dann schon den monatlichen Rentenbetrag der Altersrente. Alle Versorgungswerke rechnen nach diesem Muster ähnlich. Für die Berufsunfähigkeitsrente ist bei den Versicherungsjahren zu den Beitragsjahren und den erwähnten acht Anrechnungsjahren noch die Zurechnungszeit (Jahre bis zum z.B. 60. Lebensjahr) einzurechnen.

6. Die Leistungen

Auch die Renten und sonstigen Leistungen werden durch Bescheid festgesetzt. Oft ist ein Antrag Voraussetzung hierfür. Sie fließen einerseits aus den gezahlten Beiträgen, andererseits aus den Erträgen der angesammelten Vermögen. Vor allem für deren sinnvolle und seriöse Anlage ist die oben erwähnte staatliche Aufsicht notwendig. Ihr Erfolg ist für die Leistungshöhe mitverantwortlich. Das oft noch relativ junge Lebensalter der Rechtsanwaltsversorgungswerke bringt es mit sich, dass vielen Beitragszahlern nur wenige Rentenempfänger gegenüberstehen. Dadurch hat sich ein erheblicher Vermögenszuwachs in kurzer Zeit angesammelt. Der insoweit angesammelte Deckungsstock dient aber letztlich nur den berechtigten Erwartungen der jetzigen Beitragszahler, sodass dem Schutz des Art. 14 GG in der Zukunft eine herausragende Bedeutung zukommt.

a) Die **Altersrente** kann je nach Satzung eines Versorgungswerks eine Beitragszahlung von fünf Jahren voraussetzen und wird mit Vollendung des 67. Lebensjahres fällig. Sie kann mit Zu- oder Abschlägen bis zum 72.Lebensjahr hinausgeschoben bzw. auf das bis zu 62. Lebensjahr vorgezogen werden. In einigen Versorgungswerken erfolgt ein Ledigenzuschlag, wenn keine versorgungsberechtigten Angehörigen vorhanden sind.

b) Die Rente wegen **Berufsunfähigkeit** setzt im Allgemeinen nur die Zahlung weniger Beiträge voraus. Sie erfordert aber (von Fällen vorübergehender Berufsunfähigkeit abgesehen) die vollständige Aufgabe des Berufs mit Rückgabe der Zulassung. Die BU-Rente wird ja gezahlt, obwohl keine Gesundheitsprüfung bei Eintritt in das Versorgungswerk erfolgt. Sie kann zu erheblichen lebenslangen Leistungen führen, obwohl im Extremfall nur ein einziger Monatsbeitrag gezahlt wurde. Deswegen kann der Versicherungsschutz nur den – den Freiberufler allerdings besonders treffenden – Extremfall der vollen Berufsaufgabe umfassen. Die berufsständische Versorgung verwendet dabei einen eigenständigen Begriff der Berufsunfähigkeit. Es ist also verfehlt, mit Kriterien zu argumentieren, die denen der gesetzlichen Rentenversicherung (dort spricht man von einer Erwerbsminderungsrente) oder der privaten Lebensversicherung entsprechen.

A.9 Die Rechtsanwaltsversorgungswerke

c) **Hinterbliebenenrenten** (Witwen-, Witwer-, Vollwaisen- und Halbwaisenrenten) werden gezahlt, wenn das Mitglied im Zeitpunkt des Todes selbst Anspruch oder Anwartschaft auf Altersruhegeld oder BU-Rente hatte. Witwen-/Witwerrenten betragen im Allgemeinen 60 %, Vollwaisenrenten 20 % und Halbwaisenrenten 10 % der Mitgliedsrente, wobei verschiedentlich bei Kumulation Höchstbeträge vorgesehen sind. Eingetragene Lebenspartnerschaften sind inzwischen Ehegatten gleichgestellt.

d) Einige Versorgungswerke sehen **Sterbegelder** vor.

e) Die Versorgungswerke haben auch die Möglichkeit, im Wege der (medizinischen) **Rehabilitation** Zuschüsse zu den Kosten notwendiger, besonders aufwendiger Maßnahmen zu bezahlen, wenn die Berufsfähigkeit bedroht ist und sie durch geeignete Maßnahmen voraussichtlich erhalten, wesentlich gebessert oder wiederhergestellt werden kann.

f) Zwischen vielen Rechtsanwaltsversorgungswerken bestehen bilaterale **Überleitungsabkommen**: Wer mit seiner Anwaltszulassung in ein anderes Bundesland wechselt, kann seine an das bisherige Versorgungswerk gezahlten Beiträge an das neue Versorgungswerk (bis zu einem bestimmten Lebensjahr) auf Antrag mitnehmen. Überleitung von und zur Deutschen Rentenversicherung ist jedoch wegen der unterschiedlichen rechtlichen und finanziellen Voraussetzungen nicht vorgesehen. Einige Versorgungswerke für Rechtsanwälte haben die Überleitungsmöglichkeiten in den vergangenen Jahren erheblich reduziert; dahinter steht die Vorstellung, wie sie auch im Bereich der Heilberufeversorgungswerke gilt und ebenfalls Gegenstand der europäischen Koordinierung ist: Jeder zahlt dort ein, wo er arbeitet.

g) Wer aus dem Versorgungswerk ausscheidet, ohne die Mitgliedschaft fortzusetzen, kann in eingeschränkten Sonderfällen für einen Teil der bezahlten Beiträge (z.B. 60 %) **Beitragserstattung** beantragen. Wegen des Verlustes aller Anwartschaften dürfte dies in vielen Fälle wirtschaftlich allerdings uninteressant sein. Auch wird die Beitragserstattung aus europa- und steuerrechtlichen Gründen in der Zukunft nur noch wenige Ausnahmefällen betreffen, z.B. wenn (wie in der gesetzlichen Rentenversicherung) eine Grundanwartschaft erst mit Ablauf von 60 Kalendermonaten entsteht und das Mitglied diesen Versicherungszeitraum nicht zurückgelegt hat.

h) Selbstverständlich sind auch die Anwartschaften der Versorgungswerke (in der Regel im Wege des internen Ausgleichs nach dem Versorgungsausgleichsgesetz) Gegenstand des **Versorgungsausgleichs**.

7. Dynamik

Regelmäßig sind versicherungsmathematische Bilanzen aufzustellen. Nach ihnen wird der aktuelle Rentensteigerungsbetrag ermittelt, der nach der oben genannten Formel in die jeweils neue Rentenrechnung einfließt. So kann die Leistungsentwicklung der Beitragsdyna-

A.9 Die Rechtsanwaltsversorgungswerke

mik folgen. Diese Dynamik sollte man nicht geringschätzen: Das Versorgungswerk der RAe in Baden-Württemberg hat mit einem Rentensteigerungsbetrag von 83 DM im Jahre 1985 begonnen. Jetzt liegt er über 88 EUR: Die Renten haben sich seither also verdoppelt. Es braucht schließlich nicht betont zu werden, dass das Leistungsniveau der Versorgungswerke den Vergleich mit jeder anderen Vorsorgeart in jeder Hinsicht standzuhalten geeignet ist.

8. Steuerrechtliche Behandlung

Seit dem 1.1.2005 gelten die grundlegend neu geordneten Vorschriften des Einkommensteuerrechts – in Kraft gesetzt durch das sogenannte „Alterseinkünftegesetz" (BGBl. 2004 I S. 1427). Es hat die „nachgelagerte" Besteuerung eingeführt. Danach vermindern die Beiträge im Wege eines gesonderten Sonderausgabenabzugs das zu versteuernde Einkommen bis zu der im Gesetz genannten Grenze. Dafür sind dann – später – die Renten zu versteuern, und zwar wie jedes andere Einkommen jeweils mit dem persönlichen Steuersatz. Einschlägig sind die Bestimmungen der §§ 10 und 22 EStG. IV. Die vorhandenen Einrichtungen

V. Wo informieren? Gelten Fristen?

1. Adressen und Daten der Rechtsanwaltsversorgungswerke

Es ist im Zeitalter des Internets nicht mehr erforderlich, die in den früheren Printausgaben dieses Ratgebers aufgeführten Adressen der Versorgungswerke wiederzugeben. Denn sie sind digital und jeweils aktualisiert auf der Homepage des Dachverbandes der ABV Arbeitsgemeinschaft berufsständischer Versorgungseinrichtungen e.V. detailliert aufgeführt. Sie ist zu finden unter www.abv.de. Es empfiehlt sich, sich dort kundig zu machen. Denn sie verweist auf die Veröffentlichungen der einzelnen Versorgungswerke, die viel Beratungs- und Informationsmaterial enthalten. Sie existieren für alle Länder.

2. Übergreifende Einrichtungen

Die ABV Arbeitsgemeinschaft berufsständischer Versorgungseinrichtungen e.V. in Berlin ist oben schon erwähnt. Sie hat ein Verbindungsbüro in Brüssel. In ihr sind die 89 Versorgungswerke der klassischen verkammerten freien Berufe zusammengefasst. Die Vertreter der anwaltlichen Versorgungswerke treffen sich halbjährlich zum Rundgespräch der Rechtsanwaltsversorgungswerke. Dadurch ist der notwendige Informationsaustausch zwischen den Versorgungswerken zu allgemeinen, gemeinsam betreffenden Fragen gewährleistet.

3. Materialien

Zunächst sollte man sich beim zuständigen Versorgungswerk die einschlägige Satzung besorgen. Sie ist zwar auch im jeweiligen Amtsblatt veröffentlicht. Da die Satzungen verschie-

A.9 Die Rechtsanwaltsversorgungswerke

dentlich Änderungen unterliegen, ist von einer Nennung der Fundstellen hier abgesehen. Beim Versorgungswerk erhält man die gültige Fassung. Sie ist auch im Internet verfügbar.

Eine zusammenhängende lehrbuchartige Darstellung über das berufsständische Versorgungswesen gibt es bisher nicht. Die grundlegenden Prinzipien – die für alle Länder gelten – ergeben sich vor allem aus der Rechtsprechung, die aus historischen Gründen zunächst zu den Heilberufen, inzwischen auch sehr umfangreich zu den rechtsberatenden Berufen erging. Es ist entgegen den Vorauflagen dieses Ratgebers nicht mehr sinnvoll, gerichtliche Entscheidungen zusammenzustellen – die Liste würde zu umfangreich. Ohnehin sind die Recherchemöglichkeiten durch die juristischen Datenbanken heute erheblich verbessert, sodass durch die Eingabe des Suchworts Versorgungswerk oder Rechtsanwaltsversorgung in der Rechtsprechungsdatenbank das Notwendige schnell zutage gefördert werden kann. Zum Stichwort „Rechtsanwaltsversorgung" liefert juris 50 Treffer.

Sowohl Anwaltsblatt wie BRAK-Mitteilungen veröffentlichen ständig aktuelle Mitteilungen zur berufsständischen Versorgung, auch Pressemitteilungen der ABV. Einige Versorgungswerke geben für ihre Mitglieder Mitteilungsblätter, besondere „Anfängerinfos" heraus. Die Geschäftsstellen der Versorgungswerke stehen zu Auskünften zur Verfügung. Die Erfahrung lehrt allerdings, dass der eigene gründliche Blick in die Satzung die meisten Zweifelsfragen klären kann.

4. Darstellungen in der Literatur für den Bereich der Rechtsanwaltsversorgung

Boecken, Berufsständische Versorgungswerke, in: von Maydell/Ruland/Becker, Sozialrechtshandbuch (SRH), 5. Aufl. 2012.

Bundesministerium für Arbeit und Soziales, Berufsständische Versorgungswerke, in: Übersicht über das Sozialrecht 2016/2017, 909 ff.

Butzer, Berufsständische Versorgungswerke, in: Kluth, Handbuch des Kammerrechts, 2. Aufl. 2011, S. 558

Eckhardt, Alterseinkünftegesetz: Steuerliche Folgen für die Anwaltschaft, AnwBl. 2005, 457

Hartmann/Horn/Delhey, Versorgungswerk (berufsständisch), in: Rieger/Dahm/Steinhilper, Heidelberger Kommentar für Arztrecht, Krankenhausrecht, Medizinrecht, 69. Ergänzungslieferung, Stand: Februar 2017.

Jung/Prossliner, Die berufsständische Altersvorsorge über die Rechtsanwaltsversorgungswerke, in: Doetsch/Lenz/Jung, Anwaltsvorsorge, 2004, S. 45

Jung, Altersversorgung der Rechtsanwälte durch berufsständische Versorgungswerke, in: Offermann-Burckart, Anwaltsrecht in der Praxis, 2010, S. 327

A.9 Die Rechtsanwaltsversorgungswerke

Kilger/Horn, Altersvorsorge und Vermögensnachfolge, in: Beck'sches Formularbuch für die Anwaltskanzlei, 2014.

Kilger, Freie Advokatur: Versorgungswerke für Rechtsanwälte, AnwBl. 2011, 901

Kilger, Zur Geschichte der Anwaltsversorgung, in: Deutscher Anwaltverein, Anwälte und ihre Geschichte. Zum 140. Gründungsjahr des Deutschen Anwaltvereins, 2011, S. 641

Kilger, Die Geschichte der Rechtsanwaltsversorgungswerke, AnwBl. 1998, 424 und 560

Kirchhoff/Kilger, Verfassungsrechtliche Verpflichtung der berufsständischen Versorgungswerke zur Berücksichtigung von Zeiten der Kindererziehung, NJW 2005, 101

Lindenau/Prossliner, Anwaltliche Tätigkeit im europäischen Ausland und Alterssicherung, AnwBl. 8 + 9/2011, 676

Mann, Die Friedensgrenze zwischen Anwaltsversorgung und gesetzlicher Rentenversicherung, NJW 1996, 1315

Außerdem veröffentlichen *Kilger/Prossliner* regelmäßig eine Rechtsprechungsübersicht in der NJW, zuletzt NJW 2014; 3136, 2015, 3141; 2016, 3138 und 2017, 3131.

5. Fristen beachten!

Noch einmal kurz: Mitgliedschaft und Beitragspflicht im Versorgungswerk beginnen kraft Gesetzes mit der Zulassung zur Rechtsanwaltskammer. Also empfiehlt sich baldige Kontaktaufnahme. Wer auf welche Weise auch immer in der Deutschen Rentenversicherung versicherungspflichtig sein könnte (Angestellte ohnehin, aber auch freie Mitarbeiter, wenn sie latent Scheinselbstständige sind oder wenn sie als arbeitnehmerähnliche Selbstständige in Betracht kommen), sollte sich um die Bestimmung des § 6 SGB VI, ggf. auch um § 7 a ff. SGB IV kümmern. Es gilt die 3-Monats-Frist nach § 6 Abs. 4 SGB VI für den Antrag auf Befreiung ex tunc.

V. Ein notwendiger Appell

Das Rechtsanwaltsversorgungswerk stellt die vierte große Einrichtung der Anwaltschaft neben Satzungsversammlung, Kammern und DAV dar. Jede Kollegin und jeder Kollege sollte es als eigene Einrichtung des Berufsstandes begreifen. Wir alle gehören ihr nicht nur als Beitragszahler und künftiger Leistungsbezieher an; wir haben auch teil an ihrer Selbstverwaltung. In regelmäßigen Abständen finden die Wahlen zur Vertreterversammlung statt, die das demokratisch zusammengesetzte Aufsichtsgremium des Versorgungswerks ist. Es besteht ausschließlich aus Rechtsanwältinnen und Rechtsanwälten. An der Wahl sollte man sich beteiligen, vielleicht sogar überlegen, ob man nicht selbst eine Kandidatur zu diesem

A.9 Die Rechtsanwaltsversorgungswerke

Gremium in Betracht ziehen kann. Die Altersversorgung generell ist auf dem Wege, sich zu einem der wichtigsten Streitpunkte in der großen politischen Diskussion zu entwickeln. Der Interessierte wird sich ihr auf keinen Fall mehr entziehen können. Die berufsständische Versorgung und ihre Zukunft werden in dieser Diskussion die ihr zukommende Rolle spielen müssen. Jede Rechtsanwältin und jeder Rechtsanwalt ist aufgerufen, sich am Versorgungswerk nicht bloß durch Beitragszahlung zu beteiligen.

A.10 Der Syndikusrechtsanwalt/Die Syndikusrechtsanwältin

Dr. Clarissa Freundorfer, LL.M., Berlin, Michael Prossliner, LL.M., Pulheim, und Michael Scheer, Berlin • Rechtsanwälte (Syndikusrechtsanwälte) und Mitglieder des Geschäftsführenden Ausschusses der Arbeitsgemeinschaft Syndikusanwälte im DAV

I. Einleitung

Seit Januar 2016 gibt es für Juristen und Rechtsanwälte, die in Unternehmen oder Verbänden tätig sind, die Möglichkeit, als „Syndikusrechtsanwalt" zugelassen zu werden. Bis Ende 2017 haben von dieser Möglichkeit ca. 14.000 Kollegen Gebrauch gemacht.[1] Damit sind bereits fast 10 % der gesamten Anwaltschaft Syndikusrechtsanwälte, Tendenz steigend. Nicht statistisch erfasst ist, wie viele Syndikusanwälte „alter Prägung" (sog. Altsyndici) in Unternehmen und Verbänden tätig sind. Es spricht aber einiges dafür, dass dies noch einmal mindestens genauso viele sind wie die Syndikusrechtsanwälte.[2]

Die Tätigkeit als Syndikusrechtsanwalt ist eine Ausprägung der Berufsausübung eines Rechtsanwaltes. Syndikusrechtsanwälte sind im Unternehmen/ Verband angestellt und dort anwaltlich tätig. Sie haben (nahezu) die gleichen Rechte und Pflichten wie niedergelassene oder bei anderen Rechtsanwälten angestellte Kollegen, werden für ihre Tätigkeit zugelassen (sog. tätigkeitsbezogene Zulassung) und im Gleichklang dazu von der Rentenversicherungspflicht (zugunsten der Anwaltsversorgungswerke) befreit. Syndikusrechtsanwälte finden sich naturgemäß am häufigsten in Rechtsabteilungen, sowie in den Bereichen Compliance, der Personal- und Steuerabteilung. Sie finden sich als „Einzelkämpfer" oder in kleinen Rechtsabteilungen (bis zu sieben Köpfen) von KMU ebenso wie als Teil großer Konzernrechtsabteilungen. Besonders viele Syndikusrechtsanwälte gibt es in Kammerbezirken, in denen viele große Unternehmen oder Verbände ansässig sind, namentlich in München, Frankfurt, Köln, Düsseldorf und Berlin.[3]

II. Der Syndikusrechtsanwalt/Die Syndikusrechtsanwältin

1. Das Syndikusanwaltsgesetz

Die gesetzlichen Grundlagen des Rechts der Syndikusanwälte haben sich am 1.1.2016 durch das „Gesetz zur Neuordnung des Rechts der Syndikusanwälte und zur Änderung der

---

1 https://www.brak.de/w/files/04_fuer_journalisten/statistiken/2018/mg_klein_2018_neu.pdf; abgerufen am 16.7.2018.
2 Syndikusanwälte alter Prägung, sog. Altsyndici, sind Rechtsanwälte, die bereits vor Erlass des Syndikusanwaltsgesetzes– bei Befreiung von der gesetzlichen Rentenversicherungspflicht – in Unternehmen und Verbänden angestellt waren und weiter sind, aber keine Zulassung als Syndikusrechtsanwalt nach neuem Recht besitzen. Das BMJV ging im Gesetzgebungsverfahren zum Recht der Syndikusanwälte im Jahr 2016 von bis zu 40.000 Syndikusanwälten aus – vgl. Gesetzentwurf der Fraktionen der CDU/CSU und SPD, BT-Drucks. 18/5201, S. 1.
3 https://www.brak.de/w/files/04_fuer_journalisten/statistiken/2018/mg_klein_2018_neu.pdf; abgerufen am 16.7.2018.

A.10 DER SYNDIKUSRECHTSANWALT/DIE SYNDIKUSRECHTSANWÄLTIN

Finanzgerichtsordnung" (sog. Syndikusanwaltsgesetz)[4] geändert. Vor diesem Zeitpunkt wurde der Syndikusanwalt in der Bundesrechtsanwaltsordnung (BRAO) zwar vorausgesetzt, aber nur negativ in Bezug genommen, indem § 46 Abs. 1 a.f. BRAO postulierte, dass ein Rechtsanwalt für einen Auftraggeber, dem er aufgrund eines ständigen Dienst- oder ähnlichen Beschäftigungsverhältnisses seine Arbeitszeit und -kraft zur Verfügung stellen muss, vor Gerichten oder Schiedsgerichten nicht in seiner Eigenschaft als Rechtsanwalt tätig werden darf. Vorherrschend war die vom Anwaltssenat des Bundesgerichtshofs (BGH) postulierte sogenannte Doppelberufstheorie, wonach der Syndikusanwalt zum einen einer anwaltlichen Tätigkeit als niedergelassener Anwalt nachging und daneben aufgrund Dienstvertrages gegen feste Vergütung im Unternehmen als Rechtsberater tätig war.[5]

Die Frage, inwieweit die Tätigkeit im Unternehmen als anwaltliche Tätigkeit qualifiziert werden konnte, war hinreichend umstritten.[6] Nach richtiger und vom Deutschen Anwaltverein (DAV) spätestens seit einem Vorstandsbeschluss vom 20./21.10.2004 postulierter Auffassung war auch nach alter Rechtslage die Tätigkeit im Unternehmen anwaltlich. Zu Einzelheiten der Historie der Syndikusanwälte (die sich in den zwanziger Jahren des letzten Jahrhunderts entwickelt haben), zu den berufsrechtlichen und berufspolitischen Diskussionen (die es seit 1959 gab und den Syndici fehlende Unabhängigkeit unterstellte) und nicht zuletzt zur alten Rechtslage (von der Doppelberufstheorie bis hin zur EuGH-Rechtsprechung in Sachen Akzo Nobel) sei auf die umfassende und sehr instruktive Darstellung von Dr. *Peter Hamacher* in der Vorauflage dieses Buches verwiesen.

Diesen berufsrechtlichen Streit dahingestellt, war es bis 2014 jedenfalls sozialversicherungsrechtlich geübte Praxis, dass der Syndikusanwalt nicht nur hinsichtlich seiner Einnahmen aus der niedergelassenen Tätigkeit sondern auch mit seinem Einkommen im Unternehmen nach § 6 Abs. 1 S. 1 Nr. 1 SGB VI von der gesetzlichen Rentenversicherungspflicht befreit wurde (wenn er nach vier von der Arbeitsgemeinschaft berufsständischer Versorgungseinrichtungen mit der Deutsche Rentenversicherung Bund – DRV Bund – vereinbarten Kriterien tätig war) und entsprechende Beiträge ins jeweilige Anwaltsversorgungswerk einzahlen konnte. Infolge verschiedenlautender instanzgerichtlicher Urteile der Sozialgerichte wurde diese Handhabung jedoch hinterfragt und am 3.4.2014 urteilte letztinstanzlich das Bundessozialgericht (BSG) in drei zur Entscheidung anstehenden Parallelverfahren, dass in Unternehmen abhängig beschäftigte Rechtsanwälte hinsichtlich des Einkommens für ihre Beschäftigung im Unternehmen nicht von der gesetzlichen Rentenversicherungspflicht befreit werden könnten, da sie nach „gefestigter Rechtsprechung des BGH" in dieser Be-

---

[4] https://www.bgbl.de/xaver/bgbl/start.xav?startbk=Bundesanzeiger_BGBl&start=//*%255B@attr_id=%27bgbl115s2517.pdf %27%255D#__bgbl__%2F%2F*%5B%40attr_id%3D%27bgbl115s2517.pdf%27%5D__1532596146083; abgerufen am 16.7.2018.

[5] BGH Urt. v. 25.2.1999 (kritisch dazu BVerfGE 87, S. 287 ff.), BGHZ 141, 69; Feuerich/Weyland/*Brüggemann*, 9. Aufl. 2016, BRAO § 2 Rn. 40-42.

[6] Vgl. hierzu ausführlich Vorauflage: *Hamacher*, Der Syndikusanwalt, in: DAV-Ratgeber für junge Rechtsanwältinnen und Rechtsanwälte, 13. Aufl. 2012; sowie: *Redeker*, Der Syndikus als Rechtsanwalt, NJW 2004, 889 ff; *Kilger*, Der Syndikus und sein „Beruf", AnwBl. 2012, 818; *Schulze Althoff*, Ist der Syndikus Rechtsanwalt?, ZRP 2013, 254; *Kury*, Die Rechtsanwälte in ständigen Dienstverhältnissen, Eine Anmerkung zur rechtlichen Stellung der Syndici, BRAK-Mitteilungen 2013; *Hamacher*, Syndikusanwalt ist ein Rechtsanwalt „ohne Wenn und Aber", AnwBl. 2014, 70 f.

A.10 Der Syndikusrechtsanwalt/Die Syndikusrechtsanwältin

schäftigung nicht anwaltlich tätig seien.[7] Die unverzüglich dagegen erhobenen Verfassungsbeschwerden wurden zwar nicht zur Entscheidung angenommen, da zwischenzeitlich das Syndikusanwaltsgesetz in Kraft getreten (und somit ein Rechtsschutzbedürfnis entfallen) war; das Bundesverfassungsgericht (BVerfG) ließ es sich aber nicht nehmen, deutliche Kritik an den pauschalen Urteilen des BSG zu üben und Hinweise zur verfassungskonformen Auslegung und Anwendung insbesondere der Übergangsregelungen des neuen Rechts der Syndikusanwälte zu geben.[8]

Die Urteile des BSG und die große Empörung der Syndici über die dadurch entstandene Rechtsunsicherheit für ihre Altersversorgung waren Anlass für eine Gesetzesinitiative des Justizministeriums (BMJV) hin zu einer berufsrechtlichen Reform, die endlich die Tätigkeit von Syndikusanwälten im Unternehmen ausdrücklich als „anwaltliche" anerkennen sollte. Daran hatten der DAV und insbesondere dessen Arbeitsgemeinschaft Syndikusanwälte, die seit über 30 Jahren das Thema im und mit dem DAV und seinem Berufsrechtsausschuss vertrat, einen nicht unerheblichen Anteil. So konnte der DAV im Gesetzgebungsverfahren auf eigene Gesetzesinitiativen zur gesetzlichen Klarstellung und letztlich zur beruflichen Anerkennung des Syndikusanwalts verweisen,[9] auf deren Basis die Neuregelung des Rechts der Syndikusanwälte letztlich aufbaut. Wenn auch die schließlich beschlossene (und stark kritisierte) tätigkeitbezogene Zulassung nicht verhindert werden konnte, ist es doch den Bemühungen des DAV zu verdanken, dass kein besonderer Typus des „Syndikusrechtsanwalts" geschaffen wurde, sondern in Anerkennung der Einheit der Anwaltschaft die Syndikustätigkeit nur als eine besondere Ausprägung eines einheitlichen Anwaltsberufes anerkannt und normiert worden ist. Daher auch der Klammerzusatz, so dass der Titel, den man in Ausübung dieses Teils des Berufsbildes tragen muss, etwas sperrig lautet „Rechtsanwalt (Syndikusrechtsanwalt)" bzw. „Rechtsanwältin (Syndikusrechtsanwältin)".[10]

Die Einheitlichkeit des Berufsbildes führt auch zu einer Durchlässigkeit zwischen den verschiedenen anwaltlichen Tätigkeiten. So kann ein Anwalt von einer Kanzlei in ein Unternehmen oder Verband wechseln und umgekehrt, ohne dabei seinen beruflichen Status als Rechtsanwalt abgeben oder die rentenversicherungsrechtliche Versorgung wechseln zu müssen (siehe Nr. 7).

---

[7] BSG, Urt. des 5. Senats v. 3.4.2014 – B 5 RE 13/14 R, Urt. des 5. Senats vom 3.4.2014 – B 5 RE 3/14 R, Urt. des 5. Senats vom 3.4.2014 – B 5 RE 9/14 R.
[8] BVerfG, Beschl. v. 19.7.2016 – 1 BvR 2584/14.
[9] Siehe hierzu insbesondere *Hamacher* in der Vorauflage, S. 170, sowie *Ewer*, Der Syndikusanwalt ist eine Errungenschaft – kämpfen wir dafür, AnwBl. 2014, 683.
[10] Stellungnahme des Deutschen Anwaltvereins durch die Task Force „Referentenentwurf Syndikusanwälte" zum Referentenentwurf des Bundesministeriums der Justiz und für Verbraucherschutz eines Gesetzes zur Neuordnung des Rechts der Syndikusanwälte – Bearbeitungsstand 26.3.2015 – Az. RB1 – zu 3170-R3 291/2015 abzurufen unter https://www.bmjv.de/SharedDocs/Gesetzgebungsverfahren/Stellungnahmen/2015/Downloads/05012015_Stellungnahme_DAV_RefE_Neuordnung_Syndikusanwaelterecht.pdf?__blob=publicationFile&v=1; abgerufen am 16.7.2018.

A.10 DER SYNDIKUSRECHTSANWALT/DIE SYNDIKUSRECHTSANWÄLTIN

2. Voraussetzungen für die Zulassung/Das Zulassungsverfahren

Der Syndikusrechtsanwalt/die Syndikusrechtsanwältin ist nunmehr explizit in der BRAO geregelt. Nach § 46 Abs. 2 BRAO üben Personen, die nicht bei einem anderen Anwalt angestellt sind, ihren Beruf als Rechtsanwalt aus, sofern sie im Rahmen ihres Arbeitsverhältnisses für ihren Arbeitgeber anwaltlich tätig sind. Die besonderen Voraussetzungen für die tätigkeitsbezogene Zulassung als Syndikusrechtsanwalt sind in § 46 Abs. 3 und 4 BRAO näher beschrieben und orientieren sich nach dem gesetzgeberischen Willen an den vier Kriterien, deren Erfüllung in früherer Zeit für die Befreiung von der gesetzlichen Rentenversicherung erforderlich war.

a) Besondere Zulassungsvoraussetzungen

Das Arbeitsverhältnis eines Syndikusrechtsanwaltes muss durch folgende Tätigkeiten und Merkmale geprägt sein:

- der Prüfung von Rechtsfragen, einschließlich der Aufklärung des Sachverhalts, sowie des Erarbeitens und Bewertens von Lösungsmöglichkeiten (§ 46 Abs. 3 Ziff. 1 BRAO),
- der Erteilung von Rechtsrat (§ 46 Abs. 3 Ziff. 2 BRAO),
- der Ausrichtung auf die Gestaltung von Rechtsverhältnissen, insbesondere durch das selbständige Führen von Verhandlungen, oder auf die Verwirklichung von Rechten (§ 46 Abs. 3 Ziff. 3) und
- der Befugnis, nach außen verantwortlich aufzutreten (§ 46 Abs. 3 Ziff. 4 BRAO).

Diese Tätigkeiten müssen – sollen sie als anwaltlich gelten – fachlich unabhängig und eigenverantwortlich ausgeübt werden. Aus § 46 Abs. 4 BRAO ergibt sich, dass eine fachlich unabhängige Tätigkeit im Sinne der Regelung vorliegt, wenn sich der Antragsteller – trotz des Mitarbeiterstatus im Übrigen – nicht an Weisungen zu halten hat, die eine eigenständige Analyse der Rechtslage und eine einzelfallorientierte Rechtsberatung ausschließen. Die fachliche Unabhängigkeit der Berufsausübung des Syndikusrechtsanwalts ist vertraglich und tatsächlich zu gewährleisten. Diese Unabhängigkeit ist es letztlich, die den Syndikusrechtsanwalt vom „bloßen" Unternehmensjuristen abhebt und ihn zu einem Organ der Rechtspflege im Sinne des § 1 BRAO werden lässt. Die notwendige Unabhängigkeit liegt nicht vor, wenn der Arbeitgeber ein uneingeschränktes, auch fachliches, Direktionsrecht gegenüber dem Arbeitnehmer hat. Da sich aber ein solches Direktionsrecht aus dem Wesen des Dienstvertrages ergibt, muss die erforderliche fachliche Weisungsfreiheit explizit vertraglich vereinbart werden.

Die Frage der fachlichen Weisungsfreiheit hängt nicht von der sonst im Unternehmen (üblichen) Parallelbezeichnung für die Tätigkeit ab und ist bereits verschiedentlich vor den Anwaltsgerichtshöfen behandelt worden. So ist der Auffassung der DRV Bund, dass bestimm-

A.10 DER SYNDIKUSRECHTSANWALT/DIE SYNDIKUSRECHTSANWÄLTIN

te Bezeichnungen, wie z.b. „Sachbearbeiter",[11] oder die Eingruppierung in einen Tarifvertrag[12] für eine weisungs*gebundene* Tätigkeit sprechen, von der Rechtsprechung ebenso eine Absage erteilt worden, wie der Meinung, dass Versicherungsjuristen schon deshalb nicht weisungsfrei seien, weil sie detailliert kodifizierte Schadensbedingungen anzuwenden haben.[13] Strittig und noch nicht abschließend ausgeurteilt ist, ob die notwendige Unabhängigkeit generell fehlt, wenn der Antragsteller als Angestellter im öffentlichen Dienst beschäftigt ist.[14]

Das Arbeitsverhältnis muss durch die vorgenannten Tätigkeiten und Merkmale „geprägt" sein. Damit erkennt das Gesetz an, dass man in einem Unternehmen kaum einen Juristen finden wird, der nicht auch mit anderen, beispielsweise administrativen oder operativen Themen, befasst ist. Diese anderen Tätigkeiten hindern eine Zulassung so lange nicht, als die Gesamttätigkeit überwiegend (nach herrschender Meinung und Rechtsprechung zu mindestens 50 %)[15] von anwaltlichen Tätigkeiten geprägt ist. Tätigkeiten, die zwar administrativer Natur, aber Annextätigkeiten zu Tätigkeiten im Sinne des § 46 Abs. 3 BRAO sind (z.B. Führung der juristischen Mitarbeiter und Organisation der Rechtsabteilung), zählen ohnehin bereits in den prägenden Bereich hinein.

Die anwaltlichen Tätigkeiten müssen zudem in eigenen Angelegenheiten des Arbeitgebers ausgeübt werden.[16] Um eigene Angelegenheiten des Arbeitgebers handelt es sich dann nicht, wenn der Jurist in Angelegenheiten tätig wird, die der Arbeitgeber für Dritte ausübt. So kann z.B. ein Jurist, der bei einem Datenschutzunternehmen angestellt ist, hinsichtlich der Tätigkeit als externer Datenschutzbeauftragter bei einem Kunden des Arbeitgebers ebenso wenig als Syndikusrechtsanwalt zugelassen werden,[17] wie ein Jurist, der bei einem Personaldienstleister angestellt ist und von diesem an ein Unternehmen ausgeliehen wird.[18] Es ist Gegenstand einer dogmatischen Diskussion, ob diese Beschränkung der Tätigkeit auf eigene Angelegenheiten des Arbeitgebers dann mit Art. 12 GG vereinbar ist, wenn der Arbeitgeber seinerseits nach dem Rechtsdienstleistungsgesetz dazu berechtigt ist, Rechtsberatung gegenüber Dritten anzubieten.[19]

Die Rechtsberatungsbefugnis ist nach § 46 Abs. 5 Ziff. 1 BRAO insoweit erweitert, als Syndikusrechtsanwälte, die bei einem Unternehmen eines Konzerns angestellt sind, auch mit diesem Unternehmen verbundene Konzerngesellschaften beraten dürfen. Außerdem dürfen

---

11   AGH Niedersachsen, AGH 14/16 (II).
12   AGH NRW, 1 AGH 27/16; 1 AGH 50/16.
13   BGH AnwZ (Brfg) 14/17; AGH NRW, 1 AGH 33/16; 1 AGH 34/16; 1 AGH 63/16; 1 AGH 74/16.
14   *Pohlmann*, Zulassung als Rechtsanwalt im öffentlichen Dienst, Mitteilungen der Rechtsanwaltskammer München 3/17; *Huff*, Syndikusrechtsanwälte im öffentlichen Dienst – was sagen die AGHs, AnwBl online 2018, 618; AGH Hessen, 1 AGH 10/16; *Dahns*, Der Syndikusrechtsanwalt im öffentlichen Dienst?, NJW-Spezial 2018, 446; AGH NRW, 1 AGH 66/16, anhängig beim BGH und bei Redaktionsschluss noch nicht entschieden: AnwZ (Brfg) 68/17.
15   AGH NRW, 1 AGH 32/16 und 1 AGH 97/16, BayAGH III 4 – 8/17.
16   Str., vgl. *Kleine-Cosack*, Freiheit der multidisziplinären Zusammenarbeit von (Syndikus)Rechtsanwälten, AnwBl 2017, 590, 598.
17   AGH Hamburg, AGH I ZU (SYN) 11/2016 (I-6).
18   BayAGH III – 4 -6/16.
19   *Kleine-Cosack*, Freiheit der multidisziplinären Zusammenarbeit von (Syndikus)Rechtsanwälten, AnwBl 2017, 590, 598.

A.10 Der Syndikusrechtsanwalt/Die Syndikusrechtsanwältin

Syndikusrechtsanwälte in Verbänden auch die Mitglieder dieser Verbände rechtlich beraten, § 46 Abs. 5 Ziff. 2 BRAO. Schließlich dürfen bei einem Steuerberater oder Wirtschaftsprüfer angestellte Syndikusrechtsanwälte auch die Mandanten dieser Arbeitgeber beraten, § 46 Abs. 5 Ziff. 3 BRAO.

b) Allgemeine Zulassungsvoraussetzungen

Neben den besonderen Zulassungsvoraussetzungen für Syndikusrechtsanwälte müssen auch die allgemeinen Voraussetzungen zur Zulassung zur Anwaltschaft nach § 4 BRAO erfüllt sein. Der Bewerber muss also die Befähigung zum Richteramt besitzen, § 4 Ziff. 1 BRAO. Über § 4 Ziff. 2 BRAO besteht darüber hinaus für EuRAG-Rechtsanwälte und über § 206 BRAO für WTO-Anwälte die Möglichkeit, Syndikusrechtsanwalt zu werden. Außerdem darf kein Zulassungsversagungsgrund nach § 7 BRAO vorliegen.

c) Zulassungsverfahren

Die Zulassung zur Rechtsanwaltschaft ist bei der zuständigen (regionalen) Rechtsanwaltskammer zu beantragen, § 46a Abs. 2 BRAO. Wenn der Antragsteller bereits bei einer Rechtsanwaltskammer als niedergelassener Rechtsanwalt zugelassen ist, so ist diese zuständig, § 33 Abs. 3 BRAO. Anderenfalls ist die Rechtsanwaltskammer am Ort der ständigen Arbeitsstätte des Syndikusrechtsanwaltes zuständig. Zu den bei der Kammer einzureichenden Unterlagen zählen insbesondere:

- Original oder öffentlich beglaubigte[20] Kopien des Arbeitsvertrages und etwaiger Ergänzungsvereinbarungen zum Arbeitsvertrag, aus welchen sich die fachliche Weisungsfreiheit ergibt;
- Original oder öffentlich beglaubigte Kopie einer Tätigkeitsbeschreibung, die von Antragsteller und Arbeitgeber[21] unterzeichnet ist, aus der sich die Prägung der Gesamttätigkeit durch anwaltliche Tätigkeiten ergibt;
- sowie ein vollständig ausgefülltes und vom Antragsteller unterzeichnetes Antragsformular.

Es empfiehlt sich, sich vor Stellung des Zulassungsantrages die aktuellen Formulare und Checklisten der zuständigen Rechtsanwaltskammer anzusehen, die auf der entsprechenden Webseite verfügbar sind. Einige regionale Kammern pflegen auch FAQ-Listen, die in Einzelfragen sehr hilfreich sein können. Exemplarisch sei hier die sehr instruktive und aktuelle FAQ-Liste der RAK München genannt.[22]

---

20 Eine amtlich beglaubigte Kopie reicht jedoch nicht aus.
21 Manche Rechtsanwaltskammern lassen sich die Unterschriftsberechtigung der für den Arbeitgeber unterzeichnenden Personen nachweisen; daher empfiehlt es sich, dass auf Arbeitgeberseite Personen unterzeichnen, die mindestens als Prokurist im Handelsregister eingetragen sind oder denen zumindest eine Vollmacht vorliegen können, die mindestens von Prokuristen erteilt wurde.
22 https://rak-muenchen.de/rechtsanwaelte/syndikusrechtsanwaelte/faqs.html; abgerufen am 16.7.2018; siehe auch FAQ-Liste der Arbeitsgemeinschaft Syndikusanwälte (derzeit in Überarbeitung) unter https://www.syndikusanwaelte.de/images/texte/2016/FAQ_Arbeitsgemeinschaft_Syndikusanwaelte_Stand_25._Februar_2016.pdf – abgerufen am 16.7.2018

A.10 Der Syndikusrechtsanwalt/Die Syndikusrechtsanwältin

Insbesondere auf die Tätigkeitsbeschreibung sollte der Antragsteller größte Sorgfalt verwenden. Die Tätigkeitsbeschreibung hat sämtliche Tätigkeiten zu umfassen, die der Antragsteller üblicherweise ausübt (also auch die nichtanwaltlichen). Die Umschreibung sollte so ausführlich sein, dass sich die Kammer ohne weiteres ein Bild von der Tätigkeit machen kann. Die einzelnen Tätigkeiten sind, soweit möglich, zu quantifizieren. Da die Tätigkeit eines Juristen naturgemäß nicht statisch ist, sondern sich je nach aktuellen Anforderungen ständig ändern kann, ist es empfehlenswert, mit allgemeinen Obersätzen zu arbeiten und diese sodann durch Beispiele anschaulich zu machen. Dass die Beschreibung ein der Realität entsprechendes Bild geben muss, versteht sich von selbst.

Da die tätigkeitsbezogene Zulassung als Syndikusrechtsanwalt eine Voraussetzung für die Befreiung von der gesetzlichen Rentenversicherungspflicht ist (vgl. unter Nr. 7), wird die Deutsche Rentenversicherung Bund im Zulassungsverfahren angehört, § 46a Abs. 2 S. 1 BRAO. Die Rechtsanwaltskammer kann sich über ein abweichendes Votum der DRV Bund hinwegsetzen, riskiert dann aber eine Klage der DRV Bund gegen die Zulassung, § 46a Abs. 2 S. 3 BRAO. Wird die Zulassung versagt, so hat der Antragsteller ein Recht auf Klage. In erster Instanz sind die Anwaltsgerichtshöfe für Klagen auf /gegen Zulassung zuständig. In zweiter Instanz entscheidet der Anwaltssenat des BGH

Das Zulassungsverfahren dauert je nach Kammerbezirk und Fallgestaltung etwa zwei bis drei Monate. Die Zulassung wirkt zwar erst mit Aushändigung der Urkunde, gemäß § 46a Abs. 4 Ziff. 2 BRAO gilt aber im Wege der Fiktion die Pflichtmitgliedschaft in der Rechtsanwaltskammer als im Zeitpunkt der Antragstellung entstanden. Hiermit soll vermieden werden, dass während des Zulassungsverfahrens Zeiträume entstehen, in welchen der Antragssteller nicht von der gesetzlichen Rentenversicherungspflicht befreit werden kann.[23]

d) Doppelzulassung

Neben der Zulassung als Syndikusrechtsanwalt kann eine Zulassung nach § 6 BRAO als niedergelassener Rechtsanwalt beantragt werden, wenn eine solche nicht ohnehin schon besteht (und weitergeführt wird). Der Antragsteller besitzt dann im Anschluss zwei Zulassungen (eine für seine Tätigkeit beim Unternehmen und eine für seine Tätigkeit als niedergelassener Anwalt). Er hat jedoch immer nur eine Kammermitgliedschaft und muss auch nur einen Kammerbeitrag entrichten.[24]

e) Keine Zulassungspflicht

Abschließend sei noch darauf hingewiesen, dass die Meinung, dass jeder Jurist oder Rechtsanwalt, der in Unternehmen oder Verbänden tätig ist und die oben genannten Vor-

---

[23] Stellungnahme des Deutschen Anwaltvereins durch den Ausschuss Berufsrecht zum Regierungsentwurf des BMJV [eines Gesetzes zur Umsetzung der Berufsanerkennungsrichtlinie und zur Änderung weiterer Vorschriften im Bereich der rechtsberatenden Berufe (BT-Drucks. 18/9521 vom 5.9.2016), Stellungnahme Nr.: 61/2016, Berlin, im September 2016, S. 5.
[24] Dieser kann jedoch in einzelnen Kammerbezirken höher sein, als der Kammerbeitrag für nur eine Zulassung.

A.10 Der Syndikusrechtsanwalt/Die Syndikusrechtsanwältin

aussetzungen erfüllt (also insbesondere sog. „Altsyndici"), verpflichtet sei, sich als Syndikusrechtsanwalt zuzulassen, vereinzelt geblieben ist.[25] Eine solche Zulassungspflicht ist nach richtiger Auffassung nicht gegeben, auch nicht für „Altsyndici", die noch ihre Zulassung als niedergelassene Rechtsanwälte beibehalten haben, aber nicht für das Unternehmen als Syndikusrechtsanwälte neuer Rechtslage tätig werden. Davon unabhängig ist eine Zulassung nach neuem Recht berufspolitisch natürlich wünschenswert.

3. Die Erstreckung

Um bei einer Änderung der Tätigkeit oder gar Wechsel des Arbeitsverhältnisses eine geschlossene Zulassung zu ermöglichen, sieht das Gesetz in § 46 b Abs. 3 BRAO vor, dass die Zulassung auf weitere Arbeitsverhältnisse oder wesentliche geänderte Tätigkeiten erstreckt werden kann. Erforderlich ist hierfür wiederum ein Antrag bei der Rechtsanwaltskammer. Oftmals wird fraglich sein, ob eine Tätigkeitsänderung wesentlich oder unwesentlich ist. Bei unwesentlichen Änderungen wäre eine Erstreckung an sich nicht erforderlich. Hier empfiehlt sich jedoch schon im Hinblick auf die sozialversicherungsrechtlichen Folgen (siehe unter Nr. 7), vorsorglich eine Erstreckung zu beantragen.

4. Vorteile der Zulassung als Syndikusrechtsanwalt

Abgesehen von etwaigen sozialversicherungsrechtlichen Vorteilen (siehe unter Nr. 7) hat die Zulassung den Vorteil, dass man einem freien Beruf angehört, der ein hohes Vertrauen in der Gesellschaft genießt, man als Teil der Rechtsanwaltschaft tätig ist und nicht zuletzt mit externen Anwälten „auf Augenhöhe" zusammenarbeiten kann. Zudem darf nur der Syndikusrechtsanwalt für seinen Arbeitgeber vor zivilrechtlichen Amtsgerichten sowie der Verwaltungs-, Sozial- und Finanzgerichtsbarkeit als Anwalt vor Gericht auftreten.

Auch wird in Unternehmen immer mehr Wert auf anwaltlichen Rat als Teil guter Unternehmensführung gelegt; auch aus Haftungsgründen, wonach valide Rechtsberatung (intern oder extern eingeholt) zu Haftungserleichterung bis hin zur Enthaftung bei unternehmerischem Fehlverhalten führen kann. Ob allerdings nur der nach neuem Recht zugelassene Syndikusrechtsanwalt seinen Arbeitgeber im Sinne der Business Judgement Rule enthaften kann, ist von der Rechtsprechung noch nicht entschieden worden.[26] Auf den ersten Blick ist kein Grund ersichtlich, warum nicht auch der Syndikus alter Prägung, der als Rechtsanwalt zugelassen ist und dem der Arbeitgeber fachliche Weisungsfreiheit bescheinigt hat, den Arbeitgeber mit enthaftender Wirkung beraten darf. Denn auch beim Syndikusanwalt

---

[25] Kury, „Altsyndizi" und Zulassung, BRAK Magazin 01/2016, S. 3; für die Gegenmeinung siehe statt vieler *Offermann-Burckart*, Die neue Zulassung als Syndikusrechtsanwalt und ihre rechtlichen Folgen, 13 Fragen und Antworten zur Neuordnung des Rechts der Syndikusanwälte, AnwBl 2016, 125, 134.

[26] Generell zu diesem Thema *Fleischer*, Vorstandshaftung und Vertrauen auf anwaltlichen Rat, NZG 2010, 121; zur enthaftenden Beratung durch Syndikusrechtsanwälte *Junker/Zwach*, Das Syndikusrechtsanwaltsgesetz, Auswirkungen auf Unternehmen, in: Die Neuregelung des Rechts der Syndikusanwälte, 2017, S. 64, 70.

A.10 DER SYNDIKUSRECHTSANWALT/DIE SYNDIKUSRECHTSANWÄLTIN

alter Prägung war anerkannt, dass es sinnvolle Rechtsberatung nur gibt, wenn sie in der Sache des Rechts weisungsfrei und insofern unabhängig erfolgt.[27]

5. Anwendung des Berufsrechts auf den Syndikusrechtsanwalt

Der Tatsache, dass auch der Syndikusrechtsanwalt Organ der Rechtspflege im Sinne des § 1 BRAO ist, ist es geschuldet, dass das Berufsrecht, so wie es in BRAO und BORA seinen Niederschlag gefunden hat, bis auf wenige Ausnahmen auch für den Syndikusrechtsanwalt gilt, § 46 c Abs. 1 BRAO. Zu nennen ist insbesondere das Verbot der Vertretung widerstreitenden Interessen (§ 43 a Abs. 4 BRAO), die berufsrechtliche Verschwiegenheit (§ 43 a Abs. 2 BRAO), aber auch die Pflicht zur Nutzung eines beA (§ 31 a BRAO).

Keine Anwendung finden dagegen insbesondere die Verpflichtung, PKH-Mandate anzunehmen, die Verpflichtung zum Abschluss einer Berufshaftpflichtversicherung sowie die besonderen Vergütungsregelungen, § 46 c Abs. 3 BRAO (mit der Ausnahme des Verbotes, Erfolgshonorare zu vereinbaren). Daneben gibt es Vorschriften, die zwar anwendbar sind, aber faktisch ins Leere gehen. So wird den Syndikusrechtsanwalt die Verpflichtung zur getrennten Verwahrung von Fremdgeldern nach § 43 a Abs. 5 BRAO nicht betreffen, da der Syndikusrechtsanwalt typischerweise keine Fremdgelder erhält. Auch die Werbeverbote des § 43 b BRAO treffen den Syndikusrechtsanwalt nicht, da er keine externe Akquise betreibt. Schließlich gilt das Verbot der Beratung widerstreitender Interessen nur für den Syndikusrechtsanwalt selbst, denn weder liegt eine Berufsausübungs-, noch eine Bürogemeinschaft zwischen den Syndikusrechtsanwälten eines Unternehmens vor, die zu einer erweiterten Anwendung nach § 3 Abs. 2 BORA führen würde.

6. Unterschiede im Vergleich zum niedergelassenen Anwalt

Im Übrigen verbleiben im Wesentlichen zwei Unterschiede zwischen niedergelassenen Anwälten und Syndikusrechtsanwälten: Der Syndikusrechtsanwalt kann sich nicht auf das strafrechtliche Beschlagnahme- und Aussageverweigerungsrecht nach § 53 Abs. 1 S. 1 Nr. 3 h und § 97 Abs. 1 bis 3 StPO berufen (hingegen hat er das zivilrechtliche Aussageverweigerungsrecht nach § 383 Abs. 1 Ziff. 6 ZPO). Auch darf er für seinen Arbeitgeber nicht als Rechtsanwalt vor den Arbeitsgerichten und vor Zivilgerichten mit Anwaltszwang auftreten, § 46 c Abs. 2 BRAO. Einschränkungen gelten schließlich auch in Straf- und Bußgeldverfahren. Ob diese Unterschiede einer Prüfung an Art. 3 und 12 GG standhalten oder in naher Zukunft aufgegeben werden, bleibt abzuwarten.[28]

7. Die Befreiung von der gesetzlichen Rentenversicherungspflicht

Zu den besonderen Vorzügen der Anwaltschaft gehört es, dass sie ihre Altersversorgung durch eigene Versorgungswerke und unabhängig von der gesetzlichen Rentenversicherung

---
27 *Hamacher* in der Vorauflage, S. 162.
28 Siehe zu den Unterschieden im Detail *Offermann-Burckart*, AnwBl 2016, 125, 134.

A.10 DER SYNDIKUSRECHTSANWALT/DIE SYNDIKUSRECHTSANWÄLTIN

gewährleistet. Als Teil der Rechtsanwaltschaft ist der Syndikusrechtsanwalt automatisch Mitglied in dem für seinen Kammerbezirk zuständigen Rechtsanwaltsversorgungswerk (Pflichtmitgliedschaft) und bezieht von dort (zusätzliche) Altersversorgungsleistungen, deren Höhe von den vom ihm geleisteten einkommensbezogenen Beitragszahlung abhängen.

Da das vom Arbeitgeber gezahlte Gehalt grundsätzlich der Beitragspflicht in gesetzlichen Rentenversicherung unterliegt (Arbeitnehmer sind mit Aufnahme ihrer Berufstätigkeit grundsätzlich in der gesetzlichen Rentenversicherung pflichtversichert, § 1 Abs. 1 Nr. 1 SGB VI), kann der Syndikusrechtsanwalt einen entsprechenden Befreiungsantrag zugunsten seines berufsständischen Versorgungswerks stellen, um von der diesbezüglichen Beitragszahlung in der Rentenversicherung befreit zu sein. Damit koordiniert das SGB VI die selbstständig nebeneinanderstehenden, sich partiell überschneidenden Systeme der berufsständischen Altersvorsorge und der gesetzlichen Rentenversicherung und verhindert so, dass Beiträge zu zwei sozialen Sicherungssystemen gezahlt werden müssen.

Voraussetzung für einen entsprechenden Befreiungsantrag ist, dass die Tätigkeit im Unternehmen/Verband eine anwaltliche ist, was im Zulassungsverfahren von der zuständigen Rechtsanwaltskammer bereits geprüft wird. Insofern ist es nur konsequent, dass sich der Gesetzgeber entschieden hat, für einen Gleichlauf der beiden Verfahrensentscheidungen (Zulassungsverfahren/Befreiungsverfahren) zu sorgen, wobei die berufsrechtliche im Zulassungsverfahren die Entscheidung im Befreiungsverfahren bindet.

So sieht die BRAO vor, dass im Rahmen des Zulassungsverfahrens eine Anhörung der Rentenversicherung erfolgen muss und der Deutschen Rentenversicherung Bund ein Klagerecht gegen die Zulassungsentscheidung zum zuständigen Anwaltsgerichtshof zusteht. Macht diese hiervon keinen Gebrauch, ist sie im anschließenden Befreiungsverfahren an die Zulassungsentscheidung der Kammer gebunden (§ 46a Abs. 2 S. 4 BRAO) und der Syndikusrechtsanwalt bei Vorliegen der weiteren Voraussetzungen von der Rentenversicherungspflicht zu befreien. Der Antrag auf Befreiung von der gesetzlichen Rentenversicherungspflicht (Antragsfrist drei Monate, § 6 Abs. 4 SGB VI) ist immer zusätzlich zum Antrag auf Zulassung zur Rechtsanwaltschaft zu stellen; beide Verfahren laufen parallel (wenn auch mit o.g. Bindungswirkung). Die Antragsstellung sollte dabei regelmäßig über das zuständige Rechtsanwaltsversorgungswerk erfolgen.

Will die Rechtsanwaltskammer einem Antrag auf Zulassung als Syndikusrechtsanwalt entsprechen, übersendet sie der DRV Bund ihre begründete Einschätzung zur Stellungnahme. Beizufügen sind die Unterlagen, die die Kammer zur Frage, ob eine Tätigkeit als Syndikusrechtsanwalt vorliegt, ausgewertet hat. Ausdrücklich nicht übersandt werden müssen die Unterlagen, die die Zulassungsvoraussetzungen nach § 7 BRAO betreffen. Die DRV Bund verlangt insbesondere die Vorlage des Arbeitsvertrages einschließlich sämtlicher Nachträge und Anlagen. Von zentraler Bedeutung ist dabei die Tätigkeitsbeschreibung. Nach der Verwaltungspraxis der DRV Bund soll eine pauschale oder am Gesetzeswortlaut von § 46 Abs. 3 und 4 BRAO orientierte Beschreibung nicht genügen. Nach Prüfung der entspre-

A.10 DER SYNDIKUSRECHTSANWALT/DIE SYNDIKUSRECHTSANWÄLTIN

chenden Unterlagen und gegebenenfalls der Auswertung weiterer eigener Erkenntnisse übersendet die DRV Bund ihre Stellungnahme an die Rechtsanwaltskammer zur abschließenden Entscheidung.

Stimmt die DRV Bund der Auffassung der Rechtsanwaltskammer zu, dass es sich bei der beantragten Tätigkeit um eine solche als „Syndikusrechtsanwalt" handelt, wird neben der Zulassung (durch die Rechtsanwaltskammer) auch die Befreiung (durch die DRV Bund) ausgesprochen, wenn die weiteren Voraussetzungen nach § 6 Abs. 1 S. 1 Nr. 1 SGB VI vorliegen.

Wichtig ist, dass bei einer Beendigung der Tätigkeit oder einem Tätigkeitswechsel, der zu einer Änderung des der Befreiung zugrundeliegenden Arbeitsvertrages führt, die Befreiung automatisch endet, ohne dass es einer formellen Rücknahme bedarf. Dies gilt selbst dann, wenn die Zulassung für diese Beschäftigung durch die Rechtsanwaltskammer nicht widerrufen wird. Nach Auffassung der DRV Bund ist auch bei jeder Erstreckungsentscheidung (siehe unter Nr. 3) ein neuer Befreiungsantrag innerhalb von drei Monaten zu stellen, § 6 Abs. 4 SGB VI.

Syndikusrechtsanwälte, die in der Vergangenheit nicht mehr im Besitz einer gültigen Befreiungsentscheidung waren, nach neuem Recht zugelassen und für diese Beschäftigung von Rentenversicherungspflicht befreit wurden, konnten bis zum Ablauf des 1.4.2016 gemäß § 231 Abs. 4 b SGB VI einen zusätzlichen Antrag auf rückwirkende Befreiung stellen. Eine Befreiung für Beschäftigungszeiten ab dem 1.4.2016 setzte dabei eine einkommensbezogene Beitragszahlung zum Versorgungswerk nicht unbedingt voraus. Hier war ein Bezug zur berufsständischen Versorgung durch Zahlung von Mindestbeiträgen neben einer Pflichtbeitragszahlung zur gesetzlichen Rentenversicherung ausreichend. Umstritten ist die Frage der rückwirkenden Befreiung für Zeiten vor dem 1.4.2016. Die DRV Bund vertritt dabei die Auffassung, dass der nach den Satzungen vieler Rechtsanwaltsversorgungswerke zu entrichtenden Mindestbeitrag nicht als „einkommensbezogene Pflichtbeitrag" im Sinne von § 231 Abs. 4 b S. 4 SGB VI anzusehen ist. Diese Auffassung widerspricht jedoch den Beschlüssen des BVerfG vom 19.7.2016 und vom 22.7.2016.[29]

Syndikusrechtsanwälte, die nach neuem Recht zugelassen, aber wegen einer im zuständigen Versorgungswerk geltenden Altersgrenze dort nicht mehr Pflichtmitglied werden können, haben die Möglichkeit, gemäß § 231 Abs. 4 d SGB VI einen Antrag auf rückwirkende Befreiung zu stellen, wenn die Altersgrenze bis zum 31.12.2018 aufgehoben wird.[30]

Insbesondere für Übergangsfälle bestehen nach wie vor Unklarheiten, die auf Grund der restriktiven Verwaltungspraxis der DRV Bund eine gerichtliche Klärung erfordern. Eine detail-

---

29 BVerfG NJW 2016, 2731 und Beschl. v. 22.7.2016 – 1 BvR 2534/14; bspr. bei *Kilger/Prossliner*, , Das Recht der berufsständischen Versorgung seit dem Jahr 2015, NJW 2016 3138, 3139; ebenso SG Freiburg, Urt. v. 14.12.2017 – S 20 R 2937/17; *Hartmann/Horn*, Die Verwaltungspraxis bei der Umsetzung des Syndikusgesetzes, AnwBl online 2016, 255 (257); *Huff*, SG Freiburg zu Syndikusanwälten: Immer Ärger mit der Rentenversicherung, LTO v. 7.12.2017.
30 Hierzu krit. *Kilger/Prossliner*, NJW 2016 3138, 3139.

A.10 DER SYNDIKUSRECHTSANWALT/DIE SYNDIKUSRECHTSANWÄLTIN

lierte Darstellung sämtlicher Probleme würde den Rahmen dieser Darstellung sprengen. Hier sei auf die regelmäßig erscheinenden Aufsätze im Anwaltsblatt verwiesen. Es empfiehlt sich außerdem, regelmäßig die Webseiten der Rechtsanwaltsversorgungswerke zu konsultieren, da diese über aktuelle Entwicklungen informieren.

III. Schlussbemerkung

Da die ausdrückliche Anerkennung der Tätigkeit von Rechtsanwälten in Unternehmen und Verbänden durch das Syndikusanwaltsgesetz relativ frisch ist und die Ausprägung dieses Teils des Berufsbildes durch das tätigkeitsbezogene Zulassungsverfahren besondere Beachtung erfährt, bleibt abzuwarten, wie sich das Berufsbild insgesamt bzw. insbesondere bei den Syndikusrechtanwälten im Weiteren entwickelt. Es wird ferner zu sehen sein, wie sich die Zulassungszahlen entwickeln und wie Zweifelsfragen hinsichtlich Tätigkeiten und Zulassungsverfahren durch die anwaltsgerichtliche Rechtsprechung geklärt werden.

Trotz aller Widrigkeiten der Vergangenheit, Gegenwart und Zukunft und trotz der grundsätzlichen Kritik am gesonderten Zulassungsverfahren bleibt festzuhalten, dass die Neuregelung des Rechts der Syndikusanwälte insgesamt positiv für die Anwaltschaft zu bewerten ist und die anwaltliche Tätigkeit in Unternehmen und Verbänden rechtssicherer und damit – nicht nur für Berufsanfänger – ein weiteres Stückchen attraktiver gemacht hat.

Weiterführende Informationen, auch zu dem jährlich von der Arbeitsgemeinschaft Syndikusanwälte in Berlin veranstalteten Deutschen Syndikusanwaltstag (dem „Pflichttermin für Syndici"), sind unter www.syndikusanwaelte.de abrufbar.

A.11 Das SGB III – Kenntnis auch aus Eigennutz!?

Assessor Tobias Schlaeger, Düsseldorf
Rechtsanwalt Norman Lenger, LL.M., Köln

„Kümmern Sie sich um die wichtigste Akte Ihres Lebens. Ihre eigene."[1] Allerdings ist – auch falls die DAV-Anwaltausbildung[2] absolviert wurde – diese besondere Akte nicht automatisch mit dem erfolgreichen Ende der Ausbildung zu schließen. Ebenso wichtig wird für viele Jungjuristen und frisch gebackene Assessoren die Bearbeitung der eigenen Akte unter dem Aspekt der Arbeitslosigkeit. Denn nicht alle dürften im direkten Anschluss an das bestandene 2. Examen schon einen Beruf ergreifen können, sind die Examensnoten doch das Hauptkriterium für potentielle Arbeitgeber. Das bedeutet also, dass viele während der Stellensuche zumindest kurzzeitig arbeitslos sind. Insofern sollten sich auch diejenigen, die ihr späteres Betätigungsfeld nicht im Sozialrecht (siehe dazu den Beitrag von *Richter* im Kapitel E. Spezialisierung) suchen, mit den für sie wichtigen Normen des Dritten Buches des Sozialgesetzbuches (SGB III) befassen. Die sich in dieser Phase bietenden Möglichkeiten sollen im Folgenden kurz geschildert werden. Dabei werden die beruflichen Ziele der (abhängigen) Beschäftigung (I.) und der Selbstständigkeit (II.) getrennt behandelt.

I. Ziel: Die Beschäftigung

Zunächst soll das Wesentlichste für Arbeitslose mit dem Ziel der Ausübung einer (abhängigen) Beschäftigung (vgl. § 7 SGB IV) dargestellt werden. Dabei wird das SGB III in der derzeitigen Fassung (geändert m.W.v. 25.7.2017 durch Gesetz v. 17.7.2017, BGBl. I S. 2541) zugrunde gelegt.

1. Wie geht es los? (Die Arbeitsuchend- und Arbeitslosmeldung)

Referendare werden im Regelfall durch die Ausbildungsstelle rechtzeitig auf die Obliegenheit der Arbeitsuchendmeldung nach § 38 SGB III[3] hingewiesen, wonach sich Personen, deren Arbeits- oder Ausbildungsverhältnis endet, verpflichtet sind, sich spätestens drei Monate vor dessen Beendigung persönlich bei der Agentur für Arbeit (AA)[4] arbeitsuchend zu melden. Da die Verletzung dieser Obliegenheit eine sog. Sperrzeit auslöst, also den Anspruch zum Ruhen bringt und die Bezugsdauer des Arbeitslosengeldes um eine Woche verkürzt,[5] sollte der Meldezeitraum eingehalten werden. Zur Wahrung der Frist reicht eine Anzeige unter Angabe der persönlichen Daten und des Beendigungszeitpunktes aus, wenn die persönliche Meldung nach terminlicher Vereinbarung nachgeholt wird (§ 38 Abs. 1 S. 3 SGB III). Dafür ist jeder Kommunikationsweg (schriftlich per Post, per Fax, per E-Mail, Online-Formu-

---

[1] So lautete der treffende Werbespruch, mit dem einige Jahre lang für die DAV-Anwaltausbildung geworben wurde.
[2] Vgl. nunmehr: http://www.juristische-weiterbildung.de/jur_weiterbildung/ma_anwaltsrecht_anwaltspraxis.shtml.
[3] Ausführlich dazu *Samartzis*, SRa 2013, 1 ff.; ferner BSG v. 13.3.2018 – B 11 AL 12/17 R.
[4] Synonym wird hier auch die Bezeichnung Bundesagentur (BA) verwendet.
[5] § 159 Abs. 1 S. 2 Nr. 7, Abs. 6 SGB III.

A.11 DAS SGB III – KENNTNIS AUCH AUS EIGENNUTZ!?

lar[6] usw.) möglich.[7] Durch eine frühzeitige Meldung als arbeitsuchend soll der Eintritt des Versicherungsfalles der Arbeitslosigkeit durch eine früh einsetzende Vermittlung durch die AA nach Möglichkeit verhindert werden, was jedoch angesichts der realen Verwaltungspraxis der AA, Juristen erst nach Bestehen des 2. Examens überhaupt zu einem Gespräch zu laden, ins Leere gehen dürfte.

In diesem Zusammenhang ein gesonderter **Hinweis**: wenn ein Ausbildungsverhältnis mit dem Ablegen einer mündlichen Prüfung endet (hier: das 2. Juristische Staatsexamen), dann soll es nach einem Urteil des LSG München[8] für das Entstehen der Meldepflicht nicht ausreichen, dass dem Kandidaten ein voraussichtlicher Prüfungstermin mitgeteilt werde, da dieser noch verlegt oder die Prüfung nicht bestanden werden könne. In einem solchen Fall liege die relevante Kenntnis vom Beendigungszeitpunkt vielmehr erst am Prüfungstag vor. Dieses Urteil ist wenig überzeugend und geht sowohl an der Prüfungsrealität[9] und der Praxis der AA vorbei.[10] Es kann jedoch als „Rettungsanker" für Fälle der verspäteten § 38-Meldung herangezogen werden. Vorsorglich sollte die Meldefrist des § 38 SGB III aber eingehalten werden, zumal auf diese Weise auch die nahtlose(re) Bewilligung von Arbeitslosengeld gewährleistet sein sollte.

Die AA und der Arbeitslose halten im Rahmen des nun folgenden ersten Beratungs- bzw. Vermittlungsgespräches (sog. Potenzialanalyse, § 37 SGB III) in der (zusammen erarbeiteten) Eingliederungsvereinbarung die zu einer beruflichen Eingliederung erforderlichen Leistungen und die Eigenbemühungen des Arbeitslosen fest. Sie kann nicht einseitig durch Verwaltungsakt ausgestaltet werden; ihr Abschluss steht auch nicht im Ermessen der AA.[11] In der Eingliederungsvereinbarung nach dem SGB III werden – zumindest pro forma – die Vermittlungsbemühungen der AA[12] sowie die zu unternehmenden Eigenbemühungen des Arbeitslosen schriftlich festgehalten. Ferner sollen dort auch die vorgesehenen Leistungen der aktiven Arbeitsförderung (§§ 44 ff. SGB III) festgehalten werden (z.B. Bewerbungs- und Reisekosten, Fachanwaltskurs). Anschließend werden die aktuellen Chancen für Volljuristen auf dem Arbeitsmarkt sowie einige der bestehenden Pflichten erörtert. Diese sind hauptsächlich, neben der Pflicht zu Eigenbemühungen, die Pflicht zum Umzug und zur Annahme zumutbarer Tätigkeiten sowie die grundsätzlichen Melde- und Mitwirkungspflichten.[13]

Verstößt der Arbeitslose gegen seine Verpflichtungen aus der Eingliederungsvereinbarung, so kommt – wie erwähnt – eine Sperrzeit[14] in Betracht. Eine Sperrzeit wegen unzureichenden Eigenbemühungen tritt dabei auch ein, wenn der Leistungsberechtigte die durch Ein-

---

6 Laut dem „Merkblatt 3" der Bundesagentur für Arbeit (Stand: 10/2016, dort Seite 6) kann die Mitteilung auch als Online-Anzeige über die JOBBÖRSE auf der Homepage der Bundesagentur für Arbeit (www.arbeitsagentur.de) erfolgen; s.a. Samartzis SRa 2013, 1, 3.
7 Vgl. *Winkler*, info also 2009, 3, 4; *Brand* in: Brand, SGB III, 2018, § 38 Rn. 17.
8 Urt. v. 27.1.2015 – L 10 AL 382/13.
9 Was gilt z.B. für diejenigen, die schon vor der mündlichen Prüfung sicher bestanden haben?
10 Ähnlich kritisch *Harks*, jurisPR-SozR 13/2015 Anm. 3.
11 Vgl. *Brand* in: Brand, SGB III, 2018, § 37 Rn. 3.
12 Diese beschränken sich oft auf die Einstellung des Bewerberprofils in die Datenbank der BA.
13 §§ 138 ff, 309 ff. SGB III, §§ 60 ff. SGB I.
14 § 159 Abs. 1 S. 2 Nr. 3, § 138 Abs. 4 Nr. 1 SGB III.

A.11 DAS SGB III – KENNTNIS AUCH AUS EIGENNUTZ!?

gliederungsvereinbarung wirksam konkretisierten Eigenbemühungen im Einzelfall zwar vornimmt, diese aber nicht fristgerecht nachweist.[15] Insofern empfiehlt sich eine schriftliche Dokumentation der Bewerbungsbemühungen. Denn im Extremfall kann sogar die Vermittlung eingestellt werden, so dass damit auch zugleich der Anspruch auf Arbeitslosengeld entfällt.[16]

Der Arbeitslose hat sich ferner persönlich bei der zuständigen AA arbeitslos zu melden.[17] Bei Eintritt der Arbeitslosigkeit innerhalb der nächsten drei Monate kann die Arbeitslosmeldung mit der Arbeitsuchendmeldung verbunden werden. Zugleich gilt das Arbeitslosengeld (§§ 136 ff. SGB III), welches als sog. Leistung der Arbeitsförderung dem Antragserfordernis unterliegt,[18] mit der Arbeitslosmeldung (nicht bereits mit der Arbeitsuchendmeldung) als beantragt, so dass im Regelfall insoweit keine Fristen versäumt werden können.

2.. Was muss ich tun? Was bekomme ich?

a) Das Arbeitslosengeld

Referendare haben allesamt die erforderliche Anwartschaftszeit von mindestens 12 Monaten erfüllt (vgl. § 142 SGB III). Sie erhalten 12 Monate lang Arbeitslosengeld in Höhe von in der Regel 60 %[19] des pauschalierten Nettoeinkommens (§ 149 SGB III), also je nach Bundesland (und Steuerklasse) circa 600 EUR.[20] Genaueres ergibt das Selbstberechnungsprogramm der AA.[21] Klar ist, dass dies zum Leben kaum reicht. Daher kann u.a. auch Wohngeld bei den Wohngeldstellen der Städte und Gemeinden beantragt werden. Sollte Ihnen während einer Station eine Zusatzvergütung gewährt worden sein, wie es etwa bei größeren Kanzleien inzwischen üblich ist, so erhöht sich das Arbeitslosengeld dementsprechend, da diese Zusatzvergütung zum Bemessungsentgelt gehört.[22]

Nicht unerwähnt soll an dieser Stelle auch bleiben, dass den Assessoren mit dem Tag nach Bestehen des 2. Staatsexamens von Gesetzes wegen keine Unterhaltsbeihilfe als Arbeitsentgelt mehr zusteht,[23] das Ausbildungsverhältnis mit dem Bestehen endet. Gleichwohl geht die Verwaltungspraxis dahin, die Unterhaltsbeihilfe aus Gründen der Verwaltungsvereinfachung bis zum Ablauf des Examensmonats zu gewähren. Dieser Umstand veranlasst jedoch einen Teil der AA anzunehmen, den Teil der Unterhaltsbeihilfe, der auf die Tage nach

---

15 BSG v. 4.4.2017 – B 11 AL 19/16 R, BeckRS 2017, 116627; siehe auch *Bieback*, jurisPR-SozR 22/2017 Anm. 3.
16 § 138 Abs. 1 Nr. 3, Abs. 5 SGB III.
17 § 141 Abs. 1 SGB III.
18 § 323 Abs. 1, § 324 SGB III, § 19 S. 1 SGB IV.
19 Sind Kinder vorhanden, so beträgt der Leistungssatz 67 %, vgl. § 149 Nr. 1 SGB III.
20 Vgl. zur Berechnung und den rechtlichen Grundlagen der sog. Unterhaltsbeihilfen: BVerwG v. 15.12.2016 – 2 C 31/15, NVwZ-RR 2017, 789 ff.
21 http://www.pub.arbeitsagentur.de/alt.html.
22 Vgl. § 151 SGB III; vgl. auch SG Hamburg v. 25.9.2007 – S 22 KR 866/06; *Schlaeger/Lenger*, JuS-Magazin 4/2008, S. 13 ff.; ferner aus jüngerer Zeit: BSG v. 31.3.2015 – B 12 R 1/13 R; *Meyerhoff*, SGb 2016, 214 ff.; *Wiegand*, JM 2016, 114 ff.; *Serr/Vielmeier*, NZS 2016, 84 ff.
23 Am Beispiel Nordrhein-Westfalens: § 32 Abs. 3 S. 1, 6 JAG NRW i.V.m. §§ 1 Abs. 2, 2 Abs. 2 Rechtsreferendar-UnterhaltsbeihilfeVO NRW (v. 31.10.2014; GV.NRW. 2014, 716).

A.11 DAS SGB III – KENNTNIS AUCH AUS EIGENNUTZ!?

Bestehen des Examens entfällt, als Arbeitsentgelt im Sinne von § 157 SGB III zu betrachten mit der Folge, dass der Anspruch auf Arbeitslosengeld ruht. Dieser Betrag wird also einbehalten. Da nach der Rechtslage der einschlägigen Unterhaltsbeihilfeverordnungen der Länder jedoch kein Anspruch (i.S.v. § 157 SGB III) auf dieses vermeintliche Arbeitsentgelt besteht, stellt der Teil der Unterhaltsbeihilfe, der auf die Resttage im Examensmonat entfällt, kein Arbeitsentgelt in diesem Sinne dar.[24] Ein anderslautender Verwaltungsakt der AA ist rechtswidrig und sollte mittels Widerspruch angegriffen werden. Für die Fälle, in denen die Widerspruchsfrist bereits abgelaufen ist, kann mittels Antrag nach § 44 SGB X das sog. „Zugunstenverfahren" eingeleitet werden. Da der Verwaltungsakt nämlich von Anfang rechtswidrig war, weil das Recht bei dessen Erlass unrichtig angewendet wurde, kann rückwirkend – bis zu einem Zeitraum von vier Jahren – das vorenthaltene Arbeitslosengeld nachgefordert werden.

Im Übrigen wurde der (durchaus kreative) Versuch unternommen, sich ein Arbeitslosengeld zu erstreiten, welches sich nicht an der tatsächlich gezahlten Unterhaltsbeihilfe (vgl. § 151 SGB III) orientiert, sondern in Höhe eines (nach § 152 SGB III fiktiv bemessenem) Richtergehalts (Besoldungsgruppe R1), was aber – wie zu erwarten – erfolglos war.[25] Dafür fehlt es u.a. an einer Rechtsgrundlage.

b) Bewerbungs- und Reisekosten, Mobilitätshilfen

Arbeitsuchenden und Arbeitslosen können auf Antrag Leistungen der Aktivierung und beruflichen Eingliederung (§§ 44 ff. SGB III) gewährt werden, die jedoch in der Regel Ermessensleistungen[26] (vgl. § 3 Abs. 3 SGB III) sind. Die praktisch wichtigste Leistung für Jungjuristen stellt die Förderung aus dem „Vermittlungsbudget" (seit 1.4.2012: § 44 SGB III)[27] dar. Während bis zum Jahr 2008 die Einzelleistungen noch katalogmäßig im SGB III aufgelistet waren (vgl. z.B. §§ 45, 53 SGB III a.F.), ist der Gesetzgeber ab 2009 dazu übergegangen, die Handlungsspielräume der AA zu flexibilisieren. An die Stelle der Kataloge ist das sog. Vermittlungsbudget getreten, in welches auch die bisherigen Erfahrungen der sog. freien Förderung (§ 10 SGB III a.F.) einfließen sollten. Insgesamt betrachtet der Gesetzgeber das Vermittlungsbudget als „Grundlage für die flexible, bedarfsgerechte und unbürokratische Förderung von Arbeitsuchenden".[28]

Da die einzelnen Leistungen mitsamt den jeweiligen Obergrenzen seit 2009 nicht mehr explizit im SGB III genannt werden, sollen sie noch einmal gesondert aufgelistet werden. Dies hat den Hintergrund, dass sich die Förderung nach wie vor am bis Ende 2008 geltenden

---

24 Ausführlich dazu *Schlaeger*, jurisPR-SozR 6/2013 Anm. 3 m.w.N.; LSG München v. 19.9.2017 – L 10 AL 239/16.
25 Vgl. LSG Halle v. 24.5.2012 – L 2 AL 82/09; ausführlich dazu *Schlaeger*, jurisPR-SozR 6/2013 Anm. 3.
26 Die stetig zunehmende Ausgestaltung der Leistungen als Ermessensleistungen ist angesichts der Tatsache, dass die Ermessensausübung nicht gerade zu den Stärken der AA gehört, bedenklich und fördert (bundesweit gesehen) auch nicht die gebotene einheitliche Rechtsanwendung.
27 Zwischen dem 1.1.2009 und 31.3.2012 war das Vermittlungsbudget in § 45 SGB III geregelt.
28 Vgl. BT-Drucks. 16/10810, S. 31.

A.11 Das SGB III – Kenntnis auch aus Eigennutz!?

Recht orientiert,[29] die traditionellen Leistungstypen dieses „alten" Rechts demnach als Mindeststandard[30] bzw. Richtwerte fungieren:

§§ SGB III a.F.	Leistungen	Zuschuss
§ 45 S. 2 Nr. 1	Bewerbungskosten	5 EUR pro Bewerbung/ bis 260 EUR pro Zeitjahr[31]
§ 45 S. 2 Nr. 2	Reisekosten für Fahrten u.a. zur Vermittlung, Eignungsfeststellung, Vorstellung	bis 130 EUR pro Fahrt
§§ 53 Abs. 2 Nr. 2, 54 Abs. 2	Ausrüstungsbeihilfe für Arbeitskleidung und Arbeitsgerät	bis 260 EUR pro Zeitjahr
§§ 53 Abs. 2 Nr. 3 a, 54 Abs. 3	Reisekostenbeihilfe für Fahrt zum Antritt einer Arbeitsstelle	bis 300 EUR pro Zeitjahr
§§ 53 Abs. 2 Nr. 3 b, 54 Abs. 4	Fahrkostenbeihilfe für tägliche Fahrten zwischen Wohnung und Arbeitsstelle	bis zu 6 Monate, i.d.R. bis 260 EUR pro Monat
§§ 53 Abs. 2 Nr. 3 c, 54 Abs. 5	Trennungskostenbeihilfe für getrennte Haushaltsführung	bis zu 6 Monate, bis 260 EUR pro Monat
§§ 53 Abs. 2 Nr. 3 d, 54 Abs. 6	Umzugskostenbeihilfe	bis 4.500 EUR

Es ist grundsätzlich ratsam, diese Leistungen auch in Zukunft unter der Herrschaft des „Vermittlungsbudgets" zu beantragen und die möglicherweise infrage kommenden Leistungsarten in die Eingliederungsvereinbarung (vgl. oben unter I.) aufzunehmen.

aa) Bewerbungs- und Reisekosten

Im Rahmen des ersten Beratungs- bzw. Vermittlungsgespräches sollte bereits nach Antragsformularen für Bewerbungs- und Reisekosten gefragt werden. Dies führt zum Stellen eines sog. Grundantrages, der für den sog. Vorherigkeitsgrundsatz (Antragstellung vor Leistungserbringung, § 324 SGB III) relevant ist. Danach können Kosten für die Erstellung und Versendung von Bewerbungsunterlagen als Bewerbungskosten sowie Kosten im Zu-

---
29 So z.B. auch *Hassel* in: Brand, SGB III, 2018, § 44 Rn. 8; *Stascheit*, info also 2009, 7 (von dem die Tabelle übernommen wurde); in diese Richtung tendiert auch das SG Berlin v. 5.8.2011 – S 58 AL 1308/11, info also 2011, 267, 268.
30 So *Bieback* in: Gagel, Kommentar zum SGB II/SGB III, Stand: 03/2018, § 44 SGB III Rn. 89.
31 Das Zeitjahr beginnt ab der ersten Inanspruchnahme von Bewerbungskosten etc. (vgl. Nachweise bei *Schlaeger*, info also 2007, 99, 100).

A.11 DAS SGB III – KENNTNIS AUCH AUS EIGENNUTZ!?

sammenhang mit Fahrten zur Berufsberatung, Vermittlung, Eignungsfeststellung und zu Vorstellungsgesprächen als Reisekosten von der AA übernommen werden. Wichtig ist: bei rechtzeitiger Antragstellung kommt es nicht auch darauf an, ob der Rücklauf eines Formulars noch vor der Leistungserbringung bzw. dem Ereignis erfolgt.[32]

Für eine Gewährung von Bewerbungskosten müssen grundsätzlich alle Voraussetzungen (anspruchsberechtigter Personenkreis, Subsidiarität, Erstattungsfähigkeit, Antrag, Ermessen)[33] gegeben sein. Die Praxis der AA ging bis 2008 dahin, die Kosten jeder Bewerbung pauschaliert mit 5 EUR zu erstatten.[34] Damit waren die sog. „Standardbewerbungskosten" (vor allem Kosten für ein Bewerbungsfoto, den Ausdruck eines Anschreibens, eine Bewerbungsmappe, Zeugniskopien und -übersetzungen, einen Briefumschlag, Klarsichthüllen und das Porto) durch den Pauschalbetrag von 5 EUR je nachgewiesener Bewerbung[35] abgegolten, unabhängig von Aufwand oder Qualität der Bewerbung bzw. ob es sich um eine Papier- oder Online-Bewerbung handelt.[36]

Nach neuerem Recht entscheidet die jeweils zuständige AA über den Umfang der zu erbringenden Leistungen, wobei jede einzelne AA eigene Pauschalen festlegen kann (vgl. § 44 Abs. 3 S. 1 SGB III). Dabei ist grundsätzlich davon auszugehen, dass auch weiterhin ein pauschalierter Richtwert von 5 EUR je nachgewiesener Bewerbung erstattungsfähig ist. Zwar ist dem Landessozialgericht Sachsen-Anhalt[37] zuzugeben, dass es nicht ersichtlich ist, dass die Zahlung eines Kostenbeitrags von 5 EUR pro Bewerbung die einzig rechtmäßige Entscheidung wäre. Allerdings war der bisherige Betrag nicht rechtswidrig oder zu hoch angesetzt.[38] Bemerkenswert ist allerdings, dass im Rahmen der Einkommensteuererklärung ein Werbungskostenabzug (§ 9 EStG) für jede Bewerbung mit Bewerbungsmappe i.H.v. 8,70 EUR als kostendeckend angesehen wird.[39] Im Rahmen des SGB III wurde mit den 5 EUR jedoch keine vollumfängliche Erstattung angestrebt, sondern es sollte nur eine monetäre Teilkompensation für die dem Arbeitslosen auferlegten Pflichten zur verstärkten Eigenbemühung und Wahrnehmung aller sich bietenden Chancen auf Aufnahme einer versicherungspflichtigen zumutbaren Beschäftigung gewährt werden.[40] Eine Erstattung unterhalb von 5 EUR dürfte allerdings in den meisten Fällen faktisch zu niedrig sein, dies insbesondere auch deshalb, weil der Betrag von 5 EUR schon seit mindestens ca. 15 Jahren gewährt wird, also in dieser Zeit nicht an die allgemeine Kostenentwicklung angepasst worden ist.

---

32 So zu Recht SG Berlin v. 5.8.2011 – S 58 AL 1308/11, info also 2011, 267, 268 unter Hinweis auf BSG v. 28.10.2009 – B 14 AS 56/08 R, SGb 2010, 731, 733f.
33 Vgl. dazu insgesamt *Mutschler* in: Knickrehm/Kreikebohm/Watermann, Kommentar zum Sozialrecht, 2017, § 44 SGB III Rn. 6ff.
34 Früher: § 3 der Anordnung zur Unterstützung der Beratung und Vermittlung (A-UBV) v. 10.4.2003.
35 Früher: § 3 Abs. 2 S. 2 A-UBV.
36 Ausführlich dazu *Schlaeger*, info also 2007, 99, 100.
37 Beschl. v. 4.4.2011 – L 5 AS 454/10 B ER, BeckRS 2011, 72087.
38 Keinerlei Hinweise dahin gehend etwa in BT-Drucks. 16/10810, S. 31 ff.
39 So z.B. FG Köln v. 7.7.2004 – 7 K 932/03, BeckRS 2004, 26016937 = DStRE 2004, 1455; bei Bewerbungen ohne Bewerbungsmappe (z.B. E-Mail-Bewerbungen, Kurzbewerbungen) hat das FG Köln einen Betrag von 2,55 EUR geschätzt; siehe auch *Gatzen* in: Braun/Günther, Das Steuer-Handbuch, 69. Lieferung 09/2017, Stichwort: Bewerbungskosten.
40 Vgl. *Schlaeger*, info also 2007, 99 m.w.N.

A.11 DAS SGB III – KENNTNIS AUCH AUS EIGENNUTZ!?

Ob die früher für Bewerbungskosten geltende obere Grenze von 260 EUR tatsächlich auf die derzeitige Rechtslage übertragbar ist, ist unklar. Sie wird mit beachtlichen Argumenten bestritten,[41] sie dürfte aber noch der Praxis vieler AA entsprechen.

Im Übrigen gilt: Werden Bewerbungskosten von der AA nicht erstattet, können sie als Werbungskosten bei den Einkünften aus nichtselbstständiger Arbeit berücksichtigt werden (dann mit 8,70 EUR bzw. 2,55 EUR, siehe Fn. 39).

Die Reisekostenerstattung ist ebenfalls subsidiär ausgestaltet und nur möglich, wenn der grundsätzlich gegebene Anspruch des zu einem Vorstellungsgespräch eingeladenen Bewerbers auf Kostenersatz gegen den Arbeitgeber gemäß § 670 BGB (analog),[42] wie dies inzwischen üblich ist, abbedungen ist. Häufig wird hierauf bereits in der Stellenanzeige bzw. spätestens in der persönlichen Einladung zu einem Gespräch hingewiesen. Nach § 44 Abs. 1 S. 3 SGB III ist es bereits ausreichend, wenn der (potentielle) Arbeitgeber gleichartigen Leistungen „voraussichtlich" nicht erbringen wird (voll überprüfbare Prognoseentscheidung). Zu beachten sein wir dabei auch, dass ein Bewerber vielfach schon aus (nicht unberechtigter) Angst um die potentielle Stelle keine Forderungen an den künftigen Arbeitgeber stellen wird. Käme es deshalb zu keiner Einstellung, müsste er gar mit einer Sperrzeit rechnen.[43]

Erstattungsfähig sind alle angemessenen Fahrtkosten, Tagespauschalen und Übernachtungskosten, auch solche von Begleitpersonen (z.B. bei Schwerbehinderung). Voraussetzung ist aber generell – wie auch bei den Bewerbungskosten –, dass im konkreten Fall eine versicherungspflichtige Beschäftigung angestrebt wird, denn arbeitslos ist u. a. nur, wer (zumindest auch!) eine versicherungspflichtige Beschäftigung sucht.[44]

Es sei noch der Hinweis darauf erlaubt, dass entgegen einer zeitweisen Praxis der AA[45] der Grundantrag auf Erstattung von Bewerbungs- oder Reisekosten auch die jeweils andere, nicht ausdrücklich beantragte unterstützende Leistung der Beratung und Vermittlung im Sinne von § 44 SGB III (zuvor: § 45 SGB III) umfasst. Der Antrag auf Bewerbungskosten umfasst also stets auch die Reisekosten; der Antrag auf Reisekosten stets auch die Bewerbungskosten.[46]

---

41 Vgl. *Herbst* in: Schlegel/Voelzke, jurisPK-SGB III, Stand: 18.5.2018, § 44 Rn. 196; *Apidopoulos* in: Mutschler/Schmidt-De Caluwe/Coseriu, SGB III, 2017, § 44 Rn. 30.
42 Vgl. BAG v. 29.6.1988 – 5 AZR 433/87, NZA 1989, 468 f.; *Müller-Glöge* in: Erfurter Kommentar zum Arbeitsrecht, § 629 BGB Rn. 13 ff.; zum dispositiven Charakter vgl. BAG v. 14.10.2003 – 9 AZR 657/02, NJW 2004, 2036, 2038.
43 So zu Recht *Rademacker* in: Hauck/Noftz, SGB III, 2016, K § 44 Rn. 34; SG Berlin v. 5.8.2011 – S 58 AL 1308/11, info also 2011, 267, 268.
44 Vgl. § 16 Abs. 1 Nr. 2 SGB III; vgl. ferner LSG Berlin, Urt. v. 15.8.2003 – L 4 AL 22/02.
45 Geschäftsanweisung UBV, V.UBV.01 Abs. 3 S. 2, Stand: 20.11.2006.
46 Vgl. *Schlaeger*, info also 2007, 99, 101 ff.; zum folgend BSG v. 12.5.2011 – B 11 AL 17/10 R, SozR 4-4300 § 45 Nr. 2; SG Augsburg v. 12.3.2008 – S 7 AL 327/05; *Staschelt*, info also 2009, 7, 9; *Eicher* in: Udsching/Rolfs, Jahrbuch des Sozialrechts, Band 29 (2008), S. 259, 277; siehe zum Verhältnis Eigenbemühungen und Reisekosten auch BSG v. 4.4.2017 – B 11 AL 19/16 R, BeckRS 2017, 116627; Bieback jurisPR-SozR 22/2017 Anm. 3 m.w.N.

A.11 Das SGB III – Kenntnis auch aus Eigennutz!?

Eine besondere Bestimmung zum Reisekostenersatz sieht § 309 Abs. 4 SGB III vor. Danach können die notwendigen Reisekosten, die der meldepflichtigen Person und einer erforderlichen Begleitperson aus Anlass der Meldung entstehen, auf Antrag übernommen werden, soweit sie nicht bereits nach anderen Vorschriften oder auf Grund anderer Vorschriften dieses Buches übernommen werden können.[47] Nach einer Entscheidung des BSG zum SGB II ist es ermessensfehlerhaft, Kosten von weniger als 10 EUR als Bagatellbetrag generell nicht zu erstatten.[48] Angesichts des sehr niedrigen Arbeitslosengelds bei ehem. Referendaren wird dies in aller Regel auf diese übertragbar sein. Um unnötige Streitigkeiten zu vermeiden, empfiehlt es sich indes, nicht jede einzelne Fahrt (bzw. Bewerbung) abzurechnen, sondern dies gesammelt zu tun.

bb) Mobilitätshilfen

Arbeitslose und von Arbeitslosigkeit bedrohte Arbeitsuchende können Mobilitätshilfen erhalten, soweit dies zur Aufnahme einer Beschäftigung notwendig ist. Diese sind ebenfalls Bestandteil der Förderung aus dem Vermittlungsbudget (§ 44 SGB III). Die förderungsfähigen Personen müssen lediglich zum Kreis der Arbeitnehmer i.s.v. §§ 15 ff. SGB III gehören und eine versicherungspflichtige Beschäftigung aufnehmen.[49] Diese Leistungsgewährung soll die regionale und berufliche Mobilität derjenigen erleichtern, die eine Beschäftigung aufnehmen (werden). Die Förderungsmittel der AA sollen nur erbracht werden, wenn das angestrebte Ziel – die Arbeitsaufnahme – sonst nicht zu verwirklichen ist, was erfordert, dass ohne die Gewährung der Mobilitätshilfen das Beschäftigungsverhältnis voraussichtlich nicht zu Stande kommen wird.[50] Für die erforderliche subjektive Notwendigkeit genügt eine allgemeine Kausalität dergestalt, dass ohne die Förderung die berufliche Eingliederung nicht, nicht in dieser Weise oder nicht so schnell erreicht worden wäre. Dafür muss die Darlegung des Arbeitslosen ausreichen, dass er die entstehenden Kosten nicht aus dem Anfangsgehalt bestreiten kann und diese auch nicht von dem künftigen Arbeitgeber übernommen werden.[51] Dies gilt zumindest dann, wenn kein Anhalt für eine sonstige ausreichende Leistungsfähigkeit des Arbeitslosen aufgrund eigener bereiter Mittel besteht. Für die objektive Notwendigkeit der Übernahme von Kosten z.B. für die Fahrt zur Unterzeichnung eines Arbeitsvertrages kommt es auf das Verhalten des künftigen Arbeitgebers an. Besteht dieser auf einer Vertragsunterzeichnung vor dem Arbeitsantritt, ist die Übernahme der entsprechenden Reisekosten eine notwendige Leistung i.S.d. § 44 Abs. 1 SGB III.[52] Ferner ist auch hier auf Grund des Vorherigkeitsgrundsatzes der Antrag vor Eintritt des leistungsbegründenden Ereignisses zu stellen.

---

47 Vgl. dazu LSG Bayern v. 27.3.2012 – L 11 AS 774/10, BeckRS 2012, 68754; BSG v. 6.12.2007 – B 14/7 b AS 50/06 R, SGb 2008, 740 ff.; *Winkler* in: Gagel, Kommentar zum SGB II/SGB III, Stand: 03/2018, § 309 SGB III Rn. 40.
48 BSG v. 6.12.2007 – B 14/7 b AS 50/06 R, SozR 4–4200 § 59 Nr. 1.
49 Vgl. BSG v. 12.12.2013 – B 4 AS 7/13 R, SozR 4-4200 § 16 Nr. 14. Zu beachten ist aber z.B. die Ausnahmeregelung in § 116 SGB III für behinderte Menschen.
50 Vgl. insgesamt dazu *Schlaeger*, info also 2006, 101, 101 f. m.w.N.; s.a. SG Nürnberg v. 1.6.2017 – S 2 AS 303/17, BeckRS 2017, 125961.
51 SG Berlin v. 5.8.2011 – S 58 AL 1308/11, info also 2011, 267, 268; *Barnusch*, info also 2011, 269.
52 SG Berlin v. 5.8.2011 – S 58 AL 1308/11, info also 2011, 267, 268; *Barnusch*, info also 2011, 269.

A.11 Das SGB III – Kenntnis auch aus Eigennutz!?

Insgesamt ist noch zu erwähnen, dass es ermessensfehlerhaft ist, eine Leistung allein wegen Erschöpfung der Haushaltsmittel abzulehnen.[53] Das Ermessen ist im Übrigen eingeschränkt, wenn die Förderung zur Erreichung der in der Eingliederungsvereinbarung festgelegten Eingliederungsziele erforderlich ist; in einem solchen Fall ist regelmäßig eine Förderung zu gewähren.[54]

c) Weiterbildung, Vermittlungsgutschein

Unter Umständen kommt sogar auch die Förderung der beruflichen Weiterbildung in Gestalt von Fachanwaltskursen in Betracht.[55] Voraussetzung hierfür ist u.a., dass die berufliche Weiterbildung zu einer positiven individuellen Beschäftigungsprognose führt. Eine bloß zweckmäßige Weiterbildung kann nicht gefördert werden. Es reicht also nicht aus, dass die konkrete berufliche Weiterbildung die Eingliederungschancen wenigstens nicht verschlechtert, sondern es muss die Erwartung bestehen, dass die Eingliederungschancen nach der Maßnahme besser sind als vorher.[56] Auch wenn die Praxis der AA in dieser Hinsicht eher restriktiv ausfällt, dürfte die Wahrscheinlichkeit der Bewilligung eines Fachanwaltkurses mit sinkenden Examensergebnissen steigen, weil dadurch die Vermittlungschancen deutlich verbessert werden können. Sollte z.b. eine Einstellungszusage eines Arbeitgebers (z.B. Kanzlei) vorliegen, die von dem Bestehen eines Fachanwaltskurses abhängt, so wird deutlich, dass der mit der Förderung verfolgte Zweck (Erlangung des Arbeitsplatzes) nur durch Übernahme der vollen Kosten erreicht werden kann. Insgesamt können sämtliche in diesem Zusammenhang entstehenden Kosten bei vorheriger Antragsstellung übernommen werden.[57]

3. Was muss ich noch tun? (Sperrzeiten, Eigenbemühungen, Zumutbarkeit, Erreichbarkeit)

Ein in der Praxis wesentlicher Fragenkomplex ist der des Sperrzeitenrechts mit dem damit zusammenhängenden Fragen der Erreichbarkeit des Arbeitslosen, der Zumutbarkeit der (möglichen) Beschäftigungen und den zu ergreifenden Eigenbemühungen.[58] Dazu jedoch nur ein paar knappe Hinweise (einige sind schon oben unter A. I. angesprochen worden).

Im Rahmen der Eigenbemühungen hat der Arbeitslose alle Möglichkeiten zur beruflichen Eingliederung zu nutzen, wozu insbesondere die Verpflichtungen aus der Eingliederungsvereinbarung und die Nutzung der Selbstinformationseinrichtungen der AA zählen. Dabei ist nicht jegliche Beschäftigung aufzunehmen, um die Arbeitslosigkeit zu beenden, sondern nur eine individuelle zumutbare. Eine solche Unzumutbarkeit kann z.B. personenbezogene

---

53 Vgl. BSG v. 25.10.1990 – 7 RAr 14/90, BSGE 67, 279, 280 ff.; ferner *Schlaeger*, info also 2006, 101, 102 ff.
54 *Schmidt* in: BeckOK-SozR, Stand: 06/2018, § 44 SGB III Rn. 3; *Biebback*, jurisPR-SozR 22/2017 Anm. 3.
55 §§ 81 ff. SGB III; vgl. auch LSG Berlin-Brandenburg v. 12.11.2008 – L 8 B 338/08 AL ER.
56 Vgl. *Grühn* in: Gagel, Kommentar zum SGB II/SGB III, Stand: 03/2018, § 81 SGB III Rn. 235.
57 Vgl. §§ 83 ff. SGB III.
58 §§ 159, 138 f. SGB III i.V.m. §§ 1 ff. Erreichbarkeitsanordnung (EAO) i.d.F. v. 26.9.2008; vgl. ausführlich dazu *Winkler*, info also 2007, 3 ff.

A.11 DAS SGB III – KENNTNIS AUCH AUS EIGENNUTZ!?

Gründe haben, wenn etwa die täglichen Pendelzeiten zwischen der Wohnung und Arbeitsstätte im Vergleich zur Arbeitszeit unverhältnismäßig lang sind (§ 140 Abs. 4 S. 1 SGB III).

Ferner ist dem Arbeitslosen grundsätzlich ein Umzug zur Beschäftigungsaufnahme zumutbar, es sei denn, es steht ein wichtiger Grund entgegen. Als einen solchen definiert § 140 Abs. 4 S. 7 SGB III im Hinblick auf den Schutz von Ehe und Familie (Art. 6 Abs. 1 GG) insbesondere familiäre Bindungen. Dementsprechend lässt die Aufgabe der gemeinsamen Ehewohnung[59] die Umzugsobliegenheit des Arbeitslosen ebenso entfallen wie die Erziehung von Kindern oder die Pflege von Angehörigen.

Den Vermittlungsbemühungen der AA steht nach zur Verfügung, wer u.a. eine versicherungspflichtige, mindestens 15 Stunden wöchentlich umfassende zumutbare Beschäftigung unter den üblichen Bedingungen des für ihn in Betracht kommenden Arbeitsmarktes ausüben kann und darf, Vorschlägen der AA zur beruflichen Eingliederung zeit- und ortsnah[60] Folge leisten kann und bereit ist, jede zumutbare Beschäftigung anzunehmen und auszuüben.[61] Wann der Arbeitslose zeit- und ortsnah erreichbar ist, regelt die Erreichbarkeitsanordnung (EAO).[62] Danach muss der Arbeitslose u.a. in der Lage sein, Mitteilungen der AA unverzüglich persönlich zur Kenntnis zu nehmen und die AA ohne unzumutbaren Aufwand täglich aufzusuchen.[63] Deshalb hat er sicherzustellen, dass die AA ihn persönlich an jedem Werktag an seinem Wohnsitz oder gewöhnlichen Aufenthalt unter der von ihm benannten Anschrift durch Briefpost erreichen kann; Mobilfunk oder E-Mail reichen hierfür nicht.[64] Drei Wochen im Jahr darf sich der Arbeitslose nach vorheriger Zustimmung der AA von seinem Wohnort entfernen, also „Urlaub" nehmen.[65]

Bei Studierenden einer Hochschule wird gesetzlich vermutet, dass sie nur versicherungsfreie Beschäftigungen ausüben können (§ 139 Abs. 2 SGB III). Diese Vermutung kann widerlegt werden, wenn der Studierende darlegt und nachweist, dass der Ausbildungsgang die Ausübung einer versicherungspflichtigen, mindestens 15 Stunden wöchentlich umfassenden Beschäftigung bei ordnungsgemäßer Erfüllung der in den Ausbildungs- und Prüfungsbestimmungen vorgeschriebenen Anforderungen zulässt. Dieser Nachweis dürfte angesichts der Ausbildungsordnung und des Studienablaufs nicht für die Absolventen der „DAV-Anwaltausbildung" (Masterstudiengang „Anwaltsrecht und Anwaltspraxis" [LL.M.] bei der FernUni Hagen) ohne weiteres zu führen sein.

---

59 SG Dresden v. 26.5.2004 – S 23 AL 1051/03, info also 2005, 158, 160f.
60 Für den sog. Nahbereich der EAO wird ein Richtwert von 75 Minuten angenommen: vgl. LSG Bayern v. 13.10.2015 – L 11 AS 382/15 m.w.N.
61 § 138 Abs. 4 SGB III.
62 In der immer noch geltenden Fassung v. 26.9.2008.
63 § 1 Abs. 1, 2 S. 2 EAO.
64 So zu Recht SG Aachen v. 4.1.2006 – S 11 AL 95/05; *Valgolio* in: Hauck/Noftz, SGB III, 2016, K § 138 Rn. 242. Eine Ausnahmeregelung ist im Einzelfall jedoch nach § 1 Abs. 2 EAO möglich.
65 Vgl. § 3 Abs. 1 S. 1 EAO.

A.11 Das SGB III – Kenntnis auch aus Eigennutz!?

4. Wie bin ich in der Zeit der Arbeitslosigkeit sozialversichert?

Die sozialversicherungsrechtliche Absicherung stellt sich wie folgt dar:

a) Rentenversicherung (SGB VI)

Bezieher von Arbeitslosengeld sind für die Dauer des Leistungsbezuges in der gesetzlichen Rentenversicherung pflichtversichert.[66]

Rechtsreferendare sind für die Dauer des juristischen Vorbereitungsdienstes grundsätzlich nach § 5 Abs. 1 Nr. 2 SGB VI in der gesetzlichen Rentenversicherung versicherungsfrei.[67] Daher ist alsbald nach dem Ausscheiden aus dem Referendariat zu entscheiden, ob eine sog. Nachversicherung zur gesetzlichen Rentenversicherung bzw. zur berufsständischen Versorgungseinrichtung erfolgen soll.[68] Hintergrund ist, dass Beamtinnen und Beamte und sonstige versicherungsfrei Beschäftigte, die ohne Anspruch auf Versorgung aus dem Dienst zum Land ausscheiden, nach § 8 Abs. 2 SGB VI für die abgeleistete Dienstzeit bei der Deutschen Rentenversicherung, der knappschaftlichen Rentenversicherung oder bei einer berufsständischen Versorgungseinrichtung nachzuversichern sind, damit diese nicht unversorgt ausscheiden. Die auf das Referendariat entfallenden Beiträge werden in voller Höhe vom Land nachgezahlt.

Da die Berufswahl im Zeitpunkt des bestandenen Assessorexamens selten getroffen sein dürfte, sollte von der Möglichkeit Gebrauch gemacht werden, die Nachversicherung bis zu zwei Jahre aufzuschieben.

Wer nach dem 2. Examen hingegen den Anwaltsberuf ergreift bzw. einen anderen Beruf mit berufsständischer Versorgungseinrichtung, kann innerhalb eines Jahres (!) beantragen, dass das Land als Arbeitgeber die Beiträge an die jeweilige Versorgungseinrichtung zahlt.

b) Unfallversicherung (SGB VII)

Arbeitslose unterliegen der Meldepflicht im Sinne der gesetzlichen Unfallversicherung, so dass diese kostenfrei gesetzlich unfallversichert sind, wenn sie einer besonderen, an sie im Einzelfall gerichteten Aufforderung einer Dienststelle der BA nachkommen, diese oder eine andere Stelle aufzusuchen.[69] Erforderlich ist eine konkret-individuelle Willensäußerung der

---

[66] § 3 S. 1 Nr. 3 SGB VI.
[67] LSG NRW v. 27.4.2017 – L 5 KR 719/16, BeckRS 2017, 113329: Lediglich dann, wenn die Beschäftigung des Rechtsreferendars in der Ausbildungsstation bei einem Rechtsanwalt in zwei voneinander unabhängige Teile getrennt werden kann, nämlich in ein reines Ausbildungsverhältnis einerseits und in ein von Ausbildungszwecken freies Beschäftigungsverhältnis andererseits, kann die zusätzliche Vergütung einem neben der Ausbildung bestehenden Beschäftigungsverhältnis zugeordnet werden und zur Versicherungspflicht führen. Vgl. dazu auch *Plagemann*, FD-SozVR 2017, 393609; ferner LSG Baden-Württemberg v. 25.7.2017 – L 11 KR 3980/16, BeckRS 2017, 129260.
[68] §§ 181 ff. SGB VI; s. dazu BSG v. 2.11.2015 – B 13 R 17/14 R, SozR 4-2600 § 181 Nr. 2; weitere Informationen hält z.B. die Finanzverwaltung NRW bereit: https://www.finanzverwaltung.nrw.de/de/nachversicherung.
[69] § 2 Abs. 1 Nr. 14 a SGB VII; dazu ausführlich *Schlaeger*, info also 2008, 10 ff.; *Becker*, SRa 2009, 95 ff.

A.11 DAS SGB III – KENNTNIS AUCH AUS EIGENNUTZ!?

auffordernden Dienststelle an eine bestimmte Person einen bestimmten Ort aufzusuchen. Die Form spielt keine Rolle, so dass sie im Rahmen eines persönlichen Gespräches, fernmündlich oder schriftlich erfolgen kann. Ebenso wenig gibt es bestimmte Anforderungen an die inhaltliche Formulierung; so reicht die Bezeichnung als Bitte oder Empfehlung („möglichst persönlich").[70] Es muss insoweit lediglich aus der Sicht eines verständigen Beteiligten („Empfängerhorizont") erkennbar sein, dass ein bestimmtes Verhalten – also die persönliche Vorsprache bzw. Meldung – notwendig sei und seitens der Arbeitsverwaltung erwartet werde.

Veranlasst die Agentur für Arbeit anlässlich der Arbeitslosmeldung ein Verbleiben des Arbeitsuchenden für ein anschließendes Vermittlungsgespräch (Sofortzugang), steht dieser von da an gemäß § 2 Abs. 1 Nr. 14 a SGB VII unter Versicherungsschutz.[71]

Nach § 2 Abs. 1 Nr. 14 b SGB VII sind (seit 1.1.2012) auch Personen versichert, die an einer Maßnahme teilnehmen, wenn die Person selbst oder die Maßnahme z.b. über die Bundesagentur für Arbeit gefördert wird. Mit der Nr. 14 b sollte der Unfallversicherungsschutz vereinheitlicht und bestehende Lücken geschlossen werden.[72] Darunter fallen auch z.B. von der AA bezahlte Fachanwaltskurse. Keine derartigen Maßnahmen sind solche, die sich ausschließlich auf eine Kostenerstattung an den Leistungsbezieher beschränken.[73]

Nach allgemeinen Grundsätzen sind die Risiken der Arbeits- und Wegeunfälle (§ 7 Abs. 1, § 8 SGB VII) abgesichert. Danach sind alle mit dem Aufsuchen der der möglichen Stellen in rechtlich wesentlichem Zusammenhang stehenden Aktivitäten und Verrichtungen versichert, also z.B. die erforderlichen Wege zu und von der Stelle sowie der dortige Aufenthalt. Auch ein wiederholtes Aufsuchen der bestimmten Stelle, um etwa noch offene Punkte zu klären, ist versichert, selbst wenn die ursprüngliche Aufforderung nur einen einzigen Besuch vorsah.[74] Eigeninitiativ angetretene Wege (z.B. im Rahmen einer Stellensuche) oder etwa der – gleichwohl verpflichtende – Weg zur Arbeitssuchendmeldung sind mangels einzelfallbezogener Aufforderung hingegen unversichert.[75]

c) Kranken- und Pflegeversicherung (SGB V, SGB XI)

Wer Arbeitslosengeld bezieht, ist kraft Gesetzes beitragsfrei in der gesetzlichen Krankenversicherung unabhängig davon pflichtversichert, ob bzw. wie er vor Eintritt der Arbeitslosigkeit krankenversichert war.[76] Die Krankenkasse wird im Regelfall automatisch von der AA über den Bezug von Arbeitslosengeld unterrichtet.[77] Der Versicherungsschutz beginnt mit dem

---

70 BSG v. 11.9.2001 – B 2 U 5/01 R, SozR 3-2700 § 2 Nr. 3 = NZS 2002, 208.
71 So zu Recht LSG Sachsen-Anhalt v. 8.12.2016 – L 6 U 90/15 (Revision anhängig: Az.: B 2 U 1/17 R).
72 Vgl. BT-Drucks. 17/6764, S. 24; siehe auch *Winkler*, info also 2012, 51, 53.
73 Vgl. *Schlaeger* in: BeckOK-SozR, Stand: 06/2018, § 136 SGB VII Rn. 14 b.
74 BSG v. 8.7.1980 – 2 RU 103/79, BSGE 50, 177, 178 f.; *Schlaeger*, info also 2008, 10, 12.
75 Vgl. z.B. LSG Sachsen-Anhalt v. 11.10.2012 – L 6 U 6/10, UV-Recht aktuell 06/2013, 321 ff.
76 § 5 Abs. 1 Nr. 2, § 251 Abs. 4 SGB V; vgl. aber die Ausnahme nach § 8 Abs. 1 Nr. 1 a SGB V.
77 § 203 a SGB V.

A.11 Das SGB III – Kenntnis auch aus Eigennutz!?

ersten Tag des Leistungsbezuges.[78] Da der Versicherungsschutz durch verhängte Sperrzeiten entfallen kann, ist es auch unter diesem Aspekt ratsam, keine Sperrzeittatbestände zu erfüllen.

Arbeitslosengeldbezieher sind ferner gesetzlich pflegeversichert,[79] wobei das zur Krankenversicherung Gesagte entsprechend gilt.

II. Ziel: Die Selbstständigkeit

Für diejenigen unter Ihnen, die sich von vorne herein klar darüber sind, dass sie keine fremdbestimmten Angestellte sein wollen, sondern ihren Traumberuf frei und selbstbestimmt ausüben möchten, bleibt natürlich auch die Selbstständigkeit. Ich richte mich in diesem Zusammenhang gezielt an diejenigen unter Ihnen, für die die selbstständige Tätigkeit keine (sinnvolle) Verlegenheitslösung ist, sondern die sich klar darüber sind, dass dieser Beruf – insbesondere die selbstständige Tätigkeit – ein hohes Maß an Disziplin, Hingabe und Engagement erfordert. Vergessen Sie nie: Sie sind Dienstleister und vor allem Unternehmer!

Ohne gewissenhafte Planung ist die „Operation Selbstständigkeit" – egal ob als freier Mitarbeiter oder Kanzleigründer – zum Scheitern verurteilt. Um zumindest eine gewisse geplante finanzielle Grundlage zu schaffen, sollte sich der junge Anwalt daher nicht scheuen, die zahlreichen Fördermöglichkeiten in Anspruch zu nehmen. In diesem Zusammenhang sollen nur die Fördermöglichkeiten nach dem SGB III besprochen werden.[80] Dort sind insbesondere der Gründungszuschuss, Eingliederungszuschüsse sowie die Förderung beschäftigter Arbeitnehmer zu nennen. Nicht unerwähnt bleiben soll die – oft leider nicht beachtete – freiwillige Arbeitslosenversicherung.

1. Gründungszuschuss (§ 93 f. SGB III)

Gemäß § 93 Abs. 1 SGB III können Arbeitnehmer, die durch Aufnahme einer selbstständigen hauptberuflichen Tätigkeit die Arbeitslosigkeit beenden, zur Sicherung des Lebensunterhalts und zur sozialen Sicherung in der Zeit nach der Existenzgründung seit einigen Jahren einen Gründungszuschuss beantragen. Ein wesentliches Element der Reform der arbeitsmarktpolitischen Instrumente war die Umwandlung des Gründungszuschusses von einem Rechtsanspruch in eine vollständige Ermessensleistung. Mit dieser Änderung wurde der Gründungszuschuss an die bestehende Förderphilosophie des SGB III angepasst, dass für eine Eingliederung in Arbeit das jeweils am besten passende Instrument identifiziert wird. Ein pauschaler Rechtsanspruch auf eine bestimmte Maßnahme widerspricht diesem Gedanken. Hier bedarf es nun eines höheren Begründungsaufwandes, wieso genau die Existenzgründung geeignet ist, die Arbeitslosigkeit zu beenden. Zu berücksichtigen ist, dass die

---

78 § 186 Abs. 2 a SGB V.
79 § 20 Abs. 1 S. 1, 2 Nr. 2 SGB XI.
80 Daneben besteht die Möglichkeit der Inanspruchnahme von weiteren Fördermöglichkeiten. Einen Überblick finden Sie auf diversen Gründerseiten, z.B. https://www.fuer-gruender.de/kapital/foerdermittel/.

A.11 Das SGB III – Kenntnis auch aus Eigennutz!?

AA im Rahmen der Ermessensausübung auf den Vermittlungsvorrang des § 4 Abs. 2 SGB III verweisen darf, allerdings nur, wenn zeitgleich eine Vermittlung in Arbeit möglich ist.[81] Es muss sich aber bei den Angeboten um Angebote zumutbarer Beschäftigungen mit der Aussicht auf eine dauerhafte Eingliederung handeln. Ungeeignet sind deshalb Teilzeit-Beschäftigungen oder befristete Arbeitsangebote u.ä., um den Gründungszuschuss abzulehnen. Die AA muss die Vermittlung auch tatsächlich betreiben und ihre Bemühungen und die Eingliederungschancen dokumentieren.[82]

Voraussetzung ist jedenfalls, dass der Leistungsempfänger bis zur Aufnahme der selbstständigen Tätigkeit Anspruch auf eine Entgeltersatzleistung nach dem SGB III hatte. Darunter fallen Arbeitslosengeld, Teil-Arbeitslosengeld, Übergangsgeld, Kurzarbeitergeld, Insolvenzgeld, Winterausfallgeld. Da der frisch gebackene Assessor nach Abschluss des zweiten Staatsexamens arbeitslosengeldberechtigt ist, ist diese Hürde leicht genommen. Wichtig ist, dass der Zuschuss nicht zur Abwendung von Arbeitslosigkeit geleistet wird. Die Arbeitslosigkeit muss also bereits eingetreten sein. Daraus folgt, dass mindestens ein Tag Arbeitslosigkeit vorgelegen haben muss, um den Gründerzuschuss zu erhalten. Im Klartext heißt das: Endet das Referendariat z.B. am 15.8., sollte sich die Selbstständigkeit nicht unmittelbar am 16.8. anschließen, sondern vielmehr erst zum 17.8. aufgenommen werden. Dann ist gewährleistet, dass mindestens ein Tag Arbeitslosigkeit vorgelegen hat.

Sollte ein Ruhenssachverhalt verwirklicht sein (z.B. Sperrzeit nach § 159 SGB III) so steht dies der Förderung dem Grunde nach nicht entgegen, da lediglich eine Zahlung in der Sperrzeit nicht erfolgt, was aus § 93 Abs. 3 SGB III zu schließen ist.

Ferner muss zum Zeitpunkt der Unternehmensgründung immer ein Arbeitslosengeldanspruch von wenigstens 150 Tagen vorhanden sein. Der für den Bezug des Gründungszuschusses mindestens erforderliche Restanspruch auf Arbeitslosengeld beträgt mindestens 150 Tage. Der Gesetzgeber will dem Arbeitslosen zum einen Zeit lassen, die Möglichkeit zu prüfen, ob er die Arbeitslosigkeit durch eine selbstständige Tätigkeit beenden will.[83] Zum anderen will er diese Zeit begrenzen und durch eine Mindestdauer des Arbeitslosengeldanspruchs Geld sparen. Im Gegensatz zur Vorgängervorschrift scheint nunmehr das Sparen im Vordergrund zu stehen. Es ist also schnellstens zu überlegen, ob man nicht zunächst die von der zuständigen AA angebotenen Weiterbildungsmaßnahmen auf Grundlage der §§ 81 ff. SGB III in Anspruch nimmt (z.B. Fachanwaltskurse für Arbeits- und Steuerrecht).[84] Diese werden i.d.R. Vollzeit angeboten und können innerhalb von drei Monaten absolviert werden. Da der gemeine Volljurist 12 Monate Anspruch auf Arbeitslosengeld hat, kann er nach der Fortbildungsmaßnahme immer noch eine selbstständige Tätigkeit aufnehmen. Die

---

81 LSG Essen v. 28.11.2013 – L 9 AL 81/13; LSG Potsdam v. 28.5.2014 – L 18 AL 236/13.
82 LSG Stuttgart v. 24.2.2015 – L 13 L 1924/14 und v. 24.7.2015 – L 8 AL 2364/14; LSG Hamburg v. 23.9.2015 – L 2 AL 57/13; LSG Chemnitz v. 13.8.2015 – L 3 AL 156/13; LSG Potsdam v. 6.10.2015 – L 14 AL 3/15, v. 9.11.2016 – L 18 AL 127/15 und v. 10.4.2017 – L 18 AL 154/16.
83 BT-Drucks. 16/1696, S. 30.
84 Diese Kurse werden in der Regel im Zusammenhang mit der Steuer & Wirtschaftsakademie GmbH (SWA) angeboten; Auch die DeutscheAnwaltAkademie ist als Seminaranbieter im juristischen Fortbildungsbereich als Träger für die Förderung der beruflichen Weiterbildung nach dem Recht der Arbeitsförderung zugelassen.

A.11 DAS SGB III – KENNTNIS AUCH AUS EIGENNUTZ!?

unterschiedlichen Rechtsgrundlagen sind zusammengefasst worden. Die wesentlichen Fördermöglichkeiten sind erhalten geblieben und werden weiterentwickelt.

Bei dem Oberbegriff der selbstständigen Tätigkeit ist nach Existenzgründung und Selbstständigkeit zu differenzieren. Existenzgründung meint die Errichtung eines Unternehmens, unabhängig von der Rechtsform. Sie setzt nicht notwendigerweise die Neugründung eines Unternehmens voraus. Auch eine Betriebsübernahme oder die Erweiterung einer nebenberuflichen Tätigkeit zu einer hauptberuflichen Selbstständigkeit kann eine Existenzgründung darstellen. Selbstständig dagegen ist eine Erwerbstätigkeit, die nicht in Abhängigkeit von fremden Weisungen ausgeübt wird. Typisch für eine selbstständige Tätigkeit sind der Einsatz eigener Betriebsmittel und das Arbeiten auf eigene Rechnung, die Verfügung über die eigene Arbeitskraft und die im Wesentlichen frei gestaltete Tätigkeit und Arbeitszeit. Maßgebend ist das Gesamtbild der Tätigkeit, so dass durchaus auch der/die freie Mitarbeiter/in in einer Anwaltskanzlei dem Grunde nach anspruchsberechtigt sein kann. Bei der Gestaltung und Durchführung des Vertrages über die freie Mitarbeit ist daher höchste Sorgfalt an den Tag zu legen. Die selbstständige Tätigkeit muss mehr als geringfügig sein und eine Arbeitszeit von wenigstens 15 Wochenstunden umfassen. Zur Arbeitszeit gehören auch Zeiten der Arbeitsbereitschaft, z.B. in einem Geschäft, einer Praxis, weil auch das Warten auf Kunden, Mandanten oder Patienten Bestandteil der selbstständigen Tätigkeit ist.[85]

Das Gründungsvorhaben muss grundsätzlich tragfähig sein. Ferner ist eine persönliche Eignung des Unternehmers Voraussetzung für eine Förderung. Existenzgründungen werden nur gefördert, wenn zu erwarten ist, dass sie auf Dauer tragfähig sind. Über das zu erwartende Einkommen ist eine Prognose erforderlich, die, von einer fachkundigen Stelle getroffen werden muss. Fachkundige Stelle kann ein Steuerberater, Rechtsanwalt oder auch Unternehmensberater sein, aber ebenso die Industrie- und Handelskammer, Handwerkskammern, berufsständige Kammern, Fachverbände und Kreditinstitute etc. Die Stellungnahme der fachkundigen Stelle muss der Antragsteller grundsätzlich selbst besorgen.

Für die Erfolgsaussichten kommt es auf die Marktsituation und die besonderen Verhältnisse des zu gründenden Betriebes (z.B. örtliche Lage, Ausstattung usw.), aber auch auf die Fachkenntnisse des Antragstellers an. Dieser muss der fachkundigen Stelle Unterlagen vorlegen und Auskünfte erteilen, die für die Beurteilung der Erfolgsaussicht erforderlich sind. Dazu gehören u.a. Kapitalbedarfspläne, Finanzierungskonzepte, Umsatz- und Rentabilitätserwartungen. Die Kosten für die fachkundige Stellungnahme hat der Antragsteller zu tragen. Der Arbeitslose muss zukünftig seine unternehmerischen Fähigkeiten gegenüber der AA darlegen. Hierzu gehören zum einen die Fachkenntnisse für die auszuübende Tätigkeit, andererseits die kaufmännischen und betriebswirtschaftlichen Kenntnisse zur Unternehmensführung. Zum Nachweis kann er Zeugnisse, Beschäftigungsnachweise, Zertifikate über erworbene Qualifikationen u.ä. vorlegen.

---

[85] BSG v. 28.10.1987 – 7 RAr 28/86, SozR 4100 § 102 Nr. 7.

Die Anwältin – der Anwalt ->
A.11 Das SGB III – Kenntnis auch aus Eigennutz!?

Bleiben begründete Zweifel an der persönlichen Eignung, kann die AA vom Antragsteller verlangen, dass er an Maßnahmen der Eignungsfeststellung oder zur Vorbereitung der Existenzgründung teilnimmt. Aber beachten Sie: Die Teilnahme an einer Feststellungs- oder Vorbereitungsmaßnahme kann entweder die Arbeitslosigkeit vor der Existenzgründung beenden oder, wenn sie als Trainingsmaßnahme ausgestaltet ist, den Anspruch auf Arbeitslosengeld verbrauchen mit der möglichen Folge, dass im Anschluss der Maßnahme kein Restanspruch von 150 Tagen mehr vorhanden ist. Der Gründungszuschuss ist antragsabhängig. Zuständig ist nach § 327 Abs. 1 SGB III die AA, in der der Antragsteller seinen Wohnsitz oder seinen gewöhnlichen Aufenthalt hat. Der Antrag muss vor Beginn der selbstständigen Tätigkeit gestellt werden. Hiervon kann die AA allerdings abweichen und einen verspäteten Antrag zulassen, um unbillige Härten zu vermeiden.

Die Förderung gliedert sich in zwei Phasen, die zusammen eine maximale Förderungsdauer von 15 Monaten ergeben (6 + 9; ursprünglich 9 + 6). Während vor der Reform auf den Zuschuss für die ersten Monate ein Rechtsanspruch bestand, handelt es sich nunmehr ausschließlich um Ermessensleistungen. Darüber hinaus haben sich auch die Förderphasen geändert. Die erste Förderphase (Arbeitslosengeld zzgl. 300 EUR Pauschale) wird von neun auf sechs Monate verkürzt und im Gegenzug die zweite Förderphase (300 EUR Pauschale) von sechs auf neun Monate verlängert. Die Gesamtförderdauer von 15 Monaten wird hingegen beibehalten. Da es sich nunmehr um reine Ermessensleistungen handelt, sind zwingend § 39 SGB I und § 35 SGB X zu beachten hat. Der frisch gebackene und mit den Anträgen konfrontierte Junganwalt bekommt nun mehr denn je seine Antworten auf die stets in der Ausbildung aufgeworfenen Frage des Verwaltungsrechts, ob die Ermessensvorschriften wirklich praktische Relevanz haben.

Der Gründungszuschuss wird – wenn er denn gewährt wird – als verlorener Zuschuss gewährt und muss somit auch im Fall des Misslingens der selbstständigen Tätigkeit nicht zurückgezahlt werden. Allerdings kann auch hier das Stammrecht auf Arbeitslosengeld verbraucht werden. Verbraucht wird der Anspruch aber nur durch den Bezug des Zuschusses für die ersten neun Monate, nicht für die Zeit danach, für die nur ein Betrag von 300 EUR zur sozialen Absicherung gezahlt wird. Steuerlich wirkt sich der Gründerzuschuss weder unmittelbar bei der Einkommensermittlung (§ 3 Abs. 2 EStG) noch mittelbar beim Progressionsvorbehalt aus.[86]

2. Eingliederungszuschuss (§§ 88 ff. SGB III)

Existenzgründer können als Arbeitgeber zur Eingliederung von förderungsbedürftigen Arbeitnehmern Zuschüsse zu den Arbeitsentgelten zum Ausgleich von Minderleistungen erhalten.

---

[86] Nicht steuerfrei sind allerdings Existenzgründerzuschüsse des Europäischen Sozialfonds und aus Landesmitteln (vgl. FG Sachsen v. 16.3.2009 – 8 V 179/07, BeckRS 2009, 26026848).

A.11 DAS SGB III – KENNTNIS AUCH AUS EIGENNUTZ!?

Die verschiedenen, bisher im SGB III verstreuten Regelungen für eine Förderung mit Eingliederungszuschüssen werden in den §§ 88 ff. SGB III zusammengefasst und vereinheitlicht. Die Grundnorm zum Eingliederungszuschuss bleibt inhaltlich weitgehend unverändert bestehen. Gemäß § 88 SGB III können mit dem Eingliederungszuschuss Arbeitgeber für die Einstellung von Arbeitnehmern durch Zuschüsse zu den Arbeitsentgelten gefördert werden, wenn diese am konkret zu besetzenden Arbeitsplatz eine Minderleistung erbringen. Zur Beilegung des bisherigen Meinungsstreits zur Rechtsnatur der Minderleistung[87] stellt die Vorschrift nunmehr ausdrücklich klar, dass die Minderleistung Bestandteil der Fördervoraussetzungen ist. Die Rechtsfolgen legt § 89 SGB III fest. Danach richten sich die Förderhöhe und -dauer nach dem Umfang der Einschränkung der Arbeitsleistung des Arbeitnehmers und nach den Anforderungen des jeweiligen Arbeitsplatzes. Der Eingliederungszuschuss kann bis zu 50 Prozent des zu berücksichtigenden Arbeitsentgelts und die Förderdauer bis zu zwölf Monate betragen. Eine Abweichung von der Förderhöhe und/oder -dauer sehen die §§ 90 und 131 SGB III vor. Für alle Arbeitnehmer, die das 50. Lebensjahr vollendet haben, kann die Förderdauer für einen Eingliederungszuschuss bis zu 36 Monaten betragen, wenn die Förderung bis zum 31.12.2014 begonnen hat (§ 131 SGB III). Um den spezifischen arbeitsmarktlichen Belangen behinderter und schwerbehinderter Menschen weiterhin gerecht zu werden, wird es für diese zudem weiterhin erweiterte Fördertatbestände geben (§ 90 SGB III). Dabei wird die maximale Förderdauer für besonders betroffene schwerbehinderte Menschen unabhängig vom Alter der Person von 36 Monaten auf 60 Monate erhöht. Die maximale Förderdauer von 96 Monaten für besonders betroffene schwerbehinderte Menschen, die das 55. Lebensjahr vollendet haben, bleibt unverändert bestehen.

Förderungsbedürftig sind Arbeitnehmer, die ohne die Leistung nicht oder nicht dauerhaft in den Arbeitsmarkt eingegliedert werden können, § 217 SGB III. Zu berücksichtigen ist hier die Regelförderung nach § 220 SGB III und die erhöhte sowie die verlängerte Förderung nach §§ 221 und 222 SGB III. Mehr soll an dieser Stelle nicht erörtert werden.

3. Einstiegsgeld (16 b ff. SGB II)

Sollte es tatsächlich einmal vorkommen, dass ein für die Gewährung des Gründerzuschusses notwendiger Restanspruch auf Arbeitslosengeld von 90 Tagen nicht mehr gegeben ist, besteht kein Grund zur Sorge. Seit der Zusammenführung von Arbeitslosenhilfe und Sozialhilfe erhalten alle erwerbsfähigen Hilfebedürftigen bekanntlich das Arbeitslosengeld II. Ihnen steht als Fördermöglichkeit das sog. Einstiegsgeld zur Verfügung, § 16 b SGB II. Dieses kann als Zuschuss zum ALG II beantragt werden, wenn der Empfänger eine sozialversicherungspflichtige Beschäftigung aufnimmt, die nur gering bezahlt ist und mindestens 15 Stunden pro Woche umfasst oder sich selbstständig macht und seine Tätigkeit einen hauptberuflichen Charakter hat.

---

[87] Vgl. *Brandts* in: Brand, SGB III, 2010, § 217 Rn. 30; vgl. aber auch *Kühl* in: Brand, SGB III, 2018, § 88 Rn. 16.

A.11 DAS SGB III – KENNTNIS AUCH AUS EIGENNUTZ!?

Es wird die vorherige Dauer der Arbeitslosigkeit sowie die Größe der Bedarfsgemeinschaft, in der der erwerbsfähige Hilfsbedürftige lebt, berücksichtigt. Der Zuschuss ist eine Ermessensleistung. Ein rechtlicher Anspruch darauf besteht grundsätzlich nicht. Es handelt sich auch hier um eine Ermessensentscheidung. Das Einstiegsgeld wird nach § 16 b Abs. 2 S. 1 SGB II höchstens für die Dauer der Erwerbstätigkeit, längstens jedoch für 24 Monate geleistet, wobei auch die genaue Dauer im Ermessen des Jobcenters liegt. Die Entscheidung über die Dauer hat im Einzelfall vor dem Hintergrund des verfolgten Eingliederungsziels zu erfolgen.

§ 16 b SGB II gibt keine Mindestdauer vor. § 41 Abs. 1 S. 4 SGB II, wonach Leistungen jeweils für sechs Monate bewilligt werden sollen, ist nicht unmittelbar anwendbar. Die Vorschrift gilt nur für Leistungen zur Sicherung des Lebensunterhalts, zu denen das Einstiegsgeld nach § 16 b SGB II als Eingliederungsleistung gerade nicht gehört.[88]

Es scheint empfehlenswert darauf hinzuwirken, dass das Einstiegsgeld für einen Zeitraum von sechs bis zwölf Monaten bewilligt wird. Eine Förderungsdauer von weniger als sechs Monaten sollte in der Regel nicht in Betracht kommen, weil sich innerhalb eines solchen Zeitraums die Eingliederungsaussichten kaum nachhaltig verbessern dürften. Die Beschränkung auf zwölf Monat empfiehlt sich zunächst, um etwaigen Veränderungen Rechnung zu tragen und das Fortbestehen der Tatbestandsvoraussetzungen prüfen zu können. Bei Ablauf dieses Zeitraums kann dann über eine Verlängerung bis längstens zum Erreichen der Förderungshöchstdauer von 24 Monaten entschieden werden.[89]

Der Anspruch erlischt, wenn Empfänger nicht mehr als hilfsbedürftig eingestuft wird. Insofern ist zu überprüfen, ob der Leistungsberechtigte nicht möglicherweise beim Einstiegsgeld bessersteht als wenn er den Gründerzuschuss bekommt.

4. Förderung beschäftigter Arbeitnehmer (Berufliche Weiterbildung)

Ist der Arbeitnehmer erst einmal eingestellt, kann dieser bei beruflicher Weiterbildung durch Übernahme der entsprechenden Kosten unter den Voraussetzungen der §§ 81 ff. SGB III gefördert werden. § 81 SGB III regelt die Förderung der Qualifizierung von Arbeitnehmern. Abs. 1 betrifft die Übernahme der Weiterbildungskosten (§ 83 SGB III) für beschäftigte „ältere" Arbeitnehmer bei einer außerbetrieblichen Weiterbildung. Seit dem 1.1.2007 ist die Förderung nach Abs. 1 auch bei den Rechtsfolgen der allgemeinen Weiterbildungsförderung angenähert. Denn gefördert wird nicht mehr eine konkrete Maßnahme, sondern die Arbeitnehmerinnen und Arbeitnehmer erhalten einen Bildungsgutschein. Bei der beruflichen Weiterbildung beschäftigter Arbeitnehmer kann mittlerweile auf das Bildungsgutscheinverfahren verzichtet werden, wenn Einvernehmen zwischen Arbeitgeber und Arbeitnehmer besteht. Bei der Förderung der Weiterbildung von lebensälteren Beschäftigten in Kleinen- und mittelständischen Unternehmen (KMU) wird die Möglichkeit einer anteiligen Übernahme der Wei-

---

[88] *Hannes* in: Gagel, Kommentar zum SGB II/SGB III, Stand: 03/2018, § 16 b SGB II Rn. 70-76.
[89] *Hannes* in: Gagel, Kommentar zum SGB II/SGB III, Stand: 03/2018, § 16 b SGB II Rn. 70-76.

A.11 Das SGB III – Kenntnis auch aus Eigennutz!?

terbildungskosten durch die Bundesagentur eröffnet. Für den Bereich des SGB II wurde in § 16 SGB II die Möglichkeit der Vergabe von Weiterbildungsmaßnahmen zusätzlich eingeführt.

5. Freiwillige Arbeitslosenversicherung (§§ 28 a ff. SGB III)

Zuletzt sei noch darauf hingewiesen, dass die Möglichkeit der „Versicherungspflicht auf Antrag" Besteht. Diese Versicherung wird regelmäßig übersehen oder unterschätzt. Nach § 28 a Abs. 1 Nr. 2 S. 1 SGB III können Personen, die eine selbstständige Tätigkeit mit einem Umfang von mindestens 15 Stunden wöchentlich aufnehmen und ausüben, ein Versicherungspflichtverhältnis auf Antrag begründen. Voraussetzung ist, dass der Antragsteller innerhalb der letzten 24 Monate vor Aufnahme der Tätigkeit oder Beschäftigung mindestens zwölf Monate in einem Versicherungspflichtverhältnis gestanden oder eine Entgeltersatzleistung nach dem SGB III bezogen hat (Nr. 1), der Antragsteller unmittelbar vor Aufnahme der Tätigkeit oder Beschäftigung, die zur freiwilligen Weiterversicherung berechtigt, in einem Versicherungspflichtverhältnis gestanden hat oder eine Entgeltersatzleistung nach dem SGB III bezogen hat (Nr. 2). Ein unmittelbarer Anschluss in diesem Sinne liegt vor, wenn die Unterbrechung nicht mehr als einen Monat beträgt. Der frisch gebackene Assessor erfüllt diese Voraussetzungen regelmäßig. Ferner darf eine anderweitige Versicherungspflicht (§§ 26, 27 SGB III) nicht bestehen.

Der Versicherungsschutz beginnt mit dem Antrag. Hier ist die Antragsfrist des § 28 a Abs. 3 SGB III zu berücksichtigen (Antrag innerhalb von drei Monaten nach Aufnahme der Tätigkeit oder Beschäftigung).[90] Dabei handelt es sich um eine materielle Ausschlussfrist, die eine Wiedereinsetzung in den vorherigen Stand nicht zulässt! Zum 1.8.2016 ist hier eine wichtige Ausnahme in Abs. 2 als letzter Satz aufgenommen worden: Kann ein Versicherungspflichtverhältnis auf Antrag allein deshalb nicht begründet werden, weil dies wegen einer vorrangigen Versicherungspflicht (§§ 25, 26 SGB III) oder Versicherungsfreiheit (§§ 27, 28 III) ausgeschlossen ist, muss der Antrag abweichend von S. 1 spätestens innerhalb von drei Monaten nach dem Wegfall des Ausschlusstatbestandes gestellt werden. Es ist also möglich, innerhalb von drei Monaten nach dem Wegfall des Ausschlusstatbestandes einen Antrag auf Pflichtversicherung zu stellen.[91]

Die Beiträge sind vom Antragsteller grundsätzlich selbst zu tragen. Hinsichtlich der Bezugsdauer von Arbeitslosengeld gilt die gleiche maximale Bezugsdauer wie für alle anderen Versicherten auch. Dagegen ist die Höhe des Arbeitslosengeldes für freiwillig versicherte Selbstständige interessant. Da es sich um Selbstständige handelt und es damit keinen Bruttoverdienst als Arbeitnehmer gibt, wird ein sogenanntes „fiktives Bemessungsentgelt"

---

[90] Im Falle einer selbstständigen Tätigkeit können Vorbereitungshandlungen berücksichtigt werden (vgl. LSG Bayern v. 20.7.2010 – L 9 AL 114/10 B PKH, BeckRS 2010, 73516; s. zu Vorbereitungshandlungen auch BSG BeckRS 2010, 72665; enger BSG BeckRS 2011, 74808). Bei Selbstständigen muss untersucht werden, ob ihre selbstständige Tätigkeit im Kern dieselbe geblieben ist und keine wesentliche Unterbrechung vorliegt, *Ulmer* in: BeckOK-SozR, Stand: 09/2017, § 28 a SGB III Rn. 6-6 a m.w.N.
[91] Vgl. *Ulmer* in: BeckOK-SozR, Stand: 06/2018, § 28 a SGB III Rn. 6-6 a.

A.11 Das SGB III – Kenntnis auch aus Eigennutz!?

berechnet. Dieses soll sich danach richten, wie viel der arbeitslose Selbstständige im statistischen Durchschnitt verdienen würde, wenn ihn die AA auf dem Arbeitsmarkt vermitteln könnte. Es werden somit nach § 152 SGB III vier Qualifikationsgruppen in Ost und West gebildet (Q-Gruppe 1–4). Universitätsabsolventen bekommen danach ein höheres Arbeitslosengeld als Personen ohne Berufsausbildung oder mit einem Ausbildungsberuf. Interessant ist ferner, dass über diese Art der sozialen Absicherung eine Form des „Überbrückungsgeldes" für schlechte Zeiten erlangt werden kann. Denn ein Selbstständiger wird auch dann arbeitslos, wenn seine Arbeitszeit, z.B. aus Arbeitsmangel, weniger als 15 Wochenstunden beträgt. Dies ergibt sich aus dem Umkehrschluss aus § 28a Abs. 1 SGB III. Der Selbstständige kann in diesen Fällen eine kurzfristige Krise überwinden, wenn die Anwartschaften erfüllt sind.

III. Weitere Hinweise

1. Richtmaß für das Einstiegsgehalt

Aufgrund der schwierigen Situation auf dem Arbeitsmarkt für Juristen, werden von Zeit zu Zeit Stellen mit einer Vergütung angeboten, die teilweise nur knapp über der Unterhaltsbeihilfe liegen. In einem Urteil hat der BGH derlei Gebaren einen Riegel vorgeschoben. Es hat die aufgrund einer umfangreichen Ermittlung der Vorinstanz[92] ein Richtmaß für das Einstiegsgehalt eines Rechtsanwaltes ohne besondere Spezialisierung, ohne besondere Zusatzqualifikation, ohne Prädikatsexamen für eine Vollzeitstelle in Höhe von 2.300 EUR brutto gebilligt. Im konkreten Fall hatte eine Sozietät ein Gehalt von maximal 1.000 EUR brutto monatlich angeboten; dies wären nur 43,5 % des so festgestellten Mindestgehaltes und wurde vom BGH damit als sicher nicht mehr angemessen i.S.v. § 26 Abs. 1 S. 1, S. 2b BORA verworfen.[93]

In einem anderen Fall wurde einem jungen Rechtsanwalt ein Arbeitsvertrag mit 20 Wochenstunden und einem Bruttomonatsgehalt vom 1.200 EUR geboten. Seine dagegen gerichtete Klage hielt das BAG für unbegründet, was allerdings schon an dem weitgehend unsubstantiierten Sachvortrag lag.[94]

Auch wenn es schwerfallen mag, sollte keine Vergütung akzeptiert werden, die dem eigenen Selbstbild und anspruchsvollen Ausbildung zum sowie Tätigkeit des Volljuristen widerspricht. Generell kann Lohnwucher/Lohndumping auch mit § 115 SGB X begegnet werden,[95] wobei bislang nicht bekannt ist, ob ein angestellter Rechtsanwalt diesen Weg schon einmal beschritten hat. Besser ist es, das Einstiegsgehalt einschließlich seiner Anpassungen gut zu verhandeln, da die Wege über die Gerichte oder Sozialbehörden steinig sind.[96]

---

92 Anwaltsgerichtshof Hamm v. 2.11.2007 – 2 ZU 7/07, NJW 2008, 668, 669f.
93 BGH v. 30.11.2009 – AnwZ (B) 11/08, NJW 2010, 1972 ff.
94 BAG v. 17.12.2014 – 5 AZR 663/13, AP BGB § 138 Nr. 70 (m. Anm. *Henssler/Locher*); kritisch dazu auch *Grobys*, NJW-Spezial 2015, 275.
95 Ausführlich dazu *Schlaeger/Bruno* in: Hauck/Noftz, SGB X, Stand: 08/2016, K § 115 Rn. 23f.
96 Ähnlich AnwBl. 2015, 626f.

A.11 DAS SGB III – KENNTNIS AUCH AUS EIGENNUTZ!?

2. Vertiefungshinweise

Wer gerne mehr über das gesamte Arbeitsförderungsrecht wissen möchte, dem kann ein inhaltlich guter und gleichzeitig preisgünstiger Ratgeber, der auch für viele Praktiker unverzichtbar ist, uneingeschränkt empfohlen werden: Arbeitslosenprojekt TuWas, Leitfaden für Arbeitslose, 33. Aufl., Stand: 8/2017, Preis: 20 EUR (704 Seiten).

Einschlägige Urteile – insbesondere auch zu den vorgenannten Themen – sind kostenfrei auf www.sozialgerichtsbarkeit.de zu finden.

IV. Angaben zu den Autoren

Tobias Schlaeger (Teile I, III) ist Leiter des Bereichs „Grundsatz Rehabilitation und Entschädigung" bei der Unfallkasse NRW in Düsseldorf und kommentiert die §§ 114 bis 225 SGB VII im Beck'schen Online-Kommentar Sozialrecht sowie die §§ 115 bis 119 SGB X im Hauck/Noftz, SGB X.

Kontakt: Tobias_Schlaeger@gmx.de

Norman Lenger, LL.M. (Teil II) ist Rechtsanwalt/Partner und als Fachanwalt für Steuerrecht bei Rödl & Partner, Köln/Nürnberg, tätig. Er leitet dort den Rechtsbereich in der strategischen Geschäftseinheit Gesundheits- und Sozialwirtschaft und ist schwerpunktmäßig in Krisensituationen und Compliance-Themen tätig. Er ist zudem Lehrbeauftragter an der Hagen Law School für das Insolvenz- und Steuerrecht und zertifizierter Compliance Officer (TÜV).

Kontakt:
Rödl & Partner GbR
Rechtsanwälte, Steuerberater, Wirtschaftsprüfer
Kranhaus 1, Im Zollhafen 18
50678 Köln

Telefon: +49 (2 21) 94 99 09-518
Telefax: +49 (2 21) 94 99 09-900
E-Mail: norman.lenger@roedl.com
Internet: www.roedl.de

A.12 Die Krankenversicherung

Rechtsanwalt und Fachanwalt für Versicherungsrecht Arno Schubach, Frankfurt am Main • Vorsitzender des Ausschusses Versicherungsrecht des DAV

I. Gesundheitsrisiko

Gesundheit ist ein wichtiges – wenn nicht das wichtigste Gut. Nur wer einigermaßen gesund ist, kann den stressbehafteten Anforderungen des Anwaltsberufs mit Arbeitszeiten, die häufig weit über einen 8-Stunden-Tag hinausgehen, genügen. Und niemand ist, mag er auch aktuell völlig gesund sein, gegen plötzliche Erkrankung oder einen Unfall gefeit. Schutz und Wiedererlangung der Gesundheit durch bestmögliche Behandlung sind deshalb ebenso unverzichtbar wie ein Schutz gegen Einkommensverluste, die sich aufgrund von Krankheit oder gar dem Eintritt vollständiger oder zumindest partieller Berufsausübungsunfähigkeit ergeben können.

II. Das deutsche Gesundheitssystem

Das deutsche Krankenversicherungssystem besteht im Wesentlichen aus zwei Säulen, der gesetzlichen (GKV) und der privaten Krankenversicherung (PKV). Die beiden Versicherungsformen unterscheiden sich in zahlreichen Punkten, wie etwa in der Versicherbarkeit, in der Beitragserrechnung und im Finanzierungs- und Kalkulationsprinzip. Dabei finanziert in der PKV jede Generation die altersbedingt steigenden Gesundheitskosten über die Alterungsrückstellungen selbst. Um die Preissteigerungen im Gesundheitswesen abzufedern, wird seit dem 1.1.2000 zusätzlich ein gesetzlicher Zuschlag auf den Beitrag von 10 Prozent für alle Neuversicherten erhoben. Damit wird der Beitrag im Alter selbst dann einigermaßen stabil bleiben, wenn die Kosten im Gesundheitswesen so weitersteigen wie bisher. Der Gesamtbetrag der Alterungsrückstellungen betrug 2016 bereits 233 Mrd. EUR (2015: 219 Mrd. EUR). Damit hat die PKV auf die zentralen Herausforderungen der zukünftigen Gesundheitsversorgung reagiert. Die GKV wird demgegenüber nach dem Umlageverfahren finanziert, das bei sinkenden Geburtenraten und einer zunehmenden Überalterung der deutschen Bevölkerung nicht generationengerecht erscheint. Dazu sind die Leistungen nicht vertraglich garantiert, sondern können zum Beispiel durch den Gesetzgeber gekürzt werden. Die Wahl der passenden Krankenversicherung sollte diese Fakten immer mitberücksichtigen.

III. Die Wahl der Krankenversicherung

Nicht jeder darf eigenständig entscheiden, ob er in der GKV oder der PKV versichert sein möchte. Kein Wahlrecht haben insbesondere diejenigen, die als Arbeitnehmer das Berufsleben beginnen und deren Anfangsgehalt die Jahresarbeitsentgeltgrenze in der Krankenversicherung nicht übersteigt. Sie sind als Pflichtmitglied in der gesetzlichen Krankenversiche-

A.12 Die Krankenversicherung <- Die Anwältin – der Anwalt

rung (GKV) versichert. Existenzgründer erhalten in der GKV für einen bestimmten Zeitraum einen ermäßigten Beitragssatz.

Die Krankenkassen der GKV übernehmen in gesetzlich festgelegtem Umfang Arzt-, Krankenhaus-, Hilfs- und Heilmittelkosten. Zahlreiche Zuzahlungen muss der Versicherte aus eigener Tasche leisten, zum Beispiel zu Medikamenten und zu Kosten für Zahnersatz.

Zum freiwillig versicherten Mitglied in der GKV wird man, wenn der Verdienst oberhalb der Jahresarbeitsentgeltgrenze liegt, dies sind derzeit 59.400 EUR/Jahr (2018).

Für Beamte und Selbstständige gilt diese Regel nicht. Sie können sich direkt privat versichern. Hier haben Anwälte die Möglichkeit, sich über einen Gruppenversicherungsvertrag besonders vorteilhafte Konditionen zu sichern. Aber auch Pflichtmitglieder der GKV brauchen nicht auf den privaten Krankenversicherungsschutz zu verzichten. Die DKV als langjähriger Partner vieler örtlicher Anwaltvereine und des Deutschen Anwaltvereins bietet über den Gruppenversicherungsvertrag einen Optionstarif an, der den Zugang zur privaten Krankenversicherung „garantiert". Zusammen mit einer stationären Ergänzungsversicherung für den Krankenhausaufenthalt kostet dies für einen 29-jährigen Rechtsanwalt 37,60 EUR im Monat (berechnet nach Tarif KGZ2 und Tarif KOPT im Gruppenversicherungsvertrag, Stand Dezember 2017). Natürlich ist auch eine Absicherung von Zahnersatz und ambulanten Leistungen wie Heilpraktiker und Sehhilfen möglich.

IV. Wenn es zum Krankheitsfall kommt

Sollte es bei angestellten Anwälten zum Krankheitsfall kommen, so zahlt zunächst ihr Arbeitgeber ihr Gehalt für sechs Wochen weiter – die sogenannte Entgeltfortzahlung. Danach besteht im Regelfall, grundsätzlich zeitlich unbegrenzt, jedoch für dieselbe Krankheit längstens für 78 Wochen innerhalb von jeweils drei Jahren, in der GKV Anspruch auf Krankengeld (§ 48 SGB V). Das Krankengeld liegt jedoch niedriger als das Nettogehalt. Einkommenseinbußen belaufen sich i.d.R. auf mindestens ein Fünftel des Einkommens, bei Hochverdienern auf deutlich mehr, sodass es sinnvoll ist, die Differenz über eine private Krankentagegeldversicherung – am besten im Rahmen eines beitragsbegünstigten Gruppenversicherungsvertrages für Rechtsanwälte – aufzufangen.

Angesichts der in der GKV fortlaufend gestiegenen Beitragssätze, der zur Kostendämpfung vorgenommenen Leistungseinschränkungen und der Einführung des Gesundheitsfonds hat die GKV einiges an Attraktivität als preisgünstige, alle Gesundheitsrisiken angemessen abdeckende Grundversicherung verloren. Natürlich ist auch die PKV nicht von Kosten- und damit Beitragssteigerungen verschont. Der Leistungsumfang ist aber, sofern nicht Sie selbst Änderungen beantragen, auf den vertraglich vereinbarten Umfang fixiert.

Wer seinen Krankenversicherungsschutz ganz an die persönlichen Vorstellungen und Bedürfnisse anpasst, was in der PKV möglich ist, zahlt ggf. niedrigere Monatsbeiträge. Zudem zahlt der Arbeitgeber Beschäftigten einen Zuschuss zum Beitrag, wenn die Leistungen der PKV der Art nach denen der GKV entsprechen (§ 257 SGB V). Dass bestimmte Tarife einen zur GKV mindestens gleichwertigen Versicherungsschutz bieten, wird dem Versicherer durch das Bundesamt für Finanzdienstleistungsaufsicht bescheinigt. Die Höhe des Arbeitgeberzuschusses beträgt 50 Prozent des Beitrags, den der Arbeitnehmer für seine private Krankenversicherung bezahlt. Mit dem GKV-Finanzierungsgesetz 2010 wurde der maximale Arbeitgeberzuschuss allerdings auf 7,3 Prozent der Beitragsbemessungsgrenze der GKV festgeschrieben (2018: BBG = 53.100 EUR, maximaler Arbeitgeberzuschuss: 323,03 EUR). Der Zuschuss umfasst auch Beiträge von privat versicherten Familienangehörigen, für die in der GKV ein Anspruch auf die beitragsfreie Familienversicherung bestünde. Beitragsanteile für Leistungen, die die GKV nicht (mehr) anbietet, zum Beispiel Sterbegeld, werden nicht bezuschusst.

Für die GKV spricht, dass sich ihre Beiträge nur nach dem Einkommen, nicht aber nach Alter und Gesundheit richten, Familienangehörige (Ehepartner und Kinder) unter bestimmten gesetzlichen Voraussetzungen kostenfrei mitversichert sind, es weder Wartezeiten noch höhere Prämien bei Vorerkrankungen oder im Alter gibt und Krankenversicherungsbeiträge auf Kranken- oder Mutterschaftsgeld nicht gezahlt werden müssen (siehe § 192 SGB V). Das ist prinzipiell zutreffend. Während in der GKV ein einheitlicher, für alle Versicherten gleicher Versicherungsschutz besteht, bietet die private Krankenversicherung aber vielfältige und zum Teil erheblich günstigere Tarifvarianten – insbesondere über einen Gruppenversicherungsvertrag für Anwälte.

Die Krankheitskostenvollversicherungen der PKV gibt es ohne und mit unterschiedlicher Selbstbeteiligung. Sie bieten zum Beispiel tarifabhängig freie Arzt- und Medikamentenwahl, guten Schutz bei Zahnersatz sowie Chefarztbehandlung und Ein- oder Zweibettzimmer bei einem Krankenhausaufenthalt. Die DKV Deutsche Krankenversicherung AG als Gruppenvertragspartner des Deutschen Anwaltvereins bietet zudem Produkte im Bereich der Vorsorge an.

Wer sich selbstständig gemacht hat oder in einer Kanzlei für ein bestimmtes Dezernat verantwortlich ist, sollte auch daran denken, dass Krankheit nicht immer gleichbedeutend damit ist, dass man sich völlig aus der Mandatsbearbeitung zurückziehen kann. Wenn der Gesundheitszustand es zulässt, spielen dann gewisse „Annehmlichkeiten", die man als Privatpatient genießt, sei es ambulant oder stationär, eine bedeutende Rolle.

Der Versicherungsschutz in der privaten Krankenversicherung lässt sich ganz den persönlichen Vorstellungen und Wünschen anpassen. Die Höhe der Prämie ist, weil sie sich nach dem jeweils zu versichernden Risiko richtet, von dem Lebensalter und dem bei Versicherungsbeginn vorliegenden Gesundheitszustand abhängig. Das Geschlecht, das in der Vergangenheit ebenfalls berücksichtigt wurde, spielt seit dem 21.12.2012 aufgrund des „Unisex-Urteils" des EuGH keine Rolle mehr. Der Altbestand, also alle Verträge einschließ-

A.12 Die Krankenversicherung <- Die Anwältin – der Anwalt

lich der Gruppenversicherungsverträge der Anwaltschaft, die vor diesem Datum abgeschlossen worden sind, wird davon nicht berührt.

Durch Vereinbarung einer Selbstbeteiligung lässt sich der monatliche Beitrag senken. Wer seine private Krankenversicherung über einen definierten Zeitraum nicht in Anspruch nimmt, erhält Beitragsrückerstattungen, unter Umständen von mehreren Monatsbeiträgen. Dem Argument, dass die Beiträge mit zunehmendem Alter wegen des dann höheren Gesundheitsrisikos steigen, wirken die Alterungsrückstellungen entgegen, zu denen auch der seit dem 1.1.2000 vorgeschriebene gesetzliche Beitragszuschlag gehört. Bei einem Versichererwechsel werden nach der seit 1.1.2009 geltenden Gesetzeslage die Alterungsrückstellungen bis zur Höhe des neuen Basistarifes übertragen. Ein möglicherweise nicht unerheblicher Teil der bislang gebildeten Alterungsrückstellungen geht deshalb bei einem Wechsel von einem privaten Krankenversicherer zu einem anderen verloren. Wer aus irgendeinem Grund zu einem anderen Versicherer wechseln möchte, muss sich dies nach wie vor genau überlegen.

Nicht betroffen ist der Wechsel in einen anderen Tarif desselben Versicherers. Bei diesem gehen die angesammelten Alterungsrückstellungen grundsätzlich vollständig in den neuen Tarif über.

Das häufig vorgebrachte Argument, dass derjenige, der die GKV einmal verlassen hat, dorthin nie wieder zurückkehren könne, ist nicht ganz richtig; wenn vor Vollendung des 55. Lebensjahres (wieder) eine unselbstständige Tätigkeit mit einem Entgelt unterhalb der Jahresarbeitsentgeltgrenze (2018: 59.400 EUR) aufgenommen wird, muss in die GKV zurückgewechselt werden.

Neben der Krankheitskostenvollversicherung bieten die PKV-Unternehmen besonders attraktive Tarife im Bereich der Krankentagegelder. Im Rahmen eines Gruppenversicherungsvertrages gibt es eigens für die Bedürfnisse von Anwälten geschaffene Tagegeldprodukte, die wesentlich günstiger als vergleichbare Tarife in der Einzelversicherung sind. Dazu kann nicht nur, wie sonst üblich, das Nettoeinkommen versichert werden. Versichert werden können im Rahmen des Gruppenversicherungsvertrages auch die weiterlaufenden Kosten der Kanzlei als Teil des Krankentagegeldes. Die DKV bietet Anwälten das Krankentagegeld übrigens auch als Soloversicherung – und dies im Rahmen der Gruppenversicherung ohne Wartezeiten – an, d.h., eine Vollversicherung ist dafür nicht notwendig.

Wenn während der Erkrankung Berufsunfähigkeit eintreten sollte, enden die Leistungen nicht wie sonst mit diesem Zeitpunkt; vielmehr wird das Tagegeld bis zur 52. Woche weitergezahlt. Außerdem haben die Versicherer auf Wartezeiten verzichtet und die Verträge sehen weder eine Aussteuerung noch die ordentliche Kündigung durch den Versicherer vor.

Im Bereich der privaten Krankenversicherungen unterhält der DAV eine Kooperation mit der DKV in Form eines Gruppenversicherungsvertrages mit besonders günstigen Konditionen.

Die Anwältin – der Anwalt -> **A.12 Die Krankenversicherung**

Inwieweit ein Tarif aus diesem Vertrag für Ihre persönliche Situation die beste Wahl ist, sollten Sie in einem individuellen Vergleich feststellen. Lassen Sie sich dabei nicht nur über Ihre individuelle Einzelversicherung, sondern auch die möglicherweise doch besseren Vorteile des Gruppenversicherungsvertrages gut beraten.

Kontaktadresse für den Gruppenversicherungsvertrag:

Deutsche Krankenversicherung AG
Kooperation Verbände
50594 Köln
Telefon: 0221 5784585
Internet: www.dkv.com/rechtsanwalt
E-Mail: rechtsanwalt@dkv.com

A.13 Berufsunfähigkeit: Ein vielfach unterschätztes Risiko

Rechtsanwalt und Fachanwalt für Versicherungsrecht Arno Schubach, Frankfurt am Main • Vorsitzender des Ausschusses Versicherungsrecht des DAV

Zu den unbestritten wichtigsten Versicherungen – gerade für die Angehörigen der Freien Berufe – gehört die Berufsunfähigkeitsvorsorge. Gleichzeitig ist die Berufsunfähigkeit eine Problematik, die – auch von Rechtsanwältinnen und Rechtsanwälten – immer wieder unterschätzt oder auf die leichte Schulter genommen wird.

Wer als Rechtsanwältin oder Rechtsanwalt in seinem Keller eine Maschine stehen hätte, die echte 100-Euro-Scheine produzieren, würde sicher alles dafür tun, dass dieses Gerät nicht ins Stocken gerät oder gar gänzlich funktionsuntüchtig wird. Und wenn es eine Versicherung dafür gäbe, die im Schadenfall anstelle der Maschine Schein um Schein bereitstellt, würde man diese Versicherung sicherlich sofort abschließen. Im Grunde verfügt jeder Berufsträger über eine solche „Maschine": die eigene Arbeitskraft. Deshalb ist es ausgesprochen sinnvoll, diese Fähigkeit angemessen zu versichern. Doch zeigt sich häufig, dass für die „Eigenberatung" über die Wahl und die Prüfung des angemessenen Schutzes viel weniger Zeit, Mühe und Sorgfalt aufgewendet wird, als auf die Beratung von Mandanten. Dabei verdienen insbesondere die Bedingungswerke zur Berufsunfähigkeitsversicherung besonderer Aufmerksamkeit, sind sie doch immer wieder im Fall der Fälle Anlass für Enttäuschungen und rechtliche Auseinandersetzungen.

I. Leistungsvoraussetzungen in der Berufsunfähigkeitsversicherung

Berufsunfähigkeit ist in den Versicherungsbedingungen oft so definiert, dass die versicherte Person infolge Krankheit, Körperverletzung oder mehr als altersentsprechenden Kräfteverfalls, die ärztlich nachzuweisen sind, für voraussichtlich sechs Monate ihren zuletzt ausgeübten Beruf, so wie er ohne gesundheitliche Beeinträchtigung ausgestaltet war, nicht mehr zu mindestens 50 % ausüben kann und auch keine andere Tätigkeit ausübt, die ihrer bisherigen Lebensstellung entspricht. Ergänzt wird dies meist durch eine Regelung, die die Berufsunfähigkeit fingiert, wenn die Prognose für die Zukunft noch nicht gestellt werden kann. Üblich ist zum Beispiel folgende Regelung: Ist die versicherte Person sechs Monate ununterbrochen in Folge Krankheit, Körperverletzung oder mehr als altersentsprechenden Kräfteverfalls, die ärztlich nachzuweisen sind, zu mindestens 50 % außerstande gewesen, ihren zuletzt ausgeübten Beruf, so wie er ohne gesundheitliche Beeinträchtigung ausgestaltet war, auszuüben und hat sie in dieser Zeit auch keine andere Tätigkeit ausgeübt, die ihrer bisherigen Lebensstellung entspricht, gilt die Fortdauer dieses Zustandes als Berufsunfähigkeit.

A.13 Berufsunfähigkeit: Ein vielfach unterschätztes Risiko

1. Problem: Verweisung

Bei der in diesen Regelungen vorgesehenen zusätzlichen Voraussetzung, dass die versicherte Person keine andere Tätigkeit ausübt, handelt es sich um die sogenannte „konkrete Verweisung". Sie ist am Markt sehr gebräuchlich. Der bisherigen Lebensstellung entspricht dabei eine Tätigkeit, die in ihrer Vergütung und sozialen Wertschätzung nicht spürbar unter das Niveau der bislang ausgeübten Tätigkeit absinkt. Zumutbar ist nach der höchstrichterlichen Rechtsprechung wohl generell eine Minderung der Vergütung in Höhe von bis zu 20 %. Letztlich geht es in diesem Punkt jedoch immer um eine Bewertung des konkreten Einzelfalls, so dass auch höhere Einkommensverluste als noch zumutbar angesehen werden können.[1]

Lange Zeit Standard, aber glücklicher Weise heute am Markt nur noch selten ist die „abstrakte Verweisung". Danach erfordert Berufsunfähigkeit, dass die versicherte Person außerstande ist, eine andere Tätigkeit auszuüben, zu der sie aufgrund ihrer Ausbildung und Fähigkeiten in der Lage ist und die ihrer bisherigen Lebensstellung entspricht. Es kommt in diesen Fällen also nicht darauf an, ob der Versicherte diese Tätigkeit tatsächlich ausübt. Wenn er in einer möglichen Verweistätigkeit keinen Arbeitsplatz findet, so ist dies nicht versichert; es besteht bei Vereinbarung der „abstrakten Verweisung" dann kein Anspruch aus der Berufsunfähigkeitsversicherung.[2]

Verträge mit der Vereinbarung der konkreten oder abstrakten Verweisung bergen also das Risiko, dass der Versicherte wegen der vereinbarten und möglichen Verweisung keine Leistungen aus der Berufsunfähigkeitsversicherung erhält, obwohl er tatsächlich seinen bisher ausgeübten Beruf nicht mehr ausüben kann. Auf dieses Risiko müssen sich Rechtsanwältinnen und Rechtsanwälte jedoch nicht einlassen, gibt es doch das Angebot am Markt mit dem ausdrücklichen Ausschluss der Verweisung:

„Ist der zuletzt ausgeübte Beruf dem Bereich der rechts-, wirtschafts-, steuerberatenden oder wirtschaftsprüfenden Berufe oder diesen nach Ausbildung, Kenntnissen oder Fähigkeiten gleichzustellenden Berufen zurechenbar, prüfen wir nicht, ob die versicherte Person noch eine andere Tätigkeit wahrnimmt oder wahrnehmen kann.

Wir verzichten bei diesem Personenkreis damit auf die Möglichkeit der Verweisung."

2. Problem: Umorganisation bei Selbstständigen

Besonders problematisch ist zudem, dass bei Selbstständigen das Vorliegen der Leistungsvoraussetzungen wegen der Möglichkeit der Umorganisation des Betriebs ausgeschlossen sein kann. Der Selbstständige, der selbst über Umfang und Ausgestaltung seiner beruflichen Tätigkeit entscheiden kann, ist nur dann nicht in der Lage, seinen Beruf auszuüben,

---

[1] Vgl. die detaillierten Nachweise bei *Prölss/Martin*, VVG, 29. Aufl., § 2 BuVAB, Rn. 49 ff.
[2] BGH VersR 1986, 278; 1989, 579; NJW-RR 1997, 529; NVersZ 1999, 515.

A.13 BERUFSUNFÄHIGKEIT: EIN VIELFACH UNTERSCHÄTZTES RISIKO

wenn er ihn unter Ausübung seiner Dispositionsmöglichkeiten nicht mehr im ausreichenden Maß fortsetzen kann."[3]

Versicherungsbedingungen können hierzu auch ausdrückliche Regelungen enthalten, etwa:

„Berufsunfähigkeit liegt nicht vor, wenn ein Selbstständiger oder Gesellschafter über seinen Einfluss auf die betriebliche Situation durch zumutbare Umorganisation eine Tätigkeit ausüben kann, durch die er eine unveränderte Stellung als Betriebsinhaber innehat. Eine Umorganisation ist zumutbar, wenn sie wirtschaftlich und betrieblich zweckmäßig ist. Die konkret ausgeübte oder im Rahmen der Umorganisation ausübbare Tätigkeit muss aufgrund der Gesundheitsverhältnisse, der Ausbildung und Fähigkeiten zumutbar sein und der bisherigen Lebensstellung entsprechen."

Die Erfahrung der Praxis zeigt, dass die Frage der zumutbaren Umorganisation großes Streitpotential birgt. Wer als Rechtsanwältin oder Rechtsanwalt tätig ist, kann aber auch diese Klippe umgehen, wenn er bei Abschluss seiner Berufsunfähigkeitsversicherung darauf achtet, dass der Versicherer in den Bedingungen auf den Einwand der Umorganisation verzichtet, etwa mit der ausdrücklichen Regelung:

„Für Selbstständige und Freiberufler, deren zuletzt ausgeübter Beruf dem Bereich der rechts-, wirtschafts-, steuerberatenden oder wirtschaftsprüfenden Berufe oder diesen nach Ausbildung, Kenntnissen oder Fähigkeiten gleichzustellenden Berufen zurechenbar ist, gilt nach Ziffer 3.1.2:

Wir verzichten auf die Möglichkeit der Verweisung. Berufsunfähigkeit liegt bei diesen Personen damit auch dann vor, wenn sie ihren Arbeitsplatz und Tätigkeitsbereich in zumutbarer Weise umorganisieren können."

II. Dauer der Leistungen in der Berufsunfähigkeitsversicherung

Erkennt der Versicherer seine Leistungspflicht in der Berufsunfähigkeitsversicherung an, so gilt dies grundsätzlich auch für die Zukunft. Die Leistungspflicht endet dann erst mit Ablauf des im Versicherungsvertrag mit einem konkreten Datum genannten Endes der Leistungszeit. Gebräuchliche Endzeitpunkte sind die Vollendung des 60., 65. oder 67. Lebensjahres. Aber auch andere Fristen können im Vertrag vereinbart sein. Vor Ablauf der Frist kann der Versicherer sich nur von der Leistungspflicht befreien, indem er das in den Versicherungsbedingungen geregelte Nachprüfungsverfahren einleitet und dieses ergibt, dass die Berufsunfähigkeit entfallen ist. Oft sehen Versicherungsbedingungen vor, dass bei diesem Nachprüfungsverfahren auch geprüft werden darf, ob die versicherte Person inzwischen eine andere Tätigkeit aufgenommen hat, für die die Voraussetzungen der „konkreten Verweisung" erfüllt sind. Dabei sind nach den gebräuchlichen Klauseln auch berufliche Fähigkeiten zu berücksichtigen, die die versicherte Person inzwischen neu erworben hat.

---

[3] Vgl. *Prölss/Martin*, § 172 VVG, Rn. 69 ff mit umfassender Darstellung der höchstrichterlichen Rechtsprechung.

A.13 Berufsunfähigkeit: Ein vielfach unterschätztes Risiko

Auf diesen Punkt sollten Rechtsanwältinnen und Rechtsanwälte ebenfalls achten, wenn sie eine Berufsunfähigkeitsversicherung abschließen. Denn eine Berücksichtigung einer neu aufgenommenen Tätigkeit und neu erworbener Kenntnisse im Nachprüfungsverfahren scheidet aus, wenn bereits bei den Voraussetzungen der Berufsunfähigkeit der Versicherer vollständig auf die „konkrete Verweisung" verzichtet hat.

III. Berufsunfähigkeit und Krankentagegeldversicherung

Der Verdienstausfall bei einer vorübergehenden Arbeitsunfähigkeit kann in der Krankentagegeldversicherung abgesichert werden. Die Bedingungen der Krankentagegeldversicherung[4] sehen aber vor, dass das Versicherungsverhältnis endet mit Eintritt der Berufsunfähigkeit, die vorliegt, wenn die versicherte Person nach medizinischem Befund im bisher ausgeübten Beruf auf nicht absehbare Zeit mehr als 50 % erwerbsunfähig ist. Besteht zu diesem Zeitpunkt in einem bereits eingetretenen Versicherungsfall Arbeitsunfähigkeit, so endet das Versicherungsverhältnis in der Regel nach Ablauf einer Übergangsfrist von drei Monaten nach Eintritt der Berufsunfähigkeit.

Ein Vergleich dieser Regelung mit den üblichen Versicherungsbedingungen in der Berufsunfähigkeitsversicherung zeigt, dass die Voraussetzungen für das Vorliegen von Berufsunfähigkeit nicht deckungsgleich sind. In glücklichen Fällen kann dies dazu führen, dass der Versicherte zumindest vorübergehend gleichzeitig Leistungen aus der Krankentagegeldversicherung und der Berufsunfähigkeitsversicherung erhält.[5] Ein Bereicherungsverbot gibt es insoweit nicht, da beide Versicherungen Summenversicherungen sind, die nicht vom Eintritt eines nachweisbaren Schadens abhängen. Im ungünstigen, keineswegs seltenen Fall ist es jedoch so, dass beide Versicherungen ihre Leistungspflicht verneinen. Der Versicherte, der meinte, sich durch Krankentagegeldversicherung und Berufsunfähigkeitsversicherung vollständig gegen gesundheitsbedingten Einkommensverlust abgesichert zu haben, steht plötzlich für längere Zeit oder sogar dauerhaft ohne die dringend zum Lebensunterhalt benötigten Einkünfte da.

Die Gründe hierfür können schlicht darin liegen, dass der Krankenversicherer und der Berufsunfähigkeitsversicherer abweichende medizinische Bewertungen vornehmen. Der Krankentagegeldversicherer geht zum Beispiel davon aus, dass der Versicherte im bisher ausgeübten Beruf auf nicht absehbare Zeit zu mindestens 50 % erwerbsunfähig ist, während der Berufsunfähigkeitsversicherer meint, der Versicherte könne seine Tätigkeit aktuell und auch in Zukunft noch zu mehr als 50 % ausüben. Natürlich kann hier oft eine gerichtliche Klärung erfolgen. Angesichts üblicher Verfahrensdauern dieser meist recht komplexen Prozesse ist es aber keine Seltenheit, dass ein Versicherter über mehrere Jahre weder Einkünfte aus seiner beruflichen Tätigkeit hat noch Versicherungsleistungen erhält und sehen muss, wie er während dieser Zeit seinen Lebensunterhalt bestreitet.

---

4 Vgl. § 15 Abs. 1 lit. b MB/KT.
5 BGH VersR 1997, 481.

A.13 BERUFSUNFÄHIGKEIT: EIN VIELFACH UNTERSCHÄTZTES RISIKO

Noch dramatischer ist es, wenn der Versicherte wegen der unterschiedlichen Definitionen der Berufsunfähigkeit „zwischen den Stühlen sitzt" und beide Versicherer zu Recht geltend machen, dass die Leistungsvoraussetzungen nicht vorliegen. § 15 Abs. 1 lit. b MB/KT stellt nämlich ausschließlich auf die ausgeübte berufliche Tätigkeit in ihrer spezifischen Ausprägung am konkreten Arbeitsplatz ab.[6] Es gibt keine Einschränkung, die der konkreten oder abstrakten Verweisung vergleichbar ist. Der Versicherte kann deshalb, solange er den Arbeitsplatz nicht tatsächlich gewechselt hat, nicht geltend machen, er sei nicht berufsunfähig, weil er an einem anderen Arbeitsplatz mit seiner beruflichen Qualifikation seiner Tätigkeit zu mehr als 50 % nachgehen könne. Im Ergebnis verweigert dann der Krankenversicherer zu Recht das Krankentagegeld. Zugleich verweigert auch der Berufsunfähigkeitsversicherer zu Recht die Leistungen, wenn die sogenannte abstrakte Verweisung vereinbart ist und deshalb Berufsunfähigkeit nicht vorliegt, weil die versicherte Person eine andere Verweistätigkeit zu mehr als 50 % auszuüben könnte, zu der sie aufgrund ihrer Ausbildung und Fähigkeiten in der Lage ist und die ihrer bisherigen Lebensstellung entspricht. Für versicherte Selbstständige kommt hinzu, dass in der Krankentagegeldversicherung für das Vorliegen der Berufsunfähigkeit gemäß § 15 Abs. 1 lit. b MB/KT die Möglichkeit der Umorganisation ohne Bedeutung ist.[7] Ein selbstständiger Versicherter kann also nicht gegen die Feststellung der Vertragsbeendigung wegen Berufsunfähigkeit einwenden, er könne seinen Betrieb so umorganisieren, dass er ein Betätigungsfeld mit einem Umfang von mehr als 50 % hat.[8] Auch in diesem Fall stellt der Krankenversicherer die Leistung von Krankentagegeld zu Recht ein, obwohl zugleich der Berufsunfähigkeitsversicherer nicht zur Leistung verpflichtet ist, weil die Möglichkeit des selbstständig Versicherten, durch Umorganisation ein Tätigkeitsfeld von mehr als 50 % erhalten zu können, das Vorliegen von Berufsunfähigkeit im Sinne der Bedingungen für die Berufsunfähigkeitsversicherung ausschließt. In diesen Fällen kann sich im Einzelfall zeigen, dass die Kombination von Krankentagegeldversicherung und Berufsunfähigkeitsversicherung nicht das hält, was sich der Versicherte von ihr versprochen hat, nämlich die nahtlose Absicherung auch im Grenzbereich.

Wer diese Schwachstellen kennt und beachtet, kann gezielt nach am Markt verfügbaren Angeboten suchen, die die dargestellten, potentiell existenzvernichtenden Risiken mindern oder sogar ausschließen. So gibt es beispielsweise vertragliche Aussagen von Berufsunfähigkeitsversicherer, ein lückenloser Anschluss an die Krankentagegeldleistung des zum selben Versicherungskonzern gehörenden Krankenversicherers werde angestrebt oder garantiert. Insbesondere gibt es am Markt sogar Versicherungsbedingungen, in denen der Berufsunfähigkeitsversicherer eine verbindliche Zusage macht, dass Berufsunfähigkeit auch vorliegt, wenn die versicherte Person von dem namentlich bezeichneten, zum selben Konzern gehörenden Krankenversicherer als berufsunfähig im Sinne dessen Bedingungen für die Krankentagegeldversicherung eingestuft wird.

---

6 BGH r+s 2017, 146.
7 BGH r+s 2017, 146.
8 BGH r+s 2017, 146.

B. Die eigene Kanzlei

Neue Mandate gewinnt man nicht mit Glück. Sondern mit **anwaltauskunft.de**

Monat für Monat suchen über 100.000 Menschen auf anwaltauskunft.de nach einer Anwältin oder einem Anwalt. Profitieren auch Sie davon! Mitglieder in einem örtlichen Anwaltverein des DAV werden automatisch mit einem eigenen Profil auf dem Portal gelistet. Gewinnen Sie mithilfe von anwaltauskunft.de neue Mandate! Sind Ihre Angaben aktuell? Prüfen und aktualisieren Sie Ihre Daten jetzt über „Mein DAV" auf **anwaltverein.de**.

Vertrauen ist gut. Anwalt ist besser.

DeutscherAnwaltVerein

MAN | DA | LATERINE

B.1 Kanzleigründung – Best Practise

Rechtsanwältin Ann-Kathrin Dreber, Eschwege
Rechtsanwalt und Notar Dr. Kevin Faber, Eschwege

Als wir vom DAV gefragt wurden, an der Neuauflage des DAV-Ratgebers mitzuschreiben, war dies für uns eine surreale Erfahrung. Warum surreal? Dies deshalb, weil wir uns selbst erst vor nunmehr bald vier Jahren Gedanken darüber gemacht haben, wie eine erfolgreiche Kanzleigründung aussehen kann. Im Zuge dessen hatten wir ebenfalls den DAV-Ratgeber in der Hand. Im Jahr 2014 haben wir unsere Kanzlei mit Sitz in Eschwege, einer Kleinstadt in der Mitte Deutschlands, gegründet. Die Region ist landschaftlich wunderschön und für Urlaube bestens geeignet, aus wirtschaftlichen Gesichtspunkten jedoch ist sie eher als schwierig zu verorten. *Ann-Kathrin Dreber* kam aus der Entwicklungshilfe und hat sich zudem recht früh selbstständig gemacht, *Kevin Faber* war zuvor in zwei mittelständischen Kanzleien tätig.

I. Warum Kleinstadt?

Die Entscheidung für die Kleinstadt hat mit Sicherheit keine wirtschaftlichen Gründe gehabt, sie war vielmehr durch die familiären Verhältnisse geprägt. So wussten wir zwar, dass sich in Eschwege selbst eine erhebliche Zahl von Kanzleien und Einzelanwälten befand und befindet, dachten uns jedoch, dass wir hier im ländlichen Raum wahrscheinlich eher bzw. besser wahrgenommen werden als in großen Ballungszentren oder Großstädten. Angefangen haben wir in einer ca. 60 m²-großen Kanzlei, wobei wir uns für Mandantenkontakte in dem einzigen Besprechungs- und Arbeitszimmer abwechselten. In dem Moment, in dem ein Mandant empfangen wurde, musste sich der jeweils andere in den schlauchlosen Korridor begeben, den wir großmündig als Bibliothek bezeichneten. In diesem fensterlosen Raum saß man dann, bearbeitete Akten und wartete, bis die Mandatsbesprechung wieder beendet war.

II. Finanzierung

Wir haben uns recht zeitnah mit der Gründung um Kredite seitens verschiedener Banken bemüht. Dabei fiel unsere Entscheidung letztlich auf eine hiesige Genossenschaftsbank, die uns ohne jegliche Sicherheiten ein Existenzgründungsdarlehen mit den Worten: „Wir möchten junge Unternehmen in der Region unterstützen und verwurzeln." gewährte. Für uns war dies dann ein gewichtiger Grund, auch zukünftig – wann immer möglich – mit den Unternehmen vor Ort zusammenzuarbeiten, da sich das gegenseitige Geben und Nehmen gerade für uns Rechtsanwälte – beispielsweise durch die Übertragung von Mandatsverhältnissen, nachdem man die Anschaffung von Büromöbeln oder Briefpapier nicht überregional getätigt hat, bemerkbar macht. Erforderlich für die Bank war ein Businessplan, hinsichtlich dessen wir uns an die üblichen Regularien gehalten und dabei ordentlich verschätzt haben.

So haben wir mit wesentlich weniger Umsätzen gerechnet; die Bank hat uns aber dennoch den Kredit gewährt.

III. Selbstständigkeit

Nachdem wir beide uns anfänglich in Anstellungsverhältnissen befunden haben, stand für uns außer Frage, dass die Selbstständigkeit eine durchaus attraktive Alternative zum Angestelltenverhältnis darstellt. Es macht viel Spaß, die eigene Kreativität sprudeln zu lassen und beispielsweise die Kanzlei nach den eigenen Wünschen und Vorstellungen zu gestalten, aber auch die gesamte Bearbeitung der Akten und Mandantenkontakte so zu organisieren und zu handhaben, wie man selbst es für richtig hält. Die Freiheit, uns selbst mittels einer eigenen Kanzlei zu verwirklichen, kann man daher schlecht in Worte fassen. Vor allem wenn man am Anfang steht, sind die Anforderungen doch oft hoch und gerne wird man seitens älterer bzw. erfahrener Kollegen auf den Boden der Tatsachen zurückgeholt. So hieß es in der Phase unserer Gründung von verschiedenen Kollegen, dass wir es doch eigentlich gar nicht erst versuchen sollten, da der Markt ohnehin schon recht aufgeteilt wäre. Wir können Ihnen dabei nur ans Herz legen: Hören Sie nicht auf Ihre Mitkonkurrenten – machen Sie es einfach!

In der Anfangszeit haben wir zu zweit alles erledigt, was innerhalb einer Anwaltskanzlei nun einmal üblicherweise so anfällt. Dies beinhaltete, die Post beim Gericht zu holen, Schriftsätze selber abzutippen, die richtigen Briefmarken auf die jeweilige Größe der Briefe anzupassen, Telefonate selbst anzunehmen und Termine zu vereinbaren sowie vieles mehr. Aus der Sicht und Erfahrung von jetzt mittlerweile vier Jahren können wir Ihnen, geschätzte Leser, es nur anempfehlen, selbst die absoluten Basics des Büroalltags auszuprobieren bzw. selbst einmal ganz zu übernehmen. Erst wenn Sie selbst wissen, was beispielsweise das tägliche Post-Sortieren bedeutet, können Sie Ihre Angestellten später besser verstehen und Büroabläufe ggf. entsprechend optimieren. Außerdem wollten wir nicht den Fehler begehen, sofort mit angestellten Mitarbeitern zu beginnen, ohne zu wissen, in welche Richtung sich die Kanzlei einmal entwickeln wird. Die ersten drei Monate waren somit zwar beengt, aber dahingehend eine Zeit unschätzbaren Werts und nicht zu missender Erfahrung, dass wir uns aufgrund der engen Raumverhältnisse gegenseitig wesentlich besser kennenlernen konnten.

IV. Partnerschaft – oder?

Für uns stellt sich das Tätigwerden in einer kollegialen Partnerschaft als wesentlicher und durchaus bereichernder Vorteil dar. Zum einen hat man im juristischen Diskurs stets einen Ansprechpartner zur Seite, kann sich mit Terminen abwechseln und nicht zuletzt die gesamte Verantwortung teilen. Zum anderen hilft einem die Verteilung der Arbeit auf mehrere Schultern natürlich auch bei der Differenzierung der Aufgabengebiete.

B.1 Kanzleigründung – Best Practise <- Die eigene Kanzlei

V. Werbung, Presse online

Aus unserer Sicht empfiehlt es sich, viel Geld in Werbemaßnahmen zu stecken. Nutzen Sie dabei Ihre Anwaltspersönlichkeit und versuchen Sie, mittels Ihrer eigenen Kreativität Dinge anders zu machen als Ihre Mitbewerber. Zunächst einmal lohnt es sich, in eine gute Homepage zu investieren und aussagekräftige Bilder Ihrer Kanzlei oder von Ihnen selbst anfertigen zu lassen. Die Homepage ist fraglos Ihr Aushängeschild, wenn Sie, wovon man in den Anfangsjahren ausgehen kann, noch nicht bekannt sind. Sie hilft, den potenziellen Mandanten einen ersten Eindruck von Ihnen zu vermitteln. Selbstverständlich ist es auch möglich, die Homepage selbst zu erstellen, allerdings bildet unserer Ansicht und Erfahrung nach eine professionell entwickelte Homepage den entsprechenden professionellen Anspruch, welchen Sie gegenüber Ihren Mandanten pflegen, deutlich besser ab. Wir selbst haben fast sämtliche unserer Finanzen in Werbemaßnahmen wie Homepage und Bilderstellung gesteckt. Darüber hinaus haben wir hinsichtlich der Kanzleigründung auch immer eng mit der örtlichen Presse zusammengearbeitet. So sind wir nach drei Monaten in neue Räumlichkeiten umgezogen und haben über diesen Umzug beispielsweise eine Reportage in der hiesigen Presse veranlasst, welche dankbar aufgegriffen wurde und zudem eine erneute Werbung für uns darstellte. Außerdem halten wir ein professionelles und ansprechendes Erscheinungsbild, welches nicht angestaubt wirkt, sondern auf Ihre jeweilige Anwaltspersönlichkeit zugeschnitten ist, für immanent wichtig. Fast sämtliche Umsätze, die wir im Anfangsjahr verdient haben, steckten wir erneut in Werbemaßnahmen. Wir schalteten Anzeigen in Zeitungen und legten Wert darauf, dass wir bei Google sowie anderen Suchmaschinen gut gefunden werden konnten. Insoweit ist es für uns überaus wichtig gewesen, dass die entsprechenden Algorithmen passgenau zugeschnitten wurden. In der heutigen Rückschau sind wir der Ansicht, dass ein Großteil unserer Klienten den Weg anfänglich über das Internet zu uns gefunden hat. Auch heute ist dies durchaus noch der Fall, wobei sich im Laufe der Zeit natürlich auch die Weiterempfehlungen deutlicher bemerkbar gemacht haben. Gute Instrumente sind auch Anwaltsportale wie beispielsweise ANWALT.DE und Google selbst, wenn Sie dort positive Bewertungen seitens Ihrer Mandanten erhalten. Was uns neben dem ansprechenden Erscheinungsbild der Homepage ebenfalls sehr wichtig war und nach wie vor ist, ist das Corporate Design, welches wir sowohl in unseren Kanzleiräumen als auch auf Briefbögen sowie im generellen Außenauftritt verwenden. Unsere Kanzleifarben sind insoweit stets präsent und mittlerweile ein wesentliches Wiedererkennungsmerkmal sowohl bei Mandanten als auch bei Kollegen und potentiellen Neu-Klienten. Der hierdurch entstehende Wiedererkennungseffekt darf nicht unterschätzt werden.

VI. Vorträge, die Spaß machen

Als wir in Eschwege starteten, waren wir für unsere potenziellen Klienten zunächst unbekannt. Um dies zu ändern, haben wir uns eine Vortragsreihe mit dem Titel: „Spaß mit Anwälten ist möglich, muss aber nicht sein." ausgedacht. Mittels dieses Vortrags versuchten wir, eine Vielzahl von Personen zu erreichen und kündigten ihn daher auch (wiederum kostenfrei) in der Presse an. Den Vortrag selbst gestalteten wir als einen kurzweiligen, spannen-

Die eigene Kanzlei -> **B.1 Kanzleigründung – Best Practise**

den und abwechslungsreichen Parforceritt quer durch verschiedenste Rechtsgebiete, erstellten ein Quiz und banden das Publikum dadurch eng in den Vortrag mit ein. Zum ersten dieser Vorträge erschienen einhundertfünfzig Personen; es folgten weitere mit demselben Thema in verschiedenen Städten und an verschiedenen Orten, wobei sich die Personenanzahl nahezu ein jedes Mal steigerte. Diese Vorträge verschafften uns letztlich eine Vielzahl unserer Mandatsverhältnisse und auch den Raum, den wir vor Ort benötigten, um als Kanzlei wahrgenommen zu werden.

VII. Facebook & Co.

Einen großen Raum unserer Werbemaßnahmen umfassen auch regelmäßige Facebook-Posts. Hierbei sind wir der Ansicht, dass die natürliche Ausstrahlung und Authentizität immanent wichtig sind. Wir würden uns selbst als etwas verrückt mit viel Spaß an der Arbeit beschreiben. Facebook ist dabei für eine entsprechende Außendarstellung bestens geeignet. Man erreicht mit relativ geringem Aufwand eine Vielzahl von Menschen. So wurden unsere Posts teilweise von mehr als sechzehntausend Personen wahrgenommen. Wir versuchen dabei stets, unsere Persönlichkeiten nicht zu verstecken, sondern durchaus auch einmal anzuecken, und können Ihnen, sehr verehrte Leser, ebenfalls nur anraten, sich nicht zu verbiegen. Das heißt, wenn Sie fröhlich und lustig sind, sollten Sie unserer Ansicht nach Ihr Augenmerk nicht darauf legen, plötzlich seriös und gesetzt rüberzukommen. Glauben Sie uns, es gibt auch für Sie eine Zielgruppe ☺!

Gerade als Neugründer und junge dynamische Kanzlei wird oft auch von Seiten der Mandanten erwartet, dass Sie die Dinge anders machen als die Kollegen. Uns wurde in der Anfangszeit immer wieder mitgeteilt, sehr „hungrig" zu wirken. Dies war gerade für unsere Mandanten überaus wichtig, waren sie doch nicht selten von den vor Ort vereinzelt „angestaubt" anmutenden Kollegen bereits manches Mal enttäuscht worden und haben uns somit gezielt aufgrund der Tatsache, dass wir einfach anders rüberkamen respektive rüberkommen, aufgesucht. Es ist folge dessen Ihre Persönlichkeit, die Sie ausmacht und Sie darüber hinaus am Markt von zahlreichen Kollegen, Mitbewerbern sowie Konkurrenten maßgeblich unterscheidet. In einem Zeitalter, in welchem über Legal Tech gesprochen wird und dieses – gerade in Großstädten oder Ballungszentren sowie bei größeren Unternehmen – immer mehr Raum einnimmt, müssen Sie ein Alleinstellungsmerkmal für sich finden. Dieses sind letztlich einzig Sie! Die Mandanten werden Sie nicht (nur) aufsuchen, weil Sie beispielsweise Fachanwalt für Familienrecht sind, sondern weil Sie bei Ihnen das Gefühl haben, gut aufgehoben zu sein. Dies ist nur zum Teil einem entsprechend fachlichen Aspekt geschuldet, vielmehr entscheidet nach wie vor innerhalb nur weniger Sekunden des ersten Aufeinandertreffens die Sympathie. Eben diese können Sie bereits im Vorhinein vermitteln, indem Sie beispielsweise auf Ihrer Homepage oder bei Facebook Bilder zeigen, wie Sie wirklich sind, oder aber auch Beiträge schreiben, die sich nicht nur mit der höchstrichterlichen Rechtsprechung auseinandersetzen, sondern durchaus auch Ihre persönliche Meinung zum Ausdruck bringen.

B.1 Kanzleigründung – Best Practise <- Die eigene Kanzlei

VIII. Mandantenbindung

Einen großen Teil unseres Erfolgs macht mit Sicherheit die enge Mandanten-Anwalt-Beziehung aus, welche wir pflegen. So versuchen wir, allen unseren Mandanten das Gefühl zu vermitteln, dass ihr Problem respektive Fall von uns nicht nur ernst genommen, sondern auch mit einem nötigen Maß an Empathie, fachlicher Kompetenz und Verve bearbeitet wird. Man muss sich dabei nur selbst einmal vorstellen, wie es ist, aufgrund eines Problems – welcher Art auch immer – einen Rechtsanwalt aufsuchen zu müssen. Dies fängt bereits bei der Suche nach einem passenden Anwalt an und hört bei Ankunft in der Kanzlei nicht zwangsläufig auf. So haben wir beispielsweise unseren Wartebereich so angenehm wie möglich gestaltet, um unseren potentiellen neuen Klienten schon bei ihrem Eintreffen in unseren Räumlichkeiten das Gefühl zu vermitteln, sich in einem geborgenen und geschützten Raum zu befinden und ihnen so auch bereits vorab einige ihrer möglichen Bedenken zu nehmen. Darüber hinaus pflegen wir unsere Mandatsverhältnisse so zu bearbeiten, dass ein möglichst engmaschiger Kontakt zu den Mandanten besteht und diese sich somit jederzeit vollumfänglich gut betreut fühlen. Zugegebenermaßen gelingt dies immer schlechter, je mehr Fälle Sie bearbeiten; gleichwohl sollte der persönliche Kontakt nicht unterschätzt werden, da ein Mandant, welchen Sie engmaschig betreut haben, beispielsweise auch bei dem Verlust eines Rechtsstreits mehr Verständnis aufbringen wird als einer, der von Ihnen vielleicht nur einmal kontaktiert wurde und sich eher als wirtschaftliche Komponente denn als Mensch gefühlt hat.

IX. Fortbildungen

Für eine Feld-, Wald- und Wiesenkanzlei, wie wir es sind, war es für uns gleichwohl immer außer Frage stehend, eine bestmögliche Rechtsberatung anbieten zu können. Dies kann man, wenn man diszipliniert genug ist, mittels eines Selbststudiums schaffen. Wir sind dies jedoch beide nicht! Nichtsdestotrotz sind die Möglichkeiten, einen Fachanwaltstitel zu erwerben, durchaus als vorteilhaft anzusehen. Nutzen Sie daher die Lehrgänge, um sich so viel Wissen wie möglich anzueignen. Treten Sie nicht auf der Stelle, sondern bilden Sie sich immer weiter fort. Wir konnten nach einiger Zeit aufgrund zahlreicher Fortbildungen das Logo der Bundesrechtsanwaltskammer: „Qualität durch Fortbildung" führen. Auch hiermit haben wir dann, da es durchaus ein Alleinstellungsmerkmal für uns am hiesigen Markt ist, erneut geworben. Obgleich wir Fachanwaltstitel führen bzw. demnächst führen, bilden wir uns auch auf Gebieten fort, in denen wir keine solchen erwerben oder auch führen. Wir bieten hierzu beispielsweise Vorträge für Unternehmen an, geben kostenfreie In-House-Schulungen und können mittels dieses Wissens, welches wir uns stetig aneignen, sowohl neue Mandatsverhältnisse bearbeiten als auch natürlich Kunden generieren.

X. Der weitere Weg

Der Weg in die Selbstständigkeit ist sicherlich kein leichter, er wird es jedoch, wenn Sie passende Mitarbeiter finden. Ein nicht zu unterschätzender Fakt im weiteren Verlauf Ihrer Neugründungsphase ist, das Augenmerk auf gutes Kanzleipersonal zu richten. Dabei ist jedoch darauf hinzuweisen, dass der momentane Fachkräftemangel mitunter recht deutlich spürbar ist. Mittlerweile beschäftigen wir fünfzehn Mitarbeiter sowie eine angestellte Anwältin und mussten aufgrund des dadurch entstehenden Raummangels noch ein weiteres Mal das Büro wechseln. An dieser Stelle sei sogleich darauf hingewiesen, dass Personalführung und das Suchen von gutem Personal sehr wahrscheinlich einen großen Anteil an Ihrem Arbeitsleben ausmachen wird, sollten Sie vorhaben, Ihre Kanzlei zu vergrößern und diese auf hohem Niveau zu führen. Wir haben nach ca. fünf Monaten mit zunächst einer Mitarbeiterin angefangen und konnten aufgrund der Hilfe mittels der Assistenz natürlich wesentlich mehr Fälle bearbeiten. Dadurch wiederum steigerten wir nach und nach die Personalanzahl und bilden mittlerweile sogar aus. Entscheidend dabei ist es, sich stets klare Ziele zu setzen. Das unsere war es, eine der erfolgreicheren und größeren Kanzleien hier vor Ort zu werden. Ein so klar formuliertes Ziel hilft Ihnen auch in dem Fall, dass Sie möglicherweise einmal nicht so fokussiert sind, weiter am Ball zu bleiben.

XI. Sponsoring Kanzleigründerpreis

Im Jahr 2016 bewarben wir uns für den Kanzleigründerpreis, ausgelobt durch den Deutschen Anwaltverein, das FORUM Junge Anwaltschaft, die Bundesrechtsanwaltskammer, die Frankfurter Allgemeine Zeitung sowie das Soldan-Institut. Dieser Preis wird nur alle zwei Jahre verliehen und es können sich bundesweit neugegründete Kanzleien bewerben. Ein besonderer Fokus der Auszeichnung liegt dabei auf einem guten Konzept, unternehmerischem Mut und wirtschaftlichem Erfolg. Wir rechneten zwar nicht mit einer Platzierung, hofften jedoch wenigstens unter den besten zehn Kanzleien vertreten zu sein. Tatsächlich aber erzielten wir den 1. Preis im Hinblick auf Konzeption und Umsetzung unserer dann doch recht erfolgreichen Kanzleigründung. Zur Verleihung in Köln wurden wir von unserem gesamten Team begleitet, welches Poloshirts in unseren Kanzlei-Farben trug, und nahmen dort freudestrahlend den Preis entgegen. Auch hierüber berichtete die örtliche Presse, welche uns netterweise sogleich eine Journalistin mitgeschickt hatte. Nachdem wir von der Preisvergabe erfahren hatten, kündigten wir großmundig an, 1.000 EUR des Gewinns zu spenden und von dem übrigen Geld mit unseren Mitarbeitern für ein Wochenende nach Amsterdam zu fahren. Bei dem Preis handelte es sich allerdings um einen Sachpreis. Hieran lässt sich erkennen, dass wir es da wie die meisten uns bekannten Juristen halten: selbst lesen wir das Kleingedruckte nicht so genau. Selbstverständlich wurden die 1.000 EUR dennoch gespendet und die Fahrt nach Amsterdam zusammen mit dem Kanzlei-Team verwirklicht. Auch dies wurde von einer Vielzahl von Mandanten, vielleicht aber auch von einigen potentiellen Klienten, mittels der sozialen Netzwerke beobachtet.

Des Weiteren nahmen Mitarbeiter unter dem Motto „Unsportlich, aber kompetent" beim örtlichen Triathlon teil und erreichten tastsächlich den vorletzten Platz. Zudem haben wir auch damit angefangen, kleinere Veranstaltungen zu sponsern wie beispielsweise ein örtliches Reitturnier.

B.1 Kanzleigründung – Best Practise <- Die eigene Kanzlei

XII. Kanzleiorganisation und das große Chaos

Je größer Sie werden, umso wichtiger ist es, klare und strukturierte Abläufe innerhalb der Kanzlei zu schaffen. Auch solche am Anfang ggf. unwichtig erscheinenden Dinge wie die Buchhaltung nehmen mit der Zeit eine immer größere Rolle ein. Der Arbeitsaufwand für diese Dinge sollte daher keinesfalls unterschätzt werden. In der Zeit, in welcher Sie jedoch die Buchhaltung machen oder versuchen, das Büro zu organisieren, können Sie keine Fälle bearbeiten. Insoweit war für uns klar, dass wir derlei Dinge innerhalb des Büros zumindest teilweise unbedingt outsourcen müssen.

XIII. Prinzip Hoffnung

Wir möchten Ihnen mit diesem kurzen Bericht Mut machen. Sie können den Start ohne Weiteres schaffen, wenn Sie Ihre Persönlichkeit in die Waagschale werfen, wenn Sie sich nicht von schlechte Laune machenden Kollegen unterkriegen lassen, wenn Sie Dinge anpacken und schlichtweg machen, wenn Sie Misserfolge in Kauf nehmen und trotzdem lachen, wenn Sie Ideen entwickeln, sich zu spezialisieren oder auch zu generalisieren und sich dabei von Ihren Kollegen abheben und unterscheiden. Wir selbst sehen uns auch als Organ der Rechtspflege und als seriöse Interessensvertreter unserer mittlerweile großen Stammkundschaft. Das heißt jedoch nicht, dass man es nicht jederzeit mit neuen Ideen versuchen kann. Deshalb leben wir das Motto:

„Immer haben alle gesagt, das geht nicht, bis einer kam, der das nicht wusste und es einfach gemacht hat."

In diesem Sinne wünschen wir Ihnen allen viel Erfolg und drücken ganz fest die Daumen: Sie schaffen das!

B.2 Rechtsformen für die gemeinsame Ausübung des Anwaltsberufs

RECHTSANWALT DR. KLAUS OEPEN, HAMBURG
RECHTSANWÄLTIN DANIELA BRAMKAMP, HAMBURG

I. Der Trend zur gemeinsamen Berufsausübung

Die Zeiten, da Rechtsanwälte typischerweise als Einzelanwälte praktizierten, sind schon seit Längerem vorbei. Gründe, sich zu gemeinsamer Berufsausübung zusammenzuschließen, gibt es viele. Um nur einen zu nennen: Wirtschaftsunternehmen benötigen Rechtsrat quer durch alle Rechtsgebiete, bei internationaler Tätigkeit zudem quer durch verschiedene Rechtsordnungen. Bei dem Versuch, hier „full service" anzubieten, müsste jeder noch so gute Einzelanwalt scheitern. Mit einer derartigen Geschäftsstrategie kann schlechterdings nur größeren Teams aus unterschiedlich spezialisierten Anwälten Erfolg beschieden sein.

II. Die Vielfalt möglicher Organisationsformen

Lange Zeit war – oder besser schien – für die gemeinsame Ausübung des Anwaltsberufs lediglich eine einzige Organisationsform zulässig: die GbR (§§ 705 ff. BGB). Ein anderer Typus Gesamthandsgesellschaft kam tatsächlich nicht in Betracht. Insoweit existierten nur die Typen OHG und KG. Sie wurden ausdrücklich allein für die Zwecke gewerblicher Betätigungen geschaffen (§§ 105, 161 HGB), zu denen die Ausübung des Anwaltsberufs kraft ebenso ausdrücklicher gesetzlicher Bestimmung nicht rechnet (§ 2 BRAO).[1] Mindestens genauso klar schien zu sein,[2] dass Anwälte sich nicht in Kapitalgesellschaften organisieren konnten, obwohl es dazu an einer eindeutigen Aussage des Gesetzgebers, sei es im Gesellschaftsrecht (vgl. §§ 1 GmbHG, 3 AktG), sei es im Berufsrecht, fehlte.

Erst im Jahre 1994 bewirkten zwei Ereignisse einen grundlegenden Wandel: Mit dem Gesetz über Partnerschaftsgesellschaften Angehöriger Freier Berufe stellte der Gesetzgeber (u.a.) der Anwaltschaft einen zweiten Typus Gesamthandsgesellschaft, die Partnerschaft(sgesellschaft) zur Verfügung.[3] Und das Bayerische Oberste Landesgericht erkannte in einer bahnbrechenden Entscheidung,[4] dass es bereits nach damaliger Rechtslage nicht länger vor Art. 12 GG zu rechtfertigen sei, der Anwaltschaft generell den Zugang zur GmbH

---

1 Vom BGH bekräftigt mit Urt. v. 18.7.2011, NJW 2011, 3036, Rn. 5 f., und zwar mit der zutreffenden Schlussfolgerung, dass es de lege lata Anwalts-GmbH & Co. KGs ebenso wenig geben könne wie schlichte Anwalts-KGs. Das BVerfG hat die gegen das BGH-Urteil gerichtete Verfassungsbeschwerde mit Beschl. v. 6.12.2011 mangels hinreichender Beschwerdebegründung nicht zur Entscheidung angenommen, dabei aber die Neigung erkennen lassen, die Nichtzulassung der Anwalts-GmbH & Co. KG als verfassungskonform anzusehen (NJW 2012, 993). Rechtspolitisch hat demgegenüber der Deutsche Juristentag kürzlich die Öffnung sowohl der KG als auch der GmbH & Co. KG für alle Freien Berufe befürwortet. Siehe Beschluss 30 zum Wirtschaftsrecht des Deutschen Juristentages 2016, verfügbar unter http://www.djt.de/fileadmin/downloads/71/161213_71_beschluesse_web.pdf, zuletzt abgerufen am 13.12.2017.
2 Siehe beispielsweise die damalige Darstellung von *Emmerich* in: Scholz, GmbHG, 9. Aufl. 2000, § 1 Rn. 15.
3 Gesetz zur Schaffung von Partnerschaftsgesellschaften und zur Änderung anderer Gesetze v. 25.7.1994, BGBl. I S. 1744, zuletzt geändert durch Gesetz v. 22.12.2015, BGBl. I S. 2565, 2568.
4 BayObLG, Beschl. v. 24.11.1994, BayObLGZ 1994, 353, 356.

B.2 Rechtsformen für die gemeinsame Ausübung des Anwaltsberufs

zu verwehren. Eine GmbH-Satzung lasse sich durchaus so ausgestalten, dass allen Anforderungen des anwaltlichen Berufsrechts genügt werde.

Einmal in Bewegung geraten, entwickelte sich das Anwaltsgesellschaftsrecht rasant weiter: Bereits 1998 reagierte der Gesetzgeber auf den mäßigen Anfangserfolg der Partnerschaft mit einer Novelle, die durch Neuregelung der Haftungsverfassung die Attraktivität der Partnerschaft steigern sollte.[5] Im selben Jahr erließ der Gesetzgeber auch eine umfassende gesetzliche Regelung auf dem Gebiet der Anwalts-GmbH[6] und erlöste damit die Registergerichte von der Bürde, auf sich allein gestellt die einzelnen berufsrechtlich gebotenen Kautelen herausfinden zu müssen. Im Jahr 2000 ergriff dann erneut das Bayerische Oberste Landesgericht die Gelegenheit, die Palette anwaltlicher Organisationsformen zu bereichern, und entschied, dass der Anwaltschaft auch die Organisationsform der AG offenstehe.[7] Folgerichtig wäre auch die Freiheit anzuerkennen, sich in Form einer Anwalts-KGaA zu organisieren.[8]

Eine gänzlich neue Dimension erschloss unterdessen ebenfalls um die Jahrtausendwende der EuGH mit seinem Reigen von Entscheidungen zugunsten der gesellschaftsrechtlichen Gründungstheorie.[9] Aus ihnen folgt, dass in jedem EU-Mitgliedstaat und in jedem EWR-Mitgliedstaat die Freiheit besteht, sich statt in Gesellschaftsformen der eigenen Rechtsordnung in beliebigen Gesellschaftsformen des EU-/EWR-Auslands zu betätigen, sofern nur die dafür bestehenden Voraussetzungen des betreffenden ausländischen Staats („Gründungsstaats") eingehalten werden.[10] Für die anwaltliche Berufsausübung in Deutschland stehen seither auch Gesellschaftsformen aus dem EU-/EWR-Ausland zur Verfügung. Insofern hat – vor allem bei Großkanzleien – die Limited Liability Partnership (LLP) englischen Rechts eini-

---

5   Durch Gesetz v. 22.7.1998, BGBl. I S. 1878 wurde § 8 Abs. 2 PartGG im Sinne einer Konzentration der Berufshaftung auf die Handelnden neu gefasst (dazu näher unter III.).
6   Durch Gesetz v. 31.8.1998, BGBl. I S. 2600 wurde in die BRAO der Abschnitt „Rechtsanwaltsgesellschaften" eingefügt (als Zweiter Abschnitt des Dritten Teils, §§ 59 c bis 59 m).
7   BayObLG, Beschl. v. 27.3.2000, NJW 2000, 1647. Mit Beschl. v. 10.1.2005 (BGHZ 161, 376 ff.) hat der BGH die Auffassung des BayObLG bestätigt und dabei die Voraussetzungen für die Zulassung einer AG als Anwaltsgesellschaft in Anlehnung an die §§ 59 c ff. BRAO präzisiert. Zuvor schon BFH, Urt. v. 11.3.2004, NJW 2004, 1974.
8   Der Deutsche Anwaltverein hat sich für eine BRAO-Novelle mit ausdrücklicher gesetzlicher Zulassung von Anwalts-AG und Anwalts-KGaA eingesetzt, siehe DAV AnwBl 2007, 679, 686, 697 – Vorschlag Nr. 50 (zu § 59 c BRAO). Für Zulässigkeit auch der Anwalts-KGaA bereits nach geltendem Recht *Muthers*, NZG 2001, 930; *Römermann*, AnwBl 2008, 609 ff.; Feuerich/Weyland/*Brüggemann*, BRAO, 9. Aufl. 2016, Vorbemerkung zu § 59 c Rn. 16.
9   Urt. v. 9.3.1999, Centros, C-212/97, ECLI:EU:C:1999:126 = NJW 1999, 2027; Urt. v. 5.11.2002, Überseering, C-208/00, ECLI:EU:C:2002:632 = NJW 2002, 3614; Urt. v. 30.9.2003, Inspire Art, C-167/01, ECLI:EU:C:2003:512 = NJW 2003, 3331.
10 Der EuGH hat dies aus der Niederlassungsfreiheit abgeleitet (jetzt: Artt. 49, 54 AEUV). Mit Urt. v. 13.3.2003, NJW 2003, 1461, hat der BGH im Anschluss an den EuGH für den Bereich der EU-Auslandsgesellschaften ausdrücklich die (modifizierte) Sitztheorie zugunsten der Gründungstheorie aufgegeben. Mit Urt. v. 14.3.2005, DStR 2005, 839, 840 hat der BGH diese Bereichsausnahme von der (modifizierten) Sitztheorie bekräftigt.

B.2 Rechtsformen für die gemeinsame Ausübung des Anwaltsberufs

ge Beliebtheit erlangt.[11] Sie dürfte indessen durch den Antrag des Vereinigten Königreichs auf Austritt aus der EU („Brexit") vom 29.3.2017 nach dem entsprechenden Referendum vom 23.6.2016 einen erheblichen Dämpfer erhalten haben, weil nunmehr droht, dass das Vereinigte Königreich auch den EWR verlässt („harter Brexit") und dass sodann der BGH – befreit von EuGH-Vorgaben – englische LLPs mit faktischem Sitz in Deutschland wieder nach seiner (modifizierten) Sitztheorie[12] als GbRs „einsortieren" und dementsprechend eine unbeschränkte akzessorische Mithaftung sämtlicher LLP-Partner annehmen wird. Eine Vermeidungsstrategie könnte die Flucht aus der englischen LLP in eine irische LLP sein oder auch in eine US-amerikanische LLP, denn im deutsch-amerikanischen Freundschafts-, Handels- und Schiffahrtsvertrag vom 29.10.1954 ist für das Verhältnis Deutschlands zu den USA die Geltung der Gründungstheorie vereinbart.[13]

In Reaktion auf die LLP-Welle hat der deutsche Gesetzgeber derweil nochmals die Haftungsverfassung der Partnerschaftsgesellschaft überarbeitet und im Jahr 2013 die Variante „Partnerschaftsgesellschaft mit beschränkter Berufshaftung" (kurz: „PartG mbB") geschaffen,[14] bei der in dem besonders wichtigen Bereich „Schadensersatzverbindlichkeiten wegen Berufsfehlern" sämtliche Partner, d.h. auch die Handelnden, von der persönlichen Mithaftung gegenüber dem Mandanten befreit sind, während es im Übrigen (z.B. in Bezug auf Verbindlichkeiten aus Miet- und Arbeitsverträgen) auch bei der PartG mbB beim Grundsatz der Mithaftung sämtlicher Partner bleibt.[15]

Wem eine Wahl eingeräumt ist, der sollte sich bekanntlich auch der Qual aussetzen, genau zu prüfen, welche Option seinen Interessen am besten dient. Um Anwälten, die eine gemeinsame Organisation erstmalig errichten wollen oder über einen Wechsel der Organisationsform nachdenken, ein wenig Hilfestellung zu leisten, sollen im Folgenden die wesentlichen Eigenheiten der Anwaltsgesellschaftstypen GbR, GmbH und Partnerschaft aufgezeigt werden, letztere sowohl in der „klassischen" als auch in der jüngeren „mbB"-Variante.

---

[11] Bei der englischen LLP handelt es sich um eine im Jahr 2001 eingeführte Form der Personengesellschaft, die gesellschaftsrechtlich keinerlei Mithaftung der Gesellschafter vorsieht. Innerhalb der englischen Rechtsordnung wird dies allerdings durch eine deliktsrechtliche persönliche Haftung für Vermögensschäden aus Sorgfaltspflichtverletzungen („tort of negligence") ausbalanciert, sodass die Mitglieder einer englischen LLP innerhalb der englischen Rechtsordnung unterm Strich in etwa stehen wie Partner einer „normalen" Partnerschaftsgesellschaft deutschen Rechts. Da die deutsche Rechtsordnung keine vergleichbare deliktsrechtliche persönliche Haftung für Vermögensschäden aus Sorgfaltspflichtverletzungen vorhält, meinen manche, durch die Verwendung der LLP englischen Rechts für die Berufsausübung in Deutschland lasse sich das aus Anwaltssicht optimale Ergebnis erreichen, die steuerlichen und sonstigen Vorteile einer Personengesellschaft mit einer GmbH-gleichen Haftungsabschottung zu kombinieren (so etwa Triebel/Silny, NJW 2007, 1034 ff.). Nach der Gegenansicht funktioniert dieses „cherry-picking" indessen nicht. Im Wege kollisionsrechtlicher Anpassung sei die im englischen Recht vorgesehene eigentliche deliktsrechtliche persönliche Haftung für Vermögensschäden aus Sorgfaltspflichtverletzungen als Teil des Gesellschaftsstatus der LLP zu qualifizieren und mithin bei beruflichen Pflichtverletzungen in Deutschland ebenso anzuwenden wie bei solchen in England (Henssler/Mansel, NJW 2007, 1393 ff.). Letztere Ansicht hat allerdings an Überzeugungskraft eingebüßt, seit auch die deutsche Rechtsordnung mit der PartG mbB eine Freiberufler-Personengesellschaft ohne persönliche Haftung kennt. Henssler selbst hält seitdem seine frühere Forderung, auf in Deutschland tätige LLPs das international-privatrechtliche Institut der Anpassung anzuwenden, um zu einer Handelnden-Haftung zu gelangen, für nunmehr überholt (NJW 2014, 1761, 1764).
[12] BGH, Urt. v. 1.7.2002, NJW 2002, 3539, und Urt. v. 27.10.2008, NJW 2009, 289, Rn. 19 ff., 23.
[13] Art. XXV Abs. 5 S. 2, BGBl. II 1956 S. 487, 488, 500.
[14] Gesetz v. 15.7.2013, BGBl. I S. 2386.
[15] Siehe den neuen Abs. 4 und den erhalten gebliebenen Abs. 1 von § 8 PartGG. Zum Ganzen sogleich noch unter III.

B.2 Rechtsformen für die gemeinsame Ausübung des Anwaltsberufs

III. Haftung

Signifikant unterscheiden sich die Gesellschaftstypen in puncto Haftungsverfassung, genauer: in der Frage, inwieweit für die Verbindlichkeiten der Gesellschaft neben dem Gesellschaftsvermögen auch die Privatvermögen der Gesellschafter haften. Bei der GbR haben grundsätzlich[16] für sämtliche Gesellschaftsverbindlichkeiten jeweils auch sämtliche Gesellschafter persönlich einzustehen.[17] Ganz im Gegensatz dazu stellt das Recht der GmbH die Gesellschafter von persönlicher Gesellschafter-Mithaftung für die Gesellschaftsverbindlichkeiten frei (§ 13 Abs. 2 GmbHG). Bei der Partnerschaft schließlich hat der Gesetzgeber sich für eine in der deutschen Rechtsordnung völlig neue Differenzierung zwischen Gesellschaftsverbindlichkeiten aus Berufshaftung und sonstigen Gesellschaftsverbindlichkeiten entschieden. Zwar gilt im Grundsatz wie bei der GbR, dass für jede Gesellschaftsverbindlichkeit auch sämtliche Partner haften (§ 8 Abs. 1 PartGG), doch ist gerade für die Schadensersatzverbindlichkeiten wegen fehlerhafter Mandatsbearbeitung Abweichendes vorgesehen: Bei der „normalen" Partnerschaft, haften insofern nur diejenigen Partner persönlich mit, die mit der Bearbeitung des betreffenden Mandats überhaupt nennenswert befasst waren (§ 8 Abs. 2 PartGG),[18] und bei der „mbB"-Variante der Partnerschaft haften insofern unter den als Kompensation gedachten Voraussetzungen des § 8 Abs. 4 PartGG nicht einmal die Bearbeiter mit.[19]

Bei der Beschäftigung mit den Möglichkeiten, die Gesellschafter-Mithaftung durch die Rechtsformwahl vollständig auszuschließen (GmbH) oder immerhin für den Bereich der Berufshaftung entweder auf die Handelnden zu beschränken (klassische Partnerschaft) oder sogar auszuschließen (PartG mbB), muss einem dreierlei bewusst sein. Erstens: Das ge-

---

[16] Durch individuelle oder auch formularmäßige Haftungsbeschränkungsvereinbarung mit dem jeweiligen Mandanten lässt sich auch bei der GbR eine Beschränkung der Gesellschafter-Mithaftung auf die Handelnden erreichen (§ 52 Abs. 2 S. 2 und 3 BRAO, dazu Kilian/Esser, DStR 2017, 564).

[17] Seit seinem Urt. v. 29.1.2001 (NJW 2001, 1056) geht der BGH davon aus, dass die Haftungsverfassung der GbR derjenigen der OHG entspricht (dazu §§ 128 ff. HGB). In einem Urt. v. 7.4.2003 (NJW 2003, 1803, 1805) ließ der BGH dann zwar noch ausdrücklich offen, ob davon bei berufshaftungsrechtlichen Verbindlichkeiten einer Anwalts-GbR mit Blick auf § 8 Abs. 2 PartGG womöglich Abweichungen anzunehmen seien (etwa im Sinne einer Ausnahme von der analogen Anwendung des § 130 HGB). Später hieß es in einem BGH-Urt. v. 3.5.2007 (NJW 2007 2490, 2493) aber nur noch knapp, es sei nicht ersichtlich, weshalb das neue Haftungsprinzip für den GbR (§§ 128 ff. HGB analog) nicht auch auf berufshaftungsrechtliche Verbindlichkeiten der Anwalts-GbR zutreffen sollte (in diesem Sinne zuvor bereits LG Frankenthal, Urt. v. 21.7.2004, NJW 2004, 3190). Der Deutsche Anwaltverein setzt sich für eine ausdrückliche gesetzliche Bestimmung des Inhalts ein, dass § 130 HGB auf die Anwalts-GbR keine entsprechende Anwendung finde. Dadurch möchte der Deutsche Anwaltverein insbesondere die in der Berufswirklichkeit weitverbreiteten angestellten Nachwuchsanwälte im Stand des reinen Briefkopf-GbR-Gesellschafters vor einer entsprechenden Rechtsscheinhaftung zu schützen (DAV AnwBl 2007, 679, 685, 696 – Vorschlag Nr. 46 (zu § 51a BRAO a.F.)).

[18] Diese Haftungskonzentration tritt kraft Gesetzes ein, ohne dass zudem eine Vereinbarung im Sinne von § 52 Abs. 2 S. 2 BRAO erforderlich wäre (Feuerich/Weyland/Brüggemann, BRAO, 9. Aufl. 2016, § 8 Rn. 10).

[19] Zur Klarstellung: Bei allen Gesellschaftsformen besteht die Möglichkeit, durch Vereinbarung mit dem Mandanten schon auf der Ebene der Gesellschaft die Haftung für lediglich fahrlässig verursachte Schäden höhenmäßig zu beschränken, und zwar individualvertraglich bis auf die jeweilige Mindestversicherungssumme und formularmäßig immerhin bis auf das Vierfache der jeweiligen Mindestversicherungssumme (s. § 52 Abs. 1 BRAO, § 8 Abs. 3 PartGG, § 59j BRAO).

B.2 Rechtsformen für die gemeinsame Ausübung des Anwaltsberufs

setzliche Haftungsprivileg kann in Mandantenaugen einen Imagenachteil bedeuten.[20] Zweitens: Das gesetzliche Haftungsprivileg bedarf eines gesellschaftsvertraglichen Flankenschutzes. Drittens: Für das gesetzliche Haftungsprivileg verlangt der Gesetzgeber auch einen Preis.

Zum ersten Punkt: Ein Grund für die immer noch hohe Verbreitung von Anwalts-GbRs dürfte darin bestehen, dass die Sozien es als Akquise-Vorteil einschätzen, kraft Rechtsform für die Qualität ihrer Arbeit ersichtlich auch persönlich einzustehen. Andererseits dürfte dieser Aspekt immer weiter an Gewicht verlieren, weil sich gerade auch die „Big Names" an der Palette nationaler und internationaler Gesellschaftsformen mit Ausschluss oder Beschränkung der Gesellschafter-Mithaftung bedienen. Außerdem lässt sich insbesondere zur Erklärung einer Entscheidung für eine Partnerschaft (in „klassischer" wie auch in „mbB"-Form) den Mandanten an Positivem sagen, dass es sich dabei um eine vom deutschen Gesetzgeber eigens für Anwälte (und andere Freiberufler) unter sorgsamer Berücksichtigung der Mandanteninteressen geschaffene Gesellschaftsform handelt.

Zum zweiten Punkt: Entscheidet man sich für die GmbH oder die Partnerschaft, um in den Genuss des entsprechenden Privilegs bei der Gesellschafter-Mithaftung zu gelangen, muss man Acht geben, dass jenes Privileg nicht durch übersehene Innenhaftung entwertet wird. Soweit die Gesellschafter ihrer Gesellschaft (GmbH/Partnerschaft) haften, können Gesellschaftsgläubiger kraft ihrer gegen die Gesellschaft gerichteten Forderung auf die Forderungen der Gesellschaft gegen die Gesellschafter zugreifen (siehe §§ 829, 835 ZPO) und so mittelbar den Ausschluss der unmittelbaren Gesellschafter-Mithaftung überwinden. Um das zu vermeiden, bedarf es des gesellschaftsvertraglichen Ausschlusses entsprechender Ansprüche der Gesellschaft. Dabei sollte man sich keinesfalls sicher fühlen, dass Gerichte einen solchen Ausschluss sozusagen als eine logische Implikation der Rechtsformwahl notfalls auch als stillschweigend mitvereinbart ansehen würden.[21] Die Regelung des Innenverhältnisses ist nicht bei allen Rechtsformen gleich leicht möglich. Nur bei der PartG mbB stellen sich insofern keinerlei Probleme.[22] Demgegenüber stößt man bei der GmbH auf die Zweifelsfrage, inwieweit ein antizipierter Regressverzicht der Gesellschaft auch gegenüber

---

20 Das gilt sicherlich in besonderem Maße für GmbHs mit auch noch offenkundig niedrigem Stammkapital: Die in § 5a GmbHG vorgesehene Rechtsformvariante „Unternehmergesellschaft (haftungsbeschränkt)" (kurz: „**UG**") wird es gewiss schwer haben, sich als Anwaltsgesellschaftsform zu etablieren (so schon *Axmann/Deister*, NJW 2009, 2941). Stand 1.1.2017 existierten in ganz Deutschland nur acht Anwalts-UGs („Große Mitgliederstatistik zum 1.1.2017" der BRAK, verfügbar unter http://www.brak.de/w/files/04_fuer_journalisten/statistiken/2017/grosse-mitgliederstatistik-2017.pdf, zuletzt abgerufen am 14.12.2017).

21 Obwohl sich der Gedanke durchaus hören lässt. So vertritt zum Beispiel *Wertenbruch* (NZG 2013, 1006, 1007 f.), allein schon in der Wahl der Rechtsform PartG mbB liege die Vereinbarung eines Ausschlusses von § 735 BGB in Bezug auf berufshaftungsrechtliche Verbindlichkeiten und auch ein Ausschluss der Haftung aus § 280 Abs. 1 BGB für die Fälle lediglich einfacher Fahrlässigkeit.

22 Siehe den in § 7 Abs. 5 und 6 des Mustervertrags vorgesehenen Ausschluss von Rückgriffsansprüchen aus § 280 BGB i.V.m. § 1 Abs. 4 PartGG wie auch von Nachschusspflichten aus §§ 735, 739 BGB i.V.m. mit § 1 Abs. 4 PartGG und die Ausführungen in den Vorbemerkungen zu dem Mustervertrag.

B.2 Rechtsformen für die gemeinsame Ausübung des Anwaltsberufs

Geschäftsführern möglich ist.[23] Unter dem Haftungsgesichtspunkt empfiehlt es sich daher bei einer Anwalts-GmbH, die Zahl der Geschäftsführer klein zu halten. Bei der klassischen Partnerschaftsgesellschaft ist die Lage dadurch wertungsmäßig verkompliziert, dass auch das Innenverhältnis der unbeteiligten Partner zu den jeweils mithaftenden handelnden Partnern bedacht sein will. Ohne besondere Vereinbarungen wird anzunehmen sein, dass ein (pflichtwidrig) handelnder und deshalb neben der Partnerschaft haftender Partner nach seiner persönlichen Inanspruchnahme weder einen Rückgriffsanspruch gegen die Partnerschaft aus § 110 HGB i.V.m. § 6 Abs. 3 S. 2 PartGG hat noch Rückgriffsansprüche gegen die anderen Partner aus § 426 BGB (weil es wegen § 8 Abs. 2 PartGG schon an einem Gesamtschuldverhältnis mit ihnen fehlt und auch weil einem solchen Regress der Gedanke des § 254 BGB entgegensteht). Das Fehlen einer Regressmöglichkeit auf Partnerebene kann nun aber unter Umständen grob unpartnerschaftlich sein. Es führt nämlich bei einem strukturellen Ertragsgefälle zwischen den Dezernaten dazu, dass die „Umsatzträger" mit ihren „Großmandaten" ein höheres Risiko zu tragen haben als die anderen Partner – ein Ergebnis, das jedenfalls dann eindeutig verfehlt erscheint, wenn die Gewinnverteilung unabhängig von den Individualergebnissen nach Kopfteilen erfolgt. Vereinbaren die Partner zur Vermeidung dieser Unbilligkeit extra, dass sie sich im Innenverhältnis wie Gesamtschuldner ausgleichspflichtig sein wollen, so müssen sie sich wiederum dessen bewusst sein, dass die Ausgleichsansprüche im Falle des Falles zum pfändbaren Vermögen des ersatzpflichtigen Handelnden gehören, der Mandant sie sich deshalb zur Einziehung überweisen lassen kann und es über diesen Weg dann doch zu einer – wenngleich lediglich proratarischen – Haftung der Nichthandelnden gegenüber dem Mandanten kommt.

Zum dritten Punkt: Für die strukturelle Befreiung von Gesellschafter-Mithaftung verlangt der Gesetzgeber einen Preis. Er besteht vor allem in erhöhtem Mindestversicherungsschutz.[24] Bei der GmbH kommt noch die Verpflichtung zur Aufbringung des Stammkapitals hinzu, ferner die Insolvenzantragsverpflichtung der Geschäftsführer gemäß § 15a Abs. 1 S. 1 InsO mit Sanktionierung durch persönliche Schadensersatzverpflichtung nach § 823 Abs. 2 BGB für alle Gläubigerschäden aus schuldhafter Verschleppung. Demgegenüber besteht bei der Partnerschaft keine Insolvenzantragspflicht, auch nicht in der „mbB"-Variante.[25] Letztere ist eben keine „GmbH & Co. KG für Freiberufler", weil bei der PartG mbB die Gesellschafter-Mithaftung einzig und allein für *Berufshaftpflicht*verbindlichkeiten der Partnerschaft ausgeschlossen ist.

---

23 Mit Urt. v. 16.9.2002 (GmbHR 2002, 1197, 1199) hat der BGH zwar – in Abkehr von seinem Urteil vom 15.11.1999 (GmbHR 2000, 187, 188) – den geschäftsführerfreundlichen Standpunkt eingenommen, die Freiheit, Haftungsbeschränkungen für den Geschäftsführer zu vereinbaren, sei nur dort – durch § 43 Abs. 3 S. 2 i.V.m. § 9b Abs. 1 GmbHG – begrenzt, wo es um Verletzungen des Verbots der Auszahlung gebundenen Kapitals gehe. Im Schrifttum werden aber weiterhin von vielen wesentlich strengere Auffassungen vertreten, zum Beispiel in dem Sinne, dass Haftungsbeschränkungsvereinbarungen nie die Wirkung haben dürfen, einen zum gebundenen Gesellschaftsvermögen zu zählenden Haftungsanspruch zu verhindern (so etwa Scholz/*U.H. Schneider*, GmbHG, Band II, 11. Aufl. 2012-2015 (Bde. I, II, III), § 43 Rn. 258 ff. mit eingehender Darstellung des Diskussionsstands).
24 Dazu sogleich unter IV.
25 BT-Drs. 17/10487, 14; *Zöbeley*, RNotZ 2017, 341, 359 mit weiteren Nachweisen (einschließlich zweier Gegenstimmen aus dem Schrifttum) in Fn. 289.

B.2 Rechtsformen für die gemeinsame Ausübung des Anwaltsberufs

IV. Versicherungspflicht

Die Versicherungspflicht ist bei der Anwalts-GmbH und der PartG mbB erheblich strenger ausgestaltet als bei der Anwalts-GbR und der klassischen Anwalts-Partnerschaft:

Bei der Haftpflichtversicherung der Anwalts-GmbH muss die Versicherungssumme pro Versicherungsfall mindestens 2,5 Mio. EUR betragen (§ 59j Abs. 2 S. 1 BRAO). Dabei ist zwar eine Begrenzung durch Festlegung einer Obergrenze pro Versicherungsjahr zulässig. Diese Obergrenze darf aber nicht niedriger liegen als das der Anzahl der Gesellschafter und etwaiger Fremdgeschäftsführer entsprechende Vielfache von 2,5 Mio. EUR (§ 59j Abs. 2 S. 2 BRAO). Niedrigstenfalls darf eine Obergrenze von 10 Mio. EUR vereinbart werden (§ 59j Abs. 2 S. 3 BRAO). Die Versicherungspflicht der GmbH ändert außerdem nichts daran, dass die in der GmbH zusammengeschlossenen Anwälte – wie auch die bei ihr bloß angestellten Anwälte – allesamt zusätzlich der allgemeinen anwaltlichen Versicherungspflicht nach § 51 BRAO unterliegen.[26] Insofern beträgt die jeweilige Mindestversicherungssumme pro Versicherungsfall 250.000 EUR – bei Zulassung einer Deckelung des jeweiligen Jahresvolumens auf 1 Mio. EUR (§ 51 Abs. 4 BRAO).

Wie die GmbH muss auch die PartG mbB eine eigene Haftpflichtversicherung unterhalten (§ 8 Abs. 4 S. 1 PartGG), und zwar ebenfalls mit einer Mindestversicherungssumme von 2,5 Mio. EUR je Versicherungsfall (§ 51a Abs. 2 S. 1 BRAO). Eine Obergrenze für alle Versicherungsfälle eines Versicherungsjahres darf nicht niedriger liegen als das der Anzahl der Partner entsprechende Vielfache von 2,5 Mio. EUR (§ 51a Abs. 2 S. 2 BRAO). Wie bei der GmbH darf niedrigstenfalls eine Obergrenze von 10 Mio. EUR vereinbart werden (§ 51a Abs. 2 S. 3 BRAO). Und wie bei der GmbH kommt die allgemeine Versicherungspflicht der Partner und angestellten Anwälte nach § 51 BRAO hinzu.

Die allgemeine anwaltliche Versicherungspflicht gilt selbstverständlich auch für die Gesellschafter und Angestellten von GbR und Partnerschaft. Die bei diesen Rechtsformen bestehende Gesellschafter-Mithaftung honoriert der Gesetzgeber aber dadurch, dass er hier für die Gesellschaft als solche nicht bloß keine erhöhte, sondern überhaupt keine zusätzliche Versicherung verlangt.

V. Errichtungsaufwand

Zur Gründung einer Anwalts-GbR reicht der Abschluss des Gesellschaftsvertrags, für den das Gesetz nicht einmal ein Formerfordernis aufstellt.[27] Schon höhere Anforderungen bestehen bei der klassischen Partnerschaft: Der Partnerschaftsvertrag bedarf der – allerdings ohnehin praktisch unverzichtbaren – Schriftform (§ 3 Abs. 1 PartGG). Als Mindestinhalt muss der Partnerschaftsvertrag den Namen, Sitz und Gegenstand der Partnerschaft sowie den Vor- und Nachnamen, den in der Partnerschaft ausgeübten Beruf und den Wohnort je-

---

26 Feuerich/Weyland/*Brüggemann*, BRAO, 9. Aufl. 2016, § 59j Rn. 2.
27 Palandt/*Sprau*, BGB, 76. Aufl. 2017, § 705 Rn. 12.

B.2 Rechtsformen für die gemeinsame Ausübung des Anwaltsberufs

des Partners enthalten (§ 3 Abs. 2 PartGG). Die Partnerschaft muss mit dem Mindestinhalt des Partnerschaftsvertrags, ferner den Geburtsdaten der Partner, der Bezeichnung ihrer Vertretungsmacht und der Erklärung ihrer Zugehörigkeit zu dem von ihnen in der Partnerschaft ausgeübten Beruf zur Eintragung in das Partnerschaftsregister angemeldet werden (§ 4 Abs. 2 und 3 PartGG). [28] Erst durch die Eintragung entsteht die Partnerschaft im Verhältnis zu Dritten (§ 7 Abs. 1 PartGG). Bei der PartG mbB kommt das Erfordernis hinzu, eine den Mindestvorgaben entsprechende Berufshaftpflichtversicherung der Partnerschaft zu unterhalten und bei der Anmeldung durch Beifügung einer Versicherungsbescheinigung gemäß § 113 Abs. 2 VVG nachzuweisen. Wie sich im Umkehrschluss aus §§ 4 f. PartGG ergibt, besteht keine Notwendigkeit, dem Partnerschaftsregister den Partnerschaftsvertrag einzureichen. Der Eintragung ins Partnerschaftsregister entspricht bei der GmbH das Erfordernis der Eintragung in das Handelsregister (§ 11 Abs. 1 GmbHG). Bei der GmbH kommen aber noch weitere Erschwernisse hinzu: Der Gesellschaftsvertrag, für den sich in §§ 59c bis 59m BRAO inhaltliche Vorgaben finden, bedarf der notariellen Beurkundung (§ 2 Abs. 1 S. 1 GmbHG).[29] Er muss ein Stammkapital von mindestens 25.000 EUR vorsehen (§ 5 Abs. 1 GmbHG), sofern nicht die Sonderform UG, also „Unternehmergesellschaft (haftungsbeschränkt)", gemäß § 5a GmbHG gewählt wird.[30] Das Stammkapital muss vor der Anmeldung zur Eintragung zumindest teilweise – bei der UG zwingend vollständig in bar – bereits effektiv aufgebracht sein (§§ 7 Abs. 2, 5a Abs. 2 GmbHG). Ferner muss für die Anwalts-GmbH ein gesondertes berufsrechtliches Zulassungsverfahren durchgeführt werden (§ 59g BRAO).[31] Durch die Zulassung erwirbt die GmbH eine eigene Mitgliedschaft in der Rechtsanwaltskammer (§ 60 Abs. 2 Nr. 2 BRAO), was zur Folge hat, dass sie selbst beitragspflichtig ist (vgl. § 89 Abs. 2 Nr. 2 BRAO).

Während Anwalts-GbRs und Anwalts-Partnerschaften beider Varianten mangels Gewerbesteuerveranlagung und Handelsregistereintragung nicht zu den Kammerzugehörigen von Industrie- und Handelskammern zählen (s. § 2 Abs. 1 und 2 IHKG), ist umgekehrt jede Anwalts-GmbH wegen Gewerbesteuerveranlagung[32] und Handelsregistereintragung[33] Pflicht-

---

28 Ohne Deckung durch die Ermächtigungsgrundlage heißt es in § 3 Abs. 1 S. 2 Partnerschaftsregisterverordnung (PRV), soweit die Berufsausübung der staatlichen Zulassung oder einer staatlichen Prüfung bedürfe, solle in der Anmeldung auch die Urkunde über die Zulassung oder das Zeugnis über die Befähigung zu diesem Beruf in Urschrift, Ausfertigung oder öffentlich beglaubigter Abschrift vorgelegt werden (dazu Feuerich/Weyland/*Brüggemann*, BRAO, 9. Aufl. 2016, PartGG § 4 Rn. 8).
29 In § 2 Abs. 1a GmbHG ist zwar eine vereinfachte, besonders kostengünstige Standardgründung gemäß gesetzlichem Musterprotokoll vorgesehen, die allerdings nur bei höchstens drei Gesellschaftern und höchstens einem Geschäftsführer eröffnet ist.
30 Dazu, dass auch die GmbH in der Sonderform der UG grundsätzlich als Anwaltsgesellschaft geeignet ist, siehe *Axmann/ Deister*, NJW 2009, 2941; Feuerich/Weyland/*Brüggemann*, BRAO, 9. Aufl. 2016, § 59c Rn. 1; *Weinbeer*, AnwBl. 2008, 368, 370 und schließlich Heussen/Hamm/*Ludwig*, Beck'sches Rechtsanwalts-Handbuch, 11. Aufl. 2016, § 60 Rn. 126 mit dem Hinweis, dass ungeachtet der gesetzlichen Erleichterung auch die UG mit hinreichend Kapital ausgestattet werden muss, allein schon um die Versicherungs(prämien)last tragen zu können.
31 Die Zulassung stellt infolge Streichung des früheren § 8 Abs. 1 Nr. 6 GmbHG allerdings keine Eintragungsvoraussetzung mehr dar.
32 Als Kapitalgesellschaft wird jedwede GmbH kraft ihrer Rechtsform zur Gewerbesteuer veranlagt (§ 2 Abs. 2 i.V.m. Abs. 1 GewStG). Dazu auch noch unter VIII.
33 §§ 7 bis 11 GmbHG.

B.2 Rechtsformen für die gemeinsame Ausübung des Anwaltsberufs

mitglied der örtlichen Industrie- und Handelskammer und auch insofern beitragspflichtig (§ 3 Abs. 2 S. 1 IHKG).[34]

VI. Nachträgliche Änderung des Gesellschafterbestands

Fragt man nach der Flexibilität der Gesellschaftsformen im Hinblick auf nachträgliche Änderungen des Gesellschafterbestands,[35] zeigt sich ein differenziertes Bild.

Nimmt man die „Konsensbedürftigkeit" solcher Änderungen in den Blick, sind sie bei der GmbH prinzipiell leichter zu haben als bei GbR und Partnerschaft. Vorbehaltlich abweichender Regelung im Gesellschaftsvertrag gilt: Bei GbR und Partnerschaft (insoweit ohne Unterschied zwischen ihren beiden Varianten) setzen sowohl die Aufnahme eines Anwalts als zusätzlichen Gesellschafter als auch die Übertragung eines Gesellschaftsanteils auf einen anderen Anwalt allseitiges Einvernehmen voraus.[36] Bei der GmbH können die Gesellschafter dagegen ihren Geschäftsanteil ohne Zustimmung der Mitgesellschafter auf einen anderen Anwalt übertragen (§ 15 Abs. 1 GmbHG), und für die Aufnahme eines Anwalts als zusätzlichen Gesellschafter im Wege der Kapitalerhöhung reicht eine 3/4-Mehrheit aus (§ 53 Abs. 2 S. 1 GmbHG). Insbesondere die freie Übertragbarkeit dürfte indes von den wenigsten Kanzleien gewollt sein. Hier kann jedoch Abhilfe geschaffen werden. Beispielsweise lässt sich in der Satzung regeln, dass eine Übertragung nur mit Zustimmung der Gesellschaft vorgenommen werden kann (§ 15 Abs. 5 GmbHG).

Betrachtet man den Formalaufwand, der für nachträgliche Veränderungen des Gesellschafterkreises getrieben werden muss, erweist sich umgekehrt die GmbH als die sperrigste Rechtsform: Bei der GbR besteht für die Maßnahmen überhaupt kein Formerfordernis. Bei der Partnerschaft ist – etwas aufwendiger – das für den Gesellschaftsvertrag geltende Schriftformerfordernis zu beachten (§ 3 Abs. 1 PartGG)[37] und muss zudem, ohne dass dies ein Wirksamkeitserfordernis wäre,[38] jeder Gesellschafter zur Eintragung im Partnerschaftsregister gemeldet werden (§ 4 Abs. 1 S. 3 PartGG). Demgegenüber bedarf bei der GmbH die Übertragung eines Geschäftsanteils der notariellen Form (§ 15 Abs. 3 GmbHG). Noch aufwendiger ist die Aufnahme eines neuen GmbH-Gesellschafters durch Kapitalerhöhung. Hierzu ist ein notariell beurkundeter Satzungsänderungsbeschluss (§ 53 Abs. 2 GmbHG),

---

34 Siehe dazu mit bejahender Diskussion der Verfassungsmäßigkeit Sächsisches Oberverwaltungsgericht, Beschl. v. 16.4.2008 – 5 B 49/07 (abrufbar bei juris).
35 In diesem Abschnitt VI. geht es nur um reine Anwaltsgesellschaften. Interprofessionellen Gesellschaften ist Abschnitt IX. gewidmet.
36 Zur Aufnahme eines zusätzlichen GbR-Gesellschafters: MüKo-BGB/*Schäfer*, Band 6, 7. Aufl. 2017, § 719 Rn. 17; zur Übertragung eines GbR-Anteils: MüKo-BGB/*Schäfer*, Band 6, 7. Aufl. 2017, § 719 Rn. 27; zur Aufnahme eines zusätzlichen Partners: MWHLW/*Graf von Westphalen*, PartGG, 3. Aufl. 2015, § 8 Rn. 32; Übertragung eines Partnerschaftsanteils: MWHLW/*Graf von Westphalen*, PartGG, 3. Aufl. 2015, § 8 Rn. 33.
37 MüKo-BGB/*Schäfer*, Band 6, 7. Aufl. 2017, PartGG § 9 Rn. 32 differenziert: Ein Beitrittsvertrag bedürfe insgesamt der Schriftform; bei einer Anteilsübertragung gelte das Schriftformerfordernis hingegen nur für die notwendige Zustimmung der anderen Partner. Das erscheint wegen § 3 Abs. 2 Nr. 2 PartGG nicht überzeugend. Name, Vorname, Beruf und Wohnort auch des neuen Partners gehören danach zum Mindestinhalt des schriftformbedürftigen Gesellschaftsvertrags (zu Unrecht beruft sich *Schäfer* auf MWHLW/*Hoffmann*, 3. Aufl. 2015, PartGG § 9 Rn. 56).
38 MWHLW/*Wolff*, 3. Aufl. 2015, PartGG § 5 Rn. 7.

B.2 RECHTSFORMEN FÜR DIE GEMEINSAME AUSÜBUNG DES ANWALTSBERUFS

die Eintragung im Handelsregister (§ 54 Abs. 1 und 3 GmbHG) und eine notariell aufgenommene oder beglaubigte Erklärung des Neu-Gesellschafters nötig (§ 55 Abs. 1 GmbHG).

Im Jahr 2001 hat der BGH[39] allerdings eine Gestaltung zugelassen, die es ermöglicht, sich in der Form der Anwalts-GmbH zu organisieren und doch all den vorgenannten Formalitäten des GmbH-Rechts weitgehend zu entkommen: die Einschaltung einer Holding-GbR zwischen die Anwalts-GmbH und deren „Gesellschafter". Zu entscheiden war die Frage für eine Patentanwalts-GmbH; der BGH hat die Frage jedoch für die normale Anwalts-GmbH gleich im selben Sinne mit beantwortet.[40] Zwar habe der Gesetzgeber ausweislich der Gesetzesbegründung[41] mittels § 52 e PAO, § 59 e BRAO gesamthänderische Beteiligungen an Geschäftsanteilen von Anwalts-GmbHs eigentlich verbieten wollen. Objektiv komme dies in den Bestimmungen aber nicht deutlich zum Ausdruck. Mit den Normzwecken – Ausschluss reiner Anlagebeteiligungen, Abwehr berufsfremder Einflüsse, Gewähr der für die entsprechende Kontrolle erforderlichen Transparenz – sei es ohne Weiteres vereinbar und daher auch verfassungsrechtlich geboten, eine Holding-GbR als Gesellschafterin zuzulassen, sofern ihr nach der Satzung allein Personen angehören dürfen, die sämtliche berufsrechtlichen Anforderungen erfüllen.[42] Demgegenüber hat der BGH kürzlich entschieden, dass für das Modell „Anwalts-GmbH mit Holding-Personengesellschaft" keineswegs anstelle einer Holding-*GbR* ebenso gut eine Holding-*Partnerschaftsgesellschaft* (sei es mit oder ohne Beschränkung der Berufshaftung) verwendet werden kann, denn die Partnerschaftsgesellschaft sei definitionsgemäß Berufsausübungsgesellschaft, mithin keine reine Holding, und sie sei verglichen mit der GbR deutlich stärker gegenüber ihren Gesellschaftern verselbstständigt.[43]

VII. Handelsrechtliche Buchführungs-, Bilanzierungs-, Prüfungs- und Publizitätspflichten

Zu deutlichem und unumgänglichem Mehraufwand führt die Organisationsform GmbH insofern, als sie strengen handelsrechtlichen Verpflichtungen zur Dokumentation der wirtschaftlichen Entwicklung unterliegt: Die Anwalts-GmbH muss als Handelsgesellschaft (§§ 13 Abs. 3 GmbHG, 6 Abs. 1 HGB) Handelsbücher führen (§ 238 HGB), jährlich einen Abschluss mit Bilanz sowie Gewinn- und Verlustrechnung aufstellen (§§ 242, 266, 275 HGB) und ihn, sofern sie nicht als „kleine" Kapitalgesellschaft durchgeht (dazu § 267 Abs. 1 HGB), prüfen lassen (§ 316 HGB). Ferner muss sie den Jahresabschluss bekannt machen (§ 325 HGB) – mit der unangenehmen Folge, dass auch die Konkurrenz Einblick in Kanzlei-Interna

---

[39] BGH, Beschl. v. 9.7.2001, BGHZ 148,270 ff; dazu *Römermann*, EWiR 2017, 261 f.
[40] Vom BGH jüngst bestätigt mit Urt. v. 20.3.2017, NJW 2017, 1681, 1683, Rn. 24.
[41] Amtliche Begründung des Gesetzentwurfs der Bundesregierung zur Änderung der Bundesrechtsanwaltsordnung, der Patentanwaltsordnung und anderer Gesetze, BT-Drs. 13/9820, 14, 20.
[42] Der Deutsche Anwaltverein hat sich für eine entsprechende gesetzliche Klarstellung in § 59 e Abs. 1 BRAO ausgesprochen (DAV AnwBl 2007, 679, 686, 697 – Änderungsvorschlag 51 (zu § 59 e BRAO)).
[43] BGH, Urt. v. 20.3.2017, NJW 2017, 1681, 1683 ff. Rn. 21, 25 ff.

B.2 Rechtsformen für die gemeinsame Ausübung des Anwaltsberufs

erhält. Für Anwalts-GbR und Anwalts-Partnerschaft gelten diese Regelungen nicht. Sie sind nicht kraft ihrer Rechtsform als Handelsgesellschaften/Kaufleute anzusehen.[44]

VIII. Steuern

Auch in steuerlicher Hinsicht bestehen zwischen Anwalts-GmbH einerseits und Anwalts-GbR und Anwalts-Partnerschaft andererseits gravierende Unterschiede, von denen hier nur einige kursorisch angesprochen werden können.

1. Gewerbesteuer

Obwohl die anwaltliche Tätigkeit kein Gewerbe darstellt, ist die Anwalts-GmbH allein wegen ihrer Rechtsform stets der Gewerbesteuer unterworfen (§ 2 Abs. 2 S. 1 i.V.m. Abs. 1 GewStG).[45]

Bei Anwalts-GbR und Anwalts-Partnerschaft gilt hingegen nichts anderes als bei einem Einzelanwalt. Gewerbesteuer fällt nur an, falls neben der anwaltlichen Tätigkeit auch gewerbliche Tätigkeiten ausgeübt werden. Wie im Rahmen dieser Tour d'Horizon nur angedeutet werden kann, definieren Finanzbehörden und Finanzgerichte den Bereich der freiberuflichen und mithin nichtgewerblichen Tätigkeit allerdings ziemlich eng[46] und gehen Finanzbehörden und Finanzgerichte davon aus, dass schon ein geringer Anteil nicht mehr als freiberuflich und daher als gewerblich eingeordneter Einkünfte die Gesamtheit der Einkünfte infiziert.[47]

2. Systematik der Gewinnbesteuerung

Die Gewinnbesteuerung erfolgt bei der Anwalts-GmbH in zwei Stufen: Zunächst wird die GmbH zu Körperschaftsteuer herangezogen (gemäß § 23 Abs. 1 KStG in Höhe von 15 %).[48] Soweit der verbliebene Gewinn ausgeschüttet wird, unterfallen sodann die Ge-

---

44 Für die Partnerschaftsgesellschaft siehe dazu Leuering, NZG 2013, 1001, 1002; Baumbach/Hopt/Roth, HGB, 37. Aufl. 2016, Anhang zu § 160 Rn. 57.
45 Zur Verfassungsmäßigkeit siehe Nichtannahmebeschl. des BVerfG v. 24.3.2010, NJW 2010, 2116, zur gleichgelagerten Situation einer Wirtschaftsprüfungs-GmbH.
46 Jede Abweichung vom Leitbild einer Gemeinschaft ausschließlich aktiver, ihre Mandate jeweils eigenhändig akquirierender und abarbeitender Anwälte ist schon potentiell gefährlich (Ruheständler, Nur-Akquisiteure, Nur-Manager und/oder Nur-Abarbeiter im Gesellschafterkreis ebenso wie die Einnahmenerzielung durch Einsatz angestellter Rechtsanwälte). Siehe BRAK Standortbestimmung zur Gewerblichkeit anwaltlicher Tätigkeit – Abfärberegelung des § 15 Abs. 3 Nr. 1 EStG, August 2017, https://www.brak.de/w/files/01_ueber_die_brak/2017_08_23_beitrag_gewerblichkeit.pdf.
47 Dann färbt nach der – vom BVerfG (Nichtannahmebeschl. v. 24.3.2010, DB 2008, 1243) bestätigten – ständigen Rechtsprechung des BFH (Urt. v. 27.8.2014, NJW 2015, 1133, 1135; Urt. v. 17.1.2007, DStR 1999, 1688) gemäß § 15 Abs. 3 Nr. 1 EStG auch eine geringe gewerbliche Tätigkeit auf alle übrigen (eigentlich freiberuflichen) Einkünfte ab, es sei denn, der gewerbliche Anteil ist verschwindend klein (nicht mehr als 3 % und nicht mehr als 24.500 EUR jährlich). Wie aus Fn. 46 ersichtlich stellt sich dieses Problem nicht etwa nur bei nichtanwaltlichen Einkünften (Verkäufe, Vermietung), sondern je nach Kanzleiorganisation auch bei rein anwaltlichen Einkünften. Wie BVerfG und BFH (jeweils a.a.O.) betonen, kann die Abfärbung allerdings durch Ausgliederung der gewerblichen Tätigkeiten in eine zweite Personengesellschaft vermieden werden – auch bei vollständig identischer Gesellschafterstruktur. Zur Abrundung sei noch auf Folgendes hingewiesen: Ein Anfall von Gewerbesteuer wird durch die daran anknüpfende Einkommensteuerermäßigung gemäß § 35 EStG zumindest teilweise kompensiert. Die Möglichkeit, auf diese Weise sogar eine Überkompensation zu erreichen, wurde indes durch das Unternehmenssteuerreformgesetz 2008 beseitigt (§ 35 Abs. 1 S. 5 EStG).
48 Der Solidaritätszuschlag sei hier zur Vereinfachung der Darstellung ausgeblendet.

B.2 Rechtsformen für die gemeinsame Ausübung des Anwaltsberufs

winnanteile auf der Gesellschafterebene als Einkünfte aus Kapitalvermögen (§§ 2 Abs. 1 Nr. 5, 20 Abs. 1 Nr. 1 EStG) noch der Einkommensteuer. Auf dieser zweiten Stufe wird die „Körperschaftsteuer-Vorbelastung" wie folgt berücksichtigt: Bis einschließlich Veranlagungszeitraum 2008 galt das Halbeinkünfteverfahren, wonach die ausgeschütteten Gewinne zur Hälfte einkommensteuerfrei waren und zur anderen Hälfte der „normalen" Einkommensteuer unterlagen (§ 3 Ziffer 40 lit. d EStG a.F.). Seit dem Veranlagungszeitraum 2009 findet stattdessen grundsätzlich eine Pauschalbesteuerung in Höhe von 25 % Anwendung (die sog. „Abgeltungssteuer", §§ 43 Abs. 1 S. 1 Nr. 1, 43 a Abs. 1 Nr. 1, 44 Abs. 1, 43 Abs. 5 EStG), die allerdings in verschiedenen Konstellationen doch nicht abschließend ist. Insbesondere haben Gesellschafter mit mindestens 25%iger Beteiligung oder – hier von besonderem Interesse – mit mindestens 1%iger Beteiligung und mit einem sich aus beruflicher Tätigkeit für die Gesellschaft ergebenden maßgeblichen unternehmerischen Einfluss auf die Gesellschaft die Möglichkeit, für das sog. Teileinkünfteverfahren zu optieren (§ 32 d Abs. 2 Nr. 3 EStG, welches sich von dem früheren Halbeinkünfteverfahren lediglich darin unterscheidet, dass der steuerfreie Teil nur noch 40 % beträgt (§ 3 Nr. 40 lit. d) EStG).[49] Anders hingegen bei Anwalts-GbR und Anwalts-Partnerschaft: Diese Gesellschaften sind keine Steuerrechtssubjekte (genauer: keine Adressaten einkommensteuerrechtlicher Zahlungspflichten). Auch bei Thesaurierung wird daher der Gesamtgewinn – anteilig – unmittelbar den einzelnen Gesellschaftern zugerechnet. Die Gewinnanteile bilden in voller Höhe einkommensteuerpflichtige Einkünfte, und zwar – vorausgesetzt, dass gewerbliche Tätigkeiten strikt vermieden werden – Einkünfte aus selbstständiger Tätigkeit (§§ 2 Abs. 1 Nr. 3, 18 Abs. 1 Nr. 1 EStG).

3. Gewinnmindernde Vereinbarungen zwischen Gesellschaft und Gesellschaftern

Soweit die Gewerbesteuerpflicht und das Gewinnbesteuerungssystem der GmbH unterm Strich zu Nachteilen für die Gesellschafter führen, gibt es allerdings die Möglichkeit, die Tragweite um einen Gutteil zu reduzieren, indem Zuwendungen der Gesellschaft an die Gesellschafter statt als Gewinnanteile als dienstvertragliche Vergütungen ausgestaltet werden. Dadurch fließen sie nicht in die Bemessungsgrundlage für die Gewerbe- und Körperschaftsteuer ein, sondern werden stattdessen als Einkünfte der Gesellschafter aus nichtselbstständiger Arbeit besteuert. Allerdings ist dieser Weg nicht ungefährlich. Er führt an den Abgründen der verdeckten Gewinnausschüttung entlang.

4. Insbesondere: Rückstellungen für Pensionszusagen an Gesellschafter

Zu den bei der GmbH verbreiteten gewinnmindernden Vereinbarungen zwischen Gesellschaft und Gesellschaftern gehören Pensionszusagen an die Gesellschafter. In diesem Punkt ist ein klarer Vorteil der GmbH zu verzeichnen: Werden für künftige Verbindlichkeiten aus derartigen Zusagen im Rahmen des § 6a EStG Rückstellungen gebildet, so wird die gewinnmindernde Wirkung vorverlagert, ohne dass parallel dazu die Gesellschafter bereits

---

49 Dazu etwa Blümich/*Werth*, 138. Aufl. 2017, EStG § 32 d Rn. 140 bis 143; *Rauenbusch*, DB 2008, 656 ff.

B.2 Rechtsformen für die gemeinsame Ausübung des Anwaltsberufs

einkommensteuerpflichtig würden.[50] Bei der Anwalts-GbR und Anwalts-Partnerschaft ist zwar unter der Voraussetzung freiwilliger Bilanzierung ebenfalls die Bildung von Rückstellungen für Pensionszusagen an Gesellschafter zulässig. Sie ist hier aber grundsätzlich uninteressant. Die gewinnmindernde Wirkung der Rückstellungsbildung im Rahmen der Gesellschaftsbilanz wird nämlich dadurch neutralisiert, dass die Gesellschafter ihren jeweiligen Anteil an der Rückstellung in persönlichen Ergänzungsbilanzen aktivieren müssen.[51] Decken sich Gewinn- und Rückstellungsbeteiligung, handelt es sich mithin um ein Nullsummenspiel.

5. Methodik der Gewinnermittlung

Was das Verfahren der Gewinnermittlung anbelangt, sind dagegen wiederum GbR und Partnerschaft im Vorteil: Bei der GmbH ist für die Gewinnermittlung der Vergleich des Betriebsvermögens am Ende des Wirtschaftsjahres mit dem Betriebsvermögen am Anfang des Wirtschaftsjahres vorgeschrieben (§§ 4 Abs. 1, 5 Abs. 1 EStG). Es herrscht also auch steuerrechtlich Bilanzierungspflicht. Zur Erfüllung dieser Pflicht kann keineswegs unbesehen die Handelsbilanz verwandt werden. Das Grundkonzept des Gleichlaufs von Handels- und Steuerbilanz (Maßgeblichkeitsgrundsatz) wird durch eine Vielzahl von Regelungen durchbrochen, die sich aus den unterschiedlichen Intentionen von Handels- und Steuerbilanz erklären – Gläubigerinformation und Gläubigerschutz einerseits, Aufdeckung von Ertragsquellen für die Besteuerung andererseits. Hingegen eröffnet das Gesetz der Anwalts-GbR und Anwalts-Partnerschaft – wie dem Einzelanwalt – eine Alternative zum Betriebsvermögensvergleich: die Ermittlung des Gewinns als Überschuss der Betriebseinnahmen über die Betriebsausgaben (§ 4 Abs. 3 EStG), d.h. grob gesagt als Differenz zwischen den in dem betreffenden Wirtschaftsjahr tatsächlich eingegangenen Zahlungen und den in diesem Wirtschaftsjahr tatsächlich geleisteten Zahlungen (sog. Einnahmenüberschussrechnung). Zur Verdeutlichung:

Ist eine im Laufe des Wirtschaftsjahres erbrachte Anwaltsleistung am Ende des Wirtschaftsjahres noch nicht bezahlt worden, so ist beim Betriebsvermögensvergleich bereits jetzt der bloße Anspruch auf Honorar gewinnwirksam, während es bei der Einnahmenüberschussrechnung erst die spätere Vereinnahmung des Honorars werden kann. Die Einnahmenüberschussrechnung erleichtert die Buchführung, weil keine Bestandskonten geführt und keine Forderungsbewertungen vorgenommen zu werden brauchen. Außerdem kann durch die Wahl des Fakturierungszeitpunkts beeinflusst werden, ob ein Honorar im aktuellen Wirtschaftsjahr oder erst später gewinnwirksam wird.

---

50 Heussen/Hamm/*Ludwig*, Beck'sches Rechtsanwalts-Handbuch, 11. Aufl. 2016, § 60 Rn. 132, allerdings auch mit dem zutreffenden Hinweis, dass Pensionszusagen die Gewinnung weiterer Gesellschafter außerordentlich erschweren können und daher der Abschluss eines Lebensversicherungsvertrags durch die Anwalts-GmbH vorzugswürdig erscheint (dazu: Heussen/Hamm/*Ludwig*, Beck'sches Rechtsanwalts-Handbuch, 11. Aufl. 2016, § 60 Rn. 131).
51 BFH DB 2006, 926, 929; Herrmann/Heuer/Raupach/*Dommermuth*, EStG/KStG, 282. Lfg. 10/2017, § 6a EStG Rn. 26.

B.2 RECHTSFORMEN FÜR DIE GEMEINSAME AUSÜBUNG DES ANWALTSBERUFS

6. Umsatzsteuer

Die Abstufung in den Vorschriften über die Gewinnermittlung hat eine Entsprechung bei der Umsatzsteuer: Die Anwalts-GmbH unterliegt zwingend der Besteuerung nach vereinbarten Entgelten (§ 16 Abs. 1 S. 1 UStG; sog. Soll-Besteuerung). Die Umsatzsteuerschuld wird dabei bereits durch die Bewirkung der anwaltlichen Leistung ausgelöst. Demgegenüber ist der (rein freiberuflich tätigen) Anwalts-GbR oder Anwalts-Partnerschaft[52] – wie dem Einzelanwalt – eine Alternative eröffnet: die Besteuerung nach vereinnahmten Entgelten (§ 20 S. 1 Nr. 3 UStG; sog. Ist-Besteuerung). Dabei braucht die Umsatzsteuer nur nach Maßgabe des tatsächlichen Zahlungseingangs entrichtet zu werden. Im Ergebnis führen beide Verfahren zwar zur selben Steuerlast. Denn bei Soll-Besteuerung kann vom Finanzamt Rückerstattung verlangt werden, soweit sich die Honorarforderung nachträglich als uneinbringlich erweist (§ 17 Abs. 2 Nr. 1 S. 1 UStG). Leichter zu handhaben ist aber das Verfahren der Ist-Besteuerung, und es schont die Liquidität.[53]

IX. Eignung zur interprofessionellen Zusammenarbeit

Nach dem Wortlaut der BRAO stehen GbR, Partnerschaft und GmbH gleichermaßen auch für interprofessionelle Zusammenarbeit zur Verfügung, allerdings nur für die Zusammenarbeit mit Mitgliedern ganz bestimmter, abschließend aufgelisteter anderer freiberuflicher Berufsgruppen: Patentanwälte, Steuerberater, Steuerbevollmächtigte, Wirtschaftsprüfer und vereidigte Buchprüfer (§§ 59a Abs. 1, 59e Abs. 1 BRAO). Dazu hat das Bundesverfassungsgericht indessen im Jahr 2016 ausgesprochen, dass sich Rechtsanwälte jedenfalls in der Rechtsform einer Partnerschaft auch mit Ärzten und Apothekern zusammenschließen dürfen, weil die gegenteilige Aussage in § 59a Abs. 1 BRAO wegen Verstoßes gegen das Grundrecht auf Berufsfreiheit verfassungswidrig ist.[54] Den Entscheidungsgründen nach dürfte das Bundesverfassungsgericht bei gegebenem Anlass klarstellen, dass die Ausweitung gleichermaßen für eine Zusammenarbeit in der Rechtsform einer GbR oder einer GmbH gilt.

Bereits im Jahr 2014 hatte das BVerfG eine andere, allein die Anwalts-GmbH betreffende Einschränkung der Freiheit zur interprofessionellen Zusammenarbeit kassiert: Laut §§ 59e Abs. 2 S. 1, 59f Abs. 1 und Abs. 3 BRAO muss eine GmbH, die der rechtsanwaltlichen Berufsausübung dienen soll, insofern rechtsanwaltlich dominiert werden, als die Mehrheit der Geschäftsanteile und der Stimmrechte Rechtsanwälten zustehen muss und die Geschäftsführer, Prokuristen und Handlungsbevollmächtigten zum gesamten Geschäftsbetrieb jeweils mehrheitlich Rechtsanwälte sein müssen. Diese Vorgaben schränken die Möglichkeiten der interprofessionellen Zusammenarbeit gravierend ein. Soweit die Berufsordnungen anderer Berufsgruppen entsprechende Vorgaben machen (siehe etwa § 28 Abs. 1 S. 1 WiPrO), kön-

---

52 Im Gegensatz zum Einkommensteuerrecht behandelt das Umsatzsteuerrecht auch GbR und Partnerschaft als Steuersubjekte. Sie sind Unternehmer im Sinne von § 2 Abs. 1 UStG.
53 Zum Ganzen Bunjes/Korn, UStG, 16. Aufl. 2017, § 20 Rn. 23 mwN.
54 BVerfG, Beschl. v. 12.1.2016, BVerfGE 141, 82.

B.2 Rechtsformen für die gemeinsame Ausübung des Anwaltsberufs

nen die Vorgaben überhaupt nur bei Beteiligung von Rechtsanwälten mit Mehrfachqualifikation eingehalten werden.[55] Überzeugend hat das BVerfG festgestellt, dass die Vorgaben in §§ 59 e Abs. 2 S. 1, 59 f Abs. 1 BRAO als ungerechtfertigte Eingriffe in das Grundrecht auf Berufsfreiheit verfassungswidrig und deshalb nicht sind.[56]

X. Weitere Aspekte der Handhabbarkeit

Die Teilnahme am allgemeinen Rechtsverkehr gestaltete sich nach der bis 2001 herrschenden Meinung bei der GbR ungleich schwieriger als bei GmbH und Partnerschaft, weil der GbR nur partielle Rechtsfähigkeit[57] und überhaupt keine Parteifähigkeit[58] zugebilligt wurde. Der Wunsch nach Vermeidung der damit zusammenhängenden Probleme gehörte zu den Hauptauslösern für die Suche nach alternativen Rechtsformen für die gemeinsame Ausübung des Anwaltsberufs.[59] Inzwischen hat sich die Rechtsauffassung zur GbR aber bekanntlich grundlegend gewandelt. Wie bei der Partnerschaft wird auch für die GbR angenommen, dass sie, ohne juristische Person zu sein, Rechtsfähigkeit und damit zugleich Parteifähigkeit besitzt.[60]

Was die kanzleiinterne Willensbildung anbelangt, ist das bei der GmbH als Grundregel geltende Mehrheitsprinzip (§ 47 Abs. 1 GmbHG) weniger blockadeanfällig als das bei GbR und Partnerschaft als Grundregel geltende Einstimmigkeitsprinzip (§ 709 Abs. 1 BGB; § 6 Abs. 3 PartGG i.V.m. § 115 Abs. 1 HGB). Diesem Gesichtspunkt sollte aber bei der Auswahl der Rechtsform keine Relevanz zugemessen werden, da bei allen Rechtsformen die Möglichkeit besteht, die gesetzliche Grundregelung durch eine maßgeschneiderte gesellschaftsvertragliche Regelung zu ersetzen.

XI. Freiheit der Namenwahl

Dem Gesetzeswortlaut nach weist die Partnerschaft in puncto Freiheit der Namenwahl einen Nachteil gegenüber GmbH und GbR auf: Die Firma einer Anwalts-GmbH kann in den mittlerweile weiten Grenzen des allgemeinen Firmenrechts (§ 4 GmbHG, §§ 17 ff. HGB) frei gewählt werden, weil sich aus dem Berufsrecht – abgesehen von dem Gebot, die Bezeichnung „Rechtsanwaltsgesellschaft" zu führen (§ 59 k Abs. 1 BRAO) – keine Einschränkung mehr ergibt. In dem auf die Anwalts-GmbH gemäß § 33 BORA entsprechend anwendbaren § 9 BORA heißt es seit März 2011 nur noch: „Eine Kurzbezeichnung muss einheitlich geführt werden." Daraus lässt sich insbesondere nicht ableiten, dass die Firma einer Anwalts-GmbH den Namen auch nur eines ihrer Gesellschafter enthalten müsste. Mithin sind bei der

---

55 Kritik daran schon bei *Henssler*, NJW 1999, 241, 245.
56 BVerfG, Beschl. v. 14.1.2014, BVerfGE 135, 90. Zu § 59 f Abs. 3 BRAO und Vorgaben anderer Berufsordnungen hat sich das BVerfG mangels Anlasses noch nicht geäußert. Es ist damit zu rechnen, dass das BVerfG bei entsprechendem Anlass auch diese Vorgaben „kippen" wird.
57 Symptomatisch noch BGH, Urt. v. 15.7.1997, NJW 1997, 2754, 2755, wo der GbR Scheckfähigkeit zugesprochen wurde, die Rechtsfähigkeit im Übrigen aber unentschieden blieb.
58 So noch BGH, Urt. v. 26.3.1981, BGHZ 80, 227; *Zöller/Vollkommer*, ZPO, 22. Aufl., 2001, § 50 Rn. 26.
59 Vgl. beispielsweise *Henssler*, NJW 1993, 2137, 2142.
60 BGH, Urt. v. 29.1.2001, NJW 2001, 1056.

B.2 Rechtsformen für die gemeinsame Ausübung des Anwaltsberufs

Anwalts-GmbH reine Sach- und Fantasiefirmierungen als zulässig anzusehen.[61] Für die Anwalts-GbR gilt im Ergebnis dasselbe.[62] Für ihren Namen gelten neben dem ebenfalls keine Gestaltungsgrenzen ziehenden § 12 BGB wiederum nur die §§ 17 ff. HGB (hier: entsprechend) und § 9 BORA (hier: unmittelbar). Demgegenüber schreibt § 2 Abs. 1 PartGG vor, dass der Partnerschaftsname den Namen mindestens eines (gemeint: derzeitigen) Partners enthalten müsse (S. 1) und keinen Namen eines Nicht-Partners enthalten dürfe (S. 3). Immerhin gestattet § 2 Abs. 2 PartGG iVm § 24 HGB die Beibehaltung des Partnerschaftsnamens trotz Ausscheidens eines im Partnerschaftsnamen genannten (ehemaligen) Partners (Namengebers). Nach Auffassung des Oberlandesgerichts Hamm deckt diese Bestandsschutzregelung auch noch Gestaltungen mit ab, bei der der Partnerschaftsname weiterhin den Namen des Namengebers beinhaltet, aber ansonsten gewisse Änderungen erfährt, allerdings nur sofern der Partnerschaftsname trotz solcher Änderungen den angesprochenen Verkehrskreisen weiterhin den Eindruck der Identität vermittelt. Nach diesen Vorgaben scheiden für die Partnerschaft reine Sach- oder Fantasienamen aus.[63] Und es erscheint danach sogar mehr als fraglich, ob Partnerschaftsgesellschaften, die in ihrem Partnerschaftsnamen gemäß § 2 Abs. 2 PartGG i.V.m. § 24 HGB die Namen mehrerer ehemaliger Partner führen, die Freiheit haben, ihren Partnerschaftsnamen auf beispielsweise den Namen nur eines dieser Namengeber zu verkürzen. Die namenrechtliche Sonderbehandlung der Partnerschaft erscheint als Verstoß gegen den verfassungsrechtlichen Gleichheitssatz.[64]

XII. Schlussbemerkung

Am Ende steht die Erkenntnis, dass keine der betrachteten Gesellschaftsformen das Prädikat verdient, generell die optimale Gesellschaftsform für Anwaltszusammenschlüsse zu sein. Jede der Gesellschaftsformen bringt für die Gesellschafter spezifische Vorzüge und Nachteile mit sich. Deren Gewichtung ist eine Frage der konkreten Umstände des Einzelfalls. So werden beispielsweise die Buchführungs- und Bilanzierungsregeln des GmbH-Rechts von einer Großkanzlei, die aus betriebswirtschaftlichen Gründen ohnehin schon nach jenen Regeln verfährt, überhaupt nicht als Nachteil der GmbH-Form eingestuft werden, während eben jene Regeln für manche kleinere Kanzlei bereits für sich genommen Grund genug sein dürften, sich gegen die GmbH-Form zu entscheiden und sich mit denjenigen Haftungslimitierungen zu begnügen, die sich durch die Organisation als Partnerschaft oder/und durch Haftungsbegrenzungsverträge mit den einzelnen Mandanten (§ 52 BRAO) erzielen lassen. Bei allem Bemühen um rationale Entscheidungskriterien wird die Auswahl der Rechtsform immer auch eine Frage des persönlichen Geschmacks sein.

Und noch eins ist klar: Die Entwicklung des anwaltlichen Berufsrechts ist noch lange nicht an ihr Ende gekommen. Die Serie der verfassungsrechtlich, insbesondere durch Art. 12 Abs. 1 und Art. 3 Abs. 1 GG gebotenen Korrekturen dürfte sich fortsetzen. Als Exkurs zum

---

61 *Offermann-Burckart*, AnwBl. 2015, 18, 25; zur Anwalts-AG: BayObLG, Beschl. v. 27.3.2000, NJW 2000, 1647.
62 BeckOK BORA/*Römermann*, 17. Aufl. 2017, § 9 Rn. 32 ff. mit Hinweis auf LG Hannover INF 2001, 191.
63 *Offermann-Burckart*, AnwBl. 2014, 194, 197.
64 Wenngleich sich die Beeinträchtigung der Gestaltungsfreiheit praktisch dadurch lindern lässt, dass neben dem Namen im Sinne von § 2 PartGG eine Wortmarke als „Wahrzeichen" geführt wird.

B.2 Rechtsformen für die gemeinsame Ausübung des Anwaltsberufs

Schluss sei die Frage erlaubt: Wo bleibt der „Rechtsanwalt mit beschränkter Berufshaftung (RA mbB)"?

B.3 Die Partnerschaftsgesellschaft mit beschränkter Berufshaftung

Rechtsanwalt Rafael Meixner, Köln • HDI Versicherung AG

I. Gesetzgeberische Intention für die Einführung der PartGmbB

Am 19.7.2013 ist das Gesetz zur Einführung einer Partnerschaftsgesellschaft mit beschränkter Berufshaftung in Kraft getreten. Hiermit wurde neben die einfache Partnerschaftsgesellschaft (PartG) das Modell der Partnerschaft mit beschränkter Berufshaftung (PartGmbB) als spezielle Form der PartG gestellt. Der wesentliche Unterschied dieser neuen Gesellschaftsform zu der einfachen PartG liegt darin, dass die Haftung für Verbindlichkeiten aus Schäden wegen Berufsausübung auf das Gesellschaftsvermögen begrenzt werden kann. Bei der einfachen PartG hingegen trifft die Haftung nicht nur die Gesellschaft, sondern auch denjenigen Partner, der das Mandat bearbeitet hat.

Hintergrund für die Einführung der PartGmbB war die Schaffung einer wettbewerbsfähigen Alternative zu der englischen Limited Liability Partnership (LLP). Gerade bei großen Sozietäten war in der Vergangenheit der Trend zu verzeichnen, in die Rechtsform der LLP zu wechseln. Für die LLP sprach der Vorteil, dass die Haftung – wie bei Kapitalgesellschaften – beschränkt ist, sie aber in steuerlicher Hinsicht wie eine Personengesellschaft behandelt wird. Dafür musste allerdings auch ein Nachteil der LLP, nämlich die Geltung umfassender Publizitätsvorschriften, in Kauf genommen werden.

Mit der Einführung des Gesetzes zur PartmbB ist die Hoffnung verbunden, einerseits die transparente Besteuerung und weitere Vorteile der Personengesellschaft beibehalten zu können, andererseits aber auch eine Haftungsbeschränkung – wie bei einer Kapitalgesellschaft – auf das Gesellschaftsvermögen zu erreichen und die Anwendbarkeit des britischen Deliktsrechts auf deutschen Boden zu vermeiden.[1]

Die PartGmbB hat zahlreiche Vorteile gegenüber anderen Formen der beruflichen Zusammenarbeit. Hierzu zählen u.a. die folgenden Vorteile:

- Die PartGmbB ist zunächst einmal keine Kapital-, sondern eine Personengesellschaft.[2] Die Partner haften dennoch für berufliche Fehler nicht mit ihrem Privatvermögen.[3]
- Im Gegensatz zu Kapitalgesellschaften ist kein Mindestkapital erforderlich.[4] An dessen Stelle tritt vielmehr die gesetzlich vorgeschriebene besondere Haftpflichtversicherung. Kapitalerhaltungsvorschriften – wie §§ 30, 31 GmbHG – sind also nicht zu beachten.[5]

---

1 BT-Drucks. 17/10487, S. 13, 14.
2 *Lieder* NotBZ 2014, 81 (82).
3 *Grunewald* GWR 2013, 393.
4 *Heckschen* AnwBl. Online 2018, 116 (120); *Zöbeley* RNotZ 2017. 341 (345).
5 *Graf von Westphalen* in: Meilike/Graf v. Westphalen/Hoffmann/Lenz/Wolf, 3. Aufl. 2015, PartGG § 8 Rn. 142; *Heckschen* AnwBl. Online 2018, 116 (120); *Römermann* NJW 2013, 2305 (2309).

B.3 Die Partnerschaftsgesellschaft mit beschränkter Berufshaftung

- Es gelten vereinfachte Buchführungspflichten, da die PartGmbB eine Personen- und keine Kapitalgesellschaft ist. Die PartGmbB ist nicht bilanzierungspflichtig. Folge hiervon ist, dass nur eine Besteuerung der tatsächlichen Einnahmen – und nicht bereits der Forderungen aus dem Mandatsverhältnis – erfolgt.
- Die PartGmbB unterliegt nicht der Körperschaft- und Gewerbesteuer.[6]
- Es besteht – im Gegensatz zu einer GmbH – keine Beitragspflicht bei der Industrie- und Handelskammer.[7]
- Ein wesentlicher Pluspunkt gegenüber der LLP liegt darin, dass es keine Offenlegungspflichten gibt.[8]
- Im Gegensatz zur Gründung von Kapitalgesellschaften ist die Gründung der PartGmbB kostengünstig: Notarielle Beurkundungen sind nicht vonnöten.[9]

Gegenüber der Gesellschaft bürgerlichen Rechts (GbR) hat die PartGmbB zwar den Nachteil, dass hier eine höhere Mindestversicherungssumme vorgeschrieben ist und die Versicherungsprämien natürlich auch höher sind.[10] Die immensen Vorteile der PartGmbB gegenüber der GbR überwiegen aber diesen Nachteil ganz erheblich.

II. Gründung einer PartGmbB

1. Wer kann Partner einer PartGmbB sein?

Die Partnerschaftsgesellschaft ist nach § 1 Abs. 1 PartGG eine Gesellschaft, in der sich Angehörige freier Berufe zur Ausübung ihrer Berufe zusammenschließen können. Sie übt kein Handelsgewerbe aus. Angehörige der Partnerschaft können nur natürliche Personen sein.

Als eine Ausübung eines freien Berufes im Sinne des PartGG ist die selbstständige Tätigkeit der Ärzte, Zahnärzte, Tierärzte, Heilpraktiker, Krankengymnasten, Hebammen, Heilmasseure, Diplom-Psychologen, Mitglieder der Rechtsanwaltskammern, Patentanwälte, Wirtschaftsprüfer, Steuerberater, beratenden Volks- und Betriebswirte, vereidigten Buchprüfer (vereidigte Buchrevisoren), Steuerbevollmächtigten, Ingenieure, Architekten, Handelschemiker, Lotsen, hauptberuflichen Sachverständigen, Journalisten, Bildberichterstatter, Dolmetscher, Übersetzer und ähnlicher Berufe sowie der Wissenschaftler, Künstler, Schriftsteller, Lehrer und Erzieher anzusehen.

Allerdings können nicht alle vorgenannten Berufe gemeinsam in einer Sozietät mit einem Rechtsanwalt ausgeübt werden. Es gilt insoweit der sogenannte Berufsrechtsvorbehalt nach § 1 Abs. 3 PartGG, wonach die Berufsausübung in der Partnerschaft in den Vorschriften über einzelne Berufe ausgeschlossen oder von weiteren Voraussetzungen abhängig ge-

---

6 *Grunewald* GWR 2013, 393.
7 *Heckschen* AnwBl. Online 2018, 116 (120); *Grunewald* GWR 2013, 393, 394.
8 *Zöbeley* RNotZ 2017, 341 (344); *Heckschen* AnwBl. Online 2018, 116 (120).
9 *Heckschen* AnwBl. Online 2018, 116 (120); *Grunewald* GWR 2013, 393 (394).
10 *Grunewald* GWR 2013, 393 (394); *Zöbeley* RNotZ 2017, 341 (344).

B.3 DIE PARTNERSCHAFTSGESELLSCHAFT MIT BESCHRÄNKTER BERUFSHAFTUNG

macht werden kann.[11] Für Rechtsanwälte regelt dies § 59a BRAO. Rechtsanwälte dürfen sich nach dieser Vorschrift nur mit Mitgliedern einer Rechtsanwaltskammer oder Patentanwaltskammer, mit Steuerberatern, Steuerbevollmächtigten, Wirtschaftsprüfern und vereidigten Buchprüfer zur gemeinschaftlichen Berufsausübung im Rahmen der eigenen beruflichen Befugnisse verbinden. Diese Aufzählung ist grundsätzlich abschließend.[12]

Dieses Sozietätsverbot verletzt nach einer Entscheidung des BVerfG das Grundrecht der Berufsfreiheit, soweit es Rechtsanwälten eine gemeinschaftliche Berufsausübung mit Ärzten oder mit Apothekern im Rahmen einer Partnerschaftsgesellschaft untersagt.[13] § 59a Abs. 1. S. 1 BRAO stellt danach einen Eingriff in die Berufsfreiheit dar, der in Hinblick auf die Untersagung einer gemeinschaftlichen Zusammenarbeit mit Ärzten und Apothekern verfassungsrechtlich nicht gerechtfertigt ist. Mit der Vorschrift des § 59a BRAO verfolgt der Gesetzgeber zwar grundsätzlich einen legitimen Zweck – nämlich die Wahrung der wesentlichen anwaltlichen Grundpflichten aus § 43a BRAO. § 59a Abs. 1 S. 1 BRAO trägt damit zu einer funktionsfähigen Rechtspflege bei. Die Wahrung der anwaltlichen Unabhängigkeit und die Pflicht zur Verschwiegenheit verlangt aber nicht ein vollumfängliches Verbot des Zusammenschlusses mit Ärzten und Apothekern.

Da nur natürliche Personen Partner einer PartGmbB sein können, scheidet eine GmbH & Partner aus.[14] Unklar war zunächst, ob auch eine GbR oder eine PartG Partner einer PartG sein können.[15] Diese Frage hat der BGH nunmehr geklärt und verneint: Eine Partnerschaftsgesellschaft kann gemäß § 59e Abs. 1 S. 1 BRAO nicht Gesellschafterin einer Rechtsanwaltsgesellschaft sein.[16] Der Wortlaut der Vorschrift des § 59e Abs. 1 S. 1 BRAO, die mit ihm bezweckte Transparenz und die Regelung zur Berufshaftpflichtversicherung (§ 59j Abs. 2 S. 2 BRAO), die an die Zahl der Gesellschafter anknüpft, sprechen hiergegen.

Der Anteil an einer Partnerschaft ist nicht ohne Einschränkungen vererbbar und übertragbar ist (vgl. § 9 Abs. 4 PartG).[17]

Es besteht – im Gegensatz zur Rechtslage bei der GmbH – keine Beurkundungspflicht bei einer Anteilsübertragung.[18] Allerdings setzt die Wirksamkeit einer Anteilsübertragung die Zustimmung sämtlicher verbleibender Gesellschafter voraus, was auch für einen Gesellschafterwechsel im Wege der Kombination aus Aus- und Beitritt gilt.[19] Hat ein Gesellschafter die insoweit erforderliche Zustimmung zu einer „Umstrukturierungsvereinbarung" weder schriftlich noch konkludent erteilt, ist sie insgesamt unwirksam.[20]

---

11 *Zöbeley* RNotZ 2017, 341 (343); *Henssler* NZG 2017, 241 (243); *Leitzen* DNotZ 2013, 596 (599).
12 BGH, Beschl. v. 12.4.2016 – II ZB 7/11, NJW 2013, 2263.
13 BVerfG, Beschl. v. 12.1.2016 – 1 BvL 6/13, NJW 2016, 700.
14 *Römermann* NJW 2013, 2305 (2307).
15 *Römermann* NJW 2013, 2305 (2307); vgl. *Zöbeley* RNotZ 2017, 341 (342).
16 BGH, Urt. v. 20.3.2017 – AnwZ (Brfg) 33/16, NJW 2017, 1681.
17 OLG Hamm, Beschl. v. 5.9.2014 – 27 W 121/14, BeckRS 2015, 03362.
18 *Heckschen* AnwBl. Online 2018, 116 (120); *Grunewald* GWR 2013, 393 (394).
19 OLG Hamm, Urt. v. 4.9.2017 – 8 U 27/17, DStR 2018, 375.
20 Hamm, Urt. v. 4.9.2017 – 8 U 27/17, DStR 2018, 375.

B.3 Die Partnerschaftsgesellschaft mit beschränkter Berufshaftung

2. Inhalt des Partnerschaftsvertrags

Was notwendiger Inhalt des Partnerschaftsvertrages ist, ergibt sich aus § 3 Abs. 2 PartGG. Der Partnerschaftsvertrag muss danach die nachfolgenden Angaben enthalten:

- den Namen und den Sitz der Partnerschaft,
- den Namen und den Vornamen sowie den in der Partnerschaft ausgeübten Beruf,
- den Wohnort jeden Partners
- sowie schließlich den Gegenstand der Partnerschaft

Der Partnerschaftsvertrag bedarf der Schriftform, § 3 Abs. 1 PartGG. Sollten vorgenannte Mindestangaben im Partnerschaftsvertrag fehlen, ist der Partnerschaftsvertrag wegen § 125 BGB unwirksam.[21] Die mit der Gründung der PartGmbB beabsichtigte Haftungsbeschränkung kommt dann nicht zum Zuge. Wurde die PartGmbB dennoch – also trotz Fehlens von Mindestangaben nach § 3 Abs. 1 PartGG – in Vollzug gesetzt, finden die Grundsätze des fehlerhaften Gesellschaftsverhältnisses Anwendung.[22]

Sollte die PartGmbB im Wege einer „Umwandlung" entstanden sein, ist es wegen § 125 BGB ratsam, dass alle Regelungen, die die Umwandlung betreffen, sicherheitshalber in den Partnerschaftsvertrag mit aufgenommen werden.[23]

Die PartG entsteht zwar bereits mit Abschluss des Partnerschaftsvertrages.[24] Allerdings ist sie im Außenverhältnis – also im Verhältnis zu Dritten – erst mit der Eintragung in das Partnerschaftsregister wirksam, § 7 PartGG. Die Eintragung ins Partnerschaftsregister ist insoweit konstitutiv.[25] Vor der Eintragung ins Partnerschaftsregister wird sie im Außenverhältnis als GbR behandelt.[26] Der Partnerschaftsvertrag ist bei der Anmeldung zum Partnerschaftsregister nicht mit einzureichen.[27] Zum Muster eines Partnerschaftsvertrags siehe unter B.7.

3. Name der Partnerschaft

Der Name der Partnerschaft muss den Namen mindestens eines Partners, den Zusatz „und Partner" oder „Partnerschaft" sowie die Berufsbezeichnungen aller in der Partnerschaft vertretenen Berufe enthalten, § 2 Abs. 1 PartGG. Nicht erforderlich ist, dass die Vornamen beigefügt werden.

Für die PartGmbB sieht das Gesetz noch weitergehende Bestimmungen vor: Nach § 8 Abs. 4 S. 3 PartGG muss der Name der Partnerschaft den Zusatz „mit beschränkter Be-

---

21 *Schmidt* NJW 1995, 1 (3); *Wollweber*, DStR 2014, 1926.
22 *Zöbeley* RNotZ 2017, 341 (348); *Schäfer* in: MüKo, 7. Aufl. 2017, PartGG § 3 Rn. 8.
23 *Schäfer* in: MüKo, 7. Aufl. 2017, PartGG § 3 Rn. 11; *Zöbeley* RNotZ 2017, 341 (348).
24 *Heckschen* AnwBl. Online 2018, 116 (121).
25 *Wälzholz* DStR 2013, 2637 (2640); *Zöbeley* RNotZ 2017, 341 (345); *Freund* NZG 2017, 1001 (1004).
26 *Heckschen* AnwBl. Online 2018, 116 (121); *Römermann* NJW 2013, 2305, 2307; *Zöbeley* RNotZ 2017, 341 (346); *Wollweber*, DStR 2014, 1926 (1931).
27 *Freund* NZG 2017, 1001 (1004); *Römermann* NJW 2013, 2305 (2307).

B.3 Die Partnerschaftsgesellschaft mit beschränkter Berufshaftung

rufshaftung" oder die Abkürzung „mbB" enthalten. Anstelle der Namenszusätze („und Partner") kann der Name der Partnerschaft mit beschränkter Berufshaftung den Zusatz „Part" oder „PartG" enthalten. Hiermit soll dem Rechtsverkehr verdeutlicht werden, dass bei beruflichen Fehlern allein die Partnerschaftsgesellschaft, aber kein Partner persönlich unbeschränkt haftet.[28] Die Ergänzung des Namens um einen Hinweis auf die Haftungsbeschränkung ist aber keine Voraussetzung für die Haftungsbeschränkung, sondern alleine eine firmenrechtliche Vorschrift.[29]

Die Bundesrechtsanwaltskammer hat in ihrem Merkblatt vom 8.7.2014 folgende Bezeichnungen einer PartGmbB als zulässig erachtet:

- „Rechtsanwälte Müller Partnerschaft mit beschränkter Berufshaftung"
- „Rechtsanwälte Müller Partnerschaft mbB"
- „Rechtsanwälte Müller PartG mit beschränkter Berufshaftung"
- „Rechtsanwälte Steuerberater Müller PartmbB"

Zulässig ist auch der Zusatz „m.b.B.".[30] Nicht zulässig ist hingegen der Zusatz „mbH".[31] Denn hierdurch wird für den Geschäftsverkehr der Eindruck erweckt, dass nicht nur für berufliche Fehler, sondern für generell jede Art von Ansprüchen die Haftung der Gesellschaft beschränkt ist.[32]

Da der Namenszusatz nicht irreführend sein darf, ist ein Zusatz „und Partner" wegen Täuschungsgefahr nicht zulässig, wenn bereits alle Partner namentlich aufgeführt sind. In diesem Falle ist einzutragen „Partnerschaft" oder „Partnerschaftsgesellschaft".[33]

In Hinblick auf § 2 Abs. 2 PartGG i.V.m. § 18 Abs. 2 HGB ist die Unterscheidung zwischen Singular und Plural unter dem Gesichtspunkt der Firmenwahrheit von Relevanz: Es stellt einen erheblichen Unterschied dar, ob nur einer der Partner oder mehrere der Partner den jeweiligen Beruf ausüben.[34]

Sofern ein Rechtsanwalt in eine Steuerberatungsgesellschaft eintritt, bedarf es nicht der Angabe seines Berufes im Namen der Partnerschaftsgesellschaft.[35] Denn für eine Steuerberatungsgesellschaft iSd § 49 Abs. 1 StBerG, dessen Mitglieder auch Rechtsanwälte sein können (vgl. § 50 Abs. 2 StBerG), entfällt nach § 53 S. 2 StBerG die Pflicht nach § 2 Abs. 1 PartGG, zusätzlich die Berufsbezeichnungen aller in der Partnerschaft vertretenen Berufe in den Namen aufzunehmen.

---

28 *Grunewald* GWR 2013, 393.
29 *Zöbeley* RNotZ 2017, 341 (346); BT-Drucks. 17/19944, 15.
30 *Lieder/Hoffmann* NJW 2015, 897 (899).
31 *Henssler* AnwBl. 2014, 96 (97); *Lieder/Hoffmann* NJW 2015, 897, 899; *Zöbeley* RNotZ 2017, 341 (350); *Heckschen* AnwBl. Online 2018, 116 (117).
32 *Posegga* DStR 2012, 611 (613); *Lieder/Hoffmann* NJW 2015, 897 (899).
33 *Zöbeley* RNotZ 2017, 341 (350).
34 OLG Hamm, Beschl. v. 3.1.2017 – 27 W 163/16, BeckRS 2017, 140519.
35 OLG München, Beschl. v. 1.12.2016 – 31 Wx 281/16, NJW-RR 2017, 443.

B.3 DIE PARTNERSCHAFTSGESELLSCHAFT MIT BESCHRÄNKTER BERUFSHAFTUNG

Die Verweisung in § 2 Abs. 2 PartGG auf § 24 HGB eröffnet den Partnern einer Partnerschaftsgesellschaft die Möglichkeit, den in dem bisherigen Namen enthaltenen ideellen und materiellen Wert auch bei einer Änderung im Bestand der Partner durch Beibehaltung des bisherigen Namens zu erhalten. Zu beachten ist allerdings, dass die Fortführung der bestehenden Firma dem Inhaber zwar den Wert der Firma erhalten soll, dies aber gleichwohl nur in einer Weise zulässig ist, die keinen Zweifel an der Identität der fortgeführten mit der bisherigen Firma aufkommen lässt. Es ist grundsätzlich zulässig, auch nach Versterben eines Partners einer Partnerschaft dessen Name weiterhin im Partnerschaftsnamen zu führen. Anders liegt es nur dann, wenn der Name der Partnerschaft nach dem Versterben des Partners derart verändert wird, dass die angesprochenen Verkehrskreise nicht mehr von einer Identität ausgehen. In diesem Fall ist es nicht zulässig, den Namen des verstorbenen Partners weiterhin im Partnerschaftsnamen zu führen.[36] Sofern der den Doktortitel führende Namensgeber einer Partnerschaftsgesellschaft aus dieser ausscheidet, kann diese diesen Titel bei Einwilligung des Ausgeschiedenen oder seiner Erben weiterführen.[37] Grundsätzlich ist bei der Fortführung des Partnerschaftsnamens unter Einbeziehung des verstorbenen Partners eine ausdrückliche Einwilligung seiner Erben erforderlich.[38]

Notare können nach § 59a Abs. 1 S. 3 BRAO nur in ihrer Funktion als Rechtsanwälte Partner einer Partnerschaftsgesellschaft sein. Die Berufsbezeichnung „Notar" darf deshalb nicht im Namen der Partnerschaft enthalten sein.[39] Allerdings darf im Briefkopf auf die Notartätigkeit hingewiesen werden.[40]

Der Namenszusatz ist auch auf dem Briefkopf der Partnerschaft anzugeben, § 7 Abs. 5 PartGG, § 125a Abs. 1 S. 1 HGB. Die Eintragung des Namenszusatzes in das Partnerschaftsregister ist keine notwendige Voraussetzung für eine wirksame Haftungsbeschränkung. Wird der Namenszusatz nicht in das Partnerschaftsregister eingetragen, so ändert dies nichts an der Haftungsbeschränkung, wenn der Namenszusatz jedenfalls im geschäftlichen Verkehr geführt wird.[41] Denn die Eintragung des Namenszusatzes im Partnerschaftsregister hat nur deklaratorische Bedeutung.[42] Eine als Part „mbH" eingetragene PartGmbB ist daher wirksam entstanden.[43] Allerdings greifen dann die Grundsätze der Rechtsscheinhaftung.[44] Bedeutung hat dies insbesondere in dem Fall, wenn der haftungsbeschränkende Namenszusatz auf den Geschäftspapieren weggelassen wird. Denn hierdurch entsteht der

---

36 OLG Hamm, Beschl. v. 5.10.2016 – I-27 W 107/16, NJW-RR 2017, 165 (Unzulässiger Antrag auf Änderung der Firma „X-Treuhand A&B mbB Wirtschaftsprüfungsgesellschaft Steuerberatungsgesellschaft" in „A&B mbB Wirtschaftsprüfungsgesellschaft Steuerberatungsgesellschaft", nachdem A nicht mehr Partner ist).
37 BGH, Beschl. v. 8.5.2018 – II ZB 26/17, BeckRS 2018, 15568; BGH, Beschl. v. 8.5.2018 – II ZB 27/17, BeckRS 2018, 15312; BGH, Beschl. v. 8.5.2018 – II ZB 7/17, BeckRS 2018, 14799.
38 OLG Hamm, Beschl. v. 18.6.2014 – 27 W 160/13, BeckRS 2014, 120474.
39 *Zöbeley* RNotZ 2017, 341 (343); *Leder* NZG 2016, 287 (289); *Henssler/Jansen*, EWiR 2006, 603; OLG Stuttgart, Beschl. v. 9.2.2006 – 8 W 521/05, NJW-RR 2006, 1723.
40 *Zöbeley* RNotZ 2017, 341 (343); BT-Drucks. 12/6152, S. 10.
41 *Lieder* NJW 2015, 897 (898); *Heckschen* AnwBl. Online 2018, 116 (117).
42 *Heckschen* AnwBl. Online 2018, 116 (117); *Lieder/Hoffmann* NJW 2015, 897, 898; *Römermann* NZG 2012, 601 (603); *Henssler* AnwBl. 2014, 96 (97); *Hirtz* in: Henssler/Strohn, Gesellschaftsrecht, 3. Aufl. 2016, PartGG § 8 Rn. 39; *Ulmer* AnwBl. 2014, 806 (807).
43 *Lieder/Hoffmann* NJW 2015, 897 (899); *Lieder* NotBZ 2014, 128 (129).
44 *Wälzholz* DStR 2013, 2637 (2638).

B.3 Die Partnerschaftsgesellschaft mit beschränkter Berufshaftung

Anschein einer persönlichen Haftung der Partner. Selbst bei Eintragung des Namenszusatzes in das Partnerschaftsregister entsteht dann eine Haftung aufgrund Rechtsscheingrundsätzen: Es haften die Partner, die in dem Namen der Partnerschaft genannt sind.[45]

Doktortitel sind aufgrund Gewohnheitsrechts in das Partnerschaftsregister eintragungsfähig.[46]

4. Anmeldung der Partnerschaft

Die Anmeldung der PartGmbB erfolgt beim Partnerschaftsregister. In das Register sind die notwendigen Inhalte des Partnerschaftsvertrages, die Geburtsdaten jedes Partners und die Vertretungsmacht der Partner einzutragen. Gleiches gilt für Änderungen dieser Angaben; diese sind ebenfalls zur Eintragung in das Partnerschaftsregister anzumelden, § 4 Abs. 1 PartGG. Das Registergericht prüft zudem, ob die PartGmbB nach den berufsrechtlichen Bestimmungen überhaupt zulässig ist. Ist dies nicht der Fall, erfolgt keine Eintragung ins Partnerschaftsregister.[47]

Der Anmeldung einer PartGmbB muss nach § 8 Abs. 4 PartGG ferner eine Versicherungsbescheinigung gemäß § 113 Abs. 2 VVG beigefügt sein. Vom Registergericht wird geprüft, ob durch die Versicherung die berufsrechtlich vorgeschriebene Mindestversicherungssumme eingehalten wird.[48] Diese Versicherungsbestätigung ist aber nicht nur dem Partnerschaftsregister, sondern selbstverständlich auch der Rechtsanwaltskammer vorzulegen.[49] Erfolgt unter Verstoß gegen § 8 Abs. 4 PartGG eine Eintragung ins Partnerschaftsregister, so entsteht die Gesellschaft nicht als PartGmbB, sondern als eine einfache Partnerschaftsgesellschaft. Den Partnern der Partnerschaftsgesellschaft kommt mithin die Haftungsbeschränkung des § 8 Abs. 4 PartGG nicht zugute.[50]

Die PartGmbB stellt lediglich eine Rechtsformvariante der einfachen Partnerschaftsgesellschaft ohne eine derartige Haftungsbeschränkung dar. Sie ist keine andere Rechtsform. Bei einer PartGmbB ist daher – so das OLG Nürnberg – im Partnerschaftsregister in der Rubrik „Rechtsform" nur die Bezeichnung „Partnerschaft" – ohne Zusatz „mit beschränkter Haftung" – einzutragen.[51]

Ist im Partnerschaftsregister indes der haftungsbeschränkende Namenszusatz nicht eingetragen, greift die negative Publizität des Partnerschaftsregisters gemäß § 5 Abs. 2 PartGG i.V.m. § 15 Abs. 1 HGB).[52] Bei einem unzulässigerweise eingetragenen Namenszusatz

---

45 *Heckschen* AnwBl. Online 2018, 116 (117); *Ulmer* AnwBl. 2014, 806 (808); *Wälzholz* DStR 2013, 2637 (2638); *Hopt* in: Baumbach/Hopt, HGB, 38. Aufl. 2018, § 15 Rn. 15.
46 BGH, Beschl. v. 4.4.2017 – II ZB 10/16, AnwBl. 2017, 781.
47 *Lieder* NZG 2014, 127 (129).
48 *Heckschen* AnwBl. Online 2018, 116 (118).
49 *Riechert* AnwBl. 2014, 266.
50 *Lieder* NZG 2014, 127 (129).
51 OLG Nürnberg, Beschl. v. 5.2.2014 – 12 W 351/14, NZG 2014, 422.
52 *Lieder/Hoffmann*, NJW 2015, 897 (899).

B.3 Die Partnerschaftsgesellschaft mit beschränkter Berufshaftung

„mbH" wird allerdings vertreten, dass hiermit hinreichend zum Ausdruck gebracht wurde, dass die Gesellschafter einer Partnerschaftsgesellschaft den Gesellschaftsgläubigern gegenüber für die Verbindlichkeiten der Gesellschaft nicht persönlich haften.[53]

III. Umwandlung einer bestehenden Gesellschaft

1. PartG in PartGmbB

Die „Umwandlung" einer PartG in eine PartGmbB als beruflicher Reorganisationsakt kommt in der Praxis häufiger vor als die Umwandlung aus einer GbR.[54] Es handelt sich hierbei jedoch – wie auch bei der GbR – nicht um eine Umwandlung im Sinne des UmwG.[55] Die PartGmbB ist lediglich eine besondere Form der Partnerschaftsgesellschaft.[56] Sie weist lediglich ein spezielles Haftungsregime – nämlich die Begrenzung der Haftung auf das Gesellschaftsvermögen – auf.

Nicht erforderlich ist, dass ein neuer Gesellschaftsvertrag geschlossen wird. Ausreichend ist, wenn ein Beschluss zur Änderung der bereits bestehenden Partnerschaftsgesellschaft getroffen wird.[57] Die Beschlussmehrheiten hierzu richten sich dabei nach den bisherigen Regelungen des bereits geschlossenen Partnerschaftsvertrages. Weder die Änderung des Gesellschaftsvertrages noch die Anmeldung, Eintragung oder Führung eines Namenszusatzes sind konstitutive Voraussetzungen für das Eingreifen der Haftungsbeschränkung nach § 8 Abs. 4 PartGG.[58] Zu beachten ist aber, dass es einer neuen Versicherungsbestätigung bedarf, die die Voraussetzung des § 8 Abs. 4 PartGG i.V.m. mit § 51 a BRAO erfüllt.

Mangels entsprechender Überleitungsvorschriften ist unklar, ab welchem Zeitpunkt genau die Haftungsbeschränkung greift. Überwiegend wird vertreten, dass dies erst mit der Eintragung der Namensänderung in das Partnerschaftsregister erfolgt. Für den Zeitraum zuvor greifen die Grundsätze zur Rechtsscheinhaftung.[59]

2. GbR in PartGmbB

Ebenso wie bei der „Umwandlung" einer PartG in eine PartGmbB vollzieht sich die Umwandlung einer GbR in eine PartGmbB nicht nach umwandlungsrechtlichen Bestimmungen.[60] Es sind nur diejenigen Formalien einzuhalten, die bei der Neugründung einer PartGmbB gelten. Es muss also ein entsprechender Partnerschaftsvertrag geschlossen

---

53 *Lieder/Hoffmann*, NJW 2015, 897 (899).
54 *Kilian* AnwBl. 2015, 772 (775).
55 *Henssler* AnwBl. 2014, 96 (98); *Ulmer* AnwBl. 2014, 806; *Lieder* NotBZ 2014, 128 (133); *Heckschen* AnwBl. Online 2018, 116 (121); *Riechert* AnwBl. 2014, 266, 267; *Wälzholz* DStR 2013, 2637 (2640); *Zöbeley* RNotZ 2017, 341 (346).
56 *Sommer* NJW 2011, 1551 (1553).
57 *Lieder* NotBZ 2014, 128 (132).
58 *Lieder* NotBZ 2014, 128 (132).
59 *Heckschen* AnwBl. Online 2018, 116 (121); *Sommer/Treptow*,NJW 2013, 3269 (3272); *Wälzholz* DStR 2013, 2637 (2641); *Zöbeley* RNotZ 2017, 341 (346).
60 *Heckschen* AnwBl. Online 2018, 116 (121); *Wälzholz* DStR 2013, 2637 (2640); *Lieder* NotBZ 2014, 128 (133).

B.3 Die Partnerschaftsgesellschaft mit beschränkter Berufshaftung

werden und die Eintragung in das Partnerschaftsregister veranlasst werden. Es handelt sich hierbei um einen identitätswahrenden Rechtsformwechsel außerhalb des UmwG.[61] Die bisherige Gesellschaft bürgerlichen Rechts und die nunmehr geschaffene PartGmbB sind ein und dieselben Rechtspersönlichkeiten.[62] Es bedarf daher grundsätzlich auch keiner „Übertragung" des Gesellschaftsvermögens in die PartGmbB und einer Liquidation der GbR. Zu beachten ist, dass es einer neuen Versicherungsbestätigung bedarf, die die Voraussetzung des § 8 Abs. 4 PartGG i.V.m. § 51a BRAO erfüllt. Die Registeranmeldung hat nach § 7 Abs. 1 PartGG konstitutive Wirkung und löst die Haftungsbeschränkung nach § 8 Abs. 4 PartGG aus.[63]

Haftungsrechtlich hat die „Umwandlung" zur Folge, dass nach überwiegender Auffassung die Gesellschafter der ehemaligen GbR auch nach der Umwandlung in die Partnerschaftsgesellschaft weiterhin für die Fehler bei der Bearbeitung von Mandaten haften, die noch zu Zeiten der GbR begründet wurden.[64] Die Haftung der bisherigen Gesellschafter der GbR für die Altverbindlichkeiten der Sozietät richtet sich nach § 159 HGB analog.[65] Die Ansprüche gegen einen Gesellschafter aus Verbindlichkeiten der Gesellschaft verjähren danach in fünf Jahren nach der Auflösung der Gesellschaft, sofern nicht der Anspruch gegen die Gesellschaft einer kürzeren Verjährung unterliegt.

Neben dieser einfachen Form der „Umwandlung" besteht aber auch die Möglichkeit, Vermögen im Wege eines Assetdeals einzubringen oder Gesellschaftsanteile der GbR auf eine neu gegründete PartGmbB zu übertragen.[66] Problematisch ist in diesem Fall, ob § 25 HGB entsprechende Anwendung findet. Das Problem stellt sich in dem Fall, wenn Rechtsanwälte eine ehemalige Rechtsanwaltspraxis von den bisherigen Partnern insbesondere unter Namensfortführung übernehmen. Nach § 25 HGB haftet derjenige, der ein unter Lebenden erworbenes Handelsgeschäft unter der bisherigen Firma fortführt, für alle im Geschäftsbetrieb begründeten Verbindlichkeiten des früheren Inhabers.

An der Anwendbarkeit des § 25 HGB bestehen jedoch Bedenken, weil in § 2 Abs. 2 PartGG eine ausdrückliche Verweisung auf § 25 HGB fehlt. Aus diesem Grunde wird vertreten, dass die Partnerschaftsgesellschaft nicht für Altverbindlichkeiten haftet.[67] Die Rechtsprechung hat bislang über diese Konstellation noch nicht entschieden. Allerdings hatte der BGH bereits vertreten, dass die Anwendbarkeit von § 28 HGB, auf den § 2 Abs. 2 PartGG ebenso

---

61 *Sommer* NJW 2011, 1551 (1553); *Zöbeley* RNotZ 2017, 341 (347).
62 *Henssler* AnwBl. 2014, 96 (98).
63 *Lieder* NotBZ 2014, 128 (133).
64 *Wollweber* DStR 2014, 1926 (1928); *Sommer* NJW 2011, 1551 (1553), der eine Beschränkung der Nachhaftung analog § 160 HGB, § 224 Abs. 2 UmwG annimmt.
65 *Wollweber* DStR 2014, 1926 (1928).
66 *Heckschen* AnwBl. Online 2018, 116 (121); *Zöbeley* RNotZ 2017, 341 (347).
67 *Henssler*, PartGG, 1997, § 2 Rn. 32; *Kopp* in: Henssler/Streck, Handbuch des Soizietätsrechts, 2. Aufl., 2011, C. Rdnr 219; aA *Schäfer* in: Ulmer/Schäfer, Gesellschaft bürgerlichs Rechts und Partnerschaftsgesellschaft, 6. Aufl. 2013, PartGG § 2 Rn. 2 mit dem Hinweis darauf, dass sich die Sperrwirkung des § 2 Abs. 2 PartGG nur auf die firmenrechtlichen Vorschriften beziehe. Die Außenhaftung des Erwerbers nach § 25 HGB sei jedoch nur im weiteren Sinne dem Firmenrecht zuzuordnen; so auch OLG München, Beschl. v. 8.4.2015 – 31 Wx 120/15, NJW 2015, 2353.

B.3 Die Partnerschaftsgesellschaft mit beschränkter Berufshaftung

nicht verweist, genau aus diesem Grunde zweifelhaft sei.[68] Aufgrund der unsicheren Rechtslage wird daher empfohlen, in dem Fall, dass der bisherige Betrieb einer Sozietät auf die Partnerschaftsgesellschaft im Wege eines Asset Deals erfolgt, im Partnerschaftsregister die Eintragung eines Haftungsausschlusses nach § 25 Abs. 2 HGB zu beantragen, um die Übernahme von Verbindlichkeiten durch die Partnerschaftsgesellschaft auszuschließen.[69] Bei einer Gründung einer PartGmbB im Wege eines Asset Deals ist stets die Zustimmung der Mandanten zur Übertragung der Mandatsverträge auf die Partnerschaftsgesellschaft einzuholen.[70] In steuerrechtlicher Hinsicht ist zu beachten, dass bei einem Asset Deal die Aufdeckung stiller Reserven droht.[71]

3. GmbH oder AG in PartGmbB

Mit der Umwandlung einer GmbH oder AG in eine PartGmbB ist ein Rechtsformwechsel verbunden, der unter den Voraussetzungen der §§ 190, 191 ff, 226 UmwG zulässig ist. Möglich ist die Umwandlung der GmbH in ein PartGmbB in Form der Verschmelzung (§§ 1, 3, 4, 46 ff 45 a ff UmwG) oder wegen Formwechsels (§§ 190, 191 ff, 226 ff UmwG).[72] Im UmwG ist zwar die PartGmbB nicht explizit genannt, wohl aber einfache PartG. Als Sonderform der Partnerschaftsgesellschaft fällt die PartGmbB auch unter das UmwG.[73] Notwendig ist in umwandlungsrechtlicher Hinsicht:

- Umwandlungsbericht gemäß § 192 UmwG
- Umwandlungsbeschluss gemäß § 193 UmwG
- Abschluss der erforderlichen Haftpflichtversicherung
- eventuell Namensänderung gemäß § 2 Abs. 1 S. 1 PartGG
- Anmeldung und Eintragung gemäß § 198 UmwG

Im Vergleich zur Kapitalgesellschaft hat die PartGmbB den Vorteil, dass sie nicht bilanzierungspflichtig ist und Bilanzen auch nicht veröffentlicht werden müssen. Gegenüber der Kapitalgesellschaft hat sie indes den Nachteil, dass die Partner bei anderen Ansprüchen als Haftungsansprüchen wegen beruflicher Fehler unbeschränkt und persönlich haften.

4. LLP in PartGmbB

In der Vergangenheit haben sich zunehmend größere Anwaltskanzleien der Rechtsform der LLP angeschlossen. Wie diese Kanzleien wieder in die deutsche Rechtsordnung und in die Rechtsform der PartGmbB zurückgeführt werden können, gestaltet sich äußerst komplex.[74]

---

68 BGH, Beschl. v. 23.11.2009 – II ZR 7/09, NJW 2010, 3720.
69 *Wollweber* DStR 2014, 1926 (1928).
70 *Zöbeley* RNotZ 2017, 341 (347); *Wollweber* DStR 2014, 1926 (1930).
71 *Zöbeley* RNotZ 2017, 341 (347).
72 *Wälzholz* DStR 2013, 2637 (2641).
73 *Heckschen* AnwBl. Online 2018, 116 (122.).
74 Gl. *Zöbeley* RNotZ 2017, 341 (348).

B.3 Die Partnerschaftsgesellschaft mit beschränkter Berufshaftung

Eine Übersicht hierzu gibt die Stellungnahme des Deutschen Notarvereins vom 14.3.2012.[75]

IV. Berufshaftpflichtversicherung

Bei der PartGmbB sind versicherungsrechtliche Besonderheiten zu beachten: Die Haftung aus Schäden wegen fehlerhafter Berufsausübung ist nur dann auf das Gesellschaftsvermögen beschränkt, wenn die Partnerschaft eine zu diesem Zwecke von Gesetzes wegen vorgeschriebene Berufshaftpflichtversicherung unterhält, § 8 Abs. 4 S. 1 PartGG. Bei dieser Haftpflichtversicherung handelt es sich um eine freiwillige Versicherung, für die aber aufgrund des Verweises auf § 113 Abs. 3 und §§ 114–124 VVG die Vorschriften über die Pflichtversicherung entsprechend gelten.[76]

Durch diesen Verweis auf die Vorschriften der Pflichtversicherung erfährt der Mandant selbst dann einen – gegebenenfalls aber eingeschränkten – Schutz, wenn dem Versicherten Obliegenheitsverletzungen im Rahmen des Versicherungsverhältnisses vorzuwerfen sind.[77] Darüber hinaus hat der Mandant einen Direktanspruch gegen den Versicherer. Allerdings müssen dann auch die speziellen Voraussetzungen des § 115 VVG vorliegen, d.h. Insolvenz des Versicherungsnehmers.[78] Im Regelfall – also ohne Insolvenz – verbleibt es mithin dabei, dass ein Anspruch gegen den Versicherer nur bei Abtretung des Freistellungsanspruchs oder bei Pfändung und Überweisung dieses Anspruchs besteht.[79]

Das „Unterhalten" der Haftpflichtversicherung i.S.d. § 8 Abs. 4 S. 1 PartGG bedeutet, dass der Versicherungsvertrag abgeschlossen sein und im Moment der schädigenden Handlung oder Unterlassung grundsätzlich Versicherungsschutz bestehen muss.[80] Dass die Versicherung im konkreten Schadenfall eingreift, wird jedoch nicht vorausgesetzt.[81] Unerheblich ist daher beispielsweise, wenn die Versicherung im konkreten Schadenfall wegen Vorsatzes (§ 103 VVG) nicht eintrittspflichtig ist oder die Maximierung der Jahreshöchstleistung greift.[82] Dem geschädigten Mandanten bleibt dann nur das Gesellschaftsvermögen als Haftungsmasse.

---

75 Abrufbar unter: http://www.dnotv.de/stellungnahmen/referentenentwurf-eines-gesetzes-zur-einfuehrung-einer-partnerschaftsgesell-schaft-mit-beschraenkter-berufshaftung-part-mbb-und-zur-aenderung-des-be-rufsrechts-der-rechtsanwaelte-patentanwaelte-und/.
76 *Römermann* NZG 2012, 601, 602; *Heckschen* AnwBl. Online 2018, 116 (118); *Graf von Westphalen* in: Meilike/Graf v. Westphalen/Hoffmann/Lenz/Wolf, 3. Aufl. 2015, PartGG § 8 Rn. 102.
77 *Heckschen* AnwBl. Online 2018, 116 (119).
78 *Henssler* AnwBl. 2014, 96 (99); *Schäfer* in: MüKo, 7. Aufl. 2017, PartGG § 8 Rn. 45; aA *Wertenbruch* NZG 2013, 1006 (1009); *Heckschen* AnwBl. Online 2018, 116 (121); *Graf von Westphalen* in: Meilike/Graf v. Westphalen/Hoffmann/Lenz/Wolf, 3. Aufl. 2015, PartGG § 8 Rn. 111; *Ulmer* AnwBl. 2014, 806 (807); *Sommer/Treptow* NJW 2013, 3269 (3270), die vertreten, dass der Geschädigte aufgrund der Rechtsfolgenverweisung in § 8 Abs. 2 PartGG (BT-Drucks. 17/13944, S. 15) stets – also auch ohne Insolvenz – einen Direktanspruch gegen den Versicherer hat.
79 *Henssler* AnwBl. 2014, 96 (98).
80 *Ulmer* AnwBl. 2014, 806 (807); *Henssler* AnwBl. 2014, 96 (97); *Lieder* NotBZ 2014, 81 (87); BT-Drucks. 17/10487, S. 14.
81 *Ulmer* AnwBl. 2014, 806 (807); *Römermann* NJW 2013, 2305, 2309; *ders.* NZG 2012, 601, 603; *Ulmer* AnwBl. 2014, 806 (808); *Henssler* AnwBl. 2014, 96 (97); *Graf von Westphalen* in: Meilike/Graf v. Westphalen/Hoffmann/Lenz/Wolf, 3. Aufl. 2015, PartGG § 8 Rn. 107; BT-Drucks. 17/13944, S. 15.
82 *Römermann* NZG 2012, 601 (603).

B.3 Die Partnerschaftsgesellschaft mit beschränkter Berufshaftung

Versicherungsnehmerin dieser Berufshaftpflichtversicherung ist die PartGmbB.[83] Dem Registergericht muss bei Anmeldung der PartmbB die entsprechende Versicherungsbescheinigung vorgelegt werden, § 4 Abs. 3 PartGG.

1. Rechtsanwalts PartGmbB: Mindestversicherungssumme und Maximierung

Die Höhe der notwendigen Mindestversicherungssumme der PartGmbB ergibt sich nicht aus dem PartGG, sondern aus dem entsprechenden Berufsrecht, also aus der Vorschrift des § 51a BRAO. Diese Vorschrift enthält explizite Regelungen zur Berufshaftpflichtversicherung einer PartGmbB.

Nach § 51a Abs. 2 BRAO beträgt die Mindestversicherungssumme 2,5 Mio. EUR für jeden Versicherungsfall. Die Leistung des Versicherers für alle innerhalb eines Versicherungsjahres verursachte Schäden können auf den Betrag der Mindestversicherungssumme, vervielfacht mit der Zahl der Partner, begrenzt werden. Die Jahreshöchstleistung für alle in einem Versicherungsjahr verursachten Schäden muss sich jedoch mindestens auf den vierfachen Betrag der Mindestversicherungssumme belaufen. Hierbei sind die Scheinpartner mitzurechnen.[84] Im Einzelnen bedeutet dies folgendes:

Anzahl der Partner	Jahreshöchstleistung
2	2,5 Mio EUR x 2 Partner = 5 Mio. EUR, aber mind. 10 Mio. EUR
4	2,5 Mio. EUR x 4 Partner = 10 Mio. EUR
8	2,5 Mio. EUR x 8 Partner = 20 Mio. EUR

Für jeden einzelnen Versicherungsfall steht aber nur eine Deckungssumme von maximal 2,5 Mio. EUR zur Verfügung; die Maximierung bezieht sich nur auf die Summe der vom Versicherer in einem Jahr zur Verfügung zu stellenden Versicherungsleistung. Selbstverständlich bleibt es der Partnerschaftsgesellschaft unbenommen, für den jeweiligen Versicherungsfall auch eine höhere Versicherungssumme zu vereinbaren.

Die Notwendigkeit des Abschlusses einer Berufshaftpflichtversicherung für die PartGmbB bedeutet jedoch nicht, dass der jeweilige in der PartGmbB tätige Rechtsanwalt keine eigene Haftpflichtversicherung abzuschließen hat: Die PartGmbB ist bei Rechtsanwälten – im Gegensatz zur Rechtslage bei Steuerberatern – keine Berufsträgergesellschaft.[85] Daher muss jeder in der PartGmbB tätige Rechtsanwalt auch weiterhin – anders als bei Steuerberatern, vgl. § 54 Abs. 3 i.V.m. Abs. 2 S. 1 DVStB – eine eigene persönliche Haftpflichtversicherung unterhalten, damit er seinen Beruf als Rechtsanwalt ausüben darf.[86] Dies gilt unab-

---

[83] *Lieder* NotBZ 2014, 81 (87); *Wälzholz* DStR 2013, 2637 (2639); *Schäfer* in: MüKo, 7. Aufl. 2017, PartGG § 3 Rn. 42.
[84] *Graf von Westphalen* in: Meilike/Graf v. Westphalen/Hoffmann/Lenz/Wolf, 3. Aufl. 2015, PartGG § 8 Rn. 124a.
[85] *Henssler* NZG 2017, 241 (244); *Riechert* AnwBl. 2014, 266.
[86] *Henssler* NZG 2017, 241 (245); *Riechert* AnwBl. 2014, 266; Hinweis der BRAK im Schreiben vom 8.7.2014.

B.3 Die Partnerschaftsgesellschaft mit beschränkter Berufshaftung

hängig davon, ob der Rechtsanwalt neben der PartGmbB noch zusätzlich Einzelmandate annimmt oder nur im Rahmen der PartGmbB tätig wird.[87]

2. Interprofessionelle PartGmbB: Mindestversicherungssumme und Maximierung

Ebenso wie bei der einfachen PartG oder der GbR ist auch eine interprofessionelle PartGmbB möglich. In berufsrechtlicher Hinsicht gilt auch bei der interprofessionellen PartGmbB, dass das strengste Berufsrecht Anwendung findet.[88] Hinsichtlich der notwendigen Mindestversicherungssumme bei interprofessionellen PartGmbB wurde ganz bewusst keine gesetzliche Regelung geschaffen. Bereits in dem damaligen Gesetzesentwurf ist man davon ausgegangen, dass es bei divergierenden berufsrechtlichen Anforderungen ohnehin – nach dem allgemeinen berufsrechtlichen Grundsatz – die strengsten Vorschriften zu gelten haben.[89]

Folgende Mindestversicherungssummen sieht das Gesetz vor:

- Patentanwalts PartGmbB: 2,5 Mio. EUR (§ 45 a PAO)
- Rechtsanwalts PartGmbB: 2,5 Mio. EUR (§ 51 a Abs. 2 BRAO)
- Wirtschaftsprüfer PartGmbB: 1,0 Mio. EUR (§ 54 Abs. 1 WPO)
- Steuerberater PartGmbB:
  - Nicht anerkannte[90] PartGmbB: 1,0 Mio. EUR (§ 52 Abs. 4 DVStB)
  - Anerkannte[91] PartGmbB: 1,0 Mio. EUR (§ 52 Abs. 4 DVStB)

Da stets das strengste Berufsrecht und damit die höchste Mindestversicherungssumme maßgeblich sind, ergeben sich für Rechtsanwälte hieraus keine Besonderheiten. Denn für sie gilt ohnehin die höchste Mindestversicherungssumme.[92]

Allerdings unterscheiden sich die gesetzlichen Vorschriften nicht nur hinsichtlich der Mindestversicherungssumme, sondern auch bezüglich der Maximierung der jährlichen Gesamtversicherungsleistung. Auch hier gilt grundsätzlich, dass das strengste Berufsrecht zur Anwendung kommt.[93]

Bei der Rechtsanwalts-PartGmbB können die Leistungen des Versicherers für alle innerhalb eines Versicherungsjahres verursachten Schäden auf den Betrag der Mindestversicherungssumme, vervielfacht mit der Zahl der Gesellschafter und der Geschäftsführer, die nicht Gesellschafter sind, begrenzt werden. Die Jahreshöchstleistung für alle in einem Versiche-

---

87 *Henssler* NZG 2017, 241 (245); *Riechert* AnwBl. 2014, 266; *Zimmermann* NJW 2014, 1142 (1146).
88 *Heckschen* AnwBl. Online 2018, 116 (119); *Henssler* NZG 2017, 241 (244); *Riechert* AnwBl. 2014, 266 (268); *Leuering* NZG 2013, 1001 (1003); BT-Drucks. 17/13944, S. 21; OLG Hamm, Beschl. v. 30.7.2015 – 27 W 70/15, BeckRS 2015, 18700.
89 BT-Drucks. 17/13944, S. 21; *Gladys* DStR 2013, 2416 (2417).
90 Bei der nicht anerkannten PartGmbB ist die Gesellschaft Trägerin der Berufshaftpflichtversicherung, aber nicht Trägerin des Berufs, sondern nur der jeweilige Steuerberater.
91 Bei der anerkannten PartGmbB ist die Gesellschaft Trägerin der Berufshaftpflichtversicherung, und Trägerin des Berufs.
92 BT-Drucks. 17/13944, S. 21; *Riechert* AnwBl. 2014, 266 (268); *Gladys* DStR 2013, 2416 (2417).
93 *Riechert* AnwBl. 2014, 266 (268).

B.3 Die Partnerschaftsgesellschaft mit beschränkter Berufshaftung

rungsjahr verursachten Schäden muss sich jedoch mindestens auf den vierfachen Betrag der Mindestversicherungssumme belaufen, § 59j Abs. 2 S. 2, 3 BRAO. Entsprechendes gilt für die Steuerberater-PartGmbB (§ 67 Abs. 2 StBerG) und der Patentanwalts-PartGmbB (§ 52j Abs. 2 S. 2, 3 PAO). Hiervon weicht die Regelung für Wirtschaftsprüfer erheblich ab: Eine Maximierung der Mindestversicherungssumme sehen hier § 54 Abs. 4, § 44b Abs. 4 WPO nicht vor. Der Grund hierfür liegt darin, dass andernfalls u.U. nicht die Mindestversicherungssumme für einen einzelnen Versicherungsfall in dem Umfang zur Verfügung stünde, wie es § 323 Abs. 2 S. 1 HGB vorsieht.

Wie eine Versicherungspolice für einen PartGmbB, in der Rechtsanwälte zusammen mit Wirtschaftsprüfern tätig sind, auszusehen aus, gibt das Gesetz nicht vor. Die Rechtslage ist durch die Rechtsprechung ebenfalls noch nicht geklärt:

Für zulässig wird erachtet, eine Mindestversicherungssumme von 2,5 Mio. EUR maximiert mit der Anzahl der Partner (jeder Berufsträger, gleich welcher Berufsgruppe und mindestens vierfach) zu vereinbaren, wobei 1 Mio. EUR unmaximiert, jedoch nur für die Tätigkeit als Wirtschaftsprüfer zur Verfügung steht.[94] Für die anderen Berufsträger würde dann die Unmaximierung nicht greifen.[95] Aus den Gesetzesmaterialien[96] zu § 54 Abs. 1 S. 2 WPO wird z.T. gefolgert, dass die unbeschränkte Maximierung nur bei Tätigkeiten des Wirtschaftsprüfers zum Zuge kommt.[97]

Vertreten wird in der Literatur z.T. aber auch, dass die Mindestversicherungssumme von 2,5 Mio. EUR unbegrenzt häufig zur Verfügung gestellt werden müsse, sobald ein Wirtschaftsprüfer gemeinsam mit einem Rechtsanwalt seinen Beruf in der PartGmbB ausübt.[98] Unerheblich soll dabei sein, ob seitens des in der Partnerschaft tätigen Wirtschaftsprüfers Prüfungsleistungen oder sonstige Nichtprüfungsleistungen erbracht werden.

Der sicherste Weg für eine PartGmbB dürfte derzeit sein, wenn nach dem Versicherungsvertrag die Mindestversicherungssumme von 2,5 Mio. EUE unbegrenzt häufig zur Verfügung gestellt wird – egal, ob es sich um einen Rechtsanwalts- oder um einen Wirtschaftsprüfer-Fehler handelt. Denn werden die Vorgaben hinsichtlich der Haftpflichtversicherung nicht eingehalten, laufen die Partner Gefahr, persönlich und akzessorisch zu haften.[99]

3. Wissentliche Pflichtverletzung

Gemäß § 51a Abs. 1 BRAO muss die Berufshaftpflichtversicherung einer PartGmbB die Haftpflichtgefahren für Vermögensschäden decken, die sich aus der Beratung und Vertre-

---

94 *Riechert* AnwBl. 2014, 266, (268f); *Gladys* DStR 2013, 2416 (2418).
95 *Riechert* AnwBl. 2014, 266, (269).
96 BT-Drucks. 18/6282, S. 77 fünfter Absz.
97 *Gladys* DStR 2013, 2416 (2418); *Riechert* AnwBl. 2014, 26 (269).
98 *Henssler/Michel* in: Henssler/Gehrlein/Holzinger, Handbuch der Beraterhaftung, 2017, Kapitel 8, Rn. 181; aA *Gladys* DStR 2013, 2416 (2418), der darauf abstellt, dass die Part mbB ohnehin nicht als Wirtschaftsprüfungsgesellschaft zugelassen werden könne.
99 *Gladys* DStR 2013, 2416 (2418).

B.3 Die Partnerschaftsgesellschaft mit beschränkter Berufshaftung

tung in Rechtsangelegenheit ergeben. § 51 Abs. 1 S. 2, Abs. 2, 3 Nr. 2 bis 5 und Abs. 5 bis 7 ist entsprechend anzuwenden. § 51 Abs. 3 Nr. 1 BRAO, der die Möglichkeit des Ausschlusses des Versicherungsschutzes für Ersatzansprüche wegen wissentlicher Pflichtverletzung regelt, wird bei diesem Verweis nicht für entsprechend anwendbar erklärt. Es bleibt aber dabei, dass der Versicherer leistungsfrei ist, wenn eine vorsätzliche Herbeiführung des Versicherungsfalls (§ 103 VVG) vorliegt. Anders als bei der sogenannten wissentlichen Pflichtverletzung ist hier aber auch ein Vorsatz auf den Handlungserfolg erforderlich.[100] Der Vorsatz im Sinne des § 103 VVG unterscheidet sich dergestalt von der Wissentlichkeit, dass hier ein Wissen und Wollen des rechtswidrigen Erfolges vorliegen muss; der Vorsatz muss sich daher auch auf die Schadenfolgen beziehen.[101]

Entsprechende Regelungen wie § 51 a Abs. 1 BRAO existieren für die Steuerberater- bzw. die Wirtschaftsprüfer-PartGmbB nicht. Ob die Möglichkeit des Ausschlusses des Versicherungsschutzes für Ersatzansprüche wegen wissentlicher Pflichtverletzung bei einer interprofessionellen PartGmbB nur bei der anwaltlichen Tätigkeit, nicht aber bei der steuerberatenden oder wirtschaftsprüfenden Tätigkeit nicht besteht, ist bislang nicht abschließend geklärt.[102]

V. Haftungsbeschränkung

1. Gesellschaftsrechtliche Haftungsbeschränkung

Um das Haftungskonzept der PartGmbB besser zu verstehen, muss man sich zunächst das Haftungsmodell, das innerhalb der einfachen PartG gilt, vergegenwärtigen:

a) Einfache PartG

Nach § 8 Abs. 1 PartGG haften den Gläubigern für die Verbindlichkeiten neben der PartG auch die Partner als Gesamtschuldner. Es gelten die §§ 129, 130 HGB entsprechend. Allerdings sieht die einfache PartG vor, dass die Haftung bei beruflichen Fehlern letztlich auf den sachbearbeitenden Partner begrenzt werden kann (sog. Handelndenhaftung). Nach § 8 Abs. 2 PartGG haften dann, wenn nur einzelne Partner mit der Bearbeitung eines Auftrags befasst waren, nur diese gemäß § 8 Abs. 1 PartGG für berufliche Fehler neben der Partnerschaft. Hiervon ausgenommen sind Bearbeitungsbeiträge von untergeordneter Bedeutung.

Partnerschaftsgesellschaften können wählen, ob sie es bei der Handelndenhaftung belassen möchten oder in die spezielle Rechtsform der PartGmbB wechseln möchten. Die einfache PartG mit ihrer Handelndenhaftung hat auch Vorteile: Sie hat sich bei gerade bei kleineren und mittelgroßen Partnerschaftsgesellschaften, bei denen Mandate mit starkem Perso-

---

100 Henssler AnwBl. 2014, 96 (100), Graf von Westphalen in: Meilike/Graf v. Westphalen/Hoffmann/Lenz/Wolf, 3. Aufl. 2015, PartGG § 8 Rn. 159.
101 Graf von Westphalen in: Meilike/Graf v. Westphalen/Hoffmann/Lenz/Wolf, 3. Aufl. 2015, PartGG § 8 Rn. 122.
102 Henssler NZG 2017, 241 (247); Riechert AnwBl. 2014, 266. 269; Gladys DStR 2013, 2416 (2419); ders. DStR 2016, 628, 629; Zimmermann NJW 2014, 1142 (1145).

B.3 Die Partnerschaftsgesellschaft mit beschränkter Berufshaftung

nenbezug zu einzelnen Partnern bestehen und die Tätigkeitsbereiche der Partner gut voneinander abgrenzbar sind, durchaus bewährt.[103] Auch der Gesetzgeber sieht gerade für diese Partnerschaften die bisherige PartG mit der Handelndenhaftung als angemessene Rechtsform an.

Gerade aber dann, wenn Partnerschaftsgesellschaften eine gewisse Größenordnung überschreiten und große, komplexe Aufträge von Teams bearbeiteten werden, stößt dieses Haftungsmodell der Handelndenhaftung auf eklatante Probleme. In dem Falle von Bildung von Teams zur Bearbeitung eines komplexen Mandats erscheint die Benennung einer handelnden Person im Sinne des § 8 Abs. 2 PartGG künstlich, wenn in die Bearbeitung eines Auftrages Arbeitsbeiträge von verschiedenen Partner mit verschiedenen Spezialisierungen oder aus unterschiedlichen freien Berufen einfließen. Denn diese Partner können im Zweifel die Arbeitsbeiträge der anderen weder inhaltlich und dem Umfang nach vollständig überblicken und verantworten. Dann verliert die Haftungsbeschränkung in Form der Handelndenhaftung an Rechtssicherheit.

Es kommt noch aber ein weiteres, erhebliches Problem infolge der Rechtsprechung des BGH hinzu:

Trotz der vordergründig bestehenden Privilegierung durch die Rechtsform der PartG bestehen erhebliche Haftungsrisiken für denjenigen Rechtsanwalt, der in die Bearbeitung des Mandates mit einbezogen ist. Ist ein Partner mit der Bearbeitung eines Auftrages befasst, so kann er nämlich auch für vor seinem Eintritt in die Partnerschaftsgesellschaft begangene berufliche Fehler eines anderen mit dem Auftrag befassten Partners haften und zwar selbst dann, wenn er die Fehler seinerzeit gar nicht mehr hätte korrigieren können.[104] Dies mag zwar mit dem Sinn der Haftungskonzentration im Widerspruch zu stehen, ist jedoch von Gesetzeswortlaut noch gedeckt.[105]

b) PartGmbB

Der entscheidende Unterschiede zwischen der einfachen PartG und der PartGmbB liegt in der Haftung: Während bei der einfachen PartG eine persönliche Haftung des sachbearbeitenden Partners mit seinem gesamten persönlichen Vermögen besteht, bleibt bei der PartGmbB das private Vermögen des Partners gänzlich unberührt. Gemäß § 8 Abs. 3 PartGG kann durch Gesetz für vereinzelte Berufe eine Beschränkung der Haftung für Ansprüche aus Schäden wegen fehlerhafter Berufsausübung auf einen bestimmten Höchstbetrag zugelassen werden, wenn zugleich eine Pflicht zum Abschluss einer Berufshaftpflichtversicherung der Partner oder der Partnerschaft begründet wird. Von dieser Möglichkeit hat der Gesetzgeber für Rechtsanwälte durch § 51 a Abs. 2 BRAO Gebrauch gemacht.

---

103 BT-Drucks. 17/10487, S. 13.
104 BGH, Urt. v. 19.11.2009 – IX ZR 12/09, NJW 2010, 1360.
105 *Römermann* NZG 2012, 601 (602).

B.3 Die Partnerschaftsgesellschaft mit beschränkter Berufshaftung

Nach § 8 Abs. 4 S. 1 PartGG haftet für Verbindlichkeiten der Partnerschaft aus Schäden wegen fehlerhafter Berufsausübung den Gläubigern das Gesellschaftsvermögen, wenn die Partnerschaft eine zu diesem Zwecke durch Gesetz vorgegebene Berufshaftpflichtversicherung unterhält. Unter folgenden zwei Voraussetzungen ist die Haftung auf das Gesellschaftsvermögen also beschränkt:

Zum einen muss die PartGmbB eine entsprechende Berufshaftpflichtversicherung unterhalten. Diese spezielle Berufshaftpflichtversicherung bewirkt, dass die PartGmbB letztlich ein Mittelding („Hybrid") zwischen einer Personen- und Kapitalgesellschaft ist.[106] Sie ist ein Ausgleich dafür, dass für die PartGmbB keine Kapitalerhaltungsvorschriften wie §§ 30, 31 GmbHG gelten.[107] Sofern der Schaden, der infolge fehlerhafter Berufsausübung entstanden ist, die notwendige Versicherungssumme übersteigt, bleibt es nach wie vor bei der gesetzlich vorgeschriebenen Haftungsbeschränkung. Hinsichtlich des Differenzbetrages zwischen dem Schaden und der Versicherungssumme lebt die persönliche Haftung der Gesellschafter nicht wieder auf.[108] Der Differenzbetrag kann nur dann gegen einen der Partner persönlich geltend gemacht werden, wenn hierfür eine deliktsrechtliche Anspruchsgrundlage in Betracht kommt.[109] Im Übrigen kommt es für die wirksame Haftungsbeschränkung ausschließlich auf das Bestehen der Versicherung an, nicht aber darauf, ob im konkreten Schadenfall tatsächlich Deckung besteht.[110] Besteht aber kein Versicherungsschutz, weil unzulässigerweise nur eine niedrigere als die gesetzliche vorgeschriebene Mindestversicherungssumme oder ein unzulässiger Leistungsausschluss vereinbart wurde, führt dies zur persönlichen Haftung der Partner.[111]

Zum anderen ist die Haftung auf das Gesellschaftsvermögen nur für Schäden wegen fehlerhafter Berufsausübung beschränkt. Hierunter fallen auch Schadensersatzansprüche aufgrund vor- und nachvertraglicher Pflichtverletzungen mit Mandatsbezug sowie Ansprüche aus Vertrag mit Schutzwirkung zugunsten Dritter.[112] Keine Beschränkung auf das Gesellschaftsvermögen besteht bei Verbindlichkeiten, die die Partner im eigenen Namen – z.B. eigene persönliche Mandate – eingehen, oder deliktische Ansprüche, die sich gegen die handelnden Partner richtet.[113] Gleiches gilt, wenn der geltend gemachte Anspruch nicht auf beruflicher, sondern privater Tätigkeit beruht. Ebenso fallen Ansprüche aus Miet- oder Arbeitsverträgen oder sonstigen Rechtsgeschäften nicht unter die Haftungsbeschränkung.[114]

---

106 *Heckschen* AnwBl. Online 2018, 116 (118); *Römermann* NJW 2013, 2305 (2308).
107 *Heckschen* AnwBl. Online 2018, 116 (118); *Römermann* NJW 2013, 2305 (2308).
108 *Ulmer* AnwBl. 2014, 806 (807); *Leuering* NZG 2013, 1001 (1003); *Heckschen* AnwBl. Online 2018, 116 (118); *Wälzholz* DStR 2013, 2637 (2638).
109 *Posegga* DStR 2012, 611 (613).
110 *Grunewald* GWR 2013, 393; *Römermann* NJW 2013, 2305 (2309); *Zöbeley* RNotZ 2017, 341 (342); *Ulmer* AnwBl. 2014, 806 (808); *Schäfer* in: MüKo, 7. Aufl. 2017, PartGG § 3 Rn. 43; *Heckschen* AnwBl. Online 2018, 116 (118); RegE v. 2.5.2012 zur PartGmbB 2012, S. 16.
111 *Ulmer* AnwBl. 2014, 806 (808); BT-Drucks. 17/10487, S. 15.
112 *Lieder* NotBZ 2014, 81 (83).
113 *Korch* NZG 2015, 1425 (1426); *Ulmer* AnwBl. 2014, 806 (808); *Heckschen* AnwBl. Online 2018, 116 (118); *Lieder* NotBZ 2014, 81 (83); *Graf von Westphalen* in: Meilike/Graf v. Westphalen/Hoffmann/Lenz/Wolf, 3. Aufl. 2015, PartGG § 8 Rn. 105; *Henssler* NZG 2017, 241 (244).
114 *Ulmer* AnwBl. 2014, 806 (807); *Heckschen* AnwBl. Online 2018, 116 (117); *Schumacher* NZG 2015, 379 (380).

B.3 Die Partnerschaftsgesellschaft mit beschränkter Berufshaftung

Man spricht insoweit von der „partiellen" Haftungsbeschränkung als einer Besonderheit gegenüber den Haftungsbeschränkungen durch die LLP, GmbH oder AG.[115]

Eine parallele Haftung von PartGmbB und einem Partner kommt nur in Betracht, wenn der Partner deliktisch haftet und dieses deliktische Handeln auch der PartGmbB über § 31 BGB zugerechnet werden kann.[116] Dies setzt voraus, dass dieses deliktische Handeln im Rahmen der Berufsausübung und nicht nur bei deren Gelegenheit erfolgt.[117] Der Höhe nach ist die persönliche, deliktische Haftung des Partners nicht – insbesondere nicht durch § 8 Abs. 4 PartGG – beschränkt.[118]

2. Vertragliche Haftungsbeschränkungen

Der PartGmbB bleibt es unbenommen, auch eine vertragliche Begrenzung der Haftung mit dem Mandanten zu vereinbaren. Nach § 52 Abs. 1 BRAO kann der Anspruch des Auftraggebers aus dem zwischen ihm und dem Rechtsanwalt bestehenden Vertragsverhältnis auf Ersatz eines fahrlässig verursachten Schadens beschränkt werden durch schriftliche Vereinbarung im Einzelfall bis zur Höhe der Mindestversicherungssumme, sowie durch vorformulierte Vertragsbedingungen für Fälle einfacher Fahrlässigkeit auf den vierfachen Betrag der Mindestversicherungssumme, wenn insoweit Versicherungsschutz besteht. Diese Vorgaben gelten entsprechend auch für Berufsausübungsgemeinschaften. § 52 BRAO schafft damit eine Wechselwirkung zwischen der Berufshaftpflichtversicherung und der vertraglichen Haftungsbeschränkung. Unerheblich ist dabei aber, ob die Versicherung im konkreten Haftungsfall auch eintrittspflichtig, die Deckungssumme überschritten oder aber die Jahreshöchstleistung bereits erreicht ist.[119]

Die Haftung auf Ersatz eines fahrlässig verursachten Schadens kann bei der PartGmbB durch Individualvereinbarung auf 2,5 Mio. EUR und durch vorformulierte Vertragsbedingungen für Fälle einfacher Fahrlässigkeit auf 10 Mio. EUR beschränkt werden.

Bei interprofessionell tätigen PartGmbB sind die jeweiligen berufsrechtlichen Bestimmungen zu beachten. Bei vorformulierten Vertragsbedingungen ergeben sich indes keine Änderungen, weil die Haftungsbeschränkung auf 10 Mio. EUR über dasjenige hinausgeht, was für Wirtschaftsprüfer und Steuerberater vorgesehen ist.

Sofern eine PartGmbB aus einer GbR oder einfachen PartG entstanden ist, sollte kontrolliert werden, ob die individualvertraglichen bzw. vorformulierten Haftungsbegrenzungsvereinbarungen im Rahmen der weiteren Tätigkeit im Rahmen der PartGmbB noch ihre Wirk-

---

115 *Heckschen* AnwBl. Online 2018, 116 (117); *Lieder* NotBZ 2014, 81, 82; *Leitzen* DNotZ 2013, 596 (598); *Schumacher* NZG 2015, 379; *Korch* NZG 2015, 1425; *von Klitzing/Seiffert* ZIP 2015, 2401.
116 *Schäfer* in: MüKo, 7. Aufl. 2017, PartGG § 8 Rn. 48; *Hirtz* in: Henssler/Strohn, Gesellschaftsrecht, 3. Aufl. 2016, PartGG § 8 Rn. 33.
117 *Korch* NZG 2015, 1425 (1426); *Schumacher* NZG 2015, 379 (382).
118 *Korch* NZG 2015, 1425 (1426); *Graf von Westphalen* in: Meilike/Graf v. Westphalen/Hoffmann/Lenz/Wolf, 3. Aufl. 2015, PartGG § 8 Rn. 106; *Ruppert* DStR 2013, 1623 (1625); *Lieder* NotBZ 2014, 81 (83.).
119 *Lieder* NotBZ 2014, 81 (87).

B.3 DIE PARTNERSCHAFTSGESELLSCHAFT MIT BESCHRÄNKTER BERUFSHAFTUNG

samkeit haben. Denn unklar ist, auf welchen Zeitpunkt und welche Rechtslage für die Beurteilung einer Haftungsbeschränkungsvereinbarung abzustellen ist, wenn es zu einem Haftungsfall kommt.[120] Gegebenenfalls sollten diese Vereinbarungen neu getroffen werden.[121]

3. Problem: Altmandate

Bei Mandaten, die noch vor der „Umwandlung" der bisherigen GbR oder PartG begründet wurden, stellt sich die Frage, ob das neue Haftungsregime auch für diese Mandate Anwendung findet. Darüber hinaus kann sich die Frage stellen, wie ein neu eintretender Partner in die PartGmbB wegen Schadensersatzansprüchen aus Altmandaten haftet.

a) Haftung des bisherigen Partners

Rechtsprechung hierzu existiert nicht. Zwei Positionen werden hierzu vertreten:

Die eine Ansicht knüpft an den Zeitpunkt der Begründung des Mandatsverhältnisses an: Bestand das Mandatsverhältnis bereits zum Zeitpunkt der Gründung oder „Umwandlung" in eine PartGmbB, so soll hiernach die gesellschaftsvertragliche Haftungsbeschränkung zukünftig nur dann für diese Mandanten gelten, wenn sie über den Wechsel informiert worden sind und in die Haftungsbeschränkung für berufliche Fehler eingewilligt haben.[122] Maßgeblich ist insoweit also der Zeitpunkt des Vertragsschlusses. Sofern eine solche Einwilligung nicht vorliegt, gilt dasjenige alte Haftungsregime, unter dem das Mandat begründet wurde, fort.[123] Denn bei der „Umwandlung" der GbR bzw. PartG in die PartGmbB liegt nicht eine andere Rechtsform, sondern nur eine neue Organisationsform vor.[124]

Nach anderer Auffassung ist an den Zeitpunkt der Pflichtverletzung (sogenannte „versicherungsrechtliche Lösung") anzuknüpfen. Begründet wird dies damit, dass der Mandant bei der PartGmbB tendenziell einen höheren Gläubigerschutz genießt.[125]

Sofern Haftungsansprüche bereits entstanden sind, bevor die PartGmbB gegründet wurde, greift die Haftungsbeschränkung nach § 8 Abs. 4 PartGG nicht.[126] Versicherungsschutz be-

---

120   Siehe hierzu *Sommer/Treptow* NJW 2013, 3269 (3273); *Ulmer* AnwBl. 2014, 806 (813).
121   *Wollweber* DStR 2014, 1926 (1931); *Zimmermann* NJW 2014, 1142 (1146); *Sommer/Treptow* NJW 2013, 3269 (3274).
122   *Heckschen* AnwBl. Online 2018, 116 (121); *Riechert* AnwBl. 2014, 266; *Sommer* NJW 2011, 1551 (1553); vgl. *Wollweber* DStR 2014, 1926 (1929); *Wälzholz* DStR 2013, 2637 (2640).
123   *Sommer/Treptow* NJW 2013, 3269 (3272); *Heckschen* AnwBl. Online 2018, 116 (121); *Riechert* AnwBl. 2014, 266 (267); *Gladys* DStR 2013, 2418; *Zöbeley*, RNotZ 2017, 341 (347); *Graf von Westphalen* in: Meilike/Graf v. Westphalen/Hoffmann/Lenz/Wolf, 3. Aufl. 2015, PartGG § 8 Rn. 161, der auf den Zeitpunkt der Pflichtverletzung abstellt (versicherungsrechtliche Lösung): Eine Pflichtverletzung vor der Gründung der PartGmbB führt zur persönlichen Haftung; bei einer Pflichtverletzung nach Gründung der PartGmbB greift § 8 Abs. 4 PartGG; ebenso *Hirtz* in: Henssler/Strohn, Gesellschaftsrecht, 3. Aufl. 2016, PartGG § 8 Rn. 42.
124   *Riechert* AnwBl. 2014, 266 (267).
125   *Henssler* AnwBl. 2014, 96 (99); *Graf von Westphalen* in: Meilike/Graf v. Westphalen/Hoffmann/Lenz/Wolf, 3. Aufl. 2015, PartGG § 8 Rn. 161.
126   *Riechert* AnwBl. 2014, 266 (267); *Ulmer* AnwBl. 2014, 806 (811); *Sommer/Treptow* NJW 2013, 3269 (3272); *Wälzholz* DStR 2013, 2637 (2640).

B.3 Die Partnerschaftsgesellschaft mit beschränkter Berufshaftung

steht dann nicht über den Vertrag der PartGmbB, sondern über den Vertrag der vorherigen GbR oder PartG bzw. des jeweiligen Rechtsanwalts.

b) Haftung eines neueintretenden Partners

Für einen neu in die PartGmbB eintretenden Partner gilt hinsichtlich der Altmandate nichts anderes als für die bisherigen Partner der PartGmbB:[127] Der neu in die PartGmbB eintretende Partner ist ein Partner, für den die § 8 Abs. 1 S. 2 PartGG i.V.m. §§ 128, 130 HGB gelten.

Gilt für das Mandat noch das alte Haftungsregime, kann sich der neu eintretende Partner gegebenenfalls auf die Haftungskonzentration nach § 8 Abs. 2 PartGG (Handelndenhaftung) berufen, sofern er nicht mit dem Auftrag befasst war. Nichts anderes dürfte gelten, wenn die Partnerschaft aus einer „umgewandelten" GbR entstanden ist.[128] Rechtsprechung hierzu existiert bislang aber noch nicht.

4. Innenregress

Tritt ein Haftungsfall wegen fehlerhafter Ausübung der beruflichen Tätigkeit ein, so haftet allein die PartGmbB. Eine gesamtschuldnerische Haftung zwischen den Partnern und PartGmbB besteht nicht.

Damit ist indes das Haftungsrisiko für einen Partner, dem ein Fehler bei seiner beruflichen Tätigkeit vorgeworfen werden kann, nicht gänzlich ausgeräumt: Die Rechtsform der PartGmbB schützt nämlich nicht vor einem möglichen Innenregress.[129] Im Innenverhältnis – also im Verhältnis zur PartGmbB selbst und den übrigen Partnern – kann sich der betreffende Partner nach wie vor schadensersatzpflichtig machen, wenn z.B. seine fehlerhafte berufliche Tätigkeit gleichzeitig einen Pflichtenverstoß aus dem Gesellschaftsvertrag darstellt und die Versicherungssumme den Schaden nicht vollständig abdeckt bzw. wenn die Versicherung keinen Deckungsschutz zu gewähren hat.[130] Für diesen Innenregress gilt zwar der reduzierte Haftungsmaßstab des § 708 BGB.[131] Allerdings stellt jeder Verstoß, der zu einer Schadensersatzpflicht nach § 8 Abs. 4 PartGG gegenüber dem Mandanten führt, wohl auch einen Pflichtenverstoß auch im Innenverhältnis dar.[132] Es liegt mithin ein Gleichklang von Innen- und Außenhaftung vor.[133] Von der Rechtsprechung bislang nicht geklärt ist, ob

---

127 *Riechert* AnwBl. 2014, 266 (267); *Sommer* NJW 2011, 1551 (1553); vgl. *Gladys* DStR 2013, 2418.
128 *Sommer* NJW 2011, 1551 (1553), der die neu eintretenden Partner jedoch die Haftungskonzentration des § 8 Abs. 2 PartGG zubilligt, wenn die entsprechende Verbindlichkeit noch unter dem Haftungsregime der GbR begründet worden ist.
129 *Römermann* NJW 2013, 2305 (2308).
130 *Heckschen* AnwBl. Online 2018, 116 (118); *Lieder* NotBZ 2014, 81 (83); *Wälzholz* DStR 2013, 2637 (2638); vertiefend *Wertenbruch* NZG 2013, 1006.
131 *Wertenbruch* NZG 2013, 1006 (1007); *Henssler* AnwBl. 2014, 96 (102); *Graf von Westphalen* in: Meilike/Graf v. Westphalen/Hoffmann/Lenz/Wolf, 3. Aufl. 2015, PartGG § 8 Rn. 149.
132 *Graf von Westphalen* in: Meilike/Graf v. Westphalen/Hoffmann/Lenz/Wolf, 3. Aufl. 2015, PartGG § 8 Rn. 150; konkludente Abbedingung von § 708 BGB: *Wertenbruch* NZG 2013, 1006 (1007); *Henssler* AnwBl. 2014, 96 (102).
133 *Graf von Westphalen* in: Meilike/Graf v. Westphalen/Hoffmann/Lenz/Wolf, 3. Aufl. 2015, PartGG § 8 Rn. 151; aA *Lieder* NotBZ 2014, 81 (84).

B.3 Die Partnerschaftsgesellschaft mit beschränkter Berufshaftung

im Fall der Innenhaftung die eigene, persönliche Berufshaftpflichtversicherung des jeweiligen Partners wieder eingreift.[134] Dies dürfte allerdings nicht der Fall sein.

Von der Bundesrechtsanwaltskammer wird hier empfohlen, die Haftung für Fahrlässigkeit im Gesellschaftsvertrag auszuschließen, um insbesondere auf diese Weise Regressansprüche und deren Pfändung durch Dritte, insbesondere durch den geschädigten Mandanten, zu vermeiden.[135] Ein Ausschluss wegen Haftung für Vorsatz kann jedoch selbstverständlich nicht vereinbart werden, § 276 Abs. 3 BGB.[136]

Im Übrigen können auch Verlustausgleichs- und Nachschussansprüche aus §§ 735, 739 BGB von Gesellschaftsgläubigern gemäß § 829 ZPO gepfändet und sich zur Einziehung gemäß § 835 ZPO überwiesen werden.[137] Diese Nachschusspflicht nach § 735 BGB besteht, wenn das Gesellschaftsvermögen zur Berichtigung der Verbindlichkeiten und zur Erstattung der Einlagen nicht mehr ausreicht.[138]

Zwar wird vertreten, dass die Nachschusspflichten durch die Wahl der PartGmbB konkludent abbedungen werden, sofern der Fehlbetrag auf einer Haftung wegen fahrlässiger fehlerhafter Berufsausübung beruht, da andernfalls die gesetzgeberische Intention des § 8 Abs. 4 PartGG wieder konterkariert wird.[139] An einen konkludenten Ausschluss der Möglichkeit des Innenregresses werden insoweit keine allzu hohen Anforderungen gestellt. Da dies jedoch durch die Rechtsprechung noch nicht geklärt ist, ist es ratsam, die Nachschlusspflicht und die Verlustausgleichspflicht im Partnerschaftsvertrag ausdrücklich auszuschließen, jedenfalls dann, wenn sie auf Berufsfehlern beruht.[140]

5. Scheinpartner

Das Vorliegen eines Scheinpartners kann zu Problemen führen:

Eine Scheingesellschaft ist gegeben, wenn die Beteiligten den Eindruck erwecken, sie wären durch ein Gesellschaftsverhältnis verbunden, obwohl dies aufgrund der Vereinbarung im Innenverhältnis nicht der Fall ist.[141] Im Fall der PartGmbB wird von einem solchen Scheinpartner auszugehen sein, wenn beispielsweise ein angestellter Rechtsanwalt im Außenverhältnis nicht wie ein Angestellter, sondern wie ein Partner auftritt. In einem solchen Falle soll

---

134 Vgl. *von Klitzing/Seiffert* ZIP 2015, 2401 (2408).
135 Hinweis der BRAK im Schreiben vom 8.7.2014; vgl. *Heckschen* AnwBl. Online 2018, 116 (118); *Römermann* NZG 2012, 601 (604); *Wollweber*, DStR 2014, 1926; *Wälzholz* DStR 2013, 2637 (2639); aA konkludenter Ausschluss von Nachschussansprüchen *Lieder* NotBZ 2014, 81 (84.).
136 *Wollweber*, DStR 2014, 1926; *Hensslar* AnwBl. 2014, 96 (103); *Zöbeley* RNotZ 2017, 341 (353).
137 *Zimmermann* NJW 2014, 1142 (1145); *Graf von Westphalen* in: Meilike/Graf v. Westphalen/Hoffmann/Lenz/Wolf, 3. Aufl. 2015, PartGG § 8 Rn. 143; *Korch* NZG 2015, 1425 (1428); *Zöbeley* RNotZ 2017, 341 (353); *Wollweber*, DStR 2014, 1926; *Wertenbruch* NZG 2013, 1006; *Lieder* NotBZ 2014, 81 (84).
138 *Graf von Westphalen* in: Meilike/Graf v. Westphalen/Hoffmann/Lenz/Wolf, 3. Aufl. 2015, PartGG § 8 Rn. 153.
139 *Wertenbruch* NZG 2013, 1006 (1007); *Lieder* NotBZ 2014, 81 (84); *Hensslar* AnwBl. 2014, 96 (101); *Graf von Westphalen* in: Meilike/Graf v. Westphalen/Hoffmann/Lenz/Wolf, 3. Aufl. 2015, PartGG § 8 Rn. 154; *Korch* NZG 2015, 1425 (1428).
140 *Zöbeley* RNotZ 2017, 341 (354); *Korch* NZG 2015, 1425 (1428); *Wälzholz* DStR 2013, 2637 (2639); *Wertenbruch* NZG 2013, 1006 (1007); *Lieder* NotBZ 2014, 81 (84).
141 *Freund* NZG 2017, 1001.

B.3 Die Partnerschaftsgesellschaft mit beschränkter Berufshaftung

der „Scheinpartner" – so das OLG München – neben der Partnerschaft nach den Grundsätzen der Rechtsscheinhaftung haften.[142]

Die Scheinpartnerschaft unterscheidet sich von der Scheinsozietät im Rahmen einer GbR wesentlich durch die Registerpublizität des Partnerschaftsregisters.[143] Der Partnerschaftsvertrag wird bei der Anmeldung der Gesellschaft zum Partnerschaftsregister nicht vom Registergericht geprüft. Er wird dort nicht vorgelegt.[144] Insoweit erfolgt in der Regel auch keine Prüfung durch das Registergericht.

Die Nichteintragung eines Scheinpartners im Partnerschaftsregister hat nicht zur Folge, dass die Partnerschaftsgesellschaft im Außenverhältnis nicht entsteht; denn § 7 Abs. 1 PartGG stellt auf die Partner ab, die auch im Innenverhältnis die Stellung eines Partners innehaben sollen.[145] Allerdings stellt sich das Problem, inwieweit das Vorliegen eines Scheinpartners Auswirkung auf die Haftungsbeschränkung gemäß § 8 Abs. 4 PartGG hat. Bei Vorliegen einer einfachen Partnerschaft – also ohne „mbB" – ist anerkannt, dass auch einem Scheinpartner die Haftungskonzentration gemäß § 8 Abs. 2 PartGG zugutekommt.[146] Das wesentliche Problem bei der PartGmbB rührt aus § 51a Abs. 2 S. 2 BRAO:

Denn danach können die Leistungen des Versicherers für alle innerhalb eines Versicherungsjahres verursachten Schäden auf den Betrag der Mindestversicherungssumme, vervielfacht mit der Zahl der Partner, begrenzt werden. Wenn aber bei Abschluss der Pflichtversicherung für die PartGmbB der Scheinpartner als mit zu berechnenden Partner nicht angegeben wurde, hat dies zur Folge, dass die Haftpflichtversicherung nicht den gesetzlichen Vorschriften entspricht und somit das Haftungsprivileg der PartGmbB entfällt.[147] Es bleibt dann bei der gesamtschuldnerischen Haftung nach § 8 Abs. 1 PartGG.[148]

Um das Risiko des Verlustes der Haftungsbeschränkung nach § 8 Abs. 4 PartGG zu vermeiden, sollte tunlichst darauf geachtet werden, nicht den Rechtsschein eines Partners zu erwecken, der im Innenverhältnis keiner ist und dem Versicherer nicht im Rahmen der Police für die PartmbB angegeben wurde.[149] Sofern der Scheinpartner nicht bei der Versicherung berücksichtigt wurde und es aus diesem Grunde zu seiner Haftung kommt, so hat der persönlich in Anspruch genommene Scheinpartner gemäß §§ 241 Abs. 2, 280 BGB einen Freistellungsanspruch gegenüber den Partnern der PartGmbB.[150]

---

142 OLG München, Urt. v. 18.1.2001 – 29 U 2962/00, NJW-RR 2001, 1358.
143 *Freund* NZG 2017, 1001 (1003).
144 *Freund* NZG 2017, 1001 (1004).
145 *Freund* NZG 2017, 1001 (1004).
146 *Freund* NZG 2017, 1001 (1004); *Hirtz* in: Henssler/Strohn, Gesellschaftsrecht, 3. Aufl. 2016, PartGG § 8 Rn. 12; *Sommer/Treptow/Friemel*, NZG 2012, 1249 (1251, 1252), insbesondere auch zu den Freistellungs- und Regressansprüchen des Scheinpartners gegen die Partnerschaft und den sich daraus ergebenden Gefahren für eine Aushebelung des gesamten Haftungskonzepts nach Maßgabe des § 8 Abs. 2 PartGG.
147 *Graf von Westphalen* in: Meilike/Graf v. Westphalen/Hoffmann/Lenz/Wolf, 3. Aufl. 2015, PartGG § 8 Rn. 109, 118; *Heckschen* AnwBl. Online 2018, 116 (119); *Zöbeley* RNotZ 2017, 341 (351); *Zimmermann* 2014, 1142 (1143); *Riechert* AnwBl. 2014, 266 (267).
148 *Graf von Westphalen* in: Meilike/Graf v. Westphalen/Hoffmann/Lenz/Wolf, 3. Aufl. 2015, PartGG § 8 Rn. 109, 118.
149 *Freund* NZG 2017, 1001 (1006).
150 *Graf von Westphalen* in: Meilike/Graf v. Westphalen/Hoffmann/Lenz/Wolf, 3. Aufl. 2015, PartGG § 8 Rn. 110.

B.3 DIE PARTNERSCHAFTSGESELLSCHAFT MIT BESCHRÄNKTER BERUFSHAFTUNG

6. Insolvenzantragspflicht

Nach § 8 Abs. 4 PartGG besteht eine Haftungsbeschränkung nur für die Schäden aus der Berufsausübung. Nicht erfasst von der Haftungsbeschränkung sind alle anderen Verbindlichkeiten der Gesellschaft, insbesondere aus Miet- oder Arbeitsverträgen. Wegen der insoweit unbeschränkten persönlichen Haftung der Partner besteht für die PartGmbB keine Insolvenzantragspflicht nach § 15a Abs. 1 S. 2 InsO.[151]

---

[151] BT-Drucks. 17/10487, S. 14; *Graf von Westphalen* in: Meilike/Graf v. Westphalen/Hoffmann/Lenz/Wolf, 3. Aufl. 2015, PartGG § 8 Rn. 148a; *Leuering* NZG 2013, 1001 (1004); *Heckschen* AnwBl. Online 2018, 116 (120); *Römermann* NZG 2012, 60, 608; *Wälzholz* DStR 2013, 2637 (2638); *Leuering* NZG 2013, 1001 (1004); *Römermann/Praß* NZG 2012, 601 (608); aA *Lieder* NotBZ 2014, 81 (87); *Klose* GmbHR 2013, 1191.

B.4 Kanzleifusionen – Worüber es sich lohnt, nachzudenken

RUPPRECHT GRAF V. PFEIL, MÜNCHEN • VENTURIS CONSUTLING GROUP

I. Kanzleifusion

Es ist keine Neuigkeit, dass sich der juristische Markt konsolidiert. Da liegt es nahe, über ein Zusammengehen mit einer anderen Sozietät nachzudenken. Allerdings ist eine Fusion keine Strategie in sich selbst, sondern ist eine Umsetzungsmaßnahme innerhalb einer Strategie. Dies wird oft außer Acht gelassen.

Dieses Kapitel stellt Ihnen einen Rahmen zur Verfügung, um zu entscheiden, ob der Zusammenschluss mit einem bestimmten Fusionskandidaten im Rahmen einer definierten Strategie für Ihre Kanzlei der nächste angemessene Entwicklungsschritt sein kann. Dazu

- erfahren Sie zunächst die Gründe, derenthalben eine Fusion sinnvoll ist;
- lernen Sie einen Rahmen kennen, um die vorhandenen Geschäftsmodelle zu vergleichen und festzustellen, wie gut sie zusammenpassen, bzw. wie komplementär sie sind. Auf dieser Grundlage können Sie anschließend ggf. das gemeinsame Geschäftsmodell entwickeln;
- lesen Sie einige Überlegungen zu Profit Distribution und Contribution Management im Fusionskontext;
- finden Sie einige Gedanken zum notwendiger Weise abzuschließenden neuen Partnerschaftsvertrag.

Dies sind vier Prüfsteine, ob eine Fusion für Ihre Kanzlei der richtige Schritt ist. Denn letztlich handelt es sich hier um eine unternehmerische Hochrisiko-Entscheidung, deren Ausgang niemand mit Sicherheit voraussagen kann. Wir schlagen Ihnen vor, diese Prüfsteine in der hier vorgenommenen Reihenfolge zu durchlaufen.

1. Wann ist eine Fusion sinnvoll?

Für eine Fusion gibt es sinnvolle und falsche Gründe:

Sinnvoll ist eine Fusion ausschließlich, wenn beide Einheiten die gleiche Positionierung anstreben, deren Elemente in der nachfolgenden Grafik dargestellt sind, und die damit verbundene Organisationsstruktur aufbauen können.

B.4 Kanzleifusionen – Worüber es sich lohnt, nachzudenken

- Kern-Mandanten
- Wettbewerber
- Mandatstypen
- Strategische Positionierung
- Entscheidungsfindung & Management
- Mehrwert
- Wettbewerbsfähigkeit
- Geographische Basis

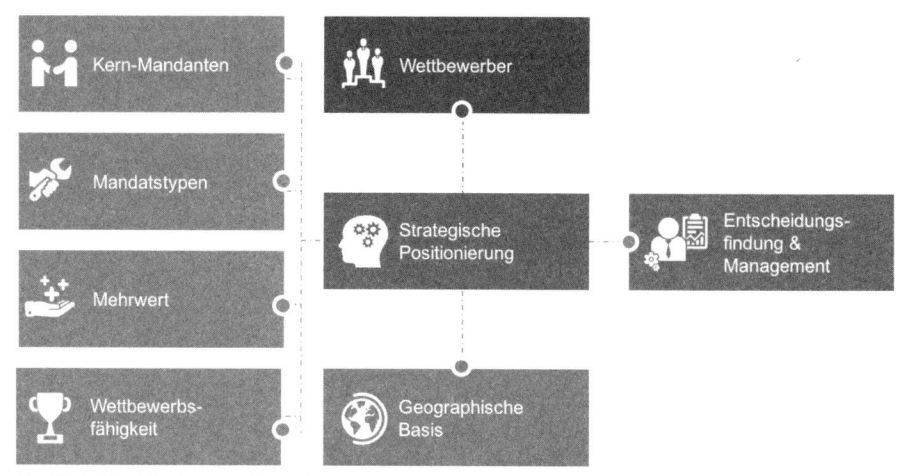

Grafik 1: Positionierung der zukünftigen Kanzlei

Die Positionierung ist idealiter Ergebnis eines vorgelagerten Strategieprozesses, denn die Fusion verstehen wir wie oben schon gesagt als eine Umsetzungsoption der Strategie. Sollten Sie eine Fusion planen, ohne einen vorgelagerten Strategieprozess durchgeführt zu haben, raten wir Ihnen dringend, einen solchen nachzuholen oder zumindest die aktuelle Positionierung Ihrer Kanzlei zu erarbeiten, bevor Sie konkrete Fusionsgespräche führen. Ansonsten besteht die Gefahr, dass Sie sich auf den Weg machen ohne zu wissen, wo Sie ankommen wollen.

Auf dieser Basis erlaubt die Diskussion zu den aktuellen und der angestrebten, gemeinsamen Positionierung es, ein besseres Verständnis übereinander und die jeweiligen unternehmerischen Ziele zu erhalten. Wir raten an, dass die unternehmerischen Ambitionen der Partner ebenfalls systematisch besprochen werden – ggf. auf Basis von Interviews oder anderen Wegen der Datenerhebung.

B.4 Kanzleifusionen – Worüber es sich lohnt, nachzudenken

Elemente der Positionierung	
Kern-Mandanten	▪ Welchen Kern-Mandanten wollen Sie ansprechen? *Vergleichen Sie die bisherigen Zielgruppen und denken sie darüber nach, ob diese Zielgruppen kompatibel sind, d.h. sie durch eine Fusion Ihren Markt vergrößern (horizontal/vertikal). Es ist nicht empfehlenswert, mehrere Zielgruppen und Typen von Kern-Mandanten, die nichts miteinander zu tun haben, bedienen zu wollen, weil Sie sich sonst in den folgenden Parametern zwangsläufig verzetteln werden.*
Mandatstypus	▪ Welche Fragestellungen wollen Sie hauptsächlich beraten? *Stellen Sie fest, für welche Dienstleistung die beiden Einheiten heute stehen und in Zukunft stehen soll. Aus unserem Rat, eine möglichst weitgehend gemeinsame Kern-Mandantschaft zu definieren, ergibt sich, dass Sie sich auf bestimmte Mandatstypen vereinbaren sollten.*
Mehrwert	▪ Was machen Sie heute jeder für sich und morgen gemeinsam besser als Ihre Wettbewerber? *Diese Frage ist zentral. Die Antwort kann in der Art der Dienstleistung, in der Vorgehensweise im Beratungsprozess, in internen Abläufen, speziellen Fähigkeiten, etc. liegen. Sie kann offensichtlich oder eher versteckt (und dennoch einen massiven Einfluss auf das Ergebnis haben) sein. Gerade aus dem Zusammengehen zweier Einheiten können sich neue Unterscheidungsmerkmale zum Wettbewerb ergeben.*
Wettbewerbsfähigkeit	▪ Können Sie in allen Abläufen mit Ihren Wettbewerbern mithalten? *Fusionen können zu neuen organisationalen Fähigkeiten führen, die nicht nur ein „ja" als Antwort auf die obige Frage ermöglichen, sondern im Idealfall einen Vorsprung.*

B.4 Kanzleifusionen – Worüber es sich lohnt, nachzudenken

Elemente der Positionierung	
Wettbewerber	▪ Wer sind Ihre Wettbewerber oder sollen es sein? ▪ Was sind deren Fähigkeiten? ▪ Was bedeutet das für Ihre Wettbewerbsfähigkeit? *Durch eine Fusion und die angestrebte Positionierung kann sich das Wettbewerbsumfeld ändern. Dies kann zu neuen Anforderungen (Dienstleistungen, organisationale Fähigkeiten, Verhalten) und damit zu einer Neuorientierung für den einzelnen Partner führen.*
Entscheidungsfindung & Management	▪ Welche Strukturen sind notwendig, um die neue Einheit zu leiten? ▪ Welche Entscheidungsbefugnisse liegen bei den einzelnen strukturellen Elementen? *Wie sind Ihre jeweiligen heutigen Strukturen? Passen diese einfach zusammen? Macht die Fusion neue Strukturen notwendig?*
Geographische Basis	▪ In welchen Ländern und welchen Städten will die neue Kanzlei aktiv sein? ▪ In welcher Form will die Kanzlei aktiv werden (eigene Büros, Allianzen, best friends, etc.)? *Die Antwort ergibt sich aus den vorhergehenden Punkten und ist eng verbunden mit den Fragen nach* ▪ den Bedarfen der Kern-Mandanten. ▪ der Investitionsfähigkeit der Partnerschaft. ▪ dem Wettbewerb. ▪ den Ambitionen der Partner.

Im Idealfall verstärkt die Fusion nicht nur die aktuelle Marktposition, sondern ermöglicht es, in neue Dimensionen vorzustoßen, die den einzelnen Fusionspartner sonst verschlossen bleiben. Damit wird auch klar, dass sich die angestrebte Positionierung in der Regel nicht mit der Fusion selbst materialisiert. Üblicherweise bedarf es einer gemeinsamen Anstrengung, um die Positionierung als Zielbild der neuen Einheit zu erreichen – was verbindend wirkt, wenn alle am gleichen Strang ziehen.

Ist zu diesen Elementen, d.h. zur Positionierung als Zielbild keine gemeinsam geteilte Vorstellung absehbar, sollten die Gespräche abgebrochen werden. Die üblichen Sirenen-Gesänge zu Synergien, Kosteneinsparungen, bessere Wettbewerbsfähigkeit, etc. sind das, was sie schon für Odysseus waren: verführerisch, aber ins Verderben führend. Denn aus

DIE EIGENE KANZLEI ->

B.4 KANZLEIFUSIONEN – WORÜBER ES SICH LOHNT, NACHZUDENKEN

den unterschiedliche Ansichten zu den sieben Elementen einer Positionierung resultieren zentrifugale Kräfte, die diese so oft angeführten Argumente nicht ausgleichen können. Dies wird oft missachtet und so entpuppen sich dann letztere als Schimären.

Eine andere, ebenso trügerische Vorstellung ist es, die eigenen Entwicklungs- oder Partnerschaftsprobleme durch eine Fusion lösen zu wollen. Wir nennen das ‚die Flucht in die Fusion'. Dies ist die schlechteste aller Motivationen und die mit einer solchen Fusion verbundenen Hoffnungen erfüllen sich praktisch nie – wohingegen Unmut nahezu garantiert ist. Wenn Sie also aus diesen Gründen eine Fusion anstreben, raten wir Ihnen, andere Lösungswege zu suchen. Stellen Sie dies bei Ihrem potentiellen Fusionspartner als eigentlichen Anlass für die Gespräche fest, raten wir Ihnen, besonders wachsam zu sein und über die Konsequenzen für Ihre Partnerschaft nachzudenken.

2. Das gemeinsame Geschäftsmodell als Konkretisierung der Fusionsidee

Das Ergebnis der Überlegungen zur Positionierung bildet den unternehmerischen Orientierungsrahmen für den nachfolgenden Vergleich der aktuellen und der möglichen zukünftigen Geschäftsmodelle. Dieser Vergleich dient dazu, den Grad der Passung zwischen den Kanzleien und die möglichen Synergien zu verstehen. Insofern vertiefen und konkretisieren die Überlegungen zum Geschäftsmodell die Überlegungen zur Positionierung und zur Sinnhaftigkeit der Fusion. Aus diesen Diskussionen kann sich durchaus auch eine Modifikation der ursprünglichen Überlegungen zur gemeinsamen Positionierung ergeben.

Die Analyse der Geschäftsmodelle erlaubt es, den Partnern zu verstehen, wie ihr jeweils aktuelles Geschäftsmodell aussieht und was

- getan werden muss, um die angestrebte Positionierung zu erreichen,
- jede Seite und jeder einzelne Partner voneinander erwarten darf,
- jeder Partner in Zukunft in gleicher Weise machen darf, zusätzlich oder aber anders machen muss.

Insofern ist diese Arbeit ein weiterer Prüfstein des gemeinsamen Geschäftsverständnisses und damit der Grundlage für die angestrebte Fusion. Die in der Regel intensiven Diskussionen zu diesem Thema erlauben es auch, sich über Kultur und Zusammenarbeit ein Bild zu machen.

Um das Geschäftsmodell zu analysieren und ggf. ein gemeinsames zukünftiges zu entwickeln, haben wir ein besonders auf kleine und mittelgroße Kanzleien hin angepasstes Modell entwickelt:

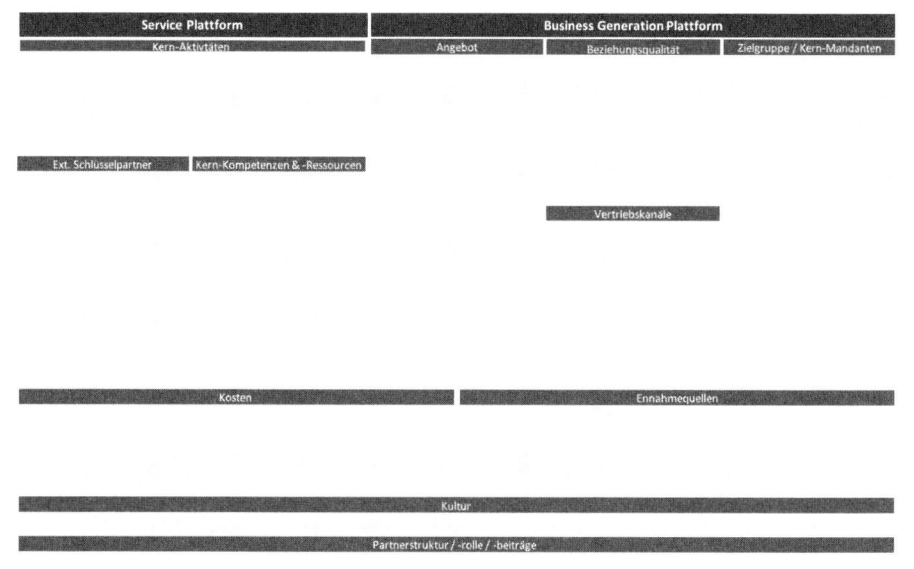

B.4 KANZLEIFUSIONEN – WORÜBER ES SICH LOHNT, NACHZUDENKEN

Service Plattform		Business Generation Plattform		
Kern-Aktivitäten		Angebot	Beziehungsqualität	Zielgruppe / Kern-Mandanten
Ext. Schlüsselpartner	Kern-Kompetenzen & -Ressourcen		Vertriebskanäle	
Kosten		Einnahmequellen		
Kultur				
Partnerstruktur / -rolle / -beiträge				

Grafik 2: Business Model Canvas für Kanzleien[1]

Unser Modell hat zwei Teile:

- Service Plattform: dieser Teil gibt Antwort auf die interne Aufstellung (n.b: damit ist an dieser Stelle nur teilweise die Organisationsstruktur gemeint), inkl. Kostenstruktur.
- Business Generation Plattform: dieser Teil gibt Antwort auf die Frage, welche Zielgruppen über welche Kanäle mit welchen Dienstleistungen bedient und welche Honorarmodelle verfolgt werden sollen.

Die Diskussion des Geschäftsmodells beinhaltet es, in einem strukturierten Rahmen

- einen Status quo der beiden Fusionsparteien zu machen,
- ähnliche/unterschiedliche Herangehensweisen in den einzelnen Elementen des Geschäftsmodells zu verstehen,
- darauf aufbauend und nach vorn orientiert zu vereinbaren, was in Zukunft gelten soll.

Die nachfolgenden Erklärungen zu dem Modell fokussieren auf den letzten dieser drei Punkte, also wie das Geschäftsmodell der zukünftigen Einheit aussehen soll. Auch wenn wir es nicht weiter ausführen, versteht es sich von selbst, dass zu jedem dieser Elemente die beiden ersten Punkte (Status quo der jeweiligen Herangehensweisen und deren Bewertung) diskutiert werden müssen. Nur wenn Sie dabei zu dem Schluss gelangen, dass die Einhei-

---

[1] Das Modell basiert auf dem von *Osterrieder/Pigneur* entwickelten Business Model Canvas und wurde von uns auf die Situation von Kanzleien hin angepasst.

B.4 Kanzleifusionen – Worüber es sich lohnt, nachzudenken

ten gut zueinander passen, sich ergänzen und damit eine bessere Positionierung erreichbar ist, ist es sinnvoll, die Gespräche fortzusetzen und ein gemeinsames, zukünftiges Geschäftsmodell zu entwickeln.

Besonders wichtig ist es in diesem Kontext, die jeweiligen Kostenstrukturen, Honorarmodelle und Profitabilitätsniveaus zu vergleichen. Die gegenwärtige Profitabilität ist ein wichtiger Indikator, wie gut die Fusionskandidaten zusammenpassen. Sind die Unterschiede zu groß, sollte die Fusionsidee genau abgewogen werden.

Je nach Größe der beiden Kanzleien kann es nicht ausreichend sein, ein Geschäftsmodell für die jeweilige Gesamt-Kanzlei zu analysieren. Ev. ist es notwendig, Geschäftsmodelle für die einzelnen Dezernate zu entwickeln, um die jeweiligen Einheiten vergleichen zu können.

Bereiche des Geschäftsmodells	
Business Generation Plattform	
Zielgruppen	▪ Wie sehen die aktuellen Mandanten-Portfolien aus (Segmentierung, Art der Mandanten, Type of Work, Beziehung, etc.)? ▪ Welche Zielgruppe / Kern-Mandanten sollen bedient werden? ▪ Welche Anpassungen im aktuellen Mandantenportfolio, seiner Ausrichtung und Segmentierung sind erforderlich? *Haben Sie den Mut zum klaren, engen Fokus! Hier können Sie die Überlegungen zur Positionierung nutzen.*

B.4 Kanzleifusionen – Worüber es sich lohnt, nachzudenken

Bereiche des Geschäftsmodells		
Angebot		▪ Welche Angebote werden heute gemacht (Praxisgruppen, Kompetenzen, Produkte)? ▪ Was sind die (unternehmerischen) Probleme der Zielgruppe? ▪ Welche Rechtsfragen ergeben sich daraus? ▪ Wie können diese vor dem Hintergrund der aktuellen Praxisgruppen/Kompetenzen bedient werden? ▪ Was bedeutet das für die geographische Aufstellung der neuen Partnerschaft?
		Mit welchen Produkten/Dienstleistungen kann die Kanzlei die unternehmerischen Herausforderungen der Kern-Mandanten aus einer rechtlichen Perspektive begleiten? Es handelt sich hier um eine Konkretisierung der entsprechenden Überlegungen aus der Positionierung – natürlich vor dem Hintergrund der aktuellen Kompetenzen.
		Die Angebote der zukünftigen Einheit sollten aus der Perspektive der Kern-Mandanten definiert werden. In einem zweiten Schritt stellt sich die Frage, was die Kanzlei besser als ihre Wettbewerber können soll. Hier geht es nicht um ein Alleinstellungsmerkmal, sondern um den Unterschied und das Versprechen an den Markt.
Vertriebskanäle		▪ Über welche Kanäle wollen Sie mit Ihrer Zielgruppe kommunizieren und ihr Ihre Angebote näherbringen? ▪ Welche Referral-Quellen existieren heute? Wie werden sie durch die Fusion gestärkt/geschwächt?
		Die möglichen Kanäle sind bekannt. Die Frage ist, welche Gewichtung Sie den einzelnen Kanälen (Mix) in Bezug auf Ihre Zielgruppe geben und welche Inhalte Sie über welche Kanäle transportieren wollen. Was verändert sich hier durch die angestrebte Fusion?
Beziehungsqualität		▪ Welche Qualität der Beziehung streben Sie mit Ihrer Zielgruppe an?
		Consiglieri oder reines Projektgeschäft? Unterschiedliche Angebote erfordern unterschiedliche Beziehungen: wenn Sie ausschließlich taylor made machen wollen, brauchen Sie eine andere Beziehungsart als wenn Sie ein Volumengeschäft anstreben. Auch hier ist es wichtig, sich die Karten zum Status quo zu legen und auf dieser Grundlage einen Vergleich zwischen den Kanzleien zu ziehen und zu überlegen, was vor diesem Hintergrund die realistischen Möglichkeiten sind.

DIE EIGENE KANZLEI ->
B.4 KANZLEIFUSIONEN – WORÜBER ES SICH LOHNT, NACHZUDENKEN

Bereiche des Geschäftsmodells	
Service Plattform	
Kernaktivitäten	▪ Was genau ist Ihre Kernaktivität? ▪ Welche Organisations- und Entscheidungsstrukturen sind notwendig, um die Kernaktivitäten reibungslos zu gewährleisten? Wie müssen sich die Partner organisieren, um entsprechend zusammenarbeiten zu können? ▪ Welche Veränderungen bedeutet das im Verhältnis zum Status quo? Was kann der einzelne Partner in Zukunft entscheiden / nicht mehr entschieden? *Zielgruppe und Angebot legen die Kernaktivität fest. In der Regel ist diese nicht, Rechtsrat zu geben. Dies ist Mittel zum Zweck. Aus der Kern-Aktivität und dem Angebot ergeben sich die anderen beiden Aspekte der Service Plattform.*
Kernkompetenzen & -ressourcen	▪ Welche Kompetenzen und Ressourcen brauchen Sie, um Ihre Zielgruppe zu erreichen, Ihrer Kernaktivität nachzugehen und Ihr Angebot darstellen zu können? ▪ Wo kann oder muss die neue Einheit Büros haben? *Hier geht es um die notwendigen Kompetenzen und Mittel, um tätig zu sein. Diese können sich je nach Zielgruppe/Angebote sehr wohl unterscheiden. Aus der Kombination der Kompetenzen und Ressourcen kann ein Sprung nach vorn möglich werden. Um dies beurteilen zu können, ist der Status quo zu diesem Punkt besonders wichtig.*
Externe Schlüsselpartner	▪ Welche externen Schlüsselpartner brauchen Sie, um Ihr Angebot darzustellen? *Externe Schlüsselpartner machen Sinn, wenn eine Kanzlei bestimmte Ressourcen schlicht nicht selber darstellen kann oder aus ökonomischen Gründen nicht selber vorhalten sollte. Dies betrifft insbesondere* ▪ Allianzen/Best friends (geographische Ausdehnung) ▪ Operations (kostengünstigere Standorte für Backoffice) ▪ Alternative Legal Service Provider (technologische Unterstützung in der Erbringung der Dienstleistung) *Eine Fusion kann hier neue Möglichkeiten eröffnen, aber auch Anforderungen stellen.*

B.4 Kanzleifusionen – Worüber es sich lohnt, nachzudenken

Bereiche des Geschäftsmodells	
Kostenstruktur / Honorarmodelle	
Kosten	▪ Welche Kostenstruktur haben die Einheiten heute und welche wird es nach der Fusion sein? ▪ Steht sie in einem sinnvollen Verhältnis zu den Einnahmequellen? *Aus der neuen Einheit und der angestrebten Positionierung ergeben sich bestimmte Struktur- und Personalanforderungen, die sich in einer Kostenstruktur niederschlagen. Diese kann sich sehr erheblich von der aktuellen der jeweiligen Fusionspartner unterscheiden. Deshalb sollte sie vorab verstanden werden, weil sie wenig flexibel ist und sich aus ihr ggf. neue Beitragsanforderungen für den einzelnen Partner ergeben.*
Einnahmequellen	▪ Welche Honorarmodelle ergeben sich aus Ihrem Angebot und Ihrer Zielgruppe? ▪ Können mittels dieser Modelle die Kosten gedeckt und (!) ein attraktiver Gewinn erwirtschaftet werden? ▪ Welche Beitragsanforderungen ergeben sich aus der Kostenstruktur für den einzelnen Partner? ▪ In wie weit passt dies mit den aktuellen Beiträgen, der vorhandenen Profitabilität und den Entnahmeerwartungen der Partner zusammen? *Bei den Honorarmodellen können Sie durchaus innovativ sein. Bleiben Sie aber auch realistisch – die gewählten Modelle müssen von der Zielgruppe akzeptiert werden und für die Partner eine ausreichende Profitabilität ermöglichen.* *Aus Kostenstruktur und angestrebter Profitabilität ergeben sich die konkreten finanziellen Beitragsanforderungen. Diese können sich sehr erheblich von denen der bisherigen Einheiten unterscheiden. Die Partner sollten den entsprechenden Wahrheiten ins Auge schauen, um zu entscheiden, ob sie diese Anforderungen erfüllen wollen und können.*

B.4 Kanzleifusionen – Worüber es sich lohnt, nachzudenken

Bereiche des Geschäftsmodells	
Kultur/Partnerstruktur	
Kultur	▪ Welche Werte und Verhaltensweisen sind notwendig, um das Geschäftsmodell umzusetzen? ▪ Welche Werte sollen im Umgang miteinander und mit dem Mandanten gelten? ▪ Welche Veränderungen bedeutet das im Vergleich zu den heutigen Werten und für jeden Partner? *Nehmen Sie dieses Thema ernst und beantworten Sie die Fragen nicht mit Allgemeinplätzen, hinter denen jeder etwas Anderes versteht – und sich dann auch entsprechend verhält. Schon Peter Drucker sagte "Culture eats strategy for breakfast." Die meisten Fusionen in Industrie und Rechtsmarkt scheitern ursächlich genau an diesem Thema. Denn Kultur ist handlungsleitend. Wenn die vorhandenen Kulturen zu unterschiedlich sind und Geschäftsmodell/Positionierung nicht unterstützen, wird die neue Einheit immer hinter ihrem möglichen Potenzial zurückbleiben.*
Partnerstruktur/-rolle/-beiträge	▪ Welche Partnerstruktur wollen Sie haben? ▪ Wie können Sie neue Partner aufnehmen? ▪ Welche Rolle soll ein Partner ausfüllen (Aufgabe, Rechte, Pflichten)? ▪ Contribution Management: Welche Beiträge können Sie voneinander erwarten und wie evaluieren Sie sie? ▪ Profit Distribution: Wie verteilen Sie ihren Gewinn? *Achten Sie auf ein klares Rollenbild (in Übereinstimmung mit der Kultur), definieren Sie die Erwartungen aneinander klar und übersetzen Sie diese in einen jährlichen Geschäftsplan. Und vergessen Sie nicht zu vereinbaren, wie Sie die definierten Ziele nachhalten und Beiträge evaluieren wollen.*

Hier wie auch schon bei der Positionierung stehen die einzelnen Elemente oftmals in einem wechselseitigen Verhältnis. Insofern ist es normal, wenn im Verlaufe der Gespräche einzelne Elemente wiederholt diskutiert und ggf. als Folge von Ergebnissen zu anderen Elementen nochmals angepasst werden müssen.

Eingangs zu diesem Kapitel schrieben wir, dass das Geschäftsmodell der zweite zentrale Prüfstein in Fusionsgesprächen ist. Dies ergibt sich schon daraus, dass das Geschäftsmodell eine Konkretisierung der angestrebten Positionierung ist und auf seiner Grundlage der Implementierungsplan erarbeitet werden sollte. D.h., wenn im Ergebnis keine einheitlichen

B.4 KANZLEIFUSIONEN – WORÜBER ES SICH LOHNT, NACHZUDENKEN

Vorstellungen zu jedem einzelnen der obigen Elemente des Geschäftsmodells formuliert werden können, verlieren die Fusionsgespräche ihren Sinn. Sie sollten sie dann beenden.

3. Profit Distribution und Contribution Management

Kanzleien sind Wirtschaftsunternehmen und jeder Partner möchte als Unternehmer am Ende des Geschäftsjahres einen angemessenen Teil des Gewinnes erhalten. Zu Profit Distribution Systeme gibt es ein Meer an Büchern und sich tiefergehend zu diesem Thema zu äußern, würde den Rahmen dieses Kapitels sprengen. Im Kontext einer Fusion ist es wichtig

- Die Profitabilität der beiden Einheiten zu vergleichen.
- Die bisherigen Systeme in ihrer Struktur und Anwendung (und wie sie gespielt werden) zu verstehen.
- Zu überlegen, welches Profit Distribution System – unabhängig von den bisher angewendeten – die Positionierung, das erarbeitete Geschäftsmodell und die angestrebte Kultur (d.h. die allgemein akzeptierten Verhaltensweisen) unterstützt.

Auf Basis der Antworten, können Sie

- sich für eines der beiden vorhandenen Systeme als das für die neue Kanzlei geltende entscheiden.
- einzelne Elemente aus den vorhandenen Systemen zu einem neuen Profit Distribution System formen.
- ein gänzlich neues Profit Distribution System entwickeln wollen.

Für uns bestehen Profit Distribution Systeme aus drei Elementen, die das nachfolgende Modell darstellt.

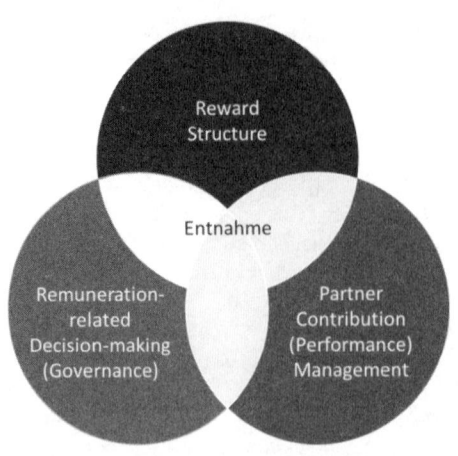

Die eigene Kanzlei ->
B.4 Kanzleifusionen – Worüber es sich lohnt, nachzudenken

Venn-Diagramm mit drei überlappenden Kreisen:
- Reward Structure
- Remuneration-related Decision-making (Governance)
- Partner Contribution (Performance) Management
- Schnittmenge: Entnahme

Grafik 3: Elemente der Profit Distribution

Wir halten es als Analyseraster für die Diskussion des neuen Profit Distribution Systems geeignet – sowohl um den Status quo zu erheben als auch das neue System zu erarbeiten. Wie auch schon oben, zielt die nachfolgende Darstellung auf das neue Profit Distribution System ab.

Profit Distribution Systeme	
Reward Structure	▪ Welche Reward Structure soll gelten? *Die Reward Structure bestimmt die Mechanik, nach der die Gewinnverteilung vorgenommen wird. Hier gibt es eine weite Spannbreite zwischen merit based und Lockstep.*
Contribution Management	▪ Welche finanziellen und nicht-finanziellen(!) Beiträge erwarten Sie voneinander, damit das Geschäftsmodell funktioniert? *Das Contribution Management legt fest, welche Beiträge die Partner voneinander erwarten und hält dies über den Verlauf des Jahres fest. Es schafft damit die Datengrundlage, auf der variable Gewinnanteile unter den Partnern aufgeteilt werden.* *Gleichzeitige spiegelt sich in ihm, bzw. in den gewählten Kriterien und insbesondere den nicht-finanziellen Kriterien die angestrebte Kultur wieder.*

B.4 Kanzleifusionen – Worüber es sich lohnt, nachzudenken

Profit Distribution Systeme	
Remuneration Related Decision Making	▪ In wie weit entsprechen die Beiträge den Erwartungen? *Die Remuneration-related governance legt fest, wie Beiträge auf Basis des Contributions Managements bewertet werden. Dies beinhaltet auch einen Quervergleich zwischen den Partnern. In der Folge werden die variablen Gewinnanteile der Reward Structure folgend entsprechend verteilt.*

Wir raten dringend an

- neben den finanziellen auch nicht-finanzielle Beitragserwartungen zu definieren. Es sind die nicht-finanziellen Beiträge, die über die Kanzleientwicklung als Ganzes, inkl. deren Kultur entscheiden.
- ein fortlaufendes Contribution Management zu etablieren, das in konstruktiver Weise den Partnern zu ihrem unternehmerischen Handeln Feedback gibt und einen fortlaufenden Dialog zwischen der Partner zu den Zielen und dem Status der Kanzleientwicklung ermöglicht.

Gerade nach einer Fusion ist ein Contribution Management von großer Bedeutung, weil die Partnerschaft noch zusammenwachsen muss. Da genügt es nicht, sich am Jahresbeginn Ziele zu setzen und diese erst zwölf Monate später wieder anzuschauen.

Die Diskussion zum Profit Distribution System und vor allem zu den Beitragserwartungen ist der dritte Prüfstein in den Fusionsgesprächen. Auch hier gilt: wenn es hier zu keiner Einigkeit kommt, sollten Sie die Fusion abbrechen.

4. Der Partnerschaftsvertrag

Der Partnerschaftsvertrag spiegelt die Überlegungen zur Positionierung, dem Geschäftsmodell und dem Profit Distribution System und regelt sämtliche strukturellen Rahmenbedingungen der Zusammenarbeit der zukünftigen Partner. Dies beinhaltet u.a.:

- Eigentümerstruktur,
- Eintrittsbedingungen,
- Regelung des Austritts (inkl. ev. Abfindungsansprüche) und des Ausschlusses,
- Einbringen der Arbeitskraft/Nebentätigkeiten/Urlaub
- Stimmrechte und Quoren,
- Regelungen für Krankheit und Tod.

B.4 Kanzleifusionen – Worüber es sich lohnt, nachzudenken

Wir halten es für überlegenswert,

- die Gewinnverteilung,
- die Organsationsstruktur und Governance,

nicht im Partnerschaftsvertrag selbst zu regeln, weil diese sich möglichst einfach (bei entsprechendem Quorum) an die unternehmerische Situation anpassen können sollten. Dafür jeweils den Partnerschaftsvertrag ändern zu müssen, kann hinderlich sein. Deshalb schlagen wir vor, im Vertrag auf einen entsprechenden Anhang zu verweisen. Vgl. hierzu auch den Partnerschaftsvertrag unter B.7.

II. Gründungsvorschlag einer überörtlichen Sozietät[2]

Gründungsvertrag

zwischen

den Mitgliedern der Rechtsanwaltssozietät A, B und C in _____

und

den Mitgliedern der Rechtsanwaltssozietät X, Y und Z in _____

Die Unterzeichneten sind die Sozien der beiden oben bezeichneten Sozietäten („Altsozietäten").[3] Sie schließen sich zum Zwecke der gemeinsamen Berufsausübung zusammen und gründen eine überörtliche Sozietät in der Rechtsform einer Gesellschaft bürgerlichen Rechts. Der Zusammenschluss erfolgt mit Wirkung vom 1. Januar 201_ („Stichtag").[4]

§ 1 Sozietätsvertrag

Für die neu gegründete Sozietät („Neusozietät") gilt der als Anlage I[5] beigefügte Sozietätsvertrag.

---

[2] Das Kapitel basiert auf dem Beitrag von Rechtsanwalt Prof. Dr. *Hans-Jürgen Hellwig* aus der Vorauflage.
[3] Der nachfolgende Vertrag ist bewusst einfach gehalten. Er ist wie folgt zu charakterisieren: keine eigentliche Verschmelzung der beiden Altsozietäten, etwa durch Anwachsung mit Gesamtrechtsnachfolge, sondern beschränkte Einzelübertragung von beiden Altsozietäten auf die Neusozietät. Übertragen werden nur bestimmte Teile des Aktivvermögens, alle Vertragsverhältnisse, keine Verbindlichkeiten.
[4] Früher fand sich in Gründungsverträgen häufig als Stichtag der 2. Januar eines Kalenderjahres. Hintergrund war, dass die inzwischen nicht mehr erhobene Vermögensteuer auf den Stichtag 1. Januar erhoben wurde. Die genannte Regelung sollte sicherstellen, dass die Vermögensteuerpflicht für das Gründungsjahr noch nicht bei der Neusozietät, sondern bei der jeweiligen Altsozietät lag, was oft vorteilhafter war.
[5] Abgedruckt unter B.5.

B.4 Kanzleifusionen – Worüber es sich lohnt, nachzudenken

§ 2 Vermögenseinbringung, Verträge

1. Die Sozien bringen, soweit nicht nachfolgend etwas anderes bestimmt ist, das gesamte Aktivvermögen ihrer jeweiligen Altsozietät in die Neusozietät ein. Insbesondere werden eingebracht[6]
   a) alle Gegenstände des Anlagevermögens, auch soweit sie bereits voll abgeschrieben sind, und alle geringwertigen Wirtschaftsgüter, einschließlich der Bibliotheken,
   b) alle Gegenstände des Vorratsvermögens[7] (Schreibmaterial etc.),
   c) die beruflich genutzten Kraftfahrzeuge,[8]
   d) die Gegenstände der Sonderbetriebsvermögen.[9]
   Die Einbringung[10] erfolgt zu den Buchwerten, die sich nach der einkommenssteuerlichen Abschreibung zum 31. Dezember des Jahres vor dem Stichtag ergeben.[11] Die Erfassung und Wertermittlung dieser Vermögenswerte erfolgt nach denselben Grundsätzen wie in den beiden vorangegangenen Jahren.
2. Nicht eingebracht werden
   a) die liquiden Mittel (Kassenbestände und Konten bei Geldinstituten) sowie die Wertpapiere,[12]
   b) die Forderungen aus beruflicher Tätigkeit bis zum Stichtag (siehe § 4).

---

6 Der Entwurf basiert auf dem Erfahrungssatz, dass die stillen Reserven in den eingebrachten Aktiva gering sind und sich in etwa gleichmäßig auf beide Altsozietäten verteilen. Andernfalls wäre an eine bare Zuzahlung zum Ausgleich unverhältnismäßig hoher übergehender stiller Reserven zu denken.
7 Der Entwurf geht davon aus, dass keine der Altsozietäten Grundvermögen hat.
8 Die Behandlung beruflich genutzter Kraftfahrzeuge unterscheidet sich häufig von Sozietät zu Sozietät. Teilweise werden sie als Teil des Sozietätsvermögens behandelt, mit der Folge, dass die Sozietät den Vorsteuerabzug geltend machen kann und der Aufwand aus Abschreibung und Finanzierung sowie der allgemeine Betriebsaufwand bei der Sozietät zulasten aller Sozien anfallen. Um die sich daraus ergebende Möglichkeit der Lastenverschiebung auf andere Sozien zu vermeiden, wenn einzelne Sozien besonders aufwendige Fahrzeuge benutzen, werden die beruflich genutzten Kraftfahrzeuge nicht selten als Sonderbetriebsvermögen geführt, mit der Folge, dass der Aufwand beim einzelnen Sozius anfällt. Diese Regelung hat den Nachteil, dass der einzelne Sozius nicht vorsteuerabzugsberechtigt ist. Dieser Nachteil wird vermieden, wenn die Fahrzeuge als Anlagevermögen der Sozietät geführt werden, vertraglich aber festgelegt ist, dass dem einzelnen Sozius im Rahmen der Gewinnverteilung der Aufwand seines Kraftfahrzeuges ganz oder teilweise zugeordnet wird. Die in dem Entwurf vorgeschlagene Formulierung deckt alle diese Möglichkeiten der Behandlung der beruflich genutzten Kraftfahrzeuge bei den Altsozietäten ab.
9 Wenn die unter § 2 Abs. 1 lit. c und d genannten Vermögensgegenstände nicht eingebracht werden, gelten sie bei Vollbeendigung der jeweiligen Altsozietät (su. Fn. 13) als zum Verkehrswert/Teilwert entnommen, mit der Folge, dass die Differenz zum Buchwert versteuert werden muss. Die Einbringung in die Neusozietät vermeidet diese Konsequenz. Dabei bleibt eine etwa vorhandene stille Reserve in dem jeweiligen Buchansatz zugunsten des einbringenden Sozius erhalten. Siehe dazu auch Fn. 13.
10 Die Finanzverwaltung behandelt die hier vorgesehene Einbringung bestimmter, nicht aller Vermögensteile der beiden Altsozietäten nicht als nicht umsatzsteuerbare Geschäftsveräußerung nach § 1 Abs. 1 lit. a UStG, sondern als Verkauf, sodass jede Altsozietät der Neusozietät über die in die Neusozietät eingelegten Vermögensgegenstände eine Rechnung mit Ausweis der MwSt. stellen muss. Dies gilt auch für die Honorarforderungen bis zum Stichtag, weil diese im Außenverhältnis zum Zwecke der Einziehung auf die Neusozietät übertragen werden (siehe § 4). Die Neusozietät tritt ihren Vorsteuererstattungsanspruch anteilig an die Altsozietäten ab, die ihn in ihren monatlichen Steueranmeldungen mit ihrer MwSt.-Schuld verrechnen. Diese Vorgehensweise sollte mit den zuständigen Finanzämtern vorbesprochen werden.
11 Die vorgeschlagene Regelung geht davon aus, dass die beiden Altsozietäten ihren Gewinn nach der Einnahmenüberschussrechnung (EÜR) gemäß § 4 Abs. 3 EStG ermitteln, dass die Neusozietät ebenso verfahren wird und dass die einbringenden Sozien vorhandene stille Reserven und Firmenwert der Altsozietäten nicht aufdecken und versteuern wollen. Die überwiegende Praxis der Finanzverwaltung akzeptiert dies und hält in Übereinstimmung mit dem Schrifttum (entgegen einer Verfügung der OFD Düsseldorf vom 13.9.1993) eine sog. Übergangsbesteuerung (mit der Aufstellung von Einbringungsbilanzen der Altsozietäten, die bis dahin der EÜR gefolgt sind, und einer Übernahmebilanz der Neusozietät, die anschließend zur EÜR zurückkehrt) für nicht erforderlich, und zwar sogar dann, wenn nicht aktivischen und passivischen Vermögenswerte der Altsozietäten auf die Neusozietät übertragen und dadurch die Altsozietäten beendet werden (siehe dazu Vorbrugg/Salzmann, AnwBl. 1996, 129, 139). Wenn, wie in dem vorliegenden Vertragsentwurf, die Altsozietäten nur einzelne Wirtschaftsgüter übertragen und zugleich fortbestehen (s.u. Fn. 13), muss dies erst recht gelten. Auch dieser Fragenkreis sollte, ebenso wie die Frage der MwSt., mit der Finanzverwaltung vorbesprochen werden.
12 Ein mehr oder minder großer Teil der liquiden Mittel und Wertpapiere wird im Rahmen von § 3 übertragen, um die richtige Relation der Kapitalkonten und die richtige Höhe der Betriebsmittelrücklage darzustellen.

B.4 Kanzleifusionen – Worüber es sich lohnt, nachzudenken

3. Verbindlichkeiten der Altsozietäten werden nicht übernommen. Diese sind vielmehr von den Altsozietäten abzuwickeln. Das gilt auch für solche Verbindlichkeiten, die ihren Entstehungsgrund vor dem Stichtag haben, insbesondere für Haftungsverbindlichkeiten aus beruflicher Tätigkeit jeder Art.
4. Die Neusozietät tritt zum Stichtag in die laufenden Verträge (einschließlich Anstellungs- und Mietverträgen) der Altsozietäten ein und führt diese fort. Es erfolgt eine Rechnungsabgrenzung zum Stichtag. Soweit die Übertragung an der fehlenden Zustimmung eines Vertragspartners scheitert, werden die gemeinsame Sozietät und die betreffende Altsozietät sich im Innenverhältnis so stellen, als ob das Vertragsverhältnis zum Stichtag übergegangen sei.
5. Soweit vorstehend nichts anderes geregelt ist, werden sämtliche zum Stichtag anhängigen Mandate für Rechnung der gemeinsamen Sozietät nach Maßgabe dieses Vertrages fortgeführt. Einnahmen aus der beruflichen Tätigkeit nach dem Stichtag sind Einnahmen der gemeinsamen Sozietät. Dasselbe gilt für Notaraufträge.[13]

§ 3 Kapitalkonten/Betriebsmittelrücklage

1. Soweit am Stichtag die Buchwerte der von den Altsozietäten eingebrachten Vermögenswerte zueinander nicht in demselben Verhältnis stehen wie die sich aus § _____ des Sozietätsvertrages der gemeinsamen Sozietät (Anlage I) ergebenden Anteile der Sozien, die in den jeweiligen Altsozietäten tätig waren, am Vermögen der gemeinsamen Sozietät, haben die Sozien, die in der Altsozietät mit den niedrigeren Werten tätig waren, die Differenz in bar so auszugleichen, dass das richtige Verhältnis hergestellt wird. Für die Berechnung der Zuzahlung bleiben die von den Sozien benutzten Kraftfahrzeuge und die Gegenstände der Sonderbetriebsvermögen außer Ansatz. Die Zuzahlung ist der Betriebsmittelrücklage (§ des Sozietätsvertrages, Anlage I) zuzuführen.
2. Durch Einlagen (bar, Bankguthaben, Wertpapiere), die zum Stichtag fällig sind, werden die Sozien dafür sorgen, dass die Betriebsmittelrücklage auf _____ % der Ausgaben der beiden Altsozietäten im Jahr vor dem Stichtag aufgeführt wird. Die Aufbringung erfolgt durch die Sozien im Verhältnis ihrer Anteile am Vermögen der gemeinsamen Sozietät (außer den von Sozien benutzten Kraftfahrzeugen und außer Gegenständen des Sonderbetriebsvermögen) zum Stichtag.
3. Ab dem Stichtag sind die Sozien an dem Vermögen und Vermögenszuwachs der gemeinsamen Sozietät nach Maßgabe von § _____ des Sozietätsvertrages (Anlage I) beteiligt.

§ 4 Honorarforderungen bis zum Stichtag

1. Die Forderungen aus beruflicher Tätigkeit bis zum Stichtag werden nur im Außenverhältnis auf die Neusozietät übertragen, im Innenverhältnis verbleiben sie bei der jeweiligen Altsozietät. Sie werden von der Neusozietät für Rechnung der jeweiligen Altsozietät eingezogen. Dies gilt unabhängig davon, ob die Abrechnung oder der Eingang vor oder nach dem Stichtag erfolgt.
2. Bei Mandaten, die bis zum Stichtag nur teilweise erledigt sind und die endgültig erst nach dem Stichtag erledigt werden, steht der jeweiligen Altsozietät noch ein dem Verhältnis des Arbeitsaufwandes entsprechender Honoraranteil zu. Dies gilt auch für Prozessverfahren[14] und ohne Rücksicht darauf, ob Vorschüsse geleistet worden sind oder nicht. Zu viel eingenommene Vorschüsse sind der gemeinsamen Sozietät zu erstatten.

---

13 Der Entwurf geht davon aus, dass bei mindestens einer der beiden Altsozietäten mindestens ein Rechtsanwaltsnotar beteiligt ist.
14 Alternativ ist daran zu denken, die Abgrenzung zwischen Altsozietät und Neusozietät bei Prozessverfahren nach dem Anfall der jeweiligen Gebühr vorzunehmen.

B.4 Kanzleifusionen – Worüber es sich lohnt, nachzudenken

3. Jede Altsozietät wird die Forderungen aus beruflicher Tätigkeit bis zum Stichtag in einer Aufstellung unter Angabe von Zeitaufwand, fiktivem Abrechnungsbetrag zum Stichtag und vereinnahmte und noch nicht verrechnete Vorschüsse unverzüglich auflisten und die später erfolgende Honoraraufteilung erläutern.

§ 5 Versorgungsleistungen

Soweit Sozien oder Witwen von Sozien einer Altsozietät aufgrund der dort geltenden Versorgungsregelung Versorgungsansprüche geltend machen,[15] die der Höhe nach über denen liegen, die sich aus dem Sozietätsvertrag der neuen Sozietät (Anlage I) ergeben, sind hierfür die gegenwärtigen Sozien der betreffenden Altsozietät verantwortlich.[16]

§ 6 Sonstiges

1. Alle Streitigkeiten aus diesem Vertrag oder über seine Gültigkeit, die zwischen den Sozien untereinander oder zwischen einem oder mehreren Sozien einerseits und der Neusozietät andererseits entstehen, soll unter Ausschluss des Rechtswegs ein Schiedsgericht entscheiden. Das Schiedsgericht besteht aus zwei von den Parteien zu ernennenden Beisitzern und einem Vorsitzenden, der von den Beisitzern gewählt oder auf Antrag der betreibenden Partei von der zuständigen Rechtsanwaltskammer zu benennen ist. Der Vorsitzende muss die Befähigung zum Richteramt haben.[17]
2. Sollte eine Bestimmung dieses Vertrages unwirksam sein oder werden, wird dadurch die Wirksamkeit des Vertrages im Übrigen nicht berührt. Unwirksame Bestimmungen sind so auszulegen oder umzudeuten, dass der mit ihnen bezweckte Erfolg möglichst weitgehend erreicht wird. Ist dies rechtlich nicht möglich oder enthält der Vertrag eine sonstige Lücke, so ist der Vertrag unter Berücksichtigung seiner allgemeinen Zielsetzung durch eine Regelung zu ergänzen, die dem entspricht, was die Parteien vereinbart hätten, wenn sie den Punkt bedacht hätten.
3. Jeder Sozius erhält eine unterschriebene Ausfertigung dieses Vertrages.

---

15 Der Entwurf geht davon aus, dass gegenüber Sozien oder Witwen von Sozien der Altsozietäten bestehende Versorgungszusagen in gewissem Umfang, z.B. soweit sie in der wirtschaftlichen Belastung übereinstimmen, im Sozietätsvertrag der Neusozietät „vergemeinschaftet" werden.
16 Unabhängig von dieser Sonderregelung betreffend überschießende Versorgungsleistungen bestehen die beiden Altsozietäten mit ihren jeweiligen Sozien als nicht werbende Innengesellschaften fort, weil die im Außenverhältnis, nicht aber im Innenverhältnis übertragenen Forderungen aus beruflicher Tätigkeit bis zum Stichtag und die nicht übertragenen Verbindlichkeiten zum Stichtag abgewickelt werden müssen. Sollte sich die Abwicklung länger hinziehen, empfiehlt sich eine Erörterung mit der Finanzverwaltung, weil diese gelegentlich die aus triftigen wirtschaftlichen Gründen fortdauernde Existenz der Altsozietät steuerlich nur für einen begrenzten Zeitraum akzeptiert. Wenn vor Vollbeendigung der jeweiligen Altsozietät in deren Büro weitere Sozien in die Neusozietät aufgenommen werden, ist für jede Altsozietät zu vereinbaren, ob und wie weit diese Sozien auch in die betreffende Altsozietät aufgenommen werden. In der Regel dürfte es sich empfehlen, in dieser Hinsicht genauso zu verfahren wie vor der Gründung der Neusozietät. Wenn damals in eine Altsozietät neu aufgenommene Sozien auch in die zum Stichtag im Rahmen der einzelnen Mandate verdienten Honoraransprüche eingetreten sind, ist es konsequent, dies nach Gründung der Neusozietät fortzusetzen, d.h., die neuen Sozien der Neusozietät für die Altforderungen in die Altsozietät des jeweiligen Büros aufzunehmen.
17 Alternativ kann ein separater Schiedsvertrag abgeschlossen werden. Ein Muster ist unter B.6 abgedruckt.

B.5 Mustervertrag für die örtliche Sozietät[1]

Rechtsanwalt Dr. Klaus Oepen, Hamburg
Rechtsanwältin Daniela Bramkamp, Hamburg

§ 1 Name der Sozietät

(1) Der Name der Sozietät lautet „Meier, Müller, Lehmann, Rechtsanwälte".[2]

(2) Sozien, deren Namen im Sozietätsnamen enthalten sind, gestatten für den Fall ihres Ausscheidens allen, auch zukünftigen Sozien, ihren Namen im Sozietätsnamen weiterhin unentgeltlich fortzuführen, soweit nicht im Einzelfall ein wichtiger Grund entgegensteht. Dies gilt auch für den Fall der Gründung einer überörtlichen Sozietät mit erweitertem Sozietätsnamen. Dessen ungeachtet hat die Sozietät das Recht, ihren Sozietätsnamen jederzeit durch Gesellschafterbeschluss gem. § 4 Abs. 1 dieses Vertrages zu ändern.

(3) Verheiratete können nur Sozien sein, wenn sie für ihre Ehe eine Vereinbarung getroffen haben, welche sicherstellt, dass die Beteiligung an der Sozietät im Falle einer Scheidung weder in die Berechnung eines Zugewinnausgleichs einbezogen wird noch Gegenstand von Auskunftsansprüchen des anderen Ehegatten sein kann.[3]

§ 2 Gemeinsame Berufsausübung

(1) Gegenstand der Sozietät ist die gemeinschaftliche Ausübung des Rechtsanwaltsberufes. Berufsträger anderer Professionen als des Rechtswesens können nur im gesetzlich zulässigen Rahmen Sozien werden. Jeder Sozius [und jede Sozia (zur sprachlichen Vereinfachung wird im Folgenden stellvertretend allein die männliche Bezeichnung verwendet)] verpflichtet sich, seine ganze Arbeitskraft der Sozietät zu widmen und die von ihm wahrzunehmenden Mandate mit der erforderlichen Sorgfalt zu bearbeiten und sich auf seinen Tätigkeitsgebieten regelmäßig fortzubilden.

---

1 Nachfolgendes Vertragskonzept hat die kleinere Sozietät im Auge; größere sollten auch die Regelungen des Vertragskonzepts der überörtlichen Sozietät beachten.
2 Weitere Beispiele: Meier, Müller & Sozien-Rechtsanwälte; Anwaltssozietät (Anwaltsgemeinschaft) Meier, Müller & Sozien; Rechtsanwälte Meier, Müller & Kollegen; Anwaltsbüro Meier. Die Hinzufügung von Buchstabenkombinationen als Kooperationshinweise sind zulässig (BGH NJW 2002, 608 „CMS"; AnwGH Hamburg NJW 2004, 371 „Legitas"). Den Zusatz „Partnerschaft" oder „und Partner" dürfen gem. § 11 Abs. 1 S. 1 PartGG (abgesehen von Altfällen) nur Partnerschaftsgesellschaften führen. Erscheinen auf dem Briefkopf neben den Namen der Sozien (die zwingend vollständig aufgeführt werden müssen, siehe dazu Heussen/Hamm/*Ludwig*, Beck'sches Rechtsanwalts-Handbuch, 11. Aufl. 2016, § 60 Rn. 5) auch Namen von Nichtsozien, ohne dies deutlich zu machen, gelten sie nach außen als Sozien mit entsprechenden Haftungsfolgen (OLG Köln NJW-RR 2004, 279). Gem. § 9 BORA sind Kurzbezeichnungen möglich, worunter nun wohl auch die Verwendung eines reinen Sach- oder Fantasienamens fällt (in diesem Sinne etwa: BeckOK-BORA/*Römermann*, 17. Edt. 1.9.2017, § 9 Rn. 32 ff.; Feuerich/Weyland/*Träger*, BRAO, 9. Aufl. 2016, BORA § 9 Rn. 13; in der Sache ebenso schon zur Firma einer Rechtsanwalts-AG: BayObLG NJW 2000, 1647). Demgegenüber ließ der BGH im Jahr 2004 noch unter Geltung einer früheren Fassung von § 9 BORA eine Tendenz erkennen, die Verwendung einer Sach- oder Fantasiebezeichnung allein als Zusatz zu einem Namen zuzulassen (NJW 2004, 1651, 1652).
3 Vgl. auch § 13 Abs. 2 S. 3. Ziel dieser Regelung ist es, dass die Beteiligung an der Sozietät nicht Gegenstand wird von Auskunftsansprüchen oder von Ausgleichsansprüchen, die über das hinausgehen, was der Sozius selbst bei seinem Ausscheiden erhalten würde.

B.5 Mustervertrag für die örtliche Sozietät <- Die eigene Kanzlei

(2) Wissenschaftliche Tätigkeit einschließlich Lehrtätigkeit, Tätigkeit in anwaltlichen Berufsorganisationen und in der anwaltlichen Selbstverwaltung sowie politische und ehrenamtliche richterliche Tätigkeit sind zulässig,[4] sofern sie ein angemessenes Maß nicht überschreiten.

(3) Jeder Sozius ist berufen, über die Annahme und die Ablehnung von Mandaten zu entscheiden. Bei der Annahme von Mandaten hat jedoch jeder Sozius auf das Berufsrecht, insbesondere auf mögliche Interessenkonflikte in der Sozietät,[5] aber auch auf etwaige in der Sozietät beschlossene Grundsätze für die Praxisgestaltung und sonstige Belange der Sozietät Bedacht zu nehmen. Im Zweifel ist eine Abstimmung mit den übrigen Sozien über die Annahme oder Ablehnung eines Mandates herbeizuführen. Lassen sich hierbei nicht alle Zweifel ausräumen oder widerspricht auch nur ein Sozius der Annahme, so ist das Mandat abzulehnen.

(4) Grundsätzlich werden alle Mandate namens der Sozietät übernommen. Das gilt nur nicht für Mandate, die von einem Sozius persönlich wahrgenommen werden müssen (z.B. als Notar, Schiedsrichter, Mediator, Testamentsvollstrecker, Insolvenzverwalter, Aufsichts- oder Beiratsmitglied, Sequester, Nachlassverwalter oder als Verteidiger in Straf- und Bußgeldverfahren); solche Mandate binden allein den jeweils beauftragten einzelnen Sozius.

(5) Alle Sozien haben sich gegenseitig fortlaufend über alle neuen Mandate und alle für die Sozietät wichtigen Vorkommnisse zu unterrichten.

(6) Jeder Sozius kann in die Buchhaltung und deren Unterlagen sowie in die von der Sozietät oder den einzelnen Sozien geführten Akten Einsicht nehmen, soweit nicht im Einzelfall aus berufsrechtlichen Gründen eine Geheimhaltungsverpflichtung des mandatierten Sozius besteht.

§ 3 Geschäftsführung und Vertretung

(1) Grundsätzlich ist jeder Sozius zur Führung der Geschäfte der Sozietät berechtigt.[6] Als Geschäfte im Sinne dieses Paragrafen gelten nur diejenigen Geschäfte und geschäftsähnlichen Handlungen, die nicht unmittelbar die Berufsausübung oder Amtstätigkeit betreffen.

(2) Wird einem Geschäft, das ein Sozius beabsichtigt, von einem anderen Sozius widersprochen, so entscheidet die Sozietät durch Mehrheitsbeschluss darüber, ob und mit welchen Maßgaben das beabsichtigte Geschäft durchgeführt werden soll. Bestehen Zweifel, ob ein beabsichtigtes Geschäft die Billigung aller Sozien findet, so ist die Absicht, dieses Geschäft zu tätigen, allen anderen Sozien bekannt zu machen, bevor sie in die Tat umgesetzt wird.

(3) Die Sozien können durch Mehrheit die Ausführung bestimmter Geschäfte im Einzelfall[7] bestimmten Sozien zuordnen.

---

[4] … und erwünscht (?).
[5] BVerfG AnwBl 2003, 521 („Sozietätswechsler").
[6] Soweit die Sozietät für nicht unmittelbar der Berufsausübung dienende Geschäfte geschäftsführende Sozien bestellt, muss vor dem Hintergrund des § 15 Abs. 3 Nr. 1 EStG zur Vermeidung der Gewerblichkeit sichergestellt sein, dass die betreffenden Sozien nicht ausschließlich als „Managing-Partner" tätig sind (siehe hierzu auch: BRAK-Ausschuss Steuerrecht, Standortbestimmung: Gewerblichkeit anwaltlicher Tätigkeit – Abfärberegelung des § 15 Abs. 3 Nr 1 EStG, Stand: August 2017, 2 f.).
[7] Werden solche Regelungen auf Dauer getroffen (Strukturbeschlüsse), gilt § 4 Abs. 1.

(4) Bei der Abgabe rechtsgeschäftlicher Erklärungen wird die Sozietät von zwei Sozien gemeinschaftlich vertreten.[8]

(5) Einzelne Sozien können aus wichtigem Grund durch Beschluss mit einer Mehrheit von drei Vierteln aller Sozien von der Geschäftsführung und Vertretung der Sozietät ausgeschlossen werden.

§ 4 Beschlussfassung der Sozietät

(1) Für alle Beschlüsse über grundsätzliche oder besonders wichtige Fragen wie Änderung des Sozietätsvertrages, Ziele und Struktur der Sozietät, Aufnahme neuer Sozien, Eingehen von Kooperationsverhältnissen, Eröffnung weiterer Büros, generelle Zuweisung von Geschäften an einzelne oder mehrere Sozien (Sozienausschüsse), Einstellung von anwaltlichen Mitarbeitern,[9] Abschluss eines Mietvertrages über die gemeinsamen Büroräume, Einstellung eines Bürovorstehers, Kauf oder Leasing von technischen Anlagen im Werte von mehr als ... EUR ist die Zustimmung aller Sozien erforderlich, sofern in diesem Vertrag kein anderes bestimmt ist.

(2) Beschlüsse betreffend die Erledigung laufender Aufgaben und Geschäfte wie z.B. Anschaffung von Büromaterialien unterhalb der im vorstehenden Absatz genannten Grenze, von Büchern und Zeitschriften, technischen Geräten, die Einstellung von nichtjuristischen Mitarbeitern, mit Ausnahme eines Bürovorstehers, werden mit Mehrheit der Stimmen aller Sozien gefasst.

§ 5 Vermögen der Sozietät

(1) Alle der gemeinschaftlichen Berufsausübung der Sozien dienenden Gegenstände werden und bleiben Vermögen der Sozietät. Ausgenommen davon sind diejenigen Gegenstände, die ein Sozius aus eigenen Mitteln angeschafft und beim Verbringen in die Büroräume als in seinem Eigentum verbleibend bezeichnet hat.[10]

(2) Die Sozietät stellt jedem Sozius die Einrichtung und Ausstattung für sein Arbeitszimmer in den gemeinsam unterhaltenen Büroräumen sowie auf sein Verlangen einen Pkw zur Verfügung. Die Betriebskosten des Pkws werden von der Sozietät bezahlt. Die Finanzierung der Anschaffungen obliegt dem jeweiligen Sozius.[11]

---

8 Für den Fall, dass der Sozietätsvertrag keine Regelung enthält, gilt die gesetzliche Regelung (§§ 709, 714 BGB), wonach die Sozietät grundsätzlich von allen Sozien gemeinsam vertreten wird.

9 Anwaltliche Mitarbeiter, die weisungsgebunden sind und eine bestimmte Arbeitszeit einzuhalten haben, sind als Angestellte einzustufen mit der Folge, dass Lohnsteuer und Sozialversicherungsbeiträge abzuführen sind. Zuwiderhandlungen können im Einzelfall strafbar sein. Unangemessene Beschäftigungsbedingungen sind überdies berufsrechtswidrig (§ 26 BORA).

10 Es empfiehlt sich, die betreffenden Inventarstücke mit dem Namen des Sozius zu versehen, dem sie gehören. Bei Beginn der Sozietät ist festzustellen, welche Gegenstände Sozietätsvermögen sind. Selbstverständlich ist es geboten, diese Listen fortzuschreiben.

11 Hingewiesen wird auf § 9 Abs. 2 sowie auf das Urteil des FG Nürnberg v. 8.3.1994 (EEF 1994, 1023), wonach in dem Fall, dass eine Anwaltssozietät einen Pkw bestellt und auch die Rechnung auf sie ausgestellt ist, die Sozietät die in Rechnung gestellte Umsatzsteuer dennoch nicht als Vorsteuer abziehen kann, wenn der Pkw tatsächlich einem Sozius übergeben wird und dieser entsprechend den Vereinbarungen im Sozietätsvertrag das Alleineigentum (Sonderbetriebsvermögen) an dem Pkw erwirbt. Nach diesem Urteil scheidet bei Pkw-Leasing ein Vorsteuerabzug für die Sozietät ebenfalls aus, wenn im Sozius selbst Leasingnehmer ist. Angebracht erscheint es, die Rechtslage so zu gestalten, dass der Pkw in das Alleineigentum der Sozietät fällt, der die Anschaffung finanzierende Sozius aber das Recht erhält, den Pkw im Falle einer Liquidation ohne Anrechnung auf seine allgemeine Liquidationsquote vorweg übereignet zu erhalten („Vorwegvermögen").

B.5 Mustervertrag für die örtliche Sozietät

§ 6 Geldverkehr

Jeder Sozius hat die Aufzeichnungs- und Aufbewahrungspflichten von § 8 Geldwäschegesetz zu beachten[12] und dafür Sorge zu tragen, dass die im Rahmen eines von ihm bearbeiteten Mandates der Sozietät anvertrauten Fremdgelder unverzüglich auf ein als solches gekennzeichnetes Anderkonto übertragen werden.

§ 7 Berufshaftpflicht; Berufshaftpflichtversicherung

(1) Für den Ersatz von Schäden infolge fehlerhafter Berufsausübung haften dem Mandanten bei Mandaten der Sozietät auch die Sozien als Gesamtschuldner. Bei ausnahmsweise nur einem einzelnen Sozius erteilten Mandaten (§ 2 Abs. 4 S. 2) haftet dem Mandanten zwar nur dieser Sozius, die Sozietät und die anderen Sozien sind aber im Innenverhältnis verpflichtet, den mandatierten Sozius so zu stellen, wie er stünde, wenn das Mandat der Sozietät erteilt worden wäre.

(2) Jeder Sozius hat unverzüglich alle übrigen Sozien zu unterrichten, sobald für ihn erkennbar wird, dass die Geltendmachung von Ansprüchen wegen fehlerhafter Berufsausübung droht.

(3) Im Innenverhältnis haftet der Sozius, der den Schaden zu vertreten hat, den anderen Sozien nur dann, wenn ihm Vorsatz oder grobe Fahrlässigkeit, etwa in Bezug auf Abs. 5, zur Last zu legen ist, und nur insoweit, als der Schaden nicht durch die Berufshaftpflichtversicherung gedeckt ist. Sozien, die im Falle des § 13 Abs. 2 S. 1 Hs. 1 i.V.m. Abs. 1 aus der Sozietät ausscheiden, ohne dass die Kündigung durch einen wichtigen Grund veranlasst war, können verlangen, von den in der Sozietät verbliebenen Sozien von jeglicher Haftung für Schadensfälle, die vor ihrem Ausscheiden eingetreten sind, freigestellt zu werden. Die Sozien tragen den nach Abzug der Versicherungssumme verbleibenden Schaden im Innenverhältnis entsprechend ihrer quotenmäßigen Beteiligung am Überschuss der Sozietät in dem Zeitpunkt, in dem der Schaden bei der Sozietät eingetreten ist.[13]

(4) Die Sozietät schließt für jeden Sozius und für jeden juristischen Mitarbeiter eine Berufshaftpflichtversicherung ab, deren Deckungssumme … EUR[14] für jeden Versicherungsfall zu betragen hat, wobei die Leistungen des Versicherers für alle innerhalb eines Versicherungsjahres verursachten Schäden auf …EUR[15] begrenzt werden darf. Der Berufshaftpflichtversicherungsschutz ist regelmäßig darauf zu überprüfen, ob er noch den aktuellen gesetzlichen Vorgaben entspricht und dem Zuschnitt der Sozietät angemessen erscheint.

(5) Jeder Sozius ist verpflichtet, das mit den von ihm wahrzunehmenden Mandaten konkret verbundene Haftpflichtrisiko zu überprüfen. Zeigt sich ein erhöhtes Risiko ist dieser Umstand den anderen Sozien anzuzeigen und mit ihnen über die Reaktion darauf zu entscheiden, insbesondere darüber, ob insofern die Versicherungsdeckung erhöht und/oder eine schriftliche Haftungsbegrenzungsvereinbarung mit dem Mandanten angestrebt[16] oder die Mandatsübernahme abge-

---

12 Des Weiteren kann die Sozietät unter Umständen eine Pflicht zur Bestellung eines Geldwäschebeauftragten gem. § 7 Geldwäschegesetz treffen.
13 Es sind selbstverständlich andere Regelungen denkbar, etwa die Schadensverteilung nach den Quoten, die im Zeitpunkt der Verursachung des Schadens galten.
14 Mindestens 250.000 EUR (vgl. § 51 Abs. 4 S. 1 BRAO).
15 Diese Obergrenze muss mindestens 1.000.000 EUR betragen (vgl. § 51 Abs. 4 S. 2 BRAO).
16 Darüber hinaus sollte es im Sozietätsvertrag ausdrücklich festgehalten werden, wenn die Sozien möchten, dass die Sozietät grundsätzlich von der Möglichkeit zur Haftungsbeschränkung gem. § 52 BRAO Gebrauch machen soll.

lehnt werden soll. Bei Meinungsverschiedenheiten gelten die Regelungen aus § 2 Abs. 3 S. 3 und 4.

§ 8 Einnahmen

Sämtliche Einnahmen aus anwaltlicher Tätigkeit (Betriebseinnahmen) fließen der Sozietät zu. Anwaltliche Tätigkeit im Sinne dieses Vertrages ist auch die Tätigkeit als Schiedsrichter, Testamentsvollstrecker, Mitglied eines Aufsichtsrates oder Beirates etc. Vergütungen für Tätigkeiten als Fachschriftsteller, Dozent oder Mitglied einer Prüfungskommission stehen dem jeweiligen Sozius zu.[17]

§ 9 Ausgaben

(1) Alle Aufwendungen, die durch den Betrieb der Sozietät veranlasst werden, sind Betriebsausgaben der Sozietät (Betriebsausgaben I). Dazu zählen auch die Beiträge zu Rechtsanwaltskammer, Anwaltverein und ähnlichen nationalen wie internationalen Organisationen und Instituten, die Prämien für mit der Berufsausübung zusammenhängende Versicherungen einschließlich der Prämien für Versicherungen bei der Verwaltungsberufsgenossenschaft. Das Gleiche gilt für Aufwendungen für die Teilnahme eines Sozius an Fortbildungsveranstaltungen, Seminaren, nationalen oder internationalen Anwaltszusammenkünften einschließlich der Reise- und Hotelkosten sowie für die Aufwendungen zur Repräsentation, soweit diese Kosten und Aufwendungen im Interesse der Sozietät liegen; im Zweifel entscheidet hierüber die Sozienversammlung. Als gemeinsame Betriebsausgaben gelten auch die Zahlungen an Sozien, Witwen und Waisen aufgrund der nach diesem Vertrag bestehenden Versorgungsansprüche.

(2) Die Aufwendungen der Sozietät gem. § 5 Abs. 2 (einschließlich des auf die Eigennutzung eines Pkws entfallenden Umsatzsteueranteils) sowie die in Abs. 1 genannten Aufwendungen, soweit sie nicht gemeinsame Betriebsausgaben sind, sind persönliche Sonderbetriebsausgaben des betreffenden Sozius und werden als Betriebsausgaben II für den Sozius gesondert erfasst.

§ 10 Verteilung des Überschusses

(1) Der nach Abzug der Betriebsausgaben verbleibende Überschuss wird unter die Sozien nach Maßgabe der jeweils unter ihnen geltenden Quotenvereinbarung (Anlage zu § 10) verteilt. Die Quote jedes Sozius wird in Punkten ausgedrückt.[18] Der Anteil jedes Sozius am Ergebnis bestimmt sich nach dem Verhältnis seiner Punktzahl zu der Summe der Punkte aller Sozien. Sozien, die der Sozietät seit mindestens zehn Jahren angehören, soll in der Regel die Höchstpunktzahl zustehen.

---

[17] Grundsätzlich sollten alle mit der Berufstätigkeit zusammenhängenden Einnahmen in die Sozietät fließen. Eine Ausnahme für schriftstellerische usw. Tätigkeiten rechtfertigt sich, weil sie im Interesse der Sozietät – oder Anwaltschaft – liegen, regelmäßig außerhalb der normalen Arbeitszeit des Sozius geleistet werden und die Vergütungen verhältnismäßig gering sind.

[18] In Betracht kommt – unter vielen anderen Möglichkeiten – eine Verteilung des Überschusses (und ggf. des Verlustes) nach Prozentsätzen. Eine solche Regelung sollte jedoch flexibel gehalten und in bestimmten Zeiträumen – etwa alle drei Jahre – überprüft werden. Das Punktsystem erscheint wesentlich flexibler als die Verteilung nach Prozentsätzen. Bei der Verteilung der Punkte können besondere Gesichtspunkte berücksichtigt werden, wie Leistung, Verdienst um Aufbau der Sozietät im Allgemeinen oder einer besonderen Sparte. Der Überschuss wird durch die Gesamtzahl der Punkte geteilt, die unter oder über 100 liegen können. Die Änderung der Punktzahl für den einzelnen Sozius wie auch die Zuteilung von Punkten an neue Sozien ist einfacher als die Änderung von Prozentsätzen. Die Regelung, dass ein junger Sozius regelmäßig nach zehn Jahren die Höchstpunktzahl erreicht und diese Punktzahl bis zu seinem Ausscheiden aus der Sozietät oder einer Reduzierung seiner Tätigkeit bestehen bleibt (sog. Lockstep), hat erhebliche Vorteile. Sie vermeidet es, dass Schwankungen in der Leistungsfähigkeit eines Sozius, aus welchen Gründen auch immer, je nach Anlass zu Änderungen der Punktzahl führen. Bei allen Regelungen sollte berücksichtigt werden, dass eine Sozietät nur funktionieren und florieren kann, wenn alle Sozien damit einen für sich ausreichenden Lebensstandard bestreiten können und das Gefühl einer fairen Regelung haben.

B.5 Mustervertrag für die örtliche Sozietät <- Die eigene Kanzlei

(2) Sozien, die das 65. Lebensjahr vollendet haben und den Umfang ihrer Tätigkeit gem. § 14 Abs. 1 S. 1 Fall 2 einschränken, sind verpflichtet, einer entsprechenden, angemessenen Herabsetzung ihrer Punktzahl zuzustimmen.

(3) Die Sozien verpflichten sich, von dem Überschuss zunächst eine Rücklage in Höhe der durchschnittlichen Betriebsausgaben der Sozietät für sechs Monate[19] auf ein Sonderkonto zu überführen. Dabei soll der Anteil des einzelnen Sozius an der Rücklage seinem Anteil an dem Überschuss entsprechen. In den ersten zwei Jahren seiner Zugehörigkeit zur Sozietät ist ein Sozius nicht verpflichtet, zu der Rücklage mit mehr als 10 % der monatlich auf ihn entfallenden Überschussanteile beizutragen. Über die Rücklage können die Sozien nur gemeinsam verfügen.

(4) Die verbleibenden Überschussanteile gem. Abs. 1 werden unter Berücksichtigung der als Betriebsausgaben II auf die einzelnen Sozien entfallenden Beträge monatlich an die Sozien voll ausbezahlt.[20]

(5) Innerhalb von sechs Monaten nach Abschluss eines Geschäftsjahres ist für das abgelaufene Geschäftsjahr eine Abrechnung als Überschuss der Einnahmen über die Ausgaben (§ 4 Abs. 3 EStG) zu erstellen. Die Abrechnung wird aufgrund eines Beschlusses der Sozien verbindlich.

§ 11 Urlaub

Jeder Sozius hat Anspruch auf einen Jahresurlaub von … Tagen und nach Vollendung des … Lebensjahres auf … zusätzliche Urlaubstage. Die Sozien sind verpflichtet, untereinander eine Abstimmung über den Zeitpunkt des Urlaubs herbeizuführen. Dabei ist auf Sozien mit schulpflichtigen Kindern Rücksicht zu nehmen.

§ 12 Erkrankung eines Sozius

(1) Jeder Sozius schließt eine Berufsunfallversicherung[21] sowie zur Deckung des außerberuflichen Unfallrisikos eine private Unfallversicherung[22] ab. Jeder Sozius ist außerdem gehalten, eine private Krankenversicherung abzuschließen.

(2) Ist die Arbeitskraft eines Sozius durch Krankheit, Gebrechen oder aus anderen Gründen seit über sechs Monaten erheblich gemindert, so können die übrigen Sozien von ihm eine angemessene Herabsetzung seiner ihm nach § 10 Abs. 1 zustehenden Quote verlangen. Das Verlangen bedarf einer Mehrheit von 75 % der Stimmen aller anderen Sozien.

---

19 Eine Rücklage in der Höhe der Betriebsausgaben für einige Monate gibt der Sozietät Sicherheit gegenüber stark schwankenden Einnahmen. Die Höhe der Rücklage kann natürlich auf die Betriebsausgaben eines kürzeren Zeitraums als sechs Monate beschränkt werden; er sollte jedoch nicht auf einen kürzeren Zeitraum als die Betriebsausgaben für drei Monate begrenzt werden, um zu vermeiden, dass die Sozien bei vorübergehend geringeren Einnahmen Beiträge aus dem privaten Vermögen einzahlen müssen, um die laufenden Betriebsausgaben zu decken. Wird die Rücklage wegen schwankender Einnahmen oder für besondere, nicht durch die laufenden Einnahmen gedeckte Investitionen auf einstimmigen Beschluss der Sozien in Anspruch genommen, ist sie anschließend vor der Auszahlung von Überschüssen an die Sozien wieder aufzufüllen. Vgl. Kreifels/Oppenhoff, AnwBl 1977, 357, 360.
20 In Anwaltsbüros werden vielfach die privaten Rechnungen und Ausgaben vom Büro bezahlt und als Entnahmen zulasten des Sozius ohne Rücksicht auf den Kontostand verbucht. In einigen Sozietäten empfiehlt sich dringend, den privaten Zahlungs- von dem Kanzleibereich strikt zu trennen.
21 Bei der VBG (Verwaltungs-Berufsgenossenschaft, Hamburg).
22 Die Prämien zur Privatunfallversicherung sollten von den Sozien aus Privatmitteln gezahlt werden, damit die Versicherungsleistungen im privaten Bereich anfallen und daher steuerfrei vereinnahmt werden können. In der Privatunfallversicherung empfiehlt es sich, das Todesrisiko und das Invaliditätsrisiko etwa im Verhältnis 1:3 abzusichern. Große Sozietäten sollten versuchen, Prämienrabatte zu erreichen. Wichtig ist es, zu bestimmen, wer im Versicherungsfall bezugsberechtigt sein soll.

§ 13 Kündigung; Ausscheiden[23]

(1) Jeder Sozius kann seine Mitgliedschaft in der Sozietät gegenüber allen anderen Sozien unter Einhaltung einer Frist von … Monaten[24] auf das Ende eines Kalenderjahres ordentlich kündigen. Das Recht zur Kündigung aus wichtigem Grund gem. § 723 Abs. 1 S. 2 BGB bleibt unberührt.

(2) Die Mitgliedschaft eines Sozius in der Sozietät kann grundsätzlich von allen übrigen Sozien gemeinsam unter Einhaltung einer Frist von … Monaten auf das Ende eines Kalenderjahres ordentlich gekündigt werden, bei Vorliegen eines wichtigen Grundes auch außerordentlich ohne Einhaltung dieser Frist. Gegenüber einem Sozius, welcher der Sozietät mehr als zehn Jahre angehört und seine Mitarbeit nicht eingestellt hat und der weder berufsunfähig geworden noch auf Dauer erkrankt ist, ist die ordentliche Kündigung ausgeschlossen, mithin nur eine außerordentliche Kündigung bei Vorliegen eines wichtigen Grundes möglich. Als wichtiger Grund gilt es stets, wenn ein Sozius nach seiner Aufnahme in die Sozietät heiratet, ohne im Zusammenhang mit der Eheschließung oder binnen angemessener Frist danach eine Vereinbarung entsprechend § 1 Abs. 3 zu treffen.

(3) Kündigungen bedürfen der Schriftform. In Fällen des Abs. 2 bedarf die Kündigung der persönlichen Unterzeichnung durch alle übrigen Sozien.

(4) Kündigungen führen zum Ausscheiden des betreffenden Sozius. Die Sozietät wird unter den verbleibenden Sozien fortgesetzt. Erscheint der Name des ausgeschiedenen Sozius im Namen der Sozietät, so ist die Sozietät berechtigt, ihren bisherigen Sozietätsnamen weiterzuführen, es sei denn, es stehen wichtige Gründe entgegen. Eine anderweitige Anwaltstätigkeit des Ausscheidenden gilt nicht als ein solcher wichtiger Grund, auch dann nicht, wenn sie nach diesem Vertrag zulässig ist.[25]

(5) Scheidet ein Sozius im Falle des Abs. 2 S. 1 aus der Sozietät aus, ohne dass die Kündigung auf das Vorliegen eines wichtigen Grundes gestützt ist, so ist er von den in der Sozietät verbleibenden Sozien von der Verpflichtung zur Zahlung von nach diesem Vertrag entstandenen Versorgungsansprüchen freizustellen.

(6) Die Regelungen in Abs. 4 gelten entsprechend, wenn ein Sozius verstirbt.

(7) Scheidet ein Sozius infolge Kündigung aus der Sozietät aus, so sind alle Sozien einschließlich des Ausscheidenden verpflichtet, den ernsthaften Versuch zu unternehmen, sich darüber zu verständigen, welche von dem ausscheidenden Sozius begründeten oder allein oder gemeinsam mit anderen betreuten Mandatsverhältnisse ihm unter dem Vorbehalt der Zustimmung durch die betroffenen Mandanten übertragen werden sollen. Kommt eine Verständigung darüber nicht innerhalb eines Monats ab Kündigung zustande, so haben die Sozien alle von dem ausscheidenden Sozius begründeten oder allein oder gemeinsam mit anderen betreuten Mandanten darüber zu befragen, ob der ausscheidende Sozius oder die Sozietät künftig die jeweiligen laufenden Sachen bearbeiten sollen. Kommt auch über die Art und Weise der Befragung oder den Kreis der zu be-

---

23 Bei den Kündigungsfolgen wurde bewusst von einem Wettbewerbsverbot abgesehen. Ein solches wäre ohnehin nur in engen Grenzen zulässig (BGH AnwBl. 2005, 715) und im Kontext der Mandantenmitnahmeklausel in Abs. 7, der Versorgungs- (§§ 15 ff.) und der Abfindungsregelung (§ 18) zu sehen.

24 Erfahrungsgemäß ist es nicht sinnvoll, den Zeitraum über drei oder sechs Monate auszudehnen. Zu den Grenzen für die zeitliche Einschränkung des Kündigungsrechts bei Anwaltssozietäten vgl. BGH ZIP 2006, 2316; Goette ZGR 2008, 436, 442.

25 Es ist sinnvoll, dies (so oder entgegengesetzt) ausdrücklich, ggf. mit einer Übergangsfrist für die bisherige Namensführung, festzulegen.

B.5 Mustervertrag für die örtliche Sozietät <- Die eigene Kanzlei

fragenden Mandanten keine Verständigung zustande, so hat die Befragung in einem gemeinsamen Rundschreiben an alle diejenigen Mandanten zu erfolgen, die der ausscheidende Sozius hierfür benannte und für die er im letzten Jahr vor seinem Ausscheiden tätig war. Kommt auch über ein solches Rundschreiben innerhalb von zwei Monaten seit der Kündigung keine Verständigung zustande und hat auch innerhalb eines weiteren Monats ein Vermittlungsversuch des Vorstandes der zuständigen Rechtsanwaltskammer[26] keinen Erfolg, so dürfen sowohl die Sozietät als auch der ausscheidende Sozius durch ein sachlich gehaltenes Schreiben einseitig die Entscheidung aller derjenigen Mandanten einholen, deren Mandatsbeziehung der ausscheidende Sozius auf sich überzuleiten wünscht. Dasselbe Verfahren ist im Falle der Auflösung der Sozietät in Bezug auf alle Mandate aller Sozien durchzuführen.

§ 14 Einstellung der Mitarbeit wegen Erkrankung, Berufsunfähigkeit und Alters

(1) Jeder Sozius kann durch Erklärung gegenüber allen anderen Sozien zum Ablauf jedes Kalenderjahres nach Vollendung seines 65. Lebensjahres seine Mitarbeit in der Sozietät einstellen (Eintritt in den Ruhestand) oder einschränken. Die Erklärung muss den anderen Sozien mindestens sechs Monate vor dem Ablauf des betreffenden Kalenderjahres zugegangen sein. Mit dem Ablauf des Kalenderjahres, in dem der Sozius das 72. Lebensjahr vollendet hat, tritt er ohne Weiteres in den Ruhestand; eine hiervon abweichende Vereinbarung bedarf einer Mehrheit von 75 % der Stimmen aller Sozien.

(2) Wird ein Sozius vor Eintritt in den Ruhestand ganz oder überwiegend berufsunfähig, kann er durch Beschluss der anderen Sozien in den vorzeitigen Ruhestand versetzt werden. Das Gleiche gilt, wenn dies zur Vermeidung von Nachteilen für die Sozietät notwendig erscheint und der Sozius das 65. Lebensjahr vollendet hat. Der Beschluss bedarf einer Mehrheit von 75 % der Stimmen aller anderen Sozien.

(3) Die Zugehörigkeit eines Sozius zur Sozietät wird durch seinen Eintritt in den Ruhestand nicht berührt.[27] Jedoch werden seine Rechte wie folgt eingeschränkt:

(a) Der in den Ruhestand getretene Sozius ist an der gemeinsamen Berufsausübung nicht mehr beteiligt, soweit nicht einvernehmlich im Einzelfall (Einzelmandate oder dgl.) eine andere Regelung getroffen wird.
(b) Die Versorgungsregelung ist abschließend zu verstehen. Eine Beteiligung am Überschuss nach Punkten ist ausgeschlossen.
(c) Bei Beschlüssen der Sozietät sind in den Ruhestand getretene Sozien vom Stimmrecht ausgeschlossen. Änderungen des Sozietätsvertrages bedürfen ihrer Zustimmung, soweit sie Bestimmungen über Versorgung (§§ 15 ff.) betreffen.

---

26 Im Falle einer Sozietät mit Mitgliedern anderer Berufe (z.B. Wirtschaftsprüfer, Steuerberater) sollte eine Vorschrift aufgenommen werden dahingehend, dass die Wirtschaftsprüferkammer bzw. Steuerberaterkammer und die Rechtsanwaltskammer einen Einigungsversuch herbeiführen sollten.
27 Ein sofortiges Ausscheiden von in Ruhestand tretenden Sozien kann auf der einen Seite nachteilige steuerliche Folgen für sie haben (vorzeitige Versteuerung anteiliger stiller Reserven etwa im Betriebsgebäude, Sofortbesteuerung des Barwerts der Pension). Auf der anderen Seite ist genau zu überprüfen, ob nicht durch die Einrichtung einer reinen Ruheständler-Gesellschaftszugehörigkeit eine steuerliche Qualifizierung der gesamten Sozietät als Gewerbebetrieb droht (siehe dazu BRAK-Ausschuss Steuerrecht, Standortbestimmung: Gewerblichkeit anwaltlicher Tätigkeit – Abfärberegelung des § 15 Abs. 3 Nr. 1 EStG, Stand: August 2017, 2 f.). Im Zweifel sollte dem Zug der Zeit folgend auf Versorgungsregelungen gänzlich verzichtet oder auf Versicherungsmodelle ausgewichen werden.

(d) Die Rechte eines Sozius gem. § 5 Abs. 2 werden durch den Eintritt in den Ruhestand nicht berührt. Sie können ihm jedoch durch Beschluss der Sozienversammlung mit einer Mehrheit von 75 % aller Sozien ganz oder teilweise entzogen werden.

§ 15 Versorgung von Sozien[28]

(1) Tritt ein Sozius in den Ruhestand, so erhält er lebenslang Versorgungsbezüge nach Maßgabe der Abs. 2 und 3, sofern er der Sozietät zehn Jahre angehört hat.

(2) Bemessungsgrundlage für die Versorgungsbezüge ist das jeweilige Ruhegehalt eines verheirateten, kinderlosen [Vorsitzenden] Richters am Landgericht der höchsten Erfahrungsstufe einschließlich Zuschlägen, Zulagen und Gratifikationen, jedoch ohne Beihilfen, und zwar nach dem Landesrecht, welches für dasjenige Landgericht maßgeblich ist, in dessen Bezirk sich die Kanzleiräumlichkeiten der Sozietät befinden.

(3) Tritt ein Sozius infolge eines dahin gehenden Beschlusses der übrigen Sozien (§ 14 Abs. 2) vor Vollendung des 65. Lebensjahres in den Ruhestand, so gelten die Bestimmungen der Abs. 1 und 2 auch für ihn mit der Maßgabe, dass sich die Leistungen der Sozietät für jedes Jahr, um das er vor Vollendung des 65. Lebensjahres ausscheidet, um ... % verringern.

(4) Der Versorgungsanspruch des Sozius erlischt in allen Fällen, vorbehaltlich der Regelung des § 16, mit seinem Tode.

§ 16 Versorgung von Witwen und Waisen

(1) Verstirbt ein Sozius, nachdem ein Fall des § 15 eingetreten ist, so erhält die Witwe [bzw. der Witwer (zur sprachlichen Vereinfachung wird in diesem Vertrag stellvertretend allein die weibliche Bezeichnung verwendet)] 60 % der Versorgungsbezüge des verstorbenen Sozius. Verstirbt ein Sozius, bevor ein Fall des § 15 eingetreten ist, so erhält seine Witwe 60 % der Versorgungsbezüge, die ihm die Sozietät hätte zahlen müssen, wenn im Zeitpunkt seines Todes ein Fall des § 15 Abs. 3 eingetreten wäre. Im Falle der Wiederverheiratung der Witwe entfällt die Witwenrente [alternativ: bleibt ihr die Witwenrente erhalten].[29]

(2) Verstirbt ein Sozius ohne Hinterlassen einer nach Abs. 1 S. 1 oder 2 versorgungsberechtigten Witwe oder stirbt seine Witwe oder verliert seine Witwe ihren Versorgungsanspruch,[30] so haben etwaige Kinder des Sozius Anspruch auf eine Waisenrente, solange sie noch nicht das 27. Lebensjahr vollendet und noch keine Berufsausbildung abgeschlossen haben. Die Waisenrente beträgt für jedes Kind 30 % der in Abs. 1 S. 1 bzw. 2 festgelegten Witwenrente, für alle Waisen zusammen jedoch höchstens 100 % der jeweiligen Witwenrente.

---

28 Mit der Einführung der Altersversorgung der Anwälte durch Ländergesetze (z.B. das Gesetz über das Versorgungswerk der Rechtsanwältinnen und Rechtsanwälte in der Freien und Hansestadt Hamburg (RAVersG) v. 21.11.2000) hat die sozietätsvertragliche Versorgungsregelung viel von ihrer früheren Bedeutung verloren. Hinzu kommt, dass Sozietäten in der Praxis zunehmend als bloße Verbindung auf Zeit gesehen werden.

29 Da diese Frage mit vielen grundsätzlichen Überlegungen nicht spezifisch anwaltlicher Art belastet ist, wird von einem Vorschlag abgesehen. Das Gleiche gilt hinsichtlich der Schwierigkeiten für eine Sozietät, die bei Scheidung der Ehe eines Sozius (Zugewinn- und Versorgungsausgleich!) entstehen können.

30 Der Satzteil „oder verliert seine Witwe ihren Versorgungsanspruch" ist zu streichen, wenn die Witwe den Anspruch im Wiederverheiratungsfalle behält.

B.5 MUSTERVERTRAG FÜR DIE ÖRTLICHE SOZIETÄT <- DIE EIGENE KANZLEI

§ 17 Begrenzung und Fälligkeit der Versorgungsansprüche

(1) Die Verpflichtung der Sozietät zur Zahlung von Versorgungsrenten ist je Kalenderjahr auf ... % des Jahresüberschusses der Sozietät begrenzt.[31] Für den Fall, dass die Versorgungsansprüche diese Grenze überschreiten, sind die Versorgungsansprüche aller Versorgungsberechtigten gegenüber der Sozietät und untereinander anteilig zu kürzen, wobei die Umstände des einzelnen Falles, insbesondere auch anderweitig gesicherte Versorgung berücksichtigt und Härten nach Möglichkeit vermieden werden sollten.

(2) Versorgungszahlungen nach diesem Vertrag sind jeweils am Monatsende fällig.

(3) Jeder Versorgungsgläubiger ist berechtigt, die Buchhaltung der Sozietät und deren Unterlagen einzusehen. Die Sozietät kann verlangen, dass er damit eine durch Gesetz zur beruflichen Verschwiegenheit verpflichtete Person beauftragt.

§ 18 Auseinandersetzungsguthaben

(1) Scheidet ein Sozius, gleichgültig aus welchen Gründen, aus der Sozietät aus, so haben er oder seine Erben Anspruch auf

(a) die Auszahlung des Guthaben-Saldos der für den betreffenden Sozius von der Sozietät geführten Konten und
(b) seinen Anteil an der Rücklage (§ 10 Abs. 3) gemäß den ertragsteuerlichen Buchwerten des Sozietätsvermögens – ausschließlich Forderungen – am Ende des Jahres, in dem der Sozius aus der Sozietät ausscheidet.[32]

(2) Weitere Ansprüche sind ausgeschlossen, insbesondere Ansprüche auf Beteiligung an den laufenden Mandaten (§ 740 BGB) und auf Befreiung im Außenverhältnis von den Verbindlichkeiten der Sozietät (§ 738 Abs. 1 S. 2 Hs. 2 BGB). Jedoch hat der ausscheidende Sozius im Innenverhältnis Anspruch auf Freistellung von der Haftung für Verbindlichkeiten der Sozietät.

§ 19 Schiedsgericht

Streitigkeiten zwischen den Sozien oder zwischen einem Sozius oder mehreren Sozien und der Sozietät werden unter Ausschluss des ordentlichen Rechtsweges durch ein Schiedsgericht entschieden. Es gilt der diesem Vertrag in Kopie als Anlage zu § 19 beigefügte Schiedsvertrag.[33]

---

[31] Die einer Sozietät mit Zusage vertraglicher Altersrenten entstehenden Lasten können leicht zu hoch werden. Wenn dennoch Versorgungsrenten gezahlt werden sollen, empfiehlt sich eine Höchstgrenze (etwa 15 % oder 20 % des Jahresüberschusses), um die aktiven Sozien nicht über Gebühr zu belasten und die Existenz der Sozietät nicht zu gefährden.

[32] Auf die Vereinbarung eines besonderen Abfindungsentgelts wird verzichtet, weil auch der Eintritt eines neuen Sozius nicht mit irgendwelchen Leistungen für den einzelnen eintretenden Sozius verbunden sein und insbesondere weil der Ausscheidende zur „Mitnahme" von Mandanten gem. § 13 Abs. 7 berechtigt ist; dies rechtfertigt grundsätzlich den Ausschluss von einer Beteiligung am Geschäftswert der Sozietät (OLG Bremen DStR 1992, 78; BGH NJW 1995, 1551). Denkbar wäre eine zusätzliche Geschäftswertabgeltung in Form eines Pauschalbetrages, z.B. eines Prozentsatzes des durchschnittlichen Umsatzes der letzten Jahre. Eine Kumulierung von Mandantenmitnahme und Geschäftswertabgeltung ist jedenfalls zu vermeiden, etwa durch Anrechnung künftiger Honorareinnahmen auf ein evtl. Abfindungsentgelt.

[33] Diese „Auskopplung" hat unter anderem den Vorteil, jeglichem Streit um die Reichweite des Verbraucherbegriffs in § 1031 Abs. 5 ZPO aus dem Wege zu gehen.

B.5 Mustervertrag für die örtliche Sozietät

Anlage zu § 19

[...]

1. Über alle Meinungsverschiedenheiten, welche sich zwischen den Sozien oder zwischen einem Sozius oder mehreren Sozien und der Sozietät aus oder im Zusammenhang mit dem Sozietätsvertrag, insbesondere über dessen Rechtsgültigkeit, nachträgliche Unwirksamkeit, Inhalt, Auslegung und Durchführung, ergeben sollten, entscheidet unter Ausschluss des ordentlichen Rechtsweges ein dreigliedriges Schiedsgericht mit dem Sitz in dem Bezirk, in welchem sich die Kanzleiräumlichkeiten der Sozietät befinden.
2. Das Schiedsgericht ist befugt, Lücken des Sozietätsvertrags, auch solche, die sich aus einer grundlegenden Änderung der tatsächlichen und/oder rechtlichen Verhältnisse ergeben sollten, mit Wirkung für und gegen alle Sozien und die Sozietät auszufüllen. Dabei soll das Schiedsgericht unter Zugrundelegung des im Übrigen zum Ausdruck gekommenen Willens der Sozien in billiger Weise deren Interessen Rechnung tragen.
3. Jeder Schiedsrichter muss zur Ausübung des Richteramts befähigt sein. Die Ernennung der Schiedsrichter erfolgt gemäß nachstehenden Regelungen:
   a) Bei Schiedsverfahren mit zwei Parteien ernennt jede Partei einen Schiedsrichter.
   b) Wenn mehrere Sozien oder ein Sozius und die Sozietät das schiedsgerichtliche Verfahren einleiten wollen, haben sie einen gemeinsamen Schiedsrichter zu ernennen, widrigenfalls keiner der von ihnen ernannten Schiedsrichter als wirksam ernannt gilt.
   c) Wird das schiedsgerichtliche Verfahren gegen mehrere andere Sozien oder gegen einen Sozius und die Sozietät als gemeinsame Schiedsbeklagte betrieben, so haben diese einen gemeinsamen Schiedsrichter zu ernennen, widrigenfalls keiner der von ihnen ernannten Schiedsrichter als wirksam ernannt gilt. § 1035 Abs. 3 S. 3 ZPO gilt in diesem Fall mit der Maßgabe, dass das Gericht nicht nur für die gemeinsamen Schiedsbeklagten einen Schiedsrichter zu bestellen hat, sondern auch einen (neuen) Schiedsrichter für die Klägerseite.
4. Im Übrigen gelten die gesetzlichen Bestimmungen über das schiedsrichterliche Verfahren (§§ 1025 ff. ZPO).

[Unterschriften]

§ 20 Schlussbestimmungen

(1) Ansprüche aus diesem Vertrag können weder abgetreten noch verpfändet noch mit einem Nießbrauch belastet werden.

(2) Mündliche Nebenabreden bestehen nicht. Sämtliche Änderungen dieses Vertrages bedürfen zu ihrer Gültigkeit der Schriftform. Dies gilt insbesondere auch für die Aufhebung dieses Formerfordernisses.

(3) Sollte eine Bestimmung dieses Vertrages unwirksam sein oder werden, so bleibt der Vertrag im Übrigen wirksam. In einem solchen Falle sind die Sozien verpflichtet, an der Schaffung einer Bestimmung mitzuwirken, durch die ein der unwirksamen Bestimmung wirtschaftlich möglichst nahekommendes Ergebnis rechtswirksam erzielt wird.

B.6 Mustervertrag für eine überörtliche Sozietät

Rechtsanwalt Dr. Klaus Oepen, Hamburg
Rechtsanwältin Daniela Bramkamp, Hamburg

Präambel[1]

Die gegenwärtig in … und … tätige Sozietät hat die Ziele ….

Die Sozietät hat ferner die Absicht, durch Aufnahme weiterer Sozien oder Zusammenschluss mit anderen Sozietäten auch an anderen Orten, insbesondere in …, vertreten zu sein.

§ 1 Name der Sozietät[2]

(1) Der Name der Sozietät lautet „Meier, Müller, Lehmann, Rechtsanwälte".[3] Während des Übergangszeitraums bis … wird in einer gesonderten Zeile des Briefkopfes auf den Zusammenschluss der Altsozietäten hingewiesen („Zusammenschluss der Sozietäten Meier … in Berlin, Müller und Lehmann … in München").

(2) Sozien, deren Namen im Sozietätsnamen enthalten sind, gestatten für den Fall ihres Ausscheidens allen, auch zukünftigen Sozien, ihren Namen im Sozietätsnamen weiterhin unentgeltlich fortzuführen, soweit nicht im Einzelfall ein wichtiger Grund entgegensteht. Dies gilt auch für den Fall eines etwaigen weiteren Zusammenschlusses. Dessen ungeachtet hat die Sozietät das Recht, ihren Sozietätsnamen jederzeit durch Gesellschafterbeschluss gem. § 3 Abs. 3 dieses Vertrages zu ändern.

(3) Sozien können nur zugelassene Rechtsanwälte oder Angehörige anderer freier Berufe sein, mit denen Rechtsanwälte gem. § 59a BRAO in seiner jeweils gültigen Fassung eine Sozietät eingehen können. Verheiratete können nur Sozien sein, wenn sie für ihre Ehe eine Vereinbarung getroffen haben, welche sicherstellt, dass die Beteiligung an der Sozietät im Falle einer Scheidung

---

[1] Es empfiehlt sich, viel Mühe auf die Bestimmung konkreter Zielsetzungen und strategischer Festlegungen zu verwenden und Sozietätsziele in einer Präambel niederzulegen.
[2] Die Angabe eines Sitzes ist bei einer Gesellschaft bürgerlichen Rechts nicht geboten. Eine Anwaltssozietät besteht aus den grundsätzlich gleichwertigen Kanzleien der einzelnen Sozien. Steuerlich könnte die Festlegung jedoch nach § 20 Abs. 2 AO bedeutsam sein.
[3] Weitere Beispiele: Meier, Müller & Sozien-Rechtsanwälte; Anwaltssozietät (Anwaltsgemeinschaft) Meier, Müller & Sozien; Rechtsanwälte Meier, Müller & Kollegen; Anwaltsbüro Meier. Die Hinzufügung von Buchstabenkombinationen als Kooperationshinweise sind zulässig (BGH NJW 2002, 608 „CMS"; AnwGH Hamburg NJW 2004, 371 „Legitas"). Den Zusatz „Partnerschaft" oder „und Partner" dürfen gem. § 11 Abs. 1 S. 1 PartGG (abgesehen von Altfällen) nur Partnerschaftsgesellschaften führen. Erscheinen auf dem Briefkopf neben den Namen der Sozien (die zwingend vollständig aufgeführt werden müssen, siehe dazu Heussen/Hamm/Ludwig, Beck'sches Rechtsanwalts-Handbuch, 11. Aufl. 2016, § 60 Rn. 5) auch Namen von Nichtsozien, ohne dies deutlich zu machen, gelten sie nach außen als Sozien mit entsprechenden Haftungsfolgen (OLG Köln NJW-RR 2004, 279). Gem. § 9 BORA sind Kurzbezeichnungen möglich, worunter nun wohl auch die Verwendung eines reinen Sach- oder Fantasienamens fällt (in diesem Sinne etwa: BeckOK-BORA/Römermann, 17. Edt. 1.9.2017, § 9 Rn. 32 ff.; Feuerich/Weyland/Träger, BRAO, 9. Aufl. 2016, BORA § 9 Rn. 13; in der Sache ebenso schon zur Firma einer Rechtsanwalts-AG: BayObLG NJW 2000, 1647). Demgegenüber ließ der BGH im Jahr 2004 noch unter Geltung einer früheren Fassung von § 9 BORA eine Tendenz erkennen, die Verwendung einer Sach- oder Fantasiebezeichnung allein als Zusatz zu einem Namen zuzulassen (NJW 2004, 1651, 1652).

B.6 Mustervertrag für eine überörtliche Sozietät

weder in die Berechnung eines Zugewinnausgleichs einbezogen wird noch Gegenstand von Auskunftsansprüchen des anderen Ehegatten sein kann.[4]

§ 2 Gemeinsame Berufsausübung

(1) Gegenstand der Sozietät ist die gemeinschaftliche Ausübung des Rechtsanwaltsberufes. Jeder Sozius [und jede Sozia (zur sprachlichen Vereinfachung wird im Folgenden stellvertretend allein die männliche Bezeichnung verwendet)] verpflichtet sich, seine ganze Arbeitskraft der Sozietät zu widmen, die von ihm wahrzunehmenden Mandate mit der erforderlichen Sorgfalt zu bearbeiten und sich auf seinen Tätigkeitsgebieten regelmäßig fortzubilden.

(2) Wissenschaftliche Tätigkeit einschließlich Lehrtätigkeit, Tätigkeit in anwaltlichen Berufsorganisationen und in der anwaltlichen Selbstverwaltung sowie politische und ehrenamtliche richterliche Tätigkeit sind zulässig,[5] sofern sie ein angemessenes Maß nicht überschreiten.

(3) Jeder Sozius ist berufen, über Annahme und Ablehnung von Mandaten zu entscheiden. Bei der Annahme von Mandaten hat jedoch jeder Sozius auf das Berufsrecht, insbesondere auf mögliche Interessenkonflikte in der Sozietät,[6] aber auch auf etwaige in der Sozietät beschlossene Grundsätze für die Praxisgestaltung[7] und sonstige Belange der Sozietät Bedacht zu nehmen. Im Zweifel ist eine Empfehlung des Gemeinsamen Ausschusses (§ 4) über die Annahme oder Ablehnung eines Mandats herbeizuführen. Lassen sich hierbei nicht alle Zweifel ausräumen oder widerspricht auch nur ein Sozius einer Annahmeempfehlung, so ist das Mandat abzulehnen.

(4) Grundsätzlich werden alle Mandate namens der Sozietät übernommen. Das gilt nur nicht für Mandate, die von einem Sozius persönlich wahrgenommen werden müssen (z.B. als Notar, Schiedsrichter, Mediator, Testamentsvollstrecker, Insolvenzverwalter, Aufsichts- oder Beiratsmitglied, Sequester, Nachlassverwalter oder als Verteidiger in Straf- und Bußgeldverfahren); solche Mandate binden allein den jeweils beauftragten einzelnen Sozius.

(5) Die Sozien haben sich gegenseitig, jedenfalls aber den Gemeinsamen Ausschuss über alle neuen Mandate und alle für die Sozietät wichtigen Vorkommnisse zu unterrichten.

(6) Jeder Sozius kann in die Buchhaltung und deren Unterlagen sowie in die von der Sozietät oder den einzelnen Sozien geführten Akten Einsicht nehmen, soweit nicht im Einzelfall aus berufsrechtlichen Gründen eine Geheimhaltungsverpflichtung des mandatierten Sozius besteht.[8]

§ 3 Sozienversammlung

(1) Die ordentliche Sozienversammlung findet innerhalb der ersten sechs Monate eines jeden Jahres statt. Die Einladung erfolgt durch den Gemeinsamen Ausschuss (§ 4), der auch eine Tages-

---

4 Vgl. hierzu auch § 16 Abs. 2 S. 3. Ziel dieser Regelung ist es, auszuschließen, dass die Beteiligung an der Sozietät Gegenstand von Auskunftsansprüchen oder von Ausgleichsansprüchen, die über das hinausgehen, was dem Sozius bei seinem Ausscheiden zustehen würde.
5 ... und erwünscht (?).
6 BVerfG AnwBl. 2003, 521 („Sozietätswechsler").
7 Zu den Grundsätzen der Praxisgestaltung kann ab einer gewissen Sozietätsgröße auch die Pflicht zur Spezialisierung und zum Zusammenschluss in sozietätsinternen Fachteams gehören. Diese treten dann organisatorisch neben die örtlichen Büros.
8 Das ist zum Beispiel bei Sozietäten mit Mitgliedern anderer sozietätsfähiger Berufe (Patentanwälte, Steuerberater, Wirtschaftsprüfer etc., vgl. § 59a Abs. 1 und 2 BRAO) oder bei entsprechenden Vorgaben des Mandanten relevant.

B.6 Mustervertrag für eine überörtliche Sozietät

ordnung erstellt. Der Gemeinsame Ausschuss kann außerordentliche Versammlungen einberufen. Er muss dies tun, wenn ein Fünftel aller Sozien dies wünscht.

(2) Die Sozienversammlung ist zuständig für die Festlegung der Grundsätze der Politik der Sozietät, mittel- und langfristige Zielsetzungen (Grundsätze der Praxisgestaltung), Feststellung des Gewinns und Festlegung des Jahresbudgets, Wahl des Gemeinsamen Ausschusses und evtl. weiterer Ausschüsse,[9] Bildung von Praxisgruppen,[10] Aufnahme neuer Sozien (§ 15), Eröffnung weiterer Büros, Entscheidungen über Vorlagen des Gemeinsamen Ausschusses (§ 4 Abs. 4), bei Anrufung gegen Beschlüsse des Gemeinsamen Ausschusses sowie Änderungen des Sozietätsvertrages.

(3) Soweit in diesem Vertrag keine andere Mehrheit genannt ist, beschließt die Sozienversammlung mit einfacher Mehrheit der anwesenden Sozien. Die Sozienversammlung ist beschlussfähig, wenn die Hälfte aller Sozien anwesend ist. Die Abstimmung erfolgt nach Köpfen und offen. Ein Sozius kann, ausgenommen über seinen Ausschluss, auch in eigenen Angelegenheiten abstimmen. Änderungen des Sozietätsvertrages einschließlich der Änderung der Regelung über die Überschussverteilung (§ 12) und der Grundsätze der Praxisgestaltung bedürfen eines einstimmigen Beschlusses aller Sozien.[11]

(4) Teilnahme an Sozienversammlungen ist Pflicht, soweit nicht ein wichtiger Grund entgegensteht. In diesem Fall kann sich der abwesende Sozius durch einen anderen Sozius mittels schriftlicher Vollmacht mit Einzelweisung zu den einzelnen Punkten der Tagesordnung vertreten lassen.

(5) Die Sozienversammlung wählt einen Versammlungsleiter und einen Protokollführer. Das Protokoll wird von beiden unterschrieben und allen Sozien in Kopie zugeleitet.

(6) Wenn kein Sozius widerspricht, können Sozienbeschlüsse auch im schriftlichen Umlaufverfahren (auch per Fax oder E-Mail) gefasst werden.

§ 4 Gemeinsamer Ausschuss[12]

(1) Die Geschäftsführung der Sozietät erfolgt, soweit dieser Vertrag nichts anderes bestimmt, durch den Gemeinsamen Ausschuss.[13] Geschäftsführung im Sinne dieser Bestimmung betrifft nur diejenigen Geschäfte und geschäftsähnlichen Handlungen, die nicht unmittelbar die Berufsausübung oder Amtstätigkeit betreffen. Dem Gemeinsamen Ausschuss obliegt auch Einführung

---

9   In größeren Sozietäten hat es sich als nützlich erwiesen, neben dem für die Geschäftsführung zuständigen Gemeinsamen (Verwaltungs-)Ausschuss einen für Grundsatzfragen zuständigen (Gewichtung) Ältestenrat vorzusehen. Es empfiehlt sich auch, eine besondere Zuständigkeit für Auswahl, Fortbildung und Überwachung des juristischen Nachwuchses festzulegen.
10 Bei Großsozietäten hat sich die Bildung ortsübergreifender Fachteams („practice groups") etabliert.
11 Bei sehr großen Sozietäten empfiehlt sich eine geringere Majorität (z.B. „75 % aller Sozien" oder „75 % aller anwesenden Sozien").
12 Andere gebräuchliche Bezeichnungen: Verwaltungsausschuss, Geschäftsführender Ausschuss. Anstelle des Ausschusses oder als dessen Vorsitzender wird in großen Sozietäten zunehmend ein Geschäftsführender Sozius („managing partner") vorgesehen. Soweit die Geschäftsführung die nicht unmittelbar der Berufsausübung dienende Geschäfte solcher Geschäftsführender Sozien bestellt, muss vor dem Hintergrund des § 15 Abs. 3 Nr. 1 EStG zur Vermeidung der Gewerblichkeit sichergestellt sein, dass diese nicht ausschließlich als „managing partners" tätig sind (siehe hierzu auch: BRAK-Ausschuss Steuerrecht, Standortbestimmung: Gewerblichkeit anwaltlicher Tätigkeit – Abfärberegelung des § 15 Abs. 3 Nr 1 EStG, Stand: August 2017, 2 f.).
13 Entscheidend für Wohlergehen und Erfolg einer überörtlichen Sozietät ist, wie sie auf Dauer die ihr gemäße Ideallinie zwischen dem Anliegen weitgehender Integration und dem gegenläufigen Streben nach örtlicher und persönlicher Selbstbestimmung findet. Der Einrichtung des Zentralausschusses und der Aufgabenwahrnehmung durch diesen Ausschuss, des geschäftsführenden Sozius kommt dabei besondere Bedeutung zu. Daneben sollten, wenn keine Fachteams (siehe Fn. 7, 10) gebildet werden, zur Entwicklung einer einheitlichen Kultur weitere Möglichkeiten gemeinsamer Projekte und Mandatsbearbeitung gefördert und institutionalisiert werden.

B.6 Mustervertrag für eine überörtliche Sozietät

und Überwachung eines Systems zur Vermeidung von Interessenkonflikten bei Mandatsübernahmen.

(2) Der Gemeinsame Ausschuss besteht aus Mitgliedern, die von der Sozienversammlung gewählt werden, wobei die verschiedenen örtlichen Teilbereiche[14] je ein Mitglied vorschlagen.[15]

(3) Der Gemeinsame Ausschuss trifft die Geschäftsführungsmaßnahmen unter Berücksichtigung der Bestimmungen dieses Vertrages und der Beschlüsse der Sozienversammlung. Besondere Angelegenheiten können im Jahresbudget oder durch anderweitige Sozienbeschlüsse anderen Ausschüssen oder einzelnen Sozien übertragen werden. Dem Gemeinsamen Ausschuss obliegt jedoch auch insoweit die Koordinierung. Er kann Aufgaben an andere Sozien delegieren. Die Übertragung von Angelegenheiten über Einzelfälle hinaus bedarf eines Sozienbeschlusses gem. § 3 Abs. 3.

(4) Der Gemeinsame Ausschuss trifft sich zu regelmäßigen Sitzungen. Er ist beschlussfähig, wenn alle Mitglieder eingeladen waren und mindestens zwei Drittel anwesend sind. Er entscheidet mit einfacher Mehrheit der Anwesenden. Wird ein Drittel der Ausschussmitglieder überstimmt, kann dieses Drittel unverzüglich ein Veto einlegen. Wird dieses innerhalb von zwei Wochen durch ein Drittel aller Sozien oder zwei Drittel der Sozien eines Teilbereichs unterstützt, gilt die Entscheidung des Gemeinsamen Ausschusses als nicht zustande gekommen, kann jedoch der Sozienversammlung zur Beschlussfassung vorgelegt werden.

(5) Bei Ausschusssitzungen sollen alle Mitglieder anwesend sein und abstimmen. Nur in Ausnahmefällen können Mitglieder sich gegenseitig vertreten, jedoch nur aufgrund genauer Anweisung zu konkreten Tagesordnungspunkten.[16] Schriftliche (auch per Fax oder E-Mail) oder fernmündliche Entscheidungen sind zulässig, wenn alle Ausschussmitglieder im Einzelfall mit dem Verfahren einverstanden sind. Über Sitzungen sind Protokolle zu fertigen und allen Sozien in Kopie zuzuleiten. Entsprechendes gilt für schriftlich oder mündlich außerhalb von Sitzungen getroffene Entscheidungen.

§ 5 Örtliche Verwaltung[17]

Die Verwaltung der Angelegenheiten der örtlichen Büros obliegt im Rahmen des Jahresbudgets der Sozietät und der sonstigen Beschlüsse der Sozienversammlung und der vom Gemeinsamen und evtl. sonstigen Ausschüssen gemachten Vorgaben der Versammlung der Sozien des örtlichen Büros bzw. dem von diesen gewählten geschäftsführenden Sozius des örtlichen Büros. Angelegenheiten außerhalb der laufenden örtlichen Verwaltung bedürfen der vorherigen Zustimmung des Gemeinsamen Ausschusses. Es sind dies insbesondere:

a) Investitionen über einen Betrag von mehr als … EUR im Einzelfall;
b) Einstellung juristischer Mitarbeiter;
c) Verlegung oder Erweiterung des Büros;
d) Änderung der Bankverbindung und Aufnahme von Krediten;

---

14 Zusätzlich oder anstelle der örtlichen Teilbereiche kann auch auf Fachteams abgestellt werden (vgl. Fn. 7, 10).
15 Fakultativ (evtl. für die ersten Jahre): „Zusätzlich wählt die Sozienversammlung für jedes ständige Mitglied einen Stellvertreter, der bei Verhinderung des ständigen Mitglieds an den Ausschusssitzungen teilnimmt."
16 Alternativ (im Anschluss an den Fakultativzusatz in Fn. 15): „Anstelle eines verhinderten ständigen Mitglieds nimmt sein Stellvertreter an der Sitzung teil."
17 Ggf. „und der Fachteams".

B.6 Mustervertrag für eine überörtliche Sozietät

e) Entscheidungen über die EDV-Anlage (einschl. Software);
f) langfristige Verträge mit einer Laufzeit von mehr als fünf Jahren.

§ 6 Vertretung der Sozietät

Bei der Abgabe rechtsgeschäftlicher Erklärungen wird die Sozietät von zwei Sozien gemeinschaftlich vertreten.[18]

§ 7 Vermögen der Sozietät

(1) Alle der gemeinschaftlichen Berufsausübung der Sozien dienenden Gegenstände werden und bleiben Vermögen der Sozietät. Ausgenommen davon sind diejenigen Gegenstände, die ein Sozius aus eigenen Mitteln angeschafft und beim Verbringen in die Büroräume als in seinem Eigentum verbleibend bezeichnet hat.[19]

(2) Die Sozietät stellt jedem Sozius die Einrichtung und Ausstattung für sein Arbeitszimmer in den gemeinsam unterhaltenen Büroräumen sowie auf sein Verlangen einen Pkw zur Verfügung. Die Betriebskosten des Pkws werden von der Sozietät bezahlt. Die Finanzierung der Anschaffungen obliegt dem jeweiligen Sozius.[20]

§ 8 Geldverkehr

Jeder Sozius hat die Aufzeichnungs- und Aufbewahrungspflichten von § 8 Geldwäschegesetz zu beachten[21] und dafür Sorge zu tragen, dass die im Rahmen eines von ihm bearbeiteten Mandates der Sozietät anvertrauten Fremdgelder unverzüglich auf ein als solches gekennzeichnetes Anderkonto übertragen werden.

§ 9 Berufshaftpflicht; Berufshaftpflichtversicherung

(1) Für den Ersatz von Schäden infolge fehlerhafter Berufsausübung haften dem Mandanten bei Mandaten der Sozietät auch die Sozien als Gesamtschuldner. Bei ausnahmsweise nur einem einzelnen Sozius erteilten Mandaten (§ 2 Abs. 4 S. 2) haftet dem Mandanten zwar nur dieser Sozius, die Sozietät und die anderen Sozien sind aber im Innenverhältnis verpflichtet, den mandatierten Sozius so zu stellen, wie er stünde, wenn das Mandat der Sozietät erteilt worden wäre.

---

18 Für den Fall, dass der Sozietätsvertrag keine Regelung enthält, gilt die gesetzliche Regelung (§§ 709, 714 BGB), wonach die Sozietät grundsätzlich von allen Sozien gemeinsam vertreten wird. Selbstverständlich kann auch Einzelvertretung (mit oder ohne Befreiung von Beschränkungen des § 181 BGB) vorgesehen werden. Des Weiteren ist an Beschränkungen im Sinne von §§ 710, 714 BGB, etwa zugunsten der Mitglieder des Gemeinsamen Ausschusses oder zugunsten eines geschäftsführenden Sozius und ggf. den Stellvertretern zu denken.
19 Es empfiehlt sich, die betreffenden Inventarstücke mit dem Namen des Sozius zu versehen, dem sie gehören. Bei Beginn der Sozietät ist festzustellen, welche Gegenstände Sozietätsvermögen sind. Selbstverständlich ist es geboten, diese Listen fortzuschreiben.
20 Hingewiesen wird auf § 11 Abs. 2 sowie auf das Urteil des FG Nürnberg v. 8.3.1994 (EFG 1994, 1023), wonach in dem Fall, dass eine Anwaltssozietät einen Pkw bestellt und auch die Rechnung wie ausgestellt ist, die Sozietät die in Rechnung gestellte Umsatzsteuer dennoch nicht als Vorsteuer abziehen kann, wenn der Pkw tatsächlich einem Sozius übergeben wird und dieser entsprechend der Vereinbarungen im Sozietätsvertrag das Alleineigentum (Sonderbetriebsvermögen) an dem Pkw erwirbt. Nach diesem Urteil scheidet beim Pkw-Leasing ein Vorsteuerabzug für die Sozietät ebenfalls aus, wenn der Sozius selbst Leasingnehmer ist. Angebracht erscheint es, die Rechtslage so zu gestalten, dass der Pkw in das Alleineigentum des Sozius fällt, der die Anschaffung finanzierende Sozius aber das Recht erhält, bei dem Pkw im Falle einer Liquidation ohne Anrechnung auf seine allgemeine Liquidationsquote vorweg übereignet zu erhalten („Vorwegvermögen").
21 Des Weiteren kann die Sozietät unter Umständen eine Pflicht zur Bestellung eines Geldwäschebeauftragten gem. § 7 Geldwäschegesetz treffen.

B.6 Mustervertrag für eine überörtliche Sozietät

(2) Jeder Sozius hat unverzüglich alle übrigen Sozien zu unterrichten, sobald für ihn erkennbar wird, dass die Geltendmachung von Ansprüchen wegen fehlerhafter Berufsausübung droht.

(3) Im Innenverhältnis haftet der Sozius, der den Schaden zu vertreten hat, den anderen Sozien nur dann, wenn ihm Vorsatz oder grobe Fahrlässigkeit, etwa in Bezug auf Abs. 5, zur Last zu legen ist, und nur insoweit, als der Schaden nicht durch die Berufshaftpflichtversicherung gedeckt ist. Sozien, die im Falle des § 16 Abs. 2 S. 1 Hs. 1 i.V.m. Abs. 1 aus der Sozietät ausscheiden, ohne dass die Kündigung durch einen wichtigen Grund veranlasst war, können verlangen, von den in der Sozietät verbliebenen Sozien von jeglicher Haftung für Schadensfälle, die vor ihrem Ausscheiden eingetreten sind, freigestellt zu werden. Die Sozien tragen den nach Abzug der Versicherungssumme verbleibenden Schaden im Innenverhältnis entsprechend ihrer quotenmäßigen Beteiligung am Überschuss der Sozietät in dem Zeitpunkt, in dem der Schaden bei der Sozietät eingetreten ist.[22]

(4) Die Sozietät schließt für jeden Sozius und für jeden juristischen Mitarbeiter eine Berufshaftpflichtversicherung ab, deren Deckungssumme ... EUR[23] für jeden Versicherungsfall zu betragen hat, wobei die Leistungen des Versicherers für alle innerhalb eines Versicherungsjahres verursachten Schäden auf ... EUR[24] begrenzt werden darf. Der Berufshaftpflichtversicherungsschutz ist regelmäßig darauf zu überprüfen, ob er noch den aktuellen gesetzlichen Vorgaben entspricht und dem Zuschnitt der Sozietät angemessen erscheint.

(5) Jeder Sozius ist verpflichtet, das mit den von ihm wahrzunehmenden Mandaten konkret verbundene Haftpflichtrisiko zu überprüfen. Zeigt sich ein erhöhtes Risiko ist dieser Umstand den anderen Sozien anzuzeigen und mit ihnen über die Reaktion darauf zu entscheiden, insbesondere darüber, ob insofern die Versicherungsdeckung erhöht und/oder eine schriftliche Haftungsbegrenzungsvereinbarung mit dem Mandanten angestrebt[25] oder die Mandatsübernahme abgelehnt werden soll. Bei Meinungsverschiedenheiten gelten die Regelungen aus § 2 Abs. 3 S. 3 und 4.

§ 10 Einnahmen

Sämtliche Einnahmen aus anwaltlicher Tätigkeit (Betriebseinnahmen) fließen der Sozietät zu. Anwaltliche Tätigkeit im Sinne dieses Vertrages ist auch die Tätigkeit als Schiedsrichter, Testamentsvollstrecker, Mitglied eines Aufsichtsrates oder eines Beirates etc. Vergütungen für Tätigkeiten als Fachschriftsteller, Dozent oder Mitglied einer Prüfungskommission stehen dem jeweiligen Sozius zu.[26]

§ 11 Ausgaben

(1) Alle Aufwendungen, die durch den Betrieb der Sozietät veranlasst werden, sind Betriebsausgaben der Sozietät (Betriebsausgaben I). Dazu zählen auch die Beiträge zu Rechtsanwaltskam-

---

[22] Es sind selbstverständlich andere Regelungen denkbar, etwa die Schadensverteilung nach den Quoten, die im Zeitpunkt der Verursachung des Schadens galten.
[23] Mindestens 250.000 EUR (vgl. § 51 Abs. 4 S. 1 BRAO).
[24] Diese Obergrenze muss mindestens 1.000.000 EUR betragen (vgl. § 51 Abs. 4 S. 2 BRAO).
[25] Darüber hinaus sollte es im Sozietätsvertrag ausdrücklich festgehalten werden, wenn die Sozien möchten, dass die Sozietät grundsätzlich von der Möglichkeit zur Haftungsbeschränkung gem. § 52 BRAO Gebrauch machen soll.
[26] Grundsätzlich sollten alle mit der Berufstätigkeit zusammenhängenden Einnahmen in die Sozietät fließen. Eine Ausnahme für die genannten Tätigkeiten rechtfertigt sich, weil sie im Interesse der Sozietät – oder der Anwaltschaft – liegen, regelmäßig außerhalb der normalen Arbeitszeit des Sozius geleistet werden und die Vergütungen verhältnismäßig gering sind.

B.6 Mustervertrag für eine überörtliche Sozietät

mer, Anwaltverein und ähnlichen nationalen wie internationalen Organisationen und Instituten, die Prämien für mit der Berufsausübung zusammenhängenden Versicherungen einschließlich der Prämien für Versicherungen bei der Verwaltungsberufsgenossenschaft. Das Gleiche gilt für Aufwendungen für die Teilnahme eines Sozius an Fortbildungsveranstaltungen, Seminaren, nationalen oder internationalen Anwaltszusammenkünften einschließlich der Reise- und Hotelkosten sowie für die Aufwendungen zur Repräsentation, soweit die Kosten und Aufwendungen im Interesse der Sozietät liegen; im Zweifel entscheidet hierüber der Gemeinsame Ausschuss.

(2) Die Aufwendungen der Sozietät gem. § 7 Abs. 2 (einschließlich des auf die Eigennutzung des Pkws entfallenden Umsatzsteueranteils) sowie die in Abs. 1 genannten Aufwendungen, soweit sie nicht gemeinsame Betriebsausgaben sind, sind persönliche Sonderbetriebsausgaben des betreffenden Sozius und werden als Betriebsausgaben II für den Sozius gesondert erfasst.

§ 12 Verteilung des Überschusses

(1) Der nach Abzug der Betriebsausgaben verbleibende Überschuss wird unter die Sozien nach Maßgabe der jeweils unter ihnen geltenden Quotenvereinbarung (Anlage zu § 12) verteilt.[27] Die Quote jedes Sozius wird in Punkten ausgedrückt. Der Anteil jedes Sozius am Ergebnis bestimmt sich nach dem Verhältnis seiner Punktzahl zu der Summe der Punkte aller Sozien. Sozien, die der Sozietät seit mindestens zehn Jahren angehören, soll in der Regel die Höchstpunktzahl zustehen.[28]

(2) Sozien, die das 65. Lebensjahr vollendet haben und den Umfang ihrer Tätigkeit gem. § 17 Abs. 1 S. 1 Fall 2 einschränken, sind verpflichtet, einer entsprechenden, angemessenen Herabsetzung ihrer Punktzahl zuzustimmen.

(3) Die Sozien verpflichten sich, von dem Überschuss zunächst eine Rücklage in Höhe der durchschnittlichen Betriebsausgaben der Sozietät für sechs Monate[29] auf ein Sonderkonto zu überführen. Dabei soll der Anteil des einzelnen Sozius an der Rücklage seinem Anteil an dem Überschuss entsprechen. In den ersten zwei Jahren seiner Zugehörigkeit zur Sozietät ist ein Sozius nicht verpflichtet, zu der Rücklage mit mehr als 10 % der monatlich auf ihn entfallenden Überschussanteile beizutragen. Über die Rücklage kann nur der Gemeinsame Ausschuss verfügen.

---

27 Viele überörtliche Sozietäten bilden örtliche „profit centers" und verteilen den Überschuss auf Ortsebene. Dies läuft jedoch dem Anliegen der Integration zuwider.
28 In Betracht kommt – unter vielen anderen Möglichkeiten – eine Verteilung des Überschusses (und ggf. des Verlustes) nach Prozentsätzen. Eine solche Regelung sollte flexibel gehalten und in bestimmten Zeiträumen überprüft werden. Das Punktsystem erscheint wesentlich flexibler als die Verteilung nach Prozentsätzen. Bei der Verteilung der Punkte können besondere Gesichtspunkte berücksichtigt werden wie Leistung, Verdienst um Aufbau der Sozietät im Allgemeinen oder einer besonderen Sparte. Der Überschuss wird durch die Gesamtzahl der Punkte geteilt, die unter oder über 100 liegen können. Die Änderung der Punktzahl für den einzelnen Sozius wie auch die Zuteilung von Punkten an neue Sozien ist einfacher als die Änderung von Prozentsätzen. Die Regelung, dass ein junger Sozius regelmäßig nach zehn Jahren die Höchstpunktzahl erreicht und diese Punktzahl bis zu seinem Ausscheiden aus der Sozietät oder einer Reduzierung seiner Tätigkeit bestehen bleibt (sog. Lockstep), hat erhebliche Vorteile. Sie vermeidet es, dass Schwankungen in der Leistungsfähigkeit eines Sozius, aus welchen Gründen auch immer, je nach Anlass zu Änderungen der Punktzahl führen. Bei allen Regelungen sollte berücksichtigt werden, dass eine Sozietät nur funktionieren und florieren kann, wenn alle Sozien damit einen für sich ausreichenden Lebensstandard bestreiten können und das Gefühl einer fairen Regelung haben.
29 Eine Rücklage in der Höhe der Betriebsausgaben für einige Monate gibt der Sozietät Sicherheit gegenüber stark schwankenden Einnahmen. Die Höhe der Rücklage sollte keinesfalls auf einen kürzeren Zeitraum begrenzt werden, um zu vermeiden, dass die Sozien bei vorübergehend geringeren Einnahmen Beiträge aus dem privaten Vermögen einzahlen müssen, um die laufenden Betriebsausgaben zu decken. Wird die Rücklage wegen schwankender Einnahmen oder für besondere, nicht durch die laufenden Einnahmen gedeckten Investitionen auf einstimmigen Beschluss der Sozien in Anspruch genommen, so ist sie anschließend vor der Auszahlung von Überschüssen an die Sozien wieder aufzufüllen.

B.6 Mustervertrag für eine überörtliche Sozietät

(4) Die verbleibenden Überschussanteile gem. Abs. 1 werden unter Berücksichtigung der als Betriebsausgaben II auf die einzelnen Sozien entfallenden Beträge monatlich an die Sozien voll ausgezahlt.

(5) Innerhalb von sechs Monaten nach Abschluss eines Geschäftsjahres ist für das abgelaufene Geschäftsjahr eine Abrechnung als Überschuss der Einnahmen über die Ausgaben (§ 4 Abs. 3 EStG) zu erstellen. Die Abrechnung wird aufgrund eines Beschlusses der Sozien verbindlich.

§ 13 Urlaub

Jeder Sozius hat Anspruch auf einen Jahresurlaub von ... Tagen und nach Vollendung des ... Lebensjahres auf ... zusätzliche Urlaubstage. Die Sozien sind verpflichtet, untereinander eine Abstimmung über den Zeitpunkt des Urlaubs herbeizuführen. Dabei ist auf Sozien mit schulpflichtigen Kindern Rücksicht zu nehmen.

§ 14 Erkrankung eines Sozius

(1) Jeder Sozius schließt eine Berufsunfallversicherung[30] sowie zur Deckung des außerberuflichen Unfallrisikos eine private Unfallversicherung[31] ab. Jeder Sozius ist außerdem gehalten, eine private Krankenversicherung abzuschließen.

(2) Ist die Arbeitskraft eines Sozius durch Krankheit, Gebrechen oder aus anderen Gründen seit über sechs Monaten erheblich gemindert, so können die übrigen Sozien von ihm eine angemessene Herabsetzung seiner ihm nach § 12 Abs. 1 zustehenden Quote verlangen. Das Verlangen bedarf einer Mehrheit von 75 % der Stimmen aller anderen Sozien.

§ 15 Aufnahme weiterer Sozien

Die Sozietät kann durch die Aufnahme weiterer Rechtsanwälte oder Angehöriger anderer freier Berufe, mit denen Rechtsanwälte eine Sozietät eingehen können, erweitert werden. Die Aufnahme bedarf einer Mehrheit von 90 % aller Sozien sowie der Einstimmigkeit der Sozien des betreffenden örtlichen Büros.[32]

§ 16 Kündigung; Ausscheiden[33]

(1) Jeder Sozius kann seine Mitgliedschaft in der Sozietät gegenüber allen anderen Sozien unter Einhaltung einer Frist von ... Monaten[34] auf das Ende eines Kalenderjahres ordentlich kündigen. Das Recht zur Kündigung aus wichtigem Grund gem. § 723 Abs. 1 S. 2 BGB bleibt unberührt.

---

30 Bei der VBG (Verwaltungs-Berufsgenossenschaft, Hamburg).
31 Die Prämien zur Privatunfallversicherung sollten aus Privatmitteln gezahlt werden, damit die Versicherungsleistungen im privaten Bereich anfallen und daher steuerfrei vereinnahmt werden können. In der Privatunfallversicherung empfiehlt es sich, das Todesrisiko und das Invaliditätsrisiko etwa im Verhältnis 1:3 abzusichern. Große Sozietäten sollten versuchen, Prämienrabatte zu erreichen. Wichtig ist es zu bestimmen, wer im Versicherungsfall bezugsberechtigt sein soll.
32 Ggf. „und des betreffenden Fachteams". Für sehr große Sozietäten kann es sich empfehlen, die Quoten für die Aufnahme neuer Sozien herabzusetzen.
33 Bei den nachfolgenden Ausscheidensfolgen wurde bewusst von einem Wettbewerbsverbot abgesehen. Ein solches wäre ohnehin in engen Grenzen zulässig (zuletzt BGH AnwBl. 2005, 715). Es wäre auch im Kontext der Mandantenmitnahmeklausel (Abs. 6) und der Abfindungsregelung (§ 18) zu sehen.
34 Erfahrungsgemäß ist es nicht sinnvoll, den Zeitraum über drei oder sechs Monate auszudehnen. Zu den Grenzen für die zeitliche Einschränkung des Kündigungsrechts bei Anwaltssozietäten vgl. BGH ZIP 2006, 2316; Goette, ZGR 2008, 436, 442.

B.6 Mustervertrag für eine überörtliche Sozietät

(2) Die Mitgliedschaft eines Sozius in der Sozietät kann grundsätzlich von allen übrigen Sozien gemeinsam unter Einhaltung einer Frist von ... Monaten auf das Ende eines Kalenderjahres ordentlich gekündigt werden, bei Vorliegen eines wichtigen Grundes auch außerordentlich ohne Einhaltung dieser Frist. Gegenüber einem Sozius, welcher der Sozietät mehr als zehn Jahre[35] angehört und seine Mitarbeit nicht eingestellt hat und der weder berufsunfähig geworden noch auf Dauer erkrankt ist, ist die ordentliche Kündigung ausgeschlossen, mithin nur eine außerordentliche Kündigung bei Vorliegen eines wichtigen Grundes möglich. Als wichtiger Grund gilt es stets, wenn ein Sozius nach seiner Aufnahme in die Sozietät heiratet, ohne im Zusammenhang mit der Eheschließung oder binnen angemessener Frist danach eine Vereinbarung entsprechend § 1 Abs. 3 S. 2 zu treffen.

(3) Kündigungen bedürfen der Schriftform. In Fällen des Abs. 2 bedarf die Kündigung der persönlichen Unterzeichnung durch alle übrigen Sozien.[36]

(4) Kündigungen führen zum Ausscheiden des betreffenden Sozius. Die Sozietät wird unter den verbleibenden Sozien fortgesetzt. Erscheint der Name des ausgeschiedenen Sozius im Namen der Sozietät, so ist die Sozietät berechtigt, ihren bisherigen Sozietätsnamen weiterzuführen, es sei denn, es stehen wichtige Gründe entgegen. Eine anderweitige Anwaltstätigkeit des Ausscheidenden gilt nicht als ein solcher wichtiger Grund, auch dann nicht, wenn sie nach diesem Vertrag zulässig ist.[37]

(5) Die Regelungen in Abs. 4 gelten entsprechend, wenn ein Sozius verstirbt.

(6) Scheidet ein Sozius infolge Kündigung aus der Sozietät aus, so sind alle Sozien einschließlich des Ausscheidenden verpflichtet, den ernsthaften Versuch zu unternehmen, sich darüber zu verständigen, welche von dem ausscheidenden Sozius begründeten oder allein oder gemeinsam mit anderen betreuten Mandatsverhältnisse ihm unter dem Vorbehalt der Zustimmung durch die betroffenen Mandanten übertragen werden sollen. Kommt eine Verständigung darüber nicht innerhalb eines Monats ab Kündigung zustande, so haben die Sozien alle von dem ausscheidenden Sozius begründeten oder allein oder gemeinsam mit anderen betreuten Mandanten darüber zu befragen, ob der ausscheidende Sozius oder die Sozietät künftig die jeweiligen laufenden Sachen bearbeiten sollen. Kommt auch über die Art und Weise der Befragung oder den Kreis der zu befragenden Mandanten keine Verständigung zustande, so hat die Befragung in einem gemeinsamen Rundschreiben an alle diejenigen Mandanten zu erfolgen, die der ausscheidende Sozius hierfür benannte und für die er im letzten Jahr vor seinem Ausscheiden tätig war. Kommt auch über ein solches Rundschreiben innerhalb von zwei Monaten ab Kündigung keine Verständigung zustande und hat auch innerhalb eines weiteren Monats ein Vermittlungsversuch des Vorstandes der zuständigen Rechtsanwaltskammer[38] keinen Erfolg, so dürfen sowohl die Sozietät als auch der ausscheidende Sozius durch ein sachlich gehaltenes Schreiben einseitig die Entscheidung aller derjenigen Mandanten einholen, deren Mandatsbeziehung der ausscheidende Sozius auf sich

---

35   Bei Festlegung des Zeitraumes ist zu berücksichtigen, wie lange der Sozius bereits vor Aufnahme in die Sozietät als Angestellter tätig war.
36   Bei sehr großen Sozietäten kann es sich empfehlen, das Quorum für den Kündigungsbeschluss auf 75 % der Stimmen aller Sozien herabzusetzen und die Unterzeichnung der Kündigungserklärung auf die Mitglieder des Gemeinsamen Ausschusses zu beschränken.
37   Es ist sinnvoll, dies (so oder entgegengesetzt) ausdrücklich, ggf. mit einer Übergangsfrist für die bisherige Namensführung, festzulegen.
38   Im Falle einer Sozietät mit Mitgliedern anderer Berufe (z.B. Wirtschaftsprüfer, Steuerberater) sollte eine Vorschrift aufgenommen werden dahingehend, dass die Wirtschaftsprüferkammer bzw. Steuerberaterkammer und die Rechtsanwaltskammer einen Einigungsversuch herbeiführen sollen.

B.6 Mustervertrag für eine überörtliche Sozietät

überzuleiten wünscht. Dasselbe Verfahren ist im Falle der Auflösung der Sozietät in Bezug auf alle Mandate aller Sozien durchzuführen.

§ 17 Einstellen der Mitarbeit wegen Erkrankung, Berufsunfähigkeit und Alters

(1) Jeder Sozius kann durch Erklärung gegenüber allen anderen Sozien zum Ablauf jedes Kalenderjahres nach Vollendung des 65. Lebensjahres seine Mitarbeit in der Sozietät einstellen (Eintritt in den Ruhestand) oder einschränken. Die Erklärung muss den anderen Sozien mindestens sechs Monate vor dem Ablauf des betreffenden Kalenderjahres zugegangen sein. Mit dem Ablauf des Kalenderjahres, in dem der Sozius das 72. Lebensjahr vollendet hat, tritt er ohne Weiteres in den Ruhestand; eine hiervon abweichende Vereinbarung bedarf einer Mehrheit von 75 % der Stimmen aller Sozien.

(2) Wird ein Sozius vor Eintritt in den Ruhestand ganz oder überwiegend berufsunfähig, kann er durch Beschluss der anderen Sozien in den vorzeitigen Ruhestand versetzt werden. Das Gleiche gilt, wenn dies zur Vermeidung von Nachteilen für die Sozietät notwendig erscheint und der Sozius das 65. Lebensjahr vollendet hat. Der Beschluss bedarf einer Mehrheit von 75 % der Stimmen aller anderen Sozien.

(3) Durch seinen Eintritt in den Ruhestand scheidet der betreffende Sozius aus der Sozietät aus.[39] Es gelten die Rechtsfolgen des § 16 Abs. 4 und Abs. 6 entsprechend.

§ 18 Auseinandersetzungsguthaben

(1) Scheidet ein Sozius, gleichgültig aus welchen Gründen, aus der Sozietät aus, so haben er bzw. seine Erben Anspruch auf

(a) die Auszahlung des Guthaben-Saldos der für den betreffenden Sozius von der Sozietät geführten Konten und
(b) seinen Anteil an der Rücklage (§ 12 Abs. 3) gemäß den ertragsteuerlichen Buchwerten des Sozietätsvermögens – ausschließlich Forderungen – am Ende des Jahres, in dem der Sozius aus der Sozietät ausscheidet.[40]

---

39 Ein sofortiges Ausscheiden von in Ruhestand tretenden Sozien kann auf der einen Seite zwar nachteilige steuerliche Folgen für sie haben (z.B. vorzeitige Versteuerung anteiliger stiller Reserven etwa im Betriebsgebäude, Sofortbesteuerung des Barwertes der Pension). Auf der anderen Seite kann durch die Einrichtung einer reinen Ruheständler-Gesellschaftszugehörigkeit eine steuerliche Qualifizierung der gesamten Sozietät als Gewerbebetrieb drohen (siehe dazu BRAK-Ausschuss Steuerrecht, Standortbestimmung: Gewerblichkeit anwaltlicher Tätigkeit – Abfärberegelung des § 15 Abs. 3 Nr. 1 EStG, Stand: August 2017, 2 f.). Daher sollte im Zweifel dem Zug der Zeit folgend ein sofortiges Ausscheiden vorgesehen und auch auf Versorgungsregelungen gänzlich verzichtet oder auf Versicherungsmodelle ausgewichen werden. Mit der Einführung der Altersversorgung der Anwälte durch Ländergesetze (z.B. das Gesetz über das Versorgungswerk der Rechtsanwältinnen und Rechtsanwälte in der Freien und Hansestadt Hamburg (RAVersG) v. 21.11.2000) hat die sozietätsvertragliche Versorgungsregelung ohnehin viel von ihrer früheren Bedeutung verloren. Hinzu kommt, dass Sozietäten in der Praxis zunehmend als bloße Verbindung auf Zeit gesehen werden.

40 Auf die Vereinbarung eines besonderen Abfindungsentgelts wird verzichtet, weil auch der Eintritt eines neuen Sozius nicht mit irgendwelchen Leistungen verbunden ist und insbesondere, weil der Ausscheidende zur „Mitnahme" von Mandanten gem. § 16 Abs. 6 berechtigt ist; dies rechtfertigt grundsätzlich den Ausschluss von einer Beteiligung am Geschäftswert der Sozietät (OLG Bremen DStR 1992, 78; BGH NJW 1995, 1551). Denkbar wäre ein zusätzliches Geschäftswertabgeltung in Form eines Pauschalbetrages, z.B. eines Prozentsatzes des durchschnittlichen Umsatzes der letzten Jahre. Eine Kumulierung von Mandantenmitnahme und Geschäftswertabgeltung ist jedenfalls zu vermeiden, etwa durch Anrechnung künftiger Honorareinnahmen auf ein evtl. Abfindungsentgelt.

B.6 Mustervertrag für eine überörtliche Sozietät

(2) Weitere Ansprüche sind ausgeschlossen, insbesondere Ansprüche auf Beteiligung an den laufenden Mandaten (§ 740 BGB) und auf Befreiung von den gesellschaftsrechtlichen Verbindlichkeiten (§ 738 Abs. 1 S. 2 BGB). Jedoch hat der ausscheidende Sozius Anspruch auf Freistellung von der Haftung für sonstige Verbindlichkeiten der Sozietät.

§ 19 Schiedsgericht

Streitigkeiten zwischen den Sozien oder zwischen einem Sozius oder mehreren Sozien und der Sozietät werden unter Ausschluss des ordentlichen Rechtsweges durch ein Schiedsgericht entschieden. Es gilt der diesem Vertrag in Kopie als Anlage zu § 19 beigefügte Schiedsvertrag.[41]

Anlage zu § 19

[...]

1. Über alle Meinungsverschiedenheiten, welche sich zwischen den Sozien oder zwischen einem Sozius oder mehreren Sozien und der Sozietät aus oder im Zusammenhang mit dem Sozietätsvertrag, insbesondere über dessen Rechtsgültigkeit, nachträgliche Unwirksamkeit, Inhalt, Auslegung und Durchführung, ergeben sollten, entscheidet unter Ausschluss des ordentlichen Rechtsweges ein dreigliedriges Schiedsgericht mit dem Sitz in dem Bezirk, in welchem sich das in der Präambel des Sozietätsvertrags zuerst erwähnte Büro der Sozietät befindet.
2. Das Schiedsgericht ist befugt, Lücken des Sozietätsvertrags, auch solche, die sich aus einer grundlegenden Änderung der tatsächlichen und/oder rechtlichen Verhältnisse ergeben sollten, mit Wirkung für und gegen alle Sozien und die Sozietät auszufüllen. Dabei soll das Schiedsgericht unter Zugrundelegung des im Übrigen zum Ausdruck gekommenen Willens der Sozien in billiger Weise deren Interessen Rechnung tragen.
3. Jeder Schiedsrichter muss zur Ausübung des Richteramts befähigt sein. Die Ernennung der Schiedsrichter erfolgt gemäß nachstehenden Regelungen:
    a) Bei Schiedsverfahren mit zwei Parteien ernennt jede Partei einen Schiedsrichter.
    b) Wenn mehrere Sozien oder ein Sozius und die Sozietät das schiedsgerichtliche Verfahren einleiten wollen, haben sie einen gemeinsamen Schiedsrichter zu ernennen, widrigenfalls keiner der von ihnen ernannten Schiedsrichter als wirksam ernannt gilt.
    c) Wird das schiedsgerichtliche Verfahren gegen mehrere Sozien oder gegen einen Sozius und die Sozietät als gemeinsame Schiedsbeklagte betrieben, so haben diese einen gemeinsamen Schiedsrichter zu ernennen, widrigenfalls keiner der von ihnen ernannten Schiedsrichter als wirksam ernannt gilt. § 1035 Abs. 3 S. 3 ZPO gilt in diesem Fall mit der Maßgabe, dass das Gericht nicht nur für die gemeinsamen Schiedsbeklagten einen Schiedsrichter zu bestellen hat, sondern auch einen (neuen) Schiedsrichter für die Klägerseite.
4. Im Übrigen gelten die gesetzlichen Bestimmungen über das schiedsrichterliche Verfahren (§§ 1025 ff. ZPO).

[Unterschriften]

---

[41] Diese „Auskopplung" hat unter anderem den Vorteil, jeglichem Streit um die Reichweite des Verbraucherbegriffs in § 1031 Abs. 5 ZPO aus dem Wege zu gehen.

B.6 Mustervertrag für eine überörtliche Sozietät

§ 20 Schlussbestimmungen

(1) Ansprüche aus diesem Vertrag können weder abgetreten werden noch verpfändet noch mit einem Nießbrauch belastet werden.

(2) Mündliche Nebenabreden bestehen nicht. Sämtliche Änderungen dieses Vertrages bedürfen zu ihrer Gültigkeit der Schriftform. Dies gilt insbesondere auch für die Aufhebung dieses Formerfordernisses.

(3) Sollte eine Bestimmung dieses Vertrages unwirksam sein oder werden, so bleibt der Vertrag im Übrigen wirksam. In einem solchen Falle sind die Sozien verpflichtet, an der Schaffung einer Bestimmung mitzuwirken, durch die ein der unwirksamen Bestimmung wirtschaftlich möglichst nahekommendes Ergebnis rechtswirksam erzielt wird.

B.7 Mustervertrag für eine Partnerschaft mit beschränkter Berufshaftung

Rechtsanwalt Dr. Klaus Oepen, Hamburg
Rechtsanwältin Daniela Bramkamp, Hamburg

Die Partnerschaftsgesellschaft (**Partnerschaft**) ist eine sich von den Handelsgesellschaften einerseits und der Gesellschaft bürgerlichen Rechts andererseits unterscheidende Form der Personengesellschaft. Geschaffen wurde sie durch das am 1.7.1995 in Kraft getretene „Gesetz über Partnerschaftsgesellschaften Angehöriger Freier Berufe (Partnerschaftsgesellschaftsgesetz – PartGG)", das inzwischen mehrfach, zuletzt durch Gesetz vom 22.12.2015, geändert wurde, wobei den Änderungen der Haftungsverfassung durch die Novelle vom 22.7.1998 und durch die Novelle vom 15.7.2013 herausragende Bedeutung zukommt.

Nicht selten entsteht eine Partnerschaft aus einer schon vorhandenen Sozietät, also einer Gesellschaft bürgerlichen Rechts (**GbR**), typischerweise durch formwechselnde Umwandlung (siehe § 2 Abs. 2 Hs. 2 PartGG). Aus diesem Grund ist das nachfolgende Vertragsmuster auf eine solche Situation zugeschnitten. Wie die originäre Gründung einer Partnerschaft setzt auch die formwechselnde Umwandlung einer bestehenden Sozietät in eine Partnerschaft voraus, dass alle Gesellschafter einen schriftlichen Partnerschaftsvertrag abschließen (§ 3 Abs. 1 PartGG), in dem sie mindestens den Namen der Partnerschaft und ihren Sitz, den Gegenstand der Partnerschaft und den vollen Namen eines jeden Partners unter Angabe seines in der Partnerschaft ausgeübten Berufs und seines Wohnorts bezeichnen müssen (§ 3 Abs. 2 PartGG). Der Name der Partnerschaft muss den Namen mindestens eines Partners, den Zusatz „und Partner" oder „Partnerschaft" sowie die Berufsbezeichnung aller in der Partnerschaft vertretenen Berufe enthalten (§ 2 Abs. 1 PartGG). Die Partnerschaft ist von allen Partnern zur Eintragung in das Partnerschaftsregister anzumelden (§ 4 PartGG). In das Partnerschaftsregister werden die genannten Mindestangaben des Partnerschaftsvertrages sowie das Geburtsdatum eines jeden Partners und die Vertretungsmacht der Partner eingetragen (§ 5 Abs. 1 PartGG). Im Verhältnis zu Dritten wird die Partnerschaft erst mit ihrer Eintragung in das Partnerschaftsregister wirksam (§ 7 Abs. 1 PartGG – § 123 Abs. 2 HGB findet keine Anwendung).

Sollen einzelne Partner bei Gründung der Partnerschaft ihnen bisher allein zustehende Vermögensgegenstände in die Partnerschaft einbringen, so gelten für die dazu erforderlichen Übertragungsakte die allgemeinen Vorschriften. Die Partnerschaft als solche ist in der Lage, unter ihrem Namen Rechte zu erwerben, Verbindlichkeiten einzugehen und vor Gericht zu klagen und verklagt zu werden; sie ist grundbuchfähig (§ 7 Abs. 2 PartGG i.V.m. § 124 HGB). Einzubringende Grundstücke müssen an die Partnerschaft aufgelassen werden. Entsteht die Partnerschaft durch formwechselnde Umwandlung aus einer Sozietät, so ist die Partnerschaft als Rechtsträger des gemeinschaftlichen Vermögens und als Haftungsadressat identisch mit der vormaligen Sozietät. Das gilt auch für Grundstücke, als deren Eigentü-

B.7 Mustervertrag Partnerschaft mit beschränkter Berufshaftung

mer die vormalige Sozietät in das Grundbuch eingetragen worden ist; das Grundbuch ist lediglich zu berichtigen.

Gesetzgeberischer Beweggrund für die Schaffung der Partnerschaftsgesellschaft war es von Anfang an, wie den Gewerbetreibenden auch den Freiberuflern eine Personengesellschaftsform mit Haftungsprivilegierung gegenüber GbR (OHG) zur Verfügung zu stellen. Die ursprüngliche Fassung des PartGG hielt insofern allerdings nur die Möglichkeit bereit, die persönliche Mithaftung der Partner für berufliche Fehlleistungen auch durch Allgemeine Geschäftsbedingungen (**AGB**) auf diejenigen Partner zu beschränken, denen die Fehlleistung vorzuwerfen war. Diese Vergünstigung war noch nicht wirklich hilfreich und verlieh der Rechtsform Partnerschaft noch kaum Attraktivität: Eine Haftungsbegrenzung durch AGB einzuführen, ist kaum leichter durchführbar als der immer mögliche individualvertragliche Abschluss einer Haftungsbegrenzungsvereinbarung. Durch die Novelle von 1998 wurde die Rechtslage aus Partnersicht betrachtet dann immerhin schon erheblich verbessert: Seitdem sieht das Gesetz bereits selbst vor, dass die Partner-Mithaftung für fehlerhafte Bearbeitung von Partnerschafts-Mandaten auf die (nicht nur untergeordnet eingebundenen) Bearbeiter des betreffenden Mandats beschränkt ist (bloße Bearbeiter-Mithaftung). Seit der Novelle von 2013 steht Partnerschaften nun sogar die Möglichkeit offen, auch noch die Bearbeiter-Mithaftung einseitig auszuschließen. Dazu müssen lediglich zwei Voraussetzungen eingehalten werden: Zum einen muss der Name der Partnerschaft einen die Haftungsbeschränkung anzeigenden Rechtsformvariantenzusatz enthalten (etwa in der Langfassung: „Partnerschaft mit beschränkter Berufshaftung" oder auch in einer Kurzfassung wie: „PartG mbB"). Zum anderen muss die PartG mbB eine eigene Berufshaftpflichtversicherung unterhalten, für die in puncto Mindestversicherungssumme je Einzelfall und in puncto zulässige Jahreskappungsgrenze für die Versicherungsleistungen zehnmal bzw. – abhängig von der Anzahl der Partner – mindestens zehnmal so strenge Vorgaben gelten wie für die Berufshaftpflichtversicherung des einzelnen Anwalts (§ 51 a BRAO vs. § 50 BRAO).

Die von den Partnern auf diese Weise „erkaufte" Befreiung von der Haftung *neben der Partnerschaft gegenüber dem Mandanten* (Befreiung im Außenverhältnis) ist für die Partner im Endeffekt nur etwas wert, wenn die Partner auch von ihrer Haftung *gegenüber der Partnerschaft wegen deren Haftung gegenüber dem Mandanten* (§§ 280, 735, 739 BGB in Verbindung mit § 1 Abs. 4 PartGG) befreit sind (Befreiung im Innenverhältnis). Daraus abzuleiten, dass die Wahl der Rechtsformvariante PartG mbB grundsätzlich auch als stillschweigende Einigung der Partner über die Befreiung im Innenverhältnis auszulegen sei, erscheint naheliegend, aber trotzdem nicht zwingend. Deshalb ist dringend anzuraten, im Gesellschaftsvertrag ausdrücklich zu bestimmen, dass bzw. inwieweit die Partner von den verschiedenen Formen des Regresses im Innenverhältnis befreit sein sollen (siehe § 7 des nachstehenden Vertragsmusters).

Vgl. zur Partnerschaft mit beschränkter Berufshaftung auch unter B.3.

B.7 Mustervertrag Partnerschaft mit beschränkter Berufshaftung

Präambel

Die in ... als Gesellschaft des bürgerlichen Rechts bestehende Sozietät der Rechtsanwälte ... [Namen der Sozien] hat ihre Umwandlung in eine Partnerschaftsgesellschaft mit beschränkter Berufshaftung (Partnerschaft mbB) im Sinne von § 8 Abs. 4 des Partnerschaftsgesellschaftsgesetzes beschlossen und die Eintragung dieser Partnerschaft in das Partnerschaftsregister beantragt.

Für die mit der Eintragung der Partnerschaft in das Partnerschaftsregister entstehende Partnerschaft wird vereinbart:

§ 1 Name, Zusammensetzung und Sitz der Partnerschaft

(1) Die Partnerschaft führt den Namen „Meier Müller Lehmann Partnerschaft von Rechtsanwälten mbB".[1] Partner sind die Rechtsanwälte a) Vorname, Nachname, Wohnort; b) Vorname, Nachname, Wohnort etc.]. Die Partnerschaft hat ihren Sitz in .... Sie kann Zweigniederlassungen errichten.

(2) Partner, deren Namen im Namen der Partnerschaft enthalten sind, gestatten für den Fall ihres Ausscheidens allen, auch zukünftigen Partnern, ihren Namen im Namen der Partnerschaft weiterhin unentgeltlich fortzuführen, soweit nicht im Einzelfall ein wichtiger Grund entgegensteht.[2] Dies gilt unbeschadet einer Änderung des Namens der Partnerschaft im Übrigen und auch für den Fall, dass Angehörige anderer freier Berufe als Partner in die Partnerschaft eintreten. Dessen ungeachtet hat die Partnerschaft das Recht, ihren Namen jederzeit durch Beschluss gem. § 4 Abs. 3 dieses Vertrages zu ändern.

(3) Partner können nur zugelassene Rechtsanwälte sein. Die Aufnahme von Angehörigen anderer freier Berufe ist nur mit Zustimmung aller Partner möglich. Verheiratete können nur dann Partner sein, wenn sie für ihre Ehe eine Vereinbarung getroffen haben, welche sicherstellt, dass die Beteiligung an der Partnerschaft im Falle einer Scheidung weder in die Berechnung eines Zugewinnausgleichs einbezogen wird noch Gegenstand von Auskunftsansprüchen des anderen Ehegatten sein kann (siehe § 14 Abs. 2 S. 3).

§ 2 Gegenstand der Partnerschaft

(1) Gegenstand der Partnerschaft ist die gemeinschaftliche Ausübung des Rechtsanwaltsberufs. Jeder Partner [und jede Partnerin (zur sprachlichen Vereinfachung wird in diesem Vertrag stellvertretend allein die männliche Bezeichnung verwendet)] verpflichtet sich, seine ganze Arbeitskraft der Partnerschaft zu widmen, die von ihm wahrzunehmenden Mandate mit der erforderlichen Sorgfalt zu bearbeiten und sich auf seinen Tätigkeitsgebieten regelmäßig fortzubilden.

(2) Wissenschaftliche Tätigkeit einschließlich Lehrtätigkeit, Tätigkeit in berufsständischen Organisationen und in der berufsständischen Selbstverwaltung sowie politische und ehrenamtliche richterliche Tätigkeit sind zulässig, sofern sie ein angemessenes Maß nicht überschreiten.

---

1 Der Name der Partnerschaft muss den Familiennamen mindestens eines Partners, den Zusatz „und Partner", „Partnerschaft", „Part" oder „PartG" mit zusätzlichem Hinweis auf die beschränkte Berufshaftung (etwa „mit beschränkter Berufshaftung" bzw. abgekürzt „mbB") sowie die Berufsbezeichnung aller in der Partnerschaft vertretenen Berufe enthalten (siehe §§ 2 Abs. 1, 8 Abs. 4, § 5 S. 3 PartGG). Benutzt die Partnerschaft neben ihrem Namen außerdem Hinweise auf die Namen ihrer Mitglieder, dann müssen die Namen der Mitglieder (Partner) vollständig und richtig bezeichnet werden. Wenn außerdem Nichtpartner aufgeführt werden, muss dies auf geeignete Weise kenntlich gemacht werden.
2 Vgl. hierzu auch die Regelung in § 14 Abs. 4 S. 3 und 4.

B.7 Mustervertrag Partnerschaft mit beschränkter Berufshaftung

(3) Jeder Partner ist berufen, über Annahme und Ablehnung von Mandaten zu entscheiden. Bei der Annahme von Mandaten hat jedoch jeder Partner auf das Berufsrecht, insbesondere auf mögliche Interessenkonflikte in der Partnerschaft, aber auch auf etwaige in der Partnerschaft beschlossene Grundsätze für die Praxisgestaltung und sonstige Belange der Partnerschaft Bedacht zu nehmen. Im Zweifel ist eine Abstimmung mit den übrigen Partnern über die Annahme oder Ablehnung eines Mandates herbeizuführen. Das gilt stets bei Mandaten, die nicht namens der Partnerschaft, sondern namens eines einzelnen Partners übernommen werden sollen. Lassen sich hierbei nicht alle Zweifel ausräumen oder widerspricht auch nur einer der übrigen Partner, so ist das Mandat abzulehnen.[3]

(4) Grundsätzlich werden alle Mandate namens der Partnerschaft übernommen. Das gilt nur nicht für Mandate, die von einem Partner persönlich wahrgenommen werden müssen (z.B. als Notar, Schiedsrichter, Mediator, Testamentsvollstrecker, Insolvenzverwalter, Aufsichts- oder Beiratsmitglied, Sequester, Nachlassverwalter oder als Verteidiger in Straf- und Bußgeldverfahren); solche Mandate binden allein den jeweils beauftragten einzelnen Partner.

(5) Alle Partner haben sich gegenseitig fortlaufend über alle neuen Mandate und alle für die Partnerschaft wichtigen Vorkommnisse zu unterrichten.

(6) Jeder Partner kann in die Buchhaltung und deren Unterlagen sowie in die von der Partnerschaft oder den einzelnen Partnern geführten Akten Einsicht nehmen, soweit nicht im Einzelfall aus berufsrechtlichen Gründen eine Geheimhaltungsverpflichtung des mandatierten Partners besteht.[4]

§ 3 Geschäftsführung und Vertretung

(1) Grundsätzlich ist jeder Partner zur Führung der Geschäfte der Partnerschaft berechtigt. Als Geschäfte im Sinne dieses Paragrafen gelten nur diejenigen Geschäfte und geschäftsähnlichen Handlungen, die nicht unmittelbar die Berufsausübung oder Amtstätigkeit betreffen („sonstige Geschäfte" im Sinne von § 6 Abs. 2 PartGG).

(2) Wird einem Geschäft, das ein Partner beabsichtigt, von einem anderen Partner widersprochen, so entscheidet die Partnerschaft durch Mehrheitsbeschluss darüber, ob und mit welchen Maßgaben das beabsichtigte Geschäft durchgeführt werden soll. Bestehen Zweifel, ob ein beabsichtigtes Geschäft die Billigung aller Partner findet, so ist die Absicht, dieses Geschäft zu tätigen, allen anderen Partnern bekannt zu machen, bevor sie in die Tat umgesetzt wird.

(3) Die Partnerschaft kann durch Mehrheitsbeschluss die Ausführung bestimmter Geschäfte im Einzelfall bestimmten Partnern zuordnen.

(4) Bei der Abgabe rechtsgeschäftlicher Erklärungen wird die Partnerschaft von zwei Partnern gemeinschaftlich vertreten.[5]

---

[3] Dieses Muster ist auf die örtliche Partnerschaft zugeschnitten. Für die überörtliche Partnerschaft bieten sich Anleihen aus dem Muster für eine überörtliche Sozietät an. Dementsprechend könnte es an dieser Stelle lauten: „Im Zweifel ist eine Empfehlung des Gemeinsamen Ausschusses über die Annahme oder Ablehnung eines Mandats herbeizuführen. Lassen sich hierbei Zweifel nicht ausräumen oder widerspricht auch nur ein Partner einer Annahmeempfehlung, so ist das Mandat abzulehnen."

[4] Das ist zum Beispiel bei Partnerschaften mit Mitgliedern anderer partnerschaftsfähiger Berufe (Patentanwälte, Steuerberater, Wirtschaftsprüfer etc., vgl. § 59 Abs. 1 und 2 BRAO) oder bei entsprechenden Vorgaben des Mandanten relevant.

[5] Für den Fall, dass der Partnerschaftsvertrag keine Regelung enthält, gilt die gesetzliche Regelung (§ 7 Abs. 3 PartGG, § 125 Abs. 1 HGB), wonach jeder Partner ermächtigt ist, die Partnerschaft einzeln zu vertreten.

B.7 Mustervertrag Partnerschaft mit beschränkter Berufshaftung

(5) Einzelne Partner können aus wichtigem Grund durch Beschluss mit einer Mehrheit von drei Vierteln aller Partner von der Geschäftsführung und Vertretung der Partnerschaft ausgeschlossen werden.

§ 4 Beschlussfassung in der Partnerschaft

(1) Für alle Beschlüsse über grundsätzliche oder besonders wichtige Gegenstände ist die Zustimmung aller Partner erforderlich,[6] sofern nicht in diesem Vertrag etwas anderes bestimmt ist. Solche besonders wichtigen Gegenstände sind insbesondere: Aufnahme neuer Partner, Änderungen des Partnerschaftsvertrags, Änderung der Regelung über die Überschussverteilung, Definition von Ziel und Struktur der Partnerschaft, Eingehen von Kooperationsverhältnissen, Eröffnung weiterer Büros, Einstellung anwaltlicher Mitarbeiter,[7] Abschluss eines Mietvertrages über die Büroräume, Einstellung eines Bürovorstehers, Käufe oder Leasing technischer Anlagen im Wert von im Einzelfall mehr als … Euro, Zuweisung bestimmter Aufgaben zur alleinigen Entscheidung durch einen einzelnen Partner oder durch mehrere Partner (Partnerschaftsausschuss).

(2) Beschlüsse betreffend die Erledigung laufender Arbeiten und Geschäfte, wie z. B. die Anschaffung von Büromaterialien unterhalb der im vorstehenden Absatz genannten Grenze, von Büchern und Zeitschriften, technischen Geräten, die Einstellung von nicht juristischen Mitarbeitern, mit Ausnahme eines Bürovorstehers, werden mit der Mehrheit der Stimmen aller Partner gefasst, soweit solche Aufgaben nicht gem. Abs. 1 einem einzelnen Partner oder einem Partnerschaftsausschuss zur alleinigen Entscheidung zugewiesen wurden.

(3) Sofern nicht alle Partner mit einer abweichenden Form der Beschlussfassung einverstanden sind, werden die Beschlüsse der Partnerschaft in Partnerversammlungen gefasst. Partnerversammlungen können von jeweils zwei Partnern schriftlich mit Angabe der Tagesordnung unter Einhaltung einer Frist von zwei Wochen einberufen werden. Die Partnerversammlung ist beschlussfähig, wenn wenigstens … aller Partner anwesend oder vertreten sind. Wenn es daran fehlt, kann unter Einhaltung derselben Frist auf die gleiche Weise eine weitere Partnerversammlung einberufen werden, die ohne Rücksicht auf die Zahl der anwesenden oder vertretenen Partner beschlussfähig ist, sofern darauf in der Einladung zu der weiteren Partnerversammlung hingewiesen wurde. Auf jeden Partner entfällt eine Stimme. Jeder Partner kann sich durch einen anderen Partner vertreten lassen. Die Partnerversammlung wählt einen Versammlungsleiter und einen Protokollführer. Das Protokoll ist von dem Versammlungsleiter und dem Protokollführer zu unterschreiben und allen Partnern in Kopie zuzuleiten.

(4) Wenn kein Partner widerspricht, können Partnerbeschlüsse auch im schriftlichen Umlaufverfahren (auch per Fax oder E-Mail) gefasst werden.

§ 5 Vermögen der Partnerschaft

(1) Alle der gemeinschaftlichen Berufsausübung der Partner dienenden Gegenstände werden und bleiben Vermögen der Partnerschaft. Ausgenommen davon sind diejenigen Gegenstände, die ein

---

6 Insbesondere für größere Partnerschaften dürfte es ratsam sein, für alle oder einen Teil der besonders wichtigen Gegenstände Beschlussfassung durch (qualifizierte) Mehrheiten ausreichen zu lassen.
7 Anwaltliche Mitarbeiter, die weisungsgebunden sind und eine bestimmte Arbeitszeit einzuhalten haben, sind als Angestellte einzustufen, mit der Folge, dass Lohnsteuer und Sozialversicherungsbeiträge abzuführen sind.

B.7 Mustervertrag Partnerschaft mit beschränkter Berufshaftung

Partner aus eigenen Mitteln angeschafft und beim Verbringen in die Büroräume als in seinem Eigentum verbleibend bezeichnet hat.[8]

(2) Die Partnerschaft stellt jedem Partner die Einrichtung und Ausstattung für sein Arbeitszimmer in den gemeinsam unterhaltenen Büroräumen sowie auf sein Verlangen einen Pkw zur Verfügung. Die Betriebskosten des Pkws werden von der Partnerschaft bezahlt. Die Finanzierung der Anschaffungen obliegt dem jeweiligen Partner.[9]

§ 6 Geldverkehr

Jeder Partner hat die Aufzeichnungs- und Aufbewahrungspflichten von § 8 Geldwäschegesetz zu beachten[10] und dafür Sorge zu tragen, dass die im Rahmen eines von ihm bearbeiteten Mandates der Partnerschaft anvertrauten Fremdgelder unverzüglich auf ein als solches gekennzeichnetes Anderkonto übertragen werden.

§ 7 Haftung

(1) Für Verbindlichkeiten der Partnerschaft haftet den Gläubigern der Partnerschaft das Partnerschaftsvermögen.

(2) Grundsätzlich haften für die Verbindlichkeiten der Partnerschaft die Partner als Gesamtschuldner mit.

(3) Das gilt aber nicht für Verbindlichkeiten der Partnerschaft aus Schäden wegen fehlerhafter Berufsausübung. Für solche Verbindlichkeiten haftet allein das Partnerschaftsvermögen. Bei ausnahmsweise nur einem einzelnen Partner erteilten Mandaten (§ 2 Abs. 4 S. 2) haftet dem Mandanten zwar nur dieser Partner, die Partnerschaft und die anderen Partner sind aber im Innenverhältnis verpflichtet, den mandatierten Partner so zu stellen, wie er stünde, wenn das Mandat der Partnerschaft erteilt worden wäre.

(4) Jeder Partner hat unverzüglich alle übrigen Partner zu unterrichten, sobald für ihn erkennbar wird, dass die Geltendmachung von Ansprüchen wegen fehlerhafter Berufsausübung droht.

(5) Rückgriffsansprüche der Partnerschaft gegen einen Partner, der einen Berufshaftpflichtfall verursacht hat, sind ausgeschlossen, es sei denn, der Partner hat die Berufspflichtverletzung vorsätzlich begangen.

---

8 Es empfiehlt sich, die betreffenden Inventarstücke mit dem Namen des Partners zu versehen, dem sie gehören. Bei Beginn der Partnerschaft ist festzustellen, welche Gegenstände Partnerschaftsvermögen sind. Selbstverständlich ist es geboten, diese Listen fortzuschreiben.

9 Hingewiesen wird auf § 10 Abs. 2 sowie auf das Urteil des FG Nürnberg v. 8.3.1994 (EFG 1994, 1023), wonach in dem Fall, dass eine Anwaltssozietät einen Pkw bestellt und auch die Rechnung auf sie ausgestellt ist, die Sozietät die in Rechnung gestellte Umsatzsteuer dennoch nicht als Vorsteuer abziehen kann, wenn der Pkw tatsächlich einem Sozius übergeben wird und dieser entsprechend der Vereinbarungen im Sozietätsvertrag das Alleineigentum (Sonderbetriebsvermögen) an dem Pkw erwirbt. Nach diesem Urteil scheidet beim Pkw-Leasing ein Vorsteuerabzug für die Sozietät ebenfalls aus, wenn als Leasingnehmer ein Sozius aufgetreten ist. All diese Grundsätze gelten für Partnerschaften entsprechend. Angebracht erscheint es, die Rechtslage so zu gestalten, dass der Pkw in das Alleineigentum der Partnerschaft fällt, der die Anschaffung finanzierende Partner das Recht erhält, den Pkw im Falle einer Liquidation ohne Anrechnung auf seine allgemeine Liquidationsquote vorweg übereignet zu erhalten („Vorwegvermögen").

10 Des Weiteren kann die Partnerschaft unter Umständen eine Pflicht zur Bestellung eines Geldwäschebeauftragten gem. § 7 Geldwäschegesetz treffen.

B.7 Mustervertrag Partnerschaft mit beschränkter Berufshaftung

(6) Nachschusspflichten im Sinne des § 735 BGB für Verluste der Partnerschaft aus Berufshaftung sowie die Haftung eines ausscheidenden Partners für Fehlbeträge im Sinne des § 739 BGB sind ausgeschlossen.

§ 8 Berufshaftpflichtversicherung

(1) Die Partnerschaft schließt für jeden Partner und für jeden juristischen Mitarbeiter eine Berufshaftpflichtversicherung ab, deren Deckungssumme ... EUR[11] für jeden Versicherungsfall zu betragen hat, wobei die Leistungen des Versicherers für alle innerhalb eines Versicherungsjahres verursachten Schäden auf ...EUR[12] begrenzt werden darf.

(2) Zusätzlich schließt die Partnerschaft für sich selbst eine Berufshaftpflichtversicherung ab, deren Deckungssumme ... EUR[13] für jeden Versicherungsfall zu betragen hat, wobei die Leistungen des Versicherers für alle innerhalb eines Versicherungsjahres verursachten Schäden auf ... EUR[14] begrenzt werden darf.

(3) Der Berufshaftpflichtversicherungsschutz für die Partnerschaft sowie die Partner und juristischen Mitarbeiter ist regelmäßig darauf zu überprüfen, ob er noch den aktuellen gesetzlichen Vorgaben entspricht und dem Zuschnitt der Partnerschaft angemessen erscheint.

(4) Jeder Partner ist verpflichtet, das mit den von ihm wahrzunehmenden Mandaten konkret verbundene Haftpflichtrisiko zu überprüfen. Zeigt sich ein erhöhtes Risiko ist dieser Umstand den anderen Partnern anzuzeigen und mit ihnen über die Reaktion darauf zu entscheiden, insbesondere darüber, ob insofern die Versicherungsdeckung erhöht und / oder eine schriftliche Haftungsbegrenzungsvereinbarung mit dem Mandanten angestrebt oder die Mandatsübernahme abgelehnt werden soll. Bei Meinungsverschiedenheiten gelten die Regelungen aus § 2 Abs. 3 S. 3 und 5.

§ 9 Einnahmen

Sämtliche Einnahmen aus anwaltlicher Tätigkeit (Betriebseinnahmen) fließen der Partnerschaft zu. Anwaltliche Tätigkeit im Sinne dieses Vertrages ist auch die Tätigkeit als Schiedsrichter, Testamentsvollstrecker, Mitglied eines Aufsichtsrates oder eines Beirates etc. Vergütungen für Tätigkeiten als Fachschriftsteller, Dozent oder Mitglied einer Prüfungskommission stehen dem jeweiligen Partner zu.[15]

§ 10 Ausgaben

(1) Alle Aufwendungen, die durch den Betrieb der Partnerschaft veranlasst werden, sind Betriebsausgaben der Partnerschaft (Betriebsausgaben I). Dazu zählen auch die Beiträge zu Rechtsanwaltskammer, Anwaltverein oder ähnlichen nationalen wie internationalen Organisationen und In-

---

11 Mindestens 250.000 EUR (vgl. § 51 Abs. 4 S. 1 BRAO).
12 Diese Obergrenze muss mindestens 1.000.000 EUR betragen (vgl. § 51 Abs. 4 S. 2 BRAO).
13 Mindestens 2.500.000 EUR (vgl. § 51 Abs. 2 S. 1 BRAO).
14 Diese Obergrenze muss bei Partnerschaften mit bis zu vier Partnern 10.000.000 EUR betragen und bei Partnerschaften mit mehr Partnern für jeden weiteren Partner 2.500.000 EUR mehr (§ 51 a Abs. 2 S. 2, 3 BRAO).
15 Grundsätzlich sollten alle mit der Berufstätigkeit zusammenhängenden Einnahmen in die Partnerschaft fließen. Eine Ausnahme für die genannten Tätigkeiten rechtfertigt sich, weil sie im Interesse der Partnerschaft – oder der Anwaltschaft – liegen, regelmäßig außerhalb der normalen Arbeitszeit des Partners geleistet werden und weil die Vergütungen verhältnismäßig gering sind.

B.7 Mustervertrag Partnerschaft mit beschränkter Berufshaftung

stitutionen sowie die Prämien für mit der Berufsausübung zusammenhängende Versicherungen einschließlich der Prämien für Versicherungen bei der Verwaltungsberufsgenossenschaft. Das Gleiche gilt für Aufwendungen für die Teilnahme eines Partners an Fortbildungsveranstaltungen, Seminaren, nationalen oder internationalen Anwaltszusammenkünften einschließlich der Reise- und Hotelkosten sowie für die Aufwendungen zur Repräsentation, soweit diese Kosten und Aufwendungen im Interesse der Partnerschaft liegen; im Zweifel entscheidet hierüber die Partnerversammlung durch Beschluss.

(2) Die Aufwendungen der Partnerschaft gem. § 5 Abs. 2 (einschließlich des auf die Eigennutzung eines Pkws entfallenden Umsatzsteueranteils) sowie die in Abs. 1 genannten Aufwendungen, soweit sie nicht gemeinsame Betriebsausgaben sind, sind persönliche Sonderbetriebsausgaben des betreffenden Partners und werden als Betriebsausgaben II für den Partner gesondert erfasst.

§ 11 Verteilung des Überschusses

(1) Der nach Abzug der Betriebsausgaben verbleibende Überschuss wird unter die Partner nach Maßgabe der jeweils unter ihnen geltenden Quotenvereinbarung (Anlage zu § 11) verteilt. Die Quote jedes Partners wird in Punkten ausgedrückt.[16] Der Anteil jedes Partners am Ergebnis bestimmt sich nach dem Verhältnis seiner Punktzahl zu der Summe der Punkte aller Partner. Partnern, die der Partnerschaft seit mindestens zehn Jahren angehören, soll in der Regel die Höchstpunktzahl zustehen.

(2) Partner, die das 65. Lebensjahr vollendet haben und den Umfang ihrer Tätigkeit gem. § 15 Abs. 1 S. 1 Fall 2 einschränken wollen, sind verpflichtet, einer entsprechenden, angemessenen Herabsetzung ihrer Punktzahl zuzustimmen.

(3) Die Partner verpflichten sich, von dem Überschuss zunächst eine Rücklage in Höhe der durchschnittlichen Betriebsausgaben der Partnerschaft für sechs Monate[17] auf ein Sonderkonto zu überführen. Dabei soll der Anteil des einzelnen Partners an der Rücklage seinem Anteil an dem Überschuss entsprechen. In den ersten zwei Jahren seiner Zugehörigkeit zur Partnerschaft ist ein Partner nicht verpflichtet, zu der Rücklage mit mehr als 10 % der monatlich an ihn ausgeschütteten Überschussanteile beizutragen. Über die Rücklage können die Partner nur gemeinsam verfügen.

---

16 In Betracht kommt – unter vielen anderen Möglichkeiten – eine Verteilung des Überschusses (und ggf. des Verlustes) nach Prozentsätzen. Eine solche Regelung sollte jedoch flexibel gehalten und in bestimmten Zeiträumen – etwa alle drei Jahre – überprüft werden. Das Punktsystem erscheint wesentlich flexibler als die Verteilung nach Prozentsätzen. Bei der Verteilung der Punkte können besondere Gesichtspunkte berücksichtigt werden, wie Leistung, Verdienst um Aufbau der Partnerschaft im Allgemeinen oder einer besonderen Sparte. Der Überschuss wird durch die Gesamtzahl der Punkte geteilt, die unter oder über 100 liegen können. Die Änderung der Punktzahl für den einzelnen Partner wie auch die Zuteilung von Punkten an neue Partner ist einfacher als die Änderung von Prozentsätzen. Die Regelung, dass ein junger Partner regelmäßig nach zehn Jahren die Höchstpunktzahl erreicht und diese Punktzahl bis zu seinem Ausscheiden aus der Partnerschaft oder einer Reduzierung seiner Tätigkeit bestehen bleibt (sog. Lockstep), hat erhebliche Vorteile. Sie vermeidet es, dass Schwankungen in der Leistungsfähigkeit eines Partners, aus welchen Gründen auch immer, je nach Anlass zu Änderungen der Punktzahl führen. Bei allen Regelungen sollte berücksichtigt werden, dass eine Partnerschaft nur funktionieren und florieren kann, wenn alle Partner damit einen für sich ausreichenden Lebensstandard bestreiten können und das Gefühl einer fairen Regelung haben.

17 Eine Rücklage in der Höhe der Betriebsausgaben für einige Monate gibt der Partnerschaft Sicherheit gegenüber stark schwankenden Einnahmen. Die Höhe der Rücklage kann natürlich auf die Betriebsausgaben eines kürzeren Zeitraums als sechs Monate beschränkt werden; er sollte jedoch keinesfalls auf einen kürzeren Zeitraum als die Betriebsausgaben für drei Monate begrenzt werden, um zu vermeiden, dass die Partner bei vorübergehend geringeren Einnahmen Beiträge aus dem privaten Vermögen leisten müssen, um die laufenden Betriebsausgaben zu decken. Wird die Rücklage wegen schwankender Einnahmen oder für besondere, nicht durch die laufenden Einnahmen gedeckten Investitionen auf einstimmigen Beschluss der Partner in Anspruch genommen, so ist sie anschließend vor der Auszahlung von Überschüssen an die Partner wieder aufzufüllen.

B.7 Mustervertrag Partnerschaft mit beschränkter Berufshaftung

(4) Die verbleibenden Überschussanteile gem. Abs. 1 werden unter Berücksichtigung der als Betriebsausgaben II auf die einzelnen Partner entfallenden Beträge monatlich an die Partner voll ausbezahlt.[18]

(5) Innerhalb von sechs Monaten nach Abschluss eines Geschäftsjahres ist für das abgelaufene Geschäftsjahr eine Abrechnung als Überschuss der Einnahmen über die Ausgaben (§ 4 Abs. 3 EStG) zu erstellen. Die Abrechnung wird aufgrund eines Beschlusses der Partner verbindlich.

§ 12 Urlaub

Jeder Partner hat Anspruch auf einen Jahresurlaub von ... Tagen, nach Vollendung des ... Lebensjahres auf ... zusätzliche Urlaubstage. Die Partner sind verpflichtet, untereinander eine Abstimmung über den Zeitpunkt des Urlaubs herbeizuführen. Dabei ist auf Partner mit schulpflichtigen Kindern Rücksicht zu nehmen.

§ 13 Erkrankung eines Partners

(1) Jeder Partner schließt eine Berufsunfallversicherung[19] sowie zur Deckung des außerberuflichen Unfallrisikos eine private Unfallversicherung[20] ab. Jeder Partner ist außerdem gehalten, eine private Krankenversicherung abzuschließen.

(2) Ist die Arbeitskraft eines Partners durch Krankheit, Gebrechen oder aus anderen Gründen seit über sechs Monaten erheblich gemindert, so können die übrigen Partner von ihm eine angemessene Herabsetzung seiner ihm nach § 11 Abs. 1 zustehenden Quote verlangen. Das Verlangen bedarf einer Mehrheit von 75 % der Stimmen aller anderen Partner.

§ 14 Kündigung; Ausscheiden[21]

(1) Jeder Partner kann seine Mitgliedschaft in der Partnerschaft gegenüber allen anderen Partnern unter Einhaltung einer Frist von ... Monaten[22] auf das Ende eines Kalenderjahres ordentlich kündigen. Bei Vorliegen eines wichtigen Grundes im Sinne von § 133 HGB i.V.m. § 9 Abs. 1 PartGG kann jeder Partner die Partnerschaft auch ohne Einhaltung einer Frist außerordentlich

---

18   In Anwaltsbüros werden vielfach die privaten Rechnungen und Ausgaben vom Büro bezahlt und als Entnahmen zulasten des Partners ohne Rücksicht auf den Kontostand verbucht. In Partnerschaften empfiehlt sich dringend, den privaten Zahlungsbereich von dem Bürobereich strikt zu trennen.
19   Bei der VBG (Verwaltungs-Berufsgenossenschaft, Hamburg).
20   Die Prämien zur Privatunfallversicherung sollten von den Partnern aus Privatmitteln gezahlt werden, damit die Versicherungsleistungen im privaten Bereich anfallen und daher steuerfrei vereinnahmt werden können. In der Privatunfallversicherung empfiehlt es sich, das Todesrisiko und das Invaliditätsrisiko etwa im Verhältnis 1:3 abzusichern. Große Partnerschaften sollten versuchen, Prämienrabatte zu erreichen. Wichtig ist es, zu bestimmen, wer im Versicherungsfall bezugsberechtigt sein soll.
21   Bei den Kündigungsfolgen wurde bewusst von einem Wettbewerbsverbot abgesehen. Ein solches wäre ohnehin nur in engen Grenzen zulässig (BGH AnwBl. 2005, 715) und im Kontext der Mandantenmitnahmeklausel in Abs. 6 und der Abfindungsregelung (§ 16) zu sehen.
22   Erfahrungsgemäß ist es nicht sinnvoll, den Zeitraum über drei oder sechs Monate auszudehnen. Zu den Grenzen für die zeitliche Einschränkung des Kündigungsrechts bei Anwaltssozietäten vgl. BGH ZIP 2006, 2316; Goette ZGR 2008, 436, 442.

B.7 Mustervertrag Partnerschaft mit beschränkter Berufshaftung

kündigen. Das Recht zur Erhebung der Auflösungsklage gem. § 133 HGB i.V.m. § 9 Abs. 1 PartGG wird – soweit rechtlich zulässig – ausgeschlossen.[23]

(2) Die Mitgliedschaft eines Partners in der Partnerschaft kann grundsätzlich von allen übrigen Partnern gemeinsam[24] unter Einhaltung einer Frist von … Monaten auf das Ende eines Kalenderjahres ordentlich gekündigt werden, bei Vorliegen eines wichtigen Grundes auch außerordentlich ohne Einhaltung dieser Frist. Gegenüber einem Partner, welcher der Partnerschaft mehr als zehn Jahre angehört und seine Mitarbeit nicht eingestellt hat und der weder berufsunfähig geworden noch auf Dauer erkrankt ist, ist die ordentliche Kündigung ausgeschlossen, mithin nur eine außerordentliche Kündigung bei Vorliegen eines wichtigen Grundes möglich. Als wichtiger Grund gilt es stets, wenn ein Partner nach seiner Aufnahme in die Partnerschaft heiratet, ohne im Zusammenhang mit der Eheschließung oder binnen angemessener Frist danach eine Vereinbarung entsprechend § 1 Abs. 3 S. 3 zu treffen.

(3) Kündigungen bedürfen der Schriftform. In Fällen des Abs. 2 bedarf die Kündigung der persönlichen Unterzeichnung durch alle übrigen Partner.

(4) Kündigungen führen zum Ausscheiden des betreffenden Partners. Die Partnerschaft wird unter den verbleibenden Partnern fortgesetzt. Erscheint der Name des ausgeschiedenen Partners im Namen der Partnerschaft, so ist die Partnerschaft berechtigt, ihren bisherigen Namen weiterzuführen, es sei denn, es stehen wichtige Gründe entgegen. Eine anderweitige Anwaltstätigkeit des Ausscheidenden gilt nicht als ein solcher wichtiger Grund, auch dann nicht, wenn sie nach diesem Vertrag zulässig ist.[25]

(5) Die Regelungen in Abs. 4 gelten entsprechend, wenn ein Partner verstirbt.

(6) Scheidet ein Partner infolge Kündigung aus der Partnerschaft aus, so sind alle Partner einschließlich des Ausscheidenden verpflichtet, den ernsthaften Versuch zu unternehmen, sich darüber zu verständigen, welche von dem ausscheidenden Partner begründeten oder allein oder gemeinsam mit anderen betreuten Mandatsverhältnisse ihm unter dem Vorbehalt der Zustimmung durch die betroffenen Mandanten übertragen werden sollen. Kommt eine Verständigung darüber nicht innerhalb eines Monats ab Kündigung zustande, so haben die Partner alle von dem ausscheidenden Partner begründeten oder allein oder gemeinsam mit anderen betreuten Mandanten darüber zu befragen, ob der ausscheidende Partner oder die Partnerschaft künftig die jeweiligen laufenden Sachen bearbeiten sollen. Kommt auch über die Art und Weise der Befragung oder den Kreis der zu befragenden Mandanten keine Verständigung zustande, so hat die Befragung in einem gemeinsamen Rundschreiben an alle diejenigen Mandanten zu erfolgen, die der ausscheidende Partner hierfür benannte und für die er im letzten Jahr vor seinem Ausscheiden tätig war. Kommt auch über ein solches Rundschreiben innerhalb von zwei Monaten seit der Kündigung keine Verständigung zustande und hat auch innerhalb eines weiteren Monats ein Ver-

---

[23] § 9 Abs. 1 PartGG verweist auf die §§ 131 ff. HGB und sieht somit als Rechtsbehelf für den Fall des Vorliegens wichtiger Gründe das Recht auf Auflösungsklage gem. § 133 HGB vor und nicht etwa das Recht auf außerordentlichen Kündigung gem. § 723 Abs. 1 S. 2 BGB. Diese Regelung erscheint unzweckmäßig. Es empfiehlt sich, von der Möglichkeit Gebrauch zu machen, die Regelung wie hier vorgesehen im Partnerschaftsvertrag im Rahmen des gesetzlich Zulässigen (siehe § 133 Abs. 3 HGB) abzubedingen und stattdessen gerade umgekehrt anstelle der Auflösungsklage die außerordentliche Kündigung zu eröffnen.

[24] Bei großen Partnerschaften kann es sich empfehlen, dass Quorum für den Kündigungsbeschluss auf 75 % der Stimmen der Partner festzusetzen.

[25] Es ist sinnvoll, dies (so oder entgegengesetzt) ausdrücklich, ggf. mit einer Übergangsfrist für die bisherige Namensführung, festzulegen.

B.7 Mustervertrag Partnerschaft mit beschränkter Berufshaftung

mittlungsversuch des Vorstandes der zuständigen Rechtsanwaltskammer[26] keinen Erfolg, so dürfen sowohl die Partnerschaft als auch der ausscheidende Partner durch ein sachlich gehaltenes Schreiben einseitig die Entscheidung aller derjenigen Mandanten einholen, deren Mandatsbeziehung der ausscheidende Partner auf sich überzuleiten wünscht. Dasselbe Verfahren ist im Falle der Auflösung der Partnerschaft in Bezug auf alle Mandate aller Partner durchzuführen.

§ 15 Einstellung der Mitarbeit wegen Erkrankung, Berufsunfähigkeit oder Alters

(1) Jeder Partner kann durch Erklärung gegenüber allen anderen Partnern zum Ablauf eines Kalenderjahres nach Vollendung seines 65. Lebensjahres seine Mitarbeit in der Partnerschaft einstellen (Eintritt in den Ruhestand) oder einschränken. Die Erklärung muss den anderen Partnern mindestens sechs Monate vor dem Ablauf des betreffenden Kalenderjahres zugegangen sein. Mit dem Ablauf des Kalenderjahres, in dem der Partner das 72. Lebensjahr vollendet hat, tritt er ohne Weiteres in den Ruhestand; eine hiervon abweichende Vereinbarung bedarf einer Mehrheit von 75 % der Stimmen aller Partner.

(2) Wird ein Partner vor Eintritt in den Ruhestand ganz oder überwiegend berufsunfähig, so kann sein Eintritt in den Ruhestand durch Beschluss der anderen Partner herbeigeführt werden. Das Gleiche gilt, wenn dies zur Vermeidung von Nachteilen für die Partnerschaft notwendig erscheint und der Partner das 65. Lebensjahr vollendet hat. Der Beschluss bedarf der Mehrheit von 75 % der Stimmen aller anderen Partner.

(3) Durch seinen Eintritt in den Ruhestand scheidet der betreffende Partner aus der Partnerschaft aus.[27] Es gelten die Rechtsfolgen des § 14 Abs. 4 und Abs. 6 entsprechend.

§ 16 Auseinandersetzungsguthaben

(1) Scheidet ein Partner infolge einer Kündigung oder von Gesetzes wegen (§ 9 Abs. 1 oder 3 PartGG), insbesondere durch Tod, aus der Partnerschaft aus, so haben er oder seine Erben Anspruch auf:

(a) die Auszahlung des Guthaben-Saldos der für den betreffenden Partner von der Partnerschaft geführten Konten und

---

[26] Im Falle einer Partnerschaft mit Mitgliedern anderer Berufe (z. B. Wirtschaftsprüfer, Steuerberater) sollte eine Vorschrift aufgenommen werden dahingehend, dass die Wirtschaftsprüferkammer bzw. Steuerberaterkammer und die Rechtsanwaltskammer einen Einigungsversuch herbeiführen sollen.

[27] Ein sofortiges Ausscheiden von in Ruhestand tretenden Partnern kann auf der einen Seite zwar nachteilige steuerliche Folgen für sie haben (z.B. vorzeitige Versteuerung anteiliger stiller Reserven etwa im Betriebsgebäude, Sofortbesteuerung des Barwertes der Pension). Auf der anderen Seite kann durch die Einrichtung einer reinen Ruheständler-Gesellschaftszugehörigkeit eine steuerliche Qualifizierung der gesamten Partnerschaft als Gewerbebetrieb drohen (siehe dazu BRAK-Ausschuss Steuerrecht, Standortbestimmung: Gewerblichkeit anwaltlicher Tätigkeit – Abfärberegelung des § 15 Abs. 3 Nr 1 EStG, Stand: August 2017, 2 f.). Daher sollte im Zweifel dem Zug der Zeit folgend ein sofortiges Ausscheiden vorgesehen und auch auf Versorgungsregelungen gänzlich verzichtet oder auf Versicherungsmodelle ausgewichen werden. Mit der Einführung der Altersversorgung der Anwälte durch Ländergesetze (z.B. das Gesetz über das Versorgungswerk der Rechtsanwältinnen und Rechtsanwälte in der Freien und Hansestadt Hamburg (RAVersG) v. 21.11.2000) hat die vertragliche Versorgungsregelung ohnehin viel von ihrer früheren Bedeutung verloren. Hinzu kommt, dass Partnerschaften wie Sozietäten in der Praxis zunehmend als bloße Verbindung auf Zeit gesehen werden.

B.7 Mustervertrag Partnerschaft mit beschränkter Berufshaftung

(b) seinen Anteil an der Rücklage (§ 11 Abs. 3) gemäß den ertragsteuerlichen Buchwerten des Partnerschaftsvermögens – ausschließlich Forderungen – am Ende des Jahres, in dem der Partner aus der Partnerschaft ausscheidet.[28]

(2) Weitere Ansprüche sind ausgeschlossen, insbesondere Ansprüche auf Beteiligung an den laufenden Mandaten und auf Befreiung von den gemeinschaftlichen Verbindlichkeiten (§ 738 Abs. 1 S. 2 BGB). Jedoch hat der ausscheidende Partner Anspruch auf Freistellung von der Haftung für Verbindlichkeiten der Partnerschaft.

§ 17 Schiedsgericht

Streitigkeiten zwischen den Partnern oder zwischen einem oder mehreren Partnern und der Partnerschaft werden unter Ausschluss des ordentlichen Rechtsweges durch ein Schiedsgericht entschieden. Es gilt der diesem Vertrag in Kopie als <u>Anlage zu § 17</u> beigefügte Schiedsvertrag.[29]

Anlage zu § 17

[...]

1. Über alle Meinungsverschiedenheiten, welche sich zwischen den Partnern oder zwischen einem oder mehreren Partnern und der Partnerschaft aus oder im Zusammenhang mit dem Partnerschaftsvertrag, insbesondere über dessen Rechtsgültigkeit, nachträgliche Unwirksamkeit, Inhalt, Auslegung und Durchführung, ergeben sollten, entscheidet unter Ausschluss des ordentlichen Rechtsweges ein dreigliedriges Schiedsgericht mit dem Sitz am Sitz der Partnerschaft.
2. Das Schiedsgericht ist befugt, Lücken des Partnerschaftsvertrags, auch solche, die sich aus einer grundlegenden Änderung der tatsächlichen und/oder rechtlichen Verhältnisse ergeben sollten, mit Wirkung für und gegen alle Partner und die Partnerschaft auszufüllen. Dabei soll das Schiedsgericht unter Zugrundelegung des im Übrigen zum Ausdruck gekommenen Willens der Partner in billiger Weise deren Interessen Rechnung tragen.
3. Jeder Schiedsrichter muss zur Ausübung des Richteramts befähigt sein. Die Ernennung der Schiedsrichter erfolgt gemäß nachstehenden Regelungen:
    a) Bei Schiedsverfahren mit zwei Parteien ernennt jede Partei einen Schiedsrichter.
    b) Wenn mehrere Partner oder ein Partner und die Partnerschaft das schiedsgerichtliche Verfahren einleiten wollen, haben sie einen gemeinsamen Schiedsrichter zu ernennen, widrigenfalls keiner der von ihnen ernannten Schiedsrichter als wirksam ernannt gilt.
    c) Wird das schiedsgerichtliche Verfahren gegen mehrere andere Partner oder gegen einen Partner und die Partnerschaft als gemeinsame Schiedsbeklagte betrieben, so haben diese einen gemeinsamen Schiedsrichter zu ernennen, widrigenfalls keiner der von ihnen ernannten Schiedsrichter als wirksam ernannt gilt. § 1035 Abs. 3 S. 3 ZPO gilt in diesem Fall mit der Maßgabe, dass das Gericht nicht nur für die gemeinsamen Schiedsbeklagten einen Schiedsrichter zu bestellen hat, sondern auch einen (neuen) Schiedsrichter für die Klägerseite.

---

[28] In größeren Sozietäten wird regelmäßig auf die Vereinbarung eines besonderen Abfindungsentgelts verzichtet, nicht zuletzt deshalb, weil auch der Eintritt eines neuen Partners nicht mit irgendwelchen Leistungen für diesen eintretenden Partner verbunden ist. Dasselbe gilt für Partnerschaften. Die „Mitnahme" von Mandanten (vgl. § 14 Abs. 6) rechtfertigt grundsätzlich den Ausschluss von einer Beteiligung am Ertragswert der Partnerschaft (BGH NJW 1995, 1551; OLG Bremen DStR 1992, 78).

[29] Diese „Auskopplung" hat unter anderem den Vorteil, jeglichem Streit um die Reichweite des Verbraucherbegriffs in § 1031 Abs. 5 ZPO aus dem Wege zu gehen.

B.7 Mustervertrag Partnerschaft mit beschränkter Berufshaftung

4. Im Übrigen gelten die gesetzlichen Bestimmungen über das schiedsrichterliche Verfahren (§§ 1025 ff. ZPO).

[Unterschriften]

§ 18 Schlussbestimmungen

(1) Ansprüche aus diesem Vertrag können weder abgetreten noch verpfändet noch mit einem Nießbrauch belastet werden.

(2) Mündliche Nebenabreden bestehen nicht. Änderungen dieses Vertrages bedürfen zu ihrer Gültigkeit der Schriftform. Dies gilt insbesondere auch für die Aufhebung dieses Formerfordernisses.

(3) Sollte eine Bestimmung dieses Vertrages unwirksam sein oder werden, so bleibt der Vertrag im Übrigen wirksam. In einem solchen Falle sind die Partner verpflichtet, an der Schaffung einer Bestimmung mitzuwirken, durch die ein der unwirksamen Bestimmung wirtschaftlich möglichst nahekommendes Ergebnis rechtswirksam erzielt wird.

## B.8 Gesellschaftsvertrag einer Rechtsanwaltsgesellschaft (in der Form der GmbH)[1]

Rechtsanwalt Dr. Joachim Freiherr von Falkenhausen, LL.M. (Berkeley), Hamburg • Mitglied der Ausschüsse Berufsrecht sowie Anwaltsethik und Anwaltskultur des DAV

§ 1 Firma, Sitz, Zweigniederlassungen

(1) Die Firma der Gesellschaft lautet Meier Müller Lehmann Rechtsanwaltsgesellschaft mbH.

(2) Die Gesellschaft hat ihren Sitz in _____.

(3) Die Gesellschaft kann Zweigniederlassungen errichten.

§ 2 Gegenstand der Gesellschaft

(1) Gegenstand der Gesellschaft ist die Beratung und Vertretung in Rechtsangelegenheiten.

(2) Die Gesellschaft ist eine Rechtsanwaltsgesellschaft. Für sie gelten §§ 59 c–m BRAO.[2]

§ 3 Stammkapital

(1) Das Stammkapital der Gesellschaft beträgt _____ EUR (in Worten: _____ EUR). Es ist voll eingezahlt.[3]

(2) Durch Gesellschafterbeschluss können mehrere voll eingezahlte Geschäftsanteile zu einem Geschäftsanteil zusammengelegt werden.

§ 4 Geschäftsjahr

Das Geschäftsjahr ist das Kalenderjahr.

§ 5 Geschäftsführung

(1) Die Gesellschaft hat einen oder mehrere Geschäftsführer.

(2) Jeder Gesellschafter hat das Recht, zum Geschäftsführer bestellt zu werden, und die Pflicht, sich zum Geschäftsführer bestellen zu lassen.[4]

---

1 Es wird unterstellt, dass die Rechtsanwälte die Geschäftsanteile der GmbH direkt und nicht über eine BGB-Gesellschaft halten. Die Anteile können auch über eine BGB-Gesellschaft gehalten werden; diese Konstruktion erlaubt höhere Flexibilität.
2 Bisherige Gesellschaftsvertragsvorschläge für die Rechtsanwalts-GmbH haben in der Regel die gesetzlichen Einschränkungen ausführlich wiedergegeben. Auch Satzungsvorschläge für Wirtschaftsprüfungs- und Steuerberatungsgesellschaften sind in der Regel erheblich ausführlicher. Unseres Erachtens ist es weder nötig noch hilfreich, den Gesetzestext zu wiederholen.
3 Bei der Gründung der Gesellschaft sind die einzelnen Stammeinlagen gemäß § 3 Abs. 1 Ziff. 4 GmbHG aufzuführen. Wenn Sacheinlagen geleistet werden (Übergang bisheriger Sozietätsvermögens), gilt § 5 Abs. 4 S. 1 GmbHG.
4 Diese Vorschrift ist nicht zwingend, entspricht aber unserem Verständnis der Rechtsanwalts-GmbH. Ebenso wie es bei der Sozietät den „Außen-Sozius" geben kann, der nicht im Innenverhältnis Partner ist, können bei der Rechtsanwalts-GmbH Geschäftsführer bestellt werden, die nicht Gesellschafter sind.

B.8 Gesellschaftsvertrag einer Rechtsanwaltsgesellschaft

(3) Jeder Geschäftsführer hat die alleinige Geschäftsführungsbefugnis in Bezug auf die Bearbeitung anwaltlicher Mandate. Die Alleingeschäftsführungsbefugnis erstreckt sich auch auf die Annahme und die Ablehnung von Mandaten. Allerdings ist der Geschäftsführer nicht berechtigt, ein Mandat anzunehmen, wenn die Mehrheit der anderen Geschäftsführer der Annahme des Mandates widerspricht.

(4) Die Aufgabenverteilung im Rahmen der Geschäftsführung außerhalb der Mandatsbearbeitung regelt eine Geschäftsordnung, die von den Gesellschaftern mit der Mehrheit des § 7 (5) Satz 1 beschlossen wird.[5]

(5) Folgende Handlungen bedürfen der vorherigen Zustimmung durch Gesellschafterbeschluss:

a) Festsetzung von Zielen der Sozietät, Änderung der Struktur der Sozietät;
b) Eingehung von Kooperationsverhältnissen;
c) Eröffnung und Schließung von Büros;
d) Einstellung, Änderung und Beendigung von Arbeitsverhältnissen mit anwaltlichen Mitarbeitern und Bürovorstehern;
e) Abschluss, Änderung oder Beendigung des Mietvertrages über Büroräume der Gesellschaft;
f) Anschaffung oder Leasing von technischen Anlagen im Wert von mehr als _____ EUR.

Der Gesellschafterbeschluss bedarf der Einstimmigkeit.[6]

§ 6 Vertretung

Jeder Geschäftsführer vertritt die Gesellschaft einzeln.[7] Geschäftsführer können durch Gesellschafterbeschluss von den Beschränkungen des § 181 BGB befreit werden.

§ 7 Gesellschafterbeschlüsse

(1) Gesellschafterbeschlüsse werden in Gesellschafterversammlungen gefasst. Wenn kein Gesellschafter widerspricht, können Gesellschafterbeschlüsse auch im schriftlichen (einschließlich per Fax) Umlaufverfahren oder per E-Mail gefasst werden.

(2) Für die Einberufung der Gesellschafterversammlung gelten die §§ 49–51 GmbHG mit der Maßgabe, dass abweichend von § 51 Absatz 1 GmbHG die Einberufung nicht per Einschreibebrief zu erfolgen braucht, wenn der Zugang auf andere Weise (z.B. persönliche Übergabe, Telefax) gewährleistet ist.

(3) Der Leiter der Gesellschafterversammlung wird von den Gesellschaftern mit einfacher Mehrheit gewählt.

---

[5] Es ist wahrscheinlich nicht sinnvoll, Einzelheiten der Geschäftsführung in den Gesellschaftsvertrag aufzunehmen, der zum Handelsregister eingereicht wird und öffentlich zugänglich ist. In der Geschäftsordnung könnten z.B. folgende Gegenstände geregelt werden: Anschaffung von Büromaterialien etc. (vergl. § 4 (2) des Vertragskonzepts für eine (örtliche) Sozietät unter B.5. Fremdgelder (§ 6), Berufshaftpflichtversicherung (§ 7), Abgrenzung von Betriebsausgaben (§ 9 (1)) etc.
[6] Bei einer größeren Sozietät sollte eine geringere Mehrheit, z.B. 75 %, gewählt werden.
[7] Einzelvertretungsbefugnis erscheint erforderlich, damit jeder Geschäftsführer z.B. auch dann allein bei Gericht auftreten kann, wenn Prozessbevollmächtigter die Rechtsanwalts-GmbH ist. Im Innenverhältnis kann in der Geschäftsordnung geregelt werden, dass bestimmte Vorgänge (z.B. größere Anschaffungen) einer zweiten Unterschrift bedürfen; das hat jedoch keine Wirkung im Außenverhältnis.

B.8 Gesellschaftsvertrag einer Rechtsanwaltsgesellschaft

(4) Über Gesellschafterbeschlüsse ist ein Protokoll zu erstellen, das jedem Gesellschafter zuzuleiten ist. Das Protokoll wird von dem Versammlungsleiter unterzeichnet.

(5) Gesellschafterbeschlüsse werden mit einfacher Mehrheit gefasst, soweit nicht nach dem Gesetz oder diesem Vertrag eine höhere Mehrheit erforderlich ist. Ein Gesellschafterbeschluss über den Abschluss, die Änderung oder die Beendigung des Anstellungsvertrages mit einem Geschäftsführer bedarf einer Mehrheit von 75 % der abgegebenen Stimmen.

(6) Abweichend von § 47 Absatz 2 GmbHG wird nach Köpfen abgestimmt.[8]

§ 8 Jahresabschluss; Gewinnverteilung

(1) Der Jahresabschluss der Gesellschaft (Bilanz und Gewinn- und Verlustrechnung) ist innerhalb der gesetzlichen Fristen aufzustellen.

(2) Von dem Gewinn sind 25 % in die Gewinnrücklagen einzustellen, bis die Gewinnrücklagen zusammen mit dem Stammkapital der Gesellschaft einen Betrag erreicht haben, der 15 % der Betriebsausgaben der Gesellschaft im vorangegangenen Geschäftsjahr entspricht.[9] Im Übrigen gilt § 29 GmbHG, falls nicht die Gesellschafterversammlung durch [einstimmigen] Gesellschafterbeschluss [mit der Mehrheit des § 7 (5) Satz 1] eine abweichende Regelung beschließt.[10]

(3) Darüber hinausgehende Einstellungen in die Gewinnrücklage bedürfen eines Gesellschafterbeschlusses mit der Mehrheit des § 7 (5) Satz 1.

(4) Vorabausschüttungen auf den zu erwartenden Jahresgewinn können von der Gesellschafterversammlung beschlossen werden.

§ 9 Kündigung

(1) Jeder Gesellschafter kann die Gesellschaft mit einer Frist von _____ Monaten[11] zum Ende eines jeden Kalenderjahres kündigen. Die Möglichkeit der Kündigung aus wichtigem Grund bleibt unberührt.

(2) Im Falle einer Kündigung gemäß Absatz 1 kann die Gesellschafterversammlung gemäß § 7 (5) Satz 1 beschließen, den Geschäftsanteil des kündigenden Gesellschafters einzuziehen oder ge-

---

[8] Das entspricht dem Grundsatz „One man – one vote". Andere Gestaltungen sind natürlich möglich.

[9] Eine gewisse Liquiditätsreserve ist nötig. Die vorgeschlagenen Prozentsätze können bei einer kleineren Sozietät zu niedrig sein. Zu bedenken ist, dass der ausgewiesene Gewinn niedriger liegen wird als bei einer vergleichbaren Sozietät als Gesellschaft bürgerlichen Rechts, da die Geschäftsführergehälter den Gewinn mindern.

[10] Wenn dem Prinzip des § 29 GmbHG (Gewinnverteilung nach Kapitalanteilen) gefolgt wird, muss jede Änderung des Gewinnverteilungsschlüssels durch Kapitalerhöhung oder -herabsetzung oder durch Abtretung von Anteilen nachvollzogen werden. Jeder Dritte kann sich durch Einsicht in die Handelsregisterakten über die Gewinnverteilung informieren. Um dieses zu vermeiden, kann die Gewinnverteilung durch separaten Gesellschafterbeschluss abweichend geregelt werden. Derartige Gesellschafterbeschlüsse können langfristig oder auch für jedes Geschäftsjahr separat gefasst werden. Der Gesellschafterbeschluss sollte eine Vereinbarung enthalten, dass diejenigen, die nach dem Beschluss weniger erhalten, als ihnen nach § 29 GmbHG zustünde, diese überschießenden Gewinnanteile im Voraus an die Gesellschafter abtreten, bei denen es umgekehrt liegt. Zur Wirksamkeit gegenüber der Gesellschaft wäre eine Anzeige an sie erforderlich; bei der Rechtsanwaltsgesellschaft erübrigt sich dieses, solange alle Gesellschafter Geschäftsführer sind. Allerdings ist auch dieses nur eine Hilfslösung. Das Problem wird vermieden, wenn die GmbH-Anteile durch eine BGB-Gesellschaft gehalten werden, siehe hierzu Fn. 1.

[11] Erfahrungsgemäß ist es nicht sinnvoll, den Zeitraum über drei oder sechs Monate auszudehnen.

B.8 GESELLSCHAFTSVERTRAG EINER RECHTSANWALTSGESELLSCHAFT

mäß § 10 (5) verlangen, dass der Geschäftsanteil an einen oder mehrere andere Gesellschafter abgetreten wird.

(3) Nur wenn ein Beschluss nach Absatz 2 nicht zustande kommt, wird die Gesellschaft durch die Kündigung gemäß Absatz 1 aufgelöst.

§ 10 Einziehung und Abtretungsverlangen

(1) Der Geschäftsanteil eines Gesellschafters kann mit seiner Zustimmung jederzeit eingezogen werden.

(2) Der Geschäftsanteil eines Gesellschafters kann ohne seine Zustimmung durch Gesellschafterbeschluss gemäß § 7 (5) Satz 1, bei dem der betroffene Gesellschafter kein Stimmrecht hat, eingezogen werden, wenn

a) über sein Vermögen das Insolvenzverfahren eröffnet wird,
b) sein Geschäftsanteil gepfändet wird, sofern nicht die Pfändung innerhalb von drei Monaten aufgehoben wird,
c) der Gesellschafter nach § 59 e Absatz 1 BRAO nicht Gesellschafter einer Rechtsanwaltsgesellschaft sein darf oder sein Anstellungsvertrag mit der Gesellschaft endet,[12]
d) der Gesellschafter nicht mehr Geschäftsführer der Gesellschaft ist,
e) der Gesellschafter verstirbt,
f) ein Gesellschafter heiratet, ohne für seine Ehe eine Vereinbarung getroffen zu haben, welche sicherstellt, dass seine Beteiligung an der Gesellschaft im Falle einer Scheidung der Ehe weder in die Berechnung eines Zugewinnausgleichs einbezogen wird noch insoweit Gegenstand von Auskunftsansprüchen des anderen Ehegatten sein kann.[13]

(3) Wenn in der Person eines Gesellschafters ein wichtiger Grund vorliegt, kann sein Geschäftsanteil ohne seine Zustimmung durch einstimmigen[14] Gesellschafterbeschluss, bei dem der betroffene Gesellschafter kein Stimmrecht hat, eingezogen werden.

(4) Als Einziehungsentgelt ist die Abfindung gemäß § 11 zu zahlen.

(5) Die Gesellschafterversammlung kann durch Beschluss mit der Mehrheit des § 7 (5) Satz 1 verlangen, dass statt der Einziehung der betroffene Gesellschafter seinen Geschäftsanteil an einen oder mehrere andere Gesellschafter abtritt. Bei dem Gesellschafterbeschluss hat der betroffene Gesellschafter kein Stimmrecht. Als Gegenleistung erhält der betroffene Gesellschafter den Betrag der Abfindung gemäß § 11.

---

[12] Diese Vorschrift beruht wie § 5 (2) auf dem Verständnis, dass jeder Gesellschafter Geschäftsführer und jeder Geschäftsführer Gesellschafter sein soll.
[13] Entscheidend ist, dass die Beteiligung an der Rechtsanwalts-GmbH nicht Gegenstand von Auskunftsansprüchen oder von Ausgleichsansprüchen wird, die über das hinausgehen, was der Gesellschafter selbst bei seinem Ausscheiden bekommen würde. Das lässt sich ehevertraglich regeln, ohne den anderen Ehegatten zu benachteiligen.
[14] In Rechtsanwalts-GmbHs mit größerem Gesellschafterbestand kann es sich empfehlen, das Mehrheitserfordernis auf 75 % der Stimmen zu senken.

B.8 Gesellschaftsvertrag einer Rechtsanwaltsgesellschaft

§ 11 Abfindung

(1) In allen Fällen, in denen ein Gesellschafter aus der Gesellschaft ausscheidet, sowie in den Fällen, in denen der Gesellschaftsvertrag auf diese Vorschrift verweist, ist dem ausscheidenden Gesellschafter eine Abfindung zu zahlen.

(2) Zur Ermittlung der Abfindung ist die Bilanz des letzten Geschäftsjahres maßgeblich, das vor dem oder am Tage des Ausscheidens endet. Ein Firmenwert ist nicht anzusetzen.

(3) Die Abfindung besteht in einem Geldbetrag in Höhe desjenigen Anteils am Eigenkapital der Gesellschaft gemäß § 266 (3) A HGB, der dem Verhältnis des betroffenen Geschäftsanteils zum Stammkapital entspricht.[15]

(4) Nachträgliche Änderungen der Bilanz der Gesellschaft infolge steuerlicher Außenprüfungen bleiben auf die Abfindung ohne Einfluss.

(5) Wenn der Gesellschafter nicht zum Bilanzstichtag, sondern im Laufe eines Geschäftsjahres ausscheidet, erhält er nach Ende des Geschäftsjahres den auf seinen Anteil entfallenden Jahresgewinn zeitanteilig.

(6) An schwebenden Geschäften ist der ausscheidende Gesellschafter nicht beteiligt.

§ 12 Verfügung über Geschäftsanteile; Kapitalerhöhungen

(1) Die Verfügung über Geschäftsanteile oder über Teile von Geschäftsanteilen bedarf der Zustimmung durch einstimmigen Gesellschafterbeschluss.[16] Verheiratete können nur Gesellschafter werden, wenn sie zuvor eine Vereinbarung gemäß § 10 (2) (f) geschlossen haben.

(2) Kapitalerhöhungen bedürfen eines einstimmigen Gesellschafterbeschlusses.[17]

§ 13 Mandate des Gesellschafters

(1) Jedem Gesellschafter ist es untersagt, mit der Gesellschaft mittelbar oder unmittelbar in Wettbewerb zu treten.

(2) Mandate, die nur von einem Gesellschafter persönlich wahrgenommen werden können (z.B. als Notar,[18] Schiedsrichter, Testamentsvollstrecker etc.), dürfen von dem betroffenen Gesellschaf-

---

15 Vorgesehen ist eine Buchwertabfindung. Anscheinend hat der BGH (NJW 1995, 1551) eine Buchwertabfindung in einer Freiberuflergesellschaft für zulässig gehalten, wenn der ausscheidende Gesellschafter seine Mandate „mitnehmen" kann (Realteilung). Denkbar ist auch eine Vergütung des Goodwills, z.B. in Form eines Pauschalbetrages, der sich an einem Prozentsatz des durchschnittlichen Umsatzes der letzten Jahre orientiert. Zu erwägen ist außerdem eine pauschale Abfindung der Gewinne aus laufenden Geschäften oder eine „nachlaufende" Gewinnbeteiligung, also eine Teilnahme am Gewinn für einen begrenzten Zeitraum nach Ausscheiden.
16 Einstimmigkeit ist in kleineren Gesellschaften angemessen; größere Gesellschaften werden z.B. eine Mehrheit von 85 % vorschreiben.
17 Einstimmigkeit ist in kleineren Gesellschaften angemessen; größere Gesellschaften werden z.B. eine Mehrheit von 85 % vorschreiben.
18 Anwaltsnotare können Gesellschafter einer Rechtsanwalts-GmbH sein. Es ist möglich, vorzusehen, dass im Innenverhältnis die Notargebühren als Einnahmen der Gesellschaft behandelt werden. Der Anwaltsnotar kann auch im Außenverhältnis unter dem Briefkopf der Rechtsanwalts-GmbH auftreten.

B.8 Gesellschaftsvertrag einer Rechtsanwaltsgesellschaft

ter unter Beachtung von § 5 (3) Satz 3 angenommen werden. Der Gesellschafter führt diese Mandate jedoch im Innenverhältnis für Rechnung der Gesellschaft.

(3) Wissenschaftliche Tätigkeit, Lehrtätigkeit, Tätigkeit in anwaltlichen Berufsorganisationen und in der anwaltlichen Selbstverwaltung sowie politische und ehrenamtliche richterliche Tätigkeit sind den Gesellschaftern gestattet, sofern sie ein angemessenes Maß nicht überschreiten. Honorare aus diesen Tätigkeiten stehen dem Gesellschafter zu.

§ 14 Mandatsabgrenzung nach Ausscheiden aus der Gesellschaft

(1) Scheidet ein Gesellschafter aus der Gesellschaft aus, haben die Gesellschafter den ernsthaften Versuch zu unternehmen, sich darüber zu verständigen, ob die von dem ausscheidenden Gesellschafter allein oder mit betreuten Mandatsverhältnisse bei der Gesellschaft verbleiben oder dem ausscheidenden Gesellschafter übertragen werden. Kommt eine Verständigung darüber nicht innerhalb eines Monats ab Erklärung der Kündigung oder ab dem Gesellschafterbeschluss, der zum Ausscheiden führt, zustande, so haben die Geschäftsführer der Gesellschaft alle von dem ausscheidenden Gesellschafter teilweise oder allein betreuten Mandanten darüber zu befragen, ob der ausscheidende Gesellschafter oder die Gesellschaft künftig die laufenden Mandate bearbeiten soll. Kommt auch über die Art der Befragung oder den Kreis der zu befragenden Mandanten keine Verständigung zustande, so hat die Befragung in einem gemeinsamen Rundschreiben an alle von dem ausscheidenden Gesellschafter benannten Mandanten, für die er im letzten Jahr vor dem Ausscheiden tätig war, zu erfolgen. Kommt auch über ein solches Rundschreiben innerhalb eines weiteren Monats keine Verständigung zustande und hat auch innerhalb eines dann folgenden weiteren Monats ein Vermittlungsversuch des Vorstandes der für den ausscheidenden Gesellschafter zuständigen Rechtsanwaltskammer[19] keinen Erfolg, so dürfen sowohl die Gesellschaft als auch der ausscheidende Gesellschafter durch ein sachlich gehaltenes Schreiben einseitig die Entscheidung aller Mandanten einholen, deren Mandatsbeziehung der ausscheidende Gesellschafter auf sich überzuleiten wünscht.

(2) Ein entsprechendes Verfahren gilt bei Auflösung der Gesellschaft.

§ 15 Bekanntmachungen

Bekanntmachungen der Gesellschaft erfolgen nur im elektronischen Bundesanzeiger.

§ 16 Schlussbestimmungen

(1) Ansprüche aus diesem Vertrag können weder abgetreten noch verpfändet noch mit einem Nießbrauch belastet werden.

(2) Mündliche Abreden bestehen nicht. Änderungen dieses Vertrages – einschließlich Änderungen dieser Klausel – bedürfen zu ihrer Gültigkeit der Schriftform, soweit nicht notarielle Beurkundung vorgeschrieben ist.

(3) Sollte eine Bestimmung dieses Vertrages unwirksam sein oder werden, bleibt der Vertrag im Übrigen wirksam. In diesem Fall sind die Gesellschafter verpflichtet, Bestimmungen zu vereinba-

---

19 Falls der Gesellschaft Mitglieder anderer Berufe (z.B. Wirtschaftsprüfer, Steuerberater) angehören, sollte die Vorschrift dahin ergänzt werden, dass die Wirtschaftsprüferkammer bzw. Steuerberaterkammer und die Rechtsanwaltskammer einen Einigungsversuch herbeiführen sollen.

B.8 Gesellschaftsvertrag einer Rechtsanwaltsgesellschaft

ren, durch die ein der unwirksamen Bestimmung wirtschaftlich möglichst nahekommendes Ergebnis rechtswirksam erzielt wird.

B.9 Anstellungsvertrag für einen Geschäftsführer der Rechtsanwaltsgesellschaft in der Form der GmbH

Rechtsanwalt Dr. Joachim Freiherr von Falkenhausen, LL.M. (Berkeley), Hamburg • Mitglied der Ausschüsse Berufsrecht sowie Anwaltsethik und Anwaltskultur des DAV

Zwischen

(im Folgenden: „Geschäftsführer")

und **Meier Müller Lehmann** Rechtsanwaltsgesellschaft mbH

(im Folgenden „Gesellschaft")

wird folgender Anstellungsvertrag[1] geschlossen:

§ 1 Tätigkeit

(1) Der Geschäftsführer führt die Geschäfte der Gesellschaft zusammen mit den anderen Geschäftsführern auf der Grundlage von Gesetz, Gesellschaftsvertrag, **(der Geschäftsordnung)**[2] und insbesondere des anwaltlichen Berufsrechts.

(2) Der Geschäftsführer ist verpflichtet, seine ganze Arbeitskraft der Gesellschaft zu widmen.

§ 2 Dauer

(1) Der vorliegende Vertrag beginnt am _____.

(2) Der Vertrag endet mit Vollendung des 68. Lebensjahres, ohne dass es einer Kündigung bedarf, es sei denn, dass eine zeitlich begrenzte Verlängerung vereinbart wird.[3] Vor Ablauf des 68. Lebensjahres ist er nur aus wichtigem Grund kündbar.

(3) Ein wichtiger Grund liegt auch vor, wenn

a) der Geschäftsführer nicht mehr Gesellschafter der Gesellschaft ist;
b) ein Umstand eintritt, der zur Einziehung seines Geschäftsanteils ohne seine Zustimmung gemäß § 10 (2) oder (3) des Gesellschaftsvertrages der Gesellschaft berechtigt, oder
c) der Geschäftsführer durch Krankheit oder Unfall für mehr als sechs Monate an der Ausübung seiner Tätigkeit gehindert ist; in diesem Falle kann die Kündigung nur mit einer Frist von

---

1 Das Vertragsmuster geht davon aus, dass der Geschäftsführer gleichzeitig Gesellschafter ist (siehe § 5 Abs. 2 des Muster-Gesellschaftsvertrages). Sollte das nicht der Fall sein, bedarf es bezüglich Kündigung etc. anderer Regelungen.
2 Wenn vorhanden.
3 Grundsätzlich soll der Rechtsanwalt so lange in der Gesellschaft arbeiten, wie er Gesellschafter ist. Allgemein geht die Tendenz dahin, früher in den Ruhestand zu gehen. Deswegen mag (jetzt oder in Zukunft) die „Altersgrenze" herabgesetzt werden. Das vorstehende Modell schützt die Gesellschaft und die anderen Gesellschafter davor, ältere Gesellschafter zu beschäftigen, deren Leistungskraft nachgelassen hat. Wenn man umgekehrt die älteren Gesellschafter besser schützen will, kann stattdessen vereinbart werden, dass der Anstellungsvertrag auch nach Vollendung des 68. Lebensjahres fortbesteht, wenn er nicht gekündigt wird. Dann obliegt es den anderen Gesellschaftern, die Initiative zu ergreifen und einen Gesellschaftsbeschluss bezüglich der Kündigung zu fassen.

B.9 Anstellungsvertrag für einen Geschäftsführer

sechs Monaten auf das Ende eines Kalenderquartals ausgesprochen werden. Die Kündigung wird unwirksam, wenn vor Ablauf dieser Frist die Arbeitsfähigkeit des Geschäftsführers wiederhergestellt ist.

§ 3 Bezüge

(1) Der Geschäftsführer erhält ein Gehalt von _____ EUR jährlich.[4] Es wird in zwölf gleichen Teilbeträgen jeweils zum Monatsende ausgezahlt.

(2) Alle Geschäftsführer erhalten zusammen Tantiemen in Höhe von 50% des handelsrechtlichen Jahresüberschusses der Gesellschaft vor Abzug aller Gewinntantiemen und der ertragsabhängigen Steuern. Am Gesamtbetrag der Tantiemen hat jeder Geschäftsführer einen Anteil, der dem Verhältnis seines Gehaltes gemäß § 3 (1) zur Summe der Gehälter aller Geschäftsführer entspricht. Der Geschäftsführer erhält als Tantieme jedoch höchstens 33 1/3% seines Gehaltes gemäß § 3 (1) im betreffenden Geschäftsjahr; wenn durch diese Vorschrift eine Kürzung eintritt, wird der Gesamtbetrag der Tantiemen gemäß Satz 1 im selben Maße gekürzt. Die Tantieme ist einen Monat nach Feststellung des Jahresabschlusses durch die Gesellschafterversammlung zur Zahlung fällig.[5]

(3) Die Gesellschaft ersetzt dem Geschäftsführer die Beiträge zur Rechtsanwaltskammer, zum Anwaltverein oder ähnlichen nationalen wie internationalen Organisationen und Institutionen, die Prämien für mit der Berufsausübung zusammenhängende Versicherungen einschließlich der Beiträge zur Verwaltungs-Berufsgenossenschaft.

---

[4] Aus steuerlichen Gründen sollte ein Teil des Einkommens als Geschäftsführergehalt verteilt werden. Die Höhe des Festgehaltes muss angemessen sein, also dem Vergleich für Gehälter mit einem „angestellten" Geschäftsführer der Rechtsanwalts-GmbH standhalten. Andernfalls würde eine Betriebsprüfung eine verdeckte Gewinnausschüttung annehmen. Starre Richtwerte gibt es nicht. Als Leitlinie kann gelten, dass ein Gesellschafter-Geschäftsführer einschließlich Tantieme nicht wesentlich weniger als das verdienen soll, was er in einer vergleichbaren Sozietät als Gewinnanteil hätte. Der fixe Teil des Gehaltes ist an dem zu orientieren, was angestellte Anwälte als Vergütung erhalten. Die größere Erfahrung und Verantwortung des Gesellschafter-Geschäftsführers kann berücksichtigt werden.

[5] Hierzu folgendes Rechenbeispiel:

Gewinn der GmbH vor Festgehältern, Steuern und Tantiemen	1.215
Festgehalt Gesellschafter GF A	./. 423
Festgehalt Gesellschafter GF B	./. 282
Bemessungsgrundlage Tantiemen	510
davon 50 %	./. 255
verbleibender Gewinn GmbH (Stufe 1)	255
Tantieme A (60 % entsprechend 423/705 aus 255)	153
maximal aber 423/3	./. 141
Differenz (Gewinnerhöhung GmbH)	12
Tantieme B (40% entsprechend 282/705 aus 255)	102
maximal aber 282/3	./. 94
Differenz (Gewinnerhöhung GmbH)	8
Ergebnis: verbleibender Gewinn (Stufe 2) Tantieme A	255 + 12 + 8 275 141
Tantieme B	94

B.9 Anstellungsvertrag für einen Geschäftsführer

§ 4 Krankheit und Unfall

(1) Wenn der Geschäftsführer durch Krankheit oder Unfall an der Ausübung seiner Tätigkeit gehindert ist, zahlt die Gesellschaft sein Gehalt gemäß § 3 für einen Zeitraum von sechs Monaten weiter.

(2) Jeder Geschäftsführer ist verpflichtet, eine Berufsunfallversicherung sowie zur Deckung des außerberuflichen Unfallrisikos eine Privatunfallversicherung abzuschließen. Außerdem ist er gehalten, eine private Krankenversicherung abzuschließen.

§ 5 Urlaub

Der Geschäftsführer hat Anspruch auf Jahresurlaub von _____ Tagen, nach Vollendung des _____ Lebensjahres von _____ Tagen. Er hat den Zeitpunkt des Urlaubs mit den anderen Geschäftsführern abzustimmen.

§ 6 Dienstwagen

Die Gesellschaft stellt dem Geschäftsführer einen Dienstwagen der Klasse _____ zur Verfügung. Der Geschäftsführer ist berechtigt, den Dienstwagen auch für private Fahrten zu benutzen. Die Betriebskosten trägt die Gesellschaft. Die auf die Privatnutzung entfallenden Lohn- bzw. Einkommenssteuern trägt der Geschäftsführer.

§ 7 Schlussbestimmungen

(1) Ansprüche aus diesem Vertrag können weder abgetreten noch verpfändet noch mit einem Nießbrauch belastet werden.

(2) Mündliche Abreden bestehen nicht. Änderungen dieses Vertrages – einschließlich Änderungen dieser Klausel – bedürfen zu ihrer Gültigkeit der Schriftform.

(3) Sollte eine Bestimmung dieses Vertrages unwirksam sein oder werden, bleibt der Vertrag im Übrigen wirksam. In diesem Fall sind die Gesellschafter verpflichtet, Bestimmungen zu vereinbaren, durch die ein der unwirksamen Bestimmung wirtschaftlich möglichst nahekommendes Ergebnis rechtswirksam erzielt wird.

B.10 Versorgungszusage für einen Geschäftsführer der Rechtsanwaltsgesellschaft in Form der GmbH[1]

Rechtsanwalt Dr. Joachim Freiherr von Falkenhausen, LL.M. (Berkeley), Hamburg • Mitglied der Ausschüsse Berufsrecht sowie Anwaltsethik und Anwaltskultur des DAV

Zwischen

(im Folgenden: Geschäftsführer)

und

Meier Müller Lehmann Rechtsanwaltsgesellschaft mbH

(im Folgenden: **Gesellschaft**)

wird folgende Versorgungsregelung vereinbart:

§ 1 Pension

(1) Wenn der Anstellungsvertrag des Geschäftsführers gemäß seinem § 2 (2) endet, zahlt die Gesellschaft dem Geschäftsführer lebenslang Versorgungsbezüge nach Maßgabe der Absätze (2) und (3), sofern der Anstellungsvertrag vor seiner Beendigung mindestens zehn Jahre lang bestanden hat. [Auf die Frist gemäß vorstehendem Halbsatz werden die Zeiten angerechnet, während derer der Geschäftsführer Partner der Sozietät _____ war.]

(2) Bemessungsgrundlage für die Versorgungsbezüge ist das jeweilige Ruhegehalt eines verheirateten, kinderlosen [Vorsitzenden] Richters am _____ Gericht der höchsten Besoldungs- und Dienstaltersstufe einschließlich Zuschlägen, Zulagen und Gratifikationen, jedoch ohne Beihilfen.[2]

(3) Endet der Anstellungsvertrag durch Kündigung gemäß § 2 (3) (c) des Anstellungsvertrages, so gelten die Bestimmungen der Absätze (1) und (2) entsprechend mit der Maßgabe, dass sich die

---

1 Die Frage, ob die Gesellschaft Pensionen zahlen soll, und die Ausgestaltung der Pension sind sorgfältig zu erwägen. Zu bedenken ist insbesondere,
– ob die Mitgliedschaft in einem anwaltlichen Versorgungswerk ausreicht,
– ob die Rechtsanwalts-GmbH auch zu dem Zweck geschaffen wurde, Pensionen aus unversteuerten Gewinnen „ansparen" zu können,
– dass Pensionszusagen bei einer Ehescheidung dem Versorgungsausgleich unterfallen,
– dass die Versorgungszusage dem BetrAVG unterfallen kann, insbesondere wenn der Geschäftsführer mit weniger als 10 % an der Gesellschaft beteiligt ist. Dann muss sie anteilig gezahlt werden, wenn der Geschäftsführer nach mehr als zehn Jahren, aber vor der Altersgrenze ausscheidet.
2 Jeweils im Einzelfall muss überprüft werden, ob diese Pension angemessen ist. Gegebenenfalls sollte nur ein Bruchteil (z.B. 50 %) der Richterpension gezahlt oder vorgesehen werden, dass die Ansprüche gegen das anwaltliche Versorgungswerk angerechnet werden. Zu beachten ist auch, dass die Pensionszusage steuerlich nur anerkannt wird, wenn zum jeweiligen Bilanzstichtag der Endpensionsanspruch (gegebenenfalls zusammen mit anderen Versorgungen, an deren Finanzierung die GmbH mindestens zur Hälfte beteiligt ist) 75 % des Gehaltes des Geschäftsführers nicht übersteigt. Nicht vergessen werden darf, dass das Steuerrecht nicht erlaubt, dynamische Versorgungszusagen vollständig zurückzustellen. Wenn eine „dynamische" Versorgungszusage gegeben wird (also die Anknüpfung z.B. an ein Gehalt), wird die steuerlich zulässige Rückstellung nicht ausreichen. Umgekehrt erlaubt das Steuerrecht nicht, wie bei der Sozietät in Form einer Gesellschaft bürgerlichen Rechts die Versorgungszusage durch eine „Angstklausel" einzuschränken, die vorsieht, dass alle Versorgungsansprüche auf einen bestimmten Bruchteil des laufenden Gewinns beschränkt sind.

B.10 Versorgungszusage für einen Geschäftsführer

Versorgungsbezüge für jedes Jahr, das der Geschäftsführer vor Vollendung des 68. Lebensjahres ausscheidet, um _____ % verringern.,[3]

§ 2 Versorgungsbezüge von Witwen und Waisen

(1) Wenn der Geschäftsführer verstirbt, nachdem ein Fall des § 1 eingetreten ist, erhält seine Witwe [Name] 60% der Versorgungsbezüge des verstorbenen Geschäftsführers.

(2) Verstirbt ein Geschäftsführer, bevor ein Fall des § 1 eingetreten ist, so erhält seine Witwe [Name] 60 % der Versorgungsbezüge, die ihm die Gesellschaft hätte zahlen müssen, wenn im Zeitpunkt seines Todes ein Fall des § 1 (3) eingetreten wäre.

(3) Im Falle der Wiederverheiratung der Witwe [entfällt die Witwenrente].

(4) Verstirbt ein Geschäftsführer ohne Hinterlassung einer nach Absatz (1) oder (2) versorgungsberechtigten Witwe [oder verliert die Witwe ihren Versorgungsanspruch gemäß Absatz (3)], so haben die Kinder des Geschäftsführers, soweit sie entweder das 18. Lebensjahr noch nicht vollendet haben oder noch in der Ausbildung sind und das 27. Lebensjahr nicht vollendet haben, Anspruch auf Waisenrente. Die Waisenrente beträgt für jedes Kind 30 % der Witwenrente gemäß Absatz (1) oder (2), für alle Waisen zusammen jedoch höchstens 100 % der jeweiligen Witwenrente.

(Wenn der Geschäftsführer weiblich ist, ist vorstehender Paragraf sprachlich umzuformulieren.)

§ 3 Fälligkeit der Versorgungsansprüche

Versorgungsansprüche nach diesem Vertrag sind monatlich nachträglich zu zahlen.

§ 4 Kontrollrechte

(1) Der ehemalige Geschäftsführer ist berechtigt, solange er von der Gesellschaft Versorgungsleistungen bezieht, die Buchhaltung der Gesellschaft und deren Unterlagen einzusehen. Die Gesellschaft kann von dem ehemaligen Geschäftsführer verlangen, dass er damit eine durch Gesetz zur beruflichen Verschwiegenheit verpflichtete Person beauftragt.

(2) Witwen und Waisen ehemaliger Geschäftsführer können ihr Kontrollrecht nur durch eine der in Absatz (1) Satz 2 bezeichneten Personen ausüben lassen.

---

3 Wichtig ist, die Invaliditäts- und Todesfallrente so zu bemessen, dass sie finanzierbar ist. Wichtig ist das nicht nur für die steuerliche Anerkennung, sondern insbesondere zur Vermeidung einer möglichen Insolvenz der Rechtsanwaltsgesellschaft. Entweder müssen also nur finanzierbare Pensionen zugesagt werden, oder es sollte eine Rückdeckungsversicherung abgeschlossen werden.

B.11 Finanzierung und Fördermittel

RECHTSANWÄLTIN UND WIRTSCHAFTSMEDIATORIN DORELA KRESS, ESSLINGEN • MITGLIED DES GESCHÄFTSFÜHRENDEN AUSSCHUSSES DES FORUMS JUNGE ANWALTSCHAFT IM DAV

I. Einleitung

Neben dem Businessplan, der bereits in diesem Ratgeber behandelt wurde, ist es dringend notwendig, sich auch darüber Gedanken zu machen, wie viel Geld Sie insgesamt benötigen. Dabei gilt es im Groben folgende drei Säulen zu beachten:

1. Ausgaben für die Gründung

- Beschaffungskosten für Räumlichkeiten, Maklerkosten, Renovierungskosten
- Büroausstattung, Betriebsmittel, Technik
- eventuell Geschäftswagen
- Bücher, Zeitschriften
- Beratungskosten für Steuerberater, Fortbildungskosten im Vorfeld
- Werbemaßnahmen für die Eröffnung

2. Laufende Kosten

a) Für die Kanzlei:
   - Miete, Instandhaltung
   - Kosten des Geschäftswagens
   - Kommunikationskosten (Telefon, Onlinedienste, Porto)
   - Personalkosten
   - Weiterbildungskosten
   - EDV Beratung
   - Steuerberatung
   - Bürobedarf
   - Strom, Wasser
   - Versicherungen (Bürohaftpflichtversicherung, Sachversicherungen, Krankenversicherung, Altersvorsorge und Vorsorge im Falle der Berufs- und Erwerbsunfähigkeit, Abschluss der Berufshaftpflichtversicherung)
   - Kammerbeiträge
   - Zins- und Tilgung für etwaige Darlehen

b) Laufende Kosten für die private Lebensführung:
   Damit sind die eigenen Fixkosten gemeint und die Frage, wie man diese in den ersten Monaten tragen kann. Hier ist ein finanzielles Polster ratsam.

B.11 Finanzierung und Fördermittel <- Die eigene Kanzlei

3. Kostenplan

Damit ist ein Plan (in der Regel für die Dauer von drei Jahren) gemeint, der festhält wie die oben aufgeführten Kosten gedeckt werden können, inkl. eines Notfallplan bzw. Ausstiegsfristen falls es zum worst case kommen sollte und das Vorhaben doch nicht realisiert werden kann.

Der kritischste Zeitraum der Selbstständigkeit sind die ersten drei Jahre nach der Firmengründung. Deswegen ist die Erstellung eines detaillierten Plans wichtig, in dem alle wichtigen finanziellen Aspekte erfasst, analysiert und geplant werden. Der Finanzplan stellt die Planung auf ein festes Fundament und erleichtert das Treffen von richtigen Entscheidungen im unternehmerischen Sinne.

Im Folgenden wird behandelt, welche Möglichkeiten es gibt, Kapital zu beschaffen.

Der Staat bietet spezielle Kredite an für Existenzgründer, die eine lange Laufzeit, tilgungsfreie Jahre und niedrige Zinssätze in Aussicht stellen. Auch wenn es grundsätzlich keine Vorgaben gibt, ob und wie viel Eigenkapital nötig ist, wird im Allgemeinen trotzdem empfohlen, mindestens 15 % Eigenkapitalanteil bei der Gründung bereit zu halten.

II. Beratungsförderung

Es ist äußerst sinnvoll, sich bei der Vorbereitung des Gründungsvorhabens und den ersten unternehmerischen Schritten von Unternehmens- bzw. Existenzgründungsberatern helfen zu lassen. Dabei können bereits diese Beratungsleistungen auch gefördert werden.

Es wird hier zwischen den folgenden Gründungsphasen unterschieden:

1. Vor der Gründung

Nahezu alle Bundesländer bieten einen Zuschuss zu den Beratungskosten an. Andere bieten sogar kostenfreie Beratung für Gründerinnen und Gründer an. Beispielhaft sollen im Folgenden die Angebote der Bundesländer Baden-Württemberg und Bayern kurz vorgestellt werden.

Baden-Württemberg: Beratungsgutscheine für Gründungsinteressierte

In Baden-Württemberg gibt es sieben Institutionen, bei denen eine kostengünstige Gründungsberatung angeboten wird. Die sogenannten Beratungsgutscheine richten sich an Personen, welche planen, eine gewerbliche oder freiberufliche selbständige Tätigkeit in Baden-Württemberg aufzunehmen. Diese Gutscheine ermöglichen eine individuelle Begleitung von Existenzgründungen durch eine Expertin oder einen Experten in Anspruch zu nehmen. Dabei sind typische Beratungsinhalte die Entwicklung eines tragfähigen Geschäftsmodells sowie die Erstellung eines detaillierten Businessplans. Die Kosten variieren, wobei für mehrtägige Intensivberatungen eine Eigenbeteiligung verlangt wird. Diese liegt aufgrund der Förderung etwa zwischen 70 % und 80 % unter den gängigen Tagessätzen für entsprechende Beratungsleistungen.

Bayern

Das Bayerische Wirtschaftsministerium und der Europäische Sozialfonds unterstützen Gründungsinteressierte dabei, eine Beratung vor der Gründung in Anspruch zu nehmen. Auch hier werden im Rahmen des Coaching-Programms bis zu 70 % der anfallenden Beratungskosten, bezogen auf das maximal förderfähige Tageshonorar in Höhe von 800 EUR, getragen.

Aber auch in Berlin, Brandenburg, Bremen, Hessen, Mecklenburg-Vorpommern, Niedersachsen, Nordrhein-Westfalen, Rheinland-Pfalz, Saarland, Sachsen, Sachsen-Anhalt, Schleswig-Holstein sowie Thüringen gibt es ähnliche Förderungen von Gründungsberatungen.

Näheres zu den verschiedenen Beratungsprogrammen unter: http://www.existenzgruender.de/DE/Service/Beratung-Adressen/Vor-der-Gruendung/inhalt.html

2. Nach der Gründung

Jungunternehmer (Unternehmen, die nicht länger als zwei Jahre am Markt sind), Bestandsunternehmen (Unternehmen ab den dritten Jahr) sowie Unternehmen in Schwierigkeiten können durch das Programm „Förderung unternehmerischen Know-hows" Beratungsförderung in Anspruch nehmen.

Dabei werden allgemeine Beratungen zu allen wirtschaftlichen, finanziellen, personellen und organisatorischen Fragen der Unternehmensführung sowie spezielle Beratungen, um strukturellen Ungleichheiten zu begegnen und Beratungen zur Unternehmenssicherung angeboten.

Die Antragstellung erfolgt dabei über das Bundesamt für Wirtschaft und Ausfuhrkontrolle (BAFA).

III. Gründungsfinanzierung

Typisch für Förderdarlehen sind u.a. günstige Zinsen, lange Laufzeiten und häufig eine rückzahlungsfreie (tilgungsfreie) Anlaufphase.

B.11 Finanzierung und Fördermittel <- Die eigene Kanzlei

1. Hausbankprinzip

Grundsätzlich erfolgt die Vergabe von Fördermitteln nach dem Hausbankprinzip. Das bedeutet, dass die Existenzgründer den Antrag über die eigene Hausbank stellen müssen. Dort wird die Sicherheitsprüfung durchgenommen und dann erst an die Bank (i.d.R. KfW) weitergeleitet, die erneut prüft und letztendlich die Finanzierung bewilligt.

Dadurch, dass bei diesem Modell die Hausbank weniger verdient, jedoch trotzdem die eigentliche Arbeit hat, kam es in der Vergangenheit dazu, dass nicht immer über alle verschiedenen Fördermöglichkeiten durch die Hausbanken aufgeklärt wurden. Daher ist es ratsam, sich im Vorfeld zu informieren und gezielt nachzuhaken bevor man den Schritt Richtung Hausbank macht.

2. Überblick über die Förderprogramme

Die meisten Förderprogramme haben als Voraussetzung, dass der Antragsteller die erforderliche fachliche und kaufmännische Qualifikation sowie eine hinreichend unternehmerische Entscheidungsfreiheit besitzt. Weiterhin ist zu beachten, dass die Antragstellung vor Beginn der Maßnahmen zu erfolgen hat.

a) ERP-Kapital für Gründung

Das Programm dient der Förderung von Gründungs- und Festigungsvorhaben im Bereich der mittelständischen Wirtschaft durch Nachrangdarlehen. Antragsberechtigt sind natürliche Personen, die ein Unternehmen oder eine freiberufliche Existenz gründen oder innerhalb von drei Jahren nach Aufnahme der Geschäftstätigkeit Festigungsmaßnahmen durchführen.

Dabei muss der Antragsteller die erforderliche fachliche und kaufmännische Qualifikation sowie eine hinreichend unternehmerische Entscheidungsfreiheit besitzen.

Die Förderung erfolgt in Form eines zinsverbilligten Nachrangdarlehens und die Höhe des Darlehens beträgt bis zu 500.000 EUR je Antragsteller. Der Zinssatz wird in den ersten zehn Jahren der Laufzeit aus Mitteln des ERP-Sondervermögens vergünstigt und es wird eine Haftungsfreistellung auf Grund einer Bundesgarantie gewährt. Die Laufzeit beträgt 15 Jahre und die Tilgung beginnt nach sieben Jahren. Anträge können über jedes Kreditinstitut an die KfW gestellt werden.

Ähnliche Förderprogramme der KfW sind auch der **ERP-Gründerkredit – StartGeld**, der **ERP-Gründerkredit – Universell** und der KfW-Unternehmerkredit. Genaueres kann auf der Homepage der KfW Bank nachgelesen werden.

b) Mein Mikrokredit

Mein Mikrokredit ist ein Angebot des Mikrokreditfonds Deutschland. Es werden dabei ausschließlich unternehmerische Tätigkeiten finanziert. Dabei erfolgt die Kreditaufnahme in kleinen Schritten.

Je nach Situation kann der Erstkredit 5.000 EUR oder 10.000 EUR betragen. Wird der Erstkredit sechs Monate störungsfrei getilgt, kann ein zweiter Kredit beantragt werden. Das gesamte Kreditvolumen darf 25.000 EUR nicht übersteigen. Der Zinssatz beträgt 7,9 % plus eine Abschlussgebühr in Höhe von 100 EUR pro Kredit. Die finanzielle Belastung kann den jeweiligen Möglichkeiten angepasst werden.

Allerdings hat der Kredit eine Laufzeit von bis zu vier Jahren und in vielen Fällen sind Referenzen bzw. kleine Bürgschaften aus dem persönlichen und geschäftlichen Umfeld Voraussetzung.

Auf der Internetseite des Bundesministeriums für Arbeit und Soziales finden Sie passende Mikrofinanzinstitute.   http://www.bmas.de/DE/Themen/Arbeitsmarkt/Arbeitsfoerderung/Mikrokredit/mikrokredit.html

3. Finanzierungszuschüsse der Bundesländer

Inzwischen bietet jedes Bundesland auch eigene Förderprogramme. Insbesondere hier gilt der bereits erwähnte Hinweis, dass eine Beratung äußerst sinnvoll ist.

Einen ersten Überblick über die Möglichkeiten kann man sich über die Homepage der Arbeitsagentur sowie auf www.deutschland-startet.de verschaffen.

4. Alternativen zum Hausbankprinzip

a) Für Gründer und Jungunternehmer, die für Ihr Vorhaben nicht mehr als 25.000 EUR benötigen, bietet die **GRENKE Bank** als Alternative zu den Förderkrediten das GRENKE Starterdarlehen an.

Folgende Laufzeitvarianten werden derzeit angeboten: 2-5 Jahre mit einem tilgungsfreien Jahr, 6-10 Jahre mit einem tilgungsfreien Jahr und 6-10 Jahre mit 2 tilgungsfreien Jahren.

Der Zinssatz (Stand 8.9.2016) für das Darlehen liegt bei 8,9 % p.a. (Festzins) und der Kontokorrentrahmen bei 9,9 % p.a.

b) Weiterhin bieten **Auxmoney** sowie **Barclaycard** online Kreditplattformen für Existenzgründer an.

B.11 Finanzierung und Fördermittel <- Die eigene Kanzlei

Die wichtigsten Eckdaten für den Online Kredit von Auxmoney:

- Finanzierungsfokus: Online Kredit für Existenzgründer & Selbstständige
- Finanzierungshöhe: 1.000 bis zu 25.000 EUR
- Zinssatz: Abhängig von dem von Auxmoney ermittelten Score – zwischen 7-15 %
- Laufzeit: 12 bis 60 Monate
- Haftung: Persönlich (Kfz kann als Sicherheit hinterlegt werden)

Die wichtigsten Eckdaten für den Online Kredit von Barclaycard:

- Finanzierungsfokus: Online Kredit für Selbstständige und Freiberufler
- Finanzierungshöhe: 1.000 bis zu 35.000 EUR
- Zinssatz: Abhängig von der Bonität
- Laufzeit: 24 bis 84 Monate
- Haftung: Persönlich

IV. Zuschüsse für die private Lebensführung

1. Gründungszuschuss

Einen Gründungszuschuss können Sie erhalten, wenn Sie mindestens noch 150 Tage Anspruch auf Arbeitslosengeld I haben oder auch wenn Sie aus einer Anstellung heraus kündigen. Wenn Sie bereits arbeitslos sind, dann sollten Sie frühzeitig mit den Gründungsvorbereitungen beginnen, um die 150-Tages-Frist nicht zu verpassen.

Dabei gilt Folgendes:

- Anspruch auf Arbeitslosengeld haben Sie dann, wenn Sie innerhalb der letzten 24 Monate mindestens 12 Monate Beiträge in die Arbeitslosenversicherung bezahlt haben. Dabei bestimmen die Beitragszahlungen die Höhe des Arbeitslosengelds I. Die Zahl der Beitragsmonate in den letzten drei Jahren wiederum bestimmt die Dauer des Arbeitslosengeld Anspruchs.
- Um den Gründungszuschuss beziehen zu können, müssen Sie mindestens einen Tag arbeitslos gewesen sein.

Der Gründungszuschuss beträgt bis zu insgesamt 18.000,00 EUR und wird bis zu 15 Monate lang gewährt. Er besteht aus zwei Phasen: Grund- und Aufbauförderung.

Die **Grundförderung** erhalten Sie die ersten sechs Monate in Höhe des Arbeitslosengelds I Anspruchs zzgl. einer monatlichen Pauschale in Höhe von 300,00 EUR zur Deckung der Sozialversicherungsausgaben. Daher kann diese höher oder niedriger ausfallen.

Die einmalige Verlängerung um neun Monate nennt sich **Aufbauförderung**. In dieser Zeit erhalten Sie allerdings nur noch die Pauschale in Höhe von 300 EUR.

Die gesamte Förderung erhalten Sie steuerfrei. Das Finanzamt behandelt Sie so, als hätten Sie keine Förderung erhalten.

2. Einstiegsgeld

Das sogenannte Einstiegsgeld erhalten Sie, wenn Sie Anspruch auf Arbeitslosengeld II haben und Sie sich selbstständig machen wollen. Ob, wie lange und in welcher Höhe Sie Einstiegsgeld erhalten, entscheidet Ihr Betreuer im Rahmen seines Ermessens. Die Vorgaben für die Ermessensentscheidungen sind durch interne Anweisungen auf lokaler Ebene geregelt.

Das Einstiegsgeld wird zum Arbeitslosengeld II hinzugezahlt. Allerdings wird der Hinzuverdienst zu einem großen Teil mit dem Arbeitslosengeld II verrechnet.

Auch hier wird die Vorlage eines Businessplans verlangt. In der Regel wird auch die Stellungnahme einer fachkundigen Stelle eingeholt.

Zusammenfassend gilt aber auch für die Zuschüsse zur privaten Lebensführung, dass eine Beratung durch den Betreuer beim Arbeitsamt Sinn macht bevor man diesen Weg einschlägt. Dabei sind insbesondere die oben erläuterten Fristen zu beachten.

V. Fazit

Um das optimale Förderprogramm für die Gründung zu erhalten, ist dringend anzuraten, dass man sich bereits im Vorfeld um eine Beratung kümmert.

Wenn der Berater den Finanzplan bereits mitgestaltet und Sie sogar mit zum Gespräch bei der Bank begleitet, ist die Wahrscheinlichkeit größer, dass das Vorhaben auf professionelle Beine gestellt wird – schließlich ist für die Gewährung eines Kredites neben der fachlichen Qualifikation des Rechtsanwaltes auch ein professionelles Gesamtkonzept notwendig. Außerdem wird es bei der Anwesenheit eines zusätzlichen Beraters bei der Bank für den Bankberater nicht so leicht sein, Ihnen eigene Kredite unterzujubeln.

Aber auch nach der Gründung macht eine Beratung durchaus Sinn, um zu überprüfen, ob der ursprüngliche Plan aufgeht oder ob inzwischen andere strategische Entscheidungen getroffen werden müssen.

Wichtige Links:

www.arbeitsagentur.de

B.11 Finanzierung und Fördermittel <- Die eigene Kanzlei

www.deutschland-startet.de

www.existenzgruender.de

www.fuer-gruender.de

www.grenkebank.de

www.gruendungszuschuss.de

B.12 Robe und Schild sind da ... und wie jetzt weiter? – Überlegungen zum Start in den Anwaltsberuf

Rechtsanwalt und Notar Ulrich Volk, Wiesbaden • Mitglied des DAV-Ausschusses Elektronischer Rechtsverkehr

Der Einstieg in das anwaltliche Berufsleben ist keine leichte Sache. Werden zu diesem frühen Zeitpunkt die falschen Entscheidungen getroffen, kann sich dies auf Jahre hinaus auf den wirtschaftlichen Erfolg der Anwaltskanzlei eines Berufsanfängers auswirken.

Jeder Absolvent des 2. Staatsexamens wird sich – hoffentlich, falls er sich für den Beruf des Rechtsanwalts entschieden hat –, schon vor dem 2. Staatsexamen die ersten Gedanken über den Start ins Berufsleben gemacht haben.

Die ersten Vorüberlegungen werden sich vermutlich um folgende Fragestellungen gedreht haben:

I. An welchem Standort richte ich meine Kanzlei ein?

Schon die Beantwortung dieser allerersten Frage stellt eine unternehmerische Entscheidung dar und will deshalb wohlüberlegt sein. Nach welchen Kriterien wird unser Junganwalt, nennen wir ihn *Heiko Rathgeber*, diese Frage entscheiden? In vielen Fällen werden persönliche Umstände den Ausschlag geben, etwa die Möglichkeit, durch Kontakte zu Eltern, Freunden und Bekannten die ersten Mandate zu ergattern, zu günstigen Konditionen Räume anzumieten etc.

Sollten solche Kriterien keine Rolle spielen, muss schon die Standortentscheidung gewissenhaft vorbereitet werden.

Es gibt messbare Kriterien, die für diese Standortentscheidung maßgeblich sein sollten. Ich nenne an dieser Stelle nur einige Beispiele:

- Wie hoch ist die *„Anwaltsdichte"* in dem in Aussicht genommenen Sprengel?
- Wird die Kommune in absehbarer Zeit neue Baugebiete ausweisen und ist deshalb mit dem Zuzug junger Familien zu rechnen?
- Wie hoch ist das Lohnsteueraufkommen der Gemeinde, in der sich Heiko Rathgeber ansiedeln will, im Vergleich zum Lohnsteueraufkommen anderer Vergleichsgebiete?
- Wie ist die Altersstruktur der Einwohner im geplanten Wirkungsbereich? Wie hoch ist das Gewerbesteueraufkommen der Gemeinde im Gebiet?
- Wie hoch ist die *„Fachanwaltsdurchdringung"* in der Kollegenschaft, zu der Heiko Rathgeber alsbald in Konkurrenz treten will?
- Wie ist die Uploadgeschwindigkeit der Breitbandversorgung am geplanten Standort?

B.12 Robe und Schild sind da ... und wie jetzt weiter?

Eine Vielzahl von Fragen, wobei das Gesamtbild der Antworten schon einen durchaus konkreten Eindruck über die wirtschaftlichen Erfolgsaussichten der zukünftigen Anwaltskanzlei vermitteln kann.

Selbstverständlich hängt der zukünftige Erfolg nicht überwiegend und schon gar nicht in erster Linie von diesen wirtschaftlichen Rahmenbedingungen ab. Entscheidend und bestimmend bleibt die juristische Fachkenntnis, der souveräne Umgang mit dem (hoffentlich) durch Studium und Referendarzeit beigebrachten „juristischen Handwerkszeug" und – nicht zuletzt – die Fähigkeit Heikos, Menschen zuzuhören, sich in ihre Gedankenwelt hineinzuversetzen und mit ihnen in einer verständlichen und vertrauenerweckenden Sprache zu kommunizieren. Das sind und werden diejenigen Eigenschaften bleiben, die den Erfolg der Neugründung einer Anwaltskanzlei letztlich ausmachen.

Wie nun die Antworten auf die oben gestellten Fragen im Einzelnen finden?

Erster Ansprechpartner über die wirtschaftliche Entwicklung des in Aussicht genommenen Wirkungsgebietes wird die Gemeindeverwaltung sein können. Nichts spricht dagegen, sich in kleineren Orten beim Bürgermeister, in größeren Orten und Städten beim Ortsbeirat und ähnlichen vergleichbaren Gremien persönlich vorzustellen und die Gründung der eigenen Anwaltskanzlei mit Engagement und Tatkraft anzukündigen.

Die Antworten auf diejenigen Fragen, die die Konkurrenzsituation innerhalb der Kollegenschaft betrifft, gibt am besten der örtliche Anwaltverein. Die dort im Vorstand tätigen Kolleginnen und Kollegen haben jederzeit ein offenes Ohr für die Fragen der zukünftigen Kolleginnen und Kollegen und können wertvolle Tipps über „Nischen" im jeweiligen Sprengel weitergeben. Schon allein aus diesem Grund empfiehlt sich der Eintritt in den örtlichen Anwaltverein, zumal dort für die ersten Jahre nach der Zulassung günstige Beitragskonditionen angeboten werden und das JUNGE FORUM des DAV vielfältige Möglichkeiten des „Networkings" bietet.

II. Mit welchen personellen Ressourcen soll die neue Anwaltskanzlei von Anfang an ausgestattet werden?

Eine Antwort auf diese Frage hängt sehr davon ab, ob Heiko Rathgeber seinen Start ins Berufsleben alleine wagt oder sich mit anderen Kolleginnen und Kollegen bereits zu Formen anwaltlicher Kooperation zusammenschließt.

Selbstverständlich spielt bei der Beantwortung dieser Frage auch eine Rolle, mit welchen finanziellen Mitteln der Start in den Beruf begleitet werden kann. Zumindest im ersten Jahr nach der Eröffnung der Anwaltskanzlei werden die Kosten des Betriebs der Kanzlei und der eigene Lebensunterhalt in irgendeiner Weise mindestens teilweise vorfinanziert werden müssen. In diesem Zusammenhang weise ich ausdrücklich darauf hin, dass die örtlichen Sparkassen und Genossenschaftsbanken in Kooperation mit der Kreditanstalt für Wieder-

DIE EIGENE KANZLEI ->
B.12 ROBE UND SCHILD SIND DA ... UND WIE JETZT WEITER?

aufbau (KfW) und anderen Institutionen Existenzgründungsprogramme vorhalten, die in Anspruch zu nehmen sich durchaus lohnen kann. Wichtig ist in diesem Zusammenhang der Hinweis, dass nach den Richtlinien der KfW und einiger Landesprogramme der Neustart noch nicht begonnen sein darf, bevor über den Antrag auf Bewilligung eines solchen Existenzgründungsprogrammes entschieden ist.

Auch hier gilt also: Es lohnt sich, bereits vor dem 2. Staatsexamen die Fühler auszustrecken. Der Anwalt lebt vom persönlichen Kontakt mit seinen Mandanten. Es sollte daher zu jedem Zeitpunkt ein persönlicher Ansprechpartner in der Kanzlei vorhanden sein. Aus diesem Grund empfiehlt es sich nach meiner Auffassung nicht, den Start ins Berufsleben ohne jedes Personal zu beginnen. Am Anfang seiner Tätigkeit wird die Arbeitszeit von Heiko sicherlich nicht in erster Linie durch die Bearbeitung von Mandaten ausgefüllt sein, sondern durch alle möglichen Akquisitionstätigkeiten, die seine Abwesenheit im Büro zur Folge haben werden. Um das Erfordernis einer persönlichen Ansprechbarkeit in der Kanzlei auch bei Abwesenheit des Anwaltes sicherstellen zu können, empfiehlt sich deshalb zumindest die Einstellung eines oder einer Auszubildenden. Die Erfahrung zeigt, dass gerade Berufsanfänger kurz nach Beendigung ihrer eigenen Ausbildung genügend Zeit und eine hohe Motivation zur Ausbildung mitbringen. Die frühzeitige Einbindung mindestens eines/einer Auszubildenden in den Aufbau der neuen Anwaltskanzlei fördert in enormem Maß die Teambildung, was sich später als durchaus hilfreich erweisen wird.

III. Mit welchen sachlichen Ressourcen soll die Kanzlei ausgestattet werden?

- Diese Fragestellung muss sinnvollerweise unterscheiden zwischen den sachlichen Ressourcen unterschiedlicher Qualität. Insbesondere steht an
- die räumliche Ausstattung, die Ausstattung mit Möbeln,
- die Ausstattung mit anwaltlichem Büromaterial, die Ausstattung mit bürotechnischen Hilfsmitteln.

Im Folgenden soll nun zu diesen vier Kriterien gesondert Position bezogen werden:

1. Zur räumlichen Ausstattung

Bei angemieteten Räumlichkeiten sollte zu Beginn eine nicht zu lange Mietdauer vereinbart werden. Schließlich ist es das Ziel, mit der eigenen Anwaltskanzlei wirtschaftlichen Erfolg zu haben, was im Erfolgsfall ganz schnell dazu führen kann, dass die angemieteten Räume zu klein werden. Gebraucht wird das Arbeitszimmer für Heiko selbst, eine kleine Teeküche, ein weiteres Zimmer für die/den Auszubildenden und eine Toilette. Bei gut geschnittenen Räumen ist nicht unbedingt ein eigenes Wartezimmer vonnöten. Ein kleiner Flur mit ein paar Stühlen reicht völlig aus. Eine Grundausstattung an Kinderspielzeug sollte nicht fehlen.

B.12 Robe und Schild sind da ... und wie jetzt weiter?

Nicht zu unterschätzen ist die Bedeutung einer eigenen Parkmöglichkeit für die Mandanten. In größeren Städten wird auch – leider – das „Ranking" der Adresse für manchen zukünftigen Mandanten eine Rolle spielen.

2. Zur Ausstattung mit Möbeln

Gerade hier kann am Beginn der beruflichen Tätigkeit eine Menge Geld gespart werden. Hauptsache ist, die Möbel sind zweckmäßig und funktional. Gebrauchte Möbel, die sich zu günstigen Konditionen über Internetauktionen beschaffen lassen, reichen hier völlig aus. Ikea-Standard ist keineswegs tabu. Besonders praktisch und unbedingt empfehlenswert sind Computertische, in denen der Rechner, die Tastatur, sonstiges EDV-Zubehör und der Monitor so untergebracht werden, dass es immer einigermaßen aufgeräumt aussieht und insbesondere auf dem immer zu kleinen Schreibtisch nicht zu viel Platz durch diese Technik beansprucht wird.

3. Zur Ausstattung des anwaltlichen Büromaterials

Hierzu gehört zunächst einmal der erforderliche Vorrat an allem, was in einem Büro so gebraucht wird. Hier nun jeden Aktendeckel aufzuzählen, würde den Umfang dieses Artikels bei Weitem sprengen. Bei der Anschaffung dieser Gegenstände muss auf Qualität geachtet werden. Ein zu kleiner Locher etwa ist ein tägliches Ärgernis.

Für die Aufbewahrung der Akten empfiehlt sich eine Hängeregistratur, auf die natürlich die angeschafften Möbel angepasst sein müssen. In jedem Anwaltsblatt, das Heiko Rathgeber automatisch erhält, wenn er dem Rat folgt und Mitglied des örtlichen Anwaltvereins wird, finden sich Anzeigen von speziellen Dienstleistern und Lieferanten für diesen anwaltlichen Bürobedarf.

Alle Dienstleister arbeiten mit einem Außendienst. Sie sind darin geschult, für den Start ins Berufsleben das erforderliche Grundpaket zusammenzustellen. Die Preisunterschiede sind nicht sehr erheblich. In jedem Fall sollte Heiko also um den Besuch eines Außendienstlers der infrage kommenden Dienstleistungsunternehmen bitten und dann die Angebote vergleichen.

4. Zur technischen Ausstattung der Kanzlei

Heute sollte keine Anwaltskanzlei mehr ohne eine angemessene technische Ausstattung auskommen müssen. Zur Technik im weiteren Sinne gehört zunächst ein ordentlicher Fotokopierer und – nach wie vor – eine elektrische Schreibmaschine. Diese elektrische Schreibmaschine wird nicht in erster Linie als Back-up für den Fall des Ausfalls der EDV angeschafft, sondern immer noch gibt es einige Anwendungen, die das Vorhalten einer solchen elektrischen Schreibmaschine erfordern. Immer noch gibt es Formulare, die sinnvoll nur mit einer Schreibmaschine ausgefüllt werden können.

B.12 Robe und Schild sind da ... und wie jetzt weiter?

Das Hauptaugenmerk aber sollte auf eine vernünftige EDV-Ausstattung der Kanzlei gelegt werden. Dabei wird zu berücksichtigen sein, dass in ganz nahen Zeiträumen der elektronische Rechtsverkehr zwischen Anwaltschaft und Gerichten deutlich an Bedeutung gewinnen wird. Hierauf sollte bereits bei der Erstausstattung der Anwaltskanzlei Wert gelegt werden.

Das setzt zunächst einmal voraus, dass Heiko in der Lage ist, auch alle eingehenden Schriftstücke elektronisch zu verwalten. Hierzu bedarf es des Scannens. Einfache Scanner sind für den Betrieb in einer Anwaltskanzlei wenig geeignet. Die Auflösung sollte bei mindestens 200 dpi liegen. Der Scanner muss zur Stapelverarbeitung in der Lage sein, insbesondere wenn etwa umfangreichere Schriftsätze des Prozessgegners mit Anlagen eingehen. In der Praxis hat sich daher bewährt, den ohnehin anzuschaffenden Fotokopierer mit einer Netzwerkkarte ausstatten zu lassen, damit der Fotokopierer auch als Scanner eingesetzt werden kann. Das wiederum setzt die Einrichtung eines Netzwerkes voraus, das einzurichten Sache eines Hardwarefachmannes sein sollte.

Zweckmäßigerweise können dann nämlich bereits am Fotokopierer selbst die Pfade eingestellt werden, damit das eingescannte Schriftgut sofort in die für die Anwaltskanzlei einzurichtende Ordnerstruktur der Fachsoftware eingebunden werden kann.

Das führt nun gleich zu dem Hinweis, dass die Einrichtung einer Anwaltskanzlei heute nach meiner Auffassung zwingend mit der Anschaffung einer Fachsoftware verbunden sein sollte. Die am Markt befindlichen Anbieter sind alle durchweg in der Lage, für den Berufseinsteiger maßgeschneiderte *„Starterpakete"* zusammenzustellen. Eine individuelle Beratung durch den Außendienst ist auch hier unerlässlich.

Bei der Auswahl der Fachsoftwareanbieter sollte Heiko insbesondere darauf achten, dass die gesamte E-Mail-Korrespondenz und eingehende Informationen in den Workflow der Fachsoftware problemlos zu integrieren sind.

Zugegeben: Die Anschaffung der erforderlichen Hardware und die Beschaffung der erforderlichen Software sind keine billige Angelegenheit. Fehlinvestitionen am Anfang aber in diesem Bereich rächen sich bitter.

Sowohl die Unternehmen, die Fotokopierer vertreiben, als auch die Anbieter anwaltlicher Software arbeiten aber mit unterschiedlichen Finanzierungsmodellen, die so vielfältig sind, dass eine Darstellung an dieser Stelle den Rahmen dieser Ausarbeitung wiederum sprengen würde.

Auch aus diesem Blickwinkel empfiehlt sich frühzeitig die Vereinbarung entsprechender Beratungstermine mit den Außendienstlern der Fachsoftwareunternehmen.

Die Anschaffung eines eigenen Telefaxgerätes empfiehlt sich heute kaum noch. Computerfax hat das herkömmliche Faxgerät längst abgelöst. Wer von Anfang an seine Kanzlei rich-

B.12 Robe und Schild sind da ... und wie jetzt weiter?

tig ausstattet und auch einkommende Schriftstücke einscannt, ist auch nicht mehr darauf angewiesen, mechanisch Schriftstücke in ein eigenes Telefaxgerät zum Versenden einlegen zu müssen.

Heiko wird – falls er diesem Rat folgt und seine Kanzlei von Anfang an auf den im Vordringen befindlichen elektronischen Rechtsverkehr einstellt – ausgehende Schriftstücke, soweit rechtlich zugelassen, möglichst auch elektronisch versenden wollen. Hierzu ist die Anschaffung eines Signaturkartenlesers erforderlich. Auch hier sind einige Anbieter am Markt. Ein einfaches Signaturkartenlesegerät ist deutlich unter 100 EUR zu bekommen. Bis auf das Gerät ReinerSCT ist allerdings keiner der derzeit vertriebenen Signaturkartenleser in der Lage, die elektronischen Informationen zu verarbeiten, die sich auf dem elektronischen Personalausweis befinden. Da auch hier an eine Ausweitung der praktischen Anwendung gedacht wird, dürfte sich derzeit die Anschaffung eines solchen Signaturkartenlesers der Firma ReinerSCT aus der Produktgruppe CyberJack e-com empfehlen. Auch hier lohnt sich die Suche im Internet. Die Preise liegen deutlich über 100 EUR. Dafür bekommt man ein standfestes, zuverlässiges und auch für technologische Weiterentwicklungen bereits vorgerüstetes Gerät.

Von besonderer Bedeutung ist die Anschaffung der Signaturkarte selbst. Das ist die „elektronische Unterschrift". Da nach derzeitiger Planung des besondere elektronische Anwaltspostfach (beA) noch im Jahr 2018 wieder in den Betrieb genommen werden soll, ist es zwingend notwendig, hierzu eine sog. „BEA-CARD" mit Signaturfunktion anzuschaffen. Das geschieht am besten via Internet über die Seite https://bea.bnotk.de/ Wegen des erforderlichen zeitlichen Vorlaufs sollte die Bestellung spätestens drei Monate vor dem geplanten Start in die Selbstständigkeit erfolgen. Unbedingt zu empfehlen ist die Anschaffung zweier solcher Signaturkarten mit unterschiedlichen Laufzeiten. Wer nur eine einzige Signaturkarte in Betrieb hat und bei deren Zerstörung oder bei deren Verlust nicht in die Situation geraten will, keinerlei wirksame elektronische Unterschriften mehr leisten zu können, wird auf diese Sicherheit nicht verzichten wollen.

Unerlässlich ist die Anschaffung einer Textverarbeitungssoftware. In der Praxis durchgesetzt hat sich Word unter dem Betriebssystem Windows 7 oder höher der Firma Microsoft. Alle gängigen Fachanwendungen sind in der Lage, die mittels WORD erstellten Schriftstücke in den Workflow einzubauen und zur elektronischen Weiterverarbeitung bereitzustellen.

Sofern elektronisch erstelltes Schriftgut auch an Gerichte versandt wird, was nach den derzeit vorliegenden Gesetzesvorhaben spätestens am 1.1.2020 gesetzlich zwingend vorgeschrieben sein soll, müssen alle in der eigenen Textverarbeitung erstellten Dokumente in zum elektronischen Versand geeignete Formate umgewandelt werden. Standard ist das Format „.pdf". Der für die Anzeige erforderliche Adobe Reader ist kostenlos im Internet erhältlich. Die neueren WORD-Versionen und einige der am Markt vorhandenen Anwaltsprogramme bieten die Formatkonvertierung auch ohne gesonderte Einbindung des ADOBE READERS an.

DIE EIGENE KANZLEI ->
B.12 ROBE UND SCHILD SIND DA ... UND WIE JETZT WEITER?

Nicht ganz zu Unrecht wird in der Anwaltschaft darüber Klage geführt, dass bei der Entwicklung des elektronischen Rechtsverkehrs und bei der Entwicklung generell der Software für den Anwaltsbedarf, Produkte aus der Apple-Umgebung nicht genügend Beachtung finden. In der Tat sind Apple-Produkte teilweise den Microsoft-Produkten in der Ergonomie und in ihrer Funktionalität überlegen.

Allerdings wird nach meinem Überblick auch in Zukunft die Softwareindustrie allein wegen des höheren Marktanteils die Microsoft-Produkte mit Vorrang weiterentwickeln. Die hochwertigen Softwareanbieter, an dieser Stelle seien exemplarisch ANNOTEXT, DATEV Anwalt classic, RA-MICRO und ReNoStar genannt, arbeiten derzeit allerdings zum Teil an Lösungen in der Apple-Umgebung, insbesondere für das iPhone und iPad. Diese Aufzählung ist keineswegs abschließend. Nach unserem Überblick gibt es zurzeit etwas mehr als zwanzig Anbieter. Viele im Internet zu findenden Vergleiche der Anwaltssoftware sind nicht aussagekräftig, weil sie teilweise in Publikationen erschienen sind, die wiederum einzelnen Anbietern wirtschaftlich nahestehen. Es empfiehlt sich auch hier durchaus die Rückfrage beim örtlichen Anwaltverein. Auch in diesem Bereich geht nichts über die Erfahrung von Kollegen, die die Software zum Teil seit Jahrzehnten im täglichen Einsatz haben. Von Bedeutung ist neben der Ergonomie, der Ausbaufähigkeit, dem modularen Aufbau, der den individuellen Bedürfnissen gerecht wird, insbesondere auch die Einrichtung einer Hotline, die Frequenz von Updates etc., nicht zu vergessen auch die Kapitalausstattung des Softwarehauses, da der kontinuierliche Aufbau des elektronischen Rechtsverkehrs, die zeitnah erforderliche Anpassung der Software an gesetzliche Änderungen, die Bereitstellung einer ausreichend besetzten Hotline und die laufende Pflege des Programmes eine hohe Investitionsfähigkeit des Unternehmens erfordern.

Die Anforderungen sind so vielschichtig und so individuell, dass allgemeine Aussagen an dieser Stelle wiederum nicht möglich sind. Unbedingt empfehlenswert ist auch der Einsatz digitaler Diktatsysteme bzw. von Spracherkennungssoftware. Auch an dieser Stelle zeigt sich die Qualität der von der Softwareindustrie angebotenen Anwaltsprodukte. Digital erstellte Diktate oder über die Spracherkennung erstelltes Schriftgut muss in die eigene elektronische Akte integrierbar sein, ohne dass hierzu Dutzende von Klicks erforderlich sind.

Auch hier gilt: Probieren geht über Studieren. Nicht zu unterschätzen: Ein Berufsanfänger stellt für ein Softwarehaus im Hinblick auf die erhoffte Entwicklung der Kanzlei einen hochinteressanten Kunden dar. Deshalb bieten die meisten Häuser auch z.T. mehrtägige kostenlose Testphasen an. Wenn dann die Entscheidung gefallen ist, sollte nicht an der Schulung gespart werden. Um ein Anwaltsprogramm vollständig zu verstehen und richtig nutzen zu können, sollten mindestens zwei Tage an Schulung für Heiko Rathgeber eingeplant werden.

Danach gilt nur noch ein Motto:

Ärmel aufkrempeln, packen wir es an. Es gibt viel zu tun. Viel Erfolg, Heiko!

B.13 Buchführung und Steuern

Rechtsanwalt Dr. Martin Wulf, Berlin[1] • Vorsitzender der Arbeitsgemeinschaft Steuerrecht im DAV

I. Überblick

Die Buchführung des Rechtsanwalts muss wie in jedem anderen Unternehmen auch zwei Aufgaben erfüllen: Zum einen ist sie ein betriebswirtschaftliches Kontrollinstrument. Sie sollte dem Anwalt stets einen zutreffenden und aktuellen Überblick über die wirtschaftlichen Verhältnisse seiner Kanzlei ermöglichen. Zum anderen muss die Buchführung die Erfüllung der steuerlichen Vorgaben gewährleisten. Die laufende Buchführung muss jeweils zum Ende des Jahres die Ermittlung des zu versteuernden Gewinns der Kanzlei ermöglichen und die Erfüllung aller anderen steuerlichen Pflichten, insbesondere aus dem Umsatzsteuergesetz, sicherstellen. Vor diesem Hintergrund stellt das Gesetz an die Buchführung bestimmte Anforderungen.

Da die faktischen und gesetzlichen Anforderungen an die Buchführung nur vor dem Hintergrund der steuerlichen Rahmenbedingungen vollends nachvollziehbar sind, ist es sinnvoll, sich zunächst einen Überblick über die steuerlichen Rahmenbedingungen zu verschaffen.

II. Steuern in der Anwaltskanzlei

Der Rechtsanwalt erzielt mit seiner Tätigkeit Einkünfte aus selbstständiger Arbeit (§ 18 Abs. 1 Nr. 1 S. 2 EStG). Er muss diese Einkünfte der Einkommensteuer unterwerfen. Zusätzlich fällt Umsatzsteuer an. Die Rechtsanwaltskanzlei stellt dagegen als solches keinen Gewerbebetrieb i.S.d. Gesetzes dar, sodass für den Rechtsanwalt keine Gewerbesteuer anfällt.

1. Einkommensteuer

a) Betriebliche Einkünfte des Rechtsanwalts

Das Einkommensteuergesetz unterscheidet sieben Einkunftsarten. Systematisch zu unterscheiden sind die Überschusseinkünfte und die Gewinneinkünfte:

---

[1] Der Autor ist Partner der Kanzlei Streck Mack Schwedhelm, Rechtsanwälte und Fachanwälte für Steuerrecht, Köln/Berlin/München.

Gewinneinkünfte	Überschusseinkünfte
Einkünfte aus Land- und Forstwirtschaft (§§ 13–14a EStG)	Einkünfte aus nicht selbstständiger Arbeit (§§ 19–19a EStG)
Einkünfte aus Gewerbebetrieb (§§ 15–17 EStG)	Einkünfte aus Kapitalvermögen (§ 20 EStG)
Einkünfte aus selbstständiger Arbeit (§ 18 EStG)	Einkünfte aus Vermietung und Verpachtung (§ 21 EStG)
	Sonstige Einkünfte (§§ 22–23 EStG)

Die Einkünfte des Anwalts zählen zu den Gewinneinkünften. Der wesentliche systematische Unterschied zwischen den Gewinneinkünften und den Überschusseinkünften besteht darin, dass bei den Gewinneinkünften das „Betriebsvermögen" – also alle Vermögensgegenstände, die zur Erzielung der betreffenden Einkünfte eingesetzt werden – steuerverhaftet ist. Jede realisierte Werterhöhung im Betriebsvermögen führt zu einem Gewinn und ist damit steuerpflichtig, jede realisierte Wertminderung kann zu einem Verlust führen, der ebenfalls steuerlich anzuerkennen ist. Dahingegen bleiben bei den Überschusseinkünften die Wertveränderungen im Privatvermögen steuerlich unberücksichtigt.

Beispiel: Kauft Rechtsanwalt R eine Büroetage, um darin seine Kanzlei zu betreiben, so handelt es sich um Betriebsvermögen. Verkauft er die Einheit nach 15 Jahren mit Gewinn, so ist hierauf Einkommensteuer zu zahlen. Kauft dagegen die Ehefrau die Einheit und vermietet sie diese an den Ehemann, so erzielt die Ehefrau mit der Miete Einkünfte aus Vermietung und Verpachtung. Der Ehemann kann die Miete als Betriebsausgabe absetzen. Der Gewinn aus dem Verkauf der Wohnung ist nach 15 Jahren steuerfrei.

b) Gewinnermittlung durch Betriebsvermögensvergleich

Bemessungsgrundlage für die Einkommensteuer ist bei der freiberuflichen Tätigkeit des Anwalts im Ausgangspunkt der Gewinn.

Der Gewinn wird gemäß § 4 Abs. 1 EStG im Grundsatz durch einen Vergleich des Betriebsvermögens zum Ende des Wirtschaftsjahrs mit dem zu Beginn des Wirtschaftsjahrs vorhandenen Betriebsvermögen ermittelt. Ergänzend sind die Beträge zu berücksichtigen, die der Betriebsinhaber bereits im Verlauf des Wirtschaftsjahrs zu privaten Zwecken aus dem Betriebsvermögen entnommen hat (Entnahmen), sowie diejenigen Vermögenswerte, die er im Verlauf des Wirtschaftsjahrs aus seinem Privatvermögen in das Betriebsvermögen eingebracht hat (Einlage), denn diese Wertminderungen stellen schließlich kein Ergebnis der wirtschaftlichen Betätigung dar und müssen deshalb nicht versteuert werden. Schematisch stellt sich diese Gewinnermittlung somit wie folgt dar:

    Betriebsvermögen zum 31.12. des Kalenderjahrs
    – Betriebsvermögen zum 1.1. des Kalenderjahrs (= Betriebsvermögen zum 31.12. des Vorjahrs)
    + Entnahmen im Verlaufe des Wirtschaftsjahrs
    – Einlagen im Verlaufe des Wirtschaftsjahrs
    = Gewinn

Die Ermittlung des Gewinns durch Betriebsvermögensvergleich in der beschriebenen Form setzt die Aufstellung einer Bilanz zu Beginn der wirtschaftlichen Tätigkeit und zum Ende eines jeden Wirtschaftsjahrs voraus. Das „Betriebsvermögen" i.S.v. § 4 Abs. 1 EStG entspricht dem in dieser Steuerbilanz ausgewiesenen Eigenkapital.

c) Für Freiberufler: Gewinnermittlung durch Überschussrechnung

Das Gesetz stellt daneben in § 4 Abs. 3 S. 1 EStG eine weitere Form der steuerlichen Gewinnermittlung zur Verfügung. Die Vorschrift lautet:

„(3) Steuerpflichtige, die nicht auf Grund gesetzlicher Vorschriften verpflichtet sind, Bücher zu führen und regelmäßig Abschlüsse zu machen, und die auch keine Bücher führen und keine Abschlüsse machen, können als Gewinn den Überschuss der Betriebseinnahmen über die Betriebsausgaben ansetzen. ..."

Rechtsanwälte unterliegen als Freiberufler nicht den handelsrechtlichen Vorschriften. Sie sind auch nach dem Steuergesetz, d.h. nach der Abgabenordnung (vgl. § 141 AO), nicht zur Erstellung einer Buchführung verpflichtet. Rechtsanwälte können ihren Gewinn daher durch die in § 4 Abs. 3 EStG beschriebene „Überschussrechnung" ermitteln.

Im Hinblick auf die Höhe des zu versteuernden Gewinns besteht zwischen den Gewinnermittlungsarten kein Unterschied, soweit man die Totalperiode (also die gesamte Lebenszeit des Betriebs) betrachtet. Es ergeben sich aber Unterschiede in dem Zeitpunkt der Gewinnrealisierung, d.h. dem Zeitpunkt, an dem die Steuern gezahlt werden müssen. Bei der Bilanzierung sind alle Forderungen aus vollständig oder teilweise abgeschlossenen Arbeiten zu aktivieren. Der Anwalt, der bilanziert, muss also das Honorar bereits versteuern, obwohl der Mandant noch gar nicht gezahlt hat. Der Anwalt, der seinen Gewinn durch Überschussrechnungen ermittelt, versteuert seine Honorare stets in dem Veranlagungsjahr, in dem sie ihm zufließen. Entsprechendes gilt auf der Ausgabenseite (Berücksichtigung aller Verbindlichkeiten in der Bilanz/Berücksichtigung nur der tatsächlich gezahlten Ausgaben bei der Überschussrechnung).

In der Praxis ermitteln die allermeisten Anwaltskanzleien ihren Gewinn durch Überschussrechnung. Auch ein Anwalt kann zwar freiwillig zur Bilanzierung übergehen. Eine Bilanzierung bringt aber nur in Ausnahmekonstellationen steuerliche Liquiditätsvorteile. Gerade für die Berufsanfänger dürfte eine Überschussrechnung wesentlich einfacher zu beherrschen sein.

Für steuerliche Zwecke hat die Finanzverwaltung für die „Überschussrechner" die Anlage EÜR entwickelt. Dieses Formular muss der Rechtsanwalt ausfüllen und seiner Steuererklärung beifügen (vgl. § 60 Abs. 4 EStDV).[2]

d) Privatvermögen und Betriebsvermögen

Auch wenn der Anwalt seinen Gewinn durch Überschussrechnung ermittelt, bleibt es dabei, dass Wertveränderungen im Betriebsvermögen steuerliche Auswirkungen auf den Gewinn haben. Dies setzt voraus, dass der Anwalt sorgfältig zwischen seinem Privatvermögen und dem Vermögen trennt, welches Betriebsvermögen darstellt. Für jeden konkreten Vermögensgegenstand (steuerlich spricht man von Wirtschaftsgütern) ist zu entscheiden, ob er dem Privat- oder dem Betriebsvermögen zugehören soll.

Steuerlich ist wie folgt zu unterscheiden: Alle Wirtschaftsgüter, die zu mehr als 50 % betrieblich genutzt werden, stellen notwendigerweise Betriebsvermögen dar. Sie sind daher zwingend im Betriebsvermögen zu führen („notwendiges Betriebsvermögen"). Für alle Wirtschaftsgüter, die zu wenigstens 10 % und maximal 50 % betrieblich genutzt werden, kann der Rechtsanwalt wählen, ob es sich um Betriebsvermögen oder um Privatvermögen handeln soll („gewillkürtes Betriebsvermögen"). Alle Wirtschaftsgüter, die zu weniger als 10 % betrieblich genutzt werden, sind stets Privatvermögen („notwendiges Privatvermögen").

e) Abschreibungen (AfA) auf abnutzbare Wirtschaftsgüter des Anlagevermögens

Alle Wirtschaftsgüter aus dem Betriebsvermögen, die dauerhaft dazu bestimmt sind, dem Betrieb zu dienen, stellen das sog. „Anlagevermögen" dar. Sie sollten in einem besonderen Verzeichnis aufgelistet werden (dem sog. „Anlageverzeichnis"). Hierzu zählen z.B. ein Kanzleigrundstück, die Büromöbel, Kanzleifahrzeuge (Pkw, Fahrrad, Motorroller o.Ä.), die Computeranlage einschließlich der Software, die weitere Geschäftsausstattung (bspw. ein Kunstwerk, welches zur Verschönerung der Kanzleiräume angeschafft wurde), Patentrechte der Kanzlei, Darlehensforderungen der Kanzlei etc.

Bei den durch den Rechtsanwalt für seine Kanzlei angeschafften Wirtschaftsgütern des Anlagevermögens ist zwischen den abnutzbaren und den nicht abnutzbaren Wirtschaftsgütern zu unterscheiden. Die beweglichen, körperlichen Wirtschaftsgüter sind durchweg abnutzbar (Möbel, Fahrzeuge, Büroausstattung etc.), während insbesondere Grundstücke und Rechte

---

2 Der Vordruck ist im Internet unter www.formulare-bfinv.de abrufbar.

B.13 Buchführung und Steuern <- Die eigene Kanzlei

in der Regel nicht abnutzbar sind. Bei allen Ausgaben des Rechtsanwalts für Gegenstände des Anlagevermögens ist zu prüfen, ob sie zu sofort abzugsfähigen Betriebsausgaben führen oder ob die Anschaffungskosten „abzuschreiben" sind, wodurch die Kosten auf die Nutzungsdauer des Gegenstands verteilt werden.

Beträgt der Anschaffungspreis (ohne die eventuell gezahlte Umsatzsteuer) bis maximal 150 EUR, so kann der gezahlte Betrag unmittelbar im Jahr der Zahlung als Betriebsausgabe abgezogen werden. Es handelt sich um ein sog. „geringwertiges Wirtschaftsgut" (GWG). Beträgt der Anschaffungspreis (netto) mehr als 1.000 EUR, so muss das Wirtschaftsgut über den Zeitraum der gewöhnlichen Nutzungsdauer abgeschrieben werden. Beispiel: Ein Computersystem (PC mit Drucker, Monitor und Scanner) kostet 1.500 EUR, die betriebsgewöhnliche Nutzungsdauer beträgt drei Jahre, im Jahr der Anschaffung und den beiden Folgejahren können also jeweils 500 EUR an „AfA" als Betriebsausgabe abgezogen werden.[3] Für alle abnutzbaren beweglichen Wirtschaftsgüter des Anlagevermögens mit einem Wert von netto mehr als 150 EUR bis maximal 1.000 EUR hat der Gesetzgeber zum 1.1.2008 eine neue Regelung eingeführt. Die Wirtschaftsgüter, die in diese Kategorie fallen und innerhalb eines Jahres angeschafft wurden, sind in ein besonderes Verzeichnis aufzunehmen, dieser Sammelposten ist über fünf Jahre mit jeweils 20 % abzuschreiben (§ 6 Abs. 2 a EStG).[4]

f) Gewinn als Saldo Betriebseinnahmen und Betriebsausgaben

Der Gewinn des Rechtsanwalts i.S.v. § 4 Abs. 3 EStG (Überschussrechnung) setzt sich zum Ende des Wirtschaftsjahrs aus seinen Betriebseinnahmen abzüglich der Betriebsausgaben zusammen.

Betriebseinnahmen sind alle Zuwendungen und Vorteile in Geld oder Geldeswert, die dem Rechtsanwalt aus der Ausübung seines Berufs zufließen. Zu den steuerpflichtigen Betriebseinnahmen gehören auch die Nutzungsentnahmen, d.h. die Vorteile aus der Privatnutzung von Gegenständen, die dem Betriebsvermögen zugeordnet sind (vgl. dazu nachstehend das Beispiel unter 7.). Zu den Betriebseinnahmen gehören also: Honorarzahlungen in Geld, Sachleistungen aller Art, freiwillige Zuwendungen von Mandanten und betriebsbezogene Geschenke, (unzulässige) Erfolgshonorare und Provisionen, die von dem Mandanten gezahlte Umsatzsteuer, die von dem Finanzamt erstattete Umsatzsteuer, die Vorteile aus der Privatnutzung eines betrieblichen Pkws, die Vorteile aus der Privatnutzung eines betrieblichen Telefons, die Vorteile aus der Erledigung von privaten Arbeiten durch Kanzleimitarbeiter (Beispiel: Die Sekretärin der Kanzlei erledigt während ihrer Arbeitszeit die Abrechnungen aus einem privaten Vermietungsobjekt) u.a.

---

[3] Eine Übersicht über die verschiedenen Abschreibungsarten und die anzusetzende Nutzungsdauer findet sich bei *Meyer*, Die Besteuerung der Anwaltskanzlei, 3. Aufl. 2007, S. 50 ff.
[4] Solche Regelungen bezeichnet der Gesetzgeber dann als „Vereinfachung des Steuerrechts".

Betriebsausgaben sind alle durch die Rechtsanwaltstätigkeit veranlassten Vermögensaufwendungen, die aus dem Vermögen abgeflossen sind. Betriebsausgaben sind bspw.: Miete, Löhne und Sozialversicherungsabgaben für Angestellte, Honorare für freie Mitarbeiter oder andere Subunternehmer, Ausgaben für die geringwertigen Wirtschaftsgüter und Wirtschaftsgüter mit einer Nutzungsdauer von weniger als einem Jahr (denn diese Beträge sind sofort abzugsfähig), AfA, bezahlte Umsatzsteuer auf Subunternehmerrechnungen, gezahlte Umsatzsteuer an das Finanzamt, gezahlte Zinsen und Gebühren für das Kanzleikonto, dem Betrieb zuzuordnende Kosten eines privaten Pkw, Kosten für Fortbildungen und Fachliteratur, Versicherungsbeiträge etc.

Für manche Aufwendungen versagt das Steuergesetz ausdrücklich die steuerliche Anerkennung ganz oder teilweise, obwohl es sich im Ausgangspunkt um Betriebsausgaben (also betrieblich veranlasste Aufwendungen) handelt. Diese „nicht abzugsfähigen Betriebsausgaben" finden sich insbesondere im Katalog des § 4 Abs. 5 EStG. Nur beschränkt abzugsfähig sind bspw. Bewirtungskosten. Lädt der Rechtsanwalt also einen Unternehmer zum Essen ein, um ihn als Mandanten zu gewinnen, so ist die Restaurantrechnung nur zu 70 % steuerlich abzugsfähig (§ 4 Abs. 5 Nr. 2 EStG). Zudem sind Gegenstand, Teilnehmer und Anlass der Bewirtung in besonderer Form aufzuzeichnen und nachzuweisen. Werden diese Aufzeichnungspflichten nicht erfüllt, ist ebenfalls kein steuerlicher Betriebsausgabenabzug möglich.

g) Abschreibungen und Privatanteile am Beispiel eines BetriebsPkws

Ist der Rechtsanwalt Eigentümer eines Pkws, den er zu mehr als 50 % betrieblich nutzt, so handelt es sich um notwendiges Betriebsvermögen. Die Anschaffungskosten des Fahrzeugs (netto, d.h. ohne Umsatzsteuer) sind über einen Zeitraum von sechs Jahren abzuschreiben. Nutzt der Anwalt seinen Pkw nur zu einem Anteil von mehr als 10 % und weniger als 50 % für betriebliche Fahrten, so kann er wählen, ob er den Pkw dem Privat- oder dem Betriebsvermögen zuordnet. Die Fahrten zwischen Wohnung und Kanzlei zählen bei diesen Verhältnisrechnungen zu den betrieblich veranlassten Fahrten.

Ordnet der Anwalt den Pkw dem Betriebsvermögen zu, so sind die Anschaffungskosten entsprechend abzuschreiben. Alle sonstigen, laufenden Kosten des betrieblichen Pkws stellen zunächst Betriebsausgaben dar (Benzinkosten, Steuern, Versicherungen, Reparaturen etc.). Die anteilige Privatnutzung des betrieblichen Pkws ist dann gewinnerhöhend wieder hinzuzurechnen.

Für die Bemessung des Vorteils der Privatnutzung stellt das Gesetz zwei Varianten zur Verfügung. Weist der Rechtsanwalt nach, dass es sich bei dem Pkw um notwendiges Betriebsvermögen handelt (das Fahrzeug also zu mehr als 50 % betrieblich genutzt wird), so kann er die sog. „1 %-Regelung" in Anspruch nehmen. Die private Nutzung wird dann pauschal für jeden Monat mit 1 % des Listenpreises (brutto) des Fahrzeugs im Zeitpunkt der Erstzulassung erfasst. Zusätzlich sind die Kosten dem Gewinn hinzuzurechnen, die auf die

B.13 Buchführung und Steuern <- Die eigene Kanzlei

Fahrten zwischen Wohnung und Kanzleisitz entfallen, da auch diese Kosten steuerlich nicht abzugsfähig sein sollen. Bei Anwendung der „1 %-Regelung" sind hierfür zusätzlich 0,03 % des maßgebenden Listenpreises pro Entfernungskilometer und Monat hinzuzurechnen. Findet die „1 %-Regelung" keine Anwendung, so sind die auf die Privatfahrten entfallenden Kosten anteilig aus den tatsächlich für den Pkw angefallenen Kosten herauszurechnen. Will der Rechtsanwalt auf diesem Weg geltend machen, dass ein geringerer Vorteil als nach der „1 %-Regelung" dem Gewinn hinzuzurechnen ist, so muss er dies anhand eines Fahrtenbuchs nachweisen.

Ordnet der Rechtsanwalt den Pkw dem Privatvermögen zu, so kann jeder betrieblich gefahrene Kilometer in der Gewinnermittlung pauschal mit einem Betrag i.H.v. 0,30 EUE als Betriebsausgabe geltend gemacht werden. Wahlweise kann der Rechtsanwalt die tatsächlichen Kosten pro Kilometer ermitteln, nachweisen und dann geltend machen.

h) Typische Gewinnermittlung im Überblick

Die Gewinnermittlung eines Rechtsanwalts nach § 4 Abs. 3 EStG setzt sich somit (vereinfacht) aus den folgenden Positionen zusammen:

Betriebseinnahmen
+ private Kraftfahrzeugnutzung
+ private Telefonnutzung
+ Sachentnahmen (Entnahme von Gegenständen aus dem Betriebsvermögen zu privaten Zwecken, bspw. Privatverwendung von für die Kanzlei angeschafften Briefmarken)
– Betriebsausgaben, soweit sofort abzugsfähig
– AfA auf Anlagevermögen
– Sonderabschreibungen nach § 7 g EStG[5]
– Buchwerte von veräußerten oder aus dem Betrieb entnommenen Wirtschaftsgütern des Anlagevermögens
– Sacheinlagen (Beispiel: Das zunächst für die Privatwohnung gekaufte Bild soll fortan die Kanzleiräume schmücken) oder privat bezahlte Betriebsausgaben
= steuerpflichtiger Gewinn/Verlust

2. Umsatzsteuer

Jeder, der nachhaltig zur Erzielung von Einnahmen und selbstständig tätig wird, ist als Unternehmer i.S.d. Umsatzsteuergesetzes anzusehen. Der Unternehmer hat die von ihm im Inland erbrachten Leistungen der Umsatzsteuer zu unterwerfen und diese Umsatzsteuer an das Finanzamt abzuführen.

---

[5] § 7 g EStG beinhaltet Regelungen über die steuerliche Förderung von Existenzgründern und kleineren Unternehmen; die Inanspruchnahme dieser besonderen Abschreibungsmöglichkeiten kann insbesondere für Berufsanfänger interessant sein, zu Einzelheiten vgl. *Meyer*, Die Besteuerung der Anwaltskanzlei, 3. Aufl. 2007, S. 59 ff.

B.13 Buchführung und Steuern

a) Besteuerung der erbrachten Leistungen

Der Rechtsanwalt als freiberuflich tätiger Unternehmer hat das Privileg, die Umsatzsteuer nach den vereinnahmten Entgelten berechnen zu können (vgl. § 20 Abs. 1 Nr. 3 UStG). Dies bedeutet: Der Rechtsanwalt muss die Umsatzsteuer nur auf die Honorare entrichten, die er tatsächlich eingenommen hat. Andere Unternehmer müssen hingegen die Umsatzsteuer bereits abführen, wenn sie ihre Leistung ausgeführt haben, obwohl sie noch gar nicht bezahlt worden sind. Die Vergünstigung wird durch das Finanzamt auf Antrag bewilligt.

Rechtsanwaltsleistungen sind „sonstige Leistungen" i.S.d. Umsatzsteuergesetzes. Sie sind mit dem Regelsteuersatz von gegenwärtig 19 % zu besteuern.

b) Vorsteuerabzug

Wer Unternehmer ist, soll durch die Umsatzsteuer eigentlich nicht belastet werden. Die Unternehmen können daher die von ihnen an die Vertragspartner entrichtete Umsatzsteuer unter bestimmten Voraussetzungen vom Finanzamt ersetzt bekommen. Kauft der Rechtsanwalt also Kopierpapier für insgesamt 119 EUR ein (Kaufpreis: 100 EUR netto + 19 EUR Umsatzsteuer), so kann er den Betrag von 19 EUR im Rahmen seiner Umsatzsteueranmeldung gegenüber dem Finanzamt ersetzt verlangen („Vorsteuerabzug"). Formale Voraussetzung ist, dass der Rechtsanwalt über eine Eingangsrechnung seines Lieferanten verfügt, in der die Umsatzsteuer ausgewiesen ist. Alternativ kann – wenn beide Parteien einverstanden sind – auch der Leistungsempfänger eine Gutschrift erteilen und hieraus den Vorsteuerabzug geltend machen (§ 14 Abs. 2 S. 2 UStG).

c) Durchlaufende Posten (Auslagen)

Im Grundsatz sind alle Beträge, die der Anwalt seinen Mandanten in Rechnung stellt, mit Umsatzsteuer zu belasten. Ausgenommen sind nur die durchlaufenden Posten. Durchlaufende Posten i.d.S. sind diejenigen Beträge, die der Rechtsanwalt für seinen Mandanten verauslagt hat und bei denen der Mandant selbst zivilrechtlich im Verhältnis zu dem Zahlungsempfänger Gläubiger war.[6] Konkret bedeutet dies: Der Umsatzsteuer zu unterwerfen ist das Honorar nach dem Rechtsanwaltsvergütungsgesetz, ein u.U. vereinbartes Pauschal- oder Zeithonorar, die Reisekosten, Kopierkosten, Postentgelte, Fahrtkosten etc. Keine Umsatzsteuer fällt an auf verauslagte Gerichtskosten und auf verauslagte Gebühren für Registerauskünfte etc., soweit diese ausdrücklich oder den Umständen nach im Namen des Mandanten eingeholt wurden.

---

[6] Zu Einzelheiten vgl. *Wulf*, Steueranwaltsmagazin 2007, 137.

d) Ausländische Mandanten

Nur die inländischen Leistungen des Rechtsanwalts sind der deutschen Umsatzsteuer zu unterwerfen. Systematisch hängt die Umsatzsteuerpflicht davon ab, ob der Ort der Rechtsanwaltsleistung als „sonstige Leistung" gem. § 3a UStG im Inland liegt. Die Regelungen sind unübersichtlich.[7] Vereinfachend gilt für die Rechnung an ausländische Mandanten Folgendes:

- Beratung/Vertretung eines Unternehmers mit Sitz in einem Mitgliedstaat der Europäischen Union → Rechnung ohne Umsatzsteuer (§ 3a Abs. 2 UStG);
- Beratung/Vertretung eines Unternehmers mit Sitz im Drittland (übriges Ausland außerhalb der Europäischen Union) → Rechnung ohne Umsatzsteuer (§ 3a Abs. 2 UStG);
- Beratung/Vertretung eines Privatmanns mit Wohnsitz in einem Mitgliedstaat der Europäischen Union → Rechnung mit Umsatzsteuer (§ 3a Abs. 1 UStG);
- Beratung/Vertretung eines Privatmanns im übrigen Ausland → Rechnung ohne Umsatzsteuer (§ 3a Abs. 4 UStG).

Steuerliche Besonderheiten gelten für die Beratungsleistungen, die ein Anwalt an einen anderen Unternehmer in einem anderen Mitgliedstaat der Europäischen Union erbringt. Hier gilt der Grundsatz der „Umkehr der Steuerschuldnerschaft" (vgl. § 13b UStG, europaeinheitlich bezeichnet als „reverse charge"). Wer also alles richtig machen will, der sollte die Rechnung an einen im übrigen Gemeinschaftsgebiet ansässigen Unternehmer als Mandanten ohne Umsatzsteuer ausstellen und in der Rechnung darauf hinweisen, dass es sich um einen Fall des „reverse charge" handelt. Dieser Hinweis in der Rechnung ist (eigentlich) gesetzlich vorgesehen – das Unterlassen des Hinweises hat jedoch keinerlei Konsequenzen.

Umgekehrt sollte der Rechtsanwalt darauf achten, dass ihm selbst, wenn er einen ausländischen Kollegen aus dem Unionsgebiet beauftragt, in dieser Situation keine Umsatzsteuer eines anderen europäischen Mitgliedstaats in Rechnung gestellt wird. Vielmehr wäre eine solche Beratungsleistung eines europäischen Anwaltskollegen aus dem Ausland nach Deutschland in Deutschland durch den Empfänger der Umsatzsteuer zu unterwerfen (§ 13b UStG). Der deutsche Rechtsanwalt als Empfänger (oder der Mandant als Leistungsempfänger eines ausländischen Kollegen) kann die anfallende Umsatzsteuer gleichzeitig als Vorsteuer abziehen, ohne hierfür in Besitz einer Rechnung zu sein (vgl. § 15 Abs. 1 Nr. 4 UStG).

e) Verfahren

Der Rechtsanwalt muss für jeden Voranmeldungszeitraum eine Umsatzsteuervoranmeldung abgeben und die abzuführende Umsatzsteuer in dieser Steueranmeldung selbst berechnen. Voranmeldungszeitraum ist regelmäßig ein Monat. Die Monatssteuervoranmeldung ist im

---

[7] *Dikmen*, Steueranwaltsmagazin 2010, 26.

Normalfall bis zum zehnten Tag des Folgemonats fällig. Am Ende des Kalenderjahrs hat der Rechtsanwalt dann bis zum 31.7. des Folgejahrs ergänzend eine Umsatzsteuerjahreserklärung abzugeben. Einzelheiten regelt § 18 UStG.

f) Kleinunternehmer

Wer nur in geringem Umfang als Rechtsanwalt tätig ist, der kann die Vorteile der Kleinunternehmer-Regelung in Anspruch nehmen (§ 19 UStG). Wer im vergangenen Kalenderjahr maximal 17.500 EUR an Honorarumsatz erzielt hat und im laufenden Kalenderjahr voraussichtlich nicht mehr als 50.000 EUR Umsatz aus seiner Rechtsanwaltstätigkeit erzielen wird, der muss keine Umsatzsteuer abführen. Er kann seine Honorare also umsatzsteuerfrei in Rechnung stellen. Wichtig ist, dass der Rechtsanwalt als Kleinunternehmer in seinen Rechnungen nicht versehentlich Umsatzsteuer ausweist. Denn die in einer Rechnung ausgewiesene Umsatzsteuer muss jedenfalls entrichtet werden (vgl. § 14 c UStG). Zudem kann der Rechtsanwalt, der die Kleinunternehmer-Regelung in Anspruch nimmt, selbstverständlich auch keine Vorsteuer aus seinen Eingangsrechnungen erstattet verlangen.

3. Erscheinungsformen und Abgrenzung der freiberuflichen Tätigkeit

a) Einkünfte als Einzelunternehmer

Der als Einzelanwalt tätige Rechtsanwalt erzielt Einkünfte aus selbstständiger Arbeit (§ 18 EStG). Inhaltlich ist die Tätigkeit abzugrenzen von anderen Formen der selbstständigen Tätigkeit i.S.v. § 18 EStG, von den gewerblichen Tätigkeiten i.S.v. § 15 EStG und von der Tätigkeit, die als steuerlich irrelevant angesehen wird, der sogenannten „Liebhaberei". Die Tätigkeit als Freiberufler ist steuerlich in gewisser Weise privilegiert: Man zahlt keine Gewerbesteuer, muss nicht bilanzieren und kann die Umsatzsteuer unabhängig von der Höhe der Umsätze nach vereinnahmten Entgelten entrichten. Diese Vorteile gehen verloren, wenn die Tätigkeit ganz oder teilweise als gewerblich eingestuft wird. Bei Vorliegen von „Liebhaberei" können die negativen Einkünfte (Verluste) nicht mehr mit anderen Gewinnen verrechnet werden.

Steuerlich unproblematisch ist es zunächst, wenn der Rechtsanwalt neben seiner eigentlichen Anwaltstätigkeit eine weitere Tätigkeit entfaltet, die isoliert gesehen als freiberuflich oder als sonstige selbstständige Tätigkeit i.S.v. § 18 EStG anzuerkennen wäre. Dies ist bspw. die Tätigkeit als Testamentsvollstrecker, Vormund, Vermögensverwalter, Konkursverwalter oder die Wahrnehmung von Pflegschaften. Kennzeichnend für die selbstständige Tätigkeit i.S.d. Gesetzes ist, dass der Steuerpflichtige aufgrund eigener Fachkenntnisse leitend und eigenverantwortlich tätig wird.

Schaltet der Rechtsanwalt im Rahmen seiner Kanzlei Mitarbeiter in einem solchen Umfang ein, dass keine persönliche Dienstleistung mehr vorliegt, so wird die Gesamttätigkeit nicht mehr als freiberuflich (§ 18 EStG), sondern als gewerblich (§ 15 EStG) eingestuft. Dieses

B.13 Buchführung und Steuern

Problem betrifft insbesondere die Insolvenzverwalter, deren Tätigkeit als Vermögensverwaltung i.S.v. § 18 Abs. 1 Nr. 3 EStG angesehen wird.[8] Das Problem kann sich theoretisch aber auch für einen Rechtsanwalt stellen, der eine Vielzahl von Mitarbeitern zur Erledigung von eigentlich anwaltlichen Aufgaben einsetzt.[9] Zusätzlich ist zu beachten, dass anwaltsuntypische Leistungen des Rechtsanwalts selbst – bspw. Provisionen aus der Vermittlung von Darlehen, von Grundstücken oder aus der Personalvermittlung – schon für sich gesehen eine gewerbliche Tätigkeit des Rechtsanwalts begründen können, wenn sie mehr als gelegentlich anfallen. Übt ein Steuerpflichtiger (also ein Einzelanwalt) i.d.S. sowohl die eigentlich anwaltliche freiberufliche als auch eine gewerbliche Tätigkeit aus, so sind diese Tätigkeiten und ihr Ergebnis steuerlich voneinander zu trennen. Dieses Problem sollte der Anwalt unbedingt beachten, denn eine (partielle) Umqualifizierung seiner Tätigkeit hat gravierende steuerliche Folgen: Für seine gewerblichen Einkünfte muss der Anwalt u.U. zur Bilanzierung übergehen, die gewerblichen Einkünfte können der Gewerbesteuer unterliegen und für die Einnahmen aus der gewerblichen Tätigkeit kann umsatzsteuerlich der Grundsatz der Besteuerung nach vereinbarten Entgelten greifen. Gegebenenfalls ist es sinnvoll, den möglicherweise gewerblichen Teil der Betätigung von Beginn an klar von der anwaltlichen Tätigkeit zu trennen.

Erzielt der Rechtsanwalt aus seiner Tätigkeit (ausschließlich) Verluste, so stellt sich die Frage, ob es sich nicht nur um „Liebhaberei" im steuerlichen Sinne handelt, denn eine steuerlich anzuerkennende Tätigkeit setzt voraus, dass der Unternehmer mit Gewinnerzielungsabsicht handelt. Dies setzt voraus, dass der Betrieb nach seiner Wesensart und der Art der Bewirtschaftung auf Dauer dazu geeignet und bestimmt ist, Gewinne zu erzielen. Der BFH war hier zunächst sehr großzügig und hat auch bei langjährigen Verlusten in erheblichem Umfang noch die Gewinnerzielungsabsicht des Anwalts bejaht.[10] In einer nachfolgenden Entscheidung hat der BFH dann allerdings bei einer Rechtsanwaltskanzlei „Liebhaberei" angenommen und damit die Verrechnung der Kanzleiverluste mit anderen positiven Einkünften verneint, soweit die Kanzlei auch bei nachhaltigen Verlusten nicht irgendwann so umstrukturiert wird, dass die Ansicht erkennbar ist, zukünftig Gewinne zu erzielen.[11]

b) Sozietäten

Die freiberufliche Tätigkeit als Rechtsanwalt kann selbstverständlich nicht nur als Einzelunternehmer, sondern auch im Rahmen einer Sozietät ausgeübt werden. Die Mitglieder einer Sozietät (zivilrechtlich: Gesellschaft bürgerlichen Rechts) erzielen nur dann freiberufliche Einkünfte, wenn alle Gesellschafter die persönlichen Voraussetzungen einer freiberuflichen Tätigkeit erfüllen.[12] Steuerlich ist es damit nicht möglich, sich mit Gewerbetreibenden zu einer „gemischten" Sozietät zusammenzuschließen. Anders als bei einem Einzelunternehmer ist

---

8   BFH v. 11.8.1994 – IV R 126/91, BStBl. 1994 II, 936, im Bereich von § 18 Abs. 1 Nr. 3 EStG gilt die sogenannte „Vervielfältigungstheorie"; weiterführend hierzu BFH v. 26.1.2011 – VIII R 3/10, BStBl. 2011, 498 m.w.N.
9   Vgl. zum Problem *Olbing/Kamps*, AnwBl. 2004, 241.
10 BFH v. 22.4.1998 – XI R 10/97, BStBl. 1998 II, 663.
11 BFH v. 14.12.2004 – XI R 6/02, BStBl. 2005 II, 392.
12 BFH v. 7.11.1991 – IV R 17/90, BStBl. 1993 II, 324.

eine Aufteilung in freiberufliche und gewerbliche Einkünfte der Sozietät unmöglich. Erzielt nur einer der Sozien (teilweise) gewerbliche Einkünfte, so infiziert dies die Einkünfte der gesamten Sozietät. Aus diesem Grunde ist im Rahmen der Sozietät besonders sorgfältig darauf zu achten, dass die Tätigkeit von keinem der Beteiligten in die Gewerblichkeit „abgleitet".

Steuerrechtlich werden die Mitglieder der Sozietät als „Mitunternehmer" bezeichnet. Die Sozietät selbst unterliegt nicht der Einkommensteuer. Die gemeinsamen Einkünfte werden vielmehr für die Zwecke der Einkommensteuerveranlagung einheitlich und gesondert festgestellt (vgl. §§ 179 ff. AO). Das heißt, es wird für alle Beteiligten verbindlich auf Ebene der Sozietät der Gesamtgewinn ermittelt und es wird ermittelt, wie dieser Gesamtgewinn auf die einzelnen Beteiligten zu verteilen ist. Steuerlich können die Mitunternehmer durch eine Gewinnverteilungsabrede frei entscheiden, welcher Gewinn jedem Einzelnen zusteht. Der anteilige Gewinn jedes Mitunternehmers wird dann in seinem persönlichen Einkommensteuerbescheid als „Einkünfte aus selbstständiger Tätigkeit" berücksichtigt.

c) Partnerschaftsgesellschaft

Die Partnerschaft ist nach dem Partnerschaftsgesellschaftsgesetz eine besondere, der OHG ähnliche Gesellschaftsform mit eigener Rechtsfähigkeit. Sie ermöglicht es den Freiberuflern und insbesondere Rechtsanwälten, sich zu einer Personengesellschaft zusammenzuschließen, die (eindeutig) als solche rechtsfähig ist und eine gewisse Haftungsbeschränkung herbeiführt.

Steuerlich besteht letztlich kein Unterschied zwischen einer Partnerschaftsgesellschaft und einer Sozietät in der Rechtsform einer Gesellschaft bürgerlichen Rechts: In beiden Fällen handelt es sich um eine freiberufliche Mitunternehmerschaft i.S.v. § 18 EStG.

d) RechtsanwaltsGmbH

Das Berufsrecht ermöglicht es zwischenzeitlich, eine Rechtsanwaltskanzlei auch in der Rechtsform der juristischen Person, d.h. insbesondere der Rechtsform der GmbH, zu führen. Steuerlich wird die GmbH grundlegend anders behandelt als eine Einzelkanzlei oder eine Rechtsanwaltssozietät. Die GmbH ist körperschaftsteuerpflichtig. Darüber hinaus unterliegt die GmbH zwingend der Gewerbesteuer. Die GmbH ist nach dem Handelsrecht verpflichtet, Bücher zu führen, und muss ihren Gewinn deshalb durch Bilanzierung ermitteln. Umsatzsteuerlich hat die GmbH die Umsatzsteuer zwingend nach den vereinnahmten Entgelten zu versteuern.

Wer in einer Rechtsanwalts-GmbH beteiligt ist, der erhält persönlich seine Einnahmen entweder in der Form von Gewinnausschüttungen (d.h. Einkünften aus Kapitalvermögen) oder in der Form eines Geschäftsführungs- oder Angestelltengehalts (Einkünfte aus nichtselbstständiger Tätigkeit). Ob es steuerlich sinnvoll ist, eine Rechtsanwalts-GmbH zu gründen, und ob mögliche steuerliche Nachteile durch die haftungsrechtlichen Vorteile aufgewogen werden, ist sorgfältig zu überprüfen.

e) Angestellte Rechtsanwälte und freie Mitarbeiter

Wer als angestellter Rechtsanwalt tätig ist, erzielt Einkünfte aus nichtselbstständiger Tätigkeit i.S.v. § 19 EStG. Sein Arbeitgeber hat für Rechnung des Arbeitnehmers Lohnsteuer einzubehalten und an das Finanzamt abzuführen. Die Lohnsteuer ist eine Art Vorauszahlung auf die Einkommensteuer des nichtselbstständig tätigen Rechtsanwalts. Zusätzlich sind durch den Arbeitgeber die anfallenden Sozialabgaben abzuführen (Arbeitgeber- und Arbeitnehmerbeiträge zur Krankenversicherung, zur Rentenversicherung, zur Arbeitslosenversicherung und zur Pflegeversicherung).

Ein Angestelltenverhältnis i.d.S. liegt vor, wenn der Rechtsanwalt unter der Leitung seines Auftraggebers/Arbeitgebers tätig wird und in den geschäftlichen Organismus von dessen Kanzlei in der Form eingebunden ist, dass er inhaltlich und zeitlich dessen Weisungen zu folgen hat (vgl. § 1 Lohnsteuer-Durchführungsverordnung).

Die Tätigkeit als angestellter Rechtsanwalt ist abzugrenzen von der (echten) freien Mitarbeit. Freier Mitarbeiter ist, wer nicht weisungsgebunden, sondern selbstständig tätig ist und insoweit frei über Inhalt, Zeit und Umfang seiner Tätigkeit entscheidet. Maßgebend sind die tatsächlichen Verhältnisse, nicht mögliche schriftliche Vereinbarungen, die tatsächlich nicht durchgeführt werden. Wer als echter freier Mitarbeiter i.d.S. tätig ist, der erzielt freiberufliche Einkünfte wie jeder andere Einzelanwalt. Die von dem Auftraggeber gezahlten Subunternehmerhonorare stellen für den Auftraggeber Betriebsausgaben und für den Auftragnehmer Honorareinnahmen aus selbstständiger Tätigkeit dar.

III. Buchführung in der Anwaltskanzlei

Rechtsanwälte sind als Freiberufler nicht verpflichtet, eine Buchführung im handelsrechtlichen Sinne oder eine originär steuerliche Buchführung zu erstellen (vgl. §§ 140, 141 AO). Eine gesetzliche Pflicht zur Aufzeichnung bestimmter Vorgänge ergibt sich für die Rechtsanwälte nur aus dem Umsatzsteuergesetz. Aufzuzeichnen sind danach insbesondere die vereinnahmten Entgelte, vereinnahmte Vorauszahlungen, die Werte unentgeltlicher Leistungen, die Leistungen, die zum Vorsteuerabzug berechtigen etc. (vgl. im Einzelnen § 22 Abs. 2 Nr. 1–9 UStG). Weitergehende Aufzeichnungspflichten können sich aus dem EStG ergeben, soweit das Gesetz die Abzugsfähigkeit bestimmter Betriebsausgaben an eine besondere Form der Aufzeichnung knüpft (vgl. nur § 4 Abs. 7 EStG für Geschenke und Bewirtungen).

Wie bereits ausgeführt, dient die Buchführung des Anwalts selbstverständlich nicht nur der Erfüllung von Vorgaben des Steuergesetzes, sondern die „Anwaltsbuchführung" ist ein wichtiges betriebswirtschaftliches Kontrollinstrument. Ungeachtet der gesetzlichen Vor-

DIE EIGENE KANZLEI -> B.13 BUCHFÜHRUNG UND STEUERN

schriften sollte jeder Anwalt über ein geschlossenes, systematisches Aufzeichnungswerk verfügen, welches fortlaufend, vollständig und zeitnah erstellt wird. Nur eine „Buchführung" in diesem Sinne ermöglicht es dem Anwalt, die wirtschaftliche Lage seiner Kanzlei jederzeit im Blick zu haben.[13] Um den erforderlichen Überblick zu erhalten und am Ende des Jahrs aus den Aufzeichnungen relativ unproblematisch die Informationen zu entnehmen, die im Rahmen der Steuererklärung zur Ausfüllung der Anlage EÜR erforderlich sind, sollte die Buchführung des Anwalts aus den folgenden Aufzeichnungen bestehen:

- Laufendes Journal (bspw. in der Form einer Excel-Tabelle)
- Anlage-Verzeichnis (bspw. in der Form einer Excel-Tabelle)
- Mandantenkonten (bspw. in der Form eines Kostenblatts in der Akte)
- Offene-Posten-Liste (bspw. Sammlung der Rechnungen in einem Ordner)
- Lohnkonten, sobald Arbeitnehmer beschäftigt werden (gesondertes Lohnprogramm)

In das **Journal** werden alle Geschäftsvorfälle einzeln in zeitlicher Reihenfolge eingetragen. Betriebswirtschaftlich und steuerlich maßgebend sind für den Rechtsanwalt die Zu- und Abflüsse. Das Journal besteht also aus zwei Teilen. In dem ersten Bereich wird, geordnet nach Daten, die Entwicklung des Bankkontos und der Barkasse dargestellt. In dem zweiten Bereich werden die jeweiligen Zu- und Abflüsse betragsmäßig den Einnahme- und Ausgabekategorien zugeordnet. Jede Zeile stellt einen Buchungsvorgang dar. Zu jeder Zeile sollte ein Beleg existieren; notfalls schreibt man selbst einen sogenannten „Eigenbeleg". Sinnvoll ist es, die Aufzeichnungen in dem Journal jeweils für einen Monat zu führen. Es bietet sich eine tabellarische Darstellung, bspw. in einer Excel-Tabelle, an. Die zugehörigen Belege müssen geordnet abgeheftet werden. Beispielhaft kann das Journal wie folgt aussehen:[14]

Datum	Vorgang	Bank-konto	Bar-kasse	Erlös	USt.	Personal	Raum-kosten	Pkw	Bewir-tung	Vor-steuer
	Anfangs-bestand	8.000,00	500,00							
1.2.07	Honorar Müller	1.190,00		1.000,00	190,00					
2.2.07	Tanken Esso	-119,00						100,00		19,00
3.2.07	Lohn Fleißig	-2.800,00				2.800,00				
4.2.07	Pizza		-59,90						50,00	9,50
29.2.07	Endbe-stand	6.271,00	440,50							

---

13 Vgl. die grundlegenden Ausführungen bei *Meyer*, Die Besteuerung der Anwaltskanzlei, 3. Aufl. 2007, S. 279 ff.
14 In Anlehnung an das Beispiel bei *Meyer*, Die Besteuerung der Anwaltskanzlei, 3. Aufl. 2007, S. 282.

B.13 Buchführung und Steuern <- Die eigene Kanzlei

Im **Anlageverzeichnis** müssen alle Gegenstände des Betriebsvermögens aufgeführt werden, für die AfA geltend gemacht wird oder bei denen es sich um nicht abnutzbare Wirtschaftsgüter handelt (Aufzeichnung zwingend vorgeschrieben, § 4 Abs. 3 S. 5 EStG). Das Anlageverzeichnis beinhaltet Angaben zur Beschreibung des Wirtschaftsguts, zum Tag der Anschaffung, zu den Anschaffungskosten, der voraussichtlichen Nutzungsdauer und der Höhe der sich daraus ergebenden Abschreibung. Auch hier kann eine Excel-Tabelle verwendet werden.

Die Aufzeichnungen aus dem **„Mandantenkonto"** geben Auskunft über die Zahlungsvorgänge, welche für das konkrete Mandat angefallen sind. Regelmäßig wird hierfür ein Kostenblatt als Teil der Handakte geführt. Für die tägliche Arbeit ist dies ausgesprochen praktisch, weil man bei Bearbeitung der Akte unmittelbar alle Vorgänge zur Hand hat.[15]

Um eine Übersicht über die offenen Honorare zu erhalten, sollte zusätzlich eine **Offene-Posten-Liste** geführt werden (auch wenn diese für den „Überschussrechner" steuerlich nicht relevant ist). Am einfachsten ist es, wenn eine Kopie von allen geschriebenen Honorarrechnungen in einem separaten Ordner verwahrt wird. Geht eine Zahlung ein, so kann dies unmittelbar auf einer Rechnungskopie vermerkt werden. Ist die Rechnung vollständig ausgeglichen, so wird sie aus dem Ordner „offene Rechnungen" entnommen und kommt zu den Belegen aus der Rubrik der vereinnahmten Erlöse.

Sobald in der Anwaltskanzlei Arbeitnehmer beschäftigt werden, sind zusätzlich **Lohnkonten** zu führen. Dieser Bereich wird regelmäßig auf einen Steuerberater ausgelagert, auf eine ausführlichere Darstellung wird deshalb verzichtet. Wer die Lohnbuchhaltung selbst erstellen will, sollte sich eines EDV-Programms bedienen, das von den üblichen Software-Herstellern angeboten wird.

Aufbewahrungspflichten: Die zehnjährige Aufbewahrungspflicht des § 147 Abs. 3 S. 1 AO betrifft nur diejenigen Steuerpflichtigen, die nach Handelsrecht oder Steuergesetzen im eigentlichen Sinne buchführungspflichtig sind. Der Rechtsanwalt zählt nicht hierzu. In der Rechtsanwaltskanzlei sind die Unterlagen, die für die Besteuerung relevant sein können, daher insgesamt nur sechs Jahre aufzubewahren (§ 147 Abs. 3 S. 1, 2. Hs. AO).

IV. Ergänzende Hinweise

Zur Erstellung des Abschlusses einer Rechtsanwaltskanzlei und für alle weiteren Einzelfragen im Zusammenhang mit der Besteuerung kann auf die vortrefflichen Ausführungen von *Meyer*, Die Besteuerung der Anwaltskanzlei, 3. Aufl., 2007, verwiesen werden. Das Buch, welches hier schon mehrfach zitiert wurde, bietet einen umfassenden und dabei leicht verständlichen Überblick über alle relevanten Fragen der Besteuerung und Buchführung. Auch wenn es seit dem Jahr 2007 nicht neu aufgelegt wurde, helfen die Aussagen auch heute

---

15 Kritisch hierzu *Meyer*, Die Besteuerung der Anwaltskanzlei, 3. Aufl. 2007, S. 283 mit dem Hinweis auf die unterschiedlichen Aufbewahrungsfristen nach § 147 Abs. 3 S. 1 AO (sechs Jahre) und § 50 Abs. 2 BRAO (fünf Jahre).

noch weiter. Ausführliche Darstellungen finden sich bei *Haas/Stange/Strothenke*, Steuern in der Anwaltskanzlei, 2010, und *Kogler/Block/Pauly*, Die Besteuerung von Rechtsanwälten und Anwaltsgesellschaften, 3. Aufl., 2009.

B.14 Kanzleimanagement

Rechtsanwalt Horst Leis, LL.M., Düsseldorf • Mitglied im Vorstand des Düsseldorfer Anwaltvereins sowie des Landesverbands Nordrhein-Westfalen im DAV

I. Einleitung

Der Kanzleigründer/Die Kanzleigründerin, aber auch der/die etablierte Rechtsanwalt/Rechtsanwältin[1] wird sich bei oder nach der Gründung bzw. „zwischendurch" intuitiv einige Fragen zum Thema Kanzleimanagement gestellt und auch beantwortet haben. Also wozu noch diesen Beitrag lesen?

Die Erfahrung des Verfassers aus zahlreichen Vorträgen zu diesem Thema zeigt, dass mit diesem intuitiven Lösungsansatz bestenfalls Einzelprobleme gut gelöst werden, aber der Blick für den Gesamtzusammenhang fehlt. Daraus ergibt sich auch für alteingesessene Kanzleien im besten Fall erhebliches Optimierungs-, im schlechtesten Fall Haftungspotenzial. Hinzu kommt, dass das Thema Kanzleimanagement eher „nebenbei" und meist nicht mit der für die Ermittlung und Einführung von Prozessen mit Einsparungspotenzial notwendigen Tiefe und Kontinuität angegangen wird.

Zugegeben, bei vielen Gründern treibt die Existenznot und nicht die Berufung zur Gründung. Soweit jedoch die Gründung von Erfolg gekrönt sein soll, ist es schon im Vorfeld – aber auch im Kanzleialltag – notwendig, für das Kanzleimanagement laufend – auch nach der Gründung – Zeit einzuplanen.

II. Themenbestimmung

Das Kanzleimanagement umfasst neben den Standardthemen Personal und Kanzleiorganisation insbesondere die weniger bekannten Themen Qualitäts- und Marketingmanagement inkl. Datenschutz. Gerade diese Themengebiete beinhalten ein erhebliches finanzielles Einsparungs- sowie Akquisepotenzial und minimieren zudem die Haftungsrisiken.

Die einzelnen Komponenten des Kanzleimanagements gibt die nachfolgende Grafik wieder.

---

1 Im weiteren Verlauf wird ausschließlich zur Reduzierung des Textaufkommens die männliche Form gewählt.

DIE EIGENE KANZLEI -> **B.14 KANZLEIMANAGEMENT**

Kanzleimanagement

- Qualitätsmanagement
- Personal
- Partner/Berufsträger
- Technik
- Kanzleiorganisation
- Marketing
- Controlling
- Cashflow
- Berufspflichten

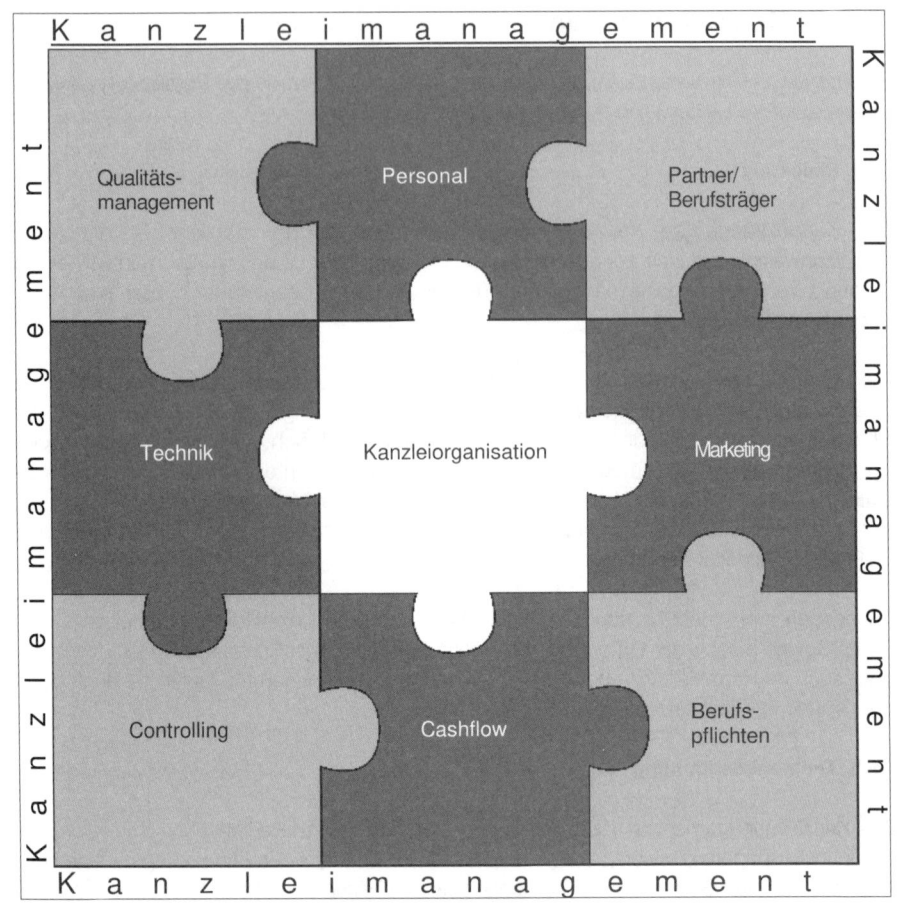

Abbildung 1

III. Partner/Berufsanfänger

Das Thema Berufsträger/Partner ist für den Existenzgründer das Vordringlichste, da hier entscheidende Weichen gestellt werden. Zumindest der Gründer muss sich mit einigen existenziellen Fragen zu seiner Person (1) und zur Rechtsform (2) – der etablierte Jurist auch damit, dass Rechtsberatung auftragsmäßige Dienstleistung im Sinne des § 675 BGB ist (3) – beschäftigen.

B.14 KANZLEIMANAGEMENT <- Die eigene Kanzlei

1. Person des Gründers

Anhand der persönlichen Fähigkeiten und Neigungen des Berufsträgers sollte die Frage der Einzel- oder Sozietätsgründung sowie der kaufmännischen Vorgehensweise festgestellt werden. Unter Neigung ist z.B. zu verstehen:

soziale Kompetenz,

- kommunikativ,
- extrovertiert,
- introvertiert,
- eher wissenschaftlich,

persönliche Interessen,

- technisch interessiert (z.B. Baurecht, Werkvertragsrecht, IT-Recht),
- Sportler/Musiker (z.B. Sportrecht, Medizinrecht; Künstlervertragsrecht),
- Banklehre; sonstiger Bezug zur Wirtschaft (z.B. Bankrecht, Unternehmensberatung, Mergers etc.)
- etc.

Schon nach der sozialen Kompetenz sollte der Gründer entscheiden, ob er in der Lage ist, seine Dienstleistung am *„Markt als Ware zu verkaufen"*. Der eher wissenschaftlich ambitionierte Jurist wird, soweit noch eine gewisse Introvertiertheit hinzukommt, nicht in der Lage sein, selbst Kunden zu akquirieren. Aber auch ein solches Problem lässt sich durch entsprechende Planung lösen. Das Pendant dazu ist der kommunikative und extrovertierte Jurist. Bilden diese beiden eine Sozietät, ist im Zweifel ein Erfolgsgespann geboren. Der eine, der sowieso lieber redet, der andere, der gerne wissenschaftlich arbeitet (wobei hier gesagt werden muss, dass damit keine Klischees abgehandelt werden sollen. Selbstverständlich können auch äußerst kommunikative Juristen wissenschaftlich arbeiten und umgekehrt).

Derjenige, der feststellt, dass er eigentlich kein Kaufmann ist, ist gut beraten, sich frühzeitig z.B. einen externen Steuerberater, Buchhalter oder Bürovorsteher zu suchen, der einen daran erinnert, dass man diesen Monat noch keine Rechnungen geschrieben hat.

Es geht an dieser Stelle nur darum, ehrlich gegen sich selbst zu sein und festzustellen, ob und wenn ja, welche Komponente einem fehlt. Dadurch ist es ggf. leichter, den richtigen Begleiter für den erfolgreichen Kanzleibetrieb zu finden.

2. Rechtsform

Hinsichtlich der Rechtsform sind grundsätzlich die GbR, die eingetragene Partnerschaft, die Partnerschaft mit beschränkter Berufshaftung (PartmbB), die EWIV,[2] die BGB-Gesellschaft, die GmbH, die AG und die LLP[3] möglich.

Sofern eine Gesellschaft gegründet wird, sollten die einzelnen Anwälte die Höhe ihrer Beteiligung, welche Funktionen von welchem Partner innerhalb der Kanzlei eingenommen werden und auch die jeweilige fachliche und persönliche Qualifikation und was ihn dafür qualifiziert (z.B. Ausbildung, Erfahrungen, Vermögen, Funktionen außerhalb der Sozietät), bestimmen. Bedenken sollte man auch, dass zwar die gewählte Rechtsform für den jungen Juristen „bekanntes Terrain" sein kann, der Jurist aber für gewöhnlich die steuerrechtlichen Belange nicht beurteilen kann. So besteht z.B. bei der GmbH die Pflicht zur Abführung der Umsatzsteuer bei Rechnungsstellung, bei der GbR erst nach Geldeingang. Die GbR kann aus Haftungsgründen nur eine Übergangslösung sein. Soweit eine Form außerhalb der Rechtsformen des HGB gesucht wird, ist der Partnerschaftsgesellschaft der Vorzug zu geben. Hier kann die Haftung auf den jeweils sachbearbeitenden Rechtsanwalt und ggf. mit der mbB auf das Kapital der Partnerschaft beschränkt werden. In der Gründung kann dies gemäß § 51 a Abs. 2 BRAO über Mandatsbedingungen erfolgen.

3. Versicherung

Da sich in diesem Buch gesonderte Kapitel speziell zur Berufshaftpflichtversicherung und Versicherungen im Allgemeinen befassen, bedarf es dazu hier keiner vertiefenden Erörterung.

4. Rechtsberatung als Dienstleistung

Die Anwaltschaft neigt bisweilen dazu, die Einordnung der zu erbringenden Leistung als Sonderform der entgeltlichen Geschäftsbesorgung (§ 675 BGB) nicht wahrzunehmen.

Die vertragliche Konstellation zwischen Mandant und Rechtsanwalt wird meist nicht weiter beachtet. Aufgrund der immer häufiger auftretenden gerichtlichen Feststellung von Anwaltsfehlern und der immer größer werdenden Konkurrenz im Bereich der juristischen Dienstleistung[4] können die dem Anwaltsvertrag zugrunde liegenden rechtlichen Pflichten nicht mehr ignoriert werden (Näheres unter Punkt IV.1.).

Jeder juristische Berufsträger muss sich daher grundsätzlich darüber klar werden, dass die heutige Zeit aufgrund des zunehmenden Konkurrenzdruckes ein Umdenken erfordert. Die

---

2 Europäische wirtschaftliche Vereinigunghttp://www.libertas-institut.com/ewiv-informationszentrum/.
3 Limited Liability Partnership (LLP) ist eine Rechtsform der Personengesellschaften nach britischem/amerikanischem Recht.
4 Vgl. dazu nur die Zulassungszahlen mit 165855Zulassungen im Jahre 2018, Quelle: https://www.brak.de/w/files/04_fuer_journalisten/statistiken/2018/mg-2018.pdf.

juristische Verklausulierung des Begriffes „Kunde" mit dem Wort „Mandant" hat nur noch insofern Berechtigung, wie es sich um berufsrechtliche Belange und hier primär um das Mandantengeheimnis handelt. Ansonsten gilt der Grundsatz, dass sich – vorausgesetzt, die rechtliche Qualität entspricht den Erfordernissen des Falles – auch der Umgang mit dem Mandanten am Slogan „Der Kunde ist König" zu orientieren hat und nicht, wie heute noch vielfach üblich, dass der Mandant als Kunde nach Übernahme des Mandats eher ein Störfaktor ist.

Diese neue und zum Markterfolg einer Kanzlei notwendige Sichtweise verdeutlicht die nachfolgende Grafik. Hier steht der Mandant anstelle des Mandats im Mittelpunkt.

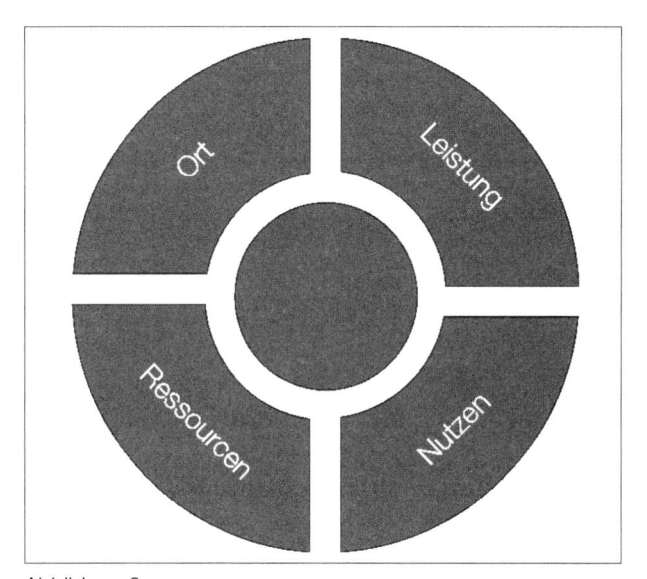

Abbildung 2

IV. Kanzleiorganisation

Die allgemein in Kanzleien vorzufindende Organisationsstruktur basiert ausschließlich auf Übung und ist für gewöhnlich nur im Kopf des ausführenden Mitarbeiters oder Berufsträgers abgebildet. Dies erschwert die Einarbeitung neuer Berufsträger und Mitarbeiter und bietet keinerlei Basis für Optimierungsprozesse, da damit keine überprüfbare schriftliche Isterfassung z.B. in Form einer Arbeitsplatzbeschreibung vorliegt.

Die Basis der Kanzleiorganisation sind die Berufspflichten (Nr. 1), welche den Mindestrahmen der Eigen- und Kanzleiorganisation vorgeben. Die sich daraus ergebenden organisatorischen Mittel und Maßnahmen ergeben die sachlichen Organisationsmittel (Nr. 2) und die

Ablauforganisation (Nr. 3), welche sich insgesamt mit den speziellen Themengebieten (Qualitätsmanagement etc., vgl. Abbildung 9) überschneiden.

1. Berufspflichten

Das Berufsrecht postuliert in § 5[5] BORA und § 50[6] BRAO ausdrücklich das erforderliche Mindestmaß an organisatorischen (a) und mandatsspezifischen (b) Verfahrensvoraussetzungen. Das ferner vorgegebene Verbot der Vertretung widerstreitender Interessen (§ 43 a Abs. 4 BRAO) und Vorgaben zum Umgang mit Mandantengeldern (§ 43 a Abs. 5 BRAO, § 4 Abs. 1 BORA) sowie die steuerrechtlichen und zivilrechtlichen Pflichten (c) bilden neben der Haftungsrechtsprechung des BGH den konkreten Rahmen, mit welchem Mindestgrad sich der Berufsträger zu organisieren hat.

a) Allgemeine organisatorische Verfahrensvoraussetzungen

Eine Definition des in § 5 BRAO genannten Begriffes „erforderlich" erfolgt mit der Norm zwar nicht, jedoch muss unter Berücksichtigung auch einer eingeschränkten steuerlichen Verpflichtung zur Buchführung[7] und der o.g. Pflicht zur Führung von Anderkonten schon eine gewisse kaufmännische Grundordnung vorausgesetzt werden. Die mittlerweile hinzugetretenen steuerrechtlich bestehenden Verpflichtungen zur

- Angabe von Rechnungs- und Steuernummer,
- digitalen Voranmeldung der Umsatzsteuer,
- digitalen Übermittlung der Lohnsteuerdaten für Angestellte

bedeuten einen erheblichen Mehraufwand, soweit man ohne digitale Aktenverwaltung nebst Buchhaltung auszukommen versucht. Die digitale Umsatzsteuervoranmeldung sowie digitale Übermittlung der Lohnsteuerdaten können zwar von einem beauftragten Steuerberater vorgenommen werden, jedoch ist auch hier eine entsprechende technische Voraussetzung zu schaffen, diese Daten zeitnah und buchungstechnisch zuordnungsfähig an den Steuerberater liefern zu können.

Die Zeiten der Übergabe eines „Schuhkartons" mit Belegen an den Steuerberater sind daher schon lange vorbei.

Die Kanzlei sollte daher schon von Beginn an über ein entsprechendes Kanzleiverwaltungsprogramm[8] verfügen, damit nicht später mit teils erheblichem Aufwand die bisher verwen-

---

5 § 5 BORA: Der Rechtsanwalt ist verpflichtet, die für seine Berufsausübung erforderlichen sachlichen, personellen und organisatorischen Voraussetzungen vorzuhalten.
6 § 50 Absatz 1 BRAO: Der Rechtsanwalt muss durch Anlegung von Handakten ein geordnetes Bild über die von ihm entfaltete Tätigkeit geben können.
7 Der Rechtsanwalt ist außerhalb handelsrechtlicher Gesellschaftsformen steuerrechtlich nur zur Führung einer Einnahmenüberschussrechnung verpflichtet.
8 Siehe unter Ziffer V.

deten händischen oder Excel-Tabellen importiert werden müssen. Bei der Anschaffung sollte jedoch darauf geachtet werden, dass das Programm später erweitert bzw. auf ein anderes Programm gewechselt werden kann. Nicht jedes Kanzleiverwaltungsprogramm ist in der Lage, die Mindestanforderungen Export der Stammdaten, Aktendaten nebst dazugehöriger Buchhaltung zu erfüllen.

b) Mandatsspezifische Verfahrensvoraussetzungen

Neben den schon oben festgestellten allgemeinen berufsrechtlichen Organisationsvorgaben besteht ferner gemäß § 50 Abs. 1 BRAO die Pflicht zur Anlegung und ordentlichen Führung einer Handakte. Bevor es dazu kommt, muss gemäß § 43a Abs. 4 BRAO überprüft werden, ob man das Mandat aus Gründen der widerstreitenden Interessen überhaupt annehmen darf (Kollisionskontrolle). Dies setzt voraus, dass der Abgleich mit anderen Mandantendaten *„just in time"* möglich ist. Das Mandat ist gemäß § 44 BRAO, §§ 675, 633 BGB unverzüglich abzulehnen. Diese Überprüfung kann ab einer gewissen Anzahl von Mandanten nur noch durch Einsatz eines Kanzleiverwaltungsprogramms zeitnah und damit unverzüglich geleistet werden.

Die Norm § 50 BRAO erlaubt die Aktenführung sowohl in herkömmlicher als auch in digitaler Ausführung. Die Akte kann damit in Form eines Ordners, einer Hängeregistratur, Loseblattsammlung oder digital geführt werden. Jedoch unterliegen Loseblattsammlung und digitale Akte gewissen Einschränkungen.

Die Verpflichtung zur Handaktenführung bedeutet, dass der Rechtsanwalt eine Akte über das Mandat so zu führen hat, dass daraus ohne weiteres der Sachstand ermittelt werden kann. Das heißt, alle wesentlichen Erklärungen und Aufklärungen gegenüber dem Mandanten und der Gegenseite gehören zwangsläufig in die Handakte.

Zu erwähnen ist ferner die berufsrechtliche sowie sich aus dem Datenschutzrecht ergebende Pflicht zur Verschwiegenheit bzw. zu sorgfältigem Umgang mit den vom Mandanten erhaltenen Informationen.

c) Zivilrechtliche Pflichten

Die sich zusätzlich aus der Geschäftsbesorgung gemäß § 675 BGB ergebenden Pflichten

- der unverzüglichen Ablehnung (§§ 675, 633 BGB),
- des Verbots, ohne Gefahr von Weisungen abzuweichen (§§ 675, 665 BGB),
- der Auskunfts- und Rechenschaftspflicht (§§ 675, 666 BGB),
- der Herausgabe und Verzinsungspflicht (§§ 675, 667, 668 BGB)

beinhalten parallel zum Berufsrecht Regeln zur Ausgestaltung der organisatorischen Verfahrensvoraussetzungen.

Die Büroorganisation muss hinsichtlich der unverzüglichen Ablehnungspflicht gewährleisten, dass die eingehenden Nachrichten täglich, bei elektronischer Übertragung mehrfach am Tag überprüft werden. Nur dann kann das Mandat unverzüglich abgelehnt werden.

Ferner ist die Auftragsdefinition von erheblicher Bedeutung für die Frage der Abweichung von der Weisung des Mandanten. Üblicherweise wird auf eine Vollmacht z.B. „*wg. Mietrecht*" oder „*wg. Verkehrsunfall*" geschrieben. Damit ist die Weisung des Mandanten nicht genau genug erfasst und im Zweifel der Ärger vorprogrammiert. Die Auftragsdefinition spielt auch in der weiteren Kanzleiorganisation noch eine weitere wichtige Rolle.[9]

Die Herausgabe und Verzinsungspflicht des Zivilrechts verpflichtet genau wie § 43a Abs. 5 BRAO zu einer entsprechenden Buch- und Kontoführung über Andergelder.

2. Sachliche Organisationsmittel

Unter sachlichen Organisationsmitteln versteht man neben den später abgehandelten technischen Komponenten allgemeine Büroeinrichtung, Registraturmittel (Hefter, Ordner sowie die dazugehörigen abschließbaren Schränke), Termin- und Fristenkalender, Akten- und Prozessregister, Geldein- und -ausgangsbuch, Postausgangsbuch, Formulare, Verfügungsstempel, Stammdatenverwaltung und diverse Kleingeräte wie Locher, Hefter, Enthefter etc.

Selbstverständlich können die Register- und Fristenbücher sowie die Stammdaten durch entsprechende Software abgebildet werden.

Die Termin- und Fristenverwaltung wird weiter unten bei struktureller Organisation sowie im Themenkomplex Technik behandelt.

a) Büroeinrichtung

Die allgemeine Büroeinrichtung umfasst neben dem Mobiliar auch die sonstige Ausstattung wie Licht, Türen, Tapeten, Küche und sanitäre Einrichtungen.

Bei der Wahl der Büroräume sollte neben der Lage (Parkmöglichkeiten, Erreichbarkeit mit öffentlichen Verkehrsmitteln) und den Kosten auch die Ausstattung – orientiert an der angestrebten Klientel – eine Rolle spielen.

Nichts ist peinlicher, als wenn dem Mandanten die Toilette nicht zugemutet werden kann. Ferner hat die Ausstattung schon eine Anmutung dafür, in welcher Region sich die Stundensätze bewegen werden.

---

9 Siehe unter Ziffer VI.4. und IX.4 a).

Unabhängig davon sollte bei der Ausstattung berücksichtigt werden, dass die Aktenarbeit – auch des Personals – möglichst wenig am Empfang erfolgen sollte. Die Aktenbearbeitung am Empfang verleitet den wartenden Mandanten, bei Telefonaten mitzuhören oder sogar offene Akten zu lesen. Dies ist weder wünschenswert noch mit dem Mandantengeheimnis und Datenschutzrecht vereinbar. Daher sollte der Empfang eine entsprechende Theke aufweisen, die es erschwert, Bildschirminhalte oder Akten einzusehen.

Auf das Anwaltszimmer kommt es nur insoweit an, wie kein Besprechungszimmer vorhanden ist. Die Einrichtung eines Besprechungszimmers ist empfehlenswert, da dort durch die gleichartige Bestuhlung auf gleicher Sicht- und Sitzebene und zudem ohne anderweitige Aktenberge Besprechungen stattfinden können. Soweit dies nicht möglich ist, sollte darauf geachtet werden, dass die Einrichtung dem Mandanten keine Rangordnung signalisiert. Die Einrichtung und Sitzordnung ist Teil der nonverbalen Kommunikation und wird unterbewusst wahrgenommen. Sie erhöht oder verringert die Kommunikationsbereitschaft.

Neben diesen nonverbalen Kommunikationsaspekten ist die Büroeinrichtung auch für die eigene Produktivität sowie die der Mitarbeiter wichtig.[10] Die sich aus den Räumen, Möbeln und Licht ergebenden Einschränkungen der Arbeit werden meist vernachlässigt. Dabei wird der größte Teil des Erwerbslebens nicht zu Hause, sondern im Büro zugebracht.

b) Registraturmittel

Wie oben schon dargelegt ist jede Registraturform möglich. Jedoch bestehen bei der Loseblattsammlung und der digitalen Akte Besonderheiten. Bevor darauf eingegangen wird, sei darauf hingewiesen, dass die Akten aufgrund der Verschwiegenheitspflicht aus § 43a Abs. 2 BRAO unter Verschluss zu halten sind. Die entsprechenden Aufbewahrungsorte sind daher so anzulegen bzw. anzuschaffen, dass diese abschließbar sind. Dies ist u.a. wichtig gegenüber Dritten, z.B. Reinigungskräften, welche in den Kanzleiräumen Dienstleistungen verrichten.

Die Loseblattsammlung ist insofern problematisch, wie eine Ablage nur liegend erfolgen kann und das Herunterfallen der Akte erheblichen Arbeitseinsatz zur Wiederherstellung erfordern dürfte.

Die digitale Akte ist eine erhebliche Erleichterung, kann jedoch zzt. die analoge Akte nicht gänzlich abschaffen. Eingescannte Originale haben keinen erheblichen Beweiswert. Daher ist es für den Anwalt notwendig, Originale in einer Akte aufzubewahren. Die digitale Akte schafft jedoch erheblichen Platz sowohl im Bereich der laufenden als auch der abzulegenden Akten.

---

10 Siehe unter Ziffer VII, Abbildung 8.

c) Bücher und Register

Es sind die o.g. Register und Bücher zu führen. Empfohlen wird die Führung über ein entsprechendes Kanzleimanagementprogramm. Einzutragen sind alle wesentlichen Daten, die sich durch Wiedervorlage, Fristen und Geldverkehr ergeben. Ferner bei Behörden oder Gerichten die entsprechende Stelle nebst Aktenzeichen.

d) Formulare und Verfügungsstempel

Formulare und z.B. frei gestaltbare Verfügungsstempel bieten ein erhebliches Potenzial zur Automatisierung immer wiederkehrender externer (z. B. Mahnverfahren) und interner (Mandantenerfassungsbogen etc.) Prozesse. Im Abschnitt zum Qualitätsmanagement wird näher darauf eingegangen.

```
┌─────────────────────────────────────────┐
│ Kopie an Mdt.:                          │
│ Stellungn.        WV:                   │
│                                         │
│ K                                    K  │
│ o                                    o  │
│ p   EINGEGANGEN                      p  │
│ i                                    i  │
│ e   23. Januar 2018                  e  │
│                                         │
│     Rechtsanwalt Horst Leis             │
│                                         │
└─────────────────────────────────────────┘
```

Abbildung 3

3. Ablauforganisation

Die Ablauforganisation definiert die grundsätzlichen Prozesse innerhalb der Kanzlei.

a) Personelle Zuordnung

Der erste Schritt zur Ablauforganisation ist das Bewusstsein dafür, dass es Bereiche gibt, welche ausschließlich der Berufsträger erledigen darf und die daher nicht delegationsfähig sind. Auch wenn die Grenzen bei einer guten Fachkraft fließend sind, obliegt dem Rechtsanwalt ausschließlich die Rechtsberatung, Fristenkontrolle, Entscheidung über die Mandatsannahme, die Rechnungsunterzeichnung und die inhaltliche Endkontrolle der Kommunikation nach außen.

Neben dieser groben Aufteilung sollte je nach Größe der Kanzlei eine Aufteilung in Dezernaten erfolgen. Ferner wird zwischen der unmittelbaren Zuordnung jeweils einer oder mehrerer Fachkräfte zu einem Anwalt bzw. einem Fachkraftpool unterschieden.

B.14 Kanzleimanagement <- Die eigene Kanzlei

Neben dieser groben Einteilung ist es wichtig, eine klare Zuweisung der Aufgaben vorzunehmen. Anhand der nachfolgenden Abläufe sollten in der Kanzlei klare Zuständigkeiten bei fortlaufendem Know-how-Transfer definiert werden. Die klare Zuständigkeit z.B. für die Erstellung der Kostennoten führt bei dem jeweiligen Mitarbeiter zum Aufbau eines größeren Wissens und damit zu mehr Qualität und schnellerer Erledigung. Dies darf jedoch nicht dazu führen, dass das Fehlen des Mitarbeiters z.b. bei Krankheit die Kanzlei ins Chaos stürzt. Die Gratwanderung dabei ist es, dafür zu sorgen, dass die Mitarbeiter sich untereinander helfen und so gegenseitig von dem Wissen profitieren und sich dadurch untereinander ersetzen können. Insofern ist es notwendig, ein gewisses Maß an Führungswissen[11] aufzubauen, um mit den entsprechenden Mitteln das Kanzleiteam zu motivieren.

b) Mandatsablauf

Der erste und entscheidende Schritt für die Dienstleistung Rechtsberatung ist die Mandatsannahme. Die Abbildungen 4 ff. geben die gewöhnlichen Abläufe wieder. Selbstverständlich werden je nach Kanzlei Abweichungen bestehen, jedoch sind die grundsätzlichen Abläufe gleich.

aa) Kolisionskontrolle

Im Fokus muss bei der Mandatsannahme zunächst die Kollisionskontrolle stehen. Nur nach dieser Prüfung kann festgestellt werden, ob der Annahme des Mandats ein Verbot entgegensteht. Zu unterscheiden ist neben der gesetzlich geregelten rechtlichen Kollision eines Interessenkonfliktes die wirtschaftliche Kollision. Bei der bisher wenig beachteten wirtschaftlichen Kollision geht es um Vermeidung von Überlappungen im Mandantenkreis (z.B. Annahme des Verkehrsunfallgegners der Ehefrau des Geschäftsführers der vertretenen Gesellschaft).

bb) Fristenkontrolle

Nach der Kollisionskontrolle müssen beim Mandanten Fristkenntnisse abgefragt sowie die übergebenen Unterlagen auf Vollständigkeit und offensichtliche sowie versteckte Fristen überprüft werden. Fristversäumnisse stellen nach wie vor die häufigsten Haftungstatbestände dar.

cc) Überprüfung nach dem Geldwäschegesetz

Aufgrund der Anordnungsbefugnis nach § 16 Abs. 1 Geldwäschebekämpfungsgesetz (GwG) hat die Bundesrechtsanwaltskammer mit den BRAK-Mitteilungen Ausgabe 4/2012 bis zu einer Gesamtanzahl von 30 Berufsträgern von der Pflicht zur Bestellung eines Geldwäschebeauftragten befreit. Trotzdem sollte man schon aus Selbstschutz immer überprüfen, ob man als Kanzlei zur Geldwäsche benutzt wird. Unbekannte Geldtransfers über einen Betrag von 15.000 EUR sollten immer mit Argwohn hinterfragt werden.

dd) Zuordnung zum Berufsträger

Soweit in Bürogemeinschaft oder mit angestellten Rechtsanwälten gearbeitet wird, ist eine eindeutige Regelung dazu zu treffen, welcher Berufsträger das Mandat annimmt bzw. wie mit dem Mandantenstamm bei einer Trennung verfahren wird.

ee) Kostenaufklärung

Nach oder während der Sachaufklärung sollte die Darlegung, welche Kosten durch die Dienstleistung voraussichtlich entstehen können, erfolgen. Soweit nach Gegenstandswert abgerechnet wird, ist der entsprechende Hinweis gemäß § 49b Abs. 5 BRAO – aus Beweiszwecken möglichst schriftlich – zu geben. Anderenfalls ist die Höhe der Pauschale oder die Höhe des Stundensatzes anzugeben. Eine Rechtfertigung des Stundensatzes sollte unterbleiben. Jedwede dahin gehende Erläuterung ist zum Scheitern verurteilt. Eine Rechtfertigung mit hohen – womöglich aus der guten Lage, der hochwertigen Einrichtung oder dem teuren Fahrzeug resultierenden – Vorhaltekosten wird nicht den gewünschten Effekt erzielen. Eine Begründung durch die lange Ausbildungszeit ebenso wenig. Der Mandant hat seine Auswahl schon getroffen, sodass eine Pauschale bzw. ein Stundensatz daher nur dem Problem des Mandanten und der Marktlage angemessen sein muss.

ff) Weiteres

Im Verlaufe des ersten persönlichen Kontakts sollten ferner – soweit vorhanden – allgemeine Mandatsbedingungen übergeben werden. Hierin kann z.B. die Haftung für einfache Fahrlässigkeit gemäß § 52 Abs. 1 Nr. 2 BRAO auf das Vierfache der Mindestversicherungssumme dann begrenzt werden, soweit gemäß § 51 Abs. 4 BRAO in Höhe von mindestens 1 Mio. EUR Versicherungsschutz besteht. In diesen Mandatsbedingungen kann auch aufgenommen werden, dass der Mandant mit einer unverschlüsselten E-Mail-Versendung einverstanden ist und dass die Fälligkeit der Gebühr nach RVG entgegen § 8 Abs. 1 RVG nicht mit dem Ende des Mandats, sondern mit Fälligkeit der Rechnung eintritt.

B.14 KANZLEIMANAGEMENT <- Die eigene Kanzlei

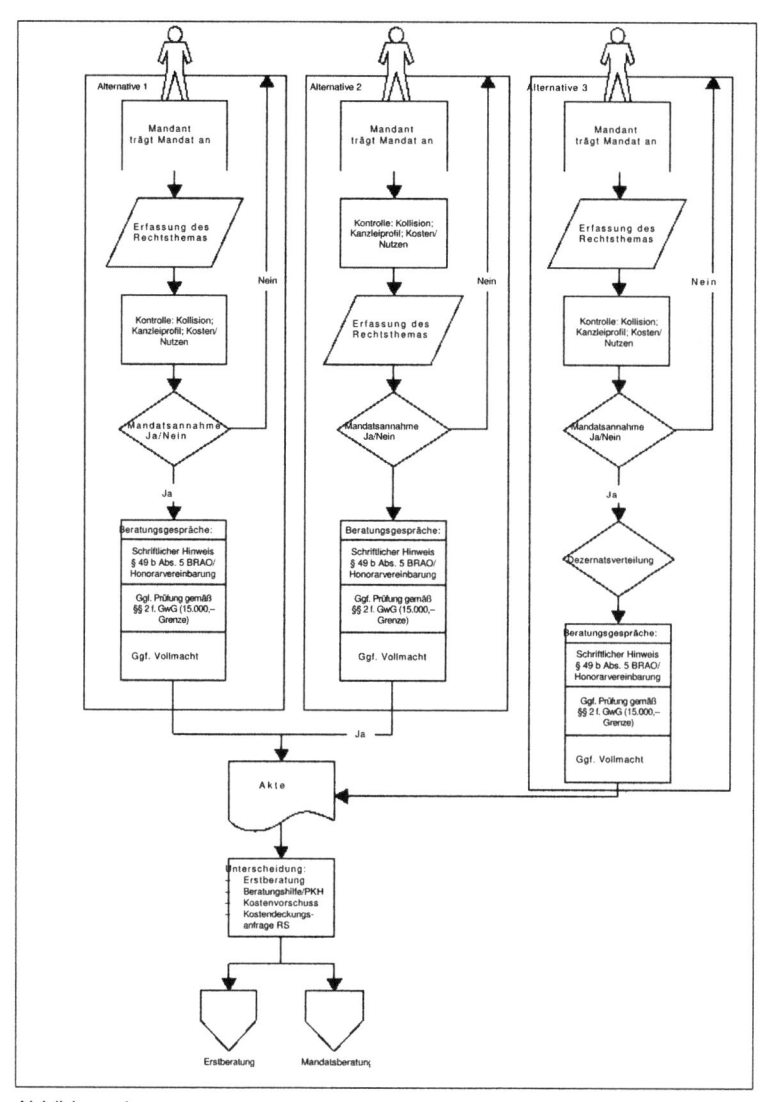

Abbildung 4

Bleibt es bei einer Erstberatung, verläuft das Mandat wie in Abbildung 4 dargestellt.

Die eigene Kanzlei -> B.14 Kanzleimanagement

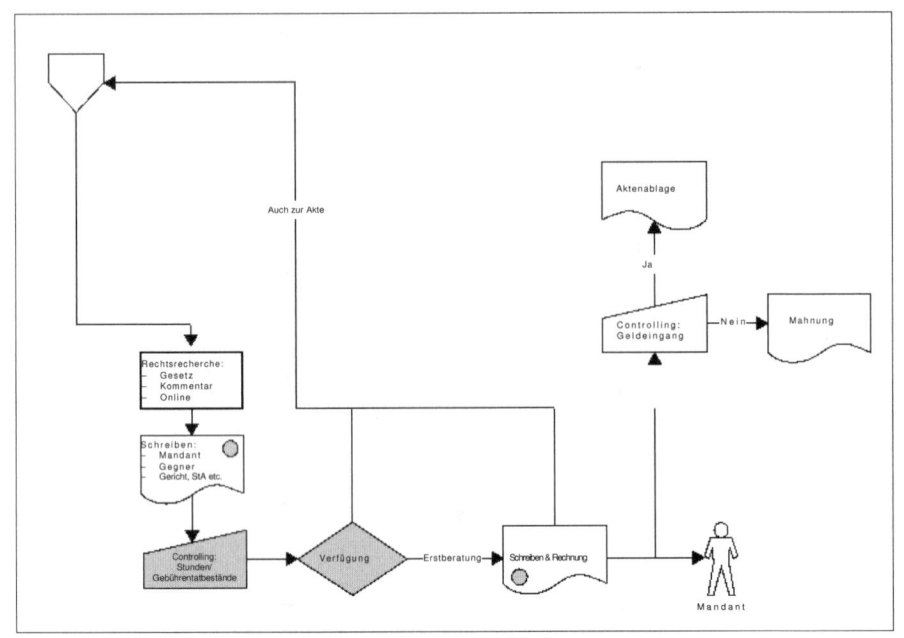

Abbildung 5

Soweit die Erstberatung in ein streitig zu führendes Mandat mündet, sind die Abläufe in Abbildung 6 dargelegt.

B.14 KANZLEIMANAGEMENT <- DIE EIGENE KANZLEI

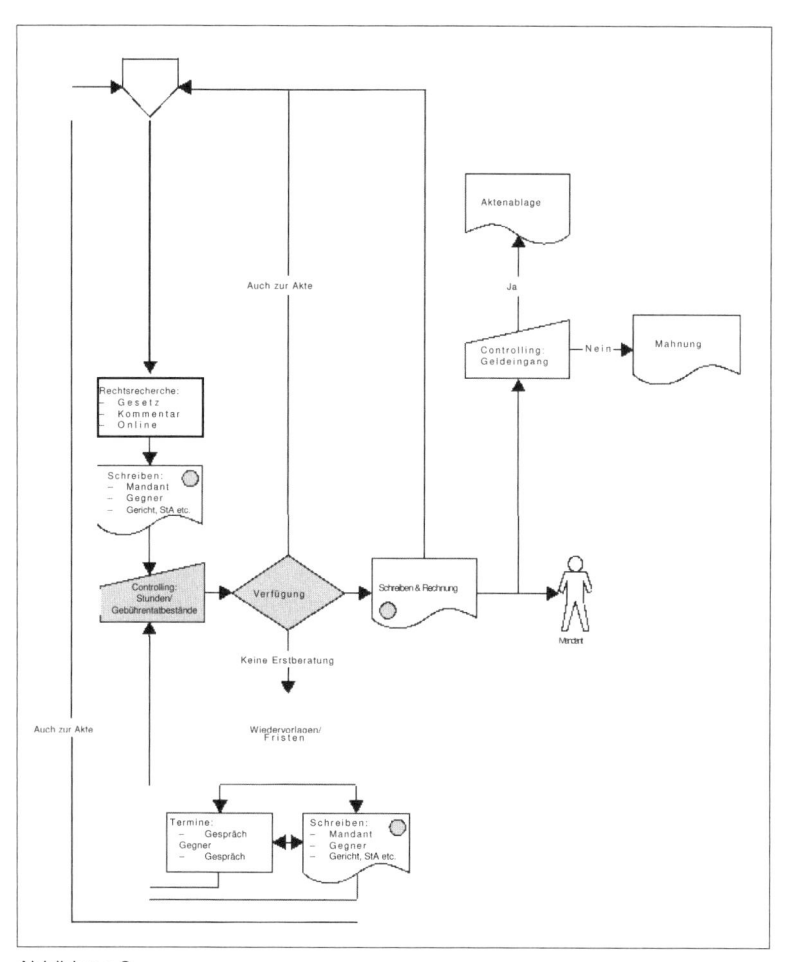

Abbildung 6

Betrachtet man die obigen vereinfacht dargestellten Abläufe, wird deutlich, dass die Mandatsbearbeitung mehrere sich zum Teil wiederholende und ineinandergreifende Vorgänge sind.

Schnittstelle nach außen sind die eingehenden Kommunikationsmittel wie Telefon, Fax, E-Mail, Post und Termine, welche entsprechend organisiert werden müssen.

c) Kommunikationsorganisation

Der Begriff Kommunikationsorganisation umfasst sowohl die telefonischen, elektronischen (Fax und E-Mail) als auch die persönlichen und postalischen Kontakte mit dem Mandanten der Gegenseite bzw. Staatsanwalt, Gericht oder Behörden.

Bei der Organisation der telefonischen Kommunikation ist eine Person für die zentrale Annahme der Telefonate zu bestimmen und es ist darauf zu achten, dass dort genaue Daten erfasst werden. Dazu gehört, wer wann mit welchem Anliegen anruft und wie und wann er zurückgerufen oder anderweitig benachrichtigt werden kann. Da zumeist der Erst-, Zwischen- und Endkontakt telefonisch und damit über die Mitarbeiter erfolgt, ist darauf zu achten, dass die Mitarbeiter für die telefonische Kontaktaufnahme entsprechend geschult sind.

Die elektronischen und postalischen Benachrichtigungen müssen regelmäßig, elektronische Nachrichten wie Fax und E-Mail mehrmals am Tag, auf Nachrichteneingang überprüft und, soweit nicht offensichtlich unbedeutend, dem Berufsträger zur Entscheidung vorgelegt werden. Auch hierfür sind klare personelle Zuständigkeiten zu bestimmen. Auch ist zu bestimmen, wer für die Ausgangspost und für den späten Einwurf am Briefkasten zuständig ist. Die Ausgangspost sollte entweder in einem Postausgangsbuch oder als Kopie in einem gesonderten Ordner „Postausgang" nur nach Datum sortiert vermerkt bzw. abgelegt werden.

Daneben sollte aus Gründen des Datenschutzes sowie des Mandantengeheimnisses dafür Sorge getragen werden, dass die Kommunikation Dritten nicht zugänglich ist. Dies gilt sowohl für wartende Mandanten, die ein Telefongespräch mithören könnten, als auch für die Reinigungskräfte, welche Schriftsatzentwürfe im Papierkorb oder Akten frei zugänglich finden. Hier ist u.a. der Einsatz eines Aktenvernichters empfehlenswert.

d) Umlauforganisation

Akten werden allein durch die oben dargestellten Abläufe – ohne dass es für den Fortgang der eigentlichen Sache notwendig wäre – in Bewegung gehalten. Zur Minimierung gilt der Grundsatz *„so viel Aktenbewegung wie nötig, so wenig wie möglich"*. Die o.g. Kommunikationsorganisation ist Schnittstelle nach außen und damit der Hauptgrund, warum eine Akte in den Umlauf gelangt.

Der Berufsträger hat für gewöhnlich seine Akten zumindest grob im Kopf. Daher benötigt er in der Regel keine Vorlage der Eingänge mit Akte. Ein entsprechender Verfügungsstempel wie in Abbildung 3 anstatt eines gewöhnlichen Eingangsstempels ermöglicht eine genauere Steuerung nur der Akten, die tatsächlich benötigt werden. Normalerweise reicht ein Ankreuzen „Durchschrift Mandant" etc. aus. Soweit notwendig, kann immer noch auf dem Stempel verfügt werden „Wiedervorlage mit Akte". Die Verwendung eines Verfügungsstempels führt dazu, dass die Akten nicht zur Vorlage mit der Post herausgenommen, umständlich sortiert und dann anschließend wieder einsortiert werden. Vielmehr wird die Akte meist nur zur Einheftung des jeweiligen Schriftstückes nebst Übersendungszettel gezogen und gleich wieder abgelegt.

e) Aktenorganisation

Innerhalb der Akte sollte eine gewisse Grundordnung herrschen. Ob das aktuellste Schreiben nach oben oder unten geheftet wird, ist Geschmackssache. Jedoch sollte dieses Prinzip einheitlich geregelt werden.

In die Akte gehört neben den gewechselten Texten ferner ein Aktendeckblatt mit möglichst allen Kontaktdaten des Mandanten, ggf. anstatt oder in Ergänzung dazu ein Mandantenaufnahmebogen, ein mit der Unterschrift des Mandanten versehenes Schriftstück, dass er über die Kosten aufgeklärt wurde, sowie weitere Erklärungen, die ggf. über Mandatsbedingungen einbezogen werden können.

Hinzu kommt das Terminblatt mit wichtigen Fristen, das Kontenblatt mit Auslagen sowie gezahlten und erhaltenen Geldbeträgen sowie bei Abschluss der Akte ein vorgeheftetes Blatt mit der Ablageverfügung und der neuen Ablagenummer.[11] Eine Ablageverfügung erleichtert die spätere Vernichtung, da vor der Vernichtung auf einen Blick überprüft werden kann, ob die Akte ordnungsgemäß geschlossen worden ist.

Aus Beweiszwecken sollte erwogen werden, entweder keine Vernichtung vorzunehmen oder die Akten vor der Vernichtung zu digitalisieren. Gemäß § 199 Abs. 3 BGB liegen die Verjährungsfristen über den gewöhnlichen Aufbewahrungsfristen, sodass nach der Vernichtung noch nicht einmal bewiesen werden kann, dass der Mandant Kenntnis hatte und die Verjährung abgelaufen ist. Eine Verteidigungsstrategie ist ohne Material ebenfalls nicht möglich. Eine Digitalisierung kann zwar keinen Vollbeweis, geschweige denn eine Unterschriftenprüfung leisten, jedoch liegen wenigstens die Sachverhalte vor. Im Übrigen könnte eine Digitalisierung mit einem revisionssicheren Verfahren wenigstens den Beweis der Unveränderbarkeit der Daten und damit des echten Zeitpunkts der Archivierung erbringen.

f) Fristenorganisation

Die Organisation der internen und externen Fristen ist neben der rechtlichen Sachbearbeitung der zentrale Kern der anwaltlichen Tätigkeit und leider immer noch der häufigste Grund für einen Haftungsfall. Dementsprechend ist die Fristenüberprüfung „Chefsache" und kann zwar delegiert, muss aber vom Anwalt überprüft werden.

---

[11] Grundsätzlich gilt, dass Akten bei der Ablage unabhängig von der bisher geführten Aktennummer eine neue Ablagenummer erhalten sollten. Dies führt dazu, dass die Akten des Ablagejahres eindeutig identifiziert und nach Ablauf der entsprechenden Lagerfristen (6 Jahre nach § 50 Abs. 1 BRAO für eigene Aktenteile, nach §§ 238, 257 IV HGB und gleichlautend AO 6 Jahre für allgemeine Buchhaltungsunterlagen, 10 Jahre für Bilanzen, Buchungsbelege und Honorarabrechnung, daneben 6 Jahre nach § 9 GWG sowie für Insiderverzeichnis nach § 16 Abs. 2 WpAIV i.V.m. § 15 b Abs. 1 WpHG) der Vernichtung zugeführt werden können.

Grundsätzlich gilt, dass Fristen so zu führen sind, dass sie zentral für einen Berufsträger sowie insgesamt für die Kanzlei täglich ausgewertet werden können. Dies ist insbesondere für unvorhergesehene Ereignisse wie Unfall, Krankheit etc. eines Berufsträgers wichtig. Auch sollte eine zentrale Zuständigkeit zur täglichen Überwachung dieser Gesamtfristenliste bestimmt werden. Fristen sind grundsätzlich nur auf Anweisung des Rechtsanwaltes zu streichen.

In der Fristenverwaltung selbst sollten immer das Mandat, mögliche interne und externe Aktenzeichen sowie der Grund zur Eintragung einer Frist benannt werden. Als Grund zur Eintragung einer Frist kommen interne oder externe Belange in Betracht.

Interne Fristen sind z.b. Wiedervorlagen zur turnusmäßigen Überprüfung, Ablauf selbst gesetzter Erwiderungsfristen oder Terminvorlagen, z.B. weil der Mandant zeitnah zur Vorlage der Akte einen Gesprächstermin hat. Ferner empfiehlt es sich, für den Ablauf von Rechtsmitteln eine interne Wiedervorlage circa sieben Tage vor Ablauf der eigentlichen Frist zu bestimmen. Dadurch kommt die Akte rechtzeitig zur Sachbearbeitung auf den Tisch.

Die Nutzung interner Fristen hat ganz entscheidenden Einfluss auf die Eigenorganisation. Werden keine Wiedervorlagen bestimmt, „vergammeln" die Akten oft jahrelang im Aktenschrank oder überfüllen das Arbeitszimmer des Rechtsanwaltes. Letzteres hat ferner zur Folge, dass Akten mangels sortierter Ablage im Aktenschrank schlichtweg nicht gefunden werden. Zu den internen Fristen gehört ferner die Vernichtungsfrist, d.h. das Jahr, ab wann die Akte frühestens vernichtet werden kann.

Externe Fristen sind solche, die vom Gegner, von Behörden oder Gerichten bestimmt oder durch z.B. Zustellung bestimmbar sind (Berufungsfrist etc.).

Zur Fristenverwaltung gehört neben der Eintragung der Frist zumindest bei Rechtsmitteln auch die Eintragung, wer die Frist ermittelt hat, sowie das und durch wen die sich aus der Frist ergebende Tätigkeit erledigt worden ist.

g) Stammdatenverwaltung

Der Begriff Stammdatenverwaltung bezeichnet die „Kronjuwelen" der Kanzlei. Die Daten der Mandanten bergen neben den zur Rechnungsstellung, Kollisionskontrolle bzw. zur Vollstreckung notwendigen Angaben auch ein erhebliches Marketingpotenzial.

Üblicherweise werden bei Mandatsannahme nur die für den Fall notwendigen Daten erhoben. Weitergehende Informationen – die nach dem Datenschutzrecht nur unter Hinweis auf die Freiwilligkeit der Angabe erhoben werden dürfen[12] – werden meist nicht erfasst. Dies erschwert zum einen die berufsrechtliche und wirtschaftliche Kollisionskontrolle, zum anderen

---

12 Übermäßige Datenerhebung ist auch nach Art. 6f. DSGVO verboten.

B.14 Kanzleimanagement <- Die eigene Kanzlei

besteht kaum Potenzial dafür, dem Mandanten auch andere Rechtsfelder der Kanzlei gezielt näherzubringen.

Zu den eigentlichen Daten der Mandanten gehören neben den Stammdaten auch die Daten der Behörden, Gerichte, Korrespondenzanwälte und der gegnerischen Bevollmächtigten. Es ist unbedingt darauf zu achten, dass insbesondere die Faxnummern auf dem neuesten Stand sind. Es ist schon häufig vorgekommen, dass Fristen nur aufgrund einer veralteten Faxnummer des zuständigen Gerichts versäumt wurden. Die Gerichte haben zwischenzeitlich vielfach auf digitale Faxeingänge umgestellt. Dies ermöglicht es, dass die Geschäftsstelle eine eigene Faxnummer hat.

h) Einkauf

Die zentrale Steuerung des Einkaufs beinhaltet nicht nur den Einkauf der „Tagesware" Papier, Toner etc., sondern befasst sich auch mit der Optimierung der Einkaufskontingente und dem Einkauf von Dienstleistungen. Dies bedeutet neben dem Einkauf von größeren Mengen zu günstigeren Konditionen auch die turnusmäßige Wiedervorlage zur Überprüfung von Wartungs-, Versicherungs-, Reinigungs- und Mietverträgen. Dies ist jedoch nur dann möglich, wenn die Anforderungen innerhalb der Kanzlei feststehen und möglichst einheitlich sind. Neben einer Preisreduzierung kann auch der Umfang der Dienstleistung verhandelt werden. So kann beim Lieferanten die Lieferung ins Regal anstatt Bordsteinkante, beim Mietvertrag die Beschaffung eines Parkplatzes oder eines Anwohnerparkausweises etc. verhandelt werden. Bei Versicherungen, insbesondere Fahrzeugversicherungen, sollte rechtzeitig vor Ablauf der Kündigungsfristen ein Leistungsvergleich – soweit man selbst die Mühe scheut, über einen freien Makler – erfolgen.

V. Technik

Die technische Büroausstattung ist zu unterteilen in notwendige und nützliche Komponenten. Notwendige Komponenten sind:

- Telefon, Fax und Handy/Smartphone,
- Computer mit Datensicherungsmöglichkeit (Streamer, DVD),
- Internetanschluss, Firewall sowie Virenscanner am Arbeitsplatz,
- Kanzleiverwaltungsprogramm und
- Kopierer mit Einzelblatteinzug.

Nützliche Komponenten sind:

- Aktenvernichter,
- Sonderfunktionskopierer: Scan to E-Mail und ggf. Erfassung direkt in die Akte,

DIE EIGENE KANZLEI -> B.14 KANZLEIMANAGEMENT

- Spracherkennung,
- Frankiermaschine oder digitale Frankierung.[13]

Im Nachfolgenden werden, soweit es sich um ein Mehr von notwendigen Komponenten handelt, die nützlichen Komponenten mit abgehandelt.

1. Telefon und Aktennummernhinterlegung, Fax, Handy/Smartphone

Die tatsächliche Bestimmung, welche technischen Systeme infrage kommen, kann an dieser Stelle nicht erfolgen. Dies ist abhängig von den Kanzleiräumen, der Anzahl an Arbeitsplätzen etc. Daher werden an dieser Stelle nur die zu beachtenden Eckpunkte näher dargelegt.

a) Telefon

Soweit zumindest auch der Betrieb einer oder mehrerer Funktelefone an der Telefonanlage beabsichtigt ist, sollte auf die Möglichkeit zur Verschlüsselung des Funkverkehrs geachtet werden. Des Weiteren ist in Zeiten der IP-Telefone darauf zu achten, dass die Kennwörter der Geräte gesetzt bzw. die Firmeneinstellung geändert wird.

Des Weiteren ist ein schneller digitaler Anschluss zu wählen. Die Telefonanlage sollte es ermöglichen, auf das Handy umzustellen bzw. zu verbinden. Damit kann gerade beim Gründer eine hohe Erreichbarkeit ohne große Personalaufwendungen erreicht werden. Fast alle Anbieter von DSL-Anschlüssen bieten eine Telefon- und Internetflatrate. Dies bietet eine verlässliche Kalkulationsbasis. Aber Achtung: Bei vielen Anbietern sind Anrufe auf Handynetze fremder Anbieter nicht von der Telefonflatrate umfasst.

Als Sonderfunktion kann eine Telefonanlage so ausgewählt werden, dass die Telefonanlage direkt mit dem Kanzleiverwaltungsprogramm (CTI) verbunden werden kann. Dies bietet die Möglichkeit, den Anruf direkt über die Akte zu tätigen. Dadurch können zudem die aufgewendeten Zeiten sowie die Telefonkosten direkt zur Akte gebucht werden.[14] Auch bietet dies – soweit der Anrufer die Rufnummernanzeige aktiviert hat – die Möglichkeit, dass die Akte direkt mit dem Anruf aufgerufen wird. Eine umständliche Vorlage der Akte entfällt damit.

d) Faxgerät

Das Faxgerät sollte wegen der Wasserfestigkeit auf Laserdruckerbasis arbeiten. Zudem empfiehlt sich für den Aufbau einer digitalen Akte, den Faxempfang von Beginn an auf einen Computer umzuleiten. Dies kann der eigene Rechner/Server sein oder z.B. ohne gro-

---

13 Zum Beispiel Internetmarke von der Deutschen Post, https://www.deutschepost.de/de/i/internetmarke-porto-drucken.html.
14 Computer Telephony Integration (CTI, Rechner-Telefonie-Integration), Näheres unter: https://de.wikipedia.org/wiki/Computer_Telephony_Integration.

B.14 KANZLEIMANAGEMENT <- DIE EIGENE KANZLEI

ßen Aufwand erfolgen, indem die Faxnummer auf eine Telefonnummer des Internet- oder Telefonproviders umgeleitet und die Faxe dort als E-Mail abgerufen werden. Die Faxe werden als z.b. TIF-Datei abgelegt und können so in das Kanzleimanagementprogramm oder zumindest in einer entsprechenden Ordnerstruktur auf dem Rechner/Server zum Mandanten gespeichert werden. Ferner besteht die Möglichkeit, mit einer entsprechenden Texterkennungssoftware den Text zu erfassen und damit eine Volltextsuche aufzubauen.

g) Smartphone

Das Smartphone sollte mit dem E-Mail-Account und dem Kanzleiverwaltungsprogramm verbunden werden können. Dabei ist der Datenschutz zu beachten, die Geräte über ein Kennwort zu schützen und so einzurichten, dass bei einem Verlust das Gerät auch über die Entfernung zurückgesetzt werden kann.

2. Computer mit Datensicherungsmöglichkeit

Die Datensicherungsmöglichkeit allein reicht natürlich nicht aus. Wichtig ist, dass auch eine Datensicherung regelmäßig (mindestens jede Woche, besser täglich) erfolgt. Dies ist nicht nur für eine mögliche Wiedereinsetzung wegen Fristversäumnis wichtig, sondern auch für verlorenes Wissen und damit Arbeit. Zudem besteht diese Pflicht auch aus Art. 32 Abs. 1 lit. c DSGVO. Der Computer stürzt meist dann ab, wenn man es am wenigsten gebrauchen kann, nämlich z.B. dann, wenn man schon die halbe Berufung geschrieben und Stunden oder Tage an Arbeit investiert hat. Ein Datensicherungskonzept könnte wie folgt aussehen:

Beginn mit fünf Sicherungsmedien für fünf Werktage, danach chronologisches Überschreiben der ersten vier Medien, das letzte Medium der Woche bleibt als Komplettsicherung erhalten, die Lücke wird um ein neues Medium ergänzt und das Ganze auf den Monat, dann auf das Quartal und das Jahr ausgedehnt. Die Freitage sollten quartalsweise erhalten bleiben. Dieses Vorgehen führt dazu, dass die Medien regelmäßig erneuert werden und ferner nach und nach eine Jahressicherung erfolgt. Mit Ablauf des zweiten Jahres können die Medien des ersten Jahres wieder dem Kreislauf zugeführt werden. Dieses Vorgehen ermöglicht eine chronologische Rücksicherung z.B. bis zu dem Punkt, an dem das System noch nicht mit einem Virus befallen war. Möglich ist auch eine Sicherung in die Cloud. Dann muss der Transport gesichert (VPN) und die Ablage verschlüsselt sein. Ferner sollte die Sicherung nicht außerhalb der EU erfolgen, da das dortige Datenschutzniveau ggf. abweicht.

3. Internetanschluss, Firewall, Router, Virenscanner

Das Internet bietet die Möglichkeit, ohne großen finanziellen Aufwand juristische Recherche zu betreiben. Aufgrund der europäischen Vorgaben sind auch die unterinstanzlichen Gerichte auf dem besten Weg, ihre Urteile digital für jedermann zugänglich zu veröffentlichen. Zudem besteht z.B. die DAV-Flatrate von Juris.[15]

Dem Internetnutzer muss klar sein, dass er, sobald er online ist, potenziell erkennbar und damit angreifbar ist. Zur Vermeidung eines Angriffes empfiehlt sich die Verwendung eines Routers.[16] Der Router bietet über die eingebaute Firewall – soweit die Filter[17] entsprechend eingerichtet und aktiviert sind – die Möglichkeit, einen Computer oder ein Netzwerk grundsätzlich vor externen Angriffen zu schützen.

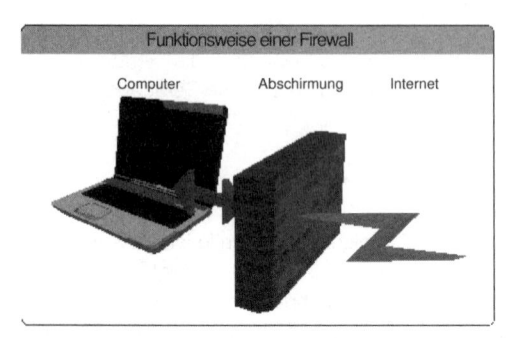

Abbildung 7

Dieser Schutz entbindet jedoch nicht davon, am Arbeitsplatz einen Virenscanner zu installieren und durch ein Abo laufend zu aktualisieren. Auch die Windows-eigene Firewall kann verwendet werden, jedoch sollten die Melderechte von Microsoft manuell restriktiv angepasst werden.

4. Kopierer mit Einzelblatteinzug/Scanner mit E-Mail-Funktion

Der Kopierer sollte ein an dem geplanten Aktenvolumen hochgerechnetes Leistungsvermögen haben und ggf. eher geleast als gekauft werden. Ein allgemeingültiger Durchschnittswert der erforderlichen Kopienanzahl lässt sich leider nicht benennen. Der Durchschnittswert ist stark abhängig vom primär bearbeiteten Rechtsgebiet.

Das Gerät sollte mindestens einen Einzelblatteinzug und bei erhöhtem Kopienaufkommen auch einen Sorter haben.

Die heutigen Geräte arbeiten als Digitalkopierer, so dass die Verwendung als Scanner infrage kommt. Diese Funktion ermöglicht zunächst die Vervollständigung der digitalen Akte und

---

15 https://www.juris.de/jportal/allianz/nav/produktdetailsseiten/juris+dav?id=produktdetails_57290.jsp.
16 Im Unterschied zu einem reinen HUB ein Netzwerkverteiler mit der Möglichkeit des Anschlusses eines ISDN und/oder DSL-Anschlusses und einer eingebauten Firewall.
17 Die Filterkonfiguration ergibt sich aus dem Handbuch und sollte immer dazu führen, dass der Netzwerkcomputer nicht erkannt und nur bestimmte Türen – sog. Ports – geöffnet, alle anderen geschlossen sind.

B.14 KANZLEIMANAGEMENT <- DIE EIGENE KANZLEI

bietet ferner die Möglichkeit „Scan to E-Mail". Dazu muss der Kopierer netzwerkfähig sein und eine entsprechende E-Mail-Funktion vorsehen. Soweit der Mandant einer unverschlüsselten E-Mail-Kommunikation zugestimmt hat,[18] können durch diese Funktion Aufwand, Papier und Porto gespart und ggf. die Datei nach der Gebührenordnung mit 1,50 EUR [19] abgerechnet werden.

5. Kanzleiverwaltungsprogramm

Ein Kanzleiverwaltungsprogramm ist nicht unbedingt eine Entscheidung fürs (Kanzlei-)Leben, sollte aber trotzdem gut überlegt sein.

An dieser Stelle kann aufgrund des Themenumfangs nicht im Detail auf die einzelnen Fachanbieter und deren Leistungen eingegangen werden. Eine aktuellere Umfrage findet man ab Ende 2012 auf der Internetseite der Arbeitsgemeinschaft Kanzleimanagement im DAV (www.ag-kanzlei-management.de).[20] Aufgrund des stetigen Wandels sind diese Tests nur bedingt aussagekräftig. Trotzdem geben die Tests erste Anhaltspunkte und erleichtern die Suche nach Fachanbietern.

Letztendlich kommt es immer auf die eigenen Anforderungen an. Die allgemeinen und individuellen Anforderungen sind entscheidend für die Auswahl. Neben den klassischen Programmteilen wie u.a.

- Stammdatenverwaltung,
- Kollisionskontrolle,
- Aktenverwaltung,
- Prozessregister,
- Fristenverwaltung,
- Forderungsmanagement,
- Anderkontenverwaltung,
- Gebührenberechnung,
- Rechnungsnummernverwaltung,
- ggf. Überprüfung/Hinweis nach Geldwäschegesetz

ist je nach eigenen Anforderungen den folgenden Spezifikationen mehr oder weniger Beachtung zu schenken:

- Softwarehersteller sollte (auch) auf Rechtsanwälte spezialisiert sein,[21]
- Netzwerkfähigkeit,

---

18 Siehe oben Ziffer IV.3. b) ff) und e).
19 Anlage 1 zu § 2 Absatz 2 RVG Vergütungsverzeichnis Nr. 7000 Ziffer 2.
20 https://www.ag-kanzleimanagement.de/informationen/it/kanzleisoftware-uebersicht-der-funktionen-der-verschiedenen-programme/?no_cache=1.
21 Nur dann ist Wiedereinsetzung möglich. Vgl. OLG München, Beschl. v. 2.5.1989 – 21 U 2463/89, NJW 1990, 191; BGH Beschl. v. 10.10.1996 – VII ZB 31/95.

- Scannerschnittstelle,
- Faxschnittstelle,
- Anschluss der Telefonanlage möglich (CTI-Funktion),
- vollständiger Datenexport möglich (bei Wechsel des Anwaltes oder der Software entscheidend),
- Abgleich mit Smartphone möglich,
- Einbindungsmöglichkeit für digitales Diktieren und digitale Spracherkennung,
- ggf. Kompatibilität zu Alternativprodukten wie z.b. OpenOffice,[22]
- intuitive Benutzbarkeit/Windows Look and Feel,
- 3-Klick-Funktion (die gewünschte Programmfunktion sollte mit 3 Klicks erreichbar sein),
- automatische Erfassung der Druck- und Kopierkosten; elektronische Akte/Dokumentenmanagement; Kanzleiworkflow individuell abbildbar; Warnfenster bei Überschreitung der Haftpflichtsumme; Knowledge Management; Marketingtools (z.B. individuell steuerbarer Mandantenaufnahmebogen, individuelle Auswertungen des Mandantenstamms, Newslettervorbereitung und individuelle -erzeugung),
- einfache Anpassung der enthaltenen Word-Vorlagen (zB. Briefkopf),
- aktuelle Postleitzahlen, Faxnummern etc. (Updateservice),
- individuelle Zeiterfassung nebst Zuordnung pauschaler Sätze für Mitarbeiter,
- Umsatzstatistiken auf Knopfdruck und Exportmöglichkeit der Daten z.B. für den Steuerberater,
- Einbindung der digitalen Frankierung,
- Einbindung des digitalen Mahnverfahrens zur Erfüllung der Pflicht aus § 690 Absatz 3 ZPO.

Viele der vorgenannten Softwareparameter sind für die Zukunftsfähigkeit und das Qualitäts- und Marketingmanagement von entscheidender Bedeutung.[23]

Neben den o.g. Aspekten spielen natürlich auch der Kostenrahmen sowie die Kooperation mit anderen Berufsgruppen eine entscheidende Rolle. Soweit mit Wirtschaftsprüfern bzw. Steuerberatern eine Sozietät eingegangen wird, sollte die Anwaltssoftware mit den von den anderen Berufsgruppen verwandten Programmen kompatibel sein. Erst dadurch können die gewünschten Synergien, aber auch die Kollisionskontrolle realisiert werden. Hinsichtlich der Kosten ist festzustellen, dass ein Sparen am falschen Ende im Zweifelsfalle mehr Arbeit und Ärger als Einsparungen produziert. Eine Datenmigration kostet – soweit diese überhaupt möglich ist – mindestens das, was man durch die Wahl eines kleineren Softwareanbieters an Lizenzgebühren gespart hat.

6. Aktenvernichter

Ein Aktenvernichter ist eine wesentliche Komponente für den Kanzleibetrieb. Es gilt, das Mandantengeheimnis sowie datenschutzrechtliche Belange zu wahren. Die Vielzahl der in

---

[22] http://www.openoffice.org.
[23] Vertiefende Informationen zur Kanzlei-EDV: http://www.abc-anwalt.de/anwalts-edv/anwaltssoftware.html.

B.14 KANZLEIMANAGEMENT <- DIE EIGENE KANZLEI

einer Kanzlei ein und aus gehenden Personen sowie die Rückführung des Altpapiers in die Kreislaufwirtschaft machen es notwendig, die Schriftstücke unkenntlich zu machen. Dritte, die das Altpapier im Container „sichten", sollten keine Informationen erhalten.

VI. Cashflow

Die Themen Finanzbedarf, Stundensatz und Gebührengespräch, Andergelder und zeitnahe Rechnungsstellung sind von zentraler Bedeutung für den Betrieb einer Anwaltskanzlei. Leider werden diese Themen eher „stiefmütterlich" behandelt.

Durch die seit 2006 bestehende Pflicht, mit dem Mandanten die außergerichtlichen Kosten zu vereinbaren, erhält die Frage nach den eigenen Kosten noch mehr Gewicht. An dieser Stelle soll nur auf einige wesentliche Aspekte eingegangen werden, da an anderer Stelle in diesem Ratgeber ausführlich zur Buchhaltung geschrieben wird.

1. Finanzbedarf und Gebührengespräch

Nur die exakte Erfassung der Einzelkosten und deren Umrechnung auf die Akte ermöglichen die Bestimmung des Nullpunktes (Break-even-Point), d.h. des Stundensatzes, ab dem ein Ertrag erwirtschaftet wird.

Als Kosten sollten dabei anteilig berücksichtigt werden:

- Miete,
- Fahrzeug (Anschaffung und Unterhaltung),
- Allgemeine Kosten der Kanzleiausstattung (Kopierer, Locher, Möbel etc.),
- Kammerbeitrag,
- Haftpflichtversicherungskosten,
- Mitgliedsbeiträge (z.B. DAV).

Ferner sollten zur Akte die Punkte

- Kopien,
- Telefon,
- Personal,
- Arbeitsaufkommen des Berufsträgers,
- Fahrtkosten, Abwesenheitsgeld und sonstige Auslagen wie Parkgebühren sowie
- Versendungskosten (Papier, Briefumschlag, Porto etc.) berücksichtigt werden.

Die Auswertung dieser Daten sollte auf Knopfdruck aus dem Kanzleiverwaltungsprogramm möglich sein und damit den Break-even jederzeit sichtbar machen.

Neben dieser Nulllinie sollte ferner berücksichtigt werden, dass von dem überschießenden Betrag die Umsatzsteuer abzuführen sowie die Einkommensteuer zu leisten ist. Dementsprechend vorbereitet kann das Gebührengespräch mit dem Mandanten geführt werden.[24]

2. Stundensatz

Bei Gebühren- und Stundensatzverhandlungen mit dem Mandanten sollte berücksichtigt werden, dass meist nicht bekannt ist, welche Mandanten sich kennen. Eine Ermittlung des Stundensatzes anhand der „abgeschätzten" Liquidität des Mandanten verbietet sich daher. Grundsätzlich sollte ab einem bestimmten Stundenaufkommen ein Pauschbetrag z.b. zur Einarbeitung bei umfangreichem Aktenvolumen und danach Abrechnung nach RVG oder Stundenaufkommen angesprochen werden.

Es versteht sich von selbst, dass gerade bei einer noch nicht erfolgten fachlichen Ausrichtung die Einarbeitung in eine fremde Materie nicht in die Stunden einfließen sollte. Der Mandant erwartet einen ausgebildeten Fachmann und wird nicht gewillt sein, die Fortbildung des Rechtsanwaltes zu finanzieren. Selbstverständlich kann die nach Erkennen der Problemlagen erfolgende Recherche entsprechend abgerechnet werden.

3. Andergelder

Der Umgang mit Fremdgeldern gibt immer wieder Anlass, dass die Rechtsanwaltskammern einschreiten. Vielfach wird schon technisch nicht zwischen Eigen- und Fremdgeldern in Form von verschiedenen Konten getrennt. Hinzu kommt ferner die mangelnde buchhalterische Trennung. Dabei ist der Anwalt berufsrechtlich verpflichtet,[25] entsprechend sorgfältig mit Mandantengeldern umzugehen.

Es sollte daher mindestens ein tatsächliches Anderkonto bei einem größeren Kreditinstitut existieren und im Rahmen der Aktenbuchhaltung eine genaue Zuordnung erfolgen. Mandantengelder sind tabu (!) und gehören unverzüglich ausgekehrt. Auch eine Verrechnung der eigenen Ansprüche mit den empfangenen Geldern ist nur mit ausdrücklicher Zustimmung des Mandanten zulässig oder soweit eine tatsächliche Aufrechnungslage gemäß §§ 387 ff. BGB vorliegt.

4. Auftragsdefinition

Die Auftragsdefinition ist nicht nur für die später erörterten Aspekte des Qualitätsmanagements und Controllings wichtig, vielmehr bestimmt erst die klare Auftragsdefinition den Zeitpunkt zur Endabrechnung. Das heißt, wird die Vollmacht ausschließlich zur außergerichtlichen Lösung ausgestellt, ist nach dem Scheitern eine Rechnungsstellung möglich. Die gerichtliche Auseinandersetzung ist dann ein neuer Auftrag.

---

[24] Siehe hierzu Kapitel B.13 in diesem Ratgeber.
[25] Siehe unter Ziffer IV.1.

B.14 KANZLEIMANAGEMENT <- Die eigene Kanzlei

VII. Personal

Das Thema Personal und Personalführung wird in diesem Ratgeber gesondert behandelt. Daher soll nur in aller Kürze zu einigen Eckpunkten etwas gesagt werden.

Grundsätzlich gilt, dass ein Mitarbeiter, der versteht, warum etwas in einer bestimmten Form gemacht werden muss, dieses besser verinnerlicht, Zusammenhänge erkennt und dadurch eigenständiger arbeiten kann. Daher sollte man sich Zeit nehmen, um Arbeitsabläufe zu erklären und diese Zeit nutzen, die Abläufe in einer Arbeitsplatzbeschreibung niederzulegen. Hinzu treten sollte die genaue Zuordnung der Aufgabengebiete, damit keine Missverständnisse auftreten können.

Zu seiner eigenen und der Arbeitskraft der Mitarbeiter muss man sich zusätzlich klarmachen, dass auch die eigene Arbeitskraft nur dann voll ausgeschöpft werden kann, wenn die Umgebungsvariablen stimmig sind. Die nachfolgende Abbildung 8 verdeutlicht die möglichen Einflüsse, die sich allein schon aus dem Büro und der Büroausstattung für die interne Arbeit ergeben.

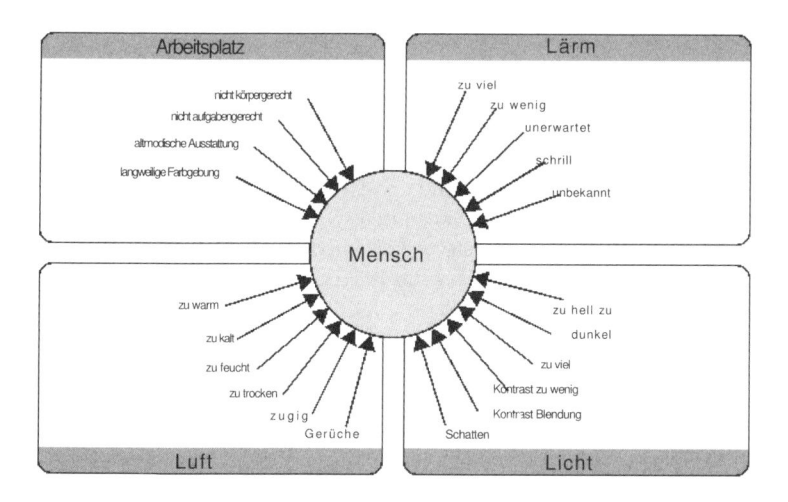

Arbeitsplatz	Lärm
nicht körpergerecht nicht aufgabengerecht altmodische Ausstattung langweilige Farbgebung	zu viel zu wenig unerwartet schrill unbekannt
Mensch	
zu warm zu kalt zu feucht zu trocken zugig Gerüche	zu hell zu dunkel zu viel Kontrast zu wenig Kontrast Blendung Schatten
Luft	Licht

Abbildung 8

Daraus und aus dem Verhalten von Berufsträger und Mitarbeitern ergeben sich ferner Einflüsse auf den Mandanten/Kunden. Der zumeist über das Telefon erfolgende Erstkontakt kann ausreichen, den potenziellen Mandanten zur Beauftragung eines anderen Rechtsanwaltes zu bringen. Freundlichkeit und genaue Datenerfassung auch bei turbulentem Gesprächsverlauf bezeugen die Kompetenz der gesamten Kanzlei.[26] Dies gelingt jedoch nur

---

26 Siehe unter Ziffer IV.3 c).

demjenigen, der eine gewisse Kenntnis von den am Telefon gegebenen Steuerungsmöglichkeiten hat. Auch die persönlichen Umgangs- und Höflichkeitsformen sind wesentliches Aushängeschild der Kanzlei. Der Mandant hat beim Erstkontakt oder Erstbesuch eine Erwartungshaltung, die leicht enttäuscht werden kann.

Ferner ist darauf zu achten, dass die Mitarbeiter gute Kenntnisse des Zeitmanagements und ein Gefühl für den Umfang mit Gerichts- oder Besprechungsterminen haben. Nur so ist es möglich, durch Pufferzeiten die Wartezeiten der Mandanten auf ein Minimum zu reduzieren.

VIII. Marketing

Aufgrund von kaum noch bestehenden berufsrechtlichen Schranken wird das Thema immer wichtiger zur Abgrenzung am Markt. Marketing beinhaltet viele Aspekte aus den vorangegangenen Punkten und sollte strategisch geplant werden. Ansonsten können die Effekte nicht gemessen werden. So ist es z.B. sinnvoll, die Mandanten zu fragen, wie sie auf die Kanzlei aufmerksam geworden sind. Diese Daten sollten nicht im Kopf, sondern statistisch gesammelt und ausgewertet werden. Dadurch kann sich z.B. ergeben, dass eine größere Anzeige in den Gelben Seiten oder dem Regionalblatt sinnvoll ist.

1. Corporate Design

Die Kanzlei sollte ein einheitliches Erscheinungsbild haben, d.h., Visitenkarte, Briefpapier, Stempel, Schild und Homepage sollten einheitlich gestaltet sein. Auch die dann in den Schriftsätzen verwendete Schriftart sollte entsprechend angepasst sein. Der Mandant empfindet für gewöhnlich Brüche in der Außendarstellung als unprofessionell. Dieses Empfinden wird mangels anderer Maßstäbe auf die juristische Qualität übertragen und schafft so ungewollt schon im Vorfeld unangenehme Befindlichkeiten.

2. Marketing mit den Stammdaten

Die Stammdaten sind auch aus Marketingaspekten die „Kronjuwelen". Die meisten Mandate kommen durch die Empfehlung anderer Mandanten. Dies bedeutet aber, dass das Altmandat nicht ohne Weiteres mit einem andersgearteten Rechtsproblem die Kanzlei beauftragen wird und ferner, dass zumeist eine Mandantenempfehlung nur für das gelöste Rechtsproblem erfolgt. Der empfehlende Mandant kennt im Zweifelsfalle nicht das sonstige Spektrum der Kanzlei.

Wichtig ist es daher, die Stammdaten um weitere mögliche Rechtskreise des Altmandats – unter Hinweis auf die datenschutzrechtliche Freiwilligkeit – zu veredeln. So kann z.B. auch beim Verkehrsunfall abgefragt werden, ob der Mandant Vermieter oder Arbeitgeber etc. ist. Damit kann das vorhandene Leistungsspektrum – in der bisher in Anwaltspraxen kaum üblichen Nachsorge – z.B. durch Newsletter dargestellt werden.

B.14 Kanzleimanagement <- Die eigene Kanzlei

Dazu müssen aber in der Stammdatenverwaltung entsprechende Registereinstellungen möglich und zur Kostenreduzierung die E-Mail-Adressen erfasst sein.

3. Zielgruppen- und Konkurrenzanalyse

Neben den schon bestehenden Mandaten kann über eine Analyse der eigenen Kompetenzen eine Zielgruppe ermittelt werden. Nach Ermittlung der Zielgruppe sollte der Markt hinsichtlich bestehender Konkurrenz erforscht werden und je nach Ergebnis eine Werbung kreiert werden. Diese sollte jedoch keinesfalls eine allgemeine Darstellung der Kanzlei enthalten. Dann wäre eine Zielgruppenanalyse sinnlos. Vielmehr sollte sich die Werbung genau mit der Problemlage der Zielgruppe beschäftigen und diese damit direkt ansprechen.

Die Adressen für eine gezielte Marketingaktion können auf dem freien Markt eingekauft werden.

4. Mandatsnachsorge

Die Mandatsnachsorge umfasst nicht nur den o.g. Newsletter, sondern auch die Abfrage des Zufriedenheitsgrades. Dadurch kann Qualitätsmanagement betrieben und eine größere Kundenbindung erreicht werden. Diese Nachsorge sollte über ein statistisch auswertbares Kundenzufriedenheitsformular erfolgen. Darin kann z.B. die Dauer der Mandatsbearbeitung, der prompten Rückantwort, aber auch das persönliche Empfinden des Mandanten hinsichtlich Freundlichkeit und Kanzleiausstattung abgefragt werden. Es sind dabei das Wettbewerbsrecht (§ 7 UWG) sowie ggf. die Notwendigkeit der datenschutzrechtlichen Einwilligung des Betroffenen zu beachten.

IX. Qualitätsmanagement & Controlling

Das Qualitätsmanagement durchzieht alle bisher angesprochenen Bereiche und beschäftigt sich mit der Optimierung der dortigen Arbeitsprozesse und gliedert sich wie nachfolgend dargestellt.

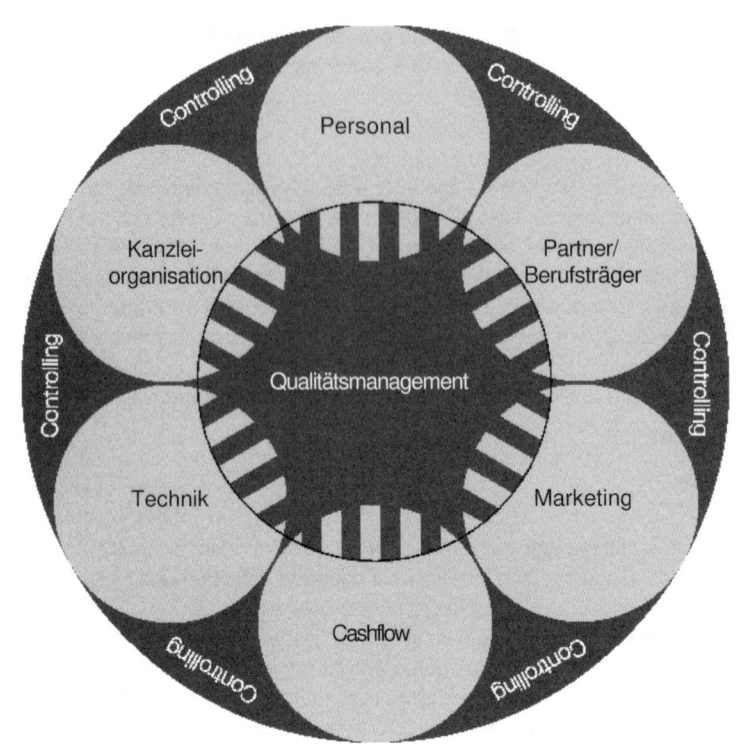

Abbildung 9

Auch die Qualität der juristischen Arbeit wird im Qualitätsmanagement erfasst.

1. Istanalyse

Bevor mit einer Optimierung von Arbeitsprozessen begonnen werden kann, ist zunächst festzustellen, welche Abläufe die Kanzlei „bewegen". Daher ist die Definition bzw. Erfassung von Arbeitsprozessen im Rahmen einer Istanalyse der erste Schritt zur Implementierung eines Qualitätsmanagements. Es empfiehlt sich, entsprechend der Abbildungen 4 ff. die Prozesse in kurzen Diagrammen darzustellen. Dadurch können die Schwachstellen bestimmt werden.

2. Ziel/Credo

Nach der Istanalyse sollte eine Zielbestimmung erfolgen.

B.14 Kanzleimanagement <- Die eigene Kanzlei

a) Kanzleiziel

Auch die Berufsträger sollten sich Ziele setzen, wo und wie und wofür die Kanzlei nach Ablauf eines Zeitraums x steht. Erst anhand dieser Ziele kann überprüft werden, ob die zur Zielerreichung implementierten Maßnahmen Erfolg zeigen.

Kanzleiziele können z.b. fachlicher als auch finanzieller Art sein. Das Ziel, fachlich gute juristische Arbeit zu leisten, wird immer einhergehen mit der Frage, wie diese Qualität am Markt kommunizierbar ist. Derjenige, der als Ziel den finanziellen Erfolg in den Vordergrund stellt, wird nicht umhinkommen, sich mit der Frage der Kundenzufriedenheit und damit letztendlich auch mit dem Thema „juristische Qualität" auseinanderzusetzen.

b) Prozessziel

Neue Arbeitsprozesse und Verbesserungsmaßnahmen haben immer einen Zweck. Daher ist zunächst das Ziel des Arbeitsprozesses bzw. der Verbesserung zu definieren. Erst danach kann der neue Weg, wie dieses Ziel erreicht werden kann (Sollbestimmung), erfolgen.

3. Sollbestimmung

In der Sollbestimmung wird der neue oder modifizierte Prozess genau beschrieben und dem alten Zustand gegenübergestellt.

4. Umsetzung

Die Umsetzung der Planung ist zumeist der schwierigste Schritt, da meist Vorbehalte von Berufsträgern und/oder Mitarbeitern bestehen. Hier ist Fingerspitzengefühl gefragt. Nur wenn alle von einer Maßnahme überzeugt sind, wird diese nicht „torpediert".

Selbstverständlich gehört an allererste Stelle die Festlegung, wie mit Fristen und Akten umzugehen ist. Das heißt, es sind klare Vorgaben zu definieren, wie und von wem Fristen ein- und auszutragen sind und wer die Krankheits- bzw. Urlaubsvertretung macht. Gleiches gilt für den Aktenumlauf und den Posteingang. Es kann an dieser Stelle nicht jede mögliche Variante in Kanzleiabläufen behandelt werden. Dazu ist das Thema zu vielschichtig. Daher wird nur auf einige Highlights eingegangen, die in Kanzleien üblicherweise gar nicht oder „stiefmütterlich" behandelt werden.

a) Beendet: Erfolg/Misserfolg

Anhand einer klaren Auftragsdefinition kann festgestellt werden, ob das Mandat erfolgreich beendet wurde. Hierzu kann eine Jahresstatistik geführt werden. Die Auswertung dieser Statistik kann entweder die Anhebung der juristischen Qualität oder die vermehrte Ablehnung wenig erfolgreicher Mandate bedingen. Insbesondere unter Berücksichtigung weiterer

Statistiken wie z.B. die für diese erfolglosen Mandate aufgewandte Zeit im Verhältnis zu den Einnahmen kann die Notwendigkeit von Veränderungen aufzeigen.

b) Wissensmanagement (Knowledgemanagement)

Die Feststellung „Wenn der Anwalt wüsste, was die Kanzlei weiß" sagt viel darüber aus, dass im Zweifel das Rad immer wieder neu erfunden wird.

Beginnen kann die Implementierung eines Knowledgemanagements damit, dass so einfache Dinge wie Vorlagen für Briefe, Mitteilungen, Berufungsschriften etc. an einer zentralen Stelle auf dem Rechner/Server abgelegt werden und dieses System auch innerhalb der Kanzlei als verbindlich kommuniziert wird. Im weiteren Verlauf können dann dort in entsprechend benannten Unterordnern auch eingescannte oder digital vorliegende Urteile zu bestimmten Rechtsgebieten abgelegt werden. Hinzu kommen dann Musterschreiben in standardisierbaren Rechtsangelegenheiten.

c) Formulare

Die mit Formularen bzw. Formularfunktionen zu erzielenden Zeitersparnisse sind kaum erkannt. Allein die Verwendung eines Verfügungsstempels erleichtert nicht nur dem Anwalt die Verfügung, vielmehr ist auch dem Mitarbeiter sofort ersichtlich, wo sich die Verfügung befindet und was Sie bedeutet. Manche Probleme mit der Schrift des Berufsträgers fallen beim Ankreuzen weg. Auch bei weiteren Abläufen wie z.B. der telefonischen Mandatsannahme sind Formulare sinnvoll. Das Formular steuert den Gesprächsverlauf und verhindert so, dass wesentliche Fragen nicht gestellt werden.

5. Controlling

Die veränderten oder neuen Ziele und Prozesse bedürfen der kontinuierlichen Überprüfung auf Richtigkeit. Ansonsten würden negative Tendenzen zu spät erkannt. In welchen Abständen kontrolliert werden sollte, ist abhängig von der Wesentlichkeit des Ziels bzw. des Prozesses. So sind z.B. Veränderungen am Fristenmanagement am Anfang täglich, Veränderungen am Aktenumlauf wöchentlich oder monatlich zu überprüfen.

Die Überprüfungsinstrumentarien sind abhängig von dem zu überprüfenden Prozess und sollten den Mitteln der Istbestimmung entsprechen. Wurde bei der Ermittlung der Mandantenzufriedenheit eine repräsentative Zufallsauswahl getroffen, so sollte wenn möglich genau diese Zufallsauswahl erneut befragt werden. Auch für interne Maßnahmen sollte der gleiche Maßstab angelegt werden. Die zeitliche Erfassung der Aktenumlauf- oder Suchzeit sollte genau wie vorher bestimmt werden.

B.14 KANZLEIMANAGEMENT <- DIE EIGENE KANZLEI

X. Schlussbemerkung

Die vorgehenden Ausführungen können und sollen nur einen Überblick über wesentliche Aspekte des Kanzleimanagements geben. Jeder wird für sich an der ein oder anderen Stelle eine andere Gewichtung vornehmen. Dies ist auch gut so, alle Menschen und damit ihre Arbeitsweise differieren.

Trotzdem muss dem heutigen Kanzleibetreiber klar sein, dass er es ohne grundsätzliche Berücksichtigung der Grundzüge des modernen Kanzleimanagements am Markt schwer haben wird. Die Konkurrenz der Rechtsanwälte, die sich konsequent und vollumfänglich mit dem Thema Kanzleimanagement beschäftigen, wird immer größer.

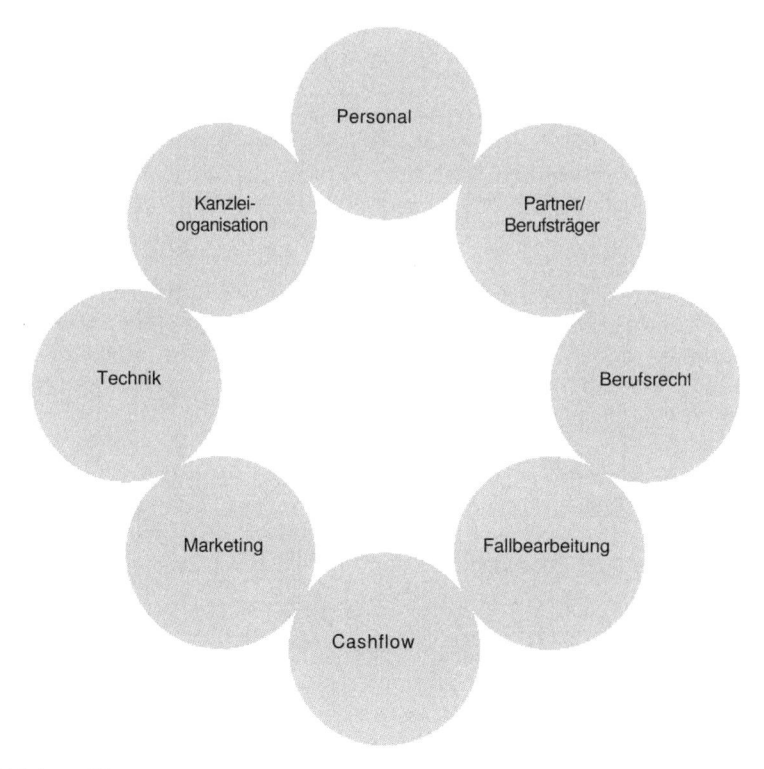

Abbildung 10

B.15 MITARBEITERPERSONAL UND AUSZUBILDENDE

RECHTSANWALT DR. ULRICH PRUTSCH, KÖLN • VORSITZENDER DES DAV-AUSSCHUSSES RENO

Der Einsatz von Personal und die Einstellung von nichtjuristischen MitarbeiterInnen haben für die Existenzgründung einen hohen Stellenwert. Die Einrichtung eines Arbeitsplatzes und die technische Ausstattung sind notwendige Voraussetzungen zur Erledigung der Aufgaben. Erst die sorgfältige Auswahl der Mitarbeiter und deren Qualifikation sichern nachhaltig den Erfolg der Kanzlei.

Aus der Sicht der Mandantschaft werden die MitarbeiterInnen als wichtiges Bindeglied zum Rechtsanwalt wahrgenommen. Die MitarbeiterInnen sind das Aushängeschild der Kanzlei. Sie vermitteln durch berufliche und fachliche Kompetenz den Mandanten die Gewissheit einer zuverlässigen und professionellen Bearbeitung des Mandats.

Die Mitarbeiter sind überwiegend weiblich. Der Anteil männlicher Beschäftigte beträgt nicht mehr als 3 %. Vorwiegend sind ausgebildete Rechtsanwaltsfachangestellte in den Kanzleien beschäftigt. Die Anzahl der reinen Schreibsekretärinnen verringert sich zunehmend. Der Bedarf ist durch die technische Ausstattung mit der Spracherkennung überwiegend mehr gegeben.

Die Auszubildenden in den Kanzleien bilden den Grundstock für die Mitarbeitergewinnung. In früheren Jahren konnten problemlos Auszubildende für den Beruf der Rechtsanwalt- und Notarfachangestellten gewonnen werden. Die Anzahl der BewerberInnen hat sich drastisch verringert. Diese Entwicklung wird sich auf die Anzahl der zur Verfügung stehenden fertigen BerufsanfängerInnen auf dem Arbeitsmarkt auswirken.

Die „ausgebildete Rechtsanwaltsfachangestellten" sind in der Lage zwei Dezernate zu betreuen. Sie nehmen Telefonate entgegen, führen den Termin- und Fristenkalender, bearbeiten selbständig die Zwangsvollstreckung und Vergütungsabrechnungen mit Kostenfestsetzung und stellen sich auf die Besonderheiten der Verfahren in den jeweiligen Fachanwaltschaften und Notariaten ein.

Die staatlich „geprüften RechtsfachwirtInnen" verfügen darüber hinaus durch ihre Fortgeschrittenenausbildung nach dem Abschluss als Rechtsanwaltsfachangestellte und einer zweijährigen Berufserfahrung über ein vertieftes Wissen im Anwalts- und Notarbereich. Der frühere Begriff „geprüfter Bürovorsteher" ist seit dem Jahr 2000 ersetzt durch „geprüfte/r RechtsfachwirtIn". Es handelt sich um dieselbe Berufsgruppe.

I. Auszubildende

Die Auszubildenden zu Rechtsanwalt- und Notarfachangestellten (ReNo-Azubis) in der Kanzlei gehören zum klassischen und traditionellen Bereich für den beruflichen Nachwuchs

B.15 MITARBEITERPERSONAL UND AUSZUBILDENDE <- Die eigene Kanzlei

im eigenen Mitarbeiterstamm. Bis zu 50 % der BewerberInnen haben mittlerweile das Abitur oder die Hochschulreife erlangt. Viele streben nach der Ausbildung zum Nachteil der Ausbildungskanzleien ein Studium an. Nicht übernommene Auszubildende finden nahtlos in anderen Kanzleien, bei Banken, Versicherungen, Inkassobüros und Großunternehmen mit Rechtsabteilungen eine gut dotierte Beschäftigung.

Den BewerberInnen um eine Ausbildungsstelle in der eigenen Kanzlei muss die hohe Qualität der Ausbildung im Organisations- und Rechtsbereich als sicherer Eintritt in das Berufsleben vermittelt werden. Der Ausbildungsplatz in den Kanzleien muss mit attraktiver Arbeitsatmosphäre und einer besonderen persönlichen Betreuung verbunden werden.

Die Einstellung von ReNo-Azubis löst ein hohes Maß an Fürsorge sowie gesetzliche und vertragliche Pflichten bei den Ausbildungskanzleien aus. Zuständig für die Aufsicht über die Ausbildungskanzleien und für die Durchführung der Prüfungen ist die Rechtsanwaltskammer. Die Ausbildungskanzlei ist nach dem Berufsbildungsgesetz, der ReNoPat Verordnung und der Prüfungsordnung verantwortlich. Durch die Zulassung zur Anwaltschaft ist die Befähigung zur Ausbildung nachgewiesen. Einer gesonderten Prüfung oder einer Bescheinigung über die Ausbildereignung bedarf es nicht. Die Ausbildereignung hängt nicht von dem Ablauf eines Zeitraumes der beruflichen Tätigkeit ab. Der Anwalt kann sofort nach seiner Zulassung einen Ausbildungsvertrag abschließen.

1. Ausbildungsvertrag

Der Ausbildungsvertrag wird nach einem Muster der Kammer schriftlich auf die Dauer von drei Jahren abgeschlossen. Er wird in einem Verzeichnis bei der Kammer eingetragen. Der Inhalt insbesondere die Höhe der Vergütung wird auf die Angemessenheit überprüft.

Es gilt eine Probezeit bis zu vier Monaten. Eine ordentliche Kündigung ist danach ausgeschlossen. Für die Auszubildenden mit Abitur oder Fachabitur besteht die Möglichkeit, den Ausbildungsvertrag bei Abschluss auf zwei Jahre zu verkürzen. Den Auszubildenden mit der dreijährigen Vertragslaufzeit steht die Möglichkeit offen, nach dem zweiten Ausbildungsjahr bei einem Notendurchschnitt mit 2,5 die vorzeitige Zulassung zur Abschlussprüfung zu beantragen. Dadurch wird die Ausbildungszeit um ein halbes Jahr verkürzt.

Der Auszubildenden kann als besonderer Vorteil zu Beginn der dreijährigen Ausbildungszeit die Doppelqualifikation zum Ende der Ausbildung angeboten werden. Sie besteht aus der Ausbildung mit der Kammerprüfung und dem zusätzlichen Unterricht für die Ablegung des Fachabiturs.

Im Rahmen der Einstiegsqualifizierung kann die Kanzlei zunächst ein Langzeitpraktikum bis zu einem Jahr mit der Bewerberin vereinbaren zur späteren Übernahme in das Ausbildungsverhältnis. Die Dauer des Praktikums kann teilweise auf die Ausbildungszeit angerechnet werden.

Der Ausbildungsvertrag endet mit Bestehen der Abschlussprüfung unabhängig von dem vertraglich vereinbarten Zeitpunkt.

Die Attraktivität und Effizienz der Ausbildung sollte durch Überlassung eines Laptops und Freistellung zum eigenverantwortlichen Lernen erfolgen. Der elektronische Rechtsverkehr und der Zwang zum elektronischen Rechtsverkehr verlangt eine radikale Umstellung der bisherigen Kommunikationsmöglichkeiten. Nicht nur in der Kanzlei, sondern auch in den Berufskollegs werden mobile elektronische Kommunikationsmittel eingesetzt. Der Laptop ersetzt das Lehrbuch. Die kostenlose und ständige Überlassung eines Laptops als Lehr- und Lernmittel an die Auszubildende bei Abschluss eines Ausbildungsvertrages ist unerlässlich.

2. Vergütung

Ein wichtiger Bestandteil des Ausbildungsvertrages ist die Vergütung. Das Gehalt soll sich deutlich von den Untergrenzen der Kammerempfehlungen in den Großstädten abheben. Der DAV hat in dem Azubi-Merkblatt 2017 die Empfehlung für die Höhe der Ausbildungsvergütung angehoben. Die monatliche Ausbildungsvergütung sollte nicht unterschritten werden:

    Im 1. Ausbildungsjahr 650 EUR
    Im 2. Ausbildungsjahr 750 EUR
    Im 3. Ausbildungsjahr 850 EUR

Bei der Beurteilung einer gesetzlich angemessenen Vergütung wird es Unterschiede in den Ballungsgebieten und strukturschwachen Regionen geben. Die Empfehlungen der örtlich zuständigen Rechtsanwaltskammern sind zu beachten. Auszubildende sollten die betriebsüblichen Sonderzahlungen Weihnachts- und Urlaubsgeld in gleicher prozentualer Höhe erhalten, wie sie den Festangestellten gewährt werden. Die empfohlene Ausbildungsvergütung unterliegt in vollem Umfang der Sozialversicherungspflicht. Bis zu einer monatlichen Bruttovergütung von 985 EUR sind keine Steuern zu zahlen.

3. Ausbildungsverordnung und Ausbildungsrahmenplan

Die ReNoPat-Ausbildungsverordnung nebst Ausbildungsrahmenplan vom 1.8.2015 enthält im ersten Teil die Beschreibung der Fertigkeiten und Kenntnisse, die in der Kanzlei als betriebliche Ausbildung zu vermitteln ist. Zu Beginn des Ausbildungsverhältnisses ist ein Ausbildungsplan von der Kanzlei zu erstellen. Die Anleitung dazu befindet sich im Ausbildungsrahmenplan als Anhang der Ausbildungsverordnung. Der Auszubildende hat ein Berichtsheft in Form eines Ausbildungsnachweises zu führen. Der Ausbildende hat das Berichtsheft regelmäßig durchzusehen und zu unterschreiben.

B.15 MITARBEITERPERSONAL UND AUSZUBILDENDE <- Die eigene Kanzlei

Im zweiten Teil der ReNoPatVO ist der Inhalt der Zwischen- und Abschlussprüfung geregelt. In der Prüfungsordnung der Rechtsanwaltskammer ist der Ablauf der Prüfungen über die Zulassung, Bewertung der Prüfungsleistungen, Bestehen und Nichtbestehen und Wiederholung festgelegt.

Die Inhalte der betrieblichen Ausbildung sind in dem Ausbildungsrahmenplan nach Ausbildungsjahr und fortschreitendem Kenntnisstand geregelt. Der Ausbildungsrahmenplan ist Teil der Ausbildungsverordnung. Es geht nicht um Singularkenntnisse einzelner Gesetze, sondern um die berufsübergreifenden Fähigkeiten zur Kommunikation und Service für alle an der Bearbeitung des Mandats beteiligten Personen, Gerichte und Behörden. Die Kenntnisse und Fertigkeiten der Büro- und Arbeitsabläufe werden neben der Aktenverwaltung und des Fristen- und Terminmanagements vor allen Dingen auf den elektronischen Rechtsverkehr, den Datenschutz und die Datensicherheit ausdrücklich erweitert. Die Fertigung von Schriftsätzen nach Diktat steht in Anbetracht der Spracherkennung nicht mehr im Vordergrund. Das Rechnungswesen mit Zahlungsverkehr und Aktenbuchhaltung ist geblieben. Die Grundzüge des EU-Rechts und die Kenntnisse der englischen Sprache sind wegen des zunehmenden grenzüberschreitenden Rechtsverkehrs neu hinzugekommen.

Die Zwischen- und Abschlussprüfungen werden von der Rechtsanwaltskammer durchgeführt.

4. Zwischenprüfung

Die erlangte Befähigung zur praxisnahen Erledigung der Aufgaben soll in den Prüfungen nachgewiesen werden.

Zur Ermittlung des Ausbildungsstandes wird am Anfang des zweiten Ausbildungsjahres eine Zwischenprüfung durchgeführt. Sie besteht aus zwei Klausuren mit jeweils 60 Minuten. Die erste Klausur enthält Fallbezogene Aufgaben und Fragen über die Bearbeitung der Post und Aktenverwaltung, Empfang und Betreuung der Mandanten, Fristen und Termine. Die zweite Klausur enthält fallbezogene Aufgaben und Fragen zur Stellung und Hauptpflichten des Rechtsanwalts und Notars, das Zustandekommen von Rechtsgeschäften, die Leistungsstörungen im Kaufvertrag, die Arten des Kaufmanns und Unternehmensformen sowie das Erstellen von Mahnschreiben.

Die Zwischenprüfung ist eine reine Teilnahmeprüfung und von einem Bestehen nicht abhängig. Sie kann nicht wiederholt werden. Die Rechtsanwaltskammer bietet regelmäßig zwei Termine für die Zwischenprüfung im Frühjahr und im Herbst eines Jahres an. Die Teilnahme an der Zwischenprüfung ist Voraussetzung für die Zulassung zur Abschlussprüfung.

5. Abschlussprüfung

Die Abschlussprüfung am Ende des dritten Ausbildungsjahres besteht aus vier Klausuren und einer mündlichen Prüfung.

Der schriftliche Prüfungsbereich Geschäfts- und Leistungsprozesse enthält Fragen und Aufgaben zum elektronischen Rechtsverkehr, zu Auskünften aus Registern, Aktenbuchhaltung und Rechnungswesen. Die Prüfungszeit beträgt 60 Minuten.

Der schriftliche Prüfungsbereich Rechtsanwendung in der Anwaltskanzlei enthält Sachverhalte und Fragen aus dem bürgerlichen Recht, dem Gesellschafts- Wirtschafts- und dem EU-Recht. Außerdem sind Maßnahmen im Zivilprozess und der Zwangsvollstreckung vorzubereiten. Die fachbezogene Anwendung der englischen Sprache ist zu berücksichtigen. Die Prüfungszeit beträgt 150 Minuten. Wegen der langen Dauer wird man hier wohl zwei Teilklausuren von zum Beispiel 60 Minuten für BGB, HGB und EU-Recht, und 90 Minuten für Verfahrensrecht und Zwangsvollstreckung zu bearbeiten haben.

Der schriftliche Prüfungsbereich Vergütung und Kosten enthält die Streitwerte, Gebühren und Auslagen, die Anträge zur Kostenfestsetzung einschließlich Prozesskostenhilfe und Berechnung der Gerichtskosten. Die Prüfungszeit beträgt 90 Minuten.

Der schriftliche Prüfungsbereich Wirtschafts- und Sozialkunde enthält die Darstellung und Beurteilung der allgemeinen wirtschaftlichen und gesellschaftlichen Zusammenhänge der Berufs- und Arbeitswelt. Der Prüfling soll fallbezogene Aufgaben schriftlich bearbeiten. Die Prüfungszeit beträgt 60 Minuten.

Das bisherige Prüfungsfach der fachbezogenen Informationsverarbeitung durch Textverarbeitung und Textbearbeitung ist weggefallen.

Die Vorbereitung auf die Abschlussprüfung bedarf der besonderen Aufmerksamkeit. Der gute Abschluss sichert der Auszubildenden den Arbeitsplatz und die erfolgreiche Weiterentwicklung im Berufsleben. Bisher hat der Ausbilder lediglich einen Tag vor der schriftlichen Prüfung die Auszubildende freizustellen. Das gilt nicht für die mündliche Prüfung. Über die Verpflichtung aus den Ausbildungsvertrag hinaus sollten die Ausbildungskanzleien ihre Auszubildenden zum Besuch geeigneter Seminare und Kurse spätestens im dritten Ausbildungsjahr anhalten, sie dafür von der Kanzleiarbeit freistellen und die Kosten tragen.

Der mündliche Prüfungsbereich Mandantenbetreuung umfasst die Service orientierte Betreuung des Mandanten, Anliegen von Mandanten erfassen, Gespräche mit Mandanten adressatenorientiert führen, Auskünfte einholen und erteilen sowie Konfliktsituationen bewältigen. Für die Prüfung wählt der Prüfungsausschuss den Gebieten zivilrechtliches Mandat, das zwangsvollstreckungsrechtliche Mandat, die Vergütung und Kosten im zivilrechtlichen Mandat und Zahlungsverkehr aus.

B.15 Mitarbeiterpersonal und Auszubildende <- Die eigene Kanzlei

Die mündliche Prüfung darf 15 Minuten pro Kandidat nicht überschreiten. Es soll unter Berücksichtigung der englischen Sprache geführt werden. Die Bewertung des Fachgesprächs geht mit 15 % in die Gesamtnote der Abschlussprüfung ein.

Durch eine mündliche Ergänzungsprüfung kann der Prüfling bei einer mangelhaften Leistung das Ergebnis verbessern, wenn die Ergänzungsprüfung für das Bestehen der Abschlussprüfung den Ausschlag geben kann. Das Fach „Rechtsanwendung" ist ein Sperrfach. Dieses Fach muss zwingend mindestens die Note „ausreichend" aufweisen.

6. Berufsschulunterricht

Die Auszubildende ist für die Zeit des Berufsschulunterrichts freizustellen. In der Regel sind zwei Berufsschultage mit jeweils sechs Stunden Unterricht in der Woche vorgesehen. Die Unterrichtszeit ist Arbeitszeit. Das unentschuldigte Fernbleiben ist eine Verletzung des Ausbildungsvertrages und kann zur fristlosen Kündigung führen. Minderjährige Auszubildende müssen nach sechs Stunden Unterricht nicht mehr in der Kanzlei erscheinen. Volljährige Auszubildende haben nach dem Unterricht ihre Anwesenheitspflicht in der Kanzlei bis zur Erfüllung der 8-Stunden-Arbeitszeit zuzüglich Pause zu erfüllen. Beginnt der Unterricht morgens um 8.00 h und endet er um 13.00 h muss die Azubi in der Kanzlei unter Berücksichtigung einer Pause von einer Stunde bis 17.00 h arbeiten. Die Fahrtzeit von der Schule bis zum Kanzleiort gilt als Arbeitszeit.

7. Schlichtungsausschuss

Für Streitigkeiten aus dem Ausbildungsverhältnis sind bei den Rechtsanwaltskammern Schlichtungsausschüsse eingerichtet. Die Anrufung des Schlichtungsausschusses ist eine Zulässigkeitsvoraussetzung für die Erhebung einer Klage beim Arbeitsgericht.

II. ReNo-Fachangestellte

Nach erfolgreichem Abschluss der Berufsausbildung stellt die Frage nach der Übernahme in eine Festanstellung. Der Ausbildungsvertrag ist ein befristetes Arbeitsverhältnis. Er endet mit dem Tag der Feststellung des Prüfungsergebnisses. Bereits vor Abschluss der Ausbildung sollte die Übernahme in ein Anstellungsverhältnis geklärt sein. Wird die Auszubildende nach der Abschlussprüfung nicht übernommen, darf sie nicht einen Tag nach der Prüfung weiter beschäftigt werden. Dadurch würde ein normales Arbeitsverhältnis begründet. Eine Teilzeitvereinbarung oder eine Befristung für den Übergang ist zulässig. Der Facharbeitermangel ist im Bereich der ReNo längst angekommen. Die fertigen Rechtsanwaltsfachangestellten haben keine Probleme, eine Anstellung zu finden. Ihnen droht selbst für den Übergang keine Arbeitslosigkeit.

Die ehemaligen Auszubildenden entscheiden sich für den Verbleib in den Kanzleien, wenn das Gehalt angemessen ist, die Arbeitsatmosphäre gut ist und der Arbeitsplatz der geplanten Lebensgestaltung entspricht. Die Höhe des Gehalts ist nicht vorrangig ausschlaggebend.

Für ReNo-Fachangestellte hat der Deutsche Anwaltverein ein Merkblatt entwickelt. Es enthält die Einzelheiten für die Beschäftigung und Vergütung, die der Deutsche Anwaltverein nach Auswertung von Umfragen als Orientierungshilfe zusammengetragen hat. Das Merkblatt und der Mustervertrag können in der jeweils aktuellen Fassung beim DAV angefordert werden.

Es liegt im Interesse des Rechtsanwalts und der ReNo-Fachangestellten, durch ständige Fortbildung einen optimalen Wissensstand zu erreichen, aber auch die weitere Qualifikation zum Rechtsfachwirt zu erlangen. Die Deutsche Anwaltakademie (Littenstraße 11, 10179 Berlin, www.anwaltakademie.de) bietet ständig Mitarbeiterseminare zu allen relevanten Themen an. Ein Seminarverzeichnis kann dort angefordert werden.

III. Rechtsfachwirte

Die Rechtsfachwirte haben ihren Einsatzort in der Büroleitung einer Anwaltskanzlei.

Während die Rechtsanwaltsfachangestellte grundlegend alle organisatorischen Aufgaben in einer Kanzlei übernehmen kann, besitzen die Rechtsfachwirte eine höhere Kompetenz und vertieftes Fachwissen in den einzelnen Bereichen. Sie sind organisatorisch in der Lage das Anwaltsbüro in Abwesenheit des Anwalts zu führen und tragen dadurch eine höhere Verantwortung.

1. Aufgaben

Schwerpunkte der Aufgaben sind neben dem allgemeinen Büromanagement und der Mandantenbetreuung vor allem

- die Organisation der einzelnen Büroabläufe, die Terminvergabe und Überwachung von Fristen, Telefondienst und Verwaltung der einzelnen Kommunikationswege,
- die betriebswirtschaftliche Leitung vor allem im Bereich des Rechnungswesens,
- das Personalmanagement, Koordination der Bewerbungsabläufe, Einstellungsgespräche, Einstellungstests, Einarbeitung, Urlaubsplanung,
- die Betreuung der Kostenstellen und die Vorbereitung von Rechtsmitteln und Rechtsbehelfen,
- die eigenverantwortliche Bearbeitung von Vollstreckungssachen,
- Vorbereitung von umfangreicheren Schriftsätzen, Klageschriften und Verträge.

B.15 MITARBEITERPERSONAL UND AUSZUBILDENDE <- DIE EIGENE KANZLEI

2. Vergütung

Die Vergütung ist in den Regionen höchst unterschiedlich. Im bundesweiten Durchschnitt liegt das Gehalt der Rechtsfachwirte bei etwa 2.500 EUR brutto monatlich.

3. Prüfungsinhalt

Die Ausbildung zum Rechtsfachwirt ist bundeseinheitlich in der Verordnung über die Prüfung zum anerkannten Abschluss Geprüfter Rechtsfachwirt/Geprüfte Rechtsfachwirtin vom 23. August 2001 geregelt. Die Ausbildungsinhalte bauen auf den Kenntnissen als Rechtsanwaltsfachgestellte auf. Voraussetzung für die Anerkennung ist die Ablegung einer Prüfung vor der bei der zuständigen Rechtsanwaltskammer (RAK). Die Anmeldung zur Prüfung ist kostenpflichtig und beträgt derzeit 260 EUR.

Die Prüfung besteht aus einem schriftlichen und mündlichen Teil. Voraussetzungen für die Zulassung zur staatlichen Prüfung sind eine abgeschlossene Berufsausbildung zur Rechtsanwaltsfachangestellten bzw. Rechtsanwalts- und Notarfachangestellten mit einer mindestens zweijährigen Berufserfahrung oder eine mindestens sechsjährige Berufserfahrung mit entsprechenden Nachweisen über ausreichende Kenntnisse in den nachfolgenden Arbeitsbereichen.

- **Büroorganisation und Verwaltung**
  Neben allgemeinen Grundlagen zur Organisation der Büroabläufe werden auch Kenntnisse abgefragt in Bezug auf die Termin- und Fristenkontrolle. Auch der Gebrauch und die Koordination einzelner Datenverarbeitungs- und Telekommunikationssysteme, die in Kanzleien zur Anwendung kommen, sind von großer Bedeutung.
  Zudem können die Prüfer Fragen zur Pflege von Rechtsdatenbanken und zum allgemeinen Datenschutz stellen. Hierneben benötigt ein angehender Rechtsfachwirt auch umfangreiches Wissen zur Organisation des Rechnungswesens innerhalb einer Kanzlei (Kostenaufstellung), zur allgemeinen Kommunikation mit Gerichten und Behörden und dem Postmanagement.
- **Personalwirtschaft**
- **Mandatsbetreuung im Kosten- und Gebührenrecht**
- **Mandatsbetreuung im Prozessrecht**
- **Mandatsbetreuung in der Zwangsvollstreckung und im materiellen Recht**

4. Fortbildungskurse

Der Besuch des Fortbildungskurses ist nicht Zulassungsvoraussetzung für die staatliche Prüfung. Er ist jedoch dringend zu empfehlen. Das erforderliche umfangreiche Prüfungswissen kann nicht durch Berufspraxis und Selbststudium das umfangreiche Prüfungswissen zu erwerben. Es besteht die Möglichkeit, einen Vorbereitungskurs zu besuchen. Diese Kurse sind kostenpflichtig und dauern in der Regel 18 Monate (drei Semester). Die Gebühren für den Kurs betragen zwischen 1.800 und 3.000 EUR. Die Vereinbarung von Ratenzahlungen ist möglich.

Vorbereitungskurse bieten zum Beispiel folgende Institutionen an:

- Rechtsanwaltskammern
- Beuth Hochschule Berlin (Fernstudium)
- Soldan-GmbH
- Hämmerle Akademie
- Jurisprudentia Intensivtraining
- RENO Deutsche Vereinigung der Rechtsanwalts- und Notariatsangestellten e.V.

5. Fördermöglichkeiten

Das „Meister-BAföG" (Aufstiegsfortbildungsförderungsgesetz -AFBG) unterstützt die berufliche Aufstiegsfortbildung finanziell. Das Gesetz ist ein umfassendes Förderinstrument für die berufliche Fortbildung in allen Berufsbereichen und zwar unabhängig davon, in welcher Form sie durchgeführt wird. Sei es Vollzeit, Teilzeit, schulisch, außerschulisch, mediengestützt oder als Fernunterricht. Die Antragstellerinnen und Antragsteller dürfen noch nicht über eine berufliche Qualifikation verfügen, die dem angestrebten Fortbildungsabschluss mindestens gleichwertig ist. Eine Altersgrenze besteht nicht.

6. Bildungsscheck

Mit Mitteln des Europäischen Sozialfonds übernimmt das Land NRW die Hälfte der Weiterbildungskosten (maximal bis zu 500 EUR pro Bildungsscheck). Angesprochen werden Beschäftigte kleinerer und mittlerer Unternehmen, die im laufenden und vergangenen Jahr an keiner betrieblichen Weiterbildung teilgenommen haben. Mehr Informationen erhalten Sie über das Internet: www.bildungsscheck.nrw.de.

7. Begabtenförderung Berufliche Bildung

Es besteht die Möglichkeit, den Fortbildungslehrgang im Rahmen eines Stipendiums aus den Mitteln für die Begabtenförderung Berufliche Bildung zu finanzieren. Förderungswürdig sind junge Berufstätige, die die Abschlussprüfung in einem anerkannten Ausbildungsberuf mit mindestens 87 Punkten bzw. der Durchschnittnote 1,9 oder besser bestanden haben und zum Aufnahmezeitpunkt jünger als 25 Jahre sind. Zum Umfang und zu den Voraussetzungen siehe www.begabtenfoerderung.de.

IV. Kompetenzmodel ältere Mitarbeiter und Quereinsteiger

Die Zukunft wird wegen des demographischen Wandels mit der Besetzung von Arbeitsplätzen durch ältere Mitarbeitern geprägt. Mit der zunehmenden Beschäftigung Älterer muss

B.15 MITARBEITERPERSONAL UND AUSZUBILDENDE <- DIE EIGENE KANZLEI

sich die Einstellung gegenüber dieser Altersgruppe ändern. Es gilt nicht mehr das Defizitmodel, wonach ältere Mitarbeiter nicht mehr belastbar, häufiger krank, teurer in der Gehaltsstruktur seien und notwendigen Veränderungen im Wege stünden. Gefragt ist das Kompetenzmodell, wonach die älteren im Vergleich zu jüngeren MitarbeiterInnen aus einer Emnid-Umfrage erfahrener, loyaler, verantwortungsbewusster, gewissenhafter, kompetenter und motivierter sind.

Es besteht ein großer Handlungsbedarf für die Schaffung und Ausweisung altersgerechter Arbeitsplätze in den Kanzleien. Berufsrückkehrerinnen, ältere Personen über 55 Jahre als Quereinsteiger und Bewerberinnen mit Migrationshintergrund sollten bei der Besetzung eines Arbeitsplatzes nicht beiseitegeschoben werden.

Quereinsteiger und Bewerberinnen können auch ohne Abschluss eines Ausbildungsvertrages zur Abschlussprüfung zugelassen werden, wenn sie 4 1/2 Jahre in dem Beruf tätig waren. Als Zeiten er Berufstätigkeit gelten auch Ausbildungszeiten in einem anderen einschlägigen Ausbildungsberuf. Die Mindestzeit von 4 1/2 Jahren kann verkürzt werden, wenn durch Vorlage von Zeugnissen oder auf andere Weise glaubhaft gemacht wird, dass die berufliche Handlungsfähigkeit erworben wurde. Ausländische Bildungsabschlüsse und Zeiten der Berufstätigkeit im Ausland sind zu berücksichtigen. Das notwendige Basiswissen und die Fertigkeiten werden durch Einstiegsseminare vermittelt.

B.16 Mandanten finden – Mandanten binden

Rechtsanwalt und Fachanwalt für Erbrecht Martin Lang, München

I. Marketing für Berufseinsteiger

Wer das erstrebte Ziel nicht kennt, weiß nicht, wie er an das Ziel gelangen kann. Vor der Erstellung eines Marketingkonzepts, muss ich mich selbst auf den Prüfstand stellen. Familie und Beruf. Wo liegen meine beruflichen Stärken und wie möchte ich mit bestimmten Rechtsgebieten mein Berufsleben verbringen?

Viele gehen diesen ersten Schritt der Selbsterkenntnis, bleiben aber dabei. Umgesetzt wird wenig bis nichts. Man scheitert an der eigenen Entscheidungsschwäche.

Hat man das eigene Konzept aber in die Tat umgesetzt, so ist damit noch lange nicht gesagt, dass der berufliche Lebensweg auch tatsächlich in diese Richtung verläuft.

Beispiel: Als Anita B. die Anwaltszulassung erhielt, ist sie Anfang 30 und Mutter zweier Kinder. Der Ehemann ist Unternehmensjurist und beruflich weltweit unterwegs. Alexandra will Insolvenzverwalterin werden und sie schafft das in wenigen Jahren auch. Nur merkt sie gleichzeitig, dass Insolvenzmandate mit Kindern und Privatleben nicht unter einen Hut zu bringen sind. Ein beruflicher Neuanfang war nötig.

- Wie packe ich eine Kanzleigründung an bzw. wie finde ich meine Wunschmandanten?
  Legen Sie zunächst schriftlich fest, wie Sie sich Ihre Kanzlei in einem, drei, fünf und zehn Jahren vorstellen. Achten Sie dabei darauf, dass die Ziele möglichst realistisch, konkret und messbar sind. Nur so ist eine Ergebniskontrolle oder eine Korrektur des eingeschlagenen Weges möglich.
  Falsch: Ich will in einer florierenden Strafverteidigerkanzlei arbeiten
  Richtig: In drei Jahren möchte ich mit wenigen Ausnahmen nur noch Strafverteidigungen übernehmen und mit zwei bis drei Zivilrechtskollegen kooperieren
  Falsch: Ich will genügend Zeit für das Privatleben
  Richtig: Besprechungstermine nach 18.00 Uhr oder an Samstagen übernehme ich nur in Ausnahmefällen
- Möchten Sie vorwiegend private Mandanten oder vorwiegend gewerbliche Mandanten betreuen? Möchten Sie in einem bestimmten Rechtsgebiet tätig sein oder eine bestimmte Mandantengruppe (z.B. Senioren, Handwerker, Existenzgründer etc.) bei den im Alltagsleben auftretenden Rechtsproblemen und anderen Sorgen zu helfen (Erbrecht, Vorsorgevollmachten, Pflegeverträge. Immobilienverkauf auf Leibrente etc.)?
- In welchem Bundesland und welcher Region möchten Sie tätig sein? Möchten Sie die Kanzlei in einer Stadt oder auf dem Land eröffnen? Soll die Kanzlei in Gerichtsnähe oder in den Außenbezirken angesiedelt sein?

B.16 Mandanten finden – Mandanten binden <- Die eigene Kanzlei

Bedenken Sie dabei aber: Je größer Ihr Ruf als Spezialist wird, desto weitere Anreisen werden Mandanten auf sich nehmen.

Bedenken Sie aber, dass es ohne Schweiß im Leben keinen Preis zu gewinnen gibt. Erfolgreiche Sportler, Unternehmer oder auch Showstars haben sich den Erfolg hat erarbeitet, weil sie mehr als andere für den eigenen Erfolg getan haben (und das notwendige Glück hatten).

Malen Sie sich so detailliert und plastisch wie möglich aus, was und wie Sie in einem Jahr, in drei Jahren, fünf Jahren, zehn Jahren tätig sein werden.

Wichtig ist, dass Sie Ihre Wünsche und Vorstellungen schriftlich fixieren. Anpassen können Sie Ihre Pläne und Ziele dann laufend.

Wenn Sie Ihre Kanzlei genau vor Augen haben, können Sie sich auf die Suche nach den dazu passenden Mandanten machen.

II. Mandanten finden

Zunächst beantworten Sie die Frage, wer Ihre Dienstleistung in Anspruch nehmen soll, wer diese Mandanten bisher betreut und dann arbeiten Sie Ihr Alleinstellungsmerkmal heraus, worin Sie sich also positiv von den Mitbewerbern unterscheiden.

Beantworten Sie also die nachfolgenden Fragen schriftlich.

- Wer soll meine Dienstleistung in Anspruch nehmen?
- Welchen Beratungsbedarf haben diese Personen/Gruppen und was erwarten sie?
- Warum sollen diese Mandanten gerade mich beauftragen?
- Wer sind meine Mitbewerber?
- Kollegen (wie viele in der Region in einem Rechtsgebiet), Steuerberater, Wirtschaftsprüfer, Unternehmensberater, Verbände, Versicherer, Gewerkschaften etc.?
- Was kennzeichnet meine Mitbewerber?
- Wodurch haben sie ihre Marktposition erlangt?
- Worin bin ich besser als meine Mitbewerber?

z.B. weil ich bessere Fachkenntnisse, mehr Zeit für Mandanten habe, weil ich schneller arbeite, weil ich meine Mandanten zu Hause/in ihrem Unternehmen aufsuche, weil auch nach Feierabend zur Verfügung stehe, über die moderne Büroorganisation und -technik verfüge, weil ich auf ein Netzwerk zurückgreifen kann etc.

Wenn Sie wissen, was Sie alles von allen Mitbewerbern auszeichnet, können Sie diese Merkmale besonders bewerben.

Nur wie macht man das? Wie sticht man aus der großen Masse heraus?

B.16 Mandanten finden – Mandanten binden

Rechtsanwalt A. ist Überzeugungstäter. Er ist auf den verschiedensten Social-Media-Kanälen vertreten. Er knüpft über Xing, LinkedIn, Facebook, YouTube, Pinterest & Co an einem engen Netzwerk von Kolleginnen und Kollegen, die er an Mandanten weiterempfiehlt und dadurch selbst Mandate erhält. Er möchte so auch die Aufmerksamkeit von Multiplikatoren und potentiellen Mandanten auf sich ziehen.

Rechtsanwalt B hingegen geht Werbung in eigener Sache konservativ und bedächtig an. Social-Media-Aktivitäten sind unseriös und ruinieren meinen Ruf. Und wo bleibt denn da der Datenschutz? So denkt er. Anzeigen in den Gelben Seiten waren schon immer beliebt und als Krönung seines Werbekonzepts schaltet er eine großformatige Anzeige in der örtlichen Tageszeitung unter der Rubrik „Rechtsanwälte und Steuerberater".

Rechtsanwalt B bezahlt also viel Geld dafür, dass er Zeitungslesern mitteilt, dass seine Kanzlei existiert und der Informationsgehalt der Anzeige geht über die Auflistung von Rechtsgebieten nicht hinaus. Mit dem Schwerpunkt Zivilrecht kann niemand bei der Zeitungslektüre am Samstagmorgen etwas anfangen. Der Anzeigenteil der Zeitung wandert schon bald in die Papiertonne oder er wird zum Ausstopfen nasser Schuhe verwendet.

Rechtsanwalt A hingegen hat schon in der Referendarzeit auf dem Social Media-Portal „Xing" viele Kontakte geknüpft, unter anderem zu einem gleichaltrigen Kamera-Assistenten. Der dreht für ihn ein Kanzleivideo, das im Ergebnis weniger gekostet hat, als eine teure Zeitungsanzeige. A gibt den Zuschauern Tipps zum Verhalten nach Verkehrsunfällen, deckt die typischen Spartricks von Versicherungen auf und erklärt, wie man sich juristisch dagegen wehrt. Auch auf die Anwaltskosten geht er kurz ein. Abgerundet wird das Werbepaket auf YouTube durch einen Hinweis auf den Download von Infomaterialen auf seiner Website oder Facebook.

Das Ergebnis der Werbeaktivitäten wurde für beide Kollegen zur Belastung. Die Anzeigenwerbung führte zu neuen Mandaten, aber es waren nicht genug und der Ertrag wurde durch die Anzeigenkosten geschmälert.

Für den Social-Media-Anwalt wurde sein Akquiseerfolg ebenfalls zur Belastung. Dass in zwei Monaten sich mehr als 1.000 Personen sein Video angesehen haben, damit hatte er nun wirklich nicht gerechnet und seine Kanzleiorganisation war auf die Zahl der Anrufer nicht eingestellt. Auch die berühmten Anfragen nach kostenlosem Rechtsrat am Telefon häuften sich. Es war nicht einfach, die gestiegene Arbeitsbelastung zu bewältigen, da man sich Routine erst erarbeiten muss. Aber über die Anfrage eines Verlags für Speditionsunternehmer und Berufskraftfahrer hatte er sich gefreut. Nach den ersten Artikeln dort wurde ein Seminaranbieter auf Rechtsanwalt A aufmerksam und seitdem schult er seine Mandatszielgruppe in juristischen Fragen und bekommt die Mandate frei Haus geliefert. Auf eine Zeitungsanzeige hätte niemand geantwortet, auch nicht auf einem Eintrag in einem Branchenbuch. Der Weg über die Medien war erfolgreicher.

B.16 MANDANTEN FINDEN – MANDANTEN BINDEN <- DIE EIGENE KANZLEI

III. Mandanten binden

Haben Sie einen Mandanten aus Ihrer Zielgruppe gewonnen, gilt es, ihn dauerhaft an Ihre Kanzlei zu binden. Dieses Problem hat Rechtsanwalt B nun zu lösen.

Ihr Mandant muss begeistert sein und sich bei Ihnen besonders gut aufgehoben fühlen. Das betrifft nicht nur die juristische Seite. Er muss auch das Gefühl haben, dass man stets ein offenes Ohr für seine Probleme hat. Wer Letzteres nicht leisten kann oder will, ist im Anwaltsberuf fehl am Platz.

Keine Werbung ist effektiver und preiswerter als die Mund-zu-Mund-Propaganda eines zufriedenen Mandanten. Das gilt in Zeiten von Social Media-Portalen noch viel mehr als früher, da sich Kritik und Lob mit seerosenartiger Geschwindigkeit verbreitet.

Erfahrungsgemäß binden Sie Ihre Mandanten also durch:

- gute Arbeit,
- Zuverlässigkeit,
- gute telefonische Erreichbarkeit,
- Freundlichkeit, Höflichkeit, Aufmerksamkeit,
- Schnelligkeit in der Terminvergabe und Mandatsbearbeitung,
- Planung ausreichender Besprechungszeit,
- verständliche Erklärungen,
- transparente Rechnungen,
- ständige Fortbildung (dokumentiert).
- eine gute Kanzleiorganisation.

Gelingt es Ihnen, alle oder möglichst viele Punkte zur Zufriedenheit Ihrer Mandanten zu erfüllen, steht dem Erfolg Ihres Unternehmens Anwaltskanzlei nichts mehr im Wege.

Sie werden feststellen, dass es mit einer festen Vorstellung von dem, was Sie erreichen möchten, nicht mehr schwierig ist, Marketingideen zu entwickeln. Man muss sie dann aber auch umsetzen. Sie kennen nun sich selbst, Ihre Kanzleistruktur und die potentiellen Mandanten. Diese müssen dann „nur" noch erfahren, dass es Sie gibt.

Für Ihren Weg in die selbstständige Ausübung eines der schönsten Berufe der Welt wünschen wir Ihnen Mut, Eigeninitiative, Kontakt- und Entscheidungsfreude sowie viel kaufmännisches Geschick.

Seminare zum Thema Existenzgründung bieten

- der Deutsche Anwaltverein mit seinem FORUM Junge Anwaltschaft
- die Deutsche Anwaltakademie

- die Rechtsanwaltskammern
- das Deutsche Anwaltsinstitut

IV. Literaturhinweise

Hommerich/Kilian, Mandanten und ihre Anwälte, 2007 (15 EUR)

Heussen, Anwaltsunternehmen führen, 2016 (45 EUR)

Heussen, Time Management für Anwälte, 2014 (39 EUR)

Ponschab/Schweizer, Schlüsselqualifikationen, 2008 (29,80 EUR)

Wolf Schneider, Deutsch für Profis, 1999 (9 EUR)

Schulze/Klugmann, Wissensmanagement für Anwälte, 3. Aufl. 2012

B.17 Öffentlichkeitsarbeit als Marketinginstrument

Rechtsanwalt und Journalist Micha Guttmann, Köln und Berlin • Gründungspartner der Medienberatungsagentur Guttmann Law Communications, Preisträger des DAV-Pressepreises
Rechtsanwalt Swen Walentowski, Berlin • Stellvertretender Hauptgeschäftsführer und Leiter politische Kommunikation und Verbandskommunikation des DAV

I. Der Anwalt und die Öffentlichkeit

Es konkurrieren rund 165.000 Rechtsanwälte und Rechtsanwältinnen auf dem deutschen Rechtsmarkt – von der nichtanwaltlichen Konkurrenz abgesehen. Nur mit betriebswirtschaftlichen Kenntnissen und individuellen Marketingstrategien haben Kanzleien eine Chance, ihren Platz im Anwaltsmarkt zu finden. Besonders Einzelanwälte und kleinere bis mittelgroße Kanzleien müssen ihre „Marke" genau definieren und strategisch platzieren. Und zu diesen Marketingüberlegungen gehört auch die gezielte Planung einer strategischen Öffentlichkeitsarbeit. Sie ist ein optimales und obendrein preiswertes Marketinginstrument, als Kanzlei öffentliche Wahrnehmbarkeit zu erzielen und somit zielgerichtet Mandanten zu akquirieren.

Anwaltliche Öffentlichkeitsarbeit kann über den individuellen Zweck hinaus aber noch mehr bewirken. Sie verdeutlicht Aufgaben und Kompetenz der Anwaltschaft und den Einsatz für die Interessen der Mandanten. So stärkt sie das Image der Anwaltschaft und damit auch das Ansehen der Justiz, der unabhängigen dritten Staatsgewalt.

Mit einer klugen Öffentlichkeitsarbeit, die nicht allein Marketinginteressen dient, mischen sich Anwälte in aktuelle rechtspolitische Diskussionen ein, geben Denkanstöße und beteiligen sich kompetent an wesentlichen gesellschaftlichen Entwicklungen.

1. Anwaltsspezifische Öffentlichkeitsarbeit

Öffentlichkeitsarbeit für Anwälte umfasst zwei Bereiche. Die kanzleibezogene Öffentlichkeitsarbeit zielt auf die Präsentation der individuellen Kompetenzbereiche. Sie unterliegt handwerklichen Regeln, die sich an kommunikationswissenschaftlichen Erkenntnissen und journalistischer Praxis orientieren. Sie stellt ein neues, modernes und wirksames Marketing- und damit Akquiseinstrument dar.

Die verfahrensbezogene Öffentlichkeitsarbeit unterliegt stringenten Regeln der Krisenkommunikation. Hier stehen die Verfahrensbeteiligten im Vordergrund, deren persönliche oder unternehmerische Interessen geschützt werden müssen. Diese auch unter der angelsächsischen Bezeichnung Litigation-PR bekannt gewordene verfahrensbegleitende Kommunikation nimmt an Bedeutung zu, da gerade in sogenannten „Promi-Prozessen", aber auch in großen Wirtschaftsverfahren die Reaktion der Öffentlichkeit außerhalb des Gerichtssaales von wesentlicher Bedeutung ist.

B.17 Öffentlichkeitsarbeit als Marketinginstrument

2. Kanzleibezogene Öffentlichkeitsarbeit

Anwaltsspezifische Öffentlichkeitsarbeit dient vor allem als Unterstützung der Akquise- und Marketingaktivitäten der Kanzlei. Idealerweise lassen sie sich in ein strategisches Marketingkonzept ergänzend einfügen. In allen Umfragen wird deutlich, dass das rechtsuchende Publikum der Anwaltschaft aufgrund deren Kompetenz den Vorrang vor anderen Berufsgruppen gibt.

- Medienaktivitäten geben der Kanzlei nach außen ein unverwechselbares Profil und damit maßgebliche Impulse im Sinne eines Branding.
- Pressearbeit unterstützt das Bekanntmachen der „Gesichter" und „Personen", die für die Kanzlei stehen.
- Öffentlichkeitsarbeit bringt die Kompetenz der Anwältinnen und Anwälte, der Anwältin und des Anwalts, der Kanzlei zum Ausdruck.
- Medienarbeit unterstützt die Kanzlei dabei, ihre besondere Expertise und ihre Alleinstellungsmerkmale (USP) gegenüber den Zielgruppen zu kommunizieren.
- Inhalte auf der Webseite helfen dem ratsuchenden Publikum, seine Auswahl zu treffen. Die „Produkte" der Pressearbeit müssen suchmaschinenoptimiert (SEO-optimiert) auf die Webseite!

3. Verfahrensbezogene Öffentlichkeitsarbeit

a) Im Strafverfahren

Schon die öffentliche Bekanntgabe der Staatsanwaltschaft, ein Ermittlungsverfahren einzuleiten, hat für den Betroffenen erhebliche private und geschäftliche Nachteile zur Folge. Ist er ein sogenannter „Promi", also in der Öffentlichkeit bekannt, wird er sofort zum Objekt medialer Berichterstattung. Je nach Bekanntheitsgrad hat dies gravierende Auswirkungen auf seinen Alltag und das Leben seiner Familie. Sein Anwalt wird die nötigen rechtlichen Schritte einleiten. Die öffentliche Berichterstattung, die ihn zumeist vorweg bereits zum Schuldigen erklärt, kann er aber nicht verhindern. Deshalb muss der Anwalt in seinen juristischen Überlegungen immer auch Chancen und Risiken medialer Begleitung des Verfahrens mit einbeziehen. Besonders in den „Promi-Verfahren" haben die Anklagebehörden in den vergangenen Jahren medial aufgerüstet. Auch Staatsanwälte lassen sich schulen, wie sie effektive Öffentlichkeitsarbeit betreiben können. So pflegen sie regelmäßige Kontakte zur Presse und beziehen ebenfalls Überlegungen zur wirksamen Öffentlichkeitsarbeit in ihre Verfahrens- und Prozessstrategien ein.

Dies ist grundsätzlich nicht zu beanstanden. Auch die Aktivitäten der dritten Staatsgewalt sollen und müssen so weit wie möglich öffentlich bekannt sein. Somit muss die Justiz die Öffentlichkeit auch zu einzelnen Fällen informieren. Zunehmend ist allerdings die Tendenz zu beobachten, dass Staatsanwälte gerade in Verfahren gegen Prominente die Medien besonders gerne und über das notwendige Maß hinaus mit Informationen versorgen. Diese Ver-

B.17 Öffentlichkeitsarbeit als Marketinginstrument

fahren stehen im Rampenlicht der Öffentlichkeit, und auch die Anklagebehörde will als unerbittliche Strafverfolgerin ein positives Bild abgeben. Dabei hat sie allerdings in den vergangenen Monaten des Öfteren ihre Informationspflicht gegenüber der Öffentlichkeit so weit überschritten, dass die mediale Berichterstattung für die Betroffenen unerträglich wurde.

Verfahrensbegleitende Öffentlichkeitsarbeit steht dabei von Anfang an unter Zeitdruck. Sie muss verhindern, dass sich in den Medien vorab Negativstimmungen aufbauen, die zur öffentlichen Vorverurteilung führen. Auch Richter und Schöffen lesen Zeitungen und nutzen elektronische Medien. Litigation-PR wird daher, soweit es die Anwaltsstrategie erlaubt, durch Hintergrundinformationen und Kontakte zu Journalisten eigene Botschaften in die Öffentlichkeit vermitteln.

Alle Betroffenen, auch Prominente, die den Umgang mit Medien gewohnt sind, befinden sich bei staatsanwaltlichen Ermittlungen oder im Verfahren selbst in einer Ausnahmesituation. Sie stehen unter erheblichem Stress. Die Gefahr, dass sie dieser Belastung nicht gewachsen sind, ist selbst für Medienprofis groß. So kann es schnell zu missverständlichen Äußerungen kommen, die negative Bewertungen in der Öffentlichkeit zur Folge haben. Das Victory-Zeichen mit gespreizten Fingern des Deutsche-Bank-Chefs Josef Ackermann im Gerichtssaal beim Mannesmann-Prozess im Januar 2004 ist nur ein Beispiel, wie unbedachte Verhaltensweisen in der Öffentlichkeit wirken können.

Litigation-PR hilft, die Belastung eines Verfahrens in der Öffentlichkeit zu mindern. Gleichzeitig kann sie anwaltliche Strategien unterstützen und der Pressearbeit der Staatsanwaltschaften medienwirksam entgegentreten. Sie schützt damit vor öffentlicher Verurteilung, deren Folgen den Betroffenen oft mehr treffen als das eigentliche Verfahren.

b) In sonstigen Verfahren

Für Unternehmen ist professionelle Litigation-PR aber auch in Zivilrechtsstreitigkeiten oder Verfahren vor Verwaltungsgerichten von Bedeutung. Vor allem, wenn es um Schadensersatzklagen geht, zum Beispiel in Verfahren um Medikamentenfolgen oder Umweltschäden, muss eine prozessbegleitende Krisenkommunikation die juristischen Sachverhalte mediengerecht aufarbeiten und zielgenau verbreiten. Auch hier ist das Ziel, drohenden Imageschaden und Reputationsverlust abzuwenden. Im Insolvenzverfahren ist eine professionelle Pressearbeit für den Insolvenzverwalter geboten.

II. Öffentlichkeitsarbeit – sieben gute Gründe!

1. Medienexpansion/Neue Medien

Auch wenn sich die Medienlandschaft verändert, sind Presse und elektronische Medien weiterhin die wichtigsten Informations- und Meinungsträger. Die „Neuen Medien" (Internet,

B.17 Öffentlichkeitsarbeit als Marketinginstrument

Facebook, Blogs etc.) bieten weitere Möglichkeiten, Informationen zu verbreiten – und dies sogar zielgerichteter als die etablierten Medien.

2. Steigender Informationsbedarf

Kommunikationswissenschaftliche Untersuchungen haben ergeben, dass viele Menschen sich trotz der Vielzahl der Informationen nicht ausreichend informiert fühlen. Vor allem bemängeln sie, dass die Medien viele Informationen ungeordnet, unübersichtlich und zusammenhanglos verbreiten und damit die Bedürfnisse ihrer Nutzer nicht ausreichend bedienen. Dies gilt besonders im Umfeld gesellschaftlicher Entwicklungen und damit auch im juristischen Bereich.

3. Nachvollziehbarkeit

Vermittlungsleistung und Geschwindigkeit des Informationsflusses haben erheblich zugenommen. Bürger und Bürgerinnen fühlen sich dabei auf allen Gebieten „overnewsed but underinformed". Gesellschaftspolitische Entwicklungen sind daher für viele ohne erklärende Vermittlung durch die Medien nicht mehr nachvollziehbar.

4. Juristische Informationen „aus erster Hand"

Bürgerinnen und Bürger suchen oft objektive Informationen über Rechtsentwicklungen und Gesetzesänderungen, die eine direkte Auswirkung auf ihr Leben haben. Hier sind Rechtsanwältinnen und Rechtsanwälte mit ihren praktischen Erfahrungen die geeigneten Ansprechpartner, Gesetzesänderungen und Gerichtsurteile bürgernah, informativ, plausibel und verständlich zu kommunizieren.

5. Gesellschaftliche Aufmerksamkeit/neue Mandanten

Wer sich in den Medien positiv präsentiert, erlangt aufgrund der hohen Beachtungs- und Nutzungswerte gesellschaftliche Aufmerksamkeit und Anerkennung und bestimmt so die Diskussion gesellschaftspolitischer Entwicklungen entscheidend mit. Diese Position hilft, bereits vorhandenen Mandanten die eigene Kompetenz vor Augen zu führen („‚Mein' Anwalt war im Fernsehen") und neue Mandanten mit dem öffentlichen Auftritt zu überzeugen.

6. Vertreten eigener Positionen im öffentlichen Meinungsstreit

Die Anwaltschaft muss in der Öffentlichkeit „Flagge" zeigen und den Bürgerinnen und Bürgern damit ihre Bedeutung für einen funktionierenden Rechtsstaat immer wieder verdeutlichen. Sie darf es nicht zulassen, dass Lobbyorganisationen aus dem Justizbereich und vor allem auch die Rechtspolitik allein die öffentlichen Diskussionen zu Rechts- und Gesetzesentwicklungen bestimmen. Der Erfolg in diesem Meinungsbildungsprozess wird sich nur mithilfe einer zielgerichteten und aktiven Öffentlichkeitsarbeit einstellen.

B.17 Öffentlichkeitsarbeit als Marketinginstrument

7. Offensive Öffentlichkeitsarbeit

Der Informationsbedarf der Journalisten und der Medien ist enorm hoch. Somit bietet eine durchdachte und zielgerichtete Öffentlichkeitsarbeit Anwälten, Kanzleien und dem DAV eine Reihe von Möglichkeiten, in den Medien Informationen und Positionen deutlich zu machen und so am allgemeinen Meinungsbildungsprozess teilzunehmen.

III. Das Wichtigste: die Medienkonzeption

„Kein Wind ist dem Schiff gnädig, wenn der Kapitän und seine Mannschaft nicht wissen, wohin sie segeln wollen."

Qualität und Erfolg jeder Öffentlichkeitsarbeit hängen von einer schlüssigen und zielgerichteten Medienkonzeption ab. Diese professionelle Konzeption ist das Gerüst für die gesamte Öffentlichkeits- und PR-Arbeit. Ohne ehrliche Analyse der individuellen Situation, ohne Zielsetzung, Strategie und vorausschauende Planung ist erfolgreiche Öffentlichkeitsarbeit nicht möglich.

1. Istanalyse

In der Istanalyse wird die Ausgangssituation festgelegt:

- Hat die Kanzlei bereits Erfahrungen mit Öffentlichkeitsarbeit gesammelt? Wenn ja, welche Konsequenzen für das Medienkonzept lassen sich hieraus ableiten?
- Hat die Kanzlei bereits Erfahrung mit dem Verfassen journalistischer Texte juristischen Inhalts? Sollte dies nicht der Fall sein: Wie kann das journalistische „Handwerkszeug" erlernt werden?
- Gibt es bereits Kontakte zu Medien oder Journalisten? Wenn ja, wie sind die Kontakte bisher verlaufen, und waren sie nützlich?
- Wie viel Zeit hat die Kanzlei bisher für Öffentlichkeitsarbeit aufgewendet? Gibt es bereits ein Budget für Öffentlichkeitsarbeit?

2. Strategie der Öffentlichkeitsarbeit

- Welche Ziele will die Kanzlei mit ihrer Öffentlichkeitsarbeit kurzfristig – mittelfristig – langfristig erreichen?
- Welche Kernbotschaften will die Kanzlei in den Medien und in der Öffentlichkeit platzieren?
- Mit welchen Themenschwerpunkten will die Kanzlei in der Öffentlichkeit ihre Kompetenz zeigen?
- Welche Zielgruppen will die Kanzlei mit ihrer Öffentlichkeitsarbeit ansprechen?
- Welche Zielmedien will die Kanzlei ansprechen, um die oben definierten Zielgruppen zu erreichen?

DIE EIGENE KANZLEI ->
B.17 Öffentlichkeitsarbeit als Marketinginstrument

- Wie viel Zeit will die Kanzlei für ihre Öffentlichkeitsarbeit aufwenden?
- Welches Budget will die Kanzlei für ihre Öffentlichkeitsarbeit einsetzen?

3. Umsetzung der Öffentlichkeitsarbeit

- Formale Umsetzung der Strategie: Aufbau und Pflege individueller Presseverteiler/Sicherung der zeitnahen Ansprechbarkeit der Kanzlei bei Journalistenanfragen
- Inhaltliche Umsetzung der Strategie: Module und Maßnahmen/Zeitabläufe/Terminfestlegung vorauszuplanender Öffentlichkeitsarbeit
- Zeitplan: Stetig wiederkehrende und damit vorhersehbare Ereignisse/vorhersehbare Termine von Gerichtsentscheidungen/termingebundene Fallbeobachtungen/vorhersehbare rechtspolitische Entwicklungen
- Festlegung der internen Verantwortlichkeiten
- Dokumentation/Evaluierung

IV. Ohne sie geht es nicht: Medienkontakte und Kontaktpflege

Wer seine „Botschaften" veröffentlichen will, muss sehr genau die Wege kennen, die er hierfür nutzen kann.

1. Medienverteiler

Individuelle, auf die Ziele der Öffentlichkeitsarbeit der Kanzlei ausgerichtete Presseverteiler sind wichtige Voraussetzungen für den Erfolg. Sorgfältiger Aufbau und ständige Pflege sind dabei unerlässlich. Die Gestaltung des Presseverteilers sollte dabei nach folgenden Kriterien geschehen:

- Welche Medien sind für unsere Kommunikationsziele und unsere Adressaten interessant – wer sind die jeweiligen Ansprechpartner?
- Welche Verbands- oder Unternehmensmedien sind für unsere Kommunikationsziele und Adressaten interessant – wer sind die jeweiligen Ansprechpartner?
- Welche Redaktionen und/oder Ressorts dieser Medien befassen sich mit den entsprechenden Themenbereichen (das können auch mehrere des gleichen Mediums sein) – wer sind die jeweiligen Ansprechpartner?
- Welche freien Journalisten befassen sich mit den entsprechenden Themenbereichen?
- Welche Internetmedien sind für unsere Kommunikationsziele und unsere Adressaten interessant – wer sind die jeweiligen Ansprechpartner?

Beim Erstellen des Presseverteilers werden folgende Informationen eingearbeitet:

- Titel des Mediums
- Redaktion/Ressort
- Ansprechpartner (Redakteure, freie Mitarbeiter)

<- DIE EIGENE KANZLEI

B.17 ÖFFENTLICHKEITSARBEIT ALS MARKETINGINSTRUMENT

- Postadresse
- Telefon/Telefon mobil
- Fax
- E-Mail
- persönliche Notizen

Die zuständigen Journalisten und Redaktionen findet man im Impressum der Medien oder im Internet. Bei regionalen oder lokalen Medien sind auch Anrufe in den jeweiligen Redaktionen sinnvoll.

Aktuelle bundesweite Informationen über Redaktionen aus TV, Radio und Zeitungen/Zeitschriften, Nachrichtenagenturen u.a. finden Sie z.B. in folgenden Publikationen:

Redaktions-Nachschlagewerk

Dieter Zimpel (Hrsg.)
Verlag Dieter Zimpel, München

Zimpel 1: Zeitungen
Zimpel 2: Zeitschriften
Zimpel 3: Funk und Fernsehen
Zimpel 4: Fachzeitschriften
Zimpel 5: Freie Journalisten
Zimpel 6: Anzeigenblätter
(Loseblattsammlung, wird laufend aktualisiert, oder als CD-ROM)

Kundenservice:
Tel.: 0611 7878-184
Fax: 0611 7878-446
www.zimpel.de

Presse- und Medienhandbuch

Stamm Verlag GmbH, Essen
Leitfaden durch Presse und Werbung
(Mediendatenbanken und Nachschlagewerke)
(jährlich neu)

Tel.: 0201 84300-0
Fax: 0201 472590
www.stamm.de

B.17 Öffentlichkeitsarbeit als Marketinginstrument

2. Kontaktaufnahme

Erfolgreiche Pressearbeit lebt immer von persönlichen und vertrauensvollen Kontakten zu Journalisten und Redaktionen. Der erste Schritt besteht also darin, diesen Kontakt herzustellen. Nach der Definition der Zielmedien (s.o.), dem Aufbau des individuellen Presseverteilers und der Identifizierung des jeweiligen Ansprechpartners sollte der erste Kontakt bereits mit einem Sachthema verbunden sein. Dies kann mit dem Versand einer Pressemitteilung oder eines Verbrauchertipps geschehen. Möglich ist auch der Versand einer E-Mail, in der ein konkretes, für den jeweiligen Journalisten und sein Medium interessantes Thema vorgeschlagen wird. Hier kann sich die Kanzlei als Experte für dieses Thema anbieten.

Abzuraten ist von einem telefonischen Erstkontakt. Er ist meist erfolglos, da die Journalisten mit derartigen Anfragen überhäuft werden.

V. Module der Öffentlichkeitsarbeit

1. Pressemitteilung

Die Pressemitteilung ist das am häufigsten genutzte Instrument der Öffentlichkeitsarbeit. Damit sie in den Redaktionen in der Flut der täglich eingehenden Informationen nicht untergeht, bedarf es der Einhaltung klarer Spielregeln bei Stil, Aufbau und Form.

a) Inhalt: Eine Pressemitteilung ist eine Nachricht

Eine Nachricht

- informiert sachlich
- ist kurz und prägnant
- beantwortet vor allem aktuelle Fragen

Jede Pressemitteilung muss einen aktuellen, konkreten Anlass haben.

Journalisten erwarten „echte" Informationen und konkrete Daten und Fakten mit möglichst aktuellem Zeitbezug und Nachrichtenwert.

b) Anlass

Mögliche Anlässe für eine Pressemitteilung sind:

- **Besondere Ereignisse**: spektakuläre Gerichtsurteile, Fachveranstaltungen, Tagungen, Aktionen von breitem Interesse
- **Juristische Grundsätze zu besonderen Themen:** Mietrecht, Verkehrsrecht, Reiserecht, Strafrecht etc.

B.17 Öffentlichkeitsarbeit als Marketinginstrument

- **Veränderungen in Organisationen:** Gründungen, Versammlungen, Aufgaben, Wahlen von Personen und Vorstand, Vorsitz u.a.
- **Neue Projekte:** eingereichte Klagen, Strafanzeigen, aufsehenerregende Ergebnisse von Untersuchungen sowie Neugründungen
- **Stellungnahmen** zu aktuellen juristischen/politischen/sozialen/wirtschaftlichen Entwicklungen

c) Newswert

Journalisten berichten über das, was die Öffentlichkeit interessiert. „Newswert" hat für sie daher alles, was …

- … neu ist
- … konkreten Nutzwert für Zuschauer, Hörer und Leser hat
- … einzigartig ist: das Ungewöhnlichste, das Erste, das Einzige, das Letzte
- … einen Superlativ verdient: das größte, kleinste, älteste …
- … zahlenmäßig von Bedeutung ist: fünfzigjähriges Jubiläum, der hundertste Teilnehmer
- … die Gemüter bewegt
- … von regionaler oder überregionaler Bedeutung ist
- … konträr ist, eine abweichende – auch provokante – Meinung darstellt.

d) Inhalt

Was beim Schreiben jeder Pressemitteilung zu beachten ist:

- **Der dramaturgische Aufbau**
  Der „Höhepunkt" steht immer am Anfang einer Pressemitteilung, z.B. ein besonderes Gerichtsurteil, die Kritik oder der Erfolg eines juristischen Sachverhalts, der Ausgang einer Wahl. Dann folgen Sätze mit Antworten auf die wichtigsten Fragen:
  Wer, wo, wann, was, wie, warum und welche Quelle?
  Der Aufbau der Pressemitteilung entspricht dem einer Nachricht mit dem Prinzip der abgestuften Wertigkeit.
- **Fokussieren**
  Konzentrieren Sie sich auf das Wesentliche: Erwähnen Sie maximal zwei bis drei Aspekte. Fokussieren Sie Ihre Botschaft!
- **Meinungen kennzeichnen**
  Machen Sie Ihre Meinungsäußerungen klar erkennbar, als Zitat oder durch Umformulierungen in die indirekte Rede.
- **Zitatgeber nennen**
  Zitatgeber mit Vor- und Zunamen und Funktion erwähnen (evtl. auch mit zeit- und ortsbezogenem Aufhänger: „…!", sagte Peter Heissing, Verteidiger, am Rande der Urteilsverkündung).

B.17 Öffentlichkeitsarbeit als Marketinginstrument

- **Kurze Sätze**
  Formulieren Sie kurz und leicht lesbar! Schachtelsätze sind tabu!
- **Klarer Ausdruck**
  Geben Sie keine Rätsel auf – geben Sie ausschließlich klare, unmissverständliche Informationen!
- **„Lebendige" Verben und Substantive**
  Meiden Sie Substantive mit der Endsilbe -ung sowie wenig bekannte Fremdwörter und nutzen Sie die Aussagekraft von Verben.
- **Passiv meiden**
  Verben im Aktiv nutzen!
- **Kontext zum Schluss**
  Erklären Sie Zusammenhänge und Vorgeschichte kurz im letzten Absatz!
- **Für Rückfragen**
  Ansprechpartner mit Telefon-/Fax-Nummer/E-Mail und genauer Adresse nicht vergessen!

e) Überschrift und Form

Jede Pressemitteilung hat eine Überschrift (Schlagzeile, „Headline"), die als Blickfang („Eyecatcher") dient. Sie informiert den Journalisten auf einen Blick, worum es geht. Von der Attraktivität der Überschrift hängt das weitere Schicksal Ihrer Mitteilung ab, denn ...

... die ersten zehn Sekunden entscheiden darüber, ob Ihre Mitteilung in der gigantischen Informationsflut wahrgenommen oder in den Papierkorb geworfen bzw. verschoben wird!

Steckbrief einer attraktiven Überschrift

- überrascht
- „springt einen an"
- weckt ein Bild/Gefühl
- enthält wichtigste Fakten
- ist kurz und knackig ...
- ... und dabei seriös formuliert

Über Erfolg oder Misserfolg entscheidet auch die Form. Je eindeutiger strukturiert, desto besser!

Die formalen Kriterien:

- **Länge**
  Grundsätzlich nicht länger als eine DIN-A4-Seite. Je kürzer und prägnanter, desto lieber wird sie gelesen.

B.17 Öffentlichkeitsarbeit als Marketinginstrument

- **Kennzeichnung**
  Die Pressemitteilung muss formal als solche erkennbar sein, also den Vermerk „Pressemitteilung", „Presseinformation" oder „Pressemeldung" tragen.
- **Überschrift**
  Die Überschrift/Headline heben Sie durch fette, größere Schrift hervor.
- **Satz**
  Keinen Blocksatz verwenden, sondern linksbündigen Text mit rechtem Flattersatz.
- **Zeilenabstand**
  Der Zeilenabstand soll 1,5-zeilig sein.
- **Rückseite**
  Die Blattrückseite wird nicht beschrieben.

2. Verbrauchertipps

Das soeben Gesagte gilt im Grundsatz auch für Verbrauchertipps. Dabei handelt es sich um in Verbrauchersprache gekleidete Rechtsfragen des alltäglichen Lebens. Dies können saisonale Themen sein oder aber auch aktuelle, interessante Urteile, die man nicht selbst erstritten haben muss. Da die Erfahrung der Verfasser dieses Beitrags zeigt, dass auch junge Anwältinnen und Anwälte viele interessante Fälle haben, gilt dies selbstverständlich auch für selbst erstrittene Urteile; in anonymisierter Form!

a) Inhalt: Nutzwert für den Verbraucher

Die Nachricht ist hier:

- ein Urteil,
- ein Verbrauchertipp mit rechtlichen Fragen allgemein,
- Hinweise auf Gesetzesänderungen oder Ähnliches.

Jeder Verbrauchertipp muss aktuell sein (Urteile nicht älter als acht Monate) und sollte eine Vielzahl von Personen in vergleichbaren Lagen betreffen, wie dies beispielsweise für das Verkehrsrecht, Mietrecht, Arbeitsrecht, Reiserecht, Familienrecht und das Erbrecht gilt.

b) Anlass

Mögliche Anlässe können sein:

- saisonale Entwicklungen:
    - im Sommer: „Wem gehören Nachbars Kirschen?"
    - im Herbst/Winter: Verkehrsrecht/Herbstlaub/Glatteis etc.
    - im Weihnachtsgeschäft: Kaufrecht oder Scheidungsrecht
- aktuelle Gesetzesänderungen zu einem Stichtag: Klären Sie einige Wochen vor Inkrafttreten einer Gesetzesänderung die Öffentlichkeit per Verbrauchertipp darüber auf.

B.17 Öffentlichkeitsarbeit als Marketinginstrument

- Urteile von Instanzgerichten: Nicht geeignet sind in der Regel die der Bundesgerichte, da diese durch die Nachrichtenagenturen bereits aufgearbeitet werden. Gibt es ein interessantes Urteil zur Steuerpflicht, kann man dies für seine saisonale Planung aufheben. Berät eine Kanzlei im Mietrecht gerne die Vermieter, dürften Urteile rund um die Eigentümerversammlung etc. ebenfalls interessant sein.
- ein selbst erstrittenes Instanzurteil: Hier haben Sie natürlich die Nase vorn! Hier können Sie bei einem interessanten Urteil für Verbraucher nicht nur darüber aufklären, wie es ergangen ist, sondern auch darauf hinweisen, dass Sie es erstritten haben. Dies muss nicht unbedingt aus Verbrauchersicht geschehen, sondern kann ebenfalls für Organisationen oder aber auch für Arbeitgeber und Unternehmen interessant sein, wenn Sie es für diese erstritten haben.

c) Aufbau

Zunächst gilt bezüglich Inhalt und Aufbau – wie bereits erwähnt – das zur Pressemitteilung Gesagte.

Etwas abweichend lässt sich wie folgt feststellen:

- **Knackige Überschrift**: „Kein Liebesurlaub auf Kosten von Hartz IV" ist sicherlich beachtenswerter als ein Hinweis „Sozialhilfeträger muss nicht die Kosten für die Familienzusammenführung mit einer auf Kuba getrenntlebenden Frau bezahlen".
- **Leitsätze**: Verabschieden Sie sich gedanklich schon wieder von dem Begriff „Leitsätze". Im ersten Absatz des Verbrauchertipps müssen Sie die wesentliche Grundentscheidung des Gerichts zusammenfassen. Und dies in für Nichtjuristen verständlicher Sprache!
- **Absender** benennen: Im ersten Absatz benennen Sie bitte den Absender, nämlich Sie und Ihre Kanzlei.
- **Sachverhalt**: Wie im klassischen Urteil kommen auch hier einige Ausführungen zum Sachverhalt:
    - Wer will was?
    - Wer hat was getan?
    - Von wem und zu welchem Zeitpunkt?
- Die **tragenden Gründe** der Entscheidung: Hier führen Sie noch einige Punkte aus dem ersten Absatz aus. Mit welchen tragenden Argumenten hat das Gericht seine Entscheidung begründet? Konzentrieren Sie sich ruhig auf zwei bis drei. Zu viele Argumente führen zu Unverständlichkeit.
Hier können Sie auch noch eine Einschätzung abgeben. Zitieren Sie sich mit Anführungszeichen und direktem Zitat unter Nennung Ihres Namens, welche Schlussfolgerung aus dem Urteil gezogen wird oder welche Bedeutung es für vergleichbare Fälle hat.
- **Schluss**: An das Ende einer Pressemitteilung gehört immer der Hinweis, wen man zum weiteren Inhalt ansprechen kann. Wichtig: Beim Aussendezeitpunkt eines Verbraucher-

B.17 Öffentlichkeitsarbeit als Marketinginstrument

tipps müssen Sie dann in den folgenden Tagen tatsächlich auch erreichbar sein und sollten möglichst nicht vor dem Antritt eines längeren Urlaubs stehen.

Beispiel: Änderungen in einem Testament müssen handschriftlich sein und mit Unterschrift und Datum versehen werden, entschied das Landgericht XYZ am (Datum einfügen), (Aktenzeichen einfügen), wie Rechtsanwältin Monika Mustermann mitteilt.
Ansprechpartnerin: Monika Mustermann, ... Kontaktdaten

3. Themenplatzierungen

Die Platzierung kanzleispezifischer Themen in regionalen und überregionalen Medien und in der Fachpresse (Gastbeitrag, Zitat, Kommentar) verdeutlicht die Kompetenz der Kanzlei in den jeweiligen Rechtsbereichen. Entscheidend für den Erfolg ist dabei, dass die Themen nach journalistischen Kriterien ausgewählt und die Beiträge demgemäß bearbeitet und strukturiert werden. Vorschläge sollten der Redaktion in Form eines „Teasers" übermittelt werden, der die Relevanz des Themas und die Lösungsansätze des Autors deutlich macht.

4. Pressegespräche

Durch Pressemitteilungen oder Themenplatzierungen entstandene Kontakte müssen gepflegt werden. Hier bietet sich ein Pressegespräch mit den Journalisten an, zu denen bereits Kontakte bestehen. Ein Pressegespräch muss immer einen „Aufhänger" haben. Als Aufhänger bieten sich an: wichtige Urteile, rechtspolitische Entwicklungen, gesellschaftliche und soziale Veränderungen, die juristische Folgen haben sollten, lokale und regionale Ereignisse mit juristischem Bezug.

5. Pressekonferenz

Pressekonferenzen sind für anwaltliche Öffentlichkeitsarbeit nur wenig relevant. Wegen des Zeitdrucks, dem Journalisten unterliegen, hat ihre Zahl deutlich abgenommen. Nur außergewöhnliche oder spektakuläre Anlässe rechtfertigen noch die Einberufung einer Pressekonferenz.

6. Webseite

Der Internetauftritt der Kanzlei unterstützt die Öffentlichkeitsarbeit. Pressemitteilungen der Kanzlei sollten hier online gestellt werden. So stellt der Webauftritt für Journalisten einen echten „Mehrwert" dar. Darüber hinaus nutzen Medienvertreter die Internetauftritte, um Kompetenz und Seriosität der Kanzlei nachzuprüfen.

Wichtig ist, dass die Inhalte – anders als die Pressemitteilungen im Original – suchmaschinenoptimiert sind (SEO-optimiert). Es kommt darauf an, welche Begriffe genutzt werden.

B.17 ÖFFENTLICHKEITSARBEIT ALS MARKETINGINSTRUMENT

Mithilfe einfacher Tools kann man feststellen, welche Begriffe beispielsweise um einen Lebenssachverhalt oder ein Rechtsgebiet herum gesucht werden.

Beachten Sie bitte hierzu auch den Beitrag von *Herberg* „Tipps zur Optimierung Ihrer Website und Ihrer Social-Media-Aktivitäten" unter B.19.

7. Social-Media-Aktivitäten

Die Kommunikation und Interaktion in sozialen Netzwerken gewinnt auch für Kanzleien zunehmend an Bedeutung. Wichtig kann sie vor allem im Bereich der prozessbegleitenden Öffentlichkeitsarbeit werden.

8. Newsletter

Der Newsletter richtet sich weniger an Journalisten. Er soll vielmehr bestehende und potenzielle Mandanten über Aktivitäten der Kanzlei informieren. Ein Newsletter sollte nur dann verbreitet werden, wenn die Kanzlei darauf achtet, dass er regelmäßig erscheint und tatsächlichen Newswert hat.

B.18 Kommunikation über soziale Medien

VALERIE HERBERG, BERLIN • REDAKTEURIN UND SEO-EXPERTIN

Wenn Sie die Möglichkeit hätten, hunderttausende potenzielle Mandanten anzusprechen und auf Ihre Kanzlei aufmerksam zu machen, würden Sie es tun? Vermutlich ja, werden Sie sagen. Sie haben diese Möglichkeit: Sie heißt Facebook. Kanzleien können dieses und andere soziale Netzwerke nutzen, um für ihre Leistungen zu werben und damit neue Mandanten gewinnen. Vorausgesetzt, sie treffen den richtigen Ton.

I. Fanseite auf Facebook anlegen

Unter den sozialen Netzwerken wie Facebook, Twitter, YouTube und Instagram hat sich Facebook als eines der wichtigsten für die Unternehmen und Kanzleien etabliert, die Endverbraucher ansprechen möchten.

Wer einen Facebook-Auftritt anlegen möchte, hat zwei Möglichkeiten: eine Profilseite oder eine Fanseite einzurichten. Profilseiten eignen sich eher für Privatpersonen. Prominenten oder Unternehmen legen meist Fanseiten an. Andere Nutzer können diese Seite liken und bekommen dadurch regelmäßig Neuigkeiten angezeigt, die der Betreiber auf der Seite veröffentlicht.

II. Unterhaltung und Information

Die goldene Regel für die Kommunikation auf Facebook: Die Nutzer wollen unterhalten werden. Sie kennen das vielleicht von Ihrem eigenen Nutzerverhalten. Zudem sind soziale Medien für viele Menschen ein wichtiger Informationskanal.

Ein guter Kanzlei-Facebook-Auftritt bietet deshalb in erster Linie Unterhaltsames und Wissenswertes für die Nutzer. Teilen Sie zum Beispiel Nachrichtenmeldungen, die juristische Alltagsfragen behandeln, eine lustige Grafik oder ein Video, in dem ein Sachverhalt erklärt wird. Ein gewisses Niveau sollte Ihr Auftritt natürlich haben – Sie sprechen schließlich Ihre künftigen Mandanten an.

III. Skurriles, Wissenswertes, Gewinnspiele

Gut eignen sich auch interessante oder skurrile Urteile, deren Leitsätze sie – knapp zusammengefasst – ebenfalls veröffentlichen können. Greifen Sie auch aktuelles Tagesgeschehen wie Sportturniere auf oder orientieren Sie sich an den Jahreszeiten. Rechtliche Tipps für den Sommerurlaub oder ein Weihnachtsgewinnspiel kommen oft gut an.

Denken Sie dabei immer daran: Sie richten sich mit Ihrem Social-Media-Auftritt an juristische Laien. Die Inhalte sollten leicht verständlich sein. Kommunizieren Sie locker, aber immer seriös.

IV. Werbung ja, aber in Maßen

Angebote Ihrer Kanzlei können das Unterhaltungs- und Informationsangebot ergänzen. Die Nutzer, die Ihrem Auftritt folgen, sollten aber möglichst nicht das Gefühl bekommen, dass Sie nur Reklame machen wollen. Werbung können Sie auf Facebook auch separat schalten, dazu später mehr.

Neuigkeiten und Informationen aus dem Kanzleialltag können auf Ihrem Facebook- oder auch Instagram-Account ebenfalls Ihren Platz finden. Auch Fotos von Weihnachtsfeiern oder dem Betriebsausflug können Sie – mit Genehmigung der abgebildeten Personen – veröffentlichen. Es kann sich lohnen, als Arbeitgeber hier einen guten Eindruck zu machen. Schließlich werden sich auch Bewerber Ihre Social-Media-Auftritte anschauen.

V. Soziale Medien können Pressearbeit ergänzen

Die Kommunikation über soziale Medien geht idealerweise Hand in Hand mit Ihrer Pressearbeit. Wenn Sie eine Webseite eingerichtet haben und zum Beispiel einen Blog unterhalten, können und sollten Sie Ihre Beiträge auf Facebook teilen. Links können Sie auch über Twitter verbreiten.

VI. Zur richtigen Zeit posten

Wir haben Ihnen nun gezeigt, wie Sie Ihren Facebook-Auftritt und andere Accounts bespielen können. Das tun Sie am besten regelmäßig, wenn ihr Auftritt sich auszahlen soll. Mindestens einmal in der Woche, aber nicht mehr als einmal täglich, sollte etwas Neues auf Ihrem Kanal zu sehen sein. Um Fans zu gewinnen und bei der Stange zu halten, müssen Sie ihren Auftritt regelmäßig pflegen. Und das – Sie wissen es – kostet Zeit. Legen Sie im Vorfeld fest, wer sich wann darum kümmert.

Feste Tageszeiten für die Pflege Ihres Auftritts einzuplanen, kann sehr nützlich sein – nicht nur für Ihr persönliches Zeitmanagement. Facebook liefert Informationen, zu welcher Tageszeit sich die meisten Ihrer Leser auf der Plattform aufhalten. Wer sich dies zunutze macht, kann mit weniger Aufwand bessere Ergebnisse erzielen.

Bei Facebook geht es um Interaktion – die Nutzer werden Nachrichten und Kommentare auf Ihrer Seite hinterlassen. Diese sollten Sie beantworten, und zwar am besten zeitnah. Bereiten Sie sich auch darauf vor, dass die Menschen unter Umständen negative Kommentare veröffentlichen werden. Zum Beispiel, wenn ein enttäuschter Mandant seinen Frust öffentlich macht. Ein souveräner Umgang mit negativem Feedback macht auch bei potenziel-

B.18 KOMMUNIKATION ÜBER SOZIALE MEDIEN <- Die eigene Kanzlei

len Mandanten Eindruck. Lassen Sie sich nicht zu emotionalen Diskussionen hinreißen und bleiben Sie immer sachlich.

VII. Ressourcen einplanen

Überlegen Sie sich im Vorfeld, ob Sie die Kapazitäten haben, sich regelmäßig um Ihren Facebook-Kanal zu kümmern. Dabei geht es nicht nur darum, Inhalte zu teilen und Ihre Fans bei Laune zu halten. Wer als Anwalt einen Kommunikationskanal öffnet, muss diesen auch überwachen und haftet andernfalls für Versäumnisse.

Wenn Sie über Facebook also mit Mandanten Kontakt aufnehmen, ergibt sich daraus die berufsrechtliche Pflicht, diesen Kommunikationskanal kontinuierlich zu überwachen und Fristen im Blick zu behalten. Da der Datenschutz und die Datensicherheit bei Facebook allerdings zu wünschen übrig lassen, ist dieser Kanal nicht geeignet, um sensible Informationen auszutauschen.

Wenn ein Mandant Sie kontaktiert, verweisen Sie am besten auf Ihre Webseite und Ihre Telefonnummer. Ihre Kontaktdaten sollten auf Ihrer Fanseite sowieso einen prominenten Platz einnehmen. Um zu verhindern, dass Mandanten sich von sich aus mit sensiblen Informationen an sie wenden, können Sie die Nachrichtenfunktion ausschalten.

Wichtig ist außerdem: Auch in sozialen Medien müssen Sie natürlich den Datenschutz beachten und gegebenenfalls eine Datenschutzerklärung veröffentlichen.

VIII. Bezahlte Werbung möglich

Facebook und Instagram bieten Unternehmen die Möglichkeit, zielgerichtete kostenpflichtige Werbung zu schalten. Diese kann eine sinnvolle Ergänzung zu einem Facebook-Auftritt sein. Überlegen Sie allerdings, ob Sie die Ressourcen dafür haben. Gegebenenfalls können Sie dann ausprobieren, ob Werbung auf sozialen Medien sich für Sie lohnt.

B.19 Webseite und Social-Media-Auftritt: Tipps zur Optimierung

VALERIE HERBERG, BERLIN • REDAKTEURIN UND SEO-EXPERTIN

Wer heute einen Dienstleister sucht, recherchiert im Internet. Für Kanzleien bedeutet das: Um potenzielle Mandanten zu erreichen, müssen sie sich gegen die Konkurrenz im Internet durchsetzen. Mit einer gut optimierten Webseite und einem ansprechenden Social-Media-Auftritt können Kanzleien eine hohe Wahrnehmbarkeit in Internet schaffen und dafür sorgen, dass ihre Kanzleiwebseite von möglichst vielen Internetnutzern gefunden wird.

I. Suchmaschinenoptimierung: So wird Ihre Seite gefunden

Wer etwas über Google sucht, klickt in der Regel nur die ersten Suchergebnisse an – Sie kennen das sicherlich von Ihren eigenen Google-Suchen. Nur die Wenigsten erreichen überhaupt die zweite Seite. Wenn Sie mit Ihrer Kanzleiwebseite Mandanten erreichen wollen, müssen also dafür sorgen, dass Ihre Seite unter den Suchergebnissen möglichst weit vorne erscheint. Ein Mittel dazu ist Suchmaschinenoptimierung, auch SEO (Search Engine Optimization) genannt.

II. Keywords: Wonach suchen Ihre künftigen Mandanten?

Sie können mehrere Aspekte Ihrer Webseite optimieren, zum Beispiel die Struktur Ihrer Seite oder die Bilder. Am wichtigsten sind aber die Texte, die Sie veröffentlichen. Wenn Sie Ihre Webseite (besser) optimieren wollen, müssen Sie zunächst ein oder mehrere Keyword(s) festlegen. Unter Keyword versteht man den Begriff, den die Google-Nutzer in die Suchmaschine eingeben. Über Ihres sollten die Suchenden auf Ihrer Webseite landen.

Gehen Sie dabei von der Perspektive des Suchenden aus: Welchen Begriff könnte jemand eingeben, der Ihre Dienstleistung braucht? So kann es sinnvoll sein, eine Kombination aus Rechtsanwalt/Rechtsanwältin oder Anwalt/Anwältin, dem Rechtsgebiet und der Stadt beziehungsweise der Region zu wählen. Eine passende Keyword-Kombination könnte also beispielsweise lauten: Anwalt Steuerrecht Berlin-Mitte. Oder aber Sie kombinieren Rechtsanwalt/Rechtsanwältin mit einem Schlagwort wie Scheidung, Kündigung oder Mietvertrag.

Keyword-Ideen finden Sie auch auf Ubersuggest.org. Auf dieser Webseite geben Sie ein Stichwort wie Rechtsanwalt ein. Das Programm schlägt ihnen dann verschiedene Kombinationen mit anderen Wörtern vor. Die Nutzung ist kostenlos.

III. Google Tools: Die besten Keywords für Ihre Seite finden

Aus den Kombinationen von Keywords, die zu Ihrer Dienstleistung passen, müssen Sie im nächsten Schritt jene herausfiltern, die tatsächlich gesucht werden.

B.19 Webseite und Social-Media-Auftritt: Tipps zur Optimierung

IV. Google Autocomplete

Die Suchmaschine Google bietet etliche Hilfsmittel um herauszufinden, welche Stichworte die Menschen eingeben. Google Autocomplete dürfte die am leichtesten zu bedienende sein. Wenn Sie in das Google-Suchfeld ein oder zwei Stichworte eingeben, schlägt die Suchmaschine weitere Begriffe vor, die in Zusammenhang mit Ihrem Begriff gesucht werden. Hier können Sie bereits einige Anregungen finden.

V. Google ähnliche Suchanfragen

Gleiches gilt für den Bereich „ähnliche Suchanfragen" ganz unten auf der Seite. Geben Sie einfach einen Begriff ein und scrollen Sie in den Suchergebnissen ganz nach unten. Dort werden Ihnen Kombinationen des Begriffs mit anderen Wörtern angezeigt, die ebenfalls gesucht werden.

VI. Google Keyword Planner

Den kostenlosen Google Keyword Planner können Sie nutzen, wenn Sie einen Account bei Google eingerichtet haben. Diesen können Sie wiederum kostenlos anlegen. Der Keyword Planner gehört zu dem Dienst Google Adwords. Das ist die Sparte der Suchmaschine, über die Anzeigen geschaltet werden. Sie müssen keine Anzeige schalten, um den Keyword Planner nutzen zu können. Die Ergebnisse des Planners sind dann allerdings etwas ungenau. Er kann Ihnen aber trotzdem helfen einzuschätzen, ob ein Keyword grundsätzlich gesucht wird oder nicht.

Sie gehen dazu wie folgt vor: Nachdem Sie einen Account angelegt haben, melden Sie sich bei Google Adwords an. Oben links finden Sie einen Button in Form eines Schraubenschlüssels, über den Sie auf verschiedene Tools zugreifen können. Darunter können Sie den Keyword Planner auswählen. Wenn Sie dort Ihre Keyword-Vorschläge eingeben, bekommen Sie ein ungefähres Suchvolumen für diese und andere potenzielle Keywords angezeigt.

Für die unterschiedlichen Texte auf Ihrer Kanzleiwebseite brauchen Sie gegebenenfalls jeweils andere Keywords. Das gilt zum Beispiel, wenn Sie Mandanten in verschiedenen Rechtsgebieten beraten und dazu jeweils eine Unterseite anlegen.

VII. Texte optimieren: Vom Keyword ausgehen

Nachdem Sie Ihre Keywords identifiziert haben, können Sie damit starten, die Texte für Ihre Webseite zu schreiben oder zu überarbeiten. Wenn Sie einen Text neu schreiben, gehen Sie am besten direkt von dem von Ihnen gewählten Keyword aus. Wichtig sind dabei folgende Aspekte – an denen Sie sich auch orientieren können, wenn Sie bestehende Text überarbeiten.

B.19 Webseite und Social-Media-Auftritt: Tipps zur Optimierung

Das Keyword sollte mindestens an einigen wichtigen Stellen in den Texten vorkommen: in der Überschrift, im ersten und letzten Absatz. Verwenden Sie das Keyword und Synonyme davon auch immer wieder im Fließtext. Achten Sie dabei aber darauf, dass die Texte gut lesbar bleiben. Übermäßig viele Keywords in den Text einzubauen bewertet Google als negativ. Und nicht nur Google – auch Ihre Leser werden an solchen Texten keine Freude haben und Ihre Webseite womöglich schnell wieder verlassen.

Für die Optimierung ist es ebenfalls wichtig, dass Ihre Texte viele Informationen enthalten, aktuell und lang genug sind. Wichtige Texte, die Sie optimieren möchten, sollten mindestens 300, besser 500 Wörter umfassen.

Überlegen Sie auch, ob Sie vielleicht ein Blog in Ihre Webseite integrieren möchten. Hier können Sie regelmäßig optimierte Texte einstellen und zum Beispiel aktuelle Urteile aufgreifen. Damit können Sie interessierte Leser – potenzielle Mandanten – auf die Seite locken. Legen Sie ein Blog aber nur an, wenn Sie sicher sind, regelmäßig etwas schreiben zu können.

VIII. Fotos und Verlinkungen: Optimierung stärken

Eine übersichtlich aufgebaute und klar strukturierte Webseite ist für die Optimierung ebenfalls förderlich. Halten Sie die Inhalte außerdem immer auf dem neuesten Stand. Benennen Sie die Bilder auf Ihrer Seite wenn möglich mit den von Ihnen gewählten Keywords.

Links können ebenfalls dazu beitragen, dass Ihre Kanzleiwebseite ein besseres Google Ranking erreicht, das heißt, dass sie weiter oben in den Suchergebnissen auftaucht. Vorteilhaft sind externe Verlinkungen von anderen Webseiten zu Ihrer eigenen. Diese sind natürlich etwas aufwendiger zu bekommen. Wenn Sie beispielsweise einen Fachbeitrag für ein Online-Magazin schreiben oder möglicherweise einen Gastartikel auf einem Blog, bitten Sie darum, dass ein Link auf Ihre Kanzleiwebseite gesetzt wird.

IX. Die Kanzlei bei Google Maps: Sichtbarkeit auf Googles Kartendienst

Neben der Optimierung Ihrer Seite können Sie noch mehr tun, damit Ihre Kanzlei besser als bisher über Google gefunden werden kann. Google Maps, der Kartendienst der Suchmaschine, gewinnt bei Internetnutzern an Bedeutung. Die Menschen können sich hier Gastronomie, Sehenswürdigkeiten oder eben Kanzleien in ihrer Nähe anzeigen lassen. Sie können den Standort Ihrer Kanzlei bei Google Maps eintragen lassen und somit von diesem Trend profitieren.

Auf Google Maps können Ihre Mandanten Ihre Kanzlei auch bewerten. Positive Bewertungen können auf potenzielle Mandanten Eindruck machen. Ermutigen Sie zufriedene Mandanten, eine Bewertung abzugeben.

B.19 Webseite und Social-Media-Auftritt: Tipps zur Optimierung

X. Soziale Medien: Ergänzung zur optimierten Webseite

Neben einer optimierten, gut gepflegten Seite und der Registrierung bei Google Maps ist auch der Social-Media-Auftritt Ihrer Kanzlei ein wichtiger Aspekt, um im Internet von potenziellen Mandanten wahrgenommen zu werden. Der erste Schritt ist hier, den oder die geeigneten Social-Media-Kanäle auszuwählen.

Facebook ist im Bereich Rechtsberatung mittlerweile sehr verbreitet. Mit einem Facebook-Profil, in dem die URL Ihrer Kanzleiwebseite zu sehen sein sollte, und interessanten Inhalten können Sie Mandanten auf sich aufmerksam machen und sie auf Ihre Kanzlei-Webseite locken.

Wichtig ist dabei: Ein Social-Media-Auftritt ist nur zielführend, wenn er regelmäßig gepflegt wird. Zudem gilt es, in sozialen Medien den richtigen Ton zu treffen. Um potenzielle Mandanten zu erreichen, ist die richtige Mischung unterschiedlicher Inhalte wichtig. Auch wenn immer mehr Nutzer sozialer Medien diese aufrufen, um sich zu informieren, spielt Unterhaltung nach wie vor eine große Rolle.

XI. Fazit

Die Webseite Ihrer Kanzlei ist Ihr Aushängeschild im Internet. Ist die Seite gut gepflegt und suchmaschinenoptimiert, kann sie – insbesondere, wenn Sie durch Social-Media-Auftritte ergänzt wird – viele Menschen anlocken, die auf der Suche nach einer Anwältin oder einem Anwalt sind. Diese Menschen können Sie dann womöglich schon nach kurzer Zeit nicht mehr nur als Besucher Ihrer Webseite, sondern persönlich in Ihrer Kanzlei begrüßen.

C. DIE FREMDE KANZLEI

C.1 Die Bewerbung im Anwaltsberuf

Rechtsanwältin Jana Mähl-Hupka, Berlin[1]

Gleich zu Beginn eine erfreuliche Nachricht: Die Bewerbungslage auf dem Anwaltsmarkt ist derzeit so gut wie schon lange nicht mehr. Das Wachstum in der Anwaltsbranche hat in den letzten Jahren stark abgenommen, und betrug in 2017 gerade einmal 0,18 %.

Die meisten Berufsanfänger suchen – zumindest vorerst – nach Beschäftigung in einer bestehenden Kanzlei. Da der brave Jurist bis zum zweiten Examen jede Menge gelernt hat, nur nicht, wie er sich und seine Qualitäten optimal vermarktet, werden die üblichen Ratgeber der „So bewerbe ich mich richtig"-Literatur eifrig gewälzt, um sich fit zu machen. So weit, so gut, nur sollten Sie bedenken, dass der Arbeitsmarkt für Rechtsanwälte einige Besonderheiten aufweist. Nachfolgende Ausführungen wollen Sie hierfür sensibilisieren und zeigen, worauf zu achten ist, um an den richtigen Job zu gelangen.

I. Ihre Ausgangssituation

Wenn Sie sich mit dem Gedanken tragen, Anwalt zu werden, stellen Sie u.U. nicht nur beruflich, sondern auch privat die Weichen für den Rest Ihres Lebens. Die Entscheidung sollte daher wohlüberlegt und nicht von äußeren Faktoren bestimmt sein. Wer mit der Einstellung „Irgendetwas muss man ja machen!" den Einstieg in den Anwaltsberuf sucht, hat beste Chancen, ein Leben lang unglücklich zu werden, weil er den falschen Beruf gewählt hat. Darum muss am Anfang aller Bewerbungsaktivitäten die Frage stehen, ob Sie wirklich Rechtsanwalt werden wollen. Auch wenn es schwerfällt:

Beantworten Sie diese Frage zunächst ohne Blick auf den Arbeitsmarkt, sondern nur durch Selbstbefragung. Denn nur wenn Sie es wirklich wollen, werden Sie Ihren Weg machen, trotz der 165.000 Konkurrenten.

Neben fachlicher und örtlicher Präferenz sollten Sie sich schon vor dem ersten Bewerbungsschreiben klargemacht haben, welche berufliche Perspektive Ihnen Ihre erste Stelle bieten muss. Beispielsweise sollten Ihnen folgende Fragen durch den Kopf gehen:

- Bin ich an einer dauerhaften oder nur vorübergehenden Beschäftigung interessiert?
- Arbeite ich lieber wissenschaftlich oder bin ich eher der praktische Typ?
- Was ist mir die Aussicht auf eine Partnerschaft wert?
- Möchte ich mich gezielt auf einen Rechtsbereich spezialisieren oder arbeite ich lieber generalistisch?
- Welches Einkommen will ich kurz-, mittel- und langfristig mindestens erzielen?
- Wie groß soll meine Traumkanzlei sein?
- Möchte ich gleich eigene Mandate bearbeiten oder reicht mir Zuarbeit aus?

---

1 Die Verfasserin ist Autorin des Buches „Die erfolgreiche Bewerbung als Rechtsanwalt", 4. Aufl. 2017.

C.1 Die Bewerbung im Anwaltsberuf

- Arbeite ich lieber allein oder bereitet mir die Arbeit und Abstimmung innerhalb eines Teams mehr Freude?
- Will ich viele, wenige oder gar keine Gerichtstermine wahrnehmen?
- Suche ich einen Fulltimejob oder brauche ich Zeit für Nebenbeschäftigungen?

Merke: Je genauer ich mein berufliches Ziel definiere, umso zielgerichteter kann ich mich bewerben und umso größer sind meine Erfolgsaussichten. Stellensuche nach dem Beckenbauer-Prinzip („Schaun mer mal") hat den Nachteil, dass sie lange dauern kann und erhebliches Frustrationspotenzial birgt. Im Zweifel haben Sie weder die Zeit noch das Geld, um lange auf Ihre Erstanstellung zu warten. Rationieren Sie darum die knappsten Ressourcen im Rahmen Ihrer Bewerbungsstrategie:

Zeit: Im Zweifel ist es nie zu früh, sich zu bewerben. Sinnvollerweise beginnt die Bewerbung im Referendariat. Spätestens dann, wenn Sie die ersten aussagekräftigen Stationszeugnisse in Händen halten, sind Sie für potenzielle Arbeitgeber interessant. Sie zeigen damit nicht nur, dass Sie planvoll vorgehen, sondern erhalten zusätzlich Motivation für die Examensprüfungen. Es gibt viele Kollegen, die bereits zum Ende des Referendariats eine Stellenzusage haben. Denn welcher Arbeitgeber lässt einen guten, erprobten und kanzleierfahrenen Referendar ziehen, um dann aufwendig ein kostenintensives Bewerbungsverfahren durchführen zu lassen und anschließend ggf. feststellen zu müssen, dass der Bewerber doch nicht in die Kanzlei passt? Insofern handelt grob fahrlässig, wer aus Bequemlichkeit die Stage beim Anwalt um die Ecke absolviert, der einem außer viel Freizeit nicht viel zu bieten hat. Zwei Kriterien sollten daher die Wahl der ausbildenden Kanzlei bestimmen:

1. Was kann ich hier lernen?
2. Besteht die Chance, übernommen zu werden?

Wie lange die Bewerbungsphase nach dem Assessorexamen insgesamt dauern darf, kann nicht allgemeingültig beantwortet werden. Statistische Erhebungen erlauben aber die Nennung folgender Richtwerte: Nach dem dritten Monat Ihrer Bewerbungsphase sollten Sie sich erstmals fragen, ob Ihre Ziele zu hoch oder Ihre Aktivitäten bei der Stellensuche zu dürftig waren. Wenn Sie nach sechs Monaten trotz intensiver Suche keine Stelle gefunden haben, sollten Sie das Thema „Bewerbung im Anwaltsberuf" abschließen und eine Existenzgründung oder einen anderen Beruf in Betracht ziehen. Wichtig ist vor allem, dass Sie für sich die Frage der Bewerbungsdauer eindeutig beantworten. Haben Sie Ihr Ziel bis zum Tag X nicht erreicht, müssen Sie sich zur Kurskorrektur oder zur Fristverlängerung entschließen. Betrachten Sie Ihr Berufsziel daher nur als vorläufig. Das Denken in Zielhierarchien soll Sie aber nur vor der Verfolgung unrealistischer Ziele schützen und darf keine Ausrede für Bewerbungsmüdigkeit sein!

Geld: Betrachten Sie Ihre Bewerbung als Werbekampagne für Ihre Person. Sie wissen: Werbung kostet Geld. Gute Werbung kann sogar viel Geld kosten, bringt aber auch entsprechenden Gewinn. Sie sollten im Vorhinein festlegen, wie viel Geld Sie ausgeben wollen

C.1 Die Bewerbung im Anwaltsberuf <- Die fremde Kanzlei

bzw. können, um eine Stelle zu finden. Ihrer Großzügigkeit/Bescheidenheit sind keine Grenzen gesetzt. Bedenken Sie aber, dass sich hohe Investitionen rechnen, wenn Sie dadurch früher einen anständig bezahlten Job bekommen.

Wichtiger als Starfotos und halbseitige Stellengesuche in der NJW ist aber der **persönliche Einsatz** für Ihr Berufsziel. Bewerbung ist Schwerstarbeit; Sie müssen auf einem unübersichtlichen Markt der Möglichkeiten Chancen suchen und nutzen. Ihre kommunikative Kompetenz – technisch wie persönlich – ist gefragt. Neben der Notwendigkeit, die Jobsuche nach außen bekannt zu machen, wird häufig übersehen, dass Sie als Bewerber auch ständig für potenzielle Arbeitgeber ansprechbar sein müssen. Organisieren Sie also zunächst Ihre **Erreichbarkeit** über möglichst viele Kanäle:

(Mobil-)Telefon	▪ Anrufbeantworter/Mailbox angeschlossen und mit beruflich-professionellem Text besprochen? ▪ Kann ich bei wichtigen Anrufen ungestört telefonieren?
Briefkasten	▪ Leerung täglich? ▪ Wer leert bei Abwesenheit und benachrichtigt mich?
E-Mail-Adresse	▪ Eingerichtet (unbedingt seriöse E-Mail-Adresse verwenden)? ▪ Log-in täglich?
Social-Media-Accounts	▪ Digitale Säuberungsaktion durchgeführt (Unpassende Fotos und Kommentare im gesamten World Wide Web entfernen, googlen Sie sich selbst!)? ▪ Sicherheitseinstellungen überprüft? ▪ Geschäftliche Social-Media-Accounts eingerichtet (z.B. bei XING oder LinkedIn)? ▪ Log-in täglich?

Erst wenn klar ist, wie Sie optimal erreichbar sind, sollten Sie mit der Stellensuche beginnen.

II. Die Stellensuche

Wer Richter werden will, hat es einfach: Es reicht, die Ausschreibungen von 16 Justizministerien bzw. den ggf. zuständigen Oberlandesgerichten durchzusehen, und man hat schnell einen genauen Überblick über den Stellenmarkt. Ihnen als arbeitsuchendem Rechtsanwalt stellt sich der Arbeitsmarkt nicht ganz so übersichtlich dar. Sie sind daher gut beraten, Ihre Stellensuche mit detektivischem Eifer auf möglichst vielen Ebenen zu betreiben. Gute Stellen sind rar, aber man kann vieles tun, um sie zu finden:

C.1 Die Bewerbung im Anwaltsberuf

1. Stellenangebote

Von einem offenbar erfahrenen Kollegen stammt der Satz, dass die meisten Stellenangebote der NJW dem Schema der Heiratswünsche in der FAZ entsprächen: Ich bin ganz große Klasse, und wenn du auch ein toller Typ bist, dann werden wir beide eine wahnsinnig intensive Partnerschaft haben. Schön, wenn's klappt, doch soll es auch in unserer Branche von kurzen Affären bis zum handfesten Heiratsschwindel schon alles gegeben haben. Seien Sie also nicht unkritisch, wenn eine Traumstelle offeriert wird, sondern lesen Sie auch zwischen den Zeilen. Wenn Sie sich für geeignet halten, dürfen Sie sich auch bewerben, wenn Sie das erwartete Prädikatsexamen nicht haben. Wird ausnahmsweise kein Prädikat vorausgesetzt, können Sie davon ausgehen, dass außer Ihnen noch etliche andere Kollegen im Rennen sind. Überlegen Sie also sehr sorgfältig, wie Sie aus der Masse positiv und einprägsam hervortreten können. Nur so haben Sie eine realistische Chance, zum Vorstellungsgespräch geladen zu werden.

Online-Stellenbörsen: Auch die deutsche Anwaltschaft, die gemeinhin dem technischen Fortschritt meistens erst einmal mit Skepsis begegnet, hat die Möglichkeiten des Internets für sich entdeckt. Die meisten Kanzleien bieten ihre offenen Stellen deshalb mittlerweile auch – teilweise sogar ausschließlich – online zur Bewerbung an. Das Internet ist bekanntlich ein wechselhaftes Medium, innerhalb weniger Tage können hunderte neuer Stellenanzeigen auftauchen. In der Bewerbungsphase sind Sie deshalb gut beraten, täglich mindestens eine halbe Stunde zu investieren, um die einzelnen Stellenbörsen auf Neuzugänge abzusuchen. Generell sollten Sie bei möglichst vielen Vermittlern präsent sein; das erhöht die Chancen, zumal es mit keinen oder nur geringen Kosten verbunden ist. Soweit Gebühren für Bewerber anfallen, prüfen Sie Renommee und Größe der Datenbank, sonst laufen Sie Gefahr, ein schlechtes Geschäft zu machen. Solange nicht etwas Besonderes geboten wird, sind Gebühren unüblich. Speziell für Juristen sind folgende Adressen zu nennen:

- www.anwaltsblatt-karriere.de
- www.brak.de
- www.beck-stellenmarkt.de
- www.legalcareers.de
- www.lto.de/jobs
- www.karriere-jura.de
- www.marktplatz-recht.de

2. Stellengesuche

Stellengesuche sind das klassische Mittel der Eigenwerbung. Da es aufgrund von Jobsuchmaschinen, Stellenbörsen, etc. immer einfacher wird, Stellenanzeigen zu lesen, ist die Bedeutung der oftmals kostenintensiveren Stellengesuche jedoch rückläufig. Das bedeutet aber nicht, dass solche überhaupt nicht mehr in Betracht gezogen werden sollten. Schließlich gibt es beispielsweise immer noch Anwälte, die kurzfristig Verstärkung benötigen und

C.1 DIE BEWERBUNG IM ANWALTSBERUF <- DIE FREMDE KANZLEI

sich freuen, wenn Sie nicht selbst den kostspieligen und zeitaufwendigen Weg der Stellenausschreibung gehen müssen.

Soll eine eigene Stellenanzeige geschaltet werden, gilt es, sich mit wenigen und vor allem wohlgewählten Worten der richtigen Zielgruppe zu empfehlen. Zur Formulierung sollte man sich mindestens einen halben Tag reservieren. Rücklauf erhalten Sie nur, wenn Sie auch Ihren Wunsch nach Anstellung in einer Kanzlei deutlich äußern. Die viel verwendete Floskel „… sucht Erstanstellung in Kanzlei, Verband oder Unternehmen" zeugt von erheblichen Orientierungsproblemen. Der nach wie vor größte Stellenteil befindet sich bekanntlich in der NJW. Der Mindestpreis für ein aussagekräftiges Gesuch beträgt hier stolze 170 EUR. Daneben gibt es natürlich noch andere Printmedien, die von Rechtsanwälten gelesen werden, z.B. das Anwaltsblatt des DAV (wo aber nur noch Arbeitgeber Anzeigen schalten können).

Mitteilungsblätter der Anwaltvereine und Kammern: Hier können Sie ihr Stellengesuch preisgünstig veröffentlichen. Erfragen Sie die jeweiligen Erscheinungstermine und Konditionen beim örtlichen Anwaltverein oder bei der Rechtsanwaltskammer. Es gibt örtliche Kammern, die teilweise in Kooperation mit den Anwaltvereinen sehr ansprechende Onlinestellenbörsen anbieten (z.B. Berlin, Köln und Stuttgart).

3. Aushänge am Schwarzen Brett

Steckbriefe am Schwarzen Brett des Gerichts oder des Anwaltvereins können ein preiswertes und effektives Mittel der Stellensuche sein, wenn sie ordentlich gestaltet sind. Die Kunst besteht darin, sich in wenigen Worten ein unverkennbares Profil zu verleihen. Idealerweise sollte die inhaltliche Gewichtung gedrittelt werden in Angaben zur Person, zum juristischen Werdegang und zum Stellenwunsch. Hier gilt es, jeweils Folgendes zu beachten:

Person: Nicht nur Ihre Personalien, sondern auch Ihre Persönlichkeit ist interessant. Versuchen Sie, neben Alter und Familienstand durch entsprechende Attribute auch mitzuteilen, was Sie für ein Typ sind. Vermeiden Sie Plattitüden, „dynamisch" und „hoch motiviert" sind Ihre Mitbewerber auch.

Juristischer Werdegang: Trotz begrenzter Aussagekraft: Ihre Examensnoten sind zur ersten Orientierung des Lesers wichtig. Darüber hinaus sollten Sie nur das aufführen, was für Ihre angestrebte Anwaltstätigkeit von Interesse ist.

Stellenwunsch: Wenn Sie Ihren Stellenwunsch allgemein halten, sprechen Sie eine breite Gruppe von Arbeitgebern an. Die Gefahr liegt dann darin, dass Sie sich auf eine Stelle einlassen, die Ihnen nicht passt. Darum sollten Sie versuchen, Ihre Idealkanzlei einzugrenzen. Ein Kriterium ist z.B. die Kanzleigröße. Wenn Sie nicht der Junior in einer Einzelkanzlei sein wollen, suchen Sie den Einstieg in eine mittelgroße Kanzlei. Wenn Sie auch halbtags arbeiten können, weisen Sie darauf hin, es erhöht Ihre Einstellungschancen. Ein nahezu unwiderstehliches Angebot unterbreitet, wer anbietet, auf Wunsch einige Tage kostenlos zur Probe zu arbeiten. Im Übrigen sollten Sie keine Gehaltsvorstellungen angeben, dies bleibt regelmäßig dem Vorstellungsgespräch vorbehalten.

4. Direkte Ansprache (Initiativbewerbung)

Sie haben nichts zu verlieren, also wagen Sie die „kalte Anmache" bei Kanzleien, von denen Sie nicht wissen, ob sie eine freie Stelle haben! Das Wichtigste ist, zunächst alle Hemmungen der Sorte „Aber ich kann doch nicht einfach ..." über Bord zu werfen. Machen Sie sich klar, dass Sie als Initiativbewerber im Zweifel der Erste und Einzige sind, der sich auf eine freie oder freiwerdende Stelle bewirbt. Bei richtiger Vorbereitung haben Sie hier überdurchschnittliche Chancen. Die Initiativbewerbung ist übrigens nicht mit der Blindbewerbung zu verwechseln, wo der Bewerber auf gut Glück wahllos potenzielle Arbeitgeber anschreibt. Die Kanzleien, die Sie ins Visier nehmen, sollten Sie schon etwas näher kennen und zumindest wissen, welche Schwerpunkte dort gepflegt werden. Nur so können Sie überzeugend argumentieren. Es ist meist effektiver, wenige Kanzleien konkret anzusprechen, als viele Kanzleien mit einer groß angelegten Mailing-Aktion erreichen zu wollen.

Wenn Sie trotz angemessener Recherche keinen geeigneten Ansprechpartner finden, empfiehlt es sich diesbezüglich eine freundliche telefonische Anfrage in der Kanzlei zu wagen. Zum einen erfährt man so vielleicht schon, ob es sich überhaupt lohnt, eine Bewerbung zu schreiben. Zum anderen eignet sich ein derartiges Telefongespräch perfekt als Aufhänger für die darauffolgende Bewerbung, auf das man sich dann in seinem Anschreiben, Anruf oder seiner E-Mail beziehen kann.

Ob Sie an Kanzleien zuerst schriftlich oder telefonisch herantreten, ist Geschmacksfrage. Es ist jedoch unbedingt darauf zu achten, einen ansprechenden Ton zu finden. Das latente Interesse des potenziellen Arbeitgebers ist zu wecken, schließlich weiß er vielleicht noch gar nicht so genau, ob er Verstärkung braucht. Darum ist der erste Eindruck hier besonders entscheidend. Patentrezepte zur Formulierung gibt es nicht. Ein kurzer **Brief** mit Lebenslauf reicht völlig aus; muten Sie keinem zu, bei mangelndem Interesse auch noch das Rückporto für Ihre Bewerbungsmappe auszulegen.

Ein erster Kontakt per **E-Mail** ist auf jeden Fall dann ratsam, wenn auf der Homepage dazu ermuntert wird. Auch ansonsten kann man es versuchen, sollte aber möglichst einen individuellen Ton finden. Mit einer Massenmail stellen Sie sich ein unfreiwillig aussagekräftiges Zeugnis aus. Auch bei der Bewerbung per E-Mail sollten Sie wissen, wer für die Einstellung zuständig ist. Soweit sich dies nicht aus der Homepage ergibt, sollten Sie telefonisch anfragen.

Bei Erstkontakt per **Telefon** sollten Sie darauf bestehen, einen Rechtsanwalt (Sozius!) zu sprechen, ansonsten besteht die Gefahr, an den Falschen zu geraten. Hartnäckigkeit und Ausdauer sind erforderlich und zahlen sich aus. So hat beispielsweise eine Kollegin innerhalb von zwei Wochen 300 Kanzleien angerufen, von denen 30 immerhin ihre Bewerbungs-

C.1 DIE BEWERBUNG IM ANWALTSBERUF <- DIE FREMDE KANZLEI

unterlagen angefordert haben. Nach acht Vorstellungsgesprächen hatte sie die Wahl zwischen drei Stellen (trotz unterdurchschnittlicher Examina). Das Beispiel zeigt, dass diese Methode viel Geduld erfordert, aber durchaus von Erfolg gekrönt sein kann. Die Vorteile der Telefonbewerbung liegen auf der Hand: Ist keine Stelle frei, hat man das Porto für das Anschreiben gespart. Hat die Kanzlei hingegen eine Stelle zu vergeben, hat der Entscheidungsträger schon eine Vorstellung von der Person, wenn er die Unterlagen vor sich hat.

Erstkontakt in der **Sprechstunde** ist eine etwas umstrittene Bewerbungsmethode, die gewisse Gefahren birgt: Das Gegenüber kann sich überfahren fühlen, weil da nicht der erhoffte neue Mandant sitzt, sondern ein junger Spund, der ohne Vorwarnung kostbare Zeit in Anspruch nimmt. Daher sollte man die Bewerbungsmappe stets griffbereit haben, wenn der Anwalt Interesse zeigt, aber gerade keine Zeit hat. Andererseits kann der Überraschungseffekt auch nach vorne losgehen, wenn dem potenziellen Arbeitgeber die „Frech gewinnt"-Methode sympathisch ist und den Kandidaten sofort in ein Bewerbungsgespräch verwickelt. Kurzum: Sie müssen mit allem rechnen und auf alles vorbereitet sein, zwischen schnellem Rauswurf und einer Einladung zum Abendessen ist alles möglich.

5. Persönliche Beziehungen

Es ist bekannt, dass die überwiegende Zahl der Rechtsanwälte ihren Berufseinstieg auf informellem Weg durch persönlichen Kontakt findet. Zufälle, Glück und in Ausnahmefällen das berühmte „Vitamin B" mögen dabei eine Rolle spielen, verlassen darf man sich darauf nicht. Darum soll nun in Ansätzen erklärt werden, wie man systematisch ein berufsbezogenes Kontaktnetz aufbaut und pflegt. Bedenken Sie, dass Ihre „Beziehungsarbeit" auch wichtig und lohnend ist, wenn Sie keine kurzfristigen Erfolge erzielen. Als Anwalt leben Sie vor allem von guten Kontakten.

Der Aufbau vollzieht sich in drei Schritten:

- **Bestandsaufnahme:** Erfassen Sie zunächst Ihren juristischen Freundes- und Bekanntenkreis lückenlos. Alle Menschen, die auch nur entfernt mit Anwälten zu tun haben, sind für Sie interessant. Nach längerem Nachdenken werden Sie eine lange Liste haben.
- **Suchen Sie Multiplikatoren:** Im nächsten Schritt kommt es darauf an, dass Sie für Ihre Stellensuche Multiplikatoren finden, die sich für Sie umhören. Neben Anwälten, die täglich Kontakt zu Kollegen haben, sind Richter oft wertvolle Multiplikatoren: Sie kennen die Anwaltschaft gut und können Tipps geben, welche Kanzlei Verstärkung sucht. Ein Besuch beim alten Ausbilder kann daher nicht schaden.
- **Betreiben Sie Networking:** Neben der Pflege der bestehenden Kontakte müssen Sie tiefer in die Szene einsteigen. Erfahrungsgemäß haben hier die meisten Bewerber Schwierigkeiten, einen Anfang zu machen. Neben der wunderbaren Welt von XING, Facebook & Co., die anscheinend unendlich viele Kontaktmöglichkeiten bieten, möchte

ich den Rat geben, sich auch „offline" nach interessanten Kontakten umzusehen. Stichwortartig seien daher beispielhaft einige Anlaufpunkte genannt:
- FORUM Junge Anwaltschaft im DAV,
- Arbeitsgemeinschaften des DAV,
- Arbeitskreise des Berliner Anwaltsvereins,
- Fortbildungsveranstaltungen,
- Deutscher und regionaler Anwaltstag,
- Verhandlungen bei Fachgerichten,
- sonstige Veranstaltungen von juristischen Vereinigungen.

In den seltensten Fällen werden Sie direkt auf Ihren zukünftigen Arbeitgeber stoßen. Es reicht aber, wenn Sie jemanden kennenlernen, der einen kennt, der einen sucht. Hauptsache, Sie sind im Gespräch. Außerdem können Sie sich mit jungen Kollegen, die bereits eine Stelle gefunden haben, über Erfolg versprechende Bewerbungsmethoden austauschen.

7. Personalmessen

Der Wert von sogenannten Karrieremessen, Personalmessen oder Stellenbörsen hängt maßgeblich vom Bewerber selbst ab. Wichtig ist auch hier die gründliche und individuelle Vorbereitung – und zwar nicht nur in Bezug auf die anvisierten Arbeitgeber, sondern auch auf die Messe selbst. So sollten Sie beispielsweise unbedingt in Erfahrung bringen, ob die Möglichkeit bzw. sogar Notwendigkeit besteht, vorab Einzelgespräche mit Kanzleivertretern zu vereinbaren. Darüber hinaus werden auf solchen Veranstaltungen mittlerweile oftmals kostenlos Bewerbungsunterlagenchecks oder sogar Bewerbungscoachings angeboten.

Als Bewerber haben Sie den Vorteil, an einem Tag viele Kanzleien unverbindlich kennenzulernen. Sofern ein beiderseitiges Interesse besteht, übergeben Sie eine der vorsorglich mitgenommenen, bestenfalls individualisierten, Bewerbungsmappen. Tiefschürfende Gespräche sind selten, dafür können Sie sich aber ein genaues Bild über verschiedene Kanzleien und Unternehmen machen. Neben der Karrieremesse Jurstart an der Uni Münster (Infos: www.jurstart.de) und der Juracon in Frankfurt (Infos: www.iqb.de/juracon) gibt es noch einige mehr oder weniger renommierte Veranstaltungen jährlich. Sie haben vor allem für Bewerber mit guten Examina und besonderen Qualifikationen einen Wert (z.B. JURDAY in Berlin). Persönlich kann ich zudem die Teilnahme an der DAV-Stellenbörse im Haus des Deutschen Anwaltvereins empfehlen.

III. Die Bewerbungsunterlagen

Als Anwalt üben Sie einen Beruf aus, der vor allem sprachliche Kompetenz voraussetzt. Das Schreiben von Briefen ist wesentlicher Bestandteil Ihres Broterwerbs. Im Grunde genommen vertreten Sie sich schon mit Ihrer Bewerbung als Anwalt in eigener Sache. Mehr noch als in jeder anderen Branche wird deshalb ein potenzieller Arbeitgeber Augenmerk auf

C.1 Die Bewerbung im Anwaltsberuf <- Die fremde Kanzlei

Ihr Bewerbungsschreiben legen. Verfassen Sie deshalb Ihr **Bewerbungsschreiben** mit der gleichen Sorgfalt wie einen Liebesbrief, schließlich wollen Sie für sich werben!

Entscheidend ist, dass Sie Ihrer Individualität die passende Form geben. Handeln Sie also streng zielgruppenorientiert und präsentieren Sie angemessen Ihre Stärken. Vermeiden Sie billige Selbstbeweihräucherung ebenso wie die Entschuldigung dafür, dass Sie sich vorstellen wollen. Überspitzt gesagt haben Sie dem potenziellen Arbeitgeber behutsam, aber eindringlich klarzumachen, dass Ihr gesamtes bisheriges Leben eigentlich nur den Zweck hatte, sich auf die Anforderungen der angestrebten Stelle vorzubereiten. Dies setzt natürlich voraus, dass Sie schon einigermaßen wissen, mit wem Sie es zu tun haben. Den Senior einer Ahnentafel-Kanzlei (die mit den drei Kreuzen im Briefbogen) müssen Sie anders ansprechen als den gleichaltrigen IT-Rechtler, der sein Team neu zusammenstellt.

Ein guter Rechtsanwalt zeichnet sich u. a. dadurch aus, dass er in heiklen Fällen einen Spezialisten zurate zieht. Dementsprechend sollten Sie sich nicht scheuen, Freunde oder Kollegen, die über einschlägige Erfahrungen verfügen, anzusprechen und um Durchsicht bzw. Kritik an Ihrem Bewerbungsschreiben zu bitten.

Animiert durch Ihr packendes Bewerbungsschreiben, möchte der Arbeitgeber mehr über Sie erfahren und liest mit Interesse Ihren **Lebenslauf**. Den Lebenslauf muss idealerweise eine gewisse Konsequenz bestimmen, die darauf schließen lässt, dass der Bewerber sein Leben bisher interessiert und engagiert gestaltet hat und Schwerpunkte gesetzt hat. Der bequeme Bewerber setzt sich zu Beginn der Bewerbungsphase zwei Stunden vor den PC und schreibt seinen Lebenslauf säuberlich auf, um ihn für jede Bewerbung frisch ausdrucken zu können. Als fleißiger (und schlauer) Bewerber werden Sie aber im Zweifel keinen Lebenslauf zweimal verwenden, sondern je nach Stellenprofil inhaltliche Schwerpunkte setzen. Bedenken Sie immer, dass Sie mit Ihrem Lebenslauf sich selbst verkaufen und nicht jemand anderen. Lassen Sie darum gute Freunde Ihren Lebenslauf Korrektur lesen und fragen Sie sie, ob Sie darin wiederzuerkennen sind.

Es gibt keine festen Regeln, wie Sie Ihren Lebenslauf erstellen müssen. Er sollte idealerweise übersichtlich, vollständig, informativ und individuell sein, wobei das eine leicht auf Kosten des anderen geht. Im Zweifel sollten Sie der Übersichtlichkeit den Vorrang geben, denn allzu leicht neigt man dazu, den Lebenslauf zu überfrachten. Der Leser will meistens gar nicht auf den Tag genau wissen, wann und wo Sie eingeschult wurden. Im Anschluss an den tabellarischen Lebenslauf können Sie unter der Überschrift „… und was Sie sonst noch von mir wissen sollten" zum Ausdruck bringen, was Ihre Persönlichkeit ausmacht. Die sog. „dritte Seite" im Lebenslauf hat sich in den letzten Jahren durchgesetzt, schreiben Sie hier das, von dem Sie glauben, es könnte einen Arbeitgeber interessieren. Im Grunde gehört hier alles hinein, was Sie im Anschreiben und im Lebenslauf zugunsten der Übersichtlichkeit gekürzt haben (was Sie aber nicht verleiten soll, aus der „Dritten Seite" einen Roman zu machen!). Neben besuchten Fortbildungen und evtl. Publikationen können Sie nochmals eingehend Ihre Motivation, Fähigkeiten und Erfahrungen vortragen. Wenn Sie es für wesentlich halten, dürfen Sie auch auf Ihre Hobbys hinweisen.

Ein besonderes Bonbon bietet, wer hinter den Lebenslauf eine Liste mit Namen und Telefonnummern von Personen anfügt, auf die man sich als Referenz berufen kann. Dies werden in erster Linie Ausbilder oder Arbeitgeber sein, für die man vor oder im Referendariat gearbeitet hat. Es sollten aber nur Personen sein, von denen Sie sicher sein können, in ihnen 100%ige Fürsprecher zu haben. Natürlich gebietet es die Höflichkeit, diese Personen nur mit ihrem Einverständnis auf die Liste zu setzen.

Denken Sie bei der Erstellung des Lebenslaufs immer daran: An Ihrer Vergangenheit können Sie nichts mehr ändern, wohl aber an deren Darstellung!

Checkliste: Inhalt des Lebenslaufs

muss:	soll:	kann:	besser nicht:
Familienstand	Kinder	Konfession	Eltern, Geschwister (dies ist eine veraltete Angabe. Sie stehen auf eigenen Beinen!)
Ausländische Staatsangehörigkeit	Foto		
Geburtsdatum			
Geburtsort			
Beruflicher Werdegang	Arbeitgeber, Ort	Kurze Stellenbeschreibung (ggf. auf der „dritten Seite")	
Referendariat	Stationen		
Examensnote			
Hochschulabschluss	Hochschule und Hochschulort	Seminare	
Examensnote	Studienfächer/Schwerpunkte	Eigenfinanzierung des Studiums	
	Außeruniversitäre Aktivitäten		
Berufsausbildung	Arbeitgeber, Ort		

C.1 DIE BEWERBUNG IM ANWALTSBERUF <- DIE FREMDE KANZLEI

Checkliste: Inhalt des Lebenslaufs

muss:	soll:	kann:	besser nicht:
Zivildienst/Wehrdienst/soziales Jahr			
Schulabschluss	Schule mit dem höchsten Schulabschluss	sonstige besuchte Schulen	Einschulungsdatum
Sprachkenntnisse PC-Kenntnisse Spezialkenntnisse	Publikationstätigkeit Ehrenämter	Auslandsaufenthalte Publikationsliste (im Anhang) Hobbys Führerschein (bei gewünschter Mobilität)	gefährliche Hobbys (z.B. Drachenfliegen)
Ort, Datum Unterschrift (mit Tinte)			

Das Bewerbungsschreiben wird zusammen mit dem unterschriebenen Lebenslauf in die **Bewerbungsmappe** gelegt. Zu deren weiteren unerlässlichen Bestandteilen gehören das Abiturzeugnis sowie sämtliche Stations- und Examenszeugnisse. Haben Sie Arbeitszeugnisse, z.B. von Berufsausbildungen oder bewerbungsrelevanten Nebentätigkeiten, sollten Sie diese ebenfalls beifügen, insbesondere da sie vielen Arbeitgebern als willkommene Informationsquelle über die von Ihnen ausgeübten Aufgaben dienen. Weitere Zeugnisse sind nach eigenem Geschmack hinzuzufügen. Die Zeugnisse von Arbeitsgemeinschaften sind dabei nicht unbedingter Bestandteil einer Bewerbungsmappe. Zudem sollten Sie die Bewerbungsmappe mit Kopien von Testaten und Praktikabescheinigungen nicht überfrachten, wenn Sie keine wertenden Inhalte haben, die über das hinausgehen, was Sie bereits im Lebenslauf vorgetragen haben. Nachweise, die älter als fünf Jahre sind und nicht zur angestrebten Stelle passen, sollten Sie ebenfalls weglassen. Es reicht in diesen Fällen nach meinem Verständnis aus, wenn Sie die Originale im Bewerbungsgespräch vorzeigen können. Diese Ansicht ist jedoch nicht einhellige Meinung, es gibt auch Arbeitgeber, die unbedingt Wert auf eine dicke Bewerbungsmappe legen.

Stets sollte man bedenken, dass zu viele Zeugnisse auf Kosten der Übersichtlichkeit gehen. Dem ist zu begegnen, indem man eine Liste der Stagen mit Einzelnoten beifügt. Bei der

Reihenfolge ist zu beachten, dass der Blick zuerst auf das neueste Zeugnis gerichtet wird, das Abiturzeugnis folglich am Ende steht. Arbeitsproben, sprich Schriftsätze, sollten Sie keinesfalls ungefragt versenden. Soweit sie verlangt werden, sind diese unbedingt zu anonymisieren.

Der arbeitgebende Anwalt achtet nicht nur im Prozess, sondern auch bei eingehenden Bewerbungen auf **Formalien**. Um aus der Masse herauszutreten, müssen Sie sich auch Gedanken über die richtige Verpackung Ihrer Bewerbung machen. Stellen Sie hierbei einen höheren Anspruch als nur die Vermeidung von Eselsohren und verleihen Sie Ihrem Auftritt Eleganz! Viele gute Tipps entnehmen Sie einschlägigen Ratgebern, deren Lektüre ich insoweit wärmstens ans Herz lege.

IV. Das Vorstellungsgespräch

Werten Sie die Einladung zu einem Vorstellungsgespräch als sicheres Zeichen, für interessant gehalten zu werden (zumindest haben Ihre Bewerbungsunterlagen überzeugt). Sie dürfen sich daher glücklich schätzen und mit Selbstbewusstsein dem Termin entgegensehen.

Um das Gespräch zu einem Erfolg zu machen, ist es organisatorisch und inhaltlich sorgfältig vorzubereiten. Sammeln Sie also weitere Informationen über die Kanzlei und erarbeiten Sie einen Fragekatalog mit Punkten, die für Sie wichtig sind. Im Gegensatz zu Vorstellungsgesprächen in der Wirtschaft werden Sie häufig mit Gesprächspartnern zu tun haben, die keine Personalprofis sind. Machen Sie sich vorsorglich auf weitschweifige Selbstdarstellung des Anwalts und einen chaotischen Gesprächsablauf gefasst und versuchen Sie trotzdem, unter diesen Bedingungen einen guten Eindruck zu hinterlassen. Ihr legitimes Interesse an Informationen über die Stelle darf auch nicht zu kurz kommen, schließlich wollen Sie neben der 100-jährigen Kanzleigeschichte erfahren, welches Gehalt man zu zahlen bereit ist.

Da die Entscheidung, Sie einzustellen, nicht im Vorstellungsgespräch fällt, ist verbindlich zu vereinbaren, wann Sie mit einer Nachricht rechnen können. Nach spätestens drei Wochen Funkstille müssen Sie telefonisch nachfragen, sonst werden Sie vielleicht vergessen. Es gibt sogar Kanzleien, die nur solche Kollegen einstellen, die bei ihrer Bewerbung entsprechend aktiv sind. Den Gedanken, der dahintersteht, sollte jeder Bewerber verinnerlicht haben: Nur wer in eigener Sache am Ball bleibt, wird auch fremde Interessen überzeugend vertreten.

Zum Schluss habe ich noch eine Bitte:

Wenn Sie eine wichtige gute oder schlechte Erfahrung im Rahmen Ihrer Bewerbung machen, lassen Sie es mich wissen und senden Sie mir eine Mail (jana.maehl-hupka@mazars.de). Ich werde diese Erfahrungen gerne an andere Bewerber weitergeben.

Für Ihren Einstieg in einen der schönsten Berufe der Welt wünsche ich Ihnen viel Glück und Erfolg!

C.2 Der Arbeitsvertrag

Rechtsanwalt Walther Grundstein, Frankfurt am Main
Rechtsanwalt Lars Stich, Frankfurt am Main

Einführung[1]

Der Weg in die anwaltliche Selbstständigkeit ist häufig teuer und erscheint vielen angesichts der heutigen Juristenschwemme auch zu riskant. Wer hat noch nicht vom Pizza verkaufenden oder Taxi fahrenden Junganwalt gehört? Nicht zuletzt aus diesen Gründen streben viele Berufsanfänger nach einer Beschäftigung entweder schon außerhalb des Anwaltsberufs oder aber zumindest in einem etablierten Anwaltsbüro. Dabei gibt es zwei Formen, wie eine solche Beschäftigung als Rechtsanwalt vertraglich ausgestaltet sein kann: Man kann Angestellter oder freier Mitarbeiter sein. Inhalt dieses Abschnittes sind Entscheidungshilfen für die eine oder andere Alternative und Ratschläge, worauf man bei der jeweiligen vertraglichen Ausgestaltung achten sollte. Ergänzend hierzu ist im nächsten Abschnitt und im Internet unter der Anschrift https://anwaltverein.de/de/praxis/kanzleiratgeber#panel-die-fremde-kanzlei ein Musterarbeitsvertrag abrufbar. Abgerundet wird der Beitrag mit Hinweisen auf die Risiken eines Scheinarbeitsverhältnisses und auf die Gefahr einer Rentenversicherungspflicht auch echter freier Mitarbeiter in der Deutsche Rentenversicherung Bund (DRV-Bund) gemäß § 2 S. 1 Nr. 9 SGB VI.

Nicht Gegenstand dieses Kapitels ist die Darstellung von Arbeitsverhältnissen bei nichtanwaltlichen Arbeitgebern. Dies gilt dementsprechend auch für die Arbeitsverhältnisse von Syndikusrechtsanwälten. Sofern die Zulassung als Syndikusrechtsanwalt und damit auch die Befreiung von der Versicherungspflicht in der gesetzlichen Rentenversicherung angestrebt wird, gelten spezielle Voraussetzungen (bspw. § 46 BRAO), welche auch im Rahmen der Gestaltung des jeweiligen Arbeitsvertrags zu berücksichtigen sind. Insoweit sei an dieser Stelle auf das umfangreiche Kapitel zum Syndikusrechtsanwalt in diesem Ratgeber verwiesen.

I. Arbeitsvertrag oder freie Mitarbeiterschaft?

1. Die eigene Entscheidung

Eine generell geltende Empfehlung in die eine oder andere Richtung lässt sich nicht geben. Keine der beiden Möglichkeiten ist nämlich allgemein vorzugswürdig. Welche der beiden die bessere Variante ist, hängt vielmehr von den konkreten Umständen des Einzelfalls ab.

a) Eine **Leitlinie** gibt es allerdings: Wer auf eine **soziale Absicherung** angewiesen ist (z.B. wegen einer Familie oder der Verpflichtung zur Rückzahlung eines BAföG-Darle-

---

[1] Aus Gründen der Lesbarkeit haben die Verfasser darauf verzichtet, geschlechtsspezifische Bezeichnungen zu verwenden. Die Ausführungen gelten für Rechtsanwältinnen und Rechtsanwälte gleichermaßen.

hens), sollte sich in der Regel für einen Arbeitsvertrag entscheiden. Denn die soziale Absicherung eines freien Mitarbeiters ist gegenüber einem Arbeitnehmer ungleich schlechter. Ein Arbeitsvertrag sichert nicht nur ein festes monatliches Einkommen; bei einer Beschäftigung als freier Mitarbeiter ist dies nicht zwingend gewährleistet. Auch Lohnfortzahlung bei Krankheit und Urlaub gibt es regelmäßig nur bei einem Arbeitnehmer. Außerdem genießt der angestellte Rechtsanwalt wie jeder andere Arbeitnehmer auch nach mehr als sechs Monaten Beschäftigungszeit Kündigungsschutz, wenn nur die Kanzlei entsprechend groß ist (mindestens 10,25 Arbeitnehmer, § 23 Abs. 1 S. 2, 3 KSchG). Bei Vorliegen der entsprechenden Voraussetzungen greift sogar Sonderkündigungsschutz (z.B. Schwangerschaft, Schwerbehinderung). Nicht zu vernachlässigen ist die sozialversicherungsrechtliche Absicherung (insbesondere die Krankenversicherung). Hier ist der freie Mitarbeiter auf seine eigene Vorsorge angewiesen. Der angestellte Rechtsanwalt hingegen wird nicht selten zumindest bei Berufsanfang noch pflichtversichert sein, denn das Einstiegsgehalt dürfte häufig noch unter der niedrigsten Versicherungspflichtgrenze (im Jahr 2018: 4.950 EUR für die Krankenversicherung) liegen.

b) Wer auf eine soziale Absicherung nicht angewiesen ist, kann hierauf verzichten und sich für die **Vorteile der Selbstständigkeit** entscheiden. Beides zusammen – soziale Absicherung und Vorteile der Selbstständigkeit – geht nicht. Die Vorteile der Selbstständigkeit sind nun nicht unerheblich:

aa) Je „echter" der Vertrag als freier Mitarbeiter ausgestaltet wird, desto weniger ist man in die Organisation des Vertragspartners – der fremden Kanzlei – eingebunden. Das wirkt sich insbesondere auch auf die Arbeitszeiten und den Arbeitsplatz aus. Selbstständigkeit ermöglicht erhöhte zeitliche und örtliche Flexibilität. Speziell Doktoranden werden dies zu schätzen wissen. Aber auch allen anderen wird ein Freiraum eröffnet, den sie bald nicht mehr missen wollen. Je nach Fallgestaltung kann das Unterbleiben der Einbindung in die Organisation aber auch nachteilige Folgen haben. Zu denken ist hier etwa an erhöhte Anschaffungskosten (z.B. Computer, Diktiergerät etc.) oder Gebühren für Versicherungen (insbesondere Berufshaftpflicht), die die fremde Kanzlei bei einem freien Mitarbeiter gegebenenfalls nicht zu tragen bereit ist. Außerdem ist es einem freien Mitarbeiter in der Regel nicht in gleichem Umfang wie einem Arbeitnehmer möglich, sich das gegebenenfalls noch fehlende Praxiswissen anzueignen.

bb) Der freie Mitarbeiter kann frei darüber entscheiden, ob er einen konkreten Auftrag annimmt oder nicht. Das aber dürfte eher nur ein theoretischer Vorteil sein. Wer etwa als freier Mitarbeiter ohne sachlichen Grund des Öfteren die Übernahme bestimmter Aufgaben – insbesondere die Bearbeitung unliebsamer Mandate – ablehnt, wird die längste Zeit freier Mitarbeiter gewesen sein.

cc) Wegen der weniger starken Integration in den Betrieb der fremden Kanzlei wird ein freier Mitarbeiter eher eine Nebentätigkeit für weitere Auftraggeber (Rechtsanwalt, Universität etc.) oder sich selbst (eigene Kanzlei) durchsetzen können.

dd) Tendenziell fällt bei einem Vertrag als freier Mitarbeiter die (Netto-)Vergütung höher aus, weil der Vertragspartner die Sozialabgaben sparen kann. Wegen der erhöhten eigenen Vorsorgeaufwendungen ist das aber im Ergebnis ein reines Rechenexem-

C.2 Der Arbeitsvertrag <- Die fremde Kanzlei

pel, welcher Weg im Ergebnis der günstigere ist. Darauf zu spekulieren, man werde später als „Scheinselbstständiger" eingestuft und der Vertragspartner müsse alle Sozialabgaben nachzahlen, ist außerordentlich riskant und auf keinen Fall zu empfehlen.

ee) Während in Arbeitsverhältnissen gegebenenfalls die Kündigungsfristen auch für den Arbeitnehmer verlängert werden, unterbleibt eine dahingehende Vereinbarung nicht selten bei einem freien Mitarbeiter. Das bedeutet zugleich, dass man sich selbst schneller umorientieren kann.

ff) Die Selbstständigkeit bringt in der Regel auch steuerliche Vorteile mit sich. Als Selbstständiger hat man mehr Möglichkeiten, Ausgaben „über den Betrieb laufen" zu lassen. Die Abschreibung eines angeschafften Fahrzeugs oder die Kosten seines laufenden Betriebes zum Beispiel kann – wenn überhaupt – nur der Selbstständige, nicht aber der Arbeitnehmer absetzen, der nur Fahrtkosten geltend machen kann. Außerdem hat nur der Selbstständige die Möglichkeit des Vorsteuerabzugs, das heißt, nur er kann die ihm von anderen Unternehmern in Rechnung gestellten Umsatzsteuer von der Umsatzsteuer absetzen, die er in seinen eigenen Rechnungen ausweist. Gerade bei Berufseinsteigern kann sich hier ein nicht unerheblicher Überschuss zu ihren Gunsten ergeben, der ihnen vom Finanzamt erstattet werden muss. Allerdings werden die notwendigen Anschaffungen eines freien Mitarbeiters hinter denen eines Kanzleigründers zurückbleiben, der denkbare Überschuss also auch geringer ausfallen.

gg) Die Entscheidung für den „richtigen" Vertrag hängt vielfach auch von weiteren **äußeren Faktoren ab**. Insbesondere darf sie nicht am Markt vorbei getroffen werden. Wer zum Beispiel in eine Großkanzlei einsteigen will, wird dort eher nicht als freier Mitarbeiter akzeptiert werden. Wer Wert darauf legt, sich sofort als Rechtsanwalt zuzulassen, muss damit rechnen, dass dies bei Abschluss eines Arbeitsvertrages selten gelingt, sondern dass hier häufig erst der Ablauf der Probezeit abgewartet werden muss. Strebt man die Aufnahme auf den Briefbogen einer Kanzlei an, wird dies über einen Vertrag als freier Mitarbeiter nur selten glücken. Auch ist der Vertrag als freier Mitarbeiter nicht für jede Tätigkeit uneingeschränkt geeignet. Der Vertragstypus ist gekennzeichnet durch das Selbstbestimmungsrecht des Mitarbeiters über Arbeitszeit, Arbeitsort und Annahme der einzelnen Aufträge (siehe oben). Das lässt beispielsweise unproblematisch die Vergabe von Aufträgen zur Gutachtenerstellung zu. Die verantwortliche vollumfängliche Mandatsbearbeitung für eine Kanzlei hingegen ist bei diesen Rahmenbedingungen nur schwer zu realisieren. Die Kanzlei wird in diesen Fällen vielmehr auf die Einhaltung ihrer Bürostunden und auch auf eine Anwesenheit vor Ort bestehen, gerade wenn es sich um einen Berufsanfänger handelt, dem in der Regel auch inhaltlich – etwa zur Art und Weise der Mandatsbearbeitung – verstärkt Weisungen erteilt werden sollen. Die Kombination solcher Vorgaben mit einem Vertrag als freier Mitarbeiter wird in einer rechtlich sauberen Form kaum möglich sein. Das führt dazu, dass in solchen Fällen entweder von vornherein ein Arbeitsvertrag zu schließen sein wird oder aber man mit dem Risiko zu leben hat, dass im Fall einer Betriebsprüfung das Vertragsverhältnis als Arbeitsverhältnis qualifiziert werden wird (dazu unter II.3).

2. Durchsetzbarkeit der eigenen Entscheidung

Mit der eigenen Entscheidung für ein Arbeitsverhältnis oder eine freie Mitarbeiterschaft ist es nicht getan. Die Entscheidung will auch noch gegenüber dem anvisierten Vertragspartner durchgesetzt werden. Gegen von der eigenen Überlegung abweichende Vorgaben der Kanzlei kann sich der Berufsanfänger dabei aber nur mit mäßigem Erfolg wehren, weil er sich sonst womöglich die Einstellung verscherzt. Deswegen muss man sich im Vorfeld nicht nur über die oben geschilderten äußeren Faktoren klar werden, sondern auch seinen Marktwert (Stichworte: Qualifikation, Berufserfahrung, Beziehungen) und die Position der Kanzlei im Wirtschaftsleben möglichst genau einschätzen, damit man weiß, wie viel Druck man gegebenenfalls ausüben kann. Im Übrigen können vielleicht die folgenden Argumente gegen zwei naheliegende, der eigenen Entscheidung entgegenstehende **Begründungsansätze** helfen:

a) „*Wegen der hohen Sozialabgaben kommt ein Arbeitsvertrag nicht in Betracht.*"
Gegenargument: Den Arbeitgeber trifft nur ein hälftiger Anteil, den anderen zahlt der Arbeitnehmer. Der Anteil des Arbeitgebers stellt für ihn eine Betriebsausgabe dar, so dass er einen Gutteil vom Finanzamt wiederbekommt. Außerdem schützt der angedachte freie Mitarbeitervertrag allein vor den Sozialabgaben nicht, gerade dann nämlich nicht, wenn in Wahrheit ein „verkapptes" Arbeitsverhältnis begründet werden soll (siehe II.3).

b) „*Sie sind (möglicherweise) scheinselbstständig. Deswegen kommt ein Vertrag als freier Mitarbeiter nicht in Betracht.*"
Gegenargument: Wenn die Vereinbarung nicht als Arbeitsvertrag konzipiert und dann in der Praxis auch nicht als solcher gehandhabt wird, droht das Risiko der Scheinselbstständigkeit nicht. Die Art der Handhabung steuert aber der Auftraggeber. Außerdem lässt sich der Status als Selbstständiger durch ein Anfrageverfahren (auch „Statusfeststellungsverfahren" genannt) bei der Deutschen Rentenversicherung Bund (§ 7a SGB IV) klären.

II. Vertragsgestaltung

Haben sich die Vertragsparteien auf eine gemeinsame Linie hinsichtlich des Vertragstypus geeinigt, müssen sie den jeweils zu schließenden Vertrag in seinen Einzelheiten absprechen.

1. Arbeitsvertrag

Für den Fall des Arbeitsvertrages steht im nächsten Abschnitt und im Internet unter der oben angegebenen Adresse eine Formulierungshilfe zur Verfügung. Der Abschluss **befristeter** Verträge will wohl überlegt sein. Spätestens im Laufe des Arbeitsverhältnisses wird sich der Angestellte zur Anwaltschaft zulassen. Die damit verbundenen Kosten (z.B. Kam-

C.2 Der Arbeitsvertrag <- Die fremde Kanzlei

merbeitrag, Haftpflichtversicherung, Versorgungswerk) müssen auch nach Ablauf der Befristung aufgebracht werden, wenn die Zulassung nicht zurückgegeben werden soll. Bei der zu vereinbarenden **Arbeitszeit** ist daran zu denken, dass das Arbeitszeitgesetz keine Ausnahme für angestellte Anwälte vorsieht. Auch hier gilt also der Grundsatz, dass die werktägliche Arbeitszeit acht Stunden nicht überschreiten darf (§ 3 S. 1 AZG). Das ArbG Bad Hersfeld[2] und ihm folgend das Hessische LAG[3] halten gleichwohl eine Wochenarbeitszeit von „bis zu" 50 Stunden für durchaus üblich. Ähnliches ist auch einer Veröffentlichung vom 9.5.2017 unter www.juve.de zum Thema Arbeitszeiten zu entnehmen, wonach die Arbeitszeit von Associates in Kanzleien im Schnitt 54 Wochenstunden beträgt, weil gerade Großkanzleien ihr Augenmerk stärker auf die „billable hours" legen. Hier werden Vorgaben (für Einsteiger) von bis zu 1.650 Stunden pro Jahr gemacht. Hinzuzurechnen sind die Zeiten, die nicht abrechenbar sind, so dass hier schnell auch eine 50-Stunden-Woche erreicht sein dürfte. Die Verlagerung der gesetzlich zulässigen Samstagsarbeit auf die anderen Arbeitstage ist immerhin in der Tat erlaubt (§ 3 S. 2 AZG). Das ergibt bei einer 5-Tage-Woche eine maximal zulässige tägliche Arbeitszeit von 9,6 Stunden. § 26 Abs. 1 S. 2 lit. c BORA ist ergänzend zu beachten (angemessene Fortbildung muss möglich sein). Die Höhe der **monatlichen Grundvergütung** wird sicherlich einer der Hauptverhandlungspunkte sein. Das Ergebnis hängt von einer Vielzahl von Faktoren ab (Kanzleigröße, Lage der Kanzlei in Ballungsgebiet oder strukturschwacher Region, Zusatzqualifikation des Bewerbers u.v.m.). Allgemeingültige Aussagen fallen daher schwer. Wenngleich in Großkanzleien 9.000 EUR bis 11.000 EUR brutto monatlich auch für Berufseinsteiger durchaus üblich sind, dürfte es nicht selten sein, dass man sich gegen unangemessen niedrige Gehaltsvorschläge des Arbeitgebers zur Wehr setzen muss. Berufsrechtlich muss die Bezahlung „angemessen" sein (§ 26 Abs. 2 BORA). Gesetzlichen Schutz bietet nur § 138 BGB. Das ArbG Bad Hersfeld[4] hat insoweit die Vereinbarung von 1.300 DM für eine Vollzeittätigkeit als sittenwidrig angesehen und den Arbeitgeber zur Nachzahlung der Differenz zum üblichen Gehalt verurteilt. Das Hessische LAG[5] hat das Urteil auch insoweit in vollem Umfang bestätigt. Auch das BAG[6] entschied, dass ein auffälliges Missverhältnis zwischen dem Wert der Arbeitsleistung und der Vergütungshöhe vorliegt, wenn die Arbeitsvergütung nicht einmal zwei Drittel der üblicherweise gezahlten Vergütung erreiche. Für die Ermittlung des notwendigen Vergleichswertes kommt es hier – so das BAG – jedoch allein auf die Vergütung angestellter Rechtsanwälte in vergleichbaren Anstellungsverhältnissen am Beschäftigungsort oder einem Ort vergleichbarer wirtschaftlicher Prägung an. Dies führt freilich dazu, dass die üblichen Vergütungen deutschlandweit stark schwanken und mithin keine allgemeine Aussage dahin gehend, ab welchem Betrag ein Gehalt gegen § 138 BGB verstößt, möglich ist. Der Anwaltssenat des BGH hat in einem Beschluss ein Einstiegsgehalt von 1.000 EUR jedenfalls als unangemessen i.S.v. § 26 BORA und sittenwidrig i.S.v. § 138 BGB bewertet.[7] Das Urteil geht (für das Jahr 2006) von mindestens 2.300 EUR als Richtmaß für das Einstiegs-

---

2 Urt. v. 4.11.1998 – 2 Ca 255/98.
3 Urt. v. 28.10.1999 – 5 Sa 169/99.
4 Urt. v. 4.11.1998 – 2 Ca 255/98.
5 Urt. v. 28.10.1999 – 5 Sa 169/99.
6 Urt. v. 17.12.2014 – 5 AZR 633/13.
7 BGH, Beschl. v. 30.11.2009 – AnwZ (B) 11/08.

gehalt eines Rechtsanwaltes ohne besondere Spezialisierung, ohne besondere Zusatzqualifikation und ohne Prädikatsexamen bei einer Vollzeitstelle aus. Studien und Verdienstübersichten helfen gleichwohl, sich einen ersten groben Überblick hinsichtlich der durchschnittlichen Vergütung zu verschaffen. So liegt nach einer Mitteilung der FAZ[8] das durchschnittliche jährliche Einstiegsgehalt eines Rechtsanwalts bei 47.655 EUR brutto (deutschlandweite Betrachtung). Demgegenüber soll das durchschnittliche Gehalt für Rechtsanwälte allgemein bei ca. 6.100 EUR brutto monatlich liegen.[9] Diese Werte decken sich auch mit den Ergebnissen weiterer Erhebungen. Nach einer Studie des Institutes Freier Berufe soll (in 2013) der Durchschnitt der in Frankfurt am Main in Vollzeit angestellten Rechtsanwälte ein Jahreseinkommen in Höhe von 94.000 EUR erzielt haben, während die angestellten Kollegen in anderen Kammern im Schnitt auf lediglich 66.000 EUR brutto jährlich kamen. Bei einer Beschäftigung in einer Einzelkanzlei fällt der durchschnittliche Verdienst mit 46.000 EUR brutto jährlich allerdings deutlich geringer aus.[10] Viele (insbesondere kleinere) Kanzleien werden solche Beträge aber nicht erwirtschaften können, so dass uns die durchschnittlichen Gehälter unrealistisch hoch erscheinen. Die Höhe der gezahlten Grundvergütung ist zudem ein maßgeblicher Faktor für die Frage, ob und inwieweit ohne gesonderte Regelungen **Überstunden** abgegolten sind oder nicht. Eine pauschale Abgeltungsklausel für Überstunden (ohne Konkretisierung der erfassten Arbeitsleistung und des zeitlichen Umfangs) ist in der Regel gemäß dem BAG[11] unwirksam und führt zur Geltung der gesetzlichen Vorschriften (§ 612 BGB).

Ebenfalls ein wichtiger Punkt bei den Vertragsverhandlungen wird die Frage sein, wann denn der Angestellte seine **Zulassung** beantragen kann oder soll. Nicht nur psychologisch macht es einen deutlichen Unterschied, ob man dem Mandanten gegenüber als Rechtsanwalt oder als Assessor auftritt. Es kommt hinzu, dass der Angestellte vor seiner Zulassung nicht – wie häufig gewünscht – Mitglied im Anwaltsversorgungswerk werden kann. Das ist regelmäßig besonders misslich, weil die stattdessen an die DRV-Bund gezahlten Versicherungsbeiträge nur selten zu einer Rentenanwartschaft führen werden. Gleichwohl wird häufig vereinbart, dass der Angestellte erst zum Ende der Probezeit hin seine Zulassung beantragen soll. Das liegt unter anderem daran, dass der Angestellte vor Ablauf der Probezeit keinen allgemeinen Kündigungsschutz genießt und daher während dieser Zeit verstärkt mit dem Risiko einer Kündigung und hohen fortlaufenden Kosten rechnen muss. Hinzu kommt, dass durch die Zulassung der Zuschlag der einstellenden Kanzlei zu ihrer Haftpflichtversicherung steigt. Außerdem wird einer vorzeitigen Zulassung vielfach § 27 Abs. 1 BRAO entgegenstehen. Danach unterliegt jeder Rechtsanwalt einer Kanzleipflicht. Er muss zur Erfüllung dieser Verpflichtung seine anwaltlichen Dienste so zur Verfügung stellen, dass dies für Rechtsuchende ohne weiteres erkennbar ist. Die Rechtsprechung zählt dazu trotz zunehmender Kritik[12] unverändert als unabdingbare Voraussetzung ein auf den Rechtsanwalt hin-

---

8   FAZ Nr. 75 v. 29./30.3.2014.
9   Stand 21.12.2017, http://www.faz.net/aktuell/wirtschaft/berufe-check/gehalts-check-diese-berufe-stehen-in-der-rangliste-ganz-oben-15057927.html.
10 BRAK-Mitt. 1/2017, 13.
11 Urt. v. 17.8.2011 – 5 AZR 406/10.
12 z.B. Anwaltsgericht München, Urt. v. 24.7.2007 – Az. 2 AnwG 46/05.

C.2 Der Arbeitsvertrag

weisendes Praxisschild.[13] Dazu und zu anderen Merkmalen der Erkennbarkeit (Aufnahme auf den Briefbogen, den Vollmachten und im Telefonbuch) wird der Arbeitgeber vor Ablauf der Probezeit eher nicht bereit sein und das nicht nur, weil dadurch der Beitrag zur Haftpflichtversicherung ein weiteres Mal steigt. Auch bedarf es im Rahmen der Aufnahme auf den Briefkopf gegebenenfalls der zusätzlichen Aufnahme klarstellender Hinweise (bspw. Zuordnung der jeweiligen Qualifikation (Fachanwaltschaft etc.), Anstellungsverhältnis usw.[14]

Will der Arbeitgeber diese Folgen der Kanzleipflicht vermeiden, ist als wohl noch vernünftigste Alternativlösung eine (ernst gemeinte und praktizierte) Vereinbarung zu empfehlen, dass der Angestellte außerhalb der Kanzleiräume eine anwaltliche **Nebentätigkeit** ausüben darf. Dann kann der Angestellte an einem von ihm gewählten Ort seiner Kanzleipflicht genügen. Eine solche Gestattung soll ohnehin berufsrechtlich geboten sein.[15]

Die Gestattung einer Nebentätigkeit – gegebenenfalls verbunden mit einer Einbringungsverpflichtung – empfiehlt sich umso eher dann, je ernster es die Parteien mit der Aufnahme des Angestellten in die Sozietät nehmen. Denn umso höher muss das Interesse der Sozietät sein, dass der Angestellte Eigenmandate akquirieren kann, die ihr mit der Aufnahme des Angestellten zufließen. Dem Thema **Haftpflichtversicherung** müssen beide Vertragspartner ein besonderes Augenmerk widmen. Insoweit sei an dieser Stelle nur auf die weiteren Ausführungen in diesem Ratgeber verwiesen. Hervorgehoben werden soll daher nur zweierlei: Zum einen droht dem Angestellten mit Aufnahme seines Namens insbesondere in den Briefbogen wegen des dadurch gesetzten Rechtsscheins die Haftung für Fehler der Sozietätsmitglieder, und das sogar rückwirkend.[16] Zum anderen muss die Deckungssumme der eigenen Versicherung der der Mitglieder der Sozietät entsprechen, wenn die Gefahr einer Kürzung der Versicherungsleistung vermieden werden soll. Dass dadurch gegebenenfalls gegenüber der notwendigen Grunddeckung Mehrkosten verbunden sind, ist für den Angestellten nicht entscheidend, weil die Kosten der Versicherung üblicherweise von der Sozietät getragen werden.[17] Wird ein solcher **Auslagenersatz** vereinbart (für Beiträge des Angestellten zur Berufshaftpflicht, zur Anwaltskammer oder zum DAV), ist auf die richtige steuerliche Behandlung zu achten. Sonst kann dem Angestellten eine „Kostenfalle" drohen.[18] Ein **Niederlassungsverbot** wird, wenn überhaupt, nur unter Beachtung der § 74 ff. HGB vereinbart werden können. **Mandantenübernahmeklauseln** sehen vor, dass der ausgeschiedene Mitarbeiter Mandanten seines alten Arbeitgebers ohne Weiteres weiterbetreuen darf, aber einen gewissen Honoraranteil aus diesen Mandaten an den Arbeitgeber abzuführen hat. Ob sie ohne Zahlung einer Wettbewerbsentschädigung und für welchen Zeitraum sie vereinbart werden können, hängt von den Umständen und der Formulierung im Einzelnen ab.[19] Mandantenübernahmeklauseln dürften jedoch im Bereich der Arbeitsverträge für

---

13 AGH Berlin, Beschl. v. 29.5.2017 – I AGH 2/16.
14 Vgl. OLG Hamm, Urt. v. 7.5.2013 – 4 U 192/12.
15 *Wettlaufer*, AnwBl. 1989, 194, 202 f.
16 BGH, Urt. v. 3.5.2007 – IX ZR 218/05; *Hartung*, AnwBl. 2007, 849.
17 So auch ArbG Bad Hersfeld, Urt. v. 4.11.1998 – 2 Ca 255/98; Hessisches LAG, Urt. v. 28.10.1999 – 5 Sa 169/99)
18 *Sterzinger*, NJW 2010, 378.
19 Hierzu ausführlich *Bauer/Diller*, Rn. 132 ff. und BAG, Urt. v. 7.8.2002 – 10 AZR 586/01.

Berufsanfänger eher der Vergangenheit angehören. Das BAG[20] hatte zuletzt im Jahr 2013 eine Mandantenübernahmeklausel zu prüfen und hielt sie im konkreten Fall als verdeckte Mandantenschutzklausel wegen Umgehung der Pflicht zur Zahlung einer Karenzentschädigung (§ 74 Abs. 2 HGB) gemäß § 75 d S. 2 HGB für unwirksam, weil sie eine Pflicht zur Abführung eines so hohen Honoraranteils vorsah, dass sich die Bearbeitung der Mandate wirtschaftlich nicht mehr lohnte. Damit hat es aber auch die grundsätzliche Möglichkeit bestätigt, eine **Mandantenschutzklausel** zu vereinbaren. Mit einer solchen Klausel wird es untersagt, nach dem Ausscheiden mit der Beratung ehemaliger Mandanten des Arbeitgebers zu diesem in Konkurrenz zu treten. Mandantenschutzklauseln wirken folglich wie ein nachvertragliches Wettbewerbsverbot (vgl. § 74 ff. HGB). Wirksamkeitsvoraussetzung ist nicht nur die Pflicht des Arbeitgebers zur Zahlung einer Karenzentschädigung nach § 74 Abs. 2 HGB, sondern auch das Einhalten der gesetzlich zulässigen Höchstdauer von zwei Jahren (vgl. § 74 a Abs. 1 S. 3 HGB).[21]

2. Vertrag als freier Mitarbeiter

Etwa 16,5 % aller Rechtsanwälte arbeiten bei Berufseinstieg als freie Mitarbeiter.[22] Hiervon ist ca. die Hälfte[23] nicht freiwillig als freie Mitarbeiter tätig, sondern hat schlicht auf dem Arbeitsmarkt keine passende Anstellung als Rechtsanwalt gefunden. Es ist somit häufig ein Kompromiss zwischen den eigenen Zielen (Selbstständigkeit, Partner einer Sozietät etc.) und der realen Lage am Markt. Einen vollständigen **Mustervertrag** hat beispielsweise *Wettlaufer* entworfen.[24]

Hinsichtlich der Gefahren einer **Befristung** kann nach oben verwiesen werden. Der (echte) freie Mitarbeiter wird weiter darauf zu achten haben, dass ihm sein Selbstbestimmungsrecht hinsichtlich der Einteilung seiner **Arbeitszeit** und des **-ortes** nicht genommen wird. Einschränkungen lassen sich allenfalls mit berechtigten Belangen der vertragsschließenden Sozietät im Einzelfall rechtfertigen. Es ist aber selbstverständlich, dass vereinbarte Termine zur Abgabe der Arbeiten einzuhalten sind. Die Absprache solcher Fristen lässt auch den Charakter des Vertrages unberührt. Der freie Mitarbeiter sollte Wert legen auf eine klare Definition des angedachten **Aufgabenbereiches**. Empfehlenswert ist die Regelung, dass der freie Mitarbeiter die Übernahme der ihm angetragenen Aufgaben ablehnen kann. Das ist nicht nur ein entscheidendes Merkmal für den Vertragscharakter, sondern sichert den Mitarbeiter auch vor einer zu intensiven Inanspruchnahme. Diese je nach der Situation des Betroffenen sinnvolle Beschränkung des **Arbeitsumfangs** lässt sich dadurch verstärken, dass eine Begrenzung des Stundenkontingents aufgenommen wird, das von dem Mitarbeiter zu leisten ist. Hinsichtlich der **Vergütungsform** sind verschiedene Gestaltungen denkbar: Etwa die Vereinbarung eines Pauschalbetrages oder eines Stundenhonorars (jeweils zzgl. MwSt.). Beide Varianten sind in ihrer Reinform mit Risiken behaftet. Je nach Inanspruchnah-

---

20 Urt. v. 11.12.2013 – 10 AZR 286/13.
21 BAG, Urt. v. 7.8.2002 – 10 AZR 586/01; Urt. v. 11.12.2013 – 10 AZR 286/13.
22 BRAK-Mitt. 2/2015, S. 64 ff.
23 41 % gem. BRAK-Mitt. 2/2015, 64 ff.
24 *Wettlaufer*, AnwBl. 1989, 194, 209 f.

C.2 Der Arbeitsvertrag <- Die fremde Kanzlei

me des freien Mitarbeiters kann die Pauschalvergütung zu einer unangemessen niedrigen Bezahlung und die Vereinbarung eines Stundenlohns im Extremfall dazu führen, dass man in einem Monat überhaupt nichts verdient. Von daher empfiehlt sich regelmäßig eine Kombination: Vereinbarung einer Grundvergütung, die sich an der Höhe der erwarteten Inanspruchnahme orientiert; zusätzlich ein Stundenhonorar für die Stunden, die über die angenommene Anzahl hinausgehen. Die **Vergütungshöhe** wird sich zunächst an den für Arbeitnehmer gezahlten Werten zu orientieren haben. Bisweilen scheinen hier schlechtere Bedingungen vorgegeben zu werden. Allerdings zu Unrecht: Wegen der ersparten Sozialabgaben und des Wegfalls eines Urlaubsgeldes und der Weihnachtsgratifikation liegt im Gegenteil ein angemessener Aufschlag nahe.

Deswegen sollte der Stundensatz nicht unter 30 EUR netto liegen. Zumindest eine Teilübernahme von Spesenkosten dürfte üblich sein, eine vollständige Zahlung von Versicherungs- und Kammerbeiträgen hingegen eher ausscheiden. Bei manchen örtlichen Anwaltskammern kann man insoweit die regionalen Üblichkeiten erfragen. Während in einem Bericht der Bundesrechtsanwaltskammer[25] für das Jahr 2006 noch ein jährliches Honorar in Höhe von 29.000 EUR für Westdeutschland genannt wird, erzielten bei einer deutschlandweiten Betrachtung die als Rechtsanwalt tätigen freien Mitarbeiter im Jahr 2013 insgesamt ein durchschnittliches Jahreshonorar in Höhe von 67.000 EUR.[26] Der freie Mitarbeiter hat in der Regel keinen Anspruch auf die Gewährung von **Urlaub**. Etwas anderes gilt nur dann, wenn er als arbeitnehmerähnliche Person anzusehen ist (Definition in § 12a TVG). Vor diesem Hintergrund ist die Aufnahme einer Urlaubsregelung empfehlenswert. Soll der Charakter des Vertrages nicht gefährdet werden, verbietet sich allerdings die Bezahlung der Urlaubstage wie auch die Vereinbarung einer **Lohnfortzahlung im Krankheitsfall**, auf die der freie Mitarbeiter auch als arbeitnehmerähnliche Person keinen Anspruch hat. Probleme mit der **Zulassung** zur Rechtsanwaltschaft wird es anders als bei einem angestellten Rechtsanwalt (siehe dazu II.1) nicht geben, jedenfalls wenn es sich um ein echtes freies Mitarbeiterverhältnis handelt. Denn hier wird der freie Mitarbeiter seiner Kanzleipflicht an dem von ihm gewählten Ort ohne weiteres nachkommen können. Wer einer **Nebentätigkeit** nachgehen will, sollte sich dies im Vertrag vorsorglich ausdrücklich gestatten lassen, nicht zuletzt damit klar ist, dass keine abweichende Vereinbarung getroffen worden ist (wäre schädliches Indiz für Arbeitnehmereigenschaft). Die Vereinbarung von **nachvertraglichen wettbewerbsbeschränkenden Abreden** ist nicht ohne Grenzen möglich. Zwar sind die §§ 74 ff. HGB auf (echte) freie Mitarbeiter grundsätzlich nicht anwendbar. Insbesondere bei wirtschaftlich[27] und/oder sozial[28] abhängigen freien Mitarbeitern gelten aber Besonderheiten. In diesen Fällen wird davon auszugehen sein, dass ein umfassendes Wettbewerbsverbot eine angemessene Karenzentschädigung voraussetzt. Weitere Schranken ergeben sich aus § 26 BORA. Darüber hinaus wird allgemein im Hinblick auf § 138 BGB die Reichweite des Wettbewerbsverbots angemessen beschränkt werden müssen. So werden etwa Mandantenschutzklauseln – sofern sie zwischen Anwälten überhaupt wirksam vereinbart werden kön-

---

25 BRAK-Mitt. 2010, 2.
26 BRAK-Mitt. 1/2017, S. 13 ff.
27 BAG, Urt. v. 21.1.1997 – 9 AZR 778/95; BGH, Urt. v. 10.4.2003 – III ZR 196/02.
28 OLG München, Urt. v. 22.1.1997 – 7 U 4756/96.

nen – unzulässig sein, die die Übernahme von Mandaten für solche Personen verbieten, die die Kanzlei das letzte Mal vor mehr als zwei Jahren mandatiert hatten.[29] Auch bei einem Vertrag als freier Mitarbeiter muss man den **Versicherungsfragen** besondere Aufmerksamkeit zukommen lassen. Auch hier können etwa je nach den Umständen des Einzelfalls Gefahren wegen einer Nichteinbeziehung des freien Mitarbeiters in die Sozietätsversicherung oder bei fehlendem Gleichklang der Haftpflichtversicherungen des freien Mitarbeiters und der Sozietät drohen. Nach Möglichkeit sollte der freie Mitarbeiter im Innenverhältnis eine Haftungsfreistellung zumindest von Folgen fremder, am besten auch eigener leicht fahrlässiger Pflichtverletzungen durchsetzen. Insbesondere bei unbefristeten Verträgen ist auf die Behandlung der **Kündigungsfristen** zu achten. Ohne gesonderte Regelung gilt § 621 BGB. Empfehlenswert kann je nach Situation eine Staffelung der Kündigungsfristen – abhängig von der Dauer des Vertrages – sein.

3. Risiken eines „verkappten" Arbeitsverhältnisses

Bisweilen soll es auch in Anwaltskanzleien vorkommen, dass insbesondere mit Berufsanfängern zur Einsparung von Sozialabgaben Verträge als freie Mitarbeiter geschlossen werden, die Betroffenen aber so eingesetzt werden, als seien sie Arbeitnehmer (Verpflichtung zur Einhaltung der Kanzleistunden, Anwesenheitspflicht, Weisungsunterworfenheit etc.). Solche Konstruktionen sollten unterbleiben. Im Folgenden können aus Platzgründen nur die Grundsätze wiedergegeben werden. Im Einzelfall sind daher Besonderheiten möglich.

a) Risiko: Allgemeine Sozialversicherungspflicht des freien Mitarbeiters

§ 7 SGB IV definiert den Begriff der Beschäftigung, nach dem sich die Sozialversicherungspflicht grundsätzlich richtet (§ 2 SGB IV). Danach ist jede nichtselbstständige Arbeit, besonders in einem Arbeitsverhältnis, eine (sozialversicherungspflichtige) Beschäftigung. Gem. § 7 Abs. 1 SGB IV stellen eine Tätigkeit nach Weisungen und eine Eingliederung in die Arbeitsorganisation des Weisungsgebers Anhaltspunkte für eine Beschäftigung dar. Das entspricht der Rechtsprechung, wie sie sich im Arbeits- und Sozialrecht durchgesetzt hat: Die Parteien können nämlich nicht allein durch die Vertragsbezeichnung konstitutiv ein freies Mitarbeiterverhältnis begründen. Allein entscheidend war und ist die tatsächliche Handhabung des Vertrages; nur wenn sie beides zulässt, entscheidet der Wille der Vertragsparteien.[30] Ist aber dem Mitarbeiter ohne sachlichen Grund zur Umgehung des Sozialschutzes nur ein Vertrag als freier Mitarbeiter angeboten worden, so muss sich der Dienstgeber so behandeln lassen, als hätte er einen Arbeitsvertrag geschlossen.[31] Beim eingangs skizzierten Fall eines in die Kanzlei eingebundenen „freien Mitarbeiters" wird daher in aller Regel in Wahrheit schon ein Arbeitsverhältnis, jedenfalls aber eine sozialversicherungspflichtige Beschäftigung vorliegen, ohne dass es noch auf eine weitere Prüfung ankäme. Wenn der Mitarbeiter daher der Sozialversicherungspflicht unterliegt, treffen den Arbeitgeber regelmäßig erhebliche

---

29 BGH, Urt. v. 29.9.2003 – II ZR 59/02.
30 BAG, Urt. v. 3.6.1998 – 5 AZR 656/97; bedenklich BSG, Urt. v. 14.5.1981 – 12 RK 11/80.
31 BAG, Urt. v. 14.2.1974 – 5 AZR 298/73.

Nachzahlungspflichten. Er muss nämlich grundsätzlich rückwirkend sowohl den Arbeitgeber- als auch den Arbeitnehmeranteil des Sozialversicherungsbeitrages abführen. Bei nur fahrlässig unterlassener Abführung der Beiträge verjähren die Ansprüche der Sozialversicherungsträger gegen den Arbeitgeber auf Nachentrichtung in vier Jahren nach Ablauf des Kalenderjahres, in dem sie fällig geworden sind (§ 25 SGB IV). Schon bei bedingtem Vorsatz gilt eine 30-jährige Verjährungsfrist und drohen dem Auftraggeber sogar strafrechtliche Folgen (§ 266a StGB).[32] Erleidet der Mitarbeiter wegen der zeitlich beschränkten Rückversicherung einen Versorgungsschaden, haftet der Arbeitgeber ihm gegenüber grundsätzlich auf Schadensersatz. Vom Mitarbeiter kann sich der Arbeitgeber in aller Regel nur im Wege des Lohnabzugsverfahrens bei den nächsten drei Gehaltszahlungen einen Teil der Arbeitnehmerbeiträge wieder holen (§ 28g SGB IV). Ist der Mitarbeiter also zwischenzeitlich ausgeschieden, bleibt der Arbeitgeber regelmäßig auf seinen Zahlungen allein sitzen. Das klingt zwar auch für den anwaltlichen Mitarbeiter zunächst ganz gut. Es lauert für ihn aber eine Falle in anderer Hinsicht: Stellt sich nämlich eine rückwirkende Versicherungspflicht heraus, fließen die nachzuzahlenden Rentenversicherungsbeiträge nicht an das Versorgungswerk, sondern an die DRV-Bund. Denn eine rückwirkende Befreiung gemäß § 6 Abs. 1 S. 1 Nr. 1 SGB VI wird regelmäßig nicht in Betracht kommen (§ 6 Abs. 4 SGB VI). Diese Umstände können gegebenenfalls sogar zu unzusammenhängenden und/oder unvollständigen Versicherungsverläufen führen, dann nämlich, wenn nach der Satzung des Versorgungswerkes die Zeiten in der Vergangenheit nur noch als Zusatzversorgung anzuerkennen sind. Sich hier auf eventuelle Schadensersatzverpflichtungen des Arbeitgebers zu verlassen, ist riskant. Je nach den Umständen des Einzelfalls kann eine rückwirkende Versicherungspflicht verhindert werden (Einzelheiten in § 7a Abs. 6 SGB IV).

b) Risiko: Steuerliche Lasten

Mit der (auch steuerlichen) Qualifizierung als Arbeitnehmer geht notwendigerweise der Status als Unternehmer verloren. Folglich durfte der Mitarbeiter die ihm von anderen Unternehmern in Rechnung gestellte Umsatzsteuer nicht von seiner eigenen Steuerlast absetzen. In dem Umfang, in dem er dies getan hat, ist eine Nachzahlung an das Finanzamt erforderlich. War es gar zu Erstattungsleistungen des Finanzamtes gekommen, sind auch diese zurückzuzahlen. Zudem hat der Mitarbeiter in seinen Rechnungen zu Unrecht Umsatzsteuer ausgewiesen. Es besteht hier nicht nur das Risiko, dass der Arbeitgeber die von ihm zu Unrecht als Vorsteuer berücksichtigten Beträge nachzahlen muss, sondern auch, dass der Arbeitnehmer die insoweit an das Finanzamt bereits in der Vergangenheit abgeführten Beträge vom Finanzamt nicht zurückfordern kann (§ 14c Abs. 2 UStG). Ein Erstattungsanspruch gegen den Arbeitgeber scheidet aus.[33] Soweit der Arbeitgeber zur Nachzahlung von Sozialversicherungsbeiträgen verpflichtet ist, muss der Arbeitnehmer diese als fiktive Einnahmen versteuern. Zudem wird seine eigene Gewinn- und Verlustrechnung falsch. Zwar ist dem Arbeitnehmer jetzt der Werbungskostenabzug erlaubt, doch hat er in der Regel Betriebsaus-

---

32 *Spatscheck/Talaska*, AnwBl. 2010, 203.
33 OLG Düsseldorf AnwBl. 1987, 200.

gaben geltend gemacht, die als Werbungskosten nicht berücksichtigungsfähig sind (z.B. Kraftfahrzeugkosten!).

Es wird in der Regel also auch eine nicht unerhebliche Einkommensteuernachzahlung erforderlich.

c) Sonstige Risiken

Je nach Situation im Einzelfall treten weitere Risiken hinzu. Zu denken ist beispielsweise an die Verpflichtung des Scheinselbstständigen, die Differenz zwischen erhaltener und als Arbeitnehmer zu beanspruchender Vergütung zurückzuzahlen.[34]

III. Rentenversicherungspflicht des echten freien Mitarbeiters gem. § 2 S. 1 Nr. 9 SGB VI

Ergibt sich bei der Prüfung gemäß § 7 SGB IV, dass keine generell sozialversicherungspflichtige Beschäftigung vorliegt, kann der dann echte freie Mitarbeiter trotz seiner Selbstständigkeit in die gesetzliche Rentenversicherung einzubeziehen sein, dann nämlich, wenn die Voraussetzungen des § 2 S. 1 Nr. 9 SGB VI vorliegen. Gemäß § 2 S. 1 Nr. 9 SGB VI unterfallen all die Personen der Rentenversicherungspflicht, die im Zusammenhang mit ihrer selbstständigen Tätigkeit regelmäßig keinen versicherungspflichtigen Arbeitnehmer beschäftigen und auf Dauer und im Wesentlichen nur für einen Auftraggeber tätig sind. Anders als bei einem Berufsanfänger, der seine eigene Kanzlei gründet, können diese Voraussetzungen bei dem, der sich im Wesentlichen auf eine Zuarbeit für eine fremde Kanzlei beschränkt, durchaus vorliegen. Deshalb kann es sich in diesen Fällen empfehlen, vorsorglich einen Befreiungsantrag bei der DRV-Bund zu stellen. Das ist jedenfalls für die ersten drei Jahre nach erstmaliger Aufnahme einer selbstständigen Tätigkeit, die die genannten Merkmale erfüllt, unproblematisch möglich (§ 6 Abs. 1 a S. 1 Nr. 1 SGB VI).

Für den Zeitraum danach wird eine Befreiung nur in Betracht kommen, wenn man sich zur Anwaltschaft zulässt (§ 6 Abs. 1 S. 1 Nr. 1 SGB VI). Unterbleibt ein entsprechender Befreiungsantrag, kann hinsichtlich der sozialversicherungsrechtlichen Risiken grundsätzlich nach oben verwiesen werden. Sie wirken sich hier aber umso härter aus, als es keinen möglicherweise schadensersatzpflichtigen Arbeitgeber gibt und der Mitarbeiter selbst die vollen Beiträge für die zurückliegende Zeit aufbringen muss. Die Möglichkeit, den Eintritt einer rückwirkenden Versicherungspflicht zu verhindern, ist zudem von vornherein auf die Fälle beschränkt, in denen bereits am 31.12.1998 eine selbstständige Tätigkeit ausgeübt wurde (§ 231 Abs. 5 SGB VI).

---

34   BAG, Urt. v. 9.2.2005 – 5 AZR 175/04.

IV. Weiterführende Literaturhinweise

Bazuer/Diller, Wettbewerbsverbote, 7. Aufl. 2015

Henssler/Holthausen, Der Eintritt in eine Kanzlei: Gestaltung des anwaltlichen Arbeitsvertrages, BRAK-Mitt. 2001, 132

Knief, Der Rechtsanwalt als Angestellter und freier Mitarbeiter, AnwBl. 1985, 59

Lingemann/Winkel, Der Anstellungsvertrag des Rechtsanwalts, Teile 1-6, NJW 2009, 343, 483, 817, 966, 1574, 2185

Lingemenn/Winkel, Der Rechtsanwalt als freier Mitarbeiter, Teile 1-2, NJW 2010, 38, 208

Rewolle, Der Rechtsanwalt als freier Mitarbeiter, AnwBl. 1978, 388

Seul, Advokatur und Ausbeutung – Die Missachtung des § 26 BerufsO in der etablierten Anwaltschaft, NJW 2002, 197

von Steinau-Steinrück, Kanzlei und angestellter Anwalt – Wie viel Arbeitsrecht gilt?, AnwBl. 2008, 90

Wettlaufer, Angestellter oder freier Mitarbeiter? – Zum Einstieg in eine Anwaltskanzlei –, AnwBl. 1989, 194

Wind, Der Rechtsanwalt als Arbeitnehmer, 2018

C.3 Musterarbeitsvertrag

Rechtsanwalt Walther Grundstein, Frankfurt am Main
Rechtsanwalt Lars Stich, Frankfurt am Main

Arbeitsvertrag

Zwischen

1. Rechtsanwalt _____,
2. Rechtsanwältin _____,

– im Folgenden Sozietät genannt –

und

Herrn/Frau Assessor/in _____,

– im Folgenden Angestellter genannt –

(Aus Gründen der Lesbarkeit wird im Folgenden darauf verzichtet, geschlechtsspezifische Bezeichnungen zu verwenden. Die vertraglichen Regelungen gelten für alle Geschlechter gleichermaßen.)

wird nachfolgender Arbeitsvertrag geschlossen:

§ 1 Anstellungsbeginn, Arbeitsort

(a) Der Angestellte wird am 1. Februar 2018 als juristischer Mitarbeiter eingestellt.
(b) Arbeitsort ist _____.

§ 2 Aufgabenbereich

(a) In erster Linie werden dem Angestellten von der Sozietät Mandate aus dem Zivilrecht zugewiesen, die er vollumfänglich zu bearbeiten hat. Zur Unterzeichnung von Schriftsätzen ist er jedoch erst nach seiner Zulassung berechtigt. Auf Weisung hat der Angestellte im Einzelfall auch in anderen Angelegenheiten Schriftsätze zu formulieren, Gutachten zu verfassen, Mandantengespräche zu führen und Gerichtstermine wahrzunehmen.
(b) Die Übernahme neuer Mandate für die Sozietät durch den Angestellten ist möglich, bedarf aber ihrer Zustimmung.
(c) Der Angestellte hat an der wöchentlichen Kanzleibesprechung teilzunehmen. Bei wichtigen Sachentscheidungen und in Zweifelsfällen oder auf Verlangen ist über den Stand der von ihm bearbeiteten Angelegenheiten zu berichten. In Eilfällen ist die Rücksprache mit mindestens einem der Sozietätsmitglieder erforderlich.

C.3 Musterarbeitsvertrag <- Die fremde Kanzlei

§ 3 Arbeitszeit

(a) Die wöchentliche Arbeitszeit beträgt 40 Stunden. Der Angestellte muss die Bürostunden (derzeit: montags bis freitags 9 bis 13 und 14 bis 18 Uhr) einhalten.
(b) Der Angestellte ist bei betrieblichen Bedarf auf Anordnung zur Leistung von Überstunden im Umfang von bis zu acht Stunden wöchentlich verpflichtet. Die Sozietät berücksichtigt bei der Anordnung der Überstunden neben den betrieblichen Notwendigkeiten auch die berechtigten Interessen des Angestellten. Überstunden sind im Umfang von bis zu jeweils vier Stunden wöchentlich von der gemäß § 4 (a) vereinbarten Vergütung abgegolten und im Übrigen durch Gewährung von Freizeit in entsprechendem Umfang auszugleichen, wenn nicht berechtigte betriebliche Interessen entgegenstehen. In diesem Fall werden die Überstunden gesondert vergütet.
(c) Auf Verlangen wird dem Angestellten unter Fortzahlung der Vergütung angemessene Zeit zu seiner Fortbildung eingeräumt.

§ 4 Vergütung/Sonderzahlungen

(a) Der Angestellte erhält ein monatliches Bruttogehalt von 4.000 EUR, das nach Ablauf der Probezeit auf 4.500 EUR erhöht wird. Am Ende eines jeden Kalenderjahres werden die Vertragspartner über weitere Erhöhungen verhandeln.
(b) Mit dem Junigehalt wird dem Angestellten ein Urlaubsgeld in Höhe von 1.000 EUR brutto, mit dem Novembergehalt eine Weihnachtsgratifikation in Höhe eines Bruttomonatsgehaltes gezahlt.
(c) Zu vergütende Überstunden werden dem auf eine Stunde entfallenden Grundlohn zuzüglich eines Aufschlages von 10 % abgerechnet.
(d) Der Pflichtbeitrag des Angestellten zur Anwaltskammer wird von der Sozietät getragen.
(e) Die Sozietät erstattet dem Angestellten die ihm durch Dienstreisen entstehenden Spesenaufwendungen nach den jeweils geltenden steuerlichen Sätzen.
(f) Als freiwillige Leistung wird in Abhängigkeit von der Geschäftslage und der persönlichen Leistung des Angestellten im März eines jeden Jahres festgelegt, ob und in welcher Höhe dem Angestellten für das Vorjahr ein Bonus gezahlt wird. Auch bei wiederholter Zahlung besteht hierauf weder nach Grund noch Höhe für die Zukunft ein Rechtsanspruch. Das gilt unabhängig davon, wie oft die Zahlung in der Vergangenheit bereits erbracht worden ist.

§ 5 Urlaub

Der Jahresurlaub beträgt 25 Arbeitstage.

§ 6 Arbeitsverhinderung

Ist der Angestellte an der Arbeitsleistung gehindert, sei es infolge Arbeitsunfähigkeit oder aus anderen Gründen, so hat er die Sozietät unverzüglich zu informieren und gleichzeitig auf etwaige dringende oder fristgebundene Arbeiten hinzuweisen. Das gilt auch, falls eine Arbeitsverhinderung länger andauert als ursprünglich angekündigt. Unabhängig hiervon hat der Angestellte im Falle der Arbeitsunfähigkeit gem. § 5 EFZG nach drei Krankheitstagen am ersten darauffolgenden Arbeitstag eine ärztliche Arbeitsunfähigkeitsbescheinigung vorzulegen.

§ 7 Zulassung zur Anwaltschaft

(a) Der Angestellte wird seine Zulassung zur Rechtsanwaltschaft spätestens nach Ablauf der Probezeit beantragen.
(b) Der Name des Angestellten wird nach seiner Zulassung und nach Ablauf der Probezeit auf dem Praxisschild, den Drucksachen und den Stempeln der Sozietät ergänzt werden.

§ 8 Nebentätigkeiten

(a) Der Angestellte darf in den Räumen der Sozietät eine Nebentätigkeit weder vor noch nach seiner Zulassung ausüben. Treten Mandanten an die Sozietät heran, müssen Mandatsverträge mit ihnen unter Beachtung von § 2 (b) im Namen der Sozietät abgeschlossen werden.
(b) Nach seiner Zulassung kann der Angestellte außerhalb der Sozietät Mandate im eigenen Namen und auf eigene Rechnung annehmen, allerdings nur nach Zustimmung der Sozietät. Die Zustimmung wird erteilt, wenn eine mögliche Interessenkollision ausgeschlossen ist und auch sonst keine berechtigten Belange der Sozietät entgegenstehen.
(c) Soweit in zugelassenen Eigenmandaten Tätigkeiten innerhalb der Bürostunden notwendig werden, wird der Angestellte von der Arbeit unter anteiliger Kürzung seines Gehaltes freigestellt, wenn und soweit keine berechtigten Belange der Sozietät entgegenstehen.

§ 9 Haftpflichtfragen

(a) Die Sozietät schließt für den Angestellten eine Berufshaftpflichtversicherung für den Fall der Haftung wegen Vermögensschäden ab. Der Angestellte verpflichtet sich, im Rahmen seiner Zulassung zur Anwaltschaft eine eigene Versicherung abzuschließen, die der der Mitglieder der Sozietät entspricht. Die Kosten der Versicherung werden von der Sozietät getragen.
(b) Im Schadensfall trägt die Sozietät die Selbstbeteiligung des Angestellten. Im Falle einer vorsätzlichen Pflichtverletzung ist ein Rückgriff auf den Angestellten möglich.

§ 10 Sozietätsaufnahme

Die Sozietät wird nach Ablauf von spätestens drei Jahren eine Entscheidung darüber treffen, ob der Angestellte als Mitglied in die Sozietät aufgenommen wird. Im Falle der Sozietätsaufnahme ist der Angestellte verpflichtet, vorhandene Eigenmandate der Sozietät zuzuführen.

§ 11 Beendigung des Arbeitsverhältnisses

(a) Die ersten sechs Monate des Arbeitsverhältnisses gelten als Probezeit, während derer das Arbeitsverhältnis mit einer Frist von zwei Wochen gekündigt werden kann.
(b) Danach kann das Arbeitsverhältnis mit einer Frist von vier Wochen zum Monatsende gekündigt werden.
(c) Eine Kündigung vor Vertragsantritt ist ausgeschlossen.

§ 12 Verschwiegenheitspflicht

Der Angestellte ist über die anwaltliche Verschwiegenheitsverpflichtung hinaus während des Anstellungsverhältnisses und nach seiner Beendigung verpflichtet, über vertrauliche Geschäfts- und Mandantenangelegenheiten einschließlich der mit ihm getroffenen Vereinbarungen Stillschweigen zu bewahren. Wenn und soweit die nachvertragliche Verschwiegenheitspflicht den Angestellten in

C.3 MUSTERARBEITSVERTRAG <- DIE FREMDE KANZLEI

seinem beruflichen Fortkommen unangemessen behindert, hat er einen Anspruch gegen die Sozietät auf Freistellung von der Verschwiegenheitspflicht.

_____, den

_____ _____
(Mitglieder der Sozietät) (Angestellter)

Hinweis: Im vorangehenden Abschnitt sind eine Reihe von Anmerkungen zur Vertragsgestaltung im Einzelnen enthalten. Deren Lektüre wird vor einer schlichten Verwendung des vorliegenden Formulartextes empfohlen.

D. Die ersten 100 Tage

D.1 Und in Zukunft: Der elektronische Rechtsverkehr

Rechtsanwalt und Fachanwalt für Arbeits- und Sozialrecht Martin Schafhausen, Frankfurt am Main • Vorsitzender des Ausschusses Elektronischer Rechtsverkehr des DAV

Was es zu erreichen gilt, ist schnell berichtet. Spätestens zum 1.1.2022[1] sind Rechtsanwältinnen und Rechtsanwälte verpflichtet, ausschließlich elektronisch mit den Gerichten zu kommunizieren. Das Prozessrecht schreibt dabei vor, was „sichere Übermittlungswege" sind (etwa § 130a ZPO)[2]. Neben der benutzerauthentifizierten De-Mail (§ 130a Abs. 4 Nr. 1 ZPO) ist dies für den anwaltlichen Bereich vor allem die Kommunikation über das beA, das „besondere elektronische Anwaltspostfach", das die Bundesrechtsanwaltskammer für jede Rechtsanwältin und jeden Rechtsanwalt einrichtet (§ 31a Abs. 1 BRAO). Die Geschichte des elektronischen Rechtsverkehrs ist lang, aber schnell erzählt; die Geschichte des beA ist dagegen kurz, aber doch sehr facettenreich.

Bereits seit 2002 besteht die Möglichkeit, elektronisch mit den Gerichten (und wenigen Behörden) zu kommunizieren. Die Nutzerzahlen waren gering und stagnierten. Um dies zu ändern, brachten sowohl einige Bundesländer als auch die Bundesregierung Gesetzesentwürfe zur Förderung des elektronischen Rechtsverkehrs, die sich in wenigen Nuancen unterschieden, in den Bundestag ein. Das Gesetz zur Förderung des elektronischen Rechtsverkehrs mit den Gerichten wurde im Oktober 2013 verkündet[3] und trat in der Folgezeit gestuft in Kraft. Neben prozessrechtlichen Regelungen war, zumindest in ersten Regelungen, vorgesehen, dass die Bundesrechtsanwaltskammer für jede Rechtsanwältin und für jeden Rechtsanwalt ein beA einrichten sollte. Zunächst war dabei vorgesehen, dass zum 1.1.2016 das System, das Postfach zur Nutzung zu Verfügung stehen sollte. Im Herbst 2015 nahm die Diskussion über eine (passive) Nutzungspflicht, also die Frage, ob Rechtsanwältinnen und Rechtsanwälte verpflichtet sein könnten, das Postfach vor dem 1.1.2018 abzufragen und eingehende Post zur Kenntnis zu nehmen, zu. Einige Rechtsanwälte strengten vor dem Anwaltsgerichtshof in Berlin (Eil-)Verfahren mit dem Ziel an, der BRAK zu untersagen, für sie (ohne ihre Zustimmung) solche Postfächer einzurichten.[4] Zuvor hatte die BRAK mitgeteilt, aus technischen Gründen die Postfächer nicht zum 1.1.2016 freischalten zu können.[5] Der in einem dieser Verfahren abgeschlossene Vergleich, wurde von der Bundesrechtsanwaltskammer widerrufen.[6] Daraufhin entsprach der AGH einem Eilantrag und

---

1 Art. 24 Abs. 2 Gesetz zur Förderung der elektronischen Kommunikation mit den Gerichten sieht vor, dass Bundesländer abweichend hiervon die Verpflichtung, ausschließlich elektronisch mit den Gerichten zu kommunizieren, auf den 1. Januar 2020 vorziehen können.
2 Die Regelungen verstehen „sicher" dabei in dem Sinne, dass der Benutzer oder die Benutzerin authentifiziert ist und Post, die über diesen Weg verschickt wird, nicht mit einer qualifizierten elektronischen Signatur zu versehen ist.
3 Gesetz v. 10.10.2013 (BGBl. I S. 3786).
4 Zu diesen Verfahren und zur Nutzungspflicht etwa *Reiling*, Der Streit um das beA, AnwBl 2016, 409; *Werner/Oberste-Dommes*, Keine Überwachungspflicht für beA ohne Erstregistrierung - BRAK überschreitet ihre gesetzlichen Befugnisse bei der Art der Einrichtung des beA, AnwBl 2016, 21.
5 Presseerklärung der BRAK vom 20.11.2015, https://www.brak.de/fuer-journalisten/pressemitteilungen-archiv/2015/presseerklaerung-20-2015/ (abgerufen am 28.6.2018).
6 Presseerklärung der BRAK vom 15.3.106, https://www.brak.de/fuer-journalisten/pressemitteilungen-archiv/2016/presseerklaerung-2-2016/ (abgerufen am 28.6.2018).

D.1 Und in Zukunft: Der elektronische Rechtsverkehr

verpflichtete die Bundesrechtsanwaltskammer, das Postfach des Antragstellers nicht ohne seine Zustimmung einzurichten.[7] Da nach Angaben der Bundesrechtsanwaltskammer eine Differenzierung der Postfächer nicht möglich sein sollte, blieben alle Postfächer offline. Nachdem der Gesetz- und Verordnungsgeber in der BRAO und der Rechtsanwaltsverzeichnis- und -postfach-Verordnung die Frage der passiven Nutzungspflicht klarer geregelt hatte, hob der 2. Senat des AGH Berlin seine Entscheidung aus Sommer 2016 wieder auf.[8] Die Bundesrechtsanwaltskammer nahm Ende November 2016 das Postfach in Betrieb.[9] Zum 1.1.2018 sollten die Rechtsanwältinnen und Rechtsanwälte nun verpflichtet sein, ihre Postfächer „passiv" zu nutzen, alle Gerichte in Deutschland zu diesem Zeitpunkt empfangsbereit zu sein.

Die Bestellung der für den Zugriff auf die Postfächer erforderlichen beA-Karten und der Lesegeräte verlief schleppend. Im Dezember 2017 hatten bestenfalls die Hälfte der Rechtsanwältinnen und Rechtsanwälte, die wenige Wochen später Zugriff auf ihre Postfächer haben sollten, die erforderliche Hardware beschafft und/oder ihre Postfächer erstregistriert.

Am Morgen des 22.12.2017 überraschte die Bundesrechtsanwaltskammer mit dem Hinweis, ein Zertifikat sei abgelaufen, der Zugriff auf die Postfächer zurzeit nicht möglich. Tatsächlich hatten Mitglieder des Chaos Computer Clubs die Client Security, ein kleines Programm, das lokal für die Kommunikation mit den beA-Servern erforderlich ist, untersucht und festgestellt, dass, technisch bedingt, auch der private Schlüssel eines Zertifikats auslesbar war, was notwendigerweise zum Widerruf des Zertifikats führte. Mit einem im Laufe des Nachmittags zu Verfügung gestellten Ersatz wurden jedoch so große Sicherheitsrisiken für die Arbeitsplätze, auf denen die Client Security installiert war, verbunden, dass die Bundesrechtsanwaltskammer am 23.12.2017 das gesamte System offline nahm. In der Folgezeit entbrannte eine Diskussion um die Sicherheit der Postfächer.[10] Die Bundesrechtsanwaltskammer gab bei der Secunet Deutschland AG ein Sicherheitsgutachten in Auftrag, das am 27.6.2018 veröffentlicht wurde.[11] Nachdem einige Fehler (Kategorie A und B) des neuprogrammierten Client Security behoben worden waren, steht das Programm, das man zumindest für die Inbetriebnahme des Postfachs benötigt, seit dem 4.7.2018 wieder zum Download zu Verfügung.[12] Nach der Beseitigung aller betriebsverhindernder und fast aller betriebsbehindernder Fehler soll ab dem 3.9.2018 ein Zugriff auf die Postfächer wieder möglich sein. Bundesrechtsanwaltskammer und DAV setzen sich dafür ein, dass zunächst

---

7   AGH Berlin Beschl. v. 6.6.2016, AnwBl Online 2016, 509.
8   AGH Berlin Beschl. v. 25.11.2016, AnwBl Online 2017, 9.
9   Presseerklärung der BRAK vom 28.11.2016, https://www.brak.de/fuer-journalisten/pressemitteilungen-archiv/2016/presserklaerung-17-2016/ (abgerufen am 28.6.2018)
10 Vgl etwa die Initiativstellungnahme des DAV zum beA: https://anwaltverein.de/de/newsroom/sn-5-18-initiativ-stellungnahme-zum-bea-76246 (abgerufen am 8.7.2018; Lührig, Die BRAK sagt beA-Start zum zweiten Mal ab – beA nicht sicher und daher offline, https://anwaltsblatt.anwaltverein.de/de/news/die-brak-sagt-bea-start-zum-zweiten-mal-ab-bea-nicht-sicher-und-daher-offline (abgerufen am 8.7.2018); Veranstaltung der davit vom 1.2.2018, Livestream: https://www.youtube.com/watch?v=_qsoEVn8tBA (abgerufen am 8.7.2018).
11 https://www.brak.de/fuer-journalisten/pressemitteilungen-archiv/2018/presseerklaerung-18-2018/ (abgerufen am 8.7.2018); dazu auch Lührig, BRAK veröffentlicht Sicherheitsgutachten zum beA und Fahrplan zum Neustart, https://anwaltsblatt.anwaltverein.de/de/news/-BRAK-ver%C3%B6ffentlicht-Sicherheitsgutachten-und-Fahrplan-beA-Neustart (abgerufen am 8.7.2018).
12 https://www.bea-brak.de/bea/index.xhtml?dswid=8809 (abgerufen am 8.7.2018).

D.1 Und in Zukunft: Der elektronische Rechtsverkehr

der Zugriff testweise möglich sein soll und die sog. passive Nutzungspflicht die Rechtsanwältinnen und Rechtsanwälte verpflichtet, regelmäßig das Postfach auf eingehende Post zu kontrollieren, erst einige Wochen später in Kraft tritt.[13]

I. Zeitplan – Ziel fast erreicht

Einen Überblick über den Zeitplan der Einführung des elektronischen Rechtsverkehrs vermittelt der DAV auf seiner Homepage digitale anwaltschaft.[14] Ein Meilenstein der Einführung des elektronischen Rechtsverkehrs sollte der 1.1.2018 sein. Zu diesem Zeitpunkt sollte jeder Rechtsanwalt und jede Rechtsanwältin verpflichtet sein, die für die Nutzung des beA erforderlichen technischen Einrichtungen vorzuhalten sowie Zustellungen und den Zugang von Mitteilungen über das besondere elektronische Anwaltspostfach zur Kenntnis zu nehmen (§ 31 a Abs. 6 BRAO). Diese passive Nutzungspflicht wird nun aber erst nach der Wiederinbetriebnahme der Postfächer greifen.

Zum 1.1.2022 ist vorgesehen, dass nur noch elektronisch mit den Gerichten kommuniziert werden soll.[15] Zum 1.1.2018 waren auch alle Gerichte in Deutschland elektronisch zu erreichen. Die Umsetzung des elektronischen Rechtsverkehrs war dabei noch ganz unterschiedlich. Während nicht wenige Gerichte von der Möglichkeit der elektronischen Kommunikation im Januar 2018 noch nichts gehört zu haben schienen, warteten andere Gerichte, gerade aus den Fachgerichtsbarkeiten, darauf, mit den Rechtsanwältinnen und Rechtsanwälten, die ja zum 1.1.2018 über ihre beAs elektronisch erreichbar sein sollten, tatsächlich auch elektronisch zu kommunizieren. Dort sollten also Schriftsätze von Rechtsanwältinnen und Rechtsanwälten nicht nur elektronisch empfangen werden, sondern der elektronische Rechtsverkehr auch aktiv genutzt werden um Verfügungen, Schriftsätze der anderen Verfahrensbeteiligten, aber auch Urteile und Beschlüsse elektronisch versendet werden.

In Zukunft wird es möglich sein, Einsicht in Gerichts- (und Verwaltungs-)akten elektronisch zu nehmen. Insbesondere dann, wenn auch die Gerichtsakten elektronisch geführt werden[16], kann so der Zugriff auf diese Akten beschleunigt werden, die elektronische Weiterbearbeitung dieser Daten wird so erleichtert.

---

13 BRAK: https://www.brak.de/fuer-journalisten/pressemitteilungen-archiv/2018/presseerklaerung-19-2018/ (abgerufen am 8.7.2018); DAV: Stellungnahme 28/18: Zum besonderen elektronischen Anwaltspostfach, https://anwaltverein.de/de/newsroom/sn-28-18-zum-besonderen-elektronischen-anwaltspostfach (abgerufen am 8.7.2018); im Zeitpunkt der Drucklegung spricht sehr viel dafür, dass es eine Testphase nicht geben wird.
14 https://digital.anwaltverein.de/de/; Zeitplan: https://digital.anwaltverein.de/de/elektronischer-rechtsverkehr/wann.
15 Vgl dazu etwa § 130 d ZPO i.d.F. des Gesetzes zur Förderung der elektronischen Kommunikation mit den Gerichten; Art. 24 Abs. 2 Gesetz zur Förderung der elektronischen Kommunikation mit den Gerichten sieht vor, dass Bundesländer abweichend hiervon die Verpflichtung, ausschließlich elektronisch mit den Gerichten zu kommunizieren, auf den 1.1.2020 vorziehen können. Entsprechende Regelungen finden sich in den anderen Gerichtsverfahrensgesetzen.
16 Vgl dazu das Gesetz zur Einführung der elektronischen Akte in der Justiz und zur weiteren Förderung des elektronischen Rechtsverkehrs vom 5.7.2017 (BGBl. I S. 2208).

D.1 Und in Zukunft: Der elektronische Rechtsverkehr

II. Rechtsgrundlagen lesen

Gesetzeskunde erleichtert die Rechtsfindung! Wer wurde nicht im ersten Semester mit diesem Allgemeinplatz an der Uni malträtiert? Er ist wohl schon im Allgemeinen nicht so ganz falsch, ganz richtig ist die Aufforderung, sich mit den gesetzlichen Grundlagen aber, wenn es um den elektronischen Rechtsverkehr geht. Der elektronische Rechtsverkehr bringt nicht nur in technischer, sondern gerade auch in prozessrechtlicher Hinsicht einige Änderungen, die nicht nur für Berufseinsteiger und Berufseinsteigerinnen, sondern auch für Berufsträgerinnen und Berufsträger, die auf eine langjährige Prozesserfahrung zurückblicken können, eine Herausforderung darstellen.[17] Das Nebeneinander berufs- und prozessrechtlicher Regelungen macht den Einstieg dabei nur auf den ersten Blick schwierig:

- Die wesentlichen berufsrechtlichen Regelungen über das beA finden sich zunächst in **§ 31 a BRAO**. Die Bundesrechtsanwaltskammer wird etwa verpflichtet, für jeden im Gesamtverzeichnis eingetragenes Mitglied einer Rechtsanwaltskammer ein besonderes elektronisches Postfach empfangsbereit ein (§ 31 a Abs. 1 S. 1 BRAO). Der Zugang zu diesen Postfächern soll nur durch ein sicheres Verfahren möglich sein, das zwei unabhängig voneinander bestehende Sicherungsmittel verwendet. Für den Zugriff auf das Postfach werden daher entweder eine beA-Karte und eine PIN genutzt oder ein Software-Zertifikat und eine PIN.[18] Die Möglichkeit, unterschiedlich ausgestaltete Zugangsberechtigungen vorzusehen (§ 31 a Abs. 3 S. 3 BRAO). Es finden sich Regelungen zum Löschen der Postfächer und der Möglichkeit, auch für eine „weitere Kanzlei" ein Postfach einrichten zu lassen.
  § 31 a Abs. 6 BRAO regelt die passive Nutzungspflicht. Danach haben Rechtsanwältinnen und Rechtsanwälte (ab dem 1.1.2018), die für die Nutzung des beA erforderlichen technischen Einrichtungen vorzuhalten und Zustellungen und den Zugang von Mitteilungen zur Kenntnis zu nehmen. Zur regelmäßigen, aber zumindest täglichen Routine, wird es gehören, das Postfach selbst oder durch eine Mitarbeiterin oder einen Mitarbeiter auf Posteingang zu kontrollieren. Erleichtert wird dies dadurch, dass man bei der Erstregistrierung und auch später, im Postfach eine E-Mail-Adresse hinterlegen kann, an die die Mitteilung verschickt wird, man habe in seinem beA einen Posteingang.[19]
- Daneben finden sich auch in der **Rechtsanwaltsverzeichnis- und -postfachverordnung**[20] wichtige Regelungen über die Führung, Einrichtung und Erstanmeldung der Postfächer in den §§ 19ff RAVPV. Geregelt war bis zum 31.12.2017, dass eine Nutzungspflicht erst bestehen konnte, nachdem man seine Empfangsbereitschaft bekannt gegeben hatte. Wichtig sind die Regelungen zur Erstanmeldung (§ 22 RAVPV), zu den weiteren Nutzungsberechtigungen, etwa des anwaltlichen Fachpersonals oder von Kolleginnen und Kollegen in Berufsausübungsgemeinschaften (§ 23 RAVPV), den Zugang

---

17 Einiges spricht dafür, dass sich gerade Berufseinsteigerinnen und Berufseinsteiger von vornherein mit dem elektronischen Rechtsverkehr befassen und ihre Arbeitsweise hierauf einstellen.
18 Der Zugang mit Software-Zertifikat und PIN eröffnet nicht alle Funktionsmöglichkeiten des Postfachs, siehe dazu http://bea.brak.de/faq-zur-nutzung-des-bea/bea-karten-chipkartenlesegeraete-und-signaturkarten/.
19 Das Hinterlegen einer solchen Adresse empfiehlt sich sehr.
20 V. 23.9.2016 (BGBl. I S. 2167); zuletzt geändert durch Art. 19 des Gesetzes v. 12.5.2017 (BGBl. I S. 1121).

D.1 Und in Zukunft: Der elektronische Rechtsverkehr

zum Postfach (§ 24 RAVPV) und die Regelungen über die Bestellung von Vertretern[21], von Abwicklern und Zustellungsbevollmächtigten (§ 25 RAVPV). Dass Post, die an das Postfach einer Rechtsanwältin oder eines Rechtsanwalts verschickt wird, auch an Dritte weitergeleitet werden kann, wenn dies so im anwaltlichen Postfach administriert wurde oder die Bundesrechtsanwaltskammer solche Vertretungsregelungen geschaffen hat, hat technisch dazu geführt, dass die Kommunikation auf den Servern der BRAK über ein sog. HSM erfolgt. In dieser technischen Einrichtung werden Nachrichten, die von dem Versender nur an einen Empfänger oder eine Empfängerin adressiert wurde, umgeschlüsselt. Die Bundesrechtsanwaltskammer nutzt dabei private Zertifikatsschlüssel, die den einzelnen Postfächern zugeordnet sind. Um die technische Umsetzung dieser verordnungsrechtlichen Anordnung besteht Streit. Mit Recht wird eingewandt, dass es sich bei der Kommunikation über das beA nicht um eine Ende zu Ende-Verschlüsselung handeln könne. Mit Unterstützung der Gesellschaft für Freiheitsrechte führen einige Kolleginnen und Kollegen vor dem Anwaltsgerichtshof Berlin einen Rechtsstreit gegen die Bundesrechtsanwaltskammer, da sie der Auffassung sind, dass u.a. berufsrechtlich eine Verpflichtung zur Ende zu Ende-Verschlüsselung bestehe.[22]

§ 27 RAVPV regelt wann und in welchem Verfahren die Bundesrechtsanwaltskammer Nachrichten, die in das Postfach gelangt sind, löschen kann. Das beA ist kein Nachrichtenarchiv, sondern ein Kommunikationsmittel. Die Anwender und Anwenderinnen müssen daher dafür Sorge tragen, dass die eingehenden Nachrichten, wie auch die Nachrichten, die aus dem Postfach verschickt werden, außerhalb des Postfachs archiviert werden.

- Wichtige Regelungen für die Nutzung der Postfächer finden sich schließlich in der **Elektronischer-Rechtsverkehr-Verordnung – ERVV**.[23] Geregelt werden insoweit, für den anwaltlichen Bereich wichtig, die technischen Rahmenbedingungen des elektronischen Rechtsverkehrs. Vorgesehen ist, dass die elektronischen Dokumente in druckbarer, kopierbarer und, soweit technisch möglich, durchsuchbarer Form im Dateiformat PDF zu übermitteln sind (§ 2 Abs. 1 S. 1 ERVV), ausnahmsweise kommt eine Übermittlung im tiff-Format in Betracht, wenn die bildlichen Darstellungen im Dateiformat PDF nicht verlustfrei wiedergegeben werden können (§ 2 Abs. 1 S. 2 ERVV). Näheres regelt eine Rechtsverordnung nach § 5 Abs. 1 Nr. 1 ERVV. In Zukunft wird es also nicht ausreichen, eingescannte Dokumente einzureichen. Es muss sichergestellt werden, dass eine texterkannte PDF eingereicht wird. Der Dateiname soll den Inhalt des elektronischen Dokuments schlagwortartig umschreiben und bei der Übermittlung mehrerer elektronischer Dokumente eine logische Nummerierung enthalten (§ 2 Abs. 2 ERVV).[24] Dem Dokument ist schließlich ein strukturierter Datensatz anzufügen, dem für das Gericht wichtige Infor-

---

21   Etwa während Urlaub oder Krankheit.
22   Siehe dazu die Pressemitteilung der GFF https://freiheitsrechte.org/pm-bea-klage-eingereicht/ (abgerufen am 8.7.2018); *Härting* dagegen verneint die Frage, nur mit e2e-verschlüsselten E-Mails mit den Mandanten kommuniziert werden darf, *Härting*, Verschlüsselungspflicht für Anwälte? Intersoft sorgt für Verwirrung, https://www.cr-online.de/blog/2018/02/06/verschluesselungspflicht-fuer-anwaelte-intersoft-sorgt-fuer-verwirrung/ (abgerufen am 19.07.2018).
23   V. 24.11.2017 (BGBl. I S. 3803); zuletzt geändert durch Art. 1 der Verordnung v. 9.2.2018 (BGBl. I S. 200).
24   ZB 20180708_00_klageschrift, 20180708_01_bescheid (Anlage 1), 20180708_widerspruchsbescheid (Anlage 2).

D.1 Und in Zukunft: Der elektronische Rechtsverkehr

mationen zu entnehmen ist. Die Weboberfläche des beA bietet die Möglichkeit, einen solchen strukturierten Datensatz zu erstellen.

III. Und was muss man nun tun?

Jeder Rechtsanwalt und jede Rechtsanwältin erhält von der Bundesrechtsanwaltskammer eine **beA-Karte**. Schon zugelassene Rechtsanwälte und Rechtsanwältinnen haben bereits vor langer Zeit schriftlich Zugangsdaten[25] erhalten mit denen über den Onlineshop der Bundesnotarkammer[26] die beA-Karte bestellt werden kann. Neu zugelassene Rechtsanwältinnen und Rechtsanwälte sollen mit ihrer Zulassung eine beA-Karte bestellen. Mit der Eintragung in das (anwaltliche) Gesamtverzeichnis soll die Bundesrechtsanwaltskammer das beA auch für diesen Personenkreis empfangsbereit eingerichtet werden (§ 21 Abs. 1 S. 2 BRAO).

Die Bundesnotarkammer bietet verschiedene Typen der beA-Karte an. Neben einer beA-Karte Basis, mit der das Postfach im vollen Umfang genutzt werden kann, mit der aber qualifizierte elektronische Signaturen angebracht werden können, kann die beA-Karte Signatur bestellt werden, mit der eine qeS angebracht werden kann. Zwar ist es nach den gesetzlichen Vorgaben ab Januar 2018 nicht mehr erforderlich, (bestimmende) Schriftsätze mit einer qeS zu versehen, wenn Nachrichten an Gerichte von einer Rechtsanwältin oder einem Rechtsanwalt aus dem eigenen Postfach verschickt werden, da es sich bei der Übermittlung aus dem beA dann um einen sicheren Übermittlungsweg iSd prozessualen Regelungen handelt, da aber mit der qeS weitere Vorteile verbunden sind, etwa die Möglichkeit, den Nachweis führen zu können, dass das Dokument nicht verändert wurde, empfiehlt es sich, die beA-Karte Signatur zu bestellen (und den etwas aufwändigen Authentifizierungsprozess zu durchlaufen). Daneben wird auch eine Mitarbeiterkarte angeboten, mit der sich nichtanwaltliche Mitarbeiterinnen und Mitarbeiter in das Postfach eines Berufsträgers oder einer Berufsträgerin anmelden können. Für die Anmeldung in das Postfach kann später schließlich ein Softwarezertifikat verwendet werden. Da über die Karte und/oder das Softwarezertifikat die Anmeldung in das beA vorzunehmen ist, empfiehlt es sich regelmäßig, eine Ersatzkarte vorzuhalten.

Neben der beA-Karte ist ein Kartenlesegerät zu nutzen. Kartenlesegeräte können etwa über den Shop der Bundesnotarkammer bestellt werden. Die Bundesrechtsanwaltskammer listet geeignete Geräte auf.[27]

Daneben ist auch ein internetfähiger PC erforderlich.

---

25 Diese SAFE-ID kann auch über das (anwaltliche) Gesamtverzeichnis abgerufen werden: https://www.bea-brak.de/bravsearch/search.brak (abgerufen am 18.7.2018).
26 https://bea.bnotk.de/bestellung/#/products (abgerufen am 18.7.2018). Über diese Seite können auch nach der Einrichtung des Postfachs weitere Karten bestellt und administriert werden.
27 http://bea.brak.de/was-muss-man-jetzt-tun/technische-ausstattung-beschaffen/unterstuetzte-signaturkarten-und-chipkartenlesegeraete/ (abgerufen am 18.7.2018).

D.1 Und in Zukunft: Der elektronische Rechtsverkehr

Das beA kann selbstverständlich ohne Anwaltssoftware genutzt werden. Der Zugriff auf das Postfach ist über (nahezu) jeden Webbrowser möglich. Bei der Nutzung von Windows 10 muss jedoch ein anderer Browser als der vorinstallierte Webbrowser Edge genutzt werden. Die Einbindung des beA in eine Anwaltssoftware kann aber den Umgang mit dem elektronischen Rechtsverkehr erleichtern. Gerade Berufsanfängerinnen und Berufsanfänger sollten in Erwägung ziehen, von vornherein, entsprechende Software, die aber kostenpflichtig sind, zu nutzen.

Um noch nicht in elektronisch Form vorliegende Dokumente, die an das Gericht oder andere Kommunikationspartner weitergeleitet werden sollen, zu erfassen, muss in Erwägung gezogen werden, einen Scanner anzuschaffen. Häufig haben aber Kopierer schon eine Scanfunktion, die dadurch genutzt werden kann. § 2 ERVV beschreibt die Anforderungen an die Dokumente, die an die Gerichte über das beA versendet werden können. Dabei ist vorgesehen ist, dass elektronische Dokument in druckbarer, kopierbarer und, soweit technisch möglich, durchsuchbarer Form im Dateiformat PDF zu übermitteln sind. Da Scanner häufig Text noch nicht automatisch erkennen, wird auch eine OCR-Software zur Anwendung kommen.

IV. Wie kann man sich informieren?

Sowohl die Bundesrechtsanwaltskammer – http://bea.brak.de/ – als auch der DAV – https://digital.anwaltverein.de/de/ – bieten auf ihrer Homepage Informationen über den elektronischen Rechtsverkehr und das beA an. Wichtige Informationen bietet auch das Justizportal – https://justiz.de/index.php.

Sowohl die Bundesrechtsanwaltskammer – https://www.brak.de/bea-newsletter/abo/ – als auch die Justizverwaltung – https://egvp.justiz.de/meldungen/newsletter/index.php – bieten Newsletter an, die wichtige Informationsmöglichkeiten bieten. Insbesondere werden dort technische Schwierigkeiten, Ausfälle und dergleichen dokumentiert.

Der eine oder andere Blog kann als Informationsquelle genutzt werden. Hervorzuheben ist etwa der Blog von RiLSG Müller – http://ervjustiz.de/ –, mit (zivil-)prozessualen Fragen befasst sich RiAG Windau – http://www.zpoblog.de/ – , dabei immer wieder auch mit dem ERV.

V. Mit wem kommuniziere ich mit meinem beA

§ 177 Abs. 2 Nr. 7 BRAO ordnet an, dass es der Bundesrechtsanwaltskammer obliegt, die elektronische Kommunikation der Rechtsanwälte mit Gerichten, Behörden und sonstigen Dritten zu unterstützen. Dass das beA vor allem der Kommunikation zwischen Rechtsanwältinnen und Rechtsanwälten und den Gerichten (und Behörden) im Rahmen des elektronischen Rechtsverkehrs dienen soll, liegt auf der Hand. Schon die anwaltliche Kommunikation untereinander über die besonderen elektronischen ist zunächst eine, wenn auch nahe-

D.1 Und in Zukunft: Der elektronische Rechtsverkehr

liegende Option. Durch die Kompetenznorm sieht sich die Bundesrechtsanwaltskammer aber von vornherein auch in der Verpflichtung, die elektronische Kommunikation mit anderen, nichtanwaltlichen Dritten, also vor allem Mandanten und Mandantinnen möglich zu machen. Die Postfächer bekamen die Rolle „buerger-rueck" zugewiesen, damit waren alle be-As auch aus dem EGVP-Client und Nachfolgeprodukten, die auf Anwenderseite die Nutzung des elektronischen Rechtsverkehrs ermöglichten, erkenn- und adressierbar. Waren Einzelheiten zunächst nicht geregelt, sieht nunmehr § 19 Abs. 2 RAVPV, dass das besondere elektronische Anwaltspostfach auch der elektronischen Kommunikation mit anderen Personen oder Stellen dienen kann. Da sich herausgestellt hat, dass ein Sicherheitsrisiko dadurch besteht, dass man Postfächer, die für diese Kommunikation geeignet sind, einrichten kann, ohne eine Benutzerauthentifizierung durchgeführt zu haben, sollen Änderungen vorgenommen werden, die diese Authentifizierung vorsehen. Bis dahin soll eine solche Nutzung zunächst nicht möglich sein.[28]

---

[28] Schreiben des Präsidenten der Bundesrechtsanwaltskammer an die Präsidentinnen und Präsidenten der Rechtsanwaltskammern vom 26.6.2018, S. 6 unter Bezugnahme auf das secunet-Gutachten, file:///C:/Users/User/Desktop/pe-18-anlage2.pdf und https://www.brak.de/w/files/04_fuer_journalisten/presseerklaerungen/pe-18-anlage1.pdf; damit kommt die Bundesrechtsanwaltskammer einer Forderung nach, die der DAV wiederholt geäußert hat.

D.2 Das rechtsschutzversicherte Mandat

Rechtsanwältin und Notarin Edith Kindermann, Bremen • Vizepräsidentin des DAV, Vorsitzende des Ausschusses RVG und Gerichtskosten, Mitglied im Ausschuss Versicherungsrecht des DAV

Die Tätigkeit für rechtsschutzversicherte Mandanten ist aus der anwaltlichen Praxis nicht wegzudenken. Umso wichtiger ist es, sich die Strukturen der verschiedenen Vertragsverhältnisse vor Augen zu halten, um den Interessen der Beteiligten gerecht zu werden. Im Rahmen dieser Darstellung können dabei nur einige allgemeine Grundzüge dargestellt werden. Es ist jedoch unerlässlich, sich bei der Mandatsbearbeitung mit Einzelfragen vertraut zu machen.

Bei sämtlichen Fragen zur Rechtsschutzversicherung ist zu beachten, dass zwischen den Beteiligten (Mandant/Versicherungsnehmer – Rechtsanwalt – Rechtsschutzversicherung) ein Dreiecksverhältnis vorliegt.

Vertragliche Schuldverhältnisse bestehen hier in aller Regel nur zwischen dem Mandanten und seinem Rechtsanwalt einerseits und dem Versicherungsnehmer und seiner Versicherung andererseits.

Unmittelbare vertragliche Beziehungen zwischen dem Rechtsanwalt und der Rechtsschutzversicherung kommen nur in Betracht, wenn die Rechtsschutzversicherung einen Schuldbeitritt erklärt.

Am Beginn des Mandats steht die Frage, welchen Auftrag der Mandant dem Rechtsanwalt erteilt, insbesondere, ob ein Mandat in der Hauptsache nur erteilt werden soll, wenn und soweit die Rechtsschutzversicherung eintritt oder ob der Mandant in jedem Fall das Mandat erteilen will und dieses nicht von einer Kostendeckungszusage abhängt. In der Rechtsprechung wird die Auffassung vertreten, dass ein rechtsschutzversicherter Mandant den Auftrag im Zweifel nur dann in der Hauptsache erteilen will, wenn und soweit die Rechtsschutzversicherung eintritt.[1]

Sofern der Mandant sich nicht bereits selbst an seine Rechtsschutzversicherung gewendet und eine Kostendeckungszusage erhalten hat, stellt sich die Frage, ob der Mandant selbst den Kontakt zur Rechtsschutzversicherung aufnimmt oder ob dies durch den Rechtsanwalt geschieht. Übernimmt der Rechtsanwalt die Aufgaben, stellt sich die Frage, welche „versicherungsrechtliche Position" er hierdurch für den Mandanten übernimmt, insbesondere ob er dadurch zum Repräsentanten des Mandanten wird und diesem etwaige Versehen des Rechtsanwalts zugerechnet werden können. Während in der Literatur häufig die Auffassung zu lesen ist, dass der Rechtsanwalt tatsächlich durch die Tätigkeit im Zusammenhang mit der Einholung der Kostendeckungszusage zum Repräsentanten des Mandanten werde,

---

[1] OLG Nürnberg NJW-RR 1989, 1370; OLG München AGS 2012, 58.

spricht dogmatisch alles dafür, dass dies nicht der Fall ist.[2] Durch die Einholung der Kostendeckungszusage verlagert der Mandant nicht die versicherte Gefahr.

Gleichwohl sollte der Rechtsanwalt darüber informiert sein, welche Obliegenheiten den Mandanten in dessen Eigenschaft als Versicherungsnehmer nach dem Rechtsschutzversicherungsvertrag treffen, damit er nicht eine Pflichtverletzung begeht, die letztlich im Verhältnis zum Mandanten dazu führt, dass dieser dem Gebührenanspruch des Anwaltes gegen sich seinen Schadenersatzanspruch gegen den Rechtsanwalt in gleicher Höhe entgegensetzen kann, weil der Mandant aufgrund eines Verhaltens des Rechtsanwalts seinen Versicherungsschutz verliert. Die Obliegenheiten des Mandanten in seiner Eigenschaft als Versicherungsnehmer können sowohl die Frage betreffen, welchen Auftrag der Versicherungsnehmer seinem Anwalt erteilt. Zu denken ist insoweit an die Frage, ob ein unbedingter Auftrag zur außergerichtlichen Vertretung und ein durch das Scheitern der außergerichtlichen Bemühungen bedingter Auftrag zur Vertretung im Prozess erteilt wird oder ob von Anfang an ein unbedingter Auftrag zur Vertretung im Prozess erteilt wird und die außergerichtlichen Verhandlungen als nach § 19 Abs. 1 S. 2 Nr. 2 RVG zum Rechtszug gehörend keine gesonderten Gebühren auslösen.

Es ist daher unabdingbar, sich mit den Vertragswerken der Rechtsschutzversicherung, insbesondere mit den ARB vertraut zu machen. Nun gibt es aber nicht „die ARB" und auch nicht nur die beim GdV (Gesamtverband der Versicherungswirtschaft) veröffentlichten Musterbedingungen der ARB 75, ARB 94, ARB 2000, ARB 2008, ARB 2009, ARB 2010, ARB 2012 etc. Aufgrund der Gesetzesänderung 1994 müssen die Versicherungsbedingungen nicht mehr vom Bundesaufsichtsamt für das Versicherungswesen genehmigt werden. Daraus folgt, dass die einzelnen Versicherungsgesellschaften unterschiedliche Bedingungen zugrunde legen. Sie machen hiervon rege Gebrauch, so dass ein breites Spektrum verschiedener Versicherungsbedingungen auf dem Markt angeboten wird. Selbst wenn die Fassungen der ARB verschiedener Versicherer einerseits und aus verschiedenen Jahren andererseits in weiten Teilen übereinstimmen, können sie sich in den Details sehr unterscheiden. Dies gilt auch für die ARB, die von einem Versicherer angeboten werden, da diese mit unterschiedlichen Tarifen und damit einhergehenden unterschiedlichen Deckungskonzepten angeboten werden. So ist in einigen Tarifen bei sozial- und verwaltungsrechtlichen Mandaten bereits die Vertretung im Widerspruchsverfahren versichert, während bei anderen Tarifen erst eine Tätigkeit im gerichtlichen Verfahren versichert ist. Aus diesem Grunde müssen die konkret auf den Fall anzuwendenden ARB ermittelt werden – ggf. kann dies schnell auch in elektronischer Form geschehen.

Die Einholung der Kostendeckungszusage durch den Rechtsanwalt für den Mandanten stellt in gebührenrechtlicher Hinsicht eine besondere Angelegenheit dar, für die die Ge-

---

2 *Wendt*, r + s 2010, 121.

D.2 Das rechtsschutzversicherte Mandat <- Die ersten 100 Tage

schäftsgebühr nach Nr. 2300 VV anfällt.[3] Gegenstandswert sind die voraussichtlich zu erwartenden Kosten für die Angelegenheit, für die Kostendeckung angefragt wird.

Da diese Gebühren nicht von der Rechtsschutzversicherung erstattet werden, sollte der RA den Mandanten im Sinne eines transparenten Abrechnungsverhaltens auf diese Gebühren hinweisen. Soweit der Mandant die Vorstellung hat, dass diese Kosten von einem Gegner nach materiell-rechtlichen Grundsätzen ersetzt werden sollen, muss es erforderlich sein, die Kostendeckungszusage durch einen RA einholen zu lassen. Die Rspr. ist hierbei eher restriktiv.[4]

Aus den Obliegenheiten, die dem Mandanten durch die Versicherungsbedingungen auferlegt werden, ergeben sich auch praktische Anforderungen bei der Durchführung des Mandats. So enthält z.B. § 17 ARB 2010 nähere Regelungen dazu, in welchen Fällen ein unbedingter Auftrag zur Vertretung im Prozess anstelle eines Auftrages zur vorgerichtlichen Tätigkeit erteilt werden soll, ob eine Teilklage angestrebt werden soll etc. Die ARB 2012 enthalten insoweit keine exemplarische Aufzählung von Fällen mehr, sondern stellen darauf ab, dass kostenauslösende Maßnahmen nach Ziffer 4.1.1.3 ARB 2012 mit dem Versicherer abzustimmen sind. Diese generelle Regelung war auch bereits in § 17 ARB enthalten. Auf die Fragen, ob die Regelungen des § 17 ARB für den Versicherungsnehmer hinreichend transparent waren oder ob und ggf. welche Bedenken sich gegen die Wirksamkeit der dortigen Regelungen ergeben konnten, kann an dieser Stelle nicht eingegangen werden. Hierzu muss auf die Spezialliteratur verwiesen werden.

Beim Abschluss eines Vergleichs ist § 5 Abs. 3 lit. a ARB 2010 bzw. Ziffer 3.3.2 ARB 2012 oder die entsprechende Regelung in sonstigen Fassungen der ARB zu beachten. Danach erstattet der Versicherer im Falle einer gütlichen Einigung diejenigen Kosten, die dem Verhältnis des Obsiegens zum Unterliegen entsprechen

Darüber hinaus ergeben sich aus dem eingangs bereits beschriebenen Dreiecksverhältnis und den in aller Regel bestehenden beiden Vertragsverhältnissen zahlreiche weitere praktische Konsequenzen:

Da der Rechtsanwalt durch die Kostendeckungszusage i.d.R. keinen unmittelbaren Zahlungsanspruch gegenüber der Rechtsschutzversicherung (Ausnahme: Schuldbeitritt der Rechtsschutzversicherung) erwirbt, ergeben sich für seinen Vergütungsanspruch gegenüber dem Mandanten bzw. die Erfüllung des Vergütungsanspruchs durch Zahlung „Gefahrensituationen", z. B.:

Beispiel: Nachdem der Rechtsanwalt der Rechtsschutzversicherung seine Abrechnung geschickt hat, rechnet diese mit eigenen Forderungen, die sie gegen den Mandanten hat,

---

3 Offengelassen von BGH, Urt. v. 9.3. 2011 – VIII ZR 132/10, NJW 2011, 1222; *Hansens*, Einholung der Deckungszusage – Anwaltsvergütung – Erstattung – Werbung, RVGreport 2010, 241.
4 Z.B. BGH, Urt. v. 9.3.2011 – VIII ZR 132/10, NJW 2011, 1222 m.w.N.

diesem gegenüber gegen dessen Anspruch auf Freistellung von den Gebühren auf (z.B. mit Forderungen aus Prämienrückstand oder Rückforderungsansprüchen aus vorangegangenen Versicherungsfällen).

Der Mandant weist die RSV an, nicht an den Rechtsanwalt zu zahlen.

Beispiel: Fällt der Mandant in die Insolvenz, gehört sein Schuldbefreiungsanspruch zur Insolvenzmasse. Er wandelt sich insoweit in einen Zahlungsanspruch um. Der Kostengläubiger und auch der Rechtsanwalt haben in Höhe ihrer Forderung nur eine einfache Forderung gegen die Insolvenzmasse.[5] Der RA kann hiergegen nicht mit einer eigenen Gebührenforderung aufrechnen.[6]

Die Schlussfolgerung für den Rechtsanwalt hieraus lautet: Vorschuss fordern!

Will die RSV geleistete Zahlungen zurückfordern, muss sie dies gegenüber ihrem VN und nicht gegen dem RA geltend machen. Ausnahmen können bestehen, wenn die RSV aufgrund eines Schuldbeitritts an den Rechtsanwalt gezahlt hat bzw. soweit auf die Rechtsschutzversicherung übergegangene Ansprüche auf das Konto des RA erstattet werden. Besonders zu erwähnen ist insoweit die Leistung der RSV an den RA „unter Vorbehalt". Auch hier zeigt sich die Wirkung des Dreiecksverhältnisses: Der RA hat einen unbedingten Anspruch gegen seinen Mandanten auf Zahlung des von diesem angeforderten Vorschusses. Der Mandant ist daher nicht zu einer Zahlung unter Vorbehalt berechtigt. Da die RSV nur für den Mandanten zahlt, ist auch diese im Verhältnis zum RA nicht zu einem Vorbehalt berechtigt. Einen solchen Vorbehalt könnte sie aber je nach Lage des Versicherungsvertrages gegenüber ihrem VN erklären. Da es Stimmen[7] gibt, die gleichwohl den Vorbehalt der RSV auch gegenüber dem RA für wirksam halten, wenn dieser dem Vorbehalt nicht widerspricht, sollte der RA vorsichtshalber dem Vorbehalt widersprechen und ggf. Rückzahlung des an ihn gezahlten Betrages an die RSV in Aussicht stellen, wenn der Vorbehalt nicht aufgehoben wird.

Die RSV ist nicht in das Mandatsverhältnis mit einbezogen. Sie ist daher aus der Sicht des Anwaltsvertrages „Dritte". Auch im Verhältnis zur RSV ist der RA daher grundsätzlich zur Verschwiegenheit verpflichtet. Etwas anderes kann nur gelten, wenn der Mandant ihn von der Verschwiegenheit entbunden hat. In der Praxis wird in aller Regel mit einer mutmaßlichen Einwilligung gearbeitet, die darin zu sehen ist, dass der Mandant den RA beauftragt, den Verkehr mit der RSV zu führen.

Eine weitere Fallgestaltung ist zu beachten. Der Fall wurde gewonnen. Der RA hat mit dem Mandanten über dessen RSV abgerechnet. Nun werden vom Gegner die Kosten beigetrieben. Der Anspruch auf Erstattung der Kosten war nach den ARB auf die RSV übergangen.

---

5 *Harbauer/Bauer*, Rechtsschutzversicherung, 8. Aufl., § 17 ARB 2000 Rn. 154 m.w.N.
6 OLG Köln, Urt. v. 10.9.1997, VersR 1998, 1151.
7 *Harbauer/Bauer*, Rechtsschutzversicherung, 8. Aufl., § 17 ARB 2000 Rn. 14 m.w.N.

D.2 Das rechtsschutzversicherte Mandat <- Die ersten 100 Tage

Die beigetriebenen Kosten sind mithin an die RSV unter Beachtung des Vorrechts des Mandanten aus § 86 VVG auszuzahlen.[8]

Zu beachten ist der Übergang des Kostenerstattungsanspruchs des Mandanten auf die Rechtsschutzversicherung auch dann, wenn im streitigen Verfahren die außergerichtlich entstandene Geschäftsgebühr in Höhe der nicht anrechenbaren Beträge geltend gemacht wird. In diesem Fall ist zu prüfen, ob der Auftraggeber diese im Wege der gewillkürten Prozessstandschaft für den Rechtsschutzversicherer mit geltend machen soll. In Betracht kommt auch die Rückübertragung des auf die RSV übergegangenen Kostenerstattungsanspruches auf den Mandanten. In jedem Fall ist der Anspruchsübergang und die Berechtigung des Mandanten, den auf die RSV übergegangenen Anspruch geltend zu machen, im Verfahren offenzulegen, da die Verjährung des auf den Versicherer übergegangenen Anspruchs nicht durch eine gerichtliche Maßnahme gehemmt wird, mit der der Mandant im eigenen Namen aus eigenem Recht noch den Kostenerstattungsanspruch geltend macht.

Nach BGH[9] kann die RSV den gegen sie gerichteten Anspruch des Versicherungsnehmers auf Befreiung von den Vergütungsansprüchen des für ihn tätigen Rechtsanwalts auch dadurch erfüllen, dass er diesem Kostenschutz für eine gegen ihn gerichtete Vergütungsklage des Rechtsanwalts zusagt.

Einige abschließende Bemerkungen:

Für jede gesonderte gebührenrechtliche Angelegenheit ist eine eigenständige Kostendeckungszusage erforderlich. Ggf. sollte mit dem Mandanten besprochen werden, ob durch die Anzahl der gemeldeten Versicherungsfälle die Gefahr der Kündigung des Versicherungsvertrages droht.

Die Rechtsschutzversicherung ist eine Schadenversicherung. Daher gilt § 86 VVG. Soweit daher nach § 20 Abs. 2 S. 1 ARB 75 und den entsprechenden Regelungen in nachfolgenden ARB (z.B. § 17 Abs. 8 ARB 2000) der Anspruch des Mandanten gegen den Gegner auf Erstattung der Kosten auf die RSV übergeht, kann dieser Anspruchsübergang von der RSV nicht zum Nachteil des Mandanten geltend gemacht werden. Dieses Quotenvorrecht führt zu einer Vielzahl interessanter und praktisch bedeutsamer Fragen, denen sich der Rechtsanwalt sowohl im Zusammenhang mit der Kostenfestsetzung als auch der Abrechnung unbedingt widmen sollte.[10]

---

8   Siehe ausführlich zum Quotenvorrecht in der Rechtsschutzversicherung: *N. Schneider*, AnwBl. 2012, 575.
9   BGH, Urt. v. 21.10.2015 – IV ZR 266/14, NJW 2016, 61.
10 *N. Schneider*, RVGreport 2011, 362 ff.; Praxistipp von *N. Schneider*, AG Kompakt 2012, 10, 11 zu den ggf. gegebenen Vorteilen einer gesonderten Kostenausgleichung anstelle einer Ausgleichung nach § 106 ZPO, wenn für den Mandanten im Falle der gesonderten Festsetzung das Quotenvorrecht geltend gemacht werden kann. *N. Schneider*, Das Quotenvorrecht in der Rechtsschutzversicherung, AnwBl 2012, 572.

D.2 Das rechtsschutzversicherte Mandat

Damit ergeben sich für einen ersten Einstieg in ein rechtsschutzversichertes Mandat zumindest folgende Fragen:

- Besteht eine Rechtsschutzversicherung? (Ist der Mandant selbst Versicherungsnehmer oder ist er ggf. über den Rechtsschutzversicherungsvertrag eines Dritten mitversichert (z.B. als Ehegatte, Lebenspartner oder Lebensgefährte, mitversichertes Kind, Fahrer eines Pkws, für den eine Fahrerrechtsschutzversicherung besteht).
- Welche Versicherungsbedingungen liegen dem Versicherungsfall zugrunde? (Es kommt nicht nur darauf an, ob die ARB 75, 94, 2000, 2008, 2009, 2010, 2012 zugrunde liegen, da die Versicherer unterschiedliche Versicherungsbedingungen verwenden, die sich hinsichtlich des Leistungsumfanges erheblich voneinander unterscheiden; insbesondere seit der Freigabe der Beratungsgebühren im RVG [§ 34 RVG] mit Wirkung zum Ablauf des 30.6.2014 und auf Grund der Änderungen in der Abrechnung außergerichtlicher Anwaltsgebühren im Bereich des Sozial- und Verwaltungsrechts seit dem 1.8.2013 sind sehr unterschiedliche Versicherungsbedingungen auf dem Markt. Dies gilt auch für die Frage, ob und ggf. in welcher Weise Kosten für eine Mediation versichert sind bzw. ob ggf. die Einleitung eines Mediationsverfahrens als Obliegenheit vorgesehen ist.)
- Welchen Deckungsschutz bietet diese? (Welche Risiken sind versichert? Liegt ein Risikoausschluss vor?)
- Liegt ein Versicherungsfall vor? Wenn ja: Wann ist dieser eingetreten (Stichwort: Dauersachverhalte)?
- Fällt der Versicherungsfall in den versicherten Zeitraum (Stichworte: Wartefrist; Vorvertraglichkeit – insbesondere die Änderung im Begriff der Vorvertraglichkeit in den ARB seit 2012)?
- Werden alle in Betracht kommenden Kosten von der RSV übernommen (z. B. gesetzliche Vergütung eines Rechtsanwalts, Problematik von Reisekosten; Kosten eines Unterbevollmächtigten etc.)?

Erfolgsaussichten: Der Versicherer kann u.U. geltend machen, dass die Wahrnehmung rechtlicher Interessen keine hinreichende Aussicht auf Erfolg habe. Dies gilt bei den Leistungsarten nach § 2 lit. a bis g ARB 94/2000/2008/2009/2010. Die Regelungen hierzu finden sich in § 17 Abs. 1 ARB 1975, § 18 Abs. 1 lit. b ARB 1994/2000/2008/2009, § 3 a Abs. 1 lit. a ARB 2010, Nr. 3.4 ARB 2012. Danach kann der Versicherer in diesen Fällen die Erfolgsaussichten unverzüglich unter Angabe von Gründen verneinen. Die Frage, ob Erfolgsaussichten dargelegt werden müssen, insbesondere, ob im Zusammenhang mit der Kostendeckungsanfrage Angaben zum Sachverhalt gemacht werden müssen, ist vor der Kostendeckungsanfrage zu prüfen. So müssen z.B. bei einer Kostendeckungsanfrage wegen eines strafrechtlich relevanten Verhaltens keine Angaben zum Sachverhalt gemacht werden. Dies ist auch logisch, da Angaben gegenüber einem Rechtsschutzversicherer dort nicht beschlagnahmefrei sind und deswegen dem Mandanten zu einem Nachteil gereichen könnten.

D.2 DAS RECHTSSCHUTZVERSICHERTE MANDAT <- DIE ERSTEN 100 TAGE

Verhalten bei Ablehnung durch den Versicherer (wenn der RA mit einer Tätigkeit in Bezug auf die Deckungszusage beauftragt ist): prüfen, ob die Deckungsablehnung berechtigt ist; prüfen, ob die Deckung rechtzeitig abgelehnt wurde („unverzüglich"); prüfen, welche Fassung der ARB Anwendung findet und ob danach die Möglichkeit zum Stichentscheid gegeben ist (siehe vorstehenden §§ aus den verschiedenen Fassungen der Muster-ARB des GdV) oder ob das Schiedsgutachterverfahren nach § 128 VVG (bis zum 31.12.2007: § 158 n VVG a.F.) i.V.m. § 18 ARB 94/§ 18 ARB 2000, § 3 a ARB 2010, Ziffer 3.4 ARB 2012 gegeben ist. Die Kosten des Stichentscheids trägt der Versicherer.

D.3 Das Vergütungsrecht

Rechtsanwalt Norbert Schneider, Neunkirchen • Mitglied des Ausschusses RVG und Gerichtskosten des DAV

I. Grundlagen des Vergütungsanspruchs

1. Gesetzliche Regelung des Vergütungsanspruchs

Der Anwaltsvertrag ist in der Regel ein **Dienstvertrag, der eine Geschäftsbesorgung zum Gegenstand hat** (§ 675 BGB). Die Vergütungspflicht des Auftraggebers ergibt sich folglich aus § 611 BGB. Diese Vorschrift regelt jedoch nicht die Höhe der jeweiligen Vergütung. Diese ergibt sich vielmehr erst aus dem RVG (§ 1 Abs. 1 S. 1 RVG).

Der **Begriff der Vergütung** ist in § 1 Abs. 1 S. 1 RVG definiert. Das RVG versteht darunter **Gebühren und Auslagen**.

Die Höhe der Vergütung ist im RVG geregelt. Das RVG nimmt allerdings zum Teil auch Bezug auf andere Kostengesetze, insbesondere das Gerichtskostengesetz (GKG), das Gesetz über Gerichtskosten in Familiensachen (FamGKG), das GNotKG und die §§ 3 ff. ZPO.

Die Berechnung der Anwaltsvergütung hat sich damit von den Vorschriften des BGB vollkommen losgelöst und stellt zum Teil eine „Wissenschaft für sich" dar. Die Flut von täglich veröffentlichten Gebühren-, Streitwert- und Kostenentscheidungen macht die Materie nicht einfacher.

Insbesondere für den Anfänger ist es erforderlich, dass er sich im Gebührenrecht auskennt und dass er aus Unkenntnis keine Gebühren verschenkt. Darüber hinaus muss eine vom Rechtsanwalt ausgestellte Rechnung der Sach- und Rechtslage entsprechen, will sich der Anwalt nicht einer strafbaren Gebührenüberhebung nach § 352 StGB schuldig machen.

Ist der Anwalt im Rahmen der **Prozess- oder Verfahrenskostenhilfe** beigeordnet, als **Pflichtverteidiger** oder in sonstiger Funktion **bestellt** oder ist er im Rahmen der **Beratungshilfe** tätig, so kann er den Auftraggeber grundsätzlich nicht unmittelbar in Anspruch nehmen. Ihm steht stattdessen ein „Vergütungsanspruch" gegen die Staatskasse zu. Tatsächlich handelt es sich nicht um einen Vergütungsanspruch, sondern um einen öffentlich-rechtlichen Entschädigungsanspruch des Anwalts. Ungeachtet dessen erhält auch der Anwalt, der im Rahmen der Beratungshilfe oder Prozesskostenhilfe tätig oder der gerichtlich bestellt worden ist, sein Entgelt nach den Vorschriften des RVG; in der Regel erhält er allerdings eine geringere Vergütung als der Wahlanwalt.

D.3 Das Vergütungsrecht <- Die ersten 100 Tage

2. Vergütungsschuldner

Vergütungsschuldner ist grundsätzlich der **Auftraggeber**. Mit ihm kommt der Anwaltsvertrag zustande. Er schuldet daher dem Anwalt die gesetzliche oder vereinbarte Vergütung. Der Auftraggeber muss dabei nicht mit dem Vertretenen identisch sein. So steht z.B. einem Haftpflichtversicherer die Befugnis zu, den Anwalt (auch) im Namen des Versicherten zu beauftragen. Vergütungsschuldner ist in diesem Falle der Versicherer.

Unbedingt darauf zu achten ist, dass der Anwalt seine Gebühren vom Auftraggeber nur fordern kann, wenn er ihm zuvor eine **ordnungsgemäße Berechnung** erteilt hat (§ 10 RVG). Fehlt es an einer solchen Berechnung, ist die Vergütung nicht klagbar, wohl aber erfüllbar (sog. Naturalobligation).

Ist der Mandant **rechtsschutzversichert**, so bleibt er dennoch Vergütungsschuldner. Ob und inwieweit der Rechtsschutzversicherer die angefallene Vergütung deckt, hat für das Vergütungsverhältnis zwischen Anwalt und Auftraggeber grundsätzlich keine Bedeutung. Ist der Auftraggeber nur teilweise rechtsschutzversichert oder ist ein Selbstbehalt vereinbart, so ist dies Sache des Auftraggebers, nicht des Anwalts. In der Praxis wird die Vergütung häufig unmittelbar mit dem Rechtsschutzversicherer abgerechnet. Hiergegen bestehen keine Bedenken. Der Rechtsschutzversicherer zahlt dann für den Mandanten. Soweit der Rechtsschutzversicherer allerdings nicht zahlt, bleibt der Vergütungsanspruch gegen den Mandanten bestehen. Hierauf ist insbesondere bei nicht gedeckten Kosten (z.B. Reisekosten) oder auch im Fall einer Selbstbeteiligung zu achten. Bei der Übernahme der Abwicklung mit dem Rechtsschutzversicherer des Mandanten ist allerdings Vorsicht geboten. Hier sind gegebenenfalls umfangreiche Belehrungs- und Beratungspflichten zu beachten, für deren Verletzung der Anwalt haftet.

Soweit der Anwalt im Rahmen der **Prozesskosten-, Verfahrenskosten- oder Beratungshilfe** tätig ist oder soweit er anderweitig **gerichtlich bestellt** worden ist, kann er in der Regel den Auftraggeber nicht unmittelbar in Anspruch nehmen (siehe z.B. § 122 Abs. 1 Nr. 3 ZPO). Vergütungsschuldner ist dann die Staatskasse. Insoweit sieht das RVG in § 55 ein Festsetzungsverfahren vor, wonach der Anwalt seine Vergütung bei der Staatskasse anmeldet und nach Prüfung festgesetzt und ausgezahlt erhält.

Der Vergütungsanspruch des Anwalts gegen den Auftraggeber darf nicht mit dem **Kostenerstattungsanspruch** des Mandanten verwechselt werden. Beides ist voneinander unabhängig zu betrachten. In den meisten Verfahrensordnungen sind Kostenerstattungsregelungen vorgesehen, wonach der Mandant bei erfolgreichem Verfahrensausgang einen Kostenerstattungsanspruch gegen den Gegner oder (insbesondere in Straf- und Bußgeldsachen) gegen die Staatskasse erhält (z.B. §§ 91 ff. ZPO; §§ 464 ff. StPO). Dieser Kostenerstattungsanspruch regelt nur, inwieweit der Mandant die von ihm aufgewandten Anwaltskosten von einem Dritten ersetzt verlangen kann. Dieses Erstattungsverhältnis hat auf die Höhe der Vergütung unmittelbar keinen Einfluss. Der Vergütungsanspruch des Anwalts bleibt daher grundsätzlich auch dann bestehen, wenn der Mandant die Kosten nicht oder nicht in voller Höhe erstattet erhält. Unter Umständen kann ein Ausbleiben der Kostenerstattung allerdings auf einem Fehler des Anwalts beruhen. Dann kann seinem Vergütungsanspruch ein Schadensersatzanspruch des Auftraggebers entgegenstehen, der letztlich seinen Vergütungsanspruch zu Fall bringt. In bestimmten Fällen muss der Anwalt den Mandanten auch auf eine fehlende Kostenerstattungsmöglichkeit hinweisen, so z.B. in § 12a Abs. 1 S. 2 ArbGG für Urteilsverfahren erster Instanz vor den Arbeitsgerichten oder nach § 3a Abs. 1 S. 3 RVG bei Abschluss einer Vergütungsvereinbarung. Unterlässt der Anwalt die Belehrung, verliert er u.U. seinen Vergütungsanspruch.

II. Anwendungsbereich des RVG

Der Anwendungsbereich des RVG ergibt sich aus § 1 RVG. Danach ist das RVG grundsätzlich für alle **anwaltlichen Tätigkeiten** des Rechtsanwalts einschlägig. Keine Anwendung findet das RVG für nicht anwaltliche Tätigkeiten sowie für eine Tätigkeit als Vormund, Betreuer, Pfleger, Verfahrenspfleger, Testamentsvollstrecker, Insolvenzverwalter, Mitglied des Gläubigerausschusses, Nachlassverwalter, Zwangsverwalter, Treuhänder oder Schiedsrichter oder für eine ähnliche Tätigkeit (§ 1 Abs. 2 S. 1 RVG). Hier sind zum Teil gesonderte Vergütungsordnungen vorgesehen.

III. Aufbau und Gebührensystem des RVG

1. Überblick

Im Gegensatz zum Vorgänger des RVG, der BRAGO, gliedert sich das RVG in einen Paragrafenteil (derzeit 77 Paragrafen) und ein Vergütungsverzeichnis (VV) mit über 250 einzelnen Gebühren- und Auslagentatbeständen.

Im Paragrafenteil sind allgemeine und generelle Vorschriften enthalten, insbesondere zum Umfang der jeweiligen Angelegenheiten, zur Berechnung des Gegenstandswertes, zur Abrechnung der Gebühren u.a. Die Höhe der Vergütung selbst ist in dem Paragrafenteil nicht geregelt. Hier findet sich lediglich die Verweisung in § 2 Abs. 2 RVG, wonach sich die Höhe der Vergütung nach dem Vergütungsverzeichnis bestimmt, das dem RVG als Anlage 1 beigefügt ist.

Im Vergütungsverzeichnis wiederum sind die einzelnen Auslagen- und Gebührentatbestände in insgesamt sieben Teilen systematisch dargestellt.

2. Der Aufbau des Paragrafenteils

Der Paragrafenteil ist in insgesamt neun Abschnitte aufgeteilt.

D.3 Das Vergütungsrecht

In **Abschnitt 1** finden sich allgemeine Vorschriften, insbesondere zur Höhe der Vergütung, zur Vergütungsvereinbarung (§§ 3 a ff. RVG), zu Hilfspersonen des Anwalts (§ 5 RVG), zur Fälligkeit (§ 10 RVG) und zum Vorschuss (§ 9 RVG) sowie zur Abrechnung der Vergütung (§ 10 RVG) und ihrer Festsetzung gegen den Auftraggeber (§ 11 RVG).

Der **zweite Abschnitt** enthält allgemeine Gebührenvorschriften zur Berechnung der Wertgebühren (§ 13 RVG), der Rahmengebühren (§ 14 RVG) und zum Abgeltungsbereich der Gebühren (§ 15 RVG).

In **Abschnitt 3** befasst sich das RVG in insgesamt sechs teils sehr umfangreichen Paragrafen mit dem Umfang und dem Abgeltungsbereich der Gebührenangelegenheit. Das RVG betont damit stärker als früher die BRAGO die Bedeutung der Angelegenheit für die Gebührenberechnung.

In **Abschnitt 4** wiederum sind die Vorschriften zum Gegenstandswert enthalten. Hier finden sich nicht nur die Grundsätze zur Wertermittlung und Wertfestsetzung (§§ 22, 23 RVG), sondern auch zahlreiche Wertvorschriften (§ 23 a ff. RVG).

Abschnitt 5 befasst sich mit der Vergütung für Mediation, Beratung, Gutachten und Hilfeleistung in Steuersachen sowie in schiedsrichterlichen Verfahren und Verfahren vor dem Schiedsgericht.

In **Abschnitt 6** sind einige Regelungen für gerichtliche Verfahren enthalten, nämlich Regelungen zur Vergütung in Verfahren vor dem BVerfG, den Landesverfassungsgerichten sowie in Verfahren vor dem EuGH und dem EGMR. Daneben wird die Vergütung des in Scheidungs- und Lebenspartnerschaftssachen beigeordneten Rechtsanwalts geregelt sowie die Vergütung des als gemeinsamen Vertreter bestellten Rechtsanwalts und des Prozesspflegers.

In **Abschnitt 7** sind zwei allgemeine Regelungen für Straf- und Bußgeldsachen enthalten, nämlich die Feststellung einer Pauschgebühr des Wahlanwalts (§ 42 RVG) sowie die Regelung zur Abtretung des Kostenerstattungsanspruchs an den Verteidiger (§ 43 RVG).

Abschnitt 8 enthält den umfangreichsten Abschnitt mit insgesamt 17 Paragrafen. Er befasst sich mit dem gerichtlich beigeordneten oder bestellten Rechtsanwalt und enthält darüber hinaus Regelungen zur Beratungshilfe. Hier finden sich auch Regelungen, wie die Vergütung bei der Staatskasse anzumelden und festzusetzen ist.

In **Abschnitt 9** schließlich sind Übergangs- und Schlussvorschriften enthalten.

3. Der Aufbau des Vergütungsverzeichnisses

a) Der Aufbau

Das Vergütungsverzeichnis ist in insgesamt sieben Teile aufgegliedert. Je nach Umfang sind diese Teile wieder in einzelne Abschnitte und Unterabschnitte aufgeteilt. Hier finden sich dann die jeweiligen Gebührentatbestände, zu denen bei Wertgebühren ein Gebührensatz oder Satzrahmen ausgewiesen ist. Soweit sich die Gebühren nicht nach dem Wert richten, finden sich Festgebühren oder Betragsrahmen.

Ergänzend zu den Gebührentatbeständen in den einzelnen Nummern des Vergütungsverzeichnisses finden sich **Anmerkungen**, die weitere Regelungen, insbesondere zum Anwendungs- und Abgeltungsbereich des jeweiligen Gebührentatbestands, enthalten.

Daneben sind den einzelnen Teilen, Abschnitten und Unterabschnitten **Vorbemerkungen** vorangestellt, die wiederum generelle Regelungen enthalten, so z. B. Anrechnungsvorschriften oder auch nähere Erläuterungen zum Anwendungs- und Abgeltungsbereich der einzelnen Gebührentatbestände.

Die einzelnen Gebührentatbestände sind jeweils mit **vierstelligen Nummern** durchnummeriert. Die **erste Ziffer** einer Nummer deckt sich jeweils mit dem Teil des Vergütungsverzeichnisses. Die **zweite Ziffer** gibt den jeweiligen Abschnitt an. Dies ermöglicht über die jeweilige Nummer eine erste Einordnung des Gebührentatbestandes.

b) Die einzelnen Teile des Vergütungsverzeichnisses

Teil 1 des Vergütungsverzeichnisses befasst sich mit allgemeinen Gebühren (Einigungsgebühr, Aussöhnungsgebühr, Erledigungsgebühr, Erhöhung bei mehreren Auftraggebern sowie der Hebegebühr). Diese Gebühren gelten grundsätzlich in allen Angelegenheiten. Systemwidrig findet sich hier auch die Zusatzgebühr für besonders umfangreiche Beweisaufnahmen (Nr. 1010 VV), die nur in Teil 3 VV gilt.

In **Teil 2** werden die Prüfung der Erfolgsaussicht eines Rechtsmittels, die außergerichtliche Vertretung geregelt sowie die Gebühren im Rahmen der Beratungshilfe.

Der umfangreichste Teil des Vergütungsverzeichnisses, **Teil 3**, befasst sich mit den Gebühren in bürgerlichen Rechtsstreitigkeiten in Zivilsachen (einschließlich Familiensachen und Verfahren der freiwilligen Gerichtsbarkeit), sonstige Verfahren der freiwilligen Gerichtsbarkeit und der öffentlich-rechtlichen Gerichtsbarkeiten einschließlich der Verwaltungs-, Finanz- und Sozialgerichtsbarkeit sowie mit Verfahren nach dem Strafvollzugsgesetz und ähnlichen Verfahren.

In **Teil 4** sind die Gebühren in Strafsachen geregelt.

Für Bußgeldsachen erhält das Vergütungsverzeichnis in **Teil 5** eine eigenständige Regelung.

In **Teil 6** sind sonstige Verfahren geregelt. Es handelt sich hierbei um Verfahren nach dem IRG und vor dem IStGH sowie um Disziplinarverfahren, berufsgerichtliche Verfahren wegen der Verletzung einer Berufspflicht, gerichtliche Verfahren bei Freiheitsentziehung, Verfahren in Unterbringungssachen sowie Verfahren nach der WBO und WDO, die sämtlich in der Praxis geringe Bedeutung haben.

Abgeschlossen wird das Vergütungsverzeichnis durch **Teil 7**, in dem die Auslagentatbestände geregelt sind.

IV. Das Gebührensystem

1. Die Einteilung in Angelegenheiten

Im Gegensatz zum herkömmlichen Anspruchsdenken in Zivilsachen ist bei der Vergütungsabrechnung ein „Schubladendenken" angebracht. Das RVG teilt die anwaltlichen Tätigkeiten in Gebührenangelegenheiten auf. In derselben Angelegenheit kann der Anwalt seine Vergütung nur einmal verlangen (§ 15 Abs. 2 RVG). In mehreren Angelegenheiten erhält der Anwalt seine Gebühren dagegen mehrmals.

Wann eine Angelegenheit und wann mehrere Angelegenheiten gegeben sind, ergibt sich insbesondere aus den §§ 16 ff. RVG. Der Anwalt sollte der Einteilung in Angelegenheiten besondere Aufmerksamkeit widmen. Wer an dieser Stelle nicht sorgfältig arbeitet, wird in aller Regel Fehler bei der Gebührenabrechnung machen.

Die Aufteilung in verschiedene Angelegenheiten ist in zweifacher Hinsicht zu beachten.

Zum einen bilden nacheinander folgende Verfahren wegen desselben Gegenstandes mehrere Angelegenheiten (**vertikale Einteilung**). So sind z.B. Beratung, außergerichtliche Vertretung, Mahnverfahren, streitiges Verfahren und Berufung jeweils eigene Gebührenangelegenheiten, obwohl ihnen letztlich derselbe Anspruch zugrunde liegt.

Daneben können aber auch mehrere Angelegenheiten nebeneinander bestehen (**horizontale Einteilung**). So sind z.B. bei der Unfallschadenregulierung die Abwicklung mit dem gegnerischen Haftpflichtversicherer und die Abwicklung mit dem eigenen Kaskoversicherer zwei verschiedene Gebührenangelegenheiten, so dass auch hier die Vergütung zweimal nach den jeweiligen Werten gesondert entsteht.

2. Gebührenarten

a) Wertgebühren

Das RVG geht grundsätzlich von Gebühren aus, die sich nach dem **Gegenstandswert** richten (§ 2 Abs. 1 RVG).

aa) Gegenstandswert

Wie sich der Gegenstandswert berechnet, ergibt sich aus den §§ 22 ff. RVG. In gerichtlichen Verfahren ist in der Regel die gerichtliche Wertfestsetzung auch für die anwaltlichen Gebühren maßgebend (§§ 23 Abs. 1 S. 1, 32 Abs. 1 RVG). Soweit im gerichtlichen Verfahren kein Wert festgesetzt wird oder sich die Anwaltsgebühren nicht nach dem Wert des gerichtlichen Verfahrens richten, muss das Gericht den Wert für die Anwaltsgebühren auf Antrag gesondert festsetzen (§ 33 Abs. 1 RVG). Dem Anwalt steht insoweit auch ein eigenes Recht zu, gegen eine zu Unrecht unterbliebene oder nach seiner Meinung zu geringe Wertfestsetzung Beschwerde einzureichen (§§ 32 Abs. 2, 33 Abs. 3 RVG).

Außerhalb gerichtlicher Verfahren richtet sich der Gegenstandswert der anwaltlichen Tätigkeit nach den Vorschriften für das gerichtliche Verfahren, wenn die Tätigkeit Gegenstand eines gerichtlichen Verfahrens sein könnte (§ 23 Abs. 1 S. 3 RVG), anderenfalls nach bestimmten Vorschriften der GNotKG (§ 23 Abs. 3 S. 1 RVG) und wenn auch diese nicht einschlägig sind, nach billigem Ermessen (§ 23 Abs. 3 S. 2 RVG). Fehlt jeglicher Anhaltspunkt, so ist von einem Regelwert in Höhe von 5.000 EUR auszugehen.

bb) Gebührenbetrag

Ist der maßgebliche Gegenstandswert ermittelt, so ergibt sich nach § 13 RVG in Verbindung mit der als Anlage 2 zum RVG beigefügten Gebührentabelle jeweils ein Betrag, der dann Grundlage für die Berechnung der Gebühr ist.

In Verfahren der Prozesskostenhilfe sieht § 49 RVG ab Gegenstandswerten von über 4.000 EUR gesonderte (geringere) Gebührenbeträge vor. Bei Werten von über 35.000 EUR erhöhen sich diese Gebührenbeträge nicht mehr.

cc) Gebührensatz

Ist danach ausgehend vom Gegenstandswert der Gebührenbetrag ermittelt, so ist er mit dem jeweiligen Satz des Gebührentatbestandes zu multiplizieren, sodass sich daraus dann die konkrete Gebühr ergibt, die dem Anwalt zusteht.

Ausgewiesen sind im Vergütungsverzeichnis jeweils Dezimalgebühren (z.B. 0,3; 0,5; 0,75; 1,0; 1,3 etc.). Um die jeweilige konkrete Gebühr zu ermitteln, ist daher der sich nach dem

D.3 Das Vergütungsrecht <- Die ersten 100 Tage

jeweiligen Gegenstandswert ergebende Betrag mit der sich aus dem Gebührentatbestand ergebenden Dezimalzahl des Vergütungsverzeichnisses zu multiplizieren. Das gefundene Ergebnis ergibt dann die Gebühr, die dem Anwalt zusteht.

So ermittelt sich z.B. eine 1,3-Verfahrensgebühr nach Nr. 3100 VV aus dem Gegenstandswert von 1.860 EUR wie folgt:

- Der Gebührenbetrag aus einem Gegenstandswert von 1.860 EUR ergibt sich aus der
- Gebührentabelle nach der Wertstufe bis 2.000 EUR und beträgt somit 150 EUR. Die 1,3-Verfahrensgebühr beläuft sich damit auf 1,3 x 150 EUR = 195 EUR.

Mitunter kommt es auch bei Wertgebühren vor, dass kein fester Gebührensatz vorgesehen ist, sondern ein **Satzrahmen**, wie etwa bei der Geschäftsgebühr (Nr. 2300 VV). Dort ist ein Satzrahmen von 0,5 bis 2,5 vorgesehen. In diesen Fällen bestimmt der Anwalt unter Berücksichtigung der Kriterien des § 14 Abs. 1 RVG i.V.m. § 315 ff. BGB den Gebührensatz nach billigem Ermessen. Auszugehen ist dabei grundsätzlich von der sog. **Mittelgebühr**. Diese ergibt sich aus der Formel (Mindestsatz + Höchstsatz) : 2 und beläuft sich daher bei der Geschäftsgebühr auf (0,5 + 2,5) : 2 = 1,5. Je nach den Umständen des Einzelfalles geht man dann von einer höheren oder geringeren Gebühr aus. Darüber hinaus ist eine sog. Schwellengebühr (Anm. zu Nr. 2300 VV) vorgesehen für Angelegenheiten, die weder umfangreich noch schwierig sind.

3. Betragsrahmengebühren

Neben den Wertgebühren sind auch Betragsrahmengebühren vorgesehen, also Gebühren, die nach ihrem Mindest- und Höchstbetrag begrenzt sind (so insbesondere in Straf- und Bußgeldsachen sowie in sozialrechtlichen Angelegenheiten nach § 3 Abs. 1 S. 1 RVG). Auch hier bestimmt der Anwalt die in seinem konkreten Fall angemessene Gebühr unter Berücksichtigung der Kriterien des § 14 Abs. 1 RVG. Auszugehen ist dabei auch hier grundsätzlich wiederum von der sog. **Mittelgebühr**. Diese ergibt sich hier aus der Formel (Mindestbetrag + Höchstbetrag) : 2. Je nach den Umständen des Einzelfalles geht man dann von einer höheren oder geringeren Gebühr aus. Auch hier sind sog. Schwellengebühren bei geringem Umfang und unterdurchschnittlicher Schwierigkeit vorgesehen.

4. Festgebühren

Neben den Betragsrahmengebühren sind zum Teil auch feste Betragsgebühren vorgesehen, so z.B. in der Beratungshilfe oder für den bestellten oder beigeordneten Anwalt in Straf- und Bußgeldsachen sowie in Verfahren nach Teil 6 des Vergütungsverzeichnisses.

5. Vereinbarte Vergütung

Möglich ist auch eine Vergütungsvereinbarung, die unter den Voraussetzungen der §§ 3 a ff. RVG mit dem Auftraggeber getroffen werden kann. Zum Teil empfiehlt das RVG sogar selbst den Abschluss einer Vereinbarung (§ 34 Abs. 1 S. 1 RVG).

6. Pauschgebühr

Darüber hinaus können in Straf- und Bußgeldsachen sowie in Verfahren nach Teil 6 des Vergütungsverzeichnisses Pauschgebühren bewilligt werden, und zwar nicht nur für den gerichtlich bestellten oder beigeordneten Anwalt (§ 51 RVG), sondern auch für den Wahlanwalt (§ 42 RVG). Soweit die gesetzlichen Gebühren nicht ausreichen, um die Tätigkeit des Anwalts angemessen zu vergüten, kann das OLG (gegebenenfalls auch der BGH) auf Antrag dem Anwalt eine Pauschgebühr bewilligen, die dann die Staatskasse oder der Mandant zusätzlich zu den gesetzlichen Gebühren zahlen muss.

7. Vergütung nach BGB

Für eine Beratung, ein Gutachten oder die Tätigkeit als Mediator regelt das RVG keine Gebühren vor, sondern verweist auf die Vorschriften des bürgerlichen Rechts, falls keine Vereinbarung getroffen wird (§ 34 Abs. 1 S. 2 RVG). Auch hier bestimmt der Anwalt die Höhe seiner Vergütung, aber wiederum nach § 14 Abs. 1 RVG.

8. Gebühren nach der StBGebVO

Aufgrund der Verweisung in § 35 RVG gelten für die dort genannten steuerlichen Hilfeleistungen anstelle der RVG-Gebühren bestimmte Gebührenvorschriften der Steuerberatergebührenverordnung (StBGebVO). Das kann sogar zur gesetzlichen Abrechnung nach Stunden führen (§ 13 StBGebVO).

V. Die wichtigsten Gebühren und Auslagen

1. Allgemeine Gebühren

Von besonderer Bedeutung bei den allgemeinen Gebühren ist die **Einigungsgebühr** nach Anm. Abs. 1 S. 1 Nr. 1 zu Nr. 1000 VV (frühere Vergleichsgebühr). Diese Gebühr entsteht, wenn die Parteien ihren Streit oder ihre Ungewissheit über ein Rechtsverhältnis durch eine Einigung beseitigen und der Anwalt daran mitwirkt. Diese Gebühr kann grundsätzlich in allen Angelegenheiten entstehen, sogar in Strafsachen. Sofern der Anwalt an einer Einigung der Parteien mitwirkt, erhält er hierfür eine gesonderte Gebühr, die grundsätzlich 1,5 beträgt, bei erstinstanzlicher Anhängigkeit 1,0 und bei Anhängigkeit im Rechtsmittelverfahren 1,3.

D.3 Das Vergütungsrecht <- Die ersten 100 Tage

Eine besondere Einigungsgebühr enthält Anm. Abs. 1 S. 1 Nr. 2 VV, die sog. **Zahlungsvereinbarung**. Erfasst werden die Fälle, in denen kein Streit über den Bestand der Forderung (mehr) besteht, dem Schuldner die Forderung gestundet oder ihm nachgelassen wird, die Forderung in Raten zu zahlen, und der Gläubiger auf eine Vollstreckung der Forderung vorläufig verzichtet.

Des Weiteren ist in den allgemeinen Gebühren die **Erhöhung bei mehreren Auftraggebern** geregelt. Sofern der Anwalt für mehrere Auftraggeber tätig wird, erhöhen sich die **Geschäfts- und Verfahrensgebühren**. Bei Wertgebühren erhöhen sich diese Gebühren um 0,3 je weiteren Auftraggeber, höchstens um 2,0 – allerdings nur, wenn derselbe Gegenstand zugrunde liegt. Bei Betragsrahmen- und Festgebühren tritt die Erhöhung dagegen immer um 30 % je weiteren Auftraggeber ein, höchstens um 200 %. Hiermit soll pauschal der Mehraufwand abgegolten werden, der dem Anwalt dadurch entsteht, dass er von mehreren Auftraggebern in Anspruch genommen wird.

2. Beratung

Für **Beratung und Gutachten** sind im RVG keine Gebühren mehr vorgesehen. Vielmehr empfiehlt § 34 Abs. 1 RVG den Abschluss einer Gebührenvereinbarung. Wird eine solche nicht getroffen, richtet sich die Vergütung nach § 612 BGB. Bei der Erstberatung eines Verbrauchers ist die Gebühr zudem auf 190 EUR beschränkt und in übrigen Fällen der Beratung oder Gutachtentätigkeit für einen Verbraucher auf höchstens 250 EUR. Eine höhere Gebühr kann von einem Verbraucher nur verlangt werden, wenn eine Gebührenvereinbarung getroffen worden ist.

Darüber hinaus ordnet auch § 34 Abs. 2 RVG die **Anrechnung** einer vereinbarten oder sich aus § 612 BGB ergebenden Beratungsgebühr auf eine nachfolgende Tätigkeit an, sofern nichts anderes vereinbart ist.

Dem Anwalt ist also dringend anzuraten, für Beratungen und Begutachtungen unbedingt Gebührenvereinbarungen zu treffen und darin zudem die Anrechnung auszuschließen.

3. Außergerichtliche Vertretung

Die außergerichtliche Vertretung (mit Ausnahme in Straf- und Bußgeldsachen) ist in den Nr. 2300 ff. VV geregelt. Der Anwalt erhält eine sog. Geschäftsgebühr. Hier sind jeweils Rahmengebühren vorgesehen. Bei Wertgebühren steht dem Anwalt ein Rahmen von 0,5 bis 2,5 offen, aus dem er die im Einzelfall angemessene Gebühr bestimmt, wobei diese Gebühr zur Hälfte auf die Gebühren eines nachfolgenden Rechtsstreits angerechnet wird, höchstens aber zu einem Gebührensatz von 0,75 (Vorbem. 3 Abs. 4 S. 1 VV).

In sozialrechtlichen Angelegenheiten steht dem Anwalt für die außergerichtliche Vertretung ein Betragsrahmen zur Verfügung (Nr. 2302 Nr. 1 VV). Auch hier ist jetzt eine Anrechnung auf die Verfahrensgebühr eines nachfolgenden gerichtlichen Verfahrens vorgesehen.

4. Beratungshilfe

Ist der Anwalt im Rahmen der Beratungshilfe tätig, so richtet sich eine Vergütung, die er aus der Staatskasse erhält, nach den Nrn. 2501 ff. VV. Dort sind für Beratung, Vertretung und Einigung jeweils Festgebühren vorgesehen. Daneben kann der Anwalt vom Mandanten eine sog. Schutzgebühr in Höhe von 15 EUR verlangen (Nr. 2500 VV).

5. Gerichtliche Verfahren nach Teil 3 des Vergütungsverzeichnisses

In bürgerlichen Rechtsstreitigkeiten, FGG-Verfahren, verwaltungs-, finanz- und sozialgerichtlichen Verfahren erhält der Anwalt die Vergütung nach Teil 3 des Vergütungsverzeichnisses. Hier sind für den Rechtsstreit jeweils **Verfahrens- und Terminsgebühren** vorgesehen. In erster Instanz beläuft sich die Verfahrensgebühr auf 1,3, die Terminsgebühr auf 1,2. Die Verfahrensgebühr im Berufungs- oder Revisionsverfahren erhöht sich auf 1,6; die Terminsgebühr erhöht sich im Revisionsverfahren auf 1,5. Für den BGH-Anwalt findet sich darüber hinaus noch eine weitere Erhöhung.

Für bestimmte Nebenverfahren (Beschwerden, Erinnerungen, Räumungsfristverfahren etc.) finden sich in Teil 3 des Vergütungsverzeichnisses darüber hinaus gesonderte Gebühren. Solche gesonderten Gebühren sind auch dann vorgesehen, wenn der Anwalt nicht als Prozessbevollmächtigter tätig wird, sondern lediglich mit Einzeltätigkeiten beauftragt ist (etwa als Verkehrsanwalt, Terminsvertreter o.Ä.).

6. Zwangsvollstreckung u.a.

In der Zwangsvollstreckung erhält der Anwalt die Vergütung nach den Nrn. 3309, 3310 VV. Er erhält danach eine 0,3-Verfahrensgebühr und, sofern es zu einem gerichtlichen Termin kommt, eine 0,3-Terminsgebühr.

Für besondere vollstreckungsrechtliche Verfahren sind in den Nr. 3311 ff. VV gesonderte Gebühren vorgesehen.

7. Strafsachen

Die Vergütung in Strafsachen richtet sich nach Teil 4 des Vergütungsverzeichnisses. Der Anwalt erhält zunächst einmal für die erste Einarbeitung des Falles eine **Grundgebühr**. Daneben sind in den jeweiligen Verfahrensstadien, die jeweils eigene Angelegenheiten bilden, **Verfahrens- und Terminsgebühren** vorgesehen. Als jeweils eigene Angelegenheiten in

D.3 Das Vergütungsrecht <- Die ersten 100 Tage

Strafsachen gelten das Vorverfahren, das erstinstanzliche gerichtliche Verfahren, Berufungs- und Revisionsverfahren.

Sofern der Anwalt durch seine Mitwirkung erreicht, dass sich das Verfahren **ohne Hauptverhandlung erledigt**, also insbesondere durch Einstellung des Verfahrens oder Rücknahme eines Einspruchs oder eines Rechtsmittels, erhält er nach Nr. 4141 VV eine **Zusätzliche Gebühr** in Höhe der jeweiligen Verfahrensmittelgebühr.

In Strafsachen sind jeweils Betragsrahmen vorgesehen, aus denen der Wahlanwalt die jeweilige Gebühr im Einzelfall unter Berücksichtigung der Kriterien des § 14 RVG bestimmt. Für den gerichtlich bestellten oder beigeordneten Rechtsanwalt sind jeweils feste Gebührenbeträge vorgesehen.

Soweit in Strafsachen zivilrechtliche Ansprüche geltend gemacht werden (Adhäsionsverfahren) oder es um eine Einziehung oder ähnliche Maßnahmen geht, sind auch hier zusätzliche Wertgebühren vorgesehen (Nrn. 4142, 4143, 4144 VV).

8. Bußgeldsachen

Das Gebührensystem in Bußgeldsachen gleicht dem in Strafsachen. Auch hier erhält der Anwalt zunächst einmal eine **Grundgebühr** für die erste Einarbeitung. Daneben sind auch hier in den jeweiligen Angelegenheiten wiederum **Verfahrens- und Terminsgebühren** vorgesehen.

Als jeweils eigene Angelegenheiten gelten das Verfahren vor der Verwaltungsbehörde, das gerichtliche Verfahren und das Rechtsbeschwerdeverfahren.

Eine Besonderheit ergibt sich hier, als im vorbereitenden und im gerichtlichen Verfahren die Verfahrens- und Terminsgebühren nach der Höhe des angedrohten bzw. verhängten Bußgeldes gestaffelt sind.

Auch in Bußgeldsachen kann der Anwalt eine **Zusätzliche Gebühr** erhalten, wenn er die Erledigung des Verfahrens ohne Hauptverhandlung (also durch Einstellung, Einspruchs- oder Rechtsmittelrücknahme) erreicht (Nr. 5115 VV).

9. Auslagen

Die dem Anwalt zustehenden Auslagen sind in Teil 7 des Vergütungsverzeichnisses geregelt. Hier gilt der Grundsatz, dass, soweit nichts anderes bestimmt ist, die Gebühren auch die allgemeinen Geschäftskosten abgelten. Gesonderte Auslagen erhält der Anwalt daher nur für das **Anfertigen von Ablichtungen** oder anstelle dessen die Überlassung von elektronisch gespeicherten Daten (Dokumentenpauschale; Nr. 7000 VV), **Entgelte für Post- und Telekommunikationsdienstleistungen**, wobei diese konkret berechnet werden können (Nr. 7001 VV) oder pauschal mit 20 % der Gebühren, höchstens 20 EUR (Nr. 7002 VV), **Reisekosten**, also Fahrtkosten, Aufwendungen und Abwesenheitspauschalen (Nr. 7003 ff. VV), **Umsatzsteuer** (Nr. 7008 VV) und in Ausnahmefällen anteiligen Ersatz der **Haftpflichtversicherungsprämie** (Nr. 7007 VV).

Sonstige Aufwendungen, etwa vorgelegte Gerichtskosten o.Ä., kann der Anwalt nach §§ 675, 670 BGB ersetzt verlangen (Vorbem. 7 Abs. 1 S. 1 VV).

VI. Beitreibung der Vergütung

Zahlt der Auftraggeber nicht, so muss sich der Anwalt wie jeder andere Gläubiger einen Titel verschaffen. Hierzu kommt sowohl das Mahnverfahren als auch die Klage in Betracht. Für Klagen auf die Vergütung als früherer Prozessbevollmächtigter steht dem Anwalt nach § 34 ZPO der besondere Gerichtsstand des Hauptprozesses zur Verfügung. In sonstigen Fällen muss er am Sitz des Auftraggebers klagen. Eine Zuständigkeit nach § 29 ZPO (Erfüllungsort) am Sitz der Kanzlei ist nach der Rechtsprechung des BGH nicht (mehr) gegeben.

Soweit die Vergütung aus einem gerichtlichen Verfahren resultiert, steht dem Anwalt darüber hinaus das vereinfachte **Vergütungsfestsetzungsverfahren** nach § 11 RVG offen. Hier kann der Anwalt ohne aufwendiges Gerichtsverfahren schnell zu einem Titel gelangen. Voraussetzung dafür ist allerdings, dass der Auftraggeber keine Einwendungen außerhalb des Gebührenrechts erhebt. Anderenfalls ist die Festsetzung abzulehnen und der Anwalt auf den Klageweg zu verweisen (§ 11 Abs. 5 RVG).

D.4 Vergütungsvereinbarung

Rechtsanwältin und Notarin Edith Kindermann, Bremen • Vizepräsidentin des DAV und Vorsitzende des Ausschusses RVG und Gerichtskosten des DAV

Vergütungsvereinbarungen gehören für viele Rechtsanwälte außerhalb von Tätigkeiten in Prozesskostenhilfe- bzw. Beratungshilfemandaten zum Alltag. Sie werden quer durch alle Rechtsgebiete vereinbart und in vielen Fällen auch bereits von den Mandanten – vorrangig allerdings aus dem Bereich der Wirtschaft und des Handwerks – angefragt. Sie sind damit sozusagen der Maßanzug, der dazu dient, die Vorstellungen des Mandanten und des Anwalts über eine angemessene, nachvollziehbare Vergütung zu verwirklichen.

Die praktische Notwendigkeit, die Vergütung zu vereinbaren, hat sich bereits zum 1.7.2006 erhöht, da mit diesem Zeitpunkt die Gebühren für die reine Beratungstätigkeit freigegeben worden sind. Das Rechtsanwaltsvergütungsgesetz (RVG) enthält seit diesem Zeitpunkt im Vergütungsverzeichnis keinen Gebührentatbestand mehr für reine Beratungsaufträge. Stattdessen enthält § 34 RVG ab diesem Zeitpunkt die Regelung, dass der Rechtsanwalt auf eine Gebührenvereinbarung hinwirken soll. Kommt eine solche nicht zustande, erhält er eine Vergütung nach den Bestimmungen des Bürgerlichen Rechts. Nach § 612 Abs. 2 BGB ist sodann der übliche, nicht der angemessene (!) Betrag geschuldet. Ist der Auftraggeber Verbraucher, ist die übliche Gebühr, die ohne eine Vereinbarung zu zahlen ist, für ein erstes Beratungsgespräch auf maximal 190 EUR, insgesamt für die Beratungstätigkeit auf 250 EUR beschränkt. Es besteht daher die Notwendigkeit, im Verhältnis zum Mandanten Klarheit und Transparenz in der Abrechnung zu schaffen und die Vergütung für einen reinen Beratungsauftrag zu vereinbaren. Dies gilt umso mehr, als nach einer im Vordringen befindlichen Auffassung die Regelung des § 34 RVG auch dann eingreift, wenn der Rechtsanwalt dem Auftraggeber eine Urkunde entwirft, da die Geschäftsgebühr nach der Vorbem. 2.3. Abs. 2 VV RVG nur für die außergerichtliche Vertretung und die Mitwirkung an der Gestaltung eines Vertrages anfällt, nicht mehr jedoch für den Entwurf einseitiger Urkunden. In der Praxis wird diese Frage vor allem beim Entwurf von Testamenten bedeutsam.

Da die Vergütungsvereinbarung der „Maßanzug" anwaltlicher Vergütung ist, verbietet sich von vornherein jeder Schematismus hinsichtlich der für eine Vergütungsvereinbarung geeigneten Fallgestaltungen und der inhaltlichen Gestaltung. Dementsprechend wollen die nachfolgenden Ausführungen nur eine Anregung zum eigenen Nachdenken sein. Sie können daher auch nicht umfassend alle Fragen beantworten. Wer hierzu mehr lesen möchte, sei auf die zahlreichen Aufsätze, Kommentare und Monografien zu diesem Thema verwiesen. Die nachfolgenden Ausführungen sind nicht mehr als eine erste Orientierung, die Anregungen zum Denken und Gestalten geben soll.

D.4 Vergütungsvereinbarung

I. Motive

Die Motive, eine Vergütung zu vereinbaren, sind vielfältig. Einige Motive seien beispielhaft dargestellt:

- um Streitigkeiten über die Höhe der anfallenden Gebühren zu vermeiden,
- etwa weil der Gegenstandswert nicht sicher zu bestimmen ist (z.b. beim Entwurf Allgemeiner Geschäftsbedingungen, bei Auseinandersetzungen wegen einer Ehrverletzung oder in Nachbarstreitigkeiten, beim Entwurf von Musterverträgen);
- um bei Rahmengebühren einen bestimmten Gebührensatz festzulegen (z.b., wenn die Geschäftsgebühr nach Nr. 2300 VV bei außergerichtlicher Vertretung zur Anwendung kommt. Diese sieht einen Gebührenrahmen von 0,5 bis 2,5 vor, wobei eine Gebühr von 1,3 nur überschritten werden kann, wenn die Angelegenheit umfangreich oder schwierig ist);
- zur Frage, ob und ggf. welche Gebührentatbestände überhaupt eingreifen können;
- durch Pauschalberatungsverträge, die alle Beratungsleistungen in dem im Vertrag umschriebenen Bereich erfassen: Diese Möglichkeit eröffnet dem Mandanten den kurzfristigen Zugang zu fachkundigem Rechtsrat, ohne in jedem Einzelfall die Höhe der Gebühren diskutieren zu müssen; sie ermöglicht dem Anwalt im Falle einer Abrechnung nach festen Zeitintervallen (Monaten, Quartalen, Jahren) eine fest kalkulierbare Einnahme;
- um die Abrechnung für den Mandanten transparenter zu machen (etwa, weil dieser selbst nach Zeiteinheiten abrechnet oder aus dem Verkehr mit ausländischen Anwälten an eine Abrechnung nach Zeiteinheiten gewöhnt ist);
- um eine angemessene Vergütung für den Anwalt zu erreichen (in Fällen mit hohem Arbeitseinsatz bei niedrigem Streitwert, insbesondere wenn der Streitwert gesetzlich gedeckelt ist und damit kein Äquivalent zum Arbeitseinsatz und Risiko darstellt [z.B. in umfangreichen Verfahren betreffend elterliche Sorge und Umgangsrecht; Versorgungsausgleichsverfahren; Abänderungsverfahren zum Unterhalt; bei einer umfangreichen Verteidigung, insbesondere im Ermittlungsverfahren]; bei einer Teilklage, mit der in Wirklichkeit eine Regelung für den gesamten Streitstoff angestrebt wird).

II. Gesetzliche Vorgaben

Die gesetzlichen Vorgaben haben sich für alle ab dem 1.7.2008 geschlossenen Vergütungsvereinbarungen grundlegend geändert. Der Gesetzgeber hat durch das Gesetz zur Neuregelung des Verbots der Vereinbarung von Erfolgshonoraren (BGBl. 2008 I S. 1000) weitreichende Änderungen im gesamten Recht der vereinbarten Vergütung vorgenommen. Im Nachfolgenden wird lediglich die neue Rechtslage dargestellt.

Regelungen zu Vergütungsvereinbarungen finden sich seitdem in den §§ 3a–4b RVG.

a) Im **§ 3a RVG** finden sich die Bestimmungen, die für **jede Vergütungsvereinbarung** zu beachten sind. Diese Regelungen gelten nur für die Vereinbarung einer Gebühr für die Bera-

D.4 Vergütungsvereinbarung ← Die ersten 100 Tage

tung nach § 34 RVG nicht, da es sich bei der nach § 34 RVG vereinbarten Vergütung nicht um eine gesetzliche Vergütung, sondern allein um eine vereinbarte Vergütung handelt.

Aus § 3a Abs. 1 RVG ergeben sich folgende Anforderungen an eine Vergütungsvereinbarung:

- Die **Vereinbarung der Parteien** muss in **Textform** vorliegen. Damit muss nicht nur die Erklärung des Auftraggebers, sondern auch die Erklärung des oder der Rechtsanwälte in Textform vorliegen. Nach § 126b BGB muss dazu die Erklärung in einer Urkunde oder auf andere zur dauerhaften Wiedergabe in Schriftzeichen geeignete Weise abgegeben, die Person des Erklärenden genannt und der Abschluss der Erklärung durch Nachbildung der Namensunterschrift oder anders erkennbar gemacht werden. Aus diesem Grunde ist es schädlich, wenn sich unter der Unterschrift des Auftraggebers weitere Erklärungen befinden und dadurch der Abschluss der Erklärung nicht deutlich ist.[1]
- Die Vereinbarung darf **nicht in der Vollmacht** enthalten sein.
- Die Vereinbarung muss von anderen Vereinbarungen als der Auftragserteilung **deutlich abgesetzt** sein. Wegen der Anforderungen an eine deutliche Trennung wird in nahezu sämtlichen Kommentaren auf die Anforderungen der Rechtsprechung an die deutliche Trennung zwischen einer Widerrufsbelehrung und sonstigen Regelungen im Bereich der Haustürgeschäfte abgehoben. Empfehlenswert ist es daher, entweder durch deutliche Überschriften den Gehalt der jeweiligen Regelung hervorzuheben oder – am besten – die Vergütungsvereinbarung auf den notwendigen Gehalt zu beschränken und sonstigen Mandatsbedingungen in gesonderter Urkunde zu vereinbaren.
- Die Vereinbarung muss **als Vergütungsvereinbarung bezeichnet** oder in einer vergleichbaren Weise bezeichnet werden. Damit wurde der Streit beigelegt, ob die Vereinbarung auch als „Honorarvereinbarung" bezeichnet werden kann.
- **§ 3a Abs. 1 S. 3 RVG** schreibt dem Rechtsanwalt schließlich vor, den Auftraggeber darauf hinzuweisen, dass die gegnerische Partei, ein Verfahrensbeteiligter oder die Staatskasse im Falle der Kostenerstattung regelmäßig nicht mehr als die gesetzliche Vergütung erstatten muss. Hier ist es empfehlenswert, den Hinweis entsprechend dem Wortlaut des Gesetzes zu erteilen, damit beim Auftraggeber nicht Fehlvorstellungen erweckt werden. Da die einzelnen Verfahrensordnungen durchaus Regelungen enthalten, wonach selbst im Falle des Obsiegens keine Kostenerstattung erfolgt (§ 93b ZPO, § 12a Abs. 1 ArbGG) und darüber hinaus nach § 91 ZPO auch gesetzliche Gebühren nur dann erstattet werden, wenn diese notwendig sind, sollte der Hinweis nicht den Eindruck erwecken, dem Auftraggeber würden im Falle des Obsiegens in jedem Fall alle ihm entstehenden Anwaltsgebühren erstattet. Die Belehrung zur Kostenerstattung gehört nach der Formulierung des § 3a Abs. 1 S. 3 RVG i.V.m. § 4b S. 1 RVG nicht zu den Wirksamkeitsvoraussetzungen. Eine Verletzung dieser Pflicht kann jedoch zu einer zivilrechtlichen Schadenersatzverpflichtung führen.

---

[1] BGH, Urt. v. 03.11. 2011 – IX ZR 47/11, AnwBl. 2012, 97.

D.4 Vergütungsvereinbarung

Eine Vereinbarung, nach der ein im Wege der **Prozesskostenhilfe** beigeordneter Rechtsanwalt für die von der Beiordnung erfasste Tätigkeit eine höhere als die gesetzliche Vergütung erhalten soll, ist nach § 3a Abs. 3 S. 1 RVG nichtig. Für den Umgang mit dieser Bestimmung ist die Kenntnis der gesetzlichen Sperrwirkung aus § 122 Abs. 1 Nr. 3 ZPO unerlässlich. Danach können beigeordnete Rechtsanwälte Ansprüche auf Vergütung gegen die Partei nicht geltend machen. Die Regelung des § 3a Abs. 3 S. 1 RVG führt zwar dazu, dass der einer Partei im Wege der Prozesskostenhilfe beigeordnete Anwalt mit der Partei eine Vergütungsvereinbarung treffen kann bis zur Höhe der gesetzlichen Vergütung. Solange und soweit der Rechtsanwalt der Partei jedoch für die von der Vergütungsvereinbarung umfassten Tätigkeiten im Wege der Prozesskostenhilfe beigeordnet worden ist, kann er dieser gegenüber keinerlei Zahlungen verlangen. Die Regelung des § 3a Abs. 3 S. 1 RVG führt mithin dazu, dass der Rechtsanwalt Beträge, die er von der Partei aufgrund einer Vergütungsvereinbarung vor der Beiordnung oder nach Aufhebung einer Beiordnung erhalten hat, behalten darf.

Soweit die Partei Zahlungen an den ihr beigeordneten Rechtsanwalt während der Beiordnung auf Tätigkeiten erbringt, die von der Beiordnung umfasst sind, ist die seit dem 1.7.2008 geänderte Rechtslage zu beachten. Auf die Rückforderung finden die Vorschriften der ungerechtfertigten Bereicherung Anwendung, mithin die Regelung in § 814 BGB. Danach ist eine Zahlung nur dann nicht „rückzahlungsgefährdet", wenn der Auftraggeber in Kenntnis der Nichtschuld gezahlt hat.

Wird einem Rechtsuchenden **Beratungshilfe** gewährt, ist eine Vereinbarung über die Vergütung nichtig (§ 8 BerHG i.V.m. § 3a Abs. 4 RVG).

Ist eine Vereinbarung unter Berücksichtigung aller Umstände unangemessen hoch, kann diese im Rechtsstreit bis zur Höhe der gesetzlichen Vergütung herabgesetzt werden (§ 3a Abs. 2 S. 1 RVG). Ob eine Vergütungsvereinbarung unangemessen hoch ist oder nicht, richtet sich u.a. nach dem Aufwand des Rechtsanwaltes zur Durchführung des Mandats. Es ist daher in jedem Fall empfehlenswert, genaue Aufzeichnungen über Art und Umfang der Tätigkeit zu machen, um den genauen Umfang nachweisen zu können. Diese sind auch angesichts der Entscheidung des BGH vom 27.1.2005[2], von der der BGH sich auch in der Entscheidung vom 4.2.2010[3] nicht vollständig gelöst hat, von Bedeutung. Danach spricht aus der Sicht des BGH eine tatsächliche Vermutung dafür, dass eine vereinbarte Vergütung, die die gesetzlichen Gebühren um mehr als das Fünffache übersteigt, unangemessen sei. Da es sich aber „nur" um eine tatsächliche Vermutung handele, könne diese durch den Rechtsanwalt entkräftet werden, wenn dieser ganz ungewöhnliche, geradezu extreme einzelfallbezogene Umstände darlege, die es möglich erscheinen lassen würden, bei Abwägung aller für eine Herabsetzungsentscheidung maßgeblichen Gesichtspunkte die Vergütung nicht als unangemessen hoch anzusehen. Es kommt jedoch nicht mehr auf unge-

---

2 IX ZR 273/02, NJW 2005, 2142.
3 IX ZR 18/09, AnwBl 2010, 36.

D.4 Vergütungsvereinbarung <- Die ersten 100 Tage

wöhnliche, extrem einzelfallbezogene Umstände an.[4] Der BGH nimmt mithin eine Gesamtschau vor, in die auch Umfang und Schwierigkeit der anwaltlichen Tätigkeit, die Bedeutung der Angelegenheit für den Auftraggeber sowie dessen Einkommens- und Vermögensverhältnisse, die Qualifikation des Rechtsanwalts und die Kenntnis des Mandanten von der Überschreitung der gesetzlichen Gebühren einbezogen werden. Diese Entscheidung des BGH und insbesondere deren Anwendung durch die Instanzgerichte erscheint im Lichte des Art. 12 GG bedenklich.[5]

Auch Vergütungsvereinbarungen können sittenwidrig i.S.d. § 138 BGB sein. Dem § 138 BGB kommt jedoch im Hinblick darauf, dass die Gerichte nach § 3a Abs. 2 RVG eine aus ihrer Sicht unangemessen hohe Vergütung herabsetzen können, nur ein geringerer Anwendungsbereich zu. Nach § 138 BGB kann kein fester Maßstab zwischen der gesetzlichen Vergütung und der Höhe des vereinbarten Honorars zugrunde gelegt werden, da die Höhe der gesetzlichen Vergütung bei einer Abrechnung nach Gegenstandswert vielfach durch eine sozialpolitisch verursachte Deckelung der Gegenstandswerte beeinflusst wird. Ein Beispiel hierfür sind die Streitwerte für Unterhaltsangelegenheiten nach § 51 FamGKG und die Gegenstandswerte für Verfahren betreffend die elterliche Sorge und das Umgangsrecht sowie die Kindesherausgabe.

Der BGH[6] weist daher zu Recht darauf hin, dass bei der Prüfung eines Verstoßes gegen die guten Sitten zu bedenken sei, dass die gesetzliche Vergütung den mit der anwaltlichen Tätigkeit verbundenen Aufwand nicht immer angemessen abdeckt. In Fällen mit kleineren und mittleren Streitwerten können die gesetzlichen Vergütungen um ein Mehrfaches überschritten werden. Ein Verstoß gegen die guten Sitten liegt insoweit nicht vor, als die Vereinbarung nur zu einem aufwandsangemessenen Honorar führt. Die Entscheidung des BGH vom 24.07.2003[7] wird daher nur verkürzt wiedergegeben, wenn ihr Inhalt auf den Satz reduziert wird, die Vereinbarung des 17-Fachen der gesetzlichen Vergütung sei sittenwidrig.

Zu beachten ist insoweit nicht zuletzt, dass gerade auch für Vergütungsvereinbarungen und deren Kontrolle durch die Instanzgerichte die Berufsausübungsfreiheit des Art. 12 GG zu beachten ist[8] und die Gerichte nur in Ausnahmefällen in eine zwischen Anwalt und Auftraggeber vereinbarte Vergütung eingreifen sollen.

b) **§ 4 RVG** enthält Vorschriften für die Vereinbarung einer **erfolgsunabhängigen Vergütung**. Nach § 4 Abs. 1 S. 1 RVG kann in **außergerichtlichen Angelegenheiten** eine niedrigere als die gesetzliche Vergütung vereinbart werden. Im Umkehrschluss ergibt sich hieraus i.V.m. § 49b Abs. 1 BRAO, dass die sich aus dem RVG ergebenden Gebühren für die Tätigkeit im Prozess Mindestgebühren sind, die durch die Vereinbarung nicht unterschritten werden dürfen.

---

4   BGH v. 4.2.2012 – IX ZR 18/09, NJW 2010, 1364.
5   Siehe auch BVerfG, Beschl. v. 15.6.2009 – 1 BvR 1342/07, NJW-RR 2010, 259.
6   BGHZ 144, 343, 346.
7   NJW 2003, 3486.
8   BVerfG AnwBl 2002, 612 f.

D.4 Vergütungsvereinbarung

Soweit für außergerichtliche Angelegenheiten eine niedrigere als die gesetzliche Gebühr vereinbart wird, muss diese nach § 4 Abs. 1 S. 2 RVG in einem angemessenen Verhältnis zu Leistung, Verantwortung und Haftungsrisiko des Rechtsanwalts stehen.

Darüber hinaus kommen nach § 4 Abs. 2 RVG besondere Vereinbarungen für Tätigkeiten im Inkassobereich (gerichtliche Mahnverfahren, Zwangsvollstreckungsverfahren nach den §§ 803 bis 863 und 899 bis 915 b ZPO) in Betracht.

c) Durch den Beschluss des BVerfG vom 12.12.2006[9] aufgefordert, hat der Gesetzgeber mit Wirkung zum 1.7.2008 Ausnahmen von dem fortgeltenden Verbot des **Erfolgshonorars** geregelt. § 49 b Abs. 2 BRAO hält weiterhin am Verbot des Erfolgshonorars fest, soweit nicht im RVG Ausnahmen geregelt sind. Diese Ausnahmen finden sich in **§ 4 a RVG**. Danach darf nur für den Einzelfall und nur dann, wenn der Auftraggeber aufgrund seiner wirtschaftlichen Verhältnisse bei verständiger Betrachtung ohne die Vereinbarung eines Erfolgshonorars von der Rechtsverfolgung abgehalten würde, ein Erfolgshonorar vereinbart werden. Dieses kann sowohl in einem Zuschlag oder Abschlag als auch in einer völligen No-win-no-fee-Vereinbarung ausgestaltet werden. Zulässig ist es auch, die Zahlung eines festgelegten Teils des erstrittenen Betrages zu vereinbaren (quota litis).

Die Gesetzesbegründung stellt klar, dass wirtschaftliche Gründe auch dann vorliegen können, wenn ein mittelständisches Bauunternehmen einen großen Bauprozess nicht allein auf eigenes Gebührenrisiko führen wolle.

Die Vereinbarung eines Erfolgshonorars ist aber nach § 4 a Abs. 2 RVG an eine Vielzahl weiterer Voraussetzungen geknüpft, wobei ein Verstoß gegen die in § 4 a Abs. 2 RVG geregelten Voraussetzungen zur Nichtigkeit der Vereinbarung führt. Danach muss zum einen die voraussichtliche gesetzliche Vergütung und ggf. die erfolgsunabhängige vertragliche Vergütung, zu der der Rechtsanwalt bereit wäre, den Auftrag zu übernehmen, angegeben werden. Ferner muss die Bedingung, bei deren Eintritt die Vergütung verdient ist, angegeben werden. Die Parteien müssen mithin hinreichend klar und bestimmt definieren, was der Erfolg ist, bei dessen Eintritt die Vergütung vom Auftraggeber geschuldet wird.

Darüber hinaus sind nach § 4 a Abs. 3 S. 1 RVG die wesentlichen Gründe, die für die Bemessung des Erfolgshonorars bestimmend sind, anzugeben.

Schließlich ist nach § 4 a Abs. 3 S. 2 RVG der Hinweis aufzunehmen, dass die Vereinbarung keinen Einfluss auf die ggf. vom Auftraggeber zu zahlenden Gerichtskosten, Verwaltungskosten und die von ihm zu erstattenden Kosten anderer Beteiligter hat. Ein Verstoß gegen diese Hinweispflicht führt nach § 4 b RVG nicht zur Nichtigkeit der Vereinbarung, sondern wiederum zur Frage einer zivilrechtlichen Sanktion.

---

9 1 BvR 2576/04, NJW 2007, 979.

D.4 Vergütungsvereinbarung <- Die ersten 100 Tage

d) Verstößt eine Vergütungsvereinbarung gegen die in § 3a Abs. 1 S. 1 und 2 oder in § 4a Abs. 1 und 2 RVG geregelten Wirksamkeitsvoraussetzungen, ist diese nichtig. Der Rechtsanwalt kann nach § 4b RVG keine höhere als die gesetzliche Vergütung fordern. Dies bedeutet, dass dem Anspruch des Rechtsanwalts auf Zahlung der gesetzlichen Gebühren ggf. der Einwand des Mandanten aus § 242 BGB entgegenstehen kann, dieser habe auf die unwirksame Vereinbarung vertraut, die jedoch zu niedrigeren als den gesetzlichen Gebühren geführt hätte.

Soweit der Mandant auf eine unwirksame Vergütungsvereinbarung zahlt, ist der Rechtsanwalt nach § 4b S. 2 RVG i.V.m. § 814 BGB vor einer Rückzahlung nur geschützt, wenn der Auftraggeber in Kenntnis einer Nichtschuld zahlt.

III. Inhalt einer Vergütungsvereinbarung

1. Grundlegendes

Muster werden an dieser Stelle vergeblich gesucht werden, da diese für die eigene Kreativität kontraproduktiv sind.

Die grundlegende Frage vor dem Entwurf lautet vielmehr:

Für welche Tätigkeit bekommt der Anwalt welche Vergütung?

(Maßstab: Wie versteht der „objektive Dritte" den Inhalt der Vereinbarung? Weiß er danach, welcher Betrag vom Auftraggeber zu zahlen ist?)

In den Bereich der sinnvollen Regelung gehören die Fragen, wann gezahlt wird und wie gezahlt wird.

Zu regeln ist auch, ob die vereinbarte Vergütung auf eine sonstige Vergütung in der gleichen Sache angerechnet werden soll oder nicht. § 34 Abs. 2 RVG in der ab dem 1.7.2006 geltenden Fassung ordnet die Anrechnung der für eine Beratung vereinbarten Vergütung auf eine Gebühr für eine sonstige Tätigkeit, die mit der Beratung zusammenhängt, an, wenn in der Vereinbarung nichts Abweichendes geregelt ist.

So sollte bei der Vereinbarung einer Vergütung für eine außergerichtliche Tätigkeit daran gedacht werden, ob diese Vergütung gerade nicht auf eine spätere Tätigkeit in dieser Angelegenheit in einem gerichtlichen Verfahren angerechnet werden soll. Eine solche Regelung könnte zwar auch durch Auslegung ermittelt werden. Da die Vergütungsvereinbarung aber Abrechnungsstreitigkeiten vermeiden soll, ist es sinnvoll, diese Frage mit dem Mandanten zu besprechen und zu regeln.

D.4 Vergütungsvereinbarung

Wer Vergütungsvereinbarungen entwirft, die gegenüber Verbrauchern verwendet werden (siehe hierzu insbesondere § 310 Abs. 3 BGB) oder die in einer Vielzahl von Fällen verwendet werden sollen, muss deren Inhalt zudem am Maßstab des Verbraucherschutzrechts bzw. des Rechts der Allgemeinen Geschäftsbedingungen prüfen (z.B. kann § 309 Nr. 12 BGB bei der Klausel über Art und Weise des Nachweises erbrachter Leistungen bedeutsam werden, da er eine Beweislastumkehr zulasten des anderen Vertragsteils verbietet, wenn es sich um Umstände aus der Sphäre des Verwenders handelt).

2. Modifizierungen auf der Grundlage der gesetzlichen Vergütung

Vergütungen können in der Weise vereinbart werden, dass die Regelungen des RVG als Grundlage genommen und entsprechend den Vorstellungen der Parteien verändert oder zwischen ihnen klargestellt werden. Beispiele:

- Vereinbarung eines **bestimmten Gegenstandswertes** (z.B., wenn sich der Gegenstandswert nur schwer ermitteln lässt, wie beim Entwurf Allgemeiner Geschäftsbedingungen, in Ehrverletzungsfällen, in Fällen des § 49 a GKG; eines die Regelungen des GKG übersteigenden Wertes, wenn dieser zu einer unangemessen niedrigen Vergütung führt)
- Vereinbarung eines **bestimmten Gebührensatzes** (z.B. die Höchstgebühr bei den Gebühren der Nr. 2300 VV
- Zu den gesetzlichen Gebühren werden **pauschale Zuschläge** vorgenommen
- Die weitere oder neue Tätigkeit des Anwalts soll abweichend von den Regelungen der §§ 15, 16 RVG als neue Angelegenheit abgerechnet werden.

3. Pauschalen

Die Vereinbarung von Pauschalen bedarf eines besonderen Fingerspitzengefühls und leicht hellseherischer Fähigkeiten, um nicht entweder den Anwalt oder den Mandanten unzufrieden zu machen. Sie setzen voraus, dass sich der Umfang der anwaltlichen Tätigkeit und auch sein Haftungsrisiko in etwa voraussehen lassen. Ging der Anwalt z.B. davon aus, dass der Mandant ihm den zu beurteilenden Sachverhalt gut aufbereitet liefert und erhält er stattdessen einige Waschkörbe unsortierter und unvollständiger Unterlagen, ist die Zusammenarbeit schnell gestört.

Dieses Problem wird gefördert, wenn die vom Anwalt für die Pauschale zu erbringende Leistung nicht klar umrissen ist. Warnende Beispiele sind z.B.: für die Verteidigung zum Aktenzeichen ...: und plötzlich werden weitere Vorwürfe mit einbezogen; die Vertretung wegen Baumängeln am Objekt ... und nach dem bei Mandatserteilung bekannten nassen Keller wird im Laufe der Zeit auch noch der einsturzgefährdete Dachstuhl, die in der Zwischendecke endende Entsorgung der Toilette, der zu dünne Estrich, die mangelnde Wärmedämmung und ... und ... und ... entdeckt.

D.4 Vergütungsvereinbarung <- Die ersten 100 Tage

Fallpauschalen können auch dann zum Problem werden, wenn das Mandat vorzeitig erledigt ist oder aus sonstigen Gründen endet oder die Vereinbarung unverbindlich wird (z.B. Kündigung des Mandats; Antrag des Angeklagten, ihm seinen bisherigen Wahlverteidiger nunmehr als Pflichtverteidiger beizuordnen; Beiordnung als PKH-Anwalts nach Abschluss der Vereinbarung).

Nach § 628 BGB kann der Rechtsanwalt im Fall der Kündigung nur einen seinen bisherigen Leistungen entsprechenden Teil der vereinbarten Vergütung verlangen.

Hiervon zu trennen ist die Frage, zu welchem Zeitpunkt ggf. ein Beratungsvertrag gekündigt werden kann.[10]

Nach all diesen negativen Ausführungen könnte der Eindruck entstehen, als seien Pauschalvereinbarungen von vornherein aus der Liste der in Betracht kommenden Vereinbarungen zu streichen. Dieser Eindruck trügt aber. Pauschalen haben im Alltag vor allem in der ständigen außergerichtlichen Beratung von Unternehmen in Alltagsfragen in vielen Kanzleien einen festen Platz. In diesen Fällen sollte die Vereinbarung auch regeln, welche Personen aus dem Unternehmen Leistungen nach dieser Vereinbarung in Anspruch nehmen können.

Im Übrigen sollte eine Vereinbarung mindestens folgende Punkte regeln:

- Welche **Tätigkeit** ist von der Pauschale umfasst?
- Bei der Beratung eines Unternehmens: nur die Tätigkeit in bestimmten Rechtsgebieten? Auch Tätigkeiten vor Ort oder nur eine Beratungstätigkeit von der Kanzlei des Anwalts aus?
- Die gesamte Tätigkeit in einer Angelegenheit?
- Die Tätigkeit in einem bestimmten Verfahrensabschnitt?
- im Strafrecht z.B.: Ermittlungsverfahren, ggf. von bestimmter Dauer; Zwischenverfahren; Tätigkeit außerhalb der Hauptverhandlung; Zwangsmaßnahmen; Tätigkeit in der Hauptverhandlung ggf. gestaffelt nach deren Dauer; Zeiten zur Vorbereitung der Hauptverhandlung, des Plädoyers etc.; Rechtsmittel; Einzeltätigkeiten ...; zumindest ist eine Aufteilung nach Verfahrensabschnitten vorzunehmen, da § 58 Abs. 3 RVG die Anrechnung von Vorschüssen oder Zahlungen, die für bestimmte Verfahrensabschnitte geleistet worden sind, auf eine aus der Staatskasse für diese Verfahrensabschnitte zu zahlende Vergütung anordnet;
- im Zivilrecht z.B.: vorgerichtliche Tätigkeit mit oder ohne Besprechung mit dem Gegner oder Dritten, am Sitz des RA oder am Sitz des Mandanten oder auch an sonstigen Orten; für das Verfahren in einer Instanz mit oder ohne mündliche Verhandlung und mit oder ohne Beweisaufnahme, ggf. für jede mündliche Verhandlung und/oder jede Beweisaufnahme; für jede Vollstreckungsmaßnahme oder für einzelne Handlungen (z.B. die Teilnahme am Räumungstermin, für die im RVG keine Terminsgebühr vorgesehen ist [siehe hierzu den Wortlaut der Nr. 3310 VV] etc.);

---

10 Siehe hierzu auch die Entscheidung OLG Hamm NJW-RR 1995, 1530.

D.4 Vergütungsvereinbarung

- im Verwaltungsrecht z.B.: Antrags-/Genehmigungsverfahren ggf. mit einer Regelung für jede Besprechung mit der Behörde und/oder jeden Beweistermin; Widerspruchsverfahren; gerichtliches Verfahren in den einzelnen Instanzen ggf. mit Regelungen für jeden Termin zur mündlichen Verhandlung und/oder Beweisaufnahme; Verfahren des einstweiligen Rechtsschutzes vor der Behörde und/oder vor Gericht;
- im Sozialrecht z.B.: für ein Gutachten zu einer bestimmten Frage; Tätigkeit im Antragsverfahren, im Widerspruchsverfahren, vor Gericht, bei Eilmaßnahmen etc.;
- Erstattung von **Auslagen**
  Um Missverständnissen vorzubeugen, ist zumindest klarzustellen, dass diese zusätzlich anfallen. Diese sollten dann auch der Höhe nach geregelt werden (gedacht werden könnte je nach Regelungsbedarf an: Einzelnachweis: unpraktisch; eine Pauschale insgesamt oder je Monat; eine Sonderregelung für Recherchekosten, Fahrtkosten, Übernachtungskosten, Kopierkosten nach Umfang und Höhe) (Die „Psychologie" der Vergütungsvereinbarung spricht aber dafür, die Frage der Kopierkosten und sonstigen Auslagen nicht in das Zentrum der Gespräche zu stellen und diese insbesondere bei der Vereinbarung einer ansonsten „ansehnlichen" Vergütung nicht pfennigfuchserisch zu berechnen.)
- Erstattung der **Umsatzsteuer**
- **Fälligkeit**
  - ganz oder teilweise als Vorschuss (in einer Summe oder in festgelegten Raten) in festgelegten Zeitabschnitten (z.B. monatlich, quartalsweise, halbjährlich, jährlich; wenn ein bestimmtes Budget überschritten ist, etc.),
  - bei umfangreichen Angelegenheiten kann auch daran gedacht werden, einen Sockelbetrag für die Einarbeitung in die Angelegenheit zu vereinbaren, mit dem auch eine bestimmte Anzahl von Stunden abgegolten ist. Darüber hinaus anfallende Stunden könnten dann bei entsprechender Vereinbarung mit einem Stundensatz abgerechnet werden.

4. Zeitabhängige Vergütung

Eine Abrechnung nach der aufgewendeten Zeit ist auf der einen Seite flexibel. Viele Mandanten sind darüber hinaus auch aus ihrer eigenen Tätigkeit gewohnt, nach Zeit abzurechnen. Auf der anderen Seite ist die anwaltliche Tätigkeit für den Mandanten schwer zu durchschauen, die angesetzten Stunden können von ihm kaum auf Angemessenheit geprüft werden und besondere Faktoren, wie die Kreativität des Anwalts bei der Lösung des Problems, können nicht sinnvoll berücksichtigt werden. Die „zündende Idee", die zu einer kurzfristigen, sachgerechten Lösung führt, würde bestraft. Vor diesem Hintergrund ist die Abrechnung nach Zeiteinheiten kein Allheilmittel und kann noch weiter „verfeinert" werden, durch Budgetplanungen, an die Dauer der Tätigkeit oder die Anzahl der Stunden angebundene unterschiedlich Stundensätze oder Sockelbeträge mit einem „Rabatt" für darüber hinausgehende Stunden etc. Damit der Mandant den Zeitaufwand nachvollziehen kann, sind aussagekräftige Aufzeichnungen unverzichtbar.

D.4 Vergütungsvereinbarung <- Die ersten 100 Tage

Die Vereinbarung sollte mindestens folgende Punkte enthalten:

- Welche **Tätigkeit** soll nach dieser Vereinbarung bezahlt werden? (Was ist Auftragsinhalt?)
- Zählen **Fahrtzeiten** etc. als abrechenbare Einheiten (weil der Anwalt auch im Zug, im Flugzeug, im Auto und auf dem Weg zum Termin seinen Kopf nicht abschaltet?; hier ist aber die Frage, ob dies tatsächlich geregelt werden muss oder ob sich aus der Tätigkeit ergibt, dass der Anwalt auch an diesen Orten gearbeitet hat)?
- Wie sollen die Einheiten **nachgewiesen** werden (Auflistung nach Tag, ggf. Uhrzeit, in jedem Fall Dauer, Art der Tätigkeit)? Es sollte vorgesehen werden, dass der Mandant sein Einverständnis mit der Auflistung schriftlich innerhalb einer angemessenen Frist mitteilt. Diese Frist soll es ihm ermöglichen, die Aufstellung zu prüfen. Ist der Mandant nicht mit der Stundenzahl einverstanden, sollte der Rechtsanwalt berechtigt sein, seine weitere Tätigkeit bis zu einer Einigung über die Stundenzahl und dem Ausgleich der sich daraus ergebenden Vergütung zurückzuhalten.
- Wie hoch ist der **Preis für eine Einheit**?
  - Zunächst wird entschieden, ob die Tätigkeit der mitwirkenden Mitarbeiter gesondert erfasst und abgerechnet oder über die Anwaltsstunden mit abgerechnet werden, ohne als Zeiteinheit aufgeschrieben zu werden (z.B. Unterscheidung gewollt nach: Textverarbeitung, juristischer, aber nicht anwaltlicher Mitarbeiter; Anwalt, der nicht Partner ist; Partner). Je nach dem gewählten System sind die Kosten der Mitarbeiter gesondert auszuweisen oder bei der Kalkulierung des Stundensatzes mit einzubeziehen.
  - Der konkrete Preis einer Einheit ist von vielen Faktoren abhängig: Marktsituation; Kostenstruktur; Spezialwissen des Anwalts; Fremdsprachenkenntnisse des Anwalts, die vielleicht sogar einen Dolmetscher ersparen; *Franzen* und *Apel* haben in NJW 1988, 1059 die Soll-Umsätze für drei verschiedene Typen von Anwaltsbüros ermittelt. Verglichen mit dem Arbeitsaufwand eines Richters und dessen Einkommen musste der Anwalt bei unterstellten sechs produktiven Arbeitsstunden pro Tag bereits „damals" Umsätze zwischen netto 164 DM und 307 DM je Stunde erzielen. Dies liegt inzwischen 15 Jahre zurück. Das LG Karlsruhe (AnwBl 1983, 178, 180) hat in einer Strafsache mit mehrtägiger Hauptverhandlung vor mehr als 20 Jahren ein Honorar von 3.000 DM je Verhandlungstag nicht beanstandet. Das Patentrezept für einen Stundensatz gibt es nicht. Hier muss der Rechtsanwalt die zu seiner individuellen Marktsituation, Kanzleistruktur und seinen Kenntnissen angepasste Regelung finden. Das notwendige Selbstvertrauen in die eigene Leistung sollte dabei aber nicht vergessen werden. Genauso wenig wie es darum geht, sich gewaltig über Wert zu verkaufen, geht es auch nicht darum, die eigene Leistung zu Schleuderpreisen auf den Markt zu bringen und auch beim Mandanten den Eindruck zu erwecken, er habe die anwaltliche Leistung quasi im Sonderpostenverkauf mitgenommen.
- Für die Erstattung von **Auslagen** und **Umsatzsteuer** gelten die Ausführungen zu den Pauschalen entsprechend.

D.4 Vergütungsvereinbarung

- **Fälligkeit**
- **Vorschuss**

Der BGH hat in seiner Entscheidung vom 04.02. 2010[11] grundlegend die Anforderungen an den Nachweis der aufgewendeten Zeit dargestellt. Danach reichen abstrakte Erläuterungen insbesondere dann nicht aus, wenn diese wiederholt verwendet werden und damit sozusagen inhaltslos seien. Dazu gehörten etwa „Literaturrecherche" bzw. „Aktenstudium".

Es müsse vielmehr angegeben werden, welche Besprechung wann mit wem geführt worden sei; zu welcher Rechts- oder Tatfrage welche Recherche angestellt worden sei etc.

Die Vereinbarung sei dann nach einem solchen Nachweis daraufhin zu prüfen, ob sie angemessen sei, dazu gehöre, dass das Vergütungsmodell als solches angemessen sei, der angesetzte Stundensatz angemessen sei sowie die aufgewendete Zeit angemessen sei.

In seinem Urteil vom 21.10.2010[12] stellt der BGH sodann die Anforderungen an eine dem § 10 RVG genügende Rechnung bei der Abrechnung eines zeitabhängigen Honorars dar.

IV. Zeitpunkt der Vereinbarung

Die §§ 3a bis 4 RVG enthalten keinerlei gesetzliche Vorgaben für den Zeitpunkt der Vereinbarung. Sie kann daher grundsätzlich vor, während oder sogar nach einem Mandat abgeschlossen werden.[13] Hieraus kann jedoch nicht geschlossen werden, der Zeitpunkt der Vereinbarung sei „völlig egal".

Wer die Annahme des Mandats vom Abschluss der Vergütungsvereinbarung abhängig machen will, muss diese vor Annahme des Mandats mit dem Mandanten besprechen und abschließen. Eine möglichst frühe Vereinbarung schafft für beide Seiten finanzielle Klarheit.

Auf der anderen Seite kann ein früher Zeitpunkt problematisch sein, weil der Umfang der Tätigkeit überhaupt noch nicht abgeschätzt werden kann. Dem ist durch die Ausgestaltung der Vergütungsvereinbarung Rechnung zu tragen (abgrenzbare beschränkte Leistung gegen abgrenzbare, der Höhe nach begrenzte Vergütung).

Die Vereinbarung kann auch abgeschlossen werden, wenn das Mandat bereits angenommen wurde. Sie darf dem Mandanten jedoch nicht zur Unzeit angesonnen werden. Dies ist dann der Fall, wenn dem Mandanten der abweichende Vergütungswunsch zu einem Zeitpunkt präsentiert wird, zu dem er sinnvoll keinen anderen Anwalt mehr beauftragen kann (z.B. unmittelbar vor der Hauptverhandlung im Vorraum des Sitzungssaales oder am Tag, an dem die Berufung begründet werden müsste).

---

11 IX ZR 18/09, AnwBl. 2010, 362.
12 IX ZR 37/10 – NJW 2011, 63 = AnwBl 2011, 148.
13 Siehe hierzu auch die ausführliche Darstellung bei *Schneider*, Die Vergütungsvereinbarung, Rn. 417 ff.

D.4 Vergütungsvereinbarung

Der Anwalt kann auch die Fortführung des Mandats vom Abschluss einer Vergütungsvereinbarung abhängig machen. Ob die Ankündigung der Mandatsniederlegung im konkreten Fall eine Drohung darstellt, die den Mandanten anschließend zur Anfechtung der Vereinbarung nach § 123 BGB berechtigt, hängt von dem Verhältnis zwischen dem verfolgten Zweck und dem dazu eingesetzten Mittel ab; entscheidend sei – so der BGH –, ob der Drohende an der Erreichung des Zwecks ein berechtigtes Interesse habe und die Drohung nach Treu und Glauben als ein angemessenes Mittel zur Erreichung dieses Zwecks anzusehen sei.[14] Insoweit ist es sicherlich selbstverständlich, dass das Gespräch über eine Erhöhung der gesetzlichen Vergütung nicht unmittelbar vor Ablauf einer Frist, vor einem Termin zur mündlichen Verhandlung oder in einer sonstigen Situation, in der der Mandant nicht mehr rechtzeitig anderweitig anwaltlichen Beistand erlangen könnte, gesucht werden sollte.

Der Anwalt, der das Vergütungsgespräch erst nach der Übernahme des Mandats aufnimmt, sollte bereits vor dem Gespräch für sich eine Entscheidung getroffen haben, ob er das Mandat fortführen will oder nicht, wenn eine Vergütungsvereinbarung abgelehnt wird. In rechtlicher Hinsicht ist in dieser Situation § 628 BGB zu bedenken. Nach § 628 Abs. 1 S. 2 BGB steht ihm kein Anspruch auf Vergütung zu, wenn die Kündigung nicht durch ein vertragswidriges Verhalten des Auftraggebers veranlasst wurde und die bisherige Tätigkeit für diesen infolge der Kündigung nicht mehr von Interesse ist. Dies ist dann anzunehmen, wenn der Auftraggeber die Gebühren erneut an einen anderen RA zahlen muss.[15]

Letztlich ist auch an ein Vergütungsgespräch nach Abschluss der Angelegenheit zu denken. Zu diesem Zeitpunkt kennt der Mandant das Ergebnis der anwaltlichen Tätigkeit. Er kann für sich noch einmal abschätzen, was ihm die anwaltliche Leistung wert gewesen ist. Kommt er danach zum Ergebnis, dass die Tätigkeit des Anwalts mit einem höheren Betrag vergütet werden sollte, kann dieser ohne Weiteres nach Abschluss der Angelegenheit wirksam vereinbart werden.

---

14 BGH, Urt. v. 4.7.2002 – IX ZR 153/01, NJW 2002, 2774.
15 BGH, Urt. v. 29.09. 2011 – IX ZR 170/10, AnwBl. 2011, 962.

D.5 BERATUNGSHILFE + PKH/VKH[1]

RECHTSANWALT NORBERT SCHNEIDER, NEUNKIRCHEN • MITGLIED DES AUSSCHUSSES RVG UND GERICHTSKOSTEN DES DAV

I. Rechtspolitische Bedeutung

Aus dem Wortlaut des Art. 3 GG ist zunächst die gleichmäßige Anwendung gesetzlicher Normen abzuleiten; sie führt aber noch nicht zur Gleichheit aller Bürger bei der Lösung von Konflikten. In der Realität sind die Chancen, Rechte durchzusetzen, durchaus unterschiedlich. Art. 3 GG gebietet aber auch die weitgehende Angleichung der Situation von Bemittelten und Unbemittelten bei der Verwirklichung des Rechtsschutzes. Dies zu gewährleisten, ist Aufgabe der Beratungshilfe einerseits und der Prozess- und Verfahrenskostenhilfe andererseits. Beide Rechtsinstitute beinhalten ein soziales Grundrecht, wurzelnd im Grundsatz und im Recht auf Gleichbehandlung.

Redeker hat einmal gesagt:

„Recht, das an Kostengründen scheitert, steht auf der Verlustliste des sozialen Rechtsstaats."

Damit ist die Kostenbarriere angesprochen. Sie abzubauen, ist der Staat aufgerufen. Gleichwohl bleiben noch Zugangsschranken, die nur der Rechtsanwalt als der berufene Berater und Vertreter in allen Rechtsangelegenheiten (§ 3 Abs. 1 BRAO) beseitigen kann. Fehlende Affinität zum Recht, Sprachbarriere und Schwellenangst sind nur einige Stichwörter.

II. Gesetzliche Grundlagen und berufsrechtliche Verpflichtungen

Grundlage für die Beratungshilfe ist das Gesetz über Rechtsberatung und Vertretung für Bürger mit geringem Einkommen (BerHG) vom 18.6.1980 (BGBl I S. 689). Die Prozesskostenhilfe löste das herkömmliche Armenrecht ab und wurde durch das Prozesskostenhilfegesetz (PKHG) vom 13.6.1980 (BGBl I S. 677) eingeführt; in Familiensachen und Verfahren der freiwilligen Gerichtsbarkeit wird Verfahrenskostenhilfe gewährt (§§ 76 ff. FamFG).

Beide Rechtsinstitute sollen Bürgern mit geringem Einkommen und Vermögen die Möglichkeit geben, außergerichtlich und gerichtlich ihre Rechte mithilfe eines frei gewählten Anwalts zu verfolgen und durchzusetzen. Dies ist ohne, auch soziales, Engagement der Anwaltschaft nicht erreichbar mit folgenden daraus resultierenden berufsrechtlichen Pflichten:

---

[1] Dieser Beitrag geht zurück auf den Beitrag von Rechtsanwalt Dr. Georg Greißinger aus Hildesheim (†). Herr Dr. Greißinger war unter anderem Vizepräsident des DAV und seit 2002 Träger des Ehrenzeichens der Deutschen Anwaltschaft.

D.5 Beratungshilfe + PKH/VKH <- Die ersten 100 Tage

1. Übernahmepflicht

Der Rechtsanwalt ist verpflichtet, die im Beratungshilfegesetz vorgesehene Beratungshilfe zu übernehmen, auch in Einrichtungen der Rechtsanwaltschaft für die Beratung von Rechtsuchenden mit geringem Einkommen mitzuwirken. Ablehnen darf er im Einzelfall nur aus wichtigem Grund (§ 49 a BRAO). Bei den erwähnten Einrichtungen der Rechtsanwaltschaft für die Beratung von Rechtsuchenden handelt es sich um solche, die aufgrund von Vereinbarungen mit der Landesjustizverwaltung gemäß § 3 Abs. 1 BerHG eingerichtet worden sind (Beratungsstellen).

Zur Übernahme eines Prozess- und Verfahrenskostenhilfemandats ist der Anwalt dagegen nicht verpflichtet. Beigeordnet werden kann nach § 121 Abs. 1 ZPO, § 78 Abs. 1 FamFG nur „ein zur Vertretung bereiter Rechtsanwalt". Ist der Anwalt aber einmal beigeordnet, muss er Rechtsanwalt die Vertretung einer Partei oder die Beistandschaft übernehmen. Die nachträgliche Aufhebung der Beiordnung kann er nur bei einem wichtigen Grund erreichen (§ 48 BRAO). Wichtige Gründe sind z.b. Unmöglichkeit und Störung des Vertrauensverhältnisses, insbesondere auch die Fälle des § 45 BRAO, etwa Interessenkollision.

2. Sorgfaltspflicht

Beratungshilfe- sowie Prozess- und Verfahrenskostenhilfemandate sind mit derselben Sorgfalt zu bearbeiten, wie sie bei der Erledigung sonstiger Aufträge anzuwenden ist. Die allgemeine Berufspflicht, gewissenhaft tätig zu sein (§ 43 S. 1 BRAO), gilt auch insoweit. Sie ergibt sich zudem aus dem Anwaltsvertrag mit dem Mandanten, der jeder anwaltlichen Tätigkeit zugrunde liegt (§§ 611, 675 BGB).

3. Hinweis und Aufklärungspflicht

Der Rechtsanwalt ist verpflichtet, bei begründetem Anlass auf die Möglichkeiten von Beratungs-, Prozess- und Verfahrenskostenhilfe hinzuweisen (§ 16 Abs. 1 BORA). Er muss den Mandanten über die Voraussetzungen auch ungefragt dann aufklären, wenn aus der Person oder den Umständen erkennbar ist, dass dieser zu dem Kreis gehören könnte, der anspruchsberechtigt ist (Schüler, Studenten, Sozialhilfeempfänger, Unterhaltsempfänger u.a.m.). Auch das resultiert im Übrigen aus dem Anwaltsvertrag, der umfassende Belehrungs-, Beratungs- und Betreuungspflichten beinhaltet. Verstößt der Anwalt hiergegen, macht er sich schadensersatzpflichtig und verliert gegebenenfalls seine gesetzlichen Vergütungsansprüche.[2]

---

[2] OLG Hamm AnwBl 2015, 901 = AGS 2016, 47.

4. Verbot der Annahme von Zahlungen oder Leistungen

Ist der Anwalt im Rahmen der Beratungshilfe tätig darf er den Rechtsuchenden mit Ausnahme der Gebühr nach Nr. 2500 VV nicht in Anspruch nehmen (§ 8 Abs. 2 BerHG). Auch der im Rahmen der Prozess- oder Verfahrenskostenhilfe beigeordnete Anwalt darf den Mandanten im Rahmen der Beiordnung nicht in Anspruch nehmen (§ 121 Abs. 1 Nr. 3 ZPO)

Wird die Beratungshilfe oder die Prozess- oder Verfahrenskostenhilfe nachträglich aufgehoben, dann kann der Anwalt allerdings die gesetzliche Vergütung verlangen. Wird die Prozess- oder Verfahrenskostenhilfe dagegen nur abgeändert, etwa dahingehend, dass Raten zu zahlen sind oder eine Einmalleistung aus dem Vermögen zu erbringen ist, bleibt die Beiordnung bestehen, so dass der Anwalt seine weitergehende Vergütung nur gegenüber der Landeskasse geltend machen kann (§ 50 RVG).

Im Gegensatz zum früherem Recht ist eine Vergütungsvereinbarung mit einem Mandanten, dem Beratungshilfe bewilligt worden ist, nicht unwirksam; aus dieser Vereinbarung kann jedoch kein Anspruch hergeleitet werden, solange die Beratungshilfe besteht (§ 8 Abs. 2 BerHG). Wird die Beratungshilfe allerdings aufgehoben (auch nach § 6a Abs. 2 BerHG), dann entfaltet die Vergütungsvereinbarung Wirksamkeit.

Strittig ist, ob der Anwalt im Rahmen der Prozess- oder Verfahrenskostenhilfe wirksam vereinbaren kann, dass der Mandant die Differenz zwischen den Pflicht- und den Wahlanwaltsgebühren zahlt. Eine entsprechende Vereinbarung ist jedenfalls nicht nichtig (arg. e § 3 Abs. 3 RVG).[3]

III. Beratungshilfe

1. Definition und Inhalt

Beratungshilfe ist Hilfe für die Wahrnehmung von Rechten außerhalb eines gerichtlichen Verfahrens (§ 1 Abs. 1 BerHG). Sie besteht in Beratung und, soweit erforderlich, in Vertretung (§ 2 Abs. 1 BerHG). Beratungshilfe wird in Angelegenheiten des Zivilrechts – einschließlich Arbeitsrecht –, des Verwaltungsrechts, des Verfassungsrechts, des Sozialrechts, des Steuerrechts[4] sowie, beschränkt auf Beratung, auch in Angelegenheiten des Strafrechts und des Ordnungswidrigkeitenrechts gewährt (§ 2 Abs. 2 BerHG). Ausgeklammert bleibt lediglich das Recht anderer Staaten, sofern der Sachverhalt keine Beziehung zum Inland aufweist (§ 2 Abs. 3 BerHG). Der Inlandsbezug muss den Sachverhalt betreffen und durch ihn dann die Person des Rechtsuchenden, etwa Unterhaltsansprüche im Ausland lebender Kinder gegen ihren in Deutschland lebenden und arbeitenden Vater. Die Zuordnung

---

[3] OLG Hamm AnwBl 2018, 170; siehe zu Einzelheiten *N. Schneider*, Vergütungsvereinbarung bei Prozess- oder Verfahrenskostenhilfe, NJW-Spezial 2016, 91.
[4] BVerfG AnwBl 2008, 874.

D.5 BERATUNGSHILFE + PKH/VKH <- DIE ERSTEN 100 TAGE

orientiert sich im Übrigen an der Gerichtsbarkeit (str.). So ist z.B. alles, was von den Verwaltungsgerichten entschieden werden muss, uneingeschränkt beratungshilfefähig.

2. Rechtsanwalt und Rechtspfleger

Für das Bewilligungsverfahren ist das Amtsgericht, der Rechtspfleger, sachlich zuständig (§§ 4 BerHG, 3 Nr. 3, 24 a RPflG).

Die örtliche Zuständigkeit folgt dem allgemeinen Gerichtsstand des Rechtsuchenden (§§ 4 Abs. 1 S. 1 BerHG, 16 ZPO). Hat der Rechtsuchende im Inland keinen allgemeinen Gerichtsstand, ist das Amtsgericht zuständig, in dessen Bereich ein Bedürfnis für die Beratungshilfe auftritt (§ 4 Abs. 1, S. 2 BerHG).

a) Bewilligungsverfahren

Die Bewilligung von Beratungshilfe muss mündlich oder schriftlich beantragt werden (§ 4 Abs. 2 S. 1 BerHG), nämlich entweder direkt beim Amtsgericht oder über den Rechtsanwalt (§§ 4 Abs. 2, 7 BerHG). Der Anwalt ist allerdings nicht verpflichtet, den Beratungshilfeantrag selbst zu stellen (§ 16 a Abs. 2 BORA). Anspruchsberechtigt sind Rechtsuchende, die die erforderlichen Mittel nach ihren persönlichen und wirtschaftlichen Verhältnissen nicht aufbringen können. Die Voraussetzungen sind dann gegeben, wenn dem Rechtsuchenden Prozess- oder Verfahrenskostenhilfe ohne eigenen Beitrag zu den Kosten zu gewähren wäre (siehe IV.2). Außerdem darf keine anderweitig zumutbare Hilfsmöglichkeit zur Verfügung stehen und die beabsichtigte Rechtsverfolgung nicht mutwillig sein (§ 1 BerHG).

Im Antrag ist die Angelegenheit, für die Beratungshilfe begehrt wird, kurz zu bezeichnen; die persönlichen und wirtschaftlichen Verhältnisse sind glaubhaft zu machen (§ 4 Abs. 2 BerHG).

Sind die Voraussetzungen erfüllt, stellt der Rechtspfleger einen Berechtigungsschein für Beratungshilfe durch einen Rechtsanwalt nach Wahl des Rechtsuchenden aus (§ 6 Abs. 1 BerHG). Gegen die Ablehnung des Beratungshilfeantrags ist die Erinnerung des Rechtsuchenden zulässig (§ 6 Abs. 2 BerHG), aber auch der Landeskasse gegen die Bewilligung (§ 11 RpflG) (str.). Die Entscheidung über die Erinnerung ist nach ganz h. M. unanfechtbar.

b) Die Beratungshilfe selbst

Beratungshilfe wird durch Rechtsanwälte gewährt, auch durch das Amtsgericht, also den Rechtspfleger, wenn dem Anliegen des Rechtsuchenden durch eine sofortige Auskunft, einen Hinweis auf andere Möglichkeiten für Hilfe oder die Aufnahme eines Antrags oder einer Erklärung entsprochen werden kann (§ 3 Abs. 2 BerHG). Beraten, d.h. im konkreten Fall Verhaltensweisen empfehlen, darf hiernach nur der Anwalt, während sich der Rechtspfleger darauf zu beschränken hat, den Rechtsuchenden auf Rechtsmittel und Rechtsbehelfe, Fristen usw. hinzuweisen, dies zudem nur dann, wenn das sofort und in verhältnismäßig kurzer Zeit möglich ist.

Der Rechtsanwalt ist befugt, schon vor der Bewilligung, d.h. der Erteilung eines Berechtigungsscheins, Beratungshilfe zu gewähren (§ 4 Abs. 2 S. 4 BerHG), dies dann freilich mit dem Risiko der Zurückweisung des Gesuchs. Erforderlich ist aber, dass der Rechtsuchende vor der Tätigkeit des Anwalts den Beratungshilfeantrag gestellt hat. Die Bewilligung kann dann nachträglich ausgesprochen werden. Eine nachträgliche Antragstellung ist dagegen nicht möglich.

IV. Prozess- und Verfahrenskostenhilfe

1. Definition und Inhalt

Prozess- und Verfahrenskostenhilfe sind Kostenhilfe für die Führung gerichtlicher Verfahren, d.h. die Rechtsverfolgung oder Rechtsverteidigung vor inländischen staatlichen Gerichten, z.B. in zivilprozessualen Verfahren, in Familiensachen, in Verfahren der freiwilligen Gerichtsbarkeit, Verfahren vor den Arbeitsgerichten, Sozialgerichtsverfahren, Verwaltungsgerichtsverfahren, Finanzgerichtsverfahren u.a.m.

2. Voraussetzungen und Bewilligung

Persönliche, d.h. subjektive Voraussetzungen für die Gewährung von Prozess- oder Verfahrenskostenhilfe sind Hilfsbedürftigkeit der Partei, hinreichende Aussicht auf Erfolg und fehlende Mutwilligkeit (§ 114 Abs. 1 S. 1 ZPO; 76 FamFG). Für die grenzüberschreitende Prozesskostenhilfe innerhalb der EU gelten ergänzend die §§ 1076 bis 1078 ZPO (§ 114 Abs. 1 S. 2 ZPO).

Hilfsbedürftigkeit liegt dann vor, wenn die Partei „nach ihren persönlichen und wirtschaftlichen Verhältnissen die Kosten der Prozessführung nicht, nur zum Teil oder nur in Raten aufbringen kann" (§ 114 S. 1 ZPO). Zu berücksichtigen sind dabei Einkommen und Vermögen. Zum Einkommen gehören alle Einkünfte in Geld oder Geldeswert (§ 115 Abs. 1 S. 2 ZPO). Davon sind die in § 115 Abs. 1 S. 3 Nr. 1–4 ZPO aufgezählten Beträge abzusetzen, woraus sich dann das einzusetzende Resteinkommen ergibt. Die nach § 115 Abs. 1 S. 3 Nr. 1 lit. b und Nr. 2 ZPO vom Einkommen der Parteien abzusetzenden Beträge sind zzt. (Bekanntmachung zu § 115 ZPO, Prozesskostenhilfebekanntmachung 2018 vom 15.12.2017 [BGBl. I S. 4012])

1. für Parteien, die ein Einkommen aus Erwerbstätigkeit erzielen, 219 EUR,
2. für die Partei und ihren Ehegatten oder ihren Lebenspartner, 481 EUR,
3. für jede weitere Person, der die Partei aufgrund gesetzlicher Unterhaltspflicht Unterhalt leistet, in Abhängigkeit von ihrem Alter

D.5 Beratungshilfe + PKH/VKH <- Die ersten 100 Tage

a) Erwachsene 383 EUR,
b) Jugendliche vom Beginn der 15. bis zur Vollendung des 18. Lebensjahres 364 EUR,
c) Kinder vom Beginn des siebten bis zur Vollendung des 14. Lebensjahres 339 EUR,
d) Kinder bis zur Vollendung des sechsten Lebensjahres 275 EUR.

Die Partei hat im Übrigen auch ihr Vermögen einzusetzen, soweit dies zumutbar ist. § 90 SGB XII gilt entsprechend § 115 Abs. 3 ZPO.

Hinreichende Aussicht auf Erfolg heißt, dass Erfolgsaussicht in tatsächlicher und rechtlicher Hinsicht mit gewisser Wahrscheinlichkeit bestehen muss. Die Rechtsverfolgung ist dann nicht mutwillig, wenn sie geeignet ist, nennenswerten realisierbaren wirtschaftlichen Vorteil zu bringen. Der Bewilligungsantrag besteht aus zwei Teilen, nämlich einer Darstellung des Streitverhältnisses unter Angabe der Beweismittel und der Erklärung des Rechtsuchenden über seine persönlichen und wirtschaftlichen Verhältnisse (§ 117 Abs. 1, 2 ZPO). Zuständig für die Entscheidung ist das Gericht, bei dem das Verfahren anhängig ist oder anhängig gemacht werden soll (§ 127 Abs. 1 ZPO). Ist anwaltliche Vertretung vorgeschrieben oder erscheint sie erforderlich, wird nach Wahl des Rechtsuchenden ein zur Vertretung bereiter Rechtsanwalt beigeordnet (§ 121 Abs. 1 ZPO, § 78 Abs. 2 FamFG).

Gegen Entscheidungen im Prozesskostenhilfebewilligungsverfahren ist die sofortige Beschwerde des Rechtsuchenden zulässig; dies gilt nicht, wenn der Streitwert der Hauptsache den in § 511 Abs. 2 Nr. 1 ZPO genannten Betrag, also 600 EUR, nicht übersteigt oder in der Hauptsache aus anderen Gründen ein Rechtsmittel nicht gegeben wäre, es sei denn, das Gericht hat ausschließlich die persönlichen oder wirtschaftlichen Voraussetzungen für Prozesskostenhilfe verneint, § 127 Abs. 2 S. 2 ZPO. Die Beschwerdefrist beträgt, abweichend von § 569 Abs. 1 S. 1 ZPO, einen Monat (§ 127 Abs. 2 S. 3 ZPO). Die Staatskasse kann nur unter den Voraussetzungen des § 127 Abs. 3 ZPO sofortige Beschwerde gegen die Bewilligung der Prozesskostenhilfe einlegen. Für den Antragsteller bedeutet die Prozesskostenhilfe weitgehende Kostenbefreiung von Gerichts- und Anwaltskosten (§ 122 ZPO), bewahrt aber nicht vor einem gegnerischen Kostenerstattungsanspruch (§ 123 ZPO).

V. Vergütung

Die Vergütung des Rechtsanwalts ist für die Beratungshilfe sowie die Prozess- und Verfahrenskostenhilfe gesondert geregelt.

Nach § 44 S. 2 RVG i. V. mit dem Vergütungsverzeichnis – Anlage 1 (zu § 2 Abs. 2) – kann der Rechtsanwalt vom Rechtsuchenden nur eine Beratungshilfegebühr von 15 EUR einschließlich Auslagen beanspruchen (Nr. 2500 VV RVG), die auch erlassen werden kann. Gegenüber der Landeskasse bestehen folgende Erstattungsansprüche:

D.5 BERATUNGSHILFE + PKH/VKH

Gebührentatbestand	Wert
Beratungsgebühr (Nr. 2501 VV RVG)	35 EUR
Geschäftsgebühr (Nr. 2503 VV RVG)	85 EUR
Einigungs- und Erledigungsgebühr (Nr. 2508 VV RVG)	150 EUR

Für die Beratungstätigkeit mit dem Ziel einer außergerichtlichen Einigung über die Schuldenbereinigung auf der Grundlage eines Plans (§ 305 Abs. 1 Nr. 1 InsO):

Gebührentatbestand	Wert
Beratungsgebühr (Nr. 2502 VV RVG)	70 EUR
Geschäftsgebühr (Nr. 2503 VV RVG)	270 EUR
bei bis zu 5 Gläubigern (Nr. 2504 VV RVG)	
bei 6–10 Gläubigern (Nr. 2505 VV RVG)	405 EUR
bei 11–15 Gläubigern (Nr. 2506 VV RVG)	540 EUR
bei mehr als 15 Gläubigern (Nr. 2507 VV RVG)	675 EUR

Die oben genannte Einigungs- und Erledigungsgebühr entsteht auch für die Mitwirkung bei einer außergerichtlichen Einigung über die Schuldenbereinigung auf der Grundlage eines Plans (§ 305 Abs. 1 Nr. 1 InsO).

Rechtsgrundlage für den Vergütungsanspruch eines im Rahmen der Prozesskostenhilfe beigeordneten Rechtsanwalts sind die §§ 45 Abs. 1, 49 RVG. Bis zu einem Gegenstandswert von 4.000 EUR gilt betreffend die Höhe der aus der Staatskasse zu zahlenden Gebühren keine Besonderheit. Liegt der Gegenstandswert bei mehr als 4.000 EUR, sind in Abweichung zu § 13 Abs. 1 RVG folgende Beträge zugrunde zu legen:

Gegenstandswert bis ... EUR	Gebühr Euro	Gegenstandswert bis ... EUR	Gebühr Euro
5.000	257	16.000	335
6.000	267	19.000	349
7.000	277	22.000	363
8.000	287	25.000	377
9.000	297	30.000	412
10.000	307	über	
13.000	321	30.000	447

D.5 BERATUNGSHILFE + PKH/VKH <- Die ersten 100 Tage

Bei Werten über 35.000 EUR erhöhen sich die PKH- und VKH-Beträge nicht mehr. Auslagen sind nach den vollen gesetzlichen Beträgen zu zahlen, sofern sie notwendig waren (§ 46 RVG).

VI. Formulare

Sowohl in der Beratungshilfe (§ 11 BerHG) als auch in der Prozesskostenhilfe (§ 117 Abs. 3 ZPO) ist der Bundesminister der Justiz ermächtigt, Formulare einzuführen und deren Verwendung vorzuschreiben. Hiervon hat er durch Rechtsverordnungen vom 2.1.2014 (BerH-FV; BGBl. I S. 2) für die Beratungshilfe und vom 6.1.2014 (BGBl. I S. 34) für die Prozesskostenhilfe Gebrauch gemacht. Eine Formularpflicht besteht allerdings nicht für die Abrechnung der Prozess- oder Verfahrenskostenhilfe.

VII. Kostenerstattung

Soweit der vom Anwalt vertretenen bedürftigen Partei ein Kostenerstattungsanspruch entsteht, kann der Anwalt die über die PKH-/VKH-Vergütung hinausgehende Wahlanwaltsvergütung in eigenem Namen gegen den unterlegenen Gegner geltend machen und festsetzen lassen (§ 126 Abs. 1 ZPO). Der Gegner kann gegen diesen Erstattungsanspruch nur mit Kostenerstattungsansprüchen aus demselben Verfahren aufrechnen. Ansonsten ist er mit sämtlichen Einwendungen ausgeschlossen (§ 126 Abs. 2 ZPO). Auch bei Beratungshilfe besteht die Möglichkeit, den Gegner auf Kostenerstattung in Anspruch zu nehmen (§ 9 S. 1 BerHG). Dies darf allerdings nicht zum Nachteil des Mandanten geschehen (§ 9 S. 2 BerHG).

D.6 Disruption of the legal industry through advanced technologies: Legal Tech is reshaping the firms' and lawyers' positioning

Marie Bernard, Berlin
Julien Henri Lasala, Berlin

Embracing a career in law means embarking on a journey where lawyers have the opportunity to use more forms of intelligence than they ever had access to previously.

First, their own intelligence needs to adapt and be used in a smart way, as lawyers have easier and faster access to more resources and information.

Beyond this biological intelligence, AI (artificial intelligence) is becoming ubiquitous, since the adoption of cutting-edge technologies and innovative solutions is accelerating.

Other forms of intelligence, all the more powerful, such as emotional intelligence, is getting increasingly sought, as lawyers' ability to understand their clients' pain point and to orchestrate the interaction of the right tools for the right purposes will make the difference, and should make the case for paying premium 'human' legal services in addition to commoditized robotic services.

I. What does the market demand?

Whether you are in private practice or starting your career in-house, you cannot ignore the market pressure to reduce cost, to hire more in-house instead of seeking external opinions, to consider AFAs (alternative fee arrangements), to deliver higher service delivery quality for lower fees.

Corporations ask for more transparency, risk sharing positions and more sustainable relations with law firms. In short, legal departments want more for less: faster, better, cheaper. Consequently, law firms' most important challenges are about pricing pressure, improving operational efficiency, winning new business, growing more business from existing customers, and improving law firm agility and adaptability.

Operational efficiency is a challenge for law firms but represents also an opportunity, with the automation of manual tasks having one of the greatest upsides. Document management and project management systems, financial applications and ERP (enterprise resource planning), business intelligence, matter pricing and planning, case management are among the tools to unlock space for service delivery improvement.

D.6 Disruption of the legal industry

II. Technological advances

While market pressure is often a symptom for disruption, it is surely not the only driver. Thanks to computational power's exponential growth – the famous Moore's law – a series of breakthrough technology bricks are entering the legal space. Capabilities around big data, for example, means that a variety of tasks which used to be performed manually, or within small scale samples, are now done at a larger scale with minimal human intervention.

Lawyers can now benefit from tools involving mining, modeling, classification, analysis, treatment, interpretation, reporting on massive amounts of structured and unstructured data, documents, emails, etc. through storage on the cloud or internal data servers.

By leveraging powerful algorithms and programming techniques such as machine learning, deep learning, predictive analytics, and natural language processing, artificial intelligence powered platforms, when adequately trained, are able to give quick and increasingly accurate sentiment analysis on almost any kind of documents, texts, topics, in any language. If AI is to make driverless cars possible, its application in the legal domain, although very complex and nuanced, offers the perspective of enhancing the value-added to the legal advice.

Beyond independent tools and solutions, the next level of Big Data starts to emerge. Insight platforms blend previously segregated tools such as business intelligence, predictive analytics, data streaming, data visualization, reporting and more into a single software layer. This should bring another level of professionalization to the business of law. It should allow the most advanced law firms or in-house departments to manage and analyze data, test and integrate the derived insights into business action, and capture feedback for continuous improvement.

These platforms clearly call for new routines. Adopting a good data hygiene from the early days of your career (e.g. accurately and efficiently expediting time recording), getting familiar with project management tools as soon as available in your working environment, and championing best practices to always be ahead of the pack, will surely be considered as musts and as among the best practices in the job descriptions of the lawyers of tomorrow – if not already in the most innovative law firms.

III. From hype to mainstream

Whoever is entering a legal career at the end of the 2010s has heard a number of buzzwords. It's useful to frame them rapidly here, as they (or a better version of them) might become ubiquitous in certain segments of the legal service delivery.

- Blockchain: an incorruptible digital ledger of economic transactions. It can be programmed to record virtually everything of value, as for financial transactions. The blockchain

technology allows digital information to be distributed (but not copied), thus creating the backbone for new online models in which digital currencies such as Bitcoin or smart contracts are possible.
- Machine learning: a set of algorithms that recognizes patterns within large datasets. Leveraging natural language processing, machine learning can categorize and understand complex meaning and syntax, such as found in contractual agreements or regulations, and provide the end users with classifications, reports, search results, predictions, or alerts. Feedback loops and additional datasets for the same instance enable the system to readjust its interpretations of the patterns and therefore learn from each new data entry. This technology is applicable to many use-cases in the legal field such as in case predictive analytics, contract review and analytics, enhanced e-discovery, practice management, etc.
- Chatbot: a computer program, a text-based dialog system, that simulates a written conversation with a human person. Chatbots are nowadays mainly used as the primary customer support contacts on websites and automates the FAQs delivery. Often used in B2C in the legal world to broaden access to justice for private individuals, chatbots can also be integrated to questionnaires and forms to automate the incorporations of companies or automate standard contracts, such as NDAs, licensing agreements and so on.

IV. New business models unbundling legal services and leveraging new solutions

As a logical consequence, market demands and advances in technologies have devised new business models which are unbundling legal services and leveraging new solutions. Third-party providers can benefit from legal process outsourcing, providing space for improvement and automation all along the supply chain of the legal servicing.

The legal tech ecosystem, ranging from traditional providers reinventing themselves (law firms, legal ops, publishers) to startups, forms a vibrant and growing specialized legal tech scene. They can now design and improve solutions addressing a specific range of pain points and use-cases, such as in e-discovery, expert legal research, expert finding, matter management and transparency, quality and performance assessment, analytics and decision support, automated compliance and risk management, legal regulatory updates and forecasting, security and privacy solutions, automated contract review and analysis, notarization solutions, IP, e-billing, and so forth. In that context, legal service professionals and providers can rethink their entire value propositions.

V. The way forward

Not to be underestimated, a community is getting stronger and is enabling collaboration between all the players: in-house counsels, lawyers, developers, ICT firms and professionals, startups, big law, investors, academics, incubators and accelerators, business professionals etc.

D.6 DISRUPTION OF THE LEGAL INDUSTRY <- DIE ERSTEN 100 TAGE

They gather in events, from formal conferences to casual or private meetings. As we are indeed witnessing the disruption of the whole legal vertical, the business models are fundamentally rethought, the educational programs and curriculums are being amended, the value propositions are enhanced and reshaped.

From the practice to the business of law, there are indeed many opportunities in the digitization and digitalization era. The trend for legal as well as business professionals is here to stay, and will continue to accelerate. Are you ready?

D.7 Fortbildung und Fachanwaltschaft – Möglichkeiten beim Berufseinstieg

Rechtsanwältin Kirsten Pelke, Berlin • Geschäftsführerin der DeutschenAnwaltAkademie GmbH

I. Der Fachanwaltslehrgang als Wettbewerbsvorteil – nicht nur im Bewerbungsverfahren

Arbeitslosigkeit unter Juristen ist in den letzten Jahren rückläufig – nach der letzten Erhebung lag die Zahl dennoch bei über 5.500.[1] Ein abgeschlossener Fachanwaltslehrgang bieten eine gute Möglichkeit, sich von Mitbewerbern abzuheben. Aktuelle Gehälter- und Einstellungsreports von Anwaltsblatt-Karriere zeigen: Eine Zusatzqualifikation bringt Pluspunkte im Bewerbungsverfahren bei Kanzleien.[2] Die wachsende Bedeutung des Fachanwaltskurses bei der Einstellung hat einen Grund: Wer neben oder nach dem 2. Staatsexamen Zeit und Geld in einen 120-stündigen Lehrgang investiert und noch einmal freiwillig Klausuren im Umfang von 15 Stunden absolviert, belegt eindrücklich seine Motivation, Anwalt zu werden. Dies gilt besonders für Bewerberinnen und Bewerber, die ihre Zukunft nicht in der Großkanzlei sehen.

Wer Fachanwalt wird, profitiert hiervon weit über den Berufseinstieg hinaus. In kleinen und mittelständischen Kanzleien ist der Fachanwaltstitel als Akquisetool besonders wichtig.[3] Die Fachanwaltsbezeichnung macht besondere Erfahrungen und den aktuellen Wissensstand des Anwalts für die Mandanten transparent. Einkommensuntersuchungen unter Rechtsanwälten zeigen, dass sich das auf dem Markt auswirkt: Fachanwälte berichten von Umsatzsteigerungen von zum Teil über 50 Prozent nach Erwerb des Titels.[4]

II. Kosten und Fördermöglichkeiten des Fachanwaltslehrgangs

Ein abgeschlossener Fachanwaltskurs erhöht die Chancen beim Berufseinstieg. Doch wie soll er bezahlt werden? Diese kosten zwischen 1.800 und 2.500 EUR. Dazu kommen ggf. Reise- und Übernachtungskosten. Das ist Geld, das man im oder direkt nach dem Referendariat oft nicht hat. Bei angestellten Anwälten beteiligt sich vielleicht der Arbeitgeber an den Kosten als Investition in die Zukunft der Kanzlei. Aber auch, wenn noch kein Arbeitgeber in Sicht ist, der die Kosten der Ausbildung des Nachwuchses übernehmen will, gibt es Möglichkeiten der Unterstützung bei der Finanzierung des Kurses.

Arbeitsuchende haben die Möglichkeit, eine Förderung des Kurses bei den Agenturen für Arbeit zu beantragen (§ 77 SGB III). Gefördert werden kann, wenn

---

1 *Kilian/Dreske*, Statistisches Jahrbuch der Anwaltschaft 2015/2016, S. 195.
2 Gehälter- und Einstellungsreports sind unter www.anwaltsblatt-karriere.de abrufbar
3 Anwaltsblatt-Karriere 02/2016, S. 25
4 *Hommerich/Kilian*, Fachanwälte 2011, S. 197.

D.7 Fortbildung und Fachanwaltschaft <- Die ersten 100 Tage

- die Weiterbildung notwendig ist, um bei Arbeitslosigkeit beruflich einzugliedern oder eine drohende Arbeitslosigkeit abzuwenden,
- vor Beginn der Teilnahme eine Beratung durch das Arbeitsamt erfolgt ist und
- die Maßnahme und der Träger der Maßnahme für die Förderung zugelassen sind.

Die Deutsche Anwaltakademie besitzt diese Zulassung im Sinne des SGB III für alle ihre Fachanwaltslehrgänge. Übernommen werden die Kosten der Weiterbildung. Das können neben den Lehrgangskosten auch die Fahrtkosten und die Kosten der Unterbringung sein, letztere nach Pauschalen der Arbeitsverwaltung.

Weitere Möglichkeiten der Unterstützung gibt es über die Bildungsprämie (www.bildungspraemie.info) oder über Förderprogramme einzelner Länder. Von der Bildungsprämie der Bundesregierung profitieren Selbstständige und Angestellte, die mindestens 15 Stunden in der Woche erwerbstätig sind und deren jährliches zu versteuerndes Einkommen maximal 20.000 EUR beträgt. Voraussetzung der Förderung ist eine Beratung einer anerkannten Beratungsstelle. Sie erhalten dort einen Prämiengutschein, den Sie bei ihrem Weiterbildungsanbieter einlösen können. Mit dem Prämiengutschein übernimmt der Staat die Hälfte der anfallenden Fortbildungskosten bis zu einer Höhe von maximal 500 EUR.

Nicht nur für Geringverdienende sind die Förderangebote der Länder interessant. Beispielsweise mit dem Bildungsscheck NRW unterstützt das Land die Teilnahme an beruflicher Weiterbildung. Übernommen wird auch hier die Hälfte der anfallenden Kursgebühren bis 500 EUR. Gefördert werden Unternehmen mit bis zu 249 Mitarbeitern sowie Selbstständige in den ersten fünf Jahren nach Gründung. Beim Bildungsscheck NRW ist ein niedriges Einkommen keine Fördervoraussetzung. Daneben gibt es beispielsweise den Qualifizierungsscheck in Hessen oder die ESF Programme in Bayern und in Baden-Württemberg.

Nach den Beobachtungen der Deutschen Anwaltakademie werden diese Förderungen wahrgenommen. Dies ist zum einen sicher auf die wachsende Zahl der möglichen Fachanwaltstitel, zum anderen aber auf die Bedeutung dieser Qualitätsbezeichnung bei der Auswahl der Anwältin oder des Anwalts durch den Mandanten zurückzuführen.

Eine Übersicht der Fördermöglichkeiten der Länder hat die Deutsche Anwaltakademie zusammengestellt.[5]

III. Fachanwaltschaften

In den 90er-Jahren orientierten sich die Fachanwaltschaften allein an den Verfahrensordnungen. Es gab Fachanwaltschaften für Arbeits-, Familien-, Sozial-, Steuer-, Straf- und Verwaltungsrecht. Eine Weiterentwicklung und breite Einführung neuer Fachanwaltstitel, die an der Nachfrage ausgerichtet sind, gelang ab dem Jahr 2003. Seither wird die Zahl der Fach-

---

[5] https://www.anwaltakademie.de/lfc/informationen/foerderung_bezuschussung – Stand September 2017

anwaltschaften stetig ausgeweitet. Derzeit gibt es 23 Fachanwaltstitel. Diese sind im Einzelnen:

- Arbeitsrecht
- Agrarrecht
- Bank- und Kapitalmarktrecht
- Bau- und Architektenrecht
- Erbrecht
- Ehe- und Familienrecht
- Gewerblichen Rechtsschutz
- Handels- und Gesellschaftsrecht
- Informationstechnologierecht
- Insolvenzrecht
- Internationales Wirtschaftsrecht
- Medizinrecht
- Miet- und Wohnungseigentumsrecht
- Migrationsrecht
- Sozialrecht
- Steuerrecht
- Strafrecht
- Transport- und Speditionsrecht
- Urheber- und Medienrecht
- Vergaberecht
- Verkehrsrecht
- Versicherungsrecht
- Verwaltungsrecht

Die Zahl der Fachanwaltschaften wird bei 23 nicht haltmachen. Die Einführung weiterer Fachanwaltstitel, z.B. für Opfervertretung, wurde in der 6. Sitzung der 6. Satzungsversammlung diskutiert, fand jedoch im April 2018 (noch) keine zustimmende Mehrheit. Als zwei weitere für die Zukunft diskutierte Spezialisierungen sind die Fachanwaltschaft für Verbraucherrecht sowie die für Sportrecht zu nennen.

Die Deutsche Anwaltakademie ist im Moment der einzige Anbieter, der regelmäßig Kurse für alle diese Fachanwaltschaften anbietet. Mitgliedern eines Anwaltvereins und jungen Anwältinnen und Anwälten bis drei Jahre nach Zulassung werden besonders günstige Preise eingeräumt. Eine Übersicht über die verschiedenen Anbieter findet sich im Internet unter www.fachanwaltslehrgang.de.

IV. Der Weg zum Fachanwalt

Über die Befugnis, eine Fachanwaltsbezeichnung zu führen, entscheidet der Vorstand der Rechtsanwaltskammer, nachdem ein Ausschuss die vorzulegenden Nachweise über den

D.7 Fortbildung und Fachanwaltschaft <- Die ersten 100 Tage

Erwerb der besonderen Kenntnisse und Erfahrungen geprüft hat. Die Einzelheiten über die besonderen Kenntnisse und Erfahrungen regeln § 43 c BRAO und die Fachanwaltsordnung (FAO). Nachzuweisen sind besondere theoretische Kenntnisse und besondere praktische Erfahrungen.

Nach § 4 FAO setzt der Erwerb der theoretischen Kenntnisse in der Regel voraus, dass der Antragsteller an einem auf die Fachanwaltsbezeichnung vorbereitenden anwaltsspezifischen Fachlehrgang teilgenommen hat. Der Lehrgang muss mindestens 120 Stunden Vortrag umfassen. In den Fachgebieten Steuer- und Insolvenzrecht kommen zusätzliche Ausbildungsstunden für die Bereiche Buchhaltung, Bilanzwesen bzw. die betriebswirtschaftlichen Grundlagen hinzu. Dazu müssen Klausuren in einem Gesamtumfang von 15 Stunden aus verschiedenen Bereichen des Lehrgangs bestanden werden.

Weitere Voraussetzung für die Fachanwaltsverleihung ist der Nachweis besonderer praktischer Erfahrungen. Der Antragsteller muss in den letzten drei Jahren vor Antragstellung eine bestimmte, für jedes Gebiet gesondert in der FAO geregelte Anzahl von Fällen bearbeitet haben. Nachgewiesen werden die praktischen Erfahrungen durch Falllisten, die unter anderem Angaben zu Art und Umfang der Tätigkeit und Stand des Verfahrens enthalten müssen. Die Fälle müssen als Rechtsanwalt persönlich und weisungsfrei bearbeitet worden sein. Fälle, die als angestellter Rechtsanwalt in einem Unternehmen (Syndikusrechtsanwalt) bearbeitet wurden, können anerkannt werden. Daneben müssen aber weitere Fälle außerhalb der Tätigkeit im Unternehmen nachgewiesen werden. Lesenswert vor Antragstellung ist neben dem Wortlaut der FAO und den Hinweisen der einzelnen Rechtsanwaltskammern zu jeweiligen Anforderungen an die Falllisten auch der Beitrag von *Kleine-Cosack* in AnwBl 2005, 593.

V. Fort- und Weiterbildung

Vermeintlich einfache Dinge wie die Abwicklung eines Verkehrsunfalls oder die Durchführung einer Scheidung sind Examensabsolventen in der Regel unmöglich. Das fachliche Wissen ist hier nicht das Problem. Das in Studium und Referendariat Erlernte hat mit den praktischen Anforderungen an den Anwaltsberuf oft wenig gemein. Aber nicht allein Berufsstarter sind gezwungen weiterzulernen.

Erfolg im Anwaltsberuf kann nur haben, wer seine Kenntnisse im Austausch mit Kolleginnen und Kollegen ständig auf dem neuesten Stand hält. So war, wer vor 2002 studiert hat, gezwungen, das Schuldrecht noch einmal völlig neu zu lernen. Das Gleiche gilt für das Schadensrecht, weite Teile des Prozessrechts und ganz aktuell das Datenschutzrecht. Eine große Reform (Stichwort DSGVO) trat Ende Mai 2018 in Kraft. Dies sind nur einige Beispiele. Die Rechtsprechung entwickelt sich ohnehin rasant.

Mit dem Wissen von gestern fühlen sich Mandanten von heute aber nur schlecht beraten. Nicht umsonst sind deswegen alle Anwältinnen und Anwälte zur Fortbildung verpflichtet

D.7 Fortbildung und Fachanwaltschaft

(§ 43a Abs. 6 BRAO). Für Fachanwälte ist diese allgemeine Pflicht in § 15 FAO konkretisiert und mit Folgen der Nichterfüllung versehen. Im Umfang von 15 Stunden im Jahr müssen Fachanwälte hörend oder selbst dozierend an Fortbildungsveranstaltungen teilnehmen. Sonst wird die Befugnis, die Fachanwaltsbezeichnung zu führen, entzogen. Für angehende Fachanwälte setzt die Fortbildungspflicht bereits vor Erlangung des Titels ein. Auch, wenn der Antrag erst sehr viel später eingereicht wird: Mindestens 15 Stunden müssen sich künftige Fachanwälte ab Beginn des Fachanwaltskurses fortbilden. Die Lehrgangszeiten werden auf die Fortbildungspflicht angerechnet.

Der Besuch eines Seminars oder einer größeren Fachtagung ist in der Regel die wirksamste und effizienteste Form der Fortbildung. Die Teilnehmer sind frei von der störenden Hektik des Kanzleialltags und können sich auf die Inhalte tatsächlich einlassen.

Der Austausch mit Kollegen und Dozenten im und am Rande des Seminars lässt sich durch die Zeitschriftenlektüre zwar kaum ersetzen, aber natürlich bilden sich auch diejenigen fort, die bei der Bearbeitung des Mandats die neue Rechtsprechung und Beiträge in Zeitschriften lesen. Auch dies kann nach § 15 Abs. 4 FAO als Fortbildung anerkannt werden. Voraussetzung ist, dass die Anwälte zu dem Gelesenen eine Lernerfolgskontrolle absolvieren. Möglichkeiten des Selbststudiums mit Lernerfolgskontrolle bieten z.B. der Deutsche Anwaltverein unter www.faocampus.de und die Anwaltakademie zusammen mit juris unter www.anwaltzertifikat.de.

Eine weitere zeit- und damit kostensparende Möglichkeit sind Seminare über das Internet. In Online-Seminaren sind die Dozenten und Teilnehmer in einem virtuellen Seminarraum live verbunden. Alle haben die Möglichkeit, sich mündlich oder über Textchats mit Fragen und Beiträgen aktiv an dem Seminar zu beteiligen.

VI. Die Deutsche Anwaltakademie: www.anwaltakademie.de

Die Deutsche Anwaltakademie steht für 40 Jahre Erfahrung im Bereich der anwaltlichen Fortbildung. Die im Oktober 1978 gegründete Tochter des Deutschen Anwaltvereins ist eines der führenden Unternehmen im Bereich der Aus- und Fortbildung für Anwältinnen und Anwälte und Unternehmensjuristen. Sie bietet jährlich über 650 Seminare und knapp 40 Fachanwaltslehrgänge in ganz Deutschland an. Von A wie Arbeitsrecht bis Z wie Zwangsvollstreckung umfasst die Fortbildung alle für die anwaltliche Praxis relevanten Rechtsgebiete und Themen. Bereits für 20 Gebiete bietet die Akademie Online-Seminare zur Erfüllung der Fortbildungspflicht als Fachanwältin oder als Fachanwalt. Daneben besteht ein spezielles Angebot zur Vorbereitung auf die Notarielle Fachprüfung und eine Seminarreihe für Kanzleimitarbeiter. Die Seminargebühren sind im Marktvergleich günstig und im Regelfall für junge Anwälte und Mitglieder des DAV nochmals besonders ermäßigt.

Begleitende Tagungsunterlagen zum download und ausgedruckt im Seminar, Pausenverpflegung und Tagungsgetränke gehören zum Service der Deutschen Anwaltakademie. Be-

D.7 Fortbildung und Fachanwaltschaft

sonderes Augenmerk wird auf die Auswahl und die fachliche Qualität der Dozentinnen und Dozenten gelegt. Zur stetigen Verbesserung des eigenen Angebots hat die Deutsche Anwaltakademie ihr System des Qualitätsmanagements nach der DIN ISO 9001:2008-12 zertifizieren lassen.

Die Akademie will durch Qualität überzeugen. Mit der **Wert**Garantie buchen Sie beinahe ohne Risiko: Sagt Ihnen ein Seminar nicht zu, oder haben Sie sich inhaltlich etwas anderes vorgestellt, können Sie sich bis zur ersten Kaffeepause ohne Angabe von Gründen abmelden und die Unterlagen zurückgeben. Der Teilnehmer erhält dann einen Seminargutschein im Wert des bereits gezahlten Seminars.

D.8 Fortbildung nach aussen sichtbar machen – Die Fortbildungsbescheinigung des DAV

Rechtsanwältin Bettina Bachmann, Berlin • Geschäftsführerin des DAV

§ 43a Abs. 6 BRAO verpflichtet jede Rechtsanwältin und jeden Rechtsanwalt, sich fortzubilden. Bei der Fortbildungspflicht handelt es sich laut Gesetz um eine der „Grundpflichten des Rechtsanwalts". Anwälte müssen sich fortbilden; Anwälte bilden sich auch fort (sie tun das übrigens nicht nur, weil sie es müssen). Um das zu dokumentieren und die Fortbildungswilligkeit der Anwaltschaft insgesamt zu fördern, hat der DAV eine Fortbildungsbescheinigung geschaffen.

Die Fortbildungsbescheinigung können Mitglieder der örtlichen Anwaltvereine im DAV (DAV-Mitglieder) erhalten, die sich im Umfang von mindestens 15 Stunden pro Jahr fortbilden. Anwaltsrelevante Fortbildungen sind nicht nur Fortbildungsveranstaltungen zum materiellen Recht, zum Prozessrecht und zum außerprozessualen Verfahrensrecht, sondern auch Fortbildungsveranstaltungen rund um das Anwaltsrecht (z.B. Berufsrecht, Gebührenrecht, Kostenrecht, Haftpflichtrecht, Recht der berufsständischen Versorgung) sowie zu anwaltlichen und interdisziplinären Schlüsselqualifikationen (vgl. § 5a Abs. 3 DRiG). Auch Fortbildungsveranstaltungen zu den historischen, philosophischen, ethischen und gesellschaftlichen Grundlagen des Anwaltsberufs sind umfasst.

Mindestens zehn der 15 Fortbildungsstunden müssen dabei auf Seminarveranstaltungen entfallen. Hierzu zählen Seminare und sonstige Fachveranstaltungen, aber auch Qualitätszirkel, d.h. Gesprächskreise, die von örtlichen Anwaltvereinen und Kammern angeboten werden. Fernstudium, anwaltsrelevante Dozententätigkeit sowie das Verfassen rechtswissenschaftlicher Aufsätze (maximal im Umfang von vier Seminarstunden pro Jahr) werden ebenfalls anerkannt.

Online-Seminare werden nur dann anerkannt, wenn die ständige Teilnahme kontrolliert und nachgewiesen werden kann und die Seminare kommunikative Elemente (z.B. Rückfragemöglichkeit bei Live-Seminaren) enthalten.

Das sogenannte Selbststudium wird, sofern eine Lernerfolgskontrolle erfolgt, in Höhe von maximal fünf Fortbildungsstunden anerkannt.

Soweit dem DAV Teilnehmerdaten von DAV-Mitgliedern durch Fortbildungsveranstalter zugänglich gemacht werden, wird die Bescheinigung unaufgefordert erteilt. Wer etwa bei der Deutschen Anwaltakademie, einer Arbeitsgemeinschaft des DAV oder einem örtlichen Anwaltverein Seminare im Umfang von mindestens 15 Zeitstunden besucht hat, erhält die Bescheinigung ohne besonderen Antrag, wenn die genannten Veranstalter dem DAV die Teilnehmerdaten zur Verfügung stellen. Wer sich bei Anbietern fortgebildet hat, die dem DAV keine solchen Daten zur Verfügung stellen, kann die Bescheinigung mit einem Formular be-

D.8 Fortbildung nach aussen sichtbar machen

antragen, das im Internet unter https://anwaltverein.de/de/fortbildung/fortbildungsbescheinigung heruntergeladen werden kann.

Anwältinnen und Anwälte können mit der Fortbildungsbescheinigung ihre Kompetenz nach außen sichtbar machen: Die Fortbildungsbescheinigung des DAV weist in der Urkunde jede besuchte Veranstaltung einzeln aus und schafft so für die Mandanten Transparenz. Das DAV-Fortbildungssymbol können Inhaber einer aktuellen Fortbildungsbescheinigung auf Briefköpfen, Visitenkarten, ihrer Homepage sowie in ihrer Kanzleibroschüre verwenden.

Durch eine spezielle Kennzeichnung in der Deutschen Anwaltauskunft (www.anwaltauskunft.de) wird das Fortbildungsengagement besonders hervorgehoben.

E. SPEZIALISIERUNG

Vertrauen ist gut. Anwalt ist besser.

„Für die Interessen meiner Mandanten mache ich mich stark. Für die Vertretung meiner Interessen gibt es den DAV."

Rechtsanwalt Dr. Tim Becker, Darmstadt

Wir bieten Ihnen

- ✓ 30 Arbeitsgemeinschaften
- ✓ Interessenvertretung
- ✓ Kommunikation
- ✓ Fortbildung
- ✓ Information
- ✓ Service
- ✓ u.v.m.

Informieren Sie sich unter anwaltverein.de über eine Mitgliedschaft in Ihrem dem DAV angeschlossenen örtlichen Anwaltverein.

Deutscher**Anwalt**Verein

Anwalt der Anwälte

E.1 Arbeitsgemeinschaft Agrarrecht im DAV

Rechtsanwältin Mechtild Düsing, Münster • 1. Vorsitzende der Arbeitsgemeinschaft Agrarrecht im DAV
Rechtsanwalt Dr. Christian Halm, Neunkirchen • 2. Vorsitzender der Arbeitsgemeinschaft Agrarrecht im DAV

Die Arbeitsgemeinschaft Agrarrecht wurde gegründet, nachdem der Fachanwalt für Agrarrecht im Jahre 2009 eingeführt worden war.

Wie alle Arbeitsgemeinschaften im Deutschen Anwaltverein dient die Arbeitsgemeinschaft Agrarrecht dem Kontakt der Kolleginnen und Kollegen untereinander sowie deren Fortbildung.

Da das Agrarrecht eine Querschnittsmaterie ist, die vom Europarecht, dem Zivil- und Strafrecht bis zum Öffentlichen Recht und einer Vielzahl von lokalen Rechten reicht, gibt es reichlich Anlass für spannende Fortbildungsveranstaltungen.

Die Arbeitsgemeinschaft hat bisher jährlich eine zweitägige Jahrestagung an verschiedenen Orten in der Bundesrepublik abgehalten. Der Vorstand der ARGE legt Wert darauf, dass die Jahrestagungen in landwirtschaftlich schöner Umgebung stattfinden. Der Bezug zur Landwirtschaft (aber auch Fischereiwirtschaft!) soll schon durch den Tagungsort dokumentiert werden.

Die Arbeitsgemeinschaft hat sich aber auch zur Aufgabe gesetzt, in der landwirtschaftlichen Fachwelt die/den „Fachanwältin/Fachanwalt für Agrarrecht" weithin bekannt zu machen. Aus diesem Grunde werden in Zukunft auch kürzere Veranstaltungen der Arbeitsgemeinschaft anlässlich landwirtschaftlicher Messen stattfinden. Eine Homepage der Arbeitsgemeinschaft ist zurzeit im Aufbau begriffen und unter der Adresse www.arge-agrarrecht.de einzusehen.

In unserer kleinen Arbeitsgemeinschaft treffen sich Fachanwälte, Anwältinnen und Anwälte, die sich schon seit Langem mit dem Landwirtschaftsrecht beschäftigen, aber auch Kollegen, die in diesem Bereich einen neuen Schwerpunkt aufbauen wollen, in einer familiären Atmosphäre. Alle, die sich mit dem Landwirtschaftsrecht beschäftigen möchten, sind uns herzlich willkommen!

Für Fachanwälte für Agrarrecht bietet unsere jeweils im August stattfindende Jahrestagung die nach der Fachanwaltsordnung notwendige Fortbildung vollständig an!

E.2 ANWALTSNOTARIAT

RECHTSANWALT UND NOTAR NORBERT WEIDE, NEUSTADT IN HOLSTEIN, UND RECHTSANWÄLTIN UND NOTARIN SARAH SCHERWITZKI, LL.M., BERLIN • MITGLIEDER DES GESCHÄFTSFÜHRENDEN AUSSCHUSSES DER ARBEITSGEMEINSCHAFT ANWALTSNOTARIAT IM DAV UND DES AUSSCHUSSES ANWALTSNOTARIAT DES DAV

I. Das Beste aus beiden Welten!

Das ist nach unserer Auffassung und Erfahrung eine treffende Beschreibung des Anwaltsnotariats.

Während man als Rechtsanwalt oder Rechtsanwältin überwiegend tätig wird, wenn Rechtsprobleme streitig ausgetragen werden, ist es die Aufgabe des Notars und der Notarin, durch die eigene Vertragsgestaltung Konflikten vorzubeugen. Dabei sind die praktischen Erfahrungen, die man als Rechtsanwalt und Rechtsanwältin laufend macht, überaus hilfreich. So werden auf dem Gebiet des Familienrechts tätigen Rechtsanwälte und Rechtsanwältinnen bei dem Entwurf eines Ehevertrages problematische und folgenreiche Vereinbarungen vermeiden, die sie selbst schon vor Gericht angreifen mussten. Gleiches gilt für Rechtsanwälte und Rechtsanwältinnen, die in Gebieten des Erbrechts, Immobilienrechts oder des Gesellschaftsrechts tätig sind.

Die Bearbeitung einer Angelegenheit als Parteivertreter öffnet den Blick für die Sorgen, Wünsche und Interessen der Mandanten in besonderem Maße. Dieses Wissen kann über die Angelegenheit hinaus in der Vertragsgestaltung helfen, die Wünsche der Beteiligten so zu regeln, dass die Interessen gewahrt werden und vorhersehbaren Konflikten proaktiv entgegengesteuert wird.

Da der Anwaltsnotar gemäß § 1 BNotO „unabhängiger Träger eines öffentlichen Amtes" ist, vom Land bestellt und somit hoheitlich waltend, einem Richter ähnlich, erfüllt er auf dem Gebiet der vorsorgenden Rechtspflege eine wichtige Aufgabe für den Bürger. Er ist den Menschen nicht nur räumlich näher als das nächste Amtsgericht, die Hemmschwelle den Notar oder die Notarin aufzusuchen, ist auch deutlich niedriger.

Dabei ist die Tätigkeit vielfältig, Immobilienkaufverträge, Gesellschaftsgründungen und Umwandelungen, Testamente und Erbverträge, Ehe- und Ehescheidungsfolgenverträge, beleuchten nur schlaglichtmäßig das Aufgabenfeld eines Anwaltsnotars oder einer Anwaltsnotarin.

Auch wirtschaftlich ist das Anwaltsnotariat lohnend, Notariatsgebühren bilden eine neue und zusätzliche Einnahmequelle und stabilisieren die wirtschaftliche Lage der Kanzlei. Die Honorarumsätze der Anwaltsnotare liegen statistisch deutlich über denen der „Nur"-Rechtsanwälte.[1] Gerade die Möglichkeit, sowohl als Rechtsanwalt als auch als Notar tätig

---

1 STAR-Bericht der Bundesrechtsanwaltskammer, Stand Wirtschaftsjahr 2013.

E.2 ANWALTSNOTARIAT <- SPEZIALISIERUNG

zu werden (freilich nur in unterschiedlichen Angelegenheiten) führt zu einer stabilen Einnahmesituation, da die Schwerpunkte flexibel zwischen Rechtsanwaltstätigkeit und Notaramtsausübung gesetzt werden können.

Hinzu kommen die allgemeinen Vorteile interprofessioneller Zusammenarbeit, wobei unter anderem Steuerberater, Wirtschaftsprüfer und vereidigte Buchprüfer für Anwaltsnotare sozietätsfähig sind. Angesichts der aus sachlichen Gründen immer wichtiger werdenden Hinzuziehung von Fachleuten aus verschiedenen Richtungen, insbesondere Steuerexperten, gibt es kein besseres Angebot als die notarielle Vertragsgestaltung unter interner Hinzuziehung von Steuerberatern, Wirtschaftsprüfern und ggf. sogar Patentanwälten. All dies ist heute zulässig, wenn auch die diese Zusammenarbeit einschränkenden Mitwirkungsverbote des § 3 BeurkG zu beachten sind. Unzulässig ist danach eine notarielle Tätigkeit nach einer Vorbefassung des Anwaltsnotars oder eines Sozius in derselben Angelegenheit.

Einem Anwaltsnotar stehen alle auch einem Anwalt zulässigen Gesellschaftsformen zur Verfügung, so die BGB-Gesellschaft, Partnerschaftsgesellschaft, die Anwalts-GmbH und wohl auch die Anwalts-AG.[2]

II. Was also ist zu tun, um Anwaltsnotarin oder Anwaltsnotar zu werden?

Anders als bei Richtern oder Staatsanwälten sind neben den 2 Staatsexamina und dem Referendariat noch weitere Voraussetzungen (§§ 6 ff. BNotO) zu erfüllen:

Zunächst ist seit dem 1.5.2011 eine notarielle Fachprüfung zu absolvieren, die wie ein 3. Staatsexamen aus Klausuren, einem Vortrag und einem mündlichen Prüfungsgespräch besteht. Die Prüfungsthemen beziehen sich auf die Schwerpunkte der notariellen Tätigkeit, insbesondere auf das Immobilienrecht, das Erbrecht, das Familienrecht sowie das Gesellschaftsrecht, zudem auf das Beurkundungs- und Berufsrecht. Es gibt Kurse und Literatur, mit denen man sich gezielt auf diese Prüfung vorbereiten kann.

Zudem ist eine Praxisausbildung über 160 Stunden bei einem erfahrenen Notar oder einer erfahrenen Notarin zu absolvieren.

Nach dem Bestehen der notariellen Fachprüfung haben sich Bewerber und Bewerberinnen in spezifischen Fortbildungsveranstaltungen auf dem Laufenden zu halten, 15 Stunden jährlich, bis die Bestellung erfolgt.

Erforderlich ist es schließlich, seit fünf Jahren zur Rechtsanwaltschaft zugelassen zu sein, und dies seit drei Jahren ohne Unterbrechung im Amtsgerichtsbezirk, in dem der Notar/die Notarin tätig sein möchte.

---

[2] Vgl. *Eylmann*, NJW 1998, 2929, 2931.

Freie Stellen für den in Betracht kommenden Amtsgerichtsbezirk werden im Amtsblatt ausgeschrieben. Die Anzahl der ausgeschriebenen Stellen richtet sich nach festgelegten Schlüsseln und der Anzahl der im Amtsgerichtsbezirk erfolgten Beurkundungen. Der Bewerber bewirbt sich auf die ausgeschriebenen Stellen, es findet zunächst eine Prüfung der persönlichen und fachlichen Eignung statt. Falls es mehr geeignete Bewerber als freie Stellen gibt, erfolgt eine Besetzung nach dem Notendurchschnitt, für den die notarielle Fachprüfung mit 60 % und das 2. Staatsexamen mit 40 % berücksichtigt werden.

Bei Erfüllung der Voraussetzungen sind die Chancen aktuell (Stand 2018) recht gut, tatsächlich Anwaltsnotar oder -notarin zu werden. In mehreren Amtsgerichtsbezirken gibt es wegen der Altersstruktur offene Stellen, die mangels geeigneter Bewerber nicht besetzt werden können.

Wird man dann Anwaltsnotarin oder -notar, hat man zwar weitere Kosten (z.B. Haftpflichtversicherung, Kammerbeitrag, qualifizierte Mitarbeiter) und mehr bürokratischen Aufwand (wie bspw. Führen der Urkundenrolle, von Verwahrungs- und Massenbuch, regelmäßige Prüfung durch die Justiz). Die gestalterische Tätigkeit, die Chance, die eigene Erwerbssituation zu verbessern und nicht zuletzt das hohe Ansehen, das Notare und Notarinnen bei weiten Teilen der Bevölkerung genießen, wiegen diesen Mehraufwand jedoch aus unserer Sicht mehr als auf.

III. Ausblick

Nicht nur streiten, sondern durch Gestaltung vorbeugen! Wer es liebt, visionär in die Zukunft zu blicken, wer Probleme erkennt und konstruktive Lösungen findet, wem Rechtsfrieden wichtig ist und wer glaubt, dass die Menschen ihre wichtigsten Angelegenheiten selbst entscheiden sollen, wenn man ihnen hilft, hinter der Fachsprache den Lebenssachverhalt zu erkennen, der sollte die Chance ergreifen und Anwaltsnotarin oder Anwaltsnotar werden.

Und wer sich zu diesem Schritt entschließt, dem sei die Homepage der ARGE Anwaltsnotariat empfohlen, dort können weitere hilfreiche Informationen abgerufen werden.

E.3 Warum eigentlich Arbeitsrecht?

Rechtsanwalt Dr. Johannes Schipp, Gütersloh • Vorsitzender der Arbeitsgemeinschaft Arbeitsrecht im DAV

Kaum eine andere Rechtsmaterie hat so viel mit dem Alltag der Menschen zu tun wie das Arbeitsrecht. Das Recht auf Arbeit hat Verfassungsrang. Arbeit prägt die Lebensverhältnisse der Bevölkerung und gehört zu den Grundlagen eines menschenwürdigen Lebens. Unterschiedliche Interessenlagen sind dabei nicht zu vermeiden. Das Arbeitsrecht gestaltet die Rechtsverhältnisse. Wer sich diesem Rechtsgebiet widmet, hat deshalb beständig mit Menschen zu tun. Der Arbeitsrechtler verbringt seine Tätigkeit nicht überwiegend am Schreibtisch. Abwechslung ist vielmehr vorprogrammiert. Gerichtverhandlungen, Besprechungen oder Verhandlungen an unterschiedlichen Orten erfordern häufig ein gewisses Maß an Reisefreudigkeit.

Wer sich dem Arbeitsrecht zuwendet, muss vor allem flexibel sein und die Bereitschaft mitbringen, die Rechtsentwicklung ständig im Blick zu behalten. Grund dafür ist die Interessenpolarität, die von zwei großen Lagern bestimmt ist, nämlich der Arbeitnehmer- und der Arbeitgeberseite. Hier spielen nicht nur politische Parteien mit ihren Programmsätzen eine wesentliche Rolle. Hinzu kommt der Einfluss von Arbeitgeberverbänden und Gewerkschaften, die mitunter die Politik auch lähmen, eine bisweilen unstrittige Rechtslage in nachvollziehbares Gesetzesrecht zu transformieren. Nur so ist zu erklären, dass beispielsweise die Bestimmungen über den Massenentlassungsschutz oder die Berechnung der Kündigungsfristen von Arbeitnehmern nach § 622 BGB nicht unmittelbar aus dem Gesetz abgeleitet werden können und seit Jahren einer Novellierung harren. Diese und weitere Faktoren führen dazu, dass das Arbeitsrecht einem stetigen Wandel unterworfen ist. Das mag den einen besonders reizen, den anderen aber ggf. auch gelegentlich zur Verzweiflung bringen. Die stets lebendige Entwicklung im Arbeitsrecht generiert einen hohen Beratungsbedarf. Der auf das Arbeitsrecht spezialisierte Rechtsanwalt ist ständig aufs Neue gefragt. Wer hier auf dem Laufenden ist und es versteht, sein Wissen nutzbar zu machen, braucht sich in der Regel über mangelnde Beschäftigung nicht zu sorgen. So ist die mit der Schuldrechtsreform auch für das Arbeitsrecht eingeführte AGB-Kontrolle längst nicht abgearbeitet. Ähnlich sieht es mit der Umsetzung der Antidiskriminierungsvorgaben der europäischen Union durch das Allgemeine Gleichbehandlungsgesetz aus. Das geht weiter über neue Regelungen zum Datenschutz, zur Arbeitnehmerüberlassung, zum Mindestlohn, zur betrieblichen Altersversorgung, zum Mutterschutz oder die Arbeitsbedingungen schwerbehinderter Menschen. Die Diskussion über Arbeitsbedingungen in einer digitalisierten Arbeitswelt (Industrie 4.0) wird zu Veränderungen auch im Arbeitsrecht führen, etwa weil bisherige betriebliche Strukturen erodieren oder Fragen der betrieblichen Mitbestimmung, des Arbeitszeitrechts, der beruflichen Weiterbildung und des Gesundheitsschutzes neu justiert werden müssen. Der Koalitionsvertrag der gegenwärtigen Regierung kündigt weitere Reformen an. Wer sich dem Arbeitsrecht verschreibt, darf sich mit hoch aktuellen Themen befassen, sei es in der Beratung oder in der gerichtlichen Auseinandersetzung.

E.3 Warum eigentlich Arbeitsrecht?

Alte und neue gesetzliche Regelungen werfen vielfach Zweifelsfragen auf, die durch die Arbeitsgerichtsbarkeit gelöst werden müssen. In kaum einem anderen Rechtsgebiet hat deshalb die aktuelle Rechtsprechung eine so hervorgehobene Bedeutung. Nicht selten ändert sich die faktische Rechtslage allein deshalb, weil sich die personelle Zusammensetzung der Spruchkörper ändert, etwa ein neu besetzter Senat des BAG eine andere Linie verfolgt als die Vorgängerbesetzung. Oder es werden zur bisherigen Judikatur kontrahäre Gesichtspunkte „unter Aufgabe der bisherigen Rechtsprechung" vertreten. Prominente Beispiele dafür sind die Aufgabe des Grundsatzes der Tarifeinheit oder die Änderung der Rechtsprechung zu sogenannten arbeitsvertraglichen Gleichstellungsabreden. Wer die Freude und den Ehrgeiz hat, die Rechtsprechungsentwicklung konsequent zu verfolgen, ist im Arbeitsrecht gut aufgehoben. Die Rechtsprechung fungiert im Arbeitsrecht aber auch häufig als Ersatzgesetzgeber. Im politisch brisanten Arbeitskampfrecht fiel es dem Gesetzgeber schwer, Regularien festzulegen. In diese Bresche ist der erste Senat des Bundesarbeitsgerichts mit rechtsfortbildenden Urteilen gesprungen und betont dabei ausdrücklich, dass gesetzgeberische Untätigkeit nicht zur Schutzlosigkeit führen darf. Zusätzlicher Einfluss kommt schließlich aus Europa. Sowohl der europäische Gerichtshof in Luxemburg als auch der europäische Gerichtshof für Menschenrechte in Straßburg haben das deutsche Arbeitsrecht stark beeinflusst. Erinnert sei nur an die Entscheidung des EGMR vom 5.9.2017. zur privaten Nutzung eines für dienstliche Zwecke zur Verfügung gestellten E-Mail-Accounts. Die Rechtsentwicklungen können nur als „rasant" bezeichnet werden. Saubere juristische Arbeit kommt dabei aber nicht zu kurz. Nur wer eine Neigung zu sorgfältiger zivilrechtlicher Arbeit hat, wird im Arbeitsrecht erfolgreich sein.

Die Interessenpolarität im Arbeitsrecht bringt es mit sich, dass der Arbeitsrechtler häufig dem einen oder dem anderen Lager zuneigen wird. Das ist oftmals nicht nur eine Mentalitätsfrage. Denn wer beispielsweise in einer grundsätzlichen Frage für ein Unternehmen tätig geworden ist, wird Unverständnis ernten, wenn er bei anderer Gelegenheit vehement gegenläufige Arbeitnehmerinteressen wahrnimmt. Schnell droht dann das Prädikat „Verräter". Viele Anwälte bekunden deshalb von vornherein z.B. auf ihren Internetseiten, dass sie sich als Arbeitgeber- oder Arbeitnehmeranwälte verstehen. Natürlich ist das anwaltliche Mandat im Arbeitsrecht nicht immer so ideologiebehaftet. Es gibt durchaus erfolgreiche, meist kleinere Büros, die im täglichen Geschäft beide Seiten erfolgreich vertreten.

Das Arbeitsrecht vereint individualrechtliche und kollektivrechtliche Elemente. Im Zentrum des Individualarbeitsrechts steht der Arbeitsvertrag und der gesamte Arbeitnehmerschutz, der in vielen Gesetzen verstreut zu finden ist, so z.B. im Kündigungsschutzgesetz, Mutterschutzgesetz, Berufsbildungsgesetz, Allgemeinen Gleichbehandlungsgesetz, SGB IX, Arbeitszeitgesetz, Teilzeit- und Befristungsgesetz, etc. Im kollektiven Recht geht es um Normenverträge wie Betriebsvereinbarungen und Tarifverträge, die betriebliche Mitbestimmung nach dem Betriebsverfassungsgesetz und die Unternehmensmitbestimmung. Das bringt es mit sich, dass es neben dem klassisch präsenten Paar „Arbeitgeber" und „Arbeitnehmer" weitere Mitspieler gibt, wie Betriebsräte, Personalräte oder Gewerkschaften. Der Reiz arbeitsrechtlicher Mandate liegt nicht zuletzt darin, dass man es mit sehr verschiedenartigen

E.3 Warum eigentlich Arbeitsrecht? <- Spezialisierung

Gesprächspartnern zu tun hat. Der Mix aus Prozessen, gutachterlichen Tätigkeiten, Verhandlungen, schriftlicher, telefonischer oder mündlicher Beratung sowie die Mitwirkung in Einigungsstellenverfahren oder Tarifverhandlungen garantiert ein sehr vielseitiges und interessantes Arbeitsleben. Hinzu mögen Vorträge, Seminare, Schulungen oder die eine oder andere Veröffentlichung kommen. Für stete Abwechslung ist jedenfalls gesorgt.

Wer Arbeitsrecht betreibt, muss ein hohes Maß an Kreativität, menschliches Einfühlungsvermögen und ein Gespür für strategische Lösungsansätze haben. Arbeitsverträge, Aufhebungsvereinbarungen, Gerichtsvergleiche, Betriebsvereinbarungen oder Tarifverträge wollen gestaltet werden. Der Arbeitsrechtsanwalt muss lösungsorientiert denken. Ein „geht nicht" kann es für ihn nicht geben, weil die Praxis zeitnah interessengerechte Lösungen fordert. Gerade in Verhandlungen mit Betriebsräten geht es oft um „Kopplungsgeschäfte" bei denen Zugeständnisse auf einem ganz anderen Gebiet zu einem Durchbruch in der eigentlichen Angelegenheit verhelfen. Oftmals ist eine große Übersicht gefragt. Man kann nicht eine einzelne Entlassung mit „viel Geld" lösen, wenn in Zukunft zahlreiche weitere Kündigungen anstehen, weil man damit u.U. nicht erfüllbare Erwartungen weckt. Umgekehrt ist eine Führungskraft unter Umständen nicht gut beraten, wenn sie ihre Abfindungsvorstellungen mit anwaltlicher Hilfe optimiert, dafür aber in der einschlägigen Branche „verbrannt" ist.

Das Geschäft des Arbeitsrechtsanwalts ist aber auch sehr schnelllebig und von Fristen geprägt. Es gibt nicht nur die gewöhnlichen Notfristen, wie sie auch aus anderen Rechtsgebieten bekannt sind. Zu beachten sind oftmals sehr viel kürzere Fristen, wie etwa die 2-Wochenfrist des § 626 Abs. 2 BGB oder die 3-Tagesfrist des § 100 Abs. 2 S. 3 BetrVG.

Arbeitsrecht ist ein nicht unwichtiger Teil des Wirtschaftsrechts. Das bedingt ein gewisses Verständnis wirtschaftlicher Zusammenhänge. Es gibt überdies benachbarte Rechtsgebiete, die den Arbeitsrechtler nicht völlig fremd sein sollten. So gibt es steuerrechtliche, gesellschaftsrechtliche oder sozialversicherungsrechtliche Bezüge. Wer sich z.B. mit einer Betriebsrentenanpassung nach § 16 BetrAVG befassen muss, wird oftmals ohne gesellschaftsrechtliche Kenntnisse nicht auskommen, wenn es darum geht, ob in einer konzernrechtlichen Struktur auch andere Gesellschaften für die Erhöhung der Betriebsrente einstandspflichtig sein könnten. Wer die Aufhebung eines Arbeitsvertrags verhandelt, muss wissen, wie sich das auf Sozialleistungen wie Arbeitslosengeld oder die gesetzliche Rente auswirkt. Letzteres hat auch steuerrechtliche Aspekte, die vielleicht nicht im Detail aber doch in den Grundzügen überlegt werden müssen. Die Tätigkeit erfordert ein hohes Einfühlungsvermögen. Wer Betriebsräte berät wird erleben, dass es unterschiedliche Interessenströmungen gibt, die erst auf einen Nenner gebracht werden müssen, bevor man sich gegenüber der Arbeitgeberseite positioniert. Der Anwalt eines patriarchisch denkenden Mittelständlers wird unter Umständen viel Überzeugungskraft aufwenden müssen um zu verdeutlichen, dass er der Anwalt und nicht der Feind des Unternehmens ist, wenn es darum geht, eine am geltenden Arbeitsrecht orientierte Lösung zu entwickeln. Garantiert ist, dass man mit verschiedenartigsten Menschen in Kontakt tritt. Der „hemdsärmelige" Bauunternehmer wird sich häufig anders verhalten, als der vornehme Bankier. Das gilt auch auf Arbeitneh-

Spezialisierung -> E.3 Warum eigentlich Arbeitsrecht?

merseite: Die eloquente Führungskraft erfordert möglicherweise andere Fähigkeiten als ein ungelernter Arbeiter, auch wenn sie beide vielleicht ein gleichartiges Ziel, etwa den Ausgleich eines Vergütungsbestandteils, verfolgen.

Auch wenn die Zahl zugelassener Anwälte in der Vergangenheit nicht mehr signifikant zugenommen hat, gibt es nach wie vor einen Trend zur Spezialisierung. Ende 2016 gab es mehr als 10.200 Fachanwälte für Arbeitsrecht, von denen ca. 4.000 Kollegen in der Arbeitsgemeinschaft Arbeitsrecht des Deutschen Anwaltvereins organisiert sind. Hier arbeiten die Vertreter beider klassischen Lager zusammen. Für eine anwaltliche Tätigkeit im Arbeitsrecht ist der Erwerb des Fachanwaltstitels sicherlich sehr nützlich. Voraussetzung ist in jedem Fall eine gewisse Spezialisierung, ohne dass sich der Anwalt ausschließlich mit Arbeitsrechtssachen befassen muss.

Der auf das Arbeitsrecht spezialisierte Anwalt hat durchaus die Chance auf ein „gutes Auskommen". Schon die Streitwerte im Kündigungsschutzverfahren sind mit dem zugrunde zu legenden dreimonatigen Entgelt verhältnismäßig hoch. Für Beratungsleistungen werden oftmals Stundenhonorare vereinbart. Auch Vertreter von Betriebsräten kommen in der Regel nicht zu kurz, obwohl ihre Kosten vom Arbeitgeber zu tragen sind, der naturgemäß wenig Freude dabei empfinden mag, wenn er den sozialen Gegenspieler auch noch bezahlen muss. Ihnen gelingt ebenfalls häufig die Vereinbarung entsprechender Stundensätze. Bisweilen sind auch die Gegenstandswerte betriebsverfassungsrechtlicher Auseinandersetzungen durchaus interessant.

Die aktuelle Entwicklung lässt nicht erwarten, dass die Bedeutung des Arbeitsrechts in der anwaltlichen Beratung abnimmt. Der Trend vieler kleinerer und mittlerer Unternehmen, den Flächentarifverträgen den Rücken zu kehren, führt zu einem erhöhten Bedarf an anwaltlichen Beratungsleistungen. Der schon beschriebene besondere Wandel rechtlicher Bedingungen im Arbeitsrecht lässt auch für die Zukunft auf einen beständigen Beratungsbedarf schließen.

E.4 Bank- und Kapitalmarktrecht

Rechtsanwalt Andreas M. Lang, Frankfurt am Main • Mitglied des Geschäftsführenden Ausschusses der Arbeitsgemeinschaft Bank- und Kapitalmarktrecht im DAV

I. Rechtsmaterie

Bank- und Kapitalmarktrecht haben sich in der Rechtsordnung als jeweils eigenständige Rechtsgebiete, allerdings in enger Verknüpfung zueinander und in teilweiser Überschneidung, etabliert. Ausdruck hierfür ist nicht zuletzt die gesetzliche Anerkennung der Spezialisierung auf das Bank- und Kapitalmarktrecht seit dem 1.1.2008 in § 1 FAO als eigenständige Fachanwaltsbezeichnung.

Das Bankrecht wird herkömmlicherweise definiert als Inbegriff der rechtlichen Ordnung der einzelnen Bankgeschäfte und des Kreditgewerbes als Wirtschaftszweig. Bankrechtliche Normen zeichnen sich dadurch aus, dass sie entweder die für Kreditinstitute typischen Bankgeschäfte im Verhältnis zwischen den Beteiligten oder hoheitlich die innere Organisation von Kreditinstituten und Durchführung von Bankgeschäften regeln. Dies sind zum einen Vorschriften, die das Zustandekommen und die Abwicklung eines Bankgeschäfts, beispielsweise eines Darlehensvertrages oder eines Wertpapierkommissionsgeschäfts sowie die damit verbundenen Haftungsfragen, regeln, zum anderen Normen, welche die Einrichtung und Organisation einer Bank betreffen. Während das öffentliche Bankrecht den Rahmen festlegt, in dem sich Kreditinstitute bewegen dürfen, regelt das private Bankrecht das Rechtsverhältnis zwischen einem Kunden oder einem Dritten und der Bank sowie die Rechtsverhältnisse der Banken untereinander.

Im Vergleich zum Bankrecht handelt es sich beim Kapitalmarktrecht um ein relativ junges Rechtsgebiet. Anfang der siebziger Jahre des vorherigen Jahrhunderts als Begriff noch weitgehend unbekannt, hat das Kapitalmarktrecht, nachdem es zunächst weitgehend auf das Börsenrecht beschränkt war, ab 1990 eine beispiellos dynamische Entwicklung durchlaufen. Zur Entwicklung des Kapitalmarktrechts als eigenständiges Rechtsgebiet hat in den letzten zwanzig Jahren in hohem Maße sowohl in Deutschland als auch in Europa der Gesetzgeber mit der Schaffung umfangreicher gesetzlicher Regelungen für Kapitalmarktgeschäfte und mit kapitalmarktbezogenen Verhaltensregeln für Emittenten von Kapitalmarktpapieren sowie anderen Akteuren am Kapitalmarkt beigetragen.

Beachtenswert ist der historische Ansatz für die Regulierung beider Rechtsgebiete. Während im Bankrecht Gesetzgeber und Rechtsprechung im Wesentlichen auf die verstärkten geschäftlichen Angebote mit Regulierungen reagiert haben, z.B. mit dem Verbraucherkreditrecht auf die zunehmenden Angebote von Konsumentenfinanzierungen, gilt für das Kapitalmarktrecht umgekehrt, dass der Gesetzgeber mit seinen gesetzlichen Regelungen und vor allem Liberalisierungen zunächst nur die Rahmenbedingungen für das Wachstum des Kapitalmarkts geschaffen hat. Erst im Zuge mancherlei Skandale hat sich beim Gesetzgeber die Erkenntnis durchgesetzt, dass sich ein freier Kapitalmarktrecht nicht von selbst reguliert und einer staatlichen Regulierung bedarf.

Die rasante Fortentwicklung des Rechts im Bereich des Bank- und Kapitalmarktrechts findet seine Ursachen einerseits in der veränderten Finanzierungspraxis der großen Wirtschaftsunternehmen und der damit verbundenen weltweiten Expansion des Wertpapiergeschäfts und andererseits in der Erkenntnis der Bevölkerung, die eigene Altersversorgung nicht mehr allein über die staatlichen Rentensysteme absichern zu können und somit selbst in irgendeiner Form Teilnehmer des Kapitalmarktes werden zu müssen. Auch die wachsenden Privatvermögen drängen immer stärker auf den Kapitalmarkt.

Wirtschaftsunternehmen des In- und Auslands befriedigen ihren Finanzierungsbedarf in zunehmendem Maße nicht mehr allein durch Inanspruchnahme von Bankkrediten, sondern durch die Ausgabe von Aktien und – vor allem im Mittelstandsbereich – durch Emissionen von Anleihen. Auch Kreditinstitute beschaffen sich Refinanzierungsmittel für ihr Kreditgeschäft durch die Emission von Kapitalmarkttiteln. Breite Bevölkerungsschichten sind entweder direkt oder über institutionelle Investoren, also Investmentfonds, Pensionsfonds oder Versicherungen, im Kapitalmarkt investiert.

Auf der anderen Seite führt die Modernisierung im Zahlungs- und Kreditverkehr zum zunehmenden Bedeutungsverlust altehrwürdiger Regelungsbereiche wie beispielsweise dem Scheckrecht und dem Wechselrecht.

Entsprechend dem wachsenden Investment von privaten Anlegern in Kapitalmarktprodukte wurde spätestens seit den Kurseinbrüchen am Aktienmarkt in den Jahren 2002/2003 aufgrund des Platzens der „techbubble" für den Gesetzgeber der Anlegerschutz zunehmend wichtiger. Die Anforderungen der Investoren an funktionsfähige Märkte, hohen Anlegerschutz und gute Corporate Governance haben erheblich zur Regulierung des Kapitalmarkts beigetragen. Wichtigste Kodifikation in diesem Bereich war sicherlich im Jahr 2007 die Implementierung der Richtlinie über Märkte für Finanzinstrumente (MiFID) im Finanzmarktrichtlinie-Umsetzungsgesetz (FRUG) mit einer Fülle anlegerschützender Regelungen vor allem im Wertpapierhandelsgesetz (WpHG). Als nicht weniger wichtig – und einschneidend – ist die Regulierung geschlossener Fonds durch das Gesetz zur Novellierung des Finanzanlagenvermittler- und Vermögensanlagenrechts zum 1.7.2012 sowie die Umsetzung der Richtlinie über die Verwaltung alternativer Investmentfonds (AIFM) im Jahr 2013 anzusehen. Mit dem Wirksamwerden der Marktmissbrauchsverordnung (MMVO) am 3.7.2016 wurden Kernmaterien des Kapitalmarktrechts europaweit einheitlich durch Verordnung geregelt. Dies betrifft vor allem das Insiderrecht, die Ad-hoc-Publizität, das Verbot der Marktmanipulation und Eigengeschäfte von Führungskräften (*Directors' Dealings*). Diese Regelungen, die für das marktvermittelte Zustandekommen, die Durchführung und Beendigung von Vertragsbeziehungen zwischen den Anbietern und den Nachfragern von Kapitalanlagemöglichkeiten sowie für die sich hieraus für die Beteiligten jeweils ergebenden Rechte, Pflichten und Ansprü-

E.4 Bank- und Kapitalmarktrecht <- Spezialisierung

che, werden heute unter dem Sammelbegriff des Kapitalanlagerechts als Ausschnitt des Bank- und Kapitalmarktrechts begriffen.

Zum Kapitalmarktrecht gehört auch prozessuales Recht. Seit dem 1.10.2005 ermöglicht das Kapitalanleger-Musterverfahrensgesetz die prozessuale Bündelung von Haftungsansprüchen und – im Bereich des Wertpapiererwerbs- und Übernahmegesetzes – von Erfüllungsansprüchen in Kapitalmarktstreitigkeiten.

Die Entwicklung der Kapitalmärkte hat auch Auswirkungen auf das Aufsichtsrecht, trägt doch eine effiziente Aufsicht über die Finanzmärkte dazu bei, Vertrauen bei Anlegern und Marktteilnehmern zu schaffen. Das Sicherstellen der Solvenz der Finanzinstitute und der Schutz der Kunden sind Leitbilder eines modernen Aufsichtsrechts. Sie vereinigen das Interesse des Staates an einem funktionsfähigen und stabilen Finanzmarkt, stellen die rechtlichen Rahmenbedingungen für funktionsfähige Kapitalmärkte einschließlich des damit verbundenen Anlegerschutzes zur Verfügung und sorgen letztlich über das bürgerliche Recht für eine sichere und verlässliche Abwicklung der Bankgeschäfte. Nicht ohne Grund haben sich daher die markantesten Entwicklungen der Wirtschaftsaufsicht in den letzten Jahren im Bereich der Kapitalmarktaufsicht vollzogen. Das Zusammenlegen des Kreditwesen-, Wertpapierhandels- und Versicherungsaufsichtsrechts in der Bundesanstalt für Finanzdienstleistungsaufsicht (BaFin) ist äußerer Ausdruck dieses Wandels, der beispielsweise in Großbritannien schon viel früher (Financial Services Act) vollzogen wurde. Und ein Ende der Entwicklung ist nicht abzusehen.

Im Zuge der Globalisierung der Kapitalmärkte sowie der Eurokrise wird eine effiziente Aufsicht in Zukunft um ein zentralisiertes europäisches Aufsichtssystem nicht herumkommen. Das Jahr 2017 begann mit einem staatlichen Rettungsprogramm für italienische Banken in Höhe von 20 Mrd. EUR. Aber auch Bankensysteme anderer europäischer Länder weisen einen untragbar hohen Bestand an notleidenden Krediten (non-performing loans) (1.000 Mrd. EUR!) auf. Hinzu kommt die gegenwärtige Ertragsschwäche der überwiegend zinsabhängigen Geschäftsmodelle europäischer Banken. Zusätzlich bergen die zunehmende Verschuldung der staatlichen und auch privaten Haushalte, die durch die Null-Zins-Politik der EZB zusätzlich befördert wird, hohe Ausfallrisiken für den Finanzmarkt. Zur Absicherung dieser Risiken haben die Banken jedoch nicht genügend Eigenkapital hinterlegt; die Eigenkapitalquote (ohne Risikogewichtung der Aktiva) beträgt im Durchschnitt 3 bis 4 % und ist immer noch verschwindend gering verglichen mit jener von realwirtschaftlichen Unternehmen.

II. Anforderungen an den Anwalt

Sowohl Bankenlandschaft als auch die Kapitalmärkte sind nicht statisch, sondern fortlaufend aufgrund äußerer und innerer Einflüsse in Bewegung, was auch für die Fortentwicklung des Rechts gilt. Somit unterliegt der Anwalt, der in diesem Bereich tätig werden möchte, hohen Anforderungen. Neben ständiger Fortbildungsbereitschaft – allein schon aufgrund

SPEZIALISIERUNG -> E.4 BANK- UND KAPITALMARKTRECHT

der umfangreichen Tätigkeit des Gesetzgebers und der Rechtsprechung – setzt die juristische Arbeit die Erfassung und gedankliche Durchdringung der Grundprinzipien und der Funktionsweise des Bankwesens und des Kapitalmarktes voraus. Grundlage des anwaltlichen Wirkens ist somit die Fähigkeit, den wirtschaftlichen Hintergrund dieser oft komplizierten Spezialmaterie zu verstehen und zu durchschauen. Wer sich beispielsweise mit Finanztermingeschäften oder Swaps beschäftigt, wird schnell zu der Erkenntnis kommen, dass analytisches und mathematisches Verständnis sowie ein grundlegendes Interesse an wirtschaftlichen Vorgängen unerlässlich sind, um einen Fall überhaupt juristisch beurteilen zu können. Daneben ist es von eminenter Wichtigkeit, auch die Fachtermini der Bankpraxis und des Kapitalmarktes zu beherrschen. Vor diesem Hintergrund ist ein langjähriges Verfolgen der Vorgänge auf dem Kapitalmarkt oder eine kaufmännische Vorbildung für den auf diesem Gebiet tätigen Rechtsanwalt fast ohne Alternative.

Seit geraumer Zeit haben sich Spezialisten in Rechtsanwalts- und Steuerberaterkanzleien, Wirtschaftsprüfungsgesellschaften, in der Unternehmensberatung, bei Banken und Investmentgesellschaften, bei den Aufsichtsbehörden, in Inkassounternehmen, bei Gerichten, Verbraucherzentralen und an den Universitäten und Fachhochschulen herauskristallisiert, die alle Bereiche des Bank- und Kapitalmarktrechts vertreten. Diesen Spezialisten in der rechtlichen Auseinandersetzung erfolgreich für seine Mandantschaft gegenüberzutreten, stellt einen besonderen Reiz des Bank- und Kapitalmarktrechts dar. Hervorragende Kenntnisse des Prozessrechts sind dabei jedoch unerlässlich.

Aber auch Verbraucher, institutionelle Anleger und sonstige Privat- sowie Geschäftskunden stoßen immer mehr auf das Bedürfnis, professionell beraten und vertreten zu werden bzw. professionelle Bankrechtsdienstleistungen in Anspruch zu nehmen. Die Masse an Finanzinstrumenten und die Komplexität von Bank- und Effektengeschäften sind für den Laien oftmals undurchschaubar geworden, und das nicht nur in den komplizierten Bereichen wie dem Banksteuerrecht oder dem Finanzdienstleistungsaufsichtsrecht, sondern auch bei einfachen Bankgeschäften, wie etwa einem Verbraucher- oder Finanzierungsdarlehen.

Angesichts der Entwicklung der Wirtschaft und der Unternehmen, die immer stärker eine kapitalmarktorientierte Richtung einschlagen, sowie der Kreativität, vielfältige Finanzinstrumente zu erfinden, wachsen die Anforderungen sowohl an Politik und Gesetzgebung als auch an Exekutive, ihre Mittel (Gesetze, Aufsicht und Regulierung usw.) ständig zu entwickeln und anzupassen. Rechtsprechung und Praxis im Bereich des Bank- und Kapitalmarktrechts müssen mit diesem Trend mithalten. Der Rechtsanwalt ist deshalb gehalten, im Rahmen von Eigenstudium und Fortbildungen seine Kenntnisse zu erweitern und ständig auf den aktuellen Stand zu bringen. Ein Beschäftigungsprogramm für den gesamten Berufsstand und folglich eine Chance für die Anwaltschaft, in einen hochinteressanten und vielschichtigen Entstehungsprozess gestaltend einzugreifen.

An den Universitäten jahrelang nur stiefmütterlich behandelt, hat der Boom des Bank- und Kapitalmarktrechts inzwischen auch die juristische Ausbildung erreicht und ermöglicht dem

E.4 Bank- und Kapitalmarktrecht <- Spezialisierung

interessierten Studenten nunmehr bereits durch Belegung entsprechender Wahlfächer die frühzeitige Weichenstellung in der Ausbildung/Karriere.

Die Bundesrechtsanwaltskammer hat den Titel des Fachanwalts für Bank- und Kapitalmarktrecht als 19. Fachanwaltstitel eingeführt. Die Absolvierung eines Fachanwaltslehrgangs für Bank- und Kapitalmarktrecht ist für die Rechtsanwältin und den Rechtsanwalt eine geeignete Gelegenheit, um durch Eigeninitiative und Fortbildung im Bank- und Kapitalmarktrecht vertiefte Rechtskenntnisse in dieser Rechtsmaterie zu erlangen und den Anforderungen in der Rechtspraxis gerecht zu werden. Auch wenn es an der Fachanwältin oder dem Fachanwalt liegt, sich ständig fortzubilden und ihrer oder seiner Mandantschaft damit professionelle Rechtsdienste anzubieten, eignet sich der Fachanwaltstitel doch hervorragend dazu, um sich zu spezialisieren und sich der rechtsbedürftigen Klientel, aber auch der Gegenseite als Fachkraft auszuweisen.

III. Mandantenstruktur

Umfassend wie das Rechtsgebiet ist auch die Mandantenstruktur.

Das Mandatsverhältnis zu einer Bank oder einem anderen Finanzdienstleistungsunternehmen wird sich regelmäßig als eine auf Dauer angelegte Geschäftsverbindung darstellen. Dies bietet den Vorteil, dass der Anwalt das Geschäft und die Vorgehensweisen des von ihm vertretenen Instituts gut kennt und schon im Vorfeld einer rechtlichen Auseinandersetzung auf dortige Verhaltensmuster Einfluss nehmen kann. Ein Rechtsanwalt, der zwei oder drei dieser Geschäftsverbindungen aufgebaut hat, kann bereits ausgelastet sein. Gute Beratungsleistungen sprechen sich herum, schlechte allerdings auch. Insofern können solche Geschäftsverbindungen auch schnell wegbrechen mit allen negativen Folgen. Der „Bankenanwalt" muss sich auf den Umgang mit Entscheidungsträgern in Wirtschafts- und Finanzdienstleistungsunternehmen jeglicher Couleur einstellen. Er betreut hoch spezialisierte und oft akademisch vorgebildete Mitarbeiter genauso wie Vorstandsmitglieder und Aufsichtsräte von Banken und Unternehmen. Oft steht er in direktem Kontakt zu den Leitern der jeweiligen Rechtsabteilung und damit zu Führungspersönlichkeiten auf höchster Ebene. Dem Anwalt steht damit ein meist kompetenter Ansprechpartner gegenüber, der zwar aufgrund seiner herausragenden Position eine bevorzugte Behandlung gewohnt, jedoch weniger eine Hinterfragung seiner Entscheidungen in juristischer (oder auch wirtschaftlicher und politischer) Hinsicht zu dulden bereit ist. Fachliche Kompetenz, Fingerspitzengefühl, Diskretion, Verhandlungsgeschick und nicht zuletzt sicheres Auftreten sind vonnöten, um zu einer vernünftigen und für den Mandanten überzeugenden Lösung zu gelangen. Gerade die juristische Aufarbeitung komplexer Unternehmensvorgänge birgt allerdings nicht selten die Notwendigkeit, eine schonungslose Bewertung der unternehmerischen Entscheidungen des Gegenübers vorzunehmen.

Das Mandatsverhältnis mit Bankkunden und Kapitalanlegern unterscheidet sich in vielen Fällen von anderen Mandatsverhältnissen dadurch, dass für den Verbraucher Krisen, die durch finanzielle Verpflichtungen gegenüber Banken oder fehlgeschlagene Kapitalanlagen hervorgerufen wurden, oftmals von existenzbedrohender Natur sind. Solche Mandanten sind teilweise hochgradig verzweifelt und/oder verbittert. Diesen Mandanten, die aus allen Bevölkerungsschichten kommen können, kann nicht von vorneherein unterstellt werden, dass jeder die juristischen Feinheiten seines Falles genau nachvollziehen kann. Dies gilt insbesondere dann, wenn man solchen Rechtsuchenden mitteilen muss, dass für die ihnen entstandene finanzielle Krise überwiegend ein eigenes Fehlverhalten ursächlich ist. Hier ist ein erhebliches Einfühlungsvermögen unumgänglich. Ebenso ist die Fähigkeit zu einer verständlichen Erläuterung der Rechtsprobleme vonnöten. Kenntnisse vom Umgang mit dem Rechtsschutzversicherer des Mandanten sind hier genauso unerlässlich wie Kenntnisse des Prozesskostenhilferechts.

Im Bereich des Bank- und Kapitalmarktrechts handelt es sich häufig um brisante Fälle mit weitreichenden Folgen für ein Unternehmen oder einen Verbraucher, die mit entsprechendem Beratungsaufwand verbunden sind. Oftmals ist es daher sinnvoll, Stundensätze für die Beratungstätigkeit zu vereinbaren, um den wirtschaftlichen Betrieb der Kanzlei zu gewährleisten. Im Rahmen langfristiger Beratungsverträge besteht zudem die Chance, ein Vertrauensverhältnis zum Mandanten – und für den wirtschaftlich denkenden Anwalt eine gewisse Planungssicherheit – herzustellen.

Angesichts hoher Streitwerte ist die Kanzlei einem entsprechenden Haftungsrisiko ausgesetzt. Dieses sollte – in Form individueller Mandatsvereinbarung – auf einen Höchstbetrag begrenzt werden, wobei dem Mandanten jederzeit die Möglichkeit offensteht, bei Bedarf eine mandatsbezogene Einzelfallversicherung abzuschließen.

Dem erhöhten Haftungsrisiko steht allerdings ein in der Praxis nicht zu unterschätzender Vorteil gegenüber: Hohe Streitwerte garantieren attraktive Vergütungen, welche zudem meist fristgemäß und ohne jegliche Beanstandung übernommen werden. Jedenfalls der für Banken und Finanzdienstleistungsunternehmen tätige Anwalt wird sich aufgrund der Solvenz und Zahlungsmoral seiner Kundschaft meist nicht um Fragen des Honorarvorschusses kümmern müssen.

Die Akquisition von Mandanten im Bereich des Bank- und Kapitalmarktrechts stellt eine besondere Herausforderung für den Anwalt dar. Der Berater von Banken und Finanzdienstleistungsunternehmen sieht sich häufig gezwungen, sich über wissenschaftliche Publikationen und eine rege Vortragstätigkeit einen Namen zu machen, damit solche Institute auf ihn aufmerksam werden. Der Anleger- und Verbraucheranwalt muss ständig neue Wege suchen, um sich einer ausreichenden Anzahl von potenziellen Mandanten präsentieren zu können und sich von der zunehmenden Zahl von Anwälten, die dieses Rechtsgebiet für sich entdeckt haben, hervorzuheben. Der Konkurrenzdruck ist hier nicht unerheblich. Hierfür ist eine intensive Medienarbeit unumgänglich.

E.4 Bank- und Kapitalmarktrecht <- Spezialisierung

IV. Arbeitsgemeinschaft Bank- und Kapitalmarktrecht

Die Arbeitsgemeinschaft Bank- und Kapitalmarktrecht besteht seit Mai 2003 auf der Grundlage einer vom Vorstand des DAV beschlossenen Satzung und erfreut sich stetig steigender Mitgliederzahlen. Sie ist ein rechtlich unselbstständiger Zusammenschluss von mittlerweile über 1.000 Rechtsanwältinnen und Rechtsanwälten, die Mitglied in einem dem DAV angeschlossenen Anwaltverein sind und deren berufliches Interesse sich besonders auf das Gebiet des Bank- und Kapitalmarktrechts richtet. Organe sind die Mitgliederversammlung und der Geschäftsführende Ausschuss. Der Jahresmitgliedsbeitrag beträgt zurzeit 70 EUR.

Eines der Hauptanliegen der Arbeitsgemeinschaft – die Einführung des Fachanwalts für Bank- und Kapitalmarktrecht – konnte nach intensiven Vorbereitungen im Jahr 2007 verwirklicht werden. Nach Inkrafttreten der entsprechenden Änderungen der FAO wurden Anfang 2008 die ersten Fachanwaltstitel verliehen. Fachanwaltskurse werden mittlerweile von nahezu allen renommierten Anbietern durchgeführt. Nicht nur der Anwaltschaft steht damit eine neue Möglichkeit der Spezialisierung zur Verfügung, sondern dem Mandanten auch ein neues Auswahlkriterium.

Die Arbeitsgemeinschaft hat sich zum Ziel gesetzt, die zunehmende Bedeutung des Bank- und Kapitalmarktrechts für die anwaltliche Praxis bewusst zu machen und aktiv zur Fortentwicklung dieses dynamischen Rechtsgebietes beizutragen. Der Erfahrungsaustausch unter den Mitgliedern soll durch die Erörterung und Diskussion aktueller Probleme angeregt werden. Zugleich organisiert die Arbeitsgemeinschaft regelmäßig Fachveranstaltungen und berichtet über aktuelle Entwicklungen und Fragestellungen, um die Fortbildung ihrer Mitglieder auf dem Gebiet des Bank- und Kapitalmarktrechts zu gewährleisten. Weiterhin ist eine der Aufgaben, Kommunikations- und Informationsmöglichkeiten für Interessierte bereitzustellen. Die Arbeitsgemeinschaft beschränkt sich in diesem Zusammenhang weder auf die eigenen Reihen noch allein auf die Anwaltschaft, sondern sucht den Kontakt zu Entscheidungsträgern im Bereich des gesamten Rechtsgebietes, d.h. zu Banken, Unternehmen, Vertretern der Rechtsprechung und Aufsichtsorganen des Bundes und der Länder.

Die Arbeitsgemeinschaft veranstaltet jährlich den **Tag des Bank- und Kapitalmarktrechts**, welcher nach einer Einführungsveranstaltung das erste Mal im November 2004 als Jahrestagung veranstaltet wurde und zumeist am letzten Donnerstag und Freitag des Novembers abgehalten wird. Längst ist der Tag des Bank- und Kapitalmarktrechts als Fortbildungsveranstaltung im Sinne der FAO anerkannt. Im Vordergrund steht die Erläuterung anwaltsspezifischer Fragestellungen im Bereich des Bank- und Kapitalmarktrechts im Rahmen einer Vortragsreihe über ausgewählte Fachthemen.

Seit dem Jahr 2009 bietet die Arbeitsgemeinschaft zudem jährlich ein zweitägiges **Frühjahrssymposium** an, das sich mittlerweile neben der im Herbst stattfindenden Jahrestagung fest etabliert hat. Das Frühjahrssymposium, das ebenfalls Fortbildungsveranstaltung im Sinne der FAO ist, hat aufgrund der zunehmenden Globalisierung der Finanzmärkte zum

SPEZIALISIERUNG -> **E.4 BANK- UND KAPITALMARKTRECHT**

Ziel, den Blick auf diejenigen ausländischen Rechtsordnungen zu werfen, mit denen ein auf Bank- und Kapitalmarktrecht spezialisierter Rechtsanwalt (zwangsläufig) auch in Kontakt treten kann. Folglich findet das Frühjahrssymposium regelmäßig im Ausland statt.

Die Arbeitsgemeinschaft ist auch im Internet (www.bankundkapitalmarkt.de) präsent. Der Onlineauftritt beinhaltet neben aktueller Rechtsprechung, einer Urteilsvorschau und fachspezifischer Informationen einen Pressedienst und Seminartermine. Weiter können sich die Mitglieder in einer am Bank- und Kapitalmarktrecht orientierten Anwaltssuchfunktion präsentieren. Öffentlichkeitswirkung in Fachkreisen ist aufgrund des prägnanten Domainnamens garantiert.

Die Teilnahme an den Fachveranstaltungen steht in der Regel allen interessierten Personen offen. Mitglieder der Arbeitsgemeinschaft zahlen jedoch vergünstigte Teilnehmerbeiträge.

Weitere Informationen erhalten Interessierte unter:

> Arbeitsgemeinschaft Bank- und Kapitalmarktrecht im Deutschen Anwaltverein
> Littenstr. 11
> 10179 Berlin

sowie im Internet:

> www.bankundkapitalmarkt.de

V. Empfehlenswerte Literatur und Kanzleiausstattung

Die Vielschichtigkeit und Komplexität des Bank- und Kapitalmarktrechts muss sich zwangsläufig auch in der Ausstattung der Kanzlei mit Literatur und anderen Arbeitsmitteln widerspiegeln, sollen umfassende Beratungsleistungen und den Schwierigkeiten und Anforderungen des Rechtsgebietes entsprechende anwaltliche Tätigkeiten gewährleistet sein. Die Rechtsmaterie befindet sich nach rasanter Entwicklung weiter in ständiger Bewegung, die den frisch angeschafften Kommentar bereits kurz nach Drucklegung zum Altpapier degradieren kann. Gleichwohl müssen „alte Kommentare" vorgehalten werden, da altes Recht in vielen Fällen auch in der aktuellen Bearbeitung Anwendung findet. Unerlässlich ist weiter der Rückgriff auf ausgewählte Fachzeitschriften, die den Anwalt mit aktuellen Urteilen und Informationen versorgen.

Ein Internetzugang ist heutzutage selbstverständlich und unumgänglich. Eine schier unerschöpfliche Fülle an fachspezifischen Informationen steht hier zum Abruf bereit. Entscheidungen, Gesetzesmaterialien, Datenbanken, Berichte über Fachtagungen und Seminare, aktuelle Gesetzesvorhaben und andere Veröffentlichungen sind per Mausklick zugänglich und müssen zur Entscheidungsfindung herangezogen werden. Besonders reizvoll und auch oft von Nutzen: der Blick über den Tellerrand auf andere Rechtsordnungen. Die europä-

E.4 Bank- und Kapitalmarktrecht <-- Spezialisierung

ischen Gesetzgebungsaktivitäten, die weiterhin auch im Bereich des nationalen Bank- und Kapitalmarktrechts bestimmend sind, lassen sich im Internet auf den offiziellen Seiten der europäischen Gesetzgebungsorgane und Institutionen verfolgen.

Die folgende Aufstellung empfehlenswerter und hilfreicher Literatur und Zeitschriften erhebt naturgemäß keinen Anspruch auf Vollständigkeit, da die Berücksichtigung hoch spezialisierter Werke den zur Verfügung stehenden Rahmen sprengen würde. Allgemein gilt: Mandantenstruktur und Ausrichtung innerhalb der Rechtsmaterie bestimmen den Umfang der Bibliothek wie auch die Auswahl der entsprechenden Periodika. Die regelmäßige Lektüre (werk-)täglich erscheinender Wirtschaftszeitungen (Handelsblatt, Börsenzeitung, FAZ) sollte für ambitionierte Kolleginnen und Kollegen eine Selbstverständlichkeit darstellen.

Zur Einführung geeignet:

Buck-Heeb, Petra, Kapitalmarktrecht, 9. Aufl. 2017

Grill, Wolfgang/Perczynski, Hans/Grill, Hannelore, Wirtschaftslehre des Kreditwesens, 51. Aufl. 2017

Grunewald, Barbara/Schlitt, Michael, Einführung in das Kapitalmarktrecht, 3. Aufl. 2014

Ausführlichere Darstellungen und Kommentare:

Assmann, Heinz-Dieter/Schneider, Uwe H., Wertpapierhandelsgesetz, Kommentar, 6. Aufl. 2012

Assmann, Heinz-Dieter/Schütze, Rolf A., Handbuch des Kapitalanlagerechts, 4. Aufl. 2015

Hirte, Heribert/Möllers, Thomas M. J., Kölner Kommentar zum WpHG, 2. Aufl. 2014

Hess, Burkhard/Reuschle, Fabian, Kölner Kommentar zum KapMuG, 3. Aufl. 2018

Schimansky, Herbert/Bunte, Hermann-Josef/Lwowski, Hans-Jürgen, Bankrechts-Handbuch, 5. Aufl. 2017

Schwark, Eberhard/Zimmer, Daniel, Kapitalmarktrechts-Kommentar, 5. Aufl. 2018

Schwintowski, Hans-Peter, Bankrecht, 5. Aufl. 2017

SPEZIALISIERUNG -> E.4 BANK- UND KAPITALMARKTRECHT

Fachanwaltsbücher:

Assies, Paul H./Beule, Dirk/Heise, Julia/Strube, Hartmut, Handbuch des Fachanwalts Bank- und Kapitalmarktrecht, 5. Aufl. 2018

Gesetzestexte:

Bankrecht: Beck-Texte im dtv, 45. Aufl. 2018

Kapitalmarktrecht: Beck-Texte im dtv, 5. Aufl. 2018

Fachzeitschriften:

AG	Die Aktiengesellschaft
BB	Der Betriebsberater
BKR	Zeitschrift für Bank- und Kapitalmarktrecht
DB	Der Betrieb
EWiR	Entscheidungen zum Wirtschaftsrecht
WM	Wertpapiermitteilungen
ZBB	Zeitschrift für Bankrecht und Bankwirtschaft
ZfgK	Zeitschrift für das gesamte Kreditwesen
ZHR	Zeitschrift für das gesamte Handelsrecht und Wirtschaftsrecht
ZIP	Zeitschrift für Wirtschaftsrecht

E.5 Bau- und Architektenrecht

Rechtsanwalt Dr. Peter Sohn, Hamm • Vorsitzender der Arbeitsgemeinschaft Bau- und Immobilienrecht im DAV

Rechtsanwältin Dr. Birgit Franz, Köln • stellvertretende Vorsitzende der Arbeitsgemeinschaft Bau- und Immobilienrecht im DAV

I. Warum dieses Rechtsgebiet?

Unter Bau- und Architektenrecht als einem Teil des Immobilienrechts (dieses umfasst eine Reihe unterschiedlicher Rechtsgebiete rund um die Immobilie) soll – eingrenzend – das private Bau- und Architektenrecht verstanden werden, welches nicht nur – wie der Begriff vermuten lassen könnte – das Rechtsverhältnis zwischen einem privaten Häuslebauer und z.b. einem Bauträger, sondern generell die Rechtsbeziehungen der mit der Planung und Durchführung eines Bauwerkes Beteiligten einschließlich der Bauherren untereinander betrifft. Das insoweit abzugrenzende öffentliche Baurecht umfasst das öffentliche Planungsrecht (Bauleitplanung), das Bodenordnungsrecht (z.B. Erschließung, Recht der Baunutzung etc.) und das Bauordnungsrecht (früher Baupolizeirecht).

Der Bereich des privaten Baurechts ist grundsätzlich immer dann angesprochen, wenn es um rechtliche Beziehungen von Baubeteiligten geht, die sich bei der Durchführung eines Bauvorhabens gleichrangig gegenüberstehen. Erfasst werden Rechtsverhältnisse zwischen (auch öffentlichen) Bauherren, Planern (Architekten, Sonderfachleute wie z.B. Vermessungsingenieure, Haustechnikingenieure), Bauunternehmen und anderen Baubeteiligten. Im Regelfall geht es um Vergütungs-/Honorarfragen, um Bau- und Planungsmängel sowie Haftungsfragen. Unter das private Baurecht fallen weiterhin nachbarrechtliche Angelegenheiten und schließlich das Vergaberecht für öffentliche Bau- und Planungsaufträge, wobei dieser Bereich öffentlich-rechtliche Einflüsse aufweist.

Das private Bau- und Architektenrecht und damit die Tätigkeit des Anwaltes (der Begriff „Anwalt" wird der Einfachheit halber einheitlich für die Anwältin/den Anwalt verwendet) umfasst – sofern nicht in der konkreten beruflichen Situation eine Beschränkung auf einzelne Teile erfolgt – die Vertragsgestaltung, die baubegleitende Rechtsberatung sowie die forensische Tätigkeit.

Alle genannten Bereiche, insbesondere aber die baubegleitende Rechtsberatung und die forensische Tätigkeit, sind vielfach geprägt durch ein Zusammenspiel bautechnischer Vorgänge und rechtlicher Gesichtspunkte. Dieses Zusammenspiel von Technik und Recht macht die Tätigkeit des im privaten Bau- und Architektenrecht tätigen Anwalts häufig sehr interessant und zuweilen lebhaft. So mancher Baustellenbesuch, Ortstermin oder andere Zusammenkunft mit Baubeteiligten stellt eine willkommene Abwechslung zu der ansonsten recht zeitintensiven Schreibtischarbeit dar.

SPEZIALISIERUNG -> **E.5 BAU- UND ARCHITEKTENRECHT**

Interessant ist das Rechtsgebiet auch deshalb, weil sich ständig neue Tätigkeitsfelder für Baubeteiligte und damit auch den Anwalt ergeben. Während es früher – vereinfacht gesagt – den Bauherrn, seinen Architekten und einen oder mehrere Bauunternehmer gab, trifft man heute etwa zusätzlich auf den Projektsteuerer, der vom Auftraggeber, insbesondere bei größeren Bauvorhaben, neben Architekten, Sonderfachleuten und Unternehmen hinzugezogen wird und bei seiner Tätigkeit Funktionen des Auftraggebers, z.B. Termin- und Kostenkontrolle sowie die Koordinierung des Gesamtprojekts, übernimmt. Als anderes Beispiel mag der von Auftraggeberseite zunehmend gefragte Generalplaner dienen, dem vom Bauherrn sämtliche Architekten- und Ingenieurleistungen übertragen werden, die anderenfalls einzelnen Architekten und Sonderfachleuten durch getrennte Verträge übertragen werden. Entwickelt haben sich aber nicht nur neue Berufsbilder und Tätigkeitsformen, sondern auch z.B. neue Vertragsformen, etwa der sog. GMP-Vertrag (Guaranteed Maximum Price), der das Spannungsverhältnis zwischen Bauherrn/Auftraggeber und Generalunternehmer/Auftragnehmer durch einen Interessenverbund zum Vorteil beider Seiten auflösen soll, oder das PPP-Modell (Public Private Partnership), bei dem die öffentliche Hand und die Privatwirtschaft zur Erfüllung öffentlicher Aufgaben (z.B. Bau von Schulen) mit angemessener Risikoverteilung zusammenarbeiten. Neue Erscheinungs- und Tätigkeitsformen erzeugen regelmäßig spezielle juristische Probleme bei der Abwicklung der jeweiligen Verträge.

Hinzu kommt der Prozess ständig fortschreitender Europäisierung/Internationalisierung, der etwa durch den Erlass europäischer Richtlinien und die anschließende Umsetzung in nationales Recht neue Betätigungsfelder für Anwälte schafft. Der Einfluss insbesondere des Europarechts und des internationalen Rechts auf das nationale deutsche Recht wird von den in der Praxis Tätigen – Anwälte, Richter und Verwaltungsbeamte eingeschlossen – vielfach unterschätzt oder gar nicht erst gesehen. Dies führt nicht selten zu krassen rechtlichen Fehlbeurteilungen, die insbesondere für den Anwalt fatal sein können.

Einem ständigen Wandel ist schließlich auch das Vergaberecht unterworfen.

Der mit dem privaten Bau- und Architektenrecht befasste Anwalt ist somit in einer technisch und rechtlich lebendigen Materie tätig. Er sollte sich darüber im Klaren sein, dass eine optimale Beratung und Vertretung auf diesem Gebiet fast nur dann möglich ist, wenn dieses Gebiet ausschließlich, zumindest aber überwiegend bearbeitet wird. Der Anwalt sollte die grundsätzliche Bereitschaft mitbringen, mittel- bzw. langfristig (so gut wie) ausschließlich auf diesem Gebiet tätig zu sein bzw. sich jedenfalls auf den „Großbereich" des Immobilienrechts zu beschränken.

II. Anforderungen an den Anwalt

Das Anforderungsprofil ist vielschichtig.

Der Anwalt muss bereit sein, lange Arbeitszeiten in Kauf zu nehmen. Das private Bau- und Architektenrecht ist sehr häufig gekennzeichnet durch umfangreiche Vorgänge, die sich in

E.5 Bau- und Architektenrecht <- Spezialisierung

einem entsprechenden Aktenvolumen niederschlagen. Bereits die Lektüre – oder vorgeschaltet das Sortieren! – der dem Anwalt zur Verfügung gestellten Unterlagen nimmt verhältnismäßig viel Zeit in Anspruch. An diese Phase schließt sich im Regelfall eine umfangreichere Sachverhaltsaufklärung an, der der Anwalt erhöhte Beachtung schenken muss. Hinzu kommt, dass Bau- und Architektenrechtsfälle in aller Regel eine Vielzahl von Punkten zum Gegenstand haben, über die gestritten wird. Aus diesem Grunde spricht man auch von sogenannten „Punktesachen", etwa wenn die Parteien um eine Reihe von Baumängeln oder abzurechnenden Positionen streiten, zu denen dann jeweils gesondert Stellung bezogen werden muss.

Der Anwalt muss weiterhin bereit und in der Lage sein, sorgfältig und im Detail zu arbeiten. Erfahrungsgemäß werden Rechtsstreitigkeiten nicht selten mit vollständigen Unterlagen und aufgrund detaillierter Aktenkenntnis gewonnen. Jedenfalls aber wird deren Ausgang maßgeblich durch diese Faktoren mit beeinflusst, während Rechtsfragen im konkreten Fall oftmals in den Hintergrund treten oder jedenfalls nicht zu problematisieren sind. Andererseits begegnen dem baurechtlich tätigen Anwalt – eigentlich fast täglich – Rechtsprobleme, die bislang nicht oder aber jedenfalls nicht so gelöst sind, dass dem Mandanten ein Rat erteilt werden kann, mit dem das vom Mandanten formulierte Ziel auf sicherem Weg erreicht werden kann. Der Anwalt muss also auch in der Lage sein, Rechtsprobleme von mehreren Seiten zu beleuchten und dem Mandanten Chancen und Risiken plausibel darzulegen.

Bedingt durch die betroffenen technischen Vorgänge sollte der Anwalt Interesse auch für diese Vorgänge mitbringen, und zwar schon deshalb, weil er bei Abfassung seiner Schreiben/Schriftsätze wissen sollte, worüber er schreibt. Solche Schriftstücke lassen ein etwaiges Unverständnis des Verfassers über technische Vorgänge unschwer erkennen.

Der bau- und architektenrechtlich tätige Anwalt sollte deshalb weiterhin Bereitschaft zu ständiger Fortbildung, und zwar auch in technischer Hinsicht, mitbringen. Eine größere Zahl von Veranstaltern, unter anderem auch die Deutsche Anwaltakademie, bietet eine breite Palette von Seminar- und Fortbildungsveranstaltungen an, die sich zunehmend auch technischen Fragen widmen. Die teilweise recht hohen, aber meistens angemessenen Seminargebühren werden im Regelfall gut investiert sein, zumal der Wert von Seminaren neben dem eigentlichen Informationswert als „Kontaktbörse" zwischen Referenten und Zuhörern nicht unterschätzt werden sollte. Weitere Eigenschaften, die vom bau- und architektenrechtlich tätigen Anwalt verlangt werden, sind Flexibilität und Kreativität. Speziell im Hinblick darauf, dass auch im Bereich des Bau- und Architektenrechts zunehmend Bestrebungen erkennbar sind, die häufig langwierigen und in vielerlei Hinsicht wenig befriedigenden Prozesse vor den staatlichen Gerichten zu vermeiden und stattdessen Schlichtung/Mediation/Schiedsgerichtsbarkeit zu betreiben, sollte der Anwalt über die Beweglichkeit verfügen, die alternative Lösungen fordern. Auch sollte der Baurechtsanwalt in seiner Denkweise eher pragmatisch veranlagt sein. Es nützt keinem Baubeteiligten, wenn der Anwalt nur ein umfangreiches Rechtsgutachten abliefert, das den praktischen Erfordernissen der Bauabwicklung nicht gerecht wird. Häufig muss innerhalb kurzer Zeit entschieden werden, wie seitens der Baubeteiligten weiter zu verfahren ist. Von diesen Entscheidungen hängen dann wirtschaftlich schwerwiegende Folgen ab. Weil dies so ist, sind pragmatische Lösungen meist sinnvoller als die Vertretung rechtlich ausgefeilter Positionen, wobei das Bestreben sein muss, in derartige Lösungen die anderen Beteiligten einzubinden. Selbstverständlich muss der Anwalt seinem Mandanten in jedem Fall die Risiken und Nachteile – aber auch die Chancen und Vorteile – der einen oder anderen Lösung klar vor Augen führen, und zwar sinnvollerweise schriftlich. Den gelegentlich zu vernehmenden Vorwurf, ein „Bedenkenträger" zu sein, muss der Anwalt wegstecken können.

Der Anwalt sollte schließlich auch über eine gewisse Durchsetzungskraft verfügen, die er für den Dialog mit den im Umgang häufig nicht ganz einfachen Baubeteiligten benötigt.

III. Mandantenstruktur

Die Mandantenstruktur wird maßgeblich abhängen vom Zuschnitt der Kanzlei, in der der Anwalt tätig ist. In einer Einzelkanzlei oder einer kleineren Kanzlei wird die Mandantenstruktur häufig gekennzeichnet sein durch eine Reihe kleinerer oder mittelständischer Mandanten aus dem Bauherren- und Handwerkerbereich. Je nach Umfang der bau- und architektenrechtlichen Tätigkeit des Anwalts und seiner Erfahrung werden größere Mandanten hinzukommen, wobei Großmandate in aller Regel Einzel- oder kleineren Kanzleien nicht erteilt werden und von diesen häufig auch nicht bewältigt werden können. Außerdem wäre die Bindung an einen oder mehrere Großmandanten nicht ungefährlich, wenn es später zu einem Anwaltswechsel durch den Mandanten kommen sollte.

Der Anwalt muss also abwägen, ob und welche neuen ihm angetragenen Mandate er zu übernehmen bereit ist. Bei dieser Entscheidung sind insbesondere auch wirtschaftliche Gesichtspunkte zu berücksichtigen. Anzustreben sind in jedem Fall solche Mandate, die eine Ausdehnung der Mandatsbeziehung in der Zukunft möglich erscheinen, also Folgemandate erwarten lassen. Andererseits kann sich aus einem kleineren Mandat nicht selten auch ein lukratives Mandatsverhältnis – entweder mit dem Mandanten selbst oder mit Dritten – entwickeln, was den Berufsanfänger – auch schon aus wirtschaftlichen Gründen – an eine Ablehnung von Mandaten kaum denken lassen dürfte. Auch wenn solche kleineren Mandate durch ein mehr oder weniger großes Missverhältnis zwischen Aufwand und Ertrag geprägt sein werden – bei baurechtlichen Streitigkeiten, insbesondere bei Prozessen, kann es bei einer Abrechnung nach gesetzlichen Gebühren sehr schnell dazu kommen –, sollte der Berufsanfänger diese Mandate dazu nutzen, Erfahrung zu sammeln.

IV. Mandantenakquisition mit Beispielen

Mandantenakquisition über sogenannte „Laufkundschaft" ist jedenfalls im Bereich des privaten Bau- und Architektenrechts eher die Ausnahme. Mandate kommen hingegen relativ häufig durch Empfehlungen zustande, die Mandanten, andere Baubeteiligte oder Dritte (z.B. Sachverständige) gegenüber Rechtsuchenden abgeben.

E.5 Bau- und Architektenrecht <- Spezialisierung

Hin und wieder kommen Mandate auch dadurch zustande, dass der Anwalt von seinem Gegner während oder nach Abschluss eines außergerichtlichen oder gerichtlichen Verfahrens angesprochen wird, ob er die Vertretung einer Sache übernehmen kann. Der Anwalt wird in einem solchen Falle möglicherweise in die Zwangssituation kommen, in einer Rechtsangelegenheit gegen diese Person/Gesellschaft vertreten zu müssen und in einer anderen Rechtssache für diese Person/Gesellschaft tätig sein zu sollen. Wenn der Anwalt dies nicht aus grundsätzlichen Erwägungen ablehnt, muss er insoweit klare Absprachen mit dem Mandanten treffen und diese sinnvollerweise schriftlich festhalten.

Mandantenakquisition ist weiterhin über Kontakte zu Berufskollegen möglich. Sind beispielsweise Berufskollegen an der Übernahme eines Mandats gehindert, etwa weil sie die betreffende Person/Gesellschaft bereits in anderen Angelegenheiten vertreten oder einen notariellen Vertrag protokolliert haben, mit dem die Auseinandersetzung im Zusammenhang steht, wird der Mandant die Frage nach einem anderen Anwalt stellen.

Möglichkeiten der Akquisition sind auch auf Seminarveranstaltungen gegeben, die (häufig) von einem gemischten Teilnehmerkreis (Bauunternehmer, Architekten, Rechtsanwälte etc.) besucht werden.

Akquisition ist weiterhin möglich über vom Anwalt gehaltene Vorträge/Seminare. Dieser Weg dürfte aber erst nach einigen Jahren Berufserfahrung überhaupt infrage kommen.

Ein gutes Akquisitionsinstrument und damit auch eine gute Investition in die Zukunft ist sicherlich der Erwerb des vor Kurzem eingeführten Titels „Fachanwalt für Bau- und Architektenrecht".

Mandate kommen hin und wieder auch über Anfragen bei der Anwaltskammer zustande. Die Anwälte erhalten regelmäßig Fragebögen der Anwaltskammer, in denen die Interessen-/Tätigkeitsschwerpunkte anzugeben sind. Bei Anfragen Rechtsuchender benennt die Anwaltskammer dann entsprechende Anwälte. Dieser Weg der Anwaltssuche wird erfahrungsgemäß überwiegend von privaten Bauherren gewählt, während Handwerks- und andere Firmen eher die zuvor aufgezeigten Wege der Anwaltssuche gehen.

Vergleichsweise geringe Wirkung haben (noch?) Anzeigen in Zeitungen und anderen Publikationen (Vorsicht ist angezeigt bei Werbevorlagen, die in nicht kontrollierbarer Form „Ratgeber" oder ähnlich lautende Werbeträger verbreiten), wobei die Werbung erheblichen Einschränkungen unterliegt, über die sich der Anwalt zuvor (etwa bei seiner Anwaltskammer oder anhand von Publikationen) informieren sollte. Ein weiteres „Werbemedium" stellt schließlich die eigene Homepage dar, in der die Tätigkeitsbereiche der jeweiligen Kanzlei vorgestellt werden. Hierbei ist auf Professionalität zu achten, da „selbstgestrickte" Darstellungen eher negative Wirkungen erzeugen.

SPEZIALISIERUNG -> E.5 BAU- UND ARCHITEKTENRECHT

V. Vorstellung der Arbeitsgemeinschaft

Die Arbeitsgemeinschaft für Bau- und Immobilienrecht im Deutschen Anwaltverein – ARGE Baurecht – ist ein rechtlich unselbstständiger Zusammenschluss von mittlerweile rund 2.800 Rechtsanwältinnen und Rechtsanwälten, die Mitglied in einem dem DAV angeschlossenen Anwaltverein sind und deren berufliches Interesse sich besonders auf das Bau- und Immobilienrecht richtet. Sie besteht seit August 1992 und ist auf der Grundlage einer vom Vorstand des DAV beschlossenen Geschäftsordnung organisiert.

Organe sind die Mitgliederversammlung und der zurzeit aus zehn Mitgliedern bestehende Geschäftsführende Ausschuss.

Ziel und Aufgabe der Arbeitsgemeinschaft ist es, als Berufsfachverband die berufspolitischen und wirtschaftlichen Interessen der zusammengeschlossenen Baurechtsanwälte zu fördern sowie Fragen des Bau- und Immobilienrechts zu erörtern und zur Fortbildung ihrer Mitglieder auf diesem Gebiet beizutragen.

Die ARGE Baurecht entfaltet insbesondere folgende Aktivitäten:

- Ein Newsletter informiert die Mitglieder unter anderem über aktuelle Entwicklungen im Bau- und Immobilienrecht einschließlich der Gesetzgebung und über die Veranstaltungen der Arbeitsgemeinschaft. Weiterhin werden Praxistipps gegeben, neue Literatur vorgestellt und andere wichtige Informationen erteilt. Vielfältige Informationen enthält auch die Homepage www.arge-baurecht.com.
- Die Arbeitsgemeinschaft überreicht ihren Mitgliedern eine in Abständen aktualisierte Mitgliederliste, die das Auffinden geeigneter Korrespondenzanwälte erleichtert.
- Die Arbeitsgemeinschaft kooperiert mit dem Verlag Wolters Kluwer (Werner-Verlag) als Herausgeber der für das Baurecht in Deutschland führenden Fachzeitschrift „baurecht" sowie mit der baurechtlichen Online-Datenbank „ibr-online".
- Die Arbeitsgemeinschaft veranstaltet zweimal pro Jahr jeweils von Freitagmittag bis Samstagmittag Fachveranstaltungen mit Vorträgen und anschließender Diskussion, Thesendiskussionen, Rollenspielen und anderen Beiträgen. Die Vorträge über ausgewählte Probleme des Bau- und Immobilienrechts werden sowohl von Mitgliedern der Arbeitsgemeinschaft als auch von mit dem Bau- und Immobilienrecht befassten Juristen und Mitgliedern anderer Berufsgruppen gehalten. Die Veranstaltungen bieten daneben ein gutes Forum zum gegenseitigen Kennenlernen im Kollegen- und Referentenkreis.

Neben diesen Frühjahrs- und Herbstveranstaltungen werden weitere Fachveranstaltungen durchgeführt, z.B. die Veranstaltungsreihe „bauropa" (Baurecht in Europa) oder die in Zusammenarbeit mit der Deutschen Anwaltakademie angebotenen Grundlagen- und Vertiefungskurse SOBau (die von der ARGE Baurecht entwickelte Schlichtungs- und Schiedsordnung Bau).

E.6 Das erbrechtliche Mandat

Rechtsanwalt Prof. Dr. Andreas Frieser, Bonn • Vorsitzender des Ausschusses Erbrecht des DAV sowie Mitglied und ehemaliger Vorsitzender der Arbeitsgemeinschaft Erbrecht im DAV

I. Einschlägige gesetzliche Regelungen

Die wesentlichen erbrechtlichen Vorschriften finden sich im 5. Buch des Bürgerlichen Gesetzbuches. Sie gewährleisten die Weitergabe des Erblasservermögens auf den Erben. Dieser erhält den Nachlass auf der Grundlage zweier voneinander unabhängiger Prinzipien: Das Erblasservermögen geht automatisch mit dem Tod auf den Erben über („Vonselbsterwerb"), und zwar im Wesentlichen ohne Ausnahme („Universalsukzession"). Ausnahmen gibt es beispielsweise bei Gesellschaftsbeteiligungen und auf dem Gebiet des Höferechts. Errichtet der Erblasser keine letztwillige Verfügung, geht sein Vermögen auf seine nächsten Verwandten bzw. seinen Ehegatten über, Einzelheiten regelt die gesetzliche Erbfolge. Diese beantwortet mithin die Nachfolgefrage, wenn der Erblasser keine eigene Entscheidung getroffen hat. Die Entscheidungsfreiheit des Erblassers sichert die Testierfreiheit, die als Bestandteil der Erbrechtsgarantie von der Verfassung in Art. 14 Abs. 1 GG gewährleistet wird.

Außerhalb des Bürgerlichen Gesetzbuches findet sich eine Reihe von Regelungen, die der erbrechtliche Praktiker ebenfalls kennen muss. Zu nennen sind etwa aus dem Bereich des Schuldrechts das Recht des Vertrages zugunsten Dritter (Beispiel: Zuwendung einer Lebensversicherung), aus dem Sachenrecht die Vorschriften zum Übergang des Besitzes (§ 857 BGB) sowie zum Nießbrauchs- und Wohnungsrecht, aus dem Familienrecht die Vorschriften des Güter-, Adoptions- und Vormundschaftsrechts, ferner das Grundbuch-, das Register- und das Zwangsversteigerungsrecht sowie insbesondere das Steuerrecht, vor allem das Erbschaftsteuerrecht.

Praxisrelevant sind ferner verfahrensrechtliche Vorschriften, insbesondere das Zusammenspiel von ZPO und FamFG. Erforderlich sind weiter Kenntnisse im Sozial- und Sozialhilferecht. Zu nennen ist beispielhaft die viel diskutierte Problematik der Vermögensweitergabe an behinderte Kinder im Wege des sogenannten „Behindertentestaments".

Daneben hat sich der Erbrechtspraktiker mit Fragestellungen aus angrenzenden Gebieten zu befassen. Er sollte beispielsweise über medizinische Grundkenntnisse verfügen, um in der Diskussion über die Testierfähigkeit des Erblassers kompetenter Ansprechpartner zu sein.

Der Anwalt wird bei Streitigkeiten nach dem Tod des Erblassers tätig, aber auch gestaltend bei der Nachlassplanung. Im streitigen und beratenden Mandat spielen häufig internationale Fragen eine Rolle. Man denke nur an die Weitergabe ausländischer Immobilien, etwa die Übertragung des Ferienhauses auf Mallorca. Internationaler Bezug wird ferner durch die

Vorgaben der EU-ErbVO und der Europäischen Menschenrechtskonvention hergestellt (Art. 8 EMRK: Schutz des Privat- und Familienlebens).

Verwaltungsrechtliche Fragen stellen sich, wenn es um den Übergang öffentlich-rechtlicher Ansprüche und Pflichten auf den Erben geht.

II. Reformen des Erbrechts

In der Vergangenheit wurde das Erbrecht nur punktuell geändert. Änderungen bezogen sich auf Formfragen bei der Errichtung letztwilliger Verfügungen und familienrechtliche Bezüge, etwa die Stellung nichtehelicher Kinder und gleichgeschlechtliche Lebenspartner. Mit Wirkung zum 1.1.2010 traten punktuelle Änderungen des materiellen Erbrechts, beispielsweise im Pflichtteilsrecht (etwa die sogenannte „Abschmelzungsregelung" bei der Pflichtteilsergänzung) in Kraft.

Die Diskussion über weitergehende Reformschritte, wie sie etwa auf dem 68. Deutschen Juristentag 2010 erörtert wurden, haben bisher keinen nachhaltigen Eindruck auf den Gesetzgeber gemacht. Erbrechtliche Reformvorhaben stehen derzeit nicht auf der politischen bzw. ministeriellen Agenda. Erörtert werden verfahrensrechtliche Fragen im Zusammenhang mit der Schaffung eines „Großen Nachlassgerichts".

III. Faszination des Erbrechts

Die Kombination aus verschiedenen Phänomenen sichert dem Erbrecht seit Menschengedenken besonderes Interesse. Es geht um Geld, Macht, Reichtum, Familiengeschichte(n), bisweilen um Verbrechen, Intrigen, psychologische Verwicklungen, Hass, Leidenschaft, Versöhnung, Ehre. Die Aufzählung ist beliebig und unvollständig, dient nur als Beleg der paradox erscheinenden Feststellung, wonach sich im Erbrecht das „pralle Leben" widerspiegelt.

Hinzu kommt dessen erhebliche wirtschaftliche Bedeutung. Nach einer von der Postbank in Auftrag gegebenen Studie wird in Deutschland jedes Jahr Vermögen in Höhe von ca. 200 Milliarden Euro vererbt. Etwa die Hälfte der Verfügungen von Todes wegen soll fehlerbehaftet sein. Nach Schätzungen errichten nur etwa 30 bis 50 % der Erblasser eine letztwillige Verfügung. Es ist deshalb nicht erstaunlich, dass es – so die Studie – in fast jedem sechsten Erbfall zu Auseinandersetzungen unter den Erben kommt.

Bei der Lösung dieses Streites spielen psychologische Fragen eine erhebliche Rolle. Diese seien mit dem nachfolgenden Zitat (mit den Worten einer Schriftstellerin, *Eva Demski*) zugespitzt dargestellt:

„Völlig unauffällige Menschen fletschen angesichts einer verbeulten Silberkanne (unecht) die Zähne, schmeißen Schubladeninhalte durch die Luft wie Diebe, zerreißen mürb gewaschene Bettlaken zwischen sich und setzen sich auf 18bändige ShakespeareAusgaben, um

E.6 DAS ERBRECHTLICHE MANDAT <-- SPEZIALISIERUNG

ihren Besitzanspruch geltend zu machen, obwohl sie außer der Auto Motor und Sport nachweislich nie etwas lesen. Erben ist ein Schrecken, eine Wonne, ist Verpflichtung, Beginn von Verschwendungssucht wie von Geiz, Erben macht hartherzig oder großzügig, ängstlich oder mutig." (Demski, Erbfolgen, in: Die Erbengesellschaft, S. 2)

Die Faszination, die vom Erbrecht ausgeht, hat sich seit jeher in den „schönen Künsten" niedergeschlagen. Es geht um Erbschleicherei, Gift und Mord, um den Untergang ganzer Familiendynastien oder um das Glück des Müllers Sohns im „Gestiefelten Kater". Das Erbrecht beflügelt die Fantasie von Schriftstellern, Drehbuchschreibern und Verfassern von Opernlibretti.

IV. Fachanwalt für Erbrecht

Seit Ende des Jahres 2004 gehört das Erbrecht zu den Fachanwaltsmaterien. Die Auffassung, der in einer Einzelpraxis oder kleineren Sozietät zivilrechtlich tätige Anwalt könne ohne Weiteres das Erbrecht kompetent anbieten, ist durch die Entwicklung des Rechtsberatungsmarktes widerlegt worden. Es gibt mittlerweile eine Reihe von „Erbrechtskanzleien", also von Sozietäten, die sich nahezu ausschließlich dem Erbrecht und der Vermögensnachfolge widmen. Daneben bieten aber auch mittelständische und überregional tätige Kanzleien das Erbrecht als Spezialmaterie an.

Die Verleihung von Fachanwaltsbezeichnungen erfolgt auf der Grundlage der Vorschriften in den §§ 43c, 59b Abs. 2 Nr. 2 BRAO i.V.m. der Fachanwaltsordnung. Die zuständige Rechtsanwaltskammer verleiht einem Anwalt die Befugnis, die Bezeichnung des Fachanwalts Erbrecht zu führen, sofern ein Ausschuss der Kammer nach Prüfung der vom Antragsteller vorgelegten Unterlagen bestätigt hat, dass er über besondere Kenntnisse und Erfahrungen auf dem Gebiet des Erbrechts verfügt.

Vor Antragstellung sollten die Empfehlungen der Kammern, wie sie regelmäßig auf deren Internetseiten veröffentlicht werden, beachtet werden. So können etwa bei der Gestaltung der „Fallliste", die jedem Antrag beizugeben ist, Fehler vermieden werden. Die Fallliste muss konkrete Angaben zu Art und Umfang der erbrachten Tätigkeit enthalten und darf sich nicht in Schlag- und Stichworten erschöpfen. Sie soll eine chronologische Reihenfolge der bearbeiteten Fälle beachten und differenzieren zwischen den außergerichtlich und gerichtlich bearbeiteten Fällen.

Nach § 5 Abs. 1 lit. m FAO sind besondere praktische Erfahrungen dann anzunehmen, wenn der Antragsteller innerhalb der letzten drei Jahre vor der Antragstellung im Fachgebiet Erbrecht 80 Fälle bearbeitet hat, davon mindestens 20 gerichtliche Verfahren, höchstens 15 Verfahren in der Freiwilligen Gerichtsbarkeit.

Der Fachanwalt muss jährlich auf seinem Spezialgebiet wissenschaftlich publizieren oder mindestens an einer anwaltlichen Fortbildungsveranstaltung mit einer Mindestdauer von 15

Stunden teilnehmen. Die Teilnahme ist der Kammer unaufgefordert nachzuweisen, § 15 FAO.

V. Einschlägige berufsrechtliche Regelungen

1. § 43 a Abs. 4 BRAO lautet:

„Der Rechtsanwalt darf keine widerstreitenden Interessen vertreten."

Hierdurch soll das Vertrauensverhältnis zum Mandanten, die Unabhängigkeit des Rechtsanwalts und die im Interesse der Rechtspflege gebotene Geradlinigkeit der anwaltlichen Berufsausübung gewahrt werden.

Dieses Verbot wird in § 3 Abs. 1 BORA konkretisiert:

„Der Rechtsanwalt darf nicht tätig werden, wenn er, gleich in welcher Funktion, eine andere Partei in derselben Rechtssache im widerstreitenden Interesse in unterschiedlichen Rechtssachen bereits beraten oder vertreten hat oder wenn er mit dieser Rechtssache in sonstiger Weise im Sinne der §§ 45, 46 BRAO beruflich befasst war."

Die Satzungsversammlung hat § 43 a Abs. 4 BRAO in § 3 BORA konkretisiert, indem sie das Tätigkeitsverbot näher definiert und seine Grenzen festgelegt hat.

2. Einzelfälle

a) Ehegattentestament

Nicht selten wollen sich Eheleute über Formfragen und die materiellen Regelungen einer letztwilligen Verfügung gemeinsam beraten lassen. Die Übernahme des Mandats für beide Ehepartner ist dem Anwalt grundsätzlich gestattet. Er darf unterstellen, dass beide Ehegatten für ihre persönlichen Dispositionen möglichst sinnvolle und Streit vermeidende, die familiären Besonderheiten beachtende Regelungen treffen wollen. Ein – die Fortführung des Mandats hindernder – Interessengegensatz kann sich beispielsweise dann ergeben, wenn die Ehegatten bereits früher eine gemeinschaftliche letztwillige Verfügung (Ehegattentestament oder Erbvertrag) errichtet hatten. Ist erkennbar, dass der eine Ehegatte die frühere Regelung für sinnvoll und ausreichend hält, der andere jedoch eine Änderung anstrebt, ist der Interessengegensatz offenkundig, die Beratung beider Eheleute damit ausgeschlossen. Sind derartige Konstellationen bereits vor Mandatsübernahme erkennbar, kann der Anwalt das Mandat nur für einen Ehepartner übernehmen. Stellt sich der Interessenstreit erst später heraus, muss der Anwalt das Mandat für beide Eheleute beenden.

E.6 Das erbrechtliche Mandat <- Spezialisierung

b) Erbengemeinschaft

Unabhängig davon, ob sich schon aus der Lektüre des Auftragsschreibens oder der Schilderung der Ausgangssituation ergibt, dass gegenläufige Interessen verfolgt werden sollen, muss der Anwalt vor Bestätigung des Mandats für mehrere Mitglieder der Erbengemeinschaft prüfen, ob die Vertretung an den Kollisionsvorgaben scheitert. Klassischer Problemfall in diesem Zusammenhang sind Ausgleichspflichten gemäß §§ 2050 ff. BGB, die nur einzelne Miterben treffen.

c) Pflichtteilsfälle

Auch hier gilt die Empfehlung, mehrere Mandanten, die pflichtteilsberechtigt sind, nur dann zu vertreten, wenn Interessenüberschneidungen ausgeschlossen sind. Es lässt sich bei der Übernahme des Mandats häufig nicht voraussehen, ob Interessenunterschiede entstehen. Häufig werden Bewertungsfragen streitig, ob die übereinstimmende Haltung der Mandanten anhalten wird, ist fraglich.

VI. Literatur

Die zunehmende Bedeutung des Erbrechts hat zu einer Fülle von Veröffentlichungen geführt, auch solchen, die die Bedürfnisse des rechtsberatenden Anwalts besonders berücksichtigen.

Ohne Anspruch auf Vollständigkeit wird auf folgende Werke hingewiesen:

Scherer, Münchener Anwaltshandbuch Erbrecht, 5. Aufl. 2018

Frieser/Sarres/Stückemann/Tschichoflos, Handbuch des Fachanwalts Erbrecht, 6. Aufl. 2016

Groll, Praxis-Handbuch Erbrechtsberatung, 4. Aufl. 2015

Brambring/Mutter, Beck'sches Formularbuch Erbrecht, 3. Aufl. 2014

Frieser, Formularbuch des Fachanwalts Erbrecht, 3. Aufl. 2017

Dorsel, Kölner Formularbuch Erbrecht, 2. Aufl. 2015.

Nieder/Kössinger, Handbuch der Testamentsgestaltung, 5. Aufl. 2015

Muscheler, Erbrecht, 1. Aufl. 2010; 2 Bände

Lange, Erbrecht, 2. Aufl. 2017

Süß, Erbrecht in Europa, 3. Aufl. 2015

Die Lektüre wenigstens einer der folgenden Zeitschriften ist zu empfehlen:

ErbR, Zeitschrift für die gesamte erbrechtliche Praxis.

ZEV, Zeitschrift für Erbrecht und Vermögensnachfolge. ZERB, Zeitschrift für die Steuer- und Erbrechtspraxis.

VII. Arbeitsgemeinschaft Erbrecht

Der Kreis erbrechtlicher Spezialisten, aber auch derjenigen Anwälte, die sich in ihrer zivilrechtlichen Praxis noch stärker auf das Erbrecht konzentrieren wollen, hat sich in der am 25.11.2004 gegründeten Arbeitsgemeinschaft Erbrecht des Deutschen Anwaltvereins zusammengeschlossen, die heute ca. 2.200 Mitglieder zählt. Die Arbeitsgemeinschaft gibt die Zeitschrift ErbR heraus, sie organisiert Fortbildungsveranstaltungen und richtet den Deutschen Erbrechtstag (jeweils im Frühjahr eines jeden Jahres) und die ErbR-Tagung (jeweils im Herbst eines jeden Jahres) aus. Sie leistet darüber hinaus Öffentlichkeitsarbeit im Interesse der Erbrechtsanwälte.

Nähere Informationen finden sich unter www.erbrecht-dav.de.

E.7 Das familienrechtliche Mandat

Geschäftsführender Ausschuss der Arbeitsgemeinschaft Familienrecht im DAV

Das Familienrecht ist ein besonders dynamisches Rechtsgebiet, das in den letzten Jahrzehnten grundlegend umgestaltet wurde. Im Zuge des Gleichberechtigungsgesetzes kamen die Kinder aus der väterlichen Gewalt in die elterliche Gewalt, aus der die elterliche Sorge und schließlich seit 1982 auch die gemeinsame elterliche Sorge nach der Scheidung wurde, die 1998 in das Gesetz geschrieben worden ist. Aus dem gesetzlichen Güterstand der Verwaltung und Nutznießung des Vermögens der Ehefrau durch den Ehemann wurde 1958 die Zugewinngemeinschaft. Aus einem streng vom Scheidungsverschulden abhängigen Unterhaltsrecht voller beweisabhängiger Zufälligkeiten entstand seit 1977 ein hoch kompliziertes Rechtssystem, das sich zwischen Leistungsfähigkeit und Bedarf einen gerechten Weg zu bahnen versucht. Die Ehescheidung selbst, die früher eine bedauerliche soziale Randerscheinung war, ist heute eine bedauerliche Massenerscheinung. Die rechtliche Gleichstellung der nichtehelichen mit den ehelichen Kindern ist mit dem Kindschaftsrechtsreformgesetz und dem Kindesunterhaltsgesetz sowie dem Erbrechtsgleichstellungsgesetz 1998 erreicht worden. Das Ehevertragsrecht und das Unterhaltsrecht sind durch Entscheidungen des BVerfG und des BGH in den letzten Jahren grundlegend umgestaltet worden. Die Unterhaltsnovelle zum 1.1.2008 ist nicht weniger bedeutend in ihrer Auswirkung auf das gesellschaftliche und rechtliche Leben, als es die Unterhaltsreform 1977 war. Der Versorgungsausgleich und das Verfahrensrecht sind 2009 völlig neu gefasst worden, im Zugewinn gab es erhebliche Änderungen.

Das Familienrecht war bis zum Inkrafttreten der Familienrechtsreform am 1.7. 1977 auch in den Anwaltskanzleien eine Randerscheinung. Es war ein unauffälliges Arbeitsgebiet, das jeder machte. Das hat sich grundlegend geändert. Familienrecht ist ein umfangreiches Spezialgebiet geworden, auf das sich Einzelanwälte und kleine Sozietäten spezialisiert haben, das aber auch in vielen großen Sozietäten als Teil des Gesamtangebots durch Spezialisten/Spezialistinnen bearbeitet wird. „Nebenher" kann man das Familienrecht heute kaum noch machen. Zum Arbeitsgebiet gehören Eherecht/Ehescheidung, Unterhalt, Güterrecht; Statusrecht; Versorgungsausgleich, Sorgerecht/Umgangsrecht sowie das Recht der Vermögensauseinandersetzung und sonstiger vermögensrechtlicher Ansprüche zwischen den Ehegatten. Es gehört dazu aber auch mehr und mehr das Recht der nichtehelichen Lebensgemeinschaften und der eingetragenen Lebenspartnerschaften, das internationale Privatrecht und das ausländische Familienrecht. Zu dieser Spezialisierung im Familienrecht hat die Erweiterung des Rechtswegs Amtsgericht–Oberlandesgericht wesentlich beigetragen. Seit 1977 ist auf diese Weise der Weg zum BGH und damit zu einer gewissen Rechtsvereinheitlichung eröffnet worden. Daneben sind die meisten Oberlandesgerichte mit eigenen Unterhaltstabellen und -leitlinien hervorgetreten.

Zur Bearbeitung des familienrechtlichen Mandats braucht der Anwalt auch Kenntnisse im Sozialrecht (insbesondere im Rentenrecht und im Recht der Krankenversicherungen sowie

SPEZIALISIERUNG -> E.7 DAS FAMILIENRECHTLICHE MANDAT

der Sozialleistungen), im Steuerrecht, Erbrecht, aber auch im Gesellschafts- und Arbeitsrecht.

Mit der zunehmenden Beschäftigung von Wissenschaft und Praxis mit dem Familienrecht ist die Zahl der Publikationen gewachsen. Neben die führende FamRZ sind die FF, Forum Familienrecht, die Zeitschrift der Arbeitsgemeinschaft Familienrecht, und andere Zeitschriften, wie die NZFam, FuR, FamRB getreten. Die Literatur ist fast unüberschaubar geworden. Wer sich näher mit der Materie befassen will, wird für das gesamte Rechtsgebiet zum Handbuch des Scheidungsrechts von *Schwab* greifen. Speziell für den Unterhalt sind *Wendl/Dose*, Das Unterhaltsrecht in der familiengerichtlichen Praxis und *Niepmann/Schwamb, Die Rechtsprechung zur Höhe des Unterhalts,* die Standardwerke in der familienrechtlichen Praxis, für den Versorgungsausgleich schließlich ist das gleichnamige Werk von *Borth* unverzichtbar. Das Recht der Scheidungs- und Trennungsvereinbarungen kann aus dem Buch von *Bergschneider*, Verträge in Familiensachen, erlernt werden.

Anwältinnen und Anwälte, die sich als Berufsanfänger in die familienrechtliche Praxis einüben möchten, haben eine gute Grundlage in den Büchern, die der Fachanwaltsausbildung dienen, z.B. Münchener Anwaltshandbuch Familienrecht; Beck´sches Formularbuch Familienrecht; *Gerhardt/v. Heintschel-Heinegg/Klein*, Handbuch des Fachanwalts Familienrecht und *Weinreich/Klein*, Fachanwaltskommentar Familienrecht. Der Anwalt, der sich dem Familienrecht nähert, wird bald bemerken, dass Mandat und Mandanten sich von den sonstigen Arbeitsgebieten des Anwalts deutlich abheben. Der emotionslose Mandant, dessen Mandat zügig und sachlich wie ein sonstiges Zivilrechtsmandat abgewickelt werden kann, ist die Ausnahme. Die meisten Mandanten befinden sich in einer seelischen Ausnahmesituation. Der Verlust des Partners ist eingetreten, der Verlust der Kinder droht. Auf beiden Seiten steht die wirtschaftliche Existenz der nächsten Jahre, vielleicht Jahrzehnte auf dem Spiel. Diese Umstände beeinträchtigen die Fähigkeit der Menschen zur Informationsvermittlung, zur Einschätzung der Lage und zur Entscheidung. Familienrechtler haben das zu berücksichtigen. Sie sind keine Psychologen, aber sie lernen im Laufe der Jahre Mandanten zur Seite zu stehen, ohne sich mit ihnen zu identifizieren; Mandanten bei Bedarf vorsichtig zu führen, ohne sich die Entscheidung übertragen zu lassen und für den Mandanten auszusprechen, was dieser nicht aussprechen kann, ohne aber zum Sprachrohr des Mandanten zu werden. Sie lernen, dass sie ihrem Mandanten am besten dienen, wenn sie sachlich und konziliant bleiben, statt Öl ins Feuer zu gießen. Dazu gehören Überzeugungskraft sowie innere und äußere Unabhängigkeit und das stete Bewusstsein, dass der Mandant Zuwendung, der Gegner Fairness und beide menschlichen Respekt erwarten dürfen. Es gehört auch Zeit und Geduld zum familienrechtlichen Mandat. Diese Aufträge sind für Anwälte und Mitarbeiter bei Weitem arbeitsintensiver und belastender als andere Mandate. Sie können, zumal sehr viele Mandate in Verfahrenskostenhilfe (oft ohne Raten) geführt werden müssen, ohne hohe Spezialisierung nicht kostendeckend betrieben werden.

Das Mandat beginnt zumeist mit einer etwa einstündigen Beratung über die möglichen Trennungs- und Scheidungsfolgen, die „Erstberatung" ist, oft aber auch über Beratungshilfe

E.7 Das familienrechtliche Mandat <- Spezialisierung

abgerechnet wird. Die Mandanten kommen wieder, wenn sie sich zur Trennung entschlossen haben. Es gilt dann, die Trennungsregelung vorzubereiten. Der Schwerpunkt liegt auf Unterhaltsfragen, Wohnungs- und Hausratsteilung und, was besonders schwierig ist, immer öfter auch bei der Frage, wie die Kinder künftig betreut werden. Nach Ablauf des Trennungsjahres wird dann die Scheidung mit Scheidungsfolgesachen zu regeln sein. Der Anwalt bemüht sich, möglichst viele oder alle Trennungs- und Scheidungsfolgen vertraglich zu regeln. Die außergerichtliche Erledigung dieser Konflikte ist flexibler und zerstört das Verhältnis der Ehegatten nicht noch endgültig. Als besonderer Weg zur Erzielung vertraglicher Lösungen hat sich die „Mediation", die aus den USA kommt, inzwischen auch bei uns etabliert. Mit einer zusätzlichen Ausbildung können sich Anwälte als „Anwaltsmediatoren" betätigen.

Das neue Berufsrecht eröffnet vielfältige Möglichkeiten, angestrebte oder schon vorhandene Spezialisierungen kundzutun. § 43 b BRAO lässt Werbung im Interesse des rechtsuchenden Bürgers zu. § 7 BORA sieht vor, dass unabhängig von Fachanwaltsbezeichnungen Teilbereiche der Berufstätigkeit benannt werden dürfen, wenn entsprechende Kenntnisse nachgewiesen werden können. Wer qualifizierende Zusätze verwendet, muss auch noch über entsprechende theoretische Kenntnisse verfügen und auf dem genannten Gebiet in erheblichem Umfang tätig gewesen sein. Es gibt schließlich seit 1997 den „Fachanwalt Familienrecht", der eine mindestens dreijährige Berufstätigkeit als Anwalt, den Nachweis theoretischer Kenntnisse (120 Zeitstunden eines spezifischen Lehrgangs, zuzüglich Klausuren) und den Nachweis praktischer Erfahrungen (120 Fälle, mindestens die Hälfte gerichtliche Verfahren, wobei gewillkürte Verbundverfahren und Verfahren des notwendigen Verbundes mit einstweiligen Anordnungen doppelt zählen) voraussetzt, § 5 FAO. Fachanwälte müssen sich ständig fortbilden und das auch nachweisen können.

Viele örtliche Vereine führen Verzeichnisse, in denen Interessenten derartige Tätigkeits- oder Interessenschwerpunkte sowie Fachanwaltsbezeichnungen abfragen können.

Die Deutsche Anwaltakademie bietet Fachanwaltskurse und ein reichhaltiges Fortbildungsprogramm an. 1993 hat der DAV die Arbeitsgemeinschaft Familienrecht gegründet. Ihr gehören derzeit ca. 6.500 im Familienrecht tätige Rechtsanwältinnen und Rechtsanwälte an, von denen etwa 70 % die Fachanwaltsbezeichnung führen. Die Zahl der Familienrechtler hat in den letzten Jahren erheblich zugenommen. Die Arbeitsgemeinschaft hat Regionalbeauftragte in allen OLG-Bezirken. Sie bietet gleichfalls Fortbildungsveranstaltungen an und fördert den kollegialen Zusammenhalt und den Erfahrungsaustausch der Kolleginnen und Kollegen untereinander. Zum Kontakt tragen die jährliche Versammlung im November und die schon traditionelle Griechenlandreise im Frühjahr bei. Dazu gibt es die Fachzeitschrift FF, die elfmal jährlich erscheint. Die Arbeitsgemeinschaft hält zudem ein Mitgliederverzeichnis vor. Mitglied kann werden, wer Mitglied in seinem örtlichen Anwaltverein ist. Informationen über die Arbeitsgemeinschaft Familienrecht finden sich im Internet unter der Adresse http://familienanwaelte-dav.de/.

SPEZIALISIERUNG -> **E.7 DAS FAMILIENRECHTLICHE MANDAT**

Die Internetadresse des Forums Familienrecht lautet www.forum-familienrecht.de.

Die Tätigkeit im Familienrecht ist anstrengend und arbeitsintensiv. Sie ist aber auch interessant und menschlich befriedigend.

E.8 GEISTIGES EIGENTUM & MEDIEN – GEWERBLICHER RECHTSSCHUTZ UND MEDIEN- UND URHEBERRECHT

RECHTSANWÄLTIN BETTINA TROJAN, KÖLN • MITGLIED IM GESCHÄFTSFÜHRENDEN AUSSCHUSS DER ARBEITSGEMEINSCHAFT GEISTIGES EIGENTUM & MEDIEN IM DAV

I. Rechtsberatung in einem weiten Feld vom Designrecht bis zum Presserecht

Um welches Rechtsgebiet bzw. um welche Rechtsgebiete handelt es sich beim Geistigen Eigentum & Medien? Könnte diese Materie auch mit IP (intellectuel property) beschrieben werden? Und welcher Fachanwalt ist für diesen Bereich der passende?

Dies sind alles nachvollziehbare Fragen. Denn hier werden verschiedene Rechtsgebiete, die als Anwalt oftmals zusammenzubehandeln sind, zusammengefasst in übergeordnete Begrifflichkeiten. Zudem sind tatsächlich zwei Fachanwälte für den in der Überschrift aufgeführten Rechtsbereich einschlägig, nämlich der Fachanwalt für Gewerblichen Rechtsschutz und der für Urheber- und Medienrecht.

Auch für die Arbeitsgemeinschaft für Geistiges Eigentum & Medien (AGEM), ein Zusammenschluss, Forum und Interessenverband für Anwälte aus den gesamten benannten Rechtsgebieten, war es zunächst nicht einfach, ihre eigene Bezeichnung zu wählen. IP, Grüner Bereich, Gewerblicher Rechtsschutz, aber was ist dann mit dem Presserecht, Medienrecht, Urheberrecht?

Deshalb kurz zu den Bezeichnungen und Rechtsgebieten, die hier angesprochen werden:

Geistiges Eigentum (*engl.* intellectual property, kurz **IP**) beschreibt die *absoluten Rechte* an *immateriellen Gütern*. Es bezeichnet die Formen von Eigentum, denen keine materiellen Güter direkt zugeordnet sind. Grundsätzlich unterscheiden die Rechtsordnungen zwischen Urheberrechten und Gewerblichem Schutz (Patente, Marken, Muster). Die Rechte an Geistigem Eigentum sollen es den Inhaber/inne/n ermöglichen, vom Aufwand, der zur Herstellung des zu schützenden Gegenstandes eingesetzt wurde, wirtschaftlichen Nutzen zu ziehen und diesen Gegenstand vor Verfälschung zu schützen. Historisch betrachtet gehören diese Rechte zu den staatlichen Privilegien.

Der **Gewerbliche Rechtsschutz** befasst sich i.e.S. mit dem Schutz der gewerblich verwertbaren technischen und ästhetischen Leistung sowie dem Schutz der geschäftlichen Kennzeichnungsrechte (gewerbliche Schutzrechte). I.w.S. zählen dazu auch das Urheberrecht und das Recht zur Bekämpfung unlauteren Wettbewerbs.

Das **Urheberrecht** bezeichnet zunächst das *subjektive* und *absolute* Recht auf Schutz *geistigen Eigentums* in ideeller und materieller Hinsicht. Als *objektives Recht* umfasst es die Summe der Rechtsnormen eines Rechtssystems, die das Verhältnis des Urhebers und seiner *Rechtsnachfolger* zu seinem *Werk* regeln; es bestimmt Inhalt, Umfang, Übertragbarkeit und Folgen der Verletzung des subjektiven Rechts.

Das **Medienrecht** ist kein einheitliches Rechtsgebiet, da der Terminus „Medien" kein juristischer Fachbegriff ist. Es werden darunter diejenigen Rechtssätze verstanden, die für den Bereich der Medien relevant sind. Einschlägig sind u.a. das Grundgesetz, die Presse- und Rundfunkgesetze, das BGB, das StGB, das Urheberrechtsgesetz und das Teledienstgesetz. Das Medienrecht beschäftigt sich also mit den Regelungen privater und öffentlicher (universaler) *Information* und *Kommunikation* und spielt damit in die juristischen Teilbereiche des *öffentlichen Rechts*, des *Zivilrechts* und des *Strafrechts* hinein. Das Medienrecht ist also eine *„Querschnittsmaterie"*. Problematisch sind Regelungslücken, die durch die schnelle Entwicklung der Medien entstehen und die der Gesetzgeber regelmäßig später umsetzt.

Klassische Gegenstände des Medienrechts sind die Medienfreiheiten von *Presse, Rundfunk* (Radio und Fernsehen) und *Film*, mit dem Aufkommen neuer Medien sind die Bereiche *Multimedia* und *Internet* hinzugekommen.

Regelungsziele des Medienrechts sind die Gewährleistung einer allgemein zugänglichen Kommunikationsinfrastruktur, Sicherung der *Meinungsvielfalt*, Schutz der Mediennutzer (*Rezipienten*), *Daten-* und *Jugendschutz*, aber auch der Schutz *geistigen Eigentums*. Rechtlich geregelt wird also die Nutzung und Nutzbarkeit medial übertragener Inhalte.

Dagegen regelt das *Telekommunikationsrecht* vorwiegend nur die technische Seite der Übermittlung von Inhalten. Beide Bereiche sind jedoch gerade im Multimediabereich eng verzahnt und beeinflussen sich gegenseitig.

Die rechtlichen Vorgaben für die Presse und Rahmenbedingungen werden im **Presserecht** zusammengefasst. Dieser Teilbereich des *Medienrechts* geht in Deutschland aus der verfassungsrechtlichen Garantie der *Pressefreiheit* (Art. 5 Abs. 1 S. 2 GG) hervor. Darüber hinaus kommen die Pressegesetze der Bundesländer zum Tragen.

Am besten hält man sich zur Einteilung an die Gesetze, in diesem Fall die **Fachanwaltsordnung (FAO)**, da diese nach den **Fachanwaltschaften „Gewerblicher Rechtsschutz" und „Urheber- und Medienrecht"** unterscheidet und für diese Fachanwaltschaften praktische Kenntnisse aus bestimmten Rechtsgebieten verlangt.

1. Gewerblicher Rechtsschutz

Der *Fachanwalt* für gewerblichen Rechtsschutz wurde im Jahr 2006 eingeführt.

Nach § 14 h der FAO sind besondere Kenntnisse im gewerblichen Rechtsschutz in folgenden Bereichen nachzuweisen, machen also den gewerblichen Rechtsschutz aus:

E.8 Geistiges Eigentum & Medien <- Spezialisierung

- Patent-, Gebrauchsmuster-, Geschmacksmuster- und Sortenschutzrecht,
- Recht der **Marken** und **sonstigen Kennzeichen,**
- **Recht gegen den unlauteren Wettbewerb,**
- Recht der **europäischen Patente, Marken und Geschmacksmuster** sowie des **europäischen Sortenschutzrechts,**
- **Urheberrechtliche Bezüge** des gewerblichen Rechtsschutzes,
- **Verfahrensrecht** und Besonderheiten des **Prozessrechts.**

2. Urheber- und Medienrecht

Ebenfalls ab 2006 können die Rechtsanwaltskammern bei Nachweis besonderer Kenntnisse und Erfahrungen für den Bereich des Urheber- und Medienrechts die Fachanwaltsbezeichnung verleihen.

Auch hier geht aus der FAO (§ 14 j) hervor, welche Rechts- und Themenschwerpunkte zu dieser Fachanwaltschaft und damit zum Urheber- und Medienrecht gehören:

- **Urheberrecht,** einschließlich des **Rechts der Wahrnehmungsgesellschaften, Leistungsschutzrechte, Urhebervertragsrecht** mit einem besonderen Fokus auf **internationale Vertragsgestaltung und Verhandlung, internationale Urheberrechtsabkommen,**
- **Verlagsrecht,** einschließlich **Musikverlagsrecht,**
- Recht der **öffentlichen Wort- und Bildberichterstattung,**
- **Rundfunkrecht,**
- **wettbewerbsrechtliche und werberechtliche Bezüge** des Urheber- und Medienrechts, Titelschutz und Markenrecht,
- Grundzüge des **Telemedien- und Telekommunikationsrechts,** des **Internetrechts,** des Rechts der **Unterhaltungs- und Kulturveranstaltungen** sowie des Rechts der **deutschen und europäischen Kulturförderung,**
- **Verfahrensrecht** und Besonderheiten des **Prozessrechts** mit Fokus auf den **einstweiligen Rechtsschutz.**

II. Branchenübergreifende Rechtsberatung für wirtschaftlich denkende Juristen

Warum gerade eines dieser Rechtsgebiete? Es stellt für den Junganwalt ein weitestgehend fremdes Terrain dar, da es – falls es nicht als Wahlfach gewählt wird – entgegen seiner Bedeutung im Studium und Referendariat ein Außenseiterdasein fristet.

Diese Erschließung eines solchen neuen Gebietes macht es aber gerade so attraktiv und zumindest mittelfristig auch lukrativ für den Junganwalt. Denn es besteht die Möglichkeit, sich Expertenwissen anzueignen, welches der Allgemeinanwalt durch kurzes Nachlesen nicht anbieten kann.

SPEZIALISIERUNG -> **E.8 GEISTIGES EIGENTUM & MEDIEN**

Zudem boomt in Deutschland auch nach der Wirtschaftskrise der Export und dementsprechend sind Immaterialgüterrechte besonders wertvoll, wollen also geschützt und verteidigt werden. Ebenso sind in einer Informationswelt, die sich immer schneller weiterentwickelt, Vereinbarungen über Urheberrechte, Nutzungsrechte ebenso wichtig wie unter anderem der Schutz durch das Presse- oder Medienrecht. In Zeiten von YouTube und Facebook sind Fragen nach Urheberrechten, Markenrechten ebenso an der Tagesordnung wie Auseinandersetzungen presserechtlicher Natur oder Streitigkeiten mit Wahrnehmungsgesellschaften, wie z.B. der GEMA. Und selbst Fragen der Künstlersozialabgabe, die Unternehmen abzuführen haben, welche freie Journalisten oder Künstler, wie z.B. Webdesigner, mehr als drei Mal im Jahr beschäftigen, unterfallen einer dieser Fachanwaltschaften.

Nicht nur dieses weite Feld und die Möglichkeit, sich durch breite und tiefe Qualifizierung und fortlaufende Fortbildung in einem dieser Spezialbereiche attraktive Mandate und Wachstumschancen zu sichern, sondern auch die branchenübergreifende Beratung macht diese Rechtsgebiete besonders interessant. Denn nicht nur ein international tätiges Medienunternehmen, sondern ebenso ein Autohersteller, ein kleinerer mittelständischer Händler, eine kleine Agentur oder sogar Freelancer oder Privatpersonen haben Probleme, Fragen und rechtliche Streitigkeiten in den oben beschriebenen Rechtsbereichen. Die hier angesprochenen Rechtsgebiete sind keinesfalls auf eine spezifische Branche beschränkt. Allerdings hängt die Frage der Spezialisierung in diesem Bereich insbesondere auch von der Wahl des Standortes ab. Grundsätzlich ist ein Standort in der Nähe einer größeren Stadt mit entsprechend vielen Unternehmen besonders interessant. Jedoch kommt bei den Bereichen des Medien-, Urheber- und Presserechts hinzu, dass insbesondere ein Standort mit Medien- und Presseunternehmen sowie zuliefernden Branchen von großer Relevanz ist.

Ein weiteres diese Rechtsgebiete besonders interessant gestaltendes Kriterium ist, dass sich die Rechtsprechung dabei besonders stetig und schnell ändert. Ferner weisen die prozess- und verfahrensrechtlichen Fragen Besonderheiten auf, die diese Rechtsgebiete ebenfalls von anderen zivilrechtlichen Bereichen unterscheiden. Insbesondere der einstweilige Rechtsschutz, mit der Notwendigkeit, besonders schnell zu reagieren, macht einen Großteil der prozesstäglichen Arbeit aus.

Zusammenfassend kann der überzeugte Wirtschaftsrechtler sich in diesen Rechtsmaterien an sozusagen „vorderster Front" für seine Mandanten einsetzen und für diesen hierbei schnell etwas bewegen und Erfolge erzielen. Dies führt dann wiederum zu einem zufriedenen und in der Regel zahlungswilligen Mandanten, was mit einer hohen Arbeitszufriedenheit für den Anwalt verbunden ist.

III. Inhalte und Spezifika der Tätigkeit

Das Anforderungsprofil an den bzgl. dieser Rechtsmaterie interessierten Juristen ist hoch, aber auch sehr interessant.

E.8 Geistiges Eigentum & Medien <- Spezialisierung

Denn zum einen ist es sehr breit angelegt, d.h., der Jurist hat ein weites Feld, in dem er sich tummeln und dann auch spezielle Themen spezialisieren kann. Aufgrund der regelmäßig erforderlichen Spezialisierung sollte ein hohes Maß an Weiterbildungsinteresse und -zeit eingeplant werden. Dies vor allem vor dem Hintergrund, dass sich zum einen mit den technischen und tatsächlichen Möglichkeiten die Rechtsprechung und Gesetzgebung sehr schnell verändert. Zum anderen ist oftmals aufgrund von vielen notwendigen einstweiligen Verfügungsverfahren in diesen Rechtsbereichen ein sehr kurzfristiges Handeln notwendig, welches eine hohe Flexibilität und Schnelligkeit erfordert.

Ferner ist ein – nicht zu juristisches – unternehmerisches Denken notwendig, da allein wirtschaftlich sinnvolle Lösungen die Mandantschaft erfreut und weiterbringt. Es ist in Lösungen, nicht in Problemen zu denken, eine grundsätzliche Absage von rechtlich bestehenden Handlungsmöglichkeiten bringt dem mandatierenden Unternehmer nichts. Er möchte Lösungen, die wirtschaftlich interessant sind.

Zuletzt sollte der in diesen Rechtsgebieten tätige Anwalt besonders gut die Sprache seiner Mandanten verstehen sowie die branchenspezifischen Eigenheiten kennen. Nur mit der Kenntnis von spezifischen Vertriebs- und Vermarktungswegen, Marketingeigenheiten sowie z.B. branchenüblichen Vereinbarungen und Vergütungssätzen wird man in diesen Rechtsgebieten erfolgreich Fuß fassen können.

IV. Mandatsstruktur und -akquise

Die erforderlichen Erfahrungen und Kenntnisse, die diese Rechtsbereiche erfordern, und die Anwendbarkeit über Branchen hinweg führen dazu, dass einerseits durchaus eine Akquise bei Allgemeinanwälten bzw. spezialisierten Anwälten anderer Fachrichtungen möglich ist, andererseits gibt es eine Vielzahl von Veranstaltungen und Verbänden von Unternehmern und Freelancern, die die Möglichkeit zur Akquise eröffnet.

Es ist durchaus sinnvoll, sich nach und nach gewissen Branchen zuzuwenden und die entsprechenden branchenüblichen Veranstaltungen zu besuchen bzw. dort Vorträge anzubieten oder in den Fach- oder Verbandszeitschriften zu veröffentlichen. Aber auch der private Kontakt und Einkauf kann schon für den Junganwalt eine Möglichkeit bieten, den klassischen klein- und mittelständischen Kaufmann auf sein Spezialwissen hinzuweisen, und eine Akquisemöglichkeit darstellen. Zudem können auch die lokalen Unternehmervereinigungen ebenso wie die lokalen Branchenvereinigungen gute mögliche Anlaufpunkte sein.

Um mittelfristig auch Mandate von größeren Unternehmen zu erhalten, bedarf es indes in erster Linie des Aufbaus eines entsprechenden Rufs. Hier stellt die wissenschaftliche Tätigkeit ein wichtiges Mittel dar, um den eigenen Namen auch dem Justiziar eines Großunternehmens zur Kenntnis zu bringen. Vortrags- und Dozententätigkeiten sowie eine ansprechende Internetpräsenz sind natürlich ebenso wichtig.

SPEZIALISIERUNG -> **E.8 GEISTIGES EIGENTUM & MEDIEN**

Zudem führt mittelfristig die Spezialisierung in entsprechenden Teilbereichen der hier beschriebenen Rechtsgebiete dazu, dass die Großen der Branche schon aus Überlastungsgründen kleinere Fälle an jüngere, spezialisierte Kollegen übergeben.

Der Kreis der Anwälte, die in den speziellen Bereichen dieser umfassenden Rechtsgebiete tätig sind, ist relativ überschaubar und weitgehend über die GRUR und/oder AGEM organisiert, so ist eine ganz gezielte Akquisition durch Weiterempfehlung möglich, insbesondere im Hinblick auf regionale und fachliche Besonderheiten.

V. AGEM (Arbeitsgemeinschaft Geistiges Eigentum & Medien)

Die AGEM wurde im September 2008 gegründet, um den Rechtsanwältinnen und Rechtsanwälten, die den Schwerpunkt ihrer anwaltlichen Tätigkeit in den Bereichen Gewerblicher Rechtsschutz und Urheber- und Medienrecht haben, sowie den entsprechenden Fachanwälten ein neues, eigenständiges und offenes Forum für Erfahrungsaustausch, die so wichtige Fortbildung und gemeinsame Werbung zu bieten.

Anders als andere Arbeitsgemeinschaften spricht die AGEM also die Rechtsgebiete zweier Fachanwaltschaften an, deren Tätigkeitsbereiche aber fließend ineinander übergehen. Umso wichtiger sind gemeinsame Veranstaltungen zu den sich daraus ergebenden Fragestellungen und Entwicklungen des Rechts des Geistigen Eigentums und der Medien.

Die AGEM bietet ihren Mitgliedern

- eine Website unter www.agem-dav.de, welche Informationen über die Tätigkeit der AGEM sowie eine Anwaltssuche zur Verfügung hält,
- regelmäßige Fortbildungsveranstaltungen in Kooperation mit der Deutschen Anwaltakademie, z.B. anlässlich des Deutschen Anwaltstages oder der Herbsttagung der AGEM in Berlin, für Fachanwälte und solche, die es werden wollen, und auch Workshops für in diesen Rechtsgebieten Interessierte,
- Diskussion, Information, Austausch und Vorträge über Fragen der Rechtsgebiete innerhalb der Treffen der Regionalgruppen, von denen derzeit bundesweit 9 bestehen,
- vergünstigte Konditionen der AGEM-Mitglieder bei den Kooperationspartnern der AGEM. wie dem Verlag Dr. Otto Schmidt, dem Herausgeber der Fachzeitschrift „Der IP-Rechts-Berater" (IPRB), dem deutschen Anbieter für Recherche und Überwachung von gewerblichen Schutzrechten, S.M.D. Markeur, der größten Rechtsprechungsdatenbank im Bereich gewerblicher Schutzrechte mit Entscheidungen von europäischen und nationalen Ämtern und Gerichten, darts-ip, und der professionellen Standardsoftware Pat-Org der Brügmann GmbH für das IP-Management. Mit dieser Software lassen sich gewerbliche Schutzrechte aller Art ganzheitlich verwalten, und über Schnittstellen können Daten mit einer Vielzahl von Systemen kommuniziert werden,

E.8 Geistiges Eigentum & Medien <- Spezialisierung

- Einflussnahme auf die Meinungsbildung und auf die gesetzlichen Rahmenbedingungen im Arbeitsgebiet der AGEM durch die Kooperation mit dem Gesetzgebungsausschuss Gewerblicher Rechtsschutz im DAV,
- Bereithaltung einer Anwaltssuche für Mandanten und Anwälte auf der Suche nach geeigneten Korrespondenzanwälten auf der Website,
- Förderung der Zusammenarbeit mit dem FORUM Junge Anwaltschaft sowie der DAV-Arbeitsgemeinschaft Sportrecht,
- Informationen zur Geschäftsordnung und Mitgliedschaft der AGEM erhalten Sie auf der Website www.agem-dav.de. Der Jahresmitgliedsbeitrag beträgt 90,– Euro, für Mitglieder des FORUMs Junge Anwaltschaft 45,– Euro und ermöglicht zu vergünstigten Konditionen die Teilnahme an den Veranstaltungen der AGEM, der Angebote der Kooperationspartner sowie die Nutzung des AGEM-Mitglieder-Angebotes.

VI. Literaturbeispiele und weitere Vereinigungen und regelmäßige Veranstaltungen für die im Geistiges Eigentum und Urheber- und Medienrecht tätige Anwaltschaft

1. Vereinigungen und regelmäßige Veranstaltungen

GRUR-Jahrestagung regelmäßig im September

Kölner Symposium zum Marken- und Wettbewerbsrecht regelmäßig im Frühjahr

AGEM-Jahrestagung in Berlin regelmäßig im Herbst

2. Literaturbeispiele

Baumbach/Hefermehl, Wettbewerbsrecht, Kommentar zum Wettbewerbsrecht, 30. Aufl. 2012

Dreier, Urheberrecht, Kommentar, 5. Aufl. 2015

Engels, Patent-, Marken- und Urheberrecht, Lehrbuch, 10. Aufl. 2018

Fechner, Medienrecht, Lehrbuch, 18. Aufl. 2017

Finke/Brachmann/Nordhausen, Künstlersozialversicherungsgesetz, 4. Aufl. 2009

Fromm/Nordemann, Urheberrecht, Kommentar, 11. Aufl. 2014

Götting, Gewerblicher Rechtsschutz, Lehrbuch, 10. Aufl. 2014

Hasselblatt, Gewerblicher Rechtsschutz, 5. Aufl. 2017

SPEZIALISIERUNG -> **E.8 GEISTIGES EIGENTUM & MEDIEN**

Homann, Praxishandbuch Filmrecht, 3. Aufl. 2009

Ingerl/Rohnke, Markengesetz, 3. Aufl. 2010

Köhler/Bornkamm/Feddersen, Gesetz gegen den unlauteren Wettbewerb, Kurzkommentar zum Wettbewerbsrecht, 36. Aufl. 2018

Mes, Münchner Prozessformularhandbuch, Band 5, Gewerblicher Rechtsschutz, Urheber- und Presserecht, 5. Aufl. 2018

Münchner Vertragshandbuch, Band 3, Wirtschaftsrecht II, Formularsammlung, 7. Aufl. 2015

Ricker/Weberling, Handbuch des Presserechts, 6. Aufl. 2012

Teplitzy, Wettbewerbsrechtliche Ansprüche, 11. Aufl. 2016

Wandtke, Urheberrecht, Lehrbuch, 6. Aufl. 2017

Wenzel, Das Recht der Wort- und Bildberichterstattung, Handbuch des Äußerungsrechts, 5. Aufl. 2003

Zeitschriften:

GRUR

GRUR International

Wettbewerb in Recht und Praxis – WRP

Wirtschaft und Wettbewerb – WuW

IP-Rechts-Berater – IPRB

Kommunikation und Recht – K&R

Multimedia und Recht – MMR

E.9 Handels- und Gesellschaftsrecht

Rechtsanwalt Prof. Dr. Burkhard Binnewies, Köln • Vorsitzender der Arbeitsgemeinschaft Handels- und Gesellschaftsrecht im DAV

Sowohl das Handels- als auch das Gesellschaftsrecht sind Kernbestandteile des Zivilrechts. Das Handelsrecht wird klassisch als das Sonderrecht der Kaufleute bzw. der Gewerbetreibenden bezeichnet. Das Gesellschaftsrecht ist das Recht der privatrechtlichen Personenvereinigungen, die zur Erreichung eines bestimmten gemeinsamen Zwecks durch Rechtsgeschäft begründet werden. Beide Rechtsgebiete wenden sich an den Zivilrechtler als Wirtschaftsrechtler.

Gegenstand des Handelsrechts sind der Kaufmannsbegriff, die Publizitätswirkungen des Handelsregisters, das Firmenrecht, die handelsrechtlichen Besonderheiten des Stellvertretungsrechts, das Recht der kaufmännischen Geschäftsmittler (z.B. Handelsvertreter, Kommissionsagent, Handelsmakler) und insbesondere die Regelungen über das Handelsgeschäft, also der Handelskauf, das Kommissionsgeschäft sowie das Fracht-, Speditions- und Lagergeschäft.

Das Gesellschaftsrecht befasst sich mit den Rechten und Pflichten von Gesellschaftern und Organmitgliedern in den verschiedenen Rechtsformen, regelmäßig in den Personengesellschaften und der GmbH, seltener in der Aktiengesellschaft und den übrigen Rechtsformen.

Das Handels- und Gesellschaftsrecht bietet sich sowohl für den gestaltenden Berater als auch für den Forensiker an. Der gestaltende Berater im Handels- und Gesellschaftsrecht beschäftigt sich mit klassischem Vertragsrecht in den genannten Sachbereichen. Er gestaltet Handelsvertreterverträge ebenso wie Vertriebsverträge oder Wettbewerbsabreden. Der Schwerpunkt der gestaltenden Beratung im Gesellschaftsrecht liegt in der Beratung zur Rechtsformwahl sowie der Ausgestaltung der Gesellschaftsverträge in der jeweiligen Rechtsform. Gegenstand des Handels- und Gesellschaftsrechts ist insbesondere aber auch der nationale und internationale Unternehmenskauf mit all seinen Facetten.

Die Unterscheidung zwischen „beratendem Handels- und Gesellschaftsrecht" und „streitigem Handels- und Gesellschaftsrecht" stellt eine Weichenstellung dar. Häufig findet im Bereich des Handels- und Gesellschaftsrechts eine Spezialisierung im Hinblick auf die streitige bzw. nicht streitige Beratung statt. Während die nicht streitige Beratung im Bereich des Handels- und Gesellschaftsrechts auf die Begleitung des jeweiligen Vertragsabschlusses gerichtet ist, die im Ergebnis auf den erfolgreichen Konsens abzielt, bietet das streitige Gesellschaftsrecht alle Aspekte einer streitigen Auseinandersetzung. Abgesehen von der Ehescheidung ist kaum ein streitiger Bereich des Zivilrechts nicht nur von rechtlichen und wirtschaftlichen Aspekten, sondern auch von persönlichen Gesichtspunkten und Emotionen geprägt wie die Auseinandersetzung zwischen zerstrittenen Gesellschaftern.

SPEZIALISIERUNG -> E.9 HANDELS- UND GESELLSCHAFTSRECHT

Wie bei allen Rechtsgebieten kann das Handels- und Gesellschaftsrecht nicht isoliert betrachtet werden. Der Handels- und Gesellschaftsrechtler kommt stets auch in Kontakt mit dem Bilanzrecht, dem Steuerrecht, dem Kartell- und Wettbewerbsrecht sowie auch dem Kapitalmarktrecht.

Der Grad der Spezialisierung des Handels- und Gesellschaftsrechtlers hängt regelmäßig von der Mandantenstruktur ab. Während die Beratung im mittelständischen Bereich sowohl bezogen auf die gestaltende Beratung als auch auf die streitige Beratung als Gegenstand des allgemeinen Zivilrechts betrachtet werden kann, bedarf es für die Beratung sowohl im streitigen als auch im gestaltenden Aktienrecht einer tief gehenden Spezialisierung.

Der Form nach werden im Handels- und Gesellschaftsrecht Gutachten erstellt, Verträge gestaltet sowie Klageverfahren vor den ordentlichen Gerichten oder den Schiedsgerichten geführt. Verstärkt finden auch Mediationsverfahren statt.

Die Beratungssituation selbst ist im Handels- und Gesellschaftsrecht, wie in den anderen Rechtsgebieten auch, durch den Mandanten geprägt. Während der Mittelständler nicht nur den rechtlichen, sondern auch den aktiven unternehmerischen Rat des Anwalts einfordert, geht es bei der Beratung von Großunternehmen bzw. ihrer Organe um die rechtliche Aufbereitung als Entscheidungsgrundlage, oftmals in Zusammenarbeit mit Rechts- und/oder Steuerabteilung. Da die Internationalisierung des Wirtschaftsrechts der Internationalisierung und Globalisierung der Wirtschaft folgt, wird vom Handels- und Gesellschaftsrechtler regelmäßig gefordert, dass er auch in englischer Sprache beraten kann.

Hat der junge Anwalt die Spezialisierung im Handels- und Gesellschaftsrecht vor Augen, erfolgt diese in der Praxis entweder durch den Eintritt in eine auf Handels- und Gesellschaftsrecht spezialisierte Kanzlei, wo das entsprechende Know-how vorhanden ist und weitervermittelt wird oder durch „Learning by Doing". Auch am praktischen Fall kann sich dem jungen Anwalt das Handels- und Gesellschaftsrecht erschließen, dies im streitigen Bereich eher als im Rahmen der Gestaltungsberatung.

Als Fazit kann festgehalten werden, dass es sich bei der Beratung im Handels- und Gesellschaftsrecht um einen Bereich handelt, der alle Facetten der anwaltlichen Tätigkeit bietet. Der „kreative Gestalter" ist ebenso gefragt wie der „sorgsam abwägende Gutachter". Der klassische Streitanwalt wird ebenso gebraucht wie der konsensorientierte Mediator. Ein guter Handels- und Gesellschaftsrechtler braucht stets auch ein gutes Verständnis für wirtschaftliche Zusammenhänge.

Die Vielfalt und die Bedeutung des Handels- und Gesellschaftsrechts für das Wirtschaftsleben sowohl des Einzelunternehmers als auch der mittelständisch geprägten GmbH oder GmbH & Co. KG als auch der kapitalmarktorientierten Aktiengesellschaft machen das Rechtsgebiet attraktiv und lohnenswert.

E.10 Insolvenzrecht

RECHTSANWALT PETER DEPRÉ, MANNHEIM[1] • MITGLIED DES GESCHÄFTSFÜHRENDEN AUSSCHUSSES DER ARBEITSGEMEINSCHAFT INSOLVENZRECHT UND SANIERUNG IM DAV

I. Das Rechtsgebiet

Spätestens seit Inkrafttreten der bereits im Jahr 1994 verabschiedeten Insolvenzordnung zum 1. Januar 1999 kam Bewegung in das Insolvenzrecht. Ein verstärktes Interesse an dieser Rechtsmaterie war festzustellen, sicherlich nicht zuletzt beeinflusst durch eine stetig wachsende Zahl von Rechtsanwälten.

Obwohl es sich bei der Insolvenzordnung um ein neues Gesetz handelt, hat sie seit 1999 umfangreiche Novellierungen erfahren, insbesondere durch das am 1. März 2012 in Kraft getretene Gesetz zur weiteren Erleichterung der Sanierung von Unternehmen (ESUG), welches derzeit durch das Bundesministerium der Justiz und für Verbraucherschutz evaluiert wird.

Jüngste Anpassungen fanden durch das am 5.4.2017 in Kraft getretenen „Gesetz zur Verbesserung der Rechtssicherheit bei Anfechtungen nach der Insolvenzordnung und nach dem Anfechtungsgesetz" (BGBl. I S. 654) sowie durch das „Gesetz zur Bewältigung von Konzerninsolvenzen" (BGBl. I S. 866) statt, welches am 21.4.2018 in Kraft treten wird. Das Insolvenzrecht ist Gegenstand einer Vielzahl von Entscheidungen und Literatur, seien es Kommentare, Handbücher oder Zeitschriften. Darüber hinaus steht es unter starkem Einfluss europarechtlicher Regelungen, wie z.B. der EuInsVO[2] vom 20.5.2015 und der geplanten Richtlinie über präventive Restrukturierungsrahmen (vgl. Fn. 14).

II. Was muss ein Anwalt mitbringen?

Anwaltliche Berufsanfänger können in der Regel weder auf theoretisches Wissen noch auf praktische Erfahrungen im Insolvenzrecht zurückgreifen. Im Studium und Referendariat geschieht die Wissensvermittlung allenfalls in Grundzügen. Deshalb ist es schwierig, sich gleich zu Beginn seines anwaltlichen Berufslebens auf die Tätigkeit als Anwalt in Insolvenzsachen zu spezialisieren.

---

[1] Der Autor ist Fachanwalt für Insolvenzrecht sowie Fachanwalt für Bank- und Kapitalmarktrecht, Wirtschaftmediator (cvm) – Sprecher der Arbeitsgruppe Zwangsverwaltung in der Arbeitsgemeinschaft Insolvenzrecht und Sanierung im DAV, Präsident des Arbeitskreises Sanierung und Insolvenz Rhein-Neckar e.V., stellvertretender Vorsitzender und Gründungsmitglied des Zentrum für Insolvenz und Sanierung an der Universität Mannheim (ZIS) – der Autor ist Mitherausgeber des Handbuchs *Beck/Depré*, Praxis der Insolvenz, und der Zeitschriften KSI, ZfIR u.a.
[2] ABl. L 141 v. 5.6.2015, S. 19.

III. Der Anwalt als Interessenvertreter

Der Berufsanfänger kommt häufig als anwaltlicher **Gläubigervertreter** mit dem Insolvenzrecht in Kontakt, wenn ein Gläubiger um Beratung und Vertretung nachsucht, insbesondere um eine Forderung gegen einen Insolvenzschuldner bzw. gegen ein insolventes Unternehmen geltend zu machen. Der junge Anwalt wird Lieferanten, Banken, Arbeitnehmer oder aber auch den Vermieter im Vorfeld und in der Insolvenz des Schuldners beraten oder vertreten. Auch Gesellschafter oder Betriebsübernahmeinteressenten suchen um Beratung nach. In diesen exemplarisch aufgezeigten Fällen ist der Anwalt immer als einseitiger Interessenvertreter tätig und seinem Mandanten gegenüber verantwortlich. Dabei kann der Anwalt in Interessenkonflikte gelangen, möglicherweise mit strafrechtlichen Folgen, so z.B. im Hinblick auf den in § 356 StGB geregelten Parteiverrat. Wendet sich beispielsweise ein Fremdgeschäftsführer einer GmbH an „seinen" Rechtsanwalt, mit welchem er aufgrund seiner Organstellung für die GmbH dauernd zu tun hatte, mit der Frage, ob er Insolvenzantrag stellen müsse, obwohl beispielsweise die Gesellschafter für zuwarten plädieren, bedarf es dringend der Klärung, wer eigentlich Mandant ist. Nicht nur der Beratene, sondern auch der beratende Anwalt könnte sich je nach Fallkonstellation als Teilnehmer (vgl. § 29 StGB) strafbar machen, z.B. wegen §§ 283 ff., 266 a, 266 StGB, §§ 64, 84 GmbHG, § 370 AO, und sich dadurch über § 823 Abs. 2 BGB auch einer zivilrechtlichen Haftung aussetzen. Dies gilt insbesondere, wenn der Anwalt das Krisenunternehmen in und durch die Insolvenz begleitet.

IV. Der Anwalt als Berater des Schuldners

Bei einer natürlichen Person, die zahlungsunfähig ist, kann der Anwalt das außergerichtliche Schuldenbereinigungsverfahren begleiten und bei Scheitern das Insolvenzverfahren mit Restschuldbefreiungsverfahren für den Schuldner betreiben. Erfahrungsgemäß sind Anwälte insoweit nur ausnahmsweise tätig. Im gerichtlichen Insolvenzverfahren der natürlichen Person wird jedoch bei Verbraucherinsolvenzen und Regelinsolvenzen ein Insolvenzverwalter und nach dem Verbraucherinsolvenzverfahren für die Restschuldbefreiungsphase ein Treuhänder benötigt. Eine Möglichkeit, insbesondere für junge Kollegen bzw. Einsteiger im Bereich des Insolvenzrechts Erfahrungen zu sammeln und sich dem Gericht dadurch für weitere Fälle zu empfehlen.

Gefordert ist der anwaltliche Berater des gewerblichen Schuldners im Vorfeld einer Unternehmensinsolvenz, wenn sich erste Krisenanzeichen mehren. Hier eröffnet sich ein weites Betätigungsfeld für den Rechtsanwalt des Schuldners, was die Beherrschung verschiedener Szenarien erfordert. Gelingt eine außergerichtliche Sanierung nicht, so muss er beispielsweise beurteilen, ob bei einer GmbH eine Überschuldung eingetreten ist und falls ja, ob diese gegebenenfalls kurzfristig wieder bereinigt werden kann, was mit erheblichen Bewertungsspielräumen einhergeht. Kommt es zu einer Verfahrenseröffnung, erlischt das Mandat (vgl. §§ 116, 115 InsO), soweit es von dem Insolvenzschuldner die Insolvenzmasse betreffend erteilt worden ist.

E.10 INSOLVENZRECHT <- SPEZIALISIERUNG

Hierbei ist wichtig, auch aktuelle Gesetzesänderungen und deren praktische Umsetzung zu kennen. Mit dem ESUG (Gesetz zur weiteren Erleichterung der Sanierung von Unternehmen) aus dem Jahre 2012, erhielt das Schuldnerunternehmen in Abstimmung mit den Gläubigern stärkeren Einfluss auf die Verfahrensgestaltung. So kann das sanierungsfähige Schuldnerunternehmen mit Insolvenzantragsstellung wegen drohender Zahlungsunfähigkeit und/oder Überschuldung die sogenannte vorläufige Eigenverwaltung (§ 270 a InsO) beantragen und, soweit die Voraussetzungen vorliegen, mit einem Antrag auf Einleitung eines **Schutzschirmverfahrens** (§ 270 b InsO) verbinden (vgl. § 270 und §§ 270 a, 270 b InsO).

Spätestens mit der Verfahrenseröffnung, meistens schon im Insolvenzantragsverfahren, rückt die Auswahl des (vorläufigen) Insolvenzverwalters in den Vordergrund, was zur „Schicksalsfrage" des Verfahrens werden kann.[3]

V. Die Auswahl des Rechtsanwalts als Insolvenzverwalter

Traditionell und wegen der stark rechtlich geprägten Vorgaben, werden weit überwiegend Anwälte im Insolvenzantragsverfahren als Gutachter und vorläufige Insolvenzverwalter, vorläufige Sachwalter bzw. im eröffneten Verfahren als Insolvenzverwalter und Sachwalter bestellt. Die Vielzahl der Insolvenzverfahren in den letzten Jahren und die steigende Zahl der Anwälte führte dazu, dass sich bei den Insolvenzgerichten bundesweit eine Vielzahl von Anwälten um diese Ämter bewerben. Dies hat zur Folge, dass es gegenwärtig ein Überangebot an interessierten Verwaltern gibt. Zudem ist der Wettbewerbsdruck hoch, da derzeit die Zahlen von Unternehmensinsolvenzen rückläufig sind.

Die Nachfrage an der Tätigkeit als Insolvenzverwalter führte auch dazu, dass sich das BVerfG (mit Beschlüssen vom 23.5.2006[4] und 19.7.2006[5],) und der BGH mit Beschluss vom 19.12.2007[6] mit dem Rechtsschutz bei der Vorauswahl von Insolvenzverwalterkandidaten durch das Insolvenzgericht befassen mussten. Die Gerichte haben die Tätigkeit als Insolvenzverwalter als **Beruf** anerkannt und statuieren ein Auswahlermessen für die Insolvenzgerichte. Wo die generelle Eignung des Bewerbers (nicht zwingend ein Rechtsanwalt) festgestellt werden kann, kommt er auf eine sogenannte Vorauswahlliste. Die Insolvenzverwalterbestellung im konkreten Verfahren erfolgt dann nach Ermessen des Insolvenzrichters. Trotz der Entscheidungen des BVerfG ist die Bestellpraxis bundesweit nicht einheitlich. Sollte sich ein junger Kollege für die Tätigkeit als Insolvenzverwalter interessieren, so kann ihm nur empfohlen werden, sich über die Gepflogenheiten der Insolvenzverwalterbestellung bei dem von ihm ins Auge gefassten Insolvenzgericht direkt oder bei dort tätigen Kollegen zu erkundigen. Manche Gerichte geben deshalb insoweit spezielle Merkblätter und Antragsformulare zum Vorauswahlverfahren für Insolvenzverwalter heraus.[7] Solche Informationen oder

---

3 *Uhlenbruck*, KTS 1989, 229.
4 BVerfG NZI 2006, 453.
5 BVerfG NZI 2006, 636.
6 BGH NZI 2008, 161.
7 Vgl. Insolvenzgericht Leipzig ZIP 2004, 2299.

SPEZIALISIERUNG -> E.10 INSOLVENZRECHT

Formblätter stehen mitunter auch auf den Homepages der Gerichte zur Verfügung.[8] Verschiedene Institutionen haben Kriterien und Richtlinien für die Auswahl und Vorauswahl von Insolvenzverwaltern aufgestellt, so z.b. der Verband Insolvenzverwalter Deutschlands e.V. (VID) auf seiner Homepage,[9] die Uhlenbruck-Kommission[10] oder das Deutsche Institut für angewandtes Insolvenzrecht.[11] Die Anforderungen erscheinen jedoch teilweise überzogen. Eine weitere Bürokratisierung, die sich allein auf die vermeintlichen Grundrechte der „übergangenen" Bewerber stützt, übersieht, dass die Verwalter nicht zum Selbstzweck bestellt werden oder um deren Einkommen zu sichern, sondern im Interesse aller Beteiligten am Insolvenzverfahren, insbesondere der Gläubiger (vgl. §§ 56, 57 InsO). An deren Interesse und dem Verfahrenszweck der bestmöglichen Gläubigerbefriedigung hat sich die Ermessensentscheidung zu orientieren. Nach dem aktuellen Koalitionsvertrag der Bundesregierung sollen gesetzliche Rahmenbedingungen für die Berufszulassung, Berufsausübung und Berufsaufsicht von Insolvenzverwaltern neu geregelt werden.

Der Gesetzgeber hat durch das ESUG eine Stärkung der Gläubigerrechte insofern vorgenommen, dass bereits unmittelbar mit Eingang eines Insolvenzeröffnungsantrages ein **vorläufiger Gläubigerausschuss** eingerichtet werden **muss** (§ 22a Abs. 1 InsO) oder **kann** (§ 22a Abs. 2 InsO) mit weitreichenden Befugnissen (vgl. § 56a, § 270 Abs. 2 und 3 InsO) und mit einer eingeschränkten Bindungswirkung der Ausschussentscheidung für die Auswahlentscheidung des Insolvenzgerichts (§ 56a Abs. 2 S. 1 InsO).

Strittig ist diesbezüglich derzeit, ob die Prüfung der Unabhängigkeit als persönliches Eignungskriterium nach § 56 InsO durch das Insolvenzgericht im Falle der Vorschläge durch Gläubiger oder Gläubigerausschüsse eine weitere Prüfung entbehrlich macht. Der neue § 56 Abs. 1 S. 3 Nr. 2 InsO zieht hier die Grenzen. Eine allgemeine, nicht verfahrensbezogene Beratung des Schuldnerunternehmens ist zulässig. Was darüber hinaus geht kann die persönliche Unabhängigkeit des Insolvenzverwalters beeinträchtigen. Insoweit wird überwiegend eine Prüfungskompetenz des Insolvenzgerichts bejaht.

Soweit der **Anwalt** die Hürde zum **(vorläufigen) Insolvenzverwalter** genommen hat, kommt es darauf an, dass er gleichsam als spezialisierter Generalist qualitativ und quantitativ mit Organisationstalent seine Aufgaben wahrnimmt. Rechtliche und zweckmäßige Fragestellungen gilt es zu bearbeiten, wie beispielsweise die Abwicklung der Vertragsverhältnisse in der Insolvenz, die Prüfung und eventuelle Berücksichtigung von Aussonderungs- und Absonderungsrechten, die Klärung von Sicherheiten sowie arbeits- und sozialrechtliche Fragestellungen. Überlegungen zu einer eventuellen Insolvenzplangestaltung oder Möglichkeiten einer übertragenden Sanierung sind ebenso einzubeziehen wie betriebswirtschaftliche, steuerrechtliche, gesellschaftsrechtliche oder anfechtungsrechtliche Aspekte.

---

8   Exemplarisch: http://www.amtsgericht-mannheim.de/pb/,Lde/Insolvenzgericht.
9   http://www.vid.de/images/stories/pdf_fuer_einzelseiten/grundstze_ordnungsgemaesser_insolvenzverwaltung_fassung_vom %205.5.2012.pdf.
10 NZI 2007, 507.
11 www.diai.org.

E.10 Insolvenzrecht <- Spezialisierung

Der Nachweis der „Geschäftskunde" i.S. von § 56 InsO kann in der mehrjährigen Tätigkeit bei „gestandenen" Insolvenzverwaltern gesehen werden, so dass man nicht zwingend Fachanwalt für Insolvenzrecht sein muss. Hierin kann aber, gerade für junge Kollegen, eine Chance liegen, den Einstieg in das Geschäftsfeld zu finden. Dies gilt insbesondere für den Bereich der Verbraucherinsolvenzen und Kleinverfahren, wo es in der Regel um reine Abwicklungen geht bzw. sich die Abwicklung auf wenige überschaubare Sachverhalte beschränkt. Angehäuftes Wissen allein befähigt noch nicht zur Berufsausübung, weder als Rechtsanwalt noch als Insolvenzverwalter. Neben wirtschaftlichem Verständnis, insbesondere im Hinblick auf Sanierungsmöglichkeiten, sind zunehmend auch kommunikative und mediative Fähigkeiten erforderlich, um eine fundierte Verfahrensführung zu gewährleisten.

Ein Hintergrund, Berufsanfänger nicht mit größeren bzw. komplexen Verfahren zu betrauen, kann neben mangelnder Erfahrung und Routine auch die nicht vorhandene Infrastruktur sein. Voraussetzung für eine erfolgreiche Tätigkeit als Insolvenzverwalter ist ein personell und sachlich gut ausgestattetes Büro mit Telefon, Fax, E-Mail, Homepage, Besprechungsräumen und entsprechender Software, sowie der Zugriff auf erfahrene Abwicklungsteams. Viele Gerichte berücksichtigen auch Qualitätszertifikate, die von verschiedenen Anbietern in Anlehnung an die ISO 9001 speziell für Insolvenzverwalter erteilt werden. Ideal ist für den jungen an der Insolvenzverwaltertätigkeit interessierten Kollegen auf seinem Weg vom Kenner zum Könner, wenn er als mitdenkender und zupackender loyaler Mitarbeiter mit den einschlägigen Arbeitsabläufen konfrontiert wird und durch einen erfahrenen Kollegen die Problemlösungsmöglichkeiten vermittelt bzw. vorpraktiziert bekommt. Nur dann erscheint es möglich, einerseits entlastende Routinen zu entwickeln, um Freiräume für die Lösung von wirklichen oder unvorhergesehenen Problemen zu haben und andererseits Entwicklungen und Abläufe zu antizipieren.

Neben den unten aufgeführten einschlägigen Fachzeitschriften befasst sich der „INDat Report"[12] mit dem Umfeld der Insolvenzverwaltung einschließlich Restrukturierung und Sanierung. Neben aktuellen Beiträgen werden dort scheinbar transparent Daten aufbereitet, aus denen erkennbar wird, welcher Verwalter von welchem Gericht wie häufig berücksichtigt worden ist. Dieses quantitative Ranking vermittelt jedoch keine Aussage über die Qualität der Insolvenzverwaltung, die Größe der Verfahren und die genutzten Möglichkeiten der Verfahrensgestaltung durch Insolvenzpläne oder sonstige erfolgreich eingesetzte Sanierungs- und Abwicklungsoptionen.

Der Markt für Insolvenzberatung und Insolvenzverwaltung wandelt sich. In der Bundesrepublik ist die Zahl der Unternehmensinsolvenzen in den letzten Jahren signifikant gefallen. „Zu viele Angler am fast leergefischten Teich" titelte der INDat Report.[13] Das rechtspolitische Anliegen des Gesetzgebers, auch gescheiterten Unternehmen/Unternehmern eine zweite Chance zu geben in Verbindung mit den Bestrebungen der EU, ein vorinsolvenzliches Restrukturierungsverfahren zu etablieren, fordert Berater wie Insolvenzverwalter, sich verstärkt

12 www.indat-report.de.
13 INDat Report 4/2017, 10.

mit Sanierungsfragen zu befassen. Die Handelnden im Sanierungs- und Insolvenzverfahren müssen sich insoweit auf die Veränderungen einstellen.[14]

Der Fachanwalt für Insolvenzrecht muss sich, um auf der Höhe der Zeit und konkurrenzfähig zu bleiben, vielmehr als Fachanwalt für Sanierungs- und Insolvenzrecht verstehen. Die besten Chancen, von Gerichten als Insolvenzverwalter eingesetzt zu werden, hat man, wenn man nicht nur die juristischen Qualifikationen mitbringt, sondern auch eine mehrjährige erfolgreiche Tätigkeit auf dem Gebiet des einschlägigen Insolvenzrechts nachweisen kann und über die für die Verfahrensbewältigung erforderliche sachliche und personelle Bürostruktur verfügt. Wer so einen längeren vertrauensvollen Kontakt zum Insolvenzgericht sowie damit einhergehend die gebotene Unabhängigkeit und Geeignetheit vorweisen kann, darf damit rechnen, dass er vom Insolvenzgericht bei passender Gelegenheit berücksichtigt wird und andererseits auch als kompetenter Berater nachgefragt wird.

VI. Literatur (Auswahl)

1. Kommentare/Handbücher/Monografien

Beck/Depré, Praxis der Insolvenz, 3. Aufl. 2017

Kayser/Thole, Insolvenzordnung, 9. Aufl. 2018

Depré, Anforderungen an Insolvenzgerichte aus Sicht des Insolvenzverwalters, Festschrift für Jobst Wellensiek zum 80. Geburtstag, 2011

Schmittmann/Theurich/Brune, Das insolvenzrechtliche Mandat, 5. Aufl. 2017

Wimmer/Dauernheim/Wagner/Gietl, Handbuch des Fachanwalts Insolvenzrecht, 8. Aufl. 2018

Münchener Kommentar zur Insolvenzordnung, 3. Aufl. 2013/2014/2016

Uhlenbruck, InsO: Insolvenzordnung, 15. Aufl. 2018

Heyer, Restschuldbefreiung und Verbraucherinsolvenz in der Praxis, 3. Aufl. 2016

2. Zeitschriften

DZWIR – Deutsche Zeitschrift für Wirtschafts- und Insolvenzrecht

---

14 Vgl. hierzu beispielhaft den Vorschlag der Europäischen Kommission für eine Richtlinie über präventive Restrukturierungsrahmen, die zweite Chance und Maßnahmen zur Steigerung der Effizienz von Restrukturierungs-, Insolvenz- und Entschuldungsverfahren sowie zur Änderung der Richtlinie 2012/30/EU, KOM(2016) 723 end, mit verändertem Inhalt (noch nicht veröffentlicht) im Rechtsausschuss des Europäischen Parlaments am 2.7.2018 beschlossen).

E.10 INSOLVENZRECHT <- SPEZIALISIERUNG

KSI – Krisen-, Sanierungs- und Insolvenzberatung

NZI – Neue Zeitschrift für das Recht der Insolvenz und Sanierung

ZInsO – Zeitschrift für das gesamte Insolvenzrecht

ZIP – Zeitschrift für Wirtschaftsrecht

ZVI – Zeitschrift für Verbraucher- und Privat-Insolvenz

3. Einsteigerseiten im Internet

Arbeitsgemeinschaft Insolvenzrecht und Sanierung im DAV: www.arge-insolvenzrecht.de

Verband Insolvenzverwalter Deutschlands e.V.: www.vid.de

Neue Insolvenzverwaltervereinigung Deutschland e.V.: https://www.nivd.de

INDat Report: www.indat-report.de

E.11 Internationales Wirtschaftsrecht

Rechtsanwältin Dr. Malaika Ahlers, LL.M., Berlin, und Rechtsanwalt Dr. Jan Curschmann, Hamburg • beide Mitglieder des Geschäftsführenden Ausschusses der Arbeitsgemeinschaft Internationales Wirtschaftsrecht im DAV

I. Internationale Ausrichtung

Derzeit werden ca. 75 % der Absolventen der juristischen Ausbildung Anwälte. Der Anwaltsberuf steht dabei im Wettbewerb mit einer Vielzahl von anderen freien Berufen, wie beispielsweise Steuerberatern, Wirtschaftsprüfern, Wirtschafts- und Unternehmensberatern und einer großen Zahl anderer Dienstleister. Der Beratungsdienstleistungsmarkt hat sich in der Vergangenheit am stärksten entwickelt und wird auch für die Zukunft ein wichtiger Motor der Wirtschaft bleiben. Infolge der ständig wachsenden internationalen wirtschaftlichen Verflechtungen wurde dabei der Dienstleistungsmarkt anwaltlicher Beratungsleistungen längst über die nationalen Grenzen hinaus gezogen. Der Anwalt, der heute Unternehmen berät und auch weiterhin beraten will, muss zwangsläufig diesen Weg mitgehen.

Dies ist keinesfalls ein Phänomen, das nur die in den Ballungszentren niedergelassenen Wirtschaftsanwälte angeht, sondern auch den Rechtsanwalt in der Kleinstadt oder auf dem flachen Land wird vom internationalen Rechtsverkehr berührt. Mittlere Unternehmen und auch eine Zahl schnell wachsender kleinerer Unternehmer leben längst nicht mehr vom nationalen Markt und erwarten auch von ihrem Rechtsanwalt oder ihrer Rechtsanwältin eine Dienstleistung, die nicht an den Grenzen Deutschlands endet, sondern über deren nationale Regelungen hinausführt. Der Verkehrsunfall im Ausland, die Mängel einer hochwertigen Uhr, die während des Urlaubs im Ausland gekauft worden ist, die Scheidung der Ehe zwischen Staatsbürgern zweier verschiedener Länder, die Bürgschaft eines ausländischen Herstellers usw. beschäftigen bereits heute zahlreiche Anwaltskanzleien. Der weltweit wohl am stärksten wissensbasierte Beratungsdienstleistungsmarkt fördert diese Entwicklung. Die bestehenden Niederlassungs-, Dienstleistungs- und Berufsanerkennungsrichtlinien haben diese Entwicklungen beschleunigt. Ständige EuGH-Rechtsprechung ist es nunmehr, dass diejenigen, die in einem anderen Mitgliedstaat einen Beruf erlernt haben, diesen auch in jedem anderen Mitgliedstaat ausüben können.

Infolge dieser europäischen Annäherung und Globalisierung wird das Rechtsgebiet anderer Staaten zunehmend interessanter und bedeutsamer für den jungen Anwalt. Heutzutage ist es kaum noch möglich, von einem rein nationalen Recht zu sprechen. Vielmehr führt die Gesetzgebung in Europa zu sich ständig ändernden nationalen Gesetzen, vor allem durch die nationale Umsetzung von EU-Richtlinien. Die ständige Internationalisierung und Europäisierung schafft hier spannende Beschäftigungsfelder für engagierte junge Anwälte. Nicht nur die Gesetze müssen sich den internationalen Entwicklungen anpassen, sondern auch der Rechtsanwalt/die Rechtsanwältin, der/die an diesen Bewegungen teilhaben will. Die internationale Tätigkeit gibt es bereits in großem Umfang und sie steht auch gerade, vielleicht

E.11 INTERNATIONALES WIRTSCHAFTSRECHT <- SPEZIALISIERUNG

unvermutet, Berufseinsteigern zur Verfügung. Eine Möglichkeit besteht hierbei auch in der internationalen Zusammenarbeit, d.h. in der gemeinsamen Beratungstätigkeit mit anderen internationalen Kanzleien oder nationalen Kanzleien anderer Mitgliedstaaten. Auf diese Weise wird auch der „kleine" Anwalt wettbewerbsfähiger und in die Lage versetzt, sich zu spezialisieren.

Gerade derjenige, der sich für andere Kulturen interessiert, der gerne reist, der Sprachen mag und beherrscht und über den Tellerrand hinwegsehen will, ist für eine solche internationale Tätigkeit geeignet. Der Reiz internationaler Mandate liegt in dem Mix aus interessanten internationalen Rechtsgebieten, gegebenenfalls gelegentlichen Reisen und vor allem den persönlichen Kontakten, die gerade im internationalen Bereich äußerst wichtig sind. Daran richtet sich das Anforderungsprofil des Rechtsanwalts aus. Der im internationalen Rechtsverkehr tätige Anwalt sollte ein hohes Maß an Offenheit mit sich bringen. Darüber hinaus ist ein Gefühl für Sprachen unumgänglich, vor allen Dingen sind gute Englischkenntnisse notwendig. Vorteilhaft ist, wenn er darüber hinaus auch über Kenntnisse der französischen oder der italienischen Sprache verfügt. Im Hinblick auf weltweite Tätigkeiten gewinnt aber auch Spanisch an Bedeutung und für den asiatischen Raum vor allem Chinesisch. Das wirtschaftliche Denken darf wie in allen Bereichen der Anwaltschaft nicht unterschätzt werden. Internationales Wirtschaftsrecht ist der „kommende Markt", in dem sich eine Spezialisierung für junge Anwälte lohnt. Damit verbunden ist ein Grundverständnis für technologische Entwicklungen insbesondere im Bereich der Kommunikation per E-Mail, aber auch über soziale Netzwerke.

Nicht zu unterschätzen ist schließlich die Bedeutung der aktiven Teilnahme in internationalen Anwaltsvereinigungen wie der Internationalen Vereinigung Junger Rechtsanwälte (AIJA) https://www.aija.org/en/, der mehr angelsächsisch ausgerichteten International Bar Association (IBA) https://www.ibanet.org/ oder der ältesten internationalen Anwaltsvereinigung, der dreisprachig ausgerichteten (Französisch, Englisch und Spanisch) Union Internationale des Avocats (UIA) http://www.uianet.org/.

II. Ausländische Anwälte in Deutschland

An dieser Stelle soll ein kurzer Exkurs erfolgen, was der Anwalt aus einem anderen EU-Mitgliedstaat innerhalb der Europäischen Union bereits für Möglichkeiten hat:

Die Dienstleistungsrichtlinie 77/249/EWG[1] aus dem Jahr 1977 (umgesetzt zunächst als Rechtsanwaltsdienstleistungsgesetz, RADG, BGBl. I S. 1453, heute im Gesetz über die Tätigkeit europäischer Rechtsanwälte in Deutschland EuRAG) berechtigt jeden Anwalt aus einem Mitgliedstaat der Europäischen Union, vorübergehend anwaltliche Dienstleistungen in einem anderen Mitgliedstaat zu erbringen. Unter dieser Dienstleistungserbringung ist sowohl die anwaltliche Beratung als auch die Tätigkeit vor Gericht zu verstehen. Die Anwältin oder der Anwalt hat hierbei das größtmögliche Betätigungsspektrum: Er/Sie darf nicht nur

---

[1] ABl. L 78 v. 26.3.2977, S. 17.

SPEZIALISIERUNG -> **E.11 INTERNATIONALES WIRTSCHAFTSRECHT**

im Recht des Herkunftsstaates, d.h. der deutsche Anwalt im deutschen Recht, im Unionsrecht und im Völkerrecht beraten und vor Gericht auftreten, sondern auch im Recht des Aufnahmestaates, d.h. der deutsche Anwalt, der sich vorübergehend in Frankreich aufhält, auch im französischen Recht.

Die Niederlassungsrichtlinie 98/5/EG[2] aus dem Jahr 1998, die von den Mitgliedstaaten bis zum 14. März 2000 in nationales Recht umgesetzt werden musste (umgesetzt in Deutschland ebenfalls im EuRAG), offeriert dem Anwalt weitreichende Möglichkeiten. Ein Anwalt aus einem Mitgliedstaat der Europäischen Union kann sich dank dieser Richtlinie in jedem anderen Mitgliedstaat niederlassen und anwaltlich tätig werden. Er/Sie muss dabei angeben, welcher Berufsorganisation er im Heimatland angehört, sodass der Verbraucher weiß, dass er es mit einem ausländischen Anwalt zu tun hat. Das Tätigkeitsfeld ist das gleiche wie im Rahmen der dargestellten vorübergehenden Dienstleistung, d.h. Tätigkeit im Heimatrecht, im Gemeinschaftsrecht, im Völkerrecht und im Recht des Aufnahmestaates. Zudem bietet die Richtlinie in Art. 10 die Möglichkeit der sogenannten Vollintegration in den Anwaltsberuf des Aufnahmestaates, ohne dazu zu zwingen, auf die Zulassung im Heimatstaat zu verzichten. Nach drei Jahren Tätigkeit im Recht des Aufnahmestaates, einschließlich des Gemeinschaftsrechtes, besteht somit ein öffentlich-rechtlicher Anspruch auf Zulassung zur Anwaltschaft im Aufnahmestaat. Bei drei Jahren Tätigkeit im Aufnahmestaat, davon aber weniger als drei Jahre im Recht des Aufnahmestaates, besteht die Möglichkeit der Zulassung gleichwohl, wenn der Bewerber den Nachweis über seine Kenntnisse durch Besuch von Seminaren etc. erbringen kann. Die zuständige Behörde kann in diesem Fall ein Gespräch mit dem Bewerber führen.

Daneben bietet die Berufsanerkennungsrichtlinie in der Fassung 2013/55/EU[3] (umgesetzt im EuRAG) die Möglichkeit der Vollintegration nach einem kürzeren Zeitraum. Dies setzt allerdings voraus, dass der Anwalt die Eignungsprüfung nach oben genannter Richtlinie bestanden hat. So kann zum Beispiel ein deutscher Rechtsanwalt, der die italienische Eignungsprüfung bestanden hat, sich als italienischer „avvocato" in Italien niederlassen.

Eine über den EU-Rahmen hinausgehende Möglichkeit anwaltlicher Tätigkeit bietet sich über das sog. GATS-Abkommen. Es betrifft den „Handel mit Dienstleistungen" und stammt aus dem Jahr 1994 (umgesetzt in § 206 Abs. 1 BRAO und der entsprechenden Durchführungsverordnung). Danach können ausländische Anwälte, die die Staatsangehörigkeit eines Mitgliedstaates der Welthandelsorganisation (WTO) haben, in eingeschränktem Maße und unter bestimmten Voraussetzungen anwaltlich in der Bundesrepublik Deutschland tätig werden. Gleiches gilt für das Tätigwerden deutscher Anwälte in einem anderen WTO-Mitgliedstaat. Die Beratung ist allerdings auf den Bereich des Völkerrechts und des Heimatrechts beschränkt und schließt die gerichtliche Tätigkeit nicht ein. In Deutschland ist zudem nur die dauerhafte Niederlassung von Anwälten aus einem WTO-Mitgliedstaat zugelassen. Die vorübergehende Erbringung von Rechtsdienstleistungen (sog. fly-in/fly-out) durch Anwälte aus

---

2 ABl. L 77 v. 14.3.1998, S. 36.
3 ABl. L 354 v. 28.12.2013, S. 132.

E.11 INTERNATIONALES WIRTSCHAFTSRECHT <- SPEZIALISIERUNG

einem anderen WTO-Mitgliedstaat ist hingegen nicht erlaubt. Ob und inwieweit eine Tätigkeit deutscher Anwälte unter den gleichen Voraussetzungen in einem anderen WTO-Mitgliedstaat möglich ist, hängt jeweils davon ab, unter welchen Vorbehalten der jeweilige Staat das GATS-Abkommen ratifiziert hat. Für das internationale Mandat bedeutet dies, dass man sich vor einem Tätigwerden in einem Staat außerhalb der Europäischen Union darüber Kenntnis verschaffen sollte, ob es sich bei diesem um einen WTO-Mitgliedstaat handelt und welchen Verpflichtungskatalog der jeweilige Staat für den Anwaltsberuf eingegangen ist.

An dem bereits Geschilderten lässt sich ablesen, dass die Mandantenstruktur sehr unterschiedlich ist. Je nach Region ist der Kulturkreis traditionell völlig anders entstanden und verspricht insofern einen interessanten persönlichen als auch fachlichen Kontakt. Bei allem gilt aber das bereits Angesprochene, dass persönliche Kontakte unerlässlich sind.

Zum Beispiel bietet sich gerade in den neuen zentral- und osteuropäischen EU-Ländern ein hochinteressanter Raum für junge Anwälte. Der Schwerpunkt liegt bei diesen Mandanten in der Regel auf kleinen und mittleren Unternehmen, die eine entsprechende wirtschaftliche Beratung seitens der deutschen Anwälte wünschen. Diese Unternehmen benötigen bei der Etablierung und Abwicklung von geschäftlichen Aktivitäten anwaltlichen Rat, wozu naturgemäß primär Kenntnisse im Europäischen Recht notwendig sind. Auch hier gilt, was bereits in anderen Kapiteln beschrieben worden ist, dass sich der deutsche Anwalt als Generalist auszeichnen kann, aber auch gerade durch Spezialisierung beispielsweise von polnischem Handelsrecht etc. Erfolg haben wird. Eine gute Adresse für den Austausch mit Gleichgesinnten sind die in vielen Ländern existierenden DAV-Auslandsvereine.

III. Arbeitsgemeinschaft für Internationales Wirtschaftsrecht

Die Arbeitsgemeinschaft für Internationales Wirtschaftsrecht – ARGE IWR (www.dav-iwr.de) im Deutschen Anwaltverein bietet hierbei gerade denjenigen, die beginnen, sich im internationalen Bereich zu spezialisieren, zahlreiche Möglichkeiten. Sie fördert die Fortbildung der Mitglieder und dient dem Informations- und Erfahrungsaustausch zwischen den Mitgliedern auf internationaler Ebene. Darüber hinaus wird über aktuelle Entwicklungen im internationalen Rechtsverkehr unterrichtet. Die Arbeitsgemeinschaft ist 1989 gegründet worden. Ihr gehören rund 530 Rechtsanwälte und Rechtsanwältinnen in über 20 europäischen und außereuropäischen Ländern an. Sie ist organisiert auf der Grundlage einer vom Vorstand des Deutschen Anwaltvereins beschlossenen Geschäftsordnung. Organe sind die Mitgliederversammlung und der Geschäftsführende Ausschuss. Der Jahresmitgliedsbeitrag beträgt derzeit 170 EUR. Für Mitglieder, die bei ihrem Eintritt bereits Mitglieder im FORUM Junge Anwaltschaft des DAV sind, beträgt der Jahresbeitrag lediglich 85 EUR. Zudem gibt es eine Kanzleimitgliedschaft, für welche diejenigen Mitglieder der ARGE, die einem Anwaltszusammenschluss mit mehreren Mitgliedern am selben Standort angehören, optieren können. Seit 2011 hatte sich der Geschäftsführende Ausschuss der ARGE IWR für die Einführung der neuen Fachanwaltsbezeichnung „Internationales Wirtschaftsrecht" stark gemacht. Am

6.12.2013 hat daraufhin die Satzungsversammlung die Einführung dieser Fachanwaltsbezeichnung beschlossen. Die ersten Fachanwälte für IWR wurden sodann bereits 2014 zugelassen. Gem. § 15 FAO sind alle Fachanwälte zur Fortbildung verpflichtet. Hierbei helfen die anspruchsvollen Fachveranstaltungen der ARGE IWR, insbesondere der stets im November in Berlin stattfindende Internationale Wirtschaftsrechtstag, IWRT. Den aktuellen Termin finden Sie stets auf der Website der ARGE. Die Teilnahme an den Fachveranstaltungen steht allen Interessierten offen; die Mitglieder der ARGE IWR zahlen aber vergünstigte Teilnehmergebühren. Außerdem darf nicht unterschätzt werden, welche Kontakte sich auf den Seminarveranstaltungen der Arbeitsgemeinschaft knüpfen lassen, insbesondere bei den Veranstaltungen, die seit Jahren mit befreundeten Anwaltsorganisationen aus dem Ausland veranstaltet werden, wie bspw. das deutsch-französische, das deutsch-italienische und das deutsch-niederländische Seminar. Gerade im Hinblick auf neue Mandate haben sich diese Konferenzen bereits für viele ausgezahlt. Als Mitglied der Arbeitsgemeinschaft erhält man zudem die sechsmal jährlich im Beck-Verlag erscheinende Fachzeitschrift zum Internationalen Wirtschaftsrecht, IWRZ, die ebenfalls hilft, die notwendigen FAO-Voraussetzungen für die Fachanwälte zu erfüllen. Hierbei kann man auch einen Rabatt von 25 % auf den Abonnementpreis der Beck-online-Datenbank im Modul Handels- und Gesellschaftsrecht nutzen.

E.12 IT-Recht

Rechtsanwältin Dr. Astrid Auer-Reinsdorff, Berlin • Vorstandsmitglied des DAV und des Berliner Anwaltsvereins sowie Vorsitzende der Arbeitsgemeinschaft IT-Recht im DAV

I. Rechtsberatung in der IT-Branche – ein Wachstumsbereich!

Der Wachstumstrend in der Internet- und Telekommunikations-Branche (ITK/ICT für Internet and Communication Technologies) hat mit der fortschreitenden Digitalisierung aller Lebens- und Geschäftsbereiche erneut europaweit angezogen. Die ITK-Umsätze in den EU-Staaten werden 2017 voraussichtlich um 1,8 Prozent auf 683 Mrd. EUR zunehmen, wie sich aus einer aktuellen Studie des European Information Technology Observatory (EITO) ergibt (www.eito.com). Die größten Wachstumssegmente des ITK-Markts sind Software und IT-Dienstleistungen: „Die starke Entwicklung der Umsätze mit Software und IT-Dienstleistungen ist Ausdruck der fortschreitenden Digitalisierung der Gesamtwirtschaft. Unternehmen aller Branchen investieren in digitale Technologien wie zum Beispiel Cloud Computing und Big Data", sagt Bitkom-Chefvolkswirt Dr. Axel Pols (www.bikom.org).

Weiterhin besonderen Aufschwung erfuhr die Branche durch die laufend zu aktualisierenden Anforderungen an die IT-Sicherheit und den Datenschutz sowie die Umsetzung der Vorgaben internationaler Standards wie den International Accounting-Standards (IAS), der Kreditvergaberichtlinien nach Basel und Solvency. Diese Themen sind eingebettet in den Rahmen der Compliance-Anforderungen in den Unternehmen zur Sicherstellung der Konformität der Unternehmensabläufe mit gesetzlichen Bestimmungen und sonstigen relevanten Regelungen. Die Einrichtung von IT-Risikomanagement-Systemen in den Unternehmen und verschiedene Initiativen zur Wissensvermittlung im Bereich der Risikovorsorge beim Einsatz der IT im privaten Umfeld sowie Klein- und Mittelständischen Unternehmen z.B. durch die Digitale Agenda 2014–2017 der Bundesregierung, die Initiative IT-Sicherheit in der Wirtschaft des Bundesministeriums für Wirtschaft und Technologie mit zahlreichen Initiativen und der Allianz für Cyber-Sicherheit betonen die Bedeutung für die Sicherung des Know-hows, der Geschäftsgeheimnisse und der Integrität der Unternehmenskommunikation. Dies wiederum trägt dem Beratungsmarkt genauso zu wie dem Markt an Hard- und Software für Sicherheitsmaßnahmen.

Das Application Service Providing (ASP), also der Nutzung von Software auf Abruf als Serviceleistung und nicht als Lizenzerwerb und das Auslagern (IT-Outsourcing) von ganzen Unternehmensprozessen und Rechenzentren an externe Dienstleister kumulieren im aktuellen Trend, IT-Leistungen als Cloud Services in Anspruch zu nehmen.

IT-Leistungen werden zunehmend internationaler und seit der Digitalen Agenda für Europa (KOM (2010)245) betont die Europäische Kommission die Bedeutung der Etablierung von grenzüberschreitenden Standards und Interoperabilität. Mit der Reform der Richtlinien im Bereich des Datenschutzes und der elektronischen Identität nimmt die Europäische Kom-

SPEZIALISIERUNG -> **E.12 IT-RECHT**

mission die Herausforderungen der digitalen Gesellschaft an. Im Zuge der Verabschiedung der EU-2020-Strategie und mit dem Beschluss zur Digitalen Agenda möchte die Kommission die Wirtschaftspotentiale der EU-Mitgliedstaaten für die Schaffung eines gemeinsamen digitalen Marktes und gemeinsamer Infrastruktur nutzen und diesen schrittweise etablieren. Cloud-Anwendungen erfordern die ständige Verfügbarkeit des Zugriffs auf das Internet, d.h. die Anwendung und die gespeicherten Daten. Die Sicherung der persönlichen Daten und die Hilfestellung im Umgang mit sozialen Netzwerken zum Schutz der Identität und einem fairen Miteinander stellen weitere Herausforderungen dar. Die Bundesregierung hat zur Verstärkung in diesen Themenbereichen die Stiftung Datenschutz gegründet, welche in 2012 die Arbeit aufnahm.

Der Erfolg einer Spezialisierung in diesem Bereich, insbesondere als ausschließlichem Tätigkeitsbereich, kann durch die Wahl des Standorts der Kanzlei an einem Ort, einem Gewerbegebiet, Clusters also einer der Konzentration von IT- und IT-Service-Unternehmen begünstigt werden. Ähnliche Vorteile können bei einer guten Vernetzung in der Branche sowie nachhaltiger Präsenz bei Vorträgen, Messen etc. erzielt werden. Die Beratung erfolgt durch Großkanzleien mit spezialisierten Abteilungen oder kleine bis mittlere Kanzleien, welche als Boutiquen eine hohe Akzeptanz in der IT-Branche genießen.

In den Bereichen des Internetrechts sind Verbraucher starke Nachfrager von IT-rechtlicher-Beratung und Vertretung, da die Möglichkeiten des eCommerce und des Web 2.0 bislang unbekannte Rechtsfragen aufwerfen oder Rechtssituationen schaffen. Hieraus ergeben sich natürlich auch für die Online-Händler oder -Dienstleister zahlreiche Fragen des Verbraucherrechts, welches in der EU nach und nach harmonisiert wird, zum regulatorischen Rahmen, zum Datenschutz- und Wettbewerbsrecht sowie zur IT-Sicherheit.

Bei hinreichend breiter und tiefer Qualifizierung und fortlaufender Fortbildung in diesem Spezialbereich bietet dieser attraktive Mandate und Wachstumschancen. Gerade der Erwerb des Fachanwaltstitels Informationstechnologierecht (in Kraft seit dem 1.11.2006) bietet die gute Möglichkeit, die Kompetenzen in diesem Bereich herauszuheben. Der Spezialist hebt sich ab von Anwälten, welche die Interessenwahrnehmung im Bereich des IT-Rechts auf einem ihnen eher wenig vertrauten Terrain mit anbieten. Auch Masterstudiengänge eröffnen mit der Kombination rechtlicher Aspekte und technischer Hintergründe eine Chance, in dieses Rechtsgebiet einzusteigen. Der enge Kontakt zur Branche vermittelt die Sprache der Mandanten, die sehr technikgeprägt und hersteller- sowie themenspezifisch ist. Dies ist unabdingbare Voraussetzung für den kompetenten Rechtsrat, da der IT-Anwalt/die IT-Anwältin, technische und organisatorische Begriffe sowie Vorgänge verstehen und in Verhandlungen und Verträgen abbilden, ja sogar „übersetzen" können muss.

Die Rechtsmaterie ist breit angelegt, so dass die Beratungsfälle von der Gestaltung von Software-Lizenzverträgen, Projektverträgen, IT-Outsourcing-Projekten bis zu Fragen des Kartellrechts, des Domainrechts und des eCommerce- und des eGovernment-Rechts reichen. Strafrechtliche Aspekte, Datenschutzfragen sowie Fragen des Wettbewerbs sind zu

E.12 IT-Recht <- Spezialisierung

beantworten sowie die spezifischen Urheberrechtsfragen des Schutzes von Computerprogrammen und Datenbanken sowie die allgemeinen Schutzrechte hinsichtlich der digitalen Inhalte.

II. Inhalte und Spezifika der Tätigkeit

Die Spezialisierung umfasst entsprechend des Katalogs der erforderlichen theoretischen Kenntnisse des § 14 k FAO die Auseinandersetzung mit vielfältigen Fragestellungen des Vertragsrechts in den Informationstechnologien, d.h. z.B. Softwareerstellungs-, Softwarepflege-, Softwaremiet-, Hardwareverträge, IT-Projekt-Verträge, Serviceverträge Outsourcingverträge. Das Vertragsrecht einschließlich der Kenntnis der Vertragstypologie des BGB ist Grundlage für die Gestaltung und Verhandlung von IT-Verträgen, wobei diese überwiegend auch der spezifischen Regelungen für die Rechteeinräumung hinsichtlich des Computerprogramms nach dem Urheberrechtsgesetz bedürfen. Im Bereich des Fernabsatzes/elektronischen Geschäftsverkehrs (eCommerce und mobile commerce) an Waren und Dienstleistungen sind Nutzungsbedingungen und Datenschutzerklärungen zu erstellen und in Einklang mit den technischen Vorgängen zu bringen. Für diesen Bereich sehen Spezialvorschriften besondere Kennzeichen- und Informationspflichten vor, deren Nichteinhaltung auch immer noch Gegenstand von Abmahnungen der Mitbewerber oder Abmahnvereine sind.

Das Internet und die mobilen Anwendungen stellen an die anwaltliche Beratung ebenso vielfältige Anforderungen wie es Geschäftsmodelle, neue Entwicklungen und Einsatzmöglichkeiten gibt. Hier geht es besonders um Fragen rund um die Haftung für Informationen, des rechtlichen Schutzes des Geistigen Eigentums sowie des Persönlichkeitsrechts im Bereich der Informationstechnologien, des Domainrechts, des Datenschutzrechts und der IT-Sicherheit. Besondere Bedeutung kommt mit Inkrafttreten der Datenschutz-Grundverordnung und den neuen nationalen Regelungen der Umsetzung von internen Verfahren und Richtlinien zur Aktualisierung an die Anforderungen zu.

Mit der fortschreitenden Automatisierung, Digitalisierung und Internationalisierung in allen Lebensbereichen stellen sich aktuell und zukünftig neue Anforderungen an die rechtliche Einordnung und Beherrschen der Technik. Dies betrifft insbesondere alle Anwendungen der Industrie 4.0, des Internet of Things, des automatisierten Fahrens, des Smart Home und den Einsatz von Servicerobotern in Dienstleistungsbereichen sowie in privaten Haushalten.

Weitere Themen sind die rechtliche Ausgestaltung der Rahmenbedingungen der Kommunikationsnetze und -dienste sowie den Zugang hierzu, kartellrechtliche Fälle, Fragen der öffentlichen Vergabe von Leistungen der Informationstechnologien, der elektronischen Vergabe und andere elektronischer Kommunikationsverfahren, wie z.B. elektronischer Rechtsverkehr, elektronische Signatur und digitale Identifizierung. Das Computerstrafrecht sowie die Verfahrensvorgaben für die Ermittlung in elektronischen Medien sowie die Computerforensik sind ein ständig wachsender Bereich. Mit der Internationalisierung der Kommunikation, Ge-

SPEZIALISIERUNG -> E.12 IT-RECHT

schäftsprozesse und des Informationsaustausches gewinnt auch die Kenntnis des internationalen Privatrechts sowie des internationalen Immaterialgüterrechts immer mehr an Bedeutung.

Das Rechtsgebiet ist gekennzeichnet durch den kontinuierlichen technologischen Fortschritt und das Aufkommen neuer Geschäftsmodelle sowie einem veränderten Nutzerverhalten. Eine Spezialisierung in diesem Bereich erfordert daher die Befassung mit den Branchenentwicklungen und den technischen, fachlichen sowie organisatorischen Begrifflichkeiten. Es bedarf der Kenntnis der Fachtermini sowie der Verfahren und Prozesse der Informationstechnologien in ihren Grundzügen, um befähigt zu sein, Verträge markt- und realitätsnah zu gestalten sowie Schieds- und Gerichtsverfahren in der Beweisführung (vor allem beim Sachverständigenbeweis) effektiv vorzubereiten und zu betreiben.

Ferner bedarf es einer hohen Flexibilität in der Kommunikation mit den Mandanten, da die Mandantschaft sich oftmals zusammensetzt einerseits aus Unternehmen der so genannten Old Economy, welche die Technologien einsetzen bzw. sich die weiteren Absatzkanäle über eCommerce zugänglich machen und andererseits Anbietern von Produkten und Dienstleistungen der IT, Internet(-Start-Ups), Freelancer und Verbraucher. Gerade von IT-Rechtsanwälten erwarten die Mandanten darüber hinaus eine direkte und schnelle Kommunikation unter Einsatz der technischen Möglichkeiten, wie sie in den Unternehmen selbst zum Einsatz kommen. Ein besonderes Merkmal ist daher die „Performance", also besonders hohe Anforderungen an die Reaktions- und Bearbeitungsgeschwindigkeit beim Anwalt. Dessen Hinzuziehung erfolgt bei Vertragsverhandlungen oft erst in einem fortgeschrittenen Stadium.

In dem Spezialgebiet dominiert die beratende Tätigkeit z.B. bei der Vertragsgestaltung oder im laufenden Projekt, welches in eine Schieflage geraten ist, gegenüber forensischer Tätigkeit. Dies, da Prozesse insbesondere im Bereich der IT-Projekte zumeist sehr langwierig und zeitintensiv sind. Diese Prozesse sind oftmals nicht ohne Sachverständigengutachten zu betreiben, es sei denn, die Parteien einigen sich unter dem Eindruck rechtlicher Beurteilung auf einen für beide Seiten wirtschaftlich tragbaren Vergleich. Im Bereich des Internetrechts und des Immaterialgüterschutzes sind vermehrt Verfahren des einstweiligen Rechtsschutzes zu bestreiten. Daneben haben sich Schieds- und Schlichtungsverfahren etabliert und werden besonders in Verbraucherrechtsstreitigkeiten auch als Online-Verfahren angeboten.

Für die Tätigkeit in diesem Bereich ist es ferner typisch, dass viele Bereiche der Unternehmen berührt werden und IT-rechtliche Fragen im Zusammenhang mit unternehmens- bzw. konzerninternen Umgestaltungen und Neuerungen entstehen. Daher ist es ratsam, guten Kontakt zu Kollegen aus anderen Rechtsbereichen zu halten bzw. Kooperationen aufzubauen, um größere IT-rechtliche Vorhaben in Unternehmen oder Unternehmensumstrukturierungsmaßnahmen mit den IT-rechtlichen Fragestellungen begleiten zu können. Hierbei wäre es bei einer Spezialisierung auf das IT-Recht kaum darstellbar, auch diese Bereiche vollständig abbilden zu können.

E.12 IT-Recht <- Spezialisierung

Der IT-Anwalt sollte neben der fortlaufenden rechtlichen Weiterbildung Anschluss an die technologischen Entwicklungen halten und selbst eine zeitgemäße Bürokommunikation und Büroorganisation unter Einsatz von modernen Informationstechnologien nutzen (siehe hierzu den Beitrag „Robe und Schild sind da ... und wie jetzt weiter?" unter B.12). Die Teilnahme an Branchentreffen und Foren ermöglicht das Schritthalten und das Erkennen von IT-Trends sowie den Zugang zur Branche, deren Beteiligte und deren Sprache. Hierbei ist es ferner unerlässlich, hinreichende englische Sprachkenntnisse zu haben, um internationale Lizenz-, Vertriebs- und Kooperationsverträge (mit-)verhandeln und verstehen zu können.

III. Mandatsstruktur

Auf den ersten Blick scheint es für den Bereich der Vertragsgestaltung nur große IT-Anbieter, Lieferanten oder Serviceunternehmen am Markt zu geben, welche von einigen Großkanzleien mit großen Working Groups zu diesem Bereich beraten und begleitet werden. Dies hängt damit zusammen, dass es sich vor allem bei Hardwarelieferanten, zum großen Teil aber auch bei Softwareherstellern, um US-amerikanische Firmen bzw. Töchter solcher Firmen handelt.

Tatsächlich gibt es schon lange in Deutschland eine Vielzahl von kleinen, mittleren und zum Teil großen Anbietern, die sich im Bereich der Programmierung, der Projekte, des Providing u.ä. betätigen. Zum erheblichen Teil handelt es sich dabei um Branchenspezialisten, die keine Rechtsabteilung haben und für die es nicht Routine ist, Anwälte in Vertragsverhandlungen einzuschalten, sondern erst an den anwaltlichen Rat denken, wenn es in den Verhandlungen oder der Zusammenarbeit mit dem Kunden Probleme gibt oder eine Klage droht. Gerade die fehlende Rechtsabteilung in diesen Unternehmen, genauso wie bei der Vielzahl der Unternehmen der neuen Medien, digitalen Services und Inhalte haben spezialisierte Kanzleien auch mit wenigen Berufsträgern Akquisechancen, wenn es ihnen gelingt, die Vorteile der engen Zusammenarbeit mit flexiblen Reaktionszeiten und Konditionen darzustellen.

Neben den Anbietern von Hard-, Software, Netzleistungen sowie begleitenden Services ist selbstverständlich der Kreis der Anwender im unternehmerischen Bereich ein interessanter Markt, welcher ständig im Wachsen begriffen ist. Kaum ein Unternehmen kommt noch ohne IT-Infrastruktur aus, es stellen sich IT-sicherheitsrechtliche und datenschutzrechtliche Herausforderungen genauso wie die Frage des „abmahnsicheren" Webauftritts des Unternehmens. Gerade in diesem Bereich kann der spezialisierte Anwalt vom guten Kontakt zu Kollegen anderer Rechtsgebiete profitieren, welche oftmals als langjähriger Begleiter in gesellschafts- und zivilrechtlichen Fragen beim Mandanten den Bedarf nach Spezialberatung erkennen. Insofern sind die Allgemeinanwälte bzw. spezialisierte Anwälte anderer Bereiche als Multiplikatoren oder selbst als Mandanten anzusehen. Entsprechend verhält es sich mit den Steuerberatern und Wirtschaftsprüfern, welche im Rahmen der Prüfungen verstärkt die Sicherung der IT-Systeme, die Datenschutz-Compliance sowie des Know-how einschließlich der Nutzungs- und Verwertungsrechte und ESCROW-Vereinbarungen zur Bewertung im Rahmen der Fortführungsprognose nachfragen.

SPEZIALISIERUNG -> E.12 IT-RECHT

Der Markt ist daneben geprägt von IT-Beratungsunternehmen, welche sowohl die Anbieter- also auch die Kundenseite in der Vorbereitung, Auswahl sowie Projektdurchführung beraten. Hier sind die Gestaltung von Beratungsverträgen sowie die Beratung hinsichtlich der Vermeidung von Haftungsrisiken gefragt. Ein wichtiger Bereich sind die Freelancer, also diejenigen, welche als freie Mitarbeiter Programme schreiben, Inhalte erstellen und technisch umsetzen sowie einpflegen. Die Grundzüge der arbeits- und sozialversicherungsrechtlichen Fragestellungen in diesem Bereich sollten dem IT-Spezialisten bekannt sein. Auch das sog. body leasing hat sich zu einer relevanten Art und Weise der Personalausstattung sowie Überbrückung von Engpässen in den IT-Abteilungen sowie IT-Projekten etabliert.

Selbstverständlich gehört auch der Bereich der Beratung und Interessenvertretung zur Tätigkeit des IT-Rechtlers. Hier ist das Spektrum der aufgeworfenen Fragestellungen denkbar breit, von gescheiterten Fernabsatzverträgen, Internet-Abo-Fallen, Filesharing-Abmahnungen, Computerbetrug, defekter Hard- und Software, überhöhten Telefon- und Mobilfunkrechnungen, Auseinandersetzungen in sozialen Netzen bis zu der Frage des Selbstdatenschutzes etc.

IV. Mandantenakquise im IT-Bereich

Über eine Vielzahl von Veranstaltungen und Verbänden besteht die Möglichkeit, direkten Kontakt zu interessierten Unternehmen zu knüpfen oder Kollegen als Multiplikatoren zu gewinnen. Daneben empfiehlt sich natürlich die Akquise bei Mandanten und deren sonstigen Beratern (Verbände, Banken, Datenschutz- und Sicherheitsbeauftragte, IT-Dienstleister etc.), die im IT-Bereich tätig und branchentypisch sind.

Anders als vielleicht die „klassischen" Bereiche finden sich die IT-Firmen viel eher in Fachveranstaltungen, wo man dadurch Akquise leisten kann, dass man möglichst nahe am Problem, mit dem die Firmen sich selber dauernd befassen müssen, referiert. Hier kann der Anwalt zeigen, dass er die Sprache dieser Mandanten versteht und in der Lage ist, die Sachverhalte, die dort relevant werden, lösungsorientiert aufzugreifen und zu bearbeiten.

Typische Mandantenakquise im IT-Bereich findet also auf Veranstaltungen bzw. über das Renommee aus Veranstaltungen statt, ebenso auch über Publikationen, da der Kreis der infrage kommenden Zeitschriften relativ begrenzt und dadurch die Ansprache gezielt ist. Verstärkt gehen die Kollegen dazu über die Darstellungsmöglichkeiten im Internet intensiv mit eigenen Blogs, regelmäßigen Nachrichten in Sozialen Netzen o.ä. zu nutzen und Spezial-Infoplattformen anzubieten.

V. davit (Arbeitsgemeinschaft Informationstechnologie)

Im DAV haben sich die IT-Anwältinnen und IT-Anwälte in der Arbeitsgemeinschaft IT-Recht im Jahre 1999 zusammengeschlossen. Die davit ist wie alle Arbeitsgemeinschaften im DAV ein rechtlicher unselbstständiger Zusammenschluss unter dem Dach des DAV, deren rund

E.12 IT-Recht <- Spezialisierung

750 Mitglieder sich besonders den Fragestellungen des IT-Rechts widmen. Die davit bietet ihren Mitgliedern:

- eine Website unter der url www.davit.de, welche Informationen über die Tätigkeit der davit, deren Veranstaltungen sowie die IT-Anwaltssuche aus dem Kreis der davit-Mitglieder bietet,
- Lehrgänge zur Fachanwaltschaft Informationstechnologierecht in Kooperation mit der Deutschen Anwaltakademie,
- regelmäßige Fortbildungsveranstaltungen mit dem Deutschen IT-Rechtstag, dem Bayerischen, Karlsruher, Hamburger, Frankfurter und NRW IT-Rechtstag in Kooperation mit dem DAV, der DAA, örtlichen Anwaltvereinen, Verlagen und Verbänden,
- Diskussion und Information über Fragen des IT-Rechts bei lokalen Netzwerktreffen auf der Ebene der Gebietsleiter,
- Einflussnahme auf die Meinungsbildung und auf die gesetzlichen Rahmenbedingungen im Arbeitsgebiet der davit durch die Kooperation mit dem Gesetzgebungsausschuss Informationstechnologie im DAV,
- Information und Einflussnahme durch Kooperation mit Branchenvereinigungen gemeinschaftliches PR für die davit-Mitglieder durch die Teilnahme an Branchenmessen wie der CeBIT, it-sa und Pressekommentare und Pressemitteilungen,
- Förderung der Zusammenarbeit mit dem FORUM Junge Anwaltschaft, den DAV-Arbeitsgemeinschaften sowie den Auslandvereinen im DAV,
- Informationen zur Geschäftsordnung und Mitgliedschaft der davit erhalten Sie auf der Website www.davit.de. Gremien der davit sind der Geschäftsführende Ausschuss un der Beirat, welche von den Gebietsleitern in sechs Gebieten repräsentiert werden. Der Jahresmitgliedsbeitrag beträgt 80 EUR je Geschäftsjahr; für Mitglieder des FORUMs Junge Anwaltschaft bis 5 Jahre nach Zulassung 40 EUR, und ermöglicht zu vergünstigten Konditionen die Teilnahme an den Veranstaltungen der davit, den Bezug z.B. des Der IT- Rechts-Berater aus dem Verlag ottoschmidt, MMR und ZD sowie des Beck online-Modul Multimedia, Sonderkonditionen bei Veranstaltungen der DAA und dem Verlag ottoschmidt sowie die Nutzung der weiteren davit-Mitglieder-Angebote; http://www.davit.de/ueber-uns/beitritt.

VI. Literatur-Beispiele für die IT-Anwaltschaft

Auer-Reinsdorff/Conrad, Handbuch IT- und Datenschutzrecht, 3. Aufl. 2018

Bräutigam, IT-Outsourcing und Cloud-Computing, 3. Aufl. 2013

Härting, Internetrecht, 6. Aufl. 2017

Heussen/Kilian, Computerrechts-Handbuch, Informationstechnologie in der Rechts- und Wirtschaftspraxis, Loseblatt, 33. Ergänzungslieferung 2017

SPEZIALISIERUNG -> **E.12 IT-Recht**

Hoeren/Sieber, Handbuch Multimedia Recht, Rechtsfragen des elektronischen Geschäftsverkehrs, Loseblatt, 45. Ergänzungslieferung 2017

Heckmann, PraxisKommentar Internetrecht, 4. Aufl. 2014

Redeker, IT-Recht, 6. Aufl. München 2017

Redeker, Handbuch der IT-Verträge, Loseblatt, 33. Ergänzungslieferung 2017

Roßnagel, Recht der Multimedia-Dienste, Kommentar, Loseblatt, 7. Ergänzungslieferung 2005

Schneider, Handbuch EDV-Recht, 5. Aufl. 2017

Schneider/von Westphalen, Software-Erstellungsverträge, 2. Aufl. 2013

CR – Computer und Recht

ITRB – Der IT-Rechts-Berater

K&R – Kommunikation und Recht

MMR – Multimedia und Recht

ZD – Zeitschrift für den Datenschutz RDV – Recht der Datenverarbeitung

JurPC – (Elektronische „Zeitschrift").

E.13 Mediation – professionelles Konfliktmanagement

Rechtsanwalt und Zertifizierter Mediator Stephan Schmidt-Jochum, Neunkirchen • Vorsitzender der Arbeitsgemeinschaft Mediation im DAV

„Mediation findet statt", das ist die kurze und für die aktiven Mediatoren erfreuliche Feststellung. Sie findet statt in verschiedenen Bereichen, in denen Konflikte auftreten. Eine vergleichsweise hohe Bedeutung hat die Mediation in den Konfliktsituationen, die durch eine persönliche oder geschäftliche Nähebeziehung der Streitenden geprägt werden. Kennzeichnend für solche Fallgestaltungen ist, dass sich ein Konflikt auf verschiedenen Ebenen auswirkt und die Beteiligten in der Regel auch nach einer mehr oder weniger erfolgreichen Konfliktbearbeitung miteinander in Kontakt stehen.

Rechtsanwältinnen und Rechtsanwälte interessieren sich zunehmend für die Mediation, die Ende der 80er-Jahre noch vornehmlich von nicht juristisch ausgebildeten Mediatoren angewendet wurde. Mit zunehmender Bekanntheit und vor allem Einblick in die Besonderheiten dieser Art von Konfliktbearbeitung wurden immer mehr Rechtsanwälte neugierig und begannen, im Rahmen einer fundierten Ausbildung ihre eigenen Potenziale sowie das Spektrum ihres eigenen Dienstleistungsangebotes zu erweitern.

„Mediation findet statt", das ist auch die Botschaft, die jede junge Rechtsanwältin und jeder junge Rechtsanwalt hören muss. Ihre steigende Bedeutung zwingt zur Beschäftigung mit Mediation, nicht zuletzt mit Inkrafttreten des Mediationsgesetzes im Juli 2012. Dieser Beitrag soll aufzeigen, was man unter Mediation versteht, welche Anwendungsfelder es gibt und wie sich die Mediation in den beruflichen Alltag des Rechtsanwaltes einfügen kann.

I. Begriff und Geschichte der Mediation

Mediation greift die sehr alte Idee der Vermittlung (Mediation stammt aus dem Lateinischen und bedeutet „Vermittlung") zwischen Konfliktparteien auf, die über Jahrhunderte hinweg zu einem wichtigen Mittel der Streitbeilegung gehört hatte, aber in den letzten 100 Jahren zumindest in Mitteleuropa mehr und mehr in Vergessenheit geraten war. Die Wurzeln der Mediation reichen allerdings weit über 2.000 Jahre zurück und sind in verschiedenen Kulturen nachweisbar.

Das Konzept der Mediation in seiner heutigen Form wurde Ende der 60er-/Anfang der 70er-Jahre entwickelt und wissenschaftlich untermauert. Zunächst in den USA, später auch in Europa, griff man die alte Idee der Mediation zur Lösung von Konflikten auf. Mediationsverfahren sind strukturierte Verhandlungsverfahren, die idealerweise Konfliktlösungen hervorbringen, die von allen Beteiligten akzeptiert werden. Sie unterscheiden sich in vielerlei Aspekten von anderen Formen der Konfliktregelung, insbesondere von Gerichtsverfahren oder Schiedsverfahren. Mediation versucht, durch die Anwendung verschiedener Methoden neue Wege zu gehen, um Konflikte anders als für Rechtsanwälte häufig gewohnt – also

SPEZIALISIERUNG ->
E.13 MEDIATION – PROFESSIONELLES KONFLIKTMANAGEMENT

nicht durch Konfrontation – zu lösen. Sie lässt sich vor allem durch die Einhaltung bestimmter Prinzipien und eines strukturierten Verfahrensablaufes beschreiben, die nachfolgend erläutert werden.

II. Prinzipien der Mediation

Mediation ist im Grundsatz eine bestimmte Verhandlungsmethode. Um Mediation handelt es sich bei Verhandlungen, wenn – als Grundmerkmale – Folgendes gewährleistet ist:

- Die Verhandlungen werden vertraulich geführt.
- Beteiligt sind ein unabhängiger und allparteilicher Dritter als Vermittler sowie möglichst alle betroffenen Parteien, deren Teilnahme freiwillig erfolgt.
- Die Verhandlungen werden ergebnisoffen geführt und
- die Konfliktparteien bestimmen ihre Verhandlungen selbst und treffen Entscheidungen auf der Basis der notwendigen Informationen.

Die Konfliktparteien bestimmen den Ausgang ihrer Verhandlungen und damit die Lösung des entstandenen Konflikts also selbst. Sie geben ihre eigene Entscheidungsgewalt nicht an Dritte, z.B. Richter oder Schiedsrichter, ab, sondern verfolgen das Ziel der Problemlösung im Rahmen eines auf Freiwilligkeit beruhenden Verfahrens. Das kann im Einzelfall auch bedeuten, dass sich eine Konfliktpartei für den Abbruch dieser Art von Verhandlung entscheidet, wenn sie nicht mehr als zielführend eingeschätzt wird.

Mediatoren haben keine Entscheidungsbefugnis wie etwa Richter. Mediatoren unterstützen die Kommunikation zwischen den verschiedenen Konfliktparteien und achten auf einen fairen Verhandlungsablauf. Als allparteiliche Dritte verfolgen sie keine eigenen Interessen, übernehmen aber dennoch eine inhaltliche Mitverantwortung für das Verfahren in Form von Ergebnisorientierung; insofern geht ihre Aufgabe über die eines neutralen Verfahrensmittlers oder Moderators hinaus. Mediatoren versuchen, der Artikulation der Belange aller Beteiligten einen angemessenen Raum zu verschaffen und die Teilnehmer dabei zu unterstützen, ihre eigenen Interessen als Grundlage für die zu treffende Entscheidung herauszuarbeiten.

Während des Aushandlungsprozesses bietet sich die Möglichkeit des wechselseitigen Auslotens von Handlungsspielräumen bei der Suche nach einer konsensualen, zukunftsträchtigen Lösung des Konflikts. Daraus ergibt sich die Chance, neue, bislang unbeachtete Lösungswege zu entdecken, die möglicherweise weit über die ursprünglichen Positionen der beteiligten Konfliktparteien hinausgehen. Diese Suche nach beiderseitig zufriedenstellenden Lösungen unterscheidet sich dabei von der Tätigkeit des Rechtsanwaltes als Parteivertreter, der in erster Linie einseitig die Interessen seiner Partei in den Mittelpunkt seiner Dienstleistung stellt.

Mediation wird in der Regel ergänzend zum gesetzlich normierten Entscheidungsprozess oder zu einem gerichtlichen Verfahren eingesetzt. Sie kann nicht an die Stelle bestehender,

E.13 Mediation – professionelles Konfliktmanagement

gesetzlich festgelegter Entscheidungsstrukturen (etwa Planfeststellungsverfahren oder Ehescheidungsverfahren) treten, sondern findet zusätzlich vorher oder begleitend auf einer informellen Ebene statt. Allerdings können gerichtliche Verfahren, die in der Disposition der Parteien stehen, durch Mediationsverfahren vermieden oder abgekürzt werden.

III. Ablauf eines Mediationsverfahrens

Neben den dargestellten Prinzipien der Mediation ist es vor allem der Ablauf, der kennzeichnend für sie ist und sie von anderen Formen der Konfliktregelung abgrenzt. Der Ablauf von Mediationsverfahren basiert auf einem logischen Prinzip, bei dem ein Schritt auf den anderen folgt, so dass sich eine zwingende Struktur des Verfahrens ergibt. Eine wesentliche theoretische Grundlage der Verfahrensstruktur und damit der Mediation bildet das in den 70er-Jahren an der Harvard-Law-School entwickelte sogenannte „Harvard-Konzept". Dieses allgemeine und anerkannte Konzept zur Bewältigung von Konfliktsituationen hat ein sachgerechtes Ergebnis zum Ziel.

Im Mittelpunkt dieser Verhandlungsstrategie stehen die guten Beziehungen zwischen den Verhandelnden sowie der Wille der Beteiligten, in fairen Verhandlungen einen sachlichen, für alle Parteien möglichst vorteilhaften Konsens zu erzielen. Ziel dieses Konzepts ist es, Konflikte in Verhandlungsprozessen so zu lösen, dass ein Ergebnis nicht auf Kosten einer oder gar mehrerer beteiligter Parteien erzielt wird. Vielmehr stehen die inhaltliche Lösung des Problems und der gleichzeitige Nutzen aller Beteiligten (Win-win-Situation) im Vordergrund dieser Strategie des „sachgerechten Verhandelns".

Die Strategie des Harvard-Konzepts stützt sich auf vier Grundprinzipien:

- Trennung von Personen und Problemen,
- Konzentration auf Interessen anstatt auf Positionen,
- Entwicklung möglichst vieler und zunächst unbewerteter Lösungsmöglichkeiten,
- Entscheidung basierend auf objektiv nachprüfbaren Kriterien.

Aus diesem theoretischen Konzept leitet sich nun die Struktur eines Mediationsverfahrens in mehreren Phasen ab, bei der der nächste Schritt erst dann folgt, wenn der vorhergehende zwingend abgearbeitet ist. Unabhängig von der zentralen Bedeutung für die Struktur der Mediation bietet das Harvard-Konzept auch wertvolle Anhaltspunkte für generelle Verhandlungsstrategien, die für jeden praktizierenden Rechtsanwalt von höchster Relevanz sind.

IV. Anwendungsgebiete der Mediation

Die Einsatzfelder von Mediation sind sehr vielfältig, weil es sich um ein universelles Konfliktlösungskonzept handelt. Hauptanwendungsgebiet sind Streitigkeiten im familiären Kontext, vor allem bei familienrechtlichen und erbrechtlichen Konflikten. Auf diesem Gebiet arbeiten

SPEZIALISIERUNG –>
E.13 MEDIATION – PROFESSIONELLES KONFLIKTMANAGEMENT

in Deutschland die meisten Mediatoren, neben Rechtsanwältinnen und Rechtsanwälten vor allem auch Angehörige psychosozialer Berufe. Man setzt sie darüber hinaus zunehmend bei Streitigkeiten innerhalb oder zwischen Unternehmen, zwischen Unternehmen und Behörden und zwischen Unternehmen und dem nachbarschaftlichen Umfeld ein (Wirtschaftsmediation). Weiterhin kennt man die Mediation im arbeitsrechtlichen Kontext (Streitigkeiten zwischen Arbeitgebern und Arbeitnehmern bzw. Arbeitnehmern untereinander, z.B. in beamtenrechtlichen Verfahren oder bei Streitigkeiten zwischen Kollegen in einer Abteilung), die Schulmediation (bei schulischen Auseinandersetzungen zwischen Schülern, Eltern und Lehrern), die politische Mediation (Mediation im internationalen Bereich, z.B. Camp David: Abkommen zwischen Israel und Ägypten, Befriedungsaktionen im ehemaligen Jugoslawien, „good friday"-Abkommen in Nordirland, Gefangenenaustausch zwischen Israel und Palästina im Januar 2004 usw.) und die Mediation nachbarschaftlicher Streitigkeiten (auch interkultureller Art).

Über diese Anwendungsgebiete hinaus gibt es Mediation im öffentlichen Bereich. Damit wird der Einsatz der Mediation bei umweltrelevanten Bau- und Planungsvorhaben beschrieben. Andere Anwendungsmöglichkeiten sind selbstverständlich denkbar und versprechen immer dann Aussicht auf Erfolg, wenn die Streitparteien auch nach Bewältigung eines Konflikts weiter in Kontakt zueinander stehen und ihr Verhältnis zueinander einer Regelung bedarf. So wurden in den letzten Jahren vor allem Konflikte im Zusammenhang mit privaten Bauvorhaben oder bei der Unternehmensnachfolge in Familienbetrieben Gegenstand mediativer Verfahren. Sogar im Bereich des Sports sammelt man inzwischen erste Erfahrungen mit dem Einsatz der Mediation, beispielsweise bei Differenzen von Profivereinen über vertragliche Fragen.

Eher weniger geeignet ist die Mediation bei „Einmalkonflikten", bei dem die Streitparteien nur einmal aufeinandertreffen und danach keine weitere Beziehung zueinander aufrechterhalten (z.B. Schadensersatz bei Verkehrsunfall). Besonders groß ist die Bedeutung der Mediation in den Konstellationen, in denen sich die Wege der Streitenden aus welchen Gründen auch immer nicht nach durchgestandenem Konflikt trennen können, selbst wenn die Beteiligten es wollten. Gerade hier zeigt sich die besondere Relevanz der Mediation für den Rechtsanwalt, der in seiner Praxis als Berater seiner Partei in vielen Lebens- und Konfliktlagen anbieten kann, nachhaltige und angemessene Konfliktlösungen für und mit seinen Mandanten gemeinsam zu entwickeln. Besonders im wirtschaftlichen Bereich, bei Konflikten in oder zwischen Unternehmen, spielt dies eine große Rolle, weil häufig langjährige Geschäftsbeziehungen oder Fragen der Darstellung nach außen mit der Bewältigung eines Konflikts verbunden sind.

V. Mediation im Alltag des Rechtsanwalts

Für den praktizierenden Rechtsanwalt gibt es seit Inkrafttreten des Mediationsgesetzes eine Vielzahl an Berührungspunkten mit der Mediation in seiner täglichen Arbeit. So soll gemäß § 253 Abs. 3 Nr. 1 ZPO bereits in der Klageschrift Angaben darüber enthalten sein, ob der

<- SPEZIALISIERUNG

E.13 MEDIATION – PROFESSIONELLES KONFLIKTMANAGEMENT

Klageerhebung der Versuch einer Mediation oder eines anderen Verfahrens der außergerichtlichen Konfliktbeilegung vorausgegangen ist, sowie eine Äußerung dazu, ob einem solchen Verfahren Gründe entgegenstehen. Weiter sieht § 278a ZPO vor, dass das Gericht den Parteien eine Mediation oder ein anderes Verfahren der außergerichtlichen Konfliktbeilegung vorschlagen kann (Abs. 1). Entscheiden sich die Parteien zur Durchführung einer Mediation oder eines anderen Verfahrens der außergerichtlichen Konfliktbeilegung, ordnet das Gericht das Ruhen des Verfahrens an (Abs. 2). Gemäß § 278 Abs. 5 ZPO kann das Gericht die Parteien für die Güteverhandlung sowie für weitere Güteversuche vor einen hierfür bestimmten und nicht entscheidungsbefugten Richter (Güterichter) verweisen.

Besonders hinzuweisen ist in diesem Zusammenhang auf die durch das Mediationsgesetz geprägten Neuerungen in familiengerichtlichen Verfahren gemäß §§ 36, 36a,135, 155, 165 FamFG. So sieht § 135 FamFG vor, dass das Familiengericht zur Förderung außergerichtlicher Streitbeilegung über Folgesachen „anordnen kann, dass die Ehegatten einzeln oder gemeinsam an einem kostenfreien Informationsgespräch über Mediation (…) teilnehmen und eine Bestätigung hierüber vorlegen." Eine vergleichbare Regelung sieht § 156 FamFG in Kindschaftssachen vor.

Ein Rechtsanwalt, der einen Rechtsstreit im Bezirk eines mit der Mediation vertrauten Gerichts führt, muss also damit rechnen, dass er sich intensiver mit dem Thema Mediation und seinen Auswirkungen auf den Rechtsstreit, sich selbst und seine Mandanten befassen muss! Daher ist es für den Rechtsanwalt sicher hilfreich, zumindest Grundkenntnisse der Mediation zu besitzen, auch über die im Rahmen der juristischen Universitätsausbildung (vielleicht) erworbene Schlüsselqualifikation (vgl. § 5a Abs. 3 DRiG) hinaus.

Eine substanziell weit anspruchsvollere Schnittstelle des Rechtsanwaltes mit der Mediation im beruflichen Alltag besteht darin, diese Form der Konfliktregelung in das eigene Dienstleistungsangebot aufzunehmen. Auch wenn bisher die Fallzahlen für Mediation noch eher gering sind und es vermessen wäre, zu behaupten, dass mit Mediation das große Geld zu verdienen ist, so nimmt ihre Bedeutung im Alltag doch nicht zuletzt wegen des wachsenden Bekanntheitsgrades kontinuierlich zu. Die Fälle, in denen gezielt nach Mediation gefragt wird, werden steigen, ebenso wie Anfragen von Kollegen und aktiven Mediatoren, ob in einem Streitfall auch die Mediation als Alternative zur streitigen Auseinandersetzung infrage kommt. Und in Zeiten zunehmend starker Konkurrenz der Rechtsanwälte auf einem hart umkämpften Markt ist es nicht zuletzt ein Marketingargument, wenn Mediation als zusätzliche Qualifikation angeboten werden kann.

SPEZIALISIERUNG ->
E.13 MEDIATION – PROFESSIONELLES KONFLIKTMANAGEMENT

VI. Mediation und Berufsrecht

Dass Mediation eine anwaltliche Aufgabe ist, ist in Judikatur und Literatur unbestritten. § 18 BORA lautet:

> „Wird der Rechtsanwalt als Vermittler, Schlichter oder Mediator tätig, so unterliegt er den Regeln des Berufsrechts."

Rechtsanwältinnen und Rechtsanwälte sind, beherrschen sie die Notwendigkeiten des Mediationsverfahrens, zur Durchführung von Mediation besonders geeignet. § 43a Abs. 2 BRAO erklärt die Schweigepflicht zur anwaltlichen Grundpflicht. § 2 BORA wiederholt und verstärkt das. Die §§ 203 StGB, 53 Abs. 1 Nr. 3 StPO, 383 Abs. 1 Nr. 6 ZPO bestimmen den Rechtsanwalt zum Geheimnisträger und gewähren ihm (unabhängig von den Bestrebungen des Gesetzgebers, das Prinzip der Vertraulichkeit in der Mediation grundsätzlich zu schützen) das Zeugnisverweigerungsrecht. § 356 StGB stellt den etwaigen Parteiverrat des Rechtsanwaltes unter Strafe. Das anwaltliche Berufsrecht, das über die Grundsätze der Vertraulichkeit und Verschwiegenheit das gesamte im Rahmen der Mediation erlangte Wissen schützt, prädestiniert die Rechtsanwältin und den Rechtsanwalt daher zum berufenen Mediator. Das gilt jedenfalls für die Mediation in rechtlichen Angelegenheiten, bei denen sich der Mediator trotz allem Zwang zur Unabhängigkeit nicht immer dem Wunsch der Parteien entziehen kann, auch rechtliche Aspekte mit in das Verfahren einfließen zu lassen. Gegenüber den Angehörigen anderer Berufsgruppen, aus denen sich Mediatorinnen rekrutieren, haben Rechtsanwältinnen hier einen wichtigen Vorteil, den das anwaltliche Berufsrecht ihnen garantiert.

VII. Vergütungsregelungen in der Mediation – § 34 RVG

Die Frage der Vergütung im Rahmen der Mediationstätigkeit war lange Zeit umstritten. Das RVG, mit dem die BRAGO abgelöst wurde, hat hierzu Klarheit geschaffen. Anwaltliche Mediatorinnen und Mediatoren rechnen ihre Leistung auf dem Gebiet der Mediation in der Regel nach Zeithonorar ab. § 34 des RVG bestimmt:

> „... für die Tätigkeit als Mediator soll der Rechtsanwalt auf eine Gebührenvereinbarung hinwirken, ... Wenn keine Vereinbarung getroffen worden ist, erhält der Rechtsanwalt Gebühren nach den Vorschriften des bürgerlichen Rechts. ..."

Die Stundensätze sind unterschiedlich und reichen von 50 EUR bis über 400 EUR pro Stunde. Eine im Auftrag der Arbeitsgemeinschaft Mediation im DAV angefertigte Studie ermittelte kürzlich einen Durchschnittswert von 180–250 EUR. Handelt es sich um aufwendigere Mediationsverfahren (z.B. solche im öffentlichen Bereich), so wird in der Regel nach Tagessätzen zwischen 800 EUR und 2.500 EUR abgerechnet.

E.13 MEDIATION – PROFESSIONELLES KONFLIKTMANAGEMENT

VIII. Ausbildung in Mediation

Viele Rechtsanwälte meinen, dass Mediation nichts anderes sei als das, was sie im Rahmen der täglichen Praxis leisten: verhandeln und Einigungen erzielen. Das ist schlicht falsch. Mediation bedeutet für den Rechtsanwalt ein Zurücknehmen der eigenen Rolle als Parteivertreter, ein Einlassen auf neue Formen der Verhandlung und Kommunikation sowie ein verändertes Verhältnis zum Mandanten. Das muss man und das kann man lernen. Eine fundierte Ausbildung ist unerlässlich, wenn Anwälte als Mediatoren tätig sein wollen. Dies bestimmt nicht zuletzt § 7a BORA und § 5 MediationsG, wonach sich Rechtsanwälte (nur) als Mediatoren bezeichnen dürfen, wenn sie durch eine geregelte Ausbildung nachweisen können, dass sie die Grundsätze des Mediationsverfahrens beherrschen.

Zu den Ausbildungsinhalten, die erlernt werden müssen, gehören vor allem Kenntnisse in Kommunikation, Visualisierung, Gesprächsführung, Fragetechniken und Deeskalationstechniken, die theoretisch, aber vor allem in der praktischen Anwendung eingeübt werden. Für eine fundierte Grundausbildung in Deutschland müssen mindestens 120 Stunden abgeleistet sowie Kosten ab etwa 3.000 EUR eingeplant werden.

Ausbildungsangebote gibt es mittlerweile in ausreichender Anzahl in Deutschland. Die Deutsche Anwaltakademie bietet ebenso wie beispielsweise die Fernuniversität Hagen oder Universität Frankfurt/Oder eine fundierte Ausbildung an, um drei der Wichtigsten an dieser Stelle zu nennen. Mittlerweile gibt es eine Reihe anderer staatlicher und privater Anbieter, die qualifizierte Ausbildungen offerieren. Ein Blick ins Internet verdeutlicht die Vielzahl der Möglichkeiten und die Qual der Auswahl. Für Letzteres ist es nach Ansicht des Verfassers enorm hilfreich, wenn sich der Interessent einmal mit einem Absolventen früherer Ausbildungsgänge des Anbieters über die Ausbildung unterhält. Seriöse Anbieter werden sicher gerne entsprechende Referenzen zur Verfügung stellen.

IX. Die Arbeitsgemeinschaft Mediation im DAV

Der Deutsche Anwaltverein hat die Bedeutung der Mediation erkannt und bereits im Jahre 1998 die Arbeitsgemeinschaft Mediation gegründet, der mittlerweile rund 660 Rechtsanwältinnen und Rechtsanwälte angehören. Die Arbeitsgemeinschaft informiert jährlich auf dem Deutschen Anwaltstag mit mehreren Veranstaltungen, um ihre Mitglieder und interessierte Kollegen mit besonderen Aspekten der Mediation vertraut zu machen. Die zweitägige Fachtagung im Herbst greift stets aktuelle Themen auf und versucht, die anstehenden Fragen im Dialog und in praktischer Übung zwischen Referenten und Teilnehmern zu bearbeiten. Lokale Veranstaltungen der Arbeitsgemeinschaft in Kooperation mit den örtlichen Anwaltvereinen bringen die Mediation den Kolleginnen vor Ort nahe. Darüber hinaus unterhält die Arbeitsgemeinschaft eine Homepage (http://mediation.anwaltverein.de sowie www.anwaltverein.de Stichwort: „Arbeitsgemeinschaft Mediation"), gibt monatlich einen Newsletter für ihre Mitglieder mit aktuellen Informationen heraus und steht als Ansprechpartner für Fragen rund um das Thema Mediation zur Verfügung. Eine Mediatorenliste gibt Interessierten

SPEZIALISIERUNG ->
E.13 MEDIATION – PROFESSIONELLES KONFLIKTMANAGEMENT

die Möglichkeit, schnell qualifizierte Rechtsanwälte, die zugleich Mediatoren sind, zu finden. Ansprechpartner für interessierte Leserinnen und Leser sind im Deutschen Anwaltverein Frau Rechtsanwältin *Ina Kitzmann*, Tel. 030 726152-128, sowie die Mitglieder des Geschäftsführenden Ausschusses (Adressen auf der angegebenen Homepage).

X. Fazit: Die Beschäftigung mit der Mediation ist notwendig

Die Bedeutung der Mediation nimmt ständig zu. Diese Feststellung ist unbestritten und erfordert vom praktizierenden Rechtsanwalt und von der praktizierenden Rechtsanwältin eine Beschäftigung mit den Merkmalen und Besonderheiten des Verfahrens. Ohne Ausbildung im spezifischen Mediationsverfahren und ohne das ausgeprägte Bewusstsein, dass Mediation ein geeignetes Verfahren zur Konfliktregelung im Sinne einer einverständlichen Lösung durch die Parteien selbst, auch unter Begleitung ihrer eigenen Rechtsanwälte, ist, sollte Mediation mit einem Rechtsanwalt als Mediator nicht stattfinden. Allerdings sollten – mehr als bisher – Anwälte ihren Mandanten zur Mediation raten und sie in die Mediation, auch wenn sie selbst keine Mediatoren sind, begleiten. Der Mediator begreift den Konflikt nicht als unlösbar. Der Konflikt bietet vielmehr zusätzliches Potenzial, das die Erarbeitung einer gemeinsamen Lösung zum Nutzen aller Beteiligten erfordert und ermöglicht. Unverzichtbar zur Erreichung dieses Zieles ist, dass die Gesprächsbereitschaft zwischen den Konfliktparteien besteht. Weil das Mediationsverfahren die Allparteilichkeit der Mediatorin voraussetzt, müssen sich Rechtsanwältinnen und Rechtsanwälte als Mediatorinnen und Mediatoren für einen Rollenwechsel öffnen. Nicht mehr der einseitige Interessenvertreter, der Rechtsanwalt als Dobermann und Landsknecht für die Interessen seiner Partei, sondern der überparteiliche, neutrale Dritte und Helfer auf dem Weg, dem Interesse beider Parteien an der einverständlichen Lösung ihres Konflikts zum Durchbruch zu verhelfen, ist die Aufgabe des anwaltlichen Mediators. Die Beschäftigung mit der Mediation bereichert nicht nur die Parteien, sondern auch den beruflichen Alltag des Rechtsanwaltes. Daher lohnt es sich, intensiver über die Mediation nachzudenken und sie als Teil des beruflichen Spektrums anzusehen. Dies gilt in Zukunft umso mehr, denn Mediation findet mehr und mehr statt.

XI. Weiterführende Adressen

Weiterführende Informationen über Mediation, Mediatoren und Kontaktadressen finden sich im Internet unter anderem:

- Arbeitsgemeinschaft Mediation im DAV – http://mediation.anwaltverein.de oder www.anwaltverein.de
- Förderverein Mediation im öffentlichen Bereich e. V. – www.umweltmediation.info
- Deutsche Gesellschaft für Mediation e. V. – www.dgm-web.de
- Bundesarbeitsgemeinschaft für Familienmediation e. V. – www.bafm-mediation.de
- Bundesverband Mediation e. V. – www.bmev.de
- Centrale für Mediation – www.centrale-fuer-mediation.de
- Deutsches Forum für Mediation – http://www.deutscher-mediationsrat.de

E.13 MEDIATION – PROFESSIONELLES KONFLIKTMANAGEMENT

XII. Literaturhinweise

Duve/Eidenmüller/Hacke, Mediation in der Wirtschaft, 2. Aufl. 2011

Fisher/Ury/Patton, Das Harvard-Konzept, 25. Aufl. 2015

Haft/von Schlieffen, Handbuch für Mediation, 3. Aufl. 2016

Ponschab/Schweizer, Kooperation statt Konfrontation – Neue Wege anwaltlichen Verhandelns, 2. Aufl. 2010

Weiler/Schlickum, Praxisbuch Mediation, 2. Aufl. 2012

ZKM – Zeitschrift für Konfliktmanagement, Otto-Schmidt-Verlag, erscheint 2-monatlich. Konfliktdynamik, Klett-Cotta-Verlag, erscheint vierteljährlich.

E.14 Medizinrecht

Rechtsanwalt Dr. iur. Rudolf Ratzel, München • Vorsitzender der Arbeitsgemeinschaft Medizinrecht im DAV

I. Definition des Medizinrechts

Im Jahre 2005 ist die Fachanwaltschaft Medizinrecht eingeführt worden. Nach der Fachanwaltstatistik der BRAK – Stand 1.1.2018– haben bundesweit 1.717 Rechtsanwältinnen und Rechtsanwälte die Befugnis zur Führung der Fachanwaltsbezeichnung Medizinrecht erlangt. Bevor auf die Voraussetzungen für den Erwerb der Fachanwaltsbezeichnung Medizinrecht eingegangen werden soll, erscheint es sinnvoll zu klären, was unter „Medizinrecht" zu verstehen ist.

Medizinrecht lässt sich begreifen als Summe der Rechtsnormen, die sich unmittelbar oder mittelbar auf die Ausübung der Heilkunde beziehen. Medizinrecht umfasst sehr viel mehr als „Arztrecht", nämlich alle rechtlichen Regelungen, die die Entwicklung, Herstellung und Anwendung medizinischer Güter und Dienstleistungen und die Forschung in diesem Bereich betreffen. Konkret: Medizinrecht umfasst das Arztrecht i.e.S., das Krankenhausrecht, das Heilberufsrecht, Biomedizinrecht, Arzneimittelrecht, Medizinprodukterecht, Heilmittelwerberecht, das Recht der gesetzlichen Krankenversicherung, hier insbesondere Vertragsarztrecht, Recht der Institutionen der gesetzlichen Krankenversicherung und Krankenkassenorganisationsrecht sowie Behandlerhaftungsrecht (üblicherweise als Arzthaftungsrecht bezeichnet), Krankenhaushaftungs- und -finanzierungsrecht, Haftungsrecht der Unternehmen etwa im Bereich des Arzneimittelhaftungsrechtes, des Produkthaftungsrechtes, des Produzentenhaftungsrechtes, schließlich Wettbewerbsrecht sowie eine Vielzahl von spezialgesetzlichen Regelungen wie z.B. das Embryonenschutzgesetz, das Transplantationsgesetz, das Transfusionsgesetz etc.

Inhaltlich umfasst das Medizinrecht u.a. Themenstellungen wie Haftpflicht der Behandler, Aufklärungs- und Dokumentationspflicht der Behandler, Schweigepflicht, Gebührenrecht der Behandler, Vertragsarztrecht, Recht ärztlicher Berufsorganisationen, Entgeltfragen im Krankenhausbereich, Fragen des Risikomanagements in Krankenhäusern und Praxen niedergelassener Ärzte, Kooperationen zwischen Erbringern medizinischer Dienstleistungen jedweder Art, Fragen der Sicherheit von Arzneimitteln und Medizinprodukten.

Teilbereiche des Medizinrechts sind dem Zivilrecht, dem öffentlichen Recht oder auch dem Strafrecht zugeordnet. Ein nur sektoraler Zugang in den Grenzen des traditionellen juristischen Fächerkanons wird zahlreichen Sachfragen des Medizinrechts nicht gerecht, weil der jeweilige Regelungskomplex verschiedene herkömmliche Rechtsgebiete betrifft.

Die sorgfältige Mandatswahrnehmung in Behandlerhaftungsverfahren setzt neben profunden Kenntnissen der Judikatur des BGH und der Obergerichte zwar keine vertieften medizi-

E.14 Medizinrecht <- Spezialisierung

nischen Kenntnisse voraus, wohl aber die Bereitschaft des Medizinrechtlers – sei er auf Patienten- oder Behandlerseite tätig –, sich mit medizinischen Fragestellungen zu beschäftigen. Er muss in der Lage sein, Behandlungsunterlagen auszuwerten und Sachverständigengutachten nachzuvollziehen, auch wenn er aufgrund mangelnder eigener naturwissenschaftlicher Kompetenz Gutachten nicht infrage stellen kann, sondern nur auf ihre zusätzliche prozessuale Abklärung drängen kann.

Weitere Beispiele:

Verträge über den Verkauf einer ärztlichen Praxis, über die Gründung einer ärztlichen Berufsausübungs- oder Organisationsgemeinschaft, Kooperationsvereinbarungen zwischen Ärzten und Krankenhäusern und zwischen Ärzten und Angehörigen anderer Fachberufe,

Regelungen über die Gründung sogenannter Medizinischer Versorgungszentren lassen sich nicht fertigen ohne Kenntnisse nicht nur gesellschaftsrechtlicher und steuerrechtlicher Fragen, sondern insbesondere auch nicht ohne Kenntnis der zwingenden Regelungen des Vertragsarztrechts einschließlich des Zulassungsrechts und des ärztlichen Berufsrechts. Der reine Gesellschaftsrechtler, der keinen Zugang zum Vertragsarztrecht oder dem Berufsrecht der Heilberufe hat, befindet sich in der Gefahr, Gestaltungsmöglichkeiten zu wählen, die wegen Verstoßes gegen vertragsarzt- oder berufsrechtliche Regelungen nichtig sind.

Verstöße gegen vertragsarztrechtliche Regelungen müssen nicht nur gesehen werden unter dem Aspekt des Verlustes von Vergütungsansprüchen, sondern weisen auch häufig strafrechtliche Bezüge auf, etwa wenn nach außen die Existenz einer Berufsausübungsgemeinschaft, z.B. in der Form einer ärztlichen Gemeinschaftspraxis, vorgegeben wird, in Wirklichkeit aber nur eine Scheingemeinschaftspraxis vorliegt. Nur dem Juristen, der neben gesellschaftsrechtlichem Know-how auch über besondere Kenntnisse im Vertragsarztrecht, im vertragsärztlichen Zulassungsrecht und damit in Fragen des ärztlichen Statusrechts verfügt, erschließen sich die entscheidenden Fragestellungen und die passenden Gestaltungsmöglichkeiten.

Die Beispiele ließen sich beliebig vermehren. Sie sollen aufzeigen, dass medizinrechtliche Fragestellungen den Spezialisten erfordern und dass auch der Markt den spezialisierten Medizinrechtler nachfragt.

Patienten, Ärzte und Krankenhausträger in Fällen der Behandlerhaftung, nicht zu vergessen die Versicherer, Krankenhäuser und Ärzte bei Fragen des Outsourcens von Krankenhausabteilungen oder aber des Insourcens von niedergelassenen Ärzten in den Krankenhausbereich benötigen den Rat spezialisierter Medizinrechtler. Dieser Rat ist auch gefragt bei Fragen der Übernahme von Praxen, des Eintritts in ärztliche Kooperationen, bei Kooperationen mit nicht ärztlichen Berufsangehörigen, bei Fragen wirtschaftlicher Praxisführung, des Riskmanagements in Praxen und Krankenhäusern, die Implementierung von Compliance-Systemen in Einrichtungen des Gesundheitswesens, bei Vertragsärzten in Fällen der Wirtschaftlichkeitsprüfung ihrer Behandlungs- und Verordnungsweise, der Plausibilitätskontrolle ihrer ärztlichen Leistungserbringung, um nur einzelne Fragestellungen aufzuzeigen. Der Kanon der Fragestellungen im Medizinrecht ist aber sehr viel umfassender.

II. Berechtigung zum Führen

Für die Verleihung einer Fachanwaltsbezeichnung hat der Antragsteller gem. § 2 Abs. 1 FAO besondere theoretische Kenntnisse und besondere praktische Erfahrungen nachzuweisen.

Der Erwerb der besonderen theoretischen Kenntnisse setzt in der Regel voraus, dass der Anwalt an einem auf die Fachanwaltsbezeichnung vorbereitenden anwaltsspezifischen Lehrgang teilgenommen hat, der alle relevanten Bereiche des Fachgebiets umfasst.

Der Erwerb besonderer praktischer Erfahrungen auf dem Gebiet des Medizinrechts setzt voraus, dass der Anwalt innerhalb der letzten drei Jahre vor der Antragstellung im Bereich des Medizinrechts als Anwalt persönlich und weisungsfrei 60 Fälle bearbeitet hat, davon mindestens 15 rechtsförmliche Verfahren, davon wiederum mindestens 12 gerichtliche Verfahren, wobei sich die Fälle auf mindestens drei verschiedene Bereiche des § 14 b Nr. 1–8 FAO beziehen müssen, davon wiederum mindestens auf jeden der drei Bereiche drei Fälle. In diesem Zusammenhang soll nicht unerwähnt bleiben, dass die Fallzahl auf dem Gebiet des Medizinrechts eher niedrig angesetzt sein dürfte, sind doch im Verwaltungsrecht etwa 80 Fälle, davon mindestens 30 gerichtliche Verfahren, nachzuweisen, im Arbeitsrecht 100 Fälle, im Familienrecht 120 Fälle, im Bau- und Architektenrecht 80 Fälle, im Erbrecht 80 Fälle etc.

§ 14 b FAO listet die Bereiche auf, in denen der Medizinrechtler besondere Kenntnisse nachzuweisen hat. Auf diese Auflistung soll verwiesen werden, da sie schon eingangs im Wesentlichen aufgeführt worden ist.

Nur wenige Medizinrechtler werden auf der gesamten Breite aller Bereiche des Fachgebietes Medizinrecht tätig sein. Als „Medizinrechtler" im klassischen Sinne – im Gegensatz zum Fachanwalt – verstanden sich früher nur diejenigen, die die Kernbereiche zivil- und strafrechtliche Haftung, das Rechts der privaten und gesetzlichen Krankenversicherung einschließlich Vertragsarztrecht, das Berufsrechts der Heilberufe, das Vertrags- und Gesellschaftsrecht der Heilberufe und das Vergütungsrechts abzudecken vermochten. Andere werden sich auf den Spezialgebieten des Arznei- und Medizinprodukterechts, des Apothekenrechts, also Spezialgebieten des Medizinrechts, und ggf. des Krankenhausrechts betätigen. Jedenfalls ist heute die Subspezialisierung innerhalb des Medizinrechts in vollem Gange.

E.14 MEDIZINRECHT <- SPEZIALISIERUNG

III. Medizinrecht und Gesellschaft

Medizinrecht ist ein Betätigungsfeld für Anwälte, die zum einen Interesse an Medizin und medizinrechtlichen Fragestellungen haben, zum anderen in einem breiten – zu integrierenden – Fächerkanon aus unterschiedlichen Rechtsgebieten arbeiten und dabei herkömmliche juristische Disziplingrenzen überwinden wollen, ohne die spezifischen Kenntnisse der Einzeldisziplinen aufgeben zu wollen.

IV. Akquise

Die Mandantenstruktur im Medizinrecht ist inhomogen, sie umfasst Patienten, Ärzte, Zahnärzte, Angehörige anderer Heilberufe und Anbieter medizinischer Sach- und Dienstleistungen, Krankenhausträger, Versicherungen, Apotheker, Unternehmer, die Medizinprodukte oder Arzneimittel herstellen etc.

Akquisition im medizinrechtlichen Bereich ist ebenso schwierig wie in anderen Bereichen.

Als nützlich erweisen sich Vorträge bei Verbraucher- und Patientenverbänden, bei Ärztlichen Organisationen, im Krankenhausbereich etwa über Haftungsfragen, das Erstellen von Newslettern für in Betracht kommende Mandantengruppen, die gute Homepage, die potenziellen Mandanten zeigt, auf welchen Teilgebieten des Medizinrechts gearbeitet wird, und die Informationen zu wichtigen medizinrechtlichen Fragen enthält und ggf. auch Hinweise auf eigene Publikationen. Nicht zu unterschätzen: Eine gute Mandatsführung spricht sich rasch herum und bringt neue Kontakte.

V. Die AG Medizinrecht

Fortbildung im Bereich des Medizinrechts ist – wie in allen Rechtsgebieten – unabdingbar. Viele qualifizierte Seminaranbieter halten entsprechende Fortbildungsmaßnahmen bereit. Wer den Fachanwaltstitel führt, muss jährlich mindestens 15 Zeitstunden für Fortbildung nachweisen. Wichtig ist aber auch ein Erfahrungsaustausch mit anderen Medizinrechtlern. Die größte medizinrechtliche Vereinigung in Deutschland ist die Arbeitsgemeinschaft Medizinrecht im DAV, die zurzeit ca. 1.800 Mitglieder hat.

Die Arbeitsgemeinschaft Medizinrecht im DAV veranstaltet jährlich zwei 2-tägige Fortbildungsveranstaltungen und bietet eigene Seminare zu medizinrechtlichen Themen an. Sie gibt eine Schriftenreihe heraus und eine eigene medizinrechtliche Zeitschrift, die Zeitschrift für das Gesamte Medizin- und Gesundheitsrecht (ZMGR). Sie bietet aber gerade auch jüngeren Kolleginnen und Kollegen die Möglichkeit, im Dialog mit erfahrenen Medizinrechtlern das eigene Know-how zu verbessern.

E.15 Mietrecht und WEG

Rechtsanwalt Norbert Schönleber, Köln • Mitglied im Geschäftsführenden Ausschuss der Arbeitsgemeinschaft Mietrecht und Immobilien im DAV

I. Warum dieses Rechtsgebiet?

Mietrecht gehört wohl zu den Rechtsgebieten, von denen die Mitbürger am stärksten betroffen sind. Sofern kein bloßes Wohnen im selbst genutzten Eigentum vorliegt, wird man entweder als Mieter oder als Vermieter von den Auswirkungen des geltenden Mietrechts berührt.

Auch das Wohnungseigentumsrecht gewinnt zunehmend an Bedeutung, da es in Deutschland mittlerweile bereits rund 10 Mio. Eigentumswohnungen gibt, wie sich beim Zensus 2011 ergeben hat.

Der Umfang des anwaltlichen Einsatzes in diesem Bereich wird schon aus dem Umstand deutlich, dass sich z.B. allein beim Amtsgericht Köln rund 20 Abteilungen und beim Landgericht Köln zwei Kammern ausschließlich oder nahezu ausschließlich mit Mietrechtsfällen beschäftigen. Der Bereich Wohnungseigentumsrecht wird derzeit immerhin von derzeit drei Abteilungen des Amtsgerichts Köln und einer Kammer des Landgerichts Köln abgedeckt.

Wenn man sodann berücksichtigt, dass die Anwaltschaft bekanntlich den bei weitem größten Teil der Rechtsstreitigkeiten außergerichtlich regelt und darüber hinaus in zahlreichen Fällen nur eine Beratung gefragt ist, wird wohl deutlich, welch großer Bedarf für anwaltliche Tätigkeit in diesem Bereich besteht.

Mietrechtliche Mandate erstrecken sich für die meisten Anwälte überwiegend auf den Bereich des Wohnraummietrechts. Aus sozialen Erwägungen heraus haben hier sowohl der Gesetzgeber als auch die Rechtsprechung die Streit- und Gegenstandswerte beschränkt, um für die Beteiligten am Rechtsstreit die Kostenbelastung überschaubar zu halten. So ist z.B. beim Räumungsrechtsstreit der Gegenstandswert unabhängig von der Frage der restlichen Vertragslaufzeit oder dem Wert des zu räumenden Mietobjekts auf die Jahresmiete als Höchstbetrag beschränkt. Auch die Rechtsprechung neigt dazu, bei Mietauseinandersetzungen den Gegenstandswert eher im dreistelligen als im vierstelligen Bereich anzusiedeln, wenn Unterlassungs- oder Verpflichtungsansprüche geltend gemacht werden.

Dieser Umstand hat zur Folge, dass sich etablierte Kanzleien mit dem Mietrecht meist nur am Rand beschäftigen und dann häufig auch nur im Bereich der Gewerbemiete oder im Pachtrecht. Dies eröffnet jedoch gerade dem Anfänger die Möglichkeit, sich in diesem Gebiet zu spezialisieren und Marktnischen zu erobern.

E.15 MIETRECHT UND WEG <- SPEZIALISIERUNG

Eine wirtschaftlich einigermaßen auskömmliche Beschäftigung kann sich aber nur ergeben, wenn die Mandate effektiv und mit Sachkenntnis bearbeitet werden. Außerdem sollte der Einstieg über das Mietrecht genutzt werden, um im Verlauf der beruflichen Entwicklung sich weiteren Teilen des Immobilienrechts zu öffnen.

Der Verfasser dieses Artikels vertritt nämlich die Ansicht, dass das Mietrecht nur einen Teil des Immobilienrechts darstellt, wenn auch von der Zahl der Beratungs- und Streitfälle her sicherlich den bedeutendsten. Die Arbeitsgemeinschaft Mietrecht im DAV ist diese Richtung konsequent weitergegangen und hat bereits bei der Gründung im Jahre 1997 das Wohnungseigentumsrecht mit integriert.

Dies führte zur Beschäftigung mit weiteren immobilienrechtlichen Themen, sodass sich die Arbeitsgemeinschaft heute zutreffend nennt: Arbeitsgemeinschaft Mietrecht und Immobilien im DAV. Nähere Informationen findet man auf der Homepage www.mietrecht.net.

Jedenfalls auf Dauer lassen sich mietrechtliche Fragen und Problemstellungen nicht umfassend lösen ohne nähere Kenntnis des weitergehenden Immobilienrechts. So ergeben sich bereits zwischen Mietrecht und Wohnungseigentumsrecht zahlreiche Berührungs-, aber auch Konfliktpunkte.

Der Mieter als Mandant will z.B. wissen, welche Beschränkungen seiner Rechte sich durch den Umstand ergeben können, dass er im Wohnungseigentum wohnt. Durch Kauf der Wohnung kann der bisherige Mietermandant zum Mandanten mit zahlreichen Fragen aus dem Wohnungseigentum werden. Dass der Vermieter eines vermieteten Wohnungseigentums nicht nur Fragen aus dem Mietrecht stellt, versteht sich fast schon von selbst.

Beim Wohnungseigentum ist eine so deutliche Beschränkung der Gegenstands- und Streitwerte wie beim Mietrecht bislang nicht festzustellen, wenn auch die Rechtsprechung bereits in der Vergangenheit für eine Beschränkung im Bereich von besonders hohen Streitwerten gesorgt hat. Da im Bereich des Wohnungseigentums z.B. bei umstrittenen Instandsetzungsmaßnahmen oft höhere Summen auf dem Spiel stehen, ergibt sich häufig ein nicht ganz kleiner Gegenstands- bzw. Streitwert.

Allerdings hat der Gesetzgeber im Rahmen der WEG-Reform eine Reduzierung vorgenommen. Nach § 49a GKG darf der Streitwert das Fünffache des Wertes des Interesses des Klägers nicht überschreiten.

Es sollte im Rahmen der Beschäftigung mit dem Mietrecht sowie dem Wohnungseigentumsrecht nicht außer Acht gelassen werden, dass sich auf anderen Bereichen des Immobilienrechts für den Anwalt Betätigungsmöglichkeiten eröffnen, die nicht nur rechtlich sehr interessant sind, sondern auch eine auskömmliche berufliche Tätigkeit ermöglichen. Manche Beratungsfelder hat die Anwaltschaft aber leider mehr oder weniger kampflos anderen

E.15 Mietrecht und WEG

Berufsgruppen überlassen, wie dies ja auch schon auf dem Bereich des Steuerrechts vor vielen Jahren geschehen ist.

So werden sicherlich mehr individuell erstellte Gewerbe- und Pachtverträge von Steuerberatern als von Rechtsanwälten erstellt. Auch die Beratung im Bereich des Grundstücksrechts überlässt man in starkem Umfang den Notaren. Im letztgenannten Fall stellen aber zunehmend mehr Bürger fest, dass der Notar nun einmal schon aus berufsrechtlichen Gründen heraus nicht der Interessenwahrer beider Vertragsparteien sein kann.

Im Rahmen seiner Beurkundungsfunktion, die ihn zur Neutralität gegenüber den Vertragsparteien verpflichtet, kann er naturgemäß deren Interessen nicht so wahrnehmen, wie dies häufig gewünscht wird. Auch hier ergeben sich Beratungsfelder mit nicht unansehnlichen Geschäftswerten.

Weitere interessante Beratungsaufgaben ergeben sich im Bereich des Maklerrechts sowie auf dem Gebiet der Makler- und Bauträgerverordnung.

Im Rahmen der entfachten Diskussion über die Einführung weiterer Fachanwaltschaften ist dieser Beratungsmarkt vom DAV erkannt worden. Insbesondere die Arbeitsgemeinschaft Mietrecht und Immobilien hat sich sehr engagiert für die Einführung einer Fachanwaltschaft eingesetzt. Es war die einhellige Meinung der ganz überwiegenden Zahl der Mitglieder der Arbeitsgemeinschaft, dass sich eine solche Fachanwaltschaft nicht nur auf das Mietrecht beschränken sollte. Nach einigem Hin und Her hat dann die Satzungsversammlung auch die Fachanwaltschaft für Miet- und Wohnungseigentumsrecht ins Leben gerufen. Erfreulicherweise wurde dabei erkannt, dass sich die Spezialisierung sinnvollerweise nicht nur auf reines Mietrecht beschränken sollte. Eine weitere Öffnung in der Zukunft für das gesamte Immobilienrecht wäre durchaus wünschenswert.

Im Rahmen der Spezialisierung ist es nun die besondere Aufgabe der Anwaltschaft und ihrer Organe, aber auch jedes einzelnen Anwalts, dem rechtsuchenden Publikum deutlich zu machen, dass die besondere Leistung des qualifizierten Spezialisten nicht zu Gebühren erbracht werden kann, die nicht kostendeckend sein können.

Jede Anwältin und jeder Anwalt ist hier aufgefordert, diese Position im Beratungsmarkt auch engagiert zu vertreten. Die WEG-Reform hat der Anwaltschaft hier eine gute Argumentationsmöglichkeit geliefert. Wenn § 27 Abs. 2 Nr. 4 WEG ausdrücklich vorsieht, dass der WEG-Verwalter Vergütungsvereinbarungen oberhalb des gesetzlichen Streitwertes treffen kann, geht der Gesetzgeber ersichtlich zwanglos davon aus, dass die Anwaltschaft von einer solchen Möglichkeit auch Gebrauch machen darf und soll. Scheuen wir nicht davor zurück, dies auch zu nutzen.

E.15 Mietrecht und WEG <- Spezialisierung

II. Anforderungen an den Anwalt

Wie in allen Rechtsgebieten sind an die Beratungskompetenz des Anwalts heutzutage hohe Anforderungen gestellt. Der Mandant, der die Hilfe des Anwalts in Anspruch nimmt, erwartet zu Recht, dass der Anwalt sowohl die obergerichtliche Rechtsprechung als auch die Instanzrechtsprechung der lokalen Gerichte kennt. Er sollte mit der Entscheidungspraxis der Gerichte gut vertraut sein, damit er nicht nur die Erfolgsaussichten eines möglichen Rechtsstreits beurteilen kann, sondern hierauf auch seine Beratung sowie die außergerichtliche Verhandlungstaktik einstellt.

Der Rechtsstreit im Wohnungsmietrecht beschränkte sich in der Vergangenheit auf zwei Instanzen. Die Oberlandesgerichte entschieden nur in den Ausnahmefällen, in denen ein Landgericht einen Rechtsentscheid bei dem hierfür zuständigen Oberlandesgericht einholte. Dies führte naturgemäß zu einer starken Instanzrechtsprechung, die lokal deutliche Unterschiede aufwies.

Im Rahmen der ZPO-Reform, die zum 1.1.2002 in Kraft trat, ist der Rechtsentscheid abgeschafft worden, weil nach Ansicht des Gesetzgebers nun eine weitergehende Möglichkeit besteht, den Rechtsstreit auch vor die Obergerichte zu bringen. Da die Landgerichte in vielen Fällen die Revision zugelassen haben und weiterhin zulassen, musste sich der BGH schon mit einer Vielzahl von mietrechtlichen Entscheidungen beschäftigen.

Mittlerweile ergehen schon fast im Wochentakt Entscheidungen des BGH zu den großen und kleinen Problemen des Mietrechts. Hieran wird sich sicherlich in absehbarer Zeit noch nicht allzu viel ändern. Bis auch die letzte Streitfrage entschieden ist, wird noch einige Zeit vergehen.

Da den Entscheidungen des BGH naturgemäß besondere Bedeutung zukommt, muss der Anwalt diese Rechtsprechung zeitnah verfolgen. Dabei darf dann aber auch die regionale Rechtsprechung nicht aus dem Auge verloren werden. Dies bedeutet für den Anwalt einen nicht unerheblichen Fortbildungsaufwand. Mit dem gelegentlichen Studium einer Fachzeitschrift oder dem Besuch einer Fortbildungsveranstaltung nur alle zwei bis drei Jahre ist es sicherlich keinesfalls getan. Die verschiedenen Fachzeitschriften sowie zahlreiche Veranstaltungen, z.B. die der Arbeitsgemeinschaft Mietrecht und Immobilien, der DAA oder des Deutschen Mietgerichtstages, bieten aber ausreichende Fortbildungsmöglichkeiten.

Wie im Arbeitsrecht ist auch im Wohnungsmietrecht eine deutliche Polarisierung festzustellen. Viele Anwälte vertreten ausschließlich oder nahezu ausschließlich eine Seite. Dies beruht häufig auf dem Umstand, dass die mietrechtliche Auseinandersetzung in zahlreichen Fällen emotional stark befrachtet ist und die Mandantschaft es regelrecht als „Verrat" empfindet, wenn „die andere Seite" in größerem Umfang anwaltlich vertreten wird.

Spezialisierung -> E.15 Mietrecht und WEG

Im Bereich des Gewerbemietrechts findet sich eine solche Polarisierung praktisch nicht. Hier wird wohl eher eingesehen, dass Mieter und Vermieter nicht geborene Feinde sind, sondern Vertragspartner, die wechselseitig berechtigterweise ihre Interessen gewahrt sehen wollen. Es bleibt zu hoffen, dass das bislang noch häufig anzutreffende Feindbildsymptom sich auch im Bereich des Wohnungsmietrechts auf Dauer abbaut. Die Erweiterung auf den Bereich des Immobilienrechts wäre sicherlich geeignet, hier Schranken aufzubrechen.

Sowohl bei der Vertretung von Mietern als auch von Vermietern muss der Anwalt berücksichtigen, dass es nicht selten für den Mandanten um sehr elementare Dinge geht. Der Verlust der Wohnung auf Mieterseite bzw. die erhebliche finanzielle Einbuße bei einem zahlungsunfähigen Mieter auf Vermieterseite hat für den Mandanten schon erhebliche wirtschaftliche und persönliche Bedeutung. Er erwartet daher zu Recht, dass der Anwalt sich diesem Fall mit der gebotenen Gründlichkeit widmet. Auf der anderen Seite muss dem Mandanten auch deutlich gemacht werden, dass der Anwalt nun einmal nicht nur einen Fall bearbeitet.

Häufig stehen hinter dem eigentlichen Streit zwischen Mieter und Vermieter aber auch menschlich allzu menschliche Hintergründe. Hier muss der Anwalt die Autorität besitzen, dem Mandanten zu vermitteln, dass der Streit um den „Toilettendeckel" nicht zwingend der Nabel der Welt sein kann. Er muss deutlich machen, dass es sich bei dem Gegner um den Vertragspartner handelt, mit dem man ja meist noch eine Zeit lang auskommen muss und dessen Interessen ebenfalls gesehen werden müssen.

Mancher Streit lässt sich vermeiden, wenn dem Mandanten vermittelt wird, dass es vielleicht besser ist, einmal vorher mit dem Vertragspartner zu reden, bevor man eigenmächtig Tatsachen schafft.

Gerade angesichts der Beschränkung der Streitwerte im Bereich des Wohnraummietrechts sollte sich der Anwalt davor hüten, den Rechtsstreit mit neben der Sache liegenden Dingen zu befrachten, da nach deutschem Gebührenrecht ein Zeilenhonorar nicht vorgesehen ist und bei seitenlangen Schriftsätzen in Rechtsstreiten mit dreistelligem Streitwert ein Verdienst einfach nicht gegeben ist. Die Autorität eines qualifizierten Spezialisten ist sicherlich geeignet, hier vor allzu überzogenen Erwartungen der Mandantschaft weitgehend geschützt zu sein.

III. Mandantenstruktur

Einstellen muss sich der Anwalt auch auf die unterschiedliche Mandantenstruktur. Das Thema Mietrecht deckt durch seine weite Berührung nahezu den gesamten gesellschaftlichen Bereich ab. Der Anwalt begegnet hier sowohl dem vermietenden Chefarzt als auch dem von Arbeitslosigkeit betroffenen Mieter. Ihn sucht der hochbetagte Vermieter auf, aber auch der jugendliche Azubi mit Problemen in seiner ersten Mietwohnung. Der Anwalt berät daher

E.15 Mietrecht und WEG <- Spezialisierung

auf dem Gebiet nahezu alle Gesellschaftsschichten und auch Altersgruppen. Er muss dabei seine Beratung und sein Auftreten auf den jeweiligen Mandanten abstimmen.

Aufgrund der starken Öffentlichkeitsberührung wird das Thema Miet- und Wohnungseigentumsrecht sehr umfangreich abgehandelt. Dies reicht von der hoch qualifizierten Abhandlung im Spezialwerk bis zum teilweise grundfalschen Kurzbeitrag in der Boulevardpresse. Die Vorkenntnis des Mandanten ist dabei sehr unterschiedlich. Teilweise muss auch mit offenbar grundlegend verankerten Fehlvorstellungen aufgeräumt werden. Die Meinung, man könne sich z.B. durch Benennung von drei Nachmietern kurzfristig aus jedem Mietvertrag lösen, ist offenbar ebenso unausrottbar wie falsch.

IV. Mandantenakquisition

Der weite Verbreitungsbereich des Miet- und Wohnungseigentumsrechts eröffnet im Gegensatz zu vielen anderen Rechtsgebieten relativ weitgestreckte Möglichkeiten einer Mandatsanbahnung.

Wohl jeder findet in seinem Verwandten-, Freundes- und Bekanntenkreis Mieter und auch Vermieter. Die Vielzahl der Mietrechtsfälle eröffnet dem Anwalt, der sich in diesem Bereich spezialisiert, ein umfangreiches Betätigungsfeld. Jedenfalls der qualifizierte Spezialist hat die Möglichkeit, Verbände von Mietern oder Vermietern auf sich aufmerksam zu machen und auf diese Weise Mandate zu gewinnen. Auch Wohnungsunternehmen, Großvermieter, Verwalter und Wohnungseigentümergemeinschaften können auf diesem Weg gewonnen werden.

Einmal mehr ist auch hier allerdings die sorgfältige und sachkundige Vertretung der Mandanten die beste Reklame. Hier sollte der Anwalt auch darauf achten, die Mandantschaft gut zu „pflegen". Trotz weitgehenden Wegfalls des Werbeverbotes und der sich hieraus ergebenden Möglichkeiten ist die Empfehlung eines zufriedenen Mandanten immer noch die mit Abstand erfolgreichste Werbung.

Durch das weite Ausmaß des Rechtsgebiets, von dem nahezu jeder betroffen ist, ergibt sich naturgemäß ein hoher Multiplikatoreneffekt.

Wie immer bleibt es aber der Fantasie und den persönlichen Einstellungen und Möglichkeiten des Einzelnen überlassen, wie er seine Akquisition betreibt.

V. Vorstellung der Arbeitsgemeinschaft

Die Arbeitsgemeinschaft Mietrecht und Immobilien wurde auf Initiative des Verfassers anlässlich des Anwaltstages in Frankfurt im Jahr 1997 gegründet.

Sie erfreut sich zunehmender Beliebtheit im Rahmen der in diese Richtung hin spezialisierten Anwaltschaft und weist 20 Jahre nach Gründung bereits rund 3.000 Mitglieder auf. Sie gehört somit zu den größten Arbeitsgemeinschaften im DAV.

Die Arbeitsgemeinschaft hat sich zum Ziel gesetzt, die Fortbildung im Bereich von Mietrecht und WEG, aber auch im Immobilienrecht zu fördern und auch den Erfahrungsaustausch in der Kollegenschaft zu steigern. Übertriebenes „Grabendenken" soll dabei abgebaut werden. Dem rechtsuchenden Publikum soll vermittelt werden, dass der spezialisierte Anwalt der berufene Berater in diesem Rechtsbereich ist.

Großer Beliebtheit erfreut sich mittlerweile das Mitteilungsblatt der Arbeitsgemeinschaft – IMR Immobilien- und Mietrecht. Die Zeitschrift erscheint monatlich. Sie ist praxisnah und lesbar geschrieben und arbeitet wichtige Entscheidungen nachvollziehbar und mit wichtigen Praktikerhinweisen auf. Die Zeitschrift wird inzwischen auch vom Bundesgerichtshof zitiert.

Die IMR enthält interessante Beiträge und insbesondere Urteilsveröffentlichungen aus allen Bereichen des Miet- und Immobilienrechts. Für Praktiker werden wichtige Gerichtsentscheidungen auf einer Seite aufbereitet und kompakt und mit viel Praxisbezug kommentiert.

Auch die Homepage der Arbeitsgemeinschaft – erreichbar unter der griffigen Domain www.mietrecht.net – erfreut sich zunehmender Beliebtheit und wird wegen der aktuellen Beiträge gerne und viel besucht.

Die weitere Entwicklung der Fachanwaltschaft Miet- und Wohnungseigentumsrecht wird von der Arbeitsgemeinschaft ebenfalls intensiv begleitet.

Mehrere Fortbildungsveranstaltungen im Jahr, insbesondere die beliebte Herbstveranstaltung mit abendlichem Tischfußballturnier wird von den Kolleginnen und Kollegen gerne besucht, um sich qualifiziert fortzubilden und den bundesweiten Erfahrungsaustausch zu pflegen.

Jeder Anwalt, der am Miet- und Immobilienrecht interessiert ist, sollte sich daher nicht scheuen, der Arbeitsgemeinschaft beizutreten. Er hilft damit, die Bedeutung dieses Fachgebietes weiter zu steigern.

VI. Die wichtigste Literatur

Im Rahmen dieses Beitrages ist es aufgrund des zur Verfügung stehenden Platzes nicht möglich, eine vollständige Einführung in das Miet- und Immobilienrecht zu geben.

Wer eine kurze Einführung in das Mietrecht wünscht, kann auf den Beitrag des Verfassers im Beck'schen Rechtsanwalts-Handbuch „Mietrecht"[1] zurückgreifen. Ich habe hier ver-

---

1 Schönleber, § 19 Mietrecht, in: Heussen/Hamm, Beck'schen Rechtsanwalts-Handbuch, 11. Aufl. 2016.

E.15 MIETRECHT UND WEG <- SPEZIALISIERUNG

sucht, die Grundzüge des Mietrechts auf 40 schmale Seiten zu pressen. Auch hier kann nicht mehr als ein Grundriss vermittelt werden. Eingangs dieses Beitrages findet sich ein Hinweis auf wichtige Literatur, auf die ich verweisen darf.

Früher war die „Bibel" des Mietrechts der „*Sternel*"[2]. Da die Neuauflage sehr lange auf sich warten ließ, ist das Werk vom Kommentar *Schmidt-Futterer/Blank*[3] etwas verdrängt worden. Der *Schmidt-Futterer/Blank* ist mittlerweile in 13. Auflage erschienen und umfasst auf über 3.000 Seiten eine schon überwältigend zu nennende Fülle von Gerichtsentscheidungen und Kommentierungen.

Wenn man berücksichtigt, dass die 6. Auflage des *Schmidt-Futterer* gerade einmal 1.200 Seiten umfasste, sieht man deutlich, wohin die Reise geht. Derart umfassende Kommentierungen haben verständlicherweise auch ihren Preis.

Wer zunächst noch nicht viel Geld anlegen will, kann sich einen Überblick auch aus dem regelmäßig aktualisierten „Mieterlexikon" des Deutschen Mieterbundes verschaffen. Das Werk wendet sich zwar vornehmlich an interessierte Laien, enthält aber zahlreiche Fundstellen, auf die man zurückgreifen kann.

So mancher geplagte Richter, dem von Gerichtsseite wegen der Kosteneinsparung nur ein alter *Palandt* zur Verfügung stand, soll sich hier schon sachkundig gemacht haben.

Im Bereich des Wohnungseigentumsrechts kann man sich einen preisgünstigen und sehr vollständigen Überblick über die grundsätzlichen Fragen verschaffen im Werk von *Horst Müller* „Praktische Fragen des Wohnungseigentums"[4] aus der NJW-Schriftenreihe. RA Müller ist im Übrigen auch Mitglied des Geschäftsführenden Ausschusses der Arbeitsgemeinschaft Mietrecht und Immobilien.

„Bibel" des Wohnungseigentumsrechts ist der Kommentar *Bärmann*[5], bereits in 13. Auflage erschienen und rund 1.800 Seiten „stark".

Wer gar nach den „Sternen" greifen will, kann aber auch bei entsprechendem Preis auf die dreibändige Teilausgabe des Staudinger zum WEG zurückgreifen.

Führende Fachzeitschrift ist die vom Mieterbund herausgegebene Zeitschrift „Wohnungswirtschaft und Mietrecht", die auf ein Bestehen von über 70 Jahren zurückblicken kann.

Die vom C. H. Beck Verlag herausgegebene Zeitschrift „NZM" findet aber zunehmend Verbreitung, da sie sich nicht nur auf das Mietrecht beschränkt, sondern auch immobilienrechtliche Themen behandelt. Da sie 14-tägig erscheint, ergibt sich eine hohe Aktualität.

---

2 *Sternel*, Mietrecht aktuell, 4. Aufl. 2009.
3 *Schmidt-Futterer/Blank*, Mietrecht, 13. Aufl. 2017.
4 *Müller*, Praktische Fragen des Wohnungseigentums, 6. Aufl. 2015.
5 *Bärmann*, WEG, 13. Aufl. 2015.

SPEZIALISIERUNG -> **E.15 MIETRECHT UND WEG**

Die Entscheidungen des BGH findet man sogar tagesaktuell und kostenfrei unter www.bundesgerichtshof.de.

Für weitere Literatur darf ich auf meine Auflistung im Rechtsanwaltshandbuch verweisen.

E.16 Migrationsrecht

Rechtsanwalt Thomas Oberhäuser, Ulm • Vorsitzender der Arbeitsgemeinschaft Migrationsrecht im DAV

Dieser Ratgeber enthält einen Abschnitt über das verwaltungsrechtliche Mandat und es versteht sich, dass vieles, was dort gesagt ist, hier gilt und nicht wiederholt wird. Dieser Beitrag ist eine Ergänzung.

Wenn im Folgenden vom Migrationsrecht die Rede ist, so soll dabei nicht nur an das Ausländer- und Asylrecht im engeren Sinn, sondern auch an das Staatsangehörigkeitsrecht, das Berufserlaubnisrecht, soweit es Ausländer besonders betrifft, das Arbeitserlaubnisrecht sowie das einschlägige Unions- und Völkervertragsrecht gedacht werden. Ebenso ist das Vertriebenenrecht Teil der Materie und nicht selten sind sozialrechtliche Bezüge vorhanden. Kurz: Es handelt sich um alle öffentlich-rechtlichen Rechtsgebiete, die an der Eigenschaft als Nicht-Deutscher, als „Ausländer" anknüpfen.

Wenn vom „Anwalt" die Rede ist, ist dies als Gattung zu verstehen; die Kolleginnen sind mitgenannt. Ihnen ist allerdings ein gesonderter Abschnitt gewidmet.

I. Das Rechtsgebiet

1. Aufenthaltsrecht

Ausländerrecht, so die frühere Bezeichnung des Aufenthaltsrechts, war jahrzehntelang nahezu ausschließlich Ordnungsrecht und in diesem Sinne Besonderes Polizeirecht. Von dieser auf „Gefahrenabwehr" gerichteten Sichtweise wird das Rechtsgebiet auch heute noch geprägt, wenngleich der immer drängendere Bedarf an ausländischen Fachkräften in einer älter werdenden Gesellschaft inzwischen den Fokus vermehrt auf die Forderung nach weiterer Zuwanderung aus dem Ausland lenkt. Gleichwohl dominieren in der täglichen Arbeit die Abwehr behördlicher Zwangsmaßnahmen, das Einfordern und Durchsetzen von Ansprüchen, nicht aber die gemeinsame Suche nach Lösungen, die im allgemeinen Interesse liegen. Symptomatisch hierfür ist ein rigides Visaregime, das die Nachholung eines unterlassenen Visumverfahrens regelmäßig auch dann fordert, wenn zwar feststeht, dass ein Anspruch auf Einreise besteht, aber nur, wenn der Ausländer zuvor wieder ausgereist ist. Solange er sich noch im Inland aufhält, soll er hingegen wegen der Verletzung von Visavorschriften keinen Anspruch darauf haben, hierzubleiben. Das System besteht also um seiner selbst willen, nicht aber wegen sonstiger öffentlicher Interessen.

Eine solche Sichtweise ist dem Recht der Europäischen Union fremd. Auch deshalb spielt dieses im Migrationsrecht eine wichtige, oftmals sogar überragende Rolle. Weite Bereiche des Aufenthaltsrechts einschließlich Visabestimmungen und Rückführungsvorschriften sind „vergemeinschaftet", also von der Europäischen Union durch europäische Gesetze – zumeist Richtlinien und Verordnungen – geregelt. Und für türkische Staatsangehörige und ihre Familienangehörigen streitet – noch – das Assoziationsrecht, das auch über 30 Jahre nach seinem Inkrafttreten den Behörden viele Rätsel aufgibt, sofern es überhaupt erkannt wird. Das Unionsrecht ist daher für das Migrationsrecht wie für kaum ein anderes Rechtsgebiet prägend und bestimmend. Das führt dazu, dass für die Lösung eines Falles stets nicht nur das nationale, sondern besonders sorgfältig auch das Unionsrecht zu prüfen ist, zumal dieses nicht selten unvollständig oder fehlerhaft ins nationale Recht umgesetzt wurde. Mit dieser Feststellung geht eine gewisse Rechtsunsicherheit einher, da sich europarechtlich begründete Ansprüche nicht alleine durch einen Blick ins Gesetz erkennen lassen. Beherrscht der Anwalt allerdings das Unionsrecht, ist er den meisten Behörden weit voraus.

2. Asylrecht

Das Asylrecht ist ebenfalls von einer auf Abwehr ausgerichteten Sichtweise, allerdings inzwischen fast vollständig europäisch geprägt: Von den Bedingungen der Aufnahme Schutzsuchender bis zu ihrer Anerkennung oder einer Aufenthaltsbeendigung sind vorrangig Rechtsregeln der EU zu beachten. Doch damit nicht genug: Bei der Bestimmung des für die Bearbeitung eines Asylantrags zuständigen Mitgliedstaats ist mit der Dublin III-Verordnung ein weiterer Rechtsakt der EU relevant. Insoweit sind auch die Bedingungen für Schutzsuchende und Anerkannte in anderen Mitgliedstaaten in den Blick zu nehmen, denn eine Überstellung in einen Staat, in dem ihre grundlegenden Rechte nicht gewahrt werden, ist unions- und menschenrechtlich unzulässig. Damit geht ein praktisches Problem einher: Erkenntnisse zu Asylverfahren in anderen Mitgliedstaaten und der Behandlung von Schutzsuchenden dort sind oft äußerst zurückhaltend formuliert, handelt es sich doch um einen eng befreundeten Staat.

Diesem und weiteren Problemen steht der Anwalt auch bei der Prüfung des materiellen Asylanspruchs gegenüber. Die Erkenntnislage zu den Herkunftsstaaten der Schutzsuchenden variiert beachtlich. Die Auswertung von Erkenntnismitteln fordert Zeit und die Disziplin, Aktuelles stets sorgfältig aufzunehmen und abzuspeichern. Jedes Land hat Spezifika, die zu kennen wichtig sind, schon um die Glaubwürdigkeit eines Antragstellers und eine vorgetragene Gefahrenlage einschätzen zu können. Ohne Landeskenntnisse sind Asylverfahren Glückspiel. Oft genug allerdings auch dann, wenn solche Kenntnisse vorhanden sind. Denn die Einstellung des Entscheiders – gleich ob des Bundesamts oder des Gerichts – prägt dessen Sichtweise so sehr, dass letztlich „alles" von ihm abhängt.

3. Staatsangehörigkeitsrecht

Den vermeintlichen Abschluss des ausländer- und asylrechtlichen Mandats bildet im glücklichsten Fall das Verfahren auf Einbürgerung. Doch auch der deutsche Staatsangehörige – gleich ob eingebürgert oder als Vertriebener anerkannt – hat nicht selten ausländerrechtliche Probleme, wenn es um seine Familienangehörigen geht. Der Ehegatten- und Kindernachzug zu Deutschen bereitet mitunter Schwierigkeiten, die erst glaubt, wer sie erlebt.

E.16 MIGRATIONSRECHT <- SPEZIALISIERUNG

Dass beispielsweise jeder hier lebende Deutsche beim Zuzug von Familienangehörigen schlechter behandelt wird als ein hier lebender Unionsbürger aus einem anderen Mitgliedstaat, ist schon schwer erträglich. Dass der Deutsche beim Ehegattennachzug aber teilweise schlechter behandelt wird als ein „privilegierter Drittstaatsangehöriger", kann nur noch als Skandal bezeichnet werden. So muss beispielsweise die brasilianische Ehefrau eines in Deutschland lebenden Japaners, Kanadiers oder Australiers vor der Einreise keine Sprachkenntnisse nachweisen, während dies von der brasilianischen Ehefrau eines Deutschen verlangt wird und zu einer oft erheblichen Verzögerung des Zuzugs führt.

Das Rechtsgebiet ist reich an Beispielen für die Diskriminierung eigener Staatsangehöriger und bietet vielfältige Möglichkeiten, Erfahrungen mit unzureichend durchdachten Gesetzen zu machen.

II. Lohnt die Spezialisierung?

Migrationsrecht ist in weiten Bereichen Minderheitenschutzrecht. Es betrifft nur eine Minderheit der inländischen Wohnbevölkerung und häufig diejenigen, die in besonderem Maße Schutz bedürfen. Wer sich als Fürsprecher in diesem Sinne bewähren möchte, für den ist eine Spezialisierung nicht nur möglich, sondern geradezu zwingend. Erschwert wird dies allerdings zunächst dadurch, dass das Rechtsgebiet in der Ausbildung ein Schattendasein fristet. Eigeninitiative ist gefragt und – auch später – unverzichtbar.

Andererseits erlebt das Rechtsgebiet derzeit einen Boom. Das Bewusstsein für die Nöte Schutzsuchender ist seit dem Jahr 2015 in der Zivilgesellschaft erheblich gewachsen. In gleichem Maße gestiegen ist die Empörung über Entscheidungen, die als zumindest im Einzelfall ungerecht empfunden werden und mit anwaltlicher Unterstützung angegriffen werden sollen. Hinzu kommen eine große Zahl Schutzsuchender, denen das Bundesamt für Migration und Flüchtlinge keinen oder nicht den richtigen Schutzstatus zuspricht, die Probleme mit einer Beschäftigungserlaubnis oder dem Familiennachzug haben, um nur ein paar Beispiele aufzuzeigen. Auch die Aktivitäten des Gesetzgebers führen zu erhöhten Arbeitsanfall: Hektisch beschlossene, oft ersichtlich ungerecht erscheinende, zumindest unausgewogene und mit Verfassungs- sowie Unionsrecht nur bedingt vereinbare gesetzliche Regelungen (zB Wohnsitzauflagen, Suspendierung des Familiennachzugs für subsidiär Schutzberechtigte, partieller Ausschluss von Unionsbürgern beim Bezug von Leistungen nach SGB II oder XIII) führen zu Entscheidungen, deren Rechtmäßigkeit zweifelhaft ist und im Instanzenzug geklärt werden muss.

Bedenkt man die große Zahl seit 2015 eingereister Schutzsuchender und die überschaubare Zahl der Fachanwälte für Migrationsrecht und anderer Spezialisten, ist zu konstatieren: Der Bedarf an guten, engagierten und fachkundigen Anwälten wird über Jahre hin nicht gedeckt werden können. Dies liegt, wie gesagt, an der geringen Bekanntheit der Rechtsmaterie, die in der Ausbildung keine oder eine nicht ansatzweise ihrer Bedeutung für das gesellschaftliche Leben gerecht werdende Bedeutung spielt – trotz erheblicher medialer Präsenz.

SPEZIALISIERUNG -> E.16 MIGRATIONSRECHT

Ein Ausdruck hierfür sind die wenigen Lehrstühle, die sich in Deutschland mit Migrationsrecht beschäftigen. Aber es liegt auch an der vermeintlich geringen finanziellen Lukrativität des Rechtsgebiets, weshalb es größere oder große Kanzleien meist nicht anbieten.

Außerdem verlangt das Rechtsgebiet nicht nur politisches Interesse und große Aufmerksamkeit, sondern in erheblichem Umfang Kreativität, Ausdauer und die Fähigkeit, mit Niederlagen umzugehen, mögen sie noch so ungerecht erscheinen. Außer allgegenwärtigen unionsrechtlichen Einflüssen, die sich oft nur unvollständig in nationalen Vorschriften widerspiegeln, unterliegt das Rechtsgebiet starken politischen Einflüssen und einer nicht selten hastigen, auf vermeintliche Missstände reagierenden Gesetzgebung, die gerne einmal „das Kind mit dem Bade ausschüttet" und dem Migrationsrechtler stetes Bemühen abverlangt, Änderungen der Gesetze, des europäischen Rechts oder der Rechtsprechung nachzuvollziehen und vorausschauend für die eigenen Arbeit fruchtbar zu machen. Bis grundsätzliche Rechtsfragen formuliert und letztinstanzlich entschieden werden, hat sich nämlich die ihnen zugrunde liegende Rechtslage oft schon geändert. Wer auf „höchstrichterliche Entscheidungen" setzt, wird schon deshalb oft enttäuscht. Aber auch, weil die behördliche und manchmal die gerichtliche Sicht auf Ausländer als „Gefahr" zu einer Überbetonung vermeintlicher öffentlicher Interessen führt, die mit Grund- und Menschenrechten oftmals nicht zu vereinbaren ist. Wer sich dann nicht als Wahrer der Menschenrechte versteht, die es gegen den Staat durchzusetzen gilt, wird als Migrationsrechtler wohl nicht glücklich werden.

Wer all dies mitzumachen bereit ist, muss mit weiterer Unbill kämpfen. Nicht wenige Mandanten leben in sozial prekären Verhältnissen und sind – auch deshalb – oft in einer rechtlich schwachen Position. Dann ist die Bezahlung eines Anwalts ebenfalls problematisch. Hier gilt es viel Gefühl und Gespür beim Mandantengespräch zu entwickeln, um nicht in allzu vielen Fällen „rote Zahlen" zu schreiben. Ganz vermeiden lässt sich dies ohnehin nicht. Die gesetzlichen Gebühren im Asylverfahren sind bis vor Kurzem so gering gewesen, dass ein Stundensatz von 25 EUR (vor Steuern und Kanzleikosten) eher die Regel denn die Ausnahme war. Auch jetzt, nach Erhöhung des Gegenstandswerts auf den Regelstreitwert, sind sie in vielen Fällen nicht kostendeckend. Allerdings gibt es durchaus lukrativere Mandate, z.B. bei der Einbürgerung oder bei der Vertretung von Firmen, die an ausländischen Mitarbeitern interessiert sind. Gleichwohl lässt sich eine Kanzlei, die im Migrationsrecht tätig ist, ohne entsprechende Mehrarbeit für „defizitäre" Fälle nicht führen, jedenfalls dann nicht, wenn man nicht bereits einen überragenden Ruf genießt. Auf der anderen Seite dieser Medaille steht der – fast schon erschreckend hohe – Bedarf an Rechtsrat in diesem Fachgebiet, der vom „Markt" bislang nur ungenügend befriedigt wird. Wer sich auf Migrationsrecht spezialisiert, wird deshalb über fehlende Nachfrage nach seiner Rechtskenntnis nicht klagen können.

Ein letztes Hemmnis für eine Spezialisierung soll ebenfalls nicht verschwiegen werden: Der Kontakt zu im Migrationsrecht erfahrenen Kolleginnen und Kollegen ist anfangs äußerst spärlich. Zum einen gibt es nur in den Großstädten zahlreiche Anwälte, die dieses Rechtsgebiet bearbeiten. Vor allem aber stehen dem Migrationsrechtler auf der „Gegenseite" stets

E.16 MIGRATIONSRECHT <- SPEZIALISIERUNG

Behörden, keine Kollegen gegenüber. Wer bei Einzelfragen unsicher ist und keinen Kollegen um Rat fragen kann, steht oft vor Rätseln. Umso wichtiger ist die aktive Kontaktsuche und insbesondere der Beitritt zu einer Anwaltsorganisation, die in diesem Bereich tätig ist.

Hat man den Weg zum Migrationsrecht gefunden, eröffnen sich allerdings ganz beachtliche, oftmals neue Horizonte. Mandanten kommen aus aller Herren und Damen Länder. Die Problemlösung zwingt zur Beschäftigung mit den gesellschaftlichen Verhältnissen – auch in Deutschland und anderen Ländern Europas – sowie mit der Mentalität in den Herkunftsländern. Das gilt nicht nur für das Flüchtlingsrecht. Weltumspannende Beziehungen können entstehen. Intime Länderkenntnis erleichtert und verbessert die Arbeit. Der Migrationsrechtler ist eine andere Art Global Player. Vor allem aber erlebt er hautnah das Schicksal eines Menschen, der ihm vertraut – was die Angst vor einer Abschiebung in eine dunkle Zukunft, als auch das Glück betrifft, vor einer solchen Zukunft bewahrt worden zu sein. Und erfolgreiche Auftragserledigung, oft schon richtige und aufrichtige Beratung, führt zu einem ungewöhnlichen Maß an Dankbarkeit und Anhänglichkeit.

III. Als Anwältin zum Ausländer- und Asylrecht?

Verschwiegen werden soll nicht das Problem, auf das eine Anwältin stoßen kann. Viele der Mandanten stammen aus einem eher traditionellen, patriarchalisch geprägten Umfeld. Sich von „Frauen etwas sagen zu lassen", fällt nicht leicht. Der Weg zu einer Anwältin statt zu einem Anwalt ist deshalb nicht selten schwer. Bereits der Ruf der Anwältin vermag solche Mandanten von ihren Vorurteilen allerdings schnell abzubringen: Dann geht es ihr nicht anders als ihren männlichen Kollegen. Sie wird sich über Zulauf nicht beklagen können. Und für die Anfangsphase kann ihr zugutekommen, dass misshandelte Frauen sich leichter an sie als an einen männlichen Kollegen wenden, so dass sich hierüber sogar leichter eine gewisse Bekanntheit erreichen lässt. Jedenfalls belegen zahlreiche anerkannte Expertinnen im Migrationsrecht das Bestehen der Möglichkeit, sich als Anwältin einen Namen zu machen.

IV. Wie kommt man zum ausländerrechtlichen Mandat?

Das ist kurz gesagt: Die Werbung treiben die zufriedenen Mandanten. Richtig, das ist immer so, aber „die Ausländer" leben enger zusammen, jeweils in ihren Kreisen, mit etwas Pathos kann man es den Zusammenhalt in der Diaspora nennen. Da spricht sich erfolgreiche Tätigkeit schnell herum. Dazu kommt, dass die Menschen des afrikanischen und des asiatischen Kontinents sich weniger an Einrichtungen, Büros, Institutionen wenden wollen, sondern immer an eine bestimmte Person. Hat diese nicht nur Fachkenntnis bewiesen, sondern kennt sie Land und heimische Mentalität des Auftraggebers, dann ist kaum ein Weg zu weit.

V. Besonderheiten des Mandats

Kein Schriftsatz ohne vorherige Akteneinsicht! Die Bedeutung dieser allgemein im Verwaltungsrecht bestehenden Regel kann nicht genug betont werden. Ein Klassiker mag dies belegen: die Aussage des Mandanten, er sei niemals „straffällig" geworden. Wenn sich seiner Akte entnehmen lässt, dass gegen ihn eine Geldstrafe verhängt wurde, führt dies – allerdings erst dann – zur Ergänzung, dass die Strafe doch bereits bezahlt sei und deshalb keine Rolle mehr spielen dürfe. Selbst wenn solchen Darstellungsdefiziten keine Wertungen vorangehen, können Mandanten oft gar nicht erkennen, was aktenkundig ist. Ob Anträge verspätet gestellt wurden, gestellte Anträge nicht bearbeitet sind oder Auskünfte von Sicherheitsbehörden das Vorliegen von Ausweisungsgründen nahelegen, lässt sich verbindlich allein aufgrund einer Akteneinsicht erkennen. Ohne diese einen Antrag zu begründen, ist fast immer fahrlässig.

Daneben ist im Asylrecht – auch in vermeintlich rein formelle Fragen betreffenden Dublin-Verfahren – stets eine ausführliche Erörterung mit dem Mandanten unabdingbar. Diese ist nicht selten langatmig, setzt viel Einfühlungsvermögen voraus und leidet fast immer darunter, dass ein Dolmetscher zwischengeschaltet wird. Erst recht, wenn sich aus finanziellen Gründen ein Familienangehöriger bereitgefunden hat, zu übersetzen. Selbst dem erfahrensten Anwalt bleiben nach solchen Gesprächen häufig Zweifel, wie viel von dem verstanden wurde, was mitgeteilt wurde, und ob nicht Wesentliches bei dieser Form der (Dreiecks-)Kommunikation auf der Strecke blieb. Hinzu kommt ein meist erheblicher Zeitdruck, unter dem im Asylrecht gearbeitet werden muss. Nicht nur sind Zweiwochenfristen die Regel, zum Teil auch noch kürzere Fristen. Vor allem sind die gesetzlichen Gebühren so gering, dass schon eine erste Beratung nicht mehr kostendeckend ist und alle weiteren Beratungen das wirtschaftliche Defizit erhöhen, was nicht eben motiviert.

Auch der Umstand, wer „Gegner" ist, verdient Beachtung. Im Regelfall ist die Sachkompetenz der Behörde nicht zu unterschätzen, ebenso wenig der Umstand, dass hinter den meisten Behörden ein ganzer Apparat steht, der im Bedarfsfall der Ausgangsbehörde mit Rat, gegebenenfalls auch mit Tat zur Seite steht. Hinzu kommt, dass die Ablehnung eines Antrags durch die Behörde diese nichts kostet, der Kampf gegen die Ablehnung aber mit erheblichen Kosten verbunden sein kann. Wird, wie in rechtswidriger, aber häufiger Praxis, Prozesskostenhilfe erst nach sorgfältiger Prüfung der Akte und der Erfolgsaussichten der Klage kurz vor der mündlichen Verhandlung bewilligt, besteht lange Zeit keine Gewissheit, dass der Anwalt zumindest die verringerten Gebühren aus der Staatskasse erhält. Das finanzielle Risiko einer Auseinandersetzung mit der Behörde stellt folglich eine für den Mandanten oft hohe Hürde dar. Auch insoweit muss der Anwalt Fingerspitzengefühl entwickeln, bei beengten finanziellen Verhältnissen ein Verfahren führen zu können, das der Um- und Durchsetzung der Rechte des Mandanten dient.

E.16 Migrationsrecht <- Spezialisierung

VI. Fazit

Allen Widrigkeiten zum Trotz: Das Migrationsrecht ist ein so vielschichtiges, dynamisches, gesellschaftlich relevantes und für die Mandanten meist existenziell bedeutsames Rechtsgebiet, dass die Beschäftigung mit ihm nicht nur intellektuell fordern, sondern auch zutiefst berühren kann. In welchem anderen juristischen Bereich steht ein Anwalt jemals einem Mandanten zur Seite, der dem Tod oder schwersten Gesundheitsgefahren ins Auge sehen muss, wie im Asylrecht? Wo anders kämpft man darum, Familien nicht „nur" vor dem Zerreißen zu bewahren, sondern sie überhaupt erst zusammenkommen zu lassen? Und nicht zuletzt: In welchem anderen Rechtsgebiet prägt nicht das Konkurrenzdenken, sondern die kollegiale Hilfe den Kontakt mit Kollegen? Man wird, weil alle ähnliche Erfahrungen mit behördlichen und gerichtlichen Entscheidungen machen, schnell Teil einer „verschworenen Gemeinschaft". Einer, der Solidarität und Kampf um mehr Rechtsstaatlichkeit oft wichtiger ist als ein rechtzeitiger Feierabend. Einer, die Kraft und Mut geben kann, im Bemühen um Gerechtigkeit nicht nachzulassen. Einer vielleicht anachronistischen, aber immer wichtiger werdenden Gruppierung, auch innerhalb der Anwaltschaft.

VII. Die Büroorganisation

Wer den Weg zum Migrationsrecht gefunden hat, steht vor der Frage, welche Literatur angeschafft werden sollte. Die Antwort hierauf hängt in erster Linie von der Verfügbarkeit elektronischer Medien ab. Insbesondere „beck-online" bietet ein ausländerrechtliches Modul an, das zahlreiche Kommentare und sogar ein Formularhandbuch enthält. Wer Wert auf Papierform legt, dem kann in erster Linie der *Hofmann*, Ausländerrecht, 2. Aufl. 2016 (die 3. Aufl. erscheint voraussichtlich Anfang 2020) empfohlen werden, in dem nahezu das gesamte Rechtsgebiet von namhaften Praktikern erläutert wird. Sehr zu empfehlen sind auch der Kommentar von *Renner* und von *Fritz/Vormeier*, die mit dem **Gemeinschaftskommentar** zum Aufenthaltsgesetz eine mit allen Vor- und Nachteilen verbundene Loseblattsammlung herausgeben, die umfassend und fundiert die meisten Normen des Aufenthaltsgesetzes kommentiert. In der gleichen Reihe gibt es Kommentare zum Staatsangehörigkeitsrecht und zum Asylverfahrensgesetz, die eine Anschaffung ebenfalls lohnen. Für einen kurzen Überblick über die Normen gut geeignet ist der *Huber*, Aufenthaltsgesetz, 2. Aufl. 2016, und das Formularhandbuch von *Marx*, Ausländer- und Asylrecht, 3. Aufl. 2016.

Im Asylverfahrensrecht kann eigentlich alles empfohlen werden, was *Marx* verfasst hat, insbesondere für den Einstieg sein Werk „Aufenthalts-, Asyl- und Flüchtlingsrecht", 6. Aufl. 2017 sowie sein Kommentar zum Asylgesetz, derzeit 9. Aufl. 2017. Um die Meinung „der Gegenseite" zu erfahren, empfehlen sich Kommentare von *Hailbronner*, *Kloesel/Christ/Häußer* und *Kluth/Heusch*.

Ohne Weiteres im Internet zu finden ist die „Allgemeine Verwaltungsvorschrift zum Aufenthaltsgesetz" vom 26.10.2009 (GMBl. S. 878), die „Bibel" der Ausländerbehörden.

SPEZIALISIERUNG -> E.16 MIGRATIONSRECHT

Wärmstens zu empfehlen sind ferner drei Fachzeitschriften: der Informationsbrief Ausländerrecht, die Zeitschrift für Ausländerrecht und Ausländerpolitik (ZAR) und, vor allem, die ANA-ZAR, die Anwaltsnachrichten in der ZAR, die von der Arbeitsgemeinschaft Migrationsrecht im Deutschen Anwaltverein herausgegeben wird und aktuelle, insbesondere für die anwaltliche Tätigkeit hilfreiche Entscheidungen prägnant darstellt, außerdem mit Aufsätzen und kurzen Beiträgen bedeutsame Problemkreise beleuchtet. Der Bezug dieser Zeitschrift und der dort angesprochenen Dokumente ist für Mitglieder der Arbeitsgemeinschaft Migrationsrecht im DAV kostenfrei. Im Übrigen können die Ausgaben, allerdings nicht die Dokumente, über die Homepage der Arbeitsgemeinschaft abgerufen werden.

Wer einen umfassenden Überblick zu allen im Migrationsrecht auftretenden Rechtskreisen erhalten will, kann auch einen der Fachanwaltskurse Migrationsrecht besuchen, die zwar preiswert, aber nicht günstig sind und sich deshalb vor allem lohnen, wenn der Weg ins Migrationsrecht keiner bloß spontanen Idee entsprungen ist, sondern ihm ein gewisses Maß an Überzeugung zugrunde liegt.

Die Arbeitsgemeinschaft Migrationsrecht im DAV führt im Übrigen im gesamten Bundesgebiet sowie gelegentlich im EU-Ausland Fortbildungen durch und engagiert sich durch Anregungen von Vertragsverletzungsverfahren, Stellungnahmen und Vorträgen auch rechtspolitisch. Eine Mitgliedschaft ist schon deshalb anzuraten, weil nur und erst ein Austausch mit Kolleginnen und Kollegen viele Ansatzpunkte erfolgreicher anwaltlicher Tätigkeit im Migrationsrecht ermöglicht, zumindest aber erleichtert. Weiterführend siehe hier: http://dav-migrationsrecht.de.

E.17 Sozialrecht

Rechtsanwalt Prof. Ronald Richter, Hamburg • Vorsitzender der Arbeitsgemeinschaft Sozialrecht im DAV und Mitglied des Ausschusses Sozialrecht des DAV

I. Was ist Sozialrecht?

Die Antwort auf diese Frage beginnt – so könnte man meinen – mit einer „Antiwerbung": Der Begriff des „Sozialrechts" ist unscharf, mehrdeutig und auch missverständlich. Die Sozialrechtlerin oder der Sozialrechtler hat daher sowohl den Kolleginnen und Kollegen als auch den Mandanten zu erklären, welche Mandate oder Fälle bearbeitet werden, wie die tägliche rechtliche Arbeit überhaupt aussieht. Diese Tatsache mag gerade am Anfang verwirrend sein, wird aber während der Tätigkeit in diesem Rechtsgebiet reich belohnt: Obwohl das „Sozialrecht" eine der Rechtsmaterien der Zukunft ist, findet es sich nicht auf dem Radarschirm der meisten Rechtsanwältinnen und Rechtsanwälte.

In der Frage der „Gerechtigkeit" und des „Respekts vor dem Einzelnen" wird sich die Zukunft der demokratisch verfassten Rechtsstaaten – unseres Gemeinwesens – entscheiden. Die Regelung der „individuellen Ansprüche des Einzelnen an das Kollektiv" wird so zum Prüfstein der „Freiheit" eines jeden – und jeder von uns steht auch auf den beiden gegensätzlichen Positionen in sozialrechtlichen Fragen: als Leistungsempfänger oder als Beitragszahler. In Zeiten knapper staatlicher und privater Kassen zeigt sich das Sozialrecht als „zufällig anderweitig geregeltes – ausgelagertes – Wirtschaftsrecht".

Sozialrecht ist ein neues Rechtsgebiet. Es entstand als Antwort des 20. Jahrhunderts auf die soziale Frage des 19. Jahrhunderts und steht nun vor den Herausforderungen des 21. Jahrhunderts. Was können, was wollen wir uns an sozialer Sicherheit leisten, wenn sich der Bevölkerungsaufbau dramatisch verändert, heißt wohl die derzeit drängendste politische Frage.

„Sozialrecht" ist nicht „soziales Recht". Das Recht für ein soziales Miteinander zu regeln, ist Gegenstand unserer gesamten Rechtsordnung. Mietrecht oder Verbraucherschutz, die Rechte der Arbeitnehmer, die sozialen Rechte im Steuerrecht (z.B. das Existenzminimum) sind soziale Rechte, aber kein Sozialrecht.

Sozialrecht hat dagegen die „soziale Sicherheit" anzustreben und zu verwirklichen. Soziale Sicherheit des Einzelnen in allen Existenzfragen des Lebens, also etwa von den staatlichen Zuwendungen in der Schwangerschaft über Leistungen bei Unfällen, Krankheit oder Pflege, dem „Risiko der Langlebigkeit" (Rente) bis hin zu den Leistungen im Todesfall. Die soziale Sicherheit ist in Deutschland eng mit den Bismarck'schen Reformen verknüpft; Sozialrecht ist daher vor allem Sozialversicherungsrecht. Die zwischenzeitlich fünf Säulen umfassende Sozialversicherung, nämlich die Kranken- (SGB V), die Renten- (SGB VI), die Unfall- (SGB VII), die Arbeitslosen- (SGB III) und die Pflegeversicherung (SGB XI) bilden diesen

SPEZIALISIERUNG -> **E.17 SOZIALRECHT**

Kernbereich des klassischen Sozialrechts ab. Daneben stehen als Leistungen die Grundsicherung (SGB II), die Sozialhilfe (SGB XII), die Rehabilitation und Teilhabe von Menschen mit Behinderungen (SGB IX), das Kinder- und Jugendhilfegesetz (SGB VIII), aber auch die außerhalb der Bücher des Sozialgesetzbuches stehenden Regelungen wie das Opferentschädigungsgesetz (OESG), die Mutterschutzregelungen, die Bundesausbildungsförderung, das Wohngeld, das Kindergeld und viele weitere Regelungen. Eine nähere Beschreibung und Inhaltsübersicht dieser Rechtsbereiche finden Sie auf unserer Homepage www.netzwerk-sozialrecht.de.

Wer sich mit Sozialrecht befasst, tut gut daran, sich dessen bewusst zu sein, dass seine Materie politisch sensibel ist. Daher sind häufige Gesetzesänderungen eher die Regel als die Ausnahme. Doch ebenso wie aus den regelmäßigen Reformen im Steuerrecht folgt aus dem jährlichen „Beitragsstabilisierungsgesetz" vor allem ein neuer Beratungsbedarf, ist also positiv für die Beraterin und den Berater. Dabei steht in vielen Fällen die Beratung und nicht die streitige Durchsetzung von Ansprüchen im Vordergrund. Die Regelungen zur Vorsorge im Alter, also der Gleichklang von gesetzlicher Rentenversicherung sowie betrieblicher und privater Vorsorge lassen neue Beratungsfelder entstehen. Ähnliches gilt im Beitragsrecht auch der anderen Sozialversicherungszweige.

II. Netzwerk: Sozialrecht

Bereits aus den vorgenannten Beispielen wird deutlich: Das Sozialrecht hat viele Bezüge zu anderen Rechtsgebieten; es bildet quasi die Schnittstelle staatlicher Leistungen zu anderen Rechtsmaterien. Daher ist die Sozialrechtlerin und der Sozialrechtler ein geborener „Netzwerker". Die versierten Kolleginnen und Kollegen innerhalb des Sozialrechts suchen dabei die weitere Spezialisierung, um etwa auf den Schnittstellenbereichen zum Arbeits-, Familien-, Verkehrs-, Steuer-, privaten Versicherungs- oder Medizinrecht tätig zu werden. Mit seinen Fähigkeiten als Generalist sich in verschiedene Spezialmaterien hineinzudenken, im Studium erworben und durch zwei Staatsexamen nachgewiesen, kann sich der Sozialrechtler gegenüber den anderen auf den Markt drängenden nicht(voll-)juristischen Beratern (zu denen auch die Wirtschafts- oder Sozialjuristen zu zählen sind) durchsetzen. Eine in Deutschland ausgebildete Juristin und der Jurist kann bekanntlich alles. Die Qualität der eigenen Arbeit, die Stärke des Netzwerkes und die ständige Fortbildung aber werden den entscheidenden Wettbewerbsvorteil bringen.

Erlauben Sie eine persönliche Anmerkung: Spezialisierung, durch Fortbildung stets auf dem neusten Stand zu sein, ist gut und richtig. Doch verlieren Sie gerade am Anfang nicht die jeweils anderen Rechtsbereiche aus den Augen. Reagieren Sie flexibel auf Ihren persönlichen Rechtsberatungsmarkt und Ihre jeweiligen Chancen. So kann es kommen, dass man als Fachanwalt für Steuerrecht Vorsitzender der Arbeitsgemeinschaft für Sozialrecht wird – einer seltenen Schnittstellenkombination, was aber meine Mandanten zu schätzen wissen …. Handeln Sie antizyklisch und versuchen Sie eine (regionale) Alleinstellung zu erreichen.

E.17 SOZIALRECHT <- SPEZIALISIERUNG

III. Die Kernbereiche des Sozialrechts

In der Durchsetzung der leistungsrechtlichen Ansprüche für den Mandanten zeigen sich zwei Besonderheiten:

- Zum einen die existenzielle Betroffenheit des Mandanten. Stets geht es um Notsituationen, wie Krankheit, Invalidität, Pflege, Rehabilitation, Arbeitslosigkeit oder als Opfer einer Straftat, die hoch emotional sind. Für die Mandatsführung heißt dies: sich einfühlen, aber nicht einwickeln lassen.
- Zum anderen ist oft nur schnelle Hilfe auch wirklich ausreichend, so dass häufig allein eine einstweilige Regelung helfen kann. Die anwaltliche Tätigkeit ist dadurch zeitlich selten planbar.

Gegenstand des Sozialrechts ist eine Fülle von Leistungsansprüchen, Status- und Teilhaberechten bis hin zu den Vertragsbeziehungen zwischen Leistungserbringern im Bereich der Krankenversorgung, der Pflege oder der Rehabilitation. Im Medizinrecht, das – mit Ausnahme des zivil- und strafrechtlichen Arzthaftungsrechts sowie der gesellschaftsrechtlichen Fragestellung – reines Sozialrecht ist, spielen daneben Fragen der Zulassung von Ärzten, Psychotherapeuten oder anderen Leistungserbringern eine Rolle.

Das sozialrechtliche Verfahrensrecht kennt einige Besonderheiten:

- Keine Bestandskraft missliebiger Verwaltungsakte (§ 44 SGB X), es ist also immer möglich, eine behördliche Entscheidung nach Fristablauf erneut anzugreifen.
- Der sog. Herstellungsanspruch, ein Schadensersatzanspruch bei unvollständiger oder falscher Beratung durch die Sozialleistungsträger, eröffnet im Nachhinein die Chance, unterlassene Anträge auf Sozialleistungen nachzuholen (§§ 13–15 SGB I).
- Die Verpflichtung zur Vorleistung bei einem Kompetenzstreit verschiedener Leistungsträger (§§ 43 SGB I, 14 SGB IX).
- Der erhöhte Vertrauensschutz bei nachträglichem Entzug rechtswidrig bewilligter Sozialleistungen (§ 45 SGB X).

Die Sozialrechtlerin und der Sozialrechtler sind vor allen Gerichten zu Hause: Vor die Sozialgerichte gehören grundsätzlich die Streitigkeiten aus den Sozialgesetzbüchern (Ausnahme: SGB VIII), vor die Verwaltungsgerichte gehören viele andere sozialrechtliche Themen, wie das Wohngeld, die Bundesausbildungsförderung, die Kinder- und Jugendhilfe (SGB VIII) und Streitigkeiten der Versorgungswerke, die ordentlichen Gerichte sind zuständig für den Angehörigenregress des Sozialhilfeträgers oder Streitigkeiten zwischen Heimträger und Bewohner und schließlich die Finanzgerichte für das Kindergeld.

Der Bedarf an fachlich qualifizierter sozialrechtlicher Beratung wächst. Die sozialen Netze werden dünner, die Problemlösungen komplexer. Die Lebenserwartung und Alterung der Bevölkerung steigen. Entsprechend weit ist das Feld für Marketingstrategien: Patienten

SPEZIALISIERUNG -> **E.17 SOZIALRECHT**

brauchen Patientenrechte, Senioren wollen ihren Ruhestand und Vorsorge planen, Leistungserbringer brauchen Beistand bei der Ausgestaltung ihrer Vertragsbeziehungen, Unternehmen wollen Sicherheit beim Status ihrer Mitarbeiter und vieles mehr. Dieser Beratungsbedarf ist zu aktivieren, bewusst zu machen und darf nicht der (weniger qualifizierten) Konkurrenz anderer Berufsgruppen überlassen werden. Dem Anwalt/der Anwältin im Sozialrecht steht – wie den anderen rechtlichen Spezialbereichen – ein breiter Fächer von Möglichkeiten zur Werbung zur Verfügung: Presseerklärungen zu aktuellen Gerichtsentscheidungen, Beratungsaktionen mit der lokalen Zeitung oder in sozialen Medien, Berichte für Zeitungen über aktuelle Rechtsfragen, Direktansprache von anderen Zielgruppen (Steuerberater, Rentenberater, Selbsthilfegruppen, Verbraucherverbände, Berufsbetreuer, Vereine etc.), Netzwerk mit anderen Rechtsanwälten bzw. Berufsvertretern, Vorträge auf lokaler Ebene oder Aufsätze in zielgruppenspezifischen Medien.

Im Sozialrecht ist Zukunft schon Gegenwart: In kaum einem anderen rechtlichen Bereich wird *LegalTech* bereits so umfangreich praktiziert, wie in sozialrechtlichen Mandaten!

IV. Die Gebühren im Sozialrecht

Ein Hintergrund für die Zurückhaltung, sich mit dem Sozialrecht zu befassen, sind weiterhin die niedrigen Rahmengebühren für die sozialgerichtlichen Fälle. Seit 1990 wurde dieser Gebührenrahmen ausgeweitet. Heute liegt die Mittelgebühr für das Verfahren vor dem Sozialgericht bei 580 EUR (Verfahrens- und Termingebühr nach Nr. 3102 und 3106 W RVG), für das Widerspruchsverfahren bei 300 EUR (Nr. 2302 W RVG). Dazu kommt neuerdings eine eigene Gebühr für das Antragsverfahren vor der Verwaltungsbehörde, die aber teilweise auf die Gebühr im Widerspruchsverfahren angerechnet wird. Auch die Gebühr im Widerspruchsverfahren wird teilweise auf die Verfahrensgebühr vor dem Gericht angerechnet. Für den Mandanten sind diese Honorare für anwaltliche Leistungen günstig, die Kostendeckung haben wir zu erreichen. Bei der Verwertung von Leistungserbringern und Verfahren vor dem Verwaltungsgericht oder den Zivilgerichten wird nach Streitwerten abgerechnet. Entscheidend ist, ob es gelingt, in den nichtgerichtlichen Beratungen kostendeckende Stunden- oder Pauschalvereinbarungen zu erreichen.

V. Arbeitsmittel und Weiterbildung

Die Arbeitsmittel sind mit der Gesetzessammlung www.gesetze-im-internet.de oder den aktuellen dtv-Ausgaben zum Sozialrecht gut zu erreichen. Einen schnellen und guten Überblick über die anwaltlichen Problemstellungen des Rechtsgebiets bietet unsere Homepage der Arbeitsgemeinschaft www.netzwerk-sozialrecht.de. Unerlässlich für die vertiefende Mandatsbearbeitung ist das von *Plagemann* herausgegebene „Münchener Anwaltshandbuch Sozialrecht". Antworten auf professionelle Fragen bieten das „Handbuch des sozialgerichtlichen Verfahrens" von *Krasney/Udsching* und die „Prozesse in Sozialsachen" von *Berchtold/Richter*. Einen Einstieg im Lehrbuchformat bietet der *Eichenhofer* „Sozialrecht";

E.17 Sozialrecht <- Spezialisierung

aus anwaltlicher Sicht in Bezug auf das Arbeits- und Familienrecht sei der *Sartorius/Bubeck* „Sozialrecht" empfohlen.

Die wichtigsten Fachzeitschriften sind die Neue Zeitschrift fürs Sozialrecht (NZS), Die Sozialgerichtsbarkeit (SGb), InfoAlso (für Sozialhilfe- und Arbeitslosenrecht), die Anwältin im Sozialrecht (ASR), der Rechtsdienst der Lebenshilfe (RdL) sowie die Nachrichten des Deutschen Vereins (NDV).

Die nötige Fort- und Weiterbildung wird durch die Frühjahrstagung des Deutschen Anwaltsinstituts (zweites Wochenende im Februar) und vor allem durch die Herbsttagung der Arbeitsgemeinschaft Sozialrecht im DAV (erstes Wochenende im November) sichergestellt. Die Herbsttagung besticht durch Informationsdichte und Atmosphäre.

Nur Mut beim Aufbruch zum Sozialrecht. Es ist nicht schwieriger oder komplexer als die anderen Gebiete, nur sind die Pfade nicht so ausgetreten! Es bietet den Reiz, in Zeiten sozialer Veränderungen an menschlichen Schicksalen und den Wirren des Lebens teilzuhaben, vor allem aber haben Sie hier die Chance, an diesen seltenen Momenten des Glücks für uns Juristen mitzuwirken, wenn Recht und Gerechtigkeit eins werden.

E.18 Sportrecht

Rechtsanwalt Dr. Thomas Summerer, München • Vorsitzender der Arbeitsgemeinschaft Sportrecht im DAV

I. Beratungsfelder im Sportrecht

Kaum ein Rechtsgebiet eignet sich so gut für junge Rechtsanwältinnen und Rechtsanwälte, können hier doch in der Freizeit erworbene Erfahrungen nutzbringend in die Rechtsberatung eingebracht werden. Nur wenige Rechtsanwältinnen und Rechtsanwälte haben eine Maurerlehre oder Architektenausbildung absolviert und bearbeiten gleichwohl Fälle aus dem privaten Baurecht. Ganz anders ist dies im Sport:

Die meisten Kolleginnen und Kollegen werden von Jugend an mehr oder weniger intensiv Sport getrieben haben und tun dies zum Ausgleich der beruflichen Beanspruchung nach wie vor. Wer die Zeitung von hinten liest oder die Augen und Ohren in seinem Sportverein offenhält, weiß, dass die Verrechtlichung des Amateursports immer größere Ausmaße annimmt, vom Profibereich gar nicht zu reden. Man schaue sich nur in seinem eigenen Tennisclub um und erkennt sofort folgende Rechtsfragen:

- Wie sehen wohl die Verträge zwischen dem Verein und den Firmen aus, die Sichtblenden mit ihrem Werbeaufdruck zur Verfügung gestellt haben? Was erhält der Verein dafür, dass er in seinem Clubhaus Augustiner Bier, Apérol Spritz, Adelholzner Mineralwasser, Fürst Metternich Sekt und Frankenwein vom Bürgerspital zum Heiligen Geist verkauft?
- Welche Möglichkeiten hat der Verein, den 16-jährigen unerzogenen Jugendspieler disziplinarisch zu belangen und ihn eventuell aus dem Verein auszuschließen? In welcher Weise sind seine Eltern zu beteiligen?
- Darf der Verein für den geplanten Clubhausumbau von jedem Mitglied 1.000 EUR Umlage verlangen und wenn ja, mit welcher Frist? Können Mitglieder nach einem Umlagebeschluss ohne Bezahlung fristlos aus dem Verein ausscheiden?
- Hat der Clubfreund Karl-Heinz Pech Chancen, gegen den Platzwart oder den Verein Schadensersatzansprüche wegen seines Sturzes über die gefährlich aus dem Boden herausragende Bewässerungsanlage durchzusetzen? Kann der Verein zu seinem Schutz Haftungsbeschränkungen in seine Satzung einbauen? Kann Mitglied Pech erzwingen, dass sein Anspruch auf die Tagesordnung der nächsten Mitgliederversammlung gesetzt wird? Bestehen Schmerzensgeldansprüche gegen den Spielgegner, weil dieser einen Überkopfball direkt in das Auge seines Gegenübers geschmettert hat?
- Ist die Vereinbarung mit dem Trainer als Arbeitsvertrag zu werten und wie kann dieser Vertrag problemlos beendet werden? Kann ein befristeter Vertrag geschlossen werden, der automatisch ohne Kündigung ausläuft? Können Vertragsstrafen in die Verträge mit dem Trainer und den Spielern eingebaut werden?

E.18 Sportrecht <- Spezialisierung

Die Fragen könnten beliebig erweitert werden; die kurze Auflistung zeigt, wie viel Rechtsprobleme schon im Alltag eines normalen Freizeitvereins darauf warten, sachkundig angefasst zu werden. Wer sich in diesen Alltagsfragen als Spezialist bewährt hat, darf darauf hoffen, eines Tages an folgenden Auseinandersetzungen beteiligt zu werden, die verdeutlichen, wie sehr sich Sportrecht zum Wirtschaftsrecht hin entwickelt hat:

- Einsatz von Ausländern in den Bundesligen und Transferregeln Missbrauch der Meisterschale durch „Ambush Marketing" Hospitality in der Allianz Arena, Steuer- und Strafrecht
- Dopingfälle im Zusammenhang mit dem Anti-Doping-Code der NADA und WADA Staatliches Monopol für Sportwetten
- Mediale Verwertung von Fernseh- und Radiorechten
- Hausrecht der Vereine und Stadionverbote
- Umwandlung von Fußballvereinen in Kapitalgesellschaften
- Verbandsautonomie und Kartellrecht
- Beschränkung von Mehrheitsbeteiligungen in der Bundesliga Lizenzierung von Sportkapitalgesellschaften und Financial Fair Play Ausschluss der staatlichen Gerichte durch Sportschiedsgerichte
- Compliance und Corporate-Governance-Prinzipien in Monopolsportverbänden.

II. Sportrecht boomt

Die wachsende Bedeutung des Rechts auch im Sport, „der schönsten Nebensache der Welt", hat den Deutschen Anwaltverein veranlasst, am 5. November 1999 die Arbeitsgemeinschaft Sportrecht zu gründen. Die erste Tagung mit dem Thema „Kommerzialisierung des Sports – Chancen und Risiken" beschäftigte sich mit der Vermarktung von Sportveranstaltungen, ferner mit TV-Verwertungsverträgen über Sportveranstaltungen und mit den Persönlichkeitsrechten der Sportler im Rahmen der Vermarktung. Namhafte Referenten aus den Kreisen der Kollegen, der Medien, der Fußballvereine und der Vereinigung der Vertragsfußballspieler diskutierten zwei Tage lang mit über 130 Teilnehmern. Weitere Tagungen zu interessanten Themen folgten, und zwar immer am Rande einer attraktiven Sportveranstaltung wie z.B. dem Formel-1-Rennen am Nürburgring, einem Fußballbundesligaspiel, der Beachvolleyball-Europameisterschaft oder dem Linde German Masters Golf-Turnier in Köln. Im Jahr 2019 feierte die Arbeitsgemeinschaft ihr 20-jähriges Bestehen mit einer großen Sportrechtstagung am Rande Beachvolleyball-WM in Hamburg. Inzwischen sind schon 440 Kolleginnen und Kollegen unserer Arbeitsgemeinschaft beigetreten. Die Arbeitsgemeinschaft ist stolz darauf, dass zahlreiche Mitglieder, auch des Geschäftsführenden Ausschusses, Richter des CAS (Court of Arbitration for Sport in Lausanne) und des deutschen Sportschiedsgerichts (DIS) sind, außerdem sind einige Kolleginnen und Kollegen als angesehene Spielervermittler oder Rechtsberater großer Sportverbände tätig. Angestrebt wird derzeit eine eigene Fachanwaltschaft Sportrecht.

SPEZIALISIERUNG -> E.18 SPORTRECHT

Auch die sportrechtliche Literatur ist noch überschaubar; große Ausgaben sind für den Berufseinstieg nicht erforderlich. Als Anfangsinvestitionen mag sich neben dem Beitritt zur Arbeitsgemeinschaft Sportrecht und dem Abonnement der Zeitschrift SpuRt die Anschaffung des „Praxishandbuchs Sportrecht" von *Fritzweiler/Pfister/Summerer* empfehlen. Für vereins- und verbandsrechtliche Fragestellungen sind erste Wahl das „Handbuch des Vereins- und Verbandsrechts" von *Reichert* (13. Aufl. 2016), das Fachbuch „Der eingetragene Verein" von *Sauter/Schweyer/Waldner* (20. Aufl. 2016) und das „Handbuch Vereinsrecht" von *Stöber/Otto* (11. Aufl. 2016).

Weitere Informationen zur Arbeitsgemeinschaft Sportrecht können beim Deutschen Anwaltverein angefordert werden. Die Arbeitsgemeinschaft Sportrecht ist im Internet unter www.sportrecht-dav.de zu erreichen.

E.19 STEUERRECHT

RECHTSANWALT DR. MARTIN WULF, BERLIN[1] • VORSITZENDER DER ARBEITSGEMEINSCHAFT STEUERRECHT IM DAV

I. Das Steuerrecht in der anwaltlichen Beratung

Das Steuerrecht nimmt in der juristischen Ausbildung zumeist nur eine untergeordnete Rolle ein. Die weit überwiegende Mehrheit der Volljuristen verfügt nach Abschluss der Ausbildung über keine oder nur rudimentäre Kenntnisse im Steuerrecht. Das Steuerrecht gilt allgemein als „trocken", „langweilig" oder als „besonders schwierig".

Das Unbehagen vieler junger Juristen gegenüber dem Steuerrecht steht in einem deutlichen Missverhältnis zu dessen praktischer Bedeutung. Steuerliche Fragen begegnen dem Anwalt in einer Vielzahl von alltäglichen Fallgestaltungen. Will der Mandant ein Unternehmen gründen, so richtet sich die Wahl der Rechts- und Gesellschaftsformen neben haftungsrechtlichen Aspekten zumeist nach den steuerlichen Rahmenbedingungen. Wer als Einzelunternehmer oder in einer Personengesellschaft tätig wird, unterliegt mit seinem Gewinn der Einkommensteuer. Hinzu tritt die Gewerbesteuer, soweit es sich um eine gewerbliche Betätigung handelt. Wer dagegen in der Rechtsform der GmbH oder einer anderen juristischen Person tätig wird, der zahlt auf die Gewinne des Unternehmens Körperschaftsteuer (in Höhe von gegenwärtig 15 %) und die Gewerbesteuer. Einkommensteuer fällt nur auf die Gewinnausschüttungen oder etwa die Zahlung eines Geschäftsführergehalts an. Die Gründung einer GmbH & Co. KG vereint die haftungsrechtlichen Vorteile einer GmbH mit den möglichen steuerlichen Vorteilen einer Personengesellschaft. Um hier zu beraten, sind steuerliche Kenntnisse unerlässlich.

Wer im Kaufrecht tätig ist, muss sich zwangsläufig zumindest mit Fragen der Umsatzsteuer auseinandersetzen. Fällt bei dem Verkauf einer Maschine an einen französischen Unternehmer Umsatzsteuer an? Ergibt es für den Mandanten Sinn, auf das Angebot des Grundstücksverkäufers einzugehen, den Kaufpreis „brutto" auszuweisen, dh. um die Umsatzsteuer zu erhöhen? Je komplexer die Kaufgegenstände, desto komplexer auch die steuerlichen Fragen. Die Gestaltung eines Unternehmenskaufvertrags ist häufig ganz vorrangig durch steuerliche Fragen beeinflusst, angefangen mit der Frage, ob der Erwerb als „asset deal" (also durch den Kauf der Wirtschaftsgüter) oder als „share deal" (also durch den Kauf der Gesellschaftsanteile) durchgeführt werden soll.

Die Beratung im Arbeitsrecht kann gerade bei der Gestaltung von Abfindungsvereinbarungen Fragen der Lohnsteuer und des daran anknüpfenden Sozialversicherungsrechts aufwerfen. Der Anstellungsvertrag eines Gesellschafter-Geschäftsführers ist unbedingt darauf-

---

[1] Der Autor ist Partner der Kanzlei Streck Mack Schwedhelm, Rechtsanwälte und Fachanwälte für Steuerrecht, Köln/Berlin/München.

hin zu untersuchen, ob die Vergütungsregelungen steuerlich zu einer „verdeckten Gewinnausschüttung" führen können.

Im Bereich des Erb- und Familienrechts ist eine qualifizierte Nachfolgeplanung ohne Berücksichtigung der steuerlichen Rechtsfolgen nicht denkbar. Auch die Gestaltung von Eheverträgen oder die Beratung bei Scheidungsfolgenvereinbarungen muss steuerliche Fragen berücksichtigen.

Wesentliche steuerliche Fragen wirft auch das Insolvenzrecht auf. Die Eröffnung des Insolvenzverfahrens zwingt zumeist zu umsatzsteuerlichen Korrekturen. Der Geschäftsführer der insolventen Gesellschaft kann von den Finanzbehörden persönlich für Steuerrückstände oder nicht gezahlte Sozialabgaben in Haftung genommen werden.

Schließlich ist nicht erst seit den Ermittlungen im „Liechtenstein-Komplex" bekannt, dass quer durch alle Gesellschaftsschichten steuerstrafrechtlicher Beratungsbedarf besteht. Dies reicht von verschwiegenen Zinsen aus einem Auslandskonto über branchenspezifische Probleme wie bspw. vorgetäuschte Subunternehmerverhältnisse und Schwarzarbeit auf Baustellen bis hin zu komplexen Wirtschaftsstrafverfahren. Strafrechtliche Ermittlungen im Bereich der Vermögens- oder Korruptionsdelikte werden meist durch steuerstrafrechtliche Vorwürfe begleitet. Die umfassende Beratung und Verteidigung des Mandanten setzt in diesen Fällen (auch) steuerliche Grundkenntnisse voraus.

Die Beispiele zeigen, dass anwaltliche Beratung in einer Vielzahl der Fälle auch eine Beratung in steuerlichen Dingen voraussetzt. Der junge Rechtsanwalt kann an dieser Stelle wählen: Er kann darauf vertrauen, dass der Mandant sich ergänzend an einen Steuerberater oder Wirtschaftsprüfer wendet. Der mit der Beratung der steuerlichen Aspekte verbundene Umsatz geht dann verloren. Zudem besteht immer die Gefahr, dass das Mandat insgesamt von anderen Beratern übernommen wird. Der Rechtsanwalt kann die beschriebenen Aspekte aber auch als Chance begreifen und sich bewusst dem Steuerrecht zuwenden. Wer dies mit offenen Augen tut, wird schnell feststellen, dass das Steuerrecht alles andere als „langweilig" ist und dass gerade die juristische Arbeit im Steuerrecht, die Tätigkeit als „Steueranwalt", inhaltlich faszinierend und wirtschaftlich durchaus lukrativ sein kann.

II. Der Weg zum Fachanwalt für Steuerrecht

Gerade für diejenigen, die in ihrer Ausbildung noch keine steuerlichen Grundkenntnisse erworben haben, bietet der Fachanwaltskurs den idealen Einstieg in das Rechtsgebiet. Betriebswirtschaftliche Vorkenntnisse sind nützlich, aber nicht Voraussetzung, um über den Fachanwaltskurs den Einstieg in das Steuerrecht zu finden. Die Führung des Fachanwaltstitels setzt nach der Fachanwaltsordnung Grundkenntnisse der Buchführung und des Bilanzwesens sowie besondere Kenntnisse im Bereich der Einkommensteuer, Körperschaftsteuer, Gewerbesteuer, Umsatzsteuer, Grunderwerbsteuer, Erbschaft- und Schenkungsteuer sowie schließlich des Verfahrensrechts und des Steuerstrafrechts voraus.[2] Diese Kenntnisse werden im Rahmen des Fachanwaltskurses vermittelt. Wer bspw. aufgrund einer Ausbildung in der Finanzverwaltung oder nach einer Steuerberaterprüfung bereits über die ausreichenden theoretischen Kenntnisse verfügt, dem kann unter Umständen die Teilnahme an dem Fachanwaltskurs zum Nachweis der theoretischen Kenntnisse erlassen werden.[3] Wer den Fachanwaltstitel führen will, muss wenigstens drei Jahre als Rechtsanwalt zugelassen sein und insgesamt 50 Fälle aus dem Bereich des Steuerrechts bearbeitet haben (davon zumindest zehn Rechtsbehelfsverfahren). Achtung: Diese Fälle müssen in den drei Jahren vor dem Zulassungsantrag bearbeitet sein. Insbesondere wer seine Fälle als angestellter Rechtsanwalt sammelt, sollte von Beginn an an die Dokumentation seiner Fälle entsprechend § 6 FAO denken, damit später auch nach einem Wechsel des Arbeitgebers der erforderliche Nachweis erbracht werden kann. Ab dem Jahr der Teilnahme an dem Fachanwaltskurs (oder dem Jahr der diesen ersetzenden Prüfung) muss der Anwalt sich jährlich im Umfang von zehn Zeitstunden fortbilden. Ohne diesen Nachweis wird der Antrag auf Verleihung abgelehnt oder es verfällt der bereits erworbene Titel.[4]

In Deutschland dürfen rund 3 % der zugelassenen Rechtsanwälte den Titel des Fachanwalts für Steuerrecht führen.[5] Wie bereits angedeutet, entspricht die geringe Anzahl der Fachanwälte für Steuerrecht wohl nicht ansatzweise der Bedeutung des Rechtsgebiets in der Praxis. Man muss sich bewusst machen, dass eine Vielzahl von Entscheidungen der Mandanten, bei denen der Rechtsanwalt beraten soll, vorrangig auch an den steuerlichen Konsequenzen ausgerichtet ist. Die Qualifikation zum Fachanwalt für Steuerrecht öffnet den Weg, um dem Mandanten bei diesen Entscheidungen wirklich umfassend zur Seite stehen zu können.

III. Verhältnis zu anderen Berufsträgern und Möglichkeiten der Kooperation

Nach der Neufassung des Rechtsdienstleistungsgesetzes sind auch die Steuerberater und Wirtschaftsprüfer in erweitertem Umfang zur rechtlichen Beratung befugt. Über die umfassende Qualifikation verfügt aber weiterhin nur der Rechtsanwalt. Rechtsanwälte sind – auch ohne die Erlangung des Fachanwaltstitels – nach dem Steuerberatungsgesetz zur unbeschränkten Hilfeleistung in Steuersachen befugt, in gleicher Weise wie die Steuerberater und Wirtschaftsprüfer. Letztere haben hingegen keine Befugnis zur „unbeschränkten Rechtsberatung".

Das steuerliche Know-how ermöglicht es dem Anwalt, in den beschriebenen Grenzgebieten zum Steuerrecht tätig zu werden, und schützt davor, Mandate ganz oder teilweise an die

---

2 Vgl. im Einzelnen § 9 FAO.
3 Vgl. BGH AnwZ (B) 91/98 vom 21.6.1999, NJW 1999, 2677; über die Anerkennung entscheidet im Einzelfall der Prüfungsausschuss der örtlichen Rechtsanwaltskammer.
4 Vgl. § 15 i. V. m. § 4 Abs. 2 FAO – die Fortbildungsverpflichtung beginnt neuerdings unmittelbar nach der erstmaligen Erlangung der theoretischen Kenntnisse, dies darf nicht übersehen werden.
5 Quelle: Fachanwaltsstatistik der Bundesrechtsanwaltskammer zum 1.1.2012, veröffentlicht unter www.brak.de.

Konkurrenten der anderen Berufsgruppen zu verlieren. Der Titel des Fachanwalts für Steuerrecht ist ein Nachweis der Kompetenz, in diesem Grenzgebiet beraten zu können.

Im Idealfall allerdings ergibt sich aus dem Nebeneinander von Steuerberater, Wirtschaftsprüfer und Steueranwalt keine Konkurrenz, sondern eine enge berufsgruppenübergreifende Zusammenarbeit. Die laufende Steuerberatung wird die Domäne der als Steuerberater ausgebildeten Kollegen bleiben. Aus der laufenden Betreuung durch den Steuerberater ergeben sich aber häufig konkrete Rechtsfragen, Gestaltungsaufgaben oder auch Streitfälle, für deren Bearbeitung dem Steuerberater das notwendige juristische und anwaltliche Fachwissen fehlt. Hier ist der Steueranwalt gefragt, die Rechtsprobleme in Zusammenarbeit mit dem bereits eingesetzten Berater zu lösen. Der Titel des Fachanwalts für Steuerrecht kennzeichnet gegenüber dem Beraterkollegen ebenso wie gegenüber dem Mandanten die erforderlichen steuerlichen Kenntnisse, um insoweit effektiv mit dem Steuerberater oder Wirtschaftsprüfer zusammenarbeiten zu können.

Das Berufsrecht bietet die Möglichkeit, gemeinsam mit Steuerberatern und/oder Wirtschaftsprüfern in einer gemischten Sozietät tätig zu werden und insoweit die rechtliche und steuerliche Beratung mit all ihren Facetten aus einer Hand anzubieten. Die Zusammenarbeit zwischen dem Steueranwalt und einem Steuerberater kann aber selbstverständlich auch in lockerer Form erfolgen, etwa indem man sich gegenseitig Mandanten für den Bereich der laufenden steuerlichen Beratung/der steuerlich orientierten Rechtsberatung empfiehlt oder im Rahmen einer Bürogemeinschaft nach außen auftritt.

Schließlich kann der Steueranwalt in gleicher Weise auch Kooperationen mit anderen Fachanwälten eingehen. Viele Kollegen stoßen bei der Erstellung von Verträgen hinsichtlich der steuerlichen Nebenaspekte an ihre fachlichen Grenzen. Das Übersehen von steuerlichen Nachteilen kann aber für den beratenden Anwalt oder Notar immense haftungsrechtliche Folgen haben. Um diese Haftungsrisiken zu vermeiden, kann es sich empfehlen, einen Steueranwalt hinzuzuziehen, der als Jurist die steuerlichen Konsequenzen überprüft und entsprechende Gestaltungsempfehlungen gibt. Umgekehrt kann derjenige, der als Steueranwalt einen Vertrag gestaltet, auf die Unterstützung eines Fachanwaltskollegen aus dem Bereich des Arbeitsrechts, des Insolvenzrechts oder des Urheberrechts angewiesen sein. Eine Kooperation kann sich somit für beide Seiten als befruchtend erweisen.

IV. Die inhaltliche Tätigkeit des Steueranwalts

Inhaltlich lässt sich die Tätigkeit des Steueranwalts grob in vier Kategorien einteilen. Unterschieden werden kann zwischen dem Bereich der Erklärungsberatung, dem Tätigkeitsbereich der Steuergestaltung, dem Bereich des Steuerstreits und dem Bereich der Steuerfahndung.

Erklärungsberatung ist die Beratung des Mandanten bei der Erstellung seiner Steuererklärungen. Sie erfordert eine gute Übersicht in dem betreffenden Gebiet des Steuerrechts und

E.19 STEUERRECHT <- Spezialisierung

sollte gerade bei der Betreuung eines Unternehmens auch betriebswirtschaftliche Überlegungen mit einbeziehen. Der Rechtsanwalt wird hier unmittelbar im klassischen Betätigungsfeld eines Steuerberaters tätig.

Steuergestaltung bedeutet Beratung bei der Vertragsgestaltung unter steuerlichen Aspekten. Dies kann ein Unternehmenskaufvertrag, eine Testamentsgestaltung oder die Formulierung einer Lizenzvereinbarung sein. Der Steueranwalt kann die Federführung innehaben oder als Zweitberater ausschließlich für die steuerlichen Aspekte herangezogen werden. Dieser Tätigkeitsbereich zeichnet sich durch seine vielfältigen Bezüge zu den anderen Rechtsgebieten des Gesellschaftsrechts, des Arbeitsrechts, des Erbrechts, des Bankrechts, des Insolvenzrechts etc. aus.

Der Tätigkeitsbereich des Steuerstreits umfasst die Vertretung des Steuerpflichtigen im Prüfungs-, Festsetzungs- und Rechtsbehelfsverfahren gegenüber dem Finanzamt. Der Steueranwalt vertritt den Unternehmer in der Betriebsprüfung und begleitet ihn zur Schlussbesprechung mit den Finanzbehörden. Er führt das Einspruchsverfahren gegen die Nachforderungsbescheide des Finanzamts und streitet vor dem Finanzgericht um die Aussetzung der Vollziehung. Er vertritt den Mandanten im erstinstanzlichen Verfahren vor dem Finanzgericht sowie in der Nichtzulassungsbeschwerde und der Revision vor dem BFH. Der Steueranwalt schätzt als Zweitberater die Risiken bestimmter steuerlicher Gestaltungen ein, er beantragt die Erteilung von verbindlichen Auskünften durch die Finanzbehörden und beurteilt die Erfolgsaussichten eines Rechtsmittels. Wer mit Sachkenntnis und streitfreudig, aber nicht unfreundlich gegenüber den Finanzbehörden auftritt, der lernt diese Behörden als hoch qualifizierte Gegner kennen, mit denen es Freude macht, zu streiten und – im richtigen Augenblick – nach Möglichkeiten für eine Einigung zu suchen.

Der Instanzenzug bei den Finanzgerichten ist zweistufig. Unmittelbar an die Entscheidung des Finanzgerichts schließt sich das Verfahren beim BFH an.[6] Die Finanzgerichte haben insoweit eine mit den Oberlandesgerichten vergleichbare Position. Dem entspricht auch die Verhandlungsatmosphäre: Es gibt noch das echte Rechtsgespräch, das echte Plädoyer mit der Chance, das Gericht zu überzeugen. Die forensische Tätigkeit ist mit der bisweilen durch Oberflächlichkeit geprägten Verhandlungsatmosphäre bei den ordentlichen Gerichten kaum zu vergleichen. Der Steuerstreit ist insoweit ein Rechtsgebiet, welches insbesondere auch in forensischer Hinsicht reizvoll ist.

Der Bereich des Steuerstrafrechts wird geprägt durch die Auseinandersetzung mit der Steuerfahndung. Die effektive Verteidigung gegenüber der Steuerfahndung erfordert Spezialkenntnisse sowohl im Strafrecht als auch im Steuerrecht. Der Steueranwalt leistet Präventivberatung; er gibt Hinweise, welche steuerlichen Gestaltungen legal sind und mit welchen Gestaltungen der Mandant sich im Graubereich bewegt. Der Steueranwalt kann für den

---

6 Die Revision zum BFH muss zugelassen werden (§ 115 FGO). Das Finanzgericht hat hierüber von Amts wegen zu entscheiden. In der Regel erfolgt keine Zulassung durch das Finanzgericht. Der Weg nach München muss dann mit einer Nichtzulassungsbeschwerde erstritten werden, die unmittelbar beim BFH einzulegen ist (§ 116 FGO).

Mandanten eine strafbefreiende Selbstanzeige (§ 371 AO) abgeben und ist damit in der besonderen Lage, nach der vorsätzlichen Begehung eines vollendeten Delikts noch den Weg zu einer garantierten Strafbefreiung eröffnen zu können. Parallel zur Vertretung im strafprozessualen Vor- und Zwischenverfahren sind die steuerlichen Rechtsbehelfe einzulegen, die Verteidigung erfolgt insoweit zweispurig auf dem Gebiet des Strafprozessrechts und dem Gebiet des steuerlichen Verfahrensrechts. Der Steueranwalt verteidigt weiter in der Hauptverhandlung vor dem Strafgericht, er legt Beschwerden ein und vertritt den Verurteilten in der Berufung oder Revision. Stets muss die strafrechtliche Verteidigung mit den anhängigen Rechtsbehelfen im Steuerstreitverfahren abgestimmt werden.

Ist im Steuerstreit oder Steuerfahndungsverfahren eine Einigung erzielt, so ist der Mandant beim Abschluss einer „tatsächlichen Verständigung" – der spezifischen Form des Vergleichs im Steuerrecht – zu beraten. Auch dies setzt wiederum voraus, dass der Berater alle steuerlichen Konsequenzen der zutreffenden Einigung überschaut.

V. Haftung und Honorar

Anwaltliche Tätigkeit auf dem Gebiet des Steuerrechts birgt ein erhöhtes Haftungsrisiko. Steuerrechtliche Fragen sind komplex. Niemand ist davor gefeit, einen Aspekt zu übersehen. Da steuerliche Gestaltungen häufig Dauersachverhalte betreffen, können sich die steuerlichen Schäden über die Jahre potenzieren. Der „Schaden" in der Form der vermeidbaren Verwirklichung von Steueransprüchen wird häufig erst Jahre später, etwa nach einer Betriebsprüfung, aufgedeckt.

Wer im Steuerrecht berät, sollte deshalb unbedingt prüfen, ob seine Haftpflichtversicherung die aus der Beratungstätigkeit resultierenden Risiken in ausreichender Form abdeckt. Häufig wird es sich empfehlen, eine über den gesetzlichen Mindestumfang hinausgehende Haftpflichtversicherung abzuschließen. Darüber hinaus sollte man an die Möglichkeit denken, bei steuerrechtlichen Mandaten je eine Haftungsbegrenzung in individueller Form mit dem Mandanten zu vereinbaren. Will der Mandant eine solche Haftungsbegrenzung nicht akzeptieren, so kann man alternativ den Abschluss einer konkret mandatsbezogenen zusätzlichen Haftpflichtversicherung ins Spiel bringen. Die Kosten hierfür sind dann zusätzlicher Bestandteil des Honorars.

Für das Honorar gilt auch bei der Tätigkeit des Steueranwalts grundsätzlich die gesetzliche Gebührenordnung, d.h. das RVG. Der Streit- bzw. Gegenstandswert bemisst sich nach den möglichen steuerlichen Auswirkungen der Beratung bzw. Vertretung. Soweit der Steueranwalt im Rahmen der Befugnisse des Steuerberatungsgesetzes tätig wird, bspw. bei einer Selbstanzeige, kann auch auf der Grundlage der Steuerberatergebührenverordnung abgerechnet werden. Schließlich kann mit dem Mandanten eine Honorarvereinbarung geschlossen werden, auf deren Grundlage dann entweder mit einem Pauschalbetrag oder einem Zeithonorar abgerechnet wird.

Schließlich gilt: Der Fiskus ist über das gesamte Jahr gesehen für die meisten Unternehmen der mit Abstand größte Einzelgläubiger. Die Streit- bzw. Gegenstandswerte bei einer Tätigkeit als Steueranwalt sind deshalb vergleichsweise hoch. Dies mag ein weiteres Argument sein, sich für eine Tätigkeit als Steueranwalt zu entscheiden.

VI. Weitergehende Spezialisierung

Je nach der Entwicklung und Struktur des Mandantenkreises kann sich aus der Tätigkeit als Steueranwalt eine noch darüber hinausgehende Spezialisierung ergeben. Es gibt Steueranwälte, die ausschließlich im Bereich der Umsatzbesteuerung, ausschließlich im Bereich der besonderen Verbrauchsteuern (Tabaksteuer, Energiesteuer) oder ausschließlich im Bereich der internationalen Besteuerung (Stichwort Verrechnungspreise) tätig sind. Für solche hoch spezialisierten Steuerjuristen besteht auch Bedarf in den Steuerabteilungen der Großunternehmen.

Andere sind ausschließlich mit der Vertretung im Steuerstrafrecht befasst. Wer die Chance zu einer solchen „Spezialisierung des Spezialisten" sieht, der sollte sie ergreifen. Für Berufsanfänger dürfte es allerdings schwierig sein, eine so weitgehende Spezialisierung gezielt anzustreben. Die Erfahrung zeigt, dass Auslöser für eine solche Weiterentwicklung häufig konkrete Mandate oder andere Zufälligkeiten sind, die sich für einen Berufsanfänger nicht planen lassen.

Die Tätigkeit im Steuerrecht kann dazu führen, dass man zusätzlich noch die Steuerberaterprüfung ablegt oder sogar noch die Qualifikation als Wirtschaftsprüfer erwirbt. Ob der Erwerb dieser zusätzlichen Qualifikation sinnvoll ist, hängt von der Mandatsstruktur und von der Positionierung der eigenen Kanzlei/Sozietät ab. Bei den großen Wirtschaftsprüfungsgesellschaften wird es von angehenden Anwälten häufig erwartet, dass sie binnen einer gewissen Frist auch die Steuerberaterprüfung ablegen (was ihnen dann die Weiterqualifikation zum Wirtschaftsprüfer ermöglicht). Aus meiner Sicht ist eine Zusatzqualifikation als Steuerberater oder Wirtschaftsprüfer nur für denjenigen sinnvoll, der auch auf diesen spezifischen Tätigkeitsfeldern arbeiten will: Wer Unternehmen oder Privatpersonen in der laufenden steuerlichen Beratung und bei der Erstellung der Steuererklärungen unterstützen will, für den ist eine Zusatzqualifikation als Steuerberater sinnvoll. Wer Jahresabschlüsse prüfen und Testate erteilen will, der muss schon von Gesetzes wegen die Qualifikation als vereidigter Buchprüfer oder Wirtschaftsprüfer erlangen.

Unabhängig von der Spezialisierung und dem geführten Titel gilt für alle auf dem Gebiet des Steuerrechts tätigen Fachleute: Es besteht die Notwendigkeit zur fortwährenden Weiterbildung. Kein Rechtsgebiet verändert sich so dynamisch wie das Steuerrecht. Der Gesetzgeber verabschiedet jedes Jahr steuerliche Änderungsgesetze, die kleinste Details verändern oder fundamentale Reformen veranlassen. Beides ist bedeutsam und kann eine Beratung, die letztes Jahr noch ideal war, im nächsten Jahr zu einer Steuerfalle werden lassen. Wer qualifiziert und fehlerfrei steuerlich beraten will, muss deshalb laufend die Entwicklung von

Gesetzgebung und Rechtsprechung verfolgen und sich jedes Jahr fortbilden. Die FAO schreibt – wie bereits ausgeführt – für Fachanwälte und Bewerber eine Fortbildung im Umfang von wenigstens zehn Zeitstunden pro Jahr vor.

VII. Arbeitsgemeinschaft Steuerrecht im DAV

Die Arbeitsgemeinschaft Steuerrecht im DAV existiert seit 1994. Sie hat es sich zum Ziel gemacht, praxisgerechte Weiterbildungsmöglichkeiten für Steueranwälte anzubieten sowie gleichzeitig die gemeinsamen ideellen und wirtschaftlichen Interessen der im Steuerrecht tätigen Anwälte zu fördern. Die Arbeitsgemeinschaft Steuerrecht im DAV bietet somit den gegenwärtig rund 4.000 Fachanwälten für Steuerrecht in Deutschland das ideale Forum, um im Rahmen des DAV ihre spezifischen berufspolitischen Interessen geltend zu machen, die notwendige Fortbildung sicherzustellen und den Austausch mit den steuerlich tätigen Berufskollegen zu suchen.

Die Arbeitsgemeinschaft Steuerrecht im DAV veranstaltet hierzu jährlich den Steueranwaltstag, der stets am Ende des Jahres (Oktober/November) in Berlin stattfindet. Darüber hinaus werden mit dem Steueranwaltstag International jährlich im Frühjahr (April/Mai) die besonderen internationalen Aspekte der Tätigkeit als Steueranwalt angesprochen. Die Arbeitsgemeinschaft gibt zudem eine eigene Zeitschrift heraus, das Steueranwaltsmagazin, das über aktuelle steuerliche Entwicklungen informiert und aus der Tätigkeit der Arbeitsgemeinschaft berichtet. Über ihre Arbeit unterrichtet die Arbeitsgemeinschaft zudem im Internet unter www.steuerrecht.org.

VIII. Literatur- und Kanzleiausstattung

Wer als Steueranwalt auf dem Gebiet des Steuerrechts beratend und vertretend tätig sein will, der muss über die aktuelle Steuergesetzgebung, die aktuellen Erlasse der Finanzverwaltung und die Entwicklung der Rechtsprechung informiert sein. Dies setzt selbstverständlich die Anschaffung und laufende Aktualisierung der Steuergesetze, der Steuerrichtlinien und der Steuererlasse der Finanzverwaltung voraus. Die amtlichen Veröffentlichungsorgane sind das Bundessteuerblatt I (Verlautbarungen der Finanzverwaltung) und das Bundessteuerblatt II (Veröffentlichung der durch die Finanzverwaltung für verbindlich erklärten höchstrichterlichen Rechtsprechung). Dies wird sinnvoll ergänzt durch die BFH/NV (umfassende Veröffentlichung der höchstrichterlichen Rechtsprechung durch die Richter des BFH). Heute können all diese Informationen zumeist auch über eine geeignete Online-Datenbank bezogen werden (bspw. juris o.Ä.).

Wer vollständig in Papierform über die Entwicklung der Rechtsprechung unterrichtet sein will, der sollte neben den genannten Publikationen (Bundessteuerblatt I, II und BFH/NV) auch über die EFG (Entscheidungen der Finanzgerichte, Stollfuß Verlag) verfügen. Ergänzend können für eine solide Grundausstattung die folgenden Kommentierungen und Veröffentlichungen empfohlen werden:

E.19 Steuerrecht <- Spezialisierung

1. *Ludwig Schmidt*, Kommentar zum Einkommensteuergesetz, 36. Aufl. 2017, Preis 105 EUR.
2. *Tipke/Kruse*, Kommentar zur Abgabenordnung und Finanzgerichtsordnung, Loseblattsammlung, Preis 198 EUR für das Grundwerk zzgl. Ergänzungslieferung drei Mal jährlich.
3. *Michael Streck*, Kommentar zum Körperschaftsteuergesetz, 8. Aufl. 2014, Preis 89 EUR.
4. *Bunjes/Geist*, Kommentar zum Umsatzsteuergesetz, 16. Aufl. 2017, Preis 105 EUR.
5. *Tipke/Lang*, Lehrbuch zum Steuerrecht, 22. Aufl. 2015, Preis 79,80 EUR.
6. *Joecks/Jäger/Randt*, Steuerstrafrecht, 8. Aufl. 2015, Preis 129 EUR.
7. Als Handbuch: *Streck/Spatscheck/Talaska*, Die Steuerfahndung, 5. Aufl. 2017, Preis 79,80 EUR.
8. Die wichtigsten Fachzeitschriften sind die DStR (Deutsches Steuerrecht), die Zeitschriften DER BETRIEB und der BETRIEBS-BERATER sowie für das Steuerstrafrecht die WISTRA (Zeitschrift für Wirtschafts- und Steuerstrafrecht) und die PStR (Praxis Steuerstrafrecht).

E.20 Strafrecht

Rechtsanwalt Prof. Dr. Ulrich Sommer, Köln • ehemaliges Mitglied im Geschäftsführenden Ausschuss der Arbeitsgemeinschaft Strafrecht des DAV sowie des DAV-Vorstands

Alles, was von einem Rechtsanwalt erwartet wird, und alles, was er können muss, wird wie unter einem Brennglas gebündelt, wenn er in Strafsachen tätig wird. Nirgendwo wird die anwaltliche Aufgabe in unserer Gesellschaft so deutlich wie in einem Strafverfahren. Nirgendwo wird der Mandant existenzieller durch staatliche Macht bedroht als im Strafgerichtssaal. Nirgendwo ist der Anwalt eindringlicher aufgefordert, seinem Mandanten unnachgiebig Beistand zu leisten. Die Verantwortung des Strafverteidigers ist groß, seine Fähigkeiten sind in besonderem Maße gefordert.

I. Der einseitige Anwalt

Die Einseitigkeit der Wahrnehmung der Mandanteninteressen zählt zum Selbstverständnis des Anwalts. Im Zivilprozess, in dem sich zwei Parteien gleichberechtigt gegenüberstehen, ist die Interessenwahrnehmung lediglich einer Partei durch den Anwalt selbstverständlich. Im Strafverfahren, in dem der beschuldigte Mandant der besonderen Hilfe seines Verteidigers bedarf, gerät das Bild des einseitig interessenwahrnehmenden Anwalts häufig ins Wanken. Der allgemeine Ruf nach Wahrheit und Aufklärung im Strafverfahren will häufig auch den Strafverteidiger in die Pflicht nehmen. Unter Hinweis auf den Rechtsanwalt als Organ der Rechtspflege wird ihm nicht selten zugemutet, die Konsequenz seiner Beistandspflicht auf dem Altar einer allgemeinen „Vernünftigkeit" zu opfern. Richter animieren den Verteidiger, sich sinnvollen Ergebnissen nicht zu widersetzen, Staatsanwälte fordern ihn auf, bestimmte Zeugen „schonend" zu behandeln, Beweisanträge sollen aus Kostengesichtspunkten zurückgenommen werden.

II. Im strafrechtlichen Parteiprozess

Die Zumutung, sich nicht nur als Interessenvertreter eines mutmaßlichen Verbrechers aufzuführen, wird nicht selten mit dem Hinweis auf die besondere rechtsstaatliche Bindung von Gericht und Staatsanwaltschaft begründet, wobei Letztere als Verfolgungsbehörde von Gesetzes wegen verpflichtet sei, auch zugunsten des beschuldigten Mandanten zu agieren. Dass diese Idee des Gesetzgebers der Reichsstrafprozessordnung an den Klippen der Realität zerschellen muss, hatten Anwälte und Strafrechtslehrer schon an der Wende zum 20. Jahrhundert konstatiert. Allein die Aufgabenstellung der Ermittlung verbietet – unter den aktuell bekannten Bedingungen menschlicher Psyche – ein ausgewogenes Agieren im Ermittlungsverfahren und im Strafprozess. Faktisch existierte schon in der Anfangsphase des modernen deutschen Strafprozesses ein Parteiprozess.

III. Die Einseitigkeit der Ermittlung

Daran hat sich im 21. Jahrhundert nichts geändert. Im Gegenteil: Die Möglichkeiten der Ermittlungen und Grundrechtseingriffe durch die Staatsanwaltschaft haben sich seitdem vervielfacht. Die Konsequenz ist die gesteigerte Aufgabe des Strafverteidigers, gegenzusteuern und Alternativen aufzuzeigen. Nur ein solches Gegengewicht kann Einfluss auf ein Beweisergebnis nehmen. Strafverteidiger erfahren Einseitigkeit in belastender Form an zahlreichen Stellen. Der Grund hierfür ist zumeist keine Bösartigkeit oder Benachteiligungsabsicht des Ermittlers. Es ist häufig die schlichte Konsequenz von üblichen Arbeitsabläufen bei Staatsanwaltschaft und Polizei. Notwendigerweise werden Ermittlungshypothesen aufgestellt, ein einmal formulierter Verdacht nimmt dann allerdings häufig derart feste Strukturen an, dass schon mangelnde Fantasie für Alternativen die Ermittlungen beschränken und lenken. Fragen an Zeugen werden häufig gar nicht gestellt, Aufklärungen durch Sachverständige nicht initiiert, weil die Relevanz einer Frage nicht erkannt wird. Ermittler meinen, sich ein Urteil zu bilden, wo sie lediglich Bestätigungen ihres Verdachts suchen und finden. Unvermeidlich ist die richterliche Vorprägung, wenn dessen erster Zugang zu dem Fall eine derart strukturierte Ermittlungsakte ist.

IV. Die Dialektik des Strafprozesses

Die Wahrheitssuche im Strafverfahren ist ein dialektischer Prozess. Der ermittlungskritische Ansatz des Strafverteidigers ist hierfür unentbehrlich. Er muss häufig monostrukturierte Ermittlungen hinterfragen, subtile Suggestionen aufdecken, niemals bedachte Fragen erstmalig stellen. Zwar ist das Feld einer abschließenden richterlichen Beweiswürdigung weit – für manchen rechtsstaatlich Denkenden viel zu weit. Dennoch muss zumindest bei der Bildung der Grundlage der Tatrekonstruktion durch das Gericht der Strafverteidiger eingreifen. Er muss Zweifel säen in Gedankengängen, die bereits voreilig ein fest gefügtes Bild von einem Sachverhalt konstruiert haben. Hat sich ein Gericht bequem in seinen Vorstellungen eingerichtet, wird der kritische Strafverteidiger als lästig empfunden. Seine genuine Aufgabe wird plötzlich in der Praxis zum Kampf gegen den vorschnellen Griff des Richters auf die Wahrheit.

V. Kampf als rechtsstaatliche Aufgabe

Dieser tägliche Kampf im Gerichtssaal ist notwendiger Teil des sich bestätigenden Rechtsstaats. Die Suche nach einer gerechten Entscheidung beginnt mit jedem Fall von Neuem. Bei aller rechtsstaatlichen Gesinnung der Beteiligten kann nur der Dialog dazu beitragen, die notwendige Rationalität einer Entscheidung zu erhöhen und die Gedanken der Entscheidungsträger so weit wie möglich von emotionalen Aspekten freizuhalten. Das Empfinden für Gerechtigkeit wird möglicherweise von einem Richter durch ein Sachverhaltselement geprägt, das sich in der Diskussion mit Staatsanwaltschaft und Verteidigung plötzlich völlig anders darstellen kann. Auch in seiner Einseitigkeit ist das Agieren des Strafverteidigers die Verwirklichung von Recht. In jedem Prozess erfüllt er – neben der menschlichen Hilfe für seinen Mandanten – eine rechtsstaatliche Aufgabe.

VI. Kampf um die schützende Form

Die Form des Strafprozesses garantiert die Freiheit aller Bürger. Nachvollziehbar wird dieser Grundsatz erst mit der Verinnerlichung der Bedeutung, die die Beschränkung und Kontrollierbarkeit staatlicher Macht im Strafprozess hat. Die existenziellen Folgen eines Strafurteils für den Bürger rechtfertigen es, den Verfahrensgang im Strafprozess besonders zu formalisieren und damit kontrollierbar zu gestalten. Was für Juristen Garantien der Freiheitsrechte sind, ist für die Boulevardpresse häufig ein lästiges Hindernis zur erwünschten Bestrafung eines als Täter ausgemachten Angeklagten. Dass selbst nach jahrhundertelanger Tradition diese Grundsätze rechtsstaatlichen Prozessierens nicht in den Herzen aller Richter angekommen sind, wird der junge Strafverteidiger schmerzlich erfahren, wenn sein im Strafprozess vorgesehenes Wirken plötzlich als unnötiger Formalismus abgetan wird. Auch hier ist Strafverteidigung Kampf um die Erhaltung der schützenden Form des Strafprozesses. Gibt er den Anspruch auf die Einhaltung dieser Form auf, reduziert er seine Rolle im Prozess auf die des unverbindlichen Gesprächspartners. Auch in sogenannten Deal-Gesprächen mit dem Gericht mag er in eloquenter Weise die Interessen seines Mandanten vorbringen. Seine tatsächlichen Einflussmöglichkeiten hat er aber verspielt.

VII. Kampf um die Würde des Mandanten

Der Kampf des Strafverteidigers gilt nicht nur der Durchsetzung rechtlicher Prinzipien, er dient auch dem Erhalt der Würde seines Mandanten. Strafverfahren werden allzu schnell dominiert von der persönlichen Missachtung des Beschuldigten angesichts einer gemutmaßten oder sogar gestandenen Tat. Grundlage der Strafprozessordnung ist die Achtung der Menschenwürde, das Gesetz respektiert die Persönlichkeit. Dass dieser Anspruch im Verhalten der Justiz gegenüber dem Mandanten auch tatsächlich eingehalten wird, hat der Strafverteidiger sicherzustellen. Er wird in der Praxis feststellen, dass die Atmosphäre und der Ton in einem Gerichtssaal genügend Möglichkeiten offenlassen, den notwendigen Respekt vor dem Mandanten zu umgehen. Er wird nicht selten sogar die Zumutung erleben, sich gemeinsam mit anderen Verfahrensbeteiligten als moralische Instanz vom Mandanten zu distanzieren. Von der Kritik der Sitzordnung in einem Gerichtssaal bis hin zu sprachlichen Spitzen in einer Vernehmung durch den Richter bietet sich ein weites Themenfeld, den Kampf um den notwendigen Respekt zu führen.

VIII. Standhaftigkeit

Die einseitige Positionierung des Verteidigers im Prozess macht ihn häufig einsam. Er wird einen Druck verspüren, wie ihn ein Anwalt selten zu ertragen hat. Die Staatsanwaltschaft tritt mit dem Anspruch moralischer Rechtfertigung einer Tataufdeckung auf. Modisch simplifizierend wird der Gerichtssaal in Gut und Böse aufgeteilt, und der Verteidiger findet sich nur

E.20 STRAFRECHT ← SPEZIALISIERUNG

noch als Verbrechensunterstützer wieder. Mangels anderweitiger Anhaltspunkte konzentriert sich der Ruf der Öffentlichkeit nach einem Verantwortlichen für eine Tat auf den anwesenden Angeklagten. Das Gericht verdeutlicht, dass es das Einlenken des Angeklagten für die einzig sinnvolle Verteidigungsstrategie hält. Nur die Überzeugung von der Richtigkeit seiner Aufgabe sowie die Kraft und Kompetenz, diese auch durchzuführen, können ihm bei der Erfüllung seiner Beistandspflicht helfen. Wer die Harmonie zu seinem primären Lebensziel erklärt hat, sollte die Berufswahl zum Strafverteidiger nochmals überdenken.

IX. Grenzen der Verteidigung

Der junge Anwalt droht erst recht in dem Kampfgeschehen unterzugehen, wenn ihm für sein missbilligtes Verhalten sogar Strafe angedroht wird. Eine seiner wichtigsten Aufgaben besteht daher darin, sich bereits zu Beginn seiner Tätigkeit eingehend über die vielfältigen Abgrenzungsprobleme zwischen erlaubtem und nicht erlaubtem und sogar möglicherweise strafbarem Verhalten zu informieren. Bei scharfen Worten können Beleidigungstatbestände eine Rolle spielen. Andererseits weiß der Verteidiger sich hier einer starken Rückendeckung sicher: Das BVerfG hat mehrfach festgestellt, dass im Kampf um das Recht der Anwalt nicht immer schonend mit seinen Kontrahenten im Verfahren umgehen muss. Die Grenzen zu einer strafrechtlich relevanten ehrenrührigen Behauptung sind hier sehr weit gezogen.

Seitens der Staatsanwaltschaft wird häufig der Tatbestand der Strafvereitelung thematisiert, wenn der Anwalt in besonders erfolgreicher Weise für seinen Mandanten agiert. Der emotionale Vorbehalt, der den Anwalt nicht selten als Spießgesellen des Verbrechers erscheinen lassen will, schlägt dann in den konkreten Vorwurf einer Straftat um. Der Anwalt sollte sich eines sicher sein: Alle prozessual zulässigen Handlungen unterfallen seiner Beistandspflicht und können keine strafrechtlich erhebliche Hilfe für einen möglichen Straftäter sein. Der Strafverteidiger darf jeden Sachverhalt in einem Beweisantrag unter Beweis stellen, den er zumindest für möglich hält. Er darf jede Frage an den Zeugen stellen, die sich in dem sehr weiten Bereich der Zulässigkeit des § 240 StPO bewegt. Gefahren lauern hier allenfalls außerhalb der Hauptverhandlung, wenn bei der Staatsanwaltschaft der Eindruck entstehen kann, dass über die rechtliche Beratung hinaus der Verteidiger beispielsweise konkret an der Erfindung einer entlastenden Lügengeschichte des Angeklagten mitgewirkt hat oder gar bei einem flüchtigen Mandanten materielle Unterstützung geleistet hat.

Der Verteidiger, der diese Grenzen kennt, sollte sich mit Selbstbewusstsein dem Vorwurf stellen, er habe einem Straftäter oder gar einer kriminellen Organisation letztlich „geholfen". Genau dieser Effekt ist die zwangsläufige Folge der vom Anwalt verlangten Beistandspflicht im Strafprozess. Auch der möglicherweise Schuldige hat einen Anspruch auf diesen anwaltlichen Beistand. Dem kritisierenden Staatsanwalt ist ggf. dieses Grundprinzip rechtsstaatlichen Prozessierens nochmals zu verdeutlichen.

Eine besondere Strategie der Disziplinierung von Strafverteidigern stellte auf den Geldwäschetatbestand (§ 261 StGB) ab. Dieser sehr weit gefasste Tatbestand ermöglicht es in vielen Fällen, übliche Honorarzahlungen in Strafverfahren in ein strafrechtliches Licht zu rücken. Das BVerfG hat dem Einhalt geboten. Nicht ein wie auch immer geartetes leichtfertiges Verhalten des Strafverteidigers fällt unter den Tatbestand, sondern lediglich die positive Kenntnis davon, dass das ihm als Honorar zur Verfügung gestellte Geld im Sinne der Geldwäschevorschrift bemakelt ist. Um auch nicht entfernt in den Geruch zu kommen, hier möglicherweise in den Bereich eines positiven Wissens zu gelangen, sollte der junge Strafverteidiger schon die äußeren Umstände einer Honorarzahlung entsprechend gestalten. Banküberweisungen statt Bargeldzahlungen oder die Honorarübernahme durch unverdächtige Freunde oder Anverwandte sind hier ein probates Mittel.

Interessenkollisionen können im Straftatbestand des Parteiverrats münden. Die Anwendbarkeit dieser Strafnorm auf den Strafverteidiger ist nach der jüngsten Rechtsprechung nicht außer Reichweite. Im Gegensatz zum Zivilprozess wird nur ein Anwalt persönlich beauftragt, so das Kollisionen mit von einem Bürokollegen wahrgenommenen anderweitigen Interessen (eines Mitbeschuldigten oder Zeugen) nicht unmittelbar sein eigenes Mandat berühren. Ein ständiges Problembewusstsein hilft allerdings auch hier; Mandantenaufklärung und Dokumentation nach § 3 Abs. 2 BORA minimieren strafrechtliche Gefahren.

X. Der Mandant im Strafverfahren

Bereits die Geldwäscheproblematik verdeutlicht, dass der Umgang des jungen Strafverteidigers mit dem Mandanten ein häufig noch zu erlernendes Bewusstsein voraussetzt, das auch mögliche Gefahrenmomente aufnimmt. Der Mandant hat einen unbedingten Anspruch auf den anwaltlichen Einsatz in seiner Sache. In seiner Prozesssituation hat er den Anspruch auf Solidarität. Die Unabhängigkeit des Anwalts verbietet es jedoch, darüber hinausgehende umfassende Verbrüderungen mit seinem Mandanten an den Tag zu legen, die dieser letztlich als Unterstützung für ein angeklagtes Tun oder gar seine gesamte Lebensführung auffassen kann. Der Berater und rechtliche Beistand muss Distanz beherrschen. Distanz, ja sogar Kontrolle und Dokumentation des Innenverhältnisses im Mandat erscheinen notwendig angesichts der Tatsache, dass das Mandat zu einem späteren Zeitpunkt im Unfrieden beendet wird und sich der Mandant möglicherweise mit der Staatsanwaltschaft gemein macht, um einen unliebsamen Strafverteidiger in Schwierigkeiten zu bringen. Die Gratwanderung zwischen Solidarität und Distanz will erlernt werden.

XI. Eigene Ermittlungen des Strafverteidigers

Noch sehr viel vorsichtiger sind Strafverteidiger bei selbst initiierten Aktivitäten außerhalb des Verfahrens. Die Kontaktaufnahme des Strafverteidigers mit potenziellen Zeugen wird von der Justiz stets mit Argwohn beobachtet. Eine rechtliche Grundlage hat diese Skepsis nicht. Selbstverständlich darf der Strafverteidiger grundsätzlich eigene Ermittlungen durchführen. Allein aus Gründen der Eigensicherung sollte er allerdings stets darauf bedacht sein, insbesondere Gespräche mit Zeugen in einer formalisierten Art und Weise und ggf. mit einem zusätzlichen Zeugen zu führen. Er ist grundsätzlich auch nicht gehindert, Kontakt zum potenziellen Tatopfer aufzunehmen. Der als Strafmilderungsgrund im Gesetz anerkannte Täter-Opfer-Ausgleich gebietet dies sogar. Es kann für die Verteidigung sinnvoll sein, schriftliche konkrete Vereinbarungen zu treffen, die einerseits eine Entschädigung für das Opfer, andererseits eine Verpflichtung zu strafprozessualem Handeln, wie beispielsweise die Rücknahme eines Strafantrages, vorsehen. Der Geruch des unzulässigen Verhaltens wird regelmäßig dann minimiert, wenn dieses Tatopfer ebenfalls von einem Anwalt vertreten und dieser in die Verhandlung mit einbezogen wird.

XII. Die Büroorganisation

Will auch der junge Strafverteidiger dem umfassenden Beistandsanspruch gerecht werden, muss er seine Büroorganisation hierauf einstellen. Effektive Hilfe für den Mandanten bedeutet gerade im Ermittlungsverfahren häufig sehr schnelle Hilfe. Steht der Strafverteidiger nicht alsbald nach der Verhaftung seinem Mandanten bei, finden sich irreversible, für den Mandanten schädliche Vermerke oder Vernehmungsprotokolle in den Akten. Unterstützt der Strafverteidiger seinen Mandanten nicht während einer laufenden Hausdurchsuchung, ist einer extensiven Auslegung eines Durchsuchungsbeschlusses durch die Ermittlungspersonen Tür und Tor geöffnet; nicht das Ermittlungsziel, sondern der „Zufallsfund" bereitet in einem späteren Verfahren unter Umständen Probleme. Hierauf hat die Organisation des Büros Rücksicht zu nehmen. Die Erreichbarkeit eines Anwalts muss daher sichergestellt werden. Jede Sekretärin sollte imstande sein, bei Abwesenheit ihres Chefs auf einen Hilferuf des Mandanten sofort zu reagieren und einen zur Unterstützung bereiten Kollegen zu benennen.

XIII. Die Macht des Strafverteidigers ist sein Wissen und Können

Die Gegenseite im Strafprozess hat den uneinholbaren Vorteil der legitimierten Machtausübung, manch Richter oder Staatsanwalt beschränkt sich sogar hierauf. Strafverteidiger wissen, dass sie erfolgreich gegen diese Herausforderung nur bestehen können, wenn sie in einem rational geführten Strafprozess stets das bessere Argument haben, wenn sie Zeugen gegenüber die richtige Frage stellen und wenn sie mit profunder rechtlicher Kenntnis die prozessualen Handlungsmöglichkeiten geschickt einsetzen können. Der Verteidiger hat nur die Macht des Wortes. Sein Wissen und sein Können sind seine Waffen, weshalb Strafverteidiger sich in besonderer Weise der ständigen Weiterbildung verpflichtet fühlen. Wer sich zur Tätigkeit des Strafverteidigers entschließt, schlägt bewusst den Weg eines lebenslangen Lernprozesses ein.

Ist die Macht des Wortes die entscheidende Waffe des Strafverteidigers, ist deren ständiger Feinschliff notwendige Verteidigungsarbeit. Der im Studium erlernte schriftliche und häufig beschauliche Zugang zu rechtlichen Problematiken weicht im Strafverfahren einer Spontaneität und Klarheit, der sich nicht jeder gewachsen fühlt. Es ist kein Zufall, dass in den Reihen der Anwaltschaft die Gabe der Eloquenz verstärkt im Bereich der Strafverteidiger zu finden ist. Der junge Anwalt wird sich hier mit viel Mühe und allmählich wachsender praktischer Erfahrung dieser Aufgabenstellung widmen müssen.

XIV. Unterstützung durch die AG Strafrecht

Die Solidarität unter den Strafverteidigern sollte die Vorstellung von deren wirtschaftlicher Konkurrenz dominieren. Der Strafverteidiger hat eine gesellschaftliche Aufgabe zu erfüllen, die er nur auf der Basis dieser Solidarität bewerkstelligen kann. Der Strafverteidiger sollte daher so oft wie möglich die Einsamkeit des Kampfes im Gerichtssaal ergänzen durch den Erfahrungsaustausch mit Kollegen und Informationen über neueste Entwicklungen der Rechtsprechung und Gesetzgebung. Die Arbeitsgemeinschaft Strafrecht im Deutschen Anwaltverein bietet hier als größte europäische Strafverteidigervereinigung gerade dem jungen Verteidiger den ausreichenden Rückhalt. Entscheidet er sich für die dauerhafte Spezialisierung des Strafrechts, werden ihm hier besondere Kurse angeboten, die die Grundlage für die Bezeichnung „Fachanwalt für Strafrecht" sind. Als Mitglied der Arbeitsgemeinschaft erhält er monatlich das informative „Strafverteidiger-Forum", das ihn über alle neuen Tendenzen auf dem Laufenden hält. Eine Homepage im Internet informiert über Aktuelles. Kongresse setzen seit Jahrzehnten durch anspruchsvolle Vorträge Meilensteine zur Standortbestimmung der Strafrechtspflege. Beim alljährlichen Herbstkolloquium kann der Verteidiger mit mehreren Hundert teilnehmenden Kolleginnen und Kollegen diskutieren. Eine weitere regelmäßige bundesweite Veranstaltung ist das Strafverteidigersymposium in Karlsruhe, das sich dem Dialog mit dem Bundesgerichtshof und der Generalbundesanwaltschaft widmet. Die Petersberger Tage im Frühjahr thematisieren häufig brandaktuelle rechtspolitische Fragen auf wissenschaftlichem Niveau.

Die Strafverteidigung ist gerade für den jungen Anwalt einerseits eine große Herausforderung, andererseits eine extreme Belastung. Die AG Strafrecht kann ihm helfen, die ersten Schritte auf gesichertem Terrain zu wagen.

E.21 Transport- und Speditionsrecht – Der Nischenanwalt für das Massengeschäft

Rechtsanwalt Dieter Janssen, Bremen • ehemaliger Vorsitzender der Arbeitsgemeinschaft Transport- und Speditionsrecht des DAV

HGB steht für das Handelsgesetzbuch. Und was sind CMR, WA, MÜ, COTIF oder ADSp? Das Transportrecht ist eine Nische für Kenner, daran hat der 2005 eingeführte Fachanwalt für Transport- und Speditionsrecht nicht viel geändert.

Das Rechtsgebiet „Transportrecht" ist den meisten Juristen unbekannt, obwohl das deutsche Transportrecht seit 1998 im HGB im 4. Buch (Handelsgeschäfte) und im 5. Buch (Seehandel) geregelt ist. Pech hat allerdings, wer etwas zum Seehandel im Schönfelder sucht: Das 5. Buch ist in den Normalausgaben des Schönfelders nicht enthalten. Ist das der Grund, warum sich kaum Anwältinnen und Anwälte mit dem Transport und der Lagerung von Gütern beschäftigen? Bei inzwischen knapp 165.000 Anwälten in Deutschland bewegt sich die Zahl im Promillebereich. Zum 1.1.2018 gab es insgesamt 206 Fachanwältinnen und Fachanwälte für Transport- und Speditionsrecht. Darin liegt die Chance für Berufsanfänger. Und die Hürde? Die Praxiserfahrung. Man sollte genau wissen, worum es geht.

Was gehört zum Transportrecht? Spedition, Lagerung, Landtransport, Lufttransport, Seetransport, Eisenbahntransport, Binnenschifffahrtstransport sowie neuerdings Logistik werden dazugezählt. Das Logistikrecht ist eine Schnittmenge aus verschiedenen Transportrechten und anderen Rechtsmaterien (wie zum Beispiel Dienstvertragsrecht und Werkvertragsrecht). Es ist zukunftsträchtig, weil der Transport von Gütern immer häufiger nur Teil einer komplexeren Dienstleistung (von der Bestandsverwaltung bis zur Bestellabwicklung) ist.

Wer im Transportrecht reüssieren will, sollte mehr machen, als das 5. Buch des HGB nachzukaufen. Neben dem HGB arbeitet der Transportrechtler mit diversen internationalen Übereinkommen (z.B. CMR für den grenzüberschreitenden Güterfernverkehr, WA und MÜ für den Luftverkehr, COTIF für den Eisenbahnverkehr). Darüber hinaus gibt es verschiedene, nicht auf die einzelnen Verwender beschränkte allgemeine Regelungen (wie z.B. die Allgemeinen Deutschen Spediteur-Bedingungen [ADSp]; die ADSp sind ein gemeinschaftliches Empfehlungswerk der Verbände der verladenden Wirtschaft und der Spedition).

Was macht der Anwalt im Transportrecht? Die Kunst besteht darin, sich die Sachverhalte bei den Mandanten zusammenzusuchen bzw. von ihnen zu erfragen und sodann die passenden Vorschriften zu finden. Ein Schwerpunkt liegt bei vielen Transportrechtlern im Führen von Prozessen. Daneben spielt die Vertragsberatung eine große Rolle. Die Prozesse werden meist vor den ordentlichen Gerichten geführt. Liegt der Gegenstandswert – wie durchaus nicht selten – in dem Bereich bis 5.000 EUR, sind die Amtsgerichte zuständig.

E.21 Transport- und Speditionsrecht

Das ist zwar auf den ersten Blick nicht besonders lukrativ, kann aber spannend sein: In der Regel trifft man auf Richter, die zum ersten Mal mit dem Transportrecht in Kontakt kommen. Anders bei den Landgerichten: Die Kammern für Handelssachen sind ein adäquater Partner für die fachkundigen Anwälte. Nicht zu vergessen sind Tätigkeiten im einstweiligen Rechtsschutz sowie in Schiedsgerichtsverfahren. Der Transportrechtler macht also häufig das, was heute in großen Kanzleien „Litigation" heißt.

Mandanten sind regelmäßig Versicherer, Makler oder Assekuradeure, Spediteure und Frachtführer sowie deren Auftraggeber. Die Ansprechpartner sind häufig sehr kompetent und erwarten das auch von ihren Rechtsanwälten. Und Kompetenz wird – trotz der häufig eher niedrigeren Streitwerte – honoriert, zumal auch höhere Streitwerte bei größeren Schäden vorkommen. Auf jeden Fall gilt im Transportrecht: Die Mischkalkulation zwischen kleineren und größeren Fällen funktioniert noch. Und im Rahmen der beratenden Tätigkeit können auch Zeithonorare vereinbart werden.

Ohne praktische Erfahrung kann der Start in das Transportrecht kaum gelingen. Der Fachanwaltskurs für Transport- und Speditionsrecht ist wichtig, wird aber am Ende nicht mehr als ein Einstieg sein. Am meisten lernt, wer in einer Anwaltskanzlei tätig ist, die sich bereits auf das Transportrecht spezialisiert hat. Wer noch keine Konnossemente, Speditionsübergabescheine oder Luftfrachtbriefe gesehen hat, kann kaum beim Mandanten als kompetent erscheinen. Gute Englischkenntnisse gehören ebenfalls dazu, weil Fälle im Transportrecht häufig einen internationalen Bezug haben. Schließlich sollte die Rechtsanwältin, der Rechtsanwalt mit Fristendruck leben können. Die Verjährungs- und Ausschlussfristen sind im Transportrecht kurz – und manchmal haben die Mandanten alle Unterlagen erst am letzten Tag der Frist zusammen.

E.22 Vergaberecht

Rechtsanwalt Prof. Dr. Alexander Wichmann, Freiburg i.Br. • Mitglied im Geschäftsführenden Ausschuss der Arbeitsgemeinschaft Vergaberecht im DAV

Immer wieder liest man in vergaberechtlichen Gerichtsentscheidungen, dass es sich bei dem Vergaberecht um eine *„von Haus aus unübersichtliche und schwierige Rechtsmaterie"* handelt, die auch aufgrund der dynamischen Entwicklung *„überdurchschnittliche Schwierigkeiten bei der anwaltlichen Tätigkeit"* mit sich bringt. Allein diese Aussagen müssten schon Anlass genug sein, sich mit dem vergleichsweise jungen Rechtsgebiet näher auseinander zu setzen, bieten sich doch gerade in komplexen Themenfeldern ideale Möglichkeiten zur Spezialisierung und Verschaffung nachhaltiger Marktvorteile. Hat man einmal die tragenden Grundsätze der Transparenz, des Wettbewerbs und der Gleichbehandlung verinnerlicht, lassen sich auch komplexe Fragestellungen lösen.

Und davon gibt es viele: denn es geht im Vergaberecht regelmäßig nicht um den häufig zitierten *„Bleistiftkauf"*: Allein in Deutschland werden jährlich ca. 160.000 öffentliche Aufträge mit einem Gesamtvolumen von über 400 Mrd. EUR vergeben. Dies belegt eindrucksvoll die wirtschaftliche Bedeutung des öffentlichen Auftragswesens und damit auch den Bedarf an anwaltlicher Rechtsberatung.

I. Was ist Vergaberecht?

Das Vergaberecht hat sich zu einem eigenständigen Rechtsgebiet zwischen Verwaltungs- und Zivilrecht entwickelt, das maßgeblich vom Europarecht durch die sog. Vergaberichtlinien geprägt worden ist. Kurz ausgedrückt versteht man unter dem Vergaberecht die Gesamtheit der Normen, die der öffentlichen Hand eine bestimmte Vorgehensweise bei der Beschaffung von Gütern und Leistungen vorschreibt, die sie benötigt, um ihre Aufgaben erfüllen zu können.[1] Dabei ist die anwaltliche Beratung in vergaberechtlichen Mandanten in den seltensten Fällen allein auf das Vergaberecht beschränkt.

II. Die Entwicklung des Vergaberechts

Das geregelte Ausschreibungswesen hat in Deutschland eine lange Tradition. Die sog. Verdingungsordnung für Bauleistungen (VOB/A) stammt z.B. aus dem Jahr 1926. Gleichwohl führte das Vergaberecht in der anwaltlichen Beratungspraxis bis vor rund 20 Jahren ein Schattendasein, weil die staatliche Beschaffung traditionell vom verwaltungsinternen Haushaltsrecht bestimmt worden ist. Effektive Rechtsschutzmöglichkeiten gegen Verstöße gegen die Vergabevorschriften bestanden praktisch nicht. Dies war unter anderem der EU-Kommission ein Dorn im Auge, die im Wege eines Vertragsverletzungsverfahrens auf die Umsetzung der EU-Richtlinien zum Vergaberecht pochte, um die Beschaffungsmärkte in den einzelnen EU-Mitgliedstaaten für den grenzüberschreitenden Verkehr vollständig zu öff-

---

[1] BVerfG v. 13.6.2006 – 1 BVR 1160/03.

nen und Umgehungen durch den Aufbau privatrechtlich organisierter „staatlicher" Konzerne vorzubeugen.

Im Jahr 1999 hat sich die Rechtslage durch das Vergaberechtsänderungsgesetz[2] schlagartig geändert. Mit der Einfügung der Vergaberegeln in das Gesetz gegen Wettbewerbsbeschränkungen (GWB) wurde den an einem öffentlichen Auftrag interessierten Unternehmen ein einklagbares Recht auf die Einhaltung der Vergabevorschriften bei öffentlichen Aufträgen ab bestimmten Auftragswerten (sog. Schwellenwerte) eingeräumt. Während es für die „kleineren" Aufträge unterhalb dieser Schwellen bei der früheren, haushaltsrechtlich geprägten Rechtslage geblieben ist, können die Unternehmen bei größeren Aufträgen nunmehr effektiven Rechtsschutz im Rahmen eines Nachprüfungsverfahrens nach den §§ 160 ff. GWB in Anspruch nehmen. Welch hoher Beliebtheit sich dieses neue Rechtsschutzinstrument seither in Deutschland erfreut, kann regelmäßig der Tagespresse entnommen werden, die darüber berichtet, dass ein großer Vergabeprozess wie z.B. beim Bau des Berliner Stadtschlosses durch einen Wettbewerber überprüft und der Zuschlag derweil gestoppt wird.

In der Zwischenzeit wurde das Vergaberecht mehrfach aufgrund neuer EU-Richtlinien geändert: Im April 2016 erfolgten grundlegende Veränderungen, mit denen u.a. die vollständige elektronische Abwicklung von Vergaben erreicht werden soll. 2017 wurde die sog. Unterschwellenvergabeordnung (UVgO) in Kraft gesetzt, welche die VOL/A und die VOF für Vergabestellen des Bundes ersetzt. Es besteht die Hoffnung, dass die meisten Bundesländer die UVgO in ihr Landesrecht übernehmen, um eine einheitliche länderübergreifende Rechtsgrundlage auch für Unterschwellenvergaben zu schaffen, die zahlenmäßig die große Mehrzahl der Vergaben ausmachen.

III. Die Tätigkeit von Anwälten im Vergaberecht

Das Vergaberecht bietet ein großes und spannendes Tätigkeitsfeld für die Anwaltschaft. Auf Auftraggeberseite unterstützen Anwälte bei der Konzeptionierung, Strukturierung und Durchführung von Vergabeverfahren. Hierzu gehört nicht nur das vergaberechtliche Verfahrensrecht, sondern auch das materielle Recht: denn im Kern geht es dem öffentlichen Auftraggeber um einen zügigen und möglichst rechtssicheren Vertragsabschluss. D.h., dass neben der vergaberechtlichen Kenntnis immer auch eine materiellrechtliche Expertise für die einwandfreie Erstellung von Verträgen und für die Berücksichtigung der geltenden rechtlichen Rahmenbedingungen bestehen muss. So haben sich z.B. Spezialisierungen für die Vergabe von Leistungen in den Bereichen Bau, Informationstechnologie und Telekommunikation, Gesundheits- und Sozialwesen, Verteidigung- und Sicherheit, Personenverkehr oder Energiekonzessionen herausgebildet. Hinzu kommen gesellschafts- und finanzierungsrechtliche, sowie förder- und beihilferechtliche Fragestellungen. Wer Spaß am Blick über den Tellerrand und an interdisziplinärem Arbeiten hat, kommt hier auf seine Kosten.

---

2 BGBl. I S. 2512.

E.22 Vergaberecht <-- Spezialisierung

Dabei ist die Beratung nicht auf rein rechtliche Aspekte beschränkt: Öffentliche Auftraggeber sind gehalten, ihre Vergabeverfahren neutral und transparent zu gestalten. Dazu gehört es, Bewertungskriterien und Methoden zu begutachten, die den zum Teil recht strengen Anforderungen der Rechtsprechung genügen. Hier ist der anwaltliche Berater manches Mal gehalten, über seinen Schatten zu springen und mathematische Formeln dahin gehend zu überprüfen, ob diese im Einklang mit den Vorgaben des Vergaberechts stehen.

Auf Bieterseite stellen sich ebenfalls interessante Herausforderungen in der anwaltlichen Beratung. Viele Vergaben sind inhaltlich sehr komplex und in der Regel von hohem Zeitdruck geprägt. Innerhalb kurzer Fristen sind die Vergabeunterlagen zu sichten und auf eventuelle Vergabeverstöße zu prüfen. Ansonsten droht Präklusion im weiteren Verfahrensverlauf. Innerhalb kürzester Zeit müssen strategische Entscheidungen getroffen werden, u.a. ob gegen den Auftraggeber ein Nachprüfungsverfahren vor der zuständigen Vergabekammer eingeleitet werden soll. Außerdem wird die Anwaltschaft häufig damit betraut, die einzureichenden Angebote auf die Einhaltung der vergaberechtlichen Vorschriften zu überprüfen. Im Vergaberecht können Angebote schon wegen kleinen Fehlern vom weiteren Verfahren ausgeschlossen werden.

Die anwaltliche Begleitung in Nachprüfungsverfahren vor den Vergabekammern und den spezialisierten Vergabesenaten an den Oberlandesgerichten ist von Schnelligkeit geprägt. Nach § 167 Abs. 1 GWB hat die Vergabekammer ihre Entscheidung in der Regel innerhalb von fünf Wochen ab Eingang des Nachprüfungsantrages zu fällen. Manches Nachprüfungsverfahren nimmt hierbei die Ausmaße eines verwaltungsrechtlichen Gerichtsverfahrens an. Diese Anforderungen haben dazu geführt, dass viele Kanzleien in vergaberechtlichen Bereichen mit mehreren Beratern ins Rennen gehen. M.a.W.: im Vergaberecht sind Teamplayer gefragt, die sich in kurzer Zeit neue Materien erschließen können und in der Lage sind, unter hohem Zeitdruck komplexe Sachverhalte verständlich zu Papier zu bringen. Nicht zuletzt gehört es auch im Vergaberecht dazu, die Interessen der Mandanten im mündlichen Vortrag vor den Nachprüfungsinstanzen optimal zu verteidigen. Dies spielt gerade im Vergaberecht eine große Rolle, weil nicht viel Zeit für die Erstellung der Schriftsätze besteht und manches Argument erst in der mündlichen Verhandlung in der gebotenen Tiefe dargelegt werden kann.

IV. Warum also Vergaberecht?

Das Vergaberecht zeichnet sich durch die enorme Bandbreite der anzuwendenden Rechtsvorschriften aus. Es handelt sich um ein äußerst spannendes Beratungsfeld, in dem sich täglich Neues entdecken lässt. Von der schlichten Beschaffung von Standardartikeln bis hin zu äußerst komplexen Projekten mit hohen Auftragswerten bieten sich umfangreiche Möglichkeiten zur anspruchsvollen und kreativen Gestaltung durch die Anwältin bzw. den Anwalt. Nicht zuletzt belegt die Einführung des „Fachanwaltes für Vergaberecht" im Jahr 2015 die erheblich gestiegene Bedeutung dieses Rechtsgebietes.

SPEZIALISIERUNG -> **E.22 VERGABERECHT**

Die ebenfalls im Jahr 2015 gegründete Arbeitsgemeinschaft Vergaberecht möchte den vorgenannten Aspekten Rechnung tragen und die Tätigkeit von Anwältinnen und Anwälten in Kanzleien und Unternehmen im Vergaberecht durch eine gerade an den anwaltlichen Interessen ausgerichtete Organisation im DAV fördern. In der kurzen Zeit seit ihrer Gründung konnte die Arbeitsgemeinschaft bereits über 200 Mitglieder gewinnen. Das ist ebenfalls ein Zeichen für die wachsende Bedeutung dieses Rechtsgebietes.

E.23 Verkehrsrecht

Rechtsanwalt Oskar Riedmeyer, München • Vorsitzender des Ausschusses Verkehrsrecht des DAV

Das Verkehrsrecht hat sich in den letzten drei Jahrzehnten zu einer eigenständigen Wissenschaft entwickelt. Die Zeiten, in denen die Regulierung auch schwerer Personenschäden zu den Essenzialen gehörte, die jeder Anwalt beherrschen musste, sind längst vorbei. Es gibt inzwischen bei der Regulierung von Personenschäden, aber auch beim Sachschaden viele Schadenspositionen, die von der Rechtsprechung erarbeitet wurden und deren Voraussetzungen ständig verfeinert werden. Als Beispiele seien nur der Haushaltsführungsschaden, die 130 %-Grenze bei der Kfz-Reparatur oder die Erstattung der Mehrwertsteuer und der Mietwagenkosten genannt. Ebenso reicht es heute längst nicht mehr aus, beispielsweise bei einer Trunkenheitsfahrt die Hauptverhandlung wahrzunehmen und das Mandat nach dem Urteil abzuschließen. Der Mandant muss umfassend und frühzeitig über die Anforderungen bei der Wiedererteilung der Fahrerlaubnis unterrichtet werden, um die nötigen Schritte einleiten zu können. Dementsprechend ist bei den Anwälten, die sich vorwiegend mit Verkehrsrecht befassen, ein entsprechendes Spezialwissen entstanden, während Anwälte, die nur gelegentlich mit Verkehrsrecht befasst sind, immer seltener für den Mandanten wirklich befriedigende Ergebnisse erzielen. Die Satzungsversammlung bei der Bundesrechtsanwaltskammer folgte dieser Entwicklung und beschloss im Jahre 2005 die Einführung des Fachanwaltes für Verkehrsrecht.

Das Verkehrsrecht zeichnet sich dadurch aus, dass es eine Überschneidung verschiedener „klassischer" Rechtsgebiete darstellt. Es ordnet einen einheitlichen Lebenssachverhalt, nämlich die Teilnahme am Straßenverkehr nach seinen möglichen Folgen in zivilrechtlicher, versicherungsrechtlicher, strafrechtlicher, verwaltungsrechtlicher und sozialrechtlicher Hinsicht.

Den guten Verkehrsrechtsanwalt zeichnet seine Vielseitigkeit aus. Er muss sich als versierter Strafverteidiger auch mit den Feinheiten des Ordnungswidrigkeitenrechts auskennen. Er muss geschickt und ergebnisorientiert mit der Haftpflichtversicherung des Unfallgegners außergerichtlich verhandeln können. Dies erfordert genaue Kenntnis des umfangreichen und weitestgehend durch Rechtsprechung gebildeten Schadensersatzrechts. Das vielen Anwälten eher fremde Versicherungsrecht muss ihm vertraut sein. Der Mandant erwartet, dass er schon bei der ersten Beratung auf versicherungsrechtliche Fallstricke hingewiesen wird. So kann bei der Unfallflucht das Verschweigen des Fahrers im Strafverfahren taktisch geschickt sein, aber zum Verlust des Versicherungsschutzes führen. Der Verkehrsrechtsanwalt muss vor dem Zivilgericht ebenso seinen Mann (seine Frau) stehen. Er muss im Verwaltungsrechtsweg bewandert sein, wenn es beispielsweise um die Wiedererteilung der Fahrerlaubnis geht. Auch im Sozialrecht sind fundierte Grundkenntnisse notwendig, um die dort begründeten Ansprüche seiner Klienten durchsetzen zu können. Schließlich sollte der moderne Verkehrsrechtsanwalt im Zeitalter des unbeschränkten internationalen Autover-

Spezialisierung -> E.23 Verkehrsrecht

kehrs auch Sachverhalte aus anderen Ländern bearbeiten können, er muss auch die europarechtlichen Bezüge seiner Tätigkeit kennen.

Der Fachanwalt für Verkehrsrecht muss demnach besondere Kenntnisse in folgenden Bereichen besitzen:

- Materielles Haftungs- und Schadensrecht, insbesondere BGB, StVG, HaftPflG, Truppenstatut, Verkehrsopferhilfe, Londoner Abkommen; 4. und 5. Kraftfahrzeughaftpflichtrichtlinie der EU
- Verkehrsversicherungsrecht, insbesondere allgemeines Versicherungsrecht, Kfz-Haftpflichtversicherung, Kaskoversicherung
- Kfz-Kauf- und Werkvertragsrecht, Leasingrecht
- Verkehrsstraf- und Ordnungswidrigkeitenrecht
- Verkehrsverwaltungsrecht, insbesondere Fahrerlaubnisrecht (Eignung, Entzug, Wiedererteilung; 3. Führerscheinrichtlinie der EU)
- Zivil- und Strafprozessrecht, Bußgeldrecht, Verwaltungs- und Sozialverfahrensrecht

Der Anwalt muss Grundkenntnisse in der technischen Begutachtung von Schadenshergang und Schadensfolgen besitzen und bereit sein, sich mit der medizinischen Begutachtung von verletzten Unfallopfern auseinanderzusetzen.

Die rechtsuchende Bevölkerung erwartet heute, schnell auf Anwälte zugreifen zu können, die alle Aspekte eines Verkehrsgeschehens überblicken und ihren Mandanten einen „Rundumservice" aus einer Hand bieten können. Dieser Dienstleistungsgedanke erfordert neben praktischer Erfahrung ein beträchtliches Spezialwissen, das nur im Rahmen der Spezialisierung erworben werden kann.

Die Mandantenstruktur entspricht dem Querschnitt der Bevölkerung. Vom sprichwörtlichen Tellerwäscher bis zum Millionär, alle können jederzeit im Straßenverkehr Unfälle verursachen, gegen Verkehrsregeln verstoßen oder Opfer eines Unfalles werden. Damit ist das Verkehrsrechtsmandat natürlich auch ein klassisches Einstiegsmandat für die Rechtsberatung in anderen Lebensbereichen. In vielen Fällen wird der Geschädigte eines Verkehrsunfalles oder der Täter einer erheblichen Verkehrsordnungswidrigkeit anlässlich dieses Verkehrsmandates erstmals in seinem Leben einen anwaltlichen Beistand suchen. Der entsprechend spezialisierte Anwalt wird hier durch eine zügige und sachgerechte Behandlung des Mandats seine anwaltlichen Fähigkeiten beweisen können.

Lohnt sich die Tätigkeit des Verkehrsrechtsanwalts? Bei entsprechender Spezialisierung ist dies mit einem Ja zu beantworten. Im Personenschadensbereich werden häufig Erledigungsstreitwerte im sechsstelligen Bereich vorliegen. Verkehrsstrafsachen und Ordnungswidrigkeiten, die Führerscheinmaßnahmen zur Folge haben, stellen sich für den Mandanten oft als überdurchschnittlich bedeutende Angelegenheiten heraus. Hinzu kommt, dass in Zivilsachen in der Regel die Haftpflichtversicherung des Unfallverursachers die Anwaltskosten

E.23 Verkehrsrecht <- Spezialisierung

des Geschädigten als Teil des Schadens zu ersetzen hat. Gebührenausfälle kommen in diesem Bereich so gut wie nicht vor. Ein Großteil der Kraftfahrer ist rechtsschutzversichert, sodass auch das Kostenrisiko eines Zivilprozesses und die Vertretung im Bereich der Ordnungswidrigkeiten und Verkehrsstrafsachen abgedeckt ist.

Die Mandantenakquisition läuft gerade in diesem Bereich in hohem Maße durch „Mund-zu-Mund-Propaganda". Die erfolgreiche Bearbeitung eines Mandates führt in vielen Fällen zu Empfehlungen an Arbeitskollegen, Freunde und Bekannte. Daneben bietet sich auch ein gezieltes Ansprechen möglicher Multiplikatoren wie Sachverständiger oder Werkstätten an. Automobilvereine wie der ADAC, der ACE oder der AvD haben zudem mit vielen Anwälten Beratungsverträge geschlossen, wonach diese Verkehrsanwälte den Vereinsmitgliedern auf Kosten der Vereine eine erste Beratung erteilen, aus der dann ein mit dem Mitglied oder seiner Rechtsschutzversicherung abzurechnendes Verkehrsrechtsmandat werden kann.

Die bereits im Jahre 1979 gegründete Arbeitsgemeinschaft Verkehrsrecht des Deutschen Anwaltvereins ist mit derzeit knapp 6000 Mitgliedern die älteste und zweitgrößte Arbeitsgemeinschaft des DAV. Die AG Verkehrsrecht organisiert die Aus- und Fortbildung der Kolleginnen und Kollegen im Verkehrsrecht. Sie versteht sich aber auch als Interessenvertreter der Anwaltschaft im Bereich des Verkehrsrechts.

Die Aus- und Fortbildung ist sowohl zentral als auch regional strukturiert. Jährlich finden zwei große Fachtagungen statt. Im Frühjahr referieren beim DAV-VerkehrsAnwaltsTag Richter und Richterinnen der jeweils zuständigen Senate des BGH über die im Vorjahr ergangenen Urteile im Verkehrszivilrecht, im Verkehrsversicherungsrecht, im Kaufrecht und im Straf- und Ordnungswidrigkeitenrecht. Beim Verkehrsrechtssymposium in Mainz im Herbst werden jeweils aktuelle verkehrsrechtliche Themen von BGH-Richtern und von Experten anderer Disziplinen (z.B. technische Sachverständige, Rechtsmediziner) oder der Versicherungswirtschaft dargestellt und rechtspolitisch diskutiert.

In einem regionalen Veranstaltungszyklus werden wichtige Themen des Verkehrsrechts von BGH-Richtern, Rechtsanwälten, Sachverständigen, Professoren und Autoren von Standardwerken vertieft behandelt. Diese Tagesseminare (pro Standort jährlich mindestens zwei) finden an insgesamt 17 Regionalstandorten statt, so dass sie von den Teilnehmern ohne lange Anreise besucht werden können. Die Regionalbeauftragten organisieren in ihrem Bereich weitere Fortbildungskurse, wie beispielsweise Seminare zur Rechtsprechung des zuständigen Oberlandesgerichtes.

Das vierteljährlich erscheinende Mitteilungsblatt der Arbeitsgemeinschaft Verkehrsrecht „Der Verkehrsanwalt" unterrichtet über wichtige Entwicklungen im Verkehrsrecht, geplante oder in Kraft getretene Gesetzesänderungen. Es enthält Urteile von Instanzgerichten sowie kurze praktische Tipps für die tägliche Arbeit und bietet einen „Kummerkasten" für Kollegen. Ergänzt wird das Mitteilungsblatt durch den per E-Mail versandten Newsletter, der über aktuelle Themen zeitnah berichtet und wichtige Links enthält. Im Internet ist die Arbeitsgemeinschaft durch eine eigene Homepage (www.verkehrsrecht.de) repräsentiert. Schließlich ist der Geschäftsführende Ausschuss (Vorstand) der Arbeitsgemeinschaft Verkehrsrecht Herausgeber der Zeitschrift für Schadensrecht – zfs –, der praxisorientierten Fachzeitschrift für Verkehrsrecht, die an die Mitglieder im Rahmen der Mitgliedschaft kostenlos versandt wird.

Die Arbeitsgemeinschaft Verkehrsrecht versteht sich aber auch als Interessenvertretung der im Verkehrsrecht tätigen Anwaltschaft. Sie vertritt deren Interessen bei Gesetzgebungsvorhaben, aber auch gegenüber anderen Interessengruppen wie der Versicherungswirtschaft. So wurde in den letzten Jahren den Versuchen der Versicherungswirtschaft entgegengetreten, durch sog. Schadensmanagement die Anwälte aus der Regulierung der Sachschäden zu verdrängen Arbeitsgemeinschaft Verkehrsrecht befürwortet die Einrichtung eines Rehabilitations-Managements. Allerdings müssen Voraussetzungen geschaffen und beachtet sowie Kontrollmechanismen eingerichtet werden, die sowohl den persönlichkeitsrechtlichen Schutz des Unfallopfers sicherstellen als auch den Ausschluss schadensersatzrechtlicher Nachteile gewährleisten. Bereits im Jahre 2002 wurde dazu ein Regelwerk (Code of Conduct) aufgestellt, das die Grundregeln für die Tätigkeit des Reha-Dienstleisters festlegt. Die Arbeitsgemeinschaft Verkehrsrecht hat 12 Rehabilitationsdienste anerkannt, die sich verpflichtet haben, nach den Regeln des „Code of Conduct" des Reha-Managements zu verfahren und die Voraussetzungen, die zu dessen Konkretisierung geschaffen wurden, zu erfüllen. Diese sind berechtigt, das Signet der Arbeitsgemeinschaft Verkehrsrecht zu verwenden.

Der Arbeitsgemeinschaft Verkehrsrecht kann jedes verkehrsrechtlich interessierte Mitglied eines örtlichen Anwaltvereins beitreten.

E.24 Versicherungsrecht

Rechtsanwältin Monika Maria Risch, Berlin • Vorsitzende der Arbeitsgemeinschaft Versicherungsrecht im DAV, Mitglied des Ausschusses Versicherungsrecht des DAV

Statistisch entfallen auf jeden Bürger mehr als zehn Versicherungsverträge. Häufig stellt sich für den Versicherungsnehmer die Frage, welche Ansprüche er aus dem Vertrag hat, wenn der Versicherer die Leistung aus dem Vertrag ablehnt oder weniger zu zahlen bereit ist, als der Versicherungsnehmer sich vorstellt.

Hierbei wird sowohl der Beratungsmarkt bei Abschluss von Versicherungsverträgen, insbesondere aber auch bei Regulierungen von Schäden, der sogenannte Versicherungsvertreter, d.h. ein Agent oder ein Makler, in Anspruch genommen, während unabhängige Rechtsanwälte häufig nicht hinzugezogen werden. Dabei liegt es auf der Hand, dass nur unabhängige Rechtsanwälte eine objektive Beratung gewährleisten können, da ihr Honorar nicht davon abhängt, ob und in welchem Umfang Versicherungsschutz in Anspruch genommen wird oder Verträge abgeschlossen werden.

Im Deutschen Anwaltverein wurde 1996 die Arbeitsgemeinschaft Versicherungsrecht gegründet, in der versicherungsrechtlich orientierte und interessierte Rechtsanwälte zusammengeschlossen sind. Durch ein intensives Netzwerk, das im Rahmen von Fortbildungsveranstaltungen geknüpft und unterhalten wird, informieren sich diese Rechtsanwälte über aktuelle Probleme des Versicherungsrechts.

Die Arbeitsgemeinschaft versteht sich hierbei weder als eine Verbraucherschutzorganisation noch als ein Lobbyistenverein der Versicherungswirtschaft. Rechtsanwältinnen und Rechtsanwälte, die Versicherungsrecht zum Schwerpunkt ihrer Tätigkeit gemacht haben, sind hier verbunden; Verbraucherschützer, Mitarbeiter der Versicherungswirtschaft und Richter kommen zu den Fachtagungen, sodass ein regelmäßiger Erfahrungsaustausch möglich ist.

I. Rechtsgrundlagen des Versicherungsvertrages

Grundlage für den Versicherungsvertrag bildet zunächst das Versicherungsvertragsgesetz (VVG), ferner sind allgemeine gesetzliche Bestimmungen heranzuziehen. Das VVG wurde 2008 grundlegend reformiert; insbesondere wurden Vorschriften zum Schutz des Verbrauchers eingeführt. Für jeden Versicherungsvertrag gelten neben dem Gesetz die jeweils bei Abschluss des Vertrages vereinbarten Versicherungsbedingungen.

II. Die Versicherungsbedingungen

Bei Übernahme eines versicherungsrechtlichen Mandates ist zunächst zu klären, welche Versicherungsbedingungen dem Vertrag zugrunde liegen. Es empfiehlt sich daher, vom Mandanten eine vollständige Ausfertigung des Versicherungsscheins einschließlich der ver-

SPEZIALISIERUNG -> **E.24 VERSICHERUNGSRECHT**

einbarten Bedingungen abzufordern; häufig haben Mandanten diese Informationen nicht mehr.

Der Versicherer ist verpflichtet, die bei Abschluss des Vertrages vereinbarten Bedingungen auf Anfrage zur Verfügung zu stellen. Nur wenn die vollständigen Versicherungsbedingungen vorliegen, kann ermittelt werden, welcher Anspruch auf Versicherungsschutz für den Versicherungsnehmer besteht.

III. Obliegenheiten

Obliegenheiten sind vertragliche oder gesetzliche Bestimmungen, die der Versicherungsnehmer beachten muss, um den Versicherungsschutz vollständig zu erhalten. Durch Änderung des VVG gilt für alle Versicherungsverträge seit dem 1.1.2009, dass, selbst für den Fall der Verletzung solcher Obliegenheiten, der Versicherer im Regelfall leisten muss; allerdings ist er berechtigt, seine Leistung in dem Maß zu kürzen, indem dem Versicherungsnehmer ein Verschulden an der Obliegenheitsverletzung anzulasten ist. Die Beweislast trägt insoweit der Versicherer. Der Versicherer ist zur Leistung nicht verpflichtet, wenn der Versicherungsnehmer den Versicherungsfall vorsätzlich herbeigeführt hat.

Umstritten war in der Vergangenheit, ob ein Versicherer für den Fall von der Leistung frei ist, wenn ein Versicherungsnehmer im Zustand der Volltrunkenheit ein Fahrzeug führt und mit diesem Schäden anrichtet. Der BGH hat in einer Entscheidung vom 22.6.2011 (BGH IV ZR 225/10) festgestellt, dass für diesen Fall der Versicherer berechtigt sein kann, seine Leistungen auf null zu kürzen. Dies gilt freilich nur im Innenverhältnis, da der Versicherer im Rahmen des mit dem Versicherungsnehmer vereinbarten Versicherungsvertrages dann bis zu einer bestimmten Höhe Regress beim Versicherungsnehmer nehmen kann.

Auch nach dem neuen VVG ist der Versicherungsnehmer verpflichtet, über Schadenhergang und Schadenumfang dem Versicherer wahrheitsgemäß und vollständig Auskunft zu erteilen.

IV. Risikoausschluss

Der Umfang des Versicherungsschutzes ergibt sich aus den Allgemeinen Versicherungsbedingungen (AVB). Hierin wird eine positive Beschreibung des vom Versicherer übernommenen Risikos vorgenommen (primäre Risikobegrenzung); in den Bedingungen ist auch festgehalten, welche Gefahren der Versicherer nicht versichern will (Risikoausschlüsse).

V. Repräsentanten

Da es sich bei den Obliegenheiten nicht um vertragliche Pflichten handelt, können Obliegenheitsverletzungen Dritter dem Versicherungsnehmer nicht nach § 278 BGB zugerechnet werden. Die Rechtsprechung hat daher den Begriff des „Repräsentanten" entwickelt. Hier-

E.24 Versicherungsrecht <- Spezialisierung

bei kommt es darauf an, ob der sogenannte Repräsentant durch den Versicherungsnehmer mit der tatsächlichen Risikoverwaltung betraut wurde und anstelle des Versicherungsnehmers getreten ist.

VI. Versicherungsvermittler (Versicherungsagenten)

Versicherungsvermittler sind Versicherungsvertreter und Versicherungsmakler, ihre Mitteilungs- und Beratungspflichten sind gesetzlich geregelt. Verletzungen dieser Pflichten können zu Schadensersatzansprüchen führen. Ob ein Versicherer für Erklärungen seines Vermittlers haftet, hängt davon ab, ob dieser für den Versicherer handelt oder als Makler im Lager des Versicherungsnehmers steht.

VII. Versicherungsprozess

Lehnt ein Versicherer seine Eintrittspflicht ab oder leistet nicht in dem Umfang, den er nach Auffassung des Versicherungsnehmers schuldet, muss der Versicherungsnehmer eine Deckungsklage erheben. Seit der Reform des Versicherungsvertragsgesetzes bestimmt § 215 VVG, dass für Klagen aus dem Versicherungsvertrag oder der Versicherungsvermittlung auch das Gericht örtlich zuständig ist, in dessen Bezirk der Versicherungsnehmer zur Zeit der Klageerhebung seinen Wohnsitz hat.

VIII. Arbeitsgemeinschaft Versicherungsrecht

In der Arbeitsgemeinschaft Versicherungsrecht waren im Herbst 2017 fast 1.200 Rechtsanwältinnen und Rechtsanwälte vereinigt. Diese führt jeweils am 4. Wochenende im September eines jeden Jahres den DAV Versicherungsrechtstag der Arbeitsgemeinschaft Versicherungsrecht an jährlich wechselnden Standorten durch. Die Arbeitsgemeinschaft verfügt über einen wissenschaftlichen Beirat, in dem neben einem hochrangigen Vertreter der Versicherungswirtschaft auch Vertreter des Verbraucherschutzes, Richter und Rechtslehrer beteiligt sind, ferner Rechtsanwälte, die sich hauptsächlich mit versicherungsrechtlichen Mandaten befassen.

Die Arbeitsgemeinschaft unterhält eine enge Kooperation mit dem Verlag C.H.Beck, sie ist Mitherausgeberin der Zeitschrift „Recht und Schaden", das Abonnement ist seit Januar 2013 bereits im Mitgliederbeitrag der Arbeitsgemeinschaft enthalten, darüber hinaus können die Mitglieder der Arbeitsgemeinschaft die Online-Module des Verlags C.H. Beck Versicherungsrecht Plus und Versicherungsrecht Premium zu einem um 25 % reduzierten Abonnentenpreis beziehen und am gesamten Fortbildungsprogramm der MWV Wirtschaftsseminare zu einem um 15 % vergünstigten Tagungsbeitrag teilnehmen.

E.25 Das verwaltungsrechtliche Mandat

Rechtsanwalt Prof. Dr. Wolfgang Ewer, Kiel[1] • Mitglied des Präsidiums und ehemaliger Präsident des DAV

In Zeiten, in denen die Zahl der zugelassenen Anwälte ein Allzeithoch erreicht – so beträgt die Anzahl der Berufsträger in etwa das Zwölffache dessen, was die Anwaltschaft noch in den 1950er Jahren ausmachte –,[2] kommt der Auffindung von „Marktlücken" gerade auch für den Berufsanfänger große Bedeutung zu. Durch eine Spezialisierung, z.B. auf das Verwaltungsrecht, kann der junge Anwalt durchaus ein Stück von dem in weiten Bereichen bereits „verteilten Kuchen" für sich gewinnen.

Die Gründe dafür, dass große Teile der Anwaltschaft dieses Rechtsgebiet lange Zeit weitgehend unbeachtet gelassen hatten, sind unterschiedlicher Art. Eine wesentliche Ursache dürfte sicherlich darin zu erblicken sein, dass in verwaltungsrechtlichen Durchschnittsmandaten häufig wesentlich niedrigere Streitwerte festgesetzt werden als in solchen zivilrechtlicher Art.[3]

Ein anderer Grund dürfte darin liegen, dass das verwaltungsrechtliche Mandat in der überwiegenden Anzahl der Fälle einen wesentlich höheren Einarbeitungsaufwand erfordert als ein solches aus dem Gebiet des Zivilrechts. So verlangt etwa der Einstieg in ein kompliziertes Planfeststellungsverfahren in aller Regel nicht nur die Durchsicht eines zahlreiche Ordner umfassenden Verwaltungsvorgangs und die meist erstmalige Befassung mit für Juristen nur schwer durchschaubaren naturwissenschaftlichen Fragestellungen. Vielmehr erfordert die Einarbeitung in ein solches Mandat auch das Aufspüren und die systematische Auswertung der zu den jeweiligen Problemen vorliegenden verwaltungsgerichtlichen Judikatur. Solche Judikatur liegt gerade im Planfeststellungsrecht und im damit fast immer verbundenen (europäischen) Umweltrecht in einer Breite und Tiefe vor, die einige Expertise verlangt. Schließlich setzt die Möglichkeit zu einer sachgerechten Arbeit im Verwaltungsrecht eine noch an späterer Stelle zu erörternde Mindestausstattung an Fachliteratur voraus. Die gängigen Online-Datenbanken sind eine große Hilfe, zeigen aber – gerade im Landesrecht – nicht immer die Lösung auf. All dies führt aber dazu, dass sich eine Bearbeitung verwaltungsrechtlicher Mandate regelmäßig nur dann in betriebswirtschaftlich vertretbarer Weise bewerkstelligen lässt, wenn sich der junge Anwalt oder die junge Anwältin zielstrebig auf dieses Rechtsgebiet konzentriert.

I. Wie kommt der Berufsanfänger zum verwaltungsrechtlichen Mandat?

Die Frage, wie der Berufsanfänger an die für eine solche Schwerpunktsetzung erforderlichen Mandate gelangt, lässt sich nur schwer und kaum pauschal beantworten. Allgemein

---

1 Der Verfasser ist Honorarprofessor an der Christian-Albrechts-Universität zu Kiel und Mitherausgeber der Neuen Juristischen Wochenschrift.
2 Vgl. https://www.brak.de/w/files/04_fuer_journalisten/statistiken/2018/grafik-entwicklung-rae-seit-1950.pdf.
3 Vgl. *Madert/Tacke*, Anwaltsgebühren in Verwaltungs-, Steuer- und Sozialsachen, 1991, S. 126.

E.25 DAS VERWALTUNGSRECHTLICHE MANDAT <- SPEZIALISIERUNG

ist festzuhalten, dass die beste und wohl auch effektivste Akquisition darin besteht, sich um eine hohe Qualität der eigenen anwaltlichen Dienstleistungen zu bemühen. Dass diese Devise keine leere Floskel ist, ist gerade im Verwaltungsrecht oft festzustellen, weil es hier nur eine relativ kleine Zahl sachkundiger Anwälte und Anwältinnen gibt. Demgemäß kommt es hier häufig vor, dass die gestern auf der Gegenseite stehende Gemeinde dem Anwalt heute ihrerseits einen Auftrag erteilt oder der bei der gegnerischen Verwaltungsbehörde tätige Sachbearbeiter den Anwalt um die Übernahme eines beamtenrechtlichen Mandats in eigener Sache bittet. Darüber hinaus ist zu bedenken, dass gerade auf dem Gebiet des Verwaltungsrechts häufig ein großer allgemeiner Informationsbedarf besteht. Dies gilt insbesondere dann, wenn gerade neue gesetzliche Vorschriften erlassen bzw. in Kraft getreten sind. In solchen Fällen sind öffentlich-rechtliche Körperschaften und private Verbände oft gern bereit, einen Anwalt, der die Anwendungsprobleme der Vorschriften naturgemäß eher als ein Hochschullehrer unter praktischem Blickwinkel darstellt, als Referenten zu engagieren. Derartige Vortragstätigkeiten ziehen dann vielfach zunächst Rückfragen aus dem Kreise der Teilnehmer und schließlich auch entsprechende Mandate nach sich. Schließlich ist als Form erlaubter Werbung die Möglichkeit zu nennen, die Anerkennung als Fachanwalt zu erlangen, die aufgrund des Gesetzes über Fachanwaltsbezeichnungen vom 27.2.1992 (BGBl. 1992, 369) eröffnet war (vgl. jetzt die am 11.3.1997 in Kraft getretene Fachanwaltsordnung in der Fassung vom 1.1.2018), oder gem. § 43b BRAO auf bestehende Tätigkeitsschwerpunkte hinzuweisen.[4]

II. Welche sächliche Grundausstattung wird benötigt?

Eine fundierte Tätigkeit auf dem Gebiet des Verwaltungsrechts erfordert langfristig den Aufbau eines umfangreichen Literatur- und Rechtsprechungsapparats. Ob dafür auf lange Sicht die Anschaffung der amtlichen Sammlungen des Bundesverfassungsgerichts, des Bundesverwaltungsgerichts und des Bundesgerichtshofs in Zivilsachen (Letztere insbesondere wegen der Entscheidungen des 3. Zivilsenats zum Recht der öffentlichen Ersatz- und Entschädigungsleistungen) oder der Erwerb des „Buchholz" und das Abonnement verschiedener Zeitschriften zu speziellen Teilgebieten angesichts der insbesondere in den letzten zehn Jahren forgeschrittenen Digitalisierung und der damit einher gehenden digitalen Verfügbarkeit der vorbenannten Informationsquellen weiterhin unumgänglich ist, oder ob es sich dabei nicht vielmehr um ein Relikt des alten anwaltlichen „Handwerks" handelt, entbehrt einer allgemeingültigen Anwort. Natürlich kann sich der junge Anwalt eine solche Ausstattung, sei es in digitaler oder analoger Form, am Anfang seiner selbstständigen Berufstätigkeit nicht leisten. Er sollte sich deshalb zumindest darauf konzentrieren, sich jeweils einen aktuellen Kommentar zum Verwaltungsverfahrensrecht und einen solchen zur Verwaltungsgerichtsordnung anzuschaffen. Darüber hinaus ist es auch für den jungen Kollegen oder die junge Kollegin unverzichtbar, zumindest eine verwaltungsrechtliche Zeitschrift mit allgemeiner Ausrichtung zu abonnieren. Dabei fällt die Wahl zwischen den in Betracht kommenden Zeitschriften nicht ganz leicht, da die verschiedenen Periodika durchaus unterschiedliche

---

[4] Vgl. *Kleine-Cosack*, Neuordnung des anwaltlichen Berufsrechts, NJW 1994, 2249, 2255; im Ergebnis schon zum alten Recht BGH NJW 1994, 2035, vgl. auch *Hartung*, Anwaltliches Berufsrecht – hilfreich oder hinderlich?, A.4 in diesem Ratgeber.

Vorzüge haben. Müsste ich selbst mich auf eine Zeitschrift beschränken, so würde ich mich für die NVwZ entscheiden, weil diese einen recht breiten Überblick über die Rechtsprechung – teilweise auch der Instanzgerichte – gibt und weil die regelmäßig zu verschiedenen Bereichen des besonderen Verwaltungsrechts erscheinenden Rechtsprechungsübersichten auch für eine erstmalige Einarbeitung in das betreffende Gebiet sehr hilfreich sind.

III. Was ist bei Übernahme des Mandats zu beachten?

Für die Annahme von Mandaten bestehen in berufsrechtlicher Hinsicht bei Verwaltungssachen keine Sonderprobleme, allerdings ist zu beachten, dass es Fallkonstellationen gibt, wo eine die Zulässigkeit der Mandatsübernahme hindernde Interessenkollision nicht auf den ersten Blick erkennbar ist.[5]

Liegen solche Hinderungsgründe nicht vor, muss sich der Anwalt als Erstes vergewissern, ob und ggf. wann eventuelle Rechtsbehelfsfristen ablaufen. Dies gilt insbesondere deshalb, weil Mandanten häufig dazu neigen, zunächst eine ausführliche Vorgeschichte zu erzählen, ehe sie damit herauskommen, dass bereits seit geraumer Zeit ein behördlicher Bescheid oder eine gerichtliche Entscheidung vorliegt.

Bei den einschlägigen Rechtsbehelfsfristen handelt es sich zwar in der Regel um Monatsfristen (vgl. etwa die Widerspruchsfrist des § 70 Abs. 1 VwGO, die Klagefrist des § 74 Abs. 1 VwGO, die Berufungsfrist des § 124a Abs. 2 VwGO sowie die Fristen für Nichtzulassungsbeschwerde, Revision und Sprungrevision der §§ 133 Abs. 2, § 139 Abs. 1 bzw. § 134 Abs. 1 S. 2, sämtlich VwGO). Indessen ist unbedingt zu beachten, dass diese Fristenregelungen des allgemeinen Verfahrens- und Prozessrechts teilweise durch das Fachrecht durchbrochen und modifiziert werden. So kann zum Beispiel der – an sich unbefristet mögliche – Antrag nach § 80 Abs. 5 VwGO bei als offensichtlich unbegründet abgelehnten Asylanträgen gem. § 36 Abs. 3 S. 1 AsylG nur innerhalb einer Woche nach Bekanntgabe der Abschiebungsandrohung gestellt werden. Und nach § 17e Abs. 2 S. 2 FStrG kann der Antrag auf Anordnung der aufschiebenden Wirkung der Anfechtungsklage nach § 80 Abs. 5 VwGO gegen einen fernstraßenrechtlichen Planfeststellungsbeschluss oder eine Plangenehmigung nur innerhalb eines Monats nach der Zustellung des Planfeststellungsbeschlusses oder der Plangenehmigung gestellt und begründet warden.

Im Übrigen sind „Fristgefahren" im weitesten Sinne auch bei Geltung der 1-Jahres-Frist des § 58 Abs. 2 VwGO nicht von vornherein ausgeschlossen. So ist etwa bei Nachbareinwendungen im baurechtlichen Bereich häufig eine Verwirkung des Abwehrrechts zu besorgen, wenn der Nachbar nicht umgehend Rechtsmittel einlegt, sobald ihm – etwa in Gestalt von zu nahe an die Grundstücksgrenze herangerückten Grundmauern – Anhaltspunkte dafür vorliegen, dass er durch das Bauvorhaben in seinen Rechten verletzt werden könnte.[6]

---

5 Vgl. die zahlreichen Beispiele bei *Busse/Linke*, Die anwaltliche Praxis in Verwaltungssachen, 1987, Rn. 24 bis 40.
6 Vgl. BVerwG NVwZ 1991, 1182; VGH Mannheim NVwZ 1989, 76.

E.25 Das verwaltungsrechtliche Mandat <- Spezialisierung

Schließlich verdienen Fristfragen bei Mandatsbeginn auch deshalb besondere Beachtung, weil prozessuale Fristen keineswegs in jedem Falle durch einen „Einzeiler" gewahrt werden können. So kommt es häufig vor, dass Prozessparteien in den ersten beiden Instanzen durch zivilrechtlich orientierte Kollegen vertreten worden sind, die auch noch die Nichtzulassungs- oder Nichtvorlagebeschwerde eingelegt haben, dann jedoch zu dem Schluss gelangt sind, dass die weitere Bearbeitung der Sache besser einem Verwaltungsrechtsspezialisten übertragen werden sollte. Solche Mandate kommen dann oft „fünf Tage vor Toresschluss". Da es sich bei den Begründungsfristen für beide Rechtsmittel um solche handelt, die vom Gericht nicht verlängert werden können,[7] und die Fertigung entsprechender Beschwerdebegründungen meist erhebliche Zeit erfordert, muss sich der Anwalt genau überlegen, ob er ein solches Mandat verantwortlich übernehmen kann. Dies gilt insbesondere angesichts dessen, dass nach einmal erfolgter Mandatsübernahme eine Niederlegung in solchen Fällen stets zur Unzeit erfolgen würde und damit Regressansprüche gegen den Anwalt ausgelöst werden könnten.[8]

Ähnliche Probleme können sich ergeben im Zusammenhang mit allgemeinen verwaltungsprozessualen Präklusionsregelungen, wie etwa § 87 b VwGO, oder entsprechenden Bestimmungen im Fachrecht, wie etwa § 5 Abs. 3 S. 1 VerkPBG. Insoweit ist zu beachten, dass das Bundesverwaltungsgericht verlangt, dass eine vorläufige Klagebegründung auch schon vor Gewährung einer Einsichtsmöglichkeit in die Verwaltungsvorgänge eingereicht wird.[9]

Um beim Thema Haftung zu bleiben, sei darauf hingewiesen, dass der Anwalt bereits vor Annahme des Auftrags sorgfältig prüfen sollte, welche haftungsrechtlichen Risiken das ihm angetragene Mandat in sich bergen kann. Dies gilt gerade bei Mandaten mit geringem Streitwert, bei denen der junge Anwalt oder die junge Anwältin oft davon ausgehen wird, dass auch das Haftungsrisiko gering und damit von der bestehenden Haftpflichtversicherung abgedeckt ist. Wie verfehlt diese Annahme ist, macht folgendes Beispiel deutlich: Ein Anwohner hat durch eine Nachbarklage die Stilllegung einer baulichen Anlage erreicht. Die beklagte Verwaltungsbehörde hat keine Berufung eingelegt. Der Anwalt des gem. § 65 Abs. 2 VwGO beigeladenen Betreibers hat durch eigenes Verschulden die Berufungsfrist versäumt. Eine Berufung hätte wegen evidenter Rechtsfehler des angefochtenen Urteils mit an Sicherheit grenzender Wahrscheinlichkeit Erfolg gehabt. Obwohl das Verwaltungsgericht den Streitwert – gem. dem nach § 52 Abs. 1 GKG n.F. maßgeblichen Interesse des Nachbarn als Kläger – nur mit 5.000 EUR festgesetzt hat, kann die Haftung des Anwalts des Beigeladenen Millionen betragen. Aus diesem Grunde sollte bei Mandatsübernahme stets das mögliche Haftungsrisiko geprüft und ggf. eine Haftungsbeschränkungsvereinbarung abgeschlossen werden. Dies gilt umso mehr angesichts möglicher Erstreckungen der Haftung zugunsten Dritter. Stellt der Anwalt etwa in einem Rechtsgutachten eine spezifische

---

[7] BVerwG Buchholz 310 § 132 VwGO Nr. 10; BVerwGE 32, 357, 359.
[8] Vgl. *Borgmann/Haug*, Anwaltspflichten – Anwaltshaftung, 2005, § 15 Ziff. 5.
[9] Vgl. BVerwG NVwZ 1994, S. 371; kritisch dazu *Ewer*, Effektiver Rechtsschutz in der Verwaltungsgerichtsbarkeit – Mängelliste und Wunschzettel aus der Sicht der anwaltlichen Praxis, in: Dokumentation zum 11. Deutschen Verwaltungsrichtertag, 1995, S. 59, 74 f.

bauliche Nutzbarkeit eines Grundstücks fest, so haftet er für die Richtigkeit dieser Feststellung nicht nur gegenüber seinem Mandanten, sondern auch gegenüber all denjenigen, denen das Gutachten nach seinem erkennbaren Zweck für Entscheidungen über Vermögensdispositionen vorgelegt werden soll, also etwa der seinen Mandanten kreditierenden Bank.[10]

In einem solchen Zusammenhang kann dann auch die Frage des eventuellen Abschlusses einer Honorarvereinbarung geklärt werden, die aber im Hinblick auf § 3a Abs. 1 S. 2 RVG unbedingt in einer separaten Urkunde niedergelegt werden sollte. Eine Erörterung der Honorierungsfrage sollte keinesfalls zurückgestellt werden. Ist nämlich der Anwaltsvertrag erst einmal zu gesetzlichen Bedingungen zustande gekommen, so wird der Mandant oft nicht mehr bereit sein, sich auf eine diese übersteigende Vergütung einzulassen. Zur Vereinbarung einer solchen besteht aber häufig deshalb Anlass, weil eine Abrechnung nach dem Vergütungsrecht in einer Vielzahl von Fällen nicht einmal eine Kostendeckung ermöglicht. So würde sich der gesetzliche Gebührenanspruch für Verfahren der Nichtzulassungsbeschwerde mit dem Auffangstreitwert des § 52 Abs. 2 GKG von 5.000 EUR auf 481,60 EUR zzgl. Auslagenpauschale und Mehrwertsteuer belaufen. Dass dieser Betrag nicht kostendeckend sein würde, liegt auf der Hand. Entschließt sich der Anwalt, vom Abschluss einer Honorarvereinbarung abzusehen, so sollte er darauf achten, einen konkreten Streitwertfestsetzungsantrag zu stellen. Dieser wird in vielen Fällen an dem „Streitwertkatalog für die Verwaltungsgerichtsbarkeit"[11] orientiert werden können. Im Übrigen wird es darauf ankommen, durch möglichst konkrete Bezifferung des Interesses des Antragstellers einer – in aller Regel zulasten des Anwalts verlaufenden – Pauschalierung entgegenzutreten. Mir selbst ist es auf diesem Wege vor einiger Zeit gelungen, im Rahmen eines einstweiligen Rechtsschutzverfahrens, in dem das VG für die erste Instanz den Wert auf der Grundlage einer Schätzung mit 5.000 EUR festgesetzt hatte, für das Beschwerdeverfahren vor dem OVG eine Festsetzung auf 300.000 EUR – und damit eine Erhöhung um das 60-Fache – zu erwirken.

Als weiteres der vom Mandanten bei Erteilung des Auftrags zu unterzeichnenden Schriftstücke ist last but not least die Vollmacht zu nennen. Dabei sollte unbedingt darauf geachtet werden, dass ein Formular verwendet wird, das sowohl die Berechtigung zur außergerichtlichen als auch zur gerichtlichen Vertretung erfasst.[12] Da es nicht selten im Zusammenhang mit demselben Auftrag zu mehreren Verfahren bei unterschiedlichen Behörden oder Gerichten (etwa zur gleichzeitigen Durchführung eines Widerspruchsverfahrens und eines Verfahrens nach § 80 Abs. 5 VwGO) kommt, empfiehlt es sich, den Mandanten gleich zwei oder drei Vollmachtsformulare unterschreiben zu lassen. Zwar hängt die Wirksamkeit einer Rechtsbehelfseinlegung nicht davon ab, dass zusammen mit der Rechtsmittelschrift auch eine Vollmacht vorgelegt wird; vielmehr sieht § 67 Abs. 3 S. 2 VwGO ausdrücklich vor, dass diese innerhalb einer vom Gericht zu setzenden Frist nachgereicht werden kann.[13] Indessen erscheint die Vorlage der Vollmachtsurkunde auch bei fehlender Anforderung schon des-

---

10 Vgl. BGH, Urt. v. 13.11.1997 – X ZR 144/94, juris Rn. 10.
11 Streitwertkatalog für die Verwaltungsgerichtsbarkeit 2013, https://www.bverwg.de/medien/pdf/streitwertkatalog.pdf.
12 *Busse/Linke*, Die anwaltliche Praxis in Verwaltungssachen, 1987, Rn. 43 bis 50.
13 BVerwG NJW 1985, 2963; DVBl. 1985, 1986, 166; NJW 1984, 318.

E.25 Das verwaltungsrechtliche Mandat <- Spezialisierung

halb zweckmäßig, weil gem. § 67 Abs. 3 VwGO im gerichtlichen Verfahren Zustellungen an den Bevollmächtigten bewirkt werden müssen.

IV. Grundüberlegungen nach erfolgter Mandatserteilung

Ist das Mandat erteilt, so muss der Anwalt zunächst ermitteln, worin das wirtschaftliche oder sonstige praktische Interesse seines Mandanten besteht, das dem Auftrag zugrunde liegt. Unterlässt der Anwalt diese Prüfung, so besteht die Gefahr, dass er einen prozessualen Erfolg erringt, der sich dann für den Auftraggeber als Pyrrhussieg entpuppt.

Dies sei an folgendem **Beispiel** verdeutlicht:

Ein Beamter will sich gegen eine von ihm als ungerecht empfundene dienstliche Beurteilung zur Wehr setzen. Der mit der Prüfung beauftragte Anwalt kommt zu dem Ergebnis, dass diese wegen Verstoßes gegen eine Formvorschrift rechtswidrig ist. Demgemäß brauchte sich der Anwalt eigentlich gar nicht mit der weitergehenden Frage zu beschäftigen, ob denn die Beurteilung auch inhaltlich angreifbar erscheint. Gleichwohl wird er, wenn er das wirkliche Interesse des Mandanten im Auge hat, auch Letzteres tun. Dies gilt deshalb, weil bei entsprechender Sachlage ein Bescheidungsurteil – und damit ein prozessualer Sieg – zwar ohne Weiteres erreichbar wäre, dem Mandanten aber Steine statt Brot bringen würde. Denn eine bessere Beurteilung wäre damit noch lange nicht gewonnen. Vielmehr spricht die Lebenserfahrung dafür, dass der Dienstherr zwar genau darauf achten würde, dass die Neubeurteilung in verfahrensrechtlich einwandfreier Weise erfolgt, dass diese aber am Ende die gleiche Note ausweisen würde wie die zuerst ergangene. Bei einer solchen Sachlage sollte sich der Anwalt daher nicht auf eine isoliert-prozessuale Behandlung beschränken, sondern parallel dazu das Gespräch mit der Behörde suchen. Möglicherweise wird diese – wenn sich denn darlegen lässt, dass eine bessere Beurteilung zumindest vertretbar erscheint – zu einer Einigung durch einen Vergleich bereit sein und damit zu einer Lösung, die ihr eine – von Behörden häufig als Makel empfundene – Aufhebung der angefochtenen Bescheide erspart und dem Mandanten eine Verbesserung in der Bewertung bringt.

Ich selbst habe in einer ähnlichen Situation einmal einen Prozessvergleich abgeschlossen, durch den sich beide Parteien verpflichtet haben, den Streit um die alte Beurteilung für erledigt zu erklären, sofern die diese ersetzende Beurteilung bestimmte Anhebungen bei einzelnen Merkmalen enthält. Aus Anlass einer kurz darauf erfolgenden Bewerbung um einen anderen Dienstposten wurde dann eine neue Beurteilung eingeholt, die – wie sicherlich niemanden erstaunen wird – zu einer entsprechenden Erledigung des Rechtsstreites führte.

Dieses Beispiel mag verdeutlichen, dass nicht alles, was prozessual erreichbar ist, auch in der Sache dem Mandanten dient. Aus diesem Grunde sollte der Anwalt an den Anfang seiner Überlegungen stets die Frage stellen, welche Sachinteressen des Mandanten dem durch diesen erteilten Auftrag zugrunde liegen.

V. Die Vertretung im Verfahren vor der Behörde

Sind diese Zielsetzungen erst einmal ermittelt, so muss der Anwalt prüfen, welche Schritte zur Erreichung dieser Ziele ergriffen werden können. Es liegt auf der Hand, dass im Rahmen dieses Beitrags insoweit nur einige exemplarische Handlungsmöglichkeiten angerissen werden können.

Im Verfahren vor der Behörde wird der Anwalt in aller Regel als Erstes gemäß § 29 VwVfG einen Antrag auf Gewährung von Akteneinsicht stellen. Soweit ersichtlich, enthält allein das schleswig-holsteinische Verwaltungsverfahrensrecht in Gestalt von § 88 Abs. 5 LVwG einen Anspruch auf Erteilung von Auszügen oder Abschriften. Sollten Behörden anderer Länder bzw. des Bundes unter Hinweis auf das Fehlen einer entsprechenden Regelung die Erteilung von Ablichtungen aus den Verwaltungsvorgängen verweigern, so sollte unter Hinweis auf § 100 Abs. 2 VwGO damit argumentiert werden, dass spätestens im gerichtlichen Stadium ohnehin ein Anspruch auf Erteilung einer kompletten Aktenablichtung besteht. Sollte auch dies nicht helfen, so empfiehlt es sich, nach Eintreffen bei der aktenführenden Behörde ein Handdiktiergerät auszupacken, demonstrativ fünf Kassetten und einige eingepackte Butterbrote auf den Tisch zu legen, um dann, dergestalt häuslich eingerichtet, damit zu beginnen, den Verwaltungsvorgang Wort für Wort auf Diktatband zu übertragen. Nach meiner Erfahrung führt dies meist innerhalb kürzester Zeit dazu, die Bereitschaft zur Erteilung von Fotokopien erheblich zu fördern.

Für das weitere Vorgehen hat die Akteneinsicht in mehrfacher Hinsicht Bedeutung:

- Zum einen lässt sie erkennen, von welchem Informationsstand die Behörde bei Einleitung des Verwaltungsverfahrens bzw. bei Erlass des bereits angefochtenen Verwaltungsaktes ausgegangen ist. Häufig zeigt sich schon hier, dass die Verwaltung ihrer aus § 24 VwVfG folgenden Pflicht, den Sachverhalt von Amts wegen zu untersuchen, nicht im erforderlichen Maße nachgekommen ist. Dies ermöglicht es im Einzelfall, durch geschickte Formulierung von Beweisanträgen das aus Abs. 1 S. 2 der Vorschrift folgende Ermessen über Art und Umfang der Ermittlungen erheblich zu reduzieren und damit die weitere Sachaufklärung in eine bestimmte, dem Anliegen des Mandanten dienliche Richtung zu lenken.
- Zum anderen lässt sich feststellen, welche Erwägungen die Behörde bei bestimmten Entscheidungen angestellt bzw. unterlassen hat. Dies wird aber in der Regel insbesondere bei einem Streit um die Rechtmäßigkeit von Ermessensentscheidungen von erheblicher Bedeutung sein. Auf welche bemerkenswerten Funde man dabei stoßen kann, sei an folgendem Fall aus meiner Praxis verdeutlicht: Der Leiter einer Dienststelle eines Technischen Überwachungsvereins (TÜV) wollte sich eines missliebigen Mitarbeiters entledigen. Nachdem entsprechende arbeitsrechtliche Versuche u.a. daran gescheitert waren, dass dieser als Betriebsratsmitglied besonderen Kündigungsschutz genoss, widerrief dann plötzlich die zuständige Aufsichtsbehörde mit der Begründung mangelnder Zuverlässigkeit die amtliche Anerkennung als Sachverständiger und ordnete zugleich

E.25 Das verwaltungsrechtliche Mandat <- Spezialisierung

die sofortige Vollziehung dieser Maßnahme an. Eine Akteneinsicht förderte schließlich einen im Verwaltungsvorgang befindlichen Telefonvermerk des zuständigen Referenten zutage. In diesem hieß es wörtlich, dass – wenn die entsprechenden arbeitsrechtlichen Probleme nicht bestehen würden – der TÜV den Betroffenen „… schon längst arbeitsrechtlich (hätte) entlassen können, statt den Umweg über uns per Aberkennung der Sachverständigenanerkennung zu wählen". Dass angesichts dieses freimütigen Eingeständnisses sowohl der Antrag auf Wiederherstellung der aufschiebenden Wirkung als auch die Hauptsacheklage Erfolg hatten, wird nicht verwundern.

Über eine Erkundung des Inhaltes der angestellten (oder unterlassenen) Ermessenserwägungen hinaus ermöglicht eine Akteneinsicht regelmäßig Feststellungen dazu, ob die Verwaltung die einschlägigen Form- und Verfahrensvorschriften eingehalten hat. Sollte hierbei deutlich werden, dass etwa ein zur Mitwirkung verpflichteter Ausschuss nicht beteiligt worden ist oder sonstige der in § 45 Abs. 1 VwVfG genannten Verfahrens- oder Formverstöße vorliegen, so wird der Anwalt allerdings (insbesondere in Anfechtungssachen) im Hinblick auf die zeitliche Heilungsgrenze in Abs. 2 der Vorschrift sorgfältig zu prüfen haben, ob es taktisch zweckmäßig erscheint, diesen Gesichtspunkt bereits im Rahmen des Widerspruchsverfahrens geltend zu machen.

Schließlich lässt die Akteneinsicht häufig Einblicke in den verwaltungsinternen Ablauf der Entscheidungsfindung zu. Dies kann insbesondere deshalb von Bedeutung sein, weil sich so mitunter herausfinden lässt, welches der beteiligten Ämter oder welcher der in den betreffenden Bereichen zuständigen Beamten dem Anliegen des Mandanten positiv gegenübersteht und – zumindest am ehesten – bei eventuellen Bemühungen um eine vergleichsweise Einigung angesprochen werden kann.

Da eine Entscheidung über das weitere Vorgehen mithin maßgeblich durch die Ergebnisse der Akteneinsicht bestimmt wird, pflege ich in vielen Fällen die erste ausführliche Besprechung mit dem Mandanten nicht bereits bei Auftragserteilung, sondern erst nach erfolgter Einsichtnahme in den Verwaltungsvorgang durchzuführen. Entsprechendes gilt fast ausnahmslos für eine Begründung des gestellten Antrags bzw. des eingelegten Widerspruchs.

In diesem Rahmen sind dann zugleich Überlegungen anzustellen über das weitere taktische Vorgehen. So kann es – etwa bei Fällen von Drittbetroffenheit – sinnvoll sein, einen Antrag auf Hinzuziehung als Beteiligter i.S.v. § 13 Abs. 2 VwVfG zu stellen. Außerdem werden häufig Überlegungen angebracht sein, ob im Interesse des Mandanten eine Zwischenlösung (etwa in Gestalt einer Teilgenehmigung oder eines Vorbescheides) angestrebt oder der Versuch einer einvernehmlichen Lösung durch Abschluss eines öffentlich-rechtlichen Vertrages unternommen werden sollte.[14]

---

14 Vgl. *Busse/Linke*, Die anwaltliche Praxis in Verwaltungssachen, 1987, Rn. 171 bis 288.

VI. Die Vertretung im verwaltungsgerichtlichen Verfahren

Hinsichtlich des verwaltungsgerichtlichen Verfahrens sollen hier (nur) einige typische Fehlerquellen im Verwaltungsstreitverfahren dargestellt werden. Dies scheint mir auch deshalb sinnvoll zu sein, weil nach den vorliegenden Statistiken in der Verwaltungsgerichtsbarkeit mehr als 90 % der Klagen keinen Erfolg haben,[15] was darauf hindeutet, dass entweder vor Verfahrenseinleitung bzw. Rechtsmitteleinlegung die Erfolgsaussichten falsch eingeschätzt werden oder es während des laufenden Verfahrens zu Fehlern kommt.

Der Anwalt muss sich immer wieder vor Augen führen, dass unser Rechtsschutzsystem auf dem Grundsatz des Schutzes subjektiver Rechte beruht. Demgemäß stellt die Möglichkeit einer Verletzung eigener Rechte – entgegen dem Wortlaut und systematischen Standort des § 42 Abs. 2 VwGO – nicht nur eine Zulässigkeitsvoraussetzung für die Anfechtungs- und Verpflichtungsklage, sondern auch eine solche für die sonstigen Klagearten dar.[16] Daher kann beispielsweise eine Klage, mit der sich ein Nachbar gegen ein Auskiesungsvorhaben wehrt, weder auf eine Verletzung allein der Allgemeinheit dienender naturschutzrechtlicher Vorschriften noch darauf gestützt werden, dass ein gesetzlich vorgeschriebenes Planfeststellungsverfahren nicht durchgeführt worden ist.[17]

Bei der Beurteilung der Erfolgsaussichten von Anfechtungsklagen wird oft die Bedeutung von Fehlern im Verwaltungsverfahren überschätzt.[18] Der Anwalt sollte stets an die Heilungsmöglichkeiten des § 45 VwVfG denken. Außerdem ist zu beachten, dass nach § 46 VwVfG eine Aufhebung des angefochtenen Verwaltungsaktes dann nicht verlangt werden kann, wenn auch ohne den Verfahrens- oder Formfehler keine andere Entscheidung in der Sache hätte getroffen werden können. Eine solche „Alternativlosigkeit der Entscheidung"[19] ist allerdings in aller Regel dann auszuschließen, wenn der Behörde ein gerichtlich nur eingeschränkt überprüfbarer Beurteilungsspielraum zusteht[20] oder der Verwaltung Ermessen eingeräumt ist und keine Ermessensreduzierung auf null vorliegt.[21]

Nur allzu leicht gerät in Vergessenheit, dass sich die Anfechtungs- und Verpflichtungsklage keineswegs nur hinsichtlich der Formulierung des Klageantrags unterscheiden, sondern auch – und zwar ganz wesentlich – hinsichtlich der Klagebegründung. So stößt man immer wieder auf Verpflichtungsklagen, in denen nicht nur die Aufhebung des angefochtenen Ablehnungsbescheides, sondern auch die Verpflichtung zum Erlass des begehrten Verwaltungsaktes beantragt wird, in deren Begründung dann aber gleichwohl ausschließlich eine Auseinandersetzung mit formellen und materiellen Fehlern der behördlichen Ablehnungsentscheidung stattfindet. Ein solches Vorgehen führt nicht weiter, da vielfach zwar die be-

---

15 Vgl. die Tabelle 1.2.2 im Bericht „Rechtspflege – Verwaltungsgerichte 2016" des Bundesamts für Statistik (destatis), Fachserie 10 Reihe 2.4.
16 Zur Leistungsklage BVerwGE 36, 192, 199; vgl. i.Ü. die Beispiele bei *Eyermann*, VwGO, 14. Aufl. 2014, § 42 Rn. 80.
17 BVerwG DVBl. 1987, 1265; vgl. nun § 4 UmwRG.
18 *De Witt*, in: Beck'sches Rechtsanwalts-Handbuch, 1989, Abschnitt C III, Rn. 50.
19 *Stelkens/Bonk/Sachs*, VwGO, 8. Aufl. 2014, § 46 Rn. 53.
20 Zur Geltung von § 46 VwVfG im Prüfungsrecht, vgl. BVerwG DVBl. 1988, 402, 403.
21 BVerwG NVwZ 1988, 525, 526.

E.25 DAS VERWALTUNGSRECHTLICHE MANDAT <- SPEZIALISIERUNG

hördliche Ablehnungsentscheidung rechtswidrig ist, der Kläger indessen gleichwohl keine Verpflichtung zum Erlass des begehrten Verwaltungsaktes erreichen kann. In der Begründung einer Verpflichtungsklage ist daher stets darzulegen, dass der Kläger einen subjektiv öffentlich-rechtlichen Anspruch auf die begehrte Leistung hat. Ist die Gewährung der Leistung in das Ermessen der beklagten Behörde gestellt, reicht es demgemäß nicht aus, darzulegen, dass die Ablehnung des Antrags ermessensfehlerhaft erfolgte; vielmehr muss darüber hinaus begründet werden, warum das Ermessen der Behörde dahin gehend auf null reduziert war, dass sich der Erlass der begehrten Regelung als einzig rechtmäßige Handlungsalternative darstellte. Ansonsten kann die Klage allenfalls zu einem teilstattgebenden Bescheidungsurteil führen.

Eine weitgehend unbekannte, aber für die Praxis durchaus wichtige Vorschrift ist § 44 a VwGO. Nach dieser Vorschrift sind – von den in S. 2 genannten Einzelfällen abgesehen – behördliche Verfahrenshandlungen in der Regel der isolierten Anfechtung durch Rechtsbehelfe entzogen. Demgemäß kann eine Behörde beispielsweise nicht im Wege einstweiliger Anordnung dazu verpflichtet werden, einem im Hauptsachverfahren angefochtenen Verwaltungsakt nachträglich die fehlende Begründung beizufügen.

Viele der bislang überwiegend im Zivilrecht tätigen Kolleginnen und Kollegen gehen von der falschen Vorstellung aus, dass die Aufklärung des Sachverhaltes im Verwaltungsstreitverfahren allein Sache des Gerichtes sei. Dieser Irrtum kann in besonderem Maße folgenschwer sein, weil seit dem Inkrafttreten des Sechsten Gesetzes zur Änderung der Verwaltungsgerichtsordnung und anderer Gesetze vom 1.11.1996 keine generelle Berufungsmöglichkeit mehr gegeben ist und sich das Verfahren vor dem Verwaltungsgericht somit in einer Vielzahl von Fällen als erste und einzige Tatsacheninstanz darstellen wird. Hat eine anwaltlich vertretene Partei in derartigen Fällen keinen Beweisantrag gestellt, so wird eine spätere Aufklärungsrüge regelmäßig keinen Erfolg haben.[22] In diesem Zusammenhang ist darauf hinzuweisen, dass nach § 86 Abs. 2 VwGO ein in der mündlichen Verhandlung gestellter Beweisantrag nur durch einen mit Begründung zu versehenden Beweisbeschluss abgelehnt werden kann. Insoweit ist zum einen von Bedeutung, dass nur ein in der mündlichen Verhandlung zu Protokoll erklärter Beweisantrag, nicht dagegen dessen Ankündigung in einem vorbereitenden Schriftsatz die Aufklärungspflicht des Gerichtes entsprechend zu konkretisieren und einen Anspruch auf eine Vorabentscheidung auszulösen vermag.[23] Zum anderen erhält der Anwalt bei Ablehnung der gestellten Beweisanträge die Möglichkeit, sich noch während der mündlichen Verhandlung ein Bild davon zu machen, welche Fragen das Gericht für erheblich oder unerheblich hält, und seine weitere Prozessführung hierauf einzurichten.

---

22 BVerwG DÖV 1963, 886.
23 Vgl. BVerwGE 21, 184, 185.

VII. Abschlussbemerkung

Der Umstand, dass eine Spezialisierung im verwaltungsrechtlichen Bereich einen sehr viel höheren Einarbeitungsaufwand voraussetzt als eine solche in bestimmten Teilgebieten des dem jungen Anwalt oder der jungen Anwälten schon aus der Ausbildung viel vertrauteren Zivilrechts, sollte nicht den Blick dafür verstellen, dass es sich beim öffentlichen Recht um ein spannendes Tätigkeitsfeld mit vielen Herausforderungen handelt. Dies gilt auch deshalb, weil man als Anwalt oder Anwältin hier erfahrungsgemäß sehr oft mit immer neuen Fragestellungen konfrontiert wird, und auch nach jahrzehntelanger Berufstätigkeit keine Woche vergeht, in der man nicht irgendetwas hinzulernt. Es kommt hinzu, dass viele Mandate im öffentlichen Recht – als Beispiel seien nur solchen im Umweltrecht, Versammlungsrecht oder Staatsrecht – von hoher Relevanz für die Zukunft unserer Gesellschaft sind. Die junge Anwältin oder der junge Anwalt sollte bei der Entscheidung über eine Spezialisierung daher diesen Rechtsbereich nicht aus dem Auge verlieren.

INFOS F.

F.1 Hinweise zur Anwaltszulassung

Rechtsanwalt Horst Leis, LL.M., Düsseldorf • Mitglied im Vorstand des Düsseldorfer Anwaltvereins sowie des Landesverbands Nordrhein-Westfalen im DAV

I. Einleitung

Die örtlichen Rechtsanwaltskammern sind gemäß §§ 33 Abs. 3, 46a Abs. 2 BRAO zuständig für das Zulassungsverfahren. Welche Kammer jeweils zuständig ist, ergibt sich aus dem OLG-Bezirk, in dem die Zulassung erfolgen soll. Erst mit der Zulassung durch die örtlich zuständige Rechtsanwaltskammer wird die Befugnis verliehen, sich als Rechtsanwältin oder Rechtsanwalt (§ 12 Abs. 4 BRAO) bzw. Syndikusanwalt (§ 46 Abs. 2 BRAO) zu bezeichnen. Für gewöhnlich besteht für den Rechtsanwalt gemäß § 27 Abs. 1 BRAO die Pflicht, eine Kanzlei zu unterhalten, von dieser Pflicht kann auf begründeten Antrag durch die Rechtsanwaltskammer (befristete) Befreiung erteilt werden, § 29 BRAO. Die Kammermitglieder eines OLG-Bezirks bilden gemäß § 60 BRAO eine Rechtsanwaltskammer.

II. Antrag

Die Rechtsanwaltskammern nutzen zum Teil unterschiedliche Vordrucke zur Beantragung der Zulassung. Da die Kammern alle einen Internetauftritt[1] haben, können dort – zumeist unter dem Navigationspunkt „Mitglieder" oder „Rechtsanwälte" – die entsprechenden Formulare heruntergeladen werden. Diese Formulare müssen ausgefüllt, unterschrieben und nebst den notwendigen Anlagen per Post an die Kammer gesandt werden.

III. Inhalt

Für den Zulassungsantrag werden üblicherweise folgende Unterlagen benötigt:

- Lebenslauf,
- aktuelles Lichtbild,
- eine amtlich beglaubigte Ablichtung oder Original des Prüfungszeugnisses über den Erwerb der Befähigung zum Richteramt oder über das Bestehen der Eignungsprüfung,
- Nachweis der Berufshaftpflichtversicherung im Original,
- Nachweis über die Berechtigung zum Führen eines akademischen Grades, Führungszeugnis (Belegart N),
- ggf. unwiderrufliche Freistellungserklärung des Arbeitgebers bei anderweitiger Beschäftigung nebst Arbeitsvertrag und ggf. weiterer Unterlagen.

---

1 Eine aktuelle Liste finden Sie auf den Internetseiten der Bundesrechtsanwaltskammer: https://www.brak.de/die-brak/regionale-kammern/adressen-der-regionalen-rechtsanwaltskammern/.

INFOS -> **F.1 HINWEISE ZUR ANWALTSZULASSUNG**

Zu den problematischen Punkten einige Anmerkungen:

1. Lebenslauf

Der lückenlose, maschinenschriftlich gefertigte Lebenslauf sollte folgende Angaben enthalten:

- Geburtsname, soweit abweichend,
- Geburtsdatum,
- berufliche Beschäftigungen seit der Erlangung der Befähigung zum Richteramt, deren Dauer und die jeweiligen Arbeitgeber,
- Angaben über besondere Fähigkeiten (z.B. Fachanwalt für Steuerrecht, Lehraufträge und dergleichen),
- Angaben über akademische Grade (auch solche ausländischer Universitäten).

2. Freistellung

Für den Fall einer beabsichtigten anderen beruflichen Tätigkeit neben dem Anwaltsberuf bzw. Syndikuszulassung sind Art und Umfang dieser Tätigkeit ausführlich darzustellen und eine Ablichtung des Anstellungsvertrages sowie einer unwiderruflichen Freistellungserklärung des Arbeitgebers – und soweit keine Syndikuszulassung vorliegt – insbesondere darüber, dass sich der Anwalt zur Ausübung des Anwaltsberufes jederzeit auch innerhalb der Dienstzeiten vom Arbeitsplatz entfernen kann, beizufügen.

Darüber hinaus sollte unabhängig von der Frage der Syndikuszulassung für eine Befreiung von der gesetzlichen Rentenversicherungspflicht i.S.d. § 6 Abs. 1 Nr. 1 SGB VI darauf geachtet werden, dass die Arbeitsplatzbeschreibung bzw. das Stellenprofil eine weisungsunabhängige rechtliche Tätigkeit als Schwerpunkt(e) darstellt. Dies ist nach § 46 Abs. 3, 4 BRAO nur dann der Fall, wenn die Befreiung wegen einer Tätigkeit die

- rechtsberatend,
- rechtsentscheidend,
- rechtsgestaltend und
- rechtsvermittelnd

beantragt wird.

3. Berufshaftpflicht

Nach § 51 BRAO besteht bei einem Zulassungsantrag zur Rechtsanwaltschaft (für den Syndikus vgl. § 46a Abs. 4 Nr. 1 BRAO) die Verpflichtung, eine Berufshaftpflichtversicherung zur Deckung der sich aus der Berufstätigkeit ergebenden Haftpflichtgefahren für Vermögensschäden gemäß § 51 Abs. 4 BRAO mit einer Mindestversicherungssumme von

F.1 Hinweise zur Anwaltszulassung

250.000 EUR abzuschließen. Die Aushändigung der Zulassungsurkunde darf erst erfolgen, wenn der Abschluss der Berufshaftpflichtversicherung nachgewiesen ist oder eine vorläufige Deckungszusage vorliegt (§ 12 Abs. 2 BRAO). Es empfiehlt sich daher, bereits dem Antrag eine vorläufige Deckungszusage beizufügen und das Original unverzüglich nach Zugang an die Kammer weiterzuleiten.

IV. Dauer

Das Zulassungsverfahren kann u.a. wegen der Beiziehung von Personalakten oder durch anderweitige Antwortzeiten Dritter längere Zeit in Anspruch nehmen. Im Mittel beträgt der Zeitraum zwei bis sechs Wochen. Zur Beschleunigung kann – im Vorfeld der Formularbearbeitung – bei der Kammer nachgefragt werden, wann die nächste Vorstandssitzung stattfindet, damit an diesem Termin die Unterlagen vorliegen. Soweit alle Unterlagen vorliegen (vgl. § 42a Abs. 2 S. 2 VwVfG), die Sache also entscheidungsreif ist, besteht ein Anspruch auf Entscheidung binnen von drei Monaten, § 32 Abs. 2 BRAO, soweit nicht aus sachlichen Gründen eine Verlängerung angezeigt und rechtzeitig unter Angabe der Gründe dem Berechtigten mitgeteilt wird, § 42a Abs. 2 S. 3 und 4 VwVfG.[2]

V. Kosten

Die Kosten der Zulassung betragen im Bundesdurchschnitt ca. 240 EUR, der Jahreskammerbeitrag liegt ausweislich der nachfolgenden Tabelle im Mittel bei ca. 282 EUR.

Die jeweiligen örtlichen Beiträge entnehmen Sie bitte der nachfolgenden Tabelle:[3]

Nr.	RAK	Erstzulassung	Jahresbeitrag	Sonderbeitrag für Berufsanfänger	Unzulassungskosten	Umlage beA
1	Bamberg	250 EUR	250 EUR (ab dem 5. Jahr 325 EUR)	in den ersten 2 Jahren 100 EUR	80 EUR	unterschiedlich
2	Berlin	205 EUR	297 EUR	keiner	80 EUR	im Jahr 2017 keine Umlagen
3	Brandenburg	275 EUR	360 EUR	im ersten Jahr 180 EUR	130 EUR	nicht extra ausgemessen, Kammerbeitrag wurde erhöht
4	Braunschweig	200 EUR	330 EUR	keiner	100 EUR	Umlage pro Mitglied 67 EUR
5	Bremen	250 EUR	240 EUR	120 EUR nach dem 30.6.2014	65 EUR	ist enthalten
6	Celle	230 EUR	348 EUR	auf Antrag	180 EUR	enthalten, 342 EUR ab dem 1.1.2018
7	Düsseldorf	250 EUR	252 EUR	keiner	125 EUR	58 EUR
8	Frankfurt	160 EUR	260 EUR	keiner	60 EUR	67 EUR

2 Zum Amtshaftungsanspruch bei Fristversäumnis durch die Rechtsanwaltskammer: LG Köln, Urt. v. 9. 8. 2011 – 5 O 69/11, NJW 2011, 3380.
3 Stand Januar 2018.

INFOS -> **F.1 HINWEISE ZUR ANWALTSZULASSUNG**

Nr.	RAK	Erstzulassung	Jahresbeitrag	Sonderbeitrag für Berufsanfänger	Unzulassungskosten	Umlage beA
9	Freiburg	210 EUR	300 EUR	in den ersten 2 Jahren 150 EUR	50 EUR	ist schon enthalten
10	Hamburg	100 EUR	348 EUR	keiner	85 EUR	67 EUR schon enthalten
11	Hamm	250 EUR	190 EUR	keiner	140 EUR	67 EUR
12	Karlsruhe	300 EUR	220 EUR	auf Antrag	200 EUR	67 EUR
13	Kassel	180 EUR	302,50 €	keiner	77 EUR	wird noch nichts erhoben
14	Koblenz	200 EUR	150 EUR zzgl. 0,1 % vom Umsatz	keiner	100 EUR	67 EUR
15	Köln	300 EUR	312 EUR	keiner	60 EUR	ist enthalten
16	Mecklenburg-Vorpommern	250 EUR	300 EUR	keiner	225 EUR	67 EUR
17	München	250 EUR	285 EUR	200 EUR für das Jahr der Zulassung und die zwei darauffolgenden Jahre	60 EUR	ist enthalten
18	Nürnberg	250 EUR	230 EUR	keiner	120 EUR	58 EUR
19	Oldenburg	230 EUR	330 EUR	keiner	120 EUR	67 EUR
20	Saarbrücken	250 EUR	300 EUR	keiner	100 EUR	ist enthalten
21	Sachsen	225 EUR	297 EUR	keiner	125 EUR	
22	Sachsen-Anhalt	300 EUR	285 EUR	keiner	100 EUR	58 EUR
23	Schleswig	255 EUR	300 EUR	keiner	127 EUR	67 EUR
24	Stuttgart	250 EUR	270 EUR	keiner	100 EUR	Umlage enthalten
25	Thüringen	400 EUR	240 EUR	keiner	100 EUR	67 EUR
26	Tübingen	205 EUR	340 EUR	keiner	80 EUR	ist enthalten
27	Zweibrücken	250 EUR	290 EUR	keiner	100 EUR	58 EUR

VI. Folgen der Zulassung

Die Zulassung zur Rechtsanwaltschaft wird wirksam mit der Aushändigung der Urkunde, § 12 Abs. 1 BRAO. Die Aushändigung darf nach § 12 Abs. 2 BRAO erst erfolgen, wenn der Bewerber/die Bewerberin gemäß § 12a BRAO vereidigt ist. Mit der Zulassung zur Rechtsanwaltschaft sind folgende Wirkungen verknüpft:

- Gesetzliches Mitglied in der Selbstverwaltungskörperschaft „Rechtsanwaltskammer"
- Recht auf Wechsel in das örtlich zuständige anwaltliche Versorgungswerk (soweit der Wechsel nicht durch eine anderweitige Anstellung problematisch ist, s.o. Ziffer III.2.)
- Urkundserteilung über die Zulassung
- Vereidigung bei der Rechtsanwaltskammer
- Recht auf Führung des Titels „Rechtsanwalt"/„Rechtsanwältin" (§ 12 Abs. 4 BRAO) Aufnahme in das elektronische Rechtsanwaltsverzeichnis der örtlichen Rechtsanwaltskam-

F.1 Hinweise zur Anwaltszulassung

mer und damit in das Gesamtverzeichnis der Bundesrechtsanwaltskammer gemäß § 31 Abs. 1 BRAO (www.rechtsanwaltsregister.org).

VII. Adressen der Rechtsanwaltskammern

Eine aktuelle Adressliste der regionalen Rechtsanwaltskammern finden Sie auf den Internetseiten der Bundesrechtsanwaltskammer.[4]

VIII. Weniger bekannte berufsrechtliche Regelungen

Es ist sicherlich bekannt, dass die Mitgliedschaft in der Rechtsanwaltskammer sowohl Rechte als auch Pflichten sowohl gegenüber der Rechtsanwaltskammer als auch gegenüber den Berufskollegen mit sich bringt.

Daher soll auch hier nicht auf die grundsätzlichen Pflichten wie Verschwiegenheit (§ 43 a Abs. 2 BRAO), Verbot der Vertretung der widerstreitenden Interessen (§§ 43 a Abs. 4, 45 BRAO) etc. eingegangen werden. Hierzu gibt es hervorragende Kommentare.

Vielmehr soll hier das Augenmerk auf einige weniger bekannte Pflichten gerade auch für Neuzulassungen gerichtet werden:

- §§ 56, 57 BRAO: Pflicht zur Antwort auf Anfragen durch die Rechtsanwaltskammer, fehlende Mitwirkung kann mit einem Zwangsgeld (§ 57 BRAO) sanktioniert werden;
- § 14 Abs. 2 Nr. 9 BRAO: Unterbrechungen – z.B. durch fehlende Zahlung der Beiträge – des Schutzes der Haftpflichtversicherung führt in der Regel zum Entzug der Zulassung;
- Vermögensverfall ebenfalls (§ 14 Abs. 2 Nr. 7 BRAO);
- Kanzleiverlegungen sind ebenso anzuzeigen wie der Umzug der Kanzlei in einen anderen Kammerbezirk (§ 27 Abs. 2 und 3 BRAO);
- Soweit auf der Gegenseite ein Anwalt bestellt ist, darf dieser nur bei Gefahr in Verzug umgangen werden und ist anschließend unverzüglich zu informieren (§ 12 BORA).

---

[4] https://www.brak.de/die-brak/regionale-kammern/adressen-der-regionalen-rechtsanwaltskammern/.

F.2 Anwaltsuchdienste, Anwaltsportale – sinnvoll oder überflüssig?

Rechtsanwalt Swen Walentowski, Berlin • Stellvertretender Hauptgeschäftsführer und Leiter politische Kommunikation und Verbandskommunikation des DAV

I. Um Sie wird gerungen!

Ja, um Sie, die neue Kollegin, und auch Sie, den neuen Kollegen. Sie werden von Anwaltsuchdiensten und Anwaltsportalen kontaktiert, um Sie als Kunden zu werben. Diese locken mit zahlreichen Angeboten und versprechen neue Mandate. Die Angebote sind vielfältig, und den DAV erreichen die Fragen, ob es sinnvoll ist, dort gelistet zu sein.

Ziel dieses kurzen Beitrags soll es nicht sein, Empfehlungen auszusprechen, sondern Kriterien an die Hand zu geben, was man für sein gutes Geld bekommt bzw. erwarten kann.

II. Anwaltsportale sind sinnvoll

Das Recht wird immer differenter, internationaler und komplexer – nicht nur für die Anwaltschaft, sondern auch und gerade in der Wahrnehmung der Bürgerinnen und Bürger. Es gibt immer mehr Rechtsanwältinnen und Rechtsanwälte, die sich in immer stärkerem Maße spezialisieren. Auch die Zahl der Fachanwaltschaften steigt.

So wird es für den Rechtsuchenden immer schwieriger, die richtige Anwältin bzw. den richtigen Anwalt für sein spezifisches Problem zu finden. Die anwaltlichen Qualifikationen sind kaum bekannt. Fehlberatung, falsche Anfragen oder gar Abweisung der Rechtsuchenden können die Folge sein, wenn Nachfrage und Angebot nicht richtig zu einer Übereinstimmung gebracht werden. Dazu kommt, dass es nach wie vor eine „Schwellenangst" vor dem Anwaltsbesuch gibt. Da hohe Kosten befürchtet werden, wird teilweise sogar darauf verzichtet, sein Recht durchzusetzen.

Geübt ist der Verbraucher mittlerweile darin, konkrete Fragen im Internet zu stellen und diese auch beantwortet zu bekommen. Auf diese Herausforderung muss reagiert werden. Auch wird die asymmetrische Wissensverteilung, von der die Anwaltschaft bisher profitiert hat, durch im Netz abrufbare Informationen schwächer.

Das Informationsverhalten der Bevölkerung verändert sich. Nicht mehr reine Suchdienste spielen die große Rolle, sondern contentbasierte Webseiten. Mittlerweile ist nach den „persönlichen Empfehlungen" das Internet die wichtigste Anlaufstelle bei der Anwaltssuche. Der Trend ist erkennbar: Die Suche nach Content im Internet gewinnt immer mehr an Bedeutung und somit dann die daran orientierte Anwaltswahl.

F.2 Anwaltsuchdienste, Anwaltsportale – sinnvoll oder überflüssig?

Daher kann man prognostizieren, dass mit zunehmendem Angebot und der Durchdringung der Märkte mit Werbung die Bedeutung von solchen Portalen zunehmen wird.

Die guten alten Gelben Seiten und Branchenverzeichnisse helfen hier weder der Anwaltschaft noch dem ratsuchenden Publikum. Wer bei seinen vielen Qualifikationen unter jedem Rechtsgebiet gelistet sein will, muss ein Vermögen ausgeben. Das rechtsuchende Publikum sucht nicht mehr in diesen Verzeichnissen, weil diese keinen echten Mehrwert, keinen Content mitliefern. Daher rate ich, komplett darauf zu verzichten. Geprüft werden muss vielmehr, ob und in welchem Umfang man bei Anwaltsportalen aufgenommen werden will.

III. Anwaltsauskunft

Der DAV trennt in seinem Webauftritt ganz klar zwischen den unterschiedlichen Zielgruppen. Für das ratsuchende Publikum gibt es das Rechtsportal anwaltauskunft.de. Es ist ein Online-Journal, welches redaktionell die Themen des „Rechts" behandelt. Gleichzeitig ist es eine Anwaltssuche, in der die Mitglieder der örtlichen Anwaltvereine automatisch gelistet sind.

anwaltauskunft.de ist ein contentgestütztes Rechtsportal. Seit dem Relaunch 2013 umfasst das Magazin einen Mix aus Ratgeberartikeln, Urteilen, Videos und Podcasts rund um relevante Rechtsfragen.

Die Redaktion orientiert sich bei der Themenauswahl am aktuellen Tagesgeschehen und an Alltagsfragen. Bei der Erstellung der Artikel arbeiten die Redakteure eng mit DAV-Mitgliedern zusammen, um das Know-how der Anwaltschaft zu transportieren. Gleichzeitig stellen sie rechtliche Sachverhalte so dar, dass sie auch für juristische Laien leicht verständlich sind.

Zu jedem Text gehört der Hinweis, was eine Anwältin oder ein Anwalt bei dieser speziellen Frage tun kann und wann es sinnvoll ist, sich an einen Experten zu wenden. Die Artikel, Urteile und Podcasts sind jeweils einem Rechtsgebiet zugeordnet und mit der Anwaltssuche in diesem Rechtsgebiet verknüpft.

Die Artikel auf anwaltauskunft.de sind suchmaschinenoptimiert, um von einem möglichst großen Publikum bei Google gefunden zu werden. Die Redaktion aktualisiert sie regelmäßig inhaltlich – zum Beispiel, wenn es neue Rechtsprechung zu einem Thema gibt – und mit Blick auf Suchmaschinenoptimierung (SEO). Die Redakteure arbeiten dabei mit SEO-Experten zusammen, um jederzeit auf dem neuesten Stand zu sein und auf Veränderungen im Google-Algorithmus schnell reagieren zu können.

F.2 ANWALTSUCHDIENSTE, ANWALTSPORTALE – SINNVOLL ODER ÜBERFLÜSSIG?

IV. Der Erfolg der Anwaltauskunft

Die Anwaltauskunft gehört zu den erfolgreichsten Rechtsportalen im deutschsprachigen Raum. Seit 2013 befinden sich die Nutzerzahlen kontinuierlich im Aufwärtstrend. Rund eine halbe Million Menschen klicken jeden Monat auf die Seiten des Portals. Die Profile in der Anwaltssuche werden monatlich 80.000 bis 90.000 Mal aufgerufen.

Die Redaktion der Anwaltauskunft unterhält zudem einen sehr erfolgreichen Facebook-Auftritt. Zu Beginn des Jahres 2018 überschritt die Seite die Marke von 100.000 Fans. Die Postings erreichen bis zu 250.000 Menschen.

V. Zukunft der Anwaltauskunft

Der DAV möchte die Anwaltauskunft weiter zu einem Mandats-Vermittlungsdienst ausbauen, also über die reine Anwaltssuche hinausgehen. Der DAV befindet sich mitten in den Planungen, um einen zukunftsfesten Dienst anbieten zu können. Die Anwaltauskunft muss für Rechtsanwältinnen und Rechtsanwälte attraktiv sein. Dies ist sie dann, wenn sie für das rechtsuchende Publikum attraktiv ist. Wir wollen aber auch der Anwaltschaft konkrete technische Hilfen an die Hand geben, wie sie leichter und unmittelbarer mit denjenigen in Kontakt treten können, die eine Rechtsanwältin bzw. einen Rechtsanwalt suchen.

Auch wollen wir technische Hilfsmittel anbieten, die die Bearbeitung des Mandats erleichtern.

Hier lernen wir natürlich auch von anderen kommerziellen Diensten. Dies war ja bisher nicht das Ziel der Tätigkeit der Deutschen Anwaltauskunft des DAV.

VI. Über die Mitgliedschaft in der Anwaltauskunft gelistet – was noch?

Über die Mitgliedschaft in einem örtlichen Anwaltverein können Sie automatisch in der Anwaltauskunft gelistet sein und gefunden werden. Wichtig sind die Angabe der Rechtsgebiete und das Einpflegen eines Profilfotos.

Die Profile auf anwaltauskunft.de werden nicht nur über die Anwaltssuche selbst, sondern auch über Google ausgespielt. Monatlich klicken Internetnutzer mehrere zehntausend Mal direkt über die Google-Suche auf Profile in der Anwaltauskunft. Für Mai 2018 verzeichnete die Redaktion zum Beispiel knapp 52.000 Zugriffe allein über Google.

Der DAV optimiert die Anwaltauskunft ständig, insbesondere um in den Suchdiensten prominent vertreten zu sein.

Neben der Deutschen Anwaltauskunft (anwaltauskunft.de) kann es für Sie aber auch sinnvoll sein, in anderen Portalen Präsenz zu zeigen.

F.2 Anwaltsuchdienste, Anwaltsportale – sinnvoll oder überflüssig?

Mögliche Kriterien der Bewertung von Portalen und ob Ihr Eintrag dort sinnvoll ist können sein:

- Größe und Marktdurchdringung des Anwaltsportals,
- Bewerbung des Portals gegenüber den Ratsuchenden,
- Kosten,
- wirtschaftliche Leistungsfähigkeit bzw. Überlebensfähigkeit des Dienstes,
- Gibt es weiteren Nutzwert bzw. Content für das ratsuchende Publikum?
- Kann ich selbst Content dort einstellen?

NOTIZEN

Notizen

NOTIZEN

Notizen

Notizen

NOTIZEN

NOTIZEN

Notizen